AF175112

ACCESO GRATIS a la Lectura en la Nube

Para visualizar el libro electrónico en la nube de lectura envíe junto a su nombre y apellidos una fotografía del código de barras situado en la contraportada del libro y otra del ticket de compra a la dirección:

ebooktirant@tirant.com

En un máximo de 72 horas laborales le enviaremos el código de acceso con sus instrucciones.

DERECHO Y VERDAD
Volumen IV. Problemas

DERECHO Y VERDAD

Volumen IV. Problemas

Eds.

GERMÁN SUCAR y **JORGE CERDIO HERRÁN**

tirant lo blanch

Valencia, 2017

TEORÍA Segunda época
Colección dirigida por
JORGE CERDIO

«¿Verdad o prueba?: el veredicto penal», con el gentil permiso de Springer Science+Business Media: *International Journal for the Semiotics of Law,* «Truth or Proof: The Criminal Veredict», vol. XI, n. 33, 1998: 227-273, Bernard S. Jackson.

«El problema de los hechos en la justificación de sentencias», con el gentil permiso del Instituto Tecnológico Autónomo de México: *Isonomía,* n. 38, abril de 2013: 13-34, Ricardo Caracciolo.

© Germán Sucar
Jorge Cerdio Herrán

© TIRANT LO BLANCH
EDITA: TIRANT LO BLANCH
C/ Artes Gráficas, 14 - 46010 - Valencia
TELFS.: 96/361 00 48 - 50
FAX: 96/369 41 51
Email:tlb@tirant.com
www.tirant.com
Librería virtual: www.tirant.es
DEPÓSITO LEGAL: V-660-2017
ISBN: 978-84-9086-121-9
IMPRIME: Guada Impresores, S.L.
MAQUETA: Tink Factoría de Color

Si tiene alguna queja o sugerencia, envíenos un mail a: *atencioncliente@tirant.com.* En caso de no ser atendida su sugerencia, por favor, lea en **www.***tirant.net/index.php/empresa/politicas-de-empresa* nuestro Procedimiento de quejas.

Responsabilidad Social Corporativa: http://www.tirant.net/Docs/RSCTirant.pdf

Índice

III. Problemas de la verdad *sobre* el derecho

Introducción.
Problemas iusfilosóficos contemporáneos en torno a las relaciones entre derecho y verdad. Una cartografía de cuestiones y tentativas de solución*

GERMÁN SUCAR
JORGE CERDIO HERRÁN

Quizás no sea ocioso comenzar —haciendo justicia al título de este volumen IV de la presente obra colectiva internacional *Derecho y verdad*—, con la noción de problema. Partamos de su definición: un problema es una dificultad teórica o práctica cuya solución no está claramente definida. Un problema, por lo tanto, es un desafío a la comprensión o a la explicación, la cual debe ser vencida para alcanzar un resultado buscado, esto es, su solución. En efecto, todo problema abre un conjunto de alternativas, de manera que permite la anticipación de una solución tentativa, la cual debe ser probada a través de la observación, de un experimento o de un razonamiento. Los problemas pueden ser técnicos, científicos, o filosóficos. Aquí nos interesan los de este *último* tipo, respecto del cual Aristóteles

---

*   Los editores de esta obra y autores de la presente introducción, Germán Sucar y Jorge Cerdio Herrán, son profesor por tiempo determinado, y profesor numerario de tiempo completo, del Departamento Académico de Derecho del Instituto Tecnológico Autónomo de México (ITAM), respectivamente. En dicha calidad agradecen al ITAM y al apoyo financiero otorgado por parte de la Asociación Mexicana de Cultura. Asimismo, expresan sus agradecimientos a la Biblioteca del ITAM, especialmente a Petra Hernández, por su valiosa colaboración en este proyecto de investigación.

ha afirmado que «es un procedimiento dialéctico que tiende a la elección o al rechazo, o también a la verdad o al conocimiento» (Tópicos, I, 11, 104 b). Los términos «elección» o «rechazo» se refieren a las alternativas de orden práctico; mientras que los de «verdad» y «conocimiento» aluden, en cambio, al plano teórico. Aristóteles ejemplifica su definición diciendo que si el placer es o no un bien, constituye un problema práctico, mientras que si el mundo es o no eterno, es un problema teórico (Tópicos, 104 b 8). No podemos adentrarnos aquí en el interrogante acerca de la existencia y naturaleza de los problemas filosóficos. Baste con advertir, en primer lugar, que mientras tradicionalmente se ha aceptado la existencia de problemas filosóficos, hay autores que han negado la existencia genuina de tales problemas. En segundo lugar, que aun cuando se acepte la existencia de problemas filosóficos se discute acerca de su naturaleza. Así, mientras para ciertos autores éstos poseen siempre la forma de una aporía fundamental esencialmente insoluble, para otros ésta es tan solo una de las formas (pero no la única) que pueden adoptar. En suma, la elucidación del concepto de problema filosófico resulta particularmente intrincada y podría considerársela un problema filosófico de primer rango muy vinculado a aquel de la determinación del concepto de filosofía y de su tarea. Por nuestra parte, sin poder justificar aquí nuestra posición, asumimos que sin descartar que haya pseudoproblemas filosóficos (esto es, aquellos que una vez desambiguados los términos en que ha sido formulado desaparecen) existen también problemas filosóficos genuinos a los que puede y debe intentarse darse una solución, aun si los medios para acreditarla no parecen ser (al menos siempre) infalibles o, al menos, que no es común lograr un consenso (a veces ni siquiera parcial) a su respecto.

Establecido lo anterior, en el presente volumen nos conciernen fundamentalmente los problemas que la iusfilosofía contemporánea se plantea acerca de la relaciones entre derecho y verdad (y no los de la dogmática o la sociología jurídicas, etc.). Como hemos puesto de resalto en la introducción al volumen II de esta obra, tales problemas mantienen una relativa interdependencia con la historia y con las concepciones: los problemas (acerca del derecho y la verdad) poseen una historia, de modo que su planteamiento, formulación e intento de solución están asociados a ciertas concepciones, lo cual no obsta a que sea posible y, a veces, incluso necesario (en términos pragmáticos) concentrarse en cualquiera de estos tres ítems con relativa independencia de los otros dos. Tratándose de problemas (iusfilosóficos) contemporáneos, el *énfasis* está puesto en su planteamiento, formulación e intentos de solución *contemporáneos*. Ello no es obstáculo, como se verá, a que, en ciertas ocasiones, cuando nos ha parecido oportuno, se los haya contextualizado históricamente. Ello así, sobre todo, cuando hemos creído que el tratamiento contemporáneo de un problema puede dejar en la penumbra aspectos salientes de los fenómenos analizados, caer reducciones excesivas o en simplificaciones que se termina por olvidar que son tales; o también cuando se ha estimado de interés destacar los presupuestos o condicionamientos del tratamiento contemporáneo de un problema. Simétricamente, las principales concepciones que se dan cita en el volumen, asociadas a los problemas sobre las relaciones entre derecho y verdad, son contemporáneas: principalmente, la filosofía analítica, la semiótica, la hermenéutica, la nueva retórica y la epistemología; desde luego todas ellas poseen, de manera más directa o indirecta, raíces históricas y se hayan intrínsecamente ligadas a ciertos problemas (cuyo planteamiento, formulación e intentos de solución son variables históricamente).

Ahora bien, los problemas iusfilosóficos contemporáneos acerca de las relaciones entre el derecho y la verdad se encuentran atravesados por dos grandes tipos de problemas: el problema acerca de la naturaleza del derecho y el problema acerca de la naturaleza del conocimiento jurídico. Indudablemente, todo ello encierra una enorme cantidad de subproblemas. Por ello todo intento serio de respuesta a los problemas que suscita la relación entre derecho y verdad exige, por una parte, una revisión crítica acerca de las diferentes teorías sobre la naturaleza del derecho y del conocimiento jurídico, así como de la distinción de ciertos niveles de análisis y, por la otra, un examen de las diferentes teorías acerca de la verdad.

En suma, dejando ahora de lado este segundo tópico, no es posible encarar nuestro cometido si no es sobre la base de un cierto modelo teórico acerca de la naturaleza del derecho y del conocimiento jurídico. En este sentido y a los efectos expositivos, en la presente introducción adoptaremos como base de nuestras reflexiones un modelo teórico que denominamos *positivismo normativista convencionalista*[1].

El *positivismo* jurídico ha sido y es todavía objeto de una intensa discusión acerca de los rasgos que lo caracterizan. Por nuestra parte, éste será definido sobre la base de las siguientes dos tesis básicas (con sus correspondientes sub-tesis):

i) *la tesis de las fuentes sociales* en su versión fuerte o excluyente, de acuerdo con la cual la existencia y el contenido del derecho depende exclusivamente de la existencia de hechos sociales. Esta tesis, a su vez, implica: a) *la tesis de la no conexión identificatoria*, es decir, que la identificación del derecho no presupone valoraciones morales (que impliquen que las normas morales formen parte del derecho, *i.e.* una conexión necesaria entre el derecho y la moral) y b) *la tesis de los límites o de la discrecionalidad* según la cual el derecho puede resultar indeterminado (como consecuencia de algún tipo de defecto en los hechos sociales que constituyen su fuente) de modo que cuando los tribunales resuelven cuestiones en tales circunstancias, inevitablemente, habrá creación de derecho, y si además esta creación de derecho no se basa en una interpretación (plausible) de otras normas jurídicas pertenecientes a sectores del ordenamiento jurídico diferentes a aquel que es indeterminado, sino en estándares distintos a aquellos que provienen de fuentes jurídicas válidas, entonces la decisión judicial se habrá basado (al menos parcialmente) en estándares de corte extrajurídico; y ii) la *tesis epistémica de la neutralidad* de conformidad con la cual es posible una aproximación teórica (*i.e.*, descriptiva, explicativa y no evaluativa, valorativa o

---

[1]   Aquí debajo ofrecemos una presentación esquemática de esta concepción. Para una exposición detallada nos permitimos remitir a Sucar, 2008.

justificatoria) objetiva o neutral (*i.e.*, no participativa o comprometida) al fenómeno jurídico, de modo que la definición del concepto de derecho (en tanto institución social) y de los conceptos jurídicos tales como derecho subjetivo, obligación, potestad, etc., han de ser definidos mediante propiedades no evaluativas o valorativas y sin realizar ningún tipo de evaluación o valoración.

Ahora bien, la tesis de las fuentes sociales, definitoria del positivismo jurídico, deja margen para más de una especificación posible. La que adoptamos da lugar a lo que podría denominarse positivismo *normativista convencionalista*. Lo primero por cuanto se asume que el derecho, al menos en el marco de la particular visión del jurista, es mejor concebido, básicamente, como un conjunto de normas; lo segundo en virtud de que se considera que dicho conjunto puede ser reconstruido sistemáticamente sobre la base de los criterios convencionales que operan como pautas de creación normativa y de pertenencia de normas al «sistema jurídico». Es importante advertir que el positivismo jurídico (aun en su versión normativista y convencionalista), tal como lo caracterizamos, no está comprometido conceptualmente con ninguna teoría del lenguaje en particular. Es decir, no cabe inferir de sus tesis centrales ninguna doctrina acerca de la explicación del significado de las expresiones lingüísticas. Dicho de otro modo, es tanto compatible, por ejemplo, con concepciones convencionalistas como esencialistas del significado lingüístico. En este sentido cabe distinguir nítidamente entre el convencionalismo jurídico, tal como venimos de definirlo, con el convencionalismo lingüístico. De la misma manera, el modelo teórico que defendemos tampoco se encuentra comprometido con ninguna teoría particular de la verdad, o de la justificación de creencias, más allá de las exigencias que se desprenden de la tesis epistémica de la neutralidad[2].

En este modelo *teórico* —cabe aclararlo— no se sostiene la *tesis de la no conexión justificatoria*, esto es, el rechazo de la idea según la

---

[2]   Sobre este punto véase Sucar, 2008: 180-184 y 353.

cual la justificación (genuina o comprometida, es decir, no meramente hipotética) del seguimiento de una práctica social —cuando
implica el requerimiento a terceros de ciertas acciones o abstenciones incluso cuando ellas van en contra de sus intereses— presupone
la aceptación de un razonamiento práctico de estructura compleja
en el que la existencia de dicha práctica es tomada en cuenta como
razón auxiliar y en el que la razón operativa ha de ser de naturaleza
moral. Dicho en otros términos, el modelo positivista que adoptamos no solo es compatible (aunque no se compromete) con la
existencia de una moral objetiva, sino incluso con la idea de que
los legisladores y jueces u otros tribunales, al adoptar una decisión
jurídica, efectúan un *razonamiento práctico* de índole político-moral
que, en tanto tal, para estar materialmente justificado, debe estar
moralmente justificado (tesis de la unidad del razonamiento práctico). Esto implica que un acto institucional puede ser conforme
a las normas jurídicas pero considerado moralmente inadecuado
y, viceversa, no conforme a las normas jurídicas pero considerado
moralmente correcto. De esta manera, un juez, por caso, desde el
punto de vista del razonamiento práctico que efectúa, al menos bajo ciertas circunstancias, podría incluso tener deber moral (aunque
no jurídico) de evitar decisiones de carácter inmoral, aun a costa
de desobedecer las normas jurídicas[3]. El positivismo en cuanto tal,
como *teoría* que es, en un supuesto semejante, solo le compete res-
tringirse a describir o explicar la conformidad o no conformidad
de la decisión con las normas válidas del orden jurídico, esto es, a
determinar si la decisión está o no *jurídicamente* justificada; pero excedería sus límites si se expidiera en pro o en contra de la justifica-

---

[3]   La aplicación del derecho para la regulación de la vida social es, en efecto,
un principio político-moral que la teoría moral suele considerar relativo y
no absoluto. Esto no significa, sin embargo, que la aplicación del derecho se
considere discrecional y el apartamiento de él se considere justificado moralmente ante cualquier déficit en su moralidad. Las decisiones institucionales
contrarias a derecho se consideran moralmente justificadas solo en supuestos
excepcionales por la gravedad de las consecuencias o la notoria injusticia que
traería aparejado su aplicación.

ción político-moral del rebasamiento jurídico operado por el juez. *Mutatis mutandi*, algo similar cabe decir del caso de un legislador que se aparta de una constitución que reputa injusta al dictar una ley: la teoría positivista podría eventualmente calificar un acto tal como contrario derecho y a dicha ley como inválida por inconstitucional; pero en cuanto teoría nada puede decir acerca de la corrección moral o la incorrección moral de este apartamiento de la constitución que es el resultado del razonamiento práctico del legislador. La afirmación (o la negación) de que el derecho debería o no ser obedecido o aplicado (siempre o solo bajo determinadas condiciones) excedería los límites del positivismo tal como lo hemos caracterizado e implicaría, en realidad, recaer en lo que se ha denominado *positivismo ideológico*. En suma, el modelo de positivismo que defendemos posee un carácter eminentemente *teórico*, es decir, es relativo a la definición del derecho (y de los conceptos jurídicos) y a la identificación de las normas que integran un sistema jurídico, y no posee ninguna implicación *práctica*, esto es, nada se afirma con relación a cómo se debe prudencial o moralmente actuar o decidir. No ofrece ni presupone una valoración ni justificación del derecho. De acuerdo con él solo pueden identificarse los derechos y obligaciones jurídicas, pero no afirmar cómo debería alguien comportarse frente a ellos desde un punto de vista extra-jurídico, ni tampoco cuales son las características de orden jurídico moralmente adecuado o justo. En esta concepción, esto compete a la teoría moral y, en particular, a la teoría de la justicia. Similares consideraciones cabe formular respecto del trabajo de los juristas consistente en la crítica político-moral de las instituciones jurídicas existentes o de sus propuestas de mejora de *lege ferenda*. Por último, e independientemente de los postulados del positivismo jurídico (que no posee ningún compromiso conceptual con ninguna postura ética o meta-ética), admitir que es posible ofrecer una justificación político-moral del derecho no implica, por sí mismo, la aceptación de una moral objetiva (por ejemplo, el realismo moral: hay hechos y propiedades morales independientes de nuestra prácticas y creencias que hacen verdaderos o falsos nuestros juicios morales), sino tan solo que es posible ofrecer razones y discutirlas racional e intersubjetivamente, aun bajo el supuesto de que los juicios morales (con relación a los fines últimos) no son susceptibles de verdad o falsedad.

Como contrapartida del modelo positivista, se consideran por lo tanto antipositivistas aquellas teorías que rechazan todas o algunas de las dos referidas tesis. Tales teorías podrían ser clasificadas, a su vez, según sean o no de corte iusnaturalista. En una caracterización ya tradicional, las doctrinas iusnaturalistas son definidas como aquellas que sostienen: 1) la existencia de principios morales y de justicia trascendentes, universales y objetivamente válidos asequibles a la razón humana (tesis de filosofía moral); y 2) que un sistema normativo o una norma no pueden ser calificados como «jurídicos» si contradicen aquellos principios morales de justicia (tesis semántica o conceptual). Podemos denominar *iusnaturalismo clásico* a aquellas posiciones que asumen la conjunción de ambas tesis. Frente a éstas, se denomina *iusnaturalismo contemporáneo* a aquellas posiciones que rechazan la tesis semántica o conceptual adoptando, en su lugar, una tesis normativa de acuerdo con la cual las normas positivas injustas o inmorales serían parte del derecho, esto es, podrían ser consideradas jurídicas, pero no podría reputárselas obligatorias (*i.e.*, no deberían ser obedecidas o aplicadas) a menos que desarrollen los principios trascendentes, universales y objetivamente válidos de justicia que se asume que existen o, al menos, no entren en conflicto con ellos. Existen algunas posturas singulares que si bien son antiposivistas no podrían ser calificadas de iusnaturalistas. Así, por ejemplo, la teoría interpretativista del derecho de Ronald Dworkin. Lo primero, por cuanto ella implica el rechazo tanto de la tesis de las fuentes sociales como de la tesis de la neutralidad epistémica. Lo segundo porque aunque ella sostiene la existencia de una conexión necesaria entre el derecho y la moral, ésta última no es concebida en los términos que exige la tesis de filosofía moral definitoria del iusnaturalismo: los principios morales son considerados *internos* a las prácticas jurídicas y, por ende, como no trascendentes ni universales, aunque sí como objetivamente válidos (en el interior de la práctica a la que pertenecen), de modo que forman parte del derecho y, por lo tanto, no constituyen un parámetro *externo* al cual las normas positivas deban adecuarse para ser jurídicas. Una idea en común a las doctrinas antipositivistas es que la identificación de cuál es la solución jurídica para un determinado caso depende, en última instancia, de la solución que al respecto quepa extraer de normas o principios morales[4].

Con relación a la naturaleza del derecho —de conformidad con el modelo teórico positivista, normativista, convencionalista que defendemos— como se ha dicho, se asume que éste ha de ser concebido, básicamente, como un conjunto de normas cuya existencia y contenido depende de ciertas prácticas sociales, las cuales determinan normativamente la conducta humana calificándola deónticamente. Ahora bien, dicho modelo teórico contiene, también, como se ha adelantado, una concepción acerca de la naturaleza del conocimiento jurídico. El conocimiento jurídico, por su parte, es concebido en los siguientes términos: 1) es el conjunto de los enunciados jurídicos descriptivos verdaderos; 2) los enunciados jurídicos descriptivos son verdaderos o falsos en virtud de lo que las normas jurídicas efectivamente disponen con relación a ciertas conductas (genéricas o individuales), rasgo que denominamos *objetividad del conocimiento jurídico*; 3) la determinación jurídica de la conducta depende de una reconstrucción sistemática del material normativo; 4) la indeterminación del derecho no implica necesariamente que el conocimiento jurídico también lo sea. Cabe distinguir diferentes supuestos de indeterminación: unos son relativos a la identificación del derecho y otros a su producción y, dentro de ésta última categoría, más específicamente, a su aplicación. Solo en algunos de tales supuestos, bajo ciertas circunstancias específicas, la indeterminación del derecho se traduce en una indeterminación del conocimiento jurídico, comprometiendo de este modo su objetividad[5].

---

[4]   En Sucar, 2008 se defienden las tesis positivistas aquí enunciadas en contra de las concepciones antipositivistas. Allí mismo se remite para la bibliografía relativa a las diferentes posiciones en debate.

[5]   En el marco de la identificación del derecho, la indeterminación del derecho puede traducirse en una indeterminación del conocimiento jurídico en los

En el marco de nuestro modelo teórico, la *identificación* del derecho es una tarea *teórica*. Su *producción*, en cambio, es una tarea eminentemente *práctico-normativa*. Ésta última, no obstante, desde que se exige una fundamentación en la creación de las normas jurídico-positivas, debe estar precedida por una etapa previa de carácter teórico o cognoscitivo. Los actos de producción pueden estar o no jurídica o moralmente justificados. La justificación que ofrece un órgano jurídico, legislador ordinario o juez, de la decisión que ha adoptado (paradigmáticamente una ley o una sentencia, respectivamente) constituye un razonamiento práctico-normativo que aunque en tanto tal, en la medida en que pretende poseer (en definitiva) una corrección normativa de tipo político-moral, no es en última instancia susceptible de ser evaluado en términos de verdad o falsedad, como toda ponderación político-moral es susceptible de ser, sin embargo, discutida racionalmente. La creación de una norma por parte de un constituyente originario, a menos que se trate de un puro acto de voluntad discrecional sin fundamento, también presupone un razonamiento práctico-normativo a modo de justificación. Solo que éste, a diferencia del razonamiento práctico-normativo desplegado por el legislador ordinario, al no tener que adecuar la norma creada a normas jurídicas preexistentes, tendrá como objeto de evaluación o ponderación, además de las relaciones medios a fines y otras premisas fácticas que eventualmente contenga, las razones mismas (político-morales o prudenciales) que inspiran o determinan los fines que se propone alcanzar. El razona-

---

casos de enunciados interpretativos relativos a normas que contienen alguno (s) términos cuya ambigüedad es ineliminable a partir del análisis de sus reglas de uso. En el marco de la aplicación del derecho, habrá indeterminación del conocimiento jurídico en los supuestos de subsunción dudosos (ya sea de casos individuales en casos genéricos o de casos genéricos en otros más genéricos) producto de la vaguedad de los conceptos contenidos en las normas jurídicas (*i.e.* lagunas de reconocimiento). Ni las contradicciones normativas, ni las lagunas normativas, así como tampoco las lagunas de conocimiento, ni las lagunas axiológicas dan lugar a la indeterminación de los enunciados jurídicos relativos a ellos. Para una exposición completa, véase Sucar, 2008: 355-420.

miento práctico del juez, así como el del legislador ordinario, por otra parte, pueden ser también analizados desde un punto de vista descriptivo a fin de establecer tanto su consistencia lógica (*i.e.*, si la conclusión se sigue deductivamente de las premisas) como su adecuación material (*i.e.*, si sus premisas y conclusión son o no conformes a derecho). Aunque el razonamiento práctico del constituyente originario, en cuanto a su corrección, también puede ser objeto de un análisis descriptivo, éste ha de reducirse a la identificación de las razones en sustento del fin (o fines) que se propone alcanzar que obran como su premisa mayor (suponiendo que esto sea empíricamente posible)[6], y la evaluación de su consistencia lógica. La evaluación de la corrección de las razones que éste brinda en apoyo de la premisa mayor de su razonamiento, esto es, del fin (o fines) que se propone alcanzar por considerarlos buenos o correctos, solo pueden ser objeto de una ponderación normativa[7]. Estas son, breve-

---

[6]   Evidentemente, la razones acerca de los fines que el constituyente originario se propone alcanzar podrían ser objeto de algún tipo de análisis teórico, no respecto de su corrección (o incorrección), sino, por caso, relativamente a la determinación de cuáles son los principios que acepta el constituyente originario con vistas, por ejemplo, a identificar su contenido, analizar si constituyen un sistema completo, consistente e independiente, etc.

[7]   La distinción entre razón teórica y razón práctica no implicar negar, desde luego, que existen relaciones entre las tareas cognoscitivas, propias de la primera, y aquéllas normativas, propias de la segunda. Las actividades que llevan a determinar qué creencias del mundo son verdaderas pueden estar, por ejemplo, orientadas por una finalidad práctica —como ocurre muchas veces en el ámbito tecnológico y científico. Asímismo, la elección entre cursos de acción requiere, por razones de experiencia previa o conveniencia, el acopio de información verdadera de una situación particular. De modo que las tareas que ocurren en ambos dominios pueden estar relacionadas y articuladas en un proceso complejo de razonamiento. Esto no hace, sin embargo, que se confundan. Básicamente, porque los criterios de éxito, de satisfacción y de justificación de una tarea práctico-normativa son inconmensurables con los criterios para discriminar creencias verdaderas: así, por ejemplo, elegir entre una vestimenta u otra en función de las preferencias acerca de los colores, no es un criterio aplicable para justificar la creencia acerca del número de prendas que posee el sujeto. Esta descripción filosófica general, respecto del contexto de aplicación de normas jurídicas, se encuentra imbrincada con los requeri-

mente expuestas, nuestras asunciones teóricas fundamentales con relación a la naturaleza del derecho y del conocimiento jurídico.

Veamos pues cuáles son los niveles de análisis que, sobre la base de las referidas asunciones, entendemos han de ser distinguidos. Partamos para ello de la constatación de que el sentido y la referencia de la expresión «derecho» («*Recht*», «*droit*», «*diritto*», «*law*», etc.) u otras expresiones asociadas, cuando se atiende a las distintas etapas de la evolución histórica de una cultura o a diferentes culturas, a veces no resultan ser idénticos. La diferencia entre las características de los distintos fenómenos referidos puede ser de tal magnitud que, a la luz de ciertos análisis, puede resultar dudoso considerarlos ejemplares de una misma clase, e incluso justificar el rechazo de su equiparación. Ha de tenerse presente, asimismo, que el tipo de regulación de la vida social que se ha llamado «derecho» no siempre ha ido acompañada de un saber que la explique y a la vez le sirva de marco teórico de realización. Los saberes acerca del derecho han asumido diversas formas y grados de desarrollo a lo largo de la historia occidental y la llamada «*ciencia jurídica*» no aparece sino en la Roma antigua, y ha sido objeto de múltiples trasformaciones[8].

---

mientos institucionales específicos de cada sistema jurídico y para cada tipo de órgano jurídico. Un diseño institucional que requiere que el jurado únicamente se pronuncie sobre el veredicto de inocencia o culpabilidad sin que fundamente ni el marco normativo aplicado ni un razonamiento probatorio asociado a tal marco no tiene exigencias discursivas para justificar las operaciones de conocimiento empleadas ni los criterios prácticos usados para elegir entre uno y otro veredicto (razón práctica). Por oposición, el abogado general en el Tribunal de Justicia de la Unión Europea —encargado de presentar el problema del caso y sugerir una solución al tribunal— deberá mostrar los criterios que gobernaron sus operaciones de conocimiento y de decisión práctica para arribar a las conclusiones que presenta. Estos dos ejemplos muestran que en el ámbito de la aplicación de normas por parte de órganos jurisdiccionales ocurren operaciones propias tanto de razón teórica como de razón práctica. Sin embargo, estas operaciones no son siempre transparentes a terceros, entre otras cosas, por las exigencias concretas de cada sistema jurídico. Estas mismas consideraciones se aplican a los legisladores y a cualquier órgano que crea o aplica normas jurídicas. Cf. Cerdio Herrán, 2015.

[8]   Remitimos, al respecto, al volumen II de esta obra.

Ahora bien, tanto en nuestra vida ordinaria, es decir, en el marco de nuestra comprensión preteórica, como en diferentes contextos teóricos, existen una diversidad de cosas que, sobre la base de diversos criterios, calificamos de «derecho» o de «jurídico». En nuestra comprensión preteórica, calificamos de ese modo elementos de las más variadas especies: textos (como las leyes, los códigos, las sentencias, o las doctrinas jurídicas), conductas (como la aceptación o la desobediencia de las normas jurídicas por parte de los sujetos destinatarios, o su utilización por parte de los magistrados en la toma de decisiones), hechos (como la formalización de una compraventa, la celebración de un matrimonio, la comisión de un asesinato, una emergencia social o crisis económicas), instituciones (como el parlamento, los ministerios o los tribunales), decisiones (como las sentencias, los decretos, y las resoluciones administrativas), la apelación a ciertos valores (como la justicia, la equidad, o el bien común), o a la posibilidad normativa de realizar ciertas actividades (interponer una demanda, realizar un requerimiento fiscal, utilizar la fuerza —para detener a una persona, secuestrar o ejecutar un bien—), entre muchas otras cosas. En nuestra comprensión preteórica, para efectuar estas calificaciones, solo contamos con criterios algo difusos y heterogéneos que no poseen ni pretenden poseer univocidad teórica alguna.

Algunas de estas cosas, e inclusive otras, no obstante, son también objeto de estudio de ciertas actividades teóricas. En efecto, hay una muy variada gama de disciplinas que se ocupan de estudiar «el derecho». La sociología del derecho, la psicología forense, la antropología jurídica y la historia del derecho son solo algunas de las más reconocidas de estas ramas del saber. Cada una de estas disciplinas teóricas ofrece diferentes configuraciones de su objeto de estudio según los particulares intereses teóricos que cada una de ellas pretende satisfacer. Resultaría imprudente, en efecto, afirmar simplemente que todas ellas abordan, desde perspectivas diferentes, un mismo objeto temático. Nos parece más adecuado decir que el objeto temático difiere de una a otra (al menos parcialmente) según los datos que cada una de ellas toma como relevantes a partir

de la vasta y compleja comprensión preteórica de la experiencia
jurídica para la satisfacción de sus diversos objetivos teóricos. Sus
respectivos métodos son también (total o parcialmente) diferentes.
Ahora bien, entre tales disciplinas hay una que refleja la perspectiva
propia o específica del jurista: la llamada *ciencia jurídica*. La misma
es objeto de estudio, a su vez, de la metodología jurídica (una parte
de la filosofía del derecho)[9]. Pese a su especificidad, el enfoque de
los juristas no ofrece tampoco una visión monolítica sobre el derecho. Por una parte, como se ha dicho, el saber de los juristas ha ido
evolucionado a lo largo del tiempo. Por otra parte, cabe distinguir
(a partir de los siglos XII-XIII) al menos dos importantes y diferentes tradiciones jurídicas: aquella que es propia de los países de
Europa continental, donde ha tenido lugar la recepción del derecho
romano (de cuya cultura América Latina es tributaria) y aquella que
es propia de los países anglosajones, donde la influencia del derecho
romano ha sido menor o ha sido asimilada de otro modo, y donde
rige lo que se denomina el *Common Law*. En una y otra tradición el
saber de los juristas ha adoptado formas diferentes. En todos estos
casos de saberes acerca del derecho, a diferencia de lo que ocurre
en nuestra comprensión preteórica, existe al menos la pretensión
de contar con un conjunto definido y unívoco de criterios para delimitar el campo objetual de estudio, así como con el correlativo
empleo de los métodos que se estiman adecuados[10].

---

[9]   No nos ocuparemos aquí de la cuestión acerca del status científico de los dife-
       rentes abordajes teóricos acerca del derecho. Baste aquí remitir, con relación
       a la llamada «ciencia jurídica», a Savigni *et al*, 1949, volumen que reúne los
       trabajos ya clásicos sobre el tema de Savigni, Kirchmann, Zitelmann y Kanto-
       rowicz; a la polémica entre Manuel Atienza y Roberto J. Vernengo, en *Doxa*, nº
       3, 1986: 289-314 (Atienza, 1986; y Vernengo, 1986a y 1986b); y finalmente a
       Nino, 1974, 1979 y 1980: capítulo VI.

[10]   Ello no implica, desde luego, que no existan controversias (en el interior de los
       diferentes saberes acerca del derecho así como, sobre todo, en sus respectivas
       disciplinas metodológicas) acerca de cuál es (o debería ser), en qué consiste (o
       debería consistir), exactamente su objeto de estudio y de los métodos que le
       son apropiados.

La distinción entre el **derecho** —entendido como el conjunto de datos que han de ser seleccionados a partir de nuestra comprensión preteórica sobra la base de ciertos criterios teóricos— la **ciencia jurídica** —que opera esta selección de manera más bien implícita— y la **metodología jurídica** —que busca formular de manera explícita y precisa tales criterios— ha conducido a algunos teóricos generales del derecho a reconstruir esta distinción, desde un punto de vista analítico, como una tipología de distintos niveles de lenguaje[11]; y también a preocuparse por los problemas que plantean, en cada uno de ellos y en su relaciones recíprocas, las definiciones y las clasificaciones de los conceptos respectivos[12]. Digamos al pasar, sin poder explayarnos aquí sobre el particular que, en nuestra perspectiva, la teoría general del derecho es un parte de la filosofía del derecho (junto a la teoría de la justicia) que comprende dos grandes partes: la metodología jurídica, esto es, una teoría del conocimiento jurídico, y la ontología jurídica, vale decir, una teoría acerca de la naturaleza del derecho (en tanto objeto de una disciplina teórica, en la especie de la ciencia jurídica, en alguna de sus dos grandes variantes). En este sentido, una tipología de los distintos niveles de lenguaje jurídico presupondrá (correlativamente al modo de dar cuenta de sus respectivos conceptos), inevitablemente, una cierta concepción acerca de la naturaleza del derecho, del conocimiento jurídico, así como de la propia teoría general del derecho. Aunque, por otra parte, desde un punto de vista histórico, como veremos, es oportuno hablar de una suerte de «retroalimentación» entre cada uno de estos niveles de lenguaje y sus respectivos conceptos.

Jerzy Wróblewski ha definido el *discurso jurídico* como «el discurso en el cual se formula el derecho o se habla del derecho» y distingue cuatro tipos principales de lenguajes en el discurso jurídico: el *lenguaje legal* (LL), el *lenguaje jurídico jurisprudencial* (LJJ), el *lenguaje jurídico científico* (LJC) y el *lenguaje jurídico común* (LJc)[13].

---

[11] Cf., por ejemplo, Wróblewski, 1988.
[12] Cf., por ejemplo, Eisenmann, 1966.
[13] Cf. Wróblewski, 1988: 377 y 360.

Wróblewski precisa que por *derecho* entiende «el conjunto de prescripciones que satisfacen las condiciones precisas en una teoría del derecho determinada» y que para su análisis presupone una teoría del derecho que posee la siguientes características: i) está restringida a dar cuenta de los sistemas de derecho escrito, lo cual tornaría inaplicable a los sistemas de *common law* la distinción (relativa a los sistemas de derecho escrito) entre el lenguaje propio de los actos de creación del derecho y el lenguaje propio de los actos de aplicación del derecho, distinción que si bien posee carácter teórico está ya presupuesta en las instituciones del *civil law*; ii) toma en consideración no solo las prescripciones producidas por el legislador sino también sus consecuencias (lógicas) como formuladas en el mismo lenguaje del legislador, sobreentendiéndose de este modo una cierta concepción del sistema jurídico; y iii) tiene en cuenta específicamente las leyes. Así, **en el marco de su teoría**, el *discurso jurídico* queda reformulado como «el discurso en el que se formulan las leyes o en el que se habla de las leyes». Antes de pasar a analizar las características de los cuatro tipos de lenguajes del discurso jurídico es menester tener presente una característica común a todos ellos: se les presenta el problema (aunque de manera diferencial, como se verá) de su relación con la *lengua natural* (LN), que es el fondo común de los lenguajes del discurso jurídico. LN es definida como «la lengua de la comunicación en una sociedad lingüística»[14].

El *lenguaje legal* (LL) queda definido como «el lenguaje en el cual se formulan las leyes» y, más específicamente, como «el resultado de la actividad del legislador quien formula los textos de los actos normativos». Por su parte, los actos normativos del legislador son de dos especies: aquellos que apuntan a dirigir la conducta de sus destinatarios (*reglas de conducta*) y aquellos que apuntan a la creación de hechos, situaciones o procesos que tienen significación jurídica (*reglas constitutivas*). Las normas o reglas que conforman el lenguaje del legislador (*i.e.*, las leyes) son concebidas como una categoría semántica

---

[14]   *Ibidem*: 357-360.

diferente tanto de las proposiciones como de las evaluaciones[15]. En la cultura jurídica moderna LL es una especialización o registro de la lengua natural; y en tanto tal, tiene los elementos de lo artificial [técnico], sobre todo en su vocabulario, sirviendo pragmáticamente para fines más especializados que LN. En la actividad de creación del LL, el legislador enfrenta el siguiente dilema: o sigue la LN y es comprendido por el destinatario sin calificaciones jurídicas especiales, o modifica la LN creando el LL como un lenguaje artificial [técnico], lo cual le permite formular textos más precisos pero menos comprensibles para el auditorio no preparado. Cualquiera sea el gradado de especialización de LL respecto de la LN, los trazos semánticos de esta última no quedan eliminados sino solo modificados, de modo que se preservan dos de sus principales características: la vaguedad y la contextualidad de sentido[16]. Tres son los contextos de sentido de LL: el

---

[15]   *Ibidem*: 360-361 y 364. Digamos, por nuestra parte, que nos parecería más apropiado calificar a LL de lenguaje técnico y no de lenguaje artificial. Un lenguaje artificial es, por ejemplo, la matemática o la lógica. Un lenguaje técnico o especializado «es un lenguaje que contiene términos que o bien solo son usados en [un cierto] ámbito y, por esa razón aparecen rigurosamente definidos [...] o bien son términos usados en el lenguaje pero definidos de forma que, en un ámbito especializado y en virtud de definiciones, tienen un uso determinado, más riguroso y unívoco que su uso en el lenguaje común». El lenguaje jurídico contiene términos técnicos; tanto «puramente técnicos, que solo se usan en el lenguaje legal y en los contextos en que este lenguaje es mencionado (pensemos en expresiones como "censo enfitéutico", "preterición de la herencia", "reclusión menor") como términos tomados del lenguaje común pero a los cuales el legislador fija el sentido legal a través de una definición ("tesoro oculto", "asesinato"). Vale la pena hacer notar, sin embargo, que estas definiciones legales, si bien fijan el sentido del algunos términos empleados por el legislador, suponen la existencia de un trasfondo de convenciones y prácticas que constituyen el lenguaje común, puesto que sus definientes deben usar términos del lenguaje común». Cf. Moreso, 1996: 108 y 111. Como veremos, existen también términos jurídicos técnicos que carecen de una definición explícita o que son definidos de manera insuficiente. Véase al respecto, también Moreso, 1996: 112 *in fine*.

[16]   A estas dos características podría agregarse la ambigüedad (semántica y sintáctica). Respecto de la vaguedad véase lo dicho en las notas al pie de página 28 y 442, así como lo que se dice en texto vinculado con tales notas.

contexto lingüístico, que es donde están las características de LL; el contexto sistémico, constituido por el sistema del derecho formulado en el LL; y el contexto funcional, que está constituido por los fenómenos de la vida social entre los que el derecho es creado, aplicado, y funciona de otra manera [a la legalmente prevista][17].

El *lenguaje jurídico jurisprudencial* (LJJ) es definido como «aquel en el que se formulan las decisiones de la aplicación del derecho» y su diferencia respeto de LL está ligada con la oposición entre creación y aplicación del derecho. Al ser un discurso de la aplicación de leyes es identificado como lenguaje del discurso jurídico por el factor pragmático. El caso paradigmático de aplicación del derecho es la aplicación judicial. En la medida en que LJJ hace una descripción y/o evaluación de los textos legales en general, y de las prescripciones (contenidas en ellos) aplicadas en particular, es un metalenguaje respecto de LL. Pero LJJ contiene también enunciaciones que no son metalingüísticas respecto de LL como cuando, por ejemplo, se constatan los hechos del caso, o se acepta o se rechaza la prueba, etc. Así, LJJ es muy heterogéneo desde el punto de vista de sus partes constitutivas. Su estructura semántica es, por lo demás, más compleja que la de LL. En primer lugar, porque las decisiones contienen normas concretas e individuales; en segundo lugar, porque las decisiones también contienen motivaciones, las cuales no se reducen a la cita de las reglas aplicadas; en tercer lugar, porque las decisiones tienen su estilo determinado por el vocabulario y las propiedades semánticas de sus expresiones; en cuarto lugar, porque en ellas se formulan traducciones de dos géneros: de la LN o de algún lenguaje especializado a LL, cuando por ejemplo, las pruebas no están dadas en los términos propios de LL; de un LL extranjero al propio LL cuando, verbigracia, se deben aplicar leyes jurídicas foráneas[18].

El *lenguaje jurídico científico* (LJC) «es el propio de la ciencia jurídica» y su función depende de la pragmática, es decir, de las fun-

---

[17]   Wróblewski, 1988: 360 y 362-364.
[18]   *Ibidem*: 360 y 365-366.

ciones del discurso de la ciencia. Este discurso es complicado porque existen muchas ciencias jurídicas. Wróblewski considera «dos tipos de ciencia jurídica»: la dogmática jurídica y la teoría general del derecho, por lo que distingue, consecuentemente, dos tipos de LJC: el *lenguaje jurídico dogmático* (LJD) y el *lenguaje jurídico teórico* (LJT)[19]. La estructura de LJD depende del concepto que se tenga de la dogmática. Según el paradigma tradicional en el LJD se hace una descripción del derecho vigente, de modo que LJD no contiene más que las proposiciones sobre las reglas vigentes [o, más bien, válidas] y sus relaciones, así como las tesis analíticas concernientes a los conceptos jurídicos [contenidos en ellas]. No obstante, en los tratados de dogmática jurídica puede observarse que hay otro tipo de enunciados diferentes a los señalados: proposiciones sobre el

---

[19]   En el trabajo que comentamos, Wróblewski emplea una noción muy amplia de ciencia jurídica que incluye no solo las disciplinas propias de los juristas (como la dogmática jurídica) sino también otras que exceden este marco como la sociología jurídica, la antropología jurídica o la historia del derecho. Como puede apreciarse, incluso la teoría general del derecho forma parte de esta noción amplia de ciencia. Esta terminología nos merece algunos reparos. En primer lugar, como término genérico que englobe todas estas «ciencias» nos parece más justo el de «disciplinas teóricas» acerca del derecho toda vez que resulta algo extraño o cuando menos poco frecuente denominar ciencia a la teoría general del derecho aunque más no sea por su carácter eminentemente general y metalingüístico respecto tanto del derecho como de la actividad teórica propia de los juristas, así como por su importante contenido filosófico. En segundo lugar, porque para denominar en el interior de ese marco general a la disciplina teórica propia de los juristas nos parece preferible el rótulo tradicional de «ciencia jurídica», el cual presenta a nuestro juicio, a su vez, dos ventajas: i) permite destacar la diferencia del saber propio de los juristas de las otras disciplinas teóricas no propias de éstos así como también de la teoría general del derecho (diferente ésta última respecto de los otros dos tipos de disciplinas tanto por el nivel de análisis en el que se ubica como por su estatus epistemológico); y ii) permite diferenciar en su interior distintas formas de desarrollo de saber como, por ejemplo, la dogmática alemana, la doctrina francesa o la manera en que este saber se practica en el *common law*. El empleo de la expresión «ciencia» en el rótulo «ciencia jurídica» no implica ningún juicio acerca de la cientificidad o no de la disciplina teórica denominada de este modo; tan solo nos valemos aquí de un término tradicional. Véase al respecto lo expuesto en nuestra introducción al volumen III de esta obra.

funcionamiento de las reglas y de las instituciones jurídicas, evaluaciones de las leyes vigentes así como postulados de *lege* y de *sententis ferenda*, entre otros[20]. De atenerse a este paradigma más amplio que el tradicional, el LJD no sería solamente una descripción de LL, y tan solo una parte de él sería un metalenguaje respecto de LL. Por otra parte, LJD es también un metalenguaje de LJJ en la medida en que la dogmática analiza (o se estima que debe analizar) las decisiones que constituyen aplicación del derecho. LJT, por su parte, está estrictamente ligado con el contenido de la teoría que se desarrolle; hay muchas orientaciones teóricas y su contenido determina su LJT. Así, por ejemplo, el LJT del normativismo es diferente al del realismo jurídico, y mientras que las teorías axiológicamente neutras excluyen las expresiones evaluativas, las teorías axiológicas formulan evaluaciones e introducen su concepción del derecho natural[21]. El LJT es un metalenguaje para el LJD en tanto la teoría del derecho obra como una metodología de la dogmática. LJT también sería un metalenguaje respecto de LJJ en tanto que la teoría general del derecho analiza los problemas de aplicación del derecho a nivel teórico ya sea de manera directa, ya sea indirectamente, a través de los análisis dogmáticos. Por último, LJT es también un metalenguaje para LL toda vez que la teoría general del derecho se ocupa de problemas de formulación de los textos normativos apuntando a sus características de fondo independientes de las particularidades de LL en los diferentes sistemas jurídicos[22].

El *lenguaje jurídico común* (LJc) es «el utilizado en los discursos concernientes al derecho que no son los precedentes» y es muy diversificado y de difícil identificación. Su tipología depende de la clase de auditorio en que el discurso se analice. Wróblewski limita su tipología a dos auditorios: al de los abogados (LJcA) y al de la gente

---

[20]   Sobre las diferentes concepciones de la dogmática (o ciencia) jurídica remitimos a lo expuesto en nuestra introducción al volumen III de esta obra.
[21]   Sobre estas opciones teóricas permítasenos remitir a Sucar, 2008 y a lo expuesto en nuestra introducción al volumen III de esta obra.
[22]   Wróblewski, 1988: 360 y 367-370.

no especializada en el derecho (LJcC). El primero de los mencionados lenguajes está sujeto a las necesidades de la profesión, es decir,
a presentar los casos ante los órganos que aplican el derecho, especialmente los tribunales. De esta manera está estrictamente ligado
con LL y LJJ y utiliza, según el estilo y los casos, también la simple
LN. Su finalidad es persuadir y ello determina sus propiedades. El
segundo de los mencionados lenguajes es el utilizado en la sociedad
para hablar del derecho, las leyes y su aplicación[23].

Generalizando y simplificando un tanto la presentación de Wróblewski, podemos diferenciar los tres siguientes principales niveles
de análisis: 1) **el derecho** entendido como el conjunto de las disposiciones producidas por las autoridades jurídicas, esto es, como
la conjunción de las prescripciones generales producidas por el legislador mediante sus actos de creación normativa y de las decisiones producidas de los órganos de aplicación mediante sus actos de
aplicación normativa; ello de conformidad a la noción de producción[24] del derecho; 2) **la ciencia jurídica**, entendida básicamente
como la descripción, explicación y sistematización relativa un ordenamiento jurídico particular o a algunas de sus partes o sectores
[adoptando la acepción de «derecho» introducida en 1)]; y 3) la
teoría general del derecho, en su doble cometido de metodología de la ciencia jurídica y de ontología respecto del derecho. A fin
de dar cuenta no solo de los ordenamientos jurídicos de la tradición
continental europea o romanística (de derecho escrito en la terminología de Wróblewski), sino también de los sistemas de *common
law*, alcanzaría para estos propósitos generales con caracterizar diferentemente la noción de órganos de aplicación para dar cuenta del
hecho de que los tribunales en el *common law* pueden crear normas
generales de manera no residual *más allá* del ejercicio de su discrecionalidad en casos de indeterminación de los estándares jurídicos
positivos que deben aplicar, mediante unos procedimientos legales

---

[23]   *Ibidem*: 360 y 371.
[24]   Sobre la noción de producción del derecho remitimos a lo dicho *supra* y en el
        aparado II de esta introducción.

e intelectuales diferentes a los del legislador —y no meramente aplicar normas prexistentes a casos particulares—[25]. Sobre estas bases podríamos distinguir el *lenguaje del derecho* (LD), el *lenguaje de la ciencia jurídica* (LCJ) y el *lenguaje de la teoría general del derecho* (LTGD), y subdividir este último en *lenguaje de la metodología de la ciencia jurídica* (LMJ) y *lenguaje de la ontología jurídica* (LOJ)[26]. En este esquema, el lenguaje jurídico común de aquellos no especializados en derecho formaría parte de lo que hemos llamado *comprensión preteórica*. El lenguaje común de los abogados, por su parte, consistirá, según los contextos (tipos de juicio o instancias procesales dentro de ellos) y auditorios (un juez profesional o jurados legos) en una combinación de un lenguaje propio de la comprensión preteórica y de un lenguaje propio del derecho, de la ciencia jurídica e incluso, eventualmente, de la teoría general del derecho, en tanto estos dos últimos campos del saber sirvan de marco de realización teórica del derecho para el caso en tratamiento.

A fin precisar las relaciones entre el lenguaje del derecho, el de la ciencia jurídica y el de la teoría general del derecho resulta de interés destacar algunos de los problemas que presenta la definición y clasificación de los conceptos en el ámbito del derecho. A este propósito, por «concepto» Charles Eisenmann entiende el significado asociado a una palabra o expresión breve[27]. Sin alejarnos demasiado de esta acepción de «concepto» proponemos definirlo como el significado asociado a un término general (o predicado en sentido lógico) y descomponer la noción de significado en dos aspectos: la intensión (o designación) y la extensión (o denotación). Mientras que la intensión (o designación) está constituida por las propiedades tomadas como relevantes para el uso de un término general, la extensión (o denotación) está conformada por todas aquellas enti-

---

25   En la introducción al volumen II de esta obra se efectúan algunas consideraciones acerca de estas diferencias desde un punto de vista histórico.

26   Debe quedar claro que en este contexto «ontología jurídica» hace referencia a una disciplina y no o su objeto temático.

27   Cf. Eisenmann, 1966: 25.

dades que satisfagan tales propiedades[28]. Eisenmann distingue entre aquellos conceptos que se encuentran empleados en alguna «fuente de derecho positivo» (ley, fallo, etc.) y que, por ende, son exteriores al jurista (es decir, a aquel que efectúa un «trabajo de ciencia del derecho»), y aquellos conceptos que son empleados por el jurista con vistas a su explicación del derecho[29]. Ahora bien, en su cometido, y con relación a la definición de los conceptos, el jurista se enfrente a tres grandes alternativas.

A) El concepto en cuestión ya se halla definido en la fuente misma; el legislador o el juez, por ejemplo, se han encargado ellos mismos de definir el término en cuestión, o bien el término empleado en la fuente ya se halla definido por el lenguaje [corriente] o la costumbre. Suponiendo que la definición sea clara y precisa, en esta hipótesis la tarea del jurista estará reducida a un rol muy modesto: reproducir la definición que obra en la fuente. B) En la fuente no se halla una definición del término empleado y ésta tampoco se desprende claramente del lenguaje o de la costumbre. Puede ocurrir también que el término sea empleado con diferentes sentidos [en la misma fuente o en diferentes fuentes o en el lenguaje corriente o la costumbre]. En otras palabras, no está claro cuál es el concepto que expresa dicho término. En este supuesto, el jurista puede obtener los conceptos expresados por los términos no definidos explícitamente por las fuentes y cuya definición tampoco surge claramente del lenguaje corriente o la costumbre, por medio de un trabajo inductivo: se trata de identificar las *calificaciones* a que es asociado el término en cuestión, es decir, de identificar los objetos que son incluidos como formando parte del concepto que se supone que el

---

[28]   Con excepción de los términos que expresan conceptos formales (como, por ejemplo «triángulo») los términos que expresan conceptos empíricos (verbigracia, «caballo») son potencialmente vagos. Sobre la cuestión de la vaguedad permítasenos remitir a Sucar, 2008: 79-102 y bibliografía allí citada.

[29]   Dado que Einsenman emplea una noción de «ciencia jurídica» de un modo que abarca tanto la dogmática (o doctrina) como la teoría general del derecho, su empleo de «jurista» abarca a aquél que se ocupa de cualquiera de estas disciplinas.

término designa y aquellos que no son incluidos como formando parte de él. Eisenmann ilustra la situación con el caso del jurista que examina los fallos en los que se emplea un término que el legislador no ha definido y que ellos mismos tampoco definen pero que emplean efectuando calificaciones jurídicas sobre su base. Los conceptos así obtenidos son denominados *conceptos inducidos*. La inducción de un concepto solo sería posible si se satisfacen dos condiciones: a) que existan elementos de justificación de las calificaciones jurídicas efectuadas; y b) que esos elementos sean los mismos en los diferentes casos, y no diferentes en una serie de casos a los que son en otra u otras serie(s). Si ocurre esto último, las calificaciones relativas a un término consagrarán no un concepto sino dos (o más) conceptos asociados a él. C) El tercer supuesto se da cuando el jurista, a fin de proporcionar un conocimiento y un análisis sistemático del derecho positivo, es llamado a elaborar él mismo un concepto cuyo término no ha sido empleado en una fuente del derecho. Se trata de aquellos conceptos que «proveen cuadros teóricos de análisis y de sistematización de los fenómenos jurídicos» y son denominados *conceptos de clasificación teórica*. Ejemplos de tales conceptos son: «soberanía» y «no soberanía» (conceptos de la teoría constitucional general o de la teoría política); «democracia», «autocracia», «dictadura», «oligarquía» (conceptos de las teorías de la formas de gobierno); «Estado», «Unión de Estados», «Estado unitario», «Estado federal» (conceptos de la teoría de las formas de Estado y de las colectividades políticas)[30]. A esta lista señalada por Eisenmann podríamos agregar otros específicos de la teoría general del derecho como, por ejemplo, «norma jurídica», «sistema jurídico», «validez», «eficacia», «sanción», «hecho ilícito», «obligación», «derecho», «responsabilidad», «capacidad», «persona jurídica», «Estado», etc.[31]. Ahora bien, los conceptos de clasificación teórica se distinguen de los conceptos

---

[30]   Cf. Eisenmann, 1966: 25-29.

[31]   Algunos de los términos señalados son también objeto de definición por parte de la ciencia jurídica aunque, evidentemente, con un contenido diferente, menos más general y centrado en el contenido de las normas jurídicas positivas.

inducidos (también elaborados por el jurista) como de los conceptos definidos en las fuentes jurídicas (y que el jurista se limita a reproducir en su metalenguaje), tanto «por su función como por las bases de su elaboración», y el problema de su definición no puede plantearse más que remontándose al problema de las *clasificaciones*, esto es, que tales conceptos no pueden ser elaborados con chances de éxito científico a menos que se los defina no aisladamente sino en una serie más o menos numerosa en la que cada uno de ellos constituya la base de reunión de una clase o categoría de objetos. En pocas palabras, con relación a los conceptos de clasificación teórica el jurista elabora una «pluralidad de definiciones solidarias»[32]. Excede nuestro cometido actual adentrarnos en las dificultades que implica esta tarea[33]. Digamos, en cambio, que desde un punto de vista histórico, entre los conceptos empleados en las fuentes jurídicas y aquellos empleados por la ciencia jurídica o por la teoría general del derecho y del conocimiento jurídico existe una suerte de proceso de retroalimentación. Considérese a mero título ilustrativo que desde la perspectiva de la historia del derecho francés, el llamado *Código Napoleón* (que data de 1804 pero que ostenta este nombre desde 1807) es la culminación del trabajo de la doctrina para obtener reglas comunes frente a la profusión de las fuentes del antiguo derecho y, en este sentido, el heredero de la enseñanza de los profesores de derecho francés; los tratados de Pothier, verbigracia, son a veces copiados palabra por palabra por los codificadores[34]. Así, por ejemplo, los redactores del código civil, en el artículo 1101 copian la definición de contrato de Pothier, así como los textos de los artículos 1156 a 1164 sobre su interpretación[35].

Recapitulemos. La manera en que hemos propuesto concebir la naturaleza del derecho y el conocimiento jurídico, así como la distinción analítica en niveles de lenguaje asociada con ella, nos ha

---

[32] *Ibidem*: 29-30.
[33] Véase al respecto, *ibidem*: 31-43.
[34] Cf. Halpérin, 2003: 200 y 202.
[35] Cf. Jestaz-Jamin, 2004: 66.

permitido —en un esfuerzo de generalización y simplificación— entender el derecho, en tanto lenguaje de las autoridades jurídicas —diferente en cuanto tal de los (meta)lenguajes relativos a él, como son los de la ciencia jurídica y la teoría general del derecho— como el conjunto de las disposiciones producidas por las autoridades jurídicas, esto es, como la conjunción de las prescripciones generales (contenidas en la leyes) resultado de los actos de creación normativa del legislador y de las normas individuales (contenidas en las sentencias) resultado de los actos de aplicación de los órganos de aplicación. Ello supone distinguir la *actividad* del legislador en el marco del proceso legislativo y la *actividad* de los órganos de aplicación en el marco de un proceso jurisdiccional, de sus respectivos *resultados*, a saber, paradigmáticamente: las normas generales contenidas en las leyes y las normas individuales contenidas en (la mayoría aunque no todas) las sentencias. De esta manera, las normas generales al igual que individuales constituyen, en tanto lenguaje prescriptivo, el lenguaje objeto, con diferentes propósitos, de los metalenguajes propios de la ciencia jurídica y de la teoría general del derecho que —en nuestra opinión— han de ser básicamente descriptivos o reconstructivos. En tal sentido es legítimo preguntarse por la permeabilidad a los valores de verdad de uno y otro tipo de normas. Ahora bien, si en lugar de atender al resultado de la referidas actividades nos enfocamos en estas actividades mismas, lo primero que salta a la vista es que —más allá de su punto en común que poseen en tanto actos de producción del derecho— el proceso jurisdiccional, como marco de actuación de los órganos de aplicación —a diferencia del proceso legislativo— presenta una complejidad y contiene una heterogeneidad de elementos que ameritan un análisis diferenciado respecto de sus (eventuales) relaciones con la verdad. Como veremos, el proceso jurisdiccional involucra, en efecto —según nuestra perspectiva teórica y bajo ciertas condiciones—, entre otras cosas, tanto aspectos cognoscitivos como práctico-normativos entre los cuales parece que existe, o se pretende que deben existir, ciertas relaciones específicas.

De acuerdo con estas consideraciones, los problemas en torno a las relaciones entre derecho y verdad han sido agrupados en tres grandes rubros: problemas de la verdad *del* derecho; problemas de la verdad *en* el derecho y problemas de la verdad *sobre* el derecho. El primero tiene que ver con el interrogante acerca de si las normas jurídicas son, en algún sentido, susceptibles de ser calificadas como verdaderas o falsas y, de serlo, en qué consistiría su verdad; asimismo, con la cuestión de la manera en que se relaciona el contenido de las normas jurídicas —es decir lo que estas prescriben o los efectos jurídicos que establecen a ciertos actos o hechos— con lo verdadero y lo falso, por ejemplo, en tanto las normas jurídicas exigen decir la verdad en ciertos contextos o prohiben decir falsedades o crear o presentar documentos falsos en otros contextos, o en tanto las normas jurídicas imponen el deber de tener (siempre o bajo ciertas circunstancias, admitiéndose o no prueba en contrario) por verdaderas o falsas ciertas proposiciones acerca de lo que es o no es, ha acaecido o no ha acaecido, esto es, el régimen de las presunciones y ficciones legales (I). El segundo es relativo a si en el ámbito institucional de aplicación del derecho, paradigmáticamente en los procesos jurisdiccionales, la búsqueda de la verdad es (o no) uno de sus objetivos centrales y, en su caso, a cómo ha de ser reconstruida la noción de conocimiento y su relación con la noción de verdad, ya sea respecto de los hechos o del derecho aplicable; en el primero de estos dos aspectos resulta central la noción de prueba (II). El tercero se vincula con el estatus de los enunciados de la «ciencia jurídica» y de la teoría general del derecho y, en particular, con la posibilidad de atribuirles valores de verdad (III)[36].

Cada una de estas grandes cuestiones —huelga decirlo— se declina en una gran variedad de otras más específicas. Todas ellas, por otra parte, guardan estricta relación tanto con la *forma* que ha adquirido el derecho occidental moderno y contemporáneo en sus relaciones con la verdad (tema del segundo volumen de esta obra),

---

[36]   Para un tratamiento histórico de estos tres niveles de análisis, remitimos a la introducción al volumen II de esta obra.

como con las más relevantes concepciones del derecho y de la verdad (tema del tercer volumen). La formulación de dichas cuestiones así como sus respectivas respuestas son asimismo sensibles a las dos tradiciones jurídicas más salientes: la romanística y la del *common law*. En fin, en cada uno de estos tres puntos fundamentales en los que se divide esta introducción, que se corresponden con la organización temática del presente volumen, reservaremos un apartado especial para la consideración de las contribuciones que lo integran según su ubicación en dicha organización temática. Sobre este último aspecto téngase presente que la agrupación por temas ha sido efectuada no de manera lineal, sino sobre la base del énfasis con que son abordados alguno de los tres referidos tópicos fundamentales. Por ello, oportunamente, se indicarán los eventuales puntos de contacto temáticos que las contribuciones incluidas en una de las tres grandes secciones tengan con las incluidas en las otras dos. Lo mismo cabe decir, aunque en un grado diverso decreciente, respecto de las contribuciones que integran los volúmenes III y II, y procederemos de la misma manera.

I. NORMAS JURÍDICAS Y VERDAD

Si el derecho es concebido como un cierto conjunto de hechos (tal como lo hacen ciertas variantes extremas del realismo jurídico norteamericano) el problema de su relación con la verdad ni siquiera se plantea, dado que la verdad no se predica de los hechos (a menos que se acepte la discutible concepción de la «verdad de las cosas»)[37]. Si el derecho es concebido como un determinado conjun-

---

[37]   Véase al respecto, aunque desde diferentes perspectivas, Heidegger, 1943 y 1947, y Pieper, 1970. Evidentemente, si se descarta que tenga sentido predicar, al menos literalmente, verdad o falsedad de los hechos, queda la posibilidad de atribuir valores de verdad a los enunciados acerca de los hechos; pero en este caso nos hallaríamos frente a enunciados *sobre* el derecho (y no ya del derecho mismo) y, por ende, frente a enunciados de la «ciencia jurídica», de la teoría general del derecho, o de cualquier otra disciplina acerca del derecho.

to de normas o valores *puramente* trascendentes (como lo conciben algunos iusnaturalistas racionalistas de los siglos XVII y XVIII[38]), el problema de su verdad colapsaría completamente con la cuestión de si es posible predicar verdad o falsedad de tales normas o valores morales trascendentes. En cambio, si lo que interesa analizar son aquellas doctrinas que sostienen que es posible atribuir valores de verdad al derecho y que conciben a éste, básicamente, como un conjunto de normas *positivas* (postulen o no la existencia de una conexión necesaria entre éstas y una moral trascendente, universal y objetiva o derecho natural), las cuestión se transforma en la de si las normas jurídicas positivas en sí mismas o en virtud de su conexión con la moral son susceptibles de ser verdaderas o falsas[39]. Aun dentro de estos límites, nos ocuparemos solamente de las versiones no reduccionistas, esto es, de aquellas concepciones para las cuales las normas jurídicas son distintas de, e irreductibles a, los enunciados fácticos[40]. Dicho de otro modo, excluiremos de nuestra conside-

---

[38] Sobre los diversos intentos de construcción de sistemas universales de derecho, es decir, válidos para cualquier tiempo y lugar, fundados en el conocimiento racional de la naturaleza del hombre con abstracción de las condiciones históricas que determinaron el dictado de las leyes positivas, véase Bobbio, 1985: capítulo I, «El modelo iusnaturalista».

[39] Hay quienes sostienen que es posible discutir si las normas son portadores de verdad sin prejuzgar sobre su origen (positivo o trascendente; moral, religioso o jurídico). Este es el punto de vista que se adopta en Jørgensen, 1934. No obstante, hay muchos autores que consideran que las normas jurídicas positivas no son verdaderas o falsas en sí mismas, sino solo en cuanto éstas reflejan normas morales, las cuales sí serían susceptibles de verdad o falsedad. Para otros autores aún, incluso las normas jurídicas en sí mismas pueden ser verdaderas o falsas. Por último, hay autores para quienes ni uno ni otro tipo de normas pueden ser considerados susceptibles de verdad o falsedad. En el desarrollo de este apartado quedarán ilustradas algunas de estas posiciones.

[40] Dejaremos también de lado en nuestra exposición la concepción deflacionaria de la verdad, y solo tendremos en cuenta, por razones de simplicidad expositiva, las normas generales (y no las normas individuales). Sobre este último punto nos limitamos señalar que, en nuestra opinión, las particularidades de las normas individuales (respecto de las normas generales) no conducen a una respuesta diferenciada con relación a la cuestión de su permeabilidad a los valores de verdad.

ración aquellas posiciones que identifican o asimilan las normas a aserciones o predicciones acerca de hechos empíricos[41].

La tesis que atribuye valores de verdad a las normas jurídicas, como señala atinadamente Anna Pintore[42], más que representar una concepción filosófica homogénea, engloba una variedad de doctrinas, incluso notablemente diversas entre sí. Las diferencias dependen, a su juicio, de dos factores principales: a) la concepción de la verdad que se asuma; y b) de que se considere que se debe adoptar una concepción única de la verdad, válida tanto para el discurso teórico como para el discurso práctico (*monismo alético*) o, por el contrario, de que en cada uno de tales dominios rige una concepción de la verdad diferente o se niegue, incluso, que haya una noción de verdad aplicable en el ámbito del discurso práctico (*dualismo alético*)[43].

En cuanto al primer aspecto, Pintore toma en consideración las siguientes teorías de la verdad: la teoría de la verdad por correspondencia, la teoría de la verdad como coherencia, y la teoría consensual y procedimental de la verdad[44]. Con relación al segundo aspecto, advierte, por una parte, que el monismo alético puede ser clasificado en fuerte o débil según aplique la teoría de la verdad como correspondencia o alguna otra; y, por otra parte, que el dualismo alético puede ser sub-dividido en positivo o negativo. El primero vincula la teoría de la verdad como correspondencia al discurso

---

[41]   Hay, en efecto, ciertas concepciones que pretenden reducir las normas jurídicas a descripciones de comportamientos o estados psicológicos (como las pregonadas por ciertos cultores del realismo escandinavo), o a la voluntad o al acto de mandar (como ocurre en la teoría inicial de John Austin), o a juicios predictivos relativos a acontecimientos o comportamientos futuros (tal como puede verse en ciertos autores adscriptos al realismo norteamericano).

[42]   Cf. Pintore, 1996.

[43]   A este respecto Chiassoni analiza la plausibilidad tanto del monismo alético como del puralismo alético —y sus vertientes—; rechaza el primero y aboga por una forma *austera* del pluralismo alético. Véase el trabajo del autor incluido en este volumen.

[44]   Para una presentación más completa de las diferentes clasificaciones de las teorías de la verdad permítasenos remitir a Sucar, 2008: 102-105, así como al volumen I de esta obra.

teórico y confina el discurso práctico a teorías de la verdad más débiles. El segundo circunscribe el dominio de la verdad al discurso teórico y entiende que no resulta apropiado hablar de verdad en el discurso práctico.

Las diferencias entre las diversas concepciones que atribuyen valores de verdad a las normas jurídicas dependen asimismo, en rigor, de la concepción de las normas que (explícita o implícitamente) se asuma. Por concepción de las normas entendemos aquí principalmente las ideas acerca del concepto de norma y de su estatus ontológico. Que esta es una cuestión relevante queda puesto de manifiesto desde el momento en que las respuestas que se ofrezcan al problema mismo de la posibilidad de atribuir valores de verdad a las normas dependen de la concepción que se tenga de éstas. Si se las concibe como un cierto tipo de enunciados fácticos o reducibles a ellos, como venimos de ver, la cuestión de su verdad no presenta ninguna particularidad; si, en cambio, son concebidas, por ejemplo, como entidades (lingüísticas o no) irreductibles a enunciados fácticos, la cuestión de su verdad se vuelve diferencial. Como lo hemos adelantado, solo nos ocuparemos de esta última alternativa. Al hacerlo, cuando sea oportuno, formularemos algunas observaciones con relación a diferentes concepciones de las normas a fin de mostrar su incidencia en la existencia de diferentes doctrinas que defienden la atribuibilidad de valores de verdad a las normas jurídicas.

Siguiendo el esquema de análisis propuesto por Anna Pintore, abordaremos críticamente las doctrinas que entienden que a las normas jurídicas les es aplicable la teoría de la verdad como correspondencia (1), la teoría de la verdad como coherencia (2), y la teoría consensual y procedimental de la verdad (3). Las objeciones que formularemos no serán dirigidas a tales concepciones consideradas en sí mismas, sino fundamentalmente a su aplicabilidad a las normas jurídicas. A continuación nos detendremos sobre la cuestión del impacto de la aceptación o no de la atribuibilidad de valores de verdad a las normas jurídicas con la posibilidad de una lógica de normas, como diferente de una lógica de proposiciones normativas (4). Seguidamente nos ocuparemos del análisis de las ficciones y presunciones jurídicas y su eventual relación con la verdad (5). Por último, veremos cómo se posicionan las contribuciones de esta sección en el panorama por nosotros presentado (6).

1. La verdad de las normas jurídicas como correspondencia[45]

Quienes atribuyen valores de verdad a las normas jurídicas y sostienen la teoría de la verdad como correspondencia, deben postular

---

[45]   Aunque la teoría de la verdad como correspondencia constituye una de las tres teorías en que suelen clasificarse las teorías de la verdad (junto con la teoría de la verdad como coherencia y con la teoría pragmática de la verdad) de acuerdo con la tradicional clasificación tripartita de las mismas, lo cierto es que ésta resulta insuficiente para dar cuenta de toda la gama de teorías de la verdad que es posible incluir dentro de aquellas concepciones que aceptan al menos el siguiente requisito de adecuación para proveer una definición de «verdad»: que la verdad consiste en que se dé el correlato extralingüístico expresado por el portador de verdad (oración, proposición, enunciado, creencia, etc.) en cuestión. Las teorías de la verdad como correspondencia, tal como lo indica su nombre, postulan una relación de correspondencia entre el portador de verdad y aquello que, como correlato de éste último, ha de darse en el mundo para que sea pertinente el uso del predicado «verdadero». Ahora bien, más allá de que existe más de una variante para explicar esta relación de correspondencia, lo cierto es que hay teorías de la verdad que si bien aceptan el mencionado requisito de adecuación para una definición de «verdad», recusan la posibilidad de explicar la relación entre el portador de verdad y su correlato extralingüístico en términos de correspondencia (en cualquiera de sus variantes), postulando dicha relación en términos más débiles. A estas teorías se las suele llamar *minimalistas*. Tanto estas últimas como la teoría de la verdad como correspondencia, al admitir el referido requisito de adecuación para la definición de «verdad», constituyen teorías substantivas de la verdad en contraposición a las teorías llamadas teorías *deflacionarias* que se caracterizan por sostener que «verdad» no es un predicado genuino y que, por ende, no refiere a una propiedad o relación substantiva; o que niegan que exista alguna *naturaleza* de la verdad (extra-lingüística) de la que haya que dar cuenta o explicar. Cf. Armour-Garb, y Beall, 2005: 1-30. La teoría de la verdad como coherencia y la teoría pragmática de la verdad, por su parte, son teorías substantivas en la medida en que aceptan que «verdad» es un predicado genuino que refiere a una propiedad o relación de la que puede y debe darse cuenta, pero niegan que dicha explicación haya de efectuarse en términos del darse el corre-

una cierta realidad o cierto «segmento» o «aspecto» de la realidad con los cuales las normas jurídicas se correspondan. En el marco de la concepción no reduccionista, esta realidad no puede tratarse de la realidad empírica, sino de alguna otra realidad particular. Ello obliga a postular una ontología algo complicada o incluso excéntrica. Así, por ejemplo, a veces se postula una especial realidad jurídica, cuya correspondencia con las normas es capaz de hacerlas verdaderas o falsas. Ella estaría constituida por los entes, los conceptos y las modalidades de calificación normativa de los comportamientos a los cuales suele denominarse *estatus deónticos*. De acuerdo con una primera variante, tales entidades (estatus deónticos) serían creados por medio de las propias normas jurídicas que los regulan. De este modo, las normas jurídicas serían susceptibles de autoverificarse. La segunda variante, sostiene, por el contrario, que dichas entidades preexisten a las normas jurídicas, de manera que las normas jurídicas serían una representación semiótica suya, una descripción.

La dificultad de la primera variante se torna evidente tan pronto como nos percatamos de que desemboca en la conclusión de que las normas jurídicas serían —por definición— todas verdaderas[46].

_____

lato extralingüístico expresado por un portador de verdad (esto es, rechazan el referido requisito de adecuación para la definición de «verdad»), intentando proveer una explicación en otros términos diferentes, recurriendo a la noción de coherencia o eficacia (en diversas variantes), respectivamente. En los trabajos de filosofía del derecho es poco frecuente distinguir entre la teoría de la correspondencia y las teorías minimalistas (como especies de las teorías substantivas), lo que puede conducir a imprecisiones o confusiones. Para una exposición más detallada de estas cuestiones remitimos a Sucar, 2008: 102-133, y al vol. I. de esta obra. De acuerdo con lo expuesto, cuando sea oportuno, haremos las precisiones correspondientes. Téngase presente, en cualquier caso, de manera general, que los autores cuyo trabajo comentamos *infra* y que dicen asumir una teoría de la verdad por correspondencia, o que implícitamente parecen hacerlo, no precisan detalladamente su concepción de la verdad de modo que quede claro si se trata de una teoría de la correspondencia en sentido estricto (y, en su caso, en cuál de sus variantes) o si se trata de una teoría minimalista (y, en su caso, en cuál de sus variantes).

[46] Esta misma consecuencia se sigue para la concepción recientemente desarrollada por Marmor, quien sostiene que las normas son formas de actos de habla,

Además, de acuerdo con la teoría de la verdad como correspondencia, no es el discurso el que hace verdadero el hecho u objeto, sino
éstos los que hacen verdadero el discurso acerca suyo. La segunda
variante, debe ser analizada bajo al menos dos supuestos. O bien
se considera que la realidad preexistente que las normas jurídicas
describen poseen un carácter metafísico, o bien se considera que
poseen un carácter meramente empírico. El primer supuesto merece dos observaciones. Por una parte que los juristas, por dispuestos
que pudieran estar a aceptar la existencia de una realidad jurídica *sui
generis* (metafísica) por no tener reparos en contra del platonismo
en ontología, no aceptan que las normas jurídico-positivas tengan
una función *meramente* descriptiva, *i.e.*, que se limiten a representar,
declarar o describir una realidad jurídica (metafísica) prexistente,
sino que asumen habitualmente que dichas normas poseen también
una función reguladora, es decir, que pretenden dirigir las conductas sociales, las cuales serían «copias», «representaciones» o «instancias» de la realidad metafísica descripta por la norma jurídica.
Por otra parte, quienes sostienen esta posición, en rigor, postulan
una realidad metafísico-*moral* a la cual las normas jurídicas deberían
describir para ser estimadas verdaderas (o falsas en caso contrario).
En tal sentido se trata de posturas iusnaturalistas o, cuando menos,
de posiciones que aun si conciben a la moral no como un orden trascendente, universal y objetivamente válido de la conducta humana,
sino solo como un orden históricamente dado aunque de alguna manera objetivo —pues de otro modo ésta no sería sino un conjunto
de meras preferencias, es decir, meros hechos sociales— conside-

---

exhortativos, que son verdaderos por el hecho de ser formulados bajo las condiciones de sinceridad, en contexto conversacionales de normalidad. Si cada
vez que se usa el lenguaje para producir un exhortativo este es verdadero por
su mera existencia, se sigue que todas las normas serías verdaderas. Marmor
extiende esta idea para decir, por otra parte, que el contenido de un enunciado jurídico es verdadero en un sistema jurídico en un momento determinado
porque el derecho así lo dice. De nueva cuenta, esto implicaría que la existencia misma de la norma jurídica en un sistema equivaldría a su verdad. Véase el
trabajo de Marmor incluido en este volumen.

ran la adecuación (o pretensión de adecuación) moral del derecho como un rasgo definitorio de éste. El segundo supuesto —es decir, si se considera que la realidad preexistente que las normas jurídicas deberían describir para ser verdaderas es una realidad meramente empírica— no parece que tenga sustento. Ello así por cuanto si se estima que las normas poseen un carácter regulativo no es posible a la vez sostener que éstas describen una realidad meramente *empírica* como lo sería en este supuesto una conducta social. ¿Qué querría decir, por ejemplo, que la norma que prohíbe el homicidio, «describe» la conducta social de matar a otro?

Ahora bien, como señala Pintore, la adhesión al monismo alético fuerte conduce a la duplicación de los (postulados) valores jurídicos (trascendentes, universales y objetivos, o al menos objetivos) en la medida en que implica atribuir al derecho no solo la cualidad de la justicia, sino la de verdad. Tales doctrinas deben precisar, por lo tanto, la naturaleza de las relaciones entre estos dos valores. Le asiste razón, asimismo, cuando advierte que cabe distinguir la convicción iusnaturalista de que la justicia de las normas jurídicas puede ser demostrada mediante aserciones verdaderas, de la afirmación de que las normas jurídicas pueden ser verdaderas o falsas. Porque si se admite que sostener que las normas jurídicas son verdaderas equivale a aseverar que éstas ostentan la característica objetiva de la justicia (*i.e.*, su conformidad con las normas morales), ¿por qué no limitarse a decir sencillamente que el derecho es justo, en vez de afirmar además que es verdadero, a fin de evitar la duplicación? Si, por el contrario, entre los dos valores no hay equivalencia, habría que indicar en qué consiste la diferencia y determinar el tipo de relación entre ambas. *Mutatis mutandi*, lo mismo se aplica para aquellas posturas no iusnaturalistas para las cuales el valor justicia (aun si relativo a una sociedad y no objetivamente y universalmente válido) es un rasgo definitorio del derecho.

En lo que sigue, nos ocuparemos siguiendo (parcialmente) a Pintore, de las doctrinas de Georges Kalinowski (1.1.), Enrico Opocher (1.2) y Francesco Viola (1.3). Terminaremos con la clasificación de von Wright sobre de los distintos tipos de normas y la posibilidad de asignarles valores de verdad (1.4).

1.1. George Kalinowski: la correspondencia del derecho con la ley natural

Al problema de si los juicios prácticos o, más exactamente, los juicios morales y jurídicos, entran en la categoría de lo verdadero y lo falso y de si, en su caso, son verificables o no y de qué manera, Kalinowski[47] intenta ofrecer una respuesta positiva. El autor francés formula dicho interrogante también en términos más concisos: «¿Existe una moral y un derecho verdaderos y —en caso afirmativo— cómo se verifican los juicios que lo integran?» y aclara, a continuación, que no basta con saber que tales juicios pueden ser verdaderos o falsos, toda vez que es posible imaginar una teoría que afirme la verdad de estos juicios reconociendo al mismo tiempo la imposibilidad de su verificación. Por esta razón se propone mostrar incluso de qué manera se comprueba la verdad o la falsedad de los juicios morales y jurídicos.

Para Kalinowski, los juicios morales son una especie de juicios prácticos (al lado de los poiéticos), diferentes en su naturaleza a los juicios teóricos[48]. Distingue, para sus propósitos, tres tipos de juicios morales: las estimaciones, las normas y los imperativos. Las estimaciones morales atribuyen a una acción humana un valor moral (en última instancia la bondad o maldad morales). Las normas morales son aquellas que establecen una obligación positiva (de hacer) o negativa (de no hacer), o un permiso o facultamiento de realizar una acción libre y consciente. El imperativo moral es la intimación

---

[47]   Cf. Kalinowski, 1967.

[48]   Un juicio práctico es, para Kalinowski, aquél que tiene por objetivo dirigir la conducta humana de manera directa. Por contraposición, un juicio teórico es todo otro tipo de juicio, cualquiera sea su influencia (indirecta) sobre la conducta. Cf. Kalinowski, 1967: 112.

a cumplir con una obligación moral[49]. De estas tres nociones, la de norma moral ocupa una posición central dado que se funda en la estimación y fundamenta al imperativo[50]. Por otra parte, Kalinowski distingue las normas morales en *internas* o *autónomas*, por una parte, y en *externas* o *heterónomas,* por la otra, según provengan del sujeto de acción moral cuyo comportamiento rigen o que provengan de otro autor llamado *legislador*. Al respecto precisa que «las normas morales heterónomas son las que, en cuanto normas exteriores, determinan en primer lugar lo que es justo o recto. De ahí que merecen el nombre de normas jurídicas». «Normas jurídicas» ha de entenderse en un sentido amplio que incluye tanto la justicia general como particular en sentido aristotélico y debe ser asociada al nombre de «ley», sinónimo de «derecho»[51]. De acuerdo con la óptica filosófica adoptada por Kalinowski, la ley se divide en divina y humana. La primera es aquella que se desprende de la naturaleza humana, y se denomina por ello *ley natural*. La ley humana es la ley positiva. Las normas positivas se dividen en aquellas que constituyen conclusiones de las normas naturales (*normas-conclusiones*) y aquellas que son sancionadas por el hombre dentro de los límites de la delegación del poder legislativo dada por el Creador en la ley natural (*normas-complemento*). Kalinowski precisa, asimismo, que «todas las normas relativas a la acción moral, tanto las normas heterogéneas como las autónomas, son normas morales en sentido lato porque determinan la acción moral en cuanto tal, la rigen, la orientan hacia su fin último y le indican los medios propios para alcanzar ese fin»[52]. Queda así enunciada explícitamente la filiación iusnaturalista del autor francés.

Veamos cuáles son las principales razones de Kalinowski para defender la verdad de las normas jurídicas (en tanto especie de las normas morales). Estos argumentos se refieren a las normas hete-

---

[49]   *Ibidem*: 114-115.
[50]   *Ibidem*: 116.
[51]   *Ibidem*: 116-117.
[52]   *Ibidem*: 118-119.

rónomas que constituyen la ley natural, y que son primeras o no derivadas. Las que se derivan de éstas, aun aquellas que han sido promulgadas por la autoridad positiva (*normas-conclusiones*), serían verdaderas por el hecho de deducirse lógicamente de las primeras cuya verdad Kalinowski intenta demostrar. Con relación a la verdad de las normas heterónomas positivas que no se deducen de la ley natural, sino que meramente la complementan (*normas-complemento*) Kalinowski desarrolla otra argumentación que *infra* comentamos[53]. Los argumentos de Kalinowski pueden ser reconstruidos de la siguiente manera:

i) las normas, en tanto expresiones lingüísticas significativas, poseen contenido intelectual, cognitivo —lo que se pondría de manifiesto en el fenómeno de la promulgación, pues esta última no es sino la comunicación a otro de un contenido proposicional inteligible—;

ii) el contenido cognoscitivo de las normas consiste en informar la actitud a tomar para conseguir los objetivos o en determinar el comportamiento en tanto medio para obtener un fin. El legislador *conoce* los fines a alcanzar y los medios apropiados —si está en lo correcto— respecto de lo que los sujetos deben o pueden o no deben o no pueden hacer;

iii) el hecho de que el contenido significativo de un enunciado prescriptivo no llegue a ser una norma en vigor sin el concurso de la voluntad de aquel que la ha dictado, no obsta a reconocer el carácter propiamente cognoscitivo de la norma;

iv) al tener las normas contenido cognoscitivo estas podrían ser verdaderas o falsas.

---

[53] En lo que sigue nos basaremos en la exposición de Kalinowski, 1977 por exponerse allí una versión más actualizada de sus argumentos. Completaremos nuestra exposición, sin embargo, con aquellos pasajes de Kalinowski 1967 que estimamos pertinentes. Salvo indicación en contrario nos referiremos a Kalinowski, 1977.

Kalinowski brinda además otras dos razones adicionales en favor de su tesis:

v) que el hombre común tiene a las normas como verdaderas (o falsas), lo que se pondría de manifiesto cuando éste dice, por ejemplo, «es verdad que el hombre debe respetar la vida de los otros» al admitir la norma moral «el hombre debe respetar la vida de los otros»;

vi) lo expuesto en v) se ve confirmado porque desemboca en la construcción formalmente correcta y materialmente adecuada de la norma verdadera, análoga a la definición de la oración verdadera del álgebra de clases construida por Tarski. Así, (1) *La norma N es verdadera si y solamente si n* —donde «N» es el nombre de la norma n— es análoga a la expresión: (2) *La oración x es verdadera si y solamente si p*, donde «x» es el nombre de la oración *p*[54].

El ejemplo dado por Kalinowski para representar el esquema tarskiano es el siguiente: «La norma "todo hombre debe respetar la vida humana" es verdadera si y solo si todo hombre debe respetar la vida humana». Lo que haría verdadera la norma en cuestión es su concordancia con «la realidad divina óntico-deóntica», pues «*Dios es a la vez Ser y Deber-Ser*»[55]. Ahora bien, como se ha visto, Kalinowski distingue, en su obra de 1967, la explicación de en qué consiste la verdad de las normas, de su verificación. En dicha obra, luego de lo que viene de citarse, al ocuparse de la verificación de la verdad de las normas jurídicas naturales primeras o no derivadas, afirma que su verdad se demuestra por «evidencia analítica». El ejemplo que da es el siguiente: «Todo hombre debe hacer, todo lo que, objetivamente tomado, es para él moralmente bueno» o «todo hombre debe respetar su vida y su salud»[56]. Entendemos que puede agregarse a la lista el anteriormente citado «Todo hombre debe respetar la

---

[54]   Cf. Kalinowski, 1977, especialmente: 15-21.
[55]   Cf. Kalinowski, 1967: 150-151; el ejemplo es también citado en Kalinowski, 1977: 20.
[56]   Cf. Kalinowski, 1967: 155-156.

vida humana». Las normas derivadas, en cambio, serían verdaderas en virtud de un silogismo normativo (deducción) en el caso de las normas conclusión[57]; a las normas-complemento nos referiremos *infra*. Vale decir, entonces, que las normas jurídicas naturales primarias serían verdaderas en el sentido de que mantienen una relación de correspondencia con «la realidad del deber-ser eterno»[58], pero que dicho vínculo sería verificado por ser analíticamente evidente. Destaquemos, al respecto, que Kalinowski distingue entre evidencia empírica y analítica. Mientras que la primera es privativa de los juicios singulares y se da cuando la conformidad con la realidad es captada en un contacto del intelecto con lo real mediatizado por los sentidos externos o internos, la segunda es propia de los juicios generales y se da cuando la conformidad con la realidad puede ser controlada por un análisis de las realidades designadas por sus términos[59].

La argumentación de Kalinowski no permite justificar la conclusión que él pretende extraer: que las normas (jurídicas) son susceptibles de ser verdaderas o falsas. En primer lugar, si bien es cierto que las normas en tanto expresiones lingüísticas significativas poseen contenido intelectual susceptible de ser comunicado, ello no habilita a concluir su verdad o falsedad, dado que ser significativo no implica ser susceptible de verdad o falsedad, a menos que se presuponga una más que discutible teoría según la cual el significado de todos los tipos de enunciados del lenguaje (*i.e.*, tanto los enunciados descriptivos como los no descriptivos entre los que se encuentran los prescriptivos) consiste en sus condiciones de verdad.

En segundo lugar, Kalinowski concede que los imperativos (prescripciones en la terminología de von Wright, como veremos *infra*) no son ni verdaderos ni falsos. Por ello se esfuerza en atribuir a las normas jurídicas y a las normas morales una estructura lógi-

---

[57]   Cf. Kalinowski, 1967: 155-156.
[58]   *Ibidem*: 152.
[59]   *Ibidem*: 133-134.

ca diferente. Concibe a éstas como la formulación de la actitud a tomar para conseguir ciertos objetivos o para determinar el comportamiento como medio para obtener un fin. De por sí parece bastante insensato descartar que al menos algunas normas jurídicas son imperativos[60]. De todas maneras resultará ilustrativo considerar la propuesta de Kalinowski. Concebidas como él propone, las normas podrían ser consideradas semejantes a aquellas que von Wright denomina reglas técnicas. Kalinowski pretende que quien dicta la norma —el legislador— *conoce* —si está en lo correcto— los fines a alcanzar y los medios apropiados para alcanzarlos. Pero una vez más, lo que puede resultar verdadero o falso es la proposición relativa a una relación de medios a fines que se afirma que se da en la naturaleza y que el legislador supone verdadera al formular la regla técnica correspondiente (proposición que von Wright denomina *proposición anankástica*)[61]. Podría decirse que las reglas técnicas son verdaderas con relación a un conjunto dado de fines o valores en el sentido de que es posible derivarlas de ellos (y falsa en caso contrario)[62]. Pero independientemente de que para realizar dicha derivación los fines o valores deben estar lo suficientemente articulados —lo que no ocurre normalmente en los sistemas jurídicos—, lo cierto es que las reglas técnicas serían verdaderas en el sentido de que están al servicio de, *i.e.*, constituyen medios adecuados para realizar los fines o valores en cuestión, pero no en el sentido de que los fines o valores perseguidos sean en sí mismos verdaderos. En supuestos como el ejemplificado, a fin de evitar confusiones, resulta más claro decir que las normas técnicas son eficaces (o ineficaces). Ampliando sus reflexiones, von Wright analiza la situación en la cual se dan reglas técnicas en apoyo de ciertas prescripciones. Así, por ejemplo, cuando a modo de respaldo de la norma dictada por un capitán de un equipo de ajedrez que prescribe a sus jugadores

---

[60] No nos ocuparemos de las normas morales en la evaluación del argumento.
[61] Cf. von Wright, 1963: cap. I. *Infra*, en el punto 1.4. se detalla la concepción de von Wright.
[62] Cf. von Wright, 1968: 72-73.

que nunca hagan cierta jugada en tal o cual situación, se encuentra
la regla técnica de que si no se observa la norma en cuestión el equipo será derrotado. En este contexto se pregunta si el deber ser de
las normas jurídicas podría encontrar respaldo en el deber ser de las
normas técnicas que expresen que, a menos que ciertas cosas sean
el caso (que los ciudadanos y las autoridades observen una cierta
conducta), no se lograrán los objetivos del legislador. Su respuesta
es que aun si se redactara un código de estas características, éste no
debería ser leído como una descripción de lo que se requiere para
alcanzar ciertos objetivos, sino que significaría que insta a todos los
interesados a vivir de acuerdo con el ideal propuesto; su significado
en tanto derecho sería prescriptivo y no descriptivo[63]. Quizá pueda
aducirse que las normas tal como las caracteriza Kalinowski son
más bien semejantes a las reglas o tipos ideales que a las reglas técnicas. En *Norma y acción,* von Wright elude explícitamente abordar
el problema de la verdad o falsedad de las reglas o tipos ideales[64].
Veamos de todos modos qué podemos concluir a partir de la caracterización que realiza respecto de este tipo de normas en la obra
de referencia. Allí afirma que existe una cierta semejanza entre las
reglas ideales y las normas técnicas, en tanto esforzarse por el ideal
se asemeja a la persecución del fin. Pero aclara inmediatamente que
sería un error pensar en las reglas ideales como normas que relacionan medios con fines, pues las cualidades que determinan el
ideal no están causalmente relacionadas con él, sino que la relación
que cabe establecer entre ambos es lógica o conceptual. La reglas
ideales determinan el concepto (ideal) de modo similar a como las
reglas de un juego determinan un cierto juego[65]. El autor finlandés
rechaza, sin embargo, la idea de que las reglas determinativas expresen verdades analíticas[66]. Las reglas ideales, entonces —dada su

---

[63]   Cf. von Wright, 1985: 104-105.
[64]   Cf. von Wright, 1963: 118.
[65]   Cf. von Wright, 1963: 33-34.
[66]   Cf. von Wright, 1963: 118. Téngase presente, no obstante, que la relación en-
       tre la propiedad que la norma exige poseer (por ejemplo la valentía) y la clase
       ideal que queda definida por dicha propiedad sí puede ser analítica porque,

equiparación en este aspecto con la reglas determinativas— tampoco expresan verdades analíticas. Lo que podrá ser verdadero o falso será un enunciado acerca de que tales o cuales cualidades —para determinado grupo social— definen un cierto ideal. Pero la regla o tipo ideal misma no resulta ni verdadera ni falsa. Si lo que se pretende afirmar es que el ideal en sí mismo es algo verdadero, como algo diferente al acto de valoración que supone considerar ciertas cualidades como un ideal, entonces lo que está en juego es la aceptación de los valores en nuestra ontología, lo que no resulta fácilmente aceptable, al menos sin una adecuada fundamentación independiente.

En tercer lugar, el hecho de que el hombre común utilice expresiones como «es verdad que el hombre debe respetar la vida de los otros» al admitir la norma moral «el hombre debe respetar la vida de los otros», no constituye argumento alguno a favor de la verdad o falsedad de las normas. La experiencia del discurso moral es simplemente un dato que debe ser explicado, y la cuestión consiste en saber si es mejor explicado en términos realistas o en términos escépticos. Pero él mismo no puede contar como prueba.

La cita del esquema (T) de Tarski, en cuarto lugar, no podrá servir como argumento para demostrar que las normas son susceptibles de ser verdaderas o falsas por la sencilla razón de que la condición material de adecuación requiere que el portador de verdad sea una «oración enunciativa» y no una norma. Si a esto se replica que las normas en la concepción analizada son oraciones enunciativas, cabe responder que otra exigencia de la condición material de adecuación es que se haga justicia a la concepción aristotélica de la verdad, que requiere cuando menos que para predicar la verdad de una oración se dé aquello que ella expresa[67]. Pero Kalinowski, según hemos tratado de argumentar, no proporciona ninguna ex-

---

como se ha dicho, la relación entre la clase ideal y dicha propiedad es lógica o conceptual. Ello, sin embargo, es diferente a afirmar que las normas ideales o determinativas sean ellas mismas verdaderas o falsas.
[67] Cf. Tarski, 1944.

plicación satisfactoria para justificar que las normas enuncien algo, que de darse, las haría verdaderas. Mientras no proporcione esta explicación, su apelación al esquema (T) constituirá solamente una petición de principio.

Pero supongamos, por último, que las normas jurídicas son, tal como las caracteriza en la obra de 1967, aquellas que establecen una obligación y que éstas no sean reducibles a imperativos[68]. Tales normas expresan un deber-ser que se conforma al «deber real, objetivo, lógicamente anterior» que la hace verdadera[69]. Dicho correlato no sería sino «la realidad divina óntico-deóntica». Ahora bien, la aceptación de la existencia de un correlato tal depende no solo de un postulado teológico sino más aún de una muy particular concepción de la naturaleza de Dios. Si descartamos este correlato de la normas como implausible, desaparece toda necesidad de atribuirles la capacidad enunciativa de un «hecho (prescriptivo)» que las haría verdaderas. Son aplicables en este punto las observaciones de Bulygin respecto de la tesis de que las normas son verdaderas o falsas en tanto enunciados o proposiciones acerca de un deber. Si se opta por esta caracterización —señala el iusfilósofo argentino— se plantea entonces la pregunta por el origen de este deber, es decir, si éste es constituido por la norma o existe independientemente de ella. En el primer caso, las normas serían proposiciones extraordinariamente singulares, muy diferentes al resto de las proposiciones, porque aquello sobre lo cual enuncian algo sería al mismo tiempo constituido por ellas, resultando dudoso si son posibles proposiciones de este tipo. El segundo supuesto conduce directamente a la postulación de hechos normativos, de manera que una determinada conducta sería, por ejemplo, obligatoria independientemente de la norma y ésta sería simplemente una proposición acerca del deber ser de la conducta: sería verdadera si y solo si la conducta es realmente

---

[68] Por mor del argumento podría suponerse que las normas de estructura «medios a fines» podrían ser reducibles o traducibles a normas con esta otra estructura.
[69] Cf. Kalinowski, 1967: 152.

obligatoria. El problema de esta concepción es que presupone una ontología muy compleja en la que, además de hechos empíricos, también existirían hechos normativos, los cuales poseen un carácter metafísico-(moral)[70]. Aunque una ontología así quizá sea defendible, ella es incompatible con el positivismo jurídico, pues para éste las normas jurídicas son constitutivas en el sentido de que una conducta adquiere un determinado estatus normativo gracias a una norma que ha sido establecida de manera positiva (sea por la costumbre, por un hecho legislativo, etc.) y ello con independencia de su correspondencia con eventuales hechos normativos metafísicos y su mérito o demérito moral[71]. En este sentido, cabe señalar que la

---

[70]   La aceptación de hechos normativos admite dos niveles de análisis. El primer nivel es el estatus ontológico de tales hechos: si los hechos normativos son naturales o, por el contrario, poseen un carácter metafísico. En texto hemos considerado ésta última alternativa. No obstante, cabe advertir que hay ciertas concepciones metaéticas como el cognoscitivismo naturalista objetivista, que asume que las normas morales describen hechos naturales objetivos. Repárese que estas concepciones no son aplicables a las normas jurídicas en sí mismas, sino a las normas morales. El segundo nivel tiene que ver con si el conjunto de hechos normativos (cualquiera sea el estatus ontológico que se les atribuya), pero siempre con relación a las normas morales, está organizado a modo de un orden de normas o principios consistentes entre sí o si, por el contrario, poseen una estructura normativa provisoria y revisable, que admite el conflicto entre los deberes que establecen; o, finalmente, si los hechos morales no poseen ninguna estructura organizada a modo de principios, ni a modo de reglas provisorias: se trataría únicamente de entidades que juegan un papel dentro de cada situación particular (particularismo). (Para una discusión acerca del primer nivel mencionado véase Sayre-McCord, 2015. Para una discusión acerca del segundo nivel mencionado véase Shafer-Landau, 1997). Ahora bien, si existieran tales hechos normativos, y se admite la posibilidad de conflictos normativos, nada impediría que se dé el caso de dos hechos normativos con exigencias normativas contrarias y, así, la existencia de normas jurídicas multivalentes (e incluso contradictorias): suponiendo que en ese mundo moral con exigencias incompatibles no se admite la ley del tercero excluido. La salida a esta posibilidad sería incrementar la ontología para admitir a las relaciones normativas como hechos y, en particular, de relaciones que ordenasen el conjunto de exigencias normativas en forma de un orden estricto que evite las contradicciones.

[71]   Cf. Bulygin, 1988: 12-13.

positividad del derecho no puede ser despreciada si es que se acepta la exigencia de que una teoría adecuada del derecho deber dar cuenta tanto de su dimensión social o existencia positiva, como de su carácter normativo. Aceptado este principio de adecuación para la teoría jurídica, aun si se considera que una norma positiva que no se conforma a una norma moral reputada objetivamente válida no puede ostentar el rango de norma jurídica (iusnaturalismo clásico); o que tal norma aunque jurídica no tiene fuerza obligatoria, *i.e.*, no debe ser aplicada por las autoridades ni obedecidas por los ciudadanos (iusnaturalismo contemporáneo), no será posible dejar de dar cuenta de que ella puede haber sido efectivamente promulgada por autoridades jurídicas y ser efectivamente obedecida por los sujetos destinatarios y aplicada por los tribunales con fuerza de ley.

¿Cuál es el argumento de Kalinowski en favor de la atribución de verdad a las normas positivas que no constituyen una derivación de la ley natural? Recuérdese, al respecto, que Kalinowski distingue dos categorías de normas jurídicas positivas: las que se deducen de la ley natural (*normas-conclusiones*) y las que son promulgadas por el hombre en virtud de un poder legislativo autónomo (*normas-complemento*), que no se deducen de la ley natural sino que vienen a completarla como, por ejemplo, la norma del código de circulación francés que prescribe conducir por la derecha. Kalinowski afronta directamente el problema de la verdad de este último tipo de normas. Considera al respecto que su verdad consiste en que se adecua a la ley natural que «obliga de modo general a hacer lo que es favorable al bien común, a la vida social, y a evitar lo que les perjudica»[72]. Ello quedaría demostrado de la siguiente manera: la prescripción alternativa de conducir por la izquierda también sería compatible con la ley natural, de modo que en esta última estaría implícito que «se debe circular por la derecha o por la izquierda». De tal prescripción, junto con la constatación de que no se debe conducir por la izquierda (o respectivamente por la derecha, como

---

[72]   Cf. Kalinowski, 1967: 241.

ocurre en los países donde se prescribe conducir por la izquierda),
el legislador francés ha derivado la obligación de conducir por la
derecha mediante la aplicación del *modus tollendo ponens*, mientras
que el inglés ha derivado la de que es obligatorio conducir por la
izquierda[73]. Así, ambas normas, aunque de contenido opuesto serían verdaderas porque se adecuarían a la ley natural. El argumento de Kalinowski presupone dos cosas sin las cuales no funciona
y que, por lo demás, hay buenas razones para rechazar: a) que el
legislador deba siempre necesariamente adoptar una decisión y b)
que deba hacerlo entre dos alternativas mutuamente exhaustivas y
excluyentes. Hay situaciones en las que el legislador no tendría por
qué decidir legislar. Y en caso de que sea necesario decidir sobre el
bien común no siempre deberá elegir entre dos posibilidades contradictorias. De manera que o bien el legislador dicta algunas normas cuya verdad no está garantizada por la ley natural, esto es, que
no son verdaderas, o bien todas están garantizadas por la ley natural,
pero entonces todas son meras deducciones de la ley natural: no habría normas-complemento, con lo cual la tarea del legislador sería
meramente redundante con relación al derecho natural, situación
que el propio Kalinowski no encuentra adecuada para caracterizar
al derecho[74].

1.2. Enrico Opocher: la correspondencia del derecho con hechos empíricos

Opocher, a diferencia de Kalinowski, distingue y relaciona la
justicia y la verdad como dos propiedades distintas del derecho. Al
respecto, discrimina tres sentidos diferentes de la justicia: a) la *jus-*

---

[73]   *Ibidem*: 241-242.
[74]   En su opinión, si tanto las normas-conclusiones como las normas-complemen-
       to debieran obtenerse de la ley natural por vía deductiva, la única función del
       legislador humano sería la de sancionar la deducción errónea. Por ello sostiene
       que el contenido de las normas-complemento es libre para el legislador en la
       medida en que sea compatible con la ley natural.

ticia legal, esto es, la conformidad con las normas que integran el orden jurídico; b) la *justicia ideológica*, o sea, la conformidad del orden jurídico con los fines juzgados válidos en el marco de una determinada sociedad en un determinado momento histórico; y c) la *justicia como reconocimiento de la verdad*, es decir, la conformidad de las normas que integran el orden jurídico con los acontecimientos propios de la sociedad en cuestión[75].

La justicia como reconocimiento de la verdad, se aplicaría tanto al juicio del juez como, en lo que ahora interesa, a la ley creada por el legislador. La técnica legislativa implica, en su opinión, una base científica, es decir, un adecuado conocimiento de la dinámica social en la que se insertan las situaciones que constituyen el objeto de regulación de la ley[76]. En rigor, se trata de una exigencia que tiene por objetivo asegurar la eficacia de la legislación: que el legislador esté bien informado de la situación social y, en general, de las circunstancias fácticas que constituyen el marco en el que se insertan las conductas que la norma pretende regular, a fin de obtener el comportamiento deseado. Esta *ciencia de la legislación* o *política legislativa* —que en opinión de muchos no es una ciencia— podría inspirarse en cánones de racionalidad instrumental y, en tal sentido, basarse en información verdadera. Así entendido, el vínculo entre verdad y normas jurídicas resulta bastante débil como para afirmar que las normas jurídicas son verdaderas (o falsas). No obstante, Opocher intenta establecer una conexión diferente, más fuerte. Al respecto afirma que una norma puede ser injusta no solo porque sea ilegal o no responda al horizonte ideológico de la sociedad en que actúa, sino además porque niega o deforma, en su propio antecedente hipotético, la verdad de ciertos acontecimientos, las dimensiones de ciertos comportamientos. Así, por ejemplo, era injusta desde el punto de vista de la justicia como reconocimiento de la verdad, la norma que en el período fascista comparaba a los judíos con los enemigos, dado que no era cierto que los judíos italianos estuvieran

---

[75]   Cf. Opocher, 1977: 65-66 y 1993: 310 y ss.
[76]   Cf. Opocher, 1973.

de acuerdo con aquellos enemigos a los que, incluso, habían combatido valerosamente hasta entonces en los campos de batalla. Lo que aquí se está afirmando es que una norma es verdadera (y justa en lo que hace al reconocimiento de la verdad) cuando su contenido descriptivo es verdadero, y falsa (e injusta en lo que hace al reconocimiento de la verdad) en el caso contrario[77].

Ahora bien, el antecedente de una norma contiene —en tanto condición para que sea debida la solución normativa (acción deónticamente calificada) con la que está correlacionada— ciertas descripciones que podemos denominar «fácticas». Pero éstas no son descripciones de hechos concretos ya acaecidos (*i.e.*, *casos individuales*) sino de hechos genéricos que podrían acaecer y que de acaecer efectivamente determinarían normativamente la aplicación de la solución normativa contemplada en el consecuente de la norma (*i.e.*, *casos genéricos*). Por lo tanto, no es posible afirmar que el elemento descriptivo que forma parte del contenido de la norma, más precisamente de su antecedente, sea verdadero o falso, esto es, se corresponda o no, con la realidad. El propio ejemplo de Opocher, si es analizado con detenimiento pone esto de manifiesto. El ejemplo citado por el autor italiano sin duda da cuenta de una situación normativa compleja en la que por una parte hay una norma que castiga penalmente a quienes actúan como enemigos de pueblo italiano, la cual se conjuga con al menos dos enunciados, uno que define (a los efectos legales) la noción de enemigo y otro que asimila (a los efectos legales) los judíos a los enemigos. Ahora bien, las definiciones estipulativas no pueden propiamente ser calificadas de verdaderas o falsas. Por su parte, el enunciado que asimila los judíos a los enemigos (tal como están legalmente definidos) podría ser reconstruido conceptualmente como una metanorma interpretativa que estipula y precisa el significado legal de «enemigo», o sencillamente como una afirmación empírica del legislador. En el primer caso, no tendría sentido decir que la referida metanorma es

---

[77]   Cf. Opocher, 1977: 80-81.

verdadera o falsa, mientras que en el segundo caso sí tendría sentido decir que la afirmación empírica del legislador es susceptible de
ser verdadera o falsa y, en atención a las circunstancias explicitadas
por Opocher, podría decirse incluso que es falsa. No obstante, en
ambos supuestos, queda claro que pierde todo asidero la idea de
que las *normas jurídicas mismas* son verdaderas o falsas en el sentido
de que se corresponden con una realidad, análogamente a como un
enunciado fáctico se reputa conforme con la realidad. Lo que las
consideraciones de Opocher nos autorizan a concluir, a lo sumo, es
que podría llamarse «derecho verdadero» a aquél sistema jurídico
cuyas normas tienen en cuenta o son respetuosas de las circunstancias o acontecimientos sociales en los cuales se insertan las conductas que pretende regular. En este caso, queda claro que la verdad no
es un atributo del derecho, *i.e.*, de las normas jurídicas sino, en todo
caso, que la verdad es una de sus finalidades[78].

---

[78] Las normas, aunque no son ni verdaderas ni falsas, pueden ser explicadas o justificadas. Una de las formas de justificación de las normas consiste en apelar a
ciertos propósitos o finalidades. La finalidad será un estado de cosas o situación
que la autoridad valora como deseable o bueno alcanzar. En el caso de Opocher podríamos decir que es deseable que las normas jurídicas tengan en cuenta o sean respetuosas de los acontecimientos que ocurren en la sociedad y que
pretenden regular. Este fin sería la justificación de tales normas jurídicas. Pero
incluso si este fin nos parece adecuado o apremiante de alcanzar, esto no hace a
las normas que persiguen alcanzarlo verdaderas ni falsas. La finalidad adoptada
es un criterio para justificar determinadas normas con relación al cumplimiento del fin perseguido. En otro nivel de análisis, por último, Opocher parece
suponer que su propuesta de finalidad es *evidentemente* valiosa; pero tampoco
es pacífico aceptar que existan fines objetivamente valiosos o *verdaderamente*
valiosos. Con relación a la justificación teleológica de las normas, la verdad y
la objetividad de las valoraciones, véase Von Wright, 2000: 353.

1.3⁴. Francesco Viola: la correspondencia del derecho con el modelo intelectual del creador

Francesco Viola[79] se adhiere a la concepción interpretativista de Ronald Dworkin. En este marco, parte de la distinción entre la *verdad práctica* y la *verdad de una práctica* social como es el derecho. En el primer caso, el problema que se presenta es el de determinar cuándo una acción es conforme a la práctica en cuestión y constituye su plena realización. En el segundo, la cuestión que se plantea es la de saber cuáles son los rasgos (esenciales) que hacen de una práctica ese tipo de práctica, o que la definen como tal. Para Viola el problema de la justicia es un problema de verdad práctica y no de verdad de la práctica jurídica, pero presupone éste último. Así, mientras el problema de la verdad concierne a la identidad de la práctica, el de la justicia atañe a su mejor o peor realización, es decir, a la realización del fin inmanente de la práctica jurídica. Desde esta perspectiva, afirmar que existen derechos que son *por definición* injustos equivale a confundir el problema de la verdad con el de la justicia. Un derecho intrínsecamente inadecuado para la persecución de la justicia no sería en modo alguno verdadero, esto es, no sería una verdadera práctica jurídica. Consecuentemente, no podría alcanzar su fin, la justicia, porque la verdad es presupuesto de esta última. Si podemos afirmar que existe una práctica jurídica, entonces debemos admitir que contiene también la posibilidad de ser ejercida justamente, aunque a menudo no cumpla con ese objetivo. Cuando una acción, norma o decisión cumple con este objetivo es justa y, en ese sentido, es una verdad práctica.

Al hablar de una verdadera práctica jurídica, Viola asume que las cosas producidas artificialmente se consideran «verdaderas» en virtud de su adecuación a nuestro intelecto. Así, por ejemplo, decimos que una casa es «verdadera» cuando alcanza la semejanza con la forma que existe en la mente del constructor. Similarmente a como se consideran «verdaderas» las cosas naturales en la medida en que

---

[79]   Cf. Viola, 1990.

son conformes a los modelos que están en la mente divina. Hay así una doble asociación de la verdad con la justicia. En el plano de la verdad práctica, la verdad se identifica con la justicia: se denomina «verdadero» a aquello que satisface los parámetros de justicia (que es la finalidad intrínseca del derecho en tanto práctica social). En el plano de la verdad de la práctica, la pretensión de justicia es el rasgo que permite calificar una práctica de verdadera práctica jurídica. Únicamente de una verdadera práctica jurídica tiene sentido decir si una cierta acción, norma o decisión es justa (o injusta) según realice o no ese ideal de justicia. En el caso de que lo realice, la acción, norma o decisión, será calificada de verdadera. De este modo, una norma jurídica verdadera sería aquella que satisface dos condiciones: a) forma parte de una verdadera práctica jurídica (en tanto ésta tenga por finalidad intrínseca la persecución de la justicia) y b) es justa (en tanto satisface el ideal de justicia que constituye la finalidad intrínseca de la práctica).

Desde una perspectiva hermenéutica, el papel privilegiado de la concepción de los participantes acerca de la práctica (*i.e.*, el constructor) obliga a admitir, desde un punto descriptivo, que al menos algunos de ellos puedan tener finalidades no buenas o incluso perversas. Por ello, Viola distingue entre «bien interno» y «bien externo», y considera los fines perversos como bienes externos y no internos a la práctica, en los cuales la práctica es un mero medio para su realización. Pero esto parece ser meramente un *definitional stop* para evitar enfrentarse a la dificultad de prácticas sociales intrínseca y coherentemente dirigidas a fines depravados. Ahora bien, los objetivos de los participantes podrían ser concebidos desde un punto de vista normativo, es decir, entender que lo que cuenta como rasgo esencial de la práctica es su finalidad intrínseca concebida en su mejor interpretación normativa. Pero en este caso, «la verdad de la práctica» se basa en un criterio normativo que se confunde con la justicia de la práctica. Podría, asimismo, adoptarse una perspectiva teológica, en la cual «verdad» indicaría no ya correspondencia con el modelo intelectual del constructor humano, sino correspondencia con el modelo presente en el intelecto divino. Esta alternativa, sin embargo, dependería completamente de este supuesto teológico de no fácil aceptación desde la óptica científica. Así, si una y otra perspectiva, hermenéutica y teológica, son rechazadas por las razones expuestas u otras adicionales, el problema de la verdad de la práctica jurídica se desvanecería y podría razonablemente ser transformado en el de determinar si una cierta práctica reúne o no las características que son exigidas por nuestro concepto ordinario o algún concepto teórico de derecho.

El lenguaje acerca de «la verdad de las normas jurídicas (*i.e.*, del derecho)», como señala Pintore, recuerda una visión del mundo mágico-religiosa en el que se funden los hechos y los valores, la sociedad y la naturaleza, donde no hay distancia entre Aletheia (no olvido) y Dike (justicia). Por ello, en la medida en que quiera superarse esta visión será necesario predicar de las normas jurídicas (*i.e.*, del derecho) no solo la cualidad objetiva de justicia, sino además la de verdad (entendida, en este caso, como correspondencia con los hechos), como una cualidad distinta e independiente de la primera. En este punto, la teoría de Kalinowski, aunque no confunde ambos conceptos, éstos aparecen intrínsecamente unidos (toda norma justa es verdadera y viceversa) en un plano óntico-deóntico de la realidad divina. Opocher, por su parte, distingue claramente los atributos de justicia y verdad con relación al derecho. No obstante, cuando se analizan sus argumentos de cerca, la pretendida realidad con la cual las normas se reputan corresponder para ser verdaderas, aparece como lo que es: un objetivo que las normas deberían satisfacer para ser justas. En la concepción de Viola, la verdad práctica se identifica sin más con la idea de justicia, esto es, las normas jurídicas «verdaderas» no serían sino las normas jurídicas que satisfacen el ideal de justicia (que se reputa un rasgo intrínseco de la práctica jurídica). En cuanto a la verdad de la práctica jurídica, más allá de las dificultades señaladas, debe quedar claro que en ningún caso ésta se refiere a las normas jurídicas (sino a la práctica de las que estas forman parte).

A modo de complemento de estas tres propuestas resulta del mayor interés considerar la propuesta de Georg H. von Wright. Por un lado, porque la cuestión de si las normas jurídicas (o morales) son aptas para la atribución de valores veritativos es abordada diferenciadamente de acuerdo con una variedad de tipos de normas. En segundo lugar, por contraste con las anteriores teorías, en la medida en que su respuesta la cuestión planteada es negativa. De este modo, sus argumentos escépticos pueden sumarse a los hasta aquí expuestos.

1.4. Georg H. von Wright: tipos de normas y valores de verdad

Von Wright formula el interrogante en los siguientes términos:

> ¿Son las normas verdaderas o falsas? O ¿debemos pensar, por el contrario, que las normas «caen fuera de la categoría de la verdad»?[80],

y entiende que resulta conveniente intentar una respuesta atendiendo a cada uno de los tipos de normas por separado. Veamos pues, en primer lugar, su tipología de las normas[81].

---

[80]   Cf. von Wright, 1963: 118.

[81]   Resulta conveniente dilucidar cuál es la noción de la verdad que emplea von Wright en su análisis acerca de la posibilidad de predicar verdad (o falsedad) de las normas y, de este modo, justificar su inclusión en el apartado dedicado a las teorías «correspondentistas» de la verdad y otras afines (remitimos al respecto a lo dicho en la nota al pie de página 45 de esta introducción). Una primera pista se puede encontrar en el modo en que von Wright desarrolla su cálculo de lógica deóntica en *Norm and Action* (cf. von Wright, 1963). Allí la lógica deóntica es elaborada a partir de la lógica de la acción y de la lógica del cambio. En el marco de esta lógica deóntica las normas son caracterizadas de modo que uno de sus elementos básicos (junto al carácter deóntico y la condición de aplicación) es el contenido que consiste en acciones, esto es, en actos o en abstenciones, los cuales son definidos en el marco la lógica de la acción. El concepto de acto y el de abstención se definen sobre la base de la noción de cambio en el mundo y la lógica del cambio es una extensión de la lógica proposicional clásica. Es éste último cálculo el que daría una de las pistas para sostener que von Wright no defiende una tesis deflacionaria de la verdad sino, por el contrario, una concepción sustantiva de la verdad, aunque no una concepción sustantiva de aquellas que no aceptan como requisito de adecuación

para la noción de verdad el esquema «T» de Tarski según el cual la verdad consiste en que se dé el correlato extralingüístico expresado por el portador de verdad (oración, proposición, enunciado, creencia, etc.) en cuestión, tal como ocurre con las teorías coherentista o pragmática de la verdad. Ello por cuanto, en primer lugar, las conectivas de la lógica proposicional suelen definirse en términos semánticos (*i.e.*, mediante las tablas de verdad), tal como de hecho lo hace von Wright. Es cierto que los modelos semánticos que interpretan a la lógica proposicional en términos de valores de verdad no implican el compromiso de afirmar que «verdad» refiere a una propiedad extralingüística; sin embargo, en otras partes de su trabajo, von Wright distingue entre dos tipos de entidades: las normas y los enunciados acerca de ellas (proposiciones normativas). A partir de esta distinción sostiene que las segundas poseen valores de verdad (von Wright, 1963: 118-119) y que lo que hace verdadera a la proposición normativa es la existencia de la norma cuya existencia la proposición normativa afirma (von Wright, 1963: capítulo VII). Esto nos da una segunda pista: que las proposiciones normativas son verdaderas cuando en el mundo existe la norma cuya existencia es afirmada por dicha proposición (o cuando el hecho en que consiste la existencia de la norma «se corresponde con» o se «adecúa a» la proposición normativa). De modo que es plausible sostener que la teoría de la verdad que von Wright supone en su análisis acerca de la verdad de la normas es de corte sustantivo (y quizás —aunque esto no está nada claro— de tipo correspodentista). En segundo lugar, no parece tampoco suponer una teoría de la verdad pragmática porque las conectivas lógicas, tal como están definidas en sus cálculos, suponen una semántica que excluye la idea de que el criterio de la utilidad o eficacia (criterios normalmente aceptados por la teoría pragmática de la verdad) sirvan como funciones de interpretación del cálculo de los contenidos proposicionales: cuando von Wright discute la relación entre una norma y las proposiciones normativas defiende la idea de que es el acaecimiento de ciertos hechos (y no algún otro criterio, como la utilidad o la eficacia) lo que cuenta como fundamento veritativo de la proposición normativa. Finalmente, en tercer lugar, por el mismo tipo de razones antes esgrimidas tampoco parece que von Wright suponga una teoría coherentista de la verdad: el fundamento de verdad de las proposiciones normativas es el darse en el mundo los hechos que hacen a la existencia de la norma y no su coherencia con otros enunciados. Habría que advertir, sin embargo, que von Wright incluye la consistencia de los contenidos prescritos de una misma autoridad, respecto de los mismos súbditos, como requisito de co-existencia, en un conjunto, de las prescripciones (categóricas y condicionales). Para von Wright no hay espacio lógico para la existencia de prescripciones incompatibles. Una autoridad que realiza, en una misma acción normativa, dos requerimientos incompatibles, con relación a los mismos súbditos y para la

misma ocasión, nunca llega a hacer coexistir las prescripciones pretendidas en
un mismo corpus normativo: la inconsistencia de un conjunto de prescripciones significa la imposibilidad, es decir, la necesaria no-existencia de un determinado corpus normativo; una y la misma voluntad no puede «racionalmente»
aspirar a objetos incompatibles (von Wright, 1963: 159-163, y 186). Sin embargo, este requisito de consistencia de la autoridad que crea las normas no
cuenta por sí mismo como fundamento de verdad de la proposición normativa, sino que es un requisito para la coexistencia de la norma en un corpus, es
decir, un requisito que de satisfacerse (*i.e.*, darse en el mundo) dará lugar —
junto a los demás requisitos exigidos definicionalmente para la existencia de
una norma— a la coexistencia de una norma en un corpus y *no* contará por
ende como fundamento veritativo de la proposición normativa correspondiente. Que las normas puedan contradecirse unas con otras lógicamente no es una
cuestión que pueda ser mostrada en términos lógicos únicamente; ni apelando
exclusivamente a la naturaleza de las normas. Para von Wright la forma de
mostrar que dos normas que son prescripciones se contradicen es relacionar la
noción de prescripción con la de la unidad o la coherencia de la voluntad. Una
voluntad que no quiere objetos incompatibles tiene el atributo de ser racional,
razonable, coherente, consistente (*ibidem*: 162). Debe quedar claro que para
von Wright, más allá de la inconsistencia, de la *no existencia* de las normas incompatibles *en un mismo corpus normativo*, es perfectamente posible que existan
un mandato y una prohibición contradictorios (*ibidem*: 160). La contradicción
entre prescripciones refleja la inconsistencia (irracionalidad) en la voluntad de
la autoridad (*ibidem*: 162). Lo mismo sostiene von Wright en otros trabajos
donde afirma más enfáticamente que la interpretación de la lógica deóntica ha
de efectuarse en términos de un modelo de racionalidad del legislador. Bajo
esta interpretación, un legislador racional no puede tener un conjunto de normas (denominado corpus) incoherente; de modo que si «[...] alguna cosa se ha
ordenado, sería irracional que también se prohibiera» [von Wright, 1983b:
40-41 (paginación de la versión castellana)]; pero si sucede que agrega una
norma al corpus que lo torna incoherente, debemos interpretar que «[...] la
norma-negación de la norma añadida estaba "implícita" en el corpus» (*ibid*).
Este compromiso —denominado regla del compromiso racional— no es lógico, «[...] es un compromiso que se tiene en tanto que se aspire a ser racional»
(*ibid*). También en esta interpretación, la verdad de la proposición normativa
que afirma la existencia y contenido de una norma está dado por el darse en el
mundo la existencia de la norma. La regla del compromiso racional operaría
en forma semejante a los criterios de pertenencia de una norma a un sistema
jurídico: los criterios de pertenencia de las normas al sistema jurídico son el
acto de creación del legislador racional y la coherencia de las normas introducidas con relación a las normas previas del corpus. Por lo demás, debe tenerse

Von Wright distingue tres tipos principales de normas que denomina respectivamente *reglas determinativas*, *reglas técnicas* o *directrices* y *prescripciones* o *normas regulativas* [*regulations*]. En adición a estos tres tipos principales de normas se refiere a otros tres tipos importantes que guardan ciertas afinidades con más de uno de los tipos principales y que, en virtud de ello, califica de secundarios. Ellos son: las *costumbres*, las *normas morales*, y las *reglas* o *tipos ideales*. Hay algo que caracteriza a su juicio, sin embargo, a todos los tipos de normas: una cierta estructura lógica. Esta estructura lógica es denominada *núcleo normativo* y puede ser analizada en tres componentes: el *carácter*, el *contenido* y la *condición de aplicación*. Brevemente expuesto, el carácter de una norma expresa si ésta se da para que algo deba o pueda o tenga que no ser hecho; el contenido de una norma es aquello que debe o puede o tiene que no hacerse; y la condición de aplicación de una norma es aquella condición que tiene que darse para que exista oportunidad de hacer aquello en que consiste el contenido de la norma (excluidas las reglas o tipos ideales)[82]. Su caracterización de estos diferentes tipos de normas es la siguiente:

a) *Reglas determinativas*. El prototipo de este tipo de normas estaría dado por las reglas de los juegos. En tanto actividad humana, el juego

---

presente que la regla de compromiso racional —de acuerdo a la distinción de Alchourrón y Bulygin— es una exigencia propia de la lógica de normas y no de la lógica de proposiciones normativas (en la cual evidentemente puede darse cuenta de las contradicciones normativas que ha dictado un legislador no racional). Sobre este último tema véase el apartado 4 de este punto I.

[82] Resulta importante destacar que, de acuerdo con von Wright, pueden existir diferencias específicas en los componentes de los núcleos normativos de los diferentes tipos de normas; es decir, el carácter, el contenido o la condición de aplicación de un determinado tipo de norma puede presentar características diferentes al carácter, al contenido o a la condición de aplicación de otro determinado tipo de norma. Sin embargo, en la obra que comentamos, se limita a analizar el núcleo normativo de las normas que él denomina *prescripciones*. Como veremos en seguida, este tipo de normas se caracteriza, entre otras cosas, porque su carácter expresa lo que debe o puede o tiene que no ser hecho de un modo más fuerte o compulsivo a como lo hacen los restantes tipos de normas.

se desarrolla con arreglo a patrones fijos que pueden denominarse *movimientos*. En tal sentido, las reglas del juego determinan o definen esos movimientos y, de este modo, también el «juego» mismo y la actividad de jugarlo. Desde el punto de vista del juego mismo, las reglas determinan cuáles son los movimientos correctos y, desde el punto de vista de la actividad de jugar, cuales son los movimientos *permitidos*. Los movimientos incorrectos le estarían *prohibidos* a los jugadores del juego y un movimiento que es el único movimiento correcto en una situación específica del juego sería *obligatorio* cuando se está jugando el juego —sin perjuicio de que en los juegos también suelen coexistir con otro tipo de reglas, como las prescripciones. Las reglas de la gramática de los lenguajes naturales serían también de esta clase. En este caso, las formas fijas del discurso correcto serían análogas a los movimientos del juego. Lo correlativo a la actividad de jugar el juego sería la actividad de hablar o escribir la lengua. De una persona que no habla (o escribe) de acuerdo a las reglas de la gramática se dice que habla incorrectamente o que no habla el idioma en cuestión, según quiera seguir las reglas pero no sepa o no comprenda cómo hacerlo, o no se preocupe por seguir las reglas o consiente y consistentemente siguiera otras reglas. Idénticas consideraciones pueden hacerse respecto de las reglas de los juegos. Las reglas de un cálculo lógico y matemático podrían asimismo —al menos desde cierta concepción filosófica que no sea ni platónica ni nominalista— ser concebidas como reglas determinativas.

b) *Prescripciones o normas regulativas*. Von Wright reserva el concepto de prescripciones para aquellas normas que en forma de órdenes o permisos son dados por alguien desde una posición de autoridad a otro sujeto con el fin de que éste último se comporte de una manera determinada, *i.e.*, adopte una determinada conducta. Si una prescripción se da para que algo deba ser hecho se la denomina *norma de obligación*. Si se da para que algo pueda ser hecho se la denomina *norma permisiva*. Si se da para que algo tenga que no hacerse se la denomina *norma prohibitiva*. A fin de que el sujeto conozca su voluntad, la autoridad *promulga* la norma, y eventualmente para darle efectividad le añade una sanción, amenaza o castigo para el caso de inobservancia. Las órdenes militares, y las órdenes y permisos dados por los padres a los niños, las reglas de tránsito y algunas normas dictadas por los jueces, son ejemplos de prescripciones. También lo serían buena parte de las leyes que dicta el Estado. Así concebidas, además de los tres elementos del núcleo normativo, las prescripciones tendrían tres componentes adicionales respecto de los restantes tipos de normas: la autoridad, el sujeto y la ocasión[83]. Sin ser componentes, pertenecerían también de manera esencial a las prescripciones otros dos elementos: la promulgación y la sanción.

c) *Reglas técnicas o directrices*. En términos generales, este tipo de normas expresa una relación de los medios a emplear para alcanzar

---

[83] Aunque la ocasión es un elemento de las prescripciones, también se encuentra relacionado con los otros tipos de normas de dos maneras. La primera es que el contenido está definido por la realización de actos o abstenciones por parte de algún agente. Esto supone la presencia de un estado de cosas inicial y un estado de cosas final que definen el cambio que ha de ser producido (incluido el no-cambio) por el acto o abstención en cuestión (von Wright, 1963: 46 y 54). Esto es lo que von Wright denomina la *oportunidad*: cuando la ocasión posee alguna característica genérica que hace que la producción del cambio —o la ocurrencia del evento— sea lógicamente posible en esa ocasión (por ejemplo, la oportunidad para abrir la puerta en una determinada ocasión es que en esa ocasión la puerta esté cerrada; la ocasión para que la comida esté en la mesa es que no haya comida previamente en la mesa) (*ibidem*: 54-55, 59). De modo que todas las normas, al tener un contenido, suponen un tipo de ocasión, la oportunidad. La segunda forma en la que la ocasión está relacionada, al menos con las reglas determinativas, es mediante el principio *debe implica puede*. Una prescripción existe cuando es *posible* que el agente produzca el cambio requerido en la ocasión requerida por la autoridad (*ibidem*: 126). Una prescripción que ordene realizar un cambio cuya ocurrencia no puede acaecer produce que la prescripción no llegue a existir. La *posibilidad* aquí tiene dos componentes, uno relativo al agente y otro relativo a la ocasión. Con relación a este último, una prescripción que requiere de un agente la realización de un cambio sin que exista la oportunidad para realizarlo en esa ocasión equivale a la imposibilidad de la realización del acto. Para von Wright esta misma consecuencia se extendería a las reglas determinativas: es un requisito lógico de las reglas de un juego que sus requerimientos no sean imposibles de ser satisfechos por los jugadores (*ibidem*: 128-129).

un determinado fin. Las instrucciones de uso constituirían un ejemplo paradigmático. Así, estas reglas se formulan con el propósito de que una persona que persigue determinado fin se valga de las instrucciones que indica la regla para alcanzar dicho fin. La forma de este tipo de reglas es condicional: en su antecedente se menciona alguna cosa que se desea y en su consecuente algo que se tiene que (o hay que o se debe) hacer. Un ejemplo sería: «si quieres hacer la cabaña habitable, tienes que calefaccionarla». Esta oración, a diferencia de la oración «para hacer la casa habitable, debe calefaccionársela», no es ni descriptiva ni prescriptiva. La segunda oración, por el contrario, es puramente descriptiva y expresaría lo que von Wright denomina *proposición anankástica*. Con ella se afirma que la circunstancia mencionada en el consecuente es una *condición necesaria* de la circunstancia mencionada en el antecedente. Von Wright considera un error identificar las normas técnicas con las proposiciones anankásticas, pero a su juicio existiría una conexión lógica entre ellas: cuando se afirma una regla técnica se presupondría la verdad de la proposición anankástica correspondiente. Así, cuando se da la regla técnica «si quieres hacer la cabaña habitable, tienes que calefaccionarla» se presupondría (lógicamente) que si la cabaña no es calefaccionada no llegará a ser habitable[84].

---

[84]   Ahora bien, ésta última afirmación de von Wright puede resultar ambigua. En efecto, cuando se afirma que al dar una regla técnica se presupone la proposición anankástica correspondiente puede querer decirse que quien da la regla técnica presupone que es verdadera la proposición anankástica, más allá de que ésta en realidad lo sea o no; o puede querer decirse que el hecho de dar una regla técnica presupone la verdad de la proposición anankástica, independientemente de lo que considera quien formula la regla técnica. Esto último parece implicar un compromiso conceptual demasiado fuerte, pues descartaría como reglas técnicas a aquellas que no expresan una relación adecuada de medios a fines, *i.e.*, aquellas cuya proposición anankástica correspondiente es falsa. Parece más razonable adoptar la primera interpretación, pues de acuerdo con ella sería posible distinguir entre *reglas técnicas eficaces* —cuando quien formula la regla técnica ha supuesto correctamente que la proposición anankástica correspondiente es verdadera— y *reglas técnicas no eficaces* —cuando quien formula la regla técnica ha supuesto equivocadamente que la proposición anankástica correspondiente

Antes de pasar a las normas secundarias —que no son sino una cierta combinación de algunas de las primarias— merece destacarse que en cada uno de estos tipos de normas principales el carácter expresa algo diferente. En efecto, que una regla determinativa defina un movimiento como obligatorio, permitido o prohibido solo quiere decir que si el movimiento no es ejecutado de acuerdo con la regla, se comete un error o lisa y llanamente no se está realizando el juego o actividad definida por las reglas. Por el contrario, con relación a las prescripciones, cuando éstas no son observadas, es más habitual decir que han sido desobedecidas o violadas, pues estas últimas pretenden obtener un comportamiento determinado por parte de los sujetos destinatarios, recurriendo inclusive al castigo. De aquel que no sigue una determinada regla técnica que le ha sido dada, no decimos que comete un error o que no juega la actividad en cuestión, ni tampoco estrictamente hablando que desobedece la regla. Diríamos más bien que la ignoró o que no hizo caso de la misma. Podría decirse entonces que el carácter de las prescripciones expresa obligaciones, permisos u prohibiciones de una manera más fuerte a como lo hacen los demás tipos de reglas o, en una manera diferente de hablar, también podríamos decir que las prescripciones son las únicas que estrictamente otorgan permisos, imponen obligaciones o estatuyen prohibiciones. En todo caso, las prescripciones

---

es verdadera, *i.e.*, ésta en realidad es falsa. Por último, von Wright distingue las reglas técnicas de las normas hipotéticas. Éstas últimas serían aquellas normas relativas a lo que debe, o puede, o tiene que no hacerse cuando surge una determinada contingencia, y también son formuladas normalmente —al igual que las reglas técnicas— por medio de oraciones condicionales. Pero aunque en el trasfondo de una norma hipotética puede haber a veces una proposición anankástica, la conexión con la regla no es lógica sino meramente accidental. Así, la norma hipotética «si el perro ladra, no corras» expresa una prescripción para el caso de que ocurra una determinada cosa y en su trasfondo puede haber —a modo de explicación— una proposición anankástica subyacente relativa a que si alguien corre, el perro lo atacará. Sin embargo, aun cuando no existiera norma técnica o relación anankástica en el trasfondo, podría darse a una persona la orden hipotética de no correr si el perro ladra.

ejercen una presión normativa más fuerte sobre el agente, en el sentido de que su curso de acción resulta menos optativo, *i.e.*, de que existe menos libertad para no seguirlas. No nos ocuparemos de las diferencias que pueda haber en lo que hace al contenido y a la condición de aplicación de los diferentes tipos de normas.

d) *Las costumbres*. Este tipo de normas podría ser concebido como hábitos sociales, *i.e.*, patrones de conducta para los miembros de la comunidad. En un aspecto, los hábitos constituyen cierta regularidad de la conducta y, en este sentido, muestran cierta semejanza con las regularidades de la naturaleza. La antropología social, en la medida en que estudia estas regularidades, es una ciencia descriptiva. Pero en otro aspecto, habría una diferencia «de principio» entre las regularidades de la conducta, como las costumbres, y las leyes de la naturaleza: hay un sentido en el que puede decirse que el ser humano es capaz de quebrantar la regla de la costumbre, en el que no puede decirse que el curso de la naturaleza es capaz de quebrantar las leyes causales. Esta diferencia puede caracterizarse diciendo que las primeras presentan un aspecto genuinamente normativo o prescriptivo del que carecen las segundas. Las costumbres serían como prescripciones, en el sentido de que influyen sobre la conducta, ejercen una presión normativa sobre los miembros de la comunidad que se refleja en las distintas medidas punitivas con que la comunidad reacciona ante aquellos individuos que no ajustan su comportamiento a las costumbres. Sin embargo, a diferencia de las prescripciones, las costumbres no les son dadas a los individuos por autoridad alguna. Son más bien prescripciones anónimas y no necesitan estar escritas literalmente en ninguna parte. En cierta manera, las costumbres se asemejan a las reglas determinativas, pues estas definen, por así decir, las formas de vida que son características de cierta comunidad.

e) *Normas morales*. Las normas morales no formarían un grupo autónomo, sino que su peculiaridad reside en que mantienen complicadas afinidades lógicas con los otros tipos principales de normas y con las nociones de bien y de mal. En este sentido, von Wight destaca que, aunque en general las normas morales no se asemejan a las reglas determinativas, algunas normas morales como la obligación de cumplir las promesas pueden presentar este aspecto: dicha obligación es inherente a la institución de hacer y aceptar promesas. Algunas normas morales pueden ser contempladas sobre el trasfondo de las costumbres de una comunidad, como por ejemplo aquellas relativas a la vida sexual. Otras normas morales muchas veces se vincularían estrechamente con —aunque no se reducen a— prescripciones, como las leyes que dicta el Estado o las órdenes o permisos que los padres dirigen a sus hijos. Habría quienes conciben a las normas morales como prescripciones sobre la base de entender que éstas son mandamientos de Dios a los hombres. Otros las concebirían como reglas técnicas bajo el supuesto de que las normas morales expresan medios para obtener ciertos fines como la felicidad del individuo o el bienestar de la comunidad.

f) *Reglas o tipos ideales.* Estas normas no tendrían que ver directamente con lo que debe, o puede o tiene que *hacerse, i.e.,* no tienen que ver con la acción, sino más bien con aquello que debe, o puede o tiene que *ser.* Se haría referencia a este tipo de reglas cuando decimos, por ejemplo, que un hombre tiene que ser generoso, sincero, justo, ecuánime, etc.; cuando decimos que un soldado del ejército debe ser valiente, sufrido y disciplinado; cuando decimos que un maestro debe ser paciente con los niños, firme y comprensivo; o un guardia alerta, observador y resuelto. Las reglas ideales se encontrarían en estrecha relación con el concepto de bondad. Las propiedades que tiene que poseer un artesano, administrador, juez, etc. no son las de cada artesano, administrador o juez, sino las de un *buen* artesano, administrador o juez. A la persona que reúne las propiedades de un buen lo-que-sea en un grado supremo la llamamos un lo-que-sea *ideal.* Las reglas ideales presentarían cierta semejanza con las reglas técnicas, pues esforzarse por alcanzar el ideal se asemejaría a la persecución del fin. Sin embargo, sería un error concebir a las reglas ideales como normas que relacionan medios con fines. Pues las cualidades que hacen un buen lo-que-sea no están causal sino lógicamente relacionadas con el ideal. En este sentido podría decirse que las reglas o tipos ideales se asemejan a las reglas determinativas, *i.e.*, las propiedades de un buen lo-que-sea *definen* el lo-que-sea ideal.

¿Cuál es la conclusión de von Wright con relación a la permeabilidad a la verdad y la falsedad de cada uno de estos tipos de normas? Con relación a las *reglas determinativas* afirma que parece claro que estas no pueden ser falsas. Así, respecto de las reglas de un juego, podríamos confundirnos al pensar que la afirmación acerca de la existencia de una regla formulada a tal o cual efecto o que la afirmación acerca de que un determinado movimiento del juego está permitido o no de acuerdo con una determinada regla, pueden ser falsas. Pero lo falso aquí serían las afirmaciones respecto de la regla y no la regla misma. Von Wright, aunque sin discutir mayormente la cuestión, también rechaza la posibilidad de considerar que las reglas determinativas sean verdades analíticas (o necesarias). Entendemos que esta postura es correcta porque si bien es cierto que las reglas determinativas presuponen definir una actividad, por ejemplo, lo que cuenta como jaque mate en el juego de ajedrez, su función no es establecer una definición con propósitos teóricos, sino dirigir la conducta. En tanto la regla determinativa constituye un uso directivo del lenguaje, ella no puede ser vista como teniendo la función de expresar una verdad analítica, sino en todo caso como presuponiendo una. La definición presupuesta podrá constituir una verdad analítica, pero no la regla determinativa misma.

Respecto de las *reglas técnicas* entiende que lo que podría considerarse verdadero o falso es la proposición relativa a la relación de medios a fines expresada por la proposición anankástica y presupuesta por quien formula o hace uso de la regla técnica; o también la proposición que describe el deseo de quien pretende alcanzar el fin que la regla técnica prescribe seguir para alcanzar. Pero la regla técnica no es equivalente a ninguna de estas proposiciones ni a su conjunción. En cuanto a las *prescripciones*, von Wright cree que puede aceptarse sin gran dificultad que carecen de valor veritativo, pues no parece que nadie estaría dispuesto a sostener que el *permiso* otorgado por medio de las palabras «puede estacionar el coche enfrente de mi casa», o que el *mandato* establecido por medio de la expresión «abre la puerta», o la *prohibición* estatuida por medio de la frase «dirección prohibida», son verdaderos o falsos[85].

Von Wright aclara que la aceptación de que las prescripciones y demás tipos de normas carezcan de valor veritativo no constituye un impedimento para decir verdaderamente que las formulaciones normativas tienen significado o son significativas[86]. Afirmar lo contrario importaría suponer que el significado de las oraciones es explicable en términos de sus condiciones de verdad. Pero ello, en el mejor de los casos, solo constituirá una explicación válida para las oraciones declarativas. Reducir la explicación del significado de los diversos tipos de enunciados del lenguaje a sus condiciones de verdad, y negar, en consecuencia, que aquellos enunciados que carecen de valores veritativos carecen por completo de significado, no sería más que un dogma filosófico. Una de las formas que adoptó este dogma filosófico fue la denominada *teoría verificacionista del significado*.

Dado que los tipos de normas secundarias no son sino una combinación de algunos de los tipos de normas primarias, las consideraciones acerca de estos últimos también son aplicables a los primeros. Así, de acuerdo a las consideraciones expuestas, no tendría sentido predicar verdad (o falsedad) de las normas, pues ellas se caracterizarían por constituir un uso *directivo* del lenguaje cuya principal función consistiría en dirigir u orientar las acciones y no en describir o afirmar la existencia de hechos o en atribuir propiedades a objetos. Al no expresarse mediante este tipo de actos de habla ninguna clase de afirmación acerca de la realidad que pueda darse o no darse, no cabría atribuir, significativa y propiamente, respecto de las expresiones vinculadas a tales actos de habla, los predicados veritativos. Tal como se pondría de manifiesto en la gramática profunda que revela este tipo de expresiones en su funcionamiento en los juegos de lenguaje pertinentes, lo que cabría más bien predicar de ellas es que

---

[85] Cf. von Wright, 1963: 118-119.
[86] Cf. von Wright, 1963: 118-119.

son justas o injustas, válidas o inválidas, eficaces o ineficaces, oportunas o inoportunas, etc. La predicación de «verdad» o «falsedad» respecto de normas sería, entonces, lisa y llanamente un sinsentido o, en el mejor de los casos, un uso metafórico del lenguaje —*i.e.*, una extensión de un juego de lenguaje (el de las aserciones) a otro (el del uso prescriptivo)— que, en tanto tal, puede ser legítimo, pero que no debería engañarnos acerca de su real significado.

Es el momento de pasar a considerar la tesis de la verdad de las normas jurídicas a la luz de otras teorías substantivas: la teoría de la verdad como coherencia y la teoría consensual y procedimental de la verdad.

2. La verdad de las normas jurídicas como coherencia

Pese a que la coherencia es una propiedad (incluso una virtud) a menudo atribuida al derecho en tanto ordenamiento normativo (así como también al discurso dogmático, interpretativo o justificatorio acerca del derecho), al abordar el tema bajo análisis debe tenerse presente, por una parte, que existen diversas maneras de concebir esta propiedad y, por la otra, que los ejemplos de aplicación de la teoría de la verdad como coherencia a las normas jurídicas son muy excepcionales (si acaso puede decirse que hay ejemplos realmente claros). Por ello, en primer lugar, distinguiremos brevemente la teoría de la verdad como coherencia de otras con las que ésta suele confundirse, en particular de la teoría de la coherencia como justificación de creencias (2.1). A continuación, se discriminarán diversas maneras de definir la propiedad de coherencia y su atribución al derecho (2.2.). Por último, se brindará un ejemplo de aplicación de la teoría de la verdad como coherencia a las normas jurídicas (el más ilustrativo que existe, si bien no es seguramente el más puro): una reconstrucción efectuada sobre la base de algunos elementos de la teoría del derecho de Ronald Dworkin. Esto permitirá poner de manifiesto la diferencia con otras doctrinas que atribuyen coherencia al derecho (o incluso, al conocimiento jurídico), pero que en ningún caso constituyen un intento de aplicar la teoría de la verdad como coherencia a las normas jurídicas. Aunque el ejemplo tomado no es todo lo nítido ni desarrollado que pudiera esperarse, resultará útil para poner de manifiesto las características que debería reunir, al mismo tiempo que los desafíos que debería enfrentar, un intento teórico semejante (2.3.).

2.1. La teoría de la verdad como coherencia

De acuerdo con Richard L. Kirkham, hay que diferenciar el intento de dar una respuesta coherentista al problema de la justificación de creencias (que él llama *proyecto justificativo*) del intento de dar respuesta al problema de la definición de la noción de verdad (que denomina *proyecto metafísico*)[87]. A su juicio, Brand Blanshard ha elaborado teorías concernientes a ambos respectos. En cuanto a lo primero, Blanshard sostiene que si la realidad es algo completamente externo a las mentes humanas, entonces, el conocimiento sería una cuestión de suerte, y por lo tanto, ninguna teoría de la justificación tendría sentido. El modo de evitar esto sería postular que los pensamientos de nuestra mente no son en realidad completamente distintos de las cosas del mundo acerca de las cuales pensamos. Pensar en una casa sería tener la casa misma, en algún grado, en nuestra mente. Con la suposición adicional de que el mundo es coherente, parece seguirse que nuestras creencias son probablemente verdaderas en la medida en que son coherentes. De acuerdo con esto, Blanshard sostiene que la coherencia entre las creencias es una prueba de su verdad. Blanshard parece pensar que un *test* de la verdad debe ser tal que cualquier cosa que sea que pase el *test* debería con ello haber probado que es verdadero. Pero no *cualquier* sistema coherente de creencias contaría como verdadero. Blanshard no quiere decir que dos de tales sistemas en sí mismos coherentes pero inconsistentes

---

[87] Cf. Kirkham, 1992: 20-31; 211-213; Sobre la teoría de la coherencia como justificación (en el pensamiento de F. H. Bradley) puede verse también, 216-221.

uno respecto del otro, son *ambos* verdaderos. El sistema verdadero sería aquel en el cual todo lo real y posible se encuentra coherentemente incluido. El sistema realmente verdadero sería aquel que nos da una imagen completa del universo. Según Kirkham, la teoría de Blanshard de la verdad podría ser formulada, como sigue:

(c) (*c* es realmente [*purely*] verdadera ⇔ *c* es un miembro de un conjunto coherente de creencias que tomadas en conjunto dan una imagen completa del mundo y tomadas individualmente se implican unas a otras.

Donde «c» representa una creencia y «⇔» representa la equivalencia en todo mundo posible (o equivalencia esencialista)[88].

Esta última es una definición de la noción de verdad en términos de coherencia. La teoría completa de Blanshard, no obstante, asume, como puede apreciarse, otras dos tesis (en conjunción a esta definición de verdad): a) que la coherencia es un atributo de la realidad misma (tesis ontológica), b) que la coherencia de nuestras creencias es un criterio de su verdad (tesis epistemológica, asociada a su teoría de la coherencia como justificación de creencias). Debe quedar claro que estos tres aspectos son lógicamente independientes, aun si en el caso particular de Blanshard se hallan integrados en una única concepción. Así, por ejemplo, es posible aceptar como definición de la noción de verdad la teoría de la verdad como correspondencia y asumir, al mismo tiempo, sin lugar a contradicción, la teoría de la coherencia en el plano de la justificación de creencias. Estas distinciones nada dicen todavía, además, qué debe entenderse por «coherencia» ni en qué sentido(s) puede afirmarse que el derecho es coherente.

2.2. La noción de coherencia y su atribución al derecho

Ningún teórico de la coherencia ha sostenido en ningún momento que ésta sea pura y simplemente ausencia de contradicción.

---

[88]   Cf. Blanshard, 1941, y respecto de lo que a continuación se expone Kirkham, 1992: 104-112.

Siempre han definido a la coherencia como ausencia de contradicción unida a otro requisito positivo. Esta última, a su vez, ha sido entendida de manera más o menos fuerte. La ausencia de contradicción, en este sentido, es una condición necesaria, aunque no suficiente de la coherencia[89].

Así, para Blanshard, de un conjunto de dos o más creencias se dice que es coherente sí y solo sí (1) cada miembro del conjunto es consistente con cualquier subconjunto de los otros, y (2) cada uno es implicado (inductiva o deductivamente) por todos los otros tomados como premisas. De acuerdo con algunas otras teorías coherentistas, cada uno es implicado por cada uno de los otros tomados individualmente[90].

En una postura aún menos exigente es preciso, para que una proposición sea verdadera, que se derive lógicamente de otras proposiciones del sistema pero no que las involucre a todas. En una versión muy fuerte el mutuo apoyo implicativo se establece de modo que: a) cada proposición está implicada por todas las demás y b) cada proposición implica a todas las demás. El mutuo apoyo puede, además, reforzarse por la exigencia de que el sistema de proposiciones verdaderas sea el más completo posible, así como por la idea de que sea admisible un único sistema de proposiciones verdaderas[91].

En el ámbito de la teoría jurídica cabe distinguir, en primer lugar, dos grandes maneras de entender la coherencia: i) como ausencia de contradicción (a la que suele aludirse con la expresión *consistency*) entre los elementos de un conjunto y ii) como algún tipo de conexión semántica y/o pragmática entre dichos elementos (a la que suele hacerse referencia mediante el término *coherence*). Ahora bien, aunque ambas propiedades pueden ser predicadas de un conjunto —en nuestro caso, por ejemplo, respecto de las normas de un sistema jurídico—, ellas no son atribuidas de la misma manera, a un mismo título. Así, la *consistency* es una propiedad contingente (*qualitas*) en el sentido de que un sistema

---

[89]   Cf. Pintore, 1996: 126.
[90]   Kirkham, 1992: 104.
[91]   Cf. Pintore, 1996: 126.

jurídico no deja de ser tal por el hecho de contener normas contradictorias entre sí; se trataría, en este caso, de un sistema jurídico inconsistente. Por el contrario, la *coherence* es considerada como una propiedad definitoria (*quidittas*), en el sentido de que hace al tipo de conexión o unidad que se afirma posee el sistema jurídico, de modo que si un conjunto no posee dicha propiedad no puede ser un sistema jurídico, y de modo que es dicha propiedad la que hace del sistema jurídico una unidad autosuficiente distinta de las otras. De esta manera, por paradójico que parezca, a diferencia de lo que ocurre en el dominio de las teorías de la verdad o de la justificación de creencias, en el ámbito de la teoría jurídica hay autores para quienes la *inconsistency* presupone la *coherence*[92]. Es más, para algunos teóricos del derecho la *coherence* encarna una condición necesaria y suficiente para tratar como pertenecientes al derecho elementos cuya pertenencia no podría justificarse de otra manera. Esto último conduce a admitir que un sistema provisto de *coherence* puede contener contradicciones lógicas entre las normas que lo integran[93]. Además, mientras la *consistency* es una propiedad que se predica de modo *all-or-nothing*, la *coherence* admite grados en su aplicación. Las normas de un sistema son o no contradictorias, pero un sistema jurídico puede ser más o menos coherente[94].

---

[92]   Cf. Conte, 1988, citado por Pintore, 1996: 132-134. En contra de esta opinión, véase por ejemplo, Alexy-Peczenik, 1990 (citado por Pintore, 1996: 133-135), quienes consideran que la *consistency* es una condición necesaria aunque no suficiente de la *coherence*.

[93]   Aun si la presencia de contradicciones no compromete de por sí la coherencia (*coherence*) en el sentido de excluirla, puede, sin embargo, intensificarla. Naturalmente no cuenta el número puro y simple de contradicciones (a pesar de que la cantidad a partir de un cierto tope se transforma de manera inexorable en cualidad), sino el nivel del ordenamiento jurídico en que se presenta, los sectores que afecta, etc.

[94]   Cf. Pintore, 1996: 131-136. A dichas dos maneras de entender la coherencia, podría agregarse una tercera: iii) coherencia como relación de deducibilidad entre las normas de un sistema jurídico. Debe tenerse presente, no obstante, que esta última noción deber ser entendida más bien como una propiedad atribuida a un sistema de derecho natural (concepción cultivada por el iusnaturalismo racionalista) que como una característica atribuida a los derechos positivos.

En segundo lugar, ha de especificarse las diversas maneras en que la teoría jurídica ha concebido la *coherence*. En un sentido muy amplio (se trata de un uso reconstructivo, no léxico ni definicional) por ella se entiende la existencia de conexiones razonables entre los elementos de un sistema jurídico, las cuales constituyen *un tertium quid* respecto a la no contradicción y a la deducibilidad. Así, se dice que un derecho es coherente si a partir de sus normas se pueden extraer inductivamente los principios que lo inspiran o, desde la perspectiva inversa, si sus normas se estiman expresiones y especificaciones de los principios constitutivos del sistema; o que es coherente en el sentido de que trata los casos iguales de la misma manera. Las conexiones razonables se postulan a veces, asimismo, entre los elementos del sistema y otros factores independientes de ellos como, por ejemplo, la eficiencia, económica o de otro tipo. En este último sentido, la atribución de coherencia al derecho importa un juicio acerca de que éste es idóneo para la determinación de ciertos valores o fines (no necesariamente morales sino también, por ejemplo, económicos) internos o externos a él. La coherencia haría aquí referencia a la racionalidad instrumental: una norma jurídica (o conjunto de normas jurídicas) contribuye positivamente a la coherencia del derecho si su contenido representa un medio idóneo para la persecución de los fines receptados por el ordenamiento[95]. Si la *coherence* es concebida como una propiedad necesaria (*quidittas*), cualquiera sea su especificación, ella estará presente (necesariamente) en todo sistema jurídico (en la forma especificada). Si por el contrario, se la interpreta como una propiedad contingente (*qualitas*) ella podrá predicarse como un rasgo contingente de un derecho positivo o incluso como un ideal que el derecho debería alcanzar pero que no necesariamente posee.

---

[95]   Cf. Pintore, 1996: 136-143.

2.3. La teoría de la verdad como coherencia aplicada a las normas jurídicas

Coleman afirma que nadie ha defendido jamás la teoría de la verdad como coherencia en el derecho[96]. Estrictamente hablando, le asiste la razón. No obstante, intentaremos, sobre la base de algunos elementos de la teoría del derecho de Dworkin, reconstruir una versión plausible de dicha concepción, cuidándonos de no atribuírsela al autor norteamericano. Dos reparos fundamentales deben ser anticipados al respecto: 1) que sobre la base de su concepción interpretativista, Dworkin impugna la distinción entre derecho y ciencia del derecho, entre normas y enunciados jurídicos descriptivos. En su concepción, los enunciados jurídicos contienen inescindiblemente elementos descriptivos y prescriptivos; 2) al menos en ciertos textos Dworkin se adhiere, con relación al derecho, a la teoría de la verdad como redundancia[97].

Como advierte Pintore, la concepción del derecho como integridad de Dworkin requiere que el material normativo se interprete y las decisiones se tomen en *armonía* con la totalidad de la historia jurídica y con el conjunto de principios ético-políticos que vertebran el orden jurídico. Pero la intregridad-coherencia no es simplemente un criterio interpretativo y justificatorio. En su opinión, la coherencia es una propiedad esencial de los estándares normativos que integran el derecho (principios, reglas, decisiones). Dicha propiedad es tal, además, que permite tener como un elemento del derecho incluso aquellas normas que no poseen *estatus* positivo alguno pero que están en armonía con la historia jurídica y con los principios éticos-políticos que subyacen o inspiran el ordenamiento en cuestión. Se trata, por lo tanto, de una propiedad que permite identificar al derecho y trazar sus límites. De esta manera, por ejemplo, el que una persona no pueda beneficiarse de su propio delito (por caso, que quien mató a su abuelo no pueda heredarlo), sería una

---

[96]   Cf. Coleman, 1995: 38, nota 5.
[97]   Cf. Dworkin, 1996.

norma jurídica aplicable aun si no ha sido jamás establecida por el legislador ni aplicada por tribunal alguno, si ella posee la relación de coherencia requerida con los demás elementos del ordenamiento jurídico. Sería, por ello, una norma «verdadera». Su verdad estaría dada por la conexión (de coherencia) con los demás elementos del ordenamiento jurídico. Aquí la coherencia jugaría, a la vez, un rol de justificación normativa (se trataría de la solución correcta desde el punto de vista de la justicia) y de criterio descriptivo de pertenencia de normas al sistema jurídico. Tal como se ha adelantado, ambos aspectos son inseparables en la concepción de Dworkin.

Debe tenerse presente, no obstante, que la noción de coherencia utilizada por Dworkin, además de poco precisa, no se ajusta a la definición de verdad que provee la teoría de la verdad como coherencia. En efecto, la noción dworkiniana de coherencia no exige la relación de implicación lógica (como sí lo hace en cambio la definición de la noción de verdad como coherencia), sino que remite a conceptos más vagos como los de «adecuación» o «bondad» («soundness»). En esta concepción, la «verdad» incluiría, además, elementos normativos de corrección. No sería, nada distinto, en definitiva, de la solución justa o normativamente correcta. El interés en esta «particular» teoría de la verdad como coherencia dependería, por lo demás, completamente de que se acepten postulados como los de la teoría del derecho de Dworkin (especialmente su concepción interpretativista y su tesis del derecho como integridad) y caería, por ello, junto con ésta si es impugnada.

Sin embargo, abandonando los postulados de la teoría del derecho de Dworkin, podría suponerse que la coherencia sea de hecho (en, al menos, algunos sistemas jurídicos) un criterio de pertenencia de normas al sistema (sin presuponer con ello nada con relación a su justificación normativa, *i.e.*, una norma pertenece al sistema jurídico sobre la base de dicho criterio con independencia de si es o no justa, o incluso de si es o no justo que un sistema jurídico contenga un criterio de pertenencia tal), y además que la afirmación acerca de que una norma pertenece al sistema jurídico (sea en virtud del criterio de coherencia o de cualquier otro, como la mera creación por parte de la autoridad competente) es verdadera cuando satisface la definición de la noción de verdad como coherencia. Verbigracia, por tomar la definición de Blanshard apuntada más arriba, que el enunciado o creencia acerca de que una cierta norma N pertenece al sistema S, es verdadero(a), si y solo si tal enunciado o creencia es un miembro de un conjunto coherente de enunciados o creencias que tomadas en conjunto dan una imagen completa del mundo (en este caso del sistema jurídico) y tomadas individualmente se implican unas a otras (deductiva o inductivamente, según se prefiera)[98].

Podría suponerse, incluso, que la coherencia no es un criterio de pertenencia de normas al sistema sino a lo sumo un ideal a alcanzar por el sistema jurídico, esto es, una suerte de principio de adecuación: es algo deseable que el legislador incluya en el sistema toda norma coherente con el resto del ordenamiento o con sus principios rectores; pero, de no hacerlo así, tales normas no podrán ser consideradas como partes integrantes suyas (*i.e.* ser consideradas jurídicas) por no adecuarse a dicho parámetro de coherencia. Y a continuación podría sostenerse que una afirmación acerca de que una norma pertenece al sistema es verdadera cuando satisface, por ejemplo, la antedicha teoría de la verdad como coherencia.

Al aplicar esta definición de verdad como coherencia a los enunciados descriptivos relativos a los sistemas jurídicos hay un aspecto de la teoría de Blanshard, asociado a dicha definición, que debería abandonarse si se acepta que los sistemas jurídicos pueden contener contradicciones: la tesis ontológica de que el mundo, la realidad, es coherente. Aunque se trata de una tesis lógicamente independiente de la definición de la noción de verdad, como se ha visto, no es un elemento superfluo dado que está destinada a evitar que dos conjuntos coherentes de creencias sean ambos verdaderos, posibilidad

---

[98]   Recuérdese que la coherencia a estos efectos es entendida como un conjunto de dos o más creencias en el cual (1) cada uno de sus miembros es consistente con cualquier subconjunto de los otros, y (2) cada uno es implicado (inductiva o deductivamente) por todos los otros tomados como premisas.

que constituye una de las principales objeciones a la teoría de la verdad como coherencia. De ser esto así, su aplicación a los enunciados jurídicos descriptivos relativos a un sistema jurídico debería ser descartada. Ello independientemente de las otras objeciones que podrían formularse contra dicha teoría en general, más allá de su aplicación en el ámbito jurídico.

Ahora bien, como se advierte, aun si la noción de verdad como coherencia pudiese ser aplicada en el dominio jurídico, lo sería únicamente con relación a los enunciados jurídicos descriptivos acerca de normas jurídicas, pero no respecto de las normas jurídicas mismas que era la cuestión objeto de nuestro análisis. Aplicado a las normas jurídicas, lo que se llama «verdad como coherencia» no es idéntica ni equiparable a la definición de verdad que proporciona la teoría de la verdad como coherencia; en realidad no es sino otro nombre para aludir a la corrección normativa[99].

3. La verdad de las normas jurídicas como consenso y como procedimiento

Anna Pintore[100] ubica como representante fundamental de ambas teorías a Jürgen Habermas, dado que su teoría de la verdad, aplicable no solo al mundo objetivo sino también al mundo social y en particular a las normas morales y jurídicas, es al mismo tiempo consensual y procedimental[101] (3.1). Pero a fin de evaluar con mayor detalle las tesis acerca de la verdad del derecho, considera las concepciones de algunos iusfilósofos que han especificado o precisado la teoría de Habermas (a veces en conjunción con la de

---

[99] Un sentido relacionado con el de coherencia como corrección normativa es el de «coherencia» como propiedad del razonamiento de aplicación de normas. Véase al respecto el trabajo de Amalia Amaya incluido en este volumen, así como Amaya, 2015.

[100] Cf. Pintore, 1996: caps. V y VI.

[101] Sobre la teoría de la verdad de Habermas y su aplicación a la moral y al derecho, entre su vastísima obra véase Habermas, 1968, 1971, 1973a, 1973d, 1981, 1982, 1983, 1984, 1991, 1992, 1999 y 2001.

otros autores). Así, se detiene principalmente sobre la concepción de Robert Alexy que en pos de la fundamentación de la verdad de las normas jurídicas se apoya en el aspecto consensual de la teoría habermasiana, pero también y sobre todo, en su aspecto procedimental (3.2).

3.1. La teoría de la verdad de Habermas y su aplicación al derecho

Como apunta Pintore, las teorías consensuales de la verdad pertenecen a la familia de las teorías pragmatistas y comparten con las teorías coherentistas la crítica a las teorías de la correspondencia[102]. La teoría habermasiana de la verdad, en particular, puede ser interpretada como una versión muy revisada y corregida de la teoría pragmatista de la verdad de Peirce[103].

La teoría de la verdad de Habermas se asienta sobre una concepción del lenguaje que denomina *pragmática universal*. De acuerdo con ella, «el correcto uso del sistema de denotación parece que depende de una integración del lenguaje con los esquemas cognitivos,

---

[102] Entre las teorías contemporáneas que contribuyen a acreditar un recurso al consenso como criterio de verdad o de corrección en la esfera práctica y, en particular jurídica, Pintore cita a la corriente hermenéutica (Gadamer), la ética del discurso (Apel y Habermas), la nueva retórica (Perelman) y el neo-contractualismo (Rawls). La autora advierte, sin embargo, que la noción de consenso no solo juega roles diferentes en el interior de cada una de ellas sino que le atribuyen sentidos diferentes. Una de las diferencias más notables entre ellas sería que mientras algunas entienden el consenso como un camino hacia la verdad, otras en cambio lo consideran como un «recurso» sustituto de la verdad entendida como correspondencia (en tanto ésta se considera la noción de verdad por excelencia) pero que se estima inaccesible, por lo menos en lo que hace al ámbito práctico-normativo. Cf. Pintore, 1996: 162-163. Aquí nos ocuparemos exclusivamente de la concepción de Habermas.

[103] Cf. Pintore, 1996: 165-167, donde se precisa que Peirce representa el principal punto de referencia en la concepción de la verdad de Karl Otto Apel, el filósofo por quien Habermas se declara más influido. Cf. Apel, 1991.

por una lado, y con los tipos de acción por el otro»[104]. Sobre estas bases Habermas distingue cuatro tipos de actos de habla fundamentales: *comunicativos*, *constatativos*, *representativos* y *regulativos*. Los actos de habla *comunicativos* son aquellos con los cuales se expresan en general los distintos aspectos del sentido del habla y se hace explícito el sentido de las emisiones *qua* emisiones. Los actos de habla *constatativos* son aquellos que sirven para expresar el sentido del empleo cognitivo de las oraciones. Los actos de habla *representativos* o *expresivos* sirven para expresar las intenciones, actitudes y vivencias del hablante. Los actos de habla *regulativos* sirven para expresar el sentido normativo de las relaciones interpersonales que ellos establecen. A cada uno de estos cuatro tipos de actos de habla corresponden cuatro tipos de pretensiones de validez: inteligibilidad, verdad, veracidad y corrección. Estas pretensiones de validez convergen en una única: la de racionalidad. La realización de tales actos de habla vienen acompañados por un «consenso de fondo» que descansa en el reconocimiento recíproco de los hablantes competentes de las cuatro referidas pretensiones de validez correspondientes a dichos actos de habla, de modo que se pretende la inteligibilidad de la emisión, la verdad de su componente proposicional, la corrección de su componente normativo y la veracidad de la intención que el hablante manifiesta. Así, una comunicación discurre sin perturbaciones (sobre la base de un consenso «convertido en hábito») si los sujetos hablantes/agentes: a) hacen inteligible o comprensible tanto el sentido de la relación interpersonal, como el sentido del componente proposicional de su emisión en el acto de habla comunicativo; b) reconocen la verdad del enunciado hecho con el acto de habla constatativo; c) reconocen la corrección de la norma invocada en el acto de habla regulativo; d) no ponen en duda la veracidad de los sujetos implicados en el acto de habla representativo. Estas pretensiones de validez solo se tematizan cuando el funcionamiento del juego del lenguaje queda perturbado y el consenso de fondo queda puesto en cuestión. En efecto, cuando la inteligibilidad de una emisión se

---

[104]   Cf. Habermas, 1970-1971: 91.

torna problemática hacemos preguntas del tipo: ¿qué quieres decir?, ¿cómo he de entender eso?, ¿qué significa?, y las respuestas a
tales preguntas pueden ser llamadas *interpretaciones*. Cuando se torna problemática la verdad de un enunciado hacemos preguntas del
tipo: ¿es como dices?, ¿por qué es así y no de otra manera?, y las
respuestas a tales preguntas pueden ser llamadas *afirmaciones o explicaciones*. Cuando es la corrección pretendida por un acto de habla la
que se vuelve problemática hacemos preguntas del tipo: ¿por qué
has hecho eso?, ¿por qué no te has comportando de otra manera?,
¿te es lícito hacer eso?, ¿no deberías comportarte de otra manera?, y
tales preguntas se responden con *justificaciones*. Cuando finalmente
se cuestiona la veracidad del interlocutor nos preguntamos: ¿no me
estará engañando?, ¿no se estará engañando a sí mismo? Habermas
precisa que estas cuatro pretensiones de validez son fundamentales
«en el sentido de que no pueden reducirse a nada en común» y, más
específicamente, de que «el sentido de la inteligibilidad, la corrección, [y] la veracidad, no pueden reducirse al sentido de la verdad».
Ahora bien, no todas estas pretensiones de validez se enderezan,
dada su propia estructura, a resolverse en términos discursivos. «La
teoría consensual de la verdad, que ha de apoyarse en el consenso
alcanzado argumentativamente, solo es relevante para las pretensiones de verdad y de corrección», pero no para las de inteligibilidad y
veracidad (puesto que estas últimas solo pueden resolverse mediante acciones, y las de veracidad son una suerte de presupuesto de la
comunicación sin la cual ésta se viene abajo)[105].

Más allá de algunas variantes en la formulación, lo precedentemente expuesto constituye una suerte de base común a la teoría de
la verdad de Habermas a lo largo de sus diferentes obras. Ésta ha sido, no obstante, más allá de dicho núcleo básico, objeto de algunos
cambios significativos. Los estudiosos de su obra suelen reconocer,
al respecto, dos grandes etapas. La primera estaría representada por
sus planteamientos de los años 70, principalmente por su trabajo

---

[105]   *Ibidem*: 91-92, 94, 98-99, 101.

«Teorías de la verdad» escrito en 1972 y publicado en 1973[106]. La segunda se haría patente a partir de los años 90 y se reflejaría especialmente en su obra *Verdad y justificación* publicada en 1999[107]. De un período al otro se modificaría la noción misma de verdad. Más específicamente, Habermas se retractaría de la fuerte epistemologización de la noción de verdad[108]. A nuestro juicio, en realidad, el desplazamiento es triple y no doble: antes del referido trabajo «Teorías de la verdad» Habermas adopta una noción no epistemologizada de verdad[109]. A continuación nos referiremos a estas tres etapas poniendo el acento en las similitudes y diferencias entre los dos tipos de pretensiones de validez a los que su teoría de la verdad tiene vocación de aplicarse: las pretensiones de verdad y las pretensiones de corrección. Es esta última, en rigor, la que nos concierne específicamente. Antes de avocarnos a ello, conviene tener presente desde ahora una importante ambigüedad que afecta a la expresión «verdad» en la presentación de Habermas. En cuanto califica a su teoría de la verdad, dicha expresión presenta un significado amplio que abarca ambos tipos de pretensiones de validez, esto es, tanto a las pretensiones de verdad, como a las pretensiones de corrección. Sin embargo, posee también un sentido más específico en cuanto califica exclusivamente al primero de estos dos tipos de pretensiones de validez (las pretensiones de verdad) para ser distinguido del segundo (las pretensiones de corrección). Como veremos *infra* una ambigüedad similar afecta la expresión «justificación» en la presentación de su teoría.

---

[106] Cf. Habermas, 1973c.
[107] Cf. Habermas, 1999. Una de las partes que integra esta obra (el capítulo 5), de particular relevancia sobre el tema que nos concierne, data de 1996 (cf. Habermas, 1996).
[108] Cf. Fabra, 2008: 339-340 y 353.
[109] Ello se hace visible ya en sus lecciones pronunciadas en febrero y marzo de 1971 en la Universidad de Princeton, a la que ya nos hemos referido para dar cuenta de lo que hemos calificado como el núcleo básico de su teoría de la verdad. Cf. Habermas: 1970-1971.

En sus «Lecciones sobre una fundamentación de la sociología en términos de teoría del lenguaje»[110] Habermas afirma: «"Verdaderos" o "falsos" llamamos a los enunciados en relación con la existencia de estados de cosas que quedan reflejados en oraciones asertivas. Cuando un enunciado refleja un estado de cosas real, o un hecho, le llamamos verdadero. Las afirmaciones están justificadas o no están justificadas. Al afirmarse algo, entablo la pretensión de que el enunciado que afirmo es verdadero. La verdad no es una propiedad de las afirmaciones; antes bien, con los actos de habla constatativos (como son las afirmaciones) entablo la pretensión de validez "verdadero" o "falso" en favor o en contra de una proposición. La constatación metalingüística: "la afirmación "p" está justificada", lo que equivale a decir, ""p" es verdadera", no guarda con el enunciado simple "p" la relación de una premisa con una conclusión. La constatación metalingüística se limita simplemente a hacer explícita una pretensión de validez implícitamente entablada o presentada»[111]. Como puede apreciarse, Habermas distingue aquí claramente la noción de verdad (relativa a un enunciado) de la noción de justificación de una afirmación de que una cierta proposición (expresada por el enunciado en cuestión) es verdadera. Dicho de otro modo, Habermas no adopta todavía una noción epistémica de verdad. Este es el paso que dará sin embargo muy pronto y del que luego más adelante, frente a las objeciones que le fueron dirigidas, se retractará. Es importante destacar, por otra parte, que Habermas rechaza la definición de la noción de verdad propia de la teoría de la correspondencia, de acuerdo con la cual —según la caracterización que hace de ella— existiría una relación *ontológica* entre enunciado y hecho, esto es, una relación de semejanza, imagen o copia. A su juicio:

> [...] es claro que esta interpretación no acierta con el sentido de la verdad, porque las imágenes son más o menos parecidas al original que tratan de representar, mientras que un enunciado que es verdadero no puede ser más o menos próximo a la realidad: la verdad no es una

---

[110] *Idem.*
[111] *Ibidem:* 94-95.

relación comparativa [...] Pero la dificultad propiamente dicha de las teorías ontológicas de la verdad radica en que la correspondencia entre enunciados y hechos (o la realidad como la suma de todos los hechos) solo puede a su vez declararse en enunciados. Al término «realidad» no podemos darle [...] ningún otro sentido que el que asociamos con la verdad de los enunciados. Solo podemos introducir el concepto de «realidad» por referencia a «enunciados verdaderos»: la realidad es la suma de todos los estados de cosas sobre los que son posibles enunciados verdaderos. Las teorías ontológicas de la verdad tratan en vano de romper el ámbito de la lógica del lenguaje que es el único donde puede aclararse la pretensión de validez de los actos de habla[112].

De esta manera, Habermas parece adoptar una suerte de teoría de la verdad como adecuación en una versión no ontologista[113], la cual parece fundarse en su rechazo de que exista la posibilidad de una aproximación no lingüística o no interpretada de la realidad.

Con relación a la pretensión de corrección, que es una corrección de tipo normativa, Habermas aclara que aunque casi siempre ha sido objeto de consideración en las discusiones filosóficas bajo el nombre de *verdad moral*,

[...] la corrección es una pretensión de validez ligada a actos de habla de la clase de los regulativos, pretensión que dice que una norma vigente es reconocida con razón, que «debe» tener validez o estar vigente. *Esta validez normativa nada tiene que ver con la validez veritativa.* Indicador de ello es que las oraciones normativas no pueden deducirse de las descriptivas [...] *La conclusión, sin embargo, de que las cuestiones prácticas no son susceptibles de verdad, yerra asimismo el sentido de la verdad normativa.* Pues al expresar que una norma debería ser preferida a otra, lo que pretendo es precisamente excluir el momento de arbitrariedad: la corrección coincide con la verdad en que ambas pretensiones solo pueden desempeñarse discursivamente, por vía de argumentación y obtención de un consenso racional. Ciertamente que el consenso que

---

[112]   *Ibidem*: 96.

[113]   Por una parte, parecería que esta postura podría ser encasillada entre las más actuales teorías minimalistas de la verdad. Sobre estas teorías permítasenos remitir a lo dicho en Sucar, 2008: 122-127 y, más ampliamente, al volumen I de esta obra. Por otra parte, el rechazo de Habermas de que sea posible una aproximación no lingüística o no interpretada de la realidad lo ubican en una posición cercana a las tesis defendidas por Jackson. Cf. Jackson, 1998: 37-42.

pueda alcanzarse no significa en ambos casos lo mismo. La verdad de los enunciados se mide por la posibilidad de un sentimiento universal de una idea, la corrección de una recomendación o de una advertencia por la posibilidad de *concordancia* universal *en* una idea. [...] Esta diferencia puede tener que ver con que las opiniones acerca de los hechos han de estar fundadas en la experiencia, mientras que la aceptación o rechazo de normas no hacen una referencia directa a la realidad externa[114].

En suma, ambas pretensiones de validez, la pretensión de validez veritativa (ligada a los actos de habla constatativos), y la pretensión de validez como corrección (ligada a los actos de habla regulativos) o, mejor dicho, las emisiones propias de cada uno de estos tipos de actos de habla que conllevan sendos tipos de pretensiones de validez, son susceptibles de «verdad» en el sentido de que ambas pueden ser objeto de una discusión racional basada en argumentos que conduzcan a un consenso universal. Más precisamente todavía, son las expresiones metalingüísticas, *i.e.*, las afirmaciones de que las emisiones asertivas o normativas son verdaderas o correctas, respectivamente, las que son objeto de una discusión racional basada en argumentos susceptibles de consenso universal. Esto es, ambos tipos de emisiones (o más bien las afirmaciones metalingüísticas relativas a ellas) son abarcados por la teoría consensual de la verdad (a diferencia de las manifestaciones propias de las pretensiones de inteligibilidad y de veracidad ligados a los actos de habla comunicativos y representativos o expresivos, respectivamente, que como se ha visto quedan excluidos de dicho ámbito). Pero solo los enunciados que importan una pretensión de validez veritativa pueden ser «verdaderos» (o «falsos») en el sentido de adecuación (aunque no de tipo ontológica) con los hechos. Las recomendaciones o advertencias, en cambio, que importan una pretensión de corrección normativa, en tanto manifestaciones de actos de habla regulativos, no pretenden ni, por ende, tampoco son susceptibles de ningún tipo de adecuación con hechos y, en este otro sentido más estrecho, no

---

[114]   *Ibidem*: 100-101. El énfasis nos pertenece. Un desarrollo adicional sobre esta cuestión puede verse en Habermas, 1973e.

son susceptibles de verdad o falsedad. Al igual que las afirmaciones metalingüísticas de que los enunciados (manifestaciones de los actos de habla constatativos, que conllevan una pretensión de validez veritativa) son verdaderos pueden ser objeto de una argumentación racional con vocación a obtener un consenso universal, las afirmaciones metalingüísticas de que una recomendación o advertencia (manifestaciones de los actos de habla regulativos que conllevan una pretensión de validez como corrección) es correcta, también lo son. No obstante, en uno y otro caso el consenso alcanzado no presentaría la misma naturaleza, pues mientras que en el primer caso éste se asienta en última instancia en una referencia a la realidad externa, en el segundo caso ello no es posible, al menos no de manera directa.

En su artículo «Teorías de la verdad», la distinción claramente establecida en el trabajo precedentemente expuesto entre la noción de verdad de los enunciados (ligados a los actos de habla constatativos que conllevan una pretensión de validez veritativa) y la de justificación de las afirmaciones acerca de la verdad de tales enunciados, se hace colapsar. En efecto, Habermas ahora afirma: «Primera tesis. Llamamos verdad a la pretensión de validez que vinculamos con los actos de habla constatativos. *Un enunciado es verdadero cuando está justificada la pretensión de validez de los actos de habla con los que, haciendo uso de oraciones, afirmamos ese enunciado*». Habermas, agrega a modo de reafirmación de lo antedicho: «Llamamos verdaderos a los enunciados que podemos fundamentar»[115]. Esta posición es incluso claramente enunciada en términos de afirmabilidad garantizada: «[…] el significado de la verdad no consiste en la circunstancia de que se alcance un consenso, sino en que en todo momento y en todas partes, con tal que entremos en un discurso, pueda llegarse a un consenso en condiciones que permitan calificar ese consenso de consenso fundado. Verdad significa *waranted assertibility*»[116]. La postura de Habermas con

---

[115] Cf. Habermas, 1973c: 120. El énfasis nos pertenece.
[116] *Ibidem*: 139-140.

relación a las recomendaciones y advertencias[117] en tanto manifestaciones de los actos de habla regulativos es muy similar a la expuesta en
el trabajo precedente, con excepción evidentemente de la diferencia
significativa que acabamos de exponer y que, *mutatis mutandi*, se aplica
también a las oraciones metalingüísticas con las que se afirma que una
recomendación o advertencia es correcta[118]. Así, tanto la afirmación
metalingüística acerca de la verdad de un enunciado como la relativa
a la corrección de una recomendación o advertencia son susceptibles
de una *justificación* racional y en *tal sentido* ambas pueden ser verdaderas o falsas. No obstante, la justificación de uno y otro tipo de afirmación metalingüística se «distinguen en la forma de argumentación» en
tanto «en los discursos prácticos, las condiciones lógicas bajo las que
cabe alcanzar un consenso racionalmente motivado, son distintas que
en los discursos teóricos»[119]. De ahí que mientras que en los discursos
teóricos referidos al mundo objetivo la argumentación consiste en
brindar explicaciones en términos de causas (respecto de los sucesos)
o de motivos (respecto de las acciones), en los discursos prácticos se
trata de proveer *justificaciones*, basadas en razones, de las normas o

---

[117] Habermas se refiere también aquí, en el mismo sentido, a los preceptos, órdenes y valoraciones. Respecto de todos ellos precisa que en las pretensiones de
validez asociados a los actos de habla regulativos se adopta la validez fática de
una norma (ya sea expresando una necesidad subjetiva y una relación contingente de poder, ya sea remitiéndose a una norma preexistente y expresando
una relación de dependencia) cuya validez se presupone y que antecede siempre a dichos actos. Es la validez de dicha norma la que es objeto de discusión
en el discurso una vez que ha sido puesta en tela de juicio. *Ibidem*: 129.

[118] *Ibidem*: 126-129 y 137. Otra diferencia a destacar es que ahora no solo se sostiene que las recomendaciones y advertencias (que conllevan una pretensión de
validez como corrección) carecen de base directa en la experiencia, sino también
que incluso los enunciados (que conllevan una pretensión de validez veritativa),
carecen de una base directa con la experiencia; ambos solo se fundarían mediatamente en la experiencia. *Ibidem*: 123 y 124. Amén de ello ha de tenerse presente
que la «experiencia» en uno y otro caso no es de la misma índole. Mientras que
en el primer caso se trata de la experiencia propia del mundo de la cultura, esto
es al ámbito de la realidad que posee una dimensión institucional, en el segundo
al mundo de la naturaleza o realidad objetiva. *Ibidem*: 128-130.

[119] *Ibidem*: 127.

principios de acción invocados o supuestos en las recomendaciones o advertencias[120]. Como puede apreciarse, el empleo de «justificación» es ambiguo: en un sentido amplio se utiliza para hacer referencia a la obtención de un consenso racional bajo ciertas condiciones discursivas ideales, y en tanto tal i) se aplica tanto a las afirmaciones metalingüísticas relativas a la verdad de los enunciados como a la corrección de las recomendaciones y advertencias, y ii) se identifica con la verdad como calificativo de la «teoría consensual de la verdad» (*i.e.*, esta última noción es definida en términos de la primera); en un sentido más específico, en cambio i) se aplica solo al tipo específico de argumentos con los que es dable apoyar las afirmaciones acerca de la corrección de recomendaciones o advertencias y ii) por eso mismo es diferente a las explicaciones relativas al mundo objetivo.

Una de las principales críticas que se han dirigido contra la teoría consensual de la verdad de Habermas es relativa a la referida equiparación entre verdad y justificación. Más precisamente, se ha objetado que las condiciones formales del proceso argumentativo y la justificación a que da lugar no proporcionan una explicación de lo que queremos decir cuando empleamos el predicado es «verdadero» —en el sentido amplio que abarca tanto las afirmaciones metalingüísticas relativas a emisiones fácticas (*i.e.*, verdad en sentido específico) como las relativas a las emisiones normativas (*i.e.*, corrección). En una palabra, la teoría consensual de la verdad no es apropiada como explicación de la noción de verdad. Se debe distinguir —de acuerdo con esta objeción— entre verdad y justificación (*i.e.*, aceptabilidad racional) así como entre corrección y justificación (*i.e.*, aceptabilidad racional). En segundo lugar, aun si se estima que la satisfacción de las referidas condiciones del proceso argumentativo constituye una condición *ne-*

---

[120]	*Ibidem*: 140-142. Merece destacarse que en este trabajo se ofrece solo un esbozo de las *condiciones formales ideales* que un discurso debería cumplir para poder constituir un consenso fundado, esto es, uno que está motivado por la fuerza del mejor argumento, fuerza motivacional que tendría que elucidarse en el marco de una teoría de la lógica del discurso; pero no se ofrece allí una teoría completa que dé en el *quid* de esta lógica del discurso. Esta teoría no se desarrollará con cierto detalle sino en Habermas, 1983.

cesaria como *criterio* de verdad —en la medida en que brinda razones de calidad— dicha satisfacción nunca podría ser considerada una condición *suficiente* para ello. Una de las principales consecuencias de esta epistemologización de la noción de verdad sería que conduce al antifalibilismo y, con ello, a la pérdida del valor crítico-normativo, que la teoría consensual de la verdad de Habermas pretende poseer. En efecto, a fin de evitar que el concepto de verdad dependa directamente de aquello que sabemos (*i.e.*, de la razones que podemos aportar) en cada momento a través de la reformulación en términos de «aceptabilidad racional en términos ideales», la teoría de Habermas se ve necesitada a suponer una suerte de saber final verdadero que por definición no sería revisable[121].

Tal como hemos adelantado, dichas observaciones han conducido a Habermas a la reformulación de su teoría de la verdad en los años 90, giro que se consuma en su obra *Verdad y justificación*[122]. Nos parece particularmente oportuno considerar cómo resume el propio Habermas esta modificación de su teoría en una conferencia pronunciada en enero de 2001 en París[123]:

> Hasta hace poco, he estado tratando de explicar la verdad en términos de justificabilidad ideal. En el proceso he aprendido que dicha asimilación no puede funcionar. He revisado mi anterior concepto discursivo de verdad, que no es solo erróneo, sino cuando menos incompleto. La resolución discursiva de una pretensión de verdad lleva a la aceptabilidad racional, no a la verdad. Aunque nuestra mente falible no puede lograr nada mejor, no deberíamos confundir la una con la otra. [...] En teoría moral he defendido desde el principio una posición cognoscitivista pero antirrealista. La ética del discurso explica el contenido cognitivo de las oraciones de «deber» sin necesidad de recurrir a un orden evidente de hechos morales que estuviera abierto a algún tipo de descripción. Las afirmaciones morales, que nos dicen las cosas que es justo hacer, no deben asimilarse a las afirmaciones descriptivas, que nos dicen cómo se articulan las cosas. [...] A la luz de una noción epistemológica de verdad «encajar con los hechos» no

---

[121] Para una exposición detallada de estas críticas a Habermas, véase Fabra, 2008: 346-366.

[122] Cf. Habermas, 1999.

[123] Que lleva por título «Comentarios sobre verdad y justificación». Cf. Habermas, 2003: 69-91.

puede interpretarse en el sentido de una correspondencia con los hechos. Sin embargo, tras revisar el concepto discursivo de verdad, debo retomar una vez más la cuestión de la verdad moral [...] El pragmatismo kantiano consiste, sin duda, en un realismo sin representación. Pero dentro del esquema actual sigue existiendo una sorprendente asimetría entre la noción de justificación moral, que todavía pretendo explicar en términos epistemológicos de justificabilidad ideal, y la noción no epistemológica de verdad, que apunta más allá de cualquier contexto de justificación y se vincula de este modo a la presuposición ontológica de un mundo objetivo. El intento de concebir la justificación moral como algo análogo a la verdad tiene que salvar la brecha entre sus diferentes pretensiones de validez, que según el caso mantienen o no mantienen una referencia a un mundo de objetos de existencia independiente. Tal vez en ambos casos no poseamos mejores medios que los argumentos que apoyan la aceptabilidad racional de los juicios. Pero la justificabilidad ideal significa cosas distintas en uno y otro caso. La aceptabilidad racional señala meramente la verdad proposicional, y en cambio *agota* el significado de la justicia moral [...] Mientras que la verdad de una proposición expresa un hecho, no hay, en el caso de los juicios morales, nada equivalente a que un estado de cosas «sea el caso». Un consenso normativo, alcanzado bajo condiciones libres e inclusivas de debate práctico, establece una norma válida (o confirma su validez)[124].

De esta manera, conforme a su actual posición, mientras que la aceptabilidad racional es solo un *indicador* de la verdad de las oraciones asertivas es en cambio *constitutiva* de la corrección de los juicios morales[125].

Ahora bien, Pintore observa que para quienes, como Habermas, rechazan la existencia de una contraparte factual de las normas y de los valores a modo de fundamento veritativo, la relación entre consenso y verdad se torna más plausible respecto de las cuestiones prácticas que respecto de las cuestiones teóricas. En este sentido recuerda que Habermas mismo afirma: «Puesto que en los discursos prácticos [...] no hemos de recurrir a experiencias con la realidad externa, objetivada, y ni siquiera hemos de hacer la tentativa de entender la pretensión de validez vinculada a las normas como una relación entre

---

[124]   Habermas, 2003: 80-81 y 84-87.
[125]   Un análisis crítico de esta reformulación de la teoría puede verse en Fabra, 2008: 372-386.

lenguaje y naturaleza externa, una teoría consensual de la corrección no encuentra las mismas objeciones que una teoría consensual de la verdad»[126]. Al respecto, Pintore refiere que entre los comentadores de Habermas hay quienes sostienen que verdad y corrección son dos pretensiones de validez irreductibles de modo que no cabría calificar a las normas de «verdaderas», mientras que otros estiman que hay razones plausibles para llamarle «verdaderas» también a las normas. Pintore se inclina por esta última opinión[127]. De esta manera, entre aquellas concepciones que entienden el consenso como un «camino hacia la verdad» y aquellas que lo entienden como un «recurso» sustitutivo de la verdad por excelencia (esto es, la verdad como correspondencia) por estimar que ésta última no es accesible a la esfera de las normas y de los valores[128], Pintore parece ubicar a Habermas en la primera de estas dos alternativas. Sea ello como fuere, conforme a la teoría de Habermas, un derecho (léase las normas jurídicas, consideradas individualmente o en su conjunto) es verdadero (o correcto) si hay consenso en el modo en que ha sido elaborado[129]. Merece observarse que en esta presentación de Pintore de la teoría de la verdad de Habermas (según se expone en el referido artículo de 1973 del filósofo alemán, que es el que la autora toma en consideración) no se hace la distinción entre el sentido amplio y estrecho de «verdad», lo que parece llevarla a cierta confusión respecto de la relación entre corrección y verdad[130].

Así —refiere Pintore— la verdad de acuerdo con Habermas sería la propiedad de las aserciones sobre los que recae el consenso alcanzado en el diálogo a través de la fuerza no coactiva del mejor argumento.

---

[126]   Cf. Pintore, 1996: 160, y Habermas, 1973c: 149.
[127]   Cf. Pintore, 1996: 168.
[128]   *Ibidem*: 163.
[129]   *Ibidem*: 162.
[130]   Véase al respecto la presentación que hemos ofrecido *supra* de la teoría de la verdad de Habermas. Huelga decir, además, que dada la fecha de publicación de la obra de Pintore (1996) no podía receptar la última formulación de la teoría de la verdad de Habermas. Esto no es óbice, sin embargo, para los argumentos que *infra* se exponen.

Ahora bien, la noción de consenso en la teoría de Habermas —señala Pintore— es normativa y no factual: no cualquier acuerdo perfeccionado cuenta como tal, sino aquel que se logra con ciertas condiciones, que constituyen la llamada *situación lingüística ideal*, y que denomina *fundamentado*. La situación lingüística ideal se caracteriza por la absoluta paridad y simetría entre los interlocutores y por la ausencia de cualquier constricción externa o interna al discurso. Se trata de una situación contrafáctica al mismo tiempo que es un presupuesto cada vez que participamos en un discurso. Pintore observa que, de esta manera, Habermas elude la objeción de haber valorado subrepticiamente el consenso como situación de hecho, pero al precio de exponerse inevitablemente a otra objeción, la de haber tejido un razonamiento circular: el ideal es medida de racionalidad y verdad porque ya desde el comienzo se han incluido en él las condiciones que lo vuelven tal. El punto saliente de la teoría habermasiana sería que la idea de verdad implica la de consenso racional, pero que éste puede ser explicado solo procedimentalmente, esto es, respetando ciertas modalidades y principios argumentativos. Así — destaca Pintore— ambos aspectos, el consenso y el procedimiento, son elementos recíprocamente indispensables de la teoría de Habermas: el respeto del conjunto de modalidades argumentativas (procedimiento) no puede dejar de dar como resultado el consenso de los interlocutores y, viceversa, el consenso sobre una determinada pretensión normativa o asertiva vale para calificar a éstas como correctas (o verdaderas), pero exclusivamente si están bien fundamentados, es decir, si constituyen el resultado de un discurso que se ha desenvuelto respetando los procedimientos establecidos. Pero esta duplicidad de aspectos sería más una debilidad que una fortaleza de la teoría Habermasiana. Queda por ver pues cómo juegan el consenso y el procedimiento, respectivamente, en el intento de fundamentación de la verdad de las normas jurídicas. La teoría de Robert Alexy es un ejemplo paradigmático de este intento[131].

---

[131] Cf. Pintore, 1996: 170-173. En lo que aquí interesa, resultan particularmente de interés Alexy, 1978 y 1981.

3.2. El consenso y el procedimiento como elementos de una teoría de la verdad de las normas jurídicas

Para Alexy el consenso sería la vía maestra hacia la verdad en la esfera práctico-normativa. Acepta plenamente la idea habermasiana de que la razón práctica posee un carácter dialógico, pero al mismo tiempo subraya los límites del criterio del consenso: por no poder ser nunca plenamente satisfecho, en virtud de que, por ejemplo, no puede obtenerse de las personas fallecidas; y porque el puro consenso de hecho no sería suficiente como consecuencia, verbigracia, del error o la coacción. Resalta, por eso mismo, con particular énfasis, el carácter falible de la concepción dialógica del discurso: en razón del carácter ideal de las reglas del discurso, de su carácter a menudo indeterminado y por el hecho de que no contienen ninguna especificación de los puntos de partida del procedimiento, los cuales están constituidos por las convicciones normativas y por las interpretaciones de los intereses de los participantes, no debe esperarse resultados seguros. No obstante ello, trata la situación dialógica ideal como una presuposición necesaria de todo discurso, incluso de los jurídicos, y contempla con interés la sugerencia de Habermas de neutralizar con medidas institucionales la desigual distribución de las oportunidades de participación. Alexy adapta la ética habermasiana a la peculiaridad del discurso jurídico y destaca que la pretensión de corrección, suscitada en los discursos jurídicos, no concierne a la racionalidad absoluta de las aserciones normativas en cuestión, sino a una justificación racional *en el marco de un orden válido prevalente*. Además de este condicionamiento relativo al derecho válido deben considerarse también las limitaciones impuestas por las reglas procedimentales[132].

Pero Pintore dirige contra la teoría de la verdad de Habermas otras críticas más generales. A este efecto, sostiene correctamente, que para evaluarla hay que distinguir diversos planos: a) la críticas válidas en general, es decir, cualquiera sea el alcance de la teoría,

---

[132]   Cf. Pintore, 1996: 176-177.

i.e., ya sea que se aplique a las normas o también afirmaciones teóricas; b) aquellas que solo le están dirigidas como teoría de la verdad respecto de las afirmaciones teóricas; c) aquellas que solo le están dirigidas como teoría de la verdad (o corrección) normativa; y d) aquellas que le están dirigidas específicamente como teoría de la verdad relativa a las normas jurídicas[133]. También juzga necesario, al efecto, precisar la noción de consenso. Con este fin, parte en primer lugar de la siguiente definición genérica: «una convergencia de visiones en torno a opiniones o creencias». A continuación, deslinda la noción de consenso respecto de la de aprobación. Ésta última noción, a diferencia de la primera, implica una actitud moralmente más activa y comprometida en las confrontaciones de los objetivos hacia los que se dirige. También descarta que formen parte de la noción de consenso las meras coincidencias formales de opiniones como cuando una persona piensa *p* y otra piensa *q*, de modo que ambas piensan *p* o *q*. Por otra parte, distingue entre consenso actividad (o consenso-acto), es decir, el acto de prestar el consentimiento, y consenso resultado (o consenso-situación), esto es, la situación social que nace de la convergencia entre múltiples consentimientos individuales. Destaca, asimismo, que la convergencia requerida para que se dé el consenso puede ser la de todos o la de la mayoría, y que ésta última puede ser individual (el consenso es prestado por cada sujeto por su propia cuenta) o colectiva (se estima relevante solo la unanimidad derivada de un procedimiento de deliberación colectiva). Por último, recuerda la distinción entre el consenso fáctico, dentro del cual cabría distinguir entre el consenso expreso, tácito y presunto, y el consenso ideal, dentro del cual ha de distinguirse una variante hipotética de otra contrafáctica. El consenso hipotético es aquel que no se ha producido nunca efectivamente, pero que podría darse si fuera requerido y se dieran las condiciones necesarias. El consenso contrafáctico es el que nunca (o nunca más) puede darse de manera concreta por no poder darse sus presupuestos de

---

[133] *Ibidem*: 181.

existencia[134]. Aclarado todo lo anterior, la iusfilósofa italiana precisa que en las teorías de cuño habermasinano (como sería el caso de la teoría de Alexy) el consenso relevante es el consenso-acto, ideal, unánime y de tipo colectivista. En cuanto al carácter contrafáctico o hipotético del consenso, mientras que Habermas se inclinaría por la primera alternativa, Alexy, en cambio, adoptaría la segunda[135].

En lo que sigue, nos limitaremos a considerar las críticas relativas a los ítems c) y d), es decir, críticas a la teoría consensual de la verdad en tanto teoría de la verdad (o corrección) normativa y en tanto teoría de la verdad (o corrección) de las normas jurídicas, respectivamente. En cuanto a lo primero, Pintore dirige una objeción central que llama *la paradoja del consenso*, la cual merece ser citada textualmente:

> Parece que el consenso no puede escapar a la siguiente paradoja: cuánto más nos orientamos en la posición de atribuirle un rol central en relación con la verdad y con la razón, tanto más tendemos a desencarnarlo depurándolo de toda característica fáctica, y a transformarlo en ideal, hipotético e incluso contrafáctico, con el resultado, sin embargo, de desplazar el rol fundamentador jugado originalmente por el consenso a los otros factores que componen la situación ideal, hipotética o contrafáctica. El consenso entendido como evidencia de la verdad, o de vía de acceso a ella, es considerado un candidato aceptable solo si todos los factores de perturbación que pueden alterar su naturaleza genuina son eliminados. Esto puede hacerse exclusivamente transfiriéndolo del plano de los hechos a un plano ideal. Mientras que nos parece completamente extravagante afirmar «x es verdadero porque todos lo consideran así», nos parece mucho más plausible afirmar «x es verdadero porque todos, en condiciones ideales, si tuvieran que ejercitar solo la razón, etc., etc., lo estimarían así». Por otra parte, este consenso transfigurado, o ideal, o bien fundamentado, es solo la sombra del fenómeno del que habíamos partido. Esta paradoja constituye la fortaleza y la debilidad del criterio del consenso, que termina por difundirse entre dos clases de críticas opuestas: para evitar incurrir en la objeción del de-hecho-pero-no-atendible se convierte en ideal, mas, haciéndolo así, se autodestruye, porque delega en los elementos normativos de la situación ideal la tarea

---

[134] *Ibidem*: 181-183.
[135] *Ibidem*: 184 y 189.

de desarrollar el rol que en principio habría debido desenvolver el consenso de hecho, con el resultado de convertirlo en superfluo[136].

Pero aun dejando de lado esta crítica de principio a la teoría del
consenso como teoría de la verdad normativa en general, Pinore pone en cuestión su aplicabilidad a las normas jurídicas. En este sentido
señala que aunque la teoría de Alexy, respecto de la de Habermas,
muestra un mayor realismo así como una mayor atención a las peculiaridades de los discursos jurídicos, Alexy parece no darse cuenta
de que justamente la reglamentación normativa de estos discursos
los aleja del modelo de una razón práctica dialógica que se despliega
libremente. En este contexto más realista, su idea de la objetividad
de las pretensiones de corrección normativa parece menos digna de
atención: dado que los resultados del discurso son solo *posibles* y no *necesarios*, únicamente forzando mucho las cosas parece posible llamar-
los correctos y mucho menos verdaderos[137]. De manera más general
observa que si bien no es posible rechazar el concepto de consenso
ideal (ya sea contrafáctico o hipotético) por el solo hecho de ser ideal
—pues de lo contrario caeríamos en el exceso de abandonar muchos
conceptos y teorías de uso cotidiano— cabe en cambio preguntarse
para qué podría servir dicho concepto. Un primer intento de respuesta sería entenderlo en sentido descriptivo y tomarlo como un
instrumento útil para interpretar las situaciones comunicativas reales.
El problema con esta alternativa es que la realidad del derecho es
muy diferente del modelo de manera que lo priva de toda utilidad: el
derecho tropieza usualmente con situaciones en las que se piensa pero
no se argumenta, o en las que se argumenta pero no se comprende, o
incluso en las que se comprende pero no se llega a consentir. Más aún,
el derecho está *hecho específicamente* para regir este tipo de situaciones,
las cuales, por lo tanto, no son una patología sino, más bien, la fisiolo-
gía de los discursos jurídicos. El derecho es una institución más orientada a la decisión que a la verdad. Un segundo intento de respuesta se-

---

[136] *Ibidem*: 187. Nos apartamos en algunos detalles de la traducción castellana citada en la bibliografía.
[137] *Ibidem*: 177.

ría entender la noción de consenso no en sentido descriptivo sino en sentido prescriptivo, es decir, entenderlo como un modelo que puede servir a la gente para ajustarse a él. En ese supuesto, la cuestión que se plantea es: ¿por qué preferir el consenso? Se podría responder como Alexy, que el consenso es bueno porque produce orden e integración social, y evita los conflictos violentos. Ahora bien —objeta Pintore— «una llamada al consenso entendido como criterio de aceptabilidad de normas públicas, morales y jurídicas es completamente plausible y el pensamiento liberal ofrece buenos motivos para promoverlo, pero temo que se trate de uno diferente del tenido en cuenta por las teorías consensualistas de la verdad y del derecho». En primer lugar se trata de un consenso-acto y no de un consenso-situación, en el que por lo demás en los Estados democráticos se manifiesta según el principio de la mayoría (y no, por lo tanto, por unanimidad). En segundo lugar, se trata de consenso y no (necesariamente) de aprobación moral. Por último, se trata de un consenso de facto y no de uno ideal expresado a través de procedimientos adecuados. Bajo estas condiciones el peso de la justificación se desplaza del consenso al procedimiento[138].

Como se ha visto, la ética del discurso de Habermas es al mismo tiempo consensual y procedimental. Pintore observa, no obstante, que si bien cada una de estas características considerada aisladamente permite calificarla de formal (pues el consenso puede ser concebido formalmente desde que podría expresarse respeto de cualquier contenido o su contrario), resulta dudoso en cambio que la combinación de ambas dé resultados igualmente formales, toda vez que la pretensión de que el correcto desarrollo del procedimiento deba lograr siempre el consenso de los participantes parece introducir elementos materiales concomitantes, destructivos de las pretensiones puramente procedimentales de la ética. Si se quiere preservar el carácter puramente procedimental de la ética se deberá renunciar a la pretensión de que el procedimiento conduzca siempre al consenso y, en particular, al consenso sobre todos nuestros principios morales sustanciales.

---

[138]   *Ibidem*: 188-193.

De este modo, se puede dudar de la conveniencia de tratar el consenso como el resultado inevitable de un procedimiento del discurso (tal como ocurre en la teoría de Habermas) y, con ello, de que pueda considerarse asegurada la verdad (o corrección) de las normas que constituyen el resultado de dicho consenso. En suma, a la luz de esta objeción, el consenso no siempre es un resultado posible ni tampoco es siempre un resultado adecuado o deseable[139].

Ahora bien, si lo que resulta atractivo como criterio de verdad o de corrección moral es la racionalidad del procedimiento y no el consenso eventualmente alcanzado, surge la pregunta de qué debe entenderse por procedimiento. A fin de salvar los escollos que han presentado diversos intentos definicionales y, en particular, de distinguir las éticas sustanciales de las procedimentales, Pintore propone la siguiente caracterización: las primeras son aquellas que nos dicen cuál es el contenido de las normas y valores que debemos elegir, dejando a la razón deductiva hasta donde ésta pueda llegar y, de ahí en más, al libre juicio de cada individuo para aplicar esas normas y valores a los casos y a las personas; las segundas son aquellas que no especifican el contenido de los valores o de las normas susceptibles de adoptarse, sino que indican los criterios de elección, *criterios que no deben hacer referencia al contenido de las normas o de los valores que son elegidos*. Bajo este criterio de diferenciación, las teorías procedimentales poseen contenidos normativos y valorativos (puesto que los procedimientos deben indicarse de modo no completamente vacío); y justamente por esta circunstancia que a menudo se niega (a riesgo de provocar malos entendidos) es que se piensa en la existencia de éticas meramente procedimentales. Pero su peculiaridad no reside tanto en ser vacías de contenido como en el hecho de ser incompletas en tanto guía de la conducta en la medida en que contienen solo normas de segunda instancia que han de completarse con normas de conducta de primer nivel, elección que se debe cumplir siguiendo las modalidades señaladas como procedimientos[140].

---

[139] *Ibidem*: 195-198.
[140] *Ibidem*: 198-203.

Una de las ventajas que presentan las teorías procedimentales —agrega Pintore— es que los procedimientos éticos pueden recibir tanto una interpretación objetivista (o fuerte) como no objetivista o débil. La primera de estas interpretaciones sería la adoptada por Habermas y Alexy: la corrección o verdad de las normas (morales o jurídicas) serían el resultado del respeto de las reglas procedimentales y del correcto desarrollo del procedimiento; el procedimiento se concibe no solo como un método de descubrimiento de las normas (morales o jurídicas) y, al mismo tiempo, como un modo de su justificación (de por qué han de ser obedecidas), sino también —a diferencia de la interpretación débil— de la fundamentación de su contenido[141]. Como la propia iusfilósofa italiana reconoce —según hemos referido *supra*— este objetivismo de la teoría procedimental no implica la tesis de que siempre hay una respuesta correcta para las cuestiones morales y jurídicas (en virtud —como se recordará— del carácter falible de la concepción dialógica del discurso). Antes de ocuparnos de sus críticas a la concepción de Alexy convendrá ver con algo más de detalle la formulación de esta última.

De acuerdo con la teoría del discurso racional —dice Alexy— «un enunciado normativo es correcto [...] cuando puede ser el resultado de un determinado procedimiento, es decir, del discurso racional». Las reglas del procedimiento, tal como las concibe Alexy, admiten que pueda participar un número ilimitado de individuos en la situación en que realmente existen y que tanto sus convicciones fácticas como normativas puedan ser modificadas en virtud de los argumentos presentados en el curso del procedimiento. Entre las reglas del discurso *práctico* se incluyen las reglas de la lógica, las reglas de los derechos de participación e intervención oral, las reglas sobre la carga de la argumentación, diversas variantes de la idea de universalidad, reglas para el examen del surgimiento de convicciones normativas y formas de argumentos deductivos. Todo ello no impide, sin embargo, una importante deficiencia: «que el sistema

---

[141] *Ibidem*: 203-204.

de reglas no determina el resultado en una serie de casos», de modo que el concepto de «correcto» empleado en la fórmula citada más arriba queda relativizado de múltiples maneras. En una palabra, en las cuestiones prácticas no habría siempre exactamente una respuesta correcta. Lo importante sería tener en cuenta que del hecho de que existan posibles respuestas diferentes no se sigue que cualquier respuesta sea posible. Un aporte esencial del procedimiento consiste justamente en la exclusión de posibilidades. Ahora bien, «al amplio campo de lo discursivamente posible no puede corresponder un campo igualmente amplio de lo jurídicamente permitido. Si así no fuera ello significaría que los conflictos sociales podrían ser solucionados sobre la base de reglas contradictorias. Los límites de la determinación resultado del [procedimiento] fundamentan así la necesidad de fijar precisiones en el ámbito de lo discursivamente posible a través de la legislación positiva». De este modo, la estructura del procedimiento discursivo fundamenta la necesidad del derecho. Las normas jurídicas (junto a las premisas fáticas correspondientes), no obstante, tampoco permiten determinar siempre inequívocamente una única solución jurídicamente correcta para los casos particulares. La tarea de la argumentación jurídica, de acuerdo con Alexy, consiste justamente en colmar esta laguna de racionalidad[142].

Retengamos, para finalizar, tres críticas que Pintore formula a la teoría de Alexy. En primer lugar objeta que, en rigor, las teorías procedimentales —aun en su versión fuerte como la de Alexy— no pueden fundamentar la corrección o verdad de las normas toda vez que de un principio formal nunca es posible obtener otra cosa que no sea una tautología. Se trata del mismo tipo de objeción que se ha planteado contra el formalismo ético kantiano. En segundo lugar, arguye que una ética procedimental, como cualquier otra, no se puede justificar por sí misma, razón por la cual queda abierto el problema de la justificación y fundamentación del procedimien-

---

[142]   Cf. Alexy, 1981.

to elegido, el cual no es nunca moralmente indiferente. En este sentido, Habermas asumiría que el argumento del pragmatismo trascendental de Apel nada puede, en definitiva, contra el escéptico extremo y coherente; Alexy que el desarrollo del discurso no se ve perjudicado por la imposibilidad de fundamentación alguna de las reglas discursivas. En tercer lugar, sostiene que parece muy difícil conciliar la tesis de que los agentes que participan en la deliberación no descubren una realidad moral preconstituida con la afirmación de que la decisión a que conduce el procedimiento posee un carácter declarativo o recognitivo (y no, constitutivo)[143].

En conclusión, no parece que en rigor pueda afirmarse que las llamadas *teorías consensuales y procedimentales* de la verdad logren, o siquiera intenten, demostrar que las normas morales o jurídicas son susceptibles de verdad o falsedad. Por una parte, por cuanto estrictamente hablando respecto de ellas (a diferencias de los enunciados teóricos) no se predica la verdad o falsedad sino su corrección o incorrección; predicado que, como se ha visto, no puede ser interpretado como adecuación con algún tipo de realidad ni siquiera en una versión no ontologista, sino que es interpretado como el resultado del consenso racional alcanzado a través de las reglas de un cierto procedimiento. En segundo lugar, porque dicho procedimiento no asegura siempre un resultado unívoco por razones intrínsecas a la naturaleza de la razón práctica y no meramente como consecuencia de una laguna de conocimiento respecto de una respuesta correcta que preexistiría.

4. Posibilidad de una lógica de normas: el Dilema de Jørgensen

Las expresiones normativas de obligación, permisión y prohibición que tematiza la lógica deóntica, dándoles un tratamiento lógico-formal, son sistemáticamente ambiguas. Así, por ejemplo, la

---

[143] Cf. Pintore, 1996: 205-210.

frase «p está permitido» se usa tanto con la intención de dictar una norma que permite p como con la intención de informar que algún agente o autoridad ha dictado una norma que permite p. El primero constituye un uso prescriptivo de la frase en cuestión, mientras que el segundo constituye un uso descriptivo de ella. Similares interpretaciones pueden hacerse de las frases «p es obligatorio» y «p está prohibido». Esta doble interpretación a la que están sujetas las oraciones que contienen expresiones normativas da lugar a dos sistemas lógicos diferentes: una lógica de normas (relativa a las expresiones normativas prescriptivamente interpretadas) y una lógica de proposiciones normativas (relativa a las expresiones normativas descriptivamente interpretadas). Como lo reconoce von Wright, resulta sorprendente que haya sido poco discutido por los lógicos, con excepción de Alchourrón y Bulygin, qué interpretación han de adoptar las fórmulas de la lógica deóntica[144]. Sucede que la diferencia de una y otra interpretación de las expresiones normativas es al menos parcialmente ocultada por el hecho de que bajo ciertas condiciones (coherencia y completitud) ambos cálculos son isomórficos. Sin embargo, muchas de las dificultades relacionadas con la interpretación y aceptabilidad de varios sistemas de lógica deóntica existentes provienen de la falta de distinción entre estos dos distintos sentidos de las expresiones deónticas[145]. Una lógica de normas pretende reconstruir la racionalidad en la actividad de dictar normas o «racionalidad del legislador». Una lógica de proposiciones normativas, en cambio, busca reconstruir las consecuencias lógicas que se siguen de un conjunto de normas que de hecho han

---

[144] Cf. von Wright, 1985: 97.

[145] Cf. Alchourrón, 1969, donde se ofrece por primera vez un cálculo formal diferenciado para cada una de estas posibilidades de interpretación y se realiza un análisis de sus similitudes y diferencias. Puede consultarse, asimismo, respecto de la distinción entre lógica de normas y lógica de proposiciones normativas Alchourrón-Bulygin, 1971 y los diversos trabajos incluidos en Alchourrón-Bulygin, 1991. Para un desarrollo de las consecuencias de esta distinción en diversos tópicos de la teoría del derecho véase Rodríguez, 2002.

sido dictadas[146]. Ahora bien, como su nombre lo indica, la lógica de proposiciones normativas es una lógica de proposiciones y, en tanto tal, la fundamentación filosófica de su existencia no presenta perplejidades particulares. Éste no es el caso, por el contrario, de la lógica de normas.

La aplicabilidad de la lógica a las normas puede ser abordada a partir de los siguientes tres interrogantes: i) ¿es posible inferir una norma de un enunciado descriptivo?; ii) ¿es posible inferir un enunciado descriptivo de una norma? (pregunta conversa a la anterior); y iii) ¿puede una norma inferirse de otra norma? La lógica deóntica o lógica de normas se vincula con el dominio abierto por el tercer interrogante[147]. Ella puede ser entendida como el estudio lógico-formal de los conceptos normativos, entre los cuales ocupan un lugar central las nociones de obligación, permisión y prohibición[148]. La justificación de la lógica de normas debe enfrentar, pues, más específicamente un importante problema filosófico: el de si pueden existir relaciones lógicas —como las de consecuencia y contradicción— entre normas[149]. Este problema ha sido planteado por Jørgensen en forma de dilema, que Bulygin describe bajo las siguientes cuatro tesis[150]:

> 1) En el lenguaje corriente se usan en contextos normativos los términos lógicos típicos tales como «no», «y», «o», «si-entonces», etc., de la misma manera que en el lenguaje descriptivo (o al menos de una manera

---

[146]   Cf. Rodríguez, 2002: 187-188.

[147]   Cf. von Wright, 1985: 95-96.

[148]   Aunque de manera más reducida, las herramientas de la lógica deóntica también han sido aplicadas a conceptos jurídicos tales como derecho, pretensión o privilegio. Cf. von Wright, 1968: 9.

[149]   Podría pensarse que, en la medida en que la lógica de proposiciones normativas versa acerca de proposiciones (susceptibles de ser verdaderas o falsas), no se ve expuesta a este problema. En tal sentido, sería completamente irrelevante que las proposiciones sean acerca de normas y no acerca de cualquier otra cosa. Sin embargo, en la medida en que la lógica de proposiciones normativas presuponga a la lógica de normas (i.e., constituya una extensión de ella), sí debería enfrentar este problema.

[150]   Cf. Jørgensen, 1938 y Bulygin, 1995.

muy similar), lo que sugiere la idea de considerarlos como conectivas proposicionales. Además, se hacen inferencias en las que las normas figuran como premisas y como conclusiones y tales inferencias tienen todo el aspecto de ser lógicamente válidas. Por lo tanto, hay una lógica de normas que subyace al lenguaje corriente.

2) En la tradición lógica desde Aristóteles hasta nuestros días las relaciones lógicas de implicación (consecuencia lógica) y contradicción se han definido en términos de verdad, al igual que las conectivas proposicionales. En consecuencia, solo expresiones verdaderas o falsas pueden ser objeto de estudio de la lógica.

3) Las normas carecen de valores de verdad.

4) No hay relaciones lógicas entre normas y, por consiguiente no hay una lógica de normas. La tesis 4), la cual se infiere de 2) y 3), contradice la tesis 1), que puede ser considerada como expresión de una intuición preanalítica. Si se quiere evitar la tesis 4), hay que abandonar la tesis 2), o bien la tesis 3). Si, en cambio, se acepta la tesis 4), hay que desarrollar una teoría sustitutiva capaz de reemplazar la lógica de normas para dar cuenta del hecho expresado en 1)[151].

Una manera de escapar al dilema sería negar la premisa 3), esto es, defender, contrariamente a ella, que las normas pueden ser verdaderas o falsas. Si se descarta esta alternativa entonces solo quedan las dos siguientes posibilidades: o bien la noción de consecuencia deductiva y las conectivas lógicas se definen a partir de las nociones de verdad y falsedad, en cuyo caso no habrá lógica de normas; o bien hay una lógica de normas, pero entonces el ámbito de aplicación de la lógica es más amplio que el discurso descriptivo, y la noción de consecuencia deductiva, así como las conectivas lógicas, no deberán definirse en términos de verdad y falsedad[152]. Se han ensayado diversas tentativas para justificar la opción por una u otra vía.

Al inclinarse por la primera posibilidad, se aceptan las premisas 2) y 3) y la conclusión 4), pero tiene que rechazarse la premisa 1) como una intuición preanalítica falsa. Pero como ello resulta reñi-

---

[151]   Bulygin, 1995: 131.
[152]   Cf. Rodríguez, 2002: 180. En el análisis que emprendo seguidamente respecto de los distintos intentos desarrollados para inclinarse por una u otra de las dos posibilidades mencionadas sigo, con algunas variantes, Alchourrón-Martino, 1988.

do con las prácticas habituales de los juristas, diversos autores han intentado explicar las intuiciones preanalíticas de 1), de un modo que no implique reconocer relaciones lógicas entre las normas, ni, por lo tanto, una lógica de normas. Así, por ejemplo, se ha dicho que si bien no es posible predicar verdad o falsedad de las normas, sí es posible, en cambio, predicar de ellas otros valores bivalentes e igualmente incompatibles como «validez» e «invalidez», que se comportarían de modo equivalente[153]. La expresión «validez» es ambigua, pues admite al menos dos interpretaciones según se la entienda en sentido prescriptivo o descriptivo. Decir que una norma es válida en sentido prescriptivo significa que posee fuerza obligatoria, *i.e.*, que debe hacerse lo que ella establece. Decir que una norma es válida en sentido descriptivo significa que ésta pertenece a un determinado sistema normativo. Si se opta por la primera interpretación, no parece fácil distinguir la noción de validez de aquello a lo que se pretende aludir cuando se afirma que las normas son verdaderas: que se debe hacer lo que ellas dicen; y por lo tanto no se estaría rechazando la premisa 1) que es lo que supone la opción que se comenta[154]. Kelsen ha intentado mostrar que la pretendida analogía entre «verdad» y «validez» en realidad no existe[155]. Aunque no indica en qué sentido entiende «validez», por la naturaleza de los argumentos en juego, puede entenderse que adopta la interpretación descriptiva de validez. Señala al respecto que aunque es posible decir que dos normas son válidas de las cuales una establece como debida una determinada conducta y la otra establece una con-

---

[153]   Cf. Kelsen-Klug, 1981: 66. También suscribirían esta postura, en algunos de sus trabajos, R. Schreiber, G. Kalinowski y G. von Wright. Cf. al respecto Rodríguez, 2002: 181, nota 9 y Bulygin, 1988: 16, nota 5.

[154]   En efecto, una norma es verdadera (válida) si y solo si ella debe ser obedecida, lo que supone que una norma que impone algo incompatible con ella no es verdadera (válida). Cf. Alchourrón-Martino, 1988: 22.

[155]   Cf. Kelsen, 1965. Puede verse también la carta de Kelsen a Klug del 4/7/1960 en Kelsen-Klug, 1981: 70-80 y el comentario a dicha carta en Bulygin, 1988: 16-19.

ducta contraria a la anterior[156], es imposible que dos enunciados en contradicción sean ambos verdaderos. Un conflicto entre dos normas válidas solo podría ser solucionado si una o ambas normas pierden su validez, lo que únicamente podría ocurrir de dos maneras: perdiendo la eficacia —pues un mínimo de eficacia sería condición necesaria de la validez— o mediante la derogación. Vale decir que el conflicto se supera por actos de voluntad —contingentes en el tiempo— de las autoridades jurídicas. Por el contrario, nada parecido a la eficacia o a la derogación sería necesario para que de dos enunciados contradictorios uno sea falso[157].

Otra tentativa para justificar de manera indirecta la aplicabilidad de la lógica a las normas se funda, no ya en la analogía entre la verdad de un enunciado y la validez de una norma, sino entre la verdad de un enunciado y la observancia de una norma. Así como de dos enunciados contradictorios tan solo uno puede ser verdadero y el otro tiene que ser falso, lo mismo ocurriría con dos normas en conflicto: solo una puede ser cumplida y la otra tiene que ser violada (*i.e.*, no cumplida); y así como de la verdad de un enunciado general se sigue la verdad de un enunciado individual consecuencia lógica del primero, así también del cumplimiento de la norma general se seguiría el cumplimiento de la norma individual. Kelsen observa, sin embargo, que existe una diferencia esencial entre la verdad y falsedad de dos enunciados generales contradictorios y el cumplimiento e incumplimiento de dos normas generales en conflicto. Una norma general como «el robo entre familiares debe ser castigado» puede ser cumplida por un juez, con lo cual la norma «el robo entre familiares no debe ser castigado» no puede ser cumplida por el mismo juez; sin embargo, la segunda norma puede ser cumplida por otro juez, y por ello la primera no será cumplida. Incluso uno y el mismo juez puede, en una ocasión, cumplir la primera norma,

---

[156] Las normas en conflicto pueden corresponder a distintos sistemas como en el caso de que una de ellas pertenezca al sistema moral y la otra a un sistema jurídico, o también al mismo sistema (sea que tengan diferente o igual jerarquía).

[157] Cf. Kelsen, 1965: 13-16.

y por lo tanto no cumplir la segunda, pero en otra ocasión puede, por el contrario, cumplir con la segunda y, por lo tanto, no cumplir con la primera[158]. Cada una de las normas en conflicto podría tanto ser cumplida como no cumplida y, por ello, ambas podrían ser hasta cierto grado efectivas. La incompatibilidad en el cumplimiento de una norma general con otra estaría restringida a la conducta de uno y el mismo hombre y a la duración del cumplimiento de una de ambas normas en conflicto. Por el contrario, un enunciado verdadero y otro falso no pueden ser ambos hasta cierto punto verdaderos. De dos enunciados contradictorios, la verdad de uno y la falsedad del otro son independientes de la conducta de las personas y del tiempo. Kelsen señala además que la verdad y la falsedad son propiedades de los enunciados, mientras que el cumplimiento y el incumplimiento son propiedades de una conducta (en relación con una norma). Así, aunque constituye una aplicación del principio de no contradicción el que si alguien cumple con una norma no puede simultáneamente cumplir la norma en conflicto con ésta —dado que son enunciados sobre la realidad—, no se sigue de ello que ese principio sea aplicable a las normas. Lo mismo debería decirse con relación a la analogía entre la inferencia de un enunciado individual a partir de un enunciado general y la inferencia de una norma individual a partir de una norma general. No habría dudas de que del

---

[158] Cabe observar que Kelsen toma aquí como factor relevante para medir la eficacia de una norma su cumplimiento por parte de los jueces (la cual consistiría en aplicar la sanción correspondiente —de continuar con lo sostenido en la *Teoría pura del derecho*-). Podría haber tomado también como factor relevante para medir la eficacia de una norma su observancia por parte de los sujetos destinatarios, o ambos factores conjuntamente. Por lo demás, la observancia de la norma admite grados, pudiendo, por lo tanto, ser efectiva hasta un cierto grado. Esto podría ser modificado de tal manera que para que una norma sea cumplida se requiera que sea obedecida en todas las oportunidades. Al respecto, quizá sea pertinente discriminar entre normas que imponen obligaciones y normas permisivas, en cuanto que respecto de las segundas alcanzaría con que sean observadas en una sola oportunidad para decir que son cumplidas. En una versión refinada de la postura que comentamos que consideraremos en seguida podrán apreciarse algunas de estas variantes.

enunciado según el cual todos los ladrones son castigados (cumplimiento de la norma general), se infiere que el ladrón Juan Pérez es castigado (cumplimiento de la norma individual), pero de ello no se sigue que de la norma general «Todos los ladrones deben ser castigados» se infiera que «el ladrón Juan Pérez debe ser castigado». Para Kelsen, las normas positivas son el sentido de un acto de voluntad. Por ello, dado que la inferencia lógica constituye una operación del pensamiento (y no un acto de voluntad), el acto de voluntad en que consiste la norma individual no podría ser lógicamente inferido del acto de voluntad en que consiste la norma general[159].

Más recientemente, este punto de vista ha sido refinado con ayuda de la lógica y la semántica formales. Se ha sostenido que el (in) cumplimiento constituye el valor semántico de las normas, y que dicho valor es parasitario de la verdad[160]. El significado de las normas estaría determinado por las condiciones de verdad de determinadas oraciones que describen un mundo donde las normas siempre son cumplidas, esto es, describen un mundo deónticamente perfecto. Del mismo modo que Tarski usó la noción relacional de *satisfacción* para definir el predicado «es verdadero», se pretende utilizar la noción relacional de *cumplimiento* para definir la noción de eficacia. De acuerdo con la convención (T) de Tarski, X es verdadera si y solo si p (donde X es el nombre de p). De modo similar, se propone una convención (E) para atribuir significado, no ya a una oración declarativa como en la convención (T), sino a las normas. Una oración X imperativa (una norma) es eficaz si y solo si la correspondiente oración declarativa X' es verdadera. De esta manera, la semántica de las normas sería dependiente de la semántica de las oraciones declarativas. De acuerdo con esta semántica, decir que una norma N implica una norma N' significa que si la norma N es eficaz, entonces necesariamente la norma N' es también eficaz. La convención (E) es refinada mediante la incorporación de cuantificadores

---

[159]   Cf. Kelsen, 1965: 19-30. La concepción objeto de la crítica de Kelsen es la de Walter Dubislav expuesta en Dubislav, 1937.

[160]   Cf. Moreso, 1997: 24-29.

temporales «Λ» para «siempre» y «V» para «alguna vez». Con su ayuda puede sostenerse que la oración declarativa correspondiente a «Op» es «Λp», puesto que para que una norma de obligación sea cumplida, debe serlo en todas las ocasiones durante la existencia de la norma. Por su parte, la oración declarativa correspondiente a «Pp» es «Vp», puesto que en el caso de las permisiones basta que en alguna ocasión sea usada la permisión durante la historia de la norma. De esta manera, la convención (E) puede especificarse como sigue: (E1) «Op» es eficaz si y solo si «Λp» es verdadera; (E2) «Pp» es eficaz si y solo si «Vp» es verdadera. Dado que en virtud de la convención (T), (T1) «Λp» es verdadera si y solo si Λp, y (T2) «Vp» es verdadera si y solo si Vp, entonces la convención (E) puede representarse así: (E1) «Op» es eficaz si y solo si Λp; y (E2) «Pp» es eficaz si y solo si Vp. Por ejemplo, «Op» implica permitido «Pp» porque «Λp» implica «Vp». Con la introducción de restricciones para evitar que los cálculos resultantes violen la ley de Hume[161], la lógica deóntica se convertiría en una extensión de la lógica clásica. Su legitimación semántica sería proporcionada por la noción de verdad, lo que permitiría conjeturar que la noción de consecuencia lógica es aplicable a las normas. En esta presentación, aunque resulta concebible que en un determinado sistema normativo existan normas incompatibles, en el sentido de que no pueden ser ambas satisfechas a la vez, ellas carecerían de consecuencias *relevantes*. Las proposiciones jurídicas referidas a un sistema jurídico que contiene normas contradictorias carecerían de valor de verdad[162]. A diferencia de la primera versión de la postura que comentamos, en ésta no se reemplaza la noción de cumplimiento por la noción de verdad,

---

[161]   Las restricciones son las siguientes: a) que de fórmulas declarativas solo pueden inferirse fórmulas declarativas; y b) que si en un conjunto de premisas hay alguna fórmula prescriptiva o alguna fórmula mixta, solo pueden obtenerse conclusiones que sean fórmulas prescriptivas o fórmulas mixtas.

[162]   Cf. Moreso, 1997: 38-42 y 87-88. En el trabajo se asume que para mostrar que un conjunto de premisas normativas y fácticas *justifican* una conclusión no es suficiente con que la conclusión se derive lógicamente de las premisas, sino que también ésta ha de ser consecuencia *relevante* de ese conjunto de premisas.

sino que se define la primera en términos de eficacia, y ésta en términos de verdad. Es la noción de verdad, y no la de cumplimiento, pues, la que se utiliza para definir la noción de implicación lógica de las normas. Esto permite salvar las objeciones de Kelsen contra la primera versión. Sin embargo, esta segunda versión recurre a la idea de que existen mundos posibles tan reales como el mundo actual. A menos que ese presupuesto tenga valor explicativo, no sustituible por otras explicaciones menos recargadas, parecería difícil de aceptar. En este sentido, cabe señalar que no se sabe siquiera cuales son los instrumentos necesarios para identificar tales mundos ni los hechos dentro de estos mundos[163].

Se ha intentado también dar cuenta de las intuiciones preanalíticas de 1) sin reconocer relaciones lógicas entre las normas sosteniendo que si bien los principios lógicos no se aplican directamente a las normas, sí pueden ser aplicados indirectamente a ellas en tanto y en cuanto tales principios son aplicables a las proposiciones que describen esas normas, toda vez que estas últimas son susceptibles de ser verdaderas o falsas. Dos normas se contradirían cuando las dos proposiciones normativas que las describen se contradicen; y una norma podría ser inferida de otra cuando las proposiciones normativas que la describen pueden articularse en un silogismo lógico. Este es el punto de vista que asume Kelsen en la última edición de su *Teoría pura del Derecho*[164]. Con posterioridad abandona este punto de vista por entender que de una nítida distinción entre normas (enunciados prescriptivos) y proposiciones normativas (enunciados descriptivos acerca de normas) se desprende que el principio lógico de no contradicción y la regla de inferencia no son aplicables ni directa ni indirectamente a las relaciones entre las normas de un derecho positivo[165]. Von Wright también adoptó en su momento un

---

[163] Cf. Alchourrón-Martino, 1988: 21 y Rodríguez, 2002: 182.
[164] Cf. Kelsen, 1960: 87-88.
[165] Cf. Kelsen, 1965: 31-32.

punto de vista similar[166]. Más allá de las poco claras razones adu-
cidas por Kelsen para abandonar la posición que comentamos, lo
cierto es que ella funcionaría únicamente bajo la suposición de la
corrección de un presupuesto que se encuentra implícito en ella:
que la lógica de normas y la lógica de proposiciones normativas son
isomorfas. Pero esta suposición es incorrecta, pues si bien la lógica
de normas y la lógica de proposiciones guardan un fuerte paralelismo, ellas no son isomorfas sino bajo ciertas condiciones contingentes de los sistemas jurídicos: consistencia y completitud[167].

Kelsen ha cuestionado, asimismo, la solución al dilema propuesta por el propio Jørgensen, según la cual cabe distinguir dos
elementos en las normas, uno imperativo (la expresión del querer
u ordenar por parte del hablante), y otro indicativo (el contenido
descriptivo, i.e., aquello que es querido u ordenado), de tal modo
que aunque el factor imperativo no estaría gobernado por las leyes
lógicas, sí lo estaría el segundo. La objeción de Kelsen a esta línea
argumental es que no resulta concebible que la norma pueda contener los dos elementos o factores mencionados, pues mientras que
la prescripción sería el sentido de un acto de voluntad, la descripción sería el sentido de un acto del pensamiento. Al ser el querer
y el pensar dos funciones esencialmente diferentes, el pensar no
podría ser inmanente al querer. Aunque el acto del pensamiento
precede al acto de voluntad, no hace que su sentido (la norma) sea
verdadero o falso. Tampoco cabría una aplicación analógica de los
principios lógicos al acto del pensamiento que precede al acto de
voluntad cuyo sentido es la norma, pues ello solo sería posible si

---

[166] Cf. por ejemplo von Wright, 1963: 119 y ss. En esta obra expresa: «Un siste-
       ma "totalmente desarrollado" de la Lógica Deóntica es una teoría de las expre-
       siones descriptivamente interpretadas. Pero las leyes (principios, reglas) que
       son peculiares a esta lógica atañen a propiedades lógicas de las mismas normas,
       que se reflejan a su vez en las propiedades lógicas de las proposiciones normati-
       vas. Así, pues, en cierto sentido, la "base" de la Lógica Deóntica es una teoría
       lógica de las expresiones ~O y ~P prescriptivamente interpretadas». Cf. von
       Wight 1963: 147.
[167] Cf. Rodríguez, 2002: 182.

entre la verdad de un enunciado y la validez de una norma existiera una analogía, la que a su entender no existe, dado que mientras la verdad y la falsedad son propiedades de los enunciados, la validez de una norma no sería una propiedad de ésta sino que se identificaría con su misma existencia[168]. Tanto la concepción de las normas de Kelsen como su teoría de la validez de las normas son más que discutibles, por lo que su crítica a la propuesta que comento podría también desestimarse. De todas maneras, como señala Bulygin, el hecho de que, por ejemplo, los contenidos descriptivos (proposiciones) de dos normas «p» y «~p» no puedan ser verdaderos los dos no implica que las normas «Op» y «O~p» sean contradictorias. La contradicción de los contenidos normativos implica la imposibilidad de satisfacer las dos normas, pero de ello no se sigue que estas mismas sean también contradictorias[169]. Similares consideraciones podrían hacerse respecto de la implicación lógica: que el contenido descriptivo de una norma individual se deduzca del contenido descriptivo de una norma general, no implica que la norma individual se deduzca de la norma general. La existencia de una norma individual presupone un acto de voluntad, el cual no puede ser obtenido por medio de una inferencia lógica[170].

Actualmente hay quienes sostienen que no es posible dar cuenta del componente normativo de las normas en términos semánticos sino únicamente en términos de fuerza ilocucionaria, de tal manera que las normas se conciben como íntimamente ligadas a las acciones de prescribir[171]. Pero como no hay relaciones lógicas entre actos, precluyen toda posibilidad de una lógica de normas: la expresión «!p», por ejemplo, no puede ser negada ni tampoco conectarse con otras expresiones similares mediante conectivas proposicionales. Sin embargo, dado que el contenido descriptivo de la norma, «p»

---

[168] Cf. Kelsen, 1965: 7-9.
[169] Cf. Bulygin, 1985: 255. Cf., asimismo, von Wright, 1985: 97.
[170] Cf. Kelsen, 1965: 23-25 y 31-33.
[171] Sobre esta concepción de las normas que ha sido llamada *expresiva*, cf. Alchourrón-Bulygin, 1981.

en este caso, sí podría ser negada y conectarse con otras expresiones del mismo tipo mediante conectivas proposicionales, concluyen que sería posible una lógica de proposiciones normativas, es decir, de proposiciones descriptivas de los contenidos descriptivos de las normas. No podría pensarse —sobre la base de la distinción entre normas y proposiciones normativas— en atribuir indirectamente relaciones lógicas a las normas por vía de una lógica de proposiciones normativas, pues como se ha dicho, una lógica de proposiciones normativas difiere de los sistemas *standard* de lógica de normas. Podría argüirse, sin embargo, que una vez reconstruidas las relaciones lógicas entre proposiciones normativas, sería posible presentar lo que ordinariamente se califica como lógica de normas, como el caso límite de una lógica de proposiciones normativas relativas a un sistema que satisface las exigencias racionales de completitud y consistencia[172]. Pero ello significaría interpretar una lógica de normas como una lógica para un legislador racional, lo que a su vez, como veremos enseguida, implica reconocer una ampliación de la lógica a fenómenos no descriptivos y, por ende, abandonar la primera alternativa de superación del dilema para optar por la segunda.

Se ha sugerido también, para justificar la existencia de la lógica de normas evitando asignar valores de verdad a las normas, que ésta no se ocupa de las relaciones lógicas entre normas sino de relaciones lógicas entre los estados ideales cuyas descripciones están implícitas en las normas. Todo sistema de normas coherente tendría en miras un estado de cosas *ideal*, donde ninguna obligación jamás es dejada de lado y todo lo permitido es alguna vez el caso. Si este estado ideal no es lógicamente posible, es decir, no puede ser real, la totalidad de las normas y la actividad legislativa que la ha generado no satisfaría los *standards* del querer racional. Cualquiera de estos sistemas contendría una descripción implícita del estado de cosas ideal esperado por el legislador. Esta descripción sería casi seguramente *falsa* en el sentido de que no coincide completamente con

---

[172]   Cf. Rodríguez, 2001a.

los estados de cosas reales, pero a menos que *pudiera ser verdadera*, tampoco podría ser querida racionalmente por el legislador. A fin de que sea racional sustentarlo, el ideal tendría que ser una imagen de un *mundo posible*, que es *deónticamente perfecto*. La lógica sería, desde este punto de vista, el estudio de las relaciones lógicas en mundos deónticamente perfectos[173]. Desde esta óptica, decir que en el mundo actual es verdad que debe cumplirse una norma significaría que en los mundos posibles que constituyen alternativas óptimas al mundo actual, se cumpliría con la obligación que impone. Esta propuesta presenta el mismo tipo de inconveniente que aquél que se señalara respecto de la postura que pretende construir una semántica de las normas a partir de las nociones de cumplimiento y verdad. Ella se ve obligada a cargar con una ontología muy fuerte, esto es, la idea de que existen mundos posibles tan reales como el mundo actual. Por ello, a menos que ese presupuesto tenga valor explicativo, no sustituible por otras explicaciones menos recargadas, parecería difícil de aceptar.

Dado que ninguna de las tentativas para justificar la primera opción dilemática parecen satisfactorias, algunos autores se han inclinado por la segunda alternativa, punto de vista que parece ser el más sólido para fundar una lógica de normas. En esta línea de pensamiento, se aceptan las premisas 1) y 3) y se rechaza la premisa 2), por lo que también se rechaza la conclusión 4) en cuanto a que no es posible una lógica de normas. Así, en un trabajo posterior a los dos antes citados, von Wright distingue tajantemente entre una interpretación descriptiva y una interpretación prescriptiva de las fórmulas deónticas. En la interpretación descriptiva, las fórmulas deónticas expresarían proposiciones según las cuales una u otra determinada norma existe. Estas proposiciones son verdaderas o falsas y siguen las leyes de la lógica ordinaria. En su interpretación prescriptiva, por el contrario, las fórmulas deónticas tendrían un «significado prescriptivo» y no expresarían proposiciones verdaderas

---

[173] Cf. von Wright, 1985: 96-99.

o falsas, de manera tal que no tendría sentido hablar de relaciones de contradicción o implicación entre las fórmulas así interpretadas. Sin embargo, aunque las normas serían en el sentido expuesto alógicas, la actividad de dictar normas (*norm-giving activity*) y también las normas mismas podrían ser juzgadas desde varios aspectos y criterios de racionalidad, algunos de los cuales pueden estar asociados a consideraciones de carácter estrictamente lógico[174]. Así, aunque p y ~p son mutuamente contradictorias, no habría ninguna razón para considerar contradictorias las normas Op y O~p si ellas no son verdaderas ni falsas. Sin embargo, una autoridad normativa que exige a la vez que uno y el mismo estado de cosas sea el caso y no sea el caso, no puede lograr que su exigencia sea satisfecha[175]. Su acción al promulgar estas normas sería, en este sentido, irracional. En esta presentación, dos normas serían incompatibles, por ejemplo, no ya por el reflejo de las nociones de verdad y falsedad sobre las normas, sino porque no soportarían la prueba de la aceptación conjunta por parte de un legislador racional[176]. De la misma manera, cuando un juez subsume un caso individual en una norma general y «concluye» que, puesto que la ley dice que debe ser el caso que todos deben, por ejemplo, hacer tal o cual cosa, entonces debe también ser el caso que tal persona debe hacer tal o cual cosa, no estaría construyendo una inferencia lógica, sino actuando de manera «racionalmente coherente» con la voluntad del legislador que creó la ley o norma general en cuestión[177]. Así, aunque las normas al no ser ni verdaderas ni falsas son alógicas, se considera posible una lógica de normas (diferente a una lógica de proposiciones normativas), fundada no en las nociones de verdad y falsedad, sino en la noción de legislador racional. Ello indica que el campo de aplicación de la lógica deóntica se ampliaría para abarcar fenómenos no descriptivos. Esta solución presentaría dos inconvenientes. El primero consistiría en que,

---

[174]   Cf. von Wright, 1983b.
[175]   Cf. von Wright, 1991.
[176]   Cf. Alchourrón-Martino, 1988: 23 y Rodríguez, 2002: 183.
[177]   Cf. von Wright, 1983b: 204.

aunque la noción de consistencia no se predica de las normas por falta de un correlato intuitivo (verdadero-falso), la sustitución por la idea de legislador racional tampoco tendría correlatos intuitivos satisfactorios. El segundo sería más técnico e intrasistemático: en el mejor de los casos esta posición explicaría los enunciados deónticos atómicos (que algo es obligatorio o que algo está prohibido), pero seguiría siendo imposible obtener enunciados deónticos moleculares pues la «y», la «o» y sobre todo el «no» para ser definidos necesitan criterios de verdad y falsedad para las normas que, para esta posición, no existen[178].

Por su parte, Carlos Alchourrón y Antonio Martino en «Lógica sin verdad», sostienen que la idea de que la lógica se limita al discurso descriptivo, y de que sus nociones principales deben definirse a partir de la verdad y de la falsedad, se trata en realidad de un prejuicio carente de sustento. Este prejuicio impediría que los lógicos se ocupen sanamente de la lógica de algunos discursos, como el discurso normativo, sin que sea necesario preguntarse previamente por los valores de verdad de los enunciados componentes, y tratando más bien de identificar con toda claridad y precisión las funciones de los conectivos típicos para tal lógica. Este prejuicio sería también el que obligaría a algunos autores a «hacer verdaderos saltos mortales» —los que se vienen de analizar— para dar algún sentido a las operaciones lógicas con normas[179]. En su trabajo «Concepciones de la lógica», Alchourrón brinda la caracterización de una noción general de consecuencia deductiva, de la cual tanto la noción semántica como la sintáctica —importantes candidatos para la reconstrucción de la noción intuitiva—, no serían más que especificaciones diferentes. El rasgo fundamental del enfoque abstracto es que en él no se caracteriza la noción de consecuencia por medio de esquemas de definición, sino señalando las propiedades generales que identifican toda noción de consecuencia deductiva, lo que significaría que ésta se toma como

---

[178]   Cf. Alchourrón-Martino, 1988: 23.
[179]   Cf. Alchourrón-Martino, 1988: 11 y 14.

un término primitivo (no definido) sujeto a varios axiomas que identifican sus propiedades esenciales[180]. En este sentido, la lógica se caracterizaría por cada función (relación) abstracta de conjuntos de enunciados de un determinado lenguaje L (lenguaje formal) a conjuntos de enunciados del mismo lenguaje que satisfaga los axiomas de reflexibilidad generalizada, corte y monotonía[181]. Para conseguir cada lógica en particular solo habría que agregar a estos axiomas generales otros que indiquen el comportamiento de los signos lógicos en el contexto de una función (relación) de consecuencia. Así, por ejemplo, para obtener la lógica proposicional clásica, bastaría con agregar los axiomas de dicho cálculo (por ejemplo, de la introducción de la conjunción, introducción de la disyunción, permutación, etc.) bajo el esquema de la «deducción natural» también creados por Gentzen. El significado de estos signos lógicos se determina indicando cómo usarlo en las premisas y en la conclusión de la relación de consecuencia a través de la especificación de reglas de introducción y eliminación. En este sentido, en un enfoque abstracto, los axiomas referidos a los signos lógicos determinan su *significado sintáctico*. Por ello, en lo que hace a la especificación del significado de los signos lógicos e indirectamente a la identificación de cada lógica particular, el enfoque abstracto comparte rasgos típicos con el enfoque sintáctico. Sin embargo, la noción abstracta de consecuencia es conceptualmente independiente tanto de las características del método axiomático al que se encuentra anclado el método sintáctico como de las nociones semánticas, en particular de la noción de verdad a

---

[180]   Alchourrón identifica estas ideas en los trabajos de Tarski para su función de consecuencia y en los trabajos de Gentzen en su cálculo de secuencias para la relación de consecuencia dentro de su cálculo (y no así la relación de *logical involution*). Cf. Alchourrón, 1995: 39.

[181]   Estos axiomas dicen, básicamente, que el conjunto de enunciados contenidos en las premisas está contenido en el conjunto de enunciados de las consecuencias; que las consecuencias de las consecuencias son consecuencias y que aunque aumenten las premisas, las consecuencias que se obtenían con el conjunto más reducido, se deben mantener. Cf. Alchourrón-Martino, 1988: 26.

las que se encuentra sujeto el método semántico. A través de una definición general de la lógica (*i.e.*, una definición abstracta de consecuencia deductiva) complementada con el sentido sintáctico de los signos lógicos, el enfoque abstracto daría respuesta al dilema de Jørgensen al explicar cómo son posibles lógicas referidas a enunciados que carecen de valor de verdad[182].

Hugo Zuleta ha formulado tres críticas en contra de la propuesta de Alchourrón y Martino de derivar la lógica deóntica *standard* a partir del cálculo de secuencias de Gentzen, el cual tiene como ventaja —para salvar el *Dilema de Jørgensen*— que no se preocupa por la verdad o falsedad de las oraciones involucradas, sino, como se verá más adelante, por mostrar cómo introducir y cómo eliminar el operador 'O'[183].

Como se recordará, para salvar el Dilema de Jørgensen, Alchourrón y Martino recurren al método de cálculo de secuencias ideado por Gentzen[184]. Según este método, una secuencia expresa una relación entre dos conjuntos de fórmulas (prosecuente y postsecuente, respectivamente) a través de un conector. El cálculo incluye reglas que indican cómo se han de introducir constantes lógicas en el prosecuente y en el postsecuente: en el primer caso indican, a partir de fórmulas en que aparece una conectiva, bajo qué condiciones inferir fórmulas en las que la conectiva no aparece; en el segundo caso indican, a partir de fórmulas en que no aparece una conectiva, bajo qué condiciones inferir fórmulas en las que la conectiva aparece[185]. De modo que no puede haber una secuencia en la que tanto en el prosecuente como en el postsecuente, simultáneamente, aparezca la conectiva que se trata de introducir o de eliminar. Alchourrón y Martino emplean las secuencias de Gentzen para derivar la lógica deóntica *standard*, en una forma que no supone el problema semántico de atribuir a

---

[182]   Cf. Alchourrón, 1995: 36-42.
[183]   Cf. Zuleta, 2006.
[184]   *Ibidem*: 122 y 123.
[185]   *Ibidem*: 123.

las fórmulas de ese cálculo una interpretación veritativa: bajo el enfoque sintáctico de la lógica no hace falta mostrar la verdad o la falsedad de las fórmulas involucradas, sino que se han respetado las reglas de introducción y de eliminación definidas.

Zuleta, como se ha dicho, dirige tres críticas contra esta propuesta de Alchorrón y Martino. La primera crítica es que la presentación de la secuencia mediante la que introducen el operador deóntico 'O' no respeta la noción de secuencia de Gentzen; ello, porque el operador 'O' aparece tanto en el prosecuente como en el postsecuente[186]:

Regla O: $$\frac{A_1, ..., A_n \vdash B}{OA_1, ..., OA_n \vdash OB}$$

No se trataría, entonces, de auténticas reglas de introducción del operador deóntico en el sentido de «introducción» y «eliminación» de Gentzen, como pretenden Alchourrón y Martino (con lo cual la pretensión de explicar el sentido de los operadores mediante reglas de introducción y eliminación fracasa): «[...] a partir de fórmulas en que no aparece el operador O —que se indicarían en el prosecuente— se pueden inferir otras en las que éste aparece —que se indicarían en el postsecuente—»[187]. Pero incluso si se tratasen de auténticas reglas de introducción, como pretenden, esto sería altamente contraintuitivo, porque el empleo de auténticas reglas de introducción y eliminación requeriría inferir enunciados normativos a partir de enunciados descriptivos y, a la inversa, enunciados descriptivos a partir de enunciados normativos. En suma, no solo se trata de que se ha empleado una noción de *introducción de secuencia* que no respeta el cálculo de Gentzen, sino que de tratarse de una noción como la que plantea Gentzen, requeriría aceptar que a partir de enunciados descriptivos se pueden inferir enunciados normativos.

---

[186]   *Idem.*
[187]   *Idem.*

La segunda crítica que dirige Zuleta es que el sistema de lógica deóntica que se obtiene de la aplicación propuesta por Alchourrón y Martino no es equivalente a la lógica deóntica *standard*. En dicho sistema, las tautologías de la lógica proposicional son fórmulas del cálculo deóntico mediante la sustitución de las expresiones deónticas en el lugar de las variables proposicionales (por ejemplo, Op v –Op, que es una sustitución de p v –p). En el cálculo de secuencia de Gentzen «[...] existen dos tipos de reglas de derivación, las estructurales, que definen el contexto de deducibilidad, y las operatorias, que cumplen un papel similar a las reglas de introducción y eliminación»[188]. Las reglas estructurales corresponden a la lógica intuicionista la cual, a diferencia de las lógicas clásicas, admite conjuntos de más de una fórmula en el postsecuente; pero Alchourrón y Martino introducen a dichas reglas estructurales la restricción de que no puede haber más de una fórmula en el postsecuente, con lo que las reglas de atenuación, permutación y contracción solo se aplican al prosecuente[189], por lo que no es posible derivar las leyes del tercero excluido y de la doble negación de la lógica proposicional clásica, ni su correlato deóntico. Una consecuencia de las limitaciones anteriores es que la fórmula (Op v –Op), que es un teorema de la lógica deóntica *standard*, no puede ser derivada. En suma, el sistema de lógica que obtienen Alchourrón y Martino no es equivalente a la lógica deóntica *standard*.

La tercera y última crítica es que el cálculo meramente sintáctico no serviría para razonar y para evaluar los razonamientos formulados en el lenguaje natural. Esto es así, porque no sabríamos qué fórmula del cálculo sintáctico expresa correctamente la forma lógica de las oraciones en el lenguaje natural; y no se sabría, porque la manera usual de saber si una oración es un ejemplo de sustitución de la forma lógica es mediante consideraciones semánticas, relativas a las condiciones de verdad de la oración en el

---

[188]   *Idem.*
[189]   *Ibidem,* 125.

lenguaje natural. Pero estas consideraciones no están al alcance de una lógica que prescinde totalmente de consideraciones semánticas[190].

En esta misma línea de intentos de solución al Dilema de Jørgensen resulta también de interés comentar un reciente trabajo de Daniel Mendonca, quien se propone «ofrecer un fundamento para la aplicación de la lógica a las normas, partiendo de la base de que ellas carecen de valores de verdad»[191]. El fundamento que ofrece Mendonca consiste en mostrar que el uso de la lógica trivalente —en particular del sistema L3 creado por Łukasiewicz— permite operar con variables verdaderas, falsas y carentes de valor de verdad. De modo que sería posible reconstruir la noción de consecuencia lógica en aquellos razonamientos cuyas premisas incluyen normas: «Si se acepta que las normas carecen de valores de verdad y que la lógica trivalente opera (o puede operar) con variables que no son ni verdaderas ni falsas, entonces el problema filosófico relativo a cómo es posible que existan relaciones lógicas entre normas (o entre proposiciones y normas) queda resuelto sin mayores inconvenientes. Y, sobre esta misma base, el Dilema de Jørgensen también queda resuelto»[192]. El sistema L3 es un sistema de lógica no-clásica porque rechaza el principio de bivalencia —presente en la lógica clásica— es decir, las variables del sistema formal pueden tomar más de dos valores. En la lógica clásica, en cambio, las variables del sistema formal únicamente pueden tener uno de dos valores, o bien verdadero o bien falso. En la presentación original de Łukasiewicz el sistema L3 es un sistema de lógica trivalente, una variable puede tener tres valores, «verdadero», «falso» y «posible»[193], representados por los números 1, 0 y 0.5 respectivamente. Medonca propone interpretar el tercer valor como «ni verdadero ni falso» en lugar de «posible».

---

[190]   *Ibidem:* 126.
[191]   Mendonca, 2013: 137.
[192]   *Ibidem:* 141.
[193]   *Ibidem:* 129, nota 11.

Las conectivas son definidas a partir de los tres valores anteriores del siguiente modo: la negación se define mediante la operación de restar el valor de la variable al número 1; la conjunción se define mediante la operación de elegir el valor menor entre los valores de las dos variables que forman la conjunción; la disyunción se define mediante la operación de elegir el valor máximo entre las variables que forman la disyunción; el condicional se define mediante la operación de elegir el valor mínimo entre el número 1 y la suma de restar el valor de la variable del antecedente al número 1, más el valor del consecuente; el bicondicional se define mediante la operación de restar al número 1 el resultado de la sustracción entre los valores de las variables que forman el bicondicional. Siguiendo la presentación de Mendonca[194], la siguiente tabla resume las definiciones anteriores, donde A y B representan una variable cualquiera, y las barras verticales | | significan el valor de la variable:

Conectiva	Definición
Negación	$|\neg A| = 1 - |A|$
Conjunción	$|A\&B| = \text{Min}\,(|A|, |B|)$
Disyunción	$|AvB| = \text{Max}\,(|A|, |B|)$
Condicional	$|A{\to}B| = \text{Min}\,(1, \{\,[1 - |A|] + |B|\})$[195]
Bicondicional	$|A{<}{\to}B| = 1 - (|A| - |B|)$

La valuación de una fórmula bien formada mediante tablas permite advertir si una fórmula es una tautología: la fórmula tendrá el valor 1 en todos los valores que asuman sus fórmulas atómicas. Con esto en mente podemos evaluar razonamientos que operan «si-

[194] *Ibidem*: 139.

[195] Nótese que en la notación algebraica *standard* el uso de los signos auxiliares de agrupación se emplean de diferente manera a como Mendonca escribe la fórmula que representa la definición del condicional. Normalmente el primer nivel de agrupación está dado por el paréntesis, seguido de los corchetes, las llaves y finalmente las barras. Para evitar confusión hemos seguido fielmente el texto de Mendonca donde parece revisar los corchetes como primer nivel de agrupación seguido de las llaves y por último los paréntesis.

multáneamente con variables verdaderas, falsas y carentes de valor
de verdad [...] Consideremos el siguiente ejemplo: (1) En caso de
muerte del Presidente, debe asumir el cargo el Vicepresidente. (2)
Es el caso que ha muerto el Presidente. Por tanto, (3) debe asumir
el cargo el Vicepresidente»[196]. El razonamiento es reconstruido por
Mendonca en forma simplificada: al hacerlo omite intencionalmente la modalización deóntica de las premisas (1) y (3), del siguiente
modo:

(1') A —> B

(2') A

(3') B[197]

Para Mendonca, el razonamiento anterior puede ser valorado en
términos lógicos usando el sistema L3: la primera premisa tendría
el valor de 0.5, es decir «ni verdadero ni falso», la segunda premisa
tendría un valor de 1 y la tercera premisa tendría también un valor
de 0.5. Para saber si se trata de una inferencia lógica válida en L3,
la premisa 3' deberá ser una consecuencia lógica de la conjunción
de la premisa 1' y 2'. Para el sistema L3 la noción de consecuencia lógica está determinada por el conjunto de aquellas inferencias
cuyo valor es igual a 1, generadas a partir de una matriz lógica. La
«matriz característica de L3, ML3, está formada por los siguientes
elementos: (1) el conjunto $U = \{1, 0, 0.5\}$, (2) las operaciones
de negación, conjunción, disyunción, condicional y bicondicional, y
(3) el subconjunto $D = \{1\}$. De esta forma, puesto que cada matriz
genera un conjunto específico de inferencias válidas, la relación de
consecuencia lógica de un sistema queda determinada por la matriz
lógica correspondiente»[198]. De este modo, L3 «permitirá operar
simultáneamente con variables verdaderas, falsas y carentes de va-

---

[196]   *Ibidem*: 137-138.
[197]   *Ibidem*: 138.
[198]   *Ibidem*: 141.

lor de verdad»[199]. En suma, la propuesta de Mendonca se resume en usar la lógica trivalente L3 para fundamentar la aplicación de la lógica a las normas.

Dos observaciones con relación a la propuesta de Mendonca son pertinentes, sin perjuicio de las otras críticas que ha merecido su trabajo[200]. La primera tiene que ver con la valoración del razonamiento que Mendonca propone como ejemplo. La estructura lógica es la de un condicional material que expresa una tautología en la lógica clásica; se trata de un ejemplo de sustitución del *modus ponens*, un razonamiento que, desde el punto de la filosofía de la lógica de normas, querríamos dar cuenta como un esquema de razonamiento válido. Y aunque no toda tautología en la lógica clásica es una tautología en L3, la fórmula [(A –> B)&A]–>B debería ser una tautología en L3, esto es, debería ser una fórmula cuya matriz muestra que preserva el valor de 1 sin importar el valor de sus fórmulas atómicas. Sin embargo, la matriz de la fórmula que representa el ejemplo de razonamiento propuesto por Mendonca no arroja el valor 1 en todos los casos de la matriz.

La evaluación de la fórmula que representa el razonamiento anterior en L3 sería como sigue:

Caso	A	B	(A –> B)	&A	–>B
1	1	1	1	1	1
2	1	0.5	0.5	0.5	1
3	1	0	0	0	1
4	0.5	1	1	0.5	1
5	0.5	0.5	1	0.5	1
6	0.5	0	0.5	0.5	0.5
7	0	1	1	0	1
8	0	0.5	1	0	1
9	0	0	1	0	1

[199]   *Ibidem*: 137.
[200]   Cf. Hernández Marín, 2013 y Battista Ratti, 2013

En específico, el caso en que el antecedente de la fórmula molecular, $[(A \rightarrow B)\&A]$, toma el valor 0.5 y la fórmula del consecuente, B, toma el valor de 0, el valor resultante es 0.5. Existe al menos una combinación de los valores de las fórmulas atómicas en donde la fórmula molecular no preserva el valor 1; por lo tanto, la fórmula no es una tautología en L3. La explicación del caso 9 que aparece en la matriz es que el condicional es verdadero a menos que el consecuente sea *menos verdadero* (*i.e.*, que tiene un valor menor) que el antecedente. En el caso 9 el consecuente tiene el valor 0, que es menor que el antecedente cuyo valor es 0.5, por lo que el condicional en ese caso no es verdadero, no tiene el valor 1[201]. Debería de haber una argumentación de parte de Mendonca para justificar que en una lógica de normas el esquema de razonamiento del tipo $[(A \rightarrow B)\&A]\rightarrow B$ no es válido en todas sus interpretaciones, que no es una tautología. Pero quizás Mendonca podría replicar que le alcanza con mostrar que la expresión es verdadera, preserva el valor 1, bajo cierta combinación, contingente de valores: específicamente, cuando el antecedente es la conjunción de una norma —*i.e.*, «en caso de muerte del Presidente, debe asumir el cargo el Vicepresidente»— con valor 0.5 —ni verdadero ni falso— y una proposición verdadera con valor 1 —*i.e.*, «que es el caso que ha muerto el Presidente»; unidas por el condicional con una tercera variable, el consecuente, cuyo valor es 0.5. Esquemáticamente el razonamiento tendría los siguientes valores:

(1') $|A \rightarrow B| = 0.5$

(2') $|A| = 1$

(3') $|B| = 0.5$

Esta combinación de valores de las fórmulas atómicas es el caso 2 en la matriz y arroja el valor 1 para la fórmula molecular. Sin embargo, también resulta verdadero el condicional, valor igual a 1, cuando la premisa (2') tiene valor 0.5. Porque en L3 el condicional es verdadero cuando tanto antecedente como consecuente toman el

---

[201] Bonevac, 2003: 304.

valor de 0.5. Es cierto que Mendonca está pensando que únicamente las fórmulas que representan normas tomen el valor de 0.5 —ni verdadero, ni falso— pero que la premisa (2') pueda, lógicamente, tomar el valor 0.5, es una posibilidad que se sigue de las combinaciones posibles de los valores de las variables determinados por las tres posibilidades de L3 en la reconstrucción de Mendonca: verdadero, falso y ni verdadero ni falso —no olvidar que en L3 el tercer valor se interpreta como posible. Mendonca debería introducir —y no vemos cómo esto sería posible— alguna restricción para que las variables que representan proposiciones únicamente admitan los valores de verdadero o falso y no el tercer valor. Otra arista de la misma dificultad se presenta de nuevo con la idea de Łukasiewicz de que un condicional es verdadero si ambos de sus componentes tienen el valor de 0.5[202], lo que hace que cualquier razonamiento cuyas premisas sean enteramente normativas sean verdaderos. Por ejemplo, el siguiente enunciado condicional es una verdad lógica en L3: «si debes pagar impuestos entonces no debes pagar impuestos», porque tanto el antecedente como el consecuente tienen valor 0.5.

En otro orden de ideas, la propuesta de Mendonca debería argumentar por qué su interpretación del sistema L3 es adecuada para fundamentar una lógica de normas, tanto por el problema que intentó solucionar Łukasiewicz con L3 como por la interpretación filosófica del tercer valor. Łukasiewicz observó una antinomia en la lógica modal cuya raíz era el principio de bivalencia. En la lógica modal si una proposición es posible esto implica que su negación es también posible, es decir, se acepta la equivalencia entre la posibilidad de «p» y «¬p». Y como la posibilidad de una proposición equivale a sí misma, se sigue que «p» equivale a «¬p», lo cual es paradójico. La solución no es abandonar los valores de verdad, sino permitir un tercer valor de verdad: *posible*. De modo que cuando una proposición no es ni verdadera (valor 1) ni falsa (valor 0) es posible (0.5). Si la equivalencia entre dos proposiciones es verdadera es porque ambas tienen el

---

[202] *Ibid.*

mismo valor de verdad. Cuando se admite un tercer valor, posible, se obtiene el caso en que la equivalencia «p» = «¬p» es verdadera; esto es así, porque la posibilidad de «p» tiene el valor 0.5 y la posibilidad de su negación «¬p» tiene el mismo valor, 0.5. La razón para postular el tercer valor era crear una lógica que capturara la noción de indeterminación metafísica[203]. Łukasiewicz estaba interesado en dar cuenta de los enunciados de *futuro contingente*, esto es, enunciados acerca del futuro que puede resultar ser verdadero o puede resultar ser falso —cuya verdad o falsedad no son necesarias. Son enunciados del tipo «el presidente de México en el año 3000 será un mujer». Para Łukasiewicz, el enunciado, en el presente, no es verdadero, porque si lo fuera, entonces sería necesariamente verdadero en el futuro, pero tampoco es falso ahora, porque de serlo, el enunciado sería imposible que fuera verdadero en el futuro, de lo que se sigue que el enunciado, en el presente, no es ni verdadero ni falso[204]. El sistema L3 de Łukasiewicz permite dar cuenta, lógicamente, de enunciados indeterminados en el presente. La razón filosófica por la que estos enunciados tienen un valor que no es «ni verdadero ni falso» no es que en otro momento no puedan tener otro valor de verdad. Esto refleja los valores posibles que n número de variables puede tener en L3 y que están dados por la fórmula 3^n. La razón filosófica por la que un enunciado puede tomar alguno de entre tres valores es que hay enunciados que en un momento toman el valor de verdaderos; por ejemplo, si ahora fuera el año 3000 y México tuviera a una mujer como presidente, entonces el enunciado «el presidente de México en el año 3000 será un mujer» sería verdadero. Pero antes de ese momento, para Łukasiewicz, el valor del enunciado es «ni verdadero ni falso». Las normas, en cambio, no son entidades lógicas que puedan ser verdaderas en algún momento, ni falsas. El propio Mendonca acepta que las normas carecen de valor de verdad pero al mismo tiempo propone interpretar el valor 0.5 en L3 no como un tercer valor de verdad: «no tendremos un tercer valor de verdad, junto a verdadero

---

[203]   Łukasiewicz, 1970: 88.
[204]   Bergmann, 2008: 78.

o falso, sino la ausencia de valor de verdad (ni verdadero ni falso)»[205]. En la matriz de posibilidades lógicas de L3, todas las variables evaluadas admiten *filosóficamente* los tres valores posibles: verdadero, falso y posible. En la matriz de posibilidades de Mendonca las variables representan normas y proposiciones. Esas variables toman los valores «verdadero» o «falso» o «ausencia de valor de verdad». Mendonca tendría que explicar filosóficamente qué quiere decir que cada tipo de variables (normas o proposiciones) puedan adoptar alguno de los tres valores que aparecen en la matriz: *e.g.*, que una proposición admita «ausencia de valor de verdad» o que una norma admita «verdadero» o «falso». En suma, a la propuesta de Mendonca le hace falta un argumento de filosofía de la lógica que justifique el paso de un sistema diseñado para dar cuenta del indeterminismo de los enunciados de futuro contingente a las normas; en especial porque Łukasiewicz sí estaba pensando en un tercer valor para evitar la antinomia que había encontrado en la lógica modal. Como corolario de lo anterior, en la propuesta de Mendonca tendríamos matrices en L3 con variables que toman valores posibles que deberíamos justificar: el caso de una norma con valor 1 o 0; y el caso de una proposición fáctica con valor 0.5 —*i.e.*, ni verdadera ni falsa—[206].

Antes de finalizar este apartado cabe preguntarse en qué medida la postura que se adopte para afrontar el dilema depende de la aceptación de la concepción hilética o de la concepción expresiva de las normas. En opinión de Alchourrón y Bulygin, la concepción hilética —en la que las normas son los significados prescriptivos expresados por las formulaciones normativas (donde el elemento descriptivo y el elemento prescriptivo forman una unidad semántica)— es compatible tanto con la opinión de que las normas son verdaderas o falsas como con la opinión de que no lo son. En el primer supuesto, se aceptará una lógica de normas

---

[205] Mendonca, 2013: 137.
[206] En este último caso, por cierto, Mendonca no tiene en mente interpretar el tercer valor como un grado de verdad, puesto que expresamente rechaza esta interpretación.

(que se ocuparía de las relaciones lógicas entre los significados prescriptivos, *i.e.*, normas) y una lógica de proposiciones normativas (que se ocuparía de las relaciones lógicas entre las proposiciones descriptivas acerca de normas). En el segundo supuesto, para concebir una lógica de normas debería extenderse el ámbito de la lógica más allá del ámbito prescriptivo. Por el contrario, la concepción expresiva —en la cual las normas son el resultado del uso prescriptivo del lenguaje— en principio solo sería posible una lógica de proposiciones normativas relativas a los contenidos descriptivos de las normas, atento a que las acciones de prescribir (su elemento prescriptivo) son hechos no susceptibles de ser verdaderos o falsos[207]. Desde este último enfoque, el equivalente a una genuina lógica de normas de la concepción hilética podría interpretarse como el caso límite de una lógica relativa a un sistema normativo completo y coherente, es decir, el producto de la legislación de un «legislador racional»[208]. Si se acepta como correcta la crítica que hemos realizado en otro trabajo[209], en el sentido de que las concepciones hilética y expresiva equivocadamente consideran los criterios semántico y pragmático de individualización de las normas como exhaustivos y excluyentes, se aceptará también que no es necesario tener que concebir a las normas, o bien como significados prescriptivos (concepción hilética), o bien como actos de prescribir (concepción expresiva). Las normas podrán ser concebidas como oraciones significativas (criterio mixto sintáctico-semántico) emitidas en ciertos contextos pragmáticos específicos. Si estas apreciaciones son correctas, habrá que concluir que la aceptación de si las normas son verdaderas o falsas y de si son susceptibles o no de admitir relaciones lógicas no está condicionada por la adhesión a la concepción hilética o a la concepción expresiva.

---

[207] Cf. Alchourrón-Bulygin, 1981.
[208] Cf. Rodríguez, 2002: 185.
[209] Cf. Sucar, 2006: capítulo III, punto 2.6.

Queda por responder también si a fin de dar cuenta de las relaciones lógicas entre normas, éstas últimas deben ser concebidas necesariamente como entidades abstractas o si, por el contrario, resulta concebible dar cuenta de las relaciones lógicas entre normas concibiendo a estas como entidades concretas. En la presentación de Alchourrón y Bulygin, de acuerdo con la concepción hilética el criterio semántico de individualización está comprometido con asumir que las normas son entidades abstractas, y de conformidad con la concepción expresiva el criterio pragmático de individualización está comprometido con asumir que las normas son entidades concretas, en particular hechos (acciones de prescribir). Por nuestra parte sostenemos que ello importa vincular indebidamente la cuestión de cuál es el criterio más apto para individualizar a las normas con la cuestión de la naturaleza ontológica de las normas (*i.e.*, si son entidades abstractas o concretas). Admitimos, asimismo, que las normas son oraciones significativas emitidas en un cierto contexto pragmático específico. Ahora bien, debe recordarse que tales oraciones significativas pueden ser concebidas como expresiones-caso o como expresiones-tipo. En el primer supuesto, se tratará de entidades concretas, en el segundo de entidades abstractas. En ambos casos será viable establecer relaciones lógicas entre ellas —suponiendo, desde luego, que se ha dado una respuesta adecuada al Dilema de Jørgensen. Sin embargo, existe una razón por la cual parece preferible concebir a las normas como oraciones-tipo y no como oraciones caso. En la medida en que las consecuencias lógicas de las normas explícitamente formuladas son implícitas e infinitas, concebir a las normas como oraciones-caso presentará un escollo insalvable. En efecto, las oraciones-caso son aquellas efectivamente producidas (oralmente o por escrito) en un lugar y en un tiempo determinados, por lo que no serán oraciones-caso aquellas oraciones que nunca han sido explícitamente formuladas.

5. Ficciones y presunciones jurídicas, y verdad[210]

Una de las primeras cosas que ha de ponerse de manifiesto al abordar el tema que nos ocupa es que la expresión «ficción jurídica» está embargada por una ambigüedad relativa a los diferentes niveles teóricos o de lenguaje a que puede referirse el predicado «jurídica» cuando califica «ficción»; ambigüedad que, como se verá, no es obvio desentrañar. En particular, digamos que la expresión «ficción jurídica» puede referirse: a) a un recurso de la filosofía del derecho, por ejemplo, para dar cuenta del estatus epistemológico de la ciencia jurídica; b) a un recurso de la ciencia jurídica para dar cuenta, por caso, de ciertos aspectos de la regulación de la conducta por las normas jurídicas (aun si este recurso de la ciencia jurídica puede ser todavía mayormente elucidado desde la filosofía del derecho; c) un recurso del derecho mismo, ya sea —como habrá de verse que cabe distinguir— a nivel legislativo o judicial. En cada uno de estos niveles el tipo de conexión de la ficción con la verdad (o la ausencia de dicha conexión) no es necesariamente el mismo, según los diferentes análisis. En la presente sección I (destinada a los problemas de la verdad *del* derecho), en rigor, tendríamos que limitarnos a considerar solamente las ficciones jurídicas indicadas en c) y, dentro de ellas, con exclusividad a las ficciones legislativas. Las ficciones judiciales corresponden, por derecho, a la sección II (que se ocupa de la verdad *en* el derecho) mientras que las indicadas en a) y b) (*i.e.*, las relativas a la filosofía del derecho y a la ciencia jurídica) a la sección III (avocada a la verdad *sobre* el derecho). No obstante, en aras a la unidad temática se nos permitirá abordar todas

---

[210] Independientemente de las referencias bibliográficas que se citan a continuación en esta sección, de manera general indicamos, por adelantado, los números de dos revistas que le han dedicado al tema un dossier especial: *Doxa* nº 3, 1986: 83-156 y *Droits*, nº 21, 1995: 3-139. Por otra parte, desde ahora remitimos los dos trabajos de este volumen que abordan este tema: «La verdad en el derecho» de Andrei Marmor y «Una vez más sobre las ficciones jurídicas» de Frederik Schauer; así como al comentario que le dedicamos a uno y a otro en los puntos: I, 6 y II, 3, respectivamente.

ellas en esta sección I. Oportunamente, efectuaremos las remisiones correspondientes. Así, comenzaremos por los análisis efectuados por tres juristas que son, a la vez, filósofos del derecho: Hans Kelsen, Lon Fuller y Alf Ross (5.1). A continuación se hará alusión a algunos trabajos de gran relevancia producidos en el marco de la teoría crítica del derecho por Enrique E. Marí, con una óptica muy diferente a los antes citados. Además de abrir a la discusión el lugar de las ficciones en los procesos de legitimación del poder, en éstos se pone de manifiesto una vocación por articular la teoría del derecho con los análisis históricos. La profundidad, amplitud y riqueza de sus investigaciones sobre el tema que nos ocupa merece que se les acuerde un extenso y detallado comentario (5.2.). Nuestra presentación se completará, sin embargo, con sendos estudios de carácter propiamente histórico, pero uno y otro de alcance diferente y ambos poco frecuentados por los filósofos del derecho, sobre todo en el ámbito anglosajón. En primer lugar, nos centraremos en el estudio de las ficciones jurídicas en la tradición romano-canónica efectuado por Yan Thomas (5.3). En segundo lugar, expondremos los análisis acerca de las ficciones jurídicas que Robert Jacob, desde una perspectiva comparatista, efectúa bajo el prisma de dos de las más importantes tradiciones jurídicas de occidente, la del *common law* y la romano-canónica, centrándose especialmente en las ficciones judiciales (5.4). La consideración de todas estas diferentes perspectivas nos brindarán un panorama más amplio y rico sobre nuestra materia que el que se acostumbra a ver en los estudios de teoría o filosofía del derecho. A lo largo de las diferentes presentaciones, por lo demás, se pasará revista de las diversas tesis sobre la naturaleza de las ficciones en comparación con el de las presunciones y su eventual conexión con la verdad (o la falsedad).

5.1. Análisis jurídico-filosófico de las ficciones

Allende el valor propiamente de teórico de los trabajos de Kelsen, comenzar a través de ellos el estudio del tópico que ahora nos ocupa presenta una ventaja de particular interés para nuestros propósitos expositivos: la de atravesar todos los niveles de análisis que hemos referido supra (5.1.1). Continuaremos con los trabajos de Fuller (5.1.2) y Ross (5.1.3.) sobre el tema que, al igual que los de Kelsen, resultan insoslayables, y presentan análisis diferentes a los de Kelsen.

5.1.1. Ficciones *del*, *en* y *sobre* el derecho en la obra de Hans Kelsen

En su artículo titulado «La función de la constitución»[211] de 1964, Kelsen se refiere a la *Grundnorm* como una ficción en el sentido de la filosofía del como sí de Vaihinger. En dicho texto, Kelsen deja de lado su doctrina anterior, expresada en su *Teoría pura del derecho*, desde la edición de 1934 hasta la de 1960, según la cual la *Grundnorm* es una norma pensada por la ciencia jurídica para fundamentar la validez de las normas jurídicas y, en tal sentido, una *hipótesis*[212], para pasar a concebirla «como una **genuina ficción** en el sentido de la filosofía del "como sí" de Vaihinger», en tanto «una ficción se caracteriza por el hecho de que no solamente se contradice con la realidad sino que además es contradictoria consigo misma. Pues la suposición de una norma básica —como por ejemplo la norma de un orden religioso moral: "Deben ser obedecidos los mandamientos divinos" o la norma básica de un orden legal: "Debemos comportarnos como lo indica la constitución históricamente primera"— contradice no solo la realidad, ya que no existe una norma tal como un sentido de un acto de voluntad real, sino que ella además es autocontradictoria, dado que representa la autorización de la autoridad moral o legal más elevada, partiendo de esta manera de una autoridad —por cierto que solo fingida— situada aún por encima de esa autoridad»[213]. En tal sentido, para Kelsen,

---

[211]   Kelsen, 1964.
[212]   Kelsen, 1934: 94-104 y, especialmente, 99; y 1960: especialmente 208-214, 59 y 232.
[213]   Kelsen, 1964: 86. El énfasis en negrita nos pertenece.

la ficción se diferencia de la hipótesis por el hecho de que a la primera la acompaña la consciencia de que no responde a la realidad, es más, de que la contradice. Valga precisar que si bien Kelsen cita a Vaihinger en la edición de 1960 de la *Teoría Pura del derecho*[214], lo hace en el contexto del problema de la libertad, pero no de la naturaleza de la *Grundnorm*. En la *Teoría general de las normas*, en cambio, en consonancia con las ideas del mencionado artículo de 1964, la *Grundnorm* es concebida por Kelsen, de acuerdo con Vaihinger, como diferente a una hipótesis por la conociencia de que no concuerda con la realidad[215]. De hecho, algunas partes del artículo de 1964 se encuentran reproducidas en el capítulo 59 de esta última obra en la que la concepción vaihingeriana de la ficción juega un rol central. Así, por ejemplo, Kelsen señala que «[e]l objetivo cognoscitivo de la Norma Básica [*Grundnorm*] es fundamentar la validez de las normas que forman un orden moral o jurídico, es decir, interpretar el significado subjetivo de los actos normativos como su sentido objetivo (*i.e.*, como normas válidas) e interpretar los actos pertinentes como actos normativos»[216]. Este objetivo cognoscitivo, aduce Kelsen, únicamente puede ser alcanzado por medio de una ficción[217]. Como puede apreciarse, Kelsen confirma así el abandono (iniciado en el artículo de 1964) de la caracterización de la *Grundnorm* como una hipótesis[218], decantándose por dar cuenta de ella como una ficción.

---

[214] Kelsen, 1960, punto 23 del capítulo III, nota al pie de página número 75.

[215] Kelsen, 1979: 256.

[216] *Ibidem*: 256.

[217] *Ibidem*: 256.

[218] Valga destacar aquí que Ulises Schmill ha criticado la *Grundnorm* kelseniana por ser una hipóstasis, y no hipótesis, por cuanto la postulación de una «norma pensada» como fundamento de validez de las normas jurídicas positivas implica pasar incorrectamente del meta-lenguaje de la ciencia jurídica al lenguaje objeto de las normas. Pese a ello ha destacado el mérito de Kelsen en advertir que es una ingenuidad filosófica considerar que el derecho, en sí mismo, de manera ontológica, ya tiene la estructura de un sistema jurídico. Así, partiendo del postulado positivista de que solo tiene sentido preguntarse por el fundamento de validez de una norma en el interior de un derecho positivo y no del sistema jurídico como un todo (es decir, de manera inmanente y no

En suma, hay una diferencia entre la concepción Kelseniana de la *Grundnorm* antes y después de 1960: hasta esta fecha la *Grundnorm* es concebida como un hipótesis y luego de ella como una ficción en el sentido de la filosofía del «como sí» de Vaihinger. Este recurso de Kelsen a la concepción de las ficciones teóricas de Vaihinger no deja de esconder, como se ha destacado con razón, una importante diferencia que podría tornarlo ilícito. Para Vaihinger las ficciones teóricas introducidas en un razonamiento deben ser imperativamente anuladas o corregidas en el curso del razonamiento a fin de evitar el error. Tienen una vida provisoria: una vez que han desempeñado su función, deben desaparecer. En la concepción de Kelsen, en cambio, no se satisface esta exigencia ya que éste considera la ficción de la *Grundnorm* como un útil teórico de la ciencia del derecho, no provisorio, sino *definitivo*. No obstante, Kelsen se da los medios para responder a esta objeción. Su ficción de la *Grundnorm* no posee el mismo estatus que las ficciones teóricas para Vaihinger: ella no está destinada a obtener un conocimiento nuevo de la realidad y, por lo tanto, no está sometida a las mismas exigencias metodológicas que las ficciones implicadas en una empresa cognitiva. La empresa de Kelsen es trascendental en el sentido kantiano del término: no se trata de aumentar nuestro conocimiento del derecho positivo, sino de determinar bajo qué condiciones formales un orden de la conducta humana dado puede formar un sistema de normas jurídicas, esto es, de normas dotadas de validez[219].

---

trascendente) y sobre la base de la constatación empírica de que los actos de poder no se dan de manera aislada, sino que van unificándose en relaciones jerárquicas de supra y subordinación, ha sostenido que la jurisprudencia ha de formular una hipótesis científica de conformidad con la cual se interprete a estos actos de poder y de mando como un orden dinámico de normas. Por lo tanto, la *Grundnorm* no es ni podría ser, de acuerdo con Schmill, una norma, sino una proposición de la ciencia del derecho y, más específicamente, una hipótesis fundamental de la ciencia jurídica de acuerdo con la cual es posible conceptualizar el material bruto ofrecido a ésta como un orden jurídico, es decir, interpretar como jurídicamente válidos las normas y actos conformes a la primera constitución histórica. Cf. Schmill, 2007.

[219]   Cf. Bouriau, 2013: Presentación, 8-9.

Ahora bien, para comprender más a fondo el análisis de Kelsen de la concepción de las ficciones de Vaihinger, es necesario remontarse a un trabajo muy anterior, a su artículo «Reflexiones en torno de la teoría de las ficciones jurídicas. Con especial énfasis en la filosofía "como si" de Vaihinger»[220], de 1919. Allí Kelsen explica y acepta la teoría epistemológica de las ficciones de Vaihinger —según la cual las ficciones tienen por objetivo el conocimiento de la realidad a través del recurso a una contradicción, falsificación o artificio respecto de la realidad que pretende explicar— pero critica el hecho de que ésta se basa, como modelo, en las ficciones jurídicas, las cuales, sin embargo, en su mayor parte, no poseen las características que Vaihinger atribuye a las ficciones teóricas o científicas. La mayor parte de las ficciones *jurídicas* citadas por Vaihinger no serían ficciones en el sentido que el propio Vaihinger atribuye a las ficciones teóricas. Kelsen analiza, así, el concepto de ficción construido por Vaihinger. En este sentido, subraya que para Vaihinger la ficción jurídica es una ficción científica, con características similares a las ficciones creadas en la teoría del conocimiento[221]. En la teoría de Vaihinger, las ficciones jurídicas han desempeñado un papel ejemplificativo fundamental. No obstante, señala Kelsen: «la expresión ficción jurídica agrupa a una gran diversidad de fenómenos, de los cuales solo un parte relativamente reducida se presenta como ficción en el verdadero sentido de la palabra, como ficción en el sentido del concepto acuñado por Vaihinger»[222]. Kelsen retoma el objetivo y el medio que Vaihinger asocia a cualquier tipo de ficción. En palabras de Kelsen:

> De acuerdo con Vaihinger, la ficción se caracteriza tanto por su objetivo, como por el medio a través del cual alcanza este objetivo. El objetivo es el conocimiento de la realidad; y el medio: una falsificación, una contradicción, un artificio, un rodeo y un punto de tránsito del pensamiento. Pese a su carácter anómalo, la ficción no deja de ser un medio propio

---

[220] Cf. Kelsen, 1919.
[221] Cf. *ibidem*: 24.
[222] *Ibidem*: 24-25

de la lógica; pertenece a la teoría del conocimiento, y su importancia se deriva del hecho de que constituya un medio de conocimiento[223].

Pero Kelsen, por otra parte, brinda en dicho trabajo su propia explicación de las ficciones jurídicas. En primer lugar, señala que el concepto de ficción de Vaihinger sería estrecho porque tendría por objeto explicar la realidad (a través de una asunción contradictoria con ella), siendo que hay ciencias, como la jurídica, cuyo objeto no son realidades, sino normas jurídicas, esto es, un *deber ser*. Pero esto no sería un problema insoluble porque el concepto de ficción puede ser ampliado de manera que no esté limitado a funcionar en el marco de las ciencias empíricas. Así, la ciencia jurídica se vale de auténticas ficciones en el sentido de Vaihinger, como lo serían los conceptos auxiliares de sujeto de derecho o de derecho subjetivo, los cuales tienen por fin explicar el comportamiento humano debido en virtud de normas jurídicas. La *ciencia jurídica*, por lo tanto, sí trabaja, para Kelsen, con ficciones el sentido de Vaihinger. Esto es, más precisamente, la ciencia jurídica traza una ficción «cuando el conocimiento jurídico, en su esfuerzo [por aprender] su objeto (y en el caso de la ciencia jurídica, se trata del derecho, del orden jurídico, del deber jurídico) hace un rodeo, a través del cual entra conscientemente en contradicción con su objeto; aunque solo lo hace con el fin de captarlo mejor»[224]. Retomando el ejemplo de la noción de «sujeto de derecho» como ficción construida por la ciencia jurídica, ésta se revela un constructo mental diseñado para comprender el objeto de la ciencia jurídica (*i.e.*, el orden jurídico). Para Kelsen, una ficción como «sujeto de derecho» sea crea por medio de la imaginación y se sobreañade al objeto de conocimiento de la ciencia jurídica. En consecuencia, dicho objetivo resulta duplicado y la representación cognosctiva falseada[225].

---

[223]   *Ibidem*: 25.
[224]   *Ibidem*: 26-27.
[225]   Cf. *ibidem*: 28.

En segundo lugar, Kelsen distingue estas ficciones teóricas de las ficciones propiamente jurídicas que son aquellas a que recurre el legislador o el órgano aplicador, las cuales no son (a diferencia de las ficciones teóricas) constructos que sirven para el conocimiento y, no son tampoco, por ello, ficciones en sentido lógico. La *práctica jurídica* —legislativa o judicial— no emplea algún tipo de ficción en el sentido de Vaihinger[226]. Ellas no apuntan al conocimiento sino que representan un acto de voluntad. Así, por comenzar con las llamadas *ficciones legislativas*, el artículo 347 del código de comercio alemán expresaría la siguiente ficción jurídica: «donde se determina que una mercancía que no haya sido devuelta oportunamente al remitente, debe considerarse como si hubiera sido aceptada definitivamente por el destinatario, a su plena satisfacción»[227]. Ahora bien, este artículo expresa una norma que no pretende conocer la realidad sino regularla; en el fondo *crea* una realidad. En la llamada *ficción jurídica* no hay contradicción con la realidad, ya se trate de la naturaleza o del derecho mismo en tanto objeto de la ciencia. La contradicción solo es posible en el ámbito de lo que es (incluido el ser del derecho en tanto objeto de conocimiento), pero no en el ámbito del deber ser. Y la ley, la norma, es prescriptiva, no descriptiva, no afirma nada, ordena. El artículo 347 no afirma que una mercancía que no haya sido devuelta es aceptada definitivamente por el destinatario, sino que deberá ser tenida por tal, con lo cual no hay contradicción posible con la realidad. Kelsen entiende que en esta llamada *ficción jurídica* el legislador no acepta ningún hecho como verdadero pese a que ocurra lo contrario, sino que simplemente, por determinados motivos y con determinados fines, correlaciona ciertas circunstancias fácticas con ciertos efectos normativos. Al respecto, da también el ejemplo de cuando la ley considera padre a los hijos nacidos dentro del matrimonio haya o no adulterio de la madre. De ahí, una vez más, que no pueda haber contradicción con la realidad. Agrega que solo podría hablarse de contradicción

---

[226] Cf. *ibidem*: 33-49.
[227] Cf. *ibidem*: 33.

con la realidad si se identificara el concepto jurídico de «padre» con el concepto biológico, lo cual no puede ser el caso dado el carácter normativo de los conceptos jurídicos. Por ello, las denominadas ficciones jurídicas no se serían ficciones genuinas, esto es, aquellas que intentan explicar su objeto valiéndose, para ello, de una contradicción con él. Tales supuestas ficciones legislativas, por lo tanto, no implican procesos mentales relacionados con el conocimiento, mientras que la actividad legislativa es la manifestación de un acto voluntad (y no de conocimiento). Dice Kelsen:

> El orden jurídico se expresa a través de palabras, y no cabe duda de que estas palabras presentan con frecuencia esa forma lingüística tras la cual suele ocultarse la ficción propia de la teoría del conocimiento: el «como si». Sin embargo, debido a que el orden jurídico (que, como tal, es objeto de conocimiento, y no conocimiento o expresión del conocimiento) carece de todo objeto cognoscitivo, los términos de una ley jurídica nunca pueden encerrar una ficción en el sentido de Vaihinger[228].

Pasemos ahora a su análisis de las «ficciones» judiciales (de aplicación del derecho). Al igual que las llamadas «ficciones» legislativas, Kelsen recusa la tesis de Vaihinger de que éstas sean auténticas ficciones en el sentido en que el propio Vaihinger define ficción. La «ficción» judicial consistiría en la interpretación analógica de la ley o, más precisamente, en la resolución de un caso como si estuviera cubierto por una ley cuando de hecho ello no es así. Para Kelsen, este recurso judicial «plantea una contradicción *imposible de suprimir* con respecto al orden jurídico»[229]: la «ficción» judicial no constituye un rodeo que, a pesar de todo, terminaría conduciendo a la «realidad» del derecho, sino un camino equivocado que puede ser considerado útil y conveniente por el juzgador, pero nunca en relación con el objeto de la ciencia jurídica: el orden jurídico[230]. Además, Kelsen subraya que «el conocimiento del derecho —el único susceptible de conducir a una auténtica ficción— desempeña

---

[228] *Ibidem*: 33.
[229] *Ibidem*: 45. Las itálicas nos pertenecen.
[230] Cf. *Ibidem*: 45

un papel secundario en la aplicación del derecho»[231]. En relación con adjudicación judicial, Kelsen expresa:

> El conocimiento del derecho no es la esencia, el sentido y la finalidad reales de esta actividad, sino simplemente su medio. Para la aplicación del derecho, como también prácticamente para el establecimiento del derecho, lo que importa no es realmente el conocimiento del derecho, sino más bien su puesta en práctica, las acciones volitivas. El conocimiento del derecho, la teoría del derecho, se concreta a preparar la práctica del derecho, le proporciona sus herramientas[232].

Estas consideraciones de Kelsen son interesantes porque, por una parte, proporcionan ejemplos de ficciones teóricas en el sentido de Vaihinger en la ciencia jurídica, pero diferentes a la *Grundnorm*, que para la época no había sido formulada[233] por Kelsen y, por otra parte, porque muestra cómo estas ficciones de la ciencia jurídica funcionan de modo similar a las ficciones de otras ciencias tal como lo explica Vaihinger, de manera que queda claro que la *Grundnorm* tal como es caracterizada hasta 1960 (esto es, como una hipótesis) no podía ser caracterizada como una ficción en el sentido de Vaihinger.

A modo de recapitulación y complemento de lo hasta aquí expuesto, resulta de interés considerar un reciente trabajo de Christoph Kletzer[234] donde se exponen algunos de los principales argumentos formulados por Kelsen al analizar la filosofía del «cómo si» de Vaihinger. En este sentido, resume la noción de ficción de Vaihinger

---

[231] *Ibidem*: 46.

[232] *Ibidem*: 46.

[233] Kelsen ha empleado, en su vasta obra, varios nombres (además de *Grundnorm*) y diversas caracterizaciones para la norma que permite concebir la validez del orden jurídico además; entre otras *Ursprungsnorm*, norma presupuesta, presuposición, norma incluida en una suposición, hipótesis jurídica, hipótesis última del positivismo, *Geltungsgrund*, etc. Si consideramos la denominación *Ursprungsnorm*, es posible remontar esta doctrina al año 1920, fecha de publicación de su libro *Das Problem der Souveränität und die Theorie des Völkerrechts* (Kelsen, 1920). Cf. Bindreiter, 2002: 17. La conceptualización de la *Grundnorm* como hipótesis, ya está (con seguridad) en su primera edición de *La teoría pura del derecho* de 1934.

[234] Kletzer, 2015.

en cuatro puntos, a saber: 1) la ficción implica una contradicción
con la realidad o una autocontradicción; 2) la ficción es fundamentalmente provisional (*i.e.*, debe desaparecer o ser eliminada desde
una perspectiva lógica; 3) la conciencia de la actividad ficticia ha de
ser declarada de manera expresa; y 4) la ficción debe ser conveniente[235]. La idea principal que Kletzer recoge de Kelsen es la siguiente:
«Él [Kelsen] afirma que, al examinar de cerca casi todos los ejemplos que Vaihinger utiliza para ilustrar ficciones jurídicas, no pueden
considerarse como ficciones en el propio sentido de Vaihinger»[236].
De acuerdo con ello, de las tres categorías de ficción que Vaihinger
identifica en el derecho —*legislativas*, *judiciales* y de la *ciencia jurídica*—, Kelsen arguye que únicamente las pertenecientes al dominio
de la ciencia jurídica cumplirían con las cuatro características que
Vaihinger ancla al concepto de ficción jurídica[237]. Las legislativas no
pueden ser consideradas como ficciones ya que por medio de ellas
el legislador no tiene como propósito facilitar el conocimiento de
la realidad y no implican una contradicción explícita con el mundo
empírico. De acuerdo con Kelsen, los actos legislativos son *actos
de voluntad*; en consecuencia, no asumen como tarea representar
la realidad, sino que su único objetivo es crear una *realidad normativa*[238]. Las judiciales tampoco pueden ser consideradas ficciones
porque no cumplen con el requisito de conveniencia, ya que tienen
como resultado una conclusión incorrecta. Kletzer señala, además,

---

[235]   Cf. *ibidem*: 24.

[236]   *Ibidem*: 24.

[237]   Cf. *ibidem*: 24. A nuestro juicio, la *Grundnorm* es ante todo un recurso teórico
        formulado *desde* la *filosofía del derecho* si bien Kelsen postula que los juristas
        la suponen al, o más bien necesitan suponerla (aunque no sean conscientes
        de ello) para, hacer ciencia jurídica; esta es además necesaria para el trata-
        miento teórico que del derecho nos provee la propia teoría pura del derecho
        del Kelsen y, más ampliamente cualquier abordaje teórico, ya sea dogmático
        o general, que se ocupe del derecho como conjuntos de normas válidas. En
        tal sentido, la *Grundnorm* no está en el mismo nivel teórico que las ficciones
        formuladas por la ciencia jurídica (como, por ejemplo, la noción de persona
        jurídica o de derecho subjetivo). *Infra* volvemos sobre este punto.

[238]   Cf. *ibidem*: 24-25.

que para Kelsen tales prácticas de adjudicación alteran de manera permanente el material jurídico, por lo que no cuentan como provisionales[239]. Por último, Kletzer recalca que, en la perspectiva de Kelsen, las ficciones de la *ciencia jurídica* —aquellas utilizadas por dicha ciencia para facilitar la comprensión de la ley (*i.e.*, persona jurídica o Estado) son las únicas que pueden ser calificadas legítimamente como ficciones si se pretende seguir el concepto construido por Vaihinger. Así, por ejemplo, la ficción de persona jurídica se caracterizaría por ser una *hipótesis* construida para hacer comprender un conjunto complejo de normas jurídicas: no existe un portador de derechos y obligaciones en el mundo. El sujeto jurídico es un *constructo* de la ciencia jurídica que cumple con un propósito de simplificación (provisional y contrafáctico)[240].

Por otra parte, en lo que respecta específicamente al aporte de Vaihinger a la teoría del derecho de Kelsen tal como surge de los artículos de 1919 y de 1964, hay que distinguir muy bien dos cosas: el primero de dichos trabajos se presenta esencialmente como una crítica rigurosa de la teoría vaihingeriana de las ficciones jurídicas. Según Kelsen, solo la ficción de la persona jurídica (o de derecho subjetivo), como ficción de la ciencia jurídica, ha sido correctamente analizada por Vaihinger. Si éste no ha discernido la naturaleza de las ficciones propiamente jurídicas es porque no ha comprendido correctamente la esencia del derecho. El segundo de las referidos trabajos, por el contrario, se presenta como una recuperación directa de un análisis de Vaihinger sobre las ficciones en general, análisis según el cual ciertas construcciones ficcionales, incluso si son lógicamente insostenibles, se justifican sin embargo como medios para alcanzar un fin teórico que sería imposible alcanzar sin ellas[241], y Kelsen la aplica —con las salvedades que se han señalado— a la *Grundnorm*, paso que no dio en

---

[239]   Cf. *ibidem*: 25.
[240]   Cf. *ibidem*: 26.
[241]   Cf. Bouriau, 2013: Presentación, 14.

su artículo de 1919, ni en su obra posterior hasta el artículo de 1964.

En fin, para nuestros propósitos, es de particular interés observar que en el tratamiento que da Kelsen a las ficciones jurídicas se hace patente una discriminación de todos y cada uno de los distintos niveles de lenguaje o teóricos que hemos distinguido, a saber: a) el de la filosofía del derecho a través de la *Grundnorm* como modo de fundamentar el conocimiento del derecho en tanto objeto de estudio por parte tanto de la ciencia jurídica como por parte de la teoría general del derecho (en particular por la perspectiva que esta última disciplina adopta en la teoría pura del derecho del propio Kelsen); b) el de la ciencia jurídica mediante los ejemplos de las nociones de persona jurídica, derecho subjetivo o Estado; y c) el del derecho mismo, y ello tanto a nivel legislativo como judicial. ¿Qué relación mantiene cada una de tales tipos de ficciones o pretendidas ficciones con la verdad? Como se ha visto, la *Grundnorm*, concebida como una ficción teórica se caracteriza por ser contradictoria no solo con la realidad sino consigo misma. En tal sentido, según Kelsen, tal ficción asume conscientemente una doble falsedad: con relación a la realidad y con relación a lo que ella misma postula ficticiamente. No hay aquí, por lo tanto, conexión con la verdad sino, con su opuesto lógico, la falsedad, aunque se trata —y esto es lo distintivo de esta ficción teórica de la filosofía del derecho— de una falsedad conscientemente asumida con propósitos teóricos. Respecto de las ficciones propias de la ciencia jurídica —en la medida en que Kelsen explica su estatus, siguiendo a Vaihinger, como aquellas que tienen por objetivo el conocimiento de la realidad a través del recurso a una contradicción, falsificación o artificio respecto de la realidad que pretende explicar—, ha de arribarse a la misma conclusión que en el caso anterior: no hay conexión con la verdad, sino con la falsedad (una falsedad conscientemente asumida). En lo que respecta a las «ficciones» legislativas, como ha quedado expuesto con todo detalle *supra*, no son ficciones genuinas (en el sentido definido por Vaihinger) y la verdad y la falsedad son simplemente irrelevantes con relación a ellas; no existe, pues, ninguna conexión entre ellas. Lo mismo puede decirse con relación a las «ficciones» judiciales.

Aunque los análisis de Fuller y de Ross son menos abarcativos que los de Kelsen en lo tocante al tratamiento de los diferentes niveles de lenguaje o teóricos en que se recurre a las ficciones jurídicas, importa efectuar una revisión comparativa de las diferentes tesis relativas a los tipos de ficciones jurídicas y su conexión (o falta de conexión) con la verdad que los tres autores abordan en común.

5.1.2. Lon Fuller: la ficción (jurídica) como fenómeno lingüístico

En otro enfoque, Lon L. Fuller —¿Qué es una ficción jurídica?[242]— sostiene que una ficción es un fenómeno lingüístico. Específicamente, Fuller estipula que una ficción es: «(1) un enunciado formulado con conocimiento total o parcial de su falsedad o (2) un enunciado falso del que se reconoce su utilidad»[243]. Por un lado, el autor aduce que la ficción, a diferencia de la *mentira*, no tiene como propósito engañar[244]. Por otro lado, Fuller subraya que la ficción, en contraste con la *conclusión falsa*, es usada aún con el conocimiento de su *falsedad*[245].

Para Fuller, existe una relación directa entre la *verdad* de un enunciado y su *adecuación* a la realidad:

---

[242]   Fuller, 1967. Esta pregunta constituye el título de la primera de las tres preguntas que vertebran el libro de Fuller, *Legal Fictions* (1967). Las otras dos son: ¿Qué motivos dan nacimiento a la ficción jurídica? y ¿Es la ficción un instrumento indispensable para el pensamiento humano? Al comentar el estudio de Enrique Marí sobre las ficciones jurídicas (*infra* en el punto 5.2.2.) completamos el tratamiento del tema, refiriéndonos a estas otras dos preguntas, a través de su exposición.

[243]   *Ibidem*: 65.

[244]   Cf. *ibidem*: 62-63.

[245]   Cf. *ibidem*: 63.

> La verdad de cualquier enunciado depende únicamente de su adecuación. Ningún enunciado es una expresión completamente adecuada de la realidad, pero nos reservamos la etiqueta «falso» para aquellos enunciados que involucran una inadecuación que es sobresaliente o inusual. La verdad de un enunciado es, entonces, una cuestión de grado[246].

En relación con esta idea, Fuller expone que «la cuestión de si un enunciado determinado expresa o no una ficción es siempre, si se la examina críticamente, dependiente del lenguaje»[247]. La tesis del autor se vincula en dos ideas: a) el enunciado que proyecta una ficción ha de ser *falso*[248], y b) la *falsedad* del enunciado depende de que las palabras sean empleadas de manera *inadecuada* para dar cuenta de la *realidad*[249]. En este punto, Fuller expresa que «la inadecuación de un enunciado debe ser juzgada en referencia a los estándares del lenguaje»[250].

En el campo del derecho, el autor distingue, retomando la tradición, entre la ficción *asuntiva* —«como si»— y la ficción *asertiva* —«es»—. La primera, propia de la ficción romana, lleva implícito un reconocimiento de la falsedad; mientras que la segunda (la inglesa) se presenta como un enunciado fáctico, de modo que su carácter ficticio es solo evidente para el iniciado. A primera vista ésta parece ser una diferencia importante, porque podría cuestionarse que la ficción asuntiva sea en realidad una ficción si se considera que un tribunal que solamente dice que está tratando A *como si fuera* B, no está diciendo nada contrario a los hechos. Sin embargo, un análisis más preciso muestra que la distinción es meramente formal: el «suponer que» o el «como si» en la ficción asuntiva solo constituye una concesión gramatical de aquello que es sabido, que el argumento es falso[251]. Por otro lado, Fuller estima que es un error considerar

---

[246] *Ibidem*: 66-67.
[247] *Ibidem*: 67.
[248] Cf. *ibidem*: 67.
[249] Cf. *ibidem*: 68.
[250] *Ibidem*: 68.
[251] Cf. *ibidem*: 91-93.

que las instituciones jurídicas (como la adopción o el matrimonio) son ficciones jurídicas: «[l]a realidad de una institución jurídica [...] no está afectada en absoluto por el hecho de que pueda resultar conveniente describir lingüísticamente la institución en términos ficticios (como en el caso de la adopción), o por el hecho de que la institución puede haberse originado históricamente en la aplicación de alguna noción común para un nuevo propósito (como en el caso de la ceremonia de matrimonio)»[252].

Con relación a la cuestión del status de las ficciones, Fuller se opone a la distinción tradicional entre ficción y presunción. De acuerdo con esta última, mientras que en la ficción se asume algo que se sabe que es falso, en la presunción (ya sea esta concluyente o derrotable) se asume algo que es posible que sea cierto. Esta distinción puede ser reforzada en el caso de la presunción derrotable, dado que ésta sume un hecho que *probablemente* es cierto. A fin de poner a prueba la validez de esta distinción Fuller comienza por constatar que la presunción concluyente se aplica, a menudo, precisamente, en aquellos casos en que el hecho asumido es falso y se sabe que lo es; por ejemplo, se dice que es una presunción que el cesionario de una donación ha aceptado, siendo que en la práctica solo se recurre a la ficción cuando el cesionario no sabía de la donación y, por ello, no podía aceptarla. De ahí que decir que una presunción concluyente asume un hecho que puede ser cierto, resulta cuando menos confundente. Sin embargo, esto no siempre es así, y también ocurre que el hecho presumido se dé, en realidad, en un caso, pero que la parte utilice la presunción concluyente porque probarlo es difícil o porque no sabe si el hecho se dio o no se dio. En este caso la presunción implica una ficción. Como conclusión Fuller señala que una *presunción* eludirá la etiqueta de ficción si: a) está basada en una inferencia justificada por la experiencia; b) es libremente refutable; y c) está expresada en términos no realistas —*i.e.*, se ordena no

---

[252] *Ibidem*: 94.

una inferencia, sino una solución aplicable al caso específico dadas ciertas circunstancias[253].

Fuller distingue, por otra parte, entre ficciones vivas y muertas[254]. La ficción *muere* cuando se actualiza un cambio en el significado de las palabras, términos o frases que la constituyen y tal cambio tiene como consecuencia que desaparezca la diferencia entre la ficción y la realidad: «murió mediante un cambio en el uso del lenguaje»[255].

Finalmente, Fuller argumenta que existen dos métodos para eliminar una ficción en el campo del derecho: el rechazo y la redefinición[256]. El *rechazo* consiste en descartar los enunciados que se califican como ficticios. En contraste, la *redefinición* se entiende como la transformación del significado de una palabra hasta eliminar el componente ficticio. Mientras que el rechazo deriva en la desaparición completa de la ficción en el campo del derecho, la redefinición convierte la ficción en un término técnico jurídico.

Como puede apreciarse, Fuller parte de un concepto distinto de ficción del que parte Kelsen y, a diferencia de este último, las ficciones mantienen una conexión con la falsedad (noción opuesta lógicamente a la de verdad), mientras que las presunciones mantienen una conexión, en última instancia, con la de verdad, en la medida en que supone «una inferencia justificada por la experiencia» que puede ser «libremente refutada».

5.1.3. Alf Ross: ficciones jurídicas creativas, dogmáticas y teóricas

En su artículo titulado «Ficciones jurídicas»[257], Alf Ross rechaza la definición de ficción que considera *dominante* en la bibliografía

---

[253] Cf. *ibidem*: 96-101.
[254] Cf. *ibidem*: 70-75.
[255] *Ibidem*: 71.
[256] Cf. *ibidem*: 76-79.
[257] Ross, 1969.

jurídica. Conforme a dicha definición, la ficción es «una asunción conscientemente falsa»[258]. Señala Ross:

> El punto de partida es que la ficción es una asunción no verdadera; por ejemplo, que NN es ciudadano romano a pesar de que en realidad no lo es, o que Burdeos está en Middlesex. Además, la asunción debe hacerse con plena conciencia de su carácter no verdadero. En este sentido, la ficción difiere del error. Por otra parte, se presupone que la falsedad *no* se formula con el fin de *engañar* a los demás. En este sentido la ficción difiere de la mentira[259].

El argumento de Ross para tomar distancia del enfoque preponderante en la bibliografía se basa en la idea de que «la definición dominante de ficción como asunción conscientemente falsa es contradictoria y carece, por tanto, de referencia»[260]. Para el autor —al igual que para Fuller—, el carácter distintivo de la ficción es *lingüístico* y no *lógico*[261]. En este sentido, Ross recurre al *acto de habla* como insumo conceptual para reconstruir la definición de ficción. Antes de pasar a exponer el modo en que Ross argumenta su reconstrucción ha de tenerse presente su clasificación de las ficciones jurídicas.

En efecto, en el campo del derecho, Ross clasifica las ficciones jurídicas en creativas, dogmáticas y teóricas. Las ficciones jurídicas *creativas* son una especie de técnica peculiar para la aplicación analógica de normas jurídicas: decir, por ejemplo, que un «bárbaro» es ciudadano romano equivale a ampliar a los extranjeros la aplicación de las leyes procesales limitadas hasta el momento a los ciudadanos romanos[262]. Las ficciones jurídicas *dogmáticas* son utilizadas para explicar, desde una perspectiva doctrinal, las leyes vigentes, aunque también la doctrina puede inventar nuevas ficciones por sí misma, como cuando introduce la ficción de un sujeto jurídico, llamado

---

258 *Ibidem*: 110.
259 *Ibidem*: 110.
260 *Ibidem*: 114.
261 Cf. *ibidem*: 112.
262 Cf. *ibidem*: 111.

persona jurídica, a fin de explicar ciertas instituciones complejas como el matrimonio, las empresas de responsabilidad limitada, o las corporaciones y fundaciones. Estas ficciones inventadas por la doctrina no parecen tener más valor que el de reinterpretar las leyes haciéndolas más transparentes e inteligibles, aunque es posible que terminen por oscurecer más que aclarar las realidades jurídicas[263]. Por último, las ficciones jurídicas *teóricas* se relacionan con la caracterización de los tribunales como instituciones administradoras de justicia y no creadoras de leyes. Aunque la ficción jurídica teórica a menudo es asimilada a la ficción jurídica creativa —como considerar a los «bárbaros» ciudadanos romanos— es distinta de ella a pesar de la relación funcional que hay entre ambas, desde que el recurso a estas últimas puede servir para sostener una nueva ficción: que los tribunales no crean leyes[264].

La tarea consiste para Ross en «determinar qué es lo que ocurre realmente en aquellos casos en que, tradicionalmente, se habla de ficciones, y ver si en los hechos pueden describirse adecuadamente en los términos de un concepto de ficción como el asumido comúnmente»[265].

Ross comienza por examinar las ficciones jurídicas creativas. Su tesis es que, sujetas al análisis lógico, este tipo de ficciones no revela ninguna singularidad especial: «pretender» que A es B es simplemente una extraña manera de expresar un pensamiento de que, a efectos legales, A debe ser tratado como sujeto a las mismas leyes que son aplicables a B. La singularidad es, así, exclusivamente lingüística y no lógica. Lo que este análisis revela y que, curiosamente parece pasar desapercibido, es que carece de significado hablar de «ficción» en este contexto, si por dicho término se entiende una asunción conscientemente falsa: «No existe falsedad de ningún tipo en decir que en determinado contexto las mujeres deben ser tra-

---

[263] Cf. *ibidem*: 108-109.
[264] Cf. *ibidem*: 109.
[265] *Ibidem*: 111.

tadas según las mismas leyes que los hombres». De este modo, la llamada «ficción» creativa es simplemente una manera de hablar, no una manera de pensar, razón por la cual no legitima la introducción de una categoría lógica especial junto con la ilusión y las mentiras. Este análisis de la «ficción» creativa le permite también a Ross separarlas de las presunciones. Aunque estas últimas conducen al mismo resultado que las primeras (asimilar jurídicamente una situación a otra), la diferencia entre ambas es que mientras la «ficción» creativa, en *todos* los casos en que se usa significa una ampliación de la norma sin la cual, por ejemplo, ninguna mujer recae dentro del concepto de hombre, esto no es aplicable a la presunción. Así, por ejemplo, respecto de una ley que requiere el castigo de quienes conducen vehículos a motor en estado de embriaguez y de una presunción concluyente de que quien tenga cierto nivel de alcohol en la sangre debe ser considerado una persona en estado de embriaguez, muchos de quienes tienen el porcentaje aproximado de alcohol en la sangre también *están* en estado de embriaguez; mientras más razonable sea la presunción de acuerdo con la probabilidad estadística, menor será la ampliación real de la ley. Con relación a las ficciones jurídicas dogmáticas, sin argumentación, Ross dice: «podemos suponer que lo dicho sobre la ficción creativa también es aplicable a la ficción jurídica dogmática»[266]. Ahora bien, Ross advierte que cuando se pasa a las ficciones jurídicas teóricas la situación no es tan sencilla.

Es aquí donde se vuelve relevante la teoría de los actos de habla de Ross, a la vez, para rechazar la definición dominante de ficción por contradictoria y, por ende, carente de sentido, y para reinterpretar el concepto de ficción de un modo que le permita explicar las ficciones jurídicas teóricas. Ross identifica el acto de habla como: «(1) una secuencia lógica; (2) una oración o frase; (3) un significado, y (4) un acto lingüístico»[267]. El significado de una oración (*proposición*) puede ser *verdadero* o *falso* —lo que no ocurre con el significado de una frase—. La oración proyecta una categoría que

---

[266] *Ibidem*: 112-113.
[267] *Ibidem*: 115.

«*se concibe como factual*»[268]. Aquí, Ross subraya que *concebir* una categoría como factual es una noción *semántica*. En contraste, aceptar la verdad de una proposición es un *acto pragmático*. En sus propias palabras:

> [...] la proposición (el significado de la oración) es en sí mismo un pensamiento: el pensamiento de cierta situación como real. Es un concepto semántico. Aceptar una proposición como verdadera es, por otra parte, un acto pragmático; es una decisión sobre la actitud que debe adoptarse respecto de la proposición; es algo que uno hace con una proposición[269].

De acuerdo con Ross, la concepción de una categoría como factual es independiente de que la situación expresada sea *verdadera* o *falsa*. En relación con esta idea, Ross aduce que mientras una proposición no sea aceptada como verdadera se trata simplemente de una *hipótesis*. Ahora bien, cuando la proposición es aceptada o adoptada como verdadera se transforma en un *juicio*. Así, la proposición afirmada es una auténtica aserción o *afirmación*[270].

Ross expone que «es imposible vincular significado razonable alguno a la actual definición de ficción si la expresión "asunción" se interpreta en el léxico conceptual de "juicio", "hipótesis", y "afirmación"»[271]. Si asunción significa *juicio* —proposición aceptada—, la definición dominante de ficción en la bibliografía jurídica es una *contradictio in adjecto*: la persona estima que la proposición es tanto verdadera como falsa en un momento determinado. Si por asunción se entiende *hipótesis* —proposición que todavía no es adoptada—, el autor señala que se presenta el mismo problema: la falsedad es lo que *no* se cuestiona tratándose de ficciones. Por último, si asunción de traduce como *afirmación* —proposición afirmada como verdadera—, Ross subraya que se actualiza una mentira. No obstante, pese a estas críticas, Ross cree que es posible ofrecer un

---

[268]   *Ibidem*: 116.
[269]   *Ibidem*: 116-117.
[270]   Cf. *ibidem*: 116-117.
[271]   *Ibidem*: 118.

concepto de ficción con significado. Para ello parte del análisis del sentido en que se usa la palabra «ficción» en las novelas y otras obras de literatura[272].

Para Ross, la cuestión relevante es que «las proposiciones de la [a obra de] ficción son presentadas como si no fueran ni verdaderas, ni falsas, ni dudosas: su verdad o falsedad es *irrelevante*»[273]. Se trata de un uso pragmático que difiere tanto de afirmar una proposición como de aceptarla y que introduce una suerte de «supongamos que…». Ross lo llama *formulación* de proposiciones. Prosiguiendo con este análisis, y conforme a su función en disciplinas ajenas al derecho, además de las ficciones *literarias* —que poseen una función narrativa—, distingue las ficciones de *cortesía* —que poseen una función ceremonial—y las ficciones *científicas* —que poseen una función de presentación de teorías científicas como los modelos científicos (*i.e.*, el modelo del átomo de Bohr o el *homo economicus*) que, a diferencia de las hipótesis científicas, su valor de verdad es irrelevante, en tanto es una simplificación que diverge de la realidad y que no pretende representarla— y ficciones *míticas* —función de reforzamiento de creencias—[274].

Ahora bien, ni la ficción literaria, ni la de cortesía, ni la científica —afirma Ross— «añade[n] en sí mismo nada a la descripción del fenómeno que hemos designado como ficción jurídica teórica». La cuestión entonces es si es posible apuntar otros tipos de ficción que sí lo hagan, y la respuesta de Ross es que «la ficción jurídica teórica puede entenderse a través de la analogía con la ficción mítica», cuya función es el reforzamiento de las creencias. Ello así porque en la ficción teórica hay una manifestación de ideales relativos a la elevada independencia del derecho respecto del capricho humano, una glorificación de la imagen del derecho como un orden de autoridad divina eterno e inmutable, se inviste a la institución de la autoridad

---

[272] Cf. *ibidem*: 118-119.
[273] *Ibidem*: 119.
[274] Cf. *ibidem*: 122-123.

judicial de una santidad que oculta a la persona y a la influencia del juez, de modo que se ilumina su responsabilidad mediante el expediente de que no son los jueces sino la ley quien juzga[275].

Es importante hacer notar, en comparación con Kelsen, que si bien Ross, como venimos de ver, distingue diversos tipos de ficciones jurídicas, estos no coinciden con la tipología de Kelsen; como tampoco el análisis que uno y otro emprende a su respecto, ni sus respectivas conclusiones. En primer lugar, Ross no habla de ficciones en el nivel filosófico y, como es sabido, no solo ha formulado severas críticas a la *Grundnorm* sino que, de manera más general, ha recusado todo intento de dar cuenta teóricamente de la normatividad del derecho[276]. En segundo lugar, aunque al igual que Kelsen se refiere a las ficciones jurídicas dogmáticas (o de la ciencia jurídica), a diferencia de éste no les atribuye ningún valor teórico: o bien éstas se limitan a explicar el derecho vigente pero —de modo semejante a las ficciones jurídicas creativas— una vez analizadas se revelan solo una manera de hablar que no implica ningún rasgo lógico diferencial y que, es más, si se las concibe bajo la noción tradicional de ficción (como asunción falsa) no son significativas y, por ende, no pueden implicar ninguna asunción conscientemente falsa; o bien son creadas por ella misma, más allá del derecho en vigor, pero es cuando menos dudoso que sirvan para esclarecer la realidad jurídica. Como hemos visto Kelsen piensa que las ficciones de la ciencia jurídica crea ficciones (en el sentido de Vaihinger) con auténtico valor explicativo. Por otra parte, cuando Ross habla de ficciones jurídicas creativas parece tener en mente solo las ficciones judiciales (y no las legislativas), a diferencia de Kelsen que distingue a ambas claramente. Aun limitando la comparación a las ficciones judiciales la empresa analítica en uno y otro autor no es la misma. Ross parte para su análisis del concepto tradicional de ficción, mientras que Kelsen lo hace desde el concepto de ficción de Vaihinger (que aunque una de cuyas características es la conciencia de una asunción fal-

---

[275] *Ibidem*: 123-124.
[276] Cf. Ross, 1958 y 1961.

sa respecto de la realidad, posee otras que no están presentes en la noción tradicional de ficción). Para Ross, el análisis lógico-semántico del concepto tradicional de ficción cuando se intenta aplicar para dar cuenta de las llamadas ficciones judiciales —es decir la técnica de ampliación analógica del ámbito de aplicación de una norma por parte de un juez—, revela que son no significativas como tales (y por ende ni verdaderas ni falsas) y que, en realidad, dicha técnica solo implica una equiparación de efectos legales la cual para ser inteligida puede prescindir por completo del concepto tradicional de ficción. Para Kelsen, como las normas (individuales, en este caso) carecen de valores de verdad por ser el resultado de actos de voluntad (y no de conocimiento), lo que ellas regulan (en esta caso la ampliación analógica del campo de aplicación de una norma por parte de un juez) no puede ser explicado mediante un concepto (como el de ficción en Vaihinger) que está destinado, en realidad (más allá de lo que considera el propio Vaihinger que en este punto, para Kelsen, no es consecuente con su propia definición de ficción) a proveer una explicación, la cual siempre depende de un acto de conocimiento (y no de voluntad): solo entre una proposición (susceptible de verdad o falsedad) puede contradecir la realidad; nunca una norma, que no posee valores de verdad. Por su parte, lo que Ross llama ficciones jurídicas teóricas no posee ningún equivalente en la teoría de Kelsen. Este tipo de ficciones jurídicas —a diferencia de las dos anteriores distinguidas por Ross—, analizadas bajo el concepto de ficción mítica (en la interpretación ofrecida por Ross), son significativas, pero respecto de ellas la verdad (y la falsedad) son irrelevantes. En fin, a diferencia de la noción de ficción tradicional (cuando se aplica a las «ficciones» jurídicas creativas y dogmáticas) las presunciones poseen para Ross una conexión con la realidad a través de los estudios estadísticos y, de esta manera, de modo indirecto, se podría suponer que hay alguna conexión con la verdad. Destaquemos, por último, que aunque para Ross, al igual que para Fuller, la ficción es un fenómeno lingüístico (y no lógico), el primero no llega a la misma conclusión que Fuller desde que este último aplica (aun si bajo ciertas especificaciones) en lugar de recusar —

como hace Ross— la noción tradicional de ficción para dar cuenta de la técnica analógica de ampliación del campo de aplicación de una norma por parte de un juez.

De estos estudios fundamentalmente conceptuales y analíticos de las ficciones jurídicas pasaremos a un examen que sin descuidar la elucidación conceptual se adentra en consideraciones de corte histórico-político que ponen de relieve la función también legitimadora de las ficciones jurídicas en el marco del discurso jurídico concebido como discurso del poder.

5.2. Las ficciones jurídicas en la teoría crítica del derecho

Antes de abordar la cuestión de las ficciones en el derecho (y su eventual conexión con la verdad) en los trabajos de Enrique Marí (5.2.1.), es necesario exponer una reconstrucción de los principales abordajes realizados y las tesis defendidas por él respecto de la relación entre verdad y ficción (5.2.2.).

5.2.1. Verdad y ficción

En la presentación de este tópico nos valdremos fundamentalmente de lo expuesto en *La teoría de las ficciones*[277], acudiendo, de modo complementario, a otros trabajos[278]. Enrique Marí sostiene que el punto «más central» de la teoría de las ficciones lo constituye la relación entre verdad y ficción y que su análisis conduce al de la estructura del discurso ficcional[279]. Su reflexión se detiene, en un primer momento, en el estatus y lugar que ocupan las ficciones en el conocimiento científico y la literatura. Como veremos en el próximo apartado, luego el análisis se extiendo al ámbito del dere-

---

[277] Marí, 2002.
[278] Retomamos aquí (en este punto 5.2.1), con algunas modificaciones, el texto de Sucar, 2003: punto II, 77-82.
[279] Marí, 2002: 23.

cho y —en un sentido amplio, que precisaremos más adelante— de la teoría jurídica.

En una primera aproximación, parecería que el concepto de verdad se encuentra asociado a los conceptos de saber, conocimiento objetivo o conocimiento científico, y que es opuesto al concepto de ficción. Éste, por su parte, estaría asociado con la libre imaginación, el arte en general y la literatura en particular. Esta primera impresión concordaría con la concepción secular de la época moderna que habría destronado la concepción religiosa del mundo, anclando los dominios del conocimiento de la realidad natural exclusivamente en la observación y la experimentación y los del conocimiento matemático y lógico en las demostraciones formales, relegando cualquier otra forma del discurso al ámbito de la pura fantasía. En el ámbito de la filosofía, la génesis de esta concepción podría rastrearse en el siglo XVI con el libro de Bacon *The advancement of Learning*. Luego, habría adquirido un fuerte impulso en el siglo XIX con autores como Comte y Mill y una renovada formulación en el siglo XX por parte de los miembros del Círculo de Viena, entre otros importantes filósofos como Russell, Ayer y Quine[280].

De acuerdo con esta concepción, que Marí califica de cientificista, las ficciones, al no estar en correspondencia con la observación y la experimentación, no estarían asociadas al concepto de verdad presupuesto en el concepto de conocimiento científico: el discurso de las ficciones estaría asociado a la libre imaginación caracterizándose por un predominio de lo simbólico, figurado, metafórico o alusivo por sobre lo meramente representacional (que no cabe confundir con lo verdadero). Por el contrario, el discurso científico, controlado por la observación y la experimentación, se vincularía al concepto de verdad, caracterizándose por un neto predominio del lenguaje representacional y la eliminación de lo simbólico, figurado, metafórico o alusivo.

---

[280] Cf. al respecto Marí, 1990 y 2002: capítulo XVI, punto 1.

Marí introduce un primer reparo a esta concepción de las relaciones entre los conceptos de verdad y ficción, mostrando que incluso filósofos como Hume y Kant —implacables críticos de la imaginación fantástica— repararon en que la imaginación no siempre es la libre fantasía descontrolada que afecta solamente en plano de lo emotivo, sino que también juega un papel importante en la adquisición del conocimiento, denominándosela en este caso «imaginación creativa». Así, para Hume, la imaginación regulada por el principio de asociación sería el fundamento de todos nuestros pensamientos. Kant, por su parte, concebiría a la imaginación como una facultad que participa de la pasividad de los sentidos y de la actividad del entendimiento, constituyendo una capacidad de forjar espontáneamente representaciones que se califican de intuitivas, esto es, representaciones de objetos singulares afines a sus representaciones sensoriales, representaciones «como si» dependieran inmediatamente de la presencia del objeto.

Pero el iusfilósofo argentino intenta ir más lejos e impugnar la concepción que nos ocupa. Su tesis podría formularse como sigue: incluso en el dominio cognoscitivo por excelencia, esto es, las ciencias físico naturales, que están ligadas fuertemente con la noción de verdad, no es posible limitarse a la observación y la experimentación, sino que es menester acudir también a las ficciones. Correlativamente, en los dominios no cognoscitivos, como el arte y en particular la literatura, donde el recurso a la imaginación fantástica (ficciones) y la apelación a los recursos estéticos son predominantes, no es posible prescindir completamente de la observación de la realidad, existiendo, por lo tanto, una ineludible conexión con la noción de verdad. Si bien en el ámbito artístico no sería posible acudir a la experimentación, tampoco lo sería en dominios del discurso indisputablemente científicos como la astronomía, siendo, por otra parte, que tanto en uno como en otro sería factible acudir a la «investigación controlada». De este modo, las nociones de conocimiento objetivo (que implica la noción de verdad) y la noción de ficción no serían nociones opuestas. Existiría conocimiento objetivo montado en ficciones y obras de ficción que transmitirían conocimiento.

En sustento de la primer parte de su tesis Marí acude, *vía* la filosofía del «como si» de Vaihinger, al hecho de que en todos los campos del conocimiento se aplican conceptos y juicios conscientemente falsos. Todos los campos del conocimiento contendrían ficciones como la del «hombre económico» en la economía, la de «círculo» en matemática o la de «fuerza» y «gravitación» en la física Newtoniana. La ficción sería distinta de la hipótesis, pues la primera constituiría una suposición de cuya falsedad (*i.e.*, su no correspondencia con la realidad), se es consciente, pero que es asumida por utilidad, mientras que la segunda sería una suposición verosímil cuya verdad se puede probar eventualmente a través de experiencias más amplias, siendo por tanto verificables.

En sustento de la segunda parte de su tesis Marí toma como modelos dos corrientes antagónicas en literatura, el modelo esteticista de Proust y el modelo del realismo naturalista de Emile Zola, que caracteriza del siguiente modo:

> [...] la nota característica diferencial entre el novelista no-naturalista y el naturalista radica en el modo en que uno y otro gobiernan sus emociones. El primero supone que su propia emoción habrá de generar la de sus personajes. Tiende una línea entre él como escritor y sus *dramatica personae*, y cree con error que su juicio atenuará la fuerza de los hechos. El naturalista, en cambio, considera los hechos objetivamente y reclama para el autor la misma neutralidad que la epistemología positiva exige, por su lado, a los enunciados científicos. Así, mientras el novelista no-naturalista considera deseable la apertura de las puertas de la emoción, y aprecia en el más alto grado la existencia potencial de un segmento emotivo subtendido entre el autor, los personajes y el lector, el naturalista tiene por deseable el cierre, el firme bloqueo de las compuertas, porque cree que la emoción degradará la escritura haciéndole perder contenido cognoscitivo. Para el no-naturalista, pues, todo es cuestión de belleza del escrito y de los sentimientos que la textura formal desata. Para el naturalista la belleza del texto radica en la verdad del texto[281].

---

[281] Cf. Marí, 2002: 65-66.

La comparación de estos dos modelos tiene por objetivo mostrar que así como en el primero, pese a predominar la veta estética, no dejan de existir fuertes lazos con la realidad, en el segundo, pese a la aplicación del método científico a la literatura (pretendiendo con ello sustituir la imaginación por la observación a fin de reflejar adecuadamente la vida social), los lazos con la estética no pueden ser completamente abolidos. En el caso del modelo esteticista los vínculos con la realidad se develarían en los rasgos biográficos del escritor, nunca completamente diluibles. Por otra parte, la ficción nunca sería completamente gratuita, sino que siempre tendría su fuente en la realidad. En cuanto al modelo del realismo naturalista, los vínculos con lo estético estarían dados por el ineluctable recurso al estilo, la creación de un clima y apelación a la belleza propia de toda obra de arte. La estructura del discurso de la ficción se caracteriza por una constante tensión entre lo veritativo y lo estético.

La tesis defendida por Marí implica sostener, entonces, que las nociones de verdad y ficción no son contradictorias, que no es posible sostener que la primera sea patrimonio exclusivo del conocimiento científico, y la segunda patrimonio exclusivo del arte en general y de la literatura en particular. Ambas tendrían lugar en los diferentes dominios del discurso, existiendo solo diferencias en el grado en que una y otra adquieren relevancia. Marí aclara que lo expuesto no implica confundir ambos tipos de discurso eliminándolos recíprocamente, o afirmar que funcione uno como sustituto del otro, o que sus contornos se hagan confusos. Las diferencias de objetivos, medios y fines entre ambos no quedarían borradas. Lo que sí le interesa a Marí, es analizar el orden de las relaciones entre los discursos científicos y literarios, y su modo de conectarse con la realidad[282]. Al sostener que verdad y ficción no son nociones contradictorias Marí se opone a una importante tradición. Así, si se toma como ejemplo paradigmático la teoría figurativa del lenguaje y su correlativa teoría de la verdad expuestas por Wittgenstein en el

---

[282]   Cf. Marí, 2002: 39 y 67

Tractatus Logico-Philosophicus, podría afirmarse respecto del discurso de la ficciones que: 1) es predominantemente emotivo y no figurativo, con lo que en muchos casos se integraría con enunciados que no son ni verdaderos ni falsos; 2) en los casos en que es efectivamente figurativo no es verdadero, pues más que reflejar la realidad, inventa objetos, individuos y hechos inexistentes; 3) suele no ser claro, con lo que no resulta fácil establecer qué figura y, por lo tanto, cuáles son sus condiciones de verdad y si efectivamente enuncia algo verdadero o falso[283]. De este modo, el discurso de la ficción no estaría conformado por enunciados verdaderos y no permitiría, por ende, conocer la realidad. Si algo es verdadero no podría ser una ficción y si algo es una ficción no podría ser verdadero. Se trataría de nociones contradictorias puesto que la noción de ficción presupone la de falsedad. Como hemos visto, la ficción suele ser asumida una suposición que se sabe que es falsa y que se acepta por utilidad.

Ahora bien, Marí no solo se opone a esta tradición con las tesis que hemos visto sustenta, sino que haciéndose eco del realismo romántico defendido por David Novitz en su libro *Knowledge, Fiction and Imagination*[284], afirma algo más fuerte, a saber: que la imaginación fantástica es esencial para la adquisición y el avance del conocimiento. No solamente que las ficciones influirían en nuestras creencias y valores, sino que proporcionarían asimismo conocimiento e inteligibilidad respecto del mundo en que vivimos. De este modo, en la medida en que la obra de los escritores y artistas en general nos permitirían ser perceptibles a aspectos del medio que no rodea, deberían ser consideradas como cognoscitivamente valiosas. Por otra parte, Novitz admite que la imaginación constructiva juega un papel en el conocimiento, particularmente en la inducción, pero aduce que el avance o crecimiento del conocimiento no sería posible exclusivamente con la imaginación constructiva, sino que para que éste sea posible debería intervenir la imaginación fantástica o libre imaginación. La imaginación

---

[283] Cf. Marí, 2002: capítulo VI.
[284] Cf. Novitz, 1987.

constructiva solo nos permitiría recordar nuestro conocimiento. La imaginación fantástica, a través de la formulación de hipótesis para la resolución de enigmas no resolubles por nuestro conjunto de creencias y conocimientos acerca del mundo, sería la que nos permitiría avanzar en el conocimiento, en el caso de que éstas se confirmen. Sin embargo, Novitz limita este elemento romántico[285] con la adopción del realismo, en el sentido de que la ficción podría producir conocimiento, pero limitada por la confrontación con la realidad. La imaginación fantástica nos permitiría captar el hecho de que el mundo tiene que ser descubierto, de que no es el simple producto de la libertad, de que éste no está modelado por la imaginación constructiva ni es el resultado de los estados de nuestra mente. Las construcciones ficticias resultarían ser adecuadas para transmitir conocimiento cuando nos permiten dominar nuestra experiencia y negociar mejor con el mundo. Tanto el realismo metafísico como el realismo romántico admitirían una teoría de la verdad como correspondencia. Pero la diferencia entre ambos radicaría en que mientras para el primero un enunciado sería verdadero si se corresponde con la realidad tal como es en sí misma e independientemente de nuestros medios para conocerla, para el segundo lo sería solo si se corresponde con hechos «observables». De esta manera, Novitz pretende desmarcarse del realismo metafísico, en tanto a diferencia de éste no pretende que un enunciado para ser verdadero tenga que corresponderse con la realidad nouménica, para utilizar la terminología de Kant. De asumir esta tesis no podría explicarse cómo es posible utilizar la palabra verdad con algún contenido y utilidad. En este sentido, el realista romántico afirma, como se ha dicho, que aquello con lo que se corresponde un enunciado verdadero es aquello que observamos. Ahora bien, aquello que observamos, en cierta medi-

---

[285] Una de las de las características que tendrían en común los autores de las diversas corrientes del romanticismo es su oposición al punto de vista cientificista según el cual la ciencia empírica es la única fuente del conocimiento acerca del mundo, y su argumento de que es posible aprender de la libre imaginación y en particular de la literatura (Cf. Marí 2002: 404-405).

da, depende de nuestros conceptos y categorías producto de la imaginación que se han demostrado operativas y útiles. Ello, sin embargo, a juicio de Novitz, no llevaría, como algunos pretenden, al idealismo, el pragmatismo o el relativismo conceptual. De esta manera, Novitz pretende desmarcarse también del romanticismo idealista que conduciría a las referidas posturas. Acepta que la imaginación es falible y sujeta a revisión, pero a su juicio ello no implica que no podamos tener acceso a las condiciones de verdad de un enunciado y que solo estemos limitados a hablar de condiciones de afirmabilidad o afirmabilidad garantizada. Existirían al menos ciertos rasgos de la realidad a los que podríamos tener acceso por la observación o la experiencia. Si bien existen experiencias que nos presentan el mundo diferente a como es, ello sucedería en condiciones anormales o inapropiadas. Y si bien podrían existir aspectos del mundo que son observados, pocos serían esencialmente inobservables. Nietzsche, en opinión de Novitz, pertenecería a la escuela del romanticismo idealista comprometida con el relativismo cognoscitivo y la tesis de la inconmensurabilidad, tesis que serían sostenidas, aunque con diversos matices y variantes, por diversos filósofos contemporáneos como Feyerabend, Rorty, Godman, Derrida y Foucault. Novitz rechaza esta tesis porque sostiene que sobre sus bases no podrían explicarse las experiencias del mundo que tenemos en común ni el hecho de que estas sean transmisibles[286].

Sentadas las premisas filosóficas generales de las relaciones entre verdad y ficción y su análisis en el discurso científico y literario, pasamos a considerar el análisis que Enrique Marí proyecta en el terreno jurídico.

---

[286]   Cf. Marí, 2002: capítulo XVI, 401-434. Para una confrontación de la postura de Enrique Marí acerca de la verdad y la ficción con el pensamiento del joven Nietzsche acerca de la oposición entre verdad e ilusión, permítasenos remitir a Sucar, 2003: III, 82-101 y IV, 101-108.

5.2.2. Las ficciones en el derecho y la teoría jurídica

Como hemos adelantado, Enrique Marí también analiza el status y función de las ficciones en el derecho y en la teoría jurídica[287].

El empleo de las ficciones en el derecho, tiene una historia. Siguiendo a Hans Vaihinger y a Pierre J. J. Olivier[288], Marí comienza por hacer notar la inexistencia o cuasi inexistencia de las ficciones jurídicas tanto en Medio Oriente como en la Grecia antigua[289]. Son los juristas romanos los que hicieron un empleo extendido tanto de la palabra (*fictio* y los derivados de *fingere*) como del concepto. La aparición de estas expresiones en los textos romanos revelan tres usos distintos, uno solo de los cuales (el primero aquí indicado) corresponde a las ficciones. Con el primer uso se denota aquellas construcciones introducidas por las llamadas *fórmulas ficticias* del pretor que puede decirse que compartían las siguientes cuatro características: a) se asume que existía un hecho que en realidad no había ocurrido (por ejemplo, que el extranjero era un ciudadano romano); b) esta asunción falsa era consciente y deliberada; c) esta asunción falsa no podía ser disputada ni contestada; d) su función era crear una acción no admitida por el derecho civil estricto. A ello debe agregarse que lo que daba origen a la creación ficticia de una nueva regla era el sentido de equidad. Con el segundo uso se alude a la simulación o al fraude. La ficción jurídica se diferenciaría de la simulación y el fraude por ser una suposición consiente y deliberada. Con el tercer uso se hace referencia a la asunción de una situación

---

[287] Al igual que en el apartado anterior tomamos como base de nuestra exposición el libro *La teoría de las ficciones* (Marí, 2002), cuya sección III, que incluye los capítulos X a XVI, lleva por título: «La teoría de las ficciones en el derecho». Excepto el último capítulo, conclusivo, todo los otros están dedicados al tema indicado en el título. Nuestra exposición será completada, sin embargo, con otros importantes trabajos suyos sobre el tema.

[288] Cf. Vaihinger, 1922 y Olivier, 1975.

[289] Cf. Marí, 2002: capítulo X «El origen histórico-romano de las ficciones», 1 «La construcción de las ficciones en sus orígenes. La situación en el Medio Oriente y en Grecia»: 255-258.

hipotética que sirviera de ejemplo o ilustración de una regla. Pese a que el uso de las ficciones jurídicas en Roma fue muy extendido, los juristas romanos nunca discutieron su naturaleza o se esforzaron por explicarlas o definirlas. Esta tarea competerá a los glosadores, que son quienes profundizaron el examen de su naturaleza, su sentido práctico y generaron el análisis científico del concepto[290]. Con la extensión, como autoridad, del *Corpus Justiniano* por las principales universidades europeas entre los siglos XII y XVI, se planteó a los juristas una cuestión fundamental ¿cómo conciliar la capacidad técnica del derecho romano para travestir los hechos con la concepción cristiana de una naturaleza concebida, querida y creada por Dios y, por ende, intangible? En efecto, Cristianizar el derecho implicaba domesticar un modo de representación del mundo en que «las cosas» eran necesariamente humanas y políticamente instituidas. Dado que esta cuestión es abordada por Marí centrándose en el trabajo «Les artífices de la vérité...» de Yan Thomas[291], remitimos a lo expuesto *infra* en el punto 5.3. de esta introducción.

Ahora bien, tras desarrollar esta cuestión del tratamiento que los jurisconsultos medievales dieron a los ficciones jurídicas, Marí destaca el hecho de que «una de las facetas más importantes de las ficciones fue ya en este período histórico su uso para la política, su explotación por el poder, quedando enlazado un nexo entre ficción/política que se prologó largamente en la historia»[292]. De este modo, seguidamente, a modo de prolongación de este recorrido histórico de la Antigüedad al Medioevo, Marí aborda la cuestión de la influencia de las ficciones en el mundo de la religión y de la política, comenzando justamente por el período medieval[293]. Examina, en primer lugar, siguiendo algunos trabajos de Pierre Legen-

---

[290] Cf. *ibidem*: capítulo X, 2 «El problema en Roma», 258-264.
[291] Cf. *ibidem*: capítulo X, 3 «La cuestión en el período medieval», 264-268; y Yan Thomas, 1999.
[292] *Ibidem*: capítulo X, 3, *in fine*, 268.
[293] Cf. *ibidem*: capítulo X, 4 «Influencia de las ficciones en el mundo de la religión y la política», 268-279.

dre[294], el vínculo derecho/ficción/política que se desprende de las interpretaciones medievales del proverbio justinianeo «el Emperador contiene todo el derecho en los archivos de su pecho» [y otras frases asociadas como «la ley que respira (*Lex animata*)]», tanto en el derecho civil como en el derecho canónico, con el propósito político manifiesto de fundamentar la soberanía legislativa del príncipe y del pontífice, respectivamente[295]. Así, el *Decreto de Graciano* (1140), recapitulando la tradición, ubica al Pontífice Romano en el lugar de la *ratio scripta*, de modo que éste queda postulado como el esquema vivo del saber omnisciente. Este emblema del saber omnisciente, que contiene un alto tenor mitológico, fue utilizado por los glosadores a fin de inteligir el poder que tenía el emperador romano para fundar las leyes e interpretarlas (*potestas condendi leges et interpretandi*), erigiéndolo así en Intérprete Absoluto. Al hacerlo, «no tienen completamente en claro que el Pontífice no está en posición de déspota, sino de Juez, un Juez que responde a las cuestiones planteadas con capacidad para resolver las controversias a través de sus instancias inferiores, los jueces». La esencia lógica de este Imperativo es, de esta manera, la pretensión, la intención no visible (de ahí la necesidad de acudir al proverbio y a la ficción asociada a él) de articularse como un principio de Razón, tomando en préstamo, para la figura del Pontífice, el andamiaje imperial romano. Por su parte, la figura del Príncipe como símil o ejecutivo de Dios cubría, según la explicación de Ernst Kantorowicz en *Los dos cuerpos del rey*[296], dos aspectos del oficio real, el ontológico y el funcional, lo cual quedaba reflejado en los títulos honoríficos con los que se ensalzaba al gobernante medieval: «imagen de Dios» y «vicario de Cristo»; mientras que la primera se refería a su Ser, la segunda a sus actividades administrativas, referidas a su Nacer. De acuerdo con esta ficción, el Rey podía aparecer como una gémina persona que reflejaba las dos naturalezas, el prototipo humano y el divino. El título de *vicarius*

---

[294]   Cf. principalmente, Legendre, 1964, 1974, 1983 y 1988.
[295]   Cf. Marí, 2002: 267-268.
[296]   Cf. Kantorowicz, 1957.

Christi se convirtió en monopolio del Romano Pontífice. Este es el período de la realeza cristocéntrica que se encuentra en cualquier etapa de la Edad Media. Sin embargo, diversos factores condujeron a disolver, sutil e ingrávidamente, esta imagen de la realeza cristocéntrica: *Christus in terris papal,* se situó junto con *Deus in terris imperial;* palidecen los aspectos ontológicos de una *christométés* real, inherente al concepto de la gémina persona del rey, sobre todo en lo tocante a su relación con el derecho y la justicia que ahora reemplaza su antiguo estatus respecto del Sacramento y del Altar. A este esquema respondería la obra de Juan de Salisbury, *Policraticus,* en la cual distingue entre el Príncipe como persona pública y el Príncipe como persona privada: mientras que en este segundo carácter está supeditado a la ley (*legibus alligatus*), en el primero está por encima de ella (*legibus solutus*). Es sobre esta última noción —una ficción, en rigor—, tomada del derecho, que girará toda la teoría política a partir de la Baja Edad Media. Aquí se opera un cambio muy importante: «En esta gémina persona, reflejada en el derecho, vemos trasplantada la esfera litúrgica a la esfera jurídica. Vemos, en síntesis, el paso de la realeza cristocéntrica a la esfera iuscéntrica». En el marco de esta última, la Razón ostentaba la categoría superior. En efecto, juristas y filósofos de la época ubicaban al Príncipe como intermediario entre el derecho natural y el derecho positivo. Esta era una ingeniosa construcción que ofrecía una solución, aceptable tanto para los adversarios como para los defensores del absolutismo real, al afirmar que el Emperador, aunque por encima del derecho, estaba todavía ligado al poder directivo de la Razón; y estaba contenida en el *Policraticus* de Salisbury en diversas modalidades. En las condiciones descriptas en esta obra «el Príncipe funciona como un vicario de la voluntad divina. Su modelo es el de un patriarca, es decir, no responde ante sus súbditos, pero sí ante Dios, comprometiéndose a gobernarlos según la Ley». Con ello, al establecerse únicamente un freno moral y no preverse mecanismos institucionales de control del poder y de la aplicación concreta de la ley, se daba paso, de hecho, a situaciones de absolutismo. Marí recuerda que la fórmula de que el Rey está *in solutus* fue todavía invocada por el abogado defensor de Luis XVI en el juicio que le efectuó la Convención constituyente —es decir, todavía en la víspera de la defunción de la monarquía absoluta en Francia— para alegar su injusticiabilidad: el Rey conservaba el derecho absoluto de dictar las leyes, así como de establecer las autoridades que habrían de aplicarlo, pero que ni las leyes, ni ese derecho, le eran aplicables a él. De estas circunstancias recordadas por Marí, parece desprenderse que es una ficción jurídica (la del *princepts legibus solutus*) la que «obligó a los convencionales de la Montaña a condenarlo, no por razones jurídicas, sino por razones políticas»[297]. Como eje rector de estas consideraciones sobre la función fundadora y legitimadora del poder estatal de las ficciones jurídico-políticas estudiadas, cabría reproducir la cita de Pierre Legendre que figura como epígrafe de la sección III de la obra que comentamos: «Ahora bien, la lógica del saber gobernar es la lógica de una transmisión de mensajes (en el sentido de: tales son las órdenes) inscriptos en la referencia de los montajes mistificadores de la Ley, es decir, de mensajes implicados en el funcionamiento de una ficción fundadora»[298].

Como cierre del recorrido que acabamos transitar, Marí menciona a aquellos que, como Sir Henry James Sumner Maine, en *Ancient Law*[299], prevén la desaparición de las ficciones[300]: éstas —agreguemos por nuestra parte— corresponderían, en efecto, al estadio de lo que llama de desarrollo espontáneo del derecho, el cual se terminaría con la sociedades progresistas (esto es, no estáticas) en las cuales se daría un proceso de creación consciente del derecho para adaptarlo a las cambiantes circunstancias sociales; en esta secuencia

---

[297] Marí finaliza el punto 4 de capítulo 10 (274-279), retomando los análisis de Yan Thomas acerca de la división fundamental de la antropología cristiana entre cuerpo y alma, y la doctrina de lo incorporal que se desprende de ella, que los juristas de la Edad Media proyectaron sobre el derecho romano para clasificar las operaciones ficticias y darles un sentido. Sobre el particular remitimos nuevamente, *infra*, al punto 5.3.

[298] Marí, 2002: 253; Legendre, 1983.

[299] Cf. Maine, 1861.

[300] Cf. *ibidem*: capítulo X, 4: 279.

histórica la ficción sería sucedida primero por la equidad y luego por la legislación. Según Maine, el papel de la ficción es ocultar la creación de las leyes en pos de resguardar la idea, de inspiración religiosa, de la inmutabilidad del derecho como consecuencia de su origen divino[301]. A continuación, Marí, pasa a estudiar las tesis de aquellos que han rechazado abiertamente el sistema de las ficciones[302]. Al respecto solo nos interesa aquí reseñar que de sus consideraciones se desprenden dos grandes tipos de rechazo. Por un lado están quienes admiten que existen las ficciones en el derecho pero que entienden que éstas deberían ser eliminadas de la legislación mediante el trabajo de la ciencia jurídica y ello así por varias razones: por ser contrarias a la realidad, por hacer difícil la comprensión y aplicación de las reglas de derecho; y por introducir el peligro de una excusa para extender el alcance de las reglas de modo indeseable (van Apeldoorn, R. Mallachow, el juez MacMillan en *in re Radcliffe v. Ribble Motor Ltd*). Por otra parte, están aquellos que, con diferentes argumentos, sostienen que, en rigor, bien miradas la cosas, en el derecho no hay ficciones, posición cuya variantes Pierre J. J. Olivier resume, discriminando las siguientes: a) el derecho no conoce ni emplea ficciones en el verdadero sentido de la palabra pues prescribe, por actos de voluntad, reglas o normas que reglan ciertos cursos de conducta humana; b) el derecho no establece nada relativo a la realidad; c) aunque una ficción es un supuesto contrario a la realidad, el derecho no puede contener o emplear ficciones, en la medida en que no tiene que ver con la realidad; d) lo que habi-

---

[301] Estas tesis son recordadas por Ross al comienzo de su trabajo de las ficciones (cf. Ross, 1969: 105-106). Más adelante, en el capítulo XI, dedicado a las ficciones en el pensamiento utilitarista de Bentham, en un punto dedicado al enlace entre ficción y equidad al que el filósofo inglés se opone (punto 1), Marí se ocupa de las reflexiones de Summer Maine sobre las ficciones, dando cuenta de las tesis evolucionistas que hemos reseñado *ut supra*, en el texto, y puntualizando, entre otras cosas, su crítica a las opiniones del primer Bentham contra las ficciones. Cf. Marí, 2002: capítulo XI, 1, 290-291.

[302] Cf. *ibidem*: capítulo X, 5 «El rechazo abierto del sistema de las ficciones», 279-284.

tualmente aceptamos como ficciones son simples formas de expresión, métodos de referencias entrecruzadas, sistemas de igualación. En esta posición puede agruparse a Joseph Esser, Roscoe Pound, G. Demelius, Agust Sturm, F. S. Somló, E. Hölder y J. Eggens. Pierre J. J. Olivier rechaza todas estas posiciones por entender que *law is absolutely fact-or reality-bound,* y el recurso a las ficciones no constituye una excepción. Se trataría además de un instrumento útil. Que el derecho está vinculado a la realidad se pondría de manifiesto en el hecho de que el antecedente de una norma es siempre una descripción de una circunstancia fática, ficticia o real, que, de darse en el mundo o de tenerse por acreditada legalmente, ha de traer aparejadas las consecuencias normativas con las que está correlacionado dicho antecedente normativo, punto de vista al que Marí parece adherir.

Ahora bien, entre los autores que se han opuesto abiertamente al sistema de las ficciones jurídicas, para Marí cobra particular relevancia la figura de Jeremy Bentham. Una de las principales razones de su especial interés reside en que el filósofo inglés, tras haber rechazado enérgicamente el uso de las ficciones en el derecho, se erige a continuación en uno de sus principales defensores. Otras de las razones yacen en el tenor de sus argumentos así como la envergadura de sus oponentes. Hay todavía dos razones de peso: en primer lugar, el uso de las ficciones en el derecho constituye, para Bentham, la llave de apertura de la inserción de esta instancia normativa en la política, la economía y la psicología; en segundo lugar, los trabajos de Bentham presentan la particularidad de resaltar que el vínculo entre las ficciones y la política es de doble calzada, dado que se extiende de las primeras a la segunda y, recíprocamente, vuelve de la segunda a las primeras[303]. Por todas estas razones le dedica un capítulo independiente[304].

---

[303] Cf. *ibidem*: capítulo X, 5, *in fine*, 284.

[304] Cf. *ibidem*: capítulo XI: «Las ficciones en el pensamiento utilitarista de Jeremy Bentham», 285-304. Con modificaciones se retoma aquí el artículo «La teoría de las ficciones en Jeremy Bentham» (cf. Marí, 1987).

En su primera etapa, en su libro *Fragmento sobre el gobierno* (redactado 1776) —en el que emprende un ataque demoledor a los *Comentarios sobre las leyes de Inglaterra* de William Blackstone (1765), Bentham considera a las ficciones como «un pestilente aliento» que emponzoña todo instrumento al que se le acerca. Como veremos enseguida, calificaba así tanto a las ficciones propiamente jurídicas (legislativas y judiciales) como aquellas producidas por los juristas doctrinarios y teóricos. Comenzando con éstas últimas, hay que tener presente que en un capítulo de sus *Comentarios*, Blackstone sintetiza, entre otras especulaciones, la ficción política de los dos cuerpos del rey, divulgada por los juristas ingleses desde la época de los Tudor. De acuerdo con la referida ficción, el Rey, como persona privada, estaba sujeto a las enfermedades, la vejez y la muerte. Como persona pública, en cambio, era inmortal, no cometía errores, no pensaba mal, ni concebía acciones indebidas, no era pasible de locura ni debilidad, siendo además invisible y fuente de toda justicia. Al desmantelar analíticamente esta ficción como un absurdo metafísico, Bentham venía no solamente a impugnar una de las más caras ficciones vigente en el régimen absolutista de su tiempo, sino una que era además expuesta, entre otros, por nada menos que el más influyente jurista de la época. Bentham combatió esta y otras ficciones de inspiración iusnaturalista, desde el marco teórico del positivismo con las consiguientes exigencias de claridad y verdad. A juicio de Marí, la estrategia de Bentham es radical. Éste intenta bloquear, en efecto, un procedimiento que subsistía desde la tradición de los comentadores medievales, el cual consistía en anclar las ficciones jurídicas (al igual que las presunciones) en el suelo metapositivo de la *aequitas*, idea, esta última, estrechamente vinculada con la de razón natural, que representaba, a su vez, el valor constituyente de la juridicidad. Así, desde su nueva concepción imperativista del derecho, Bentham sale al cruce contra el riesgo de que esa línea histórica entre *fictio-aequitas* y *ratio-naturalis* pudiera reintroducirse subrepticiamente bajo la forma del empleo de ficciones por parte del legislador: «Nada mejor, entonces, que ejecutar una acción directa y frontal contra las ficciones, más allá de la estrategia simple de desligarlas y desprenderlas de la equidad, pues esa estrategia, así limitada, dejaría siempre latente el peligro de su reingreso como acto de creación arbitraria de la ley positiva, y el consiguiente replanteo de su fundamentación valorativa en la misma *aequitas*, o en otro sucedáneo iusnaturalista». Miradas desde el positivismo jurídico que abraza Bentham, el derecho no podía esperar otra cosa de las ficciones jurídicas que la oscuridad, la confusión y el absurdo. Bentham no trepida, incluso, en sostener que un juez que inventa una ficción debería ser enviado a la cárcel, que ésta es una verdadera sífilis que corre por cada vena y conduce a cada parte del sistema el principio de la putrefacción. Valga aquí reproducir las palabras de Bentham en el segundo prefacio a su *Fragmento sobre el gobierno*: «una ficción legal puede ser definida como una falsedad arbitraria que tiene por objeto el poder rapiñador de la legislatura», concepto que repite en su *Scotch Reform* (compilación Bowring, 1807) pero a propósito de los jueces: que estos emplean las ficciones con el propósito de dar a la injusticia el color de la justicia. Ahora bien, dado que la ficción puede ocasionalmente ser traducida al lenguaje de la verdad, el remedio que propone es quemar el original y emplear la traducción en su lugar. Pero Bentham, como hemos dicho, no rechaza únicamente las ficciones propiamente jurídicas sino también aquellas elaboradas por la teoría jurídica. Ya hemos visto que Bentham critica severamente la ficción de los dos cuerpos del rey (una ficción que tiene tanto un componente judicial como doctrinario). Sin embargo, también formula una dura crítica a la idea de contrato social que Blackstone asume explícitamente como una ficción (puramente teórica esta vez), por entrañar ésta una evidente falsedad que tiene por objeto el de ser una receta de infalible eficacia para conciliar la accidental necesidad de la resistencia con el general deber de sumisión. Bentham agrega: «Esta droga me la administraban para calmar mis escrúpulos. Pero mi débil estómago devolvía el calmante» (nota 58 de su *Fragmento sobre el gobierno*). La ficción teórica del pacto social, calificada como droga (que la mayoría digiere, sin embargo, sin mayores problemas), es entonces —agregamos nosotros, afines al espíritu de la obra de Marí que comentamos— un procedimiento ideológico para la preservación del poder estatal. A Bentham y a Blackstone los separan sus pociones tanto teóricas como epistemológicas: mientras que el primero parte de las categorías y principios de la claridad y la verdad y las exigencias de la ciencia positiva, el segundo lo hace desde la *aequitas* en el marco del iusnaturalismo metapositivista. Se reanuda sí, una antigua antinomia, en el marco mismo de los Comentadores entre «rigor» y *aequitas*, solo que con el cambio de los siglos y del escenario político social, «la cuestión doctrinaria de las ficciones aparecía ahora enraizada con el germen de una controversia ideológica y política. No hay de qué sorprenderse: la trama política vinculada con el régimen del poder siempre sobrevoló las cuestiones intelectuales y el conocimiento en sus distintos tramos». Detrás de esta empresa teórica de demolición de las ficciones jurídicas por parte de Bentham, lo que se devela, en efecto, es la lucha más general entre el conservadurismo político servido por Blackstone y el radicalismo inglés, en cuyo marco Bentham habría de propiciar las más progresistas reformas: reforma electoral con sufragio popular incluyendo el de las mujeres, la legalización de los *trade-unions*, reforma sanitaria y medicina preventiva a cargo del erario público, control de natalidad, libertad de comercio, prensa y palabra, reformas del sistema carcelario (el panóptico), etc. En el entorno de estas controversias, las ficciones son consideradas por Bentham como parte de un sistema completo de herramientas y dispositivos desarrollados en beneficio de los «intereses siniestros» de las clases gobernantes y, entre éstas, muy especialmente de los legisladores, jueces y juristas, justamente por constituir una corporación que monopoliza los misterios del procedimiento, el secreto y las ficciones como instrumentos de las más variadas aplicaciones. A estos intereses egoístas de las clases gobernantes, Bentham oponía su filosofía utilitarista como mandato del gobierno. De ahí que una de las guías constantes de su lucha contra estos intereses esté articulada a su propuesta de remover el misterio jurisprudencial y hacer las cosas tan legibles como fuera posible. Señala agudamente Enrique Marí que en su afán por combatir las ficciones —en tanto son uno de

sus principales instrumentos de los que se valen los intereses siniestros— fundándose primeramente en la verdad, pero sin dejar de
apelar al principio de utilidad, Bentham se coloca en una situación
paradójica: la de demostrar que la verdad es un valor en sí que, por
esencia, se encuentra inevitablemente justificado por el principio
de utilidad y que, para toda hipótesis de conflicto entre ambas, hay
siempre un mecanismo para definir la segunda en términos de la
primera. Traducido a la cuestión de las ficciones, ello significa asumir que éstas eran tan malas que aun si son medios necesarios para
un buen resultado, la maldad de los medios debe pesar más que la
bondad del resultado o, en su defecto, suministrar un método alternativo de producción de un resultado veritativo. El que Bentham no
se haya hecho cargo directa o explícitamente de esta encrucijada, es
lo que probablemente haya incidido en que pasara por alto la función de las ficciones en el derecho y, más específicamente, que pu-
siera a las ficciones en el mismo casillero que la mentira, la corrup-
ción y el engaño, y que no distinguiera entre: 1) las mentiras legales
(falsos enunciados para engañar a otros); 2) uso legítimo de las ficciones (enunciados hechos por necesidad, pero con clara conciencia
de su falsedad); y 3) mitos legales: hipóstasis, enunciados erróneos
emitidos sin conciencia de su falsedad, basados en el autoengaño.
Marí hace no notar, culminando el análisis de esta primera etapa del
pensamiento de Bentham sobre las ficciones, que ya en su libro *An
Introduction to the principles of Moral and Legislation*, en el análisis filo-
sófico-lingüístico que subtiende en él, se comienza a reconocer la
naturaleza de ciertas palabras (como «placer» y «dolor») que no se
refieren a entidades homogéneas reales, sino a diversas entidades
ficticias. Este es el indicador de que Bentham ya ha comenzado a
asignar a las ficciones otra condición que la de «pestilente aliento».

Más que de un nuevo período en sentido cronológico, en realidad —precisa Marí—, conviene hablar de un distinto nivel de análisis desde el cual Bentham elabora una teoría de las ficciones que se
articula y toma sus raíces en el interior de su filosofía del lenguaje;
no se trata por otro lado exclusivamente de una teoría del lenguaje
ya que se adjuntan a ella factores físicos y psicológicos. Los traba-

jos principalmente concernidos son los reunidos en el volumen VII de la compilación de Bowring (*Chrestomachia, Fragmentos de ontología, Ensayo de lógica, Ensayo de lenguaje* y *Fragmentos sobre la gramática universal*) y el rasgo distintivo de todos ellos es que ya no se niega la necesidad de las ficciones. A la base de todo lenguaje humano se encuentra la distinción entre los nombres de entidades reales y los nombres de entidades ficticias. De no ser por estas ficciones el lenguaje del hombre —dice Bentham— no habría podido elevarse sobre el lenguaje de los brutos. Con esta nueva valoración —señala Marí— ya no hay riesgo de que todo el campo de las ficciones que se presente deba ser rechazado, sino solo aquellos casos en que éstas produzcan confusión y oscuridad, defectos que hora se asume que proceden no de su naturaleza sino de su mal uso, el cual se produce normalmente al tomar el nombre de entidades ficticias en lugar de los nombres de entidades reales. En particular, mientras que «hombre», «animal» o «sustancia» designan entidades reales, «derecho», «obligación» o «poder» designan entidades ficticias. Con el método de arquetipificación, que absorbe el de la paráfrasis, elaborado por Bentham, los enunciados que contienen entidades ficticias se traducen a otros que contienen entidades reales. Bajo este nuevo tratamiento, las ficciones ya no son equiparadas a la mendacidad, la arbitraria falsedad y la confusión y también son distinguidas de las entidades fabulosas o no entidades (como el diablo). Bajo esta nueva intelección, las entidades ficticias, como las designadas por la palabra «derecho», no solo son aceptables, si son transparentemente analizadas, sino que son consideradas valiosos objetos. En el marco de esta teoría de las ficciones, el reproche de que Bentham no distingue entre mentiras legales, uso legítimo de las ficciones y mitos legales, se desvanecería. Llegado a este punto del análisis, Enrique Marí, siguiendo la sugerencia de Jerome Frank[305] de que esta segunda etapa del pensamiento de Bentham sobre las ficciones lo coloca en una línea semejante a la promovida posteriormente por Hans Vaihinger, se adentra en el estudio de la filosofía del «como si»

---

[305]   En su libro *Law and the Modern Mind* (cf. Frank, 1930).

de este último autor, la cual ha tenido una profunda repercusión entre los juristas y filósofos para el examen de las ficciones en los muy diversos ámbitos del pensamiento, incluido el jurídico.

Retengamos, en el horizonte de nuestros propósitos, sumariamente solo algunos puntos salientes del análisis de Marí[306]. En primer lugar se señala dos aspectos centrales de la teoría del filósofo alemán: que lo que distingue a una ficción es el expreso reconocimiento de su carácter de tal, la ausencia de cualquier reclamo de realidad, y que todos los campos del pensamiento contienen ficciones. A continuación la diferencia entre hipótesis y ficción —de particular interés como se ha visto *supra* en el estudio de las ficciones en la obra de Kelsen— que Marí reproduce en estos términos: «Las ficciones [...] han sido tratadas a menudo como hipótesis, aunque metodológicamente distintas. La hipótesis está dirigida a la realidad en forma directa; tiene la esperanza de coincidir con la percepción. Requiere verificación y pretende valer como expresión de lo verdadero y lo real [...]. A la ficción, en cambio, no le concierne afirmar un hecho real sino algo por medio de lo cual la realidad pueda ser asida y abordada; la hipótesis es comparable a un descubrimiento, la ficción a una invención. El correlato de la verificación de la hipótesis es, en el plano de la ficción, su justificación». Por otra parte, se señala que en *La filosofía del como si* se dedica un capítulo especial, el V, a las ficciones jurídicas, las cuales son clasificadas como ficciones simbólicas, y que se dedican varias páginas a la ficción del contrato originario y otras múltiples del Código Napoleón. Sin embargo, la trama de la referencia a la mencionada obra de Vaihinger, no es tanto su exégesis como su conexión con el pensamiento de Bentham; y ello a través de la tesis de Frank de que la comprensión de la validez del uso de las ficciones jurídicas aportado por autores como Vaihinger no fue parte del equipamiento de Bentham; y, a su través, del trabajo de C. K. Ogden sobre la teoría de las ficciones en

---

[306]   Cf. Marí, 2002: capítulo XII: «Hans Vaihinger y las ficciones del "como si"», 305-316.

Bentham[307]. Marí refiere, a este respecto, que Ogden, insistiendo en la negligencia con que fuera tratada la problemática de las ficciones por sus editores y comentaristas, aprovecha la ocasión para destacar el interés de la filosofía del como si para el estudio de las ficciones, así como también enfatiza que el defecto fundamental de la obra monumental de Vaihinger es no haber puesto a la luz el factor lingüístico en la creación de las ficciones, cosa que Bentham ya había hecho una centuria antes. Retornando a Frank, Marí afirma que éste perdió de vista los dos niveles en que se movió simultáneamente el pensamiento de Bentham sobre las ficciones: el político y el epistemológico en el cual la teoría de las ficciones se funde con la teoría del lenguaje, para concluir: «La necesidad lingüística de las ficciones está relacionada con la génesis y el desarrollo del discurso, pero ello no contradice el uso legítimo o ilegítimo de las ficciones específicas que se estructuren y monten a partir de la propiedad constructiva de la lengua; solo que en la región de los intereses siniestros, el uso político a favor de las clases gobernantes les confiere el carácter de mentiras arbitrarias, mentiras que surgen de las puestas en juego de los constructos artificiales y la simultánea negación de su conocimiento de tal. Entre la necesidad lingüística de la construcción de las ficciones y el uso distorsionado de ellas en una región, la política, no hay contradicción alguna». De esta manera —concluimos, por nuestra parte— el «giro lingüístico» en el pensamiento de Bentham acerca de las ficciones no implica el abandono de sus críticas: 1) al uso incorrecto de las ficciones propiamente jurídicas que, en cualquier caso, habría que analizar en términos lógicamente precisos para ser traducidas a un lenguaje claro y de este modo desaparecer como tales; 2) al uso de las ficciones político-jurídicas elaboradas por la teoría jurídica como la ficción de los dos cuerpos del rey y la del contrato social. El texto de Ogden sobre las ficciones en Bentham presenta otro punto de interés: haber atraído la atención del campo psicoanalítico y, con ello, la promoción del eslabón entre discurso jurídico y psicoanalítico. De ahí que en este

---

[307] Cf. Ogden, 1932.

capítulo que comentamos, Marí dedique un punto independiente a esta cuestión[308]. Aunque tanto en la teoría de Bentham como en la de Vainhinger —que se ocupa en su obra de la ficción del Estado como el método más rico del método de abstracción de Bentham— se da una articulación entre ficciones y psicología, ni uno ni otro, por razones de las fechas de composición de sus obras, pudieron considerar los aportes freudianos. Habrá que esperar a los trabajos de Jacques Lacan para que se ponga el foco de la atención sobre la teoría de las ficciones de Bentham, reinscribiéndola en otra problemática: la cuestión de la verdad vista desde la experiencia freudiana; y la ponga en conexión con la idea de que el inconsciente es el lugar testigo de la Verdad y más específicamente su tesis de que toda verdad tiene estructura de ficción.

Seguidamente, Marí se ocupa, entre los autores que interrelacionaron su pensamiento con el de Hanh Vaihinger sobre las ficciones, de Lon Fuller, quien además considera los textos de Bentham sobre este tema[309]. Ahora bien, mientras que Bentham es citado de forma ocasional en su libro sobre las ficciones y de él solo considera los trabajos de su primera etapa, prescindiendo de la segunda (lo cual, a juicio de Marí, obedece a la posición antibenthamita y antiutilitarista de Fuller), la obra del primero es objeto central de la tercera de las tres cuestiones que articulan su libro[310]: 1) ¿Qué es una ficción jurídica?; 2) ¿Qué motivos dan nacimiento a la ficción jurídica?; y 3) ¿Es la ficción un instrumento indispensable para el pensamiento humano?[311]. Aunque Fuller parte de la afirmación de

---

[308]   En efecto, el capítulo XII, bajo comentario, contiene dos puntos: 1 «La filosofía del "como si" y *Annalen der Philosphien* en el pensamiento de Hans Vaihinger»: 305-312 (que venimos de comentar); y 2 «Las ficciones y Jacques Lacan. Propuesta de articulación entre el psicoanálisis y el derecho»: 313-316.

[309]   Cf. Marí, 2002: capítulo XIII «Interrelación del pensamiento de algunos filósofos contemporáneos con Hans Vaihinger»

[310]   Cf. Fuller, 1967.

[311]   Dado que en el apartado supra dedicado a Fuller (5.1.2.) solo nos hemos ocupado de la primera de las preguntas, completamos aquí su tratamiento de las otras dos preguntas a partir del estudio que le dedica Enrique Marí.

que la ficciones obran en base a la «patología del derecho», lejos de denegar su procedimiento, se apoya en Vaihinger para contestar afirmativamente a la tercera pregunta. Retengamos, como un punto de interés también que del texto de Fuller, según se desprende de la presentación que de él hacer Marí, se pone de manifiesto una distinción entre las ficciones de la teoría sobre la naturaleza del derecho (*jurisprudence*), como cuando se afirma que el derecho emana de un místico *Volkgeist* o es concebido como las normas de un intangible soberano, que son intentos de reducir una realidad compleja a una fórmula muy simple; las ficciones (muy cercanas a las de la *jurisprudence*) llamadas ficciones de técnica jurídica, como lo son las nociones de derecho, obligación, competencia jurídica, responsabilidad o personalidad jurídica, instrumentos conceptuales esenciales; y las ficciones judiciales, como medios que, en última instancia, permite a los jueces resolver intereses en conflictos.

La exposición se continúa con la consideración de los trabajos de dos de los más representativos iusfilósofos contemporáneos: Hans Kelsen y Alf Ross[312]. Dado que *supra* hemos dedicado apartados específicos para uno y otro autor, solo reseñaremos aquí algunos aspectos salientes a título complementario. Al comentar el trabajo de Ross, Marí se detiene especialmente en su análisis de las ficciones teóricas, la cuales, como se recordará, no pueden, por una parte, ser equiparadas a la ficciones creativas ni a las ficciones dogmáticas y, por la otra, no pueden ser asimiladas a las ilusiones, el engaño o la mentira, como tampoco a las hipótesis científicas y a las suposiciones propias de la ficción literaria o de los contextos regidos por las reglas de cortesía. Ross recurre a la función mítica para explicar estas ficciones. Marí destaca que Ross, en su análisis, se apoya en la conocida obra de Summer Maine, *Ancient Law* y, en particular, en los tres períodos históricos en los que éste explica la evolución del

---

[312] Cf. Marí, 2002: capítulo XIV: «Las ficciones en el pensamiento de Alf Ross y Hans Kelsen», 333-359. El capítulo se distribuye en dos puntos: 1 «Alf Ross en el pensamiento escandinavo», 333-340; y 2 «Hans Kelsen y "el otro Kelsen" frente a las ficciones jurídicas», 341-359.

derecho, periodización que —según apunta Marí—, por un lado podría leerse aproximativamente como la ley de los «tres estadios» (de corte positivista y evolucionista) de Augusto Compte, y que, por otro lado, si bien como toda periodización, no deja de ser convencional y, en última instancia, arbitraria, «tiene la virtud de acercarnos al vínculo que existe entre el derecho, la religión y el resto de las condiciones sociales». Ahora bien, a juicio de Marí, en este punto, el análisis de Ross, aunque apunta a algo importante, al ser puramente analítico, se queda a mitad de camino, razón por la cual no llega a explicar cabalmente la función de las ficciones teóricas. En pocas palabras, Ross no llega a poner de manifiesto que una de las funciones fundamentales de la ficción teórica (en tanto «hacen creer» algo que no es verdad o nos hacen actuar como si lo fuese) es la de ser un medio de legitimación del poder del Estado, al modo en que lo hacen los mitos, efectivamente, pero facilitando, con ello, la reproducción de ciertas condiciones particulares de la estructura socio-económica; y no simplemente un medio para ocultar la tarea creativa del juez en pos de la imagen de la inmutabilidad del derecho. Por lo demás, el discurso legitimador en el que se insertan las ficciones teóricas, al igual que éstas, está lejos de ser invariable; la forma, contenido y articulación, de uno y de otra, se vinculan estrechamente con las características particulares de las sociedades cuya específica estructura económica y social están destinados a preservar. Permítasenos, al respecto, la transcripción textual de la evaluación crítica de Marí sobre el análisis de Ross:

> Ross [...] aprecia a las ficciones teóricas legales como ocultando el hecho de que son los jueces quienes en rigor crean el derecho bajo la apariencia de que están sujetos a la legislación, al derecho objetivo y codificado y a los demás instrumentos y dispositivos que los condicionan. Es preciso y punzante en sus dichos. Su recurso a la literatura, a las fórmulas de cortesía, a la religión y, finalmente, a los mitos, deja en descubierto buena parte de los mitos que, de buena o mala fe, sustentan la actividad judicial. Poco se puede agregar a su examen. Solo, y por cierto esto no quiere decir que sea secundario, que en su tarea creativa el juez tiene que respetar la racionalidad del sistema jurídico. ¿Y qué otra cosas es la racionalidad del sistema sino «la racionalidad» del sistema socio-económico, del que el jurídico es una instancia decisiva? La

libertad creativa del juez está sometida al hecho de que sus fallos y decisiones, no quiebren la racionalidad estructural, la racionalidad de una sociedad asentada en un determinado tipo de economía y propiedad; en nuestro caso la racionalidad de la sociedad capitalista. Estas constricciones también establecen un cerco alrededor de la figura del juez pues como afirma con penetración J. Broekman en *Recht en tal*: «Cada texto ha pasado un pacto secreto con la institución social en nombre de la cual habla». Tales constricciones se aplican tanto a los textos del legislador, como a la labor del juez, se trate de lo que él supone una actividad sujeta a la ley, como de una nueva creación del derecho por la vía de la interpretación. Ni el legislador, ni el juez, ni los juristas, exhiben una personalidad detentora de un mensaje, creador de un lenguaje nuevo que, por su obra, deje sin efecto el mundo de las convenciones e instituciones que lo circundan: derecho, iglesia, literatura, enseñanza. Mundo, en definitiva, implicado, condicionado por la estructura de las relaciones económicas y sociales que de ellas derivan. El discurso del juez, tanto como el discurso del legislador y el discurso de los juristas, no está sometido a la vorágine de una de una circulación generalizada de discursos, o de las determinaciones pulsionales del agente jurídico de que se trate, sino, para decirlo en lenguaje kantiano, a las condiciones de posibilidad de su interpretación, lo que equivale a decir, a las posibilidades de su comprensión. La adecuada concepción de las ficciones por parte de Ross, poniendo en superficie su asimilación a un tipo particular de mitos, quedaría parcialmente en deuda si no incluyera, entonces, este nuevo mito: el de la libertad creadora del juez, sin recurso al condicionamiento de sus textos por «la racionalidad del sistema[313].

Marí ubica a Kelsen, junto con Ross, entre aquellos que forman parte de la larga lista que niegan la existencia genuina de las ficciones propiamente jurídicas (*i.e.*, legislativas o judiciales) —si bien, como hemos visto *supra*, con argumentos diferentes. No obstante, a diferencia de Ross, Kelsen reconoce auténticas ficciones (entendidas en el sentido definido por Vaihinger) en la dogmática o ciencia jurídica a las cuales —a diferencia de las ficciones propiamente jurídicas— reconoce un valor cognitivo; mientras que Ross, como se ha visto, equipara las ficciones dogmáticas a las ficciones que él llama creativas (*i.e.*, las ficciones judiciales), las cuales no son ni verdaderas ni falsas (por asignificativas) y, por otra parte, a lo que él

---

[313]   *Ibidem*: 339-340.

define, de manera singular, como ficciones teóricas, tampoco atribuye, un valor cognitivo sino, por el contrario, más bien mistificador. Por otra parte, Marí considera que la afirmación de Vaihinger, reproducida por Kelsen, *de que los lógicos* —a diferencia de Vaihinger, como hace notar Kelsen, que desarrolló su teoría epistemológica de las ficciones, en buena medida, sobre la base del estudio de las ficciones jurídicas— *han desatendido las ficciones jurídicas* (siendo que el derecho es —dejando aparte a la matemática— el ámbito más adecuado para el desarrollo de las leyes lógicas y el desarrollo de sus métodos), es al menos parcialmente equivocada[314]. Porque si bien ello sería totalmente cierto con relación a los lógicos en general, respecto de los lógicos jurídicos en particular, solo sería parcialmente verdadero. Marí cita en apoyo de sus afirmaciones varios ejemplos, comenzando por el de Alf Ross, dando cuenta no solo de su artículo ya comentado, sino también del tratamiento que de las ficciones jurídicas ofrece en su libro *La lógica de las normas*[315]. Pero al pasar revista menciona otros ejemplos que nos parece interesante destacar en tanto califican de ficciones jurídicas (en uno u otro sentido) aspectos del derecho que no son tradicionalmente considerados tales. Así, recuerda que los juristas realistas escandinavos (como Olivecrona y Hägerstrom) afirman que un derecho subjetivo no es en absoluto algo real, sino un poder ideal, «fictio» o imaginario, que esta y otras nociones jurídicas (como la de obligación) no pueden ser reducidas a nada en la realidad dado que tienen sus raíces en ideas místicas. Neil MacCormick alude a las ficciones vinculándolas con el uso incorrecto de las reglas relativas a la carga de la prueba en los Estados totalitarios. Allí, la presunción de inocencia no sería más que una ficción desde que, en los hechos, la afirmación formal de un fiscal de un hecho «p» constituye la prueba de que «p» hasta que la persona imputada lo niegue o desacredite. Esta práctica propone creer en la verdad de proposiciones cuya verdad no es evidente. De esta manera, decir que «p» es considerada o supuesta verdadera

---

[314]   Cf. Kelsen, 1919: 24.
[315]   Cf. Ross, 1968.

convierte a esta supuesta verdad de «p» en una ficción que permite al fiscal desentenderse de la carga de la prueba, la cual, sin embargo, según lo que prescribe la regla jurídica, pesa sin embargo, sobre él y no sobre el imputado. En tal contexto, esta ficción (de que «p» es verdadera) es invocada (aunque no, evidentemente, presentada como tal, como una ficción) para asegurar, en forma aparentemente impecable, la forma lógica de la regla aplicable[316]. Alchourrón y Bulygin, por su parte, afirman: «El postulado de la plenitud hermética del derecho cumple —a diferencia del ideal de completitud que tiene fundamento exclusivamente racional— una función política: es una "ficción" tendiente a disimular la inconsistencia de ciertos ideales políticos fuertemente arraigados en el pensamiento jurídico»[317]. Marí, observa que el *ideal* de completitud, sin embargo, podría entrar en el concepto amplio de Vaihinger de ficción —que incluye las invenciones, las ideas imaginarias, las metáforas, etc.—, en tanto *idea reguladora* aunque no, desde luego, bajo el concepto estricto de ficción que implica hacer pasar un hecho por otro con conciencia de la falsedad, que es el concepto que tienen en mente Alchourrón y Bulygin cuando le niegan este carácter. Por otra parte, observa que bajo el concepto de ficción de Vaihinger el *postulado* de la plenitud sería una ficción desde que se trataría de un error por faltar la clara conciencia de su falsedad. Independientemente del valor de estos ejemplos, hemos de decir que, atento a la fecha de composición del libro de Vaihinger (1911, en su primera edición) e, incluso, del texto de Kelsen donde se cita al primero (1919), la afirmación que es objeto del comentario crítico de Marí se revela completamente verdadera para la época en que fue escrita por uno y otro: todos los ejemplos que da Marí de lógicos (o filósofos) del derecho que se han ocupado de las ficciones jurídicas son posteriores a la segunda mitad del siglo XX.

El estudio de las ficciones en el derecho emprendido en *Teoría de las ficciones*, se cierra con examen comparativo entre las ficciones

---

[316] Cf. MacCormick, 1978.
[317] Alchourrón y Bulygin, 1971: 227.

y las presunciones jurídicas[318]. De su erudito, vasto e iluminador análisis, distribuido en dos apartados[319], no nos ocuparemos aquí.

Valga en cambio hacer constar que en otros trabajos Marí se detiene en el estudio específico de algunas ficciones jurídicas de la clase de aquellas que toman cuerpo tanto en el nivel normativo del derecho como en la teoría política y la teoría jurídica ligada a la primera[320]. Al respecto sostiene que, desde las más remotas de las sociedades civiles, los distintos regímenes históricos se vieron enfrentados a la necesidad de justificar el poder que detentaban, apelando para ello, entre otros medios, a las ficciones, las cuales varían de acuerdo a la época histórica y las características de los regímenes políticos. Ficciones como la de los dos cuerpos del rey en el período medieval o la del contrato social y la sociedad-organismo en la época moderna. La problemática en cuestión, presentada en sus propias palabras, es la siguiente:

> La historia del reparto del poder y su correlación en lo social con jerarquías desiguales ha sido secularmente acompañada por un dispositivo de legitimación y sostén no exento de complejidad y doble vertiente. Convergen en este dispositivo, por un lado, la construcción de un discurso del orden que asigna al resultado y producto social en una dada relación de fuerzas, una propiedad natural o divina: la de ser un orden necesario «para el provecho del mundo» aunque se trate, en verdad, de un cierto orden, o sea, orden impuesto «para el propio» provecho del clan, la tribu o el pueblo vencedor, determinada comunidad o la clase privilegiada. Integra este dispositivo, por otro lado, la inserción del discurso del orden en **montajes de ficción**, soportes mitológicos y prácticas extradiscursivas como ceremonias, banderas, rituales, cánticos e himnos, distribución de espacios, rangos y prestigios, etiquetas, y otras de no menos variado tipo como heráldicas, diplomas, tatuajes, marcas, apelación a los ancestros, tumbas, símbolos funerarios, manejos de ruidos y silen-

---

[318]   Cf. Marí, 2002: capítulo XV «Las presunciones y su diferencia con el estatuto de las ficciones», 361-400.

[319]   A saber, 1 «Breves antecedentes históricos de las presunciones», 361-365; 2 «Las presunciones en el texto *Travaux du Centre National de Rechechesde Logique*», 365-400.

[320]   Para un desarrollo de estas cuestiones puede consultarse entre otros trabajos Marí, 1982, 1985, 1986a, 1986b, 1992 y 1993a.

cios, escenas que ponen en relación al hombre con la solemnización de
la palabra. Todas estas prácticas de solicitación y manipuleo del psiquis-
mo humano pueden identificarse bajo el rótulo de imaginario social, en
el que se hacen materialmente posibles las condiciones de reproducción
del discurso del orden. El «discurso del orden» y el «imaginario social»
concurren y convergen en el «dispositivo del poder», del que constituyen
instancias distintas pero no independientes[321].

Ahora bien, teniendo en cuenta «la especificidad de las instancias del discurso del orden y la pluralidad de modalidades en que
este discurso es reactivado por el imaginario social» Marí advierte la posibilidad de «practicar análisis concretos, en circunstancias
históricas completas, de las formas conceptuales o materiales de
inserción del imaginario social en el discurso jurídico y político» y,
consecuentemente, analiza dos ejemplos concretos de lo que denomina «referentes profanos del poder»: el pacto social de Hobbes y
la *Grundnorm* Kelseniana[322]. Al respecto sostiene que la idea de pacto social, en Hobbes, como procedimiento técnico para legitimar
el poder absoluto del soberano, no es sino una ficción fundadora
cuya estructura es la del «como si» que mucho más tarde teorizará
Hans Vaihinger: dado que no existen evidencias históricas del pacto
social para comprender el poder absoluto, se debe proceder «como
si» se hubiera suscrito un pacto entre los hombres por el cual ceden
al soberano la libertad del que gozan en el estado de naturaleza
para recibir en contraprestación la paz y la seguridad, o sea, por
cálculos de razón. En este punto Marí destaca que esta ficción es un
procedimiento racional en un doble aspecto: por un lado el «como
si» tiene una función de conocimiento (en el sentido postulado por
Vaihinger), la de hacer «comprender el poder por cuenta de otra
escena: la ausente realidad histórica que lo instaura»; pero por otro
lado, justamente al funcionar como ficción fundadora, el principio
cognoscitivo es también, al mismo tiempo, un principio de justificación: no se le puede aplicar los criterios de verdad o falsedad, sino

---

[321] Cf. Marí, 1986a: 219-220. El énfasis en negrita nos pertenece.
[322] *Ibidem*: 239.

los de validez, justicia o, más bien, de justeza en tanto adecuación o conformidad de los mecanismos de la ficción con los intereses legitimantes del poder. La función de esta ficción del pacto social es, así ideológica:

> El enunciado que la transporta constituye el síntoma de una realidad distinta de aquélla que él enfoca. La realidad histórica es la del acto de poder que instaura el poder absoluto; la realidad que enfoca el enunciado es la convención. La circunstancia adicional de que con el pacto el poder se presente para provecho de todos siendo que su instauración histórica lo es en provecho del poder absoluto, reduplica el carácter ideológico del enunciado que transporta la ficción. Este enunciado es, pues, ideológico en el sentido de que la ficción obra por cuenta de otra escena, e ideológico en el sentido de que la legitimación presenta como universales los intereses propios de los beneficiarios del poder[323].

A juicio de Marí, el equivalente del pacto social del pensamiento político de Hobbes en el seno de la teoría del derecho es la *Grundnorm* kelseniana. Al respecto refiere que la rectificación de Kelsen en cuanto a dejar de concebir la *Grundnorm* como hipótesis (en el sentido trascendental kantiano) para pasar a considerarla una ficción en el sentido definido por Vaihinger —giro anunciado en una discusión en 1962 y desarrollado en 1964[324]— es importante:

---

[323] *Ibidem*: 240.
[324] Cf. *ibidem*: 244-245; Schmölz, 1963: 119-120 (donde se recoge la discusión de 1962); y Kelsen, 1964. Marí hace notar, por otra parte, que el recurso de Kelsen a las ficciones entendidas en el sentido de la filosofía del «como si» de Vaihinger en el trabajo de 1964 podría sorprender a un lector de medio siglo antes, al lector de su obra de 1911 *Problemas capitales de la teoría jurídica del Estado* donde Kelsen afirma que nada es más característico del estado actual de la ciencia jurídica que el que su teoría esté entremezclada de ficciones, esa mentira inocente de la ciencia (cf., Kelsen, 1911: prólogo, VIII; agreguemos, por nuestra parte, que en la segunda edición de 1923 Kelsen redactará un nuevo prólogo en el que ya no figura esta afirmación). Sin embargo, entre esta obra y el giro operado en 1962, Marí destaca que el artículo de 1919 ocupa una etapa intermedia sobre esta cuestión en la medida en que allí Kelsen, apelando a la filosofía del «como si» de Vaihinger, reconoce el valor cognoscitivo de las ficciones para la ciencia jurídica (si bien rechaza el estatus de auténticas ficciones a las llamadas ficciones legislativas y judiciales).

> [...] porque la transformación de la Norma Básica [*Grundnorm*] de hipótesis del conocimiento jurídico en ficción que implanta un acto de voluntad suprema fingido, hace depender todo el edificio del discurso del orden (Kelsen no señala diferencias, respecto de la Norma Básica, entre el derecho y la moral) de una función fundadora, de un mito originario. Y esto da mucha mayor transparencia a su pensamiento anterior. Torna más desnudo, por así decirlo, que en la parte más racional del discurso del orden, viene a insertarse y articularse, directamente en el tejido del mismo, el imaginario social. La ciencia jurídica es instrumento de conocimiento y justificación (legitimación del poder) al mismo tiempo, y aunque esto haya estado ya presente en el pensamiento kelseniano anterior, no lo estaba el ingreso del imaginario social, el entrecruce de la racionalidad del discurso del orden con la tópica de las ideologías teóricas y prácticas que constituyen la condición de su reproducción. El punto de engarce, en este caso, la modalidad de la combinación es una ficción, el montaje de un mecanismo de un último referente secular semejante en su función a los referentes divinos[325].

Indudablemente, Kelsen atribuye un valor puramente cognoscitivo a la *Grundnorm*, tanto cuando la concibió como una hipótesis como cuando la conceptualizó como una ficción teórica en la línea de Vaihinger. Y, por derecho, conceptualmente hablado, desde los límites internos a su construcción teórica, ello es así. No obstante, su tesis de la necesidad epistemológica de postular una *Grundnorm* para poder dar cuenta de la validez de las normas jurídicas (en cualquiera de sus conceptualizaciones) puede ser atacada desde dos frentes externos. Uno es el seguido por Ross y Bulygin que consideran que se trata de un postulado innecesario y además incompatible con los postulados del positivismo jurídico[326]. El otro y —que es el que aquí nos concierne directamente— consiste en que si bien desde el punto de vista epistemológico cabe distinguir claramente el derecho (concebido básicamente como un conjunto de normas) en tanto objeto de estudio, de la ciencia que lo estudia, reconociendo que mientras el primero constituye un lenguaje cuya función es prescriptiva, el segundo es un metalenguaje (del primero)

---

[325]   Marí, 1986a: 246.
[326]   Cf. Ross, 1961 y Bulygin, 1987.

cuya función es descriptiva, de modo que además hay diferencias respecto de quienes están habilitados para expresar uno y otro, lo cierto es que, desde la perspectiva del análisis de su función social, ambos contribuyen tanto a conservar como a facilitar los cambios y desarrollos de la cohesión social o, dicho de otro modo, ambos forman parte del discurso del orden que interpela el imaginario social. Dicho brevemente, desde esta perspectiva, el *discurso jurídico*, en tanto discurso del poder social, incluye tanto el discurso expresado por las autoridades normativas (leyes, decretos, circulares, sentencias, etc.) como el discurso producido por los juristas (dogmáticos, teóricos y filósofos del derecho)[327]. Desde esta óptica, a la noción de *Grundnorm* Kelseniana (en cualquiera de sus conceptualizaciones) —como también a la noción de regla de reconocimiento de Hart— puede serles atribuida una dimensión legitimadora.

Estudiados los vastos análisis, tanto analíticos, como críticos de Marí, tal como se ha adelantado, pasaremos a considerar dos estudios de carácter eminentemente históricos sobre las ficciones jurídicas, los de Yan Thomas y Robert Jacob.

5.3. Las ficciones jurídicas como institucionalización remodeladora de lo real

Yann Thomas comienza su estudio sobre las ficciones jurídicas recordado su definición que presenta, sin embargo, tan elocuente como singularmente: «La ficción es un procedimiento que, como se ha señalado a menudo, pertenece a la pragmática del derecho. Consiste en primero travestir los hechos, en declararlos diferentemente a lo que son verdaderamente, y a extraer de esta adulteración misma y de esta falsa suposición las consecuencias de derecho que se atribuirían a la verdad que se finge, si ésta última existiese bajo las apariencias que se le presta»[328]. Así, un elemento necesario

---

[327]   Cf. Entelman, 1982: 93-94.
[328]   Cf. Thomas, 1995.

de la ficción jurídica sería la evidencia de la inversión de la relación ordinaria con la verdad: la ficción requiere, ante todo, la certeza de la falsedad. La sola duda sobre la desviación entre lo que se declara y lo que existe o es, nos haría salir del registro de las ficciones para ingresar en el de las presunciones. Incluso cuando son *iuris et de iure* (según la expresión escolástica), las presunciones no renunciarían (a diferencia de las ficciones) a todo vínculo con el sustrato de la realidad al cual su enunciado se refiere: que la ley se repute conocida por todos, supone que una persona, al menos, la conoce. La presunción (a diferencia de la ficción) reposaría no sobre la certeza de la falsedad, sino sobre la incertidumbre acerca de la verdad. Esta sería, a grandes rasgos, la teoría práctica de las ficciones jurídicas que elaboraron los juristas del Medioevo central y tardío —de la que aún disponemos— sobre la base del material casuístico romano[329]. La escolástica había reconocido perfectamente que entre la ficción jurídica y la presunción *iuris et de iure* —más allá de que sus efectos sean prácticamente los mismos— hay una diferencia de naturaleza y no meramente de grado, esto es, una diferencia ontológica, lo que no es siempre el caso —subraya Yan Thomas— en la doctrina contemporánea, citando como ejemplo los trabajos que conforman el volumen editado por Perelman y Foriers: *Les présomptions et les fictions en droit*[330]. De acuerdo con Thomas, de estas dos manipulaciones de lo verdadero y lo falso, mientras que la presunción se funda en la aleatoriedad de la opinión común, la ficción «asume la radicalidad de una decisión rebelde contra el orden del ser y del no ser [...] transgrede el orden mismo de las cosas para fundamentarlo de otro modo, "extrayendo un derecho cierto de un hecho sobre el cual ella estatuye en sentido contrario" [...] (Panormitain sobre *c*. 30, X 4,1, n. 6». Su tesis es que «con la ficción, nos encontramos en presencia del misterio más radicalmente extraño al pensamiento común que ofrece, no el pensamiento jurídico, sino más precisa-

---

[329] *Ibidem*: 17-18.
[330] Cf. Perelman-Foriers, 1974, e *ibidem*: 18.

mente la técnica del derecho, su manera de hacer, el *ars iuris*»[331]. En este sentido observa que los juristas e historiadores del derecho han visto en esta técnica sobre todo un medio económico de transformación del derecho extendiendo las calificaciones jurídicas iniciales fuera de su campo inicial sin modificar las calificaciones mismas a fin de adaptar lo antiguo a lo nuevo bajo las apariencias falaces de lo antiguo. Pero este análisis de poner de resalto la función profundamente conservadora de este proceso de transformación del derecho, que es propio de la psicología social más que de la ciencia del derecho, se preocupa poco del «como si» tomado como tal, olvida interrogarse sobre el tipo de relación que supone esta construcción jurídica de la realidad natural. Conforme a su tesis, lo que le interesa a Thomas es considerar el «extraño poder que el derecho romano reconocía a los jurisconsultos como a la ley para transformar el orden de las cosas, de remodelarlas». Este poder de ordenar lo real rompiendo ostensiblemente con él gobernaría la comprensión que se debe tener del *ius civile* antiguo. En este sentido, la ficción romana no tiene precedentes. No obstante, no aparece en todo su originalidad y frescura sino a través de la distancia que estableció la interpretación cristiana de este derecho, más precisamente a través del esfuerzo interpretativo de la escolástica para precisamente limitar, mantener en los límites de una realidad intangible, creada y querida por Dios, las desviaciones que el derecho civil se autorizaba con la naturaleza. Para Thomas la *fictio* romana nos ayuda a interrogarnos sobre la radical desvinculación de la institucionalidad respecto del mundo de las cosas de la naturaleza, de subrayar que el alejamiento de los hechos es algo constitutivo del derecho[332]. Aunque reconoce que este procedimiento no es exclusivo de las leyes (ya que también estaba presente en la interpretación civil y en el edicto de los pretores), Thomas les otorga una importancia particular, no solo porque son datables, sino y sobre todo porque la ficción legal permite identificar mejor que la pretoriana la cues-

---

[331] *Idem*.
[332] *Ibidem*: 18-20.

tión de saber por qué, para establecer una regla, ha sido necesario tan a menudo seguir una vía indirecta[333]. A efectos de explicar este procedimiento de alejamiento de la realidad, Thomas recuerda que la ficción romana no conocía más que dos ángulos de ataque, la afirmación y la negación, y dos formas de encarar la realidad, la que se inventa y la que se niega. Así, distingue la ficción positiva de la ficción negativa. La primera sería la formulación más radical porque dice abiertamente que se opone a lo verdadero y no, como podría creerse a veces de la ficción positiva, que se acerca a ella. Una ficción negativa es una ficción de inexistencia; más que inventar lo que existe, el derecho niega ostensiblemente lo que existe. Una ficción positiva establece falsamente la existencia de un acto, de un acontecimiento, de un hecho, de un ser o de una cualidad. En la medida en que la ficción positiva no se opone a nada es aparentemente menos radical que la negativa. Ella parece simplemente una manera de reconocer analogías para inducir a una extensión de la norma. Sin embargo, para Thomas, esta sería una intelección equivocada de la ficción positiva. Lo que ella hace, en cambio, es que frente a un dato que impide la acción lo substituye por el dato inverso; evita así el obstáculo debido al hecho de que las condiciones impuestas no estén presentes, postulando su existencia. Lejos, por lo tanto, de la analogía, la ficción positiva conlleva una decisión de contrarrestar la realidad. Los obstáculos son suspendidos no por constatación, sino por decreto. Para Thomas es importante poner de relieve que en este procedimiento no se finge la inexistencia de un impedimento, sino que, por medio de la negación e incluso de la doble negación, se prefiere la vía elíptica, suponiendo una cuasi presencia de la condición que no se da[334]. Los dos elementos constitutivos de la ficción son, por lo tanto, el reconocimiento de que un hecho no existe y la decisión de negar esta constatación, extrayendo todas las consecuencias jurídicas de esta suposición falaz[335].

---

[333] *Ibidem*: 21.
[334] *Ibidem*: 22-29.
[335] *Ibidem*: 30.

Ahora bien, en su esfuerzo por cristianizar el derecho romano, de acuerdo con Thomas, el derecho medieval se esforzó por hacer retroceder el imperio de la ficción. Así, lo que nosotros llamamos *derecho natural* «emerge del esfuerzo de los juristas, entre los siglos XII y XIV, por inscribir los *savoir-faire* del derecho romano en ciertos límites, establecidos en nombre de una intangibilidad del mundo creado». Estos límites estarían definidos principalmente por dos criterios: la radical separación del mundo del hecho y del mundo del derecho, por una parte; y la insalvable división entre el orden natural y el orden sobrenatural, por el otro[336]. Con relación al primer criterio, en un primer estadio de la doctrina medieval, se admitía que la ficción jurídica podía operar sobre el derecho, pero no sobre los hechos exteriores: «No se puede fingir respecto de los hechos como puede hacerse respecto del derecho». En este sentido, Baldo afirmaba que la verdad de los hechos no puede ser modificada por el derecho. Esta fórmula muy pronto habría sido aplicada para limitar la acción del legislador mismo. Este límite a la ficción, sin embargo, ya no sería retenido como esencial a partir del siglo XIV, y los juristas (Baldo incluido) vendrían a reconocer que «el derecho solo finge respecto de los hechos». Con relación al segundo criterio, Thomas recuerda que este poder de hacer, deshacer y cambiar respecto de los hechos y de hasta de modificar la substancia y sus modalidades, fue contenido dentro de los límites de la «naturaleza» y de la «verdad». Encarada desde su casuística propia, esta «naturaleza» aseguraría la intangibilidad de los dos órdenes. La distinción de lo corporal y de lo incorporal (de lo físico y de lo invisible), por una parte; y las leyes biológicas de la reproducción humana, por la otra. Estos límites no serían empíricos, sino ontológicos. Así, la ficción solo podría extenderse a aquello que no es imposible según la naturaleza de las cosas. Conforme a lo expuesto, los juristas medievales afirmaban, por una parte, que el derecho obra, hace o finge, contra la verdad; pero, por otra, que toda ficción está sometida a la verdad. Esta aparente contradicción, en realidad, mostraría que se conciben dos registros, dos estratos, de la verdad «o mejor, una jerar-

---

[336] *Ibidem*: 39-40.

quía de dos zonas de verdad»: ordinariamente el derecho obra contra los hechos y afecta, pues, necesariamente, la naturaleza. Pero a estas manipulaciones de lo real se opone un cierto número de prohibiciones que ni el jurista ni el legislador pueden transgredir[337].

Veamos, a continuación, comparativamente y siempre en un plano histórico, el tratamiento de las ficciones jurídicas en el *common law* en contraste con la tradición romanista que venimos de recorrer de acuerdo con el análisis de Yan Thomas[338].

5.4. Las ficciones jurídicas en el *common law* y en el *civil law*

En lo que sigue, basamos nuestra exposición en una conferencia pronunciada por Robert Jacob en el marco del seminario sobre el oficio del juez realizado en París en el Institut de Hautes Études sur la Justice[339]. Robert Jacob comienza por explicitar que el centro de su interés es el del juez y la verdad; y que siendo la ficción lo contrario de la verdad es prácticamente imposible no tomar la verdad por su revés a través de su negación. Como punto de partida de su análisis toma dos textos escritos por historiadores del derecho, uno perteneciente a la tradición romano-canónica, «Fictio legis» de Yan Thomas[340], el otro perteneciente a la tradición del *common law*, el capítulo «Legal fictions» de la obra *The Law's Two Bodies* de John Baker[341]. Si se efectúa una lectura cruzada —nos dice Jacob— lo primero que salta a la vista es que no hablan de la ficción de la misma manera: desde el comienzo, mientras que el primero ve la ficción a través del derecho material, el segundo, inversamente, se enfoca en el proceso *fictice* (y no *fictif*), que posee el mismo significado que el término inglés *ficticious* y latino *ficticius*: un verdadero proceso en el

---

337 *Ibidem*: 40-52.
338 De manera complementaria, en la misma línea del trabajo antes citado, puede verse Thomas, 2005.
339 Jacob, 2012.
340 Thomas, 1995.
341 Baker, 2001.

que, en algún momento, se ha introducido un elemento de ficción, y no un proceso imaginario.

En su análisis comparativo, Jacob recuerda que en la tradición romano-canónica, aunque el proceso *fictice* no es totalmente desconocido, hay que remontarse muy lejos, a la formación del derecho romano, para encontrar ejemplos. Dada la estrechez inicial del derecho civil romano, el pretor va a extender progresivamente su campo de aplicación gracias a la *actio ficta* (*l'action fictice*) o la fórmula *ficticia* que introduce un elemento de ficción. Entre los ejemplos que da Gayo, está la acción del robo. Para que ésta funcione en derecho civil romano es necesario que tanto el actor como el demandado sean ciudadanos romanos. El pretor decide entonces extender la acción a los extranjeros introduciendo una ficción en el proceso romano: juez, tratarás la acción como si X (el actor o el demandado) fuese ciudadano romano, como si *civis romanus esset*. Se crea así la ficción de la ciudadanía en el marco de la acción pretoriana. Sin embargo, en el derecho romano ocurre, dice Jacob, lo que él llama *un proceso de materialización*, es decir, que finalmente quedan muy pocas huellas de estas acciones o fórmulas *fictices* como consecuencia de que muy pronto los jurisconsultos tratarán el derecho pretoriano como una ley. Así, para seguir con el ejemplo, en el caso de robo, el extranjero es asimilado a un ciudadano romano. Y esto mismo ocurre en una multitud de otros casos. Al respecto destaca que Yan Thomas insiste sobre el carácter legal de las ficciones: es la ley la que procede por ficción para extender el campo de aplicación del derecho. Al respecto, en una consideración que posee alcance filosófico, Jacob observa:

> A fin de cuentas, esta especie de saturación del discurso jurídico por la ficción termina por debilitar, incluso, la idea de ficción, porque en última instancia se vuelve una figura de estilo, un simple giro lingüístico. Para asimilar, por ejemplo, el extranjero al ciudadano romano en la acción de robo, se puede evidentemente pasar por la ficción, pero es mucho más simple decir, que en materia de robo, el extranjero es asimilado al ciudadano, o que la distinción entre ciudadano y extranjero no posee relevancia. Esto equivale a decir exactamente lo mismo pero prescindiendo de la ficción.

Pero aun en un plano histórico se habría producido un proceso de este tipo: aunque ciertos juristas romanos, con el fin de preservar la antigua distinción de lo que era auténticamente romano y las extensiones sucesivas, permanecieron fieles al discurso tradicional de la ficción, otros traspasaron este límite para expresar de manera directa lo que la ficción expresa mediante un rodeo.

Siguiendo con la tradición romano-canónica, pero pasando ahora al período medieval, Jacob apunta que cuando los comentadores comienzan a interesarse en los textos romanos, complicados por la enorme cantidad de ficciones, no cesaron de reducir su campo de aplicación tal como aparecía en las fuentes clásicas. Para hacerlo procedieron a partir de la distinción (prácticamente inexistente en derecho romano) entre derecho y hecho. A partir del siglo XIII se distingue entre el mundo de los *jura* y el mundo de los *facta*. En el primero puede hacerse un poco lo que se quiere: el derecho establece una regla pero éste puede abolirla o establecer una regla contraria. Los conceptos y reglas son configurados, dicen los juristas medievales, *in scrinio pectoris principis*, es decir, en el armario del pecho del Emperador (*i.e.*, el Príncipe, el legislador y la doctrina). Por el contrario, los *facta* son absolutamente intangibles, no hay aquí milagros, sino solo los que Dios puede hacer. De acuerdo con esta doctrina se concluye que no es posible la ficción sobre los hechos porque estos se imponen absolutamente a los juristas. Sin embargo, con posterioridad, en la época de los postglosadores italianos, en particular Baldo y Bartolo, se produce un vuelco completo: solo pueden hacerse ficciones sobre los hechos. Se conserva la distinción cardinal entre aquello que es relativo a los hechos y aquello que es relativo al derecho, pero ahora es el derecho el que rinde homenaje a la intangibilidad. El ejemplo clásico es la regla *infans conceptus pro nato habetur*: el niño simplemente concebido es tenido por nacido en ciertos casos, es decir, cada vez que es en favor de su interés, y entonces es capaz de recibir una donación. De esta manera se confiere capacidad de recibir una donación, de manera excepcional, a quien todavía no es persona física porque no ha nacido: violando los hechos se confiesa la ficción. En cambio, en el campo del derecho (*jura*) ya no hay necesidad de recurrir a la ficción porque el derecho es maleable. La persona moral (la *universitas*), por ejemplo, es un ser incorporal creado por el derecho con un fin intelectual, atribuir una norma a un cierto número de situaciones, pero este ser incorporal no es ni conforme, ni contrario a los hechos; si se dice que «existe» es en un sentido puramente jurídico. Si, entrando en el campo de antropomorfismo, se comenzara a decir que la *universitas* es además una *persona* ¿querría eso decir que se le atribuye un cuerpo y un alma? Si se diera este paso se entraría en el terreno de la ficción. Pero éste es justamente el límite que los canonistas y romanistas intentan establecer: la *universitas* no es una ficción, pero si se la considera una como *persona*, no podría ser sino una *persona ficta* (se vuelve ficticia). Esta cuestión de la persona ficticia se les planteó a los juristas en el momento en que se preguntaban si ésta podía cometer delitos, recibir bautismo, intervenir en él como padrino o madrina, ser objeto de una pena. Y en este punto los canonistas rechazaron la vía del antropomorfismo.

Como hemos visto en el punto anterior y Jacob recuerda en la conferencia que comentamos, esta actitud restrictiva de los juristas medievales respecto de las ficciones, Yan Thomas la explica a través de los límites que el cristianismo impone a la concepción romana de que la naturaleza del derecho, su esencia, es el artificio *contra natura*, como consecuencia de la idea del respecto debido a Dios y a la naturaleza creada por él.

¿Qué ocurre en la tradición jurídica del *common law*? ¿Cuál es el *approach* de los *common lawyers* a las ficciones jurídicas?

Aunque el análisis de Yan Thomas no es equivocado —sostiene Jacob—, para entender el tratamiento de las ficciones jurídicas en el mundo del *common law*, hay que reintroducir la dimensión del procedimiento, la cual, como se ha visto, en la tradición romano-canónica es prácticamente inexistente. Y no solo en ella; en vano se buscará la ficción en los *coutumiers* medievales, porque en realidad, el procedimiento, en el *droit coutumier*, no tiene necesidad de la ficción. El discurso de los juristas continentales sobre la ficción concierne a la pura especulación intelectual porque el procedimiento prescinde de ella. Así, por ejemplo, Philippe de Beaumanoir, está muy atento a las presunciones, pero no a las ficciones. La presunción —aduce Jacob— es una declaración hecha por el derecho acerca de los hechos, en particular, respecto de que es posible que estos se hayan producido, y puede o no admitir prueba en contrario; mientras que la ficción es la declaración hecha por el derecho sobre los hechos pero de modo tal que *se está seguro* que es contraria a los hechos (por ejemplo, *infans conceptus*). Contrariamente a aquellos que tratan a la ficción como una institución vecina de la presunción, una y otra no se sitúan en el mismo plano: la presunción es un modo de prueba, lo que no es en absoluto el caso de la ficción. Beaumanoir había comprendido muy bien la doctrina romanista de la presunción, la que muy probablemente recibió por la práctica de las jurisdicciones que aplicaban el «*droit savant*», *pero él no conoce la ficción*[342].

Ahora bien, si se reintroduce el procedimiento en el análisis, lo primero que se hace patente es que esta explicación del respeto a Dios y a la naturaleza creada por él no es apta para explicar el abundante recurso a las ficciones en el *common law*, dado que del otro lado del canal de la Mancha, los juristas no son menos cristianos ni respetuosos de Dios que los continentales. Los ejemplos son muy variados. John Baker cita una gran cantidad de fallos que consideran, por ejemplo, que Tenerife es una isla en la ciudad de Londres, que inventan litigantes imaginarios, etc. Hay ficciones sobre los lugares, sobre las personas y también ficciones sobre la calificación jurídica. Con relación a esta última existe el caso de un *writ*, de una acción, le *trepass* que es una trasgresión a la paz del rey cometida *vi et armis* (por la fuerza y por las armas). Ahora bien, el hecho de

---

[342] Se llama «*droits savants*», agrupándolos en una categoría común, al derecho romano y al derecho canónico en virtud de ser escritos y universales y en contraposición al «*droit coutumier*» que es oral y local. «droit savant» suele traducirse como «derecho docto» y «*droit coutumier*» como «derecho consuetudinario». Los *coutumiers* son aquellos que comentan el *droit coutumier*, como Philippe de Beaumanoir.

hacer caer una yegua en el río o de herir un caballo por parte de un herrero, así como muchos otros casos, pueden caer bajo la calificación «por la fuerza y por las armas», sin que existan criterios que guíen dicha inclusión. Uno de los casos extremos entre la gran variedad de acciones *fictices* es la que permite crear partes ficticias en el proceso (una por el actor y otra por el demandado, que se llaman respectivamente John Doe y John Roe), el cual es «una suerte de paroxismo de la historia de la ficción en el *common law*»[343]. Mediante este tipo de ficción el procedimiento inglés crea una persona que no es ni una persona física, ni una persona moral, sino un falso litigante que todo el mundo sabe que lo es pero que se acompaña con la prohibición absoluta de denunciar la ficción. El jurado no podrá saber estrictamente nada de lo que ha ocurrido con anterioridad en el plano de los hechos.

Con estas reflexiones histórico-comparatistas, cerramos este apartado sobre las ficciones para dar lugar al comentario de los trabajos que hemos reunido en esta parte I de esta introducción alrededor de la problemática de la verdad *del* derecho.

6. Las contribuciones de este volumen sobre normas, ficciones y presunciones jurídicas, y verdad

Dice Eugenio Bulygin: «La distinción entre normas y proposiciones normativas no es nueva. No pocos juristas y filósofos del derecho la han reconocido y formulado en términos más o menos precisos [...] Sin embargo, no son pocas las ocasiones en las que se encuentran graves confusiones debidas a la falta de una clara distinción entre estas dos entidades»[344]. Como veremos, estas palabras de

---

[343] En las páginas 6 y 7 de la conferencia que comentamos se efectúa una interesante recapitulación histórica del derecho de bienes y, en particular, de las acciones reales en Inglaterra, que es el marco en el que se dan este tipo de ficción, a la que remitimos al lector.

[344] Cf. Bulygin, 2009: 9 y 11.

Bulygin se tornan particularmente relevantes en el comentario de dos de los tres trabajos que emprendemos en esta sección.

Comencemos con el trabajo de Michael Moore «Semántica, metafísica y objetividad en el derecho» donde se sostiene, desde una óptica iusnaturalista y una concepción filosófica realista (de inspiración analítica) en todos los planos (*i.e.*, ontológico, semántico, teoría de la verdad y lógico) menos el epistemológico (donde se sostiene una teoría coherentista de la justificación), que las normas jurídicas son susceptibles de ser verdaderas o falsas. Moore defiende, en este sentido, la tesis de la objetividad fuerte del derecho, más específicamente de las proposiciones jurídicas singulares —normas individuales que deciden casos particulares— y de las proposiciones jurídicas generales —normas generales que regulan casos generales—, y la objetividad fuerte del conocimiento jurídico[345]. Conforme a su concepción filosófica realista, en efecto, para Moore las normas (individuales o generales) son proposiciones, esto es, entidades susceptibles de ser determinadamente verdaderas o falsas —de acuerdo con una teoría de la verdad como correspondencia. El correlato veritativo de las proposiciones jurídicas es objetivo: ya sea que éstas se refieran a clases naturales o morales, a clases funcionales o a la metafísica correcta de una clase o al valor instrumental[346]. La identificación de las condiciones de verdad de las normas jurídicas incluye la correcta identificación de la referencia de los términos que figuran en ellas. Si bien es cierto que el significado de las palabras provee alguna orientación para el significado jurídico que tienen los textos jurídicos, ésta orientación apunta a la búsqueda de su verdadero sentido, que es su referencia (natural, funcional o moral). De este modo, Moore sostiene que todas las proposiciones jurídicas tienen un valor de verdad determinado, *i.e.* poseen objetividad en sentido fuerte. Ello sería así porque con la adopción

---

[345] La objetividad fuerte del derecho consiste en que todas las proposiciones jurídicas (particulares y generales), y no solo algunas, tienen un valor de verdad determinado. Véase apartados III, 1. y VII, 4.

[346] Véase apartado VII.

de una semántica realista se garantiza la objetividad en sentido fuerte, la cual a su vez requiere una metafísica de clases para respaldar
dicha semántica realista[347].

La intuición de la que Moore trata de dar cuenta es que la solución que los jueces dan a los casos individuales —esto es, el valor de verdad de las proposiciones individuales— está determinada
con independencia de lo que el juez ha resuelto o resolverá en el
caso. En otras palabras, se trata de dar cuenta de la idea de que las
decisiones judiciales han de corresponderse con la solución que el
derecho da para el caso, esto es, que el juez tiene la obligación de
resolver el caso como el derecho dice que debe ser resuelto; y el
fundamento de esta obligación reside en la verdad de la proposición
individual que preexiste al caso. La intuición que trata de reconstruir y articular teóricamente Moore se contrapone con las ideas de
los seguidores del realismo jurídico, para quienes no preexiste una
solución al caso concreto: el *derecho* no determina la solución del
caso ni tiene el juez, por lo tanto, un deber de resolver en tal o cual
sentido. Para las teorías del derecho de corte realista la intuición de
la que Moore trata de dar cuenta no es un dato preteórico relevante
y, en todo caso, es en realidad una falsa intuición de la que puede
darse cuenta analizando las prácticas de justificación judiciales: los
jueces *construyen* justificaciones presentándolas como *la* solución para el caso bajo la forma de una determinación de normas generales
preexistentes al caso, lo cual crearía la apariencia de una objetividad
tal y como la concibe Moore.

Pero el atractivo del trabajo de Moore no descansa en defender
la objetividad del derecho frente a las teorías iusrealistas, sino en
defender su propio aparato teórico como una mejor teoría para dar
cuenta de la objetividad del derecho frente a otras teorías que sí
quieren dar cuenta de la misma intuición preteórica. En particular,
el trabajo de Moore es crítico de las teorías que sostienen que la
objetividad en el derecho únicamente es posible para algunos casos

---

[347] Véase apartados II y IV.

judiciales, los casos fáciles, es decir la objetividad en sentido débil. La principal razón por la que estas teorías sostienen la tesis débil de la objetividad en el derecho es porque adhieren a alguna forma de convencionalismo semántico para la interpretación de las formulaciones normativas: las convenciones lingüísticas de los términos empleados en tales formulaciones son las que proveen el sentido y, mediante ellas, permiten la identificación de su referencia. La determinación del sentido y la referencia de los términos, su objetividad, depende de cuán específicamente las reglas de uso lingüísticas que rigen el uso de tales términos determinen su campo de aplicación: más allá habría indeterminación del significado (*i.e.*, del sentido y, por ende, de la referencia). Una de las características más interesantes del trabajo de Moore es desarrollar un estudio minucioso acerca de las diferentes variantes de las semánticas convencionalistas en orden a su riqueza explicativa: *semántica conductual, criteriológica, del caso paradigmático y convencionalismo profundo*, al mismo tiempo que trata de mostrar sus limitaciones y la conveniencia de adoptar una semántica de corte realista para superar los límites del convencionalismo. Esto por lo que hace a la objetividad de las normas jurídicas.

En cuanto a la objetividad del conocimiento jurídico, Moore parece identificarla con la determinación de las condiciones de verdad de las normas jurídicas. Dicho de otro modo, para Moore, el conocimiento del derecho no parece consistir en la determinación de las condiciones de verdad de los enunciados o de las proposiciones *sobre* las normas jurídicas (individuales o generales). Esta circunstancia es lo que parece explicar la ausencia de la distinción en Moore entre normas y proposiciones normativas. Este es un punto importante que merece ser examinado con cierto detalle. En el trabajo presentado en este volumen Moore no habla de este último tipo de proposiciones. Sin embargo, en otro trabajo anterior distingue entre la teoría general del derecho (*general jurisprudence*) y la teoría del derecho centrada en un sistema jurídico particular (*particular jurisprudence*). Mientras que el primer tipo de teoría se ocuparía de la conexión general entre el derecho y la moral, la teoría particular del derecho se ocuparía de cómo la moral penetra una cultura jurídica particular y se conecta, vía estas peculiaridades, con la moral general. La teoría del primer tipo es a menudo descripta como *externa* toda vez que tanto el objeto sobre el que versa como el enfoque con el que se acerca a él es externo a todo sistema jurídico particular. La teoría del segundo tipo, en contraposición, sería *interna* porque estudia las normas jurídicas generales individuales que están dentro de un sistema jurídico particular en el cual vive quien lo estudia o de quien interviene en él, y desde su punto de vista. Al decir de Moore, la *particular jurisprudence* ofrece tesis acerca de las relaciones entre la moralidad y un sistema jurídico particular (más específicas que la tesis general que ofrece la *general jurisprudence* entre el derecho y la moral), porque muchas de esas relaciones —peculiares a una cultura jurídica determinada— no son meros *corolarios* de las relaciones generales entre el derecho y la moral. Más allá de esta diferencia, tanto las teorías generales como particulares del derecho expresarían proposiciones cuyas condiciones de verdad están dadas por la referencia a la verdadera naturaleza de la específica clase funcional que es el derecho (en su conexión con la moral) y que dichas normas suponen para ser jurídicas[348]. Sin embargo, las condiciones de verdad de las proposiciones de la *particular jurisprudence* incluirían la referencia a la moralidad propia de determinados sistemas jurídicos. Ahora bien, en el marco de esta especificidad, las condiciones de verdad de las proposiciones de la *particular jurisprudence* se identifican (o cuando menos son equivalentes) con las condiciones de verdad de las normas del sistema jurídico considerado. Aun si las proposiciones de la *particular jurisprudence* parecen ser metalingüísticas respecto de las normas jurídicas del sistema jurídico particular al que se refieren, su estructura lógico-semántica así como sus condiciones de verdad no parecen ser para Moore diferentes a las de las normas jurídicas mismas que constituyen su objeto discursivo. Y aun si las proposiciones de la *particular jurisprudence* fuesen formuladas desde el punto de vista de quienes viven en un cierto sis-

---

[348] Cf. Moore, 1992: 194-195.

tema jurídico, su estatus lógico-semántico no se vería alterado por el eventual contexto práctico-normativo o meramente informativo en el cual dicha proposición se profiriese. En ambos casos el *aproche* es teórico en el sentido de que tales proposiciones (al igual que las proposiciones de la *general jurisprudence*) son determinadamente verdaderas o falsas. En el trabajo que integra el presente volumen, lo que Moore concibe como conocimiento objetivo del derecho consiste fundamentalmente en la respuesta a la pregunta ¿qué es el derecho? En otros términos: la(s) proposición(es) verdadera(s) de aquello en que consiste el derecho nos brindaría el conocimiento objetivo sobre este. Esto último, en realidad, tiene que ver, como el propio Moore reconoce, con el estatus de las proposiciones de la teoría general del derecho (*general jurisprudence*)[349].

Por otra parte, Moore distingue entre proposiciones jurídicas internas y proposiciones jurídicas externas al derecho. Las proposiciones internas de Moore son, como se ha dicho, las normas jurídicas, individuales o generales de un ordenamiento jurídico. Las proposiciones externas, en cambio, son las proposiciones propias de la teoría general del derecho, es decir, metalingüísticas respecto de él, en tanto dicen algo acerca del derecho como tal (y no de algún derecho en particular)[350]. Como es sabido, a partir de la teoría de Hart, es común distinguir entre enunciados jurídicos internos (formulados desde un punto de vista interno) y enunciados externos (formulados desde un punto de vista externo). En ambos casos, dichos enunciados, son relativos a (metalingüísticos respecto de) las normas jurídicas. Una manera de marcar la diferencia entre ambos es que mientras que en los primeros las normas se usan, en los segundos simplemente se mencionan. Ambos tipos de enunciados son diferentes pues a las normas que usan o mencionan, respectivamente. En este punto, no deberíamos dejarnos confundir por la terminología. Porque si bien Moore reconoce que los abogados y jueces

---

[349] Véase apartado VIII. Sobre esta cuestión nos ocuparemos, de acuerdo a nuestro programa, en el punto III, 4 de esta introducción.

[350] Sobre estas últimas nos explayamos en el apartado III, 4 de esta introducción.

formulan proposiciones jurídicas como, por ejemplo, «se requiere premeditación para que se constituya un asesinato», el hecho de que una proposición tal se enuncie en el marco de un proceso judicial, por ejemplo, en el alegato de un abogado o en la sentencia de un juez, esto es, en el marco de un razonamiento práctico-normativo, ello en nada altera su condición de proposición, esto es, de entidad susceptible de ser determinadamente verdadera o falsa. De esta manera, no habría ninguna distinción cualitativa entre las normas generales dictadas por un legislador o la norma individual dictada por un juez, las normas invocadas por los abogados o jueces en un contexto práctico-normativo (verbigracia en un proceso judicial), o la norma mencionada por un jurista (que no está inserto en dicho contexto) con un interés puramente informativo. Así, para Moore, parecería que la determinación de las condiciones de verdad de las proposiciones jurídicas (tal como él las define), no sería diferente a la determinación de las condiciones de verdad de lo que se suele denominar proposición normativa (o enunciado jurídico externo), esto es, una proposición relativa a una norma (*i.e.*, que afirma que esta existe o que posee alguna propiedad), ni a la determinación de las condiciones de verdad de lo que se suele denominar enunciados jurídicos internos. Dicho de otra manera, parecería que es completamente irrelevante la instancia de enunciación de una norma —esto es, que la dicte el legislador o el juez, que la invoque un abogado o un juez, o que la mencione un jurista. Lo único relevante para determinar las condiciones de verdad de una norma parece ser su contenido conceptual, esto es, el significado de los conceptos en que se haya formulada. En una postura tal, las diferencias lógico-semánticas entre las normas y los enunciados jurídicos internos y externos (y de estos últimos entre sí) —que se desprenden de la distinción hartiana entre punto de vista interno y externo— desaparecen y, consecuentemente, sus diferenciales condiciones de verdad (si es que se acepta que las normas y los enunciados jurídicos internos son susceptibles de verdad o falsedad; en la concepción de Hart las normas no serían susceptibles de verdad o falsedad, así como tampoco lo serían los enunciados jurídicos internos, sino solo los enunciados jurídicos externos). Para Moore, en todos estos casos, se trata de proposiciones determinadamente verdaderas o falsas. En esta concepción tan solo queda espacio para un *approche externo* en el sentido de que el contexto de la razón práctico-normativa es completamente irrelevante para la determinación de las condiciones de verdad de tales proposiciones y de que dicha determinación ha de efectuarse en el marco de la razón teórica. La ausencia de tales distinciones nos parece, no obstante, particularmente problemática como se desprende de la estructura y desarrollo mismo de esta introducción[351]. Por otra parte, en su intento de demostración de que las normas jurídicas son verdaderas o falsas, Moore solo tiene en cuenta una explicación realista del significado de los conceptos en los que las normas se hallan formuladas, pero podría objetarse que en ningún lugar explica su combinación con el carácter deóntico que contiene toda norma. Aun si alguien aceptara su explicación del significado de los conceptos incluidos en las normas ello no parece conducir a considerar a las normas mismas como susceptibles de verdad. Moore, sin embargo, podría replicar que el carácter deóntico con el que la norma califica una conducta se explica en términos de la proposición moral que ella implica o supone, la cual, a su juicio, también es determinadamente verdadera o falsa. Pero de esta manera, su concepción de verdad de las normas es absolutamente dependiente de un realismo moral que no resulta nada obvio aceptar.

En su trabajo «Normas verdaderas a la luz de la justificación axiológica de las normas» Marek Piechowiak, al igual que Moore, también defiende la posibilidad de atribuir valores de verdad a las normas jurídicas desde una concepción iusnaturalista. A diferencia de Moore —que adopta un *approche* externo (aun el punto de vista interno en la terminología de Hart, como se ha visto, es analizado externamente según su óptica realista)— sin embargo, para defender la verdad de las normas jurídicas, Piechowiak asume un *approche*

---

[351] Para una crítica más puntual sobre este aspecto remitimos a Sucar, 2008: 241-243; en dicha obra podrá hallarse también una presentación general de la obra de Moore al igual que otro tipo de críticas (230-250).

interno y una postura congnoscitivista que se conjuga con un realismo axiológico (aunque no necesariamente metafísico —como se verá— desde que, al menos por momentos, parece querer eludir la postulación de hechos morales metafísicos). *Approche interno* en un sentido algo particular: las soluciones axiológicas o meta-axiológicas son analizadas desde la óptica de, o tomando en consideración los, textos jurídicos y los reconocimientos morales que en él ha plasmado el legislador (o los órganos competentes para interpretar lo que éste ha establecido en dichos textos)[352].

Piechowiak recuerda que el constituyente Polaco ha establecido disposiciones constitucionales que reconocen el carácter universal de algunos valores, la verdad, la justicia, lo bueno, la belleza. Al respecto afirma que este reconocimiento ha de ser entendido en el sentido de que la constitución reconoce «el carácter objetivo de los valores y un cognoscitivismo axiológico»[353] y que «el legislador o el sistema jurídico mismo aprueba un realismo axiológico cuando se trata de los valores constitucionales universales y de los valores humanos universales»[354]. La idea de Piechowiak es que si los valores son reconocidos como dados, la actividad de los intérpretes y jueces debería apuntar al conocimiento de dichos valores y resolver los conflictos jurídicos sobre su exclusiva base[355]. El enfoque dominante en Polonia —según refiere de Piechowiak— acerca de la justificación axiológica, atribuido principalmente a Ziembiński, es inadecuado para dar cuenta de este nuevo punto de vista meta-axiológico (cognoscitivismo y realismo axiológicos) adoptado por el legislador, así como por los máximos intérpretes de la Constitución Polaca como es el Tribunal Constitucional. Ello así porque «Ziembiński adhiere a la posición [...] que sostiene que las profe-

---

[352]   Un *approche* externo —por oposición al interno— sería aquel donde las soluciones axiológicas se identifican en forma independiente al reconocimiento que de ellas haga el legislador. Cf. apartado II, 1, *in fine*, y *passim*.

[353]   Apartado I, 1.

[354]   Apartado II, 2. A.

[355]   Apartado, II, 1.

rencias valorativas, en tanto que expresan valoraciones, son el resultado de reacciones emotivas y no pueden ser ni verdaderas ni
tampoco falsas, no pueden informar acerca de la realidad»[356], esto
es, adhiere a una posición no cognoscitivista y anti-realista en materia ética. Y una postura tal iría en contra del referido reconocimiento meta-axológico por parte de la Constitución Polaca y su
máximo intérprete, el cual implica el reconocimiento axiológico
de que ciertos valores —como la dignidad— son universales (en
sentido normativo y no sociológico)[357]. El propósito principal de
Piechowiak es proponer una nueva definición de justificación axiológica que dé cuenta del punto de vista meta-axológico adoptado por el legislador. Una de las consecuencias de esta propuesta
de Piechowiak y, en rigor, la conclusión del trabajo que comentamos, es ofrecer una definición de *norma verdadera*: «Una norma
es verdadera si y solo si tiene una justificación axiológica fundamentada en valoraciones verdaderas»[358]. A su vez, una valoración
es verdadera cuando se corresponde con un conjunto de relaciones:
«Cuando realizamos una valoración positiva de las consecuencias de
la conducta estamos aseverando la existencia de la relación de cierta congruencia entre estas consecuencias e individuos o grupos de
personas. Esta congruencia puede ser fundada en que es apta para
facilitar un desarrollo (*florecimiento*) personal integral de los seres
humanos. Ser bueno o malo es siempre una propiedad relacional
pero no necesariamente relativa o subjetiva, porque la existencia de
esta relación es algo dado, cognoscible»[359]. La diferencia entre un
cognoscitivismo y un no cognoscitivismo en materia moral estaría
dada por la ontología que aceptan una y otra postura acerca de las
relaciones entre los seres humanos: «Para un cognoscitivista estas
relaciones están dadas y son objetivas, para un no-cognoscitivista
son creadas»[360].

---

[356] Apartado III, 4.
[357] Apartado II, 2, A.
[358] Apartado, VI *in fine*.
[359] Apartado VI.
[360] Apartado IV.

En este punto es importante recalcar que Piechowiak asume, además, una teoría de la verdad substantiva y, en particular, según parece, no una teoría de tipo minimalista sino una teoría de la verdad como correspondencia o, más específicamente, una lectura robusta (correspondentista) del esquema de Tarski[361]. Analizado con detenimiento, la premisa central en el razonamiento de Piechowiak parece ser el siguiente: que las valoraciones tienen correlatos objetivos en el mundo: relaciones que son ciertas estructuras sobre las cuales se fundamenta la normatividad[362]. Se trata de estructuras que se componen de sujetos y de ciertos estados de cosas puestos en una relación de congruencia[363]. De este modo, «lo bueno es por naturaleza relacional. Uno no puede hablar de lo bueno como tal sino solo que algo es bueno para alguien»[364]. Un estado de cosas es bueno para alguien si existe una *relación de congruencia* entre ellos. La relación de congruencia puede ser caracterizada como una relación de «ajuste» de «ser adecuado» y, en el campo de los derechos humanos, como «benéfica»[365]. Desde el momento que se habla de relaciones que son «estados de cosas» en el mundo parecería que Piechowiak quisiera evitar la postulación de hechos morales metafísicos. Decimos «parecería» porque en el trabajo se dice que el cognoscitivismo admite dos nociones de valor, el segundo de los cuales posee claramente un estatus metafísico:

> [...] en la tradición aristotélica donde el término «valor» se sustituye por el de «bien»; el segundo se ubica en la tradición platónica en donde el término «valor» es entendido principalmente como algo separado del mundo cognoscible por los sentidos y que tiene que ser aplicado y realizado en el mundo visible. Estos dos sentidos del término «valor» van de la mano: en la Constitución polaca, por ejemplo, la tradición aristotélica se acomoda mejor para una comprensión de los valores protegidos por

---

[361]   Apartado IV.
[362]   Piechowiak, 2008: 73.
[363]   *Ibidem*: 73.
[364]   *Ibidem*: 75.
[365]   *Ibidem*: 76.

normas derivadas de disposiciones que protegen los derechos humanos; la tradición platónica, con los valores constitucionales universales[366].

Expuesto simplificadamente, el argumento de Piechowiak sería el siguiente: una norma es verdadera si y solo si tiene una justificación axiológica fundamentada en valoraciones verdaderas. Una valoración es, a su vez, verdadera cuando se corresponde con una relación de congruencia entre ciertas consecuencias e individuos o grupos de personas. Esta congruencia se funda en el hecho de que dicha relación es buena para los seres humanos. Ser bueno o malo es una propiedad relacional que se da en el mundo (*i.e.* es objetiva) y, por ende, es cognoscible. Esta propiedad relacional (estado de cosas) sería el correlato extralingüístico, el *truth maker*, que haría verdadera la norma que promueve, protege, favorece, etc. dicho estado de cosas, siendo esto así una instancia del esquema tarskiano de la verdad. Como puede apreciarse, si «relación de congruencia» se define mediante «bueno» y éste último término como una propiedad empírica, entonces nos encontramos con una variante descriptivista, naturalista del cognoscitivismo[367], la cual es acusada de cometer la falacia naturalista. Si, por el contrario, se interpretara que «relación de congruencia» se define mediante «bueno», pero este último término es interpretado en sentido metafísico, se estaría quizás a salvo de la falacia naturalista, pero en cualquier caso habría que defender esto con argumentos independientes, los cuales no se ofrecen en el trabajo que comentamos.

En el trabajo de Andrei Marmor «La verdad en el derecho» aunque también se defiende la posibilidad de atribuir valores de verdad a las normas jurídicas, a diferencia de los dos trabajos anteriores dicha defensa se hace desde las bases del positivismo jurídico (incluyente), vale decir, sin recurrir para ello al realismo o al cognitivismo morales. Por otra parte, el trabajo aborda explícitamente el llamado *Dilema de Jørgensen* al cual se intenta dar una solución a partir de la

---

[366] Apartado III, 3, *in fine*.
[367] Cf. Nino 1989: 61-62.

novedosa defensa que se presenta de la posibilidad de atribuir valores de verdad a las normas jurídicas a través de una elucidación de la semántica de los exhortativos. Dentro del mapa de alternativas que se han propuesto al *Dilema de Jørgensen* una de ellas es argumentar a favor de la verdad de las normas, es decir, que son entidades aptas para su tratamiento en términos de verdad. Un rasgo saliente del trabajo de Marmor es que sostiene la verdad de las normas (sociales en general y jurídicas en particular) pero, a diferencia de otras propuestas conocidas (como las de Kalinowsky, la de Moore o la de Dworkin), sin renunciar a las tesis del positivismo normativista convencionalista. Es en este sentido que el trabajo de Marmor es doblemente original. De un lado, porque tiene el objetivo de ofrecer una salida al *Dilema de Jørgensen* encarando uno de los cuernos del dilema más problemáticos: la posibilidad de predicar valores de verdad a las normas jurídicas. Pero de otro lado, porque ofrece encarar este cuerno del dilema desde los presupuestos del positivismo normativista convencionalista, lo cual, hasta donde sabemos, no había sido nunca intentando. Otro atractivo no menor del trabajo es que, sobre tales bases, ofrece una reconstrucción del razonamiento práctico que se inspira en la teoría de las ficciones de David Lewis.

Así, Marmor se propone responder a la cuestión de «[…] si puede asignarse un valor de verdad a las prescripciones jurídicas»[368], y la respuesta que ofrece es que «el contenido proposicional en juego es lo que hace a un imperativo verdadero o falso, según sea el caso. […]. Si un imperativo expresa un contenido proposicional autorreferente, toda expresión *sincera* de un imperativo sería una proposición verdadera». Esta respuesta suministra una interpretación acerca de «[…] qué es lo que hace que las prescripciones o los enunciados deónticos sean susceptibles de verdad o falsedad». Es una manera de «[…] mostrar cómo es que las prescripciones jurídicas pueden tener un contenido susceptible de verdad o falsedad»[369].

---

[368]   Introducción.
[369]   Apartado I.

Marmor mide inmediatamente la importancia de esta empresa: si las prescripciones jurídicas pueden tener un contenido evaluable en términos de verdad, entonces muchos de los «[…] silogismos comunes y corrientes, cuya conclusión se deriva de una serie de premisas acerca del contenido normativo del derecho y de enunciados que describen hechos o eventos»[370] pueden ser evaluados en términos de su validez lógica: «Una inferencia es válida solo si la verdad de sus premisas garantiza la verdad de su conclusión»[371]. En otras palabras, la respuesta ofrecida por Marmor es equivalente a proponer una solución al *Dilema de Jørgensen*.

Sin embargo, la defensa que ofrece Marmor de la atribuibilidad de valores de verdad a las normas jurídicas presenta ciertas dificultades, las que de no poder ser salvadas tornarían aparente la solución que propone para el *Dilema de Jørgensen*. En efecto, Marmor sostiene que el contenido proposicional acerca de las intenciones del hablante, sus intenciones, deseos o su querer es la condición de verdad de un imperativo[372]. En este sentido afirma que el valor de verdad de, por ejemplo, el imperativo *es imperativo que* {H cierre la puerta} «no es asignado al contenido entre llaves, toda vez que implicaría que el imperativo es verdadero si H cierra la puerta y falso si no la cierra […] y el valor de verdad de un imperativo no puede depender de su cumplimiento […] La idea es que asignemos valores de verdad a "*es imperativo que*____" de tal modo que es verdadero si un imperativo con el contenido que sigue al operador ha sido formulado o expresado, y falso si no lo ha sido […] En otras palabras, necesitamos una interpretación de las *condiciones* de verdad de esos enunciados»; que «un enunciado imperativo expresa un contenido proposicional acerca de las intenciones del hablante, sus deseos o su

---

[370] Introducción
[371] Apartado I.
[372] Marmor argumenta que los imperativos son formas de exhortativos y que las normas jurídicas típicamente son exhortativos. Los exhortativos son definidos como «actos de habla [que] buscan motivar la conducta de su receptor por el mero acto de expresar la afirmación relevante, esperando que el receptor reconozca a esas afirmaciones como razones para actuar». Cf. Apartado I.

querer, que típicamente se hace verdadero por su mera expresión», y que «cuando uno expresa un exhortativo, en *condiciones normales y sinceramente*, ha expresado un contenido proposicional que es verdadero por su mera expresión»[373]. Ahora bien, si se miran bien las cosas, en realidad, bajo las condiciones señaladas, lo que es verdadero no es el imperativo (exhortativo) mismo, sino la afirmación de que existe un imperativo (exhortativo). Si se dan en el mundo las condiciones señaladas por Marmor para la existencia de un imperativo entonces el enunciado «Existe el imperativo de que____» es verdadero. En suma, lo que nos brinda Marmor no son las condiciones de verdad del imperativo, sino las condiciones de verdad del enunciado que afirma la existencia de un imperativo.

Veamos esto un poco más de cerca. Cuando S le dice a H: «¡cierra la puerta! (Imp) debemos distinguir entre lo que S está haciendo cuando emite el Imp de aquello a lo que H está siendo exhortado (mandado, ordenado, etc.) a hacer. Lo que S está haciendo al emitir el Imp es producir un exhortativo que expresa su estado mental (querer/deseo). Si las condiciones de sinceridad, las suposiciones conversacionales de normalidad, están presentes en el contexto, entonces será verdad el enunciado de que «S ha producido un exhortativo (imperativo)», siempre y cuando lo que ha emitido se corresponda con su estado mental (querer/deseo), propio de los exhortativos (imperativos). Pero que ocurran las condiciones que definen (y constituyen) a un exhortativo no hace *verdadero* al exhortativo mismo. La misma situación ocurre con las promesas. Podemos distinguir entre las condiciones bajo las cuales un acto de habla cuenta como una promesa del contenido de lo que es prometido. Cuando S le dice a H: «Te prometo ɸ» (Prom), bajo las condiciones de sinceridad y las suposiciones conversacionales de normalidad, la emisión de S cuenta como una promesa y, de este modo, la *proposición* que afirma «S ha realizado una promesa» es verdadera. Pero del hecho de que Prom cuente como una promesa no es una condición de verdad de Prom, ni es un

---

[373]   Apartado I.

argumento a favor de que la clase de expresiones en la que se incluye Prom tenga que ser interpretada en términos de verdad o de falsedad.

Para recapitular, la apariencia de respuesta de Marmor al *Dilema de Jørgensen* deriva de no distinguir entre dos niveles del discurso: entre los exhortativos (imperativos) y las proposiciones acerca de los exhortativos (imperativos). La apariencia de solución se disuelve una vez que distinguimos entre una *norma* y una *proposición acerca de una norma* (o proposición normativa) y, consecuentemente, entre una *lógica de normas* y una *lógica de proposiciones normativas*. El segundo tipo de lógica es acerca de los enunciados que afirman la existencia y, más precisamente, la pertenencia de normas a un determinado sistema jurídico (en un tiempo determinado). Ambas lógicas (la de normas y la de proposiciones normativas), como han demostrado Alchourrón y Bulygin, son *isomorfas* únicamente cuando un sistema jurídico es completo (sin lagunas normativas) y consistente (sin contradicciones normativas).

Algo similar a lo antedicho parece que puede decirse acerca del modo en que Marmor aplica los análisis de Lewis acerca de las falacias en los argumentos en contextos de ficción al ámbito del derecho. Parece aquí también atinado distinguir entre ficciones y proposiciones acerca de las ficciones. Parecería útil distinguir entre un *hecho dentro de la ficción* (*fact-in-a-fiction*) y una proposición acerca de un hecho dentro de la ficción (*proposition about a fact-in-a-fiction*). Si en un texto de ficción (TF) se dice que «la luna es de color verde», entonces existe un hecho en el mundo de ficción: que *la luna es de color verde*. Esto es un *hecho dentro de la ficción* y, como cualquier hecho, no puede ser un portador de verdad: los hechos no son ni verdaderos ni falsos. La propiedad *es verdadero* no es aplicable a los hechos. Ahora bien, cuando alguien en el mundo real —no ficcional—, por ejemplo un crítico literario, dice que en TF «la luna es de color verde», entonces la proposición expresada es verdadera. Lo que hace a una proposición verdadera es que hay un *hecho en la ficción*: *la luna es de color verde*. Si el crítico literario dice que en TF «la luna es de color rojo», entonces la proposición es falsa. Este tipo de proposiciones son *proposiciones acerca de un hecho en la ficción*.

A partir de la distinción anterior podemos mostrar que cuando una obra de ficción dice algo (*un hecho en la ficción*) el efecto constitutivo no es ni que el hecho sea verdadero ni que todas las proposiciones acerca de ese hecho sean verdaderas porque la ficción así lo ha establecido. Lo que puede ser verdadero, pero no necesariamente verdadero, es una proposición acerca de un hecho particular en la ficción. Dado que pueden formularse un sinnúmero de proposiciones individuales en el mundo real acerca de los hechos creados en los textos literarios, algunas de esas proposiciones serán verdaderas y otras serán falsas: todo depende de las condiciones de verdad de dichas proposiciones. Las condiciones de verdad han de ser encontradas en lo que los textos literarios dicen. Lo que puede decirse con sentido es que las condiciones de verdad de las posibles proposiciones acerca del mundo de la ficción (formuladas desde el mundo real) son los *hechos dentro de una ficción* (lo cual se desprende de lo que el texto literario dice). Pero no es el caso, como aduce Marmor, que la ficción produce prefijos cerrados, que «establecen una *relación constitutiva* con los valores de verdad de los enunciados a los que se aplica»[374]. Un texto literario no transforma el *hecho dentro de la ficción* en verdadero (ni lo hace apto para ser verdadero) ni transforma la naturaleza lógica contingente de las proposiciones formuladas en el mundo real acerca del mundo literario en verdades necesarias: proposiciones que son necesariamente verdaderas porque así lo dice el texto literario.

Por estas mismas razones no parece seguirse que «cierto contenido jurídico es verdadero, si lo es, en un sistema jurídico S (en un momento m, etc.) porque el derecho, en S, *lo dice*»[375]. Podemos distinguir entre los componentes de un sistema jurídico (principalmente normas) y las proposiciones acerca de dichos componentes. Si en un sistema jurídico (S_J), existe una norma (N) que dice que «está prohibido matar», entonces es un hecho en S_J que *está prohibido matar*. La existencia de la regla en S_J es un hecho y, en tanto hecho, no es un portador de verdad: los hechos no son ni verdade-

---

374   Apartado IV.
375   Apartado IV.

ros ni falsos. La propiedad *es verdadero* no es aplicable a los hechos, incluyendo los hechos que ocurren en los sistemas jurídicos.

Por otra lado, cuando alguien, por ejemplo un jurista, afirma que en S_J «está prohibido matar» (*un hecho dentro de S_J*), el efecto constitutivo no es que la norma N sea verdadera (porque S_J así lo dice) ni que todas las proposiciones acerca de la existencia y contenido de N sean verdaderas (porque S_J así lo dice). Lo que puede ser verdad, pero no una verdad necesaria, es una proposición individual acera de un hecho individual en S_J: que N (con un cierto contenido) pertenece a S_J. Dado que es posible formular un gran número de proposiciones acerca de las normas de un sistema jurídico, algunas de ellas serán verdaderas y otras serán falsas: todo depende de las condiciones de verdad de cada proposición. Las condiciones de verdad de esas proposiciones han de ser encontradas, básicamente, en la pertenencia y el contenido de las normas a S_J (lo que S_J dice). Las condiciones de verdad de las posibles proposiciones acerca de S_J es lo que S_J dice (el contenido de las normas que pertenecen a S_J). Pero no es el caso de que la existencia de normas en S_J implique la existencia de un prefijo jurídico que «vincula el valor de verdad de los enunciados a los que modula con el mundo designado por el propio prefijo»[376]. S_J no transforma a las normas en verdaderas (ni en entidades aptas para la verdad) ni transforma la naturaleza lógica contingente de las proposiciones formuladas acerca del S_J en verdades necesarias: proposiciones que son necesariamente verdaderas porque el derecho en un S_J así lo dice.

II. LA VERDAD EN LOS PROCESOS JURISDICCIONALES

A fin de dar cuenta de las complejas relaciones entre los diversos aspectos de la actividad jurisdiccional y su eventual relación con la verdad dedicaremos un primer apartado relativo a los actos de aplicación normativa y la permeabilidad a los valores de verdad de

---

[376] Apartado IV.

los enunciados jurídicos que ella entraña (1) para luego concentrarnos específicamente en las vinculaciones entre las nociones de (no) cognoscitividad, prueba de los hechos y verdad (2). Finalmente, efectuaremos un comentario crítico de los trabajos que integran el presente volumen sobre esta temática (3).

1. Aplicación normativa y valores de verdad de los enunciados jurídicos normativos

Las normas jurídicas son empleadas para realizar actos de *producción* normativa, los cuales pueden ser clasificados en dos categorías fundamentales. En efecto, cuando se concibe al derecho como un orden normativo institucionalizado, dos tipos de instituciones merecen especial atención: aquellas cuyo objeto es la *creación* de normas generales y aquellas consagradas a su *aplicación* a *casos* concretos. Alchourrón y Bulygin precisan la relación que cabe establecer en los sistemas jurídicos entre dos tipos o conjuntos de normas. Señalan que un sistema jurídico, al igual que otros sistemas normativos, califican normativamente ciertas conductas en determinadas circunstancias con el fin de regular de esa manera los comportamientos de los individuos de un grupo social previendo anticipadamente la solución jurídica que ha de dárseles bajo ciertas circunstancias que se consideran de interés regular. Pero este fin no puede alcanzarse —salvo en algunos casos excepcionales o poco complejos— con la mera presencia de normas generales que solucionen casos genéricos relativos a esas conductas (*sistema jurídico primario* o *sistema del súbdito*). En caso de duda o ignorancia acerca de la solución que corresponde dar a un caso particular, o en caso de incumplimiento de las normas, este sistema no resultará efectivo. Uno de los remedios es la implantación de la jurisdicción obligatoria. Esta consiste en encomendar a ciertos órganos la tarea de determinar cuáles son las soluciones que debe asignárseles a los casos particulares sobre la base de las normas del sistema primario[377]. Además de las nor-

---

[377]   Cf. Alchourrón-Bulygin, 1971: 202-203.

mas que otorgan competencia jurisdiccional a ciertos órganos, los derechos nacionales modernos contienen, así, normas que regulan la manera en que debe ser ejercido dicho poder jurisdiccional[378]. El conjunto de normas que regulan la actividad de los órganos de aplicación es denominado por Alchourrón y Bulygin *sistema jurídico secundario* o *sistema del juez*. Sobre estas bases podríamos clasificar las normas (generales) que integran un sistema jurídico en tres grandes grupos: a) el de aquellas normas generales que regulan la *creación* de otras normas generales; b) el de las normas generales creadas de conformidad con a) y destinadas a regular las conductas genéricas de los individuos (que no son actos de producción normativa, *i.e.*, de creación o de aplicación de normas, efectuados por órganos del Estado); y c) el de aquellas normas generales que regulan la *aplicación* a casos particulares de las normas generales de a) o b).

El grupo de normas señaladas en c) es el que constituye nuestro objeto de interés en esta sección y el que se encuentra ejemplarmente representado en los procesos jurisdiccionales modernos. En este tipo de procesos podrían distinguirse dos grandes clases de actividades en las que participan los sujetos procesales —los jueces o jurados y las partes— con variantes, según los tipos de procesos —civiles, penales, administrativos, etc.— y la regulación positiva a que estén sometidas[379]: la determinación de los hechos (o *quaestio facti*) y la determinación del derecho (o *quaestio iuris*). Ambas pueden ser, según veremos, incluso dentro del marco de un proceso jurisdiccional, tanto objeto de un tratamiento teórico como de uno práctico-normativo.

---

[378] Cf. Alchourrón-Bulygin, 1971: 235 y ss.
[379] La regulación positiva puede variar, y de hecho varía, de país en país o incluso de región en región, en los ordenamientos jurídicos federales o confederados. No obstante, se podrían pensar las diferencias entre *quaestio facti* y *quaestio iuris* en términos de familias de sistemas. En este sentido, como veremos enseguida (*infra* punto 1.1.4. de este apartado II) y también más adelante (Véase *infra* II, 2.4.) la distinción entre ordenamientos de la tradición continental europea y de *common law* se torna particularmente relevante.

De acuerdo con lo expuesto, nos ocuparemos sucesivamente de analizar la distinción entre *quaestio facti* y *quaestio iuris* (1.1.) para a continuación abordar la cuestión de los diferentes tipos de enunciados jurídicos involucrados en la determinación de la *quaestio iuris* en el marco de un proceso judicial y su relación con la verdad, haciendo particular hincapié en la forma que adopta el razonamiento judicial de una sentencia (1.2). La cuestiones relativas a la determinación de la *quaestio facti* en el marco de un proceso judicial y su relación con la verdad queda reservada para el punto 2 de este apartado II.

1.1. La distinción entre *quaestio facti* y *quaestio iuris*

En lo que sigue, analizaremos, en primer lugar, algunos de los problemas más importantes que afectan la distinción tradicional entre *quaestio facti* y *quaestio iuris* (1.1.1), para a continuación ocuparnos, sucesivamente, de la cuestión íntimamente relacionada, pero que guarda autonomía e interés por sí mismo, a saber, la de la heterogénea tipología de aquello que se incluye como hecho en el marco de la *quaestio facti* (1.1.2.), y de un argumento singular de Chaïm Perelman contra la referida distinción que cuenta, a su vez, como un elemento contra su impugnación del modelo del silogismo judicial (1.1.3.). Agregamos a ello unas breves consideraciones históricas sobre la referida distinción (1.1.4.). Cerraremos el análisis con algunas conclusiones acerca de su alcance y valor teórico (1.1.5). Como puede apreciarse, abordamos aquí, en este apartado 1 (del punto II) relativo a la aplicación normativa y valores de verdad de los enunciados jurídicos normativos, cuestiones que, en rigor, tienen que ver no solo con la *quaestio iuris*, sino con la *quaestio facti*, la que, dada nuestra clasificación programática de esta introducción, pertenecen por derecho al apartado 2 (también del punto II) destinada a la (no)cognoscitividad, prueba de los hechos y verdad. Ello es así en virtud de que, atento a las estrechas relaciones conceptuales que existen entre las cuestiones fáticas y las normativas, no sería expositivamente adecuado separar el tratamiento de unas y de otras.

1.1.1. Objeciones contra la distinción entre cuestiones de hecho y de derecho

Es una tesis de Hans Kelsen que las decisiones judiciales poseen carácter constitutivo, y no declarativo. Las decisiones judiciales no solo serían el resultado de un proceso decisorio (de un acto de voluntad) y no de un proceso cognoscitivo, sino que además, por esto mismo, tanto las premisas, ya sea en el nivel fáctico (*quaestio facti*) como en el nivel del derecho aplicable (*quaestio iuris*), como las conclusiones, de un razonamiento judicial, no reflejarían necesariamente lo que ha ocurrido en el mundo ni tampoco lo que efectivamente el derecho positivo, en sus normas generales, establece. Para determinar los efectos jurídicos con relación a un caso judicial habría de estarse a lo que ha decidido el órgano de decisión competente, con carácter de cosa juzgada, más allá de cómo sean en realidad las cosas tanto a nivel de los hechos como del derecho, y cualquiera sea la opinión que a este respecto puedan tener todos aquellos que no sean órganos competentes para decidir en dicho caso[380].

Estas tesis de la constitutividad han sido objeto de importantes críticas. Sin embargo, en un interesante trabajo, Tecla Mazzarese ha objetado tales críticas y ha sembrado algunas dudas de carácter epistemológico respeto de las nociones de *quaestio facti* y *quaestio iuris*[381] en el entendimiento de que estas dudas apoyan la referida tesis de Kelsen. En particular, rechaza la crítica de Eugenio Bulygin de acuerdo con la cual no existe ningún obstáculo real de carácter teorético que excluya la posibilidad de conocer tanto las normas aplicables como los hechos afirmables en una decisión judicial[382]. Asimismo, se opone a otras posiciones análogas a la de Bulygin que, sin referirse a Kelsen, en el marco del tema sobre las decisiones judiciales, tienen por objeto la crítica al llamado escepticismo relativo a las reglas (*rule skepticism*) o al llamado escepticismo relativo a los

---

[380] Cf. Kelsen, 1960: especialmente 246-251 y 254.
[381] Mazzaresse, 1992.
[382] Bulygin, 1994 y 1995b.

hechs (*fact skepticism*)[383]. Lo que aquí nos interesa, específicamente, son las dudas que arroja Mazzarese respecto de la posibilidad misma de trazar de modo neto y preciso una línea de demarcación entre *quaestio facti* y *quaestio iuris*. Aunque sus dudas no pretenden anular la distinción entre estas dos nociones, sí pretenden relativizarla significativamente. La iusfilósofa italiana comienza por retomar el estado de la cuestión: si bien con diferentes énfasis, la crisis que afecta la distinción entre cuestiones de hecho y de derecho ha sido puesta en evidencia en numerosos análisis, ya sea para mostrar que ella es desde desviante[384] hasta inaceptable[385] o, más prudentemente, para poner de relieve que si bien discutible en algunos aspectos es, de cualquier modo, una distinción útil que se debe mantener[386]. Lo que todos estos análisis reconocerían e identificarían sería un doble vínculo entre *quaestio facti* y *quaestio iuris*. Los principales argumentos a favor de la existencia de este doble vínculo serían dos.

El primer argumento consiste en que la *quaestio facti* concierne a hechos calificados jurídicamente y no a hechos brutos. Esta afirmación no equivale —precisa la autora— a negar que pueda ser necesario referirse a hechos brutos a fin de constituir (clasificar, denominar o indicar) el hecho jurídicamente calificado que es el objeto de una determinada *quaestio facti*, sino que solo significa subrayar que, independientemente del papel que se pueda reconocer a los hechos brutos, tal papel no altera la naturaleza jurídicamente calificada del hecho que es objeto de una *quaestio facti*. El segundo argumento a favor de la estrecha relación entre *quaestio facti* y *quaestio iuris*, es que aquello que tiene valor de *quaestio facti* y de *quaestio iuris*, puede variar según las previsiones de ordenamientos jurídicos diferentes. Ahora bien, Mazzaresse sostiene que si la tesis de la existencia de un doble vínculo entre *quaestio facti* y *quaestio iuris* es correcta, entonces

---

[383] Ferrajoli, 1989, Twining, 1990 y diversos trabajos de M. Taruffo.
[384] Jackson, 1983.
[385] Silving, 1947.
[386] Taruffo, 1975: 240, 1985: 45 y 1986: 272-273; Ockleton, 1983: 102; y Comanducci, 1992.

pueden derivarse dos consecuencias. La primera sería que los enunciados que expresan la *quaestio facti* no son enunciados empíricos, ni solo descriptivos, sino que son enunciados con una valencia valorativa de matriz jurídica. La segunda consecuencia es que, aunque parezca correcta la afirmación de Bulygin de que «*facts are what they are and not what judges and other officials say they are*»[387], los hechos de una decisión judicial, al menos los que se asumen como objeto de la *quaestio facti,* son aquellos que el derecho establece que ellos sean[388].

Lo antes expuesto se refuerza aún por otras consideraciones adicionales. Con relación a la *quaestio facti* Mazzarese señala dos problemas. El primero tiene que ver con que la noción misma de hecho se demuestra problemática apenas se toma en consideración la variedad tipológica de lo que se pretende hacer valer como hecho. Así, por ejemplo, a) los hechos determinados de modo valorativo (como daño moral, obscenidad, amenazas, ofensa al pudor público) y aquellos que, sean o no *prima facie* empíricos, se asumen a través de la referencia explícita a las máximas de experiencia o del sentido común de naturaleza valorativa (como considerar a alguien un mal testigo sobre la base de la máxima de que «la mayoría de los parientes son malos testigos»); b) los hechos psíquicos o disposiciones psicológicas (buena fe, dolo); y c) los hechos institucionales (como la validez de un contrato o la de un testamento)[389]. El segundo problema tiene que ver con que la posibilidad del conocimiento de los hechos, objeto específico de la *quaestio facti*, depende del procedimiento a seguir a fin de afirmar lo que se asume que tenga valor de hecho, y con que resulta problemático asimilar o conectar tal procedimiento con cualquier forma de verificación propia de los datos empíricos. Esta afirmación se funda, según la autora italiana, en dos tipos de consideraciones: i) en que los enunciados que expresan hechos determinados en modo valorativo, o hechos psicológicos, o

---

[387]   Bulygin, 1995b: 22.
[388]   Cf. Mazzaresse, 1992: 70-73.
[389]   Sobre la tipología de los hechos volveremos *infra* a través del análisis efectuado por Wróblewski.

hechos institucionales, son objeto no de verificación, sino de justificación; y la justificación, a diferencia de la verificación, concierne a enunciados respecto de los cuales no convienen los valores de verdad sino que solo se apoyan en buenas razones; ii) en que en las decisiones judiciales, el modo de afirmar los hechos difiere de la verificación tanto en razón de las normas jurídicas relativas a aquello que se puede asumir que tenga valor de prueba o de indicio, como por la relevancia que se debe atribuir a lo que se puede asumir que tenga valor de prueba o indicio (como ocurre, por ejemplo, con la determinación de la insania)[390]. Con relación a la *quaestio iuris*, por su parte, destaca otros dos problemas. El primero es que el significado que se atribuya a una formulación normativa es el resultado de una decisión judicial, el cual es resultado de una decisión y de no de un proceso meramente cognoscitivo del derecho. El segundo consiste en que no solo la elección de la interpretación de la formulación normativa en una decisión judicial, sino también la elección misma de dicha formulación (interpretada de ese modo) es el resultado de una decisión y no de un proceso meramente cognoscitivo[391].

Con relación al primero de los dos vínculos señalados por Mazzarese entre *quaestio facti* y *quaestio iuris*, a saber, la de que los hechos objeto de un proceso judicial son hechos calificados jurídicamente y no hechos brutos, Daniel González Lagier ha formulado algunas observaciones de interés[392] relativas a aquellos supuestos en que «la prueba de los hechos no es independiente de las normas jurídicas, en el sentido de que el hecho así interpretado no existiría sin la norma»[393]. Por un lado, sostiene que la calificación jurídica es un tipo de interpretación que no opera directamente sobre percepciones puras de hechos externos, sino sobre hechos ya interpretados; que la calificación jurídica suele ser un supuesto de interpretación

---

[390]   Cf. *ibidem*: 73-83.
[391]   Cf. *ibidem*: 83-87.
[392]   González Lagier, 2013.
[393]   *Ibidem*: 30.

de segundo (tercero o cuarto…) nivel. Así, verbigracia, no se califica de injurias la mera emisión de ciertos sonidos sin tener en cuenta su significado y contexto, o calificar de homicidio el mero movimiento de un dedo sobre el gatillo sin interpretar previamente la acción del agente en un contexto más amplio y de su intención. Por otro lado, que esa interpretación previa a la calificación puede depender de ciertas normas jurídicas como ocurre, por ejemplo, con la omisión: el hecho externo que se corresponde con la omisión es un no hacer, pero ese no hacer se interpreta como omisión en el caso de que exista una obligación (que puede ser jurídica) de realizar la acción que no se realizó. En estos casos la prueba no es una operación que tienda exclusivamente a descubrir hechos, sino a imputarlos[394]. Vistas todas estas observaciones generales formuladas contra la distinción tradicional entre *quaestio facti* y *quaestio iuris*, es momento de analizar con más detalle la variedad heterogénea que se esconde detrás de la «*quaestio facti*» o «hechos jurídicos».

1.1.2. Tipología de los hechos que forman parte de la *quaestio facti*

Como hemos adelantado, nos proponemos aquí presentar la tipología de los hechos que forman parte de la llamada *quaestio facti*. Partiremos, al efecto, del análisis y la clasificación elaborada por Jerzy Wróblewski en su trabajo «Facts and Law»[395], panorama que complementaremos con algunas consideraciones de Michele Taruffo[396].

Wróblewski se propone «mostrar que, desde el punto de vista del papel del "hecho" en la toma de decisión, hay varias clases de hechos, y que la relación de los "hechos" con el "derecho" está de-

---

[394] *Idem.*
[395] Wróblewski, 1973.
[396] Taruffo, 2003.

terminada por la manera en que aquellos se encuentran referidos en el lenguaje jurídico»[397].

A los efectos de su análisis, el iusfilósofo polaco asume los siguientes presupuestos. 1) Que la **norma jurídica** es una regla que determina las consecuencias que deben seguir a ciertos hechos. Su forma más simple es «si se da el hecho F entonces se darán las consecuencias C», de modo que la relación «si... entonces...» expresa la relación normativa impuesta por la norma jurídica. 2) Que la **aplicación del derecho** consiste en la determinación de las consecuencias jurídicas para unos hechos dados. El ejemplo paradigmático de aplicación del derecho es la sentencia judicial en el marco de un proceso judicial. 3) Que allí un tribunal tiene que tomar una decisión relativa a la prueba, afirmando un **enunciado existencial**: «El hecho F ha ocurrido en el tiempo t y en el espacio s».

Ahora bien, la decisión relativa a la prueba —advierte Wróblewki—, incluso expresada en la forma simple de un enunciado existencial, es más complicada de lo que puede parecer a primera vista, lo cual se hace patente cuando se analiza *cómo se justifica esa decisión*. En este sentido, aclara que ésta se justifica por la prueba aceptada por el tribunal y por las reglas acerca de la prueba empleadas por el tribunal. La prueba que se presenta al tribunal consiste en afirmaciones en torno a hechos relevantes para el caso. Las reglas relativas a las pruebas son de dos tipos: a) reglas de prueba empírica, esto es, directivas aceptadas de acuerdo con el paradigma de las ciencias naturales; y b) reglas de prueba jurídica, es decir, aquellas que son peculiares del derecho y que no son empíricamente válidas y ni siquiera poseen significado empírico. Por lo demás, Wróblewski recuerda que a veces los hechos que son demostrados en el marco del derecho no están libres de valoraciones y, por lo tanto, para la prueba de su existencia se han de valorar. De acuerdo con lo expuesto, la fórmula de una decisión sobre la prueba que hace explícitos los elementos esenciales de su justificación es: «El hecho F ha

---

[397] Wróblewski, 1973: 259-260.

ocurrido en el tiempo t y en el espacio s de acuerdo con las pruebas P_1, P_2...P_n» que se basan en las reglas de prueba empírica ERE_1, ERE_2,...ERE_n y/o en las reglas de prueba jurídica LRE_1, LRE_2... LRE_n y/o en valoraciones V^e_1... V^e_n». El punto fundamental señalado por Wróblewski es que *la justificación de las decisiones sobre la prueba depende de la clase de hechos a demostrar.* Esta tipología esencial es el objeto central de su análisis. Wróblewski distingue, al respecto, tres maneras esenciales de clasificar la determinación de los hechos contemplados en las normas jurídicas: A) descriptiva o valorativa, B) positiva o negativa; y C) simple o relacional. Y, por otra parte, precisa que cada hecho relevante en la aplicación del derecho está o bien descrito o nombrado en las normas jurídicas o bien relacionado con un hecho, indicando que se limitará a estudiar solo el primer grupo. En atención a lo expuesto, queda claro que para clasificar los hechos jurídicos conforme a los tres mencionados criterios habrá que analizar el lenguaje jurídico en el que están formuladas las normas jurídicas.

A) Hechos determinados descriptivamente y hechos determinados valorativamente

Wróblewski asume (más allá de las diversas polémicas en la materia) que es posible distinguir entre hechos que el lenguaje jurídico determina por descripción y hechos que se determinan mediante valoración (dejando de lado los modos mixtos de determinación). Ejemplos de determinación descriptiva son los siguientes: «quien matare un hombre» o «vehículo»; y de determinación valorativa: «interés legítimo» u «ofensa moral». Al contraponer estos dos conjuntos de hechos, debe tenerse presente que hay que tener en cuenta las propiedades semánticas del lenguaje jurídico y su textura abierta con el núcleo y penumbra del significado. Además, hay casos de hechos cuya determinación como descriptivos o valorativos es dudosa como ocurre, en el derecho polaco, con el término «el fuerte afecto».

Esta oposición entre hechos determinados descriptivamente y hechos determinados valorativamente se correlaciona con las diferencias en la verificación de los enunciados concernientes a su existencia. Cuando en tales enunciados la variable F representa una descripción o un nombre de un hecho determinado descriptivamente, su verificación es del mismo tipo que la que rige en las ciencias naturales; o bien mediante el modo jurídico apropiado cuando hay una teoría jurídica de la prueba. En el primero de los dos supuestos la situación es relativamente simple. En el caso estándar, los enunciados de prueba son frases observacionales y las reglas sobre la prueba son reglas de inferencia aceptadas dentro de, o al menos no contrarias a, el paradigma de las ciencias naturales. Entonces el término «existe» tiene el significado fundamental determinado por la ontología dada por sentada dentro del universo del discurso de las ciencias. El enunciado concerniente a la existencia de este hecho es una proposición, es decir, una «proposición existencial». El segundo supuesto, en cambio, es más complicado y las características de los enunciados que conciernen a la existencia de los hechos dependen de las propiedades de las reglas de prueba jurídica y de la interpretación teórica de sus funciones. Wróblewski distingue aquí tres clases de estas reglas. En primer lugar, las reglas *para-empíricas* que son las que se basan en regularidades empíricas como, por ejemplo, las presunciones de paternidad del marido de la madre si el niño nace dentro de un determinado período de tiempo. Tales reglas requieren de un conocimiento de determinados hechos, que empíricamente son solo más o menos probables, suponiendo que no haya prueba en contrario. En segundo lugar, las reglas *no empíricas* de prueba jurídica que no están basadas en regularidades empíricas y requieren tratar como existentes ciertos hechos cuando no se demuestra prueba en contrario, así como cuando no se da una probabilidad empírica relevante de que hayan ocurrido en el tiempo y en el espacio. Por ejemplo, la presunción sobre el momento de fallecimiento de una persona desaparecida fijada para el primer día en que sea posible la acción para la certificación de la muerte, es jurídicamente posible. En tercer lugar, hay reglas *contraempíricas* de prueba jurídica cuando no hay ni hechos empíricos ni regularidades empíricas que se refieran a ellos, como ocurría con la prueba medieval de la brujería por la ordalía del agua o del fuego. Wróblewki subraya que los rasgos particulares de los enunciados existenciales basados en reglas jurídicas de prueba son complicados, y se limita a señalar dos líneas básicas para resolver el problema. La primera solución es radical: ninguna regla jurídica de prueba conduce de ningún modo a enunciados existenciales. Estas reglas simplemente deciden qué es lo que se va a considerar como probado para los fines jurídicos de determinar los derechos y deberes o las situaciones jurídicamente calificadas. Los correspondientes enunciados son tomados no como enunciados sobre la realidad sino como instrumentos para resolver problemas jurídicos. La segunda solución es más compleja. Las reglas contraempíricas de prueba no tienen sentido empírico y no conducen a ningún enunciado existencial con significado. Las reglas no empíricas de prueba jurídica (en tanto no se proporcionen pruebas empíricas contrarias) no conducen a enunciados existenciales, sino que solo son instrumentos para determinar las consecuencias jurídicas de determinadas situaciones. Las reglas paraempíricas de prueba jurídica poseen significado empírico y ayudan a alcanzar la decisión cuando la prueba jurídica es difícil que se presente de manera concluyente. La falsificación empírica es posible, pero la confirmación empírica de los hechos es difícil. El enunciado existencial basado en semejantes reglas es más probable que el que se basa en reglas no empíricas, pero se funda en reglas de derecho y no en la ciencia. Por lo tanto, el enunciado existencial basado en tales reglas es similar a las proposiciones existenciales del caso estándar, así como los fundamentos empíricos de las reglas paraempíricas de prueba jurídica son similares a las regularidades establecidas de acuerdo con el paradigma de la metodología de la ciencia natural.

La verificación de los enunciados existenciales cuando el hecho en cuestión está determinado valorativamente es más complicada que la de los enunciados existenciales concernientes a hechos determinados descriptivamente. Wróblewski destaca que la palabra «existe» posee aquí un significado diferente, asume una posición anti-cognoscitivista y también asume la diferencia semántica entre las proposiciones, que

son verdaderas o falsas, y las valoraciones y normas, que no son verdaderas ni falsas. Asume, asimismo, que el enunciado concerniente a
la existencia de un hecho determinado valorativamente es una conjunción de un enunciado de existencia («F existe en t y en s») y un juicio de valor relativo al objeto cuya existencia se ha afirmado («F tiene
el valor V»), el cual puede ser relativizado o no-relativizado. Desde el
anti-cognoscitivismo, el segundo tipo de juicio de valor mencionado
ha de ser tratado como una expresión de las valoraciones de un sujeto
que formula ese juicio.

B) Hechos determinados positivamente y hechos determinados negativamente

Por «expresión negativa» Wróblewski entiende expresiones que
contengan como parte suya «no-» u otros functores sinónimos a la
negación dentro de un lenguaje jurídico dado. La determinación
positiva es aquella que se ha considerado al explicar los hechos determinados descriptiva o valorativamente, y toda determinación de
hechos que no utilice los referidos functores de negación, será positiva. La norma jurídica justifica el uso de términos negativos cuando
lo que debería haber ocurrido no ha ocurrido o cuando la misma
norma usa un término negativo. Todo hecho puede ser determinado por términos positivos si el lenguaje tiene un vocabulario suficientemente rico. Hechos determinados positivamente pueden
determinarse negativamente si se miran desde el punto de vista del
«deber ser» jurídico.

C) La determinación de los hechos determinados de modo
   simple y de modo relacional

Que las normas jurídicas determinen un hecho «de modo simple» quiere decir que el término con el cual se determina el hecho
no implica la aserción sobre si tal hecho es o no consistente respecto de cierta norma jurídica. La relación del hecho en cuestión con
una norma jurídica es irrelevante a la hora de afirmar su existencia.

Ejemplos de esta determinación simple de los hechos lo constituyen aquellos, ya dados, sobre la determinación descriptiva y valorativa, y sobre la determinación positiva. Que las normas jurídicas determinen los hechos «de modo relacional» quiere decir que para afirmar la existencia del hecho es necesario determinar su relación con una norma jurídica, esto es, decidir si es consistente respecto de esa norma jurídica, como ocurre con «contrato inválido», «acción legal» o «abuso de competencia por un órgano del Estado». Para afirmar que existen hechos de esta clase, es necesario afirmar que ciertos acontecimientos ocurren realmente y determinar su relación con normas jurídicas. Los problemas de los hechos «contrarios» a normas jurídicas son estrictamente análogos. El enunciado existencial cuando F es un hecho relacional es bastante complejo. Incluye tres afirmaciones: a) «x existe en t y en s»; b) «x está en la relación R con la norma N»; y c) «en la norma N a x se le nombra F». a) es un predicado (o enunciado) existencial, b) un enunciado relacional, y c) un enunciado semántico. El enunciado problemático es b), específicamente respecto de si puede ser verdadero o falso y en este caso respecto de cuáles sean las condiciones de su carácter proposicional. Las propiedades semánticas de los enunciados relacionales dependen de las propiedades lingüísticas de las normas a que se refieran (de primer nivel o jerárquicamente superiores) y de las propiedades de los hechos a que se refieran. En su análisis, Wróblewski formula un conjunto de condiciones, las cuales, si se dan, garantizan que los enunciados relacionales sean proposiciones; si no se dan, otorgan a dichos predicados el estatus de juicios de valor. Así, la verificación de enunciados relacionales depende de sus propiedades semánticas. Finalmente, una condición necesaria para formular un enunciado relacional es la determinación del sentido de la norma a la que se refiere.

Para Wróblewski, esta clasificación tripartita y las construcciones teóricas a que da lugar, pueden ayudar a clarificar la oposición entre hecho y derecho. La primera construcción teórica se basa en la distinción entre hechos simples y hechos relacionales en el derecho. En esta construcción, los problemas que afectan a simples hechos corresponden a las *quaestiones facti* y aquellos que afectan a hechos relacionales corresponden a las *quaestiones iuris*. La segunda construcción se basa en la distinción entre hechos determinados descriptivamente y los determinados valorativamente. Los hechos descriptivamente determinados son aquellos cuya existencia puede predicarse mediante proposiciones existenciales o mediante conjunciones de dichas proposiciones y otras como las semánticas, y/o mediante enunciados relacionales que cumplan las condiciones necesarias para tener carácter proposicional y/o mediante un juicio de valor relativizado de modo tal que resulte ser un enunciado. El resto de los hechos se determinan valorativamente. Desde el punto de vista de esta construcción, los hechos descriptivamente determinados, cuya existencia se formula en proposiciones, son el objeto de las *quaestiones facti*. Todos los demás hechos son relativos a las *quaestiones iuris*. La tercera elaboración se basa en la combinación de los dos criterios precedentes, es decir, el de la determinación simple/relacional de los hechos y el de la determinación descriptiva/valorativa de los hechos. Desde este punto de vista, hay tres clases de hechos que individualiza el autor: «hecho$_1$», «hecho$_2$» y «hecho$_3$». Los «hecho$_1$» son exclusivamente hechos simples determinados descriptivamente, y son análogos a los hechos de las ciencias naturales. Los «hecho$_2$» son hechos simples o relacionales determinados descriptivamente, y están formados por la clase de «hecho$_1$» más hechos relacionales descriptivos. Son también análogos a los hechos de las ciencias naturales. Los «hecho$_3$» son los hechos simples o relacionales determinados valorativamente. Los enunciados existenciales correspondientes son expresiones lingüísticas complejas compuestas por al menos un elemento que no es una proposición. La dicotomía entre *quaestiones facti* y *quaestiones iuris* no es aplicable directamente aquí sin la asignación convencional de la clase de los «hecho$_2$». Wróblewski concluye afirmando que la posición hecho-derecho depende de la asunción de ciertos presupuestos teóricos (controvertidos).

De acuerdo con lo expuesto, queda claro que la denominación genérica de «hechos jurídicos» o «enunciados fácticos» no debe hacernos perder de vista que aquello que es afirmado como existente o acaecido por medio de tales enunciados puede ser de muy diversa naturaleza, ya sea que ellos sean formulados fuera o dentro del marco de un proceso jurídico, pero más aún dentro de este último. Ello, independientemente de los distintos procesos de verificación a que están sujetos, cuando resulta que ello es posible, tal como se pone de manifiesto en el análisis precedente de Wróblewski. Ahora bien, como se recordará, el contenido descriptivo de una norma está integrado por el caso genérico —configurado por la individualización de ciertas circunstancias fácticas— y por la acción genérica —que conforma (junto con el operador deóntico) la solución normativa—. Las «cosas» que incluyen las circunstancias fácticas que configuran el caso genérico de una norma —dejando ahora de lado la clasificación de Wróblewski— pueden ser de muy diversa índole. Ellas variarán de acuerdo con la naturaleza de las propiedades utilizadas para definirlas. Así, la expresión genérica «circunstancias fácticas» incluye, por ejemplo, la existencia de objetos, de personas o de una cierta clase de estados de cosas, como también la ocurrencia de cierto tipo de procesos, situaciones o acontecimientos, entre los que cabe incluir también a las acciones. A título ilustrativo de la diversidad señalada, proponemos la siguiente lista de enunciados sugerida por Michelle Taruffo[398]:

1) El 2 de enero de 2002 la *Federal Reserve* estadounidense redujo la tasa de interés en un 0,5%.

2) La tasa de interés preferente aplicada por la mayoría de los bancos chilenos, en diciembre de 2002, fue de un 6%.

3) Con fecha F el banco B compró, por orden del inversionista I, vales de prenda *Warrant* por un valor de cincuenta millones de pesos.

4) El adulterio repetido y manifiesto de A ha hecho imposible que continúe la convivencia conyugal entre A y B.

---

[398] Cf. Taruffo, 2003.

5) El precio acordado entre A y B para la venta del bien X fue de diez millones de pesos.

6) El día D a la hora H en el lugar L, A disparó a B una bala que le llegó al corazón y le provocó la muerte.

Agregamos, por nuestra parte, estos otros enunciados a la lista:

7) A ha matado a B por placer.

8) A ha matado a su cónyuge.

9) A ha omitido prestar auxilio necesario a B.

10) La mujer B es honesta.

11) A se apoderó de una cosa mueble ajena.

12) A empleó la fuerza contra un funcionario público.

13) A libró un cheque sin provisión de fondos.

14) A embistió con su auto al auto que conducía B.

15) La caída de granizo la noche del día D ocasionó daños en el automotor de A.

16) A no cumplió con la entrega de la cosa acordada en la cláusula cuarta del contrato C.

17) A cumplió con la obligación de restituir el inmueble X a B.

18) El certificado expedido por la repartición pública R es auténtico.

La lista podría ser mucho más larga, pero los ejemplos introducidos son suficientes para permitirnos hacer las observaciones que estimamos pertinentes. Antes de ello proponemos las siguientes convenciones terminológicas a los fines expositivos de lo que resta de esta sección. Denominaremos de manera genérica *hecho* («H») a todo aquello que pueda ser descripto mediante un enunciado, esto es, a todo aquello que se conforme a su contenido proposicional y, en particular, se conforme al contenido (descriptivo) de una norma, cualquiera sea, en última instancia, su naturaleza ontológica. Denominaremos, correlativamente, *descripción de un hecho* («DH») al contenido proposicional de un enunciado y, en particular, al contenido descriptivo de una norma. Sobre estas bases formulamos a continuación las siguientes cuatro puntualizaciones.

En primer lugar, ha de observarse que no todos los enunciados de la lista afirman «hechos» que se encuentren contemplados en el contenido descriptivo de una norma jurídica. Algunos de ellos cobran relevancia jurídica simplemente porque la demostración de su verdad (o falsedad) —por sí misma o en conjunción con la verdad de otros enunciados— puede permitir demostrar la verdad (o falsedad) de otro enunciado que afirme la existencia o acaecimiento de un hecho que sí es referido en el contenido descriptivo de una norma. Así, por caso, los ejemplos 1) y 2) podrían ser relevantes para establecer la tasa que debe usarse para el cálculo de los intereses que A le debe a B; 3) podría servir para establecer el monto de la deuda de C al banco B; 15) podría no tener ninguna relevancia jurídica de no haber, por ejemplo, un contrato de póliza de seguro celebrado con relación al automotor en cuestión.

En segundo lugar, ha de distinguirse dos tipos de H: *empíricos* e *institucionales*. En efecto, cabe destacar que no todos los enunciados indicados en la lista afirman la existencia o el acaecimiento de H que se dan meramente en la experiencia sensible y que pueden, por lo tanto, ser percibidos (por cualquiera de los sentidos). No obstante, tales enunciados afirman la existencia o el acaecer de un cierto H, por lo que pueden resultar verdaderos o falsos. Los denominaremos *enunciados fácticos*. En este sentido, puede decirse que aquello que es el caso (o no es el caso) y que hace verdadero (o falso) un cierto enunciado, excede el ámbito de lo empírico en el sentido indicado. Así, por ejemplo, la existencia de una cierta tasa de interés [ejemplos 1) y 2)] es un H que puede darse en un cierto tiempo y regir para un cierto lugar. Puede ocurrir, asimismo, que la tasa de interés se modifique. Un enunciado que afirme una u otra cosa con relación a la tasa de interés será verdadero o falso según cuál sea (o no sea) el caso. Sin embargo, aquello que es el caso (la existencia de una cierta tasa de interés en un cierto tiempo y respecto de un cierto lugar, tanto como su modificación) no es un hecho empírico en el sentido expuesto. En efecto, la tasa de interés no es algo que puede considerarse existente en el mundo de la mera realidad empírica sino en el mundo de las transacciones financieras, el cual no puede ser reducido a un conjunto de datos materiales directamente perceptibles como el papel, el sonido y las imágenes. Esos elementos materiales deben encontrarse vinculados con un conjunto de convenciones, de conexiones y símbolos, para que sea posible afirmar la verdad del enunciado relativo a ellos. Tal clase de H suele ser denominada *hechos institucionales*. Similares consideraciones pueden hacerse respecto de la existencia de un precio (ejemplo 5), de un cónyuge (ejemplo 8), de una cosa mueble (ejemplo 11), de un funcionario público (ejemplo 12), o de un contrato (ejemplo 16). En estos últimos ejemplos, los H son además específicamente definidos por disposiciones jurídicas.

En tercer lugar, independientemente del carácter empírico o institucional de algunos H, lo cierto es que los H con relevancia jurídica pueden revestir muy diversas características y, por ende, la demostración de su existencia o acaecimiento exigir diferentes tipos de prueba en su apoyo. Así, por ejemplo, a veces se trata de demostrar la existencia de una determinada relación causal [casos 4), 6) y 14), 15)], o la realización o no realización de una cierta acción relevante [casos 17) y 9) respectivamente]; otras veces se trata de demostrar la existencia de ciertos estados subjetivos del comportamiento humano, como ciertas intenciones (verbigracia, el dolo), o ciertos móviles específicos (verbigracia, el matar por placer), tal como lo ilustran los casos 6), 7) y 8). Puede tratarse también de la demostración de que existe una cuenta bancaria sin fondos o que un documento es auténtico o que en un tiempo y lugar dados existe una determinada tasa de interés [ejemplos 13), 18) y 1) y 2)]; o también de una cierta cualidad moral como la honestidad (caso 10). Desde luego, se trata de una enumeración meramente ilustrativa e indicativa.

En cuarto lugar, ha de destacarse que la afirmación de enunciados fácticos en el ámbito de un proceso jurídico está motivada por un criterio de relevancia jurídica, es decir, que se afirma la existencia o acaecimiento de aquellos hechos respecto de los cuales hay una calificación jurídica (o de aquellos que sin tenerla permiten inferir o demostrar la de aquellos que sí la tienen). La relevancia jurídica condiciona incluso la descripción utilizada para hacer referencia a un hecho entre las innumerables descripciones posibles, por ejemplo, excluyendo aquellas características que no interesan a los efectos de la subsunción en las normas jurídicas pertinentes.

Vista la diversa gama de aquello que puede contar como hecho en el marco de la denominada «*quaestio facti*», pasamos a estudiar otro análisis de la distinción entre hecho y derecho, uno que atiende a la construcción jurídica de la premisa menor, llamada «fáctica», del denominado «silogismo judicial», el ofrecido por Chaïm Perelman.

1.1.3. La crítica de Perelman a la distinción entre *quaestio facti* y *quaestio iuris*

En «La distinction du fait et du droit. Le point de vue du logicien»[399], Perelman se pregunta si hay una diferencia entre hecho y derecho, y comienza por advertir que los filósofos contemporáneos, en especial los lógicos, se han inspirado excesivamente, con relación a la concepción del razonamiento de la prueba, en las ciencias exactas y particularmente en las matemáticas. Su tesis principal es que el razonamiento de un juez no puede reducirse a un silogismo lógico —tal como lo pretenden tales filósofos y lógicos. Ello sería así porque, aun presentado como una simplificación, este análisis es inadmisible toda vez que tendría por efecto suprimir todas las dificultades suscitadas por la distinción entre hecho y derecho: *la calificación jurídica siempre se efectúa sobre la premisa menor por lo que no puede, sin más, ser considerada como describiendo simplemente los hechos de la causa*. Para criticar el modelo matemático y desarrollar

---

[399]   Perelman, 1961.

su concepción del razonamiento judicial y de la prueba, Perelman se concentra en dos aspectos del razonamiento judicial: en primer lugar en su estructura (A); en segundo lugar, en la elaboración del sentido de las nociones jurídicas para su aplicación a situaciones concretas (B).

A)   La estructura del razonamiento judicial

Ante una pretensión o una acusación, el rol del juez es establecer los hechos que justifiquen la demanda y determinar las consecuencias jurídicas que resultan de ello respecto de un sistema de derecho en vigor. El razonamiento de un juez puede, pues, ser reducido teóricamente a los elementos siguientes:

a) La norma aplicable afirma que, en la hipótesis de que un hecho calificado de tal manera sea establecido, tal consecuencia jurídica se seguirá. Esta consecuencia puede imponérsele a un juez de manera unívoca sin dejarle ningún poder de apreciación (será castigado con pena de muerte...), dejándole un margen de apreciación (será castigado a trabajos forzados de 15 a veinte años), o bien otorgándole un poder discrecional o de libre apreciación (el juez puede o podrá...).

b) Ahora bien, tal hecho, que ha sido calificado conforme a la hipótesis de la norma aplicable, ha sido establecido.

c) Se sigue tal consecuencia jurídica.

La decisión del juez jamás va a ser hipotética (contrariamente a la fórmula del pretor romano), mientras que toda norma y toda definición puede ser asimilada a un juicio hipotético. Este aspecto del razonamiento judicial, que es esencial, no es puesto en evidencia en su reducción a un silogismo, toda vez que el silogismo, cuya premisa menor puede ser hipotética o categórica, puede dar lugar a una conclusión de uno u otro tipo. En el primer caso, el razonamiento, que tiene por finalidad precisar el sentido de los términos de la norma, permanece en el nivel de la doctrina jurídica, y posee la forma siguiente:

Para todo X, si es P, tal consecuencia se seguirá.

Ahora bien, (haciendo intervenir una definición) para todo X, si A, es P.

Por lo tanto, para todo X, si A, tal consecuencia se seguirá.

Por el contrario, en una decisión de justicia, que supone siempre que ciertos hechos están o no establecidos, el razonamiento tendrá la forma siguiente:

Para todo X, si es P, tal consecuencia se seguirá.

Ahora bien, (en el caso afirmativo) tal hecho es P.

Por lo tanto, esa consecuencia se seguirá.

De ello resulta que, en realidad, la premisa menor que se presenta bajo la forma que parece unitaria: tal hecho es (o no es) P, debe ser descompuesta en dos partes enteramente distintas:

1. Tal hecho es (o no es) establecido.

2. El hecho así establecido (suponiendo que lo sea) es P.

El establecimiento de los hechos está sometido a las reglas de procedimiento y de la prueba que el juez no puede transgredir. Del hecho de que el derecho aplicable establezca una serie de presunciones, alguna de las cuales son irrefragables (y que recuerdan la ficción del derecho romano), del hecho de que éste impone a una u otra parte la carga de la prueba, resulta que los hechos establecidos no son en absoluto «hechos puros». Por otra parte, el establecimiento de esos hechos nos aleja muy a menudo del dato concreto, ya que en un buen número de casos solo un experto es capaz de esclarecer a un juez sobre el significado y sobre el alcance de ciertos indicios. A veces es necesario recurrir a teorías y técnicas especializadas para establecer conclusiones pertinentes. La descripción de hechos proporcionada por un experto (en balística o sangre) está orientada por las preguntas del juez que él debe responder.

B)   La elaboración del sentido de nociones para su aplicación
     a situaciones concretas

Además, los tribunales pueden precisar los términos del lenguaje natural con relación a contextos jurídicos determinados. Una definición que no es ostensiva determina la comprensión del concepto: ella consiste en una relación entre conceptos. Una calificación (ya sea positiva o negativa), por el contrario, establece una relación entre un concepto y un elemento del que se afirma que forma parte o no de la extensión del concepto. Cuando califica, el juez viene muy a menudo a precisar el sentido de los términos de la ley, y ello incluso en el caso de una calificación negativa; es así que al afirmar que tal situación presenta o no presenta un caso de urgencia, precisa un poco esta noción.

En la medida en que las decisiones judiciales establecen precedentes, ellas contribuyen a la elaboración de un orden jurídico gracias a la regla de justicia según la cual los casos esencialmente semejantes deben ser tratados (clasificados u juzgados) de la misma manera. Cuando una corte suprema interpreta la ley de una manera que no satisface al legislador, se crea la posibilidad de precisar o modificar un texto legal o de introducir una nueva terminología que evitará los inconvenientes de la jurisprudencia en vigor. La operación intelectual de interpretar, contendida en la determinación del sentido y del alcance de los términos de la ley, se funda, a su vez, sobre los elementos teóricos y sobre las consideraciones prácticas que justifican la decisión del juez de interpretar la ley de una u otra forma.

Así, la distinción entre hecho y derecho permite analizar construcciones intelectuales en que el pensamiento y la acción están íntimamente mezclados, y Perelman invita a los teóricos del conocimiento a presentar de una manera más fecunda la distinción actual, que ha conducido a un *impasse*, entre juicios de realidad y juicios de valor.

Antes de concluir esta presentación del trabajo de Perelman, quisiéramos retener su tesis central, la cual, como se recordará, ha sido también afirmada en términos similares por Tecla Mazzarese: *la calificación jurídica siempre se efectúa sobre la premisa menor por lo que no puede, sin más, ser considerada como describiendo simplemente los hechos de la causa.* Más adelante, en el punto 1.2.6.3.3., volveremos sobre esta cuestión, adonde remitimos.

Dejando ahora de lado los análisis puramente conceptuales, estimamos pertinente introducir algunas breves notas de historia del derecho comparado, con remisión al volumen histórico de esta obra.

1.1.4. La distinción entre *quaestio facti* y *quaestio iuris* en el plano histórico

Robert Jacob ha advertido, acertadamente, que la distinción *law/fact*, en el *common law*, no tiene en absoluto la misma importancia que la distinción entre el derecho y el hecho en las culturas continentales[400]. Con relación a esta última distinción, ha precisado, incluso, que no es sino una de las consecuencias (más importantes) del sistema procesal romano-canónico basado en la *enquête* judicial: «Apenas esbozada en los textos de derecho romano clásico, se desarrolla de manera sistemática en los comentarios medievales. Y al mismo tiempo que se objetivaba la noción de hecho, nacía una teoría de la prueba como investigación de una verdad fáctica»[401]. Ello no deja de tener consecuencias respecto de la noción de calificación jurídica, estrechamente vinculada con la anterior: «La historia, todos lo sabemos, es con frecuencia irónica. La historia comparada de las relaciones entre la justicia y lo sagrado desnuda alguna de estas ironías. Puede suceder que ciertos sistemas que se formaron separadamente se descubran más afines el uno del otro, sobre un punto preciso, que respecto de aquéllos a los que el pasado vincula. Una noción como la de calificación, por ejemplo, tan familiar al jurista

---

[400] Jacob, 2016: 24.
[401] Jacob, 2014: 499.

de tradición romanista, pero muy tributaria de la distinción establecida por él entre el derecho y los hechos, se traduce más fácilmente
en chino que en inglés»[402]. Es que, como se ha dicho *supra*, en el
common law, más que de la aplicación de una norma jurídica preexistente y previamente indentificable que vendría a calificar jurídicamente a unos hechos también previamente identificados a través
de la prueba, se trata de *producir* una regla para unos hechos que se
tienen por acreditados si se respetan ciertas formas rituales[403]. *Supra*, en el punto I, 5.4., ya se ha visto cómo la distinción entre hecho
y derecho, de acuerdo con Robert Jacob, afecta el tratamiento de la
ficciones jurídicas.

1.1.5. Conclusiones

Tras lo expuesto creemos que es posible afirmar que, por los
distintos argumentos que se han abonado, la distinción entre lo que
tradicionalmente se llama *quaestio facti* y *quaestio iuris* presenta casos
limítrofes en que ambas nociones se conectan o superponen de un
modo que no es siempre fácil establecer una línea rígida de separación entre ambas categorías. Por otra parte, la distinción es deudora
tanto del contenido variable de los diferentes ordenamientos jurídicos positivos como de las características de las tradiciones jurídicas
a que estos pertenecen (por caso, paradigmáticamente, *common law*
y *civil law*). Es más, la distinción misma ha sido históricamente constituida y reelaborada, por ende, en una u otra tradición jurídica, de

---

[402]   *Ibidem*: 533.
[403]   Sobre la distinción entre hecho y derecho en el derecho romano antiguo y en
distintas jurisdicciones europeas, véase el volumen colectivo publicado por el
Centre national de recherches de logique, 1961. Asimismo remitimos a los
diversos trabajos que integran el volumen II de esta obra, especialmente, en
lo tocante al derecho romano, los trabajos de Carla Masi Doria (apartado V y
XII) y Masimo Cascione (*passim*); algunas alusiones se encontrarán también en
los trabajos de Barbara Shapiro (en referencia a la tradición romano-canónica;
apartado IV in fine) y el trabajo de Halperin (respecto del derecho francés
moderno).

forma diversa. El contenido mismo de la *quastio facti* (*i.e.*, lo que ésta incluye como hechos) no ha dejado de ser sensible a la historia. En particular, la llamada *quaestio facti*, no solo engloba entidades de muy diversa naturaleza sino que algunas de ellas no parecen poder ser individualizadas prescindiendo en algún punto del proceso de nociones o categorías jurídicas. De manera más general, asimismo, la distinción misma entre *quaestio fati* y *quaestio iuris* depende del modelo teórico que se adopte y el conjunto de decisiones teóricas y metodológicas que este implica.

Todo esto, sin embargo, a nuestro juicio, no anula en absoluto la diferencia entre los hechos y el derecho. Todo lo que implica es que es necesario trazar ciertos niveles de análisis precisos y apropiados para dar cuenta de la complejidad de relaciones que se tejen entre los hechos y las normas jurídicas. En particular, en este sentido, hay que tener especialmente en cuenta que la noción de *quaestio facti* no es equivalente (ni intensional y ni extensionalmente) a la de hechos, si «hecho» se entiende en un sentido puramente empírico. Bajo esta noción los juristas incluyen, como se ha visto, hechos de muy diverso tipo, no solo puramente empíricos, sino también abstractos, institucionales e incluso algunos que solo pueden ser determinados valorativamente (y no descriptivamente). Pero aun respecto de estos últimos es posible diferenciar aquello que ocurre en el mundo de la categoría conceptual (jurídica o no) en la cual se pretende eventualmente subsumirlos. Por vagos y valorativos que sean nuestros conceptos de «ofensa» y de «moral» algo ha de ocurrir en el mundo que puede ser descrito de modo independiente a la expresión «ofensa moral» antes de decidirnos por si tales hechos constituyen o no una ofensa moral. Pero además —y esto es lo que produce mayor confusión— los juristas suelen incluir dentro de la *quaestio facti* hechos jurídicamente calificados, lo cual se aleja con mucho de la noción de hechos *simpliciter* (cualquiera sea su tipo dentro de la variada tipología); esto se ve patente en la formulación de la premisa menor del silogismo judicial, tema sobre el cual, como hemos dicho, volveremos en el punto 1.2.6.3.3.

Marcando la estrecha relación entre ambas categorías, las de hecho y derecho, González Lagier, no deja —a nuestro juicio acertadamente— de mostrar la importancia fundamental de su distinción. Así, ha afirmado que la calificación jurídica, ciertamente, opera con hechos, pero que es una operación que no podría ser llevada a cabo sin normas; y, lo que es más importante y menos evidente aún, que la prueba de los hechos también está teñida de normatividad porque en muchas ocasiones el proceso de prueba no solo consiste en la verificación de hechos externos, sino en la configuración de una determinada interpretación de los mismos (previa a la calificación). A este respecto, precisa que en ciertas ocasiones estas interpretaciones pretenden descubrir alguna propiedad del hecho en cuestión y, en tal sentido, son descriptivas y dependen de una actividad propiamente cognoscitiva; pero que en otras ocasiones, lo que con tales interpretaciones se pretende es imputar alguna propiedad, de modo que se trata de interpretaciones adscriptivas que no dependen de una actividad puramente cognoscitiva, en el sentido de que para determinar la presencia o no de tal propiedad no basta con «mirar al mundo», sino que también hay que «volver la cabeza» hacia las normas. Ante estas reflexiones se pregunta: ¿qué queda de la distinción entre *quaestio facti* y *quaestio iuris*? Su respuesta es que queda algo y muy importante[404]:

> Queda la prueba de los hechos externos en los que se basan las distintas interpretaciones sobre las que a su vez operará la calificación jurídica y queda la prueba de los hechos interpretados descriptivamente[405].

Reconoce, sin embargo, que esto es menos de lo que tradicionalmente abarca la *quaestio facti*. A continuación se pregunta, pertinentemente, cuáles son las consecuencias de esta debilitación o, mejor, reelaboración de la distinción. La consecuencia más inmediata sería que en la argumentación en materia de hechos se entrecruza lo puramente fáctico y lo normativo, pero sin que por ello la argumenta-

---

[404]   *Ibidem*: 35-36.
[405]   *Ibidem*: 36.

ción sobre los hechos sea indistinguible de la argumentación sobre el derecho. Afirmar que en la motivación de los hechos se dan también juicios acerca del derecho y viceversa no implicaría negar que existan diferencias entre la argumentación o motivación acerca de hechos y acerca del derecho. Así, mientras la argumentación sobre el derecho trata de dar razones a favor de la conclusión según la cual una prescripción o valoración es justa o buena o correcta o válida, la argumentación en materia de hechos trata de dar razones para apoyar la conclusión de que una descripción es verdadera o probable o verosímil o aceptable, o bien, que la imputación de un hecho cuya atribución depende de normas es correcta[406].

Habiendo analizado la distinción entre *quaestio facti* y *quaestio iuris*, así como las dificultades que plantea, es momento de detenernos en las actividades y, más precisamente, en los diferentes tipos de enunciados que, en el marco de un proceso jurisdiccional, involucra la determinación de la *quaestio iuris*.

1.2. Razonamiento judicial y susceptibilidad a la verdad de los enunciados jurídicos internos relativos a la *quaestio iuris*

A continuación procederemos como sigue. En primer lugar, pondremos de relieve el rol protagónico y la tarea específica de los órganos encargados de decidir las controversias en el marco de un proceso jurisdiccional, así como de los principales tipos de enunciados jurídicos normativos que involucra su tarea (1.2.1.). Así delineada la institución jurisdiccional, nuestro próximo cometido será mostrar la contingencia y variabilidad del modelo bajo el cual la hemos descripto, a fin de distinguir tres modelos jurisdiccionales (1.2.2.). Luego, tomando como objeto de análisis uno de dichos modelos (que denominaremos romano-canónico), nos ocuparemos de reconstruir una forma canónica de razonamiento judicial, dis-

---

[406] *Idem*, con apoyo en Comanducci, 1992: 24.

tinguiendo, por una parte, su dimensión teórica (o cognoscitiva) de su dimensión práctico-normativa (1.2.3), y por otra los dos tipos de consideración de los que éste puede ser objeto: una descriptiva y otra normativa (1.2.4.). Dado que el análisis de la forma canónica del razonamiento judicial permite discriminar los distintos tipos de enunciados que éste involucra, aislaremos dos de ellos para someterlos a un examen específico, a saber: los enunciados jurídicos normativos (1.2.5.) y los enunciados de subsunción, cuya relación con la noción de verdad cabe especificar (1.2.6.).

1.2.1. Órganos primarios y determinaciones aplicativas

Entre las instituciones aplicadoras de normas, Raz discrimina las *instituciones ejecutivas* y lo que él denomina *órganos primarios*. Las instituciones ejecutivas de normas son aquellas que aplican normas a casos particulares implementándolas físicamente, sin crear para ello otras normas. En la terminología de Kelsen, órganos de ejecución[407]. Los órganos primarios, en cambio, son aquellos que combinan la creación y la aplicación normativa en una forma especial: se ocupan de las determinaciones autoritativas de conformidad con normas preexistentes, esto es, de determinar la situación normativa de específicos individuos en situaciones concretas mediante la aplicación de las normas jurídicas existentes, teniendo sus declaraciones carácter obligatorio aun si son equivocadas, esto es, aun si constituyen una mala aplicación del derecho[408]. Raz distingue claramente, además, esta tarea de determinación de la situación normativa de los individuos, a la cual denomina *determinación aplicativa*, tanto de la facultad que tienen los órganos primarios —de acuerdo con el derecho— para crear precedentes, como de la acción de dictar las órdenes (normas individuales) respecto de los individuos, ya sea para obligarlos a reparar daños, a pagar multas, ir a prisión o,

---

[407]   Cf. Kelsen, 1960: 51, 216, 271, 288 y *passim*.
[408]   Cf. Raz, 1979: capítulo VI, «La naturaleza institucional del derecho», en especial 138-144.

en suma, a hacer o no hacer algo. Las determinaciones aplicativas contienen, básicamente, tres clases de afirmaciones: i) afirmaciones con respecto al acaecimiento o no acaecimiento de los hechos bajo juzgamiento; ii) afirmaciones respecto de las disposiciones jurídicas que resultan externamente aplicables a los hechos que se considera que han (o no han) acaecido; y iii) afirmaciones respecto de si los hechos reputados como acaecidos pueden ser subsumidos en (*i.e.*, son internamente aplicables a) las disposiciones jurídicas que se estiman externamente aplicables (*i.e.*, si un determinado caso individual es o no un caso de instanciación de cierto caso genérico de las normas seleccionadas como externamente aplicables)[409]. Con relación a todos y cada uno de estos tipos de enunciados se plantea la cuestión de su verdad o falsedad. Los englobados en i) son relativos a la *quaestio facti*, los comprendidos en ii) a la *quaestio iuris*, y los referidos a iii) implican una relación entre ambas.

La actividad de ordenar judicialmente a un individuo que realice o no realice una determinada acción puede o no estar sustentada en determinaciones aplicativas. Si se pretende que una orden tal esté basada en las normas generales de un sistema jurídico, ella debería guardar sustento en determinaciones aplicativas previas.

Ahora bien llegados a este punto de la exposición, cabe preguntarse: ¿la actividad jurisdiccional, así descrita, constituye un rasgo universal del derecho? A responder esta pregunta destinamos en próximo apartado.

---

[409] Bastará aquí con decir que cuando se afirma que una norma N_1 es aplicable a cierto caso cuando existe otra norma N_2 en el sistema jurídico que impone a los jueces u otros órganos el deber de aplicarla a su respecto, se está hablando de *aplicabilidad externa*. No obstante, dicha noción no reconstruye sino uno los usos que los juristas acuerdan a la expresión «aplicabilidad». A veces, estos se valen también de dicho término para hacer referencia al hecho de que una norma regula un cierto caso, esto es, que éste cae dentro de su campo de significación. A ésta última puede denominarse *aplicabilidad interna*. Para un desarrollo más amplio remitimos a Sucar, 2008: capítulo IV, 3.1.1: 423-424 y bibliografía allí citada.

1.2.2. Modelos jurisdiccionales

A fin de apreciar la singularidad y contingencia de la descripción que hemos dado en el punto anterior, resulta interesante contraponer el modelo jurisdiccional que se desprende de dicha descripción —en el que las decisiones de los órganos de aplicación han de ser fundadas tanto con relación a los hechos tenidos por acaecidos como con relación al derecho que les es aplicable—, con aquel que se propone en el Estado ideal del Platón y que Kelsen comenta en los siguientes términos:

> En el Estado ideal de Platón, en el cual los jueces podían resolver todos los casos según su libre apreciación, sin verse limitados por ninguna norma general dictada por el legislador, cada una de esas decisiones constituye, sin embargo, una aplicación de la norma general que determina bajo qué condiciones un individuo está facultado para actuar como juez. Solo con fundamento en esa norma puede ser visto como juez del Estado ideal, puede atribuirse a ese Estado ideal sus sentencias, como producidas dentro de ese Estado ideal[410] [...] El principio de ligar la sentencia dictada en casos concretos a normas generales que han sido previamente producidas por un órgano legislativo central, podría ampliarse coherentemente al funcionamiento de los órganos administrativos. Expresa, en esta generalidad, el principio del estado de derecho que, en esencia, es el principio de la seguridad jurídica. En plena oposición a este sistema se encuentran aquellos donde no existe en absoluto un órgano legislativo central, sino que los tribunales y los órganos administrativos tienen que resolver los casos individuales mediante su libre criterio. Su justificación reposa en la tesis de que ningún caso es enteramente igual a otro, y que, por lo tanto, la aplicación de normas jurídicas generales, que determinan de antemano la sentencia judicial o el acto administrativo, impidiendo al órgano interesado hacer justicia a las peculiaridades del caso individual, puede conducir a resultados insatisfactorios. Se trata del sistema de la libre creación de derecho, un sistema que ya Platón recomendaba para su Estado ideal. Como consecuencia de la descentralización radical de la producción de derecho que acarrea, este sistema se caracteriza por su gran flexibilidad, pero carece de toda seguridad jurídica. Puesto que bajo semejante orden jurídico los individuos que se considere no pueden en forma alguna prever las decisiones de los casos concretos en los que tengan que participar como demandante o demandado, como acusado o como acusador. De ahí que no puedan

---

[410]   Cf. Kelsen, 1960: 245.

saber nada de antemano sobre qué les esté jurídicamente prohibido o permitido, con respecto de para qué estén jurídicamente facultados o no. Solo podrán experimentarlo mediante la sentencia que les impone una pena, o en la que son absueltos, o que rechaza la demanda o hacer lugar a la misma[411].

Bajo estos lineamientos, los sistemas jurídicos del *common law* podrían ser considerados como aquellos que ocupan una posición intermedia entre los sistemas codificados de la tradición romano-canónica, que aspiran a una determinación previa y completa de la calificación jurídica de las conductas (en la medida en que los jueces se limiten a aplicar las normas generales dictadas por el legislador), y este sistema de «libre creación del derecho» prefigurado por Platón. En efecto, como bien ha señalado Robert Jacob:

> Cuando un francés emplea el adjetivo «*légal*» quiere decir lo que es conforme a la ley, entendiendo la ley como una norma establecida en abstracto, independientemente de los casos concretos en los que se aplica. Cuando un anglosajón emplea el adjetivo «*legal*» no entiende en absoluto lo mismo, ni siquiera ve necesariamente una norma jurídica predeterminada en relación con los procesos juzgados o por juzgar. A menudo, hay que traducir «*legal*» [ingl.] no como (seguramente no como) «*légal*» y ni siquiera como «*juridique*»; a menudo la traducción correcta, en francés o en otra lengua latina es «*judiciaire*» [«judicial» en esp.]. Es «*legal*» [ingl.] lo que es conforme a lo que deciden comúnmente los tribunales, no solo lo que han decidido en el pasado, sino también lo que deciden en el presente y lo que podemos suponer que decidirán en el futuro, ya que el «*law*» es un campo en movimiento perpetuo[412].

En los países del *common law*, el derecho se concibe más bien como un mundo de procedimientos y no, como en *civil law*, como un «armazón normativo y administrativo»; la percepción de las cosas de los *common lawyers* tiene más que ver con los modos de resolución de conflicto que con un corpus normativo preestablecido: «El saber jurídico es una especie de adivinación, de anticipación probabilística sobre decisiones aún desconocidas. No es un trabajo de reflexión

---

[411]   *Ibidem*: 260.
[412]   Jacob, 2016: 15.

sobre un conjunto finito de normas conocidas; el problema no consiste en saber cuáles son jurídicas y cuáles no lo son; es una suposición sobre el movimiento de las decisiones de justicia». Mientras en la tradición jurídica continental europea resulta casi una obviedad concebir al derecho como un sistema de normas concebidas abstractamente y como constituidas con anterioridad a todo acto de aplicación —la teoría de Kelsen de los sistemas jurídicos, no es, en este sentido, más que un ejemplo paradigmático de abstracción y formalización—, en la tradición jurídica del *common law* ello es más bien un pensamiento a contracorriente de sus propios materiales y referencias implícitas[413]. Así, Jacob concluye:

> A mi entender, el esfuerzo de Hart es un poco desesperado. Su empresa consiste en emprender una teoría del derecho «a imagen de Kelsen», es decir como alguien que tiene en mente la herencia romanista, pero teniendo presente al mismo tiempo los materiales y los referentes explícitos e implícitos que son en realidad los de Holmes y los de Llewelyn. Holmes y Llewelyn en el fondo están más cerca del espíritu del *common law* que Hart. Hay en este último una distorsión, una especie de contradicción entre el estatuto epistemológico de la teoría, su vocación de producir un conjunto de conceptos universales, y los materiales que alimentan esa reflexión teórica[414].

Estas consideraciones son, desde luego, también aplicables a Raz. De hecho, Hart y Raz figuran entre los pocos autores de la tradición jurídica del *common law* que se han interesado por la teoría de los sistemas jurídicos, la cual es en el mundo jurídico anglosajón casi una curiosidad. Al respecto, la observación de Eugenio Bulygin de que «es significativo» que la «tendencia» de algunos filósofos del derecho de poner la noción de sistema jurídico en el centro de sus intereses —como von Wright, Raz, Alchourrón y Bulygin, y Lindahl— «esté más bien limitada a la tradición continental (europea) y latinoamericana en la filosofía del derecho» y de que «la influencia de la lógica simbólica en la teoría del derecho angloamericana es

---

[413] *Ibidem*: 16-17.
[414] *Ibidem*: 18.

todavía más bien escasa»[415], para cobrar su verdadera dimensión, debería ser ubicada en el contexto más amplio de la historia del derecho desde una óptica antropológica y comparatista[416].

A modo de síntesis podemos decir que, sobre la base de la existencia (o no) de la obligación de motivar las sentencias[417] y la existencia (o no) de un corpus de normas definidas y preestablecidas que los jueces (en los ideal) deben limitarse a aplicar, podemos distinguir tres modelos jurisdiccionales: A) el de la libre creación del derecho, en el que no se actualiza ninguna de las dos referidas exigencias; B) el modelo romano-canónico en el que ambas exigencias están presentes; y C) el modelo del *common law* en el que ambas exigencias se dan pero de manera más debilitada. La debilitación de la primera de ellas, se hace patente si se tiene en cuenta la cantidad e importancia de litigios que son decididos por jurados que no tienen obligación de fundamentar sus veredictos. La debilitación de la segunda de ellas, se hace visible tan pronto como se considera la ausencia de codificación; el margen mayor de maniobra interpretativa que deja abierto la determinación de la *ratio decidendi* de los precedentes (que son abundantes en comparación con las leyes); así como la cantidad de supuestos que no están previamente regulados ni por leyes ni por precedentes; todo lo cual da a los llamados órganos de «aplicación» una mayor posibilidad de efectuar una tarea de creación de normas generales (si bien con requerimientos muy

---

[415] Bulygin, 2014: x-xi.

[416] Para un análisis detallado de la conformación y desarrollo de estas dos tradiciones jurídicas y sus respectivas idiosincrasias, véase Jacob, 2014. Remitimos, asimismo, a nuestra introducción al vol. II de esta obra.

[417] Sobre la historia de la obligación de motivar las decisiones de justicia, en *civil law* y en *common law*, así como en los diferentes jurisdicciones y para un análisis jurídico y filosófico véase Prelman-Foriers, 1987 y Accatino, 2003; remitimos asimismo a nuestra introducción al volumen II de esta obra, nota al pie de página 104 y bibliografía allí citada. Para un análisis contemporáneo véase Ferrer, 2011; Taruffo, 2013; y Accatino, 2015.

diferentes a los del legislador)[418]. En lo que sigue, a los fines expositivos, tendremos en mente el modelo señalado en B).

1.2.3. Las dimensiones teórica (o cognoscitiva) y práctico-normativa en el razonamiento judicial

Dejando ahora de lado las anteriores consideraciones, digamos —sin matizar ahora respecto de las diferentes tradiciones jurídicas del *civil law* y del *common law*[419]— que cuando la orden individual pronunciada por un órgano de aplicación se sustenta en una determinación aplicativa correcta, esto es, cuando la determinación de los hechos, de las normas aplicables y de los enunciados de subsunción correspondientes es apropiada, la decisión judicial que la contiene será estimada como «conforme a derecho», «derivación del derecho vigente» o simplemente «válida»; mientras que será calificada como «no conforme a derecho», «no derivada del derecho vigente», o simplemente «inválida» en caso contrario. En este sentido, la verdad de las afirmaciones contenidas en una determinación aplicativa constituye un criterio de corrección de las órdenes o normas individuales pronunciadas por los órganos de aplicación.

Esto pone de manifiesto que aunque el uso de disposiciones jurídicas para resolver un cierto caso constituye una tarea de carácter eminentemente práctico-normativo, la aplicación de disposiciones jurídicas generales a casos particulares, en la medida en que ésta deba constituir una derivación correcta del derecho «vigente», requiere la previa identificación de las disposiciones jurídicas relevantes (así como la prueba de las circunstancias fácticas). Estas tareas, a nuestro juicio, poseen carácter *teórico* (o cognoscitivo) porque involucran la

---

[418] Sobre este punto remitimos a lo expuesto en el la introducción al volumen II de esta obra: 170-173.

[419] Más adelante (punto II, 2.4) veremos, sin embargo, cómo las diferencias entre estas dos tradiciones jurídicas se vuelven relevantes a la hora de analizar la relación de la verdad con la determinación de los hechos en los procesos jurisdiccionales.

formulación de enunciados que se pretenden sean verdaderos[420]. La *determinación* de si un acto de producción del derecho (y por ende, de aplicación) es (o no) válido, conforme a nuestros postulados, según hemos dicho, es una tarea teórica (o cognoscitiva). La *justificación* de un acto de producción del derecho efectuado por un órgano jurídico, por el contrario, es una tarea práctico-normativa. Desde nuestro punto de vista, la teoría positivista del derecho, nada puede decir —sin transgredir sus límites— acerca de si el razonamiento práctico-justificatorio de los órganos de producción del derecho, en tanto tal, ha de tener su punto final en las normas jurídicas positivas o si, por el contrario, éste ha de descansar en última instancia en el dominio de normas extra-jurídicas, principalmente prudenciales y político-morales. Conviene ver esto un poco más de cerca a través del análisis de la estructura de un razonamiento judicial típico.

Carlos Nino ha puesto de relieve que el razonamiento jurídico efectuado por el juez para arribar a una sentencia —al igual que el razonamiento desplegado por el legislador para crear una ley— es una especie de razonamiento moral que, en cuanto tal, es un razonamiento práctico-normativo, en la medida en que sus premisas, entre las cuales hay normas y razones justificatorias, conducen, co-

---

[420] Un argumento para cuestionar que la determinación aplicativa constituya, en cualquier nivel de análisis, una actividad teórica, podría ser el siguiente. Afirmar que una conducta se corresponde con lo que estipula una norma, sería una actividad eminentemente práctica. Ello así porque la afirmación de que cierta conducta es conforme o contraria a cierta norma implica que los individuos, dentro de cierta práctica social, poseen criterios prácticos para realizar una acción conforme o contraria a dicha regla. Ahora bien, tales criterios, incluso si son expresamente formulados en el marco de una teoría, no serían, sin embargo, reducibles ni traducibles, en forma completa, a la referida habilidad práctica. Por el contrario, a favor de la idea de que la determinación aplicativa constituye una actividad teórica, se puede aducir que los enunciados que afirman que cierta determinación aplicativa es correcta se corresponde con cierta *descripción* de la acción que se estima conforme a lo estipulado por la norma. En otras palabras, es cierta descripción de una conducta —justificada desde algún criterio— lo que se corresponde con lo establecido en una norma válida lo que torna verdadera la determinación aplicativa.

mo conclusión, a una decisión[421]. Expuesto de manera simplificada, el **razonamiento práctico-normativo de un juez** tendría la siguiente estructura: 1) se debe obedecer a quien ha sido elegido democráticamente para legislar; 2) el legislador L ha sido elegido democráticamente; 3) L ha dictado una norma jurídica que estipula «el que mata a otro debe ser penado»; 4) debe penarse a quienes matan a otros; 5) Juan mató a alguien; 6) se debe penar a Juan[422]. Nino sostiene, además, que aunque los predicados veritativos no podrían ser genuinamente atribuidos a las normas jurídicas, la solución jurídica consagrada por la autoridad positiva respecto de un determinado caso podría ser calificada como correcta o incorrecta según se adecue o no a las soluciones que se desprenden del sistema moral ideal. Un razonamiento jurídico estaría así *justificado* únicamente si se remonta a normas o razones morales verdaderas, esto es, que no son el mero resultado de las preferencias subjetivas de los agentes morales[423]. No obstante, es posible defender la tesis de que el razonamiento jurídico es una especie de razonamiento moral sin asumir ningún tipo de compromiso con la idea de que los juicios morales son verdaderos o falsos en algún sentido o sujetos a cualquier criterio de corrección externo a las proyecciones valorativas del sujeto. La posición de Juan Carlos Bayón ilustra bien este último punto de vista[424]. Lo que nos interesa ahora puntualizar es que, a nuestro juicio, aun si se estima correcta la afirmación de que el razonamiento judicial es una forma de razonamiento moral, debe quedar claro que ella no implica por sí misma la aceptación de ninguna forma de objetivismo moral, ni tampoco un modelo de justificación fuerte, sino únicamente uno débil en el cual la obli-

---

[421]　Cf. Nino, 1985, especialmente capítulo VII.

[422]　Cf. Nino, 1985, capítulo VII: 139. Ha de suponerse que las premisas 3) y 5) relativas, respectivamente, a la identificación de las normas jurídicas relevantes (*quaestio iuris*) así como a la prueba de los hechos del caso (*quaestio facti*) son objeto de una justificación efectuada de conformidad con las normas procesales que regulan el proceso y, en particular, la sentencia.

[423]　Cf. Nino, 1985, capítulo VII.

[424]　Cf. Bayón, 1991.

gación moral de los jueces de aplicar las normas dictadas por el legislador es, por lo demás, tan solo *prima facie*. En segundo lugar —y esto es lo que más interesa enfatizar—, ella no implica una impugnación a la tesis de la neutralidad valorativa, ni de la tesis de las fuentes sostenidas por el positivismo jurídico metodológico[425]. Lo único que tal afirmación mostraría —de ser correcta— es que en el ámbito de la aplicación y justificación normativa, esto es, en el dominio *práctico*, una decisión judicial descansa, en última instancia, en premisas morales. Ella no tiene la virtualidad de afectar, por lo tanto, la tesis del positivismo jurídico según la cual la identificación de normas jurídicas no importa ninguna valoración que implique una conexión necesaria entre el derecho y la moral. Incluso puede decirse que implica lo contrario: sostener que un juez solo tiene el deber (moral) de aplicar una norma jurídica dictada por el legislador si tiene suficientes razones morales para ello, presupone que se ha identificado previamente lo que el legislador ha consagrado como norma jurídica.

Así, considerada en sí misma, la justificación de la aplicación de normas generales a un caso, es una cuestión normativa, distinta a la cuestión teórica (o cognoscitiva) de saber cuáles son las soluciones previstas por el legislador para dicho caso —aunque la presupone si ha de ser justificada en normas jurídicas.

---

[425] Debe quedar claro, además, que aun de aceptarse (por otras razones independientes) que existe alguna forma de objetivismo moral, esto tampoco implicaría impugnación alguna a la tesis de la neutralidad valorativa ni a la tesis de las fuentes sociales. Como se ha dicho, el positivismo jurídico, tal como lo hemos caracterizado, es compatible con la existencia de una moral objetiva, y no necesita negar su existencia, sino solo negar la conexión necesaria entre ésta y la existencia del derecho o de su identificación. De la misma manera, es compatible con la idea (aunque no posee compromiso conceptual alguno con ella) de que existe una justificación en última instancia moral (objetiva o no) de las decisiones jurídicas (tesis de la unidad del razonamiento práctico).

1.2.4. Consideración descriptiva y normativa del razonamiento judicial

Independientemente de la distinción trazada en el punto anterior, no debe dejar de observarse que el razonamiento práctico-normativo del juez puede ser *considerado* tanto desde un punto de vista descriptivo como desde uno normativo. En el primer supuesto, se tratará simplemente de verificar si la conclusión satisface los requisitos impuestos por el ordenamiento jurídico [en nuestro ejemplo si la conclusión 6) se sigue de las premisas 3) a 5)]. En el segundo supuesto, se tratará de aprobar o desaprobar una determinada conclusión normativa sobre la base de ciertas pautas normativas extrajurídicas, especialmente morales [en nuestro ejemplo si se debe aceptar moralmente la premisa 3) sobre la base de 1) y 2) y, a su vez, sobre estas bases si se debe aceptar moralmente 6), asumiendo que 5) es verdadera]. De este modo, a los fines de evaluar la corrección jurídica de las decisiones judiciales, considerando el razonamiento práctico-normativo del juez desde un punto de vista descriptivo, las normas jurídicas se toman como premisas últimas. En este plano de análisis, las normas jurídicas se estimarán suficientes para proveer una justificación de las decisiones judiciales. Una decisión judicial *i.e.* la conclusión 6) en nuestro ejemplo se considerará como jurídicamente justificada si se deriva lógicamente en los aspectos relevantes de las normas que integran el sistema jurídico (o son aplicables en él) y que han sido tomadas como premisas del razonamiento práctico. Para evaluar esta última circunstancia se deberá constatar que las normas jurídicas que obran como premisas han sido correctamente seleccionadas de acuerdo con las previsiones del sistema y con los hechos bajo consideración[426]. El término «justificación», en

---

[426] Lo anterior no implica desconocer ni negar, sin embargo, que en la práctica, la identificación de las normas jurídicas que obran como premisas del razonamiento judicial pueda ofrecer cierta dificultad. Aunque la selección de las normas jurídicas relevantes se efectúa en función del caso concreto que se tenga bajo escrutinio, en la práctica, algunos indicadores de relevancia normativa suelen encontrarse en distintos ámbitos, según: 1) la materia —derecho

este contexto (a diferencia del contexto practico-normativo antes referido), está usado con un carácter puramente descriptivo. No prejuzga en absoluto respecto de si la decisión que se califica de jurídicamente justificada resulta o no justificada a la luz de la moral y, mucho menos, respecto de si el juez debía moralmente aplicarla o no. La afirmación de que una decisión judicial es jurídicamente justificada no implica, en sí misma, su aprobación, ni su negación implica, en sí misma, su desaprobación, aunque ellas puedan constituir el paso lógico previo para lo uno o lo otro.

De acuerdo con lo expuesto, los enunciados involucrados en la determinación de la *quaestio iuris*, como también los de la *quaestio facti*, pueden ser objeto de un abordaje teórico (o cognoscitivo) lo que implica a su vez que, al menos en principio, estos son susceptibles de ser verdaderos o falsos. Sobre estas bases podríamos avanzar la tesis de que un razonamiento práctico judicial puede ser teóricamente reconstruido, de modo pertinente, como la descripción de un cierto tipo de relación entre *enunciados jurídicos normativos* y tres tipos de enunciados descriptivos: *enunciados jurídicos descriptivos, enunciados descriptivos acerca de la prueba* y *enunciados de subsunción*. Así, en primer lugar, para que las premisas normativas[427] —desde un plano descriptivo— puedan ser reputadas como «conformes a derecho» o «válidas» han de descansar en, o tener por fundamento, *enunciados jurídicos descriptivos* verdaderos. Análogamente, en

---

familiar, penal, laboral—; 2) la relación que guardan entre sí dos cuerpos normativos —por ejemplo, un tratado respecto de un protocolo con relación a un artículo de ese tratado—; 3) la especial calidad que puede ostentar alguna de las partes —mujeres, indígenas, incapaces, extranjeros—; 4) la clase de asunto jurídico o procedimiento —repatriación de menor, apelación de sentencia penal, pedido de acceso a información pública— o 5) un criterio judicial —jurisprudencia nacional o sentencia de la Corte Interamericana de Derechos Humanos. Evidentemente, esta lista de tópicos es meramente orientadora.

[427] Repárese que la premisa normativa ha sido introducida como premisa del razonamiento mediante un enunciado jurídico normativo, en particular, por un juicio de adhesión (a una norma).

segundo lugar, para que las premisas fácticas[428] —también desde un plano descriptivo— puedan ser reputadas como «conformes a derecho» o «válidas» han de descansar en, o tener por fundamento, *enunciados descriptivos relativos a la prueba* verdaderos. En tercer lugar —siempre desde un plano descriptivo— para que lo que el juez ha decidido respecto de la subsunción de hechos o acciones en las normas jurídicas que obran como premisas de su razonamiento pueda ser reputado como «conforme a derecho» o «válido» ha de descansar en, o tener por fundamento, *enunciados de subsunción* verdaderos. Del primero de los tres tipos de enunciados descriptivos mencionados nos ocuparemos en el punto III, 2, en tanto ellos, si bien, como hemos visto, cobran relevancia en el marco de las tareas cognoscitivas que debe efectuar un órgano de aplicación, lo hemos ubicado, a los efectos expositivos, entre aquellos cuya formulación forma parte de las tareas paradigmáticas de la ciencia jurídica[429]. El segundo de los tipos de enunciados referidos, cuyo análisis resulta particularmente complejo, será objeto de estudio en la sección 2 de este punto II. Por ahora solo debemos centrar nuestra atención en los enunciados jurídicos normativos y en el tercer tipo de enunciados que hemos discriminado: los enunciados de subsunción. De cada uno de ellos nos ocuparemos, sucesivamente, en los dos próximos apartados.

1.2.5. Los enunciados jurídicos normativos

El desarrollo de un proceso judicial, más allá de cual sea su tipo y naturaleza, involucra la realización de un sinnúmero de actos procesales de diversa índole los cuales conducen, normalmente, al pronunciamiento de una sentencia. Esta puede no dar fin al proceso

---

[428] La premisa fáctica también es introducida como premisa al razonamiento practico mediante un juicio jurídico normativo, en particular, también por un juicio de adhesión (relativo a un enunciado fático que se estima probado).

[429] Desde el punto de vista conceptual, no hay ninguna diferencia que un enunciado jurídico descriptivo sea formulado por un juez o por un jurista teórico.

en la medida en que puede quedar habilitada la vía para los procedimientos de ejecución de sentencia. En cualquier caso, la sentencia
es un acto jurisdiccional paradigmático que ofrece, por otra parte,
particular riqueza para el tema que ahora nos ocupa. Ello así en la
medida en que la sentencia es a la vez una suerte de recapitulación
de todos los actos procesales anteriores y una conclusión del proceso.

Ahora bien, las sentencias judiciales contienen una clase particular de enunciados. En el ámbito jurídico —al igual que ocurre
en otros ámbitos de la experiencia— muy a menudo se utilizan
enunciados no para afirmar o describir algo *sobre* de algún aspecto
de la realidad, en este caso, del derecho, sino que se utilizan con
distintos fines prácticos, en este caso jurídicos. Hart ha dado cuenta
de esta diferencia discriminando entre aquellos enunciados que son
formulados desde un punto de vista externo y aquellos que son
formulados desde un punto de vista interno. Sobre la base de tal distinción, podría decirse que estos últimos son enunciados mediante
los cuales se hace *uso* de las normas jurídicas para exigir, criticar o
justificar acciones o decisiones. Así concebidos —a diferencia de
los enunciados formulados desde un punto de vista externo—, los
enunciados formulados desde un punto de vista interno, no serían
descriptivos ni, en particular, se referirían a ningún tipo de hechos,
razón por la cual, no parecen ser susceptibles de verdad o falsedad, sino más bien susceptibles de ser considerados —según se ha
visto— como justificados o injustificados. Por tal razón, podrían
ser denominados *enunciados jurídicos normativos*. Toda vez que ellos
pueden ser relativos tanto a casos genéricos como a casos individuales puede distinguirse, respectivamente, entre *enunciados jurídicos normativos genéricos* y *enunciados jurídicos normativos individuales*.
Los enunciados jurídicos normativos, así concebidos, no deben ser
equiparados a las normas individuales ni a los actos de dictarlas,
toda vez que el uso de una norma es claramente diferente de ambas
cosas. No obstante, los enunciados formulados desde un punto de
vista interno y las normas individuales poseen algunas características en común: no describen nada, no versan sobre hechos, y no

parece que pueda atribuírseles verdad o falsedad. Así, las sentencias contienen —entre otras cosas— no solo una norma individual (o un conjunto de normas individuales) sino también enunciados jurídicos internos. Estos enunciados internos son, sin embargo, de diversa índole y guardan, por ello mismo, relaciones diversas con la norma individual respectiva. Por otra parte, ha de tenerse presente que no solo la sentencia judicial, sino otro tipo de decisiones jurisdiccionales contienen enunciados jurídicos internos a la par de una norma individual (o conjunto de normas individuales). Por último, el empleo de enunciados jurídicos internos no es privativo de las decisiones jurisdiccionales, sino que también es propio del discurso de los operadores jurídicos en general —abogados, fiscales, etc.— que intervienen (paradigmáticamente) en un proceso judicial, al formular reclamos o pretensiones.

1.2.6. Enunciados de subsunción

Dada la complejidad del tema, subdividiremos su tratamiento, ocupándonos primeramente de aclarar lo que ha de entenderse por contenido de una norma jurídica y, más específicamente, su componente descriptivo. Ello así, porque los enunciados de subsunción conllevan, justamente, como su nombre lo indica, subsumir en una norma general un hecho o descripción de un hecho. Ahora bien, una norma posee diversas partes y una tarea relevante es determinar con relación a cuáles de sus partes ha de efectuarse la mentada subsunción; dicha parte es lo que puede llamarse su *componente descriptivo* (1.2.6.1.). Luego abordaremos las características de los enunciados de subsunción, mostrando que si bien pueden ser considerados como un tipo de enunciados jurídicos descriptivos (como hasta ahora hemos hecho) por ser formulados en el marco de la tarea teórica (o cognoscitiva) que se le exige al órgano de decisión, ello no obsta a que mediante un enunciado jurídico normativo el órgano de decisión *establezca* que un cierto hecho (o descripción de un hecho) se subsume en tal o cual norma jurídica; y habremos de distinguir también entre enunciados de subsunción genéricos e individuales. En unos y otros casos se tratará de analizar sus eventuales conexiones con la verdad (1.2.6.2.). Por último, se analizará la relación entre enunciados de subsunción y calificación jurídica en su conexión con la verdad (1.2.6.3.).

1.2.6.1. El componente (descriptivo) de una norma jurídica

¿Qué se entiende exactamente por el contenido de una norma jurídica? Al examinar las concepciones hilética y expresiva, Alchourrón y Bulygin ponen de manifiesto que las normas[430] pueden ser analizadas en términos de dos componentes, uno prescriptivo o normativo y otro descriptivo —más allá de que una y otra concepción de las normas den explicaciones opuestas con relación al primero de tales componentes[431]. El *componente normativo* puede ser caracterizado en términos de lo que von Wright denomina carácter, es decir, la modalidad deóntica prohibido, permitido u obligatorio con que se califica una conducta. El *componente descriptivo* puede ser caracterizado en términos de lo que von Wright denomina el contenido de la norma, es decir, la conducta calificada deónticamente.

---

[430] Las normas que ahora consideramos, al igual que Alchourrón y Bulygin cuando caracterizan las concepciones hilética y expresiva, son exclusivamente aquellas que son denominadas *normas de conducta*, o *prescripciones* (distintas a las *reglas técnicas* y a las *reglas determinativas*) en la terminología de von Wright, es decir normas que prohíben, permiten o declaran obligatoria (en sentido fuerte) alguna conducta. Cf. Alchourrón y Bulygin, 1981 y von Wright, 1963: capítulo I.

[431] Asumimos que las normas pueden ser concebidas como oraciones-tipo significativas, las que a fin de ser identificadas como tales requieren de un análisis complejo que involucra la consideración de los planos sintáctico, semántico y pragmático. Es decir, tanto el componente normativo como el componente descriptivo han de ser determinados recurriendo al aludido triple nivel de análisis. Esta concepción de las normas implica aceptar que estas son entidades abstractas (se trata de oraciones tipo y no de oraciones caso), pero con criterios de identidad definidos (pues las oraciones a diferencia de las proposiciones poseen rasgos estructurales diferenciales), y supone adoptar un criterio de individualización de las normas semático-sintáctico-pragmático (*i.e.*, textos interpretados en un cierto contexto locucionario).

Así, por ejemplo, en la norma «es obligatorio cerrar la puerta», «es obligatorio» constituye su carácter (componente normativo) y «cerrar la puerta» constituye su contenido (componente descriptivo). Estas normas son caracterizadas como categóricas por no estar sujeta la calificación deóntica de la conducta a ninguna condición (más allá de la que se deduce de su contenido). Cuando las normas, por el contrario, son condicionales —como ocurre con la mayor parte de las disposiciones jurídicas— la calificación deóntica de la conducta está sujeta a la ocurrencia de algún acontecimiento antecedente. De este modo, el componente descriptivo de la norma se hace más complejo. En este sentido, la norma «es obligatorio cerrar la puerta si llueve», además del componente normativo constituido por el operador deóntico «es obligatorio», posee un componente descriptivo complejo conformado por la circunstancia antecedente «llover» —condición de aplicación— y por la conducta «cerrar la puerta» —contenido—[432].

Alchourrón y Bulygin, por su parte, definen a las normas jurídicas como un enunciado que correlaciona un caso (genérico) con una solución normativa[433]. El caso genérico es toda clase de cosas definida por una propiedad (y también la propiedad definitoria de la clase). La solución normativa comprende la conducta genérica calificada deónticamente y la calificación deóntica de dicha conducta. Ésta última constituye el *componente normativo*, mientras que la clase de cosas definida por la propiedad que configura el caso genérico

---

[432] Cf. von Wright 1963: caps. I y V. Ha de tenerse presente que para von Wright lo que diferencia las normas o reglas (y, en particular las que denomina *prescripciones*) de otros enunciados que no son normas (o reglas) es que las normas (o reglas) poseen lo que él llama *núcleo normativo*, el cual se compone de tres elementos: *carácter, contenido* y *condición de aplicación*. En las *prescripciones* el carácter posee una mayor fuerza normativa que en los otros tipos de normas (o reglas). La clasificación de las normas (o reglas) que nos provee es la siguiente: tres tipos de normas (o reglas) primarias (*prescripciones, reglas determinativas* y *reglas técnicas*) y tres tipos de normas (o reglas) secundarias —en tanto son una suerte de combinación de dos o más normas o reglas primarias— (*normas o reglas morales, costumbres* y *tipos ideales*).

[433] Cf. Alchourrón-Bulygin, 1971: 37.

y la acción genérica calificada deónticamente conforman el *componente descriptivo*. Así, por ejemplo, en una norma destinada a regular el derecho de reivindicación sobre inmuebles que dispone «es obligatorio restituir el inmueble si existe mala fe del enajenante» —en símbolos «OR/∼BFE»— la «mala fe del enajenante» es la clase de cosas que constituye el caso genérico, y la acción de «restituir» es la acción genérica que junto a la calificación deóntica «es obligatorio» conforman la solución normativa[434]. Las dos primeras constituyen el componente descriptivo de la norma, mientras que la última constituye el elemento normativo.

Es importante destacar, que la propiedad que define el caso genérico delimita una clase de cosas en sentido amplio, es decir, puede delimitar una clase de objetos (individuos) como una clase de estados de cosas, procesos, situaciones o acontecimientos entre los que cabe incluir también a las acciones[435]. Ello se pone de manifiesto si se consideran algunos ejemplos. En la norma que viene de citarse, el caso genérico, a saber, la mala fe del enajenante, es un cierto estado de cosas: el conocimiento de su parte de que el dominio del inmueble pertenece a un tercero. En la norma «*el daño ocasionado por el riesgo o vicio de la cosa deberá ser indemnizado por parte de su dueño o tenedor, a menos que se demuestre la culpa de la víctima o de un tercero por quien no debe responder*»[436], el caso genérico es un cierto tipo de acontecimiento (un daño producido por el vicio o riego de la cosa,

---

[434] Cf. Alchourrón-Bulygin, 1971: 38-39.

[435] En consecuencia, tanto el caso genérico como la solución normativa pueden contener la descripción de una conducta genérica. Ello es así porque el caso genérico, en tanto antecedente condicionante de la solución normativa, puede contener la descripción de una muy amplia gama de elementos o circunstancias. La solución normativa, por el contrario, en la medida en que el derecho pretende motivar conductas humanas, solo puede contener la descripción de acciones genéricas (y no la descripción de no importa qué otros elementos o circunstancias).

[436] Cf. Artículo 1113 y concordantes del (ahora ya derogado) Código Civil Argentino. La norma citada como ejemplo es una reconstrucción aproximada de lo dispuesto en uno de los supuestos del artículo 1113 y de las normas que imponen la obligación genérica de indemnizar (artículo 1109 y concordantes).

excepto si ello ocurre por culpa de la víctima o de un tercero por quien no se debe responder). En la norma «*el que matare a otro deberá ser reprimido con una pena de prisión o reclusión de 8 a 25 años*» el caso genérico es una cierta clase de acción (matar a otra persona)[437]. Nos valdremos de la expresión *circunstancia fáctica* para aludir de manera genérica a todas estas clases de «cosas» que pueden configurar el caso genérico en tanto elemento condicionante de la solución normativa[438].

La respuesta a nuestro interrogante es, entonces, que el *contenido* de una norma no es otra cosa que su *componente descriptivo*, el que puede estar constituido por la descripción de una clase de circunstancias fácticas (caso genérico) y por la descripción de una acción genérica (que forma parte de la solución normativa junto con su calificación deóntica)[439]. Ello nos conduce a hacer la siguiente

---

[437]   Esta formulación normativa, en rigor, debería ser reconstruida en términos de dos normas. Por una parte, está la norma que prohíbe matar a otra persona salvo circunstancias excepcionales —como la legítima defensa, estado de necesidad, etc.— (norma del sistema primario), que estatuiría: «Está prohibido matar a otro, a menos que...». Como puede apreciarse, la norma es condicional, solo que las condiciones son negativas (la no ocurrencia de una cierta circunstancia) y no positiva (la efectiva ocurrencia de una circunstancia). Por otro lado, está la norma que convierte el incumplimiento de la norma anterior en la condición de aplicación de una sanción por parte del juez (norma del sistema secundario), que estatuiría: «Si alguien mata a otro en circunstancias no excepcionantes, el juez competente deberá aplicarle una sanción de 8 a 25 años de prisión». Sobre las nociones de sistema primario y secundario véase supra punto I, apartado 3.

[438]   Alchourrón y Bulygin, al caracterizar los casos genéricos, afirman que ellos están conformados por la clase de cosas (*objetos, individuos*) que pueden clasificarse utilizando una cierta propiedad. Sin embargo, definen a los casos individuales como *situaciones o acontecimientos* que se producen en una determinada ocasión (localización espacio-temporal) y que poseen la propiedad definitoria del caso genérico, *i.e.* ejemplifican un caso genérico. Por lo demás, los autores precisan que las propiedades que configuran el caso genérico pueden ser simples o complejas. Cf. Alchourrón-Bulygin, 1971: 57-58.

[439]   En un sentido más amplio de la expresión «contenido de las normas» podría incluirse también el componente prescriptivo (carácter deóntico). En efecto, a veces —aunque no muy frecuentemente— existen dificultades para es-

precisión: un *enunciado jurídico descriptivo genérico* afirma cuál es la calificación deóntica de una conducta (genérica) de acuerdo con una norma o conjunto de normas. En los términos precisados, ello quiere decir que dicho enunciado afirma cuál es la calificación deóntica de la conducta (genérica) que forma parte de la solución normativa bajo las condiciones que impone la circunstancia fáctica que constituye el caso (genérico). Desde luego, un enunciado jurídico descriptivo puede ser relativo a la calificación deóntica de una conducta individual (que se subsume en la conducta genérica) frente a la ocurrencia de un caso individual, *i.e.*, a la ocurrencia de determinada circunstancia fáctica (que se subsume en el caso genérico). En este supuesto se tratará de un *enunciado jurídico descriptivo individual*. En rigor, éste último tipo de enunciado puede no solo ser relativo a la calificación deóntica de la conducta individual que se subsume en la conducta genérica, sino también relativo a que un caso individual (o una cierta descripción de él) se subsume en el caso genérico contemplado en la norma. Cuando el enunciado jurídico descriptivo afirma que se da una relación de subsunción entre algunos de los elementos del componente descriptivo de la norma, esto es, el caso genérico o la conducta genérica que forma parte de la solución normativa, y sus correspondientes instancias individuales, hablamos de *enunciados de subsunción*.

---

tablecer cuál es la calificación deóntica que ha establecido el legislador para una cierta conducta como consecuencia de la manera poco clara en que se ha expresado. El legislador suele no utilizar siempre los vocablos «prohibido», «permitido» u «obligatorio» (y sus derivados) para referirse a la calificación deóntica de las conductas, sino otras expresiones más o menos sinónimas que pueden ocasionar la señalada dificultad interpretativa. Ella, sin embargo, no da lugar a los problemas de subsunción. A fin de separar nítidamente estos diferentes problemas interpretativos no incluimos el componente normativo de una norma dentro del concepto de contenido de las normas.

1.2.6.2. Enunciados de subsunción descriptivos y normativos, genéricos e individuales, y su relación con la verdad[440]

Una de las tareas principales del razonamiento jurídico consiste en establecer los hechos de un caso judicial o, simplemente, considerar las características de un caso hipotético, con el objetivo de determinar si ciertos aspectos de uno u otro pueden ser subsumidos dentro del caso genérico previsto por una norma de un determinado sistema jurídico, a fin de extraer la solución normativa correspondiente y aplicarla a las partes (reales o hipotéticas) involucradas en dicho caso. Mientras que la ciencia jurídica se ocupa de casos hipotéticos, los órganos de aplicación tienen que habérselas con casos concretos. Nada impide, desde luego, por otra parte, a la ciencia jurídica, ocuparse de casos individuales, pero lo cierto es que su nivel de análisis general es relativo a los casos genéricos. Los órganos de aplicación, en cambio, tienen forzosamente que tratar con casos individuales para resolver los cuales, sin embargo, deben atender a los casos genéricos. Es como se ve, hasta aquí, la diferencia entre la tarea de la ciencia jurídica y la de los órganos de aplicación —más allá de que la primera trata con casos hipotéticos y los segundos con casos concretos— reside en el centro de interés (la ciencia jurídica se ocupa principalmente de los casos genéricos y los órganos de aplicación principalmente de casos individuales) y en la dirección (la ciencia jurídica parte más bien de los casos genéricos para llegar a los casos individuales, los órganos de aplicación tienen como punto de partir los casos individuales desde donde ascienden hacia los casos genéricos correspondientes) pero no de naturaleza que, en uno y otro caso, es teórica. Es más, tanto la ciencia jurídica como los órganos de aplicación (éstos últimos en la medida que le se les imponga la obligación de aplicar el derecho en vigor para resolver los casos) antes de poder analizar los casos genéricos contemplados por las normas jurídicas (y vincularlos con casos in-

---

[440] En este apartado retomamos, con algunas variantes, la exposición efectuada en Sucar, 2008: capítulo IV, 2.1., 404-408.

dividuales) han de efectuar, necesariamente, la tarea previa de identificación del derecho, en el doble sentido que hemos atribuido a esta expresión: como individualización de las fuentes de producción válida de derecho y como asignaciones de significado a las formulaciones normativas que resultan ser el producto de tales fuentes. De estas cuestiones nos ocupamos *infra* en el apartado III de esta introducción[441]. Ahora bien, aun si, en nuestra reconstrucción, como hemos dicho, algunas de las tareas que efectúan los órganos de aplicación poseen carácter teórico (básicamente, la identificación o conocimiento del derecho y de los hechos concernidos en un proceso jurisdiccional), no es menos cierto que ellas, de ser satisfechas, constituyen un medio para una tarea de orden práctico-normativo: resolver una controversia. Esta tarea y, en particular, los enunciados que en su marco se formulan, son enunciados jurídicos normativos cuya función es *decidir* acerca de los hechos o del derecho, *atribuir* efectos jurídicos, ya sea que se lo haga justificadamente o no. Como ya se ha visto, una decisión está jurídicamente justificada cuando los enunciados jurídicos normativos que la integran cuentan como respaldo enunciados jurídicos descriptivos verdaderos. Una decisión firme (sentencia u otra), sin embargo, es de obligatorio cumplimiento aun cuando no esté jurídicamente (o moralmente) justificada, ya sea con relación al derecho aplicable, a los hechos objeto del proceso, o a ambos. Como también hemos visto, uno de los tipos de enunciados que componen las determinaciones aplicativas son los enunciados de subsunción. Formulados en el marco de la tarea teórica y cognoscitiva que deben efectuar los órganos de aplicación, tales enunciados son descriptivos y poseen (salvo los casos de indeterminación conceptual producidas por la vaguedad de los conceptos en que se hayan formuladas las normas jurídicas) valores de verdad[442]. Por esta razón los llamaremos *enunciados de subsunción descriptivos*, y constituyen una especie de los enunciados

---

[441] Punto 1.1.
[442] Sobre esta compleja cuestión, permítasenos remitir a Sucar, 2008: Capítulo IV, punto 2: 402-420.

jurídicos normativos. Pero formulados en el marco de la tarea práctico-normativa de decidir, son una especie de enunciados jurídicos normativos que, como tales, producen efectos normativos, pero carecen de valores de verdad. De ellos no tiene sentido decir, por ende, que son verdaderos o falsos; sí, en cambio, que están o no justificados. Un *enunciado de subsunción normativo* está jurídicamente justificado cuando cuenta con respaldo en un enunciado de subsunción descriptivo verdadero; en caso contrario diremos que no está jurídicamente justificado. Dado que los enunciados de subsunción se emplean típica y forzosamente en los procesos jurisdiccionales (si bien como hemos dicho, nada impide que sean formulados por la ciencia jurídica), ya sea en sentido descriptivo, ya sea en sentido normativo, nos ocupamos de ellos en esta sección II relativa a la verdad *en* el derecho y no en la sección III destinada a la verdad *sobre* el derecho. Dicho lo anterior, es menester analizar más de cerca las características lógico-semánticas de los enunciados de subsunción, para lo cual tomaremos como objeto de examen los de carácter descriptivo. Con relación a los enunciados de subsunción normativos, solo habrá de tenerse presente, como rasgo diferencial, que mediante ellos, en lugar de afirmar descriptiva o informativamente que se da tal o cual relación de subsunción (como ocurre con los enunciados de subsunción descriptivos), dicha relación es estatuída.

Alchourrón y Bulygin observan que los casos y acciones configurados en las normas son generales en el sentido de que no se refieren directamente a individuos (mediante términos singulares cuya función es introducir un objeto particular al discurso), sino que lo hacen indirectamente por medio de términos generales o predicados[443]. Los predicados son *verdaderos de* ciertos individuos, donde

---

[443]   Cf. Alchourrón-Bulygin, 1989: 305. En rigor de verdad, los autores hablan de «los predicados contenidos en las normas jurídicas» sin discriminar entre casos y acciones, pero como en su concepción las normas no son sino enunciados que correlacionan casos genéricos con soluciones normativas (acciones genéricas deónticamente calificadas), entendemos que la afirmación que hacemos en el texto es equivalente. Por otra parte, los autores hablan de «nombres propios y descripciones definidas» y no de «términos singulares cuya función

por «individuo» hay que entender toda entidad particular, sea ésta un objeto, una persona, una acción o un acontecimiento. El proceso que conduce a la afirmación de que un predicado es verdadero de un cierto individuo, que implica que la propiedad designada por el predicado está ejemplificada en ese individuo o que el individuo pertenece a la clase que es la extensión del predicado en cuestión, es tradicionalmente denominado en la jerga jurídica *subsunción*, aunque el problema de la subsunción no sería específicamente jurídico sino un problema del uso del lenguaje en general, *i.e.*, de la aplicación de términos generales de un lenguaje a objetos particulares del mundo. En consecuencia, un primer paso en el razonamiento jurídico consistiría en subsumir los casos particulares en los predicados contenidos en las normas jurídicas[444].

Profundizando un poco más los lineamientos anteriores cabe destacar que, tal como lo apuntan los autores, el problema de la subsunción no siempre se refiere a individuos y sus atributos, sino que a veces el problema consiste en determinar las relaciones que se dan entre predicados. Ello sería consecuencia de que los lenguajes contienen, junto a las expresiones que se utilizan para referirse a la realidad (lenguaje objeto), otras que se utilizan para referirse a los términos lingüísticos mismos (metalenguaje). Para ilustrar este punto recurren al ejemplo de Dworkin según el cual se supone que la legislatura ha sancionado una ley que estipula que «los contratos sacrílegos serán inválidos» y que la comunidad se halla dividida respecto de si un contrato celebrado un domingo es, por esta sola razón, sacrílego[445]. Lo que el juez debe determinar es si la extensión del predicado «sacrílego» incluye la de «contratos celebrados en domingo». Mientras que este último sería un problema de *subsun-*

---

es introducir un objeto particular al discurso». Nos inclinamos por esta última caracterización dado que es controvertido cuáles son los términos singulares que tienen la referida función, que es la que los autores sin duda quieren poner de resalto al contraponerla a los predicados.

[444] Cf. Alchourrón-Bulygin, 1989: 305.

[445] Cf. Alchourrón-Bulygin, 1989: 306. El ejemplo pertenece a Dworkin, 1977.

ción genérica, el de determinar si los predicados «celebrar un contrato» y «hacerlo un día domingo» son verdaderos respecto de la acción realizada por, por ejemplo, Tom y Tim, sería un problema de *subsunción individual*.

Tras las explicaciones ofrecidas, Alchourrón y Bulygin definen subsunción individual como la determinación de la verdad de enunciados sintéticos individuales de la forma «Fa», donde «F» representa un predicado y «a» un término singular, en particular, el nombre de un objeto individual; y por subsunción genérica, en cambio, la determinación de la verdad de un enunciado metalingüístico que afirma que existe una relación entre dos predicados de la forma «F < G», esto es, la determinación de la verdad de que la extensión del predicado «F» se encuentra comprendida en la extensión del predicado «G». El enunciado universal resultante «(x) (Fx → Gx)» sería analítico, porque su verdad está basada en el significado de los predicados «F» y «G»[446].

Según la definición proporcionada por Alchourrón y Bulygin, la entidad que cuenta como caso individual tiene una determinada localización espacio-temporal y posee la(s) propiedad(es) definitoria(s) del caso genérico. Ahora bien, a veces la determinación de si la entidad que cuenta como caso individual posee la propiedad definitoria del caso genérico se efectúa directamente, sin tener que recurrir para ello a una serie de descripciones intermedias. Así, por ejemplo, la determinación de que la acción individual de cierto individuo de causar la muerte a otro mediante el disparo de un arma de fuego constituye un caso individual con relación al caso genérico de homicidio definido por la propiedad genérica «matar a otro», no requiere más que el recurso a una descripción como, por ejemplo, «le causó la muerte de un disparo», o «lo mató de un disparo».

Pero muchas veces esta tarea resulta más compleja, en el sentido de que para determinar si la entidad en consideración posee

---

[446]   Cf. Alchourrón-Bulygin, 1989: 308-309.

o no la propiedad o propiedades definitorias del caso genérico, es necesario introducir no ya una descripción, sino una serie de descripciones. Así, verbigracia, cuando se trata de determinar si la acción de una cierta persona, en un cierto tiempo y en ciertas circunstancias, se subsume en el caso genérico de robo. Repárese, en primer lugar, que la expresión «robo» presenta un valor semántico diferente en los diversos textos jurídicos. Algunas veces funciona meramente como un *nombre* de la acción genérica definida sobre la base de predicados que contiene la legislación penal; por ejemplo, cuando aparece en los *títulos* de un Código. En el derecho argentino, por caso, se define al robo como «apoderarse ilegítimamente de una cosa mueble, total o parcialmente ajena, con fuerza en las cosas o violencia en las personas»[447]. Otras veces, en cambio, funciona como una expresión predicativa abreviada respecto de una formulación más desarrollada; como cuando aparece en otros artículos del mismo código, o en artículos de otras leyes especiales. Frente a una situación concreta habrá que determinar, por lo tanto, si un cierto individuo se ha apropiado ilegítimamente de una cosa total o parcialmente ajena mediante fuerza en las cosas o violencia en las personas. Y para ello será necesario *describir* (correctamente) una serie de acciones y circunstancias como, verbigracia, que la persona en cuestión, forzando la puerta de ingreso a una casa de otra persona sin su autorización o consentimiento (a través del uso de una ganzúa), se llevó un bien mueble (por caso, un televisor) propiedad del dueño de casa, etc. «Abrir una puerta a través del uso de una ganzúa» es una descripción (predicado) que se dirá que se subsume en la descripción (predicado) «forzar la puerta», la cual, a su vez, se dirá que se subsume en la descripción (predicado), definitoria del caso genérico en consideración, «con fuerza en las cosas». Lo mismo cabría decir de las demás propiedades definitorias del caso genérico de robo. En suma, hay casos en los que la descripción utilizada para la operación de determinación coincide con la efectuada en

---

[447]   Cf. art. 164 del Código Penal argentino.

la norma y otras en las que no. En este último supuesto se requiere dar pasos intermedios mediante sucesivas subsunciones genéricas.

¿Quiere esto decir que, estrictamente hablando, no hay más que subsunciones genéricas; que la distinción entre subsunción individual y subsunción genérica no es sino meramente artificial? Creemos que extraer dicha conclusión sería equivocado, porque el criterio relevante para distinguir un tipo de subsunción del otro, es si lo que se considera subsumido en el caso genérico en consideración es una entidad (espacio-temporalmente localizable) o un predicado, más allá de que en uno y otro caso la determinación se realice mediante operaciones lingüísticas. En la subsunción individual, lo que constituye una instancia del caso genérico es una cierta entidad del mundo, independientemente de que su identificación requiera apelar a descripciones, las cuales necesariamente involucran la utilización de propiedades (predicados). Lo que se afirma es que una cierta entidad forma parte de la extensión de un concepto. En la subsunción genérica, por el contrario, lo que constituye una instancia del caso genérico es una propiedad genérica (predicado), aunque menos genérica que la que define el caso genérico.

Así, la verdad de un *enunciado jurídico individual* depende de la verdad de un enunciado de subsunción individual, y la verdad de un *enunciado jurídico genérico* puede o no depender de un enunciado de subsunción genérico, pero en ningún caso depende de la verdad de un enunciado de subsunción individual. En efecto, en el caso límite en el cual la acción general y las circunstancias generales son expresadas por el enunciado jurídico mediante los mismos predicados con los que la norma general correspondiente expresa tales acciones y circunstancias genéricas (caso genérico y solución normativa), la verdad del enunciado jurídico dependerá exclusivamente de la pertenencia al orden jurídico de la norma general en cuestión, esto es, su verdad no dependerá en absoluto de enunciado de subsunción alguno[448]. No obstante, frecuentemente,

---

[448] Así, por ejemplo, supóngase que mediante el enunciado jurídico EJ$_1$ se afirma: «la acción de robar con el uso de armas está prohibida en el sistema jurídico

la afirmación de que una cierta acción general, en ciertas circunstancias, tiene tal o cual *status* deóntico de acuerdo con lo establecido por una norma perteneciente a determinado sistema jurídico, se realiza mediante términos generales (predicados) que no son idénticos a los contenidos en la norma en consideración para la configuración del caso genérico y la solución normativa.

1.2.6.3. Subsunción y calificación

Hasta ahora hemos hablado de enunciados de subsunción. No obstante, los juristas usan muy a menudo la noción de *calificación jurídica*[449] para hacer alusión, al menos a primera vista, a los mismos o similares tipos de operaciones intelectuales (de naturaleza lógico lingüística) que venimos de explicar bajo el rótulo de «subsunción». Tenemos aquí, por lo tanto, dos serie de cuestiones. La primera tiene que ver con si, en definitiva, se trata de nociones equivalentes o, por el contrario, recubren operaciones intelectuales diferentes aun si son próximas o están relacionadas. La segunda, con los problemas que los juristas se han planteado a propósito de la calificación jurídica y la verdad. Habremos de comenzar pues por la primera serie de cuestiones (1.2.6.3.1.), dado que su respuesta determinará el trato (diferencial o no) que habrá de recibir la segunda (1.2.6.3.3). No obstante, como se verá, para abordar este última cuestión será necesario antes efectuar un análisis crítico de las distinción epistemo-

---

S_{j_∞}, sobre la base de que a tal sistema jurídico pertenece la norma N_1 que reza: «queda prohibido el robo con el uso de armas, el cual será reprimido con la pena de...». Es evidente que las expresiones generales (predicados) «robar», correspondiente al enunciado jurídico EJ_1, y «robo», correspondiente a la norma N_1, relativas a las acciones genéricas, son idénticas si se deja de lado su forma gramatical (un adjetivo en el primer caso, un sustantivo en el segundo) —lo cual es completamente irrelevante para nuestro análisis. Por su parte, la expresión «con el uso de armas», relativa a las circunstancias, es también idéntica en ambos casos.

[449] Para una aproximación general al tema de la calificación jurídica y a los problemas que suscita en diferentes ramas del derecho puede verse el dossier que le dedica el número 18, del año 1993, la revista *Droits*: 3-107.

lógica entre contexto de descubrimiento y contexto justificación y su eventual pertinencia para dar cuenta de los procesos de aplicación del derecho y, en particular, de la operación de subsunción o calificación jurídica (1.2.6.3.2).

1.2.6.3.1. La noción de calificación jurídica

Partamos, al efecto, de la definición de «calificación jurídica». La primera constatación es que se trata de una expresión ambigua. Thomas de Janville aísla tres acepciones según se la conciba como una *técnica*, como un *dato* o como un *resultado* (o más precisamente una *construcción*), a las cuales denomina respectivamente *calificación-técnica, calificación-dato* y *calificación-resultado*[450]. Con relación a la primera acepción, precisa que se trata de una operación intelectual que consiste en «la determinación de un bien o de una relación de derecho al efecto de clasificarla en alguna de las categorías jurídicas existentes»[451] o, más ampliamente, como aquella que consiste en «traducir los hechos a la lengua jurídica»[452] o «la aprehensión de los hechos por el derecho»[453]. Como *calificación-dato*, la noción de calificación sería el equivalente exacto de la noción de categoría jurídica o, más ampliamente, de concepto jurídico, de modo que el término «calificación jurídica» designa directamente en sí una noción jurídica[454]. Como puede advertirse fácilmente, la noción de calificación-técnica presupone la de calificación-dato. Ahora bien, esta última noción de calificación es ella misma ambigua en la medida en que es susceptible no solo de designar el sustrato abstracto por el cual la norma aprehende lo real, sino también la actividad misma de la elaboración de dicho sustrato: así puede decirse que el legislador procede a efectuar calificaciones y que legislar o decretar es también calificar. Se trata, por lo tanto, no ya de un dato

---

[450]   Cf. Janville, 2004, vol. I: 20.
[451]   *Idem*, reproduciendo la definición de Terré, 2000: 377.
[452]   *Idem*, reproduciendo la definición de Jestaz, 2002: 85.
[453]   *Ibidem*: 21, en palabras del propio Janville.
[454]   *Idem*.

proveniente de la norma jurídica, sino de la construcción de dicho dato por parte de la autoridad normativa. Al hacerse referencia al legislador queda claro que lo que está en juego en esta definición son normas generales y, por lo tanto, que si éste califica jurídicamente los hechos no lo hace sobre hechos reales y concretos[455]. Ésta es pues la *calificación-resultado*; se trata, en efecto, del resultado de la actividad de legislar[456]. Es igualmente fácil de advertir que esta última noción de calificación presupone la segunda y, por ende, también la primera.

La noción que aquí nos incumbe, en el marco del proceso de aplicación del derecho, es la primera, es decir, la de *calificación-técnica*, de la cual se ha dado también esta otra definición: la calificación jurídica —se ha dicho— consiste en «subsumir hechos en normas jurídicas en vista de la producción de efectos de derechos»[457]. Si se compara esta última definición con las definiciones ofrecidas más arriba, es decir, aquella que se refiere a la determinación de un bien o de una relación de derecho al efecto de clasificarla en alguna de las categorías jurídicas existentes, a la traducción de los hechos a la lengua jurídica o a su aprehensión jurídica, se puede percibir —aunque no con la precisión deseable— que se trata de una operación intelectual que consiste en subsumir[458] hechos en los conceptos jurídicos expresados por la normas, hechos que pueden ser «reales y concretos» o ya calificados jurídicamente (un «bien» jurídico o una «relación de derecho» son ya hechos categorizados

---

[455]   Lo mismo puede decirse de la actividad de los jueces y otros órganos de decisión cuando poseen competencia para crear normas generales con carácter de precedente. El legislador, o el juez, al introducir propiedades relevantes en un universo de discurso crean las categorías o conceptos jurídicos (calificación-dato). Véase al respecto, Alchourron y Bulygin, 1971.

[456]   *Ibidem*: 21-22.

[457]   Cf. Wachsmann, 2003: 1277.

[458]   Como lo afirma explícitamente esta última definición; pero ¿qué podrían querer decir, propiamente, «traducir» a la lengua del derecho o la «aprehensión» de los hechos por el derecho, en el contexto de la aplicación del derecho, sino la subsunción de los hechos en los conceptos en que se hayan formuladas las normas jurídicas?

jurídicamente). De manera que si consideramos las precisiones conceptuales introducidas por las nociones de *caso individual* y *caso genérico*, así como las nociones correlativas de *enunciado de subsunción individual* y *enunciado de subsunción genérico*, podemos decir sin temor a equivocarnos que, de acuerdo con las definiciones ofrecidas, la noción de *calificación jurídica*, en el sentido de *calificación-técnica*[459], se refiere al mismo tipo de operación intelectual que la noción de subsunción solo que de manera mucho menos precisa. Por consiguiente, a continuación abordaremos la segunda serie de cuestiones (*i.e.*, las relativas a la calificación jurídica y verdad) de manera no diferenciada (respecto de la subsunción) pero a condición de introducir, cuando lo estimemos oportuno, las diversas precisiones conceptuales que hemos efectuado *supra* a propósito de los enunciados de subsunción.

En lo que podríamos llamar la *visión tradicional*, que —como bien pone de relieve Patrick Wachsmann— toma como punto de partida la oposición lógica entre *Sollen* y *Sein*, la calificación jurídica parece ser fácilmente caracterizada como distinta tanto del trabajo sobre el texto normativo como de aquel que versa sobre los hechos:

> Después de la elección del texto aplicable y la determinación de su sentido normativo, por una parte, y el establecimiento de la materialidad de los hechos, por la otra, vendría el tiempo de la puesta en relación del derecho y del hecho, desembocando en la conclusión de que los hechos considerados entran o no en las previsiones del texto, con las consecuencias que de ello se derivan[460].

Esta visión tradicional ha sido, sin embargo, objeto de importantes ataques. Por una parte, se observado que tales distinciones impiden captar la realidad del fenómeno de concretización de la norma jurídica. En este sentido, Friedrich Müller habría mostrado que la

---

[459] De aquí en más, dado que solo nos ocuparemos de la expresión «calificación jurídica» en el sentido de *calificación-técnica* (y no de *calificación-dato* o de *calificación-construcción*), bastará su uso (sin otra precisión adicional) para que se la entienda en el sentido indicado.

[460] *Ibidem*: 1277.

norma jurídica debe cada vez, en cada caso, muy en primer lugar ser producida, trabajo que se realiza en función de las circunstancias de la especie, que son ellas mismas ya el producto de una elaboración de los datos fácticos a tomar en cuenta. Hechos y norma deberían pues ser pensados *juntos* en el proceso de concretización[461]. Esta reflexión sobre sobre la producción del derecho, fundada en la observación práctica, muestra —según Olivier Jouanjan (traductor de la obra de Müller al francés)— que la concretización de la norma no se limita a un trabajo de interpretación y después de calificación, sino que el análisis de los hechos conlleva argumentos que deciden la solución del caso en especie. Los hechos no se asumirían, así, en el proceso de la decisión, simplemente como aquello a lo que sería, pasivamente, aplicada una «norma» considerada como puro *Sollen*; el trabajo sobre el segmento de la realidad social concernido por la decisión proveería, también, argumentos que motivan la solución del caso[462]. A estas consideraciones podríamos sumar —por nuestra parte— las reflexiones de Christian Atias, quien describe el proceso de calificación jurídica en los siguientes términos: en primer lugar, el jurista no puede estudiar los hechos sin verlos a través de una pre-calificación; en segundo lugar, el incesante ir y venir del hecho al derecho que le permite aproximarse progresivamente a la mejor calificación disponible no es evidentemente independiente de la opinión que éste tiene de la solución justa para el caso que considera. En tercer lugar, la función de la calificación no es describir la realidad, sino la de someterla al régimen jurídico más apropiado[463].

A fin de salvar la distinción lógica entre deber ser y ser —puesta en entredicho en la objeción a la visión tradicional de la calificación jurídica— pero dando cuenta al mismo tiempo del «incesante des-

---

[461]   Cf. Wachsmann, 2003: 1277 y Müller, 1993: 45.
[462]   Cf. Wachsmann, 2003: 1277 y Jouanjan, 1996: 14.
[463]   Cf. Atias, 1985: 129.

lizamiento del derecho al hecho y del hecho al derecho»[464], Wachsmann sostiene que es posible concebir a la calificación jurídica de una manera amplia que incluya el conjunto de las operaciones intelectuales necesarias para el acercamiento de los hechos y el derecho (trabajo sobre los hechos y sobre los textos jurídicos que permiten su puesta en relación), así como la configuración que afecta a cada uno de los dos elementos en vista de su ajuste; y distingue (sobre la base dicha noción general) tres nociones más específicas: el *proceso de calificación*, que consiste en la puesta en relación del derecho con los hechos; la *operación de calificación*, que se analiza en la subsunción de los hechos seleccionados en la norma interpretada; y la *decisión de calificación*, que es el resultado de esta última. Si solo se tuvieran en cuenta las dos últimas nociones no se podría dar cuenta de las condiciones de producción del enunciado en cuestión; para ello sería necesario adoptar la noción amplia (*i.e.*, la de proceso de calificación)[465].

Por nuestra parte, entendemos que cabe formular dos observaciones a la anterior clasificación tripartita. Nuestra primera observación es que la noción de *decisión de calificación*, en realidad, no es algo distinto de la *operación de calificación*, sino que si se mira bien esta podría venir a dar cuenta del contexto pragmático en que se formula un enunciado de subsunción (en que consiste la operación de calificación), en particular cuando éste es formulado desde un punto de vista interno por parte de un juez; por lo tanto, conforme a lo expuesto *supra*, la decisión de calificación no sería sino un nombre para lo que nosotros hemos llamado *enunciado de subsunción normativo*.

La segunda observación es que la noción amplia del proceso de calificación está destinada a dar cuenta del *proceso real* por el cual los órganos de decisión efectúan *de hecho* la determinación del signifi-

---

[464] Cf. Wachsmann, 2003: 1277 con apoyo en Husson, 1974, a quien pertenece la cita textual.
[465] Cf. Wachsmann, 2003: 1278.

cado de los textos legales *en vista de* los hechos que son objeto de un proceso judicial que se trata de calificar jurídicamente justamente sobre la base de dichos textos legales (a cuya luz, al menos en parte, se interpretan); pero no del correspondiente *aspecto lógico* de justificación de la operación de calificación o juicio de subsunción. Ahora bien, por adecuada que sea esta noción de calificación para dar cuenta de la referida puesta en relación de retroalimentación de los hechos con el derecho en el proceso real de calificación, ella no es de ningún modo apta para permitir evaluar la corrección de la operación de calificación. Corrección que pasa por establecer —cuando ello es posible[466]— que el enunciado mediante el cual se afirma que cierto hecho (o una cierta descripción de él) se subsume en el contenido descriptivo de una norma jurídica es verdadero (o falso). Dicho de otro modo: bien podría ocurrir que un juez, *de hecho*, por ejemplo, interprete un texto legal *a la medida* de los hechos bajo consideración, de modo que estos queden incluidos, solo por ello, en el contenido descriptivo de la norma; pero un procedimiento semejante, no podría ser tildado de jurídicamente correcto. Por mucho que los enunciados interpretativos (acerca de las formulaciones normativas)[467] no posean siempre condiciones de verdad definidas y por más que los métodos o procedimientos de asignación de significado a los que a veces es necesario recurrir para interpretar los textos legales sean múltiples y, muchos de ellos, de naturaleza argumentativa, nada de todo ello implica que la atribución de significado a un texto legal pueda ser aceptable bajo cualquier condición. Ciertamente, nada obsta a que, entre otras circunstancias, para atribuir significado a un texto legal, se tengan en cuenta los hechos del caso bajo decisión (preferentemente junto a otros diferentes, a título comparativo, para asegurar un procedi-

---

[466] Recuérdese lo dicho acerca de la consecuencia de la vaguedad de los conceptos en que las normas se hayan formuladas, y que en virtud de ello un enunciado de subsunción (descriptivo), relativo a dicha norma, puede carecer de condiciones de verdad y, por ende, de valores de verdad. Véase *supra* punto II, 1.2.6.2.

[467] Respecto de esta cuestión remitimos *infra* al punto 2 del apartado III.

miento más objetivo). Pero la vocación por regular dicho caso no constituye una justificación; han de darse razones independientes para justificar tal o cual interpretación de la formulación normativa. Los conceptos en que se hayan formulados los textos legales, por lo demás, poseen un significado relativo general que no puede ser anulado sin arbitrariedad. Algo simétricamente similar podemos decir con relación a la determinación judicial de los hechos: cualesquiera sean las dificultades epistemológicas en la prueba de los hechos objetos de un proceso judicial, el tener por establecido un hecho (o una cierta descripción de él) debe justificarse de manera independiente a la pretensión de subsumirlo en una cierta norma.

François Blanchard, quien ha subrayado no solo que la pre-calificación de la que habla Atias podría ser asimilada a un proceso aproximativo asimilable a la elección desencadenada por la experiencia, la cual podría a su vez ser descrita como una intuición o una *educated guess*, sino también —y esto es lo más importante aquí— que el proceso de calificación es muy a menudo, en la práctica cotidiana, algo escondido y que, cuando se deja ver, ya es bajo la forma acabada de la calificación, presentándose, así, como el fruto del inconsciente de los juristas, incluso cuando nos presentan las razones, razones que los jueces exponen como si se tratara del proceso mismo de calificación, concluye que «debería tenerse cuidado de no ver en los enunciados jurídicos, en todo este régimen discursivo, sino representaciones *a posteriori* que pertenecen a la lógica de la exposición y de la justificación más que a la lógica del descubrimiento». Y Agrega: «En este sentido, la decisión jurídica es análoga a un artículo científico: el descubrimiento está allí enunciado y justificado. Más tarde, la historia intentará de establecer (!) cómo ésta ha visto luz»[468].

---

[468]   Cf. Blanchard, 1998; donde se propone, incluso, dar cuenta del proceso fático de calificación jurídica en un proceso judicial como empresa de «construcción de los hechos» por parte de los testigos y por aquellos que reciben sus dichos, como un contexto de comunicación que está sujeto a ciertas categorizaciones (no necesariamente jurídicas) que condicionan la presentación de los hechos

Pero más allá de la pertinencia (o no pertinencia) de esta distinción entre contexto de descubrimiento y contexto de justificación con relación a los procesos de toma de decisiones judiciales, lo que nos parece de la mayor importancia enfatizar es que, en cualquier caso, es decir, sea como sea que haya sido el proceso fáctico de calificación jurídica y estén o no lógico-jurídicamente justificados la determinación del significado de los textos normativos y la prueba de los hechos, lo cierto es que una vez fijado el significado de una formulación normativa o conjunto de formulaciones normativas relevantes y fijados procesalmente los hechos del caso, habrá de formularse un enunciado de subsunción que, de tener condiciones definidas de verdad, será verdadero o falso. Queda claro, entonces, que lo que Wachsmann llama *operación de calificación* no es ni más ni menos que lo que aquí hemos llamado *enunciado de subsunción*, que será descriptivo cuando es formulado en un marco teórico (o desde un punto de vista externo), en cuyo caso será, en principio, susceptible de verdad o falsedad; y que será normativo cuando es formulado en un marco práctico-normativo (o desde un punto de vista interno), en cuyo caso, en tanto tal, no será susceptible de verdad o falsedad pero podrá considerarse justificado si cuenta con el apoyo de un enunciado de subsunción descriptivo correspondiente.

Ahora bien, a fin de deslindar la diferente naturaleza de los diversos elementos que comprende el proceso de aplicación del derecho y, en particular, de calificación jurídica, en especial aquellos

---

para su calificación, las cuales son puestas de manifiesto, por ejemplo, por los estudios etnográficos de los testimonios (como el de Conley-O'Barr, 1990) que muestran, verbigracia, que el discurso del derecho privilegia ciertas voces en detrimento de otras que reduce al silencio. Por otra parte, se ha señalado que las categorías propiamente jurídicas dan acceso a elementos de información muchos más ricos y variados que el que surge de su significado específicamente jurídico, como datos históricos, principios filosóficos, elementos de contexto social, fragmentos de cultura jurídica, etc.; información que esclarecería la definición de las situaciones fácticas correspondientes a las categorías jurídicas en las que se las ha de subsumir en el proceso de calificación jurídica, en vistas de imponer ciertas consecuencias legales (cf. Cumyn, 2011: 371).

de carácter fáctico y aquellos de carácter lógico o justificatorio, un importante sector de la teoría del derecho ha recurrido a la distinción epistemológica entre contexto de descubrimiento y contexto de justificación —como puede apreciarse ya en la cita de Blanchard trascripta aquí arriba. No obstante, el valor de esta distinción no solo ha sido puesta en crisis en el terreno propio de la epistemología, sino que su traspaso al derecho y, más específicamente al terreno de las decisiones judiciales, la torna particularmente problemática. Dada, la importancia que se le ha dado en la bibliografía más calificada nuestro rechazo merece una justificación. Nuestra tesis en este punto es que, para la postura que se viene de exponer acerca de la independencia conceptual entre la justificación de la interpretación de las formulaciones normativas y la justificación de la determinación de los hechos, como paso previo ineludible para la formulación y comprobación de un enunciado de subsunción (operación de calificación), no requiere, para ser fundada, de esta distinción problemática. A nuestro juicio alcanza para ello con los argumentos expuestos.

1.2.6.3.2. Contexto de descubrimiento y contexto de justificación

Se acepta que esta distinción fue establecida explícitamente por Hans Reichenbach para diferenciar la tarea de la psicología de la tarea específica de la epistemología, aunque habría sido anticipada por Popper[469] al deslindar la psicología del conocimiento de la lógica del conocimiento. Para partir de una idea, podemos valernos de la presentación que nos brinda Gregorio Klimovsky:

> En el contexto de descubrimiento importa la producción de una hipótesis o teoría, el hallazgo y la formulación de una idea, la invención de un concepto, todo ello relacionado con circunstancias personales, psicológicas, sociológicas, políticas y hasta económicas o tecnológicas que pudiesen haber gravitado en la gestación del descubrimiento o influido en su aparición. A ello se opondría el contexto de justificación, que aborda cuestiones de validación: cómo saber si el descubrimiento realizado

---

[469] Cf. Reichenbach, 1938: 6-7. y Popper, 1934: 30-32.

es auténtico o no, si la creencia es verdadera o falsa, si una teoría es justificable, si las evidencias apoyan nuestras afirmaciones o si realmente se ha incrementado el conocimiento disponible.

Klimovsky recuerda que se han formulado importantes críticas tendientes a impugnar o relativizar esta distinción[470] y aunque reconoce que «hay argumentos atendibles por parte de ambos bandos en disputa» expresa que en su libro tratará de «mostrar que la distinción de Reichenbach es aún válida y útil»[471]. Cabe agregar, asimismo, que con posterioridad a su formulación por Popper y Reichenbach dicha distinción ha sido adoptada por la mayoría de los filósofos de la ciencia (como Hempel y Carnap) sin mayor cuestionamiento hasta la década del 60 del siglo XX. Así, de acuerdo con lo que podemos denominar *concepción clásica*, las cuestiones que se pudieran suscitar en el contexto de descubrimiento científico se consideraban irrelevantes para el filósofo de la ciencia. Sin embargo, los trabajos de autores como N. R. Hanson, Herbert Simon, Stephen Toulmin, Gary Gutting y Thomas Nickles, han conducido a revalorizar filosóficamente el tema del descubrimiento científico, en el sentido de destacar la importancia de la formulación de un conjunto de reglas o procedimientos cuya aplicación correcta permita generar nuevos descubrimientos, aun si se reconoce que no existe un único método del descubrimiento científico: de esto último, no se sigue, en efecto, que el descubrimiento científico sea un tema de interés solo para la psicología empírica o la sociología del conocimiento. Del estudio de casos históricos realizados por autores como Imre Lakatos, Thomas Kuhn y Larry laudan, se desprendería que no hay una lógica infalible para la prueba y la justificación o el rechazo de las teorías científicas y que, en consecuencia, el tema del descubrimiento se torna relevante. Laudan, en particular, ha puesto de manifiesto que durante los siglos XVII y XVIII, el descubrimiento científico era un tema filosóficamente relevante porque la metodología del descubrimiento conllevaba al mismo tiempo una teoría de

---

[470] Especialmente la de Thomas Kuhn, 1962.
[471] Klimovsky, 1994: 29-30.

la justificación[472]. Como puede apreciarse sin mayor análisis, las anteriores críticas no constituyen de ningún modo una impugnación de la distinción entre contexto de descubrimiento y de justificación sino una relativización del alcance que le han dado algunos filósofos de la ciencia pero que no se sigue por lo demás conceptualmente de la distinción misma: desatender el interés por los métodos del descubrimiento científico.

Sin embargo, esta distinción ha sido objeto de críticas mucho más severas. Para poder apreciarlas será menester ver con más detalle cómo esta distinción fue formulada en su origen y cómo ésta formulación fue sufriendo modificaciones. Dado que nuestro propósito es analizar tanto las objeciones en el terreno de la epistemología como las relativas a su trasferencia al terreno del derecho, antes de acometer esta tarea, daremos cuenta, primero, de cómo ésta fue adquiriendo carta de ciudadanía en la teoría del derecho.

El empleo de la distinción epistemológica entre contexto de descubrimiento y contexto de justificación en el ámbito jurídico[473] —de acuerdo con Daniela Accatino[474]— se incorporó al lenguaje de la teoría del derecho para contestar la críticas que la corriente del realismo norteamericano había dirigido al modelo silogístico de decisión judicial, tanto en su variante descriptivista (*i.e.*, como intento de descripción de los procesos de toma de decisiones judiciales: el razonamiento judicial es una actividad cognoscitiva y deductiva) como prescriptivista (*i.e.*, el razonamiento del juez debe consistir en un razonamiento de tipo silogístico y debe ser reproducido fielmente en la sentencia). Uno de los primeros autores que se habría servido de ella es Richard Wassertrom en su libro *The Judicial Decision*[475] y, en la actualidad, sería ampliamente receptada aunque con diferentes matices y alcances, entre muchos otros, por autores

---

[472] Cf. Bárcenas, 2002 y Laudan, 1981b.
[473] Para una presentación general sobre el tema puede verse en Atienza, 2003: 4-7.
[474] Cf. Accatino, 2002.
[475] Cf. Wassertrom, 1961.

como Bulygin, Horovitz, MacCormick, Alexy, Carrió y Atienza[476]. El objetivo fundamental del recurso a esta distinción sería el de circunscribir el alcance y la fuerza de las críticas realistas al contexto de descubrimiento de una decisión, contexto al que se suele atribuir un rol secundario y marginal para una teoría de la decisión judicial. En su evaluación crítica del embate realista contra la doctrina del silogismo judicial y las respuestas a las que ha dado lugar sobre la base de la distinción entre contexto de descubrimiento y contexto de justificación de las decisiones judiciales, Accatino reconoce al realismo el mérito no sólo de haber anticipado a su modo esta distinción sino también el haber legado el interrogante acerca de cómo se relacionan y deben relacionarse ambos contextos y si es deseable o no que existan entre los motivos de la decisión y las razones justificatorias expuestas públicamente a través de la fundamentación de la sentencia[477].

Destaquemos, por otra parte, que la referida distinción se encuentra también en la base de la teoría de la justificación de sentencias de Jerzy Wróblewski, quien además, con relación al contexto de justificación de las decisiones, ha distinguido la *justificación interna* (*i.e.*, la justificación puramente formal del silogismo judicial, vale decir, si la conclusión se sigue lógicamente de las premisas) de la *justificación externa* (*i.e.*, la justificación de la corrección de las premisas)[478]. Contra la distinción entre contexto de descubrimiento y contexto de justificación se ha argumentado —a nuestro juicio, sin éxito— que es «la causa del sorprendente abandono de lo que Jerzy Wróblewski llamó la "justificación externa", en particular, el abandono del análisis de la argumentación de la decisión acerca de los hechos del litigio o decisión acerca de la prueba»; y, más específicamente, que ésta constituye un obstáculo epistemológico en lo que hace a la consideración de la verdad de la premisa fáctica del

---

[476] Cf. Bulygin, 1963: 350; Horovitz, 1972: 6; MacCormick, 1978: 15; Alexy, 1978: 221; Carrió, 1986: 65; y Atienza, 1993: 125.
[477] Cf. Accatino, 2002.
[478] Cf. Wróblewki, 1971.

silogismo judicial[479]. Ello sería así porque, sobre la base de dicha distinción, la evaluación que hacen los jueces acerca de las pruebas que se le presentan a su consideración quedan excluidas de la teoría de la argumentación por pertenecer al mundo de lo contingente y particular. Siguiendo la concepción de Fleck, de acuerdo con la cual no podría dejarse de lado el contexto en que se produce el conocimiento, se sostiene, por el contrario, que en el ámbito del derecho no podría dejarse de lado el contexto en que se produce el razonamiento judicial acerca de los hechos. En particular, el tipo de razonamiento que utilizan los jueces para establecer los hechos dependería de la teoría o del conjunto de conocimientos aceptados, los cuales serían variables a lo largo de la historia, es decir, contextuales. Se trataría, por lo tanto, de estudiar la racionalidad que está implícita en los estilos de pensamiento de los jueces no solo para describirlos, sino para compararlos y criticarlos[480]. Baste aquí observar dos puntos. En primer lugar, que *de hecho* y desde hace bastante tiempo (en todo caso mucho antes de la publicación del trabajo que comentamos), la teoría del derecho se ha ocupado intensamente de analizar tanto descriptiva como prescriptiva y reconstructivamente los procesos de justificación de las decisiones judiciales (otra cosa es que los jueces sean, en su generalidad, bastante impermeables a estas elaboraciones). Remitimos al respecto al extenso punto II, 2, de esta introducción. En segundo lugar y, más importante, el estudio y crítica de los estilos de decisión judicial no solo no impugna la distinción entre el contexto de descubrimiento y el contexto de justificación de las decisiones judiciales sino que, por el contrario, la presupone y puede incluso constituir un paso previo para la elaboración de un modelo prescriptivo de justificación externa de las premisas fácticas de una decisión[481].

---

[479]   Cf. Nettel, 1996: 107.

[480]   *Ibidem*: 115-117.

[481]   En cambio, la crítica que dirige Bayón a la distinción entre justificación interna y externa, sí nos parece relevante: la justificación externa no es otra cosa que una serie de razonamientos deductivos que terminan en cada una de las premisas del silogismo judicial. Ver Bayón, 2007. Lo que se podría adicionar

No obstante, tal como adelantamos, dicha distinción ha sido objeto de importantes críticas. Es momento, pues, de volver sobre el origen y trasformación de esta distinción a fin de valorar las objeciones de que ha sido objeto tanto en el plano de la epistemología como de su traspaso para la teoría de las decisiones judiciales y la calificación jurídica en particular.

En *Experience and Prediction*[482] el propósito del trabajo de Reichenbach era formular un rechazo expreso de las ideas de Otto Neurath y Philipp Frank. En especial, de la tesis de Neurath quien

---

al comentario de Bayón —dado que únicamente está centrado en el silogismo judicial— es que la justificación de cualquier razonamiento —sea deductivo o no deductivo— implica la justificación de sus premisas. Aquí la palabra «justificación» cobijaría una serie de criterios lógicos, inductivos o probabilísticos —y no únicamente deductivos— con tal de que den cuenta del modo en que las premisas apoyan la conclusión. Pero como la pregunta por la justificación del punto de partida no puede proseguir indefinidamente —y de hecho, por razones pragmáticas, casi nunca se interroga la justificación de las cadenas de premisas implícitas relacionadas con las premisas expresas— debe haber un primer conjunto de enunciados que son el punto de partida de todo razonamiento. Con relación a los enunciados de partida —que por definición no son ellos mismos la conclusión de otros razonamientos— el argumentador podría ofrecer las razones por las que acepta esos enunciados como punto de partida para su argumentación. Aquí caben dos escenarios: o bien que no se tenga razones para aceptar esos enunciados como punto de partida, o bien que tenga razones para ello. De no tener razones para aceptarlos se dice que esos enunciados de partida son asumidos. De tener razones para aceptarlos, entonces las razones serán asumidas en el entendimiento de que no cabe una ulterior pregunta por la razón de la razón porque de otro modo sería un razonamiento nuevo. Asumir los enunciados de partida o las eventuales razones que se tengan es una condición lógica necesaria para que la secuencia de premisas apoyen a la conclusión. Esta es una idea análoga a la regla *assumption* que se encuentra en Lemmon, 1987: 8. Con relación a los enunciados o razones asumidas no cabe predicar de ellos justificación externa ni tampoco justificación interna, por lo que la distinción entre interno y externo no sirve para dar cuenta de todos los componentes del razonamiento: no es aplicable a los primeros enunciados o razones. Pero, por otra parte, la distinción entre interno y externo se pierde porque el resto de premisas que no son los primeros enunciados o sus razones, son todos internos.

[482]   Cf. Reichenbach, 1938.

abogaba por una teoría que diera un papel positivo a los valores sociales y políticos en la teoría de la elección[483]. Lo que quería argumentar Reichenbach es que los valores sociales y políticos no tenían ninguna cabida en la teoría de la elección racional de teorías científicas. Por lo que, en este contexto de la distinción entre contexto de descubrimiento y contexto de justificación, la pregunta es si los valores en la ciencia tienen algún rol (o cuál debería serlo).

Reichenbach sostiene que al fijarnos en las conexiones lógicas entre las decisiones pasadas en la ciencia podemos advertir cómo las decisiones presentes están implicadas lógicamente por las pasadas. Sin embargo, de forma indeseable, en algunos casos, la elección entre una teoría u otra parece obedecer a un elemento subjetivo, volitivo, en lo que él denominaba, el papel de las «bifurcaciones volitivas». Estas bifurcaciones deberían ser desterradas de la tarea propia de la filosofía de la ciencia y ser relegadas, en todo caso, a la psicología; se trataría de un contexto de descubrimiento que no tiene cabida en el análisis epistemológico de la ciencia. Al olvidarnos del contexto de descubrimiento podríamos advertir que las tres tareas de la ciencia, a saber, la descriptiva (reconstrucción de episodios pasados de la ciencia para advertir los aspectos lógicos del episodio de cara a una nueva justificación), la crítica (el análisis de la estructura lógica y la interpretación de las teorías científicas) y la consultiva (mostrar todas las ramificaciones fácticas y lógicas que un conjunto de medios implican a partir del conocimiento científico), son todas ellas tareas de justificación en sentido lógico o empírico[484]. Por su parte, todas las cuestiones acerca del rol de los valores sociales o políticos en la teoría de la elección de una u otra teoría científica serían cuestiones no-filosóficas para la filosofía de la ciencia. Por contraposición, para Neutrath, es un hecho contingente, bien respaldado en evidencia histórica, que debemos escoger entre teorías empíricamente equivalentes sobre la base de nuestras estimaciones que servirán con mayores chances a ciertos fines políticos

---

[483]   Cf. Howard, 2000.
[484]   Cf. Reichenbach, 1938: 14-15.

o sociales. La causa de la objetividad en la ciencia y la causa de la libertad de la humanidad estarían mejor protegidas cuando tenemos un debate público y abierto acerca de los valores que escogemos; deberíamos evitar los pseudo-nacionalismos que enmascaran intereses políticos retrógrados[485].

La distinción entre contexto de descubrimiento y contexto de justificación, por lo tanto, supone asumir —en esta formulación inicial al menos— los postulados del positivismo lógico: la noción de justificación es lógica y los objetos de la justificación son enunciados acerca de hechos o conceptos. Es importante, también, recordar que es una distinción originada para argumentar a favor de una teoría de la elección entre teorías científicas.

Ahora bien, tomar esta distinción en su contexto original para llevarla, *sin más*, al dominio de la aplicación del derecho, en la cual cobra particular relevancia la argumentación jurídica, resulta problemático. La primera razón es que en la argumentación jurídica los objetos de justificación no son teorías; ni el propósito es descubrir leyes naturales ni regularidades. En un proceso judicial, de lo que se trata es de argumentar (básicamente) en favor o en contra de las premisas fácticas y normativas que se emplean en el razonamiento judicial. La segunda razón es que la noción de justificación, en el marco de la aplicación del derecho, no es exclusivamente lógica ni se ajusta (necesariamente) a los postulados del positivismo lógico. Esto es así porque en el dominio de la argumentación jurídica existe una variedad de argumentos cuya estructura inferencial (la relación entre premisas y conclusión) no es deductiva —aunque algunos sí tengan una estructura deductiva— sino no-deductiva, e incluso existen algunos argumentos que son para-lógicos —como el argumento pragmático o el argumento por reducción al absurdo en su versión normativa— que son aceptados por los juristas. Incluso existen algunas prácticas argumentativas —típicamente la de tribunales constitucionales— cuya característica central es elegir

---

[485] Cf. Neurath, 1913: 3.

argumentos en función de teorías normativas sustantivas, basadas en valores morales, políticos o sociales; y no —como proponía Reichenbach— a partir de la implicación lógica con argumentaciones pasadas.

Contra esta opinión bien se podría argumentar que la distinción tuvo carta de ciudadanía en la filosofía de la ciencia con independencia de su genealogía. No obstante, una réplica se impone inmediatamente contra esta objeción: que actualmente esta distinción no es aceptada ni forma parte de la agenda del debate en filosofía de la ciencia, excepto en libros básicos de texto acerca de la investigación científica para no científicos. Pero incluso estos textos son reducciones apresuradas que distorsionan la tarea científica y entorpecen la divulgación de la ciencia[486]. Ahora bien, en la importación de la distinción entre contexto de descubrimiento y contexto de justificación al ámbito de la teoría del derecho es, muy a menudo (por no decir siempre), ésta se emplea tal y como ha sido planteada en algún momento de la discusión en filosofía de la ciencia, desde su surgimiento hasta su extinción, pero sin especificar a cuál momento. Sin embargo, cualquier intento de importar la distinción debería exponer en forma expresa la versión de la distinción, así como del debate en que se inserta y las dificultades que plantea.

De acuerdo con Paul Hoyningen Huene[487], en la bibliografía relevante es posible distinguir cinco versiones de la distinción entre contexto de descubrimiento y contexto de justificación. La primera versión es la denominada «formulación estándar» que sostiene que la diferencia entre los dos contextos es temporal: primero algo es descubierto, después es justificado. Esta distinción es una consecuencia lógica de la definición de «justificación»: para formular una justificación antes debe existir un objeto de tal justificación —esta es la postura de Popper—. Pero, por un lado, no todo lo que es descubierto ha de ser justificado: existen ejemplos en la ciencia donde

---

486   Cf. Harwood, 2004.
487   Cf. Hoyningen Huene, 2006.

se realizan inventos dentro de marcos establecidos, se descubren nuevas formas de compuestos sin modificar las clasificaciones previas y se crean nuevos métodos de registro y medición sin que exista una posterior tarea de justificación, en el sentido de formular una nueva explicación, corpus teórico o marco clasificatorio global. Por otro lado, la objeción más contundente a la formulación estándar es que hay ejemplos en la historia de la ciencia en que no es posible distinguir entre uno y otro contexto simplemente sobre la base de la relación temporal. En un momento de la ciencia, cuando una ley es formulada en el proceso de la investigación, es decir, cuando la ley es descubierta, únicamente podríamos hacer tal afirmación porque —y en la medida en que— dicha ley se encuentra plenamente justificada. No es posible afirmar, como propone la formulación estándar, que primero se descubrió la ley científica y después se justificó. Afirmar que tenemos suficiente justificación para respaldar un enunciado como ley, en un momento de la ciencia, equivale a descubrir la ley. Incluso si un investigador simplemente tiene meras especulaciones acerca de una posible ley empírica, únicamente considerará que ha descubierto una ley cuando y en el momento en que se encuentre plenamente apoyada en pruebas, esto es, justificada[488].

Esta versión de la distinción, por lo demás, presenta un problema para su aplicación en el dominio de la aplicación del derecho y los razonamientos jurídicos judiciales. En los casos que resuelven los jueces, las premisas que estos emplean en sus razonamientos y los abogados en los escritos y alegatos que formulan, no son primero descubiertas y después argumentadas. Una premisa de un argumento es tal cuando guarda una relación con otros enunciados de la argumentación; esta conexión es definitoria de argumento. En el momento en que formulamos una premisa de un argumento se está haciendo un juicio relacional entre una premisa y otras premisas, no hay algo así como una premisa de un argumento que primero se descubre como premisa y después se justifica. Un argumento es

---

[488] Ejemplos históricos de este tipo se encuentran en Arabais, 1992 y 1996.

ofrecer comunicativamente en algún contexto pertinente de discusión un conjunto de premisas tales que algunas apoyan a otras que
funcionan a modo de conclusión[489]. En suma, desde el punto de
vista de la temporalidad, la distinción en el ámbito de la construcción de los argumentos jurídicos no funciona como criterio para
distinguir un contexto del otro. Ahora bien, una vez formulada y
comunicada la argumentación, quien recibe la argumentación —
sea el juez o las partes— tampoco podrá advertir el contexto de
descubrimiento; únicamente podrá evaluar la pertinencia, eficacia,
validez o conveniencia de la argumentación.

La segunda versión de la distinción tiene que ver con el proceso de descubrimiento versus los métodos, en sentido amplio, de
justificación (o de prueba). El concepto de *método* aquí admite dos
interpretaciones, una relativa y otra absoluta. En el primer sentido,
por «método» se entiende los procedimientos que fueron empleados para justificar un descubrimiento científico en un momento de
la historia de la ciencia. En un segundo sentido, «método» designa
la justificación o prueba de que un descubrimiento tiene el carácter
de científico; es decir, el procedimiento o prueba que implica la
aceptación, en tanto conocimiento científico, de un descubrimiento. En el primer sentido de «método» la distinción entre el contexto de descubrimiento y el de justificación merece una crítica similar
a la de la primera versión: no siempre es posible distinguir históricamente entre descubrimiento y métodos de justificación. En el
segundo sentido de «método», la dificultad es que debemos tener
pautas, normas, que nos digan cómo los procedimientos y las pruebas han de ser conducidas para producir la justificación de un determinado descubrimiento. Para ello habría que tener ese conjunto de
pautas o estándares que gobiernan las pruebas y los procedimientos
que se emplean para justificar, de modo que sean independientes
del momento histórico y, a su vez, que tales pautas o estándares no
requieran de ulterior justificación. Así, en el dominio de la aplica-

---

[489]   Cf. Vander Nat, 2009.

ción del derecho y el razonamiento jurídico, interesaría adoptar el segundo sentido de «método». Pero esto presenta dificultades. Por una parte, porque en el contexto científico qué cuente como un método o procedimiento no está sujeto a controversia; lo que está sujeto a controversia es el carácter absoluto del método desligado de las prácticas científicas y del estado de la ciencia en un momento de la historia. En el marco de la aplicación del derecho, en cambio, no existe consenso acerca de qué contaría como un método para justificar los argumentos jurídicos en los diferentes planos en que estos intervienen. Desde luego que parece haber consenso en sentido negativo: no se aceptarían argumentaciones con premisas inconsistentes para el caso de razonamientos deductivos, o aquellos cuya formulación en lenguaje natural sea incomprensible por su defectuosa redacción, sintaxis lingüística o forma anfibológica. Pero este no es un procedimiento para determinar cuándo un argumento en apoyo de cierta premisa está (o no) justificado; o cuándo un razonamiento, cuyas premisas se relacionan a modo de premisas y conclusión, están justificados —excepto, claro está, en el caso del razonamiento deductivo—. El problema no es, simplemente, que fuera de los argumentos deductivos no existe un método de validación de la conclusión, sino que incluso algunas formas de argumentación formalmente inválidas suelen ser aceptadas por los juristas, como el argumento a contrario, el argumento por mayoría, o la analogía. Más agudo es todavía el problema de la elección entre esquemas de argumentación a favor y en contra de alguna postura, o a favor o en contra de aceptar alguna premisa. No tenemos en el derecho un acuerdo básico acerca de qué contaría como un método para justificar los diversos tipos de argumentos.

La tercera versión de la distinción es que el análisis del descubrimiento es una cuestión empírica mientras que el análisis de la justificación es una cuestión lógica. Las descripciones son empíricas (contexto de descubrimiento); las evaluaciones, esto es, si las afirmaciones epistémicas están justificadas, tienen que ser realizadas mediante métodos lógicos (contexto de justificación). La aplicación de esta versión al dominio jurídico y al de la argumentación jurídica en particular es todavía más estrecha que la anterior versión. Esto es así porque según la segunda versión el contexto de justificación se distinguía del contexto de descubrimiento en tanto el primero se centraba en los métodos y procedimientos de justificación. Se dejaba abierto el interrogante acerca de qué contaba como método o procedimiento en un momento de la ciencia determinado, o qué contaría como un método o procedimiento de justificación en forma absoluta para la ciencia. La tercera versión, en cambio, es más estrecha que la segunda porque sostiene que el único método de justificación válido es el método lógico. Si la actividad que realiza el científico no es de este tipo, se trata de una operación en el contexto de descubrimiento. Por lo que la mayoría de objeciones dirigidas contra la segunda versión se aplican a esta también. Por lo demás, en el ámbito de la aplicación del derecho, tanto las cuestiones de hecho como las de derecho requieren una justificación. Y la justificación jurídica (tanto en el plano fáctico como normativo), en muchos casos, involucra tanto descripciones como evaluaciones (de diversa índole). Sería una deformación de la práctica argumentativa judicial afirmar que todas esas evaluaciones son de tipo lógico.

La cuarta versión es una modificación de la tercera, pero aplicada a ciertas disciplinas específicas. Así, de acuerdo con esta versión, la diferencia entre la historia, la psicología y la sociología de la ciencia con la filosofía de la ciencia, sería metodológica. Las primeras poseerían carácter empírico, la segunda poseería un carácter lógico. Las disciplinas empíricas tratarían con procesos de descubrimiento; la filosofía de la ciencia, en cambio, se ocuparía del análisis lógico de la justificación, el cual sería normativo. La crítica que se ha dirigido contra esta versión es que, en primer lugar, no está claro que los procesos de descubrimiento no puedan ser estudiados en términos conceptuales, lógicos o heurísticos —como ha sucedido, por ejemplo, con los modelos computacionales del descubrimiento científico—. En segundo lugar, es muy simplificador pensar que la filosofía de la ciencia se reduce a un análisis de los enunciados acerca de la ciencia y sus relaciones lógicas. Esta versión, exportada al dominio de la aplicación del derecho, enfrenta la dificultad de que no todas las operaciones asociadas con la construcción de argumentos, razonamientos y sus premisas componentes son de carácter empírico; muchos de ellos tienen que ver con normas jurídicas. Además, la conexión entre las premisas de un razonamiento probatorio puede incluir relaciones de causalidad o estadísticas cuya metodología subyacente es empírica y no lógica. En fin, en el ámbito de la aplicación del derecho no es posible asociar lo empírico o fáctico con el estudio propio de la «ciencia jurídica», relegándolo así al contexto de descubrimiento, y asociar el análisis lógico o justificatorio con la filosofía del derecho, relegándolo así al contexto de justificación.

La quinta versión de la distinción entre contexto de descubrimiento y contexto de justificación consiste en hacerse distintas preguntas que se formulan en la ciencia, sin hacer una definición previa ni expresa de los contextos. Preguntas del tipo ¿qué ha ocurrido históricamente cuando se ha hecho un descubrimiento? versus ¿puede una afirmación tal o cual estar justificada científicamente? El problema con esta versión es que se espera que la respuesta que se suministre a cada tipo de preguntas nos arroje luz sobre la diferencia entre los contextos. Desafortunadamente, esto no es así simplemente porque para responder qué ha sucedido en un descubrimiento suponemos algún criterio para identificarlo y distinguir —históricamente— el contexto de descubrimiento del de justificación. Lo cual nos ubica de nuevamente en los problemas de la primera versión. Dar respuesta a las preguntas del segundo tipo, a su vez, supone que tenemos un criterio para identificar qué contó como justificación en el momento histórico del descubrimiento o bien qué cuenta como una justificación adecuada a-temporalmente. Esto nos enfrenta con los problemas de la segunda versión. En el dominio de la aplicación del derecho y de la argumentación y razonamiento jurídicos, la situación no es muy distinta: formular preguntas del tipo ¿qué premisas ha inventado el argumentador, el juez o las partes? y ¿están justificadas estas afirmaciones? suponen que frente a un discurso oral o escrito es posible distinguir entre uno y otro contexto mediante el examen del argumento. Pero las premisas que se han inventado son las que se han ofrecido en el argumento: la justificación estará dada por el método que tengamos para tener por justificado un argumento o premisa, lo que nos ubica en el problema de la segunda versión aplicada al derecho.

Dicho todo lo anterior, podemos ahora ocuparnos de nuestra última cuestión pendiente.

1.2.6.3.3. Calificación jurídica y verdad

Deslindadas las anteriores cuestiones conceptuales podemos pasar ahora a analizar las cuestiones vinculadas a la relación de la operación de calificación jurídica con la verdad. Olivier Cayla ha condensado estas cuestiones de manera elocuente:

> [...] el tema de la calificación, que se supone se ejerce «jurídicamente» sobre los hechos, y que consiste fundamentalmente, a título de elemento esencial de la práctica del derecho, en una actividad discursiva específica, reenvía doblemente a la problemática de la *verdad del derecho*. Por una parte, porque el acto de calificación [...] puede aparecer, en tanto que momento crítico que determina la *aplicación* de las normas del derecho, como aquel que revela la verdad de éste último, si se sostiene, como muchos, que es en su efectuación que se juega en última instancia la suerte de los hechos y de los objetos sometidos a su influencia. Por otra parte, porque la calificación, por el hecho mismo de su perfil inocentemente descriptivo, plantea el problema de su adecuación, en tanto que discurso, con las cosas que se supone que dependen de la «naturaleza jurídica», así como —y sobre todo— el de su compatibilidad con los otros tipos de discurso —morales, religiosos, científicos, estéticos...—, que pretenden igualmente, siguiendo su propia sensibilidad, decir lo que son las cosas: «la verdad del derecho», es decir aquella dicha y atestiguada por el derecho, debe así ser confrontada con aquella pretendida por otras instancias discursivas, en la medida en que las eventuales divergencias, o al menos la diversidad en la percepción de las mismas cosas, plantean en cualquier caso la cuestión de saber a quién acordar confianza y preferencia para acceder al conocimiento de lo «verdadero»[490].

---

[490] Cf. Cayla, 1993: 4. Valga aclarar que, en el contexto de la cita, la expresión «verdad del derecho» está empleada con un alcance general que no distingue lo que se discrimina la clasificación tripartita de que nos hemos valido en esta introducción y que no se corresponde, por ello, con el sentido específico que

La calificación jurídica, reenviaría así en **primer lugar** a la «verdad del derecho» en el sentido —metafórico, cabría decir— de que en ella se revela su rol *decisivo* de trocar el corpus de previsiones generales en decisiones particulares invistiendo así los hechos del mundo de un sentido jurídico específico que puede ajustarse en mayor o menor medida al tenor literal de dichas previsiones; lo que quiere decir *nombrarlos* jurídicamente. Y este nombramiento es el que reenviaría, en **segundo lugar**, a la cuestión de la verdad, esta vez no metafóricamente y, a su vez, de tres maneras. **Primero** porque, por un lado, al ser la calificación una operación jurídica, se supone que pertenece al registro del discurso prescriptivo; pero, por otro lado, parece poseer un perfil «inocentemente descriptivo» toda vez que parece consistir simplemente en *dar un nombre a las cosas* caracterizándolas así jurídicamente: ¿pues antes de comenzar por establecer que algo debe estar prohibido o permitido no hay primero que decir de qué se trata? Nada parece poder ser prescripto (jurídicamente) a no ser que antes pueda ser jurídicamente descripto: «[...] desde este ángulo [...] se podría sostener que el discurso del derecho es un discurso esencialmente descriptivo, que al menos pretende serlo, en la medida en que no cesa, en el corazón del proceso de su aplicación a la cosas, de disertar a su respecto para decir lo que son, en todo caso jurídicamente»[491] ¿Querría esto decir que aquello que se revela como el rol decisivo del derecho, la calificación jurídica, es un discurso de naturaleza descriptiva y que siendo la condición de posibilidad del discurso prescriptivo es anterior y más fundamental que él? Desde nuestro punto de vista la paradoja no es más que aparente: basta con distinguir —como hemos hecho *supra*— entre enunciados de subsunción descriptivos y enunciados de subsunción normativos, de modo que la calificación jurídica (que en el sentido en que ahora nos ocupa, como se ha

---

le hemos nosotros dado. En la terminología que aquí adoptamos, en efecto, se trataría de la «*verdad del derecho*» dado que en la cita claramente se hace referencia a la aplicación judicial de normas generales a casos particulares.
[491] *Ibidem*: 3.

visto, no es sino un enunciado de subsunción) pueda ser entendida en sentido descriptivo o normativo, para que la paradoja se disipe. En efecto, si se trata de una calificación descriptiva estaremos en un marco teórico y metalingüístico respecto del derecho (poco importa que quien lo haga sea un jurista dogmático o un abogado o juez incluso en el contexto de un proceso judicial si están efectuando una tarea cognoscitiva y no decisoria), estaremos pues *hablando sobre* el derecho y *afirmando* una relación de subsunción en él de ciertos hechos (en particular, para ello, *mencionando* normas jurídicas), pero no *haciendo* derecho, con lo cual ninguna «mezcla» se produce con el lenguaje prescriptivo. Si, por el contrario, se trata de una calificación normativa estaremos en un marco práctico-normativo, también metalingüístico, pero vehiculizando un discurso de carácter prescriptivo en la medida en que se *usan* normas jurídicas para *establecer* que se da una relación de subsunción en ellas de ciertos hechos, es decir, estaremos *haciendo* derecho, con lo cual ninguna «mezcla» se produce con el lenguaje descriptivo.

Pero el nombramiento jurídico de las cosas reenvía, a una **segunda** cuestión sobre la verdad, aquella que tiene que ver con si las calificaciones jurídicas reenvían a un lenguaje puramente jurídico y, más concretamente, si éste refleja o captura la naturaleza jurídica de los entes que detentan una cualidad jurídica intrínseca o si, por el contrario, este no traduce más que las contingentes convenciones de las diversas sociedades históricas. En la primera hipótesis existirían (más allá del imperfecto lenguaje) calificaciones jurídicas metafísico-objetivas como en una suerte de mundo platónico de las ideas que los juristas y jueces deberían esforzarse por reconocer y respetar a la hora de pronunciarse sobre el carácter jurídico de los hechos. En la segunda hipótesis, en cambio, se tratará de desentrañar el sentido jurídico los unos textos variables y difusos como las sociedades mismas a las que pertenecen. Este problema se volvería máximamente sensible al analizar las premisas del silogismo judicial y, más precisamente, al analizar la premisa menor, que es la que presupone, justamente, la calificación jurídica. Cayla propone considerar el siguiente silogismo: «Todos los hombres son mortales» (premisa mayor); «Sócrates es un hombre» (premisa menor); ergo, Sócrates es mortal (conclusión). Si un elemento dudoso se inmiscuyese en la calificación de Sócrates como un hombre, la subsunción quedaría puesta en tela de juicio y con ella todo el silogismo. Ahora bien, en un silogismo jurídico este paso quedaría asegurado si su premisa menor describiese una pura realidad jurídica o pudiese al menos correlacionarse con una tal descripción (lo cual garantizará, además, la corrección de su aplicación a un caso por parte de la autoridad judicial). Sin embargo, más que en otros dominios, las categorías jurídicas son objeto de sospecha y desconfianza, incluso las que se encuentran *a priori* mejor establecidas: «La propiedad, es el robo»; ¿cómo ponerlas al abrigo de los revolucionarios y nihilistas de toda suerte?[492].

Aunque sugerentes, tanto el planteo como los ejemplos, si se analizan más de cerca a la luz de nuestras distinciones efectuadas *supra*, buena parte de la perplejidad que éstos provocan se disipa. Comencemos con la premisa menor del silogismo citado como ejemplo. Se observará, que cualquier término que designe una entidad empírica (esto es que no exprese nociones formales), incluyendo los seres humanos, puede ser objeto de vaguedad, de modo que respecto de un cierto ser vivo que reúna ciertas características que lo asemejen a los seres humanos pero que posea otras que no —recuérdese analógicamente los célebres ejemplos de Waismann acerca del gato que habla y el de Austin sobre el jilguero explosivo— nos podrían en duda de si llamarlo o no «hombre» y, por ende, si tiene derecho a figurar en la eventual premisa menor de un silogismo similar al que estamos considerando. Ciertamente, contra esto podría replicarse que el argumento presupone una teoría convencionalista del lenguaje que, cuando menos para este caso, no resulta la más apropiada, pues podría darse mejor cuenta de él en términos de una teoría de la referencia directa, de manera que la referencia de la expresión «ser humano» u «hombre» queda identificada por

---

[492] *Ibidem*: 5.

la estructura genética y, por ende, más allá de las convenciones o estereotipos con de los que nos valemos en la comunicación ordinaria. Ahora bien, dejando de lado la dificultades generales que tiene esta última concepción semántica, en el mejor de los casos ella da cuenta satisfactoriamente de los términos que se refieren a clases naturales, pero no de aquellos que se refieren a objetos del mundo que no son clases naturales, como los que fabrica el hombre[493]. Por lo tanto, no solo en un silogismo judicial, sino también en uno «tradicional» es posible introducir un elemento dudoso y, por ello, poner en tela de juicio la subsunción. En este punto, la única particularidad del silogismo judicial, consiste en que los hechos a tener en cuenta para la premisa menor han de ser determinados judicialmente, y que una vez tenidos por probados, ellos (o una descripción justificada de los mismos) ha de ser subsumida o calificada en un concepto *jurídico*. Veámoslo con el siguiente ejemplo de silogismo judicial: premisa mayor: el que matare a otro deberá ser sancionado; premisa menor: Juan mató a Pedro; conclusión: Juan debe ser sancionado. En la premisa menor, «mató» es un concepto jurídico en la medida en que remite a la definición dada en la ley y a las otras normas con las que se relaciona el delito de homicidio, como la legitima defensa, etc., etc. De lo que se trataría aquí es de subsumir el hecho realizado por Juan (o una descripción justificada del mismo), según se ha probado en el juicio, *i.e.*, si se subsume en el predicado jurídico «matar». Aunque en la mayoría de los casos no habrá dudas de si aplicar o no este predicado a situaciones claras, bajo ciertas circunstancias particulares, podría surgir la duda: ¿es o no homicidio la acción de Juan de haber dejado a Pedro en estado de vida vegetativa o muerte cerebral como consecuencia de su disparo doloso? Al igual que ocurre con los silogismos tradicionales, en el silogismo judicial, la calificación (no jurídicamente o jurídicamente, respectivamente) que conllevan los hechos que figuran en la premisa menor, puede o no ser problemática, según se presente o no un problema de vaguedad. Una aclaración adicional es todavía nece-

---

[493]   Para un análisis de estas cuestiones permítasenos remitir a Sucar, 2008.

saria: afirmar que en la premisa menor de un silogismo judicial un hecho o una descripción suya está calificada jurídicamente no implica que no sea lógica, empírica o técnicamente posible, primero tener por acreditado procesalmente la existencia de unos hechos y por aceptada como justificada una cierta descripción de los mismos (de manera independiente a los conceptos jurídicos contenidos en las normas que se estiman, al menos *prima facie*, relevantes; normas cuyas formulaciones normativas han de ser asimismo interpretadas justificadamente, es decir, mediante argumentos independientes a las característica de los hechos que se tienen en mira), y luego calificarlos o no jurídicamente según el enunciado de subsunción sea o no verdadero.

Veamos ahora el ejemplo «La propiedad, es el robo». Comencemos por advertir que tanto «propiedad» como «robo» son conceptos jurídicos. En segundo lugar, recordemos que en un silogismo judicial se parte, a los efectos de la calificación jurídica de los hechos, de las normas jurídicas aplicables (y no cualesquiera otras normas, ya sean morales, religiosas, o de otros ordenamientos jurídicos presentes o pasados)[494]. Así, en alguna eventual premisa menor de un silogismo judicial, podría ser cuestión de si una cierta entidad constituye o no «propiedad» según los términos en que el concepto expresado por dicha noción se halle definido por la leyes del sistema jurídico en cuestión. Algo equivalente puede hacerse con relación al concepto de robo. Pero en verdad, a lo que el citado adagio apunta es a cuestionar la institución jurídica de la propiedad, por caso, por el modo (ineluctablemente) inmoral en que se habría producido la apropiación originaria. Dicho ejemplo, por ende, no prueba, como se pretende, que los hechos (afirmados) que obran como premisa menor del silogismo judicial y que han de ser calificados jurídica-

---

[494] Esto no implica, como se ha visto a comienzo de esta introducción que para el modelo teórico positivista-normativista-convencionalista, a los jueces no le esté permitido apelar a argumentos morales cuando lo estimen justificado en la toma de decisiones.

mente, estén más abiertos a las dificultades de subsunción que los que obran como premisa menor de un silogismo tradicional.

La **tercera** cuestión sobre la verdad (que no deja de tener conexión con la anterior) a que nos reenvía el nombramiento jurídico de las cosas, es la del estatuto del discurso jurídico con relación al de otras instancias discursivas, especialmente el de las ciencias naturales y sociales: ¿en lo tocante a la categorización y descripción de las cosas, al decir la verdad sobre ellas, el derecho constituye un discurso privilegiado con relación a los otros? Cayla recuerda a este respecto algunos casos jurisprudenciales o doctrinarios. En el «caso Touvier», en el que la *Chambre d'accusation* de la *Cour d'appel* de París, fue unánimemente fustigada por haber desbordado el campo de la calificación estrictamente jurídica al pronunciarse sobre la naturaleza del régimen de Vichy (diciendo que éste no había practicado «una política de hegemonía ideológica») de una manera que no concuerda con la caracterización que provee la ciencia histórica. En sentido inverso, pero en el terreno de la doctrina, donde un jurista (M. Troper) formula la exigencia, a un historiador (F. Furet), de abstenerse de toda calificación proveniente de la ciencia jurídica cuando éste último se ocupa de la caracterización histórica del régimen de 1791[495]. Sobre esta cuestión, dado que no parecería haber criterios indiscutibles de cientificidad ni garantía de que los saberes aceptados como científicos no estén sujetos a error, la conclusión sería que no hay un discurso privilegiado en el sentido de que provea una descripción verdadera (o más verdadera) del mundo, pero en un sentido el derecho sería un discurso privilegiado en virtud de que adopta decisiones con carácter autoritativo. En el fondo, todas las calificaciones, sean éstas propia de la vida ordinaria o científicas, responderían a ciertas elecciones y valoraciones y, en este sentido, serían decisiones jurídicas en sentido amplio, por su carácter constitutivo. «Evidentemente, el problema planteado por una tal concepción disolvente de la noción de verdad como de la distinción entre

---

[495]   Cayla, 1993: 6-7.

los órdenes jurídico, ético, científico, estético, conduce al carácter relativo, contingente, situado del criterio de validación de las calificaciones, ya que basta con que éstas últimas complazcan a aquellos a quienes se dirigen, incluso, en última instancia, al soberano que las dicta jurídicamente, para adquirir su pertinencia»[496]. En buena medida estas consideraciones conducen a la cuestión con la que cerraremos este apartado.

Así, pues, para terminar, afrontemos el dilema de hierro al que Cayla parece encerrar lo que podríamos llamar *el problema de la objetividad de la calificación jurídica*, que no es otra cosa a nuestro juicio, en última instancia y dicho apretadamente, que la susceptibilidad a los valores de verdad de los enunciados interpretativos, de los enunciados probatorios y de los enunciados de subsunción (si se toma la noción «calificación» en el sentido amplio que se ha visto *supra*). Al respecto, Cayla opone dos concepciones opuestas: una «el ideal de la calificación "pura" que se ejerce [...] en el registro discursivo de la neutra y anodina *descripción*» y otra, que podríamos calificar de *decisionista*, de acuerdo con la cual, la primera concepción «no es más que un mito y que ese acto que se exhibe ostensiblemente como un incontestable juicio de *hecho* está en definitiva condicionado por un fundamental juicio de valor» de lo que es políticamente deseable o socialmente aceptable decir con relación a las cualidades del hecho, con tal de que dicho juicio sea efectuado por un órgano competente. Así: «es una calificación jurídica toda extracción [*dégagement*] constructiva y selectiva por la autoridad "auténtica" de las cualidades de un hecho o de una cosa, a fin de poner en relieve los motivos positivos o negativos que pueden conducir a estatuir sobre la conformidad o no de su ser a su deber ser, dicho de otro modo a gobernar su *existencia*»[497]. Los fundamentos de esta conclusión a los que Cayla parece adherir son básicamente tres: 1) que el modelo silogístico de la lógica formal es incapaz de dar cuenta de las determinaciones reales que tienen realmente curso en el razonamiento

---

[496] *Ibidem*: 16-17.
[497] *Ibidem*: 9.

jurídico; 2) relacionado con lo anterior, que la solución al caso está predeterminada, de modo que luego se trata solamente de elegir la calificación jurídica que mejor se ajuste a los hechos; 3) relacionado con los dos puntos anteriores, que existe la posibilidad de crear pretorianamente el régimen jurídico que favorecerá, por su aplicación al caso, la obtención de un cierto resultado, si es que este por casualidad ya no está contemplado en el derecho en vigor.

Tanto el planteo en forma dilemática del problema como la adopción, como solución al mismo, de la segunda concepción, nos parecen seriamente objetables. En cuanto a lo primero, porque entre la concepción ideal y la decisionista, existe la posibilidad de posiciones intermedias. Más precisamente: es posible rechazar la concepción ideal sin que sea necesario caer o apoyarse en la concepción decisionista. Bastaría para ello con rechazar, por ejemplo, la concepción esencialista del lenguaje que supone la concepción idealista en función del convencionalismo lingüístico. Esta es la posición —descripta aquí a muy grandes rasgos— que nosotros adoptamos en la presente introducción. De acuerdo con esta posición —según hemos tratado de argumentar a lo largo de este apartado 1.2.6. y como se verá infra en el punto 2, de esta parte II—, es posible ofrecer, si bien no siempre, una justificación de la interpretación de las formulaciones normativas, así como también es posible justificar la acreditación procesal de los hechos (si bien es cierto que no existe un procedimiento infalible para ello), y también comprobar la verdad de los enunciados de subsunción (cuando no hay un problema de vaguedad que así lo impida). En esta concepción se admite que pueden existir dificultades en estos tres planos, pero lo que no se admite es que exista alguna imposibilidad de principio. En cuanto a la solución, es decir, la posición decisionista, más allá de lo expuesto en el punto 1.2.6.1., digamos aquí simplemente que el modelo silogístico no tiene por función describir el proceso real de decisión jurisdiccional sino ofrecer una reconstrucción teórica del razonamiento justificatorio de los órganos de decisión o una herramienta conceptual para que éstos puedan (in)validar sus razonamientos. Por lo demás, el silogismo no tiene por qué ser necesariamente el de la lógica formal. Por último, el que los jueces, *de hecho*, «fabriquen» (incluso muy a menudo) los hechos y las normas que han de aplicar a estos últimos, no constituye en absoluto un argumento válido de que no sea posible justificar racionalmente la interpretación y elección de las normas aplicables como la determinación judicial de los hechos y la operación de calificación. Muchas de las tareas o aspectos de la justificación en estos tres planos pueden basarse y de hecho muchas veces están basadas en enunciados comprobablemente verdaderos. Es más: los argumentos en favor de la concepción decisionista se autoanulan, es decir, presuponen lo que pretenden refutar: ¿cómo saber, en efecto, que los hechos o las normas han sido establecidos por motivos *políticos* y no *jurídicos*, si no hubiese algunos criterios para distinguir un dominio del otro y, en particular, si no existiesen parámetros para evaluar la corrección de las decisiones judiciales?

Finalizada esta excursión por las cuestiones de derecho y la verdad, continuaremos con la de los hechos y la verdad.

2. (no)cognoscitividad, prueba de los hechos y verdad

El conocimiento de los hechos en un proceso jurisdiccional es una tarea compleja que pone en el centro de la escena, entre muchas otras, las nociones clave de prueba y verdad. Una de las mayores dificultades, sin embargo poco advertida a la hora de avocarse al estudio de la prueba judicial, es la confusión de diversos planos de análisis que es imprescindible distinguir con toda precisión. Así, en primer lugar, tenemos las cuestiones relativas a la determinación del régimen jurídico de la prueba, esto es, la identificación de las normas atinentes a su admisibilidad, producción y valoración. Ello implica no solamente considerar tales normas jurídicas, sino también los objetivos de política legislativa (civil, criminal, laboral, etc.) que los sistemas procesales suelen expresar o asumir implícitamente, por ejemplo respecto del modo en que se va a articular la averiguación de los hechos con las garantías individuales o con las cargas procesales. Se trata de determinar, en suma, el contenido del derecho positivo y, en tal sentido, de un estudio de tipo doctrinario o dogmático. Ahora bien, este tipo de teorización puede asumir formas de explicación diversas según los grados de generalidad propiciados y el alcance (o extensión) que se le asigne al objeto de estudio. Así, con relación al alcance (o extensión), encontramos los estudios centrados específicamente en el proceso penal, civil o laboral, etc., a diferencia de otros que se ocupan de alguna institución particular relativa a estos tipos de proceso, por caso, el estudio de la jurisdicción. En tal sentido, verbigracia, la teoría de la jurisdicción penal tendría mayor alcance o extensión que una teoría acerca la presunción de inocencia (que forma parte de la primera)[498]. En cuanto a los diferentes grados de generalidad, considérese, a título ilustrativo, las explicaciones relativas al proceso penal de un cierto sistema jurídico con aquellas explicaciones que se centran en el análisis de los procesos penales comparados. En este último caso se trata del análisis de las categorías o instituciones jurídicas que abarca familias de sistemas procesales[499].

Un segundo nivel de análisis tiene que ver con las concepciones teóricas acerca de la naturaleza del proceso judicial y, en particular, en lo que hace a la naturaleza de la prueba judicial de los hechos. Estas teorías tratan de proveer una explicación del proceso y de la prueba que no se reduzca a la mera identificación del material jurídico positivo, sino una que provea una comprensión más profunda y general de la naturaleza de las normas jurídicas, de las decisiones jurisdiccionales, así como de la actuación de los diferentes actores del proceso (abogados defensores, fiscales, jueces o jurados) y la estructura lógico-semántica de los diferentes tipos de enunciados involucrados en sus diferentes tareas. Típicamente, se trata de trabajos formulados desde la teoría general del derecho. Estos trabajos no solo poseen un mayor grado de generalidad teórica que las

---

[498]   Contrastar, a este respecto, el alcance del estudio de Shapiro, 1981 con el de Tadros, 2007.

[499]   Para un ejemplo de este tipo de análisis véase Damaska, 1986.

elaboraciones dogmáticas —por generales que éstas sean— sino que tratan además de abstraerse del tratamiento directo y específico del contenido de los sistemas jurídicos positivos y de centrarse más bien en lo sus rasgos estructurales comunes.

Un tercer nivel de análisis tiene que ver con la pragmática de la prueba. Por esta última noción entendemos los objetivos concretos y las prácticas concretas que en pos de estos objetivos se trazan los protagonistas del proceso —abogados defensores, fiscales y eventualmente los propios órganos de instrucción— con relación a la obtención de un pronunciamiento jurisdiccional, paradigmáticamente la aceptación o rechazo de una demanda o la declaración de una condena o de absolución. La actividad probatoria tiene, de hecho, como objetivo último, para sus protagonistas, lograr alguno de estos tipos de pronunciamiento. A este respecto los estudios de Wigmore son ejemplares. En ellos se reconstruye la actividad probatoria con el propósito de ofrecer una metodología para el análisis de los elementos de prueba y su uso estratégico para la obtención del veredicto que se pretende[500]. El estudio de la pragmática de la prueba tiene relevancia, en primer lugar, para medir la eficacia de las normas jurídico-positivas que regulan la actividad probatoria, así como de los comportamientos estratégicos que ésta genera en los actores del proceso. En segundo lugar, constituye un criterio de adecuación para aquéllos análisis epistemológicos que: i) evalúan las actividades probatorias del proceso penal en términos de modelos epistemológicos del conocimiento de hechos; ii) dan cuenta de la epistemología subyacente a la actividad probatoria desplegada de hecho en el proceso penal; y iii) proponen mejoras epistemológicas a los estándares probatorios establecidos por el derecho positivo o

---

[500] Wigmore, 1913. Otro ejemplo de una obra semejante a la de Wigmore —que incluso emplea una versión de su método para representar información probatoria— es el libro Anderson, Schum y Twining destinado a «[...] proveer los fundamentos teóricos y prácticos para dominar ciertas habilidades analíticas pertinentes para la construcción y crítica de los argumentos acerca de cuestiones de hecho». Anderson-Schum-Twining, 2005: 289.

a los efectivamente desplegados por actores del proceso[501]. En el nivel de análisis pragmático, las obras que se avocan al estudio del proceso judicial y de la prueba, además de suponer una regulación legal específica que provee el contexto para que la pragmática de los actores tenga lugar (primer nivel del análisis), suponen —o por lo menos es compatible con— una cierta concepción de la naturaleza del proceso y de la prueba (basada o asociada a la regulación legal en cuestión) incluso si ésta no es consignada en forma expresa. Sin embargo, la pragmática del proceso judicial y de la prueba presenta cierto grado de autonomía con relación a los análisis dogmáticos o de la teoría general del derecho. Más allá de la naturaleza que en definitiva se le atribuyan al proceso judicial y a la prueba, los practicantes que operan todos los días con el sistema judicial requieren obtener resultados, producir situaciones jurídicas que beneficien a los intereses que representan; y para lograrlo deben ejecutar ciertas acciones, como lograr acuerdos con los funcionarios y realizar ciertas operaciones precisas que moviliza la maquinaria procesal. Este complejo conjunto de actividades antes mencionadas —que puede variar de un sistema jurídico a otro— puede ser objeto de descripción, reconstrucción metodológica y también de mejora técnica, sin que ello implique estar condicionados a adoptar, en particular, una u otra teoría acerca de la naturaleza del proceso judicial y de la prueba.

Todos los anteriores niveles de análisis son propios de los juristas[502]. No obstante, éstos no son los únicos que se han interesado y se interesan en el proceso judicial y la actividad probatoria. De la revisión de la bibliografía relevante se aprecia que también exis-

---

[501]   Esto último implica distinguir entre el análisis epistémico acerca de las normas del derecho positivo y el análisis epistémico acerca de los comportamientos y actitudes efectivamente desplegados que pueden no ser concordantes con lo establecido por la ley. El análisis de este segundo tipo no es común encontrarlo en la bibliografía.

[502]   Utilizamos aquí, en este contexto, el término «jurista» en un sentido amplio que abarca a los dogmáticos, a los teóricos generales del derecho y a quienes se ocupan de la pragmática de la prueba.

ten trabajos elaborados desde otros campos teóricos, distintos a las disciplinas jurídicas. Cabe mencionar, al respecto, aquellos trabajos que se originan en campos del conocimiento como la filosofía[503], la sociología[504], la psicología cognitiva[505], la teoría de la decisión racional[506], la semiótica[507], la epistemología[508], o la matemática[509]. Estas teorizaciones pueden variar en su alcance. Así, algunas de ellas ofrecen una explicación de los procesos jurisdiccionales y, en este sentido, tienen un alcance mayor frente a otras teorizaciones que se limitan a dar cuenta de instituciones concretas de éste como la prueba o el estándar probatorio. A este grupo de estudios originados en otras disciplinas no jurídicas corresponde un vasto número de obras en la bibliografía actual. Uno de los efectos de estas reflexiones es la reacción y la discusión conceptual de estas propuestas por parte de los juristas; a un grado tal que muchos de los textos que contemporáneamente teorizan acerca del proceso o de la prueba, incluyen referencias críticas o incorporan conceptos provenientes de esta clase de trabajos[510].

Finalmente, debemos incluir en el análisis de la prueba y de la verdad en el proceso judicial una consideración transversal tanto a los trabajos típicos de los juristas como a aquellos que no lo son: la relativa a la genealogía misma de la relación entre proceso judicial, prueba y verdad. Con relación al primer nivel de análisis debemos advertir que las normas de derecho positivo que regulan, en los sistemas jurídicos contemporáneos de Occidente, el proceso judicial y la prueba, son el producto de distintas influencias, de orígenes variados, que a lo largo de la historia fueron delineando el diseño institucional actual. De igual forma, la ocupación de los juristas por

---

[503] Véase Duff, 1998, Walton, 2002 y Cohen, 1977.
[504] Véase Posner, 2008.
[505] Véase Clermont, 2013.
[506] Véase Sanchirico, 2008.
[507] Véase Jackson, 1990.
[508] Véase Haack, 2014 y Laudan, 2006.
[509] Véase Shafer, 1976 y Lempert, 1977.
[510] Véase Taruffo, 2002 y Ferrer, 2006.

sistematizar las reglas jurídicas, el trabajo de presentarlas en forma de glosa y la producción de textos de reflexión acerca del derecho, es decir, el surgimiento de la ciencia del derecho, también es un producto del complejo entramado histórico. En otras palabras, las teorizaciones del segundo nivel de análisis tienen también una historia, la cual ha moldeado el tipo de preguntas que las teorías pretenden contestar y, en buena medida, esta labor teórica ha sido determinada por la evolución del derecho positivo que regula el proceso judicial y la prueba. De esta manera, si entre los muchos factores que inciden en la creación del derecho positivo se encuentran aquellos de carácter social, entonces la ciencia del derecho, una vez consolidada socialmente, ha podido ser uno de los factores que han moldeado el derecho positivo, sobre todo a través de sus categorías conceptuales[511], como también ha habido, por otro lado, una exportación de las categorías conceptuales del derecho y de la ciencia del derecho a otras disciplinas[512]. La interrelación entre el nivel de la teorización acerca del proceso judicial y de la prueba y el nivel del derecho positivo, puestos en el contexto de la genealogía del derecho y de la verdad, no son iguales para la tradición del *common law* y para la tradición continental-europea. Los trabajos del volumen II de la presente obra sugieren dos procesos históricos que desembocan en dos formas de entender la relación entre proceso jurisdiccional y verdad, aunque más no sea por la distinta configuración institucional de los métodos de averiguación y comprobación de la verdad, por las diferencias en los roles que juegan los abogados y los órganos del Estado, así como también por la construcción de diferentes representaciones sociales del proceso judicial —un rito de matriz ordálica tendiente a desahogar el conflicto a través del cumplimiento estricto de las reglas procesales que, eventualmente,

---

[511] Dicho de otra manera, la ciencia del derecho *carga* teóricamente las regulaciones positivas de su época. A este respecto, véase el concepto de *infiltración* teórica que aparece en el trabajo de Schmill y el de *construcción* del derecho positivo vigente que propone Guastini, ambos trabajos contenidos en este mismo volumen.

[512] Cf. Foucault, 1974 y Shapiro, 2007.

en la generalidad de los casos, se estima que conducirá a determinar la verdad acerca de los hechos del proceso, para el caso del *jury trial*; una fuerte intervención estatal en la investigación de la verdad relativa a los hechos objeto de controversia, tarea entendida como la protección de un bien público que debe ser asegurado de manera absoluta en cada caso, para el caso del proceso basado en la *enquête* romano-canónica[513].

Todas las consideraciones precedentes nos conducen a una serie de interrogantes: ¿cómo han de ser tenidas en cuenta las peculiaridades de cada una de las tradiciones jurídicas, de cuyos rasgos diferenciales nos alerta el estudio genealógico, la del *common law* por un lado y la de los ordenamientos de la tradición continental-europea por el otro, a la hora de elegir una teorización acerca del proceso judicial y de la prueba?; ¿en qué medida la idiosincrasia de cada una de estas tradiciones limita la pretensión de universalidad de algunas teorizaciones acerca del proceso y de la prueba?; ¿hasta qué punto la fuerte relativización pragmática del proceso y de la prueba a una práctica judicial concreta pone en tela de juicio la plausibilidad de teorías con un alto grado de generalidad con, además, un alcance máximo respecto de la extensión de su objeto de estudio?; ¿cuál es la relevancia de todo ello para determinar el lugar (o el no lugar) de la verdad en un proceso jurisdiccional, paradigmáticamente con relación a la *quaestio facti* (que es la que en este apartado nos concierne) y a la *quaestio iuris*?

Un camino para empezar a dilucidar estas y otras importantes cuestiones es tener una cartografía lo suficientemente clara y comprensiva de las principales teorizaciones efectuadas sobre esta temática. A este respecto proponemos discriminar los diferentes aportes en función de dos ejes fundamentales: por una parte, distinguiendo tres tipos de teorización según que su estatus sea descriptivo, pres-

---

[513] Para un examen detallado de lo que aquí apenas esbozamos genéricamente permítasenos remitir a nuestra introducción al volumen II de esta obra, así como a Garapon-Papadopoulos, 2003 y Jacob, 2014.

criptivo o reconstructivo; por la otra, clasificando las posiciones o tesis de fondo de las diferentes teorías en cognoscitivistas y no cognoscitivistas. Este doble eje ha de conjugarse, evidentemente, con los niveles de análisis *supra* mencionados. Por consiguiente, dejando de lado el nivel dogmático —del que no nos ocuparemos sino marginalmente y que, por lo demás, muchos autores lo asumen como descriptivo o a lo sumo reconstructivo, pero no prescriptivo—, tanto las teorías generales acerca del proceso y de la prueba como las pragmáticas pueden ser clasificadas sobre la base de los referidos dos ejes, que pasamos a definir.

Comenzando con el primero de ellos, tenemos en primer lugar aquellas teorizaciones que pretenden describir y explicar el modo en que la prueba es *de hecho* valorada y procesada (en tanto insumo de un razonamiento) en el marco de un proceso jurisdiccional; la manera en que los estándares de la prueba son *de hecho* comprendidos y aplicados; y, de manera más general, la forma en que se comportan los distintos actores que participan en el proceso judicial, y los mecanismos causales que dan cuenta de su comportamiento o racionalidad. A las teorías de esta clase las llamaremos *teorías descriptivas*. En un segundo grupo de teorías, lo que se propone es recomendar mejoras y cambios en el empleo de los conceptos y reglas procesales, en sus instituciones, e incluso en la capacitación de jueces y jurados. Todo ello con el fin de alcanzar de mejor manera los fines que cada teoría de este grupo adscribe al proceso —en forma expresa o implícita— y que, por lo general, es averiguar la verdad de los hechos controvertidos en juicio. A este tipo de teorías las denominaremos *teorías prescriptivas*. Las teorías pertenecientes al último grupo pretenden hacer una reconstrucción conceptual, esto es, una combinación de descripción y de propuesta tipológica, tanto de las prácticas como de las discusiones judiciales o doctrinales acerca del proceso de la prueba, y serán denominadas *teorías reconstructivas*[514].

---

[514] El valor pedagógico que tiene una teoría para introducir a los alumnos a un tema o el valor heurístico de un concepto de una teoría para ilustrar, por simili-

Evidentemente, los criterios para evaluar el grado de satisfacción que una teoría tiene en el cumplimiento de los objetivos que se ha trazado serán distintos en función cuál sea ese objetivo: los criterios para evaluar una descripción adecuada de los procesos jurisdiccionales y de la prueba no son los mismos que los criterios que tenemos para justificar una teoría prescriptiva, o que los criterios que empleamos para evaluar la conveniencia de adoptar una reconstrucción conceptual sobre otra. La aplicación de distintos criterios para juzgar de manera diferenciada las teorías en función de sus objetivos permite también identificar cuándo dos teorías se refieren al mismo objeto y si son (o no), en tal sentido, teorías rivales. Con todo, los aportes de las teorías con distintos propósitos, no son necesariamente indiferentes: tales aportes pueden servir para poner a prueba las tesis de teorías con propósitos distintos. Así, por ejemplo, una teoría que recomienda la adopción de conceptos probabilísticos en los procesos jurisdiccionales puede ser puesta a prueba por los datos empíricos que una teoría con propósitos descriptivos arroje acerca de los procesos intelectuales que efectivamente llevan a cabo los actores en el proceso jurisdiccional: sería cuestionable implementar una recomendación que se sabe que es incompatible con los procesos psicológicos de los sujetos involucrados[515]. Otro tanto sucede con las teorías que tienen como propósito ofrecer un modelo de reconstrucción conceptual del proceso jurisdiccional y de la prueba: sería poco promisorio que tales reconstrucciones estén divorciadas con los hallazgos de las teorías de corte empírico. Así,

---

tud, otro concepto más complejo, no son propiamente *propósitos* teóricos sino que se trata de posibles usos útiles o modos de emplear con éxito las teorías. En este sentido es que se ha dicho que la enseñanza del teorema de Bayes tiene un valor heurístico para que los alumnos entiendan el concepto de relevancia de la prueba jurídica o, también en el mismo sentido, que las teorías matemáticas de la probabilidad pueden ser usadas para diseñar métodos y herramientas que provean apoyo y que faciliten la discusión de hechos de ocurrencia incierta por parte de los actores del proceso judicial. Cf. Lempert, 1986: nota 9; y Tillers, 2011: 172.

[515] Véase Kaye-Dann-Farley *et al*, 2007, Nance-Morris, 2005 y Heller, 2006.

verbigracia, una teoría que reconstruya el razonamiento probatorio como un razonamiento abductivo o conforme a la mejor explicación, deben dar cuenta de (o, al menos, no estar reñidas con) el dato de que los jurados reconstruyen la información de las pruebas como narraciones, historias y no a modo de explicaciones; o dar cuenta del hecho psicológico (o, al menos, no estar reñida con él) de que las emociones juegan un papel de peso en el procesamiento de la información en los casos judiciales[516].

Ahora bien, entre las teorías acerca de la naturaleza del proceso y la valoración de la prueba podemos hacer, considerando sus rasgos más fundamentales, una clasificación bipartita. Una primera familia de teorías, que llamaremos *cognoscitivista*, asume que en el proceso jurisdiccional y, en particular, en la etapa de la valoración de la prueba se discuten hechos, se ofrecen argumentos encaminados a establecer —o a construir— dichos hechos y, sobre la base de la discusión y debate de las partes, el juez o el jurado toman una decisión acerca del caso. Esta suposición común es encarada, básicamente, de dos formas. En primer lugar, hay teorías que asumen que hay que dar cuenta —y en algunos casos normar la actividad— de los procesos de conocimiento que ocurren en el proceso jurisdiccional. Otra forma de desarrollar la suposición común pasa por asumir que la relación entre las pruebas y la decisión no es *obviamente* epistémica: se trata de un proceso de conocimiento, pero que surge de mecanismos complejos de interacción lingüística y social que cabe poner de manifiesto. Podríamos decir que estas familias de teorías son cognoscitivistas o bien porque asumen que el proceso jurisdiccional es obviamente de naturaleza epistémica o bien porque asumen que no es una obviedad y por esto mismo habría que precisar su naturaleza aparentemente (o de manera traspuestamente) epistémica. A este tipo de teorías es a la que hemos dedicado mayor espacio, no solo por la gran diversidad de sus variantes y matices, así como su densidad teórica, sino porque, su contrapartida, esto es, la familia

---

[516]   Véase Pennington-Hastie, 1991 y 1993, y Hastie, 2000 y 2001.

de teorías *no cognoscitivistas* es, en realidad, como habremos de ver, bastante escasa. Se trata de concepciones que sostienen que en el proceso jurisdiccional no solo no existe ninguna actividad epistémica, sino que asumir esto como punto de partida teórico erra por completo respecto de la comprensión de la verdadera naturaleza del proceso jurisdiccional y, en particular, de la valoración de la prueba. Así, en lo que sigue, nos ocuparemos en primer lugar de las teorías no cognoscitivistas (2.1.), para luego concentrarnos en las teorías cognoscitivistas (2.2.). A continuación efectuaremos un balance crítico de una de las principales concepciones cognoscitivistas, aquellas que acuden a la noción de hipótesis para dar cuenta de la valoración de la prueba en el proceso jurisdiccional (2.3.). Por fin, cerraremos la sección con algunas consideraciones acerca de algunas diferencias profundas que se dan entre los sistemas procesales de la tradición del *common law* y los de la tradición del *civil law*, en particular, respecto de los diferentes modos de «producción» de la verdad judicial que institucionalizan uno y otro tipo de sistemas; diferencias que solo afloran sobre la base un estudio histórico-comparatista y que son completamente ignoradas por los estudios tradicionales sobre el proceso y la prueba, ya sean de tipo dogmático, epistemológicos, semióticos, lingüístico-hermenéuticos, etc., con el riesgo nunca advertido de caer en generalizaciones exageradas o abusivas al no tener en cuenta o, al menos consciencia, de estas diferencias salientes. Nuestro objetivo aquí es simplemente marcar algunos puntos de interés que podrían en el futuro ser objeto de análisis más preciso en los estudios acerca de la naturaleza del proceso jurisdiccional y, en particular, con las tareas de averiguación y de la valoración de la prueba que se efectúa en él y su conexión con la verdad (2.4.).

2.1. Teorías no cognoscitivistas

Tres son los ejemplos que presentaremos de teorías no cognoscitivistas con relación al proceso jurisdiccional y la valoración de la prueba. En primer lugar, nos referiremos a la concepción que se desprende del punto de vista de un (imaginario) abogado practicante *puro y duro*. Con mucho, esta versión del no cognoscitivismo es la que parece presentar menor densidad teórica (2.1.1.). A continuación, será cuestión de una concepción retoricista y persuasivista de la prueba judicial que, como veremos, es en realidad más una construcción que una posición cabalmente atribuible a quien se la ha adjudicado: Alessandro Giuliani (2.1.2.). Será la oportunidad para cotejar la referida reconstrucción no solo con la concepción que se deriva auténticamente de su obra (que es una versión cognoscitivista de la concepción retórica de la prueba) sino también con otra versión diferente, esta vez auténticamente no cognoscitivista de la retórica judicial: la de Chaïm Perelman, que se expone a continuación (2.1.3.). De estas tres presentaciones tal vez solo la de Perelman valga como un genuino cuerpo teórico que presenta, en rigor, los rasgos de una serie de tesis que contradicen abiertamente los presupuestos y suposiciones de las teorías de la familia cognoscitivista de teorías.

2.1.1. El escepticismo del litigante

William Twinning imaginaba —y en algunos casos reconstruía— las formas de escepticismo a las que se enfrenta lo que él denomina la *tradición racionalista* del derecho de la prueba anglosajona. Dentro de las varias formas de escepticismo, Twining imaginaba un tipo particular de punto de vista que se oponía a la idea de que las decisiones de los tribunales y los jurados aspiran como ideal, a ser racionales, es decir, a estar basadas en las pruebas presentadas, donde éstas son vistas como medios para conocer, con cierto grado de certeza, la verdad acerca de los hechos bajo disputa[517]. Se trata de la perspectiva de un practicante puro y duro [«*Hard-nosed Practitioner*»]: «Este es el profesional que hace afirmaciones como "no estoy interesado en la justicia o en la verdad, mi propósito es ganar asuntos" o "el juicio adversarial es un juego" o "mi trabajo es persuadir,

---

[517] Twining, 2006: 140.

no razonar"». Twinning dice que esta postura es difícil de descifrar porque detrás de estas frases, caricaturescas, más de una interpretación es posible. Así y todo, esta caricatura es una presentación de una posición que es completamente no-cognoscitivista. El proceso jurisdiccional, para este practicante imaginado por Twinning, no consiste en averiguar la verdad, ni en tomar decisiones sobre la base de los mejores elementos de prueba —como así lo sostienen con distintos criterios las teorías inferencialistas—, ni en narraciones que pueden apuntar a la verdad (Robert Burns), ni a discursos que construyen los hechos y la verdad (Bernard Jackson). Por el contrario, es un escenario en donde la persuasión determina el resultado, en donde lo relevante es ganar el caso bajo las reglas del juego. Nótese que tampoco se trata de la versión que sostiene que el proceso tiene como fin la resolución del conflicto social en lugar de la búsqueda de la verdad[518]. Porque para el practicante poco importa qué consecuencia social tenga la institución del proceso ni le interesa solucionar ningún conflicto en pos de la convivencia social. Su foco es limitado: los intereses del cliente que representa y el juicio como un reto para salir vencedor, esto es, para defender —por encima del rival— la postura de su cliente. Como puede apreciarse se trata de la visión del proceso y de la prueba de un profesional del derecho que está comprometido exclusivamente con la persuasión y, de esta manera, no está comprometido con la razón, con la justicia o con la verdad. Para él, el propósito último es ganar casos, el juicio es una suerte de juego —o de escenario para el desarrollo de una competencia. Esta postura puede ser interpretada como el conflicto práctico entre ganar un juicio y la actividad de buscar la verdad durante el juicio; que coincidan estos dos extremos no solamente es algo contingente, sino que, para esta postura, únicamente lo único importante es el extremo que implica un veredicto favorable para el cliente del abogado. Detrás de esta postura está la creencia, no injustificada, de que la persuasión es el resultado de muchas estrategias que incluyen apelar a las emociones en los jurados, a la aparien-

---

[518] Cf. Damaška, 1986: 238.

cia en el acusado, a los prejuicios o a los estereotipos; a la par, pero a veces en lugar de, argumentos basados en el conocimiento que se extrae a partir de las pruebas[519]. Visto con cierto detenimiento, sin embargo, esta postura no puede ser simplificada bajo el slogan *la prueba es persuasión*[520]; lo que sostiene, en cambio, es una actitud utilitaria y estratégica con relación al litigio: obtener un veredicto razonable, para los intereses del litigante, dentro del arreglo institucional del juicio. La consecución de este objetivo implica el empleo de métodos efectivos, sea en un caso la presentación de un perito para apoyarse en la opinión de la comunidad científica en boca del experto, sea en otro caso presentar al cliente en una situación de debilidad para despertar empatía en el jurado, sea, finalmente, en otros casos aún, objetar con una interpretación literal alguna actuación judicial como un cultor del formalismo jurídico. No hay, pues, una única estrategia. Dentro de las reglas del juego, toda estrategia es válida con tal de obtener un resultado favorable. La postura imaginada por Twining, sin embargo, parece tener cierto parecido de familia con las concepciones de la argumentación jurídica como retórica, las que, como veremos a continuación, han sido asociadas también con posturas no-cognitivistas del proceso y de la valoración de la prueba, lo cual, sin embargo, no siempre es el caso.

2.1.2. Alessandro Giuliani: la retórica como dialéctica

Michele Taruffo señala que en la bibliografía es posible ubicar dos perspectivas en torno a la función de la prueba en el derecho. Por un lado, aquella que atribuye a la prueba una función cognoscitiva: se caracteriza a la prueba como un elemento para demostrar un evento —dimensión lógica—. Por otro lado, aquella que atribuye a

---

[519]   Cf. Twining, 2006: 105.
[520]   Cf. Taruffo, 2002: 83, 311. Taruffo asocia la *concepción persuasiva* de la prueba con las teorías holistas, o narrativistas en su terminología, del proceso. En cambio, el abogado imaginado por Twining no está comprometido con un modelo basado en narraciones; ni siquiera está ubicado en el nivel de un discurso teórico.

la prueba una función persuasiva, esto es, la de ser un instrumento para convencer a alguien de la existencia de un hecho —dimensión retórica—[521]. Para Taruffo, uno de los principales exponentes de la *concepción retórica* de la prueba es Alessandro Giuliani. En una interpretación extrema de las ideas de Giuliani, señala:

> En resumen, la prueba no sería un instrumento para conocer racionalmente algo, sino un argumento persuasivo dirigido a hacer creer algo acerca de los hechos relevantes para la decisión. En la doctrina italiana esta tesis ha tenido una cierta relevancia especialmente por obra de Alessandro Giuliani, que en numerosos trabajos recientes y no tan recientes ha elaborado una teoría de la prueba como argumento retórico, contraponiéndola a la teoría de la prueba como instrumento específico de conocimiento, y ha identificado su fundamento especialmente en clave histórica y comparada[522].

La interpretación que hace Taruffo de los trabajos de Giuliani se puede reconstruir a partir de dos empresas que el primer autor atribuye al segundo: a) la identificación de elementos retóricos en la concepción de la prueba de diversas culturas jurídicas, y b) el uso de dichos elementos para justificar una construcción teórica de la prueba[523]. La lectura de Taruffo es extrema porque, si bien es posible encontrar en la obra de Giuliani un mapeo de los elementos retóricos en el uso de la prueba en diferentes tradiciones jurídicas —algunos ejemplos correctamente citados por Taruffo son Grecia y Roma, culturas de la Edad Media y los sistemas modernos del *civil law* y del *common law*—, no es plausible atribuirle a Giuliani una concepción retórica de la prueba como instrumento meramente persuasivo contrapuesta a una concepción de la prueba como instrumento de conocimiento. Es más, de los trabajos de Giuliani, muy por el contrario, se desprende una visión de la retórica que se articula con la dialéctica y que posee un fuerte compromiso con la búsqueda y la argumentación de la verdad en el proceso, hasta tal punto

---

[521] Para esta distinción, Taruffo se apoya en Perelman, 1963: 8 y ss.
[522] Taruffo, 2002: 350.
[523] Taruffo, 2002: 350. Los trabajos que Taruffo resalta de la obra de Giulianni son: Giuliani, 1961, 1962, 1963 y 1988.

que en su visión —a diferencia de otras como la de Perelman— ésta no está desconectada de los cánones científicos de la investigación empírica. Ello así aun si considera que no es posible arribar a un conocimiento absoluto de la verdad, sino meramente relativo. Pero esta última tesis, sin embargo, no lo convierte en absoluto en un escéptico. Taruffo mismo, al igual que los demás autores que se consideran y son considerados cognoscitivistas, asumen de buen grado esta tesis. Si este desajuste entre la reconstrucción que hace Taruffo de la tesis de Giuliani y las tesis que se desprenden de una lectura más apegada a sus textos nos parece interesante es porque pone de manifiesto lo difícil que es encontrar teorías auténticamente no cognoscitivistas o escépticas con relación a la determinación de los hechos materia de controversia en el proceso jurisdiccional. Incidentalmente, nuestra lectura de Giuliani nos servirá, por contraste, para apreciar el carácter más radical de las tesis de la concepción retórica de la prueba judicial de Perelman. Con ello debe quedar claro que hay posiciones muy diversas en el interior de lo que puede calificarse como concepción retórica de la prueba y, en particular, en lo tocante a la conexión o falta de conexión con el conocimiento de la verdad acerca de los hechos en el proceso jurisdiccional.

Consideremos al respecto la concepción que de la prueba, de la retórica y la verdad se desprende de su libro fundamental en la materia *Il concetto di prova*, respecto del cual deberíamos comenzar por prestar atención a su subtítulo: *Contributo alla logica giuridica*[524], que habla por sí mismo. Como se verá, las tres concepciones se hayan estrechamente relacionadas, por lo que es una cuestión más bien de énfasis abordarlas en el orden indicado.

Para comenzar, para Giuliani, la retórica, como rama de la dialéctica, otorga la oportunidad de contar con un procedimiento de prueba de acuerdo con los modelos de la ciencia[525]. La prueba, en

---

[524]   Cf. Giuliani, 1961.
[525]   Cf. *ibidem*: 27.

particular, es considerada como *argumentum*[526] y asociada con las ideas de lo probable y lo normal[527]. Bajo la concepción de la prueba como *argumentum*, el principio de carga de la prueba se traduce como el principio de carga de la persuasión[528]. Por su parte, los principios elementales relacionados con esta concepción de la prueba son, además de la carga de la prueba, la contradicción (como criterio esencial de la búsqueda de la verdad probable) y la presunción[529]. En este modelo el juez es un árbitro del juego (juicio) que utiliza la prueba para acercarse a la verdad probable[530]. En la concepción moderna, a diferencia de la antigua, el fundamento de la prueba es la probabilidad objetiva[531]. Ahora bien, para Giuliani, el hecho judicial no puede ser conocido en su totalidad; de él solo puede haber conocimiento relativo (probabilidad)[532]. En este sentido, la retórica no tendría ninguna relación con la verdad, sino con la conjetura de lo probable o verosímil[533]. Aunque esta última afirmación, considerada aisladamente, parecería implicar una posición escéptica o no cognoscitivista, veremos enseguida que queda suficientemente matizada como para no poder extraer esta conclusión. En efecto, Giuliani también afirma que en un proceso judicial se utilizan los errores y prejuicios del adversario para probar una verdad[534]. Y, más aún, que una proposición probable no se expresa en términos de verdad o falsedad *absoluta* y que la *verdad probable*, la única posible en asuntos humanos, se opone a la verdad necesaria[535]. Aunque, desde nuestro punto de vista, las expresión «verdad (o falsedad) absoluta)» y «verdad (o falsedad) relativa» no son afor-

---

[526] Cf. *ibidem*: 63.
[527] Cf. *ibidem*: 107.
[528] Cf. *ibidem*: 108.
[529] Cf. *ibidem*: 109 y 164.
[530] Cf. *ibidem*: 196.
[531] Cf. *ibidem*: 249.
[532] Cf. *ibidem*: 11.
[533] Cf. *ibidem*: 32.
[534] Cf. *ibidem*: 73.
[535] Cf. *ibidem*: 116.

tunadas y sería mejor reemplazarlas por «conocimiento absoluto de la verdad (o de la falsedad) de una creencia, proposición, enunciado, etc.» y «conocimiento relativo de la verdad (o de la falsedad) de una creencia, proposición, enunciado, etc.»[536], claramente no implican una desconexión con la idea de que la verdad constituye un objetivo del proceso ni con la idea de que la verdad puede ser alcanzada con relación a los hechos de un proceso jurisdiccional, si bien, relativamente. Por lo demás, Giuliani admite que existe una lógica de las relaciones probables[537], así como que en la lógica de lo probable la búsqueda de la verdad no es el resultado de un hecho individual, sino que requiere de elementos combinados[538]. Por otra parte, Giuliani asume que en los litigios, el respeto por las reglas del juego es un requisito indispensable para llegar a la verdad[539]. Asimismo, enfatiza la idea de que el concepto retórico en la búsqueda de la verdad judicial es la idea de lo probable[540] e, incluso, que la verdad probable está por encima de simples conjeturas[541], y que el concepto de verdad probable no hace referencia a una vaga intuición que no se acompaña de pruebas, sino que implica que se han llevado acabo los esfuerzos necesarios y se han empleado los medios apropiados para buscar la verdad en un mundo contingente[542]. También precisa que si bien las reglas del juicio no indican la verdad o falsedad de una proposición, ellas establecen la dirección de la investigación, el procedimiento por el cual se llega a la verdad probable[543]. Y una vez más a modo de síntesis de su tesis básica: las reconstrucciones judiciales renuncian a la verdad absoluta. En los juicios se busca la verdad probable[544]. En cuanto a la retórica,

---

[536]   Véase *infra* II, 2.2.1.1.2 B) y II, 3 donde ampliamos estas consideraciones.
[537]   *Idem.*
[538]   Cf. *ibidem*: 146.
[539]   Cf. *ibidem*: 156.
[540]   Cf. *ibidem*: 161.
[541]   Cf. *ibidem*: 165.
[542]   Cf. *ibidem*: 167.
[543]   Cf. *ibidem*: 168.
[544]   Cf. *ibidem*: 176.

Giuliani sostiene que ésta es es el arte de la persuasión[545], al mismo tiempo que una rama de la dialéctica, razón por la cual el discurso retórico debe convertirse en un cierto sentido en un discurso lógico y riguroso[546]. El ser una rama de la dialéctica le otorga, también, la oportunidad de contar con un procedimiento de prueba de acuerdo a los modelos de la ciencia.

A mayor abundamiento, merece tenerse presente que en un trabajo posterior al recién comentado, Giuliani sostuvo que solo en tiempos recientes hemos descubierto de nuevo la dimensión lógica y filosófica de la retórica, relegada durante mucho tiempo al rol de teoría de la forma ornamentada, afirmando, a modo de ponderación, que su indagación le ha revelado cómo a Vico no le interesaba ni la teoría de la forma ornamentada, ni la retórica emotiva, sino que ponía en primer plano los aspectos lógicos y filosóficos: la relación «retórica-lógica» y «retórica-filosofía». En su visión, Vico habría reestablecido los vínculos de la retórica con la filosofía y el derecho. Del pensamiento griego y romano (en particular de Cicerón), Vico recabó, según Giuliani, algunas certezas, que podemos sintetiza así: a) el objeto de la retórica es la búsqueda de la verdad, y el alejamiento de esta finalidad representa un abuso; b) la retórica es una metodología para la exacta aplicación de las palabras a las cosas, a los hechos: pero se trata de cosas y hechos que pueden ser cambiados por la elección humana; c) la relación entre retórica y verdad es el reflejo de un vocabulario de la razón humana[547].

2.1.3. La nueva retórica de Chaïm Perelman

Perelman explica el proceso jurisdiccional y la valoración de la prueba desde el marco de referencia de la *nueva retórica*. Esta *retórica* «tiene por objeto el estudio de técnicas discursivas que tratan de *provocar y de acreditar la adhesión de los espíritus a tesis que se pre-*

---

[545] Cf. *ibidem*: 7.
[546] Cf. *ibidem*: 26.
[547] Cf. Giluliani, 1974.

sentan para su asentimiento»[548]. Esta definición —afirma el autor—, toma en cuenta algunas características que distinguen a la *retórica* de la *lógica formal*. Tales características son: 1) la retórica *persuade* por medio del discurso; 2) la prueba con fines demostrativos es *más* que persuasiva; y 3) la adhesión a una tesis puede ser de una intensidad variable o no continua, *i.e*, no se refiere a la *verdad* sino a la *adhesión*[549]. Concitar adhesión es una actividad que puede incluir la verdad como un factor que provoca adhesión, pero que no la agota: «Podemos preferir una tesis a otra porque nos parezca más equitativa, más oportuna, más actual, más razonable o mejor adaptada a la situación»[550]. Al respecto, es importante retomar dos ideas del autor. Por un lado, Perelman aduce que «[c]uando se considera la lógica jurídica como "aquella parte de la lógica que examina desde el punto de vista formal las operaciones intelectuales de los juristas", se corre el peligro de caer en un reduccionismo [...]»[551]. Por otro lado, señala que —dado que la *deliberación* es opuesta a la *necesidad* y a la *evidencia*— «[l]a argumentación tiene su dominio en lo verosímil, lo plausible y lo probable, en cuanto esto último escapa de la certidumbre del cálculo»[552]. De modo que la lógica jurídica sería la actividad argumentativa que se mueve en el terreno de lo verosímil, lo plausible, lo incierto, para concitar adhesión a ciertos discursos. Así, para Perelman, la lógica jurídica como argumentación es una categoría retórica —de la *nueva retórica*— que se compone de tres elementos: el discurso, el orador y, por último, el auditorio. De acuerdo con Perelman, «[e]l papel del abogado consiste en hacer que el tribunal o el jurado admitan las tesis que él se ha encargado de defender —concitar adhesión a la postura que el abogado defiende. Para lograrlo, como orador «adaptará su argumentación al auditorio del que depende la solución del proceso, que es un

---

[548]   Perelman, 1979: 139.
[549]   Cf. Perelman, 1979: 139-141.
[550]   Perelman, 1979: 153.
[551]   Perelman, 1979: 12.
[552]   Perelman-Olbrechts-Tyteca, 1956: 411.

auditorio que le ha sido, por tanto, impuesto»[553]. El elemento principal de la argumentación como categoría retórica se encuentra en el *discurso*: forma o expresión de un segmento del pensamiento que puede ser construido y presentado de manera verbal o por escrito. El *orador*, por su parte, es el agente que expone la expresión del pensamiento. Mientras que el *auditorio* designa al público o grupo de personas al cual se dirige el discurso. En este punto, Perelman subraya de manera enfática que «*toda argumentación se basa en función de un auditorio*»[554]. Por ello, «para ser eficaz, el orador se ve obligado a adaptarse a su auditorio»[555]. En esta línea de pensamiento precisa: «[...] cuando utilicemos los términos discurso, orador y auditorio, entendemos por ellos la argumentación, incluyendo al que la presenta y a aquellos a los cuales se dirige, sin que nos detengamos a considerar si se trata de una presentación de palabra o por escrito, ni tampoco a distinguir entre discurso en forma y expresión fragmentaria del pensamiento»[556]. En relación con los elementos que participan en la argumentación como retórica, Perelman subraya que la argumentación requiere una condición elemental. Esta condición elemental se refiere a la disponibilidad del orador y de los miembros del auditorio para entrar en comunicación. Esto es, la condición elemental tiene un carácter bifronte: por un lado, hace referencia al objetivo de *persuadir* por parte del orador, y por el otro, incluye el deseo de *escuchar* de los integrantes del auditorio. En palabras de Perelman:

> Como toda argumentación es relativa respecto del auditorio al que se propone influir, presupone lo mismo en el orador que en los oyentes —y dentro de estos entendemos incluidos al que presenta sus argumentos por escrito y a quienes el escrito se dirige— el deseo de realizar y mantener un contacto de inteligencias, de querer persuadir en el orador y querer escuchar en el auditorio[557].

---

[553] Perelman, 1979: 209.
[554] Perelman-Olbrechts-Tyteca, 1956: 416.
[555] *Ibidem*: 418.
[556] *Ibidem*: 417.
[557] Perelman, 1979: 142-143.

En lo que toca a la labor de los abogados en el proceso, resulta elocuente el siguiente pasaje:

> Para persuadir a un auditorio lo primero que hay que hacer es conocerlo, es decir, conocer las tesis que el auditorio admite de antemano y a las cuales se podrá por consiguiente aferrar la argumentación. Es importante no solo saber cuáles son las tesis que los oyentes admiten, sino también con qué intensidad les dan su adhesión, pues son estas tesis las que han de suministrar el punto de partida de la argumentación. En efecto, lo más frecuente en una controversia es que las tesis sean opuestas las unas a las otras y que venza aquella a la que se concede más peso o a la que se presta adhesión con más intensidad[558].

Por lo que toca al auditorio, la decisión de los jurados o jueces resultará de argumentaciones contrapuestas. Las argumentaciones se contraponen como resultado de la descripción de los hechos — calificados de distinta manera— que son estimados como relevantes por cada una de las partes. Aquí se aprecia una tesis acerca de la dinámica discursiva del juicio. Los abogados, jueces y jurados saben que a cada presentación de los hechos le acompañará, posiblemente, una presentación contraria; que a cada invocación de ciertas consecuencias jurídicas le seguirá la postulación de otras consecuencias jurídicas completamente distintas; y que incluso hechos que una de las partes deje en la sombra serán puestos de relieve por la parte contraria. Para Perelman, el juicio genera discursos en rivalidad[559]. Las partes ofrecerán un discurso que busca lograr la adhesión del auditorio que, en el caso del derecho, conlleva implícito que el orador tratará de mostrarle al auditorio que su versión del caso está en perfecta alineación con la misión institucional del juez o del jurado. En un primer paso, cada parte trata de invocar «[...] las reglas y los precedentes que le son favorables y trata de demostrar por qué los que el adversario invoca no son aplicables en el caso concreto que es objeto del litigio»[560]. De modo que, junto con la presentación que el orador hace de los hechos, emerja una propuesta argu-

---

[558] *Ibidem*: 143-144.
[559] Cf. *ibidem*: 209.
[560] *Ibidem*: 210.

mental hacia el juzgador que apele a la visión que tiene el jugador del derecho. «Se trata siempre de convencer al juez, que tiene que resolver el conflicto, de que adoptando la tesis que uno defiende, no va a adoptar una postura original, insensible a la jerarquía de valores que ha sido programada por el legislador, la jurisprudencia y la doctrina, sino que al revés, se va a encontrar la línea que tiene más probabilidades de triunfo, si el mismo litigio es juzgado en apelación o si la decisión y sus motivos son sometidos al Tribunal de Casación»[561]. Como puede verse, la función retórica de las partes en la presentación de una argumentación al juez es vista como una argumentación, que «depende de la manera en que los legisladores y los jueces conciben su misión y de la idea que se hacen del derecho y de su funcionamiento en la sociedad»[562].

De esta manera, en el campo del derecho, la argumentación como retórica desempeña un papel importante en el *razonamiento judicial,* cuyo objetivo es único: la *justificación* de una solución que resuelve cualquier controversia de derecho. Perelman reconoce que no todas las controversias son iguales, de modo que el razonamiento jurídico del juez varía de acuerdo a la grada en que se encuentre la disputa jurídica —no es lo mismo un juez de primera instancia que un tribunal de casación. Esto es, el razonamiento jurídico cambia si el conflicto judicial corresponde a una problemática de hecho o una de derecho[563]. Si bien lo anterior es cierto, también es cierto que para él los *juicios de valor* son «in-eliminables en el derecho» con indepedencia del tipo de disputa o de las características del juzgador —de primera o de ulterior instancia[564]. Esta tesis se relaciona con otras dos ideas centrales para la *nueva retórica,* a saber: a) los juicios de valor *guían* los procesos de aplicación de las normas jurídicas a los casos concretos, y b) los argumentos son construidos y expuestos por las partes confrontadas en un proceso para *hacer valer* tales

---

[561] *Ibidem*: 211.
[562] *Ibidem*: 233.
[563] Cf. *ibidem*: 215.
[564] *Ibidem*: 133.

juicios de valor. En este punto, Perelman deja abierta la posibilidad
de concebir a la nueva retórica como una especie de *lógica de los
juicios de valor*[565]. Perelman aduce que los *razonamientos* que se ubican en el dominio de la *dialéctica* y la *retórica* son los recursos que
«tratan de establecer un acuerdo sobre los valores y su aplicación,
cuando estos son objeto de controversia»[566]. En una recapitulación
de lo anterior, hemos visto que para Perelman los abogados se adap-
tan al auditorio para lograr de éste la adhesión a sus proposiciones, tanto de los hechos, de los precedentes aplicables, como de
las consecuencias jurídicas que se siguen de las normas invocadas.
El hecho de que el orador deba adaptarse al auditorio implica que
las estrategias para lograr el juicio de adhesión son funcionales a
las características del auditorio. Todo esto ocurre en un proceso argumental, dialógico, que apela a la propia visión del juzgador: el
abogado le ofrecerá al juez —o jurado— una solución al conflicto
en consonancia con las jerarquías de valores del legislador, de la jurisprudencia o de la doctrina. Pero el proceso por el cuál una norma
es aplicada al caso para solucionar el conflicto no es una actividad
epistémica, es una actividad evaluativa: porque los juicios de valor
guían los procesos de aplicación de las normas jurídicas a los casos
concretos, y porque para hacer valer esos juicios las partes construyen argumentos. Es así como el objetivo de los argumentos es
suscitar *acuerdo* en el auditorio acerca de los juicios de valor que, a
su vez, implican la aplicación de ciertas normas al caso concreto. La
categoría de *acuerdo*, en contraposición con el concepto de *verdad*,
emerge en la teoría de Perelman como una noción central cuando la
discusión versa sobre el valor de una decisión judicial:

> De este modo vemos aparecer el carácter central de la noción de
> acuerdo, tan descuidado en las filosofías racionalistas o positivistas, en
> las que lo que importa es la verdad de una proposición y el acuerdo vie-
> ne por añadidura, una vez que se ha establecido la verdad mediante el
> recurso a la intuición o a la prueba. Sin embargo, la noción de acuerdo
> se transforma en una noción central, cuando faltan los medios de prueba

---

[565] Cf. *ibidem*: 133.
[566] *Ibidem*: 137.

o son insuficientes y, sobre todo, cuando el objeto del debate no es la verdad de una proposición, sino el valor de una decisión, de una opción o de una acción, consideradas como justas, equitativas, razonables, oportunas, honorables o conforme a derecho[567].

2.2. Teorías cognoscitivistas

Dentro de las teorías cognoscitivistas podemos distinguir, en primer lugar, una subfamilia de teorías que hacen de la noción de prueba y de las conclusiones que se siguen de las pruebas, un eje temático y de explicación del proceso jurisdiccional. Se trata de teorías que dan cuenta de la valoración de las pruebas mediante alguna relación entre las pruebas y la decisión que justifica los juicios finales, los veredictos de los jueces y jurados, tomando como base algún modelo epistemológico. Es un eje temático porque se aborda la relación entre prueba y aquello que se debe probar como una relación que involucra una suerte de razonamiento en algún sentido *inferencial*, aunque, como veremos, ésto no siempre de naturaleza exclusivamente lógica, sino también —según las diferentes variantes existentes en el interior de esta subfamilia— de naturaleza cuasi-lógica o mixta, entre la epistemología, la experiencia y la lógica.

En segundo lugar, podemos distinguir una segunda subfamilia de teorías que se caracteriza por desplazar el foco de explicación del proceso jurisdiccional y de la valoración de la prueba en particular, hacia otros marcos de referencia distintos de la epistemología, como la semiótica o ciertas concepciones lingüístico-hermenéuticas. Aunque en esta clase de teorías no se renuncia a explicar el papel de las pruebas y de los razonamientos y argumentos sobre la base de pruebas (de ahí que no las consideremos teorías no cognoscitivistas), de la explicación que proveen emerge como una de sus principales consecuencias que se centran más en los marcos de interacción entre discursos y actores de ese discurso, que en los procesos de inferencias; éstos no constituyen, en ningún caso, los elementos

---

567   *Ibidem*: 137.

determinantes, ni la explicación de los veredictos de los órganos de aplicación, jueces o jurados. De aquí que las consideremos como teorías no inferencialistas.

De conformidad con lo expuesto, nos ocuparemos, sucesivamente, de las teorías inferencialistas (2.2.1.) y de las teorías no inferencialistas (2.2.2)

2.2.1. Teorías inferencialistas

Las teorías inferencialistas tienen en común que la noción clave de la que se debe dar cuenta en la valoración de las pruebas es la inferencia probatoria, es decir, el proceso de extraer conclusiones a partir de las pruebas que se vierten en el proceso jurisdiccional. Esto supone explicar la relación que hay entre las distintas pruebas y las afirmaciones de las partes; así como dar cuenta del alcance —y los límites— de las conclusiones que cabe extraer en el limitado marco del proceso jurisdiccional. Encontramos dos grandes grupos de teorías que dan cuenta en forma muy distinta de la inferencia probatoria. El primero de esos grupos de teorías emplea la noción ampliamente teorizada de *probabilidad*. En rigor, hay más de un concepto ligado a esa palabra, de modo que se trata de una presentación que requiere de un amplio análisis preliminar para aclarar los sentidos de «probabilidad» (2.2.1.1). El segundo grupo de teorías, en cambio, hacen transitar la comprensión de la inferencia probatoria por las nociones de *explicación* y de *conjetura* —siendo, por cierto, objeto de aclaración en la sección pertinente la relación entre el denominado razonamiento conjetural y el razonamiento conforme a la mejor explicación (2.2.1.2).

2.2.1.1. Teorías que se basan en alguna noción de probabilidad o inducción

La denominada labor de valoración de las pruebas ha tenido, en el marco de la teoría del derecho, una serie diversa de reconstrucciones teóricas. Una de las más prominentes ha sido aquella planteada en términos de un medio para *averiguar la verdad* de los dichos de las partes y, de manera más específica, de los enunciados acerca de hechos que las partes vierten durante el proceso. Averiguar la verdad mediante pruebas sugiere la posibilidad de justificar la creencia de que tal o cual enunciado es verdadero, es decir, sugiere la idea del *conocimiento* de la referencia del contenido proposicional de los enunciados. Esto, por un lado. Por otro lado, se ha dicho que las pruebas nos proveen un conocimiento solo aproximado, solo *probable*, en el sentido de que brindan cierto *grado de certeza* acerca del conocimiento de la verdad de los enunciados cuya verdad las partes pretenden establecer. De modo que la creencia de que tal o cual enunciado ofrecido por las partes es verdadero es siempre una cuestión de grados de certeza. Un tercer componente que suele acompañar a la anterior caracterización de la prueba en los procesos jurisdiccionales es que, a partir de la actividad de valoración de las pruebas, el juzgador ha de arribar, como conclusión, a tener por probados ciertos enunciados sobre los hechos en litigio (o algunos por no probados —sea en virtud de la regla de la carga de la prueba o porque se ha producido prueba a favor de la falsedad de los enunciados en cuestión). Arribar a dicha conclusión sería una actividad epistémica que ha de ser reconstruida bajo la forma de un *razonamiento*, en particular, de un razonamiento en donde la relación entre la verdad de las premisas y de la conclusión no es necesaria, sino *probable*: un razonamiento gobernado por la *lógica inductiva*, y no por la lógica deductiva. Finalmente, el cuadro de esta reconstrucción se completa con la idea de que el juzgador analizará las *hipótesis* que las partes presenten acerca de lo ocurrido a la luz de la prueba disponible durante el juicio (esto es, las pruebas presentadas y admitidas), para concluir cuál de las dos hipótesis es la que más se aproxima a la verdad de lo ocurrido. En esta reconstrucción de la valoración de las pruebas en el proceso jurisdiccional aparecen nociones altamente teorizadas, es decir, que han sido el objeto de estudio de muchos autores a lo largo de muchos siglos: *probabilidad* e *inducción* (y las nociones a ellas asociadas de *verdad, conocimiento, lógica* y *prueba*). El hecho de que estas nociones teóricas tengan una historia compleja traslada esta complejidad a la explicación del *mapa* de las relaciones entre prueba y verdad en el derecho cuando se trata de hacer el relevamiento de la familia de tesis que relaciona esos dos últimos conceptos con los de probabilidad e inducción. Por esta razón no es posible evitar la pregunta acerca del sentido de las expresiones, de la concepción teórica en que éstas se enmarcan, cuando algunos autores proponen la reconstrucción de la valoración de la prueba y del razonamiento de los órganos de decisión a partir de las pruebas en términos de probabilidad e inducción. Ahora bien, estos conceptos no son propios de la teoría del derecho, sino de la filosofía, de la epistemología, de la filosofía de la probabilidad o de la filosofía de la lógica[568]. En otras palabras, una explicación cabal de las teorías que emplean conceptos ajenos a la teoría del derecho para dar cuenta de un aspecto del fenómeno jurídico (la valoración de las pruebas en el proceso jurisdiccional) ha de comenzar por rastrear

---

[568]   Que las teorías del derecho acerca de la prueba importen conceptos de otros campos del saber no implica que la reconstrucción de la prueba en el derecho o la teorización del proceso judicial en términos inductivos, aproximativos, o de una cierta lógica no-deductiva, sea novedosa debido a esta importación. De hecho, la historia de la concepción del razonamiento jurídico como un razonamiento aproximativo e inductivo es anterior a las reflexiones científicas o filosóficas sobre el razonamiento inductivo e incluso puede decirse que la discusión en el contexto de la ciencia sobre este tópico se ha visto influenciada por la reflexión en el campo del derecho. Para citar solo un ejemplo, la presentación de Leibniz de razonamientos bajo incertidumbre (probables) fue importado de su análisis de problemas jurídicos; véase Daston, 1995. Véase también Foucault, 1974: tercera conferencia, 61-88 y Shapiro, 2007. Por otro lado, el estudio de la probabilidad tiene una historia anterior a las teorizaciones del siglo XV y XVI, estudios que algunos autores han denominado la *prehistoria de la probabilidad*. En la Edad Media la probabilidad estaba asociada con la oposición entre razonamientos demostrativos y razonamientos sujetos a *prueba*, *probables*. Según Hacking, el paso de la prehistoria de la probabilidad a su historia se opera con la correspondencia epistolar entre Blaise Pascal y Pierre Fermat a propósito de los problemas que el Chevalier de Méré planteara a Pascal acerca de los juegos de chances (cf. Hacking, 1975: 18). Aunque esto ha sido cuestionado por Garber y Zabell, quienes sostienen, en contra de Hacking, que los conceptos centrales de la probabilidad moderna ya existían antes de la mitad del siglo XVII (Ver Garber-Zabell, 1979).

el significado de los conceptos importados; primordialmente porque —como veremos en detalle enseguida— son expresiones que pueden adoptar diferentes designaciones y presupuestos teóricos. Hacer una presentación de los sentidos distintos asociados a «probabilidad» es, en especial, central para elaborar una ponderación crítica de las teorías del derecho que recurren a esta noción para proporcionar una reconstrucción del fenómeno de la valoración de la prueba judicial. Como veremos, algunos sentidos de «probabilidad» que parecen estar empleados en las teorías del derecho acerca de la prueba surgen para intentar explicar (o reconstruir) la idea de confirmación de hipótesis científicas o de respaldo probatorio o la de creencia racional que sostendría un científico. Por ello, cualquier teoría del derecho acerca de la valoración de la prueba que emplee la expresión «probabilidad» deberá mostrar por qué dicha expresión, entendida en cierto sentido particular, es aplicable al contexto de los procesos jurisdiccionales en el derecho; por qué dicha expresión, así entendida, es útil para reconstruir un fenómeno diferente para el cual fue propuesto; en qué medida la valoración de la prueba en el derecho es un fenómeno similar a otros fenómenos para los que algunos de los sentidos de «probabilidad» fueron pensados para dar cuenta de ellos y, finalmente, en qué reside dicha similitud. Por de pronto, cabe advertir que existen quienes sostienen que hay un único concepto de «probabilidad» que puede ser válidamente empleado en cualquier contexto, científico o cotidiano. Pero esta tesis de la uniformidad del concepto de probabilidad es negada por otros autores que sostienen lo que puede llamarse *pluralismo probabilístico*. Lo que nos interesa destacar es que, a partir de la afirmación de que la noción de probabilidad no es aplicable a todos los contextos de uso, surgiría una objeción para la importación de la noción de probabilidad al contexto de la prueba en el proceso jurisdiccional. Otro tanto sucede con las ideas de *inducción* y de *razonamiento inductivo* que, en la filosofía de la ciencia, han sido discutidos en contextos específicos, por lo que una importación hacia el derecho requiere de una argumentación circunstanciada con relación a su pertinencia y utilidad. Sin embargo, el modo en que han sido tratadas estas dos expresiones en la bibliografía sobre probabilidad y sobre lógica inductiva presenta una dificultad adicional de particular relieve para nuestros propósitos: que si bien existen teorías de la probabilidad asociadas con las teorías de la inducción científica (y, más precisamente, con las teorías que dan cuenta de la relación entre prueba e hipótesis, *i.e.*, confirmación de hipótesis) no todas las teorías acerca de la confirmación de hipótesis son probabilísticas. De modo que una teoría del derecho acerca de la prueba que emplease al mismo tiempo alguna noción de «probabilidad» junto con la idea de que el razonamiento probatorio en el proceso jurisdiccional es inductivo, tendría la doble tarea de dar cuenta no solo de la pertinencia del concepto de probabilidad en el proceso jurisdiccional, sino también de su compatibilidad con la idea de inducción. En suma, la explicación de las teorías del derecho acerca de la prueba en el proceso jurisdiccional que emplean el concepto de probabilidad e inducción han de ser analizadas a partir del empleo que hacen (o que presuponen) de una y otra noción, a fin de comprender su alcance, así como para, en su caso, apreciar sus aciertos o limitaciones. En lo que sigue haremos una presentación de los sentidos de «probabilidad» a modo de una lista que enuncia las principales teorizaciones de la expresión. Al hacer la presentación de cada teorización de «probabilidad» señalaremos si determinado concepto está relacionado con la idea de inducción (o de razonamiento inductivo) y analizaremos en qué consiste dicha relación (2.2.1.1.1)[569]. A continuación pre-

---

[569] El propósito de esta breve digresión es precisar los términos que emplearemos más adelante en la presentación de los principales modelos teóricos acerca de la valoración de la prueba en el proceso jurisdiccional. No es nuestro propósito proveer un análisis completo acerca de la *probabilidad*, sus variantes y los razonamientos asociados a ellas. Una tarea de tal envergadura escapa por completo del alcance de esta introducción y, en este sentido, remitimos a la bibliografía contemporánea sobre el tema. Para una discusión detallada acerca de los conceptos de probabilidad véase Hacking, 1975. El texto de Cohen, 1989, presenta una reflexión ineludible para entender las variedades de sentidos de «probabilidad» y los fundamentos de su pluralismo probabilístico. En Mellor, 2005, se presenta un guía completa de la cartografía de conceptos probabilísticos, con una variedad de ejemplos de aplicación. Finalmente, en

sentaremos algunas teorías que han propuesto teorizar la valoración de la prueba en el proceso jurisdiccional desde alguna acepción de «probabilidad» o de «inducción» (2.2.1.1.2.).

2.2.1.1.1. Probabilidad e inducción

El concepto de probabilidad ha tenido, desde sus orígenes, según Hacking, una dualidad: por un lado, ha sido asociado con las leyes estocásticas de los procesos de chance; por otro, ha sido asociado con la evaluación razonable de los grados de creencia en determinadas proposiciones desprovistas de su trasfondo estadístico[570]. Antes del siglo XIX, los autores que desarrollaron una teoría de las chances y de los juegos parecen estar cómodos hablando indistintamente en ambos sentidos de «probabilidad». Pero ya hacia finales del primer tercio del siglo XIX, Poisson, Cournot y Ellis trazaban una diferencia tajante y excluyente entre dos sentidos de «probabilidad» y, por ende, entre dos nociones de probabilidad: *probabilidad objetiva* entendida como la existencia de una relación que subsiste entre las cosas y *probabilidad subjetiva* como una manera de juzgar y de sentir que varía de un individuo a otro[571]. La oposición entre estas «dos facetas o caras del concepto» o, más bien, dos nociones asociadas a la expresión «probabilidad», parecen, a primera vista, trazar una

---

Aitken y Jackson, 2010, se trazan distinciones nítidas entre probabilidad y estadística de forma muy pedagógica. A partir de estas introducciones al tema, puede accederse a la bibliografía secundaria, que es vasta y diversa, en función de los tipos de probabilidad y de los distintos debates sobre el tema, según han surgido históricamente. La revista *Biometrika*, especializada en los temas de probabilidad y estadística, desde su número 42, aparecido en junio de 1955, publica artículos bajo el rubro de «Studies in the History of Probability and Statistics»; el último artículo de la serie apareció en el número 99 de la revista, en 2012. Esta es una colección de trabajos dedicados a examinar la historia de los conceptos matemáticos de probabilidad y estadística, sus debates históricos y la relevancia para el estado del arte actual.

[570] Hacking, 1975: 12. Esta doble naturaleza lleva a Hacking a denominar a la probabilidad un fenómeno tipo Jano, un ser con dos caras o facetas.

[571] Daston, 1995: 191.

partición lógica, dado que agrupa los ejemplos de cada faceta de manera exhaustiva y excluyente. Y dicha oposición ha sido, ciertamente, un punto de partida del análisis para clarificar el empleo y aplicación de tales nociones de probabilidad a los contextos jurídicos[572]. Sin embargo, mostraremos que la situación es más compleja. En particular, mostraremos cómo cada una de estas dos facetas esconde en realidad una amplia diversidad de teorías cuyos presupuestos y oposiciones quedan oscurecidos por los adjetivos «objetivo» y «subjetivo». La historia de la teoría de la probabilidad muestra que bajo estos dos rubros se agrupan una variedad de teorías de la probabilidad muy diversas entre sí. De modo que no es posible dar cuenta de todas estas variantes quedándonos simplemente con tales etiquetas, sino que hay que adentrarse en la tesis de fondo que éstas cobijan. Además, existen autores que no parecen ser clasificables en uno u otro rubro porque al mismo tiempo que defienden una visión que comparte rasgos de las llamadas teorías subjetivas, defienden también algún tipo de objetividad. Por lo que las referidas dos facetas no son, en realidad, exhaustivas. Por otra parte, es posible encontrar propuestas clasificatorias alternativas para la misma historia de la probabilidad, es decir, alternativas a clasificaciones que pretenden esclarecer la complejidad del concepto. Por lo tanto, convendrá primero examinar qué ejemplos han sido clasificados de acuerdo con las dos mencionadas facetas de la probabilidad para luego complejizar y poner a prueba la partición propuesta. Del cuadro más complejo emergerán no solamente diferentes sentidos del término sino los peligros que conlleva remover de su contexto de origen cada interpretación del término «probabilidad». Advertir que la probabilidad es, en su complejidad, multidimensional, permitirá dilucidar las diferentes maneras en las que ha sido asociada al concepto de inducción. De conformidad con estas consideraciones,

---

[572]   Haack parte de la división propuesta por Hacking para iniciar su crítica al uso subjetivo de la probabilidad a fin de explicar el razonamiento con pruebas en el derecho, así como a la asignación de pesos en la inferencia probatoria. Cf. Haack, 2014: 56.

examinaremos, en primer lugar, la relación de implicación que va de los diferentes sentidos de «probabilidad» a los diferentes sentidos de «inducción» (A). Solo después de este recorrido estaremos en aptitud de hacer el recorrido contrario de evaluar la propuesta teórica de Laurence Jonathan Cohen, quien propone replantear dicha relación de implicación a favor de una nueva lógica inductiva (B)[573].

A) La «probabilidad» desde múltiples criterios

Bajo la expresión «probabilidad objetiva» se pueden agrupar las teorías de la probabilidad que sostienen que la probabilidad es una relación que existe entre eventos, es decir, que es una propiedad en el mundo. Un primer candidato son las frecuencias[574]. La probabilidad de un evento E, dentro de una clase de referencia finita A, es la frecuencia con la que ocurre E en A. La probabilidad de que una persona nazca del sexo femenino es igual a la proporción que surge del cómputo de los nacimientos de sexo masculino (no-femenino) y los nacimientos de sexo femenino. La frecuencia con la que una cara de una moneda A cae sobre esa cara es la proporción de las veces en que cae sobre esa cara con relación al número de veces que no cae sobre esa cara. En suma, la probabilidad de un evento es la frecuencia con la que un evento acaece a través de una serie de repeticiones. Esta es la versión de la probabilidad como frecuencia finita (*Finite Frequentism*). Pero dado que hay ejemplos de series infinitas de eventos, y dado que respecto de la repetición de un evento cuanto más grande sea el número de repeticiones mayor tenderá la frecuencia a ser distribuida por igual entre las posibilidades del evento, entonces, se puede sustituir la idea de frecuencia finita por una de *frecuencia hipotética*. Es decir, la frecuencia hipotética que habría

---

[573] Para una presentación general de las principales interpretaciones de la «probabilidad» ver Galavotti, 2005; Gillies, 2000; Mellor, 2005; y Hájek, 2012.

[574] Dentro de los autores que definen «probabilidad» como frecuencia se encuentran Ellis, Venn, von Mises, y Reichenbach. Para una presentación de las diferencias entre estos autores ver Galavotti, 2005: capítulo IV.

si el número de repeticiones fuese lo suficientemente alto como
para que se aproxime al infinito. De manera más precisa, el valor
del límite de la frecuencia del evento en una serie hipotéticamente
infinita de eventos (*Hypothetical Frequentism*)[575]. Dentro de esta familia de teorías existen también otras variantes. Así, por ejemplo,
en lugar de emplear la noción de *serie*, von Mises emplea la noción
de *colectivo*: fenómenos en masa, secuencias uniformes de eventos o
procesos que son distinguibles por ciertos atributos observables[576].
La versión de las frecuencias asociadas a series infinitas es diferente
a la probabilidad en tanto frecuencias de un colectivo. En común,
ambas versiones de la probabilidad interpretada como frecuencias
rechazan que tenga sentido hablar de la probabilidad de un evento
individual: la probabilidad se da entre clases de eventos o se predica
con relación a colectivos. La teoría de Reichenbach también adopta
la interpretación de «probabilidad» como frecuencia, pero dice que
la única manera de obtener el valor de una probabilidad es mediante
una inferencia inductiva, *a posteriori* (y no en forma idealizada); y
acepta además la idea de la probabilidad de un evento individual,
al que denomina *grado de probabilidad* cuando la frecuencia asociada
a una clase construida sobre la base de propiedades relevantes para
el evento individual es asignada al evento individual[577]. Las clases
de referencia, para Reichenbach, se construyen en forma inductiva, mediante la observación; las frecuencias están asociadas con
un método empírico inductivo: se observa qué propiedades suelen
presentarse en la realidad asociadas al evento a predecir para construir la clase de referencia. Por oposición a esta idea, Nagel sostiene que la «probabilidad» es una relación entre proposiciones cuyo
significado descansa en la observación de ciertas frecuencias[578]. Al

---

[575]   Una presentación y crítica sintética a las dos versiones de la interpretación de
        probabilidad como frecuencia se encuentra en Hájek, 1996; y una segunda
        parte de la crítica en Hájek, 2009.
[576]   Mises, 1957: 10-12.
[577]   Reichenbach, 1938: 314.
[578]   Nagel-Margenau-Ducasse-Wilks, 1936. A pesar de adoptar una postura a favor
        de la probabilidad como frecuencia, Nagel también advierte que la expresión

igual que Ven o von Mises, la noción de probabilidad es una relación entre clases, pero en este caso, de proposiciones. Sin embargo,
los enunciados que hacen uso del concepto de probabilidad tienen
sentido por referencia a su efectividad para predecir el evento en
cuestión. La efectividad es medida por referencia al mundo, a las
frecuencias observadas[579]. A diferencia de la teoría de la probabilidad como frecuencia —con excepción de la propuesta por Reichenbach— Popper sostiene que la probabilidad está asociada con
el resultado de un experimento individual bajo ciertas condiciones.
Esto, para dar cuenta de la probabilidad de eventos individuales —
como ocurre en la mecánica cuántica. El arreglo del experimento
es tal que, de ser repetido muchas veces, producirá una frecuencia
de resultados que dependen de ese arreglo experimental específico. El arreglo experimental tiene una disposición o la propensión
de producir ciertas frecuencias típicas cuando es repetido muchas
veces. La probabilidad es, entonces, la propiedad de generar ciertas
condiciones bajo las que se producen frecuencias de eventos[580] después de una larga serie de repeticiones del arreglo experimental.
Las probabilidades son las propiedades disposicionales que tienen
los arreglos experimentales de producir ciertas frecuencias. Esta
versión de la teoría de la probabilidad como propensión se conoce
como las *propensiones en el largo plazo*[581]: las propensiones son asociadas a condiciones repetibles, son propensiones para producir, a

---

«probabilidad» admite más de un sentido que varía en función del contexto. Lo
que todos esos contextos tienen en común es que se trata de inferencias cuya
efectividad, en ese contexto, remiten a condiciones de verificación distintas, a
frecuencias observables distintas. Nagel, 1939.

[579]   «*Hence, when we say "It is probable that this coin will fall heads with a probability of
one-half" this may be interpreted to mean that the type of inference we employ in classi-
fying coins is of such a nature that they lead to true results with a definite (but perhaps
unknown) relative frequency*». Nagel, 1933: 537.

[580]   Popper, 1959: 33-34.

[581]   Gillies presenta las dos versiones de la teoría, así como sus defensores contemporáneos; pero argumenta que en la versión original de Popper la teoría de la
propensión quería dar cuenta tanto de la versión de largo plazo como de la de
un evento individual. Ver Gillies, 2000: 126.

lo largo de una serie infinita de repeticiones de dichas condiciones, frecuencias —las cuales son equivalentes a la probabilidad del evento en cuestión. Una segunda versión de la teoría de la probabilidad como propensión se conoce como teoría de la *propensión de un caso individual*[582]: las propensiones son vistas como la propiedad de un arreglo experimental particular para producir un resultado particular en una ocasión determinada[583].

Como puede apreciarse, la afirmación de una interpretación *objetiva* de la probabilidad cobija una variedad de teorías con diferencias y presupuestos significativamente distintos. Una dificultad adicional es todavía más fundamental: el par de expresiones «probabilidad objetiva»/«probabilidad subjetiva» no parece ser una partición lógica de las teorías de la probabilidad, porque, como veremos a continuación, existen ejemplos de teorías de la probabilidad que niegan que la probabilidad sea (o, siguiendo a Mellor, que sea interpretable como) subjetiva, pero, al mismo tiempo niegan que sea interpretable en términos de una frecuencia (finita o hipotética) o una propensión. En su lugar, sostienen que la probabilidad está relacionada con las creencias de los sujetos, pero, sin embargo, que es objetiva en un *sentido lógico*. Estas teorías rechazan, al mismo tiempo, la presentación de la probabilidad como la mera creencia de un sujeto (variable, por lo tanto, de sujeto a sujeto) y la otra cara de la probabilidad a la que se refería Hacking (esto es, la probabilidad como frecuencia). Existen, pues, una serie de autores que sostienen una interpretación *lógica* de la probabilidad que los ubicaría como teorías que postulan que la *probabilidad* es una propiedad, pero no

---

[582] Fetzer, 1988a.

[583] Quizás una tercera variante de la teoría de la probabilidad como propensión de Popper se ubica en sus últimos escritos en donde equipara a las propensiones con las fuerzas gravitacionales de Newton, es decir, con estados del universo. Esto implica que a veces podemos medirlas y a veces no podemos medirlas. Sin embargo, existen en nuestro universo. A veces, cuando se manifiestan en arreglos experimentales, podemos medirlas mediante las frecuencias que producen sobre los eventos. Ver Popper, 1990, segunda conferencia: «Two Views of Causality», y Miller, 2007: 159 y ss.

un hecho, por lo que la probabilidad no sería empírica. Convendrá ahora examinar las tesis de estos autores para después proceder a analizar el otro extremo de lo que ahora podemos anticipar como la refutación a la simple presentación bifronte que propone Hacking.

La probabilidad, en su interpretación lógica, se inspira en la denominada *interpretación clásica de la probabilidad*; a partir de la formulación clásica se construye la interpretación lógica. Por lo que primero haremos una brevísima presentación de la interpretación *clásica*. Esta digresión es relevante también en otro sentido: la formulación clásica sostiene que existe una relación entre el concepto de probabilidad y el de inducción; más aún, sostiene que existe una aplicación del concepto de probabilidad en cualquier campo de la experiencia humana, científica o no. Bajo la interpretación clásica, «probabilidad» es la razón (o proporción) del número de casos favorables entre todos los casos posibles. Los casos posibles definen un espacio de posibilidades. Así, por ejemplo, una moneda tiene dos casos posibles, el espacio de posibilidades es igual a dos, uno para cada cara de la moneda. Un caso favorable sería una de las caras de la moneda. El número de casos favorables para una sola cara de la moneda es igual a uno. La razón (o proporción) entre el caso favorable de una cara de la moneda (uno) entre todos los casos posibles (dos) es igual a $1/2$. En ausencia de información en sentido contrario, se asume que todos los casos posibles son igualmente posibles —esto es lo que se ha llamado el *principio de la razón insuficiente*. Se denomina «probabilidad», en sentido clásico, a la definición anterior. En su formulación original —debida a Laplace— el concepto asume un determinismo causal del mundo: los eventos presentes están determinados por causas pasadas, lo eventos presentes determinarán todos los eventos futuros. La «probabilidad» es consecuencia del conocimiento incompleto del mundo, de la ignorancia de las causas que determinan los eventos futuros. De saber los eventos en el presente que determinan cada evento en el futuro, no habría necesidad del concepto de probabilidad. El concepto de probabilidad es un componente del conocimiento humano incompleto acerca de la red causal que determina el mundo. La probabilidad en sentido clásico es un concepto *epistémico*[584], porque la probabilidad es la medida de nuestro conocimiento incompleto. La probabilidad, para Laplace, es la medida de la ignorancia humana. Laplace creía que su concepto de probabilidad era aplicable tanto a la ciencia como a todas las esferas de la vida humana. En este punto conviene realizar una conexión entre el concepto clásico de probabilidad y el de inducción en la ciencia. Laplace sostiene que las hipótesis, las analogías y la inducción que descansan en hechos son corregidas continuamente mediante nuevas observaciones. Se trata de emplear la intuición natural fortalecida por numerosas comparaciones entre las cosas. De este modo, se puede arribar a la verdad. Laplace adhiere al empirismo como fundamento metodológico del conocimiento: las hipótesis se originan en la experiencia y es únicamente mediante la observación y la experiencia que pueden ser modificadas. Tres ejemplos de métodos que permiten corregir las hipótesis son: el razonamiento de eventos conocidos hacia causas desconocidas, la regla de sucesión y el teorema del límite central. Con relación a la probabilidad de que un evento haya sido determinado por otro (*probabilidad de las causas*), Laplace sostiene el principio que dice que cuanto mayor sea la probabilidad de un evento observado a partir de una o varias causas asociadas al evento, mayor será la probabilidad de que ese evento sea la causa del otro. La probabilidad de que alguna de esas causas (dado el evento en cuestión) exista es, de esta manera, una fracción cuyo numerador es la probabilidad del evento, dada la causa, y cuyo denominador es la suma de las probabilidades similares, sumadas todas las causas. Es un razonamiento *a posteriori* de eventos hacia causas.

Un segundo método de inducción surge a partir de asumir que todas las causas tienen iguales posibilidades: que cuando un evento

---

[584] Mellor, 2005 sostiene que la definición de «probabilidad» de Laplace es ambigua. En un primer sentido se refiere a la medida de la ignorancia en la ocurrencia de un evento (sentido epistémico de la probablidad). Pero en otro sentido, la probabilidad, entendida como la razón de un evento favorable entre los eventos posibles, supone la existencia de los eventos posibles *metafísicamente*. Así, que la cara marcada con el número tres tenga 1/6 probabilidades de ocurrir en determinada ocasión, es una propiedad del mundo. A esta idea, Mellor la denomina *chances*. Cf. Mellor, 2005: 22 y 30.

ha ocurrido un número de veces, la probabilidad de que ocurra de nuevo es igual al número de veces que ha ocurrido más uno, dividido entre el mismo número de veces más dos —también denominada la regla de Laplace o a la regla de sucesión. Si m es el número de casos positivos y n el número de casos negativos, la probabilidad de que el siguiente caso sea un caso positivo es igual a la fórmula: $(m + 1)/(m + n + 2)$. La regla de Laplace asume la equiprobabilidad de los eventos anteriores y la independencia de los eventos futuros; es decir, todos los eventos pasados tenían la misma posibilidad de ocurrir y los eventos futuros no dependen de otro evento. Para ver su aplicación, supóngase que una moneda ha sido lanzada 100 veces y que de esas 100 veces, 99 ha salido la cara A de la moneda. La regla de sucesión permite calcular la probabilidad de que, en el lanzamiento siguiente (101), caiga la moneda sobre la cara A, de este modo: $(99 + 1)/(99 + 1 + 2) = 0.98$, es decir un valor muy alto si se considera que 1 representaría la ocurrencia del evento con total certeza.

Una tercera idea relacionada con la inducción es lo que se ha denominado el teorema del límite central: cualquier suma de casos favorables (no simplemente el número total de casos favorables en n número de intentos) será distribuida en forma normal, aproximadamente, si el número de intentos es suficientemente grande. Así, por ejemplo, si se lanza una moneda un número muy grande de veces, las veces que caerá sobre una cara, en promedio, será igual a $1/2$. En otras palabras, el desconocimiento de la distribución de las variables no es relevante; mientras se tengan suficientes instancias de las variables, la suma de todas las instancias puede ser tratada como si todas las instancias estuvieran distribuidas en forma normal[585].

---

[585] El teorema de límite central es empleado ampliamente en los métodos estadísticos. La formulación original de Laplace ha sido objeto de numerosos estudios, incluyendo una demostración formal del teorema (por ejemplo, Chebyshev y Markov hicieron una demostración formal del teorema mediante el denominado *método de momentos*); así como los trabajos de Feller y Lévy que

La interpretación lógica de la probabilidad sostiene que la probabilidad es una noción epistémica y, específicamente, una noción lógica —a partir de una cierta lectura de la interpretación *clásica* de probabilidad antes expuesta. Sin embargo, tras un análisis más detallado de los autores que han sostenido esta interpretación, podemos advertir variantes significativas en sus presupuestos. Esto se debe tanto a la época en que cada autor ha escrito como a su visión de la probabilidad, la cual se corresponde con una cierta concepción de la lógica y de la ciencia. De hecho, estas dos nociones impactan en la presentación de cada autor. La relevancia de esta interpretación de la probabilidad es que todos los autores que ofrecen una definición de probabilidad en términos lógicos también afirman la posibilidad de una lógica de la inducción, esto es, la relación inferencial entre premisas inciertas (conocidas en cierto grado) y la conclusión que éstas apoyan —que es una noción de inferencia diferente, aunque relacionada, sin embargo, con la inducción en tanto método de descubrimiento de regularidades. Las primeras presentaciones de esta interpretación se deben, según Hacking, a Liebniz quien sostuvo que la probabilidad consiste en juicios relativos a los datos disponibles[586] y, también, que estos juicios pueden ser gobernados por principios lógicos generales como una rama distinta de la lógica deductiva. Otra formulación es la de Bolzano, quien define a la probabilidad como una función lógica entre proposiciones que expresan el *grado de validez* entre una proposición expresada por una hi-

---

suministraron las condiciones necesarias para el uso del teorema. Ver a este respecto, Mether, 2003. Tanto la regla de sucesión de Laplace como el teorema del límite central de Bernoulli son métodos que pueden servir para analizar en grado de probabilidad inductiva asociada a las generalizaciones que aparecen como premisa mayor de la inferencia probatoria. Véase el punto B) del apartado 2.2.1.1.2.

[586]   Cf. Hacking, 1971. El artículo de Carnap se centra, sin embargo, en la similitud de programas entre Carnap y Leibniz con relación a la inducción, sistematizada como una rama de la lógica. Leibniz se adelantó al programa formulado por Carnap siglos después.

pótesis y otras proposiciones[587]. En esta misma línea de desarrollo se encuentran las ideas de Johnson, Wittgenstein y Waissman: en los tres casos el concepto de probabilidad es lógico. Sin embargo, la concepción de la lógica de Johnson es psicologista: la lógica es un sistema para el tratamiento psicológico adecuado de las creencias correctas. Del mismo modo, el tratamiento lógico de la probabilidad produce las condiciones para dejar en suspenso el juicio acerca de la verdad de una proposición[588]. La concepción psicologista de la lógica es rechazada por Wittgenstein y por Waissman. El primero sostiene que la probabilidad es una relación lógica entre proposiciones análoga a la que encontramos en la lógica deductiva; es una relación interna entre proposiciones, cuya determinación es *a priori*. Sean dos proposiciones, «r» y «s», «Tr» los fundamentos veritativos de la proposición «r», y «Trs» los fundamentos veritativos de la proposición «s» que también comparte con «r», el grado probabilidad que la proposición «r» da a la proposición «s» es igual a la razón Trs/Tr[589]. La definición de Wittgenstein prescinde por completo del elemento psicologista del juicio de Johnson, aunque ambos comparten que no se trata de una cuestión empírica. Quizás, con una salvedad que señala Galavotti, citando a McGuinness: los casos de las pólizas de seguros (muertes, nacimientos) no tienen nada que

---

[587] Cf. Galavotti, 2005: capítulo VI, Punto 6.1, donde sostiene un paralelismo entre el concepto de Bolzano y el de Carnap: para el primero la probabilidad era una noción objetiva, como la verdad, una relación entre proposiciones, mientras que para el segundo la relación de probabilidad era una de *implicación lógica parcial*.

[588] «*Now it is of the first importance, in considering the theory, of probability, to emphasise the logical doctrine that any treatment of the proposition involves reference both to the mental attitude of assertion, and to the object of assertion (which we have called the assertum). For in this theory we have to recognise not only the two assertive attitudes of acceptance or rejection of a, given assertum, but also a third attitude, in which judgment as to its truth or falsity is suspended; and, in my view, probability can only be expounded by reference-to such an attitude towards a given assertum. The attitude of suspense is a mental fact, the causes and conditions of which, as actually manifested, must be treated in psychology*». Johnson, 1932: 2.

[589] Cf. Wittgenstein, *Tractatus logico-philosophicus*, Proposición 5.15.

ver con el concepto de probabilidad. La diferencia es que el grado de probabilidad se establece *a priori*, mientras que los cálculos actuariales se construyen *a posteriori*[590]. Waismann parte del concepto de Wittgenstein. También sostiene que la probabilidad es una relación interna entre dos proposiciones —en sentido de que nada es agregado entre ellas—. La probabilidad es una medida de la conexión deductiva, de la proximidad lógica, del alcance, entre dos proposiciones[591]. Al igual que Wittgenstein, hay dos aspectos de la noción de probabilidad, uno lógico y otro empírico. El cálculo de probabilidades es una cuestión lógica que es aplicable a las medidas de frecuencias. Pero las medidas de frecuencias no son reducibles al cálculo matemático que las gobierna. La misma distinción traza Carnap entre *probabilidad$_1$* y *probabilidad$_2$*: el primer concepto es igual al grado de confirmación, tiene que ver con el grado con que una hipótesis es confirmada dada una pieza de prueba; el segundo concepto se refiere a la frecuencia relativa —en el largo plazo— de una propiedad respecto de otra[592]. Ambos conceptos de probabilidad son complementarios y de naturaleza objetiva. En Carnap, sin embargo, la definición de *probabilidad$_1$* es la que recibe mayor desarrollo. Otro rasgo distintivo en Carnap es que su teoría se desarrolla para el dominio de la ciencia, y no para el uso común o jurídico. Otro tanto sucede con la noción de lógica inductiva, asociada al de probabilidad$_1$, que es construida a partir del tratamiento lógico del concepto de probabilidad$_1$. Es el tratamiento lógico, en la ciencia, de la relación de *confirmación* entre una hipótesis y la prueba presente. En este sentido, los principios del razonamiento inductivo son los mismos que los de la probabilidad lógica *en el contexto* de la ciencia. El proyecto de Carnap es desarrollar una lógica inductiva con criterios de validez analíticos que controlen la relación de *confirmación* (o más precisamente de implicación parcial) entre hipótesis científicas y prueba (enunciados en ambos casos). En este sentido,

---

[590]   Cf. Galavotti, 2005.
[591]   Cf. Waismann, 1977: 4-21.
[592]   Cf. Carnap, 1945: 513-532.

Carnap rechaza tanto las presentaciones de la probabilidad en términos de *grados de creencia* —que aparecen como una forma de psicologismo— como en términos de frecuencias[593]. Si se asume que se cuenta con toda la prueba disponible, entonces el grado de probabilidad de una hipótesis es igual a una magnitud y solo a una: en otras palabras, existen valores correctos para la probabilidad de una hipótesis. Una función de confirmación establece el grado de probabilidad de una hipótesis frente a la prueba disponible. Dada una medida *m*, una hipótesis *h* y la prueba *e*, una función de confirmación se define como: c (h|e) = m (e.h)/m (e). Lo que implica es que diferentes medidas corresponden a diferentes funciones de confirmación. La medida es asignada por un método para asignar pesos a la prueba. Los métodos para asignar peso son establecidos en términos del significado de los enunciados involucrados —que es una extensión del concepto de Waismann de proximidad lógica—[594], desde la semántica formal de la lógica inductiva. En sus últimos escritos, Carnap está preocupado por la toma de decisiones en la ciencia. Considera que la lógica inductiva es un método que guía las decisiones racionales, lo que lo lleva a sostener una suerte de subjetivismo: la medida de probabilidad ha de ser interpretada como el coeficiente de apuesta racional que hará un científico frente a determinada prueba *a favor* de cierta hipótesis. La apuesta ha de ser hecha siguiendo el ideal de la coherencia entre las estimaciones subjetivas del científico. Carnap calificó a su postura de la probabilidad como formulada *desde un punto de vista subjetivista*[595]. Como veremos más adelante, la postura de Carnap se acerca mucho al subjetivismo excepto en que él piensa que la noción de probabilidad es *normativa* y no *descriptiva* como sostienen los subjetivistas —aun-

---

[593] Cf. *ibidem*: 246. Aunque, una vez representadas las funciones de confirmación en el lenguaje de la lógica inductiva, los distintos métodos inductivos tendrán tanto una representación formal como una expresión empírica. Es decir, a ciertas funciones de confirmación corresponderán ciertas expresiones de la medida de la confirmación en frecuencias observables. Carnap, 1952: 74.

[594] Cf. Galavotti, 2005 Posición 2100, Kindle Edition.

[595] Carnap, 1980: 112.

que, por otro lado, los subjetivistas también aceptan alguna forma de normatividad en su teoría, toda vez que incorporan la idea de coherencia para hacer compatible la interpretación subjetivista con los axiomas del cálculo de probabilidad. Sin embargo, no todas las presentaciones de esta interpretación de la probabilidad sostienen la probabilidad en sentido lógico como una relación entre proposiciones; otras presentaciones lo hacen como grados de una creencia *racional*, que serían iguales a los grados de probabilidad, aunque preservan la idea de que se trata de un sentido *no subjetivo*, sino *lógico-objetivo*. A su vez, dentro de esta presentación de la probabilidad como grados de creencia racionales existen variantes entre los autores. Así, por ejemplo, De Morgan sostiene que la probabilidad es un estado de la mente con relación a cierta aserción o evento respecto de los cuales no tenemos pleno conocimiento. El estado mental que cierto agente racional universal sostendría frente a la falta de conocimiento determinaría el carácter normativo de la definición de probabilidad. Se trataría del grado de creencia o estado mental que es racional tener[596]. En común con la anterior definición, Boole sostuvo que la probabilidad era la expectativa —*i.e.*, la razón que tenemos para pensar que un evento ocurrirá— fundada en un conocimiento parcial; la probabilidad hace referencia al estado que guarda nuestro conocimiento o a la información acerca de los eventos que ocurrirán. Esta definición también es normativa: se trata de los fundamentos racionales para la expectativa. «Racional» quiere decir aquí gobernado por las leyes del pensamiento, es decir, por la lógica. La información acerca de nuestro conocimiento se expresa en proposiciones, de modo que la expectativa racional es producto del modo en que razonamos con las proposiciones; la probabilidad, de este modo, tiene una relación directa con la lógica[597]. De manera que la formulación de un método general que gobierne la estructura lógica de los enunciados de probabilidad permitiría encontrar la conexión, informativa, entre dos pares de proposiciones. Una

---

[596]   De Morgan, 1838: capítulo I.
[597]   Boole, 2012: 388.

tercera definición de la probabilidad como grado de creencia racional es la de Keynes. Para él, la teoría de la probabilidad es una rama de la lógica que trata con argumentos no concluyentes, que son concluyentes *en algún grado*. Como la lógica de los argumentos concluyentes, la probabilidad estudia los principios generales de los argumentos no concluyentes. Tanto la certeza como la probabilidad dependen de la cantidad de conocimiento que las premisas de un argumento transmiten para apoyar la conclusión. Hay certeza cuando la cantidad de conocimiento autoriza a creer de forma completa en la conclusión. En el resto de los casos, únicamente puede haber grados de creencia. Las palabras «cierto» y «probable» describen varios grados de creencia racional acerca de la proposición, los cuales están avalados por diferentes cantidades de conocimiento. El objeto de estudio de la probabilidad se presenta cuando entre dos proposiciones existe una relación en virtud de la cual si conocemos la primera entonces podemos asignar a la segunda algún grado de creencia racional[598]. La certeza y la probabilidad dependen de la cantidad de conocimiento que las premisas del argumento aporten para soportar la conclusión. Cuando el conocimiento es total, entonces el sujeto está autorizado a tener racionalmente una creencia completa en la conclusión[599]. Para Keynes, la idea de probabilidad como grado de creencia racional es normativa y fundamental[600]: se trata del grado de creencia que es racional tener habida cuenta del conocimiento disponible[601]; y objetiva, porque la relación entre las proposiciones es independiente de cualquier factor subjetivo. Sin embargo, a diferencia de Carnap, Keynes cree que la probabilidad no siempre es medible: admite la posibilidad de que el grado de

---

[598]   Keynes, 2007: 7.

[599]   *Ibidem*: 21 y ss.

[600]   En el sentido de que no hay una noción más básica que la de *grado de creencia* para explicar el concepto de probabilidad. La justificación del carácter fundamental de este concepto, para Keynes, es simplemente la intuición. Un aspecto que será criticado ampliamente, principalmente, por Ramsey. Cf. Ramsey, 1926.

[601]   Keynes, 2007: 4.

creencia no siempre sea expresable numéricamente ni comparable entre un par de conclusiones. Es importante destacar que Keynes sostuvo un método inductivo *a priori*: la validez de una generalización inductiva es una cuestión de lógica, no de la experiencia. Un argumento inductivo afirma que hay alguna probabilidad a favor de su conclusión dada cierta prueba, no afirma que algo sea el caso. La elección entre dos argumentos inductivos estará dada por el análisis lógico de la determinación de una hipótesis sobre la base del mayor número de pruebas a su favor y del menor número de pruebas en su contra. Dos argumentos también son comparables —con independencia de la prueba a favor de la hipótesis contenida— por su peso: un argumento tiene más *peso* que otro si descansa en un mayor número de pruebas relevantes. Mientras que el peso mide la suma de toda la prueba a favor o en contra de una hipótesis, la probabilidad mide la diferencia entre la prueba a favor y la prueba en contra de una hipótesis[602]. En esto se asemejan Carnap y Keynes, en el papel que le asignan a la intuición inductiva. Que los argumentos inductivos y las generalizaciones inductivas puedan contener conocimiento *a priori* es una afirmación cuestionable. Pero sirve para mostrarnos cómo, dentro de esta variedad de teorías de la probabilidad en sentido lógico, existen notables diferencias. Jeffreys sostiene, en este sentido, una aproximación empírica de la inducción probable, estadística, sobre la base de la experiencia[603]. Sostiene, más concretamente, que la probabilidad es el grado de creencia determinado en forma unívoca *por la experiencia* —y critica a Carnap por distinguir dos conceptos de probabilidad— aunque evaluado en forma objetiva por los datos obtenidos y medidos. Jeffreys tiene en mente una epistemología probabilística para la ciencia[604], la cual no admite conceptos subjetivos variables, y denominará *la probabilidad del hombre de negocios*, por ejemplo, a la propuesta subjetivista de Ramsey, a la que tachará de inapropiada para los requerimientos de la ciencia.

---

[602] *Ibidem*: capítulo VI., especialmente, 90.
[603] Jeffreys, 1936a.
[604] Jeffreys, 1933.

El inductivismo —y el método científico en su conjunto— están fundados en la visión epistémica de la probabilidad: es una relación entre una proposición y un conjunto de datos que determinan en forma unívoca el grado de creencia que es razonable tener[605] —es decir (en contra de lo que sostienen Keynes y Carnap), no existe, conceptualmente, una probabilidad sin cuantificar, sin expresión numérica que se corresponda con un grado de creencia razonable. Como rasgo común, todas las versiones de la interpretación lógica de la probabilidad sostienen la objetividad del concepto de probabilidad sobre la base de la relación lógica que media entre las proposiciones de un *argumento inductivo*: la relación entre las premisas (prueba) y la conclusión (hipótesis).

Conviene detenerse en este núcleo común a tres efectos: a) distinguir con nitidez en qué sentido la probabilidad lógica es objetiva, pero no es *física* como la interpretación en términos de frecuencias o en términos de propensiones; b) distinguir que la probabilidad lógica admite diferentes interpretaciones del razonamiento inductivo —lo que a su vez permite advertir el propósito teórico con que ha sido propuesto el concepto por cada autor—; y c) distinguir la interpretación lógica de la probabilidad de la subjetiva, que será objeto de análisis a continuación. En primer término, la probabilidad en sentido lógico difiere de las frecuencias o de las propensiones en que no es empírica. La probabilidad en sentido lógico es objetiva porque la relación entre las proposiciones es lógica. Supóngase que la probabilidad lógica de una proposición «p» dada otra proposición «q» y cierto conocimiento previo de trasfondo «K» es igual a 0.5, representada por la proposición de probabilidad lógica PL_1 (p | q & K) = 0.5. La interpretación de la fórmula es que la proposición «p» está confirmada en 0.5 habida cuenta de la verdad de la proposición «q» y del conocimiento previo de trasfondo «K». La relación consignada en la fórmula seguirá siendo la misma con independencia de la verdad o falsedad de cualquier otra proposición en el mundo

---

[605] Jeffreys, 1934.

presente. Para mostrar esto, supongamos que ahora sabemos que la verdad de la proposición «r» aumenta el grado de confirmación (o el grado de razonabilidad para creer, según la versión de la probabilidad lógica de que se trate) de «p». Con esta información ahora podemos obtener una nueva proposición de probabilidad lógica: PL_2 (p | q & r & K) = 0.7. La verdad de PL_2 es independiente de la verdad de PL_1 en el sentido de que ambas pueden ser verdaderas, o ambas falsas, o alguna de ellas verdadera y la otra falsa. Uno y otro enunciado expresan proposiciones distintas. Es en este sentido que la probabilidad lógica es objetiva, pero no empírica. El segundo punto que debemos notar es que la relación inferencial entre «p» y «q» & «K» en la proposición PL_1 admite varias interpretaciones. Para ver esto, podemos escribir PL_1 como un argumento AI_1: {«q» & «K» entonces «p»}. Todas las teorías de la probabilidad en sentido lógico sostienen que el conector «entonces» en el argumento AI_1 es de naturaleza lógica, no empírica, causal o estadística. Las teorías difieren en cómo definir el conector lógico: como un *grado de validez* (Bolzano), como una relación interna al lenguaje (Wittgenstein-Waismann), como una función de confirmación *a priori* (Carnap), como la relación lógica del grado de apoyo *a priori* de la prueba hacia la hipótesis (Keynes)[606] o, finalmente, como el grado de creencia razonable que apoyan los datos recabados empíricamente (Jeffreys). La definición del conector «entonces» en el argumento AI_1 hace inteligible la relación entre premisa y conclusión, es decir, entre prueba e hipótesis dentro del argumento. Si, además, la teoría de la probabilidad en turno sostiene que es posible asignar medidas, grados, valores al argumento en general, entonces será que esa teoría, además, formula una *lógica inductiva* para los argumentos como el que ejemplifica AI_1, es decir, los principios generales, los axiomas y teoremas que una lógica inductiva tendrá para evaluar los argumen-

---

[606]   Dado que es la intuición la que nos permite acceder a los grados de apoyo objetivos es que Gillies caracteriza a la concepción de Keynes como platónica: porque existen relaciones de probabilidad que, sin embargo, ninguno de nosotros podrá nunca aprehender, pero que existen en un mundo platónico. Cf. Gillies, 2000: 33.

tos como AI_1. Pero nótese que si bien De Morgan, Boole, Keynes, Carnap y Jeffreys pretenden desarrollar una lógica inductiva, este no es el caso de Wittgenstein-Waismann. Lo relevante para dejar anotado aquí es esta disyuntiva: o bien la lógica inductiva se conforma con el denominado *cálculo de probabilidades*[607], es decir, con las propiedades matemáticas que se les han adscrito a los enunciados de probabilidad *con independencia* de una determinada interpretación, o bien no se conforma con dicho cálculo. Una lógica inductiva que se conforma con los axiomas del cálculo de probabilidad se denomina *bayesiana en sentido amplio*[608] o *pascaliana*[609]. Que se conforme o no con el cálculo de probabilidades, a su vez, está en el centro del contexto dentro del cual estas teorías de la probabilidad han surgido: el debate en epistemología acerca de la confirmación de hipótesis científicas y el respaldo de la prueba (*teorías de la confirmación*). Pero ni todas las teorías epistemológicas han transitado por una explicación basada en alguna interpretación de la probabilidad, ni, por cierto, se acepta generalmente el uso de una lógica inductiva como producto metodológico adjunto a la teoría de la confirmación de hipótesis. Finalmente, queda un tercer punto a analizar con relación al argumento AI_1, que es la cualificación (y cuantificación) de las premisas del argumento. No todos los autores que desarrollan una lógica inductiva consideran que, además, se deba desarrollar otro aparato teórico para dar cuenta de la prueba: su relevancia, calidad y peso. Keynes parece pionero al tratar la dimensión del *peso* de los argumentos como una cuestión diferente de la relación

---

[607] Como se desarrollará más adelante, la teoría de la probabilidad tiene tanto un aspecto matemático como uno fundacional o filosófico. Con relación al primer aspecto, hay casi un consenso unánime acerca de las propiedades matemáticas de la probabilidad, es decir, del cálculo de probabilidades. Cf. *ibidem*: 1; Haigh, 2012: 16; Mellor, 2005: 8; Galavotti, 2005: Posición 466, Kindle Edition.

[608] Fitelson, 2006a y 2006b. Que habría que distinguir de aquéllas teorías de la confirmación científicas que emplean el teorema de Bayes como fundamento para definir la relación lógica de confirmación entre prueba e hipótesis. La distinción es desarrollada en Hawthorne, 2014.

[609] Cohen, 1989: capítulo I.

entre las premisas del argumento inductivo[610]. Pero no dice nada acerca de cómo ha de ser adquirida la prueba y si admite, a su vez, ser cualificada: confiable, no confiable, confiable en algún grado. Ni tampoco dice nada acerca de cómo ha de ser computada: agregativamente o con cierto peso específico. Hasta aquí hemos establecido en qué sentido la probabilidad lógica es objetiva pero no *física* como la interpretación en términos de frecuencias o en términos de propensiones, y también hemos distinguido cómo es que esta interpretación admite diferentes interpretaciones del razonamiento inductivo. Resta ahora ver cómo es que se distingue la interpretación lógica de la probabilidad de la interpretación subjetiva, que será objeto de análisis a continuación. La probabilidad *lógica* difiere de la probabilidad subjetiva en que la relación de confirmación (o de grado de creencia racional/razonable) no depende de las creencias de los sujetos (ni de la intensidad con que crean) acerca de la ocurrencia del evento. Dos personas pueden asignar diferente valor a la probabilidad subjetiva de que un evento ocurra sin que esto represente una contradicción. En cambio, la afirmación de que determinada proposición es confirmada en algún grado por otra proposición y la negación de dicha afirmación, es una contradicción. Adicionalmente, todas las teorías de la probabilidad en su interpretación lógica atribuyen un papel *normativo* a la noción de probabilidad cuando se asocia a las creencias. Las interpretaciones subjetivistas de la probabilidad, por su parte, sostienen un sentido *descriptivo* de los grados de creencias. Una consecuencia inmediata de esta diferencia es que para una teoría subjetivista de la probabilidad no hay algo así como grados de creencia incorrectos, irracionales.

Veamos ahora con más detalle la interpretación subjetiva de la probabilidad. La teoría de la probabilidad en su interpretación subjetiva se debe a Ramsey y a de Finetti, quienes propusieron, en forma independiente, una misma interpretación el cálculo de probabi-

---

[610] Por ejemplo, en Cohen, 1970: 207, se propone un sistema formal para las funciones de apoyo inductivo. Se trata de un sistema de lógica formal construido sobre las bases del sistema S4 de Lewis-Barcan.

lidad[611]. La teoría subjetiva describe el uso de la expresión «probable» con el que en el lenguaje ordinario nos referimos a la mayor o menor confianza que tenemos en que un evento ocurra. A este uso de la expresión no le corresponde ningún valor específico y cualquier asignación de un valor numérico simplemente sería una manera en que el propio autor del enunciado se representará así mismo un simbolismo, un marcador personal del grado en el que *cree* que ocurrirá el resultado[612]. La noción de probabilidad es la expresión de la percepción psicológica de un individuo. Bajo esta interpretación, la probabilidad subjetiva expresa *grados de confianza* o *grados de creencia* en forma indistinta[613]. Así, por ejemplo, si una persona afirma que cree que «tiene 70% de chances de obtener el empleo», el valor numérico no es el producto de una correspondencia con el mundo; nada en el mundo ha hecho que ese número sea asignado como valor del enunciado de probabilidad. El número es una expresión simbólica que le transmite al interlocutor cuánta confianza tiene en que el evento ocurra. Tanto Ramsey como de Finetti negaron expresamente que la probabilidad fuese una relación objetiva, sosteniendo que se trata de los grados de creencia que posee un sujeto respecto de ciertos eventos; sin que se requiera que las creencias sean objetivadas ni normadas por ninguna relación de tipo lógica como, por ejemplo, sostenía Keynes o Carnap[614]. Bajo esta interpretación, los grados de creencia son tomados como un término primitivo que no tiene un sentido preciso a menos que se

---

[611]   Cf. Ramsey, 1931 y De Finetti, 1970. Una comparación entre las dos teorías se encuentra en Galavotti, 1991. No solamente fueron desarrollos independientemente sino motivados en forma distinta. El trabajo de Ramsey se inicia con una acérrima crítica a la teoría de la probabilidad de Keynes, a quien conocía dentro del grupo de los Apóstoles de Cambridge. En cambio, De Finetti no conocía, para cuando había escrito su teoría, ni a Ramsey ni la obra de Keynes.

[612]   Papineau, 2012: 94. De Finetti sostuvo no solamente que la probabilidad objetiva no existía, sino que era inútil postularla y que, de hacerlo, se trataba de una proposición metafísica, teológica. Cf. De Finetti, 2008: 35.

[613]   Aunque ello supone distintos problemas filosóficos, asumiremos que son dos modos de expresar la misma idea (cf. Lewis, 1981).

[614]   Ramsey-Lowe, 1997: 273-274.

especifique cómo han de ser medidos los grados. Es decir, para esto último se requiere de una definición operativa de probabilidad[615]. Para esta definición, se asume que la mejor manera de expresar los grados de creencia es asociarla a las acciones que el sujeto esté dispuesto a efectuar sobre la base de dichas creencias[616] como, verbigracia, la expresión de una ganancia que un sujeto podría tener si hubiese de apostar a la ocurrencia de un evento. Se denomina *coeficiente de apuesta* al número que expresa el grado en que un agente imparcial expresaría la ocurrencia de un evento, medido en un número mayor a cero y menor a uno[617]. Lo que ahora se requiere es un método para asignar dicho valor, de modo que permita hacer comparaciones con otras personas. Ramsey y De Finetti proponen varios métodos para la asignación de valores a los grados de creencias. A), imaginando que la ocurrencia del evento puede ser expresada en un valor monetario, un precio[618]: lo que el sujeto considere un precio justo será el grado de su creencia. B), imaginando una cifra de dinero que no le sea indiferente ganar, pero que tampoco sea tan alta como para que sea de su vital interés obtener. Esa suma de dinero (U) será la que recibiría si un determinado evento incierto ahora, ocurre mañana, y que no recibiría (en absoluto) si el evento no ocurriera. Ahora, supóngase que le dicen que se puede esperar a mañana para ver si efectivamente el evento ocurre, o que podría recibir una cantidad «p» de dinero ahora, que puede ser o bien U o bien una fracción de U. El número que resulte de dividir

---

[615] Cf. De Finetti, 1992. La idea de De Finetti es definir *grado de creencia* en términos operativos. Una técnica propuesta para definir a partir de operaciones técnicas y resultados en el campo de la experimentación. La referencia de De Finetti es Bridgman, 1928. Una de las críticas que se le han dirigido a De Finetti, hace tiempo, ha sido precisamente el uso que éste hace de una técnica de la definición diseñada para el contexto en el que se operan instrumentos y que es usada por De Finetti para definir un concepto psicológico. Cf. Berkson, 1977.

[616] Ramsey, 1990.

[617] Cf. Gillies, 2008: 55.

[618] Aunque en este sentido Ramsey prefería la asignación de valores de *utilidad* en lugar de valores monetarios. *Ibidem*: 69.

el valor que le haya asignado a «p» dividido U equivale al grado de confianza. (C), suponiendo que se ofrece una apuesta a favor de que un evento incierto ocurrirá, con un valor U, ¿qué se preferiría: esperar a ver si ocurre el evento o apostar a que recibirá la misma suma ahora si 1) adivina correctamente el color de la carta de encima de un mazo de naipes barajados al azar; o 2) adivina cuál será el palo de la carta que salga de encima de un mazo de naipes barajados al azar? Dado que se sabe la probabilidad física de los eventos en ambos escenarios, cualquiera que escoja será indicativo del valor que le debe asignar a su grado de creencia en que ocurrirá el evento[619]. Una vez que se han asignado valores a los grados de creencia, el subjetivismo hace una suposición mínima para inferir los postulados del cálculo de probabilidad: que el sujeto es coherente en sus creencias acerca de la ocurrencia del evento. La suposición parece razonable de aceptar como una suposición que de hecho hacen las personas cuando realizan aserciones de probabilidad. No hacerlo implicaría que se pudiera construir un escenario en donde siempre perderían las apuestas que hicieran a favor del evento («a Dutch Book»). Por ejemplo, supóngase el evento «Pedro puede beber un litro de cerveza en menos de un minuto» y supóngase también que Pedro hará una apuesta sobre la ocurrencia del evento, tal que apostará una cantidad de dinero equivalente al grado de confianza que tenga en que dicho evento ocurrirá. Si Pedro le asigna una probabilidad con valor de 0.4 (en una escala entre 0 y 1) a que ocurrirá el evento, entonces, por uno de los axiomas de Kolmogorov, se sigue que Pedro cree que el evento tiene una probabilidad de 0.6 de que no ocurrirá. Si Pedro apuesta y es coherente, aceptará apuestas que le paguen igual o más que 0.4 (es decir, $ 0.40 por cada $ 1.00), si apuesta a favor del evento, o apuestas que le paguen igual o más que 0.6 (es decir $ 0.60 por cada $1.00) si apuesta en contra del evento. De esta manera no perderá. Pero si Pedro está dispuesto a compor-

---

[619]   Haigh, 2012: 9 y ss. Sobre una discusión detallada de las dificultades filosóficas para establecer cuantificaciones sobre creencias acerca de probabilidades subjetivas comparar Ramsey, 1931, capítulo VII, con De Finetti, 1970.

tarse de tal modo que la suma de las probabilidades de que el evento ocurra y de que no ocurra no sumen 1, entonces sus tomadores
de apuestas podrían diseñar una serie de valores para que pierda
pase lo que pase. Así, si Pedro asigna 0.3 a que el evento ocurre y
0.75 a que no ocurre, el tomador de apuestas puede ofrecerle pagar
$ 0.30 por cada $1.00 en caso de que logre ejecutar el reto y pagar
$ 0.75 por cada $ 1.00 si no logra realizar el desafío; pase lo que
pase, Pedro habrá perdido -$0.05. De modo que es una suposición
razonable que la asignación de valores a los grados de creencias respecto de eventos inciertos incluya a la coherencia como requisito
lógico mínimo. Si se adopta el supuesto de coherencia, a partir de
ahí se pueden inferir los axiomas del cálculo de probabilidades. Esto
es lo que se ha denominado el *Teorema de Ramsey-De Finetti*[620]. Es
importante destacar que en este planteo la *fuente* de la probabilidad
es subjetiva: cada individuo asigna un grado de creencia que se traduce en actitudes y acciones. Cuando los grados de creencia son
coherentes, a partir de ese supuesto la probabilidad subjetiva obedece a los postulados del cálculo de probabilidades. Se dice de un
agente que es *coherente* cuando asigna valores subjetivos a sus creencias en la ocurrencia de eventos de tal forma que éstos se conforman con el cálculo de la probabilidad física. En este sentido, la probabilidad subjetiva, cuando se trata de agentes coherentes, se
computa bajo las mismas reglas matemáticas que la probabilidad

---

[620] Varias son las presentaciones de la prueba de que asumir la coherencia en las
creencias implica los tres axiomas del cálculo de probabilidad: 1) que la probabilidad es un valor entre 0 y 1 y que la probabilidad para un evento cierto
es igual a uno; 2) la ley aditiva de la probabilidad, que dice que cuando dos
eventos son excluyentes entre sí la suma de sus probabilidades es igual a uno; y
3) la ley de la multiplicación de la probabilidad que dice que la probabilidad de
la conjunción de dos eventos es igual a la probabilidad del primer evento dado
el segundo, multiplicada por la probabilidad del segundo. La prueba original
se encuentra en De Finetti, 1992. Una presentación muy clara y completa de
las principales axiomatizaciones de la probabilidad subjetiva se encuentra en
Fishburn, 1986. Gilles realiza una exposición más directa sobre la base de la
demostración original de De Finetti; cf. Gilles, 2008: 60.

matemática[621]. Es importante notar que este sentido de *probabilidad subjetiva* es *normativo*, porque no pretende describir cómo de hecho los sujetos asignan valores a sus creencias —de hecho, los sujetos se comportan en forma errática o inconsistente en la asignación de valores a sus grados de creencias. Lo que pretende es determinar cómo han de ser asignados los valores numéricos a los grados de creencia si es que el sujeto ha de ser *racional*. Se trata de un modelo de racionalidad que podrían suscribir los sujetos que calculan chances subjetivamente porque, de no asignar valores conforme a los axiomas del cálculo de probabilidad, deberían aceptar apuestas que siempre perderían. La diferencia con la postura de la probabilidad en sentido lógico es que no hay un sistema de lógica —ni deductiva ni inductiva— ni una relación *a priori*, ni es la prueba empírica la que determina qué creencias deben tener los individuos. Lo que también implica que el significado del cálculo de probabilidad, por ser racional, no depende de ningún grado de creencia en alguna proposición determinada como la única; el cálculo de probabilidad sirve simplemente para señalar qué creencias se tienen y, por lo tanto, que esas creencias son coherentes. Por otro lado, es también saliente la diferencia entre Ramsey y otros autores con relación a su postura respecto de la inducción que —siguiendo a Wittgenstein[622]— dicen que es un fenómeno psicológico, y no lógico. La aceptación de las generalizaciones pasadas para eventos futuros es una condición de nuestra psicología antes que una relación lógica. Si hubiera alguna justificación para el empleo de la inducción sería *a posteriori*, por los resultados que ofrece, sería una justificación pragmática[623]. Una de las consecuencias de la interpretación subjetiva de la probabilidad fue la de revivir el teorema de Bayes, el cual ha dado lugar a una teoría subjetiva de la toma de decisiones sobre la base de dicho teorema. Es lo que se ha denominado *neo-Bayesianismo*. El teorema de Bayes es empleado por De Finetti para mostrar la

---

[621] Ver abajo nota al pie de página 637.
[622] Cf. Wittgenstein, *Tractatus*, proposiciones 6.363 y 6.3631.
[623] Ramsey-Lowe, 1997: 301.

utilidad de la idea de estimaciones de probabilidad intercambiables [*exchangeability*] en la adquisición de nuevo conocimiento[624]. Esto, a propósito del dar cuenta de la relación entre probabilidad subjetiva y frecuencias. La tesis de De Finetti es que es debido a la propiedad de la intercambiabilidad de los grados de creencia que se presenta a la mente la ilusión de una frecuencia para el evento. En otras palabras, De Finetti sostiene que la noción de probabilidad objetiva es reducible a la de probabilidad subjetiva. Para mostrar esto, De Finetti sostiene que los eventos que pertenecen a una misma secuencia son intercambiables si la probabilidad de un número m de éxitos en un número n de eventos es la misma, para cualquier permutación de eventos n y para cualquier n y $m \leq n$. Por ejemplo, supóngase una secuencia de lanzamientos de moneda, donde una cara está representada por el número 1 y la otra por el número 0. Hemos de registrar la ocurrencia de éxitos de cada cara a lo largo de lanzamientos sucesivos. En este tipo de registros no nos importa en qué lanzamiento ocurra un éxito, y hemos, también, de asumir que cada resultado es independiente del otro. La secuencia registrada de éxitos se representa como una secuencia intercambiable del siguiente modo: $p\,(1,1,1,1,0,0,0) = p\,(1,0,1,0,1,0,1,1)$. Ahora asignemos para cada miembro de la secuencia una variable, X, y un subíndice identificador que inicie con el número 1. Entonces tenemos que si $X_1, \ldots, X_n, \ldots$ son independientes y distribuidas de manera idéntica, entonces son intercambiables. Como puede apreciarse, la distribución de ambos lados de la igualdad es idéntica y los éxitos de una cara con relación a la otra son independientes; por lo que una y otra secuencia son intercambiables. Ahora supóngase que tenemos una moneda que sabemos que está sesgada hacia alguna de las dos caras, pero no sabemos hacia cuál. Desde una interpretación de la probabilidad objetiva, como frecuencias que tienden a un límite hipotéti-

---

[624] Ramsey también identificó esta propiedad en su presentación de la probabilidad subjetiva; seguramente recuperando la idea de «equiprobabilidad de todas las permutaciones» de Johnson. Cf. Galavotti, 2005: Posición 2445, Kindle Edition.

co infinito, se diría que existe un verdadero valor para la probabilidad p que es desconocido pero que puede ser medido mediante un gran número de repeticiones n, en donde observemos el número r de veces que sale una cara, tal que el valor real de p tenderá a ser la frecuencia r/n. Ahora supóngase, por contraste y desde la interpretación subjetiva de De Finetti, que tenemos una secuencia de lanzamientos con resultados ordenados por sucesión: $e_1, \ldots, e_n$, en donde cada E_i es o bien el lado A de la moneda (A_i) o el lado B de la moneda (B_i). Ahora supóngase que el lado A de la moneda ocurre en el lanzamiento $n + 1$, es decir que el lado A ocurrirá en A_{n+1}. Supóngase, además, que sea e una especificación completa de la primera ronda de lanzamientos de la moneda n veces y que, en esa serie, en cada ocasión, o bien cae el lado A o bien el lado B de la moneda. Supóngase, adicionalmente, que el lado A cae r veces dentro de la primera ronda de lanzamientos. Supóngase, finalmente, que $P(e_i) \neq 0$ para todos los i, tal que también la $P(e) \neq 0$. Uno de los axiomas del cálculo de probabilidad es que la probabilidad de un evento A, dado el evento B, es igual a la probabilidad de la conjunción de A y B, dividida la probabilidad de B; representado por la fórmula $P(A|B) = \frac{P(A\&B)}{P(B)}$ [625]. Dado que queremos conocer la probabilidad del lado A de la moneda, A_{n+1}, dado cada lanzamiento e, sustituyendo A por A_{n+1} y B por e en la fórmula anterior, tenemos $P(A_{n+1}|e) = \frac{P(A_{n+1}\&e)}{P(e)}$. Ahora agregamos la condición de intercambiabilidad de la secuencia de lanzamientos, para los resultados del lado A. Para esto, supongamos que un sujeto está haciendo una apuesta antes de la primera ronda de lanzamientos. La apuesta consiste en que cierta serie compuesta por n resultados ocurrirá en la primera ronda de lanzamientos. Supóngase que el lado A ocurre r número de veces en una serie n de lanzamientos particular. Los cocientes de apuesta del sujeto son *intercambiables* —en el sentido arriba definido— si él le asigna el mismo cociente a cualquier otra

---

[625] Ver el axioma 4 de Kolmogorov que es su equivalente en notación de conjuntos.

serie n de lanzamientos que también contenga r. Es decir, que está dispuesto a apostar un número tal a cualquier serie, sin importar el orden en que salgan los resultados, mientras las veces que salga el lado A sea el mismo número (r) en todas esas series de lanzamientos. Siempre que r sea menor o igual a n (r≤n). El cociente de su apuesta de que habrá un número r de resultados con la cara A de la moneda en un número n de lanzamientos se representa como la medida de su creencia (w) acerca de r en n con la expresión $w_r^{(n)}$. Hay un número finito de combinaciones de lanzamientos en los que r puede ocurrir en n; en todas esas combinaciones la probabilidad se distribuye igual siempre que r tenga el mismo valor. Cuando cambia r cambiará el cociente de apuesta del sujeto; cuanto más se aproxima el valor de r a n, mayor será la probabilidad asignada por el sujeto. Conforme a los resultados de A aparezcan, la asignación de valores del cociente de apuesta se moverá hacia el límite de n. O, lo que es lo mismo, según que la frecuencia de r/n sea mayor, en esa medida se moverá la asignación de la probabilidad subjetiva. Partiendo de la probabilidad subjetiva, para cualquier valor inicial, según se presente la prueba, habrá solo un valor para el peso de las frecuencias que se presenten. A este teorema De Finetti lo denominó el *teorema de representación*[626]. Una consecuencia de este teorema es que la probabilidad objetiva p es una ilusión producto de la propiedad de la intercambiabilidad más la suposición de coherencia. Cuando las

---

[626]   El teorema de representación ha sido generalizado por Hewitt y Savage: Sea X1,…, Xn,… una secuencia aleatoria intercambiable de variables con valores en X. Entonces existe una medida de probabilidad μ en el conjunto de medidas de probabilidad P (X) en X, tal que P (X1 ∈ A1,…,Xn ∈ An) $= \int Q(A1) … Q(An)\mu(dQ)$
Se sigue todavía más, que μ es la función de distribución de la medida empírica:
$M(A) = \lim_{n\to\infty} Mn(A) = \lim_{n\to\infty} \frac{1}{n}\Sigma_{1=1}^n \chi A(Xi), M\sim\mu$
y Q⊗∞ es la distribución obtenida a través de condicionalizar M:
P (X1 ∈ A1,…,Xn ∈ An | M = Q) = Q (A1)···Q (An).
Cf. Hewitt-Savage, 1955. De aquí que también se le conozca como el *Teorema de Representación De Finetti-Hewitt-Savage*.

series de eventos son independientes e intercambiables y los sujetos son coherentes en sus creencias, la asignación subjetiva de la probabilidad del evento será igual al límite de la frecuencia hipotéticamente infinita. La probabilidad objetiva es una ilusión de nuestra psicología profunda. Puesto en otros términos, De Finetti sostiene que la condición de intercambiabilidad más la actualización de creencias siguiendo el teorema de Bayes, produce la ilusión de la probabilidad objetiva. El mecanismo funciona mediante una actualización del *argumento* dentro de nuestra función de probabilidad que nos hace pasar de un estado a otro. Es decir, cuando asignamos un valor subjetivo a la probabilidad del evento E inicialmente, nuestra probabilidad inicial es P (E); cuando adquirimos nueva información acerca del evento, por ejemplo acerca de cuántas veces cae la moneda sobre su cara A, ahora tenemos una nueva probabilidad subjetiva P (E |A). Es decir, no cambiamos a una nueva *función* de probabilidad definida por el aumento de la frecuencia, sino que simplemente sustituimos un argumento de la función anterior por otro, *sin repudiar* el anterior argumento. Pasamos de una estimación subjetiva a otra en forma independiente una de la otra[627]. No cambiamos de opinión frente a la nueva información. De acuerdo con la interpretación de De Finetti del teorema de Bayes, nos quedamos con la misma opinión y la actualizamos frente a la nueva situación[628]. Otra consecuencia relevante para nuestra presentación es la relación que De Finetti hace del teorema de la representación con la inducción. La ilusión de una probabilidad objetiva explica el fenó-

---

[627] De Finetti, 1992: 146-7; y De Finetti, 2008: 100.

[628] El teorema de representación ha sido criticado desde varios frentes. Un frente simple tiene que ver con la suposición de que los eventos son independientes; si son independientes, no se necesita la condición de intercambiabilidad y se puede proceder como lo haría un frecuencista; si por el contrario son eventos dependientes no se aplica la intercambiabilidad. Otro frente es que el subjetivismo combinado con el teorema de Bayes nunca puede aprender nada de la experiencia, los pesos de la nueva información se mantienen igual. Finalmente, existen situaciones de eventos dependientes en donde si éste es el caso, el teorema de representación arroja resultados incorrectos. Una presentación sistemática de estos frentes de crítica se encuentra en Gillies, 2008: 77 y ss.

meno señalado por Hume por el cual estamos inclinados (por un hábito) a esperar que la frecuencia observada en el futuro sea cercana a la frecuencia observada en el pasado. No hay ninguna justificación lógica, sino psicológica, para la inducción —ni, bajo este mismo argumento— de la regla de sucesión de Laplace.

Al hacer el recuento inicial de la oposición entre las *dos caras* de la probabilidad que proponía Hacking podemos apreciar que el subjetivismo de Ramsey-De Finetti se opone tanto a la interpretación de la probabilidad como frecuencias, como propensión, así como a la idea de que hay una lógica inductiva que fija, por virtud de algún tipo de conexión lógica con la prueba, una medida objetiva de la creencia racional. No parece adecuada pues la simplificación de los dos referidos extremos de la probabilidad. Como tampoco parece adecuada la simplificación de subjetivismo u objetivismo, porque ésta desdibuja variantes sustantivas entre los autores, así como sus distintos propósitos explicativos. Quizás se pueda rematar la desarticulación de la partición propuesta por Hacking al mencionar, muy someramente, tres interpretaciones contemporáneas de la probabilidad que resultan ricas, además, para preparar nuestro análisis de las teorías jurídicas de la valoración de la prueba.

En primer término, tenemos la interpretación *intersubjetiva* de la probabilidad. Esta postura sostiene que para un grupo social es en el mejor interés del grupo que todos acuerden en un cociente común de apuesta en lugar de que cada miembro del grupo lo asigne individualmente. Si un grupo logra un acuerdo acerca del cociente común de apuesta, entonces tienen una probabilidad por consenso del grupo social. El acuerdo blinda al grupo de que un apostador astuto les pueda ganar apuestas mediante un *Dutch Book*. Para lograr el consenso, debe haber intereses en común entre los miembros del grupo y tener un flujo de información fluido. Esta interpretación de la probabilidad es compatible con los axiomas del cálculo de probabilidad. La presentación de este tipo de interpretación de la probabilidad, adicional a la probabilidad subjetiva y la objetiva, lleva a Gillies a distinguir un espectro de interpretaciones de la probabilidad. Los extremos de esta escala estarían dados, por un lado, por aquellas interpretaciones que no son dependientes de la acción humana y, por el otro, por aquellas interpretaciones que son dependientes (en algún grado) de la acción humana[629]. Conforme a esta escala, habría cuatro tipos de probabilidad: 1) subjetiva (*e.g.*, grados de creencias de individuos particulares); 2) intersubjetiva (*e.g.*, grados de creencias de un grupo social que han sido alcanzadas por consenso); 3) artefactuales (*e.g.*, la probabilidad de que una moneda concreta caiga en una de sus caras); y 4) plenamente objetiva (*e.g.*, la probabilidad de que en cierta unidad de tiempo el núcleo de un átomo radioactivo decaiga). Una vez presentado el espectro, Gillies argumenta a favor de un pluralismo en las interpretaciones de la probabilidad: algunas interpretaciones son más adecuadas para las ciencias sociales y otras para las ciencias naturales[630].

En la misma sintonía de Gillies encontramos, en segundo lugar, a Jeffreys y a Suppes. El primero sostiene una visión radical del probabilismo[631], que parte de la idea de que cualquier actividad humana de conocimiento debe asumir como punto de partida fundamental los juicios de probabilidad. No hay conocimiento que no sea un juicio de probabilidad. Para ello hay que adoptar una idea *bayesiana* en un sentido amplio: cambiar de un estado de conocimiento a otro está condicionado por nueva información. No hay, sin embargo —en contra de lo que sostiene Carnap, Keynes, Johnson o Bayes—, ningún punto de partida *a priori*, previo, correcto. El punto de partida ha de ser la ignorancia y la falta de certeza, el rechazo de enunciados observacionales que funjan como anclas de certezas o experimentos que arrojen el conocimiento definitivo. Se trata de dar cuenta de las condiciones subjetivas humanas de la toma de decisiones bajo información incompleta e imperfecta. Se trata de dar cuenta del proceso complejo de conocimiento en una teoría de la decisión denominada *probability kinematics* que consiste en proveer de un método para actualizar las creencias sobre la base de

---

[629] Gillies, 2008: 176.
[630] *Ibidem*: capítulo 9; también en este sentido Galavotti, 2005: «*Closing remarks*».
[631] Jeffrey, 1992; Bradley, 2005; y Galavotti, 1996.

información incierta bajo la idea de que la coherencia ha de ser dinámica entendida y diacrónicamente. Es decir, acomodos parciales de información que toleran incoherencias asociados a conjuntos de información que pueden volverse coherentes con nueva información y en momentos distintos. A pesar de las raíces subjetivistas de Jeffrey, éste admite un pluralismo fenomenológico con relación a la probabilidad, en lo que denomina probabilidades físicas, es decir, fenómenos que son definidos por una estructura aleatoria.

En tercer lugar, Suppes también sostiene un pluralismo con relación a las nociones de probabilidad para distintas tareas dentro de la ciencia[632]. El referido autor se autodenomina *probabilista empírico* porque supone que hay fenómenos complejos e incluso que existen fenómenos ontológicamente aleatorios; en todo caso, caso por caso, habría que generar métodos para estudiarlos que admitan intervalos de probabilidad. Para algunos fenómenos una interpretación subjetiva, junto con el uso del teorema de Bayes sería adecuada. Para otros campos de la ciencia, la postulación de chances objetivas, de probabilidades físicas y de propensiones, sería lo más adecuado[633]. Esta actitud multimetodológica y pragmática muestra que el concepto de probabilidad ha de ser clarificado desde su genealogía y contextualizado con los propósitos explicativos para los que fue creado[634].

No parece, por lo tanto, haber una unidad fundacional para todos los conceptos y —lo que es de la mayor importancia— sobre todo, la «probabilidad» no es un concepto que *viaje bien* a través de distintos campos, desde las ciencias físicas a la economía, desde las ciencias sociales a las experimentales.

Con los elementos conceptuales reunidos en la exposición precedente podemos ahora pasar a exponer la concepción de la probabilidad y de la inducción de Laurence Jonathan Cohen, la que,

---

[632]   Una introducción a la postura de Suppes se encuentra en Galavotti, 2006.
[633]   Suppes, 1980.
[634]   Suppes, 1994.

como se ha adelantado, reviste particular interés para evaluar los (distintos) intentos de aplicación de las (diversas) nociones de probabilidad e inducción en el ámbito de la valoración de la prueba en los procesos jurisdiccionales.

B) Probabilidad *inductiva* de L. J. Cohen

Como dice Cohen, un punto de la agenda de la teoría de la inducción en la ciencia es analizar «cuál es la relación entre el apoyo inductivo y el tipo de probabilidad que se rije por los teoremas del cálculo de chances tal y como fue originalmente desarrollado en el siglo XVII por los matemáticos Blaise Pascal y Pierre Fermat»[635]. Esta cuestión permaneció ignorada por los primeros autores que teorizaron acerca de la inducción y del razonamiento inductivo —Mill, Whewell, Herschel, Bacon y Hume— hasta bien entrado el siglo XIX[636]. Hasta antes de ese momento, los problemas de la inducción no se veían conectados con los de la probabilidad. Por el contrario, hemos visto cómo, con posterioridad, en distintos momentos, los desarrollos de alguna interpretación de la probabilidad han ido de la mano del intento de dar cuenta, en la ciencia, del razonamiento inductivo y de la inducción. Problemas como el de la confirmación de hipótesis y el de las relaciones entre prueba y grados de creencia han sido relacionados con la justificación de enunciados vía la inducción. La inducción, para muchos de los autores que se ocupan de esta cuestión, ha de ser reformulada en términos de «probabilidad». Este giro implica que determinada *interpretación* de la probabilidad es empleada para justificar las inferencias inductivas. La probabilidad física, también denominada *pascaliana* debido a que su origen se remonta a los trabajos del matemático francés Blaise Pascal (aunque también a los trabajos de su compatriota Pierre Fermat), fue axiomatizada en el siglo XX por el matemático de origen ruso Kolmogorov, quien propuso axiomas independientes y consistentes para la probabilidad monádica (*i.e.*, la probabilidad de

---

[635] Cf. Cohen, 1989: 2.
[636] Véase Laudan, 1973.

que ocurra un evento) y una definición para la probabilidad diádica (*i.e.*, la probabilidad de que un evento ocurra, dado que otro evento ocurrirá) a partir de la monádica[637]. La axiomatización propuesta produce leyes lógicas que gobiernan las relaciones entre enunciados de probabilidad, pero no permite calcular ningún valor para dichos enunciados. Así, es una ley del cálculo de la probabilidad que la probabilidad de que ocurra un evento y la probabilidad de que no ocurra es igual a la total certeza, es decir, se representa con el número 1 (en donde 0 representa que no acaecerá con certeza el evento y 1 representa que acaecerá con total certeza). De lo que se sigue que si se conoce el valor de la probabilidad de que ocurra un evento A, se puede inferir el valor de la probabilidad de que no ocurra A; No-A es igual a 1 menos la probabilidad de que ocurra A. Este razonamiento no permite inferir el valor de la probabilidad de A, porque en el ejemplo, A es una variable de enunciado que necesita ser interpretada y valuada. De aquí que podemos distinguir, siguiendo a Cohen[638], entre la sintaxis de un cálculo que lo define como probabilidad (la sintaxis lógica de la probabilidad), la interpretación que se ofrezca de las variables de un cálculo de probabilidad (*i.e.*, la semántica de los enunciados de probabilidad) y, por último, cómo es que le asignamos valor a los enunciados de probabilidad (*i.e.*, la

---

[637] La definición axiomática de Kolmogorov es la siguiente: Sea que S denote un espacio muestra con la medida de probabilidad P definida sobre ese espacio, tal que la probabilidad de cualquier evento A $\subseteq$ S está dada por P (A). Entonces, la medida de probabilidad obedece los siguientes axiomas:

P (A)$\geq$0,
(1) P (S)=1,
(2) Si {A1, A2,... Aj,...} es una secuencia de eventos mutuamente excluyentes tal Ai $\cap$ Aj = $\emptyset$ para todas las i, j, entonces P (A1 $\cup$ A2 $\cup \cdots \cup$ Aj $\cup \cdots$) = P (A1)+P (A2)+ $\cdots$ + P (Aj) + $\cdots$.
(3) Los axiomas se suplementan con dos definiciones:
(4) La probabilidad condicional de A dado B es definida por: P (A | B) = P (A$\cap$B)/P (B).
(5) Los eventos A, B se dicen estadísticamente independientes si: P (A $\cap$ B) = P (A)P (B).
(6) Cf. Kolmogorov, 1933: 2.
[638] Cf. Cohen, 1989.

medición numérica de la probabilidad). Una consecuencia importante para nuestros fines es que podemos tener un mismo cálculo de probabilidad con diferentes interpretaciones[639]. Cada interpretación responderá en forma distinta a la pregunta ¿qué es lo que cuenta cómo probabilidad? O, dicho de otra manera, ¿«qué es lo que estamos midiendo cuando medimos la probabilidad»?[640] bajo esa interpretación. Cuando lo que se mide es el grado de solidez inferencial de una regla de demostración que nos autorice a inferir B de A de forma cualitativa, comparativa y ordinal, entonces estamos en presencia de la *probabilidad inductiva*[641]. Para evaluar la solidez inferencial de una proposición como: 1) «en presencia de nubarrones se infiere que inminentemente lloverá», se debe estimar cuánto apoyo inductivo hay para una generalización del tipo 2) «cualquier acontecimiento que sea de nubarrones es un acontecimiento de lluvia inminente». Una proposición como 1) tiene la forma de un enunciado incondicional del tipo P [Sa,Ra]; en donde P [ ] representa la *probabilidad inductiva;* «Sa» y «Ra» son los predicados instanciados de «R» = es un nubarrón y «S» es lluvia inminente. La expresión se lee: «la probabilidad inductiva de que este sea un evento de lluvia inminente dado que hay nubarrones». En cambio, la forma lógica de una función de apoyo inductivo es un enunciado de cuantificación universal con relación al resultado de ponerlos a prueba [*results of testing*]: s [(x) (Rx → Sx)]. La probabilidad inductiva se relaciona con el apoyo inductivo de esta manera: la probabilidad variará directamente con el apoyo inductivo[642]. De manera más amplia, si

---

[639] Dado que una misma noción sintáctica de probabilidad admite más de una interpretación es que se explica, por ejemplo, que la probabilidad física se haya expresado de distintas maneras: en términos modales, en términos de propensiones, en términos de disposiciones, en términos de frecuencias, en términos de eventos físicos (que ocurren en espacios finitos o infinitos), en términos lógicos. Para una exposición de algunas de estas interpretaciones de la probabilidad física véase Hájek, 2012.

[640] Cf. Cohen, 1989: 38.

[641] Cf. Cohen, 1977: 122.

[642] Cf. *ibidem*: 41.

«H» representa un conjunto no vacío de proposiciones con la forma lógïca de 2), o *hipótesis*, y «E» representa el reporte de las pruebas practicadas, la expresión «s [H,E]» es una función diádica del apoyo que «E» brinda a «H». Una función de apoyo evalúa la amplitud del apoyo inductivo que existe para la hipótesis con relación a las pruebas practicadas. Cohen define ciertos principios lógico-sintácticos para las funciones de apoyo. Siguiendo fielmente la distinción entre el plano sintáctico y el semántico de la probabilidad, Cohen propone denominar *función inductiva* a cualquier función de apoyo que cumpla con tales principios, con independencia de la interpretación que se dé a los argumentos de la función —su semántica. De modo que los argumentos pueden tener contenido experimental, ético o jurídico[643]. Conviene primero examinar las características lógico-sintácticas de las funciones de apoyo, con relación a la probabilidad inductiva, para luego reparar sobre la tesis de su extensión desde las ciencias empíricas hacia otros dominios.

El contexto en el que aparecen las nociones de apoyo inductivo y de función inductiva es el discurso de las ciencias experimentales: «Pero el concepto de inducción que concierne a este libro está anclado en el discurso de las ciencias experimentales y, en cualquier caso, una característica esencial de las ciencias experimentales es que el intervalo de observaciones que se realice debe guiar selectivamente las observaciones bajo la luz de las variables que se creen relevantes cuando se pone a prueba una hipótesis, por el objetivo de descubrir tanto como sea posible acerca del apoyo disponible para la hipótesis»[644]. Cohen rescata el concepto de inducción eliminativa que propuso Bacon: las hipótesis se ponen a prueba a partir de variables que sea crea que pueden falsearla; cuantas más pruebas pase la hipótesis mayor grado de apoyo tiene sobre la base de las pruebas pasadas[645]. Si una hipótesis dice que «A es B» se tienen que

---

[643]   Cf. Cohen, 1970: 133.
[644]   Cf. *ibidem*: 53.
[645]   Cf. *ibidem*: 124 y Cohen, 1977: 145. En donde también se inscribe el proyecto de Cohen dentro de la tradición seguida por Mill.

diseñar pruebas para encontrar ejemplos de «A» que no sean «B».
Para una cierta hipótesis «H» se identifican las *variables relevantes*, es
decir, variables que tengan el potencial de falsificar la hipótesis. Esta
determinación, para cada campo científico, será una cuestión a ser
investigada empíricamente —no hay relevancia lógica o *a priori*[646];
así como las circunstancias que representen variaciones sobre la variable. En todos los casos, las variables deben ser aptas para ser sometidas a prueba, es decir, deben de poder formar parte de diseños
de experimentación que las manipulen[647]. Para una hipótesis como
«el chile habanero cura la gastritis» —con la forma de un enunciado universalmente cuantificado: $[(x)\,(Chx \rightarrow CGx]$, en donde
«Ch» y «CG» corresponden a los predicados «es chile habanero» y
«cura gastritis» respectivamente—, posibles variables son el género
del paciente (v_1), el tipo de gastritis (v_2), el estado del chile (v_3),
la cantidad de chile (v_4). Variaciones de estas variables pueden ser,
respectivamente, hombre o mujer; fúndica, antral, corporal media,
pangastritis, aguda y crónica; chile en estado seco, fresco, cocido; o
0.1 o 10 gramos. Las variables se ordenan en función de su potencial falsificador[648]. La serie con sus variantes genera un espacio de
posibles combinaciones ordenadas que serán empleadas para construir pruebas, experimentos, en grado de mayor complejidad: en la
primera prueba (T_1) no se manipula ninguna variable relevante; en
la segunda prueba (T_2) se manipula la primera variable en todas sus
variantes —*i.e.*, para el caso de la variable género del paciente, $V_{1/1}$,
$V_{1/2}$, en donde el primer número del subíndice indica el número de

---

[646] Cf. Cohen, 1977: 138 y 141.
[647] La definición de variable relevante es más compleja; pero a los efectos de esta presentación basta con la simplificación aquí efectuada. Cf. *ibidem*: Cohen,
1970: 35-41.
[648] Cf. Cohen, 1977: 141. Lo que no es muy claro es la forma en que se puede
advertir el potencial falsificador de una variable sin antes ponerla a prueba.
Ello así, dado que la determinación de qué es una variable relevante será determinado en el curso de la investigación. Es cierto que podría tratarse de
una cuestión lógica, pero esto iría en contra de la definición de *relevancia* y su
diferencia con la definición de *peso*. Cf. Cohen, 1970: 54 y 55, nota 1.

variante y el segundo número del subíndice el número de la variable—; en la tercera prueba (T_3) se manipularán todas la variantes de las primeras dos variables. De modo que, si un sujeto «x» es sometido a una prueba T_1, esta corresponderá a la primera combinación, más simple, de pruebas, en orden de complejidad. Si la hipótesis no pasa esta primera prueba, tampoco pasará otras pruebas que incluyan alguna variación de variables. Pero si resulta que la hipótesis aprueba T_1, entonces se procede a una segunda prueba y así sucesivamente hasta agotar todas las combinaciones posibles. La expresión «T_1x» quiere decir «el sujeto x es sometido a la prueba t_1». Sea «H» una hipótesis y «E» los informes de resultados de las sucesivas pruebas de experimentación con las variables relevantes, la expresión «s [H,E] = 1/n» se lee como «en vista de la prueba E la hipótesis H adquiere únicamente el primero de n grados posibles de apoyo positivo para H y para proposiciones materialmente similares a H»[649]. Es importante la forma lógica que tienen este tipo de enunciados para poner de manifiesto su diferencia con los enunciados de probabilidad inductiva. Para nuestro ejemplo, el enunciado que dice que la «H» ha pasado la primera prueba T_1 se representa así: s [(x) (CHx → CGx), (∃a) (CHa & CGa & T_1a)] = 1/n. El segundo término de la expresión es una afirmación existencial que indica que cierto conjunto de variables relevantes tiene un impacto causal en cierto individuo «a» que satisface el antecedente de la cláusula de la hipótesis bajo examen[650]. El número de pruebas que pasa H aumenta el grado de apoyo inductivo, derivado de esas pruebas. Pero también puede ser que una hipótesis tenga una sola variable y pase la

---

[649] La última parte de la oración se deriva del *principio de equivalencia*: el apoyo inductivo es uniforme entre proposiciones lógicamente equivalentes. Cf. Cohen, 1977: 170.

[650] En la exposición que hace Cohen sobre los grados de apoyo de la prueba experimental, hace una presentación de la forma lógica de la función de apoyo en términos de la variable de un individuo cualquiera «x». Respecto de la prueba del experimento concreto, la variable «x» no puede ser interpretada como un individuo cualquiera, sino como una instancia de la ejemplificación universal del predicado «T_1x». Cf. Cohen, 1970: 54-5.

prueba única; o que se trate de un campo de investigación en donde las variantes claves y todas las variables se encuentren identificadas de modo que con una única puesta a prueba se obtenga el máximo grado de apoyo inductivo posible[651]. De modo que, de tres hipótesis diferentes, relativas a distintos reportes de experimentos, las tres pueden gozar, con relación a esos reportes, del máximo de confiabilidad inductiva con diferentes valores de «$1/n$» —por ejemplo, «s [H,E] = $1/1$»; «s [H',E'] = $10/10$»[652]. Una hipótesis que tiene cierto grado de confiabilidad inductiva puede ser expresada en una función de apoyo monádica: s [H] = $1/n$ = s [H,E] = $1/n$. Supongamos que, en nuestro ejemplo, después de sucesivas pruebas, tenemos que para la hipótesis «el chile habanero cura la gastritis», dados los reportes de experimentos, obtenemos que s [H,E] = $1/17160$. A partir de esta función de apoyo inductivo podemos inferir que la probabilidad inductiva de una instancia de las variables universales, es decir, de un individuo particular de que se cure su gastritis, cuando coma chile habanero, es igual a $1/17160$. En donde el número 1 quiere decir que la función de apoyo reporta que la hipótesis general ha pasado únicamente la primera de 17160 pruebas posibles; es decir que P [CHa, CGa] = $1/17160$. Desde un punto de vista lógico, Cohen, sostiene que la siguiente equivalencia es una inferencia inductiva sólida: P [Sa, Ra] = i/n si y solo si s [Sa→Ra] = i/n[653]. Desde un punto de vista epistémico, el apoyo inductivo de una función de apoyo únicamente se obtiene de la *prueba* que proviene de los experimentos, de la observación o de lo que se infiere de otra prueba a partir de cierta lista de variables relevantes. Como es posible corregir las variables o descubrir nuevas o descartar algunas previas, entonces también la probabilidad inductiva será corregible,

---

[651] Cf. *ibidem*: 152.

[652] Esta propiedad de la función de apoyo inductivo muestra, de paso, por qué el método de eliminación de hipótesis es problemático para su aplicación en el contexto de la valoración de la prueba en los procesos jurisdiccionales. Ello así porque una hipótesis, tanto como su rival, pueden tener el máximo de confiabilidad inductiva con diferentes de valores «$1/n$».

[653] Cf. Cohen, 1977: 200.

en esta medida. Ahora bien, cuando estemos en presencia de Sa, podemos inferir la proposición P [Sa,Ra] = i/n porque conocemos la función de apoyo inductivo s [Sa→Ra] = i/n. La *prueba* para una probabilidad inductiva es «la satisfacción del antecedente de una generalización apropiada en un caso particular alcanzado por esa generalización»[654]. Lo que no es válido es inferir P [Ra] = i/n a partir de s [Ra] = i/n. Lo que se podría hacer, en su lugar, propone Cohen, es establecer un determinado umbral del grado de apoyo inductivo de s [Sa→Ra] = i/n por encima del cual «consideremos razonable creer, o aceptar, que es verdad que» Ra[655]. Dicho en otras palabras, un razonamiento que tiene como premisa una función de apoyo inductivo, la afirmación del antecedente del argumento de dicha función y como conclusión la probabilidad inductiva del consecuente del argumento de la función, no es verdadera. Decir que es «probable» quiere decir que de acuerdo a los reportes de cierta prueba —reportes de pruebas, observaciones o inferencias de otras pruebas— la conclusión está apoyada en i/n grado. Recordar que es importante precisar qué mide cada concepto de probabilidad y en qué contexto. La probabilidad inductiva es una gradación del *peso* en el sentido de Keynes, da cuenta la cantidad de prueba favorable que hay en apoyo de una conclusión[656].

El panorama de la teoría de la probabilidad inductiva estará completo cuando analicemos la situación de las pruebas desfavorables y la interpretación de la ausencia de grado de apoyo inductivo. Una hipótesis puede tener pruebas desfavorables, es decir, frente a cierta combinación de variables y sus variantes, la hipótesis puede fracasar. Pero si ha pasado, hasta antes del fracaso, por ejemplo, 9/10 pruebas, la hipótesis tiene ese grado de apoyo inductivo por su correspondiente función de apoyo. En la práctica, los científicos —dice Cohen— tratarán de reformular su hipótesis de modo que acomode el mayor número de pruebas que ha pasado. Sea que lo

---

[654] Cf. *ibidem*: 203.
[655] *Ibidem*: 215.
[656] Cf. *ibidem*: 213.

hagan cualificando la hipótesis para que no incluya la permutación de variables que la hicieron fracasar o que mantengan el enunciado original pero que excluyan de su aplicación a la permutación de variables que produjo el resultado desfavorable[657]. Puede suceder, sin embargo, el caso de que no se tenga suficientes pruebas favorables u observaciones que favorezcan la hipótesis, sino únicamente en un bajo grado, por ejemplo, en $i/n = 1/10$. La adopción de esta hipótesis con un bajo grado de soporte se hace bajo la ignorancia de lo que sucederá si se somete a futuras pruebas, o si se conoce nueva información de la observación que desfavorezca a la hipótesis; en estos casos es semejante a si se agregara una cláusula *ceteris paribus*. Que cuanto mayor sea el grado de apoyo, y mayor sea el grado de la probabilidad inductiva, menor será el contenido que asume dicha cláusula. Lo mismo ocurre para el caso de no tener suficiente información favorecedora porque no se han identificado todas las variables relevantes, o todas las variaciones de las variables relevantes. Aquí también se suele adoptar una cláusula de este tipo[658]. Por otra parte, están los casos en que el valor de la función de apoyo inductivo es igual a cero. Esto puede querer decir que los reportes de las pruebas —o de la observación— indican que no hay resultados favorables para la hipótesis, incluso para la primera prueba. O también puede querer decir que la prueba [*evidence*] es inmaterial, no hay resultados canónicos. En ambos casos s $[H,E] = 0/n$[659]. Que no haya ningún grado de apoyo inductivo para la hipótesis no implica que haya algún grado de apoyo inductivo para su negación. Para que se pueda afirmar la probabilidad inductiva de la hipótesis complementaria de «H», es decir «–H», debe haber una función de apoyo inductivo que la respalde con relación a evidencia comprobable. De modo que es perfectamente compatible afirmar el siguiente par de

---

[657] Cf. *ibidem*: 211. Aunque también puede suceder que las pruebas desfavorables sean irremontables incluso después de reformular la hipótesis.

[658] Cf. *ibidem*: 212.

[659] Con la diferencia de que cuando no hay resultados canónicos de las pruebas, las siguientes dos proposiciones se pueden aseverar al mismo tiempo: «s [H,E] = 0/n» y «E no implica que s [H] = 0/n». Cf. Cohen, 1970: 69.

enunciados: «P [H,E] = 0/n» y «P [−H,E] = 0». Cohen se encarga de mostrar que su concepto de probabilidad inductiva no puede ser reconstruido siguiendo los axiomas de la probabilidad matemática; así como se encarga de argumentar sus semejanzas[660]. Una de las diferencias reside en que la negación de la probabilidad inductiva no es igual a la matemática precisamente en que, para la probabilidad matemática, un grado de probabilidad igual a cero de una proposición implica la probabilidad de la proposición complementaria. Ello es así, dado que la probabilidad del evento y su complementario es igual a uno.

Una vez recorridas las distinciones entre los diferentes sentidos de «probabilidad» e «inducción» estamos ahora en condiciones de presentar y analizar ejemplos de teorías que, desde diferentes perspectivas metodológicas, han empleado dichas nociones para caracterizar la valoración judicial de la prueba. El propósito será primordialmente señalar las relaciones que se ofrecen entre prueba y verdad, cuando media algún concepto de probabilidad e inducción, antes que brindar un recuento completo de las teorías en cuestión. Previo a iniciar el análisis, a fin de evitar confusiones, conviene realizar algunas estipulaciones con relación a la palabra «probabilidad». Distinguiremos tres sentidos de «probabilidad». En un primer sentido, «probabilidad» quiere decir las chances de que un evento ocurra, asumiendo que su ocurrencia no es ni necesaria ni imposible con relación al conjunto de todas las posibilidades que tiene de ocurrir, y en donde cualquier de esas posibilidades puede ocurrir en forma indiferente. Ejemplos de enunciados que expresan este tipo de probabilidad son: «hay una en seis chances de que un dado caiga sobre la cara con el número dos» o «la probabilidad de que un isótopo de Polonio se desintegre es de.134». En el primer ejemplo, la ocurrencia del evento de que caiga el dado sobre la cara con el número dos es relativo al conjunto de posibilidades, seis caras, en donde cada cara puede salir por igual (asumiendo que los dados no

---

[660] Cf. *ibidem*: 25 y Cohen, 1977: capítulo 15.

están cargados). Algo similar podría decirse respecto del segundo ejemplo. Llamaremos a este sentido de probabilidad, *probabilidad física*[661] (PF) porque su cálculo depende de cómo son las posibilidades de ocurrencia de los eventos en el mundo. En un segundo sentido, «probabilidad» quiere decir la credibilidad que un sujeto, en algún momento determinado, le otorga a que un evento ocurra. Ejemplos de enunciados que expresan este tipo de probabilidad son: «creo que mi equipo de fútbol tiene más chances de ganarle a tu equipo», «te apuesto dos a uno a que la selección nacional llega a la final del mundo». Llamaremos a este sentido de probabilidad, *probabilidad subjetiva*. En un tercer sentido, «probabilidad» quiere decir el grado en que una hipótesis es apoyada (avalada) por la prueba que se tiene presente. Ejemplos de enunciados que expresan este

---

[661] Denominamos aquí *probabilidad física* a lo que también se conoce como *probabilidad objetiva*. Esta última denominación responde a que valor que se le asigne a la probabilidad esperada de que un evento ocurra no depende de las creencias de las personas. Sin embargo, conviene denominarla *física* (siguiendo a Mellor, 2005) porque el sentido de «probabilidad» relacionado con los grados de certeza acerca de una hipótesis —o, lo que es lo mismo, el grado con el que se puede aceptar la conclusión de un razonamiento inductivo— también es *objetiva*. En efecto, se ha dicho que el grado de certeza en una hipótesis está dado por la *relación* entre la prueba disponible y la hipótesis; la hipótesis estará respaldada por la prueba disponible en algún grado (siendo el máximo grado la *confirmación*) con independencia de las creencias del sujeto. Es decir, si a esa *gradación* de la certeza en la hipótesis le hemos de denominar probabilidad, se trataría de una *probabilidad objetiva*. Por otro lado, existen quienes creen, como Mellor, que hay una relación entre los grados de creencia y la forma en que la prueba apoya cierta hipótesis: cuando más apoye la prueba a una hipótesis, en esa medida se graduará la creencia del sujeto en la hipótesis (cf. Mellor, 2005: 85). Como la gradación de creencias admitiría una medida expresada en valores numéricos, y como la expresión de los grados de creencia equivalen a los grados de apoyo, entonces, concluye Mellor, los grados de prueba pueden ser expresados en valores numéricos (*ibidem*: 80). De aquí que Mellor denomine *probabilidad epistémica* a este tipo de probabilidad. Este razonamiento de Mellor no lo compartimos porque implica interpretar la relación entre la prueba y la hipótesis que la apoya en términos de una *interpretación lógica* de *probabilidad física*. En respaldo a este rechazo véase los argumentos que dirige Haack contra la propuesta de Carnap, la cual le sería también aplicable a Mellor (Cf. Haack: 2011, capítulo 2).

tipo de probabilidad son: «la evidencia astronómica indica que es altamente probable que el universo haya tenido un comienzo», «las pruebas del laboratorio indican que hay buenas chances de que no se haya infectado con el virus». Llamaremos a este sentido de probabilidad, *probabilidad inductiva* porque expresa el grado de certeza que se tiene en una hipótesis a partir de las pruebas disponibles[662].

2.2.1.1.2. Probabilidad, inducción y valoración judicial de la prueba

La revisión de diferentes discusiones en la filosofía del derecho anglosajona y continental con relación a la prueba y al proceso judicial revelan un auge y una proliferación por el debate específico acerca de cómo entender la actividad de la valoración de la prueba. Dentro de este debate se encuentran dos grandes clases de intervenciones, aquéllos que sostienen un lugar para los conceptos de probabilidad *no-inductiva* —sea física o subjetiva— (A) y aquéllos que prefieren abogar por una reconstrucción que emplee la noción de probabilidad *inductiva* (B).

A) Probabilidad no inductiva en la valoración de la prueba

Conviene iniciar la exposición con una aclaración previa que entendemos conceptualmente independiente de cualquier teoría aquí expuesta, pero que es importante tener en mente en tanto ha dado pie a un debate que, en buena medida, ha originado la amplia bibliografía sobre el tema[663]. Nos referimos al empleo de estados

---

[662] Según corresponda, sin embargo, distinguiremos entre la inducción ampliativa y la inducción que proviene del método de selección de variables relevantes que propone Cohen, según lo visto *supra* en este apartado.

[663] En Tillers-Green, 1988 se encuentran recopiladas las posturas más relevantes hasta finales de los ochentas; en el capítulo 5 de Schum, 2001 aparece una discusión detallada de los modelos matemáticos, incluyendo algunos no-bayesianos; en Finkelstein y Levin, 2001, capítulo 3, aparecen referencias bibliográficas, así como ejemplos de aplicación de muchas de las ideas del debate sobre la aplicación del Teorema de Bayes y otros instrumentos tanto al cálculo de probabilidades como a la estadística; finalmente en Pardo, 2013b, notas al pie 1-14 se encuentra un recuento más actualizado de la bibliografía sobre el tema.

estadísticos que son ofrecidos como pruebas en el contexto de diferentes procesos jurisdiccionales. Ejemplos de tales empleos son los siguientes enunciados: «la tasa de supervivencia del cáncer cervicouterino cuando se detecta a tiempo es de 93%»; «13.78% es el porcentaje del valor de las acciones según la regresión lineal de los datos estadísticos»; «hay 1 en 57 billones de personas que pudieron dejar el mismo rastro de sangre»; «hay una chance en 73 billones de que dos niños de la misma madre mueran de síndrome de muerte súbita del lactante (SMSL)». En principio, la conveniencia de presentar pruebas de este tipo en los procesos jurisdiccionales es una discusión distinta de aquella sobre los modelos matemáticos acerca del proceso judicial y de la prueba. La conveniencia (o no) de introducir estos tipos de enunciados apunta a las dificultades en la valoración de las pruebas de origen técnico, asociadas generalmente al testimonio de expertos o a los informes rendidos por peritos, lo cual, en sí mismo, nada tiene que ver con una teorización acerca del proceso jurisdiccional y de la valoración de la prueba efectuada en él. Sin embargo, quienes valoran este tipo de enunciados en el marco de un proceso judicial los interpretan, a menudo, en términos de la probabilidad de que el acusado (o el demandado, según sea el caso) sea culpable[664]. Así, en un proceso jurisdiccional se puede afirmar que una madre es responsable de la muerte de sus hijos gemelos porque hay una chance en 73 billones de que dos niños, hijos de la misma madre, mueran de SMSL; o que la sangre encontrada en la escena del delito es del acusado, porque solamente hay 1 en 57 billones de personas que pudieron dejar el mismo rastro de sangre. En ambos casos se comete la denominada *falacia del fiscal* [*Prosecutor's Fallacy*][665]. En el primer ejemplo, ésta consiste en concluir que la madre ha cometido el homicidio de sus hijos sobre la base de que la frecuencia con la que dos niños de la misma madre mueran de ese síndrome son muy bajas y de que esa frecuencia (la probabilidad de que haya ocurrido así) equivale a la probabilidad de que la madre sea

---

[664] Fienberg-Kadane, 1983.
[665] Gigerenzer, 2003.

inocente; en el segundo ejemplo, la falacia consiste en concluir que la probabilidad de una correspondencia azarosa entre el acusado y la muestra de sangre en la escena del delito equivale a la probabilidad de que sea inocente[666]. Buena parte del origen de las propuestas de usar algunas ideas matemáticas de probabilidad —en particular, la aplicación del *Teorema de Bayes*[667]— surge como solución para que los jurados atribuyan el correcto valor probabilístico a las pruebas presentadas, a fin de evitar condenas sobre la base de una inadecuada comprensión del razonamiento probabilístico[668]. Las propuestas

---

[666] Esta falacia no es la única que se comete cuando se razona con información estadística pero es, con mucho, la que aparece citada con mayor frecuencia en los casos judiciales analizados en la bibliografía. En Fenton-Neil, 2011 aparece una extensa bibliografía sobre las clases de falacias que se suelen cometer cuando se razona con información estadística, así como los casos judiciales en donde han ocurrido estos errores de razonamiento.

[667] Tal como aparece explicado en texto, más adelante.

[668] Éste fue uno de los motivos de Finkelstein y Fairley a propósito del caso Collins. En el caso, un perito por parte de la fiscalía presentó un informe que estimaba las probabilidades de que la pareja de acusados —una mujer caucásica y un hombre afroamericano— tuvieran las mismas características que las descriptas por los testigos que presenciaron el asalto. La pareja fue condenada, entre otras pruebas, sobre la base del cálculo estadístico elaborado por un experto. Sin embargo, la propuesta de Finkelstein y Fairley fue mucho más allá de una recomendación metodológica para evitar razonamientos incorrectos; su tesis central es que el Teorema de Bayes provee de una herramienta adecuada para interpretar correctamente la *relevancia* de nuevos datos probatorios y que su inclusión es adecuada en el razonamiento probatorio (cf. Finkelstein-Fairley, 1970). En forma casi inmediata se inició un debate con Tribe que dio origen a la discusión acerca del empleo de la matemática como modelo de la actividad probatoria en el proceso judicial. Tribe cuestionó la aplicación del Teorema de Bayes en los jurados en dos niveles, el de la posibilidad y el de la justificación de una política pública como la que proponían Finkelstein y Fairley. En el nivel de la posibilidad, Tribe argumentó que la mayoría de los jurados no están entrenados para interpretar información matemática [*innumeracy*] y, por otro lado, que serían incapaces de escapar al prejuicio de preferir *pruebas objetivas* por sobre otras pruebas que no son acompañadas de la legitimidad que brinda el ropaje de la forma matemática. En el nivel de la justificación, Tribe sostuvo que no era conveniente cuantificar ciertas cuestiones, por ser políticamente incorrectas, como sería que se publicara en cada juicio el número que expresase el riesgo de que se esté condenando a un inocente. Véase Tribe,

de aplicación del Teorema de Bayes propició un debate acerca del uso de los conceptos de probabilidad *en* el proceso jurisdiccional (y en la valoración de la prueba) —la presentación de pruebas interpretadas de acuerdo al modelo probabilístico—; pero también una discusión acerca del uso de tales conceptos para dar cuenta de los conceptos claves *del* proceso judicial, a saber, la prueba y el razonamiento probatorio.

Una de las principales propuestas de los modelos probabilísticos de la prueba es el uso del Teorema de Bayes —el cual se infiere de los axiomas de Kolmogorov. El teorema provee un modelo idealizado del proceso por el cuál podríamos adaptar nuestras estimaciones de probabilidad o hipótesis en función de la prueba que vayamos acumulando. Cada unidad de prueba acerca de los eventos en cuestión terminará modificando la probabilidad final. El teorema dice que la probabilidad posterior de un evento (es decir, posterior a que se conozca toda la información) es igual a la probabilidad que tenía el evento antes de que se conociera la prueba (probabilidad anterior), multiplicado por la frecuencia (proporción) con la que, dado el evento, se presenta la prueba. De esta manera, la fórmula permite medir el impacto que tiene la prueba sobre la probabilidad que ya tenía *previamente asignado el evento.* Es por esto que se ha denominado al teorema *la ley de la probabilidad inversa.*

El teorema de Bayes dice que: $P(H_i \mid E) = P(E \mid H_i) P(H_i) / P(E)$

Donde:

$P(H_i)$ es la probabilidad previa de la hipótesis H_i,

$P(H_i \mid E)$ es la probabilidad posterior de la hipótesis H_i,

$P(E \mid H_i)$ es la probabilidad condicional del evento E bajo la hipótesis H_i,

$P(E)$ es la probabilidad incondicional del evento E.

1971. Para las sucesivas réplicas de Finkelstein y Fairley, así como los trabajos que este debate suscitó, véase la bibliografía citada *supra* en la nota al pie de página 663.

Supóngase, por ejemplo, que un gerente de compras en un restaurante recibe cajas de botellas de vino, sin etiqueta, de España y de Francia y que ha descubierto que una de las cajas viene sin el membrete del país de origen y desea averiguar de dónde vienen los vinos. Sabe que 40 por ciento del vino proviene de España y 60 por ciento de Francia. En promedio, la mitad de los vinos de España llegan en mal estado y uno de cada seis vinos de Francia también llega en mal estado. El gerente abre una caja de vino, lo prueba y está en mal estado. ¿En vista de la información disponible, cuál es el origen más probable del vino?

Asignemos a la hipótesis de que la caja de vino procedía de Francia H_1 y H_2 para la hipótesis de que procedía de España. La probabilidad previa de cada hipótesis se extrae del porcentaje de vinos que sabemos que proviene de cada lugar. De este modo tenemos, para cada hipótesis, que:

$P(H_1) = 60/100 = 3/5$

$P(H_2) = 20/100 = 2/5$

Ahora vamos a representar la prueba disponible para la hipótesis de que el vino provenía de Francia (*i.e.* sabemos que uno de cada seis vinos de Francia llega en mal estado):

$P(E|H_1) = 1/6$

Ahora vamos a representar la prueba disponible para la hipótesis de que el vino provenía de España (*i.e.* sabemos que uno de cada dos vinos de España llega en mal estado):

$P(E|H_2) = 1/2$

Ahora multiplicamos la probabilidad de la prueba disponible suponiendo la verdad de H_1:

$P(E|H_1)P(H_1) = 1/6 \times 3/5 = 1/10$

Hacemos lo mismo con H_2:

$P(E|H2)P(H2) = 1/2 \times 2/5 = 1/5$

Finalmente, nótese que la probabilidad de que haya una botella en mal estado es igual a 1 (porque nos han dicho que se descubrió una botella en mal estado)

De lo que se sigue que, dada la prueba, es más probable que la botella haya provenido de España (H_1).

Un razonamiento similar puede ser aplicado para determinar la culpabilidad o la inocencia de un acusado (o demandado, según se trate). Siguiendo el ejemplo de Finkelstein y Fairley[669] supóngase que, en un caso de homicidio, existen tres pruebas: a) el arma homicida (un cuchillo); b) una huella recuperada del mango del cuchillo que proviene de una mano derecha; y c) una correspondencia entre la huella de la mano derecha del acusado y la huella tomada del arma homicida. Llamemos «G» al evento de que el acusado usó el cuchillo; y «H» al evento de que la huella de la palma derecha del acusado es similar a la huella en el arma homicida. Se asume que la probabilidad de que la huella dejada sea similar a las huellas del acusado, dada la probabilidad de que él usó el arma homicida es igual a 1 (*i.e.*, total certeza), $P(H|G) = 1$. También se asume que se conoce cuál es la probabilidad de que otra persona, distinta del acusado, tenga una correspondencia con la huella encontrada en el cuchillo (*i.e.*, que otra persona haya usado el cuchillo), $P(H|NG)$, en donde «NG» representa el evento de que otra persona usó el cuchillo. La pregunta relevante para evaluar el peso probatorio de las pruebas es saber «la probabilidad de que el acusado haya usado el cuchillo, tomando en consideración las chances de que él u otra persona haya dejado sus huellas dactilares»[670]. Una forma de razonar la solución es asignar un valor a la primera hipótesis, la de que el acusado usó el cuchillo $P(G)$, y después averiguar cuáles son las probabilidades asociadas con la huella: 1) que la huella dejada es del acusado $P(H|G)$; o bien, 2) que la huella dejada no es del acusado $P(H|NG)$. En función del valor numérico que las pruebas estadísticas arrojen

---

[669]   Cf. Finkelstein-Fairley, 1970.
[670]   *Ibidem*: 498.

sobre estas dos probabilidades, en esa medida, se modificará nuestra estimación inicial («*prior probability*»), es decir P (G).

La tesis de Finkelstein y Fairley es que, en los procesos juris-diccionales, cuando razonamos, «vemos a los casos como un todo. Nuestra valoración de cada pieza de información depende del resto de testimonios y de nuestra experiencia en la vida. La culpabili-dad es determinada por un "cúmulo de probabilidades"»[671] de mo-do que el empleo del Teorema de Bayes reflejaría nuestro modo de razonar porque nuestros juicios son modificados a la luz de nueva información. Adicionalmente, si se presenta en forma expresa el razonamiento matemático del teorema en los tribunales, tendría la ventaja de transformar los estimados de probabilidad física que se ofrecen en términos de frecuencias (por ejemplo, «hay 1 en 57 bi-llones de personas que pudieron dejar el mismo rastro de sangre») en enunciados de probabilidad que describen la fuerza probatoria de las estadísticas que se ofrecen como prueba[672]. Es importante notar que, para los autores en comento, los estimados de probabi-lidad previa (*i.e.*, la probabilidad de que el acusado sea inocente o culpable) provienen de las creencias de los jurados, es decir, son *pro-babilidades subjetivas*. Ello no es visto como un inconveniente, sino como un rasgo deseable: «[...] la variabilidad entre los juicios que reflejan diferentes experiencias de vida es aceptada como un aspec-to inevitable e incluso deseable del sistema de jurados»[673]. Es decir, se propone emplear el Teorema de Bayes bajo una *interpretación* sub-jetivista. Bajo esta interpretación, lo que cuenta como probabilidad, esto es, lo que estamos midiendo, son los grados de creencia de los jurados acerca de la culpabilidad o inocencia del acusado (o del demandado según sea el caso); ello así porque la probabilidad inicial será asignada subjetivamente por los jurados al comienzo del juicio. Una pregunta distinta es cómo se mide esta probabilidad.

---

[671] *Ibidem*: 497.
[672] *Ibidem*: 502.
[673] *Ibidem*: 505.

La respuesta a esta pregunta, a pesar de una larga tradición de esfuerzos[674], es que no hay método para medirla, que lo único que podemos hacer es otorgarle un referente de comparación. Pero más allá de la interpretación subjetivista del Teorema de Bayes, por lo que hace a la probabilidad inicial, se debe notar que las probabilidades asignadas a las pruebas a la luz de las hipótesis de culpabilidad y de inocencia, se proponen como datos que son suministrados por las pruebas estadísticas. Si por «pruebas estadísticas» se quiere significar la colección de datos tomados mediante muestras y relativos a ciertas características seleccionadas dentro de esa muestra, entonces aparece el problema de combinar un enunciado de probabilidad condicionada, que es implícitamente general, con un enunciado de probabilidad incondicional, que es implícitamente individual. Supongamos que, sobre la base de un muestreo adecuado, dentro de ciertos parámetros estadísticos convencionales, se estima que «la probabilidad de que un conductor de taxi cometa un homicidio por semana es de 0.8». Representemos este enunciado por $P(A|B) = 0.8$. Este es un enunciado de probabilidad condicionada que no dice nada acerca de ninguna persona en particular. Ahora supongamos que queremos averiguar la probabilidad de que Juan, taxista, cometa un homicidio en esta semana. Representemos este enunciado mediante $P(Js)$. Este enunciado, a diferencia del anterior, es implícitamente particularista y debe tomar en cuenta todas las circunstancias relevantes acerca de Juan para hacer el cálculo, por ejemplo, que Juan padece de ataques de ira; de modo que quizás esta circunstancia, en conjunción con la de ser taxista, en abstracto, pudiera resultar, para el enunciado de probabilidad condicionada, en una probabilidad distinta de 0.8. Para que la inferencia del enunciado de probabilidad condicionada hacia el caso de Juan funcione como premisa, tendríamos que asegurarnos que la muestra base ha tomado en cuenta toda la prueba posible, de tal forma de incluir, también, los rasgos que son característicos de Juan. Sin embargo, esto no es posible en la práctica, no solamente

---

[674]   Ver Ramsey, 1931, capítulo VII. y De Finetti, 1970.

por el (gran) número de características que habría que computar, sino por los costos de llevar a cabo tal emprendimiento. Por cierto, sin la certeza de que los enunciados generales de probabilidad condicionada hayan tomado en cuenta todas las características relevantes para la instancia particular que estamos juzgando, no será válida la inferencia hacia esa instancia; ni, por lo tanto, incluir las probabilidades generales en la fórmula del Teorema de Bayes[675]. Con lo anterior se puede mostrar que el uso del Teorema de Bayes descansa en la adecuada construcción de los enunciados generales de probabilidad condicionada —P (H | G) y P (H | NG), en el ejemplo de Finkelstein y Fairley—. La adecuada construcción depende de evaluar qué características de los individuos de la muestra son relevantes (y en qué medida contribuyen a establecer la estimación de probabilidad, es decir, su *peso*) para realizar la estadística, es decir, qué datos constituyen prueba relevante que apoyan la hipótesis de que hay una relación entre ellos y el evento que se está modelizando —en nuestro ejemplo, qué datos son prueba de que hay una relación entre ser un taxista y cometer un homicidio entre semana. Si el enunciado general de probabilidad condicionada no ha tomado en cuenta las características relevantes para la probabilidad incondicionada individual, su poder inferencial se destruye: piénsese en el caso en que el enunciado condicionado de probabilidad acerca de los taxistas incluyera una muestra de taxistas en donde concurre la característica de haber sido condenado previamente por un delito violento y, al mismo tiempo, excluye la característica de tener fobia a la violencia; si Juan no ha sido condenado previamente por un delito violento y tiene fobia a la violencia, entonces el enunciado de probabilidad general condicionada no es relevante para establecer la probabilidad de que Juan cometa un homicidio por semana. A su vez, dichas decisiones acerca de la *relevancia* y *peso* probatorio que justificarían, eventualmente, el enunciado de probabilidad, no

---

[675] Nótese que el teorema opera con enunciados generales del tipo P (Ax | Bx) y no enunciados instanciados como P (Js), en donde «x» es una variable de individuo cualquiera y «s» es el nombre de un individuo particular.

pueden ser tratadas bajo el concepto bayesiano de relevancia. En conclusión, la relevancia de la prueba que se evalúa con relación a una hipótesis descansa en la adecuada justificación de la relevancia (y del *peso*) de las características relevantes para construir los enunciados de probabilidad condicionada[676]. Como este segundo tipo de relevancia y peso no es estadística, ni bayesiana, se sigue que la justificación del empleo de un razonamiento bayesiano descansa en otras teorías-no bayesianas[677].

Esta conclusión es extensible a algunos de los trabajos de Larry Laudan en los que propone una forma similar de uso de las pruebas de origen estadístico para el diseño de reglas procesales. Para Laudan, enunciados del tipo «una persona con dos condenas previas, que es juzgado, tiene 400 veces más chances de volver a delinquir que otra persona sin antecedentes penales» pueden —y deben— ser tomados en cuenta por los jueces y jurados dentro de su deliberación[678]. Este tipo de enunciados son estadísticas elaboradas sobre la base de una muestra diseñada para soportar un intervalo de confianza adecuado: es decir, para que las características o propiedades de los individuos de la muestra fuesen lo suficientemente representativos del universo objeto de individuos; son razonamientos de las propiedades de una muestra hacia la población. Frente a un individuo concreto, en un juicio concreto, la afirmación de que ese acusado tiene 400 veces más chances de volver a delinquir que

---

[676] En este razonamiento seguimos las líneas de Cohen, 1989: 102, por lo que hace a la relación entre probabilidad pascaliana y la justificación de las premisas de probabilidad pascaliana, así como, en pinceladas muy gruesas, el argumento de von Mises en Mises, 1957.

[677] Esto sirve, de paso, como argumento en contra de quienes sostienen que el concepto de *relevancia* probatoria, para una prueba, se reduce al modo en que se incrementa el diferencial de chances de la hipótesis inicial en el contexto de un esquema bayesiano de razonamiento. Véase Lempert, 1977.

[678] Este tipo de enunciados y su empleo para diferentes temas de política jurídica, se encuentran en la obra de Laudan; ver su contribución a este volumen «Tomando las ratios de la diferencia en serio: el delincuente reincidente y el estándar de la prueba, o el tratamiento diferenciado para los delincuentes reincidentes», así como también Laudan, 2008.

otra persona sin antecedentes penales, porque tiene dos condenas previas, supone asumir que ese individuo es idéntico a los individuos de la muestra estadística *en todos los sentidos relevantes*. Es un enunciado que, visto así, *amplía* las consecuencias del enunciado al caso del acusado. Ello así, tan solo porque el acusado no formó parte de la muestra; y bien pudo no haber formado parte de la población seleccionada en la muestra —por ejemplo, porque cuando la estadística fue elaborada el acusado todavía no había iniciado su carrera delictiva. El enunciado afirma que el acusado se comportará como la población de conductas criminales observadas en el estudio, a partir de la muestra. El enunciado estadístico es usado aquí como prueba de la culpabilidad o inocencia del inculpado porque la probabilidad de que el acusado sea culpable del delito que ahora se le juzga es más alta que si fuera un culpable sin antecedentes delictivos. El razonamiento que aquí opera, a diferencia del caso Collins, es de tipo inductivo. Porque lo que se quiere establecer es cuánto apoyo inductivo se tiene a partir de la elaboración del estudio estadístico para hacer la inferencia —en ese mismo grado— de que este individuo es igual a los individuos de la estadística; lo cual supone un reto grandísimo en términos epistémicos: no solamente se debe argumentar que todas las variables que se tomaron en cuenta para la selección de la muestra fueron adecuadas, sino que el acusado en el caso concreto no posee ninguna otra propiedad tal que si hubiera sido tomada en cuenta en el estudio, el resultado hubiera sido distinto —por ejemplo que el acusado es de origen mexicano, de padres libaneses y con una licenciatura en derecho; y que estas variables no hubieran incidido, sin embargo, en la distribución de los resultados del estudio. Es decir, que, con dos condenas previas, la ausencia o presencia de esas variables no cambiaron la distribución de la propiedad relevante de volver a cometer un tercer delito con una frecuencia mayor que otros sujetos sin antecedentes criminales, en esa proporción, 400 veces. Se trata, como se ve, de un enunciado *contra fáctico* que pone en duda la validez de la inferencia particular acerca de un acusado concreto a partir de un enunciado general estadístico[679]. Y si bien estas objeciones podrían ser aplicables a otros campos como la medicina, en el derecho se vuelven más agudos porque no existe la posibilidad de corrección; es decir, no existe —como en la ciencia, la ingeniería o la medicina— la posibilidad de apreciar los efectos que tienen los razonamientos a partir de premisas estadísticas generales hacia casos individuales. En medicina se apreciará el resultado en la salud del paciente, o en el resultado de la construcción en la ingeniería civil. En derecho, después de condenar al acusado, no hay forma de *conocer* si la apuesta de adoptar la generalización que subyacía al enunciado estadístico fue atinada.

El uso de los conceptos de probabilidad inductiva para analizar la valoración de la prueba judicial presenta varias dificultades que tienen que ver con la validez de las inferencias, con la justificación de las premisas involucradas o, también, con su adecuación como modelo para reconstruir las prácticas judiciales. Conviene, sin embargo, estudiar estas propuestas que apelan a razonamientos no-deductivos y a la noción de *probabilidad inductiva* porque existen varios autores que adhieren a este tipo de razonamientos o al uso de premisas respaldadas en juicios inductivos para el tratamiento de la valoración de la prueba judicial.

B) Probabilidad inductiva en la valoración de la prueba

La asociación entre los juicios no demostrativos y la valoración de la prueba en un proceso jurisdiccional tiene una larga tradición en los estudios, tanto dogmáticos como iusfilosóficos, asociados con

---

[679] Un argumento semejante elabora Cohen para sostener que las hipótesis científicas que son presentadas en términos estadísticos también son susceptibles, indirectamente, de ser valoradas con su método de funciones de apoyo inductivo. Cf. Cohen, 1970: 114-18. A diferencia de Cohen, en nuestro argumento está implícita la dificultad de lidiar con enunciados contrafácticos que suponen que es posible discriminar, *ex ante*, qué características serán relevantes para extender una generalización a futuros sujetos observables que no estaban contemplados al momento de formular la generalización. Un problema que tiene la misma estructura del que presentara Goodman a propósito de la noción de la inducción. Cf. Goodman, 1983: capítulo I.

las concepciones de la prueba en diferentes sistemas jurídicos, con la evolución de las tradiciones jurídicas, así como con las interacciones entre los discursos acerca de la prueba y las prácticas judiciales[680]. Twinning sostiene que concebir la valoración de la prueba como una actividad inductiva forma parte de la tradición de la concepción racionalista de la prueba en la tradición angloamericana: «el modo característico de razonamiento que es apropiado para razonar acerca de las probabilidades es la inducción»[681]. Cohen sostiene que la probabilidad inductiva y la lógica asociada a él, en su obra, da cuenta de los modos de razonar de autores como Bentham y Wigmore, así como del modo de razonar de los jurados y juzgadores[682]. Y si bien es cierto que el método de organización y presentación a modo de diagramas de pruebas diseñado por Wigmore —«*The Chart Method*» tenía la intención de ser una herramienta útil para el practicante[683], también es cierto que se le ha querido atribuir una fundamentación epistémica asociada al razonamiento inductivo, en la tradición de Bacon y de Cohen —en buena medida justificado por el uso, más o menos oscuro, del concepto de *probabilidad*, en su obra[684]. En el

---

[680]   Ver las contribuciones de Shapiro, de Helmholtz y de Halperin en el volumen II de esta colección para apreciar las mencionadas articulaciones.

[681]   Cf. Twining, 2006: 77

[682]   Cf. Cohen, 1977: capítulo 18 y págs. 248 en nota 1 y 261 en nota 4.

[683]   «Wigmore estaba más interesado en presentar su método como una técnica para ser usada antes que explorar sus fundamentos teóricos [...] Afirma que es una sistematización y refinamiento de los métodos de análisis de pruebas empleado por practicantes eficaces tanto en la preparación como en la presentación de casos [...] El tratamiento que Wigmore le da a las probabilidades no es ni muy extenso ni muy claro, pero se le puede razonablemente reconocer como un Baconiano cuyos puntos de vista son compatibles en lo general con los de teóricos contemporáneos más sofisticados como Cohen». Twining, 1985: 179.

[684]   El diagrama de Wigmore representa el flujo del razonamiento de las pruebas disponibles hacia conclusiones parciales, concatenadas entre sí, organizadas en dirección de probar un último enunciado, un último *probanda*. Para progresar en cada eslabón del diagrama, se insertan *generalizaciones* que funcionan como premisas mayores dentro de un razonamiento deductivo. Las generalizaciones tienen su respaldo en un razonamiento inductivo, son la conclusión de razo-

frente de la tradición continental, por su parte, aunque existen teorías que adoptan la inducción en el sentido de *Bacon*[685], otros hablan de *probabilidad* en sentido de grados de certeza, medida en términos de verosimilitud —lo que genera la ambigüedad de si se trata de una probabilidad subjetiva o inductiva[686]; y otros más, finalmente, emplean la expresión *probable* asociada a grados de confirmación de

namientos inductivos o, también, *abducciones*. Cf. Anderson, Schum y Twining, 2005: 55, 100 y 123.

[685] Michele Taruffo es el ejemplo paradigmático de esta postura: «el problema de la verdad procesal puede ser correctamente reformulado en términos de grados de confirmación probabilista que las pruebas pueden ofrecer a los enunciados sobre los hechos» (cf. Taruffo, 2005: 1293). En el mismo trabajo, más adelante, precisando el concepto de probabilidad en el proceso judicial, Taruffo afirma que aun cuando éste no implica *per se* «la adopción de una teoría particular entre las diversas teorías de la probabilidad», éste sí implica, en cambio, «que no se hable genéricamente de probabilidad para indicar indistintamente todas las situaciones en las que no es posible hablar de certeza o de verdad absolutas, y que se adopte [...] una definición de probabilidad como concepto de «grado» que permita identificar probabilidades «bajas», «medias» o «elevadas» según las diferentes situaciones, y de qué tanto los enunciados pueden ser atendidos a partir de la información disponible». *Ibidem*: 1299. En Taruffo, 2008: 30-5 se distingue entre la probabilidad cuantitativa o estadística (o bayesiana) y la probabilidad lógica (o baconiana). El primero de dichos conceptos es rechazado como un instrumento teórico adecuado para dar cuenta de los problemas de los medios de prueba y del valor de la prueba, asumiendo las críticas de que este tipo de probabilidad en muchos casos no puede ser aplicado, ofrece imágenes poco fiables de diversas situaciones probatorias y su maquinaria matemática suele ser incorrecta, inútil, ficticia, etc. El segundo, y sus desarrollos en la teoría de la *evidence and inference*, en cambio, se estima que «merece ser considerado como base teórica para un acercamiento apropiado al problema de la prueba judicial». La probabilidad estadística, por el contrario, aunque «puede ser usada como elemento de prueba en algunos casos» no «puede ser adoptada como modelo general de la prueba judicial». Véase en el mismo sentido y con algunos desarrollos adicionales Taruffo, 2013: 27, 43-44 y 53 y ss. Aunque Taruffo dice que la teoría de Cohen es solo un punto de partida, lo cierto es que comparte la idea central de Cohen de que la inferencia se obtiene a partir del grado de apoyo que los elementos de prueba ofrecen a la hipótesis sobre el hecho (cf. Taruffo, 2011: 296).

[686] «Se construya de una manera u otra, la conclusión de una inferencia probatoria no puede ser una certeza absoluta (es decir, siempre será probable, en el sentido de grado de credibilidad)». González-Lagier, 2003: 38.

hipótesis sin aclarar si con ello suscriben un concepto de probabilidad en sentido físico o inductivo[687].

Frente a estos múltiples usos de la noción de *probable* es de interés presentar brevemente las dificultades que podría enfrentar el uso de las nociones de probabilidad en sentido inductivo. Al hacerlo, dejaremos apuntado, de paso, algunas distinciones con relación al concepto de *hipótesis*.

Sea como parte de un diagrama de Wigmore de reconstrucción de pruebas o como el respaldo de una inferencia probatoria esquematizada siguiendo a Toulmin o, finalmente, como el enunciado que autoriza una conclusión probatoria en la reconstrucción de Cohen, en todos estos casos una *generalización* es usada para apoyar conclusiones acerca de algún hecho en el litigio. Ejemplos de tales generalizaciones son «hay muy pocos marineros que no sean dueños de un cuchillo»[688]; «si un objeto ha sido tomado de su lugar y si un hombre es hallado con el mismo, es porque él lo ha tomado deliberadamente»[689]; «viene siendo desgraciadamente frecuente que la persona a la que se le interviene alguna cantidad de droga, temerosa de que se le pueda considerar vendedora de la misma, facilite la identificación de otra, diciendo que se la compró a ella, para desviar hacia ésta la investigación policial, y situándose después en paradero desconocido, para impedir la ratificación de lo dicho en el atestado policial»[690]. El grado de fiabilidad de esas generalizaciones estará en función de su origen[691]: si se trata de un origen perso-

---

[687]   «Que el conjunto de pruebas de que se disponga en el [proceso] mismo permiten únicamente atribuir un determinado grado de confirmación o de probabilidad de que esa proposición sea verdadera». Ferrer, 2007: 27; «La operación consistente en juzgar el apoyo empírico que un conjunto de elementos de juicio aportan a una hipótesis está sujeta a los criterios generales de la lógica y de la racionalidad». *Ibidem*: 26.

[688]   Cf. Anderson, Schum y Twining, 2005: 267.

[689]   Cf. Cohen, 1977: 249.

[690]   Cf. González-Lagier, 2013: capítulo II.

[691]   A algunas de estas generalizaciones se las denomina *máximas de experiencia*. Se ha dicho que su grado de fiabilidad descansa en si provienen de algún saber

nal, por ejemplo, de pautas de experiencia propia —verbigracia, un pescador que dice: «en mi experiencia con la luna llena no se atrapan peces de buen tamaño»—; o de pautas de experiencia compartida por un grupo —verbigracia, los campesinos sostienen que «cuando las lluvias duran más de tres meses no habrá buena vendimia»—; o que la generalización se origine en una frecuencia estadística —verbigracia, «una persona de veinte años con dolor agudo en el pecho tiene 1 en 10 chances de que se trata de un ataque al corazón». Hay dos posibles interpretaciones del grado de apoyo que brindan esta clase de generalizaciones a los razonamientos no-deductivos de los que pueden formar parte: i) que se trate de una generalización producto de una inducción ampliativa o ii) que se trate de una generalización producto de una función de apoyo inductivo. En el primer caso, la generalización será fiable con relación a los casos que respaldan la generalización; por ejemplo, siguiendo la regla de sucesión de Laplace, cuantos más casos se hayan observado en el pasado, más probabilidad existirá de que el siguiente caso no observado forme parte del conjunto observado; o que se trate de una regularidad que se ha observado en un número tan alto de ocasiones que los resultados tienden a distribuirse en forma normal —por ejemplo, siguiendo el teorema del límite central de Bernoulli—; o finalmente, que se trate de una muestra representativa, aleatoria, con un determinado intervalo de confianza alto, entre un universo determinado de datos observados que respaldan la afirmación general —por ejemplo, usando alguna técnica como las propuestas por Neyman-Pearson[692]. En el segundo caso, la generalización está respaldada por el número de pruebas que ha pasado exitosamente, por caso, siguiendo algún método de eliminación de variables como el

---

científico o de si son ampliamente reconocidas y aceptadas en la práctica jurídica. Cf. Gascón, 2013: 191; Taruffo, 1992: 424-425.

[692] Es notable que, aunque la idea de inducción ampliativa ya no se acepta como un método para el descubrimiento científico, los enunciados de la estadística moderna tienen la misma estructura lógica de trasfondo. Una relación que ha sido apuntada, independientemente, por Hacking y por Cohen. Cf. Hacking, 2001, capítulo 22; y Cohen, 1970: 117.

propuesto por Cohen. Las dificultades que enfrenta la primera interpretación son: a) la objeción filosófica general de Hume con relación a la determinación de los casos pasados hacia los casos futuros[693], y b) la necesidad de pruebas adicionales para mostrar que el caso individual que se está juzgando se comporta como si fuera uno de los individuos de la muestra estadística. En cambio, la dificultad que enfrenta la segunda interpretación es básicamente la extensión de los presupuestos de la función de apoyo probatorio hacia contextos no científicos. Una función de apoyo a una hipótesis determinada requiere de algún grado de comparación. La comparación se logra mediante la definición de variables relevantes a través de pruebas que manipulan las variables para observar en los resultados de las pruebas si la hipótesis sobrevive a la manipulación de sus variables relevantes. Dos características son necesarias bajo este método: que las hipótesis sean susceptibles de ser sometidas a prueba y que las pruebas sean repetibles por otros[694]. Aunque el propio Cohen afirma que su método también es aplicable a contextos de mera observación sin experimentación de por medio, nunca ofre-

---

[693]   Casi todas las pruebas periciales forenses carecen de un respaldo inductivo adecuado, incluso estadístico. No existe un banco de martillos que realice una muestra estadística de cómo esos objetos dejan una cierta marca cuando son empleados para impactar ciertas superficies, en forma semejante a como sí hay bancos estadísticos de ADN o de huellas dactilares. Cuando, en cambio, existe un ejercicio de muestreo estadístico para los objetos, la afirmación de que un objeto se parece a otro se transforma en un enunciado acerca de la probabilidad como frecuencia, relativa al tamaño de la muestra. Cuando no hay un banco de registros estadísticamente construido, cualquier afirmación pericial siempre puede ser cuestionada porque no es posible que el perito muestre que ningún otro objeto en el mundo ha producido el registro que él estudia: es decir, el perito no puede demostrar que la huella del automóvil no pudo haber sido producida por ningún otro automóvil en el mundo excepto por el del acusado, o que la fibra que se encontró en la escena del crimen no se pudo haber desprendido de ninguna otra ropa en el mundo que no sea la del acusado. En ausencia de bancos estadísticos, ningún enunciado pericial que tenga por objeto comparar dos objetos puede garantizar que no hay un tercer objeto que pudo haber producido el mismo efecto registrado. Cf. Saks y Koehler, 2008.

[694]   Cf. Cohen, 1970: 133.

ce argumentos para entender el concepto de manipulación de variables y de satisfacción de una prueba canónica en dichos contextos
de mera observación[695]. Cohen parece olvidar que, aunque dos proposiciones tengan la misma estructura sintáctica, el contenido proposicional está dado por la semántica. Así, los lugares del argumento en las funciones de apoyo probatorio han de ser llenados por
hipótesis, en el sentido de proposiciones que pueden ser puestas a
prueba, y por el diseño de variables relevantes que son aptas para su
manipulación empírica. Cohen da un salto lógico cuando equipara
las generalizaciones del sentido común que hacen cotidianamente
las personas y los jurados con las hipótesis científicas que son el
objeto de su teoría del apoyo probatorio. En primer lugar, porque
las hipótesis de la ciencia son el producto de una actividad guiada
por la observación cuidadosa de un fenómeno, en donde la detección de datos relevantes supone la habilidad de identificar patrones.
Las generalizaciones que aparecen en la mente de los jueces y jurados ciertamente no tienen estás características de trasfondo[696]. En
segundo lugar, porque el concepto de que una hipótesis ha superado una prueba no es equiparable a la operación mental por la que un
juez o jurado va evaluando las proposiciones de las partes en función de las pruebas que son presentadas[697]. Ello tan solo porque

---

[695] Cf. *ibidem*: 137.

[696] Cf. *ibidem*: 53.

[697] Schum imagina cuál podría ser un conjunto de pruebas que debe pasar una
generalización simple en un juicio como la siguiente: «si una persona reporta
que ha ocurrido un evento entonces esta persona cree que el evento ha ocurrido». Las pruebas que debe pasar son: 1) si hay inconsistencias previas por
parte del testigo en otros testimonios; 2) si el testigo tiene antecedentes de
conducta deshonesta; 3) si hay pruebas que demuestran que es una persona de
poco fiar; 4) si está influenciado por otras personas; 5) si su testimonio está en
contradicción con otros testimonios; y 6) si ha cometido alguna ofensa previa.
El ejemplo, no obstante, no es equiparable a detectar variables relevantes para
decidir si la hipótesis es verdadera: puede ser el caso de que ninguna de las
objeciones que imagina Schum se dé y, sin embargo, no saber en verdad que
si una persona en general reporta que un evento ha ocurrido entonces esa
persona cree que el evento ha ocurrido. Por otra parte, no existe una manera
de combinar las variables entre sí. Finalmente, el ejemplo ciertamente no sería

manipular variables o hacer registros de observaciones en el tiempo no es una simple operación mental; y mucho menos es una operación basada en criterios comunes que asegure que los resultados entre jueces o jurados sean comparables, como es el caso de la ciencia[698]. En tercer lugar, las hipótesis de la ciencia pueden ser empleadas para generar aplicaciones prácticas, generar extensiones de las hipótesis para predecir datos o fenómenos, de modo que una hipótesis puede ser, hacia el futuro, usada para interactuar con la realidad. En cambio, las generalizaciones que se forman en la cabeza de jueces y jurados —una vez que ellos han decidido suscribirlas con un alto grado de confianza— no tienen la capacidad, finalmente, de ponerlas a prueba contra la realidad. Este último punto es particularmente relevante porque nos previene de emplear un vocabulario diseñado para la predicción en el contexto jurisdiccional que se ocupa de eventos pasados. Es realmente difícil hacer encajar el concepto de confirmación de una hipótesis científica, porque tiene la capacidad de predecir fenómenos, con la idea de que hemos de confirmar hipótesis en el proceso judicial por su capacidad también para predecir fenómenos. Y, sin embargo, se pueden encontrar ejemplos del uso de la expresión hipótesis en teorías acerca de la valoración de la prueba —y, en especial, del estándar probatorio— como si se tratara de hipótesis científicas con la capacidad de predecir ciertos datos, lo cual resulta, cuando menos, sorprendente[699]. Aunque no podemos detenernos en la cuestión particular de distinguir la variedad de usos del concepto de hipótesis en la bibliografía, conviene advertir que es un concepto cuyo uso fuera del contexto

---

aplicable en otros países donde los antecedentes de honestidad de un testigo nunca son pertinentes para indicar si hemos de confiar en la información que reporta —por ejemplo, en Francia. Cf. Schum, 1994: 250.

[698]   Cf. Cohen, 1970: 53.

[699]   «Conviene aclarar el sentido en uso el término "refutación" en este trabajo para evitar una problemática confusión: entiendo la refutación como el rechazo de una hipótesis derivado del incumplimiento de las predicciones que pueden formularse a partir de ellas». Ferrer, 2013: 36, nota al pie de página 20.

científico, como es justamente el contexto de la valoración de la prueba en el proceso jurisdiccional, requiere poner de relieve los diferentes presupuestos que están implícitos en uno y en otro contexto[700]. Lo que sí podemos hacer para finalizar esta presentación es

---

[700] A modo de ejemplo de lo anterior se encuentra el caso de Taruffo: «Pueden haber, sin embargo, distintos grados de aproximación al estado teórico de correspondencia absoluta, partiendo de un grado 0 (ninguna correspondencia, lo que equivale a decir que no existen elementos que hagan creíble la aserción o que ésta no es significativa, según el contexto) y aumentando la aproximación a medida que aumentan los elementos de conocimiento a favor de la hipótesis de que la descripción se corresponde con la realidad». Taruffo, 1992: 180. En el párrafo citado que comentamos la palabra «hipótesis» parece ser usada como sinónimo de suposición, en particular, parece aludirse a la suposición de que un portador de verdad se corresponde con la realidad (*i.e.*, es verdadero). Más adelante, sin embargo, como veremos, Taruffo parece ofrecer un sentido algo más robusto de hipótesis, razón por la cual cabe preguntarse desde ahora: ¿es posible afirmar, en rigor, no metafóricamente, que una hipótesis es verdadera? ¿O tan solo que nos proporciona un conocimiento de la realidad, de ciertos hechos? ¿Y cuál sería en esta inteligencia la relación entre conocimiento y verdad? En efecto, más adelante Taruffo afirma: «[...] el «uso jurídico» de la prueba consiste en su empleo para el conocimiento de hechos dotados de relevancia jurídica [...]» (*ibidem*: 259). Asimismo precisa que «[...] el valor del elemento de prueba concreto no es en absoluto una característica intrínseca del hecho o de la cosa que se asume como elemento de prueba, sino que es relativo a la vinculación que se instaura entre ese hecho o esa cosa y la **hipótesis** que se refiere al hecho a probar. Más propiamente, se trata de la vinculación que se establece entre la proposición que constituye la **hipótesis** sobre el hecho y la proposición que enuncia el elemento de prueba y que en cierto modo lo constituye» (*idem*; el énfasis en negrita nos pertenece). Taruffo advierte, a este respecto, que el dato empírico (medio o elemento de prueba) no posee un valor probatorio intrínseco (respecto del hecho que éste virtualmente acredita o que mediante él se pretende acreditar) sino que dicho valor probatorio surge de la relación entre la proposición (por ejemplo, las proposiciones de una pericia balística) que afirma la existencia del dato empírico (por ejemplo, la existencia de pólvora en el arma en cuestión en un cierto momento) y la proposición «que constituye la **hipótesis** sobre el hecho» (por ejemplo, que el arma ha sido disparada en cierto intervalo de tiempo). ¿O acaso Taruffo está pensando en la instanciación de un hecho típicamente configurado por la ley como, verbigracia, el homicidio? Dependiendo de las circunstancias y, más precisamente, de los rastros que haya dejado el homicida y lo que otros hayan podido percibir, los datos empíricos (medios de prueba) pueden ser más

reiterar una conclusión: que no nos parece posible sistémicamente utilizar el método de contrastación de hipótesis propuesto por Co-

---

o menos numerosos y pueden ser presentados en cadenas inferenciales más o menos complejas para acreditar el homicidio de una cierta persona sobre otra. Cuando Taruffo habla de «hipótesis» no queda claro si se refiere a la relación entre la proposición que afirma la existencia de un cierto dato empírico concreto (*i.e.*, la existencia de pólvora en una cierta arma en un cierto momento) y la proposición que afirma la existencia de un hecho (*i.e.*, que dicha arma ha sido disparada recientemente), lo cual puede constituir un eslabón relevante para acreditar un homicidio, o si por «hipótesis» se refiere, en cambio, al relato circunstanciado ofrecido por una de las partes del proceso (por ejemplo, el fiscal o el defensor en una causa penal) de que, por caso, tal día a tal hora, en tal lugar, y bajo tales y cuales modalidades, cierto individuo causó intencionalmente la muerte de otro, es decir, un conjunto interrelacionado de hipótesis en el primer y más básico sentido. Si Taruffo se refiere a la primera alternativa, lo que llama «hipótesis» sería mejor traducirlo en términos del peso...etc. que cierto dato empírico (medio de prueba) posee o debe poseer para acreditar lo que en definitiva no es sino otro dato empírico (esto es, hecho jurídicamente relevante). Los tipos y naturaleza de las relaciones entre ambos extremos variarán según la naturaleza del «dato empírico» antecedente (recuérdese que Taruffo no se ha detenido a discutir su naturaleza ontológica y los ha concebido de un modo amplio que incluye, cosas, personas, declaraciones, documentos, y que la lista es meramente indicativa) y el «dato empírico» consecuente o hecho (de naturaleza igualmente amplia y variable) que con el primero se pretenden acreditar. Si la alternativa fuese la segunda, la situación sería más compleja, al menos por dos razones. En primer lugar, porque habría que presuponer las diferentes relaciones entre los diversos datos empíricos y hechos que se hayan considerado relevantes para dar cuenta del hecho típico global (por ejemplo, el homicidio). En segundo lugar, porque ahora «hipótesis» no estaría referida a la postulación de un hecho concreto en sí mismo no típico (por ejemplo, que cierta arma ha sido disparada en cierto intervalo de tiempo) sino a un conjunto interrelacionado de afirmaciones que todos reunidos, de ser considerados verdaderos, permitirían tener por acreditado la ocurrencia concreta de un hecho genérico legalmente previsto (*i.e.*, típico). Dicho conjunto interrelacionado de afirmaciones o proposiciones debería satisfacer ciertas propiedades como las de verificabilidad, coherencia, etc. En tal sentido, y a diferencia del uso de «hipótesis» en la primera alternativa, cabría una comparación con las hipótesis científicas, pero tan solo para concluir que las condiciones de verificabilidad, coherencia y comparabilidad de las pruebas que respaldan la hipótesis no son propiedades que estén presentes de igual modo en los contextos científicos que en los contextos jurídicos.

hen —o al estilo de Bacon-Mill— en los contextos de valoración de la prueba judicial[701]. Es importante notar que puede haber un sentido de la contrastación entre hipótesis que renuncie a la idea de que una hipótesis es más probable inductivamente que la otra; o que renuncie a la idea de que una hipótesis es falsa y la otra no; o que renuncie, finalmente, a la idea de que una hipótesis es corroborada por su capacidad de predecir fenómenos y su rival no. En su lugar podría plantearse la alternativa de que dos hipótesis pueden ser contrastadas porque alguna suministra una mejor explicación que la otra. Pero esto nos ubicaría ya en el terreno de otras teorías acerca de la valoración de la prueba que ponen en el centro de su aparato conceptual el concepto de explicación. De ellas nos vamos a ocupar a continuación.

2.2.2. Teorías que se basan en la noción de conjetura o de explicación

Las inferencias que se hacen a partir de pruebas en el proceso están determinadas por el propósito de explicar lo que ha sucedido en el caso bajo juzgamiento. De modo que la forma de *inferir* está determinada por el modo de *explicar* los hechos en litigio. Cada parte, desde luego, presenta en el proceso la explicación que estratégicamente conviene mejor a sus intereses. La presentación y argumentación de una explicación no son caprichosas sino que están soportadas, apoyadas, por las pruebas rendidas en el proceso. Este es,

---

[701] Este argumento debe ser distinguido del que sostiene Bayón: «Si los métodos con los que contamos para establecer qué grado de confirmación o apoyo inductivo obtienen distintas hipótesis de un conjunto de elementos de prueba solo nos habilitan para establecer entre ellas una relación *ordinal*, entonces cualquier intento de formular un estándar de prueba que pretenda articular una sensibilidad más que mínima a la distribución del riesgo del error —algo que nos parece irrenunciable, por ejemplo, para el proceso penal— está llamado a incumplir algunos de los requisitos que idealmente debería satisfacer». Cf. Bayón, 2008: 24. Sobre el argumento de Bayón, volveremos in extenso *infra* en el punto 2.2.3.3. de esta sección II.

a grandes rasgos, el contexto o telón de fondo de la formulación de una serie de teorías epistémicas y filosóficas que han tratado de dar cuenta de la valoración de la prueba judicial. Algunas de ellas fueron concebidas para su uso en cualquier contexto de explicación empírica, tanto científico como en otros. En lo que sigue, comenzaremos con la presentación de la teoría que ha reclamado un lugar aglutinador de la discusión: la inferencia conforme a la mejor explicación, que en una de sus versiones ha sido entendida como una manera de explicar cualquier razonamiento no-demostrativo, incluido el razonamiento abductivo —o razonamiento conjetural. Por esta razón convendrá hacer también una presentación breve del razonamiento abductivo para revisar críticamente la supuesta subsunción de éste último en la inferencia conforme a la mejor explicación 2.2.2.1.). Frente a estas teorías, pero con desarrollos cronológicos que parecen ser paralelos, aparecen las teorías explicativas que apelan al concepto de *coherencia* y, en especial, a la coherencia explicativa —con una pretensión también universal en los campos a los que se estima que se aplica y que ha visto alguna teorización adaptada a la discusión en el derecho— 2.2.2.2.). Finalmente nos encontramos con el llamado *Foundherentism* que también es una teoría de la justificación de las creencias que funciona tanto para dominios científicos como para el campo del derecho y que recurre igualmente a la idea de explicación aunque de manera tal que rivaliza con la teoría conforme a la mejor explicación y con el coherentismo explicativo 2.2.2.3).

2.2.2.1. La inferencia conforme a la mejor explicación

La idea filosófica central de esta concepción es que se deben aceptar las teorías sobre la base de lo que explican; y que, entre varias teorías que explican lo mismo, se debe elegir aquélla que sea la más simple, la más plausible, la que tenga menos hipótesis *ad hoc* o que maximice la explicación coherente con otras creencias verdaderas y, al mismo tiempo, que minimice el cambio de otras creencias previas. Esta idea, en la filosofía contemporánea, se encuentra principalmente desarrollada en tres trabajos de Gilbert Harman[702]. Según Lipton, la inferencia conforme a la mejor explicación trata de dar cuenta del problema acerca de cómo los científicos deciden qué hipótesis inferir. Sostiene que los científicos toman la explicación más hermosa [*the most lovely*] como una guía de la probabilidad [*likeliness*] en un sentido inductivo, aunque —al igual que como veremos con la concepción de Susan Haack—, sostiene que su teoría es aplicable a contextos no científicos en donde el mismo tipo de razonamiento inductivo se presente. Adopta el punto de vista de que el conocimiento inductivo no requiere de una justificación general que supere el escepticismo alegado por Hume. Se puede confiar en los métodos que de hecho emplea la ciencia, mientras arrojen la verdad. En la medida en que tengan como resultado verdades, los métodos pueden ser ajustados, su desempeño evaluado, iniciándose así un círculo virtuoso que genera creencias confiables y verdaderas. Esto es posible incluso si el escéptico no quiere adoptar esta postura sobre la base de su desconfianza[703]. De modo que la inferencia conforme a la mejor explicación trata de «dar una respuesta parcial al problema de la inducción descriptiva, al problema de dar cuenta de cómo de hecho se realizan las inferencias no demostrativas»[704]. De acuerdo con la inferencia conforme a la mejor explicación, «[…]nuestras prácticas inferenciales están regidas por consideraciones explicativas. Dados los datos y nuestras creencias de trasfondo, inferimos lo que, de ser verdad, provee la mejor explicación entre las explicaciones rivales que podamos generar a partir de esos datos […] La idea central de la inferencia conforme a la mejor explicación es que las consideraciones explicativas son una guía para la inferencia»[705]. La conexión entre explicación y verdad es que «[la explicación] es una forma particularmente efectiva de descubrir la estructura del mundo. El propósito expreso de explicar

---

[702] Cf. Harman, 1965, 1965 y 1986.
[703] Cf. Lipton, 2007: 459; y Lipton, 2005: capítulo 4, párrafo 7.
[704] Cf. Lipton, 2005: capítulo 9, párrafo 1.
[705] Cf. *ibidem*: capítulo 4, párrafo 4.

es comprender *por qué* algo es el caso, pero si la inferencia conforme a la mejor explicación es correcta, también es una herramienta
importante para descubrir *qué* es el caso»[706]. Se trata, sin embargo,
no de las explicaciones que de hecho se hacen, sino de potenciales
explicaciones a partir de los datos disponibles. El procedimiento
implicado en la inferencia conforme a la mejor explicación se inicia con la selección de explicaciones que son candidatos plausibles,
para después decidir entre ellas. Se distinguen dos sentidos en los
que una explicación es la mejor respecto de las otras explicaciones
rivales. En un primer sentido, una explicación es la mejor porque es
la que mejor está garantizada [*warranted*], la que es más probable [*the
likeliest*]. En un segundo sentido, una explicación puede ser caracterizada como la mejor cuando, si es correcta, sería la más explicativa
o proveería la mejor comprensión: la explicación más hermosa [*the
loveliest*]. Se trata de dos estándares distintos. De acuerdo con el
primero, que una explicación sea la más probable, se relaciona con
la verdad. De acuerdo con el segundo, que una explicación sea la
más hermosa se relaciona con el potencial que tiene para hacernos comprender un fenómeno. De entre estos dos estándares, debe elegirse el segundo y rechazarse el primero. El primer criterio
volvería trivial a la teoría: si el modelo de la inferencia conforme
a la mejor explicación trata de describir qué principios se emplean
para juzgar entre la probabilidad [*likeliness*] de una u otra explicación, decir que el criterio de elección es la que sea más probable,
vuelve analítico el modelo. De modo que ha de adoptase el segundo
criterio. La inferencia conforme a la mejor explicación debe ser
considerada como la inferencia conforme a la explicación potencial
más hermosa. Esta versión de la teoría sostiene que «la explicación
que provea la comprensión más profunda es la explicación que más
probablemente sea verdadera». Es de este modo que la explicación
es la guía de la inferencia; que la explicación potencial que nos brin-
de la mayor comprensión, guiará las inferencias. Esta relación entre
la explicación y los datos disponibles se aprecia en ejemplos cotidia-

---

[706] Cf. *ibidem*: párrafo 26.

nos y científicos: «Las huellas en la nieve son la prueba, para aquello que las explica, de que una persona ha pasado usando botas para la nieve; el corrimiento al rojo de la galaxia es una parte esencial de la razón por la que creemos en la explicación de que la galaxia tiene cierta velocidad de recesión»[707]. En los ejemplos anteriores se infieren las explicaciones porque, de ser verdaderas, explicarían el fenómeno; y no es entonces simplemente que los datos a ser explicados suministran razones para inferir las explicaciones, sino que es al revés. En esta idea se aprecia la relación de ajuste, por así decir —el carácter unidireccional— de la inferencia conforme a la mejor explicación[708]. En la presentación de la teoría de la inferencia conforme a la mejor explicación conviene enfatizar dos procesos diferentes: la generación de las explicaciones y la evaluación —la selección— de la explicación más hermosa. Con relación al primer proceso, se trata de la generación de explicaciones relevantes que puedan proveer alguna comprensión de los datos que se tienen a mano. Aquí existe un punto de discusión entre el sentido que se le suele atribuir al papel creativo de la *abducción* en las ciencias y la inferencia conforme a la mejor explicación. Lipton sostiene —junto con otros autores— que el razonamiento abductivo es una forma de inferencia conforme a la mejor explicación, aunque su pretensión es mayor: «[la inferencia conforme a la mejor explicación] da cuenta de la forma en la que de hecho realizamos inferencias no-demostrativas»[709], esto es, cualquier inferencia no deductiva. De esto se seguiría que cualquier forma de inducción ampliativa es una forma de inferencia conforme a la mejor explicación: «Cuando las inferencias son descriptas como básicamente inductivas, tendemos

---

[707] Cf. *ibidem*: párrafos 3 y 14.

[708] Este es un rasgo que diferencia la inferencia conforme a la mejor explicación de la *integración explicativa*. Para Haack, las creencias provenientes de la experiencia o provenientes de otras creencias, se ajustan con las razones y las razones también deben ser ajustadas conforme a las creencias previamente aceptadas como justificadas. Esta es la idea de soporte o apoyo mutuo. Ver debajo punto 2.2.2.3.

[709] Cf. Lipton, 2004: capítulo I, párrafo 1.

a pensar que los lemas [inductivos] son, en principio, eliminables. No son tan eliminables. Si hemos de dar cuenta adecuadamente de nuestro uso de la palabra "conocimiento" debemos recordar que estas inferencias son instancias de la inferencia conforme a la mejor explicación»[710]. De lo anterior se sigue una tesis que no es nada pacífica: las generalizaciones inductivas son obtenidas —en realidad— a partir de las explicaciones que se les ocurren a los científicos —y a las personas— por lo que la creación de generalizaciones inductivas nunca sería independiente del propósito explicativo. En contra de esta afirmación se ha pronunciado Thagard, quien sostiene que es posible realizar generalizaciones a partir de casos particulares, bajo el supuesto de variabilidad entre observaciones, sin que esto requiera la formulación de explicación alguna. Otro tanto podríamos decir de Cohen, para quien detectar y proponer variables que sirvan para poner a prueba proposiciones —*i.e.*, generalizaciones— es un paso previo que no incluye a las explicaciones[711].

Por otro lado, la interpretación de Lipton de la abducción como inferencia conforme a la mejor explicación debe acomodar el segundo sentido de *abducción:* la generación de hipótesis. Se trata de un aspecto creativo previo a la puesta a prueba de las ideas científicas —o de las tareas de descubrimiento e investigación de hechos, como veremos a continuación con Schum. En efecto, desde Peirce, uno de los sentidos de *abducción* es una forma de generación, del descubrimiento de hipótesis que, de ser verdaderas, explicarían los datos que se tienen —las pruebas—; se trata de un método de análisis que provee una lógica del descubrimiento científico. Peirce se refería a dos tipos de tareas o de *inferencias abductivas*: por una parte, a la proyección de hipótesis plausibles a partir de intuiciones, de conjeturas informadas; por otra, a la tarea de eliminar, mediante experimentación, mediante el sometimiento a prueba, las hipótesis generadas o conjeturadas —esta última es llamada *retroducción*—. A

---

[710]   Cf. Harman, 1965: 93.
[711]   Cf. la reconstrucción de los trabajos de Von Frisch que se hace en Cohen, 1977: 129.

esta segunda tarea se le ha atribuido un papel justificatorio que lo distingue de la primera acepción de *abducción*[712]. Hintikka ha dado una serie de argumentos para no asociar la *abducción* de Peirce con la inferencia conforme a la mejor explicación. 1) Que no es una forma de inducción —razonamiento no-demostrativo en los términos de Lipton—: la inducción por enumeración es una forma de poner a prueba las hipótesis a las que se han arribado mediante la abducción; en este sentido Lipton daría cuenta de la retroducción pero no así de la generación de hipótesis[713]. 2) Que la inferencia conforme a la mejor explicación no puede dar cuenta de los primeros pasos, cruciales, de una hipótesis científica que, en cambio, si son representados por la *abducción*. 3) Que existe una serie de instancias de inferencias que hacen los científicos que no son explicaciones de casos particulares o generalizaciones a partir de ellos, por ejemplo, cuando se reconcilian dos leyes o teorías. 4) Que los tipos de razonamientos más importantes, como los que se realizan a partir de experimentación, no pueden ser descriptos como inferencias conforme a la mejor explicación. 5) Que a veces, el que razona, no tiene a su disposición las explicaciones de los datos conocidos y que sin éstas no puede realizar el paso inferencial de los datos conocidos hacia una hipótesis o teoría que los explica mejor[714]. 6) Que una inferencia es una operación consciente, en donde el conocimiento que se tiene debe estar presente al momento de realizar la inferencia, de modo que un *explananda* desconocido no puede servir para hacer una inferencia conforme a la mejor explicación porque no está en

---

[712] Cf. The Peirce Edition Project, 1998: 441.

[713] Sin embargo, esta objeción general de Hintikka no sería aplicable a Lipton porque él no sostiene que la inferencia conforme a la mejor explicación tenga como fundamento una inducción por enumeración, como sí se ha sostenido, por ejemplo, en Fumerton, 1980: 591.

[714] En este punto, sin embargo, Lipton podría, por un lado, distinguir entre las explicaciones para el ajuste entre datos previos y la teoría para explicar esos datos, y por el otro, recurrir a teorías que predicen nuevos datos, pero que, al momento de ser formuladas, dichos datos no existían —o no habían sido registrados. Cf. Lipton, 2005: capítulo 10.

el control consciente de quien realiza la inferencia[715]. Desde luego que la idea de que existe un proceso creativo de descubrimiento y, al mismo tiempo, que este proceso creativo tiene un carácter inferencial (lógico), es problemático en la obra de Peirce. Cuando menos encierra una tensión en el concepto de abducción, de modo que hay que dar cuenta de cómo reconciliar este doble aspecto en Peirce[716]. El carácter bifronte de la abducción en sentido amplio —hipótesis y retroducción— se ha introducido para dar lugar a un modelo integral que pretende dar cuenta de la postulación de hipótesis explicativas de nuevos hechos que posteriormente puedan ser puestas a prueba. Para Schum es un proceso que se inicia con un conjunto de hipótesis previas y un conjunto de pruebas relativas a esas hipótesis. En un segundo momento aparece una nueva pieza de información que es *anómala*, es decir, que no puede ser explicada conforme a las hipótesis previas. A partir de ahí se genera un flash de la intuición [*flash of insight*] por el que se le ocurre al sujeto una nueva hipótesis que puede acomodar la información anómala. El siguiente paso es generar un razonamiento que enlace la información anómala con la nueva hipótesis —lo que Schum denomina, siguiendo a Hanson— una red de inferencias. En el próximo paso se trata de acomodar la hipótesis con las pruebas previas aceptadas —en el proceso de retroducción— mediante métodos inductivos, por ejemplo, por eliminación, tratando de acomodar todas las piezas probatorias previas, por ampliación, tratando de realizar inferencias que realicen predicciones[717]. Que los resultados de la retroducción sean puestos a prueba y eventualmente sean justificados mediante inducciones, tendría sustento en la obra de Peirce[718].

Hintikka, por otro lado, ha argumentado que la *abducción* de Peirce, en la ciencia, no es reducible a la inferencia conforme a la mejor explicación, entre otras cosas, porque existen ejemplos de

---

[715]   Cf. Hintikka, 1998: 507-11.
[716]   Cf. Frankfurt, 1958: 594 y Hintikka, 1998: 511.
[717]   Cf. Schum, 1994: 462-65.
[718]   Cf. The Peirce Edition Project, 1998: 55.

abducción en los que, o bien no existe hipótesis y pruebas previas, o bien no se tienen explicaciones para las pruebas —los datos— disponibles. En este sentido, la reconstrucción que hace Schum de las inferencias abductivas —hipótesis y retroducción— tampoco da cuenta del caso que presenta Hintikka. En buena medida esto es así porque Lipton, Harman y Schum reconstruyen la abducción en sentido amplio bajo el presupuesto de hipótesis previas y pruebas que anteceden a la formulación de las hipótesis. Pero también se ha propuesto reconstruir a la abducción con un énfasis en el carácter creativo, conjetural. Desde una perspectiva semiótica, Umberto Eco ha sostenido que el razonamiento conjetural de los detectives y filólogos puede arrojar luz sobre cualquier tipo de razonamiento conjetural empleado por historiadores, científicos o médicos. A menudo Eco usa la expresión regla, código, regla codificada o no codificada, para referirse indistintamente a reglas lingüísticas, a los códigos de interpretación, a las leyes naturales, o a regularidades. Sobre estas bases, Eco distingue entre dos tipos de razonamiento inferencial en Peirce: la *hipótesis* —que es el aislamiento de una regla que ya ha sido acuñada y que es correlacionada mediante una inferencia con un caso a fin de explicarlo— y la *abducción* —que consiste en sostener provisoriamente una inferencia que explica ciertos hechos con el propósito de someterla a más pruebas. A partir de esta definición, Eco clasifica la abducción conforme al grado de creatividad en cuatro tipos que, ordenadas de menor a mayor grado de creatividad, son, las que se explican a continuación. 1) La hipótesis o la abducción sobrecodificada, según la cual reconocer cierto fenómeno como un ejemplo [*token*] de cierto tipo [*type*] presupone alguna hipótesis acerca del contexto de la declaración [*utterance*] y del contexto discursivo. Así, por ejemplo —dice Eco— si yo sé que «hombre» quiere decir «varón de edad adulta», y suponiendo que creo haber escuchado la palabra en voz de alguien, mínimamente debo asumir que eso que he escuchado es un ejemplo de «hombre». Incluso este ejemplo de interpretación a partir de códigos lingüísticos, supone un mínimo de abducción, que es realizada en forma casi automática o semiautomática[719]. Schum sostiene que el carácter automático o semiautomático de la abducción sobrecodificada se debe al uso de conocimiento previo, reglas previas, que aplicamos de manera asociativa, inmediata, en nuestras mentes [«*continuity*»]. En nuestra mente hemos visto eventos, como el que tenemos enfrente, asociados a conocimiento previo, reglas del tipo «si H ha ocurrido entonces algo parecido a E también ha ocurrido»; de modo que, si creemos que H ha ocurrido, eso explicaría por qué E está presente. Es decir, la presencia de E apunta a H como su explicación[720]. Un ejemplo parecido ofrece Thagard: «Muchos estímulos visuales nos llegan empobrecidos o ambiguos y, sin embargo, las personas son adeptas a imponer orden sobre ellos. De manera pronta a partir de una hipótesis tal como "ese rostro que vemos en la oscuridad pertenece a nuestro amigo" explicamos lo que observamos»[721]. 2) La abducción subcodificada. En este tipo de abducción, la regla debe ser seleccionada de entre varias igualmente plausibles, contenidas en el conocimiento previo, de trasfondo. Eco precisa que se trata simplemente de elegir una entre varias reglas, sin que esto implique elegir la mejor. Se la elige provisoriamente, a fin de ponerla a prueba más adelante. Esta presentación ciertamente es una caracterización más fina que la inferencia conforme a la mejor explicación, la cual incluiría este tipo de abducción dentro del proceso de selección de la explicación más hermosa; aunque, por otro lado, con relación a la reconstrucción de Schum[722], la abducción subcodificada no es un caso de creación de hipótesis, porque se ha de elegir entre las hipótesis previas para acomodar explicativamente el nuevo hecho —el hecho anómalo en términos de Schum. 3) La abducción creativa se da cuando se inventa una regla *ex novo* para explicar el evento en cuestión. 4) Finalmente, Eco propone un cuarto tipo de abducción que denomina meta-abducción. Se califica de «meta» a esta abduc-

---

[719]   Cf. Eco, 1983: 206.
[720]   Cf. Schum, 2001: 1658.
[721]   Cf. Thagard, 1993: 53.
[722]   Cf. Schum, 1994: 464-465.

ción porque tiene como lenguaje objeto la abducción creativa. Consiste en decidir si el universo posible al que arribamos mediante la abducción de primer nivel es el mismo que el universo de nuestra experiencia previa, que contiene nuestro conocimiento del mundo —lo que Eco denomina, semióticamente, la *enciclopedia*. Se trata de decidir que, si la abducción creativa es corroborada, entonces, lo que conocemos previamente del mundo debería también cambiar, es decir, se vería modificado radicalmente; en palabras de Eco: «de modo que, si la nueva ley resulta que es verificada, nuestro descubrimiento conduce a un cambio de paradigma»[723]. La abducción creativa y la meta-abducción de Eco parecen ajustarse a algunos de los escenarios planteados por Hintikka con relación a la naturaleza creativa de la abducción, lo que, por otra parte, sería una buena razón para no equiparar los conceptos de abducción y de inferencia conforme a la mejor explicación. Tener en mente la clasificación de Eco nos servirá para compararla con la descripción gradual que hace Haack de los grados de creencia y la posibilidad de que se vean modificados según cómo resulten esas creencias acomodadas con otras razones y creencias justificadas en la experiencia. Las ideas de Haack, aunque presentadas con otra terminología, ciertamente son análogas a un razonamiento conjetural como el descripto por Eco[724]. El énfasis de Hintikka en los contextos de descubrimiento, el modelo integrador de Schum para relacionar las dos formas de *abducción* y la relación entre creación y conocimiento del mundo de Eco, arrojan un saldo intrincado que invita a pensar que más de un modelo debería ser combinado para dar cuenta de los razonamientos complejos que intervienen en la investigación de hechos — sea en la ciencia o en otros dominios, como el jurídico[725]. En este espí-

---

[723] Cf. Eco, 1983: 207.
[724] Cf. Haack, 2007: 64.
[725] Desde un enfoque pragmático esto ha llevado a presentar los diferentes modelos del razonamiento —deductivo, inductivo, abductivo— como herramientas que el practicante debe manejar con habilidad para el análisis de la prueba en los casos judiciales. Cf. Anderson, Schum y Twining, 2005: 58. O, desde un enfoque teórico, a proponer que más de un modelo de razonamiento ha de ser

ritu, Schum ha mostrado que la complejidad que existe detrás de las tareas de investigar hechos en dominios como el jurídico puede ser explicada mediante la combinación de diferentes tipos, sucesivos y concatenados, de razonamientos abductivos. Para ello, Schum combina los cuatro tipos de abducción de Eco con otros cuatro tipos que propone, por su parte, Thagard. Con ellos forma dieciséis combinaciones posibles de razonamientos. En una tarea de investigación, de averiguación de los hechos, más de una combinación puede ser empleada por el investigador, el fiscal o el juez, en lo que Schum denomina *rutas de razonamiento abductivo*. La propuesta de Schum pretende acomodar en una sola taxonomía tanto los sentidos de «abducción» que ponen énfasis en su aspecto creativo, como aquéllos sentidos que ponen énfasis en lo que está produciendo, concluyendo, el razonamiento. Lo interesante de la propuesta es que invita a imaginar que en el proceso de averiguar los hechos intervienen, de manera dinámica, combinaciones de abducciones. Aunque sugerente, la propuesta presenta algunos problemas. La taxonomía no parece, primero que nada, formar una auténtica partición, porque al menos un tipo de abducción es idéntico en Eco y en Thagard. Lo que Eco denomina abducción sobrecodificada equivale a la abducción simple de Thagard. Aunque quizás, el impedimento más radical para elaborar una única taxonomía con las clasificaciones de los dos mencionados autores sea la incompatibilidad de sus presupuestos metodológicos. Eco asume que la creatividad, la posibilidad de dar saltos creativos en la formulación de explicaciones, está en el centro del concepto de abducción y de todo razonamiento conjetural. Que incluso en el caso más simple —en donde aparentemente se trata de la aplicación de conocimiento previo—, el de la abducción sobrecodificada, la aplicación de una regla previa implica un salto al vacío, hacer hipótesis y conjeturas para reconocer que la situación fáctica está regulada por la aplicación de la regla —por ejemplo, eso que he oído es un ejemplo de la palabra tipo que conozco, eso que

---

usado para segmentos o etapas o de los tipos de inferencias que intervienen en un razonamiento judicial. Cf. Tuzet, 2014: 145.

he visto en la oscuridad es el rostro de mi amigo. En cambio, para Thagard, no es posible crear una hipótesis para luego analizar su plausibilidad y después adoptarla. La razón no es conceptual, sino de orden técnico, el cual se deriva del propósito del trabajo de Thagard. En efecto, la clasificación de Thagard tiene por objeto clasificar los mecanismos codificados en un programa de cómputo PI — *Process of Induction*—, es decir, explicar cómo funciona la abducción —tanto como hipótesis como en tanto justificación de dicha hipótesis [retroducción]— en un programa formal que contiene una base de conocimiento determinada, que incluye proposiciones —«messages» en términos de PI— y reglas. La clasificación de Thagard no es, así, una clasificación de esquemas de razonamiento general, ni un modelo de los procesos cognitivos ni, finalmente, de prácticas jurídicas de razonamiento[726]. PI *es* un programa de computadora para la resolución de problemas y para realizar inducciones. PI tiene un propósito específico: es empleado por Thagard para «ilustrar la relevancia de ideas computacionales hacia interrogantes relacionadas con el descubrimiento, evaluación y aplicación de teorías científicas»[727]. Se trata, pues, de modelos computacionales del pensamiento científico que son ilustrados por el programa de cómputo que muestra la operación de los modelos. Es por ello que PI no puede crear hipótesis provisorias que después se juzguen plausibles —un rasgo que sí, en cambio, está implicado en los razonamientos que Eco tiene en mente. PI forma hipótesis «porque puede elaborar una posible explicación empleando una regla previamente establecida [...] El pensamiento inicial depende de la activación extendida que resulta de una yuxtaposición entre un hecho a ser explicado y una potencial regla que lo explique, pero la formación de la hipótesis es lo que, mediante una inferencia abductiva, le confiere, por lo menos, su plausibilidad inicial. La hipótesis no se hubiera formado si no fuera posible —para los algoritmos de PI— realizar una explicación: la hipótesis más la regla usada en su formación puede, en su

---

[726] Cf. Thagard, 1993: 53.
[727] *Ibidem*: Prefacio.

conjunto, explicar algún hecho desconcertante»[728]. Dicho en otras palabras, para PI todas las veces que se construye una hipótesis, esa hipótesis ya es plausible tan solo porque se ha podido formar por el sistema. No existen, para PI, dos pasos, la formación de la hipótesis y su valoración como plausible; siempre que se realiza una abducción para explicar una proposición es porque la hipótesis es plausible. Esta es una primera diferencia entre la propuesta de Eco y la de Thagard. Pero, además, Thagard asume que el proceso del descubrimiento de hipótesis es algorítmico, tal y como opera PI, porque alberga posibles soluciones a partir de aplicar recurrentemente conocimiento previo en pasos finitos y sucesivos. La abducción creativa y la meta-abducción de Eco implican negar el carácter algorítmico de la formulación de hipótesis en esas abducciones. PI puede usar reglas previas para generar explicaciones a partir de esas reglas —abducción simple—; puede concluir que cierto objeto debe existir a partir de una relación entre ciertas reglas y los objetos que instancian —abducción existencial—; puede, a partir de dos abducciones simples, relacionar partes de las reglas para proponer una nueva regla —abducción hacia las reglas—; y puede, finalmente, proponer nuevas reglas sobre la base de relaciones analógicas entre las reglas que fueron usadas en explicaciones anteriores —abducción analógica. Pero lo que no puede hacer PI es descubrir, crear, una regla que no forme parte de su inventario de reglas y proposiciones, sean ellas reglas formuladas o derivadas lógicamente[729]. En un sentido importante, proponer reglas y explicaciones *internas* al sistema, incluso si son extensiones por analogía, sigue siendo un modelo útil para entender algunas formas de razonamiento. Ha sido el propio Thagard, de hecho, quien ha desarrollado un aparato conceptual centrado en la noción de explicación con relación a un sistema coherente, en lo que se ha denominado *coherencia explicativa*.

---

[728]   Cf. Thagard, 1993: 64.
[729]   Cf. *Ibidem*: 54-64 y Schum, 2001.

2.2.2.2. La coherencia explicativa

La coherencia explicativa es un concepto que surge en el contexto del problema de la inferencia de las hipótesis explicativas, es decir, de la evaluación de la aceptación o el rechazo de una teoría por el poder explicativo que poseen sus hipótesis. La coherencia explicativa es una teoría que trata de dar cuenta de un amplio espectro de inferencias a partir de las explicaciones. La coherencia explicativa es también el nombre del concepto central de la teoría que se puede entender fundamentalmente como una relación entre dos proposiciones —aunque también se puede entender como una propiedad de un conjunto relacionado de proposiciones o como una propiedad de una proposición individual— tal que si las proposiciones «p» y «q» son coherentes es porque alguna relación de *explicación* se da entre ellas. Existen cuatro posibles relaciones de explicación entre proposiciones: 1) «p» es parte de la explicación de «q»; 2) «q» es parte de la explicación de «p»; 3) «p» y «q» son ambos partes de la explicación de «r»; 4) «p» y «q» son análogos en la explicación que proveen a algún «r» y «s». Dos proposiciones son explicativamente coherentes cuando satisfacen alguna de las cuatro relaciones anteriores. En cambio, dos proposiciones son incoherentes cuando o bien se contradicen o bien las explicaciones que ofrecen son incompatibles con la información de trasfondo que suponen. En el campo de la ciencia, dos hipótesis pueden no ser inconsistentes pero, sin embargo, ser tratadas como incoherentes porque las creencias de trasfondo que las apoyan sugieren que únicamente una de ellas es aceptable. Por ejemplo, las proposiciones:

i) «los jaguares están disminuyendo sus números por la falta de alimento» y ii) «los jaguares están disminuyendo sus números por el porcentaje de hembras infértiles» no son inconsistentes lógicamente entre sí, pero se consideran incoherentes porque la información de trasfondo presupuesta sugiere que únicamente una de las dos proposiciones puede ser aceptada; se consideran incoherentes porque no hay ninguna relación explicativa entre ellas y su conjunción es inverosímil. Como se aprecia, la idea de incoherencia involucra el contenido proposicional así como el conjunto de proposiciones que las implican; se trata de una coherencia global que incluye la información de trasfondo. Los conceptos de «explicación» y «explicar» son primitivos, por otro lado. Para evaluar la coherencia explicativa global entre dos proposiciones, la teoría propone siete principios:

1) simetría; 2) explicación; 3) analogía; 4) prioridad de los datos; 5) contradicción; 6) aceptabilidad y 7) coherencia del sistema. El primer principio dice que la relación de coherencia explicativa entre un par de proposiciones es simétrica, lo mismo que la incoherencia —*i.e.*, si «p» y «q» son coherentes, entonces «q» y «p» también lo son. El segundo principio dice que si «p» explica a «q», entonces todas las instancias de «p» en conjunción con «q» son también coherentes —lo que explica es coherente con lo explicado; y cualquiera de las instancias de «p» son coherentes entre sí —dos proposiciones son coherentes si en conjunto proveen una explicación. Adicionalmente, el principio de explicación dice que el grado de coherencia es inversamente proporcional al número de proposiciones. Se prefieren las teorías con menos suposiciones a las que tienen más suposiciones. La justificación sería que una hipótesis con más proposiciones que otra posee, también, un mayor número de suposiciones. A su vez, cuanto mayor es el número de suposiciones mayor será la posibilidad de que la teoría contenga hipótesis *ad hoc*. Por otro lado, de este principio también surge la noción de *grado de coherencia*: cuanto más explique una hipótesis más coherente será y, por lo tanto, también más aceptable. Lo mismo con relación al número de proposiciones que componen la hipótesis: cuanto más simple sea la explicación, más coherente será y, por lo tanto, más aceptable también. El tercer principio dice que debe haber una explicación analógica cuando dos proposiciones análogas intervienen en explicaciones de otras dos proposiciones que, también, son análogas entre sí. El cuarto principio dice que una proposición que describe los resultados de la observación, posee un grado de aceptabilidad por sí misma. Este tipo de proposiciones se sostiene por sí mismo más que por otras proposiciones cuya única justificación es aquello que explican. Las proposiciones que se basan

en observaciones son aceptables por sí mismas, tienen un grado de independencia, siempre que se relacionen con otras proposiciones; aunque puede ser que estos datos terminen siendo dejados de lado frente a otras proposiciones cuando se evalúa la coherencia global del sistema. Esta relación que propone el cuarto principio adopta la idea de BonJour de apoyo mutuo entre proposiciones que tienen un trasfondo observacional —el *requisito de la observación*—; y tiene una relación directa con la idea de apoyo mutuo entre creencias sustentadas en experiencias y razones que propone el *Foundherentism*[730]. El principio cinco indica que la coherencia requiere consistencia: las proposiciones coherentes han de ser consistentes. El principio seis dice, primero, que podemos dar sentido a la coherencia global de la proposición en un sistema de coherencia explicativa simplemente a partir de las relaciones de coherencia de los principios 1-5, con relación al resto de proposiciones. En segundo lugar, el principio seis dice que se ha de reducir la aceptabilidad de una hipótesis cuando deja sin explicar la mayoría de las pruebas relevantes; la contracara de esta idea es que una prueba es relevante cuando es explicada por la hipótesis, de modo que la relevancia es un término relativo. El principio siete, finalmente, dice que es posible medir el grado de coherencia del sistema de proposiciones. Bajo este principio, un sistema es más coherente que otro en forma global si: a) tiene más datos; b) tiene más vínculos explicativos entre las proposiciones que lo componen y c) el sistema tiene más éxito si logra separar los subsistemas de proposiciones coherentes de aquellos subsistemas en conflicto[731]. La coherencia explicativa requiere buscar la proposición que es más coherente con los siete principios, bajo alguna de las cuatro modalidades de relacionar proposiciones. Puede que existan algunas proposiciones que en algún respecto y con relación a los principios sean coherentes, pero que en otros respectos no lo sea. De modo que la coherencia admite grados, dentro de los que podemos ubicar aquel subconjunto de proposiciones que es el más

---

[730] Cf. Haack, 2009: capítulo IV, sección III, párrafo 21.
[731] Cf. Thagard, 1989: 436-438 y Thagard, 2000: 40-43

coherente de manera global. Esto quiere decir que entre dos explicaciones debemos escoger aquella que involucre al mayor número de proposiciones —el alcance explicativo—, la que tenga menos suposiciones —la más simple, de acuerdo al segundo principio— y aquélla que pueda ser explicada a su vez a partir de otra información.

En el derecho se ha empleado el modelo de la coherencia explicativa para dar cuenta del modo en que los jurados aceptan explicaciones. Se trata de un modelo descriptivo de la manera en que la información es procesada[732]. Pero también se ha propuesto el uso de la coherencia explicativa para dar cuenta del razonamiento jurídico en un sentido reconstructivo y justificativo de las decisiones judiciales. A este respecto Amaya propone tomar el modelo de la inferencia conforme a la mejor explicación dentro de una teoría de la justificación jurídica como coherencia. Es decir, sustituir «mejor explicación» en términos de la más hermosa explicación por la que goce de un mayor grado de coherencia. La propuesta de Amaya combina una versión de la teoría de la inferencia conforme a la mejor explicación con las especificaciones de la coherencia explicativa. Dentro de un proceso judicial, esto equivale a elegir la teoría del caso que goce de mayor *coherencia fáctica*. Amaya sigue en esto el modelo de la coherencia propuesto por Thagard, es decir, la coherencia es una relación entre proposiciones que satisfacen una serie de restricciones, positivas y negativas —codificadas en los siete principios de su modelo explicativo—; la coherencia global se predica del par que satisfaga el mayor número de principios. Se trata, al igual que las teorías de la coherencia y de la inferencia conforme a la mejor explicación, de una propuesta que supone la optimización de un conjunto de proposiciones. La inferencia conforme

---

[732] Un modelo explicativo rival del de Thagard es el modelo de las historias «*the story model*», el cual también ha sido desarrollado para modelar la construcción de las historias que los jurados aceptan en un juicio. Tiene su origen y ha encontrado sus mayores aplicaciones en el campo de la psicología cognitiva. Cf. Byrne, 1995.

a la mejor explicación supone la generación de explicaciones —en el caso del derecho, de teorías del caso judicial— y la evaluación de ellas. Amaya agrega un paso intermedio que es la evaluación preliminar de los candidatos acerca de su grado de detalle y desarrollo. Destaca, asimismo, el papel que juega la coherencia en el refinamiento previo de las hipótesis preliminares. Aunque es cierto que la coherencia juega un papel en dicha tarea dentro de la teoría de Amaya, no menos cierto es que hay modelos para refinar hipótesis que no se comprometen ni son guiados por un ideal de coherencia. Dos ejemplos de tales modelos son, por un lado, el propuesto y desarrollado por Shafer en su *Mathematical Theory of Evidence* cuando analiza cómo afecta el refinamiento de una función de creencias los pesos relativos de las pruebas disponibles —es decir, cómo afectan los refinamientos de un espacio de posibles pruebas a las funciones de creencias, en donde los primeros actúan como restricciones de las segundas— y, por otro lado, el modelo de Schum y Tillers en su diagrama de refinamiento en la formulación de hipótesis[733]. Amaya propone un procedimiento de cinco pasos que aseguran la elección de la teoría del caso que maximiza la coherencia: 1) especificar el conjunto de pruebas y la hipótesis sobre los que se calculará la coherencia; 2) determinar las hipótesis rivales que servirán como conjunto de contraste; 3) refinar las teorías alternativas mediante la sustracción de proposiciones, la adición o la reinterpretación de pruebas —operaciones de coherencia—, de modo de obtener un conjunto refinado de teorías del caso alternativas; 4) evaluar las distintas teorías del caso y 5) elegir la teoría que maximice la coherencia. En el cuarto paso, Amaya modifica los seis principios que articulan la coherencia explicativa de Thagard para dar cuenta de dos restricciones institucionales que existen en el proceso penal: la presunción de inocencia y el estándar probatorio para adjudicar

---

[733] Cf. Shafer, 1976: 126 y Schum, 1994: 494. Aunque Amaya sí reconoce uno de los puntos del argumento de Schum y Tillers: la estrategia para la recolección [«*marshalling*»] y clasificación de los datos incide en la configuración de los siguientes pasos del análisis de las pruebas. Cf. Amaya, 2015: 507.

un veredicto de culpable. La primera restricción la introduce en el principio 4, de prioridad de los datos: las proposiciones que resultan de la observación tienen un grado de aceptabilidad propio y las hipótesis que son compatibles con la inocencia del acusado también tienen un grado de aceptabilidad propio. La segunda restricción se incorpora al principio 6, de aceptación: la aceptabilidad de una proposición en un sistema de proposiciones depende de su coherencia con el sistema y la hipótesis de culpabilidad únicamente podrá ser aceptada si satisface en un grado suficiente el estándar de más allá de toda duda razonable[734]. Estas modificaciones al modelo de Thagard presentan algunas dificultades. Thagard propone los principios para pares de proposiciones que eventualmente se refieren al mundo. De modo que se puede predicar una coherencia entre el modelo y el mundo, en función del grado de ajuste entre los dos. Las dos restricciones que agrega Amaya no admiten gradación: la presunción de inocencia entendida como el valor inicial de aceptabilidad de cualquier hipótesis de inocencia no admite grados. Siempre es absoluta, es decir, sin importar con qué otra proposición se le relacione —como regla probatoria que invierte la carga de la prueba y como regla de trato que exige tratar al imputado como un inocente (o lo más parecido a ello)—, siempre será aceptada la hipótesis de inocencia. No es entonces una genuina restricción que admita grados de ajuste en el modelo por los ajustes en el mundo. Lo mismo sucede con el estándar de la prueba: o bien se satisface el grado de justificación de la prueba por encima del umbral o bien no se satisface por encima del umbral. De modo que tampoco es una restricción genuina. Una segunda dificultad es cómo entender, formalmente, la relación de coherencia entre el modelo y el mundo, en este caso la práctica jurídica, cuando se trata de situaciones institucionales que no tienen una contrapartida fáctica, observable. Para Thagard únicamente podemos «evaluar el grado de ajuste entre los elementos del modelo y del mundo con relación a objetos observables» «[...] la relación entre el modelo y el mundo es una correspondencia del

---

[734] Cf. Amaya, 2015: 489-495, 506 y 512.

modelo hacia ciertas partes del mundo, en la cual el modelo preserva muchas, pero no todas las estructuras y los comportamientos del mundo»[735]. El modelo de Amaya está diseñado para funcionar en la dirección de ajuste opuesta: el modelo determina normativamente qué explicaciones que suceden en el proceso judicial son coherentes con el modelo —y también, así, con los principios—. Las acciones, las estructuras, los objetos son ubicables en una función espacio-temporal que permite computar, operacionalizar, la noción de coherencia. Recúerdese que para Thagard se requiere definir estados en el mundo que admitan valores de presencia y ausencia; valencias, en conexión con otros nodos, a modo de una red. Y ni la presunción de inocencia ni el estándar de la prueba penal son objetos observables, que admitan el grado de operacionalización, de atomicidad, por decirlo así. Para volverlos operacionalizables se debería de crear una serie de funciones de especificación que tenga por dominio conductas observables, de sujetos específicos, con relación a objetos determinados y por contradominio predicados que admitan valores binarios. A su vez, se deberían de introducir funciones de esas funciones que transformaran las primeras proposiciones en otras más abstractas para hacerlas corresponder —en un suficiente nivel de abstracción— con los principios del modelo. De modo que la coherencia entre el modelo de Amaya y la realidad institucional del derecho demanda un nuevo criterio de ajuste. Dichas funciones no aparecen en la teoría de Amaya. Al no tenerlas, nos está permitido afirmar que se ha construido un modelo que no puede, sin embargo, hacerse operativo con estos dos aspectos del mundo institucional del derecho: la presunción de inocencia y el estándar probatorio. Por otra parte, Thagard argumenta que su modelo de la coherencia explicativa es un conductor de la verdad aproximada. Resta por demostrar que las modificaciones que propone Amaya mantienen al modelo cerca de la verdad aproximada. Máxime cuando el principio de presunción de inocencia y el estándar de la prueba penal (más allá de toda duda razonable) han sido

---

[735] Cf. Thagard, 2000: 21, 92-94.

cuestionados por entorpecer la función epistémica del juicio penal [«*the trial as an epistemic engine*»][736].

La coherencia como teoría de la justificación, en el contexto de la jurisdicción, se tiene que mostrar, al menos compatible, sino es que favorecedora, de las tareas epistémicas de averiguación de la verdad. Una teoría de la justificación de creencias ha de ser juzgada por su aptitud de apuntar hacia la verdad de las proposiciones. Esta exigencia ha sido un slogan contemporáneo de Haack, quien se propone trasladar su teoría de la justificación de creencias al derecho, pero distinguiéndose tanto de posturas coherentistas como de la inferencia conforme a la mejor explicación.

2.2.2.3. La integración explicativa

El análisis —o la explicación— que Susan Haack hace de la prueba en los procesos jurisdiccionales se enmarca en la aplicación de una teoría epistemológica al derecho. Es decir, de una teoría acerca de cuándo un sujeto (o grupo de sujetos) está justificado a creer que ha ocurrido un evento o un hecho en el mundo. En este sentido, *epistemología jurídica* no se refiere a una rama especializada de la epistemología como disciplina, sino a los trabajos en epistemología que son relevantes para los problemas que surgen en el derecho[737]. Como la propia Haack sugiere, hay muchos ejemplos de la aplicación del trabajo en epistemología que pueden ser relevantes para los problemas jurídicos[738]. Lo que nos interesa aquí es la relación entre

---

[736] Cf. Laudan, 2008: 90.

[737] Haack, 2014: 6.

[738] Haack da un ejemplo —entre varios— de cómo cierta bibliografía en epistemología puede ayudar a que los tribunales entiendan mejor la ciencia. Hay precedentes jurisprudenciales que identifican a algún saber como científico bajo el criterio de que ha sido el producto del método científico. Cuando en la práctica de la ciencia no hay un solo método e incluso la idea misma de un proceder metodológico sería una exageración. Esto es lo que sostiene el trabajo de Bridgman. Él, quien aboga por dejar de pensar en un único *método científico* para que en su lugar adoptemos un enfoque particularista; es decir, un enfoque que tome en

prueba y verdad y, más precisamente, la relación entre la justificación de la creencia de que un enunciado es verdadero y su prueba,
en el proceso jurisdiccional. Dicho de otro modo, lo que aquí nos
interesa es la teoría epistemológica formulada por Haack respecto
de la relación entre prueba y verdad en el proceso jurisdiccional.
La extensión de la teoría epistemológica de Haack hacia problemas
en el ámbito jurisdiccional tiene como una de sus premisas que la
actividad de los científicos y la actividad de los juristas, con relación
al proceso, comparten un núcleo común. En palabras de Haack, que
el «núcleo de los estándares acerca de las buenas [*good*] pruebas y de
la investigación bien conducida no son internos a las ciencias, sino
comunes a toda investigación empírica, de cualquier tipo»[739]. Lo
que en todo caso distingue a la actividad del científico es una serie
de características acerca de cómo se lleva a cabo dicha actividad: las
ciencias son «epistemológicamente distintivas», no «epistemológicamente privilegiadas»[740]. Este es un punto que convendrá revisar
hacia el final de esta sección, con relación a la aplicación de las ideas
de Haack al proceso jurisdiccional. En lo que sigue presentaremos
parte de la teoría epistemológica de Haack A), para posteriormente relacionarla con la noción de proceso jurisdiccional y de prueba
de los hechos B).

A) El «*Foundherentism*»

Haack domina a su propia teoría «*Foundherentism*». Es una teoría
de la justificación epistémica. Es decir, una teoría acerca de cuándo

---

cuenta los procesos reales y diversos en la actividad científica. Esta sugerencia
de Haack es relevante para analizar la postura de los tribunales con relación a las
pruebas periciales así como a su discurso, en general, acerca de qué conocimientos periciales son científicos y cuáles no. Cf. Haack, 2014: 9.

[739]   Haack, 2007: 23. Nótese que hemos decidido usar la expresión «prueba» y no
«evidencia» porque en castellano la segunda expresión tiene, como parte de
su designación, la idea de certeza o de un tipo de prueba que es determinante en un proceso. Estos aspectos, asociados a «evidencia», no parecen fieles al
significado del término «*evidence*» que emplea Haack.

[740]   *Idem.*

un sujeto está justificado en sostener ciertas creencias acerca del mundo. Tiene la pretensión de explicar un concepto evaluativo, el de «justificación». La «verdad» aparece para Haack como uno de los criterios de adecuación de cualquier teoría de la justificación epistémica, y hace, además, eco en otras partes de su teoría[741]. Decir que un sujeto cree que «p» es igual a decir que acepta «p» como verdadera[742]. De modo que la solidez o debilidad de las pruebas para sostener una creencia son también pruebas sólidas o débiles para la verdad del contenido de su creencia: «Nuestros criterios

---

[741]   Otro criterio es dar cuenta, explicar, los casos más claros de nuestra comprensión pre-analítica acerca de los juicios de justificación. Cuando el epistemólogo ofrece una explicación de nuestros criterios de justificación debe tener en miras «revelar lo que está implícito en los juicios acerca de que tal o cual persona tiene excelentes razones para esta creencia, que tal o cual persona ha dado un salto injustificado hacia una conclusión, que otra persona ha sido víctima de un pensamiento fantasioso»; y hacerlo con precisión y profundidad teórica. Haack, 2009: Capítulo 1, párrafo 7.

[742]   La expresión es más compleja porque Haack distingue entre las creencias en tanto estados mentales que posee un sujeto «S-Belief» y el contenido de las creencias «C-Belief», siendo esta última o bien una oración o un enunciado. De modo que la expresión «el sujeto A cree que "p"» admite, en la teoría de Haack, dos interpretaciones. La primera es de tipo causal-experiencial, que es la explicación de por qué el sujeto posee ciertas creencias: «A está justificado en creer "S-Belief" que p». La segunda interpretación es de tipo evaluativo, que es la explicación de por qué el contenido de sus creencias le justifica a creer que p: «A está justificado en creer "C-Belief" que p». Las dos interpretaciones son compatibles con el criterio de adecuación que ella propone. El puente entre los dos sentidos es que el contenido de las creencias de un sujeto, que son las razones para que crea que es el caso que «p» [«A's C-reasons»], hacen referencia a las creencias en tanto contenido del sujeto que constituyen las razones de éste, en tanto estado mental, [«S-reasons»] para creer que es el caso que «p». De igual forma, el contenido de las pruebas de la experiencia del sujeto [«A's experiential C-evidence»] para creer que es el caso que «p», refieren a oraciones o proposiciones relativas a que el sujeto está en posesión de cierto estado (o estados) mental que constituye la prueba de la experiencia del sujeto [«A's experiential S-evidence»] para creer que es el caso que «p». De ahora en más, cuando se emplee la expresión «prueba», nos referiremos al contenido de la creencia «C-Belief» o a la prueba «C-evidence» o al contenido de las razones «S-reasons» salvo que se indique lo contrario. Cf. ibidem: capítulo 4, sección I, párrafo 4 y sección II, párrafo 1.

de justificación, en otras palabras, son los estándares por los cuáles juzgamos las chances [*likelihood*] de que una creencia sea verdadera; son aquello que tomamos como indicadores de la verdad»[743]. La teoría de Haack, entonces, tiene vocación de suministrar una explicación precisa y teóricamente profunda acerca de la conexión entre el que una creencia esté justificada, bajo algún criterio, y las chances de que las cosas sean como el sujeto dice que son.

Para precisar mejor la relación entre «verdad» y el criterio de justificación de creencias que propone Haack es importante recordar que ella sostiene una teoría redundantista de la verdad —aunque la propia Haack prefiere el término «laconista» en lugar de «redundantista»—, siguiendo el enfoque propuesto por Ramsey[744]. De acuerdo con esta propuesta, decir de una proposición «p» que es verdadera es simplemente decir la proposición que «p», o simplemente decir que «p». Con esto en mente, para Haack, una adecuada teoría de la justificación epistémica provee una explicación de los criterios, de los estándares, por lo que juzgamos las chances [*likelihood*] de que la creencia de que «p» sea el caso —porque decir que un sujeto cree que «p» es igual a decir que acepta que «p» es el caso.

La teoría de Haack es distinta tanto del fundacionismo —según el cual hay creencias en las que podemos fundar la justificación del resto de creencias, *i.e.*, hay creencias apoyadas en la experiencia que no requieren soporte adicional en otras creencias, las cuales son epistémicamente privilegiadas— como del coherentismo —que

---

[743] Haack, 2009: capítulo 1, párrafo 9.

[744] Haack muestra, ciertamente, que Ramsey no creía que el predicado «verdadero» era eliminable sin perder el significado en algunas oraciones como en la oración «todo lo que dijo Pedro es verdad». Por otra parte, Ramsey no creía que su teoría propusiera un criterio de verdad; ni que, por cierto, hubiera un criterio de verdad general. De modo que habría razones para no etiquetar a Ramsey como un redundantista. Haack sigue la propuesta de Ramsey con relación al predicado «verdadero» en tanto predicado de proposiciones. A este respecto, puede verse el trabajo de Haack incluido en el Volumen III de esta misma obra: «Nada extravagante: unas pocas verdades simples sobre la verdad en el derecho».

sostiene que una creencia está justificada cuando es coherente (en algún sentido) con otro conjunto (no vacío) de creencias[745]. El *Foundherentism* sostiene que: 1) la experiencia del sujeto es relevante para la justificación de sus creencias empíricas, sin que sea necesario que exista una clase privilegiada de creencias empíricas justificadas exclusivamente en el apoyo de la experiencia, con independencia del apoyo de otras creencias; y 2) que la justificación no es exclusivamente unidireccional —a modo de una demostración matemática—, sino que involucra relaciones siempre presentes [*pervasive*] de apoyo mutuo entre las creencias y la experiencia. El modo en que ambas características se articulan está en el núcleo del *Foundherentism*, el cual consiste en lo que se denominan los tres determinantes de la *calidad probatoria*, es decir, los determinantes que hacen que ciertas pruebas sean más fuertes o débiles, mejores o peores que otras para justificar la creencia de que es el caso que «p». Dicho de otro modo, qué tan justificado —en qué grado— está A en creer que «p» depende de qué tan *buenas* sean las pruebas que posea; y qué tan buenas sean esas pruebas depende de tres determinantes: i) el apoyo de las pruebas a la creencia en cuestión; ii) la seguridad que se tiene en las razones para sostener la creencia con independencia de otras creencias; y iii) que tan exhaustivas son las pruebas que se

---

[745] Aunque también se distingue del «contextualismo». Junto con la versión del «contextualismo» centrado en la justificación —a diferencia de la versión que se centra en el conocimiento— la teoría de Haack rescata que los juicios acerca de la justificación de las creencias dependen de nuestras creencias de trasfondo, de las creencias que presuponemos: «[...] but our judgements *of justification are prespectival, dependent on our backgroud beliefs*». Junto con la versión del «contextualismo» centrada en el conocimiento, la postura de Haack comparte la relación que hay entre el grado de justificación de las creencias y aquello que denominamos conocimiento. La diferencia radical entre la postura de Haack y la de las formas de contextualismo, es que el contextualismo se asemeja a un fundacionismo porque sostiene que hay creencias básicas. Se trata de creencias que provienen de la comunidad epistémica de referencia, que no necesitan a su vez justificación ulterior. Haack, 2009: capítulo 1, sección I, párrafo 25 y Prefacio, sección III, párrafo 6 y *ss*.

tienen[746]. El primer determinante parte de la idea de que qué tan justificado esté un sujeto en creer algo depende, en parte, de por qué lo cree, de qué ha causado su creencia; de qué fuerzas, dentro de un balance, han hecho que se incline (o que se inhiba) a creer lo que cree[747]. Al respecto, Haack distingue entre los componentes probatorios y aquéllos que no lo son, aunque ambos formen parte del nexo causal de una creencia en tanto estado mental [*S-Belief*]. Los estados de creencias, de percepción, los recuerdos, los estados de introspección cuentan como componentes probatorios mientras que los miedos, los deseos, los estados emocionales cuentan como componentes no-probatorios. La expresión «las pruebas de A» [«*A's evidence*»] se refiere a todos los elementos de la constelación de estados de A que en un cierto momento tienen relación causal con que él sostenga (o rechace) una creencia en particular: que es el caso que «p». Ejemplos que pueden ser incluidos en la expresión «las pruebas de A con relación a "p"» son: los estados sensoriales actuales de A para creer que «p», los estados de percepción de A para creer que «p», los estados sensoriales pasados de A para creer que «p», la introspección actual (o pasada) que tiene A para creer que «p»; los recuerdos que tiene A para creer que «p», lo que otra persona dice o escribe acerca de lo que ha visto, oído o recuerda para creer que «p»[748]; y en todos los casos de manera directa o indirecta. Una distinción importante a trazar es la que media entre las razones de A para creer que «p» y las pruebas que provienen de la experiencia. Las razones de A para creer que «p» se refieren a aquellas creencias que apoyan la creencia de A que «p». Las razones de A con relación a «p» son a su vez creencias de A con relación a las

---

[746] Haack, 2014: 14.

[747] Haack, 2009: capítulo IV, sección III, párrafo 3.

[748] La prueba testimonial también, de esta manera, forma parte de las pruebas que un sujeto puede tener para creer (o para no creer) que «p»; siempre y cuando A entienda el lenguaje del testigo, que crea que el testigo está bien informado acerca de lo que informa y que no tenga ningún motivo para creer que el testigo quiere engañar u ocultar información. *Ibidem*: capítulo IV, sección I, último párrafo. Véase *infra* nota al pie de página 778.

cuales A podría tener todavía más pruebas conectadas con ellas. En cambio, las pruebas que provienen de la experiencia sensible de A con relación a «p» no son estados mentales de creencia de A, no son, al menos, estados con relación a los cuales A necesite, a su vez, pruebas: «*A's experiential S-evidence is, one might say, his ultimate S-evidence*»[749]. Las pruebas que provienen de la experiencia pueden apoyar o inhibir las creencias, pero no al revés —esta es la forma en la que el *Foundherentism* acomoda la idea del fundacionismo empirista de que la experiencia *ancla* las creencias[750]. La noción del grado de apoyo que las pruebas ofrecen a una creencia —así como la de grado de seguridad de las razones con independencia de otras creencias— es definida a partir de la relación entre las pruebas que provienen de la experiencia y las creencias. Se trata por lo tanto de una relación compleja, de soporte mutuo y permanente, que revela una interconexión entre la estructura causal y cuasi-lógica de las pruebas. Para entender esta relación compleja, Haack recurre a una metáfora, la del crucigrama. Las pistas que son suministradas en un crucigrama son parecidas a las pruebas de la experiencia en el sentido de que sirven para apoyar qué tan razonable es una determinada respuesta en horizontal o en vertical dentro del crucigrama. Pero a medida que el crucigrama se va completando con anotaciones, estas respuestas sirven también para evaluar qué tan razonable es una potencial respuesta. Las respuestas escritas son semejantes a las razones. La decisión de escribir una respuesta a una entrada en una línea horizontal será más o menos razonable en función de las respuestas que ya existen en las líneas en vertical que intersectan dicha línea horizontal; así como en función de la pista a la que corresponde la potencial respuesta[751]. De la analogía surge que la justificación viene dada en grados, la analogía trata de explicar los factores por

---

[749]   *Ibidem*: capítulo IV, sección I, párrafo 8. Haack tiene cuidado, sin embargo, de no afirmar que cada creencia empírica tiene una prueba de experiencia. Véase *Ibidem*: capítulo IV, nota 6.

[750]   *Ibidem*: capítulo IV, sección I, párrafos 7 y 8.

[751]   *Ibidem*: Prefacio, sección I, párrafo 5; Introducción, párrafo 5; capítulo IV, sección III, párrafos 3 y 4; en especial capítulo IV, sección III, ilustración 4.1.

los que A puede estar más o menos justificado en creer que «p».
Uno de esos factores es que el sujeto A está más justificado a creer
que «p» en la medida en que «las pruebas de A» *apoyen* [*support*] más
su creencia; y que las pruebas apoyan más su creencia, quiere decir
que son más *favorables* [*favorable*] para creer que es el caso que «p».
En uno de los extremos, las pruebas pueden ser tan favorables como
para ser *concluyentes* [*conclusive*]: «E es concluyente con relación a p
solo en el caso de que la extrapolación de p (el resultado de agregar
p a ella [a las pruebas E]) es consistente y la extrapolación de no-p
es inconsistente [el resultado de agregar no-p a las pruebas E]»[752].
En el otro extremo, las pruebas no favorables excluyen la verdad de
la proposición en cuestión («*precluding the truth of the proposition in
question*») —es decir, en los términos *lacónicos* de Ramsey, que excluye que sea el caso que «p»[753]. En el medio de estos dos extremos
se encuentra el espectro de casos en los que «las pruebas de A» son
favorables, pero no concluyentes; y los casos en los que son desfavorables, pero no fatalmente desfavorables. Si «las pruebas de A» son
concluyentes, entonces no hay cabida para ninguna de las alternativas a «p» —siguiendo con la metáfora del crucigrama, no hay anotaciones posibles que sean compatibles con las pistas y con las otras
entradas ya anotadas. Pero si «las pruebas de A» son favorables a «p»
aunque no concluyentes, entonces, cuanto menos cabida dejen para
las alternativas a «p» más favorables serán —esto es lo que Haack
llama el *Principio de Petrocelli*[754]. La relación que hay entre una creencia que «p» y las creencias alternativas rivales a «p» (Alt-p) es la de
integración explicativa [«*explanatory integration*»]. Una proposición
Alt-p es una alternativa rival de «p» si y solo si i) dadas «las pruebas
de A», es excluyente de «p»; y ii) la extrapolación de Alt-p a «las
pruebas de A» (*i.e.*, agregar Alt-p a «las pruebas de A») resulta explicativamente mejor integrada que únicamente «las pruebas de A».
Con esta definición en mente, «las pruebas de A» apoyan en algún

---

752 *Ibidem*: capítulo IV, sección III, párrafo 6.
753 *Ibidem*: capítulo IV, sección III, párrafo 5.
754 *Idem*.

grado la creencia de que «p» únicamente en el caso de que la adición de «p» a las pruebas mejore su integración explicativa; y «las
pruebas de A» darán mayor apoyo a «p» cuanto más su adición mejore su integración explicativa, más que la mayor parte de las alternativas rivales[755]. Mientras que el concepto de «prueba concluyente» es una cuestión de la superioridad de «p» sobre su negación en
lo que hace a la consistencia con «las pruebas de A», el «apoyo probatorio» es una cuestión de la superioridad de «p» con relación a las
alternativas rivales en lo que hace a la integración explicativa «las
pruebas de A»[756]. «Integración explicativa» quiere decir qué tan
bien «las pruebas de A» y la creencia en cuestión se acomodan mutuamente, encajan, en un relato o historia explicativa[757]. Esta noción se distingue de la idea de *coherencia explicativa* en que una teoría
coherentista de la justificación empírica no permite ningún elemento que no sea una creencia, esto es, no hay justificación a partir de
la experiencia sensible; aunque alguna versión de la coherencia explicativa, la de Thagard, hace lugar para los datos de la experiencia,
ésta no sería, para Haack, una verdadera teoría coherentista de la
justificación[758]. Pero incluso esta versión del coherentismo de Thagard se diferencia de la integración explicativa, al menos en tres
sentidos: 1) en que la integración explicativa no busca la explicación
más coherente o que produzca el mayor grado de coherencia entre
las proposiciones del sistema y el mundo; 2) las creencias basadas en
la experiencia están, para Haack, integrados en la explicación y, una
vez integradas, aportan y juegan una función hacia el resto de las
creencias y viceversa; en cambio, el denominado principio de la
prioridad de los datos de Thagard adjudica una prioridad a las proposiciones que provienen de la experiencia —datos en la terminología de Thagard— pero esto no impide, que posteriormente, sean
dejados de lado por completo en aras de maximizar la coherencia

---

[755] Haack, 2009: capítulo IV, sección III, párrafo 7.
[756] *Idem.*
[757] *Ibidem*: prefacio, sección I, párrafo 6; Haack, 2007: 66 y ss.
[758] Cf. Haack, 2009: capítulo I, sección I, párrafo 14.

del sistema de proposiciones[759]; 3) finalmente, el grado de coherencia explicativa, para Thagard, se incrementa cuanto mayor alcance explicativo tenga la proposición o ésta provea de una mayor explicación al conjunto de proposiciones; sin embargo, Haack sostiene que esto solo es así cuando la proposición en cuestión, al mismo tiempo, no da cuenta de los mecanismos concretos y específicos del fenómeno de que se trate[760]. La justificación es una cuestión del apoyo mutuo entre creencias. La integración explicativa de Haack integra creencias ancladas en la experiencia sensible con creencias apoyadas en otras creencias. La justificación de creencias sobre la base de otras creencias sin alguna suerte de conexión con la experiencia sensible no es una adecuada teoría de la justificación para Haack. Su postura tiene que ver, de nuevo, con la conexión entre criterio de justificación y verdad: Una teoría expresada exclusivamente en términos de relaciones entre las creencias de los sujetos enfrenta la dificultad insuperable de la conexión entre los conceptos de justificación y verdad[761]. «¿Cómo puede el hecho de que un

---

[759] Ver la explicación del principio 4 de la coherencia explicativa de Thagard expuesto *supra*.

[760] Cf. Haack, 2007: 130.

[761] No perder de vista que se trata de argumentar en favor de la conexión que hay entre la coherencia como criterio de justificación de las creencias y un determinado criterio de verdad. A este respecto, hay quienes sostienen que la conexión entre coherencia y la verdad de los enunciados fácticos no es problemática porque hay argumentos válidos —aunque no concluyentes— que muestran que la coherencia y la verdad (como correspondencia) están conectadas de manera satisfactoria. Esta es la postura de Amalia Amaya en el trabajo «Coherencia y verdad en el derecho» que integra este volumen. Su postura está abiertamente en contra de las ideas que sostiene Haack en lo tocante a la conexión satisfactoria de la coherencia y la verdad como correspondencia con relación a los enunciados fácticos. Nótese que Amaya también se ocupa de la misma relación en el plano de los enunciados normativos. Por otra parte, argumenta que la coherencia tiene un papel en las tareas de justificación en el derecho, incluso si no hubiera una conexión adecuada entre la coherencia como justificación y la verdad como correspondencia. Amaya rescata las ideas de varios autores para sostener su postura. Dos de ellos son puestos en tela de juicio por Haack. En primer término, Amaya rescata a BonJour, quien sostiene que mediante una inferencia conforme a la mejor explicación es posible alcan

conjunto de creencias sea coherente, en cualquier grado e incluso
en algún sentido sofisticado de "coherente", ser una garantía, o incluso un indicador, de la verdad?»[762]. Esto, sin embargo, apunta a la
teoría de la verdad que se sostenga. Para Haack, siguiendo a Ramsey, el coherentismo no es una teoría de la justificación empírica
adecuada porque no garantiza, ni indica, cuándo es el caso que «p».

---

zar creencias verdaderas partiendo de premisas que son aceptadas en virtud de
su coherencia con un conjunto de otras creencias. Por otro lado, Amaya también recurre a las ideas de Davidson para quien, desde su teoría de la interpretación, existe una conexión conceptual entre coherencia y verdad a través del
concepto de creencia. En contra de BonJour, Haack es elocuente al mostrar,
con distintos pasajes de la obra de éste, que existe un equívoco en el uso de la
expresión «requisito de la observación». Este requisito dice que «para que las
creencias de un sistema cognitivo sean candidatos para la justificación empírica, ese sistema debe contener leyes que permitan atribuir un alto grado de
confianza a una variedad razonable de creencias cognitivas espontáneas [aqué-
llas que surgen de una experiencia sensible o a partir de una introspección]»
(cf. Bon Jour, 1980: 141 citado en Haack, 2009: capítulo 3, sección I, párrafo
11). El requisito admite una interpretación doxástica y otra experiencial. Bajo
la primera interpretación el requisito es compatible con el coherentismo, pero
fracasa en garantizar los *inputs* que provienen de la experiencia. Bajo la segunda
interpretación, garantiza los *inputs* que provienen de la experiencia, pero al
precio de dejar de ser una teoría de la coherencia —es decir, una teoría que
sostiene que la justificación siempre proviene de las inferencias entre creencias
y nunca a partir de los datos de la experiencia. Haack se apronta a aceptar
esta segunda interpretación porque se asemeja a su concepto de *integración
explicativa*. De paso, la aceptación de esta segunda interpretación de la teoría
de BonJour ubicaría a su concepción cerca del concepto de coherencia explicativa de Thagard, porque ambos le dan un papel relevante a los datos de la
experiencia. En contra de Davidson, Haack formula dos argumentos, uno en
contra de la plausibilidad de su teoría de la interpretación —principalmente
mostrando la implausibilidad del principio de caridad que sostiene la idea de
que la atribución de creencias implica que sean creencias verdaderas, conceptualmente— y otro en contra de la relación entre causalidad y justificación
de las creencias —sobre la base, básicamente, de mostrar un *non sequitur* en el
siguiente razonamiento de Davidson: que únicamente pueden haber relaciones
causales, y no lógicas, entre creencias y experiencias; por lo que la experiencia
es irrelevante para la justificación.

[762]   Cf. Haack, 2009: capítulo I, sección I, párrafos 13-17.

La justificación [«*warrant*»] para Haack es una noción que implica el apoyo entre creencias en varias direcciones y dimensiones —el grado de apoyo, el grado de seguridad de las razones con independencia del apoyo brindado por otras creencias y el grado de exhaustividad—. Ésta es una característica que distingue a la integración explicativa de la abducción o la inferencia conforme a la mejor explicación. Ésta última es una noción unidireccional de la información disponible, de las pruebas disponibles para la explicación —entre otras— que mejor las acomode. Es, en este sentido, no solamente una noción unidireccional, sino también una noción que implica la optimización. Se trata de seleccionar la *mejor* de entre un conjunto de explicaciones posibles. La integración explicativa de Haack no. Qué tan favorables sean las «pruebas de A» con relación a «p» no es suficiente para determinar el grado de justificación para creer que es el caso que «p»; hace falta examinar el grado de seguridad que se tiene en las razones para creer que es el caso que «p», con independencia del apoyo que esas razones reciban de otras creencias. La idea de apoyo mutuo no es circular debido al segundo determinante de la calidad probatoria. Haack recurre aquí, nuevamente, a la analogía del crucigrama. Cuando se evalúa una entrada vertical del crucigrama, se tiene en miras la línea horizontal con la que se intersecta. Por ejemplo, si en esa entrada horizontal hay escritas algunas palabras, los posibles candidatos para la entrada en vertical serán más o menos razonables con relación a esas palabras. Pero la seguridad que se tiene para creer que determinada palabra es la correcta en la entrada vertical no proviene de las letras que ya están escritas en la entrada horizontal; son independientes en algún grado —sea por el tamaño de los espacios a llenar, sea por la relación entre la palabra conjeturada y la pista ofrecida por el crucigrama para esa entrada. Dicho de otro modo, el apoyo mutuo entre creencias se conjuga con el grado de seguridad de las razones con independencia de las creencias que la apoyan[763]. Pero el grado de justificación requiere cumplir con un tercer determinante: la

---

[763] Haack, 2009: capítulo IV, sección III, párrafo 12.

exhaustividad de las «pruebas de A» con relación a «p». Que el sujeto tenga todas las pruebas relevantes es relativo a si el sujeto cree
que tiene todas las pruebas relevantes. Esto, a su vez, depende de
las creencias de trasfondo que están causando que al sujeto, ciertas
pruebas, le parezcan relevantes y todas las relevantes. Si sus creencias de trasfondo son verdaderas, entonces todas las pruebas que le
parecen relevantes son las relevantes. Si sus creencias de trasfondo
son falsas, entonces no todas las pruebas relevantes son las que a él
le parecen relevantes. Visto así, la exhaustividad en las pruebas no
es una condición que forma parte del apoyo inferencial de las pruebas hacia la justificación de que «p» es el caso —como ocurre, por
ejemplo, con la condición de tener todas las pruebas disponibles
o todas las pruebas estadísticamente relevantes que requieren los
inductivistas[764]— ni es un requisito de la integración explicativa —
como en el caso de la coherencia explicativa de Thagard[765]. Los tres
determinantes de la calidad de las pruebas, esto es, qué tan justificado está un sujeto a creer que es el caso que «p», aparecen articulados en la siguiente definición: «A está más justificado en creer que
p cuanto más apoyo le brinden [*supportive*] sus pruebas [*C-evidence*]
directas con relación a p, cuanto más (o menos) seguro esté de la independencia de sus razones [*C-reasons*] a favor (o en contra) de creer
que p y cuanto más exhaustivas sean sus pruebas [*C-evidence*] con
relación a p»[766]. Tres nociones están implícitas en esta definición,
todas ellas nociones graduables —o que admiten grados—. La justificación [*warrant*] de un sujeto es una función de los tres determi-

---

[764]   Cf. Cohen, 1989: 101 en donde analiza este requisito y trata de adoptar una
         postura contraria a la de Carnap, Hempel y Salmon.

[765]   Thagard, 1989: 438. De acuerdo con el principio 6, aceptabilidad, una pieza
         probatoria es directamente relevante para una hipótesis si la pieza es explicada
         por la hipótesis o por alguna hipótesis rival o si la pieza es suficientemente si-
         milar a otra prueba relevante. Este principio contribuye a la coherencia global
         del sistema. Cuanto un par de proposiciones más cumpla con los principios,
         mayor será su coherencia explicativa. De modo que la exhaustividad en las
         pruebas es un componente de la coherencia explicativa. No es este el caso para
         Haack.

[766]   *Ibidem*: capítulo IV, sección III, párrafo 20.

nantes. La justificación de un grupo de científicos también es una función de dichos determinantes, pero tomada como «el grado de justificación para un sujeto hipotético cuyas pruebas [*evidence*] son las de todo el grupo [suponiendo buena fe y la actitud de cooperación para compartir un banco de pruebas comunes] construidas de tal forma que incluyan no solamente las conjunciones sino también las disyunciones de las razones en disputa [para acomodar creencias de trasfondo rivales, hasta en tanto una de ellas sea descartada] y descontando [del grado de justificación] en alguna medida el grado respecto del cual cada miembro está justificado en creer que otros son observadores confiables y merecedores de confianza y [la justificación también está en función de] la eficiencia o ineficiencia de la comunicación dentro del grupo]»[767]. Desde un punto de vista externo a la ciencia, la pregunta por la justificación de las afirmaciones científicas o de las teorías, es una forma elíptica de decir que están justificadas en forma relativa a la calidad de las pruebas de un sujeto —concepción personal de justificación [«*The Personal Conception of Warrant*]— o de un grupo de sujetos —concepción grupal de justificación [«*The Social Conception of Warrant*»]. Entre distintas personas o grupos, el que está más justificado en sus afirmaciones o teorías es aquél cuyas pruebas sean las mejores. En este contexto «"las mejores pruebas" quiere decir "el mejor indicador de la probable [*likely*] verdad de la afirmación o teoría en cuestión"»[768]. El mejor indicador de la probable verdad se refiere a qué tan seguras y exhaustivas son las pruebas, sin importar que apoyen o no apoyen, que sean favorable o no favorables, a la verdad de la afirmación en cuestión. Ésta es la concepción imparcial de justificación [«*The Impersonal Conception of Warrant*»][769]. Hasta aquí se aprecia que son las pruebas las que justifican la afirmación de que «p» es el caso —o que justifican una teoría. Pero que una afirmación esté justificada por la calidad de las pruebas no ha de confundirse con el grado de

---

[767] Cf. Haack, 2007: 71.
[768] *Ibidem*: 72.
[769] *Idem*.

creencia [*degree of credence*] en la aceptación de la afirmación o de la teoría en cuestión, por parte del sujeto. Puede ser que el sujeto crea en un alto grado cierta afirmación o teoría y que, al mismo tiempo, las pruebas justifiquen la afirmación o teoría. En este caso el sujeto estaría *justificado en sentido estricto* a creer en la afirmación o teoría en cuestión. Pero también puede suceder que el sujeto crea en un alto grado un enunciado o teoría que, por otra parte, las pruebas no apoyen, no las justifiquen —por ejemplo, porque el enunciado o la teoría ha sido formulado por una autoridad que el sujeto aprecia y le tiene respeto[770]. Es decir, la objetividad de la calidad de las pruebas con relación a una afirmación puede ser opaca para el sujeto o puede tener una mala aptitud epistémica para formar sus creencias con relación a la calidad de las pruebas —por prejuicios, por presión grupal, por descuido, etc.

B) La epistemología jurídica del *Foundherentism*

Haack propone aplicar su teoría de la justificación para dar cuenta de la justificación de las decisiones de jurados —y jueces— en la decisión de casos. Esto es así, porque sostiene que su teoría sirve para cualquier actividad epistémica, sea cotidiana o científica, en cualquier ámbito donde se requiera la justificación de las creencias de una manera conducente a la verdad. Pero Haack también considera que sus ideas son aptas para los procesos judiciales porque éstos tienen por objetivo averiguar la verdad de lo ocurrido; requieren determinar qué ocurrió para aplicar a lo que ha sido determinado una consecuencia jurídica. Esto, incluso, si no todas las reglas procesales facilitan las operaciones epistémicas ideales, incluso si las limitaciones de tiempo y de admisión de la prueba hacen circunscrito el universo probatorio e incluso, finalmente, si las asimetrías en recursos entre las partes y el propósito persuasivo del sistema adversarial dificultan las tareas epis-

---

[770]   Nótese que la expresión «justificación en sentido estricto» se corresponde con la expresión «*justification*» que usa Haack; ello así para distinguirla de «*warrant*», que aquí hemos traducido como «justificación». Cf. Haack, 2007: 90, nota 21.

témicas. Estos hechos son contingentes, no representan una objeción conceptual para la aplicación de sus ideas. En un libro reciente de Haack se incluye una serie de ensayos dedicados a ilustrar la aplicación de su teoría al contexto del proceso jurisdiccional. De ellos nos interesa destacar la tesis de que los estándares de la prueba en el proceso han de ser interpretados como la exigencia de la justificación [*warrant*] en cierto grado y no como exigencias de persuasión o de convencimiento del juzgador —sea un jurado o un juez profesional. La idea es entender que las diferentes reglas que establecen, en materia penal o civil, estándares que se han de satisfacer para condenar —o para adjudicar una absolución— son objetivos. Es decir, los tres determinantes de la calidad probatoria: apoyo de las pruebas, seguridad en las razones y exhaustividad de las pruebas, son igualmente aplicables al grado de justificación del juzgador para condenar o absolver. Es una aplicación literal y directa de las tesis centrales del *Foundherentism* al dominio jurídico. Con el agregado, quizás, de que la regla que instituye el estándar, establece el umbral que debe superar el grado de justificación de la creencia del juzgador de que es el caso de que ciertos hechos han ocurrido. A este respecto, Haack no establece un método para traducir el lenguaje empleado por el legislador en términos de su teoría de la justificación ni da cuenta de cómo identificar los casos en los que se ha superado dicho umbral. Eso sí, Haack sostiene que si llegase a ser especificado el estándar probatorio, su reconstrucción proporcionaría las tres dimensiones que determinarían si el juez está justificado en creer que se ha cumplido con el estándar probatorio —o la justificación de cualquier actividad de valoración de la prueba en general. Una consecuencia de la propuesta de Haack es que la tarea de valoración de la prueba no admite el uso de operaciones de ordenación ni cardinalidad de ningún tipo. Entre las pruebas presentadas y las razones para sostener las creencias del sujeto existe una relación de apoyo mutuo —recordar que «las pruebas de A» incluyen las creencias que se apoyan en la experiencia y las creencias no experienciales que apoyan otras creencias, también llamadas *razones*. Las relaciones de apoyo ocurren entre todos los elementos de prueba, de las creencias basadas en la experiencia hacia otras creencias no basadas en la experiencia; entre razones, entre dos o más creencias basadas en la experiencia; entre grupos de pruebas y grupos de razones. El resultado del apoyo entre los elementos que integran «las pruebas de A» produce una explicación de la proposición o teoría a ser justificada, el efecto es lo que Haack denomina «integración explicativa»[771]. Adicionalmente, se habrá de meritar el grado de seguridad con que

---

[771] Como se recordará, Schum propone integrar la generación de hipótesis con la retroducción en un solo modelo que muestra la forma en que los dos sentidos de *abducción* propuestos por Peirce interactúan y se complementan. Ese modelo se puede traducir en términos de la teoría propuesta por Haack. La nueva hipótesis generada en el modelo de Schum sería parte de las creencias del sujeto a justificar. La retroducción, es decir, la puesta a prueba de la hipótesis generada, sería equivalente en el *Foundherentism* a una función del grado de apoyo de las creencias previas —en el modelo de Schum, serían las hipótesis previas y las pruebas previas— hacia la nueva creencia en cuestión (la hipótesis). El modelo de Schum no toma en cuenta, sin embargo, las otras dimensiones que propone Haack para la calidad probatoria: el grado de seguridad de la actual hipótesis con independencia de la creencia nueva que quiere acomodar —la información anómala en el modelo de Schum—; y el grado de exhaustividad de las pruebas disponibles. Otra diferencia notable es que el modelo de Schum se representa gráficamente como una cadena, lineal, de pasos que van de las pruebas hacia la hipótesis. Para Haack el proceso es mucho más complejo, como lo ilustra la metáfora del crucigrama; que sugiere la interacción de todas las piezas de prueba, las creencias para sostener dichas pruebas, así como la hipótesis. Pero quizás la diferencia más contundente entre el modelo propuesto por Schum y la teoría de Haack es que la justificación de creencias para ella no requiere de ninguna operación inductiva —y con ello, de paso, evita los problemas y paradojas de la inducción—. Esta es una nota absolutamente diferenciadora porque la retroducción es un razonamiento por el que se valida la hipótesis mediante métodos inductivos. Finalmente, el modelo de Schum acomoda una idea de la que el *Foundherentism* no da cuenta: la forma en la que la conjetura surge, el flash de la intuición —como lo llama Schum; éste es un aspecto que ciertamente no está regido por el apoyo mutuo entre creencias y pruebas que es posterior al flash de la intuición. En otro frente de comparación, existe una semejanza con la inferencia conforme a la mejor explicación: el *Foundherentism* de Haack provee una explicación en el lenguaje que da cuenta de las múltiples dimensiones de la calidad probatoria en varios grados de apoyo mutuo en la red de creencias. Es decir, la integración explicativa es una forma de explicación que produce la comprensión de una proposición que es comparable en tanto resultado, con la explicación más hermosa.

se sostienen las razones con independencia de las pruebas que apoyan y, finalmente, hacer expreso el conocimiento de trasfondo que está operando en las partes para sostener que toda la información relevante está presente en algún grado. En el conjunto, todas las pruebas ofrecidas por las partes y sus razones funcionan como un enorme crucigrama. De esta imagen surge que Haack no admite una reconstrucción que ordene las afirmaciones de las partes o sus afirmaciones en un orden de mérito con relación al apoyo inductivo de las pruebas —empresa que por otra parte Haack condena al fracaso[772]—. El concepto de integración explicativa no produce la ordenación entre *hipótesis* o *teorías del caso* rivales en orden a las pruebas que las apoyan. Como tampoco produce una ordenación cardinal de pesos, como sucede con la aplicación del teorema de Bayes que arroja un número entre 0 y 1 para cada proposición en rivalidad[773]. Al mismo tiempo, que la justificación sea gradual, en función de la mayor o menor integración explicativa, la seguridad de las razones y la exhaustividad en las pruebas, no equivale ni a un razonamiento conforme a la mejor explicación, ni a un razonamiento de explicación coherente ni, finalmente, a la elección de la historia de aquella parte del proceso que sea la más probable[774]. Otra consecuencia de la aplicación de la teoría de Haack a la valoración de las pruebas —i.e., a la justificación de las creencias del juzgador a partir de la calidad de las pruebas— es que las pruebas no se alinean a modo de un vector que apunta, con cierta magnitud —el peso o fuerza probatoria— hacia una *probandum* —p.ej., que Juan tomó las joyas del armario—; la reconstrucción unidireccional de las pruebas para establecer una proposición específica —representada, por ejemplo, en un diagrama de Wigmore— es

---

[772] Cf. Haack, 2014: 59 en nota al pie 72; Haack, 2007: 41; Haack, 2009: capítulo IV, sección III, párrafo 10.

[773] Ver arriba sección 2.1.1.2 A)

[774] Allen propone elegir entre diferentes historias como una forma de interpretar el estándar de la prueba preponderante en materia civil, en los Estados Unidos. Pardo, extiende la idea de Allen al proceso penal: se ha de elegir aquélla historia que esté respaldada por pruebas que haga a sus afirmaciones más probables que improbables. Ver Allen, 1986 y Pardo, 2013a.

una imagen inadecuada. Esto es así, porque las pruebas están ancladas en ciertos datos y las razones para aceptar estos datos, junto con otras pruebas, datos y razones, interactuarán a modo de una red interconectada de influencias; todas ellas evaluadas en las tres determinantes de la calidad probatoria. En conjunción con el rechazo a cualquier ordenación de las pruebas y proposiciones probatorias, el concepto de fuerza probatoria o peso no ha de ser, por lo tanto, interpretado en términos probabilísticos —en ninguno de los sentidos distinguidos *supra* en la sección 2.2.1.1[775]. Sin embargo, la propuesta de Haack tampoco es equiparable a las teorías coherentistas de la justificación ni a las teorías llamadas —bajo diferentes criterios— *holistas*[776]. Ella misma advierte que no existe un paralelismo exacto entre la discusión en epistemología —fundacionismo vs. coherentismo— y la discusión en la *New Evidence Scholarship* —entre atomismo y holismo—; tan solo porque en el holismo se considera todo el cuerpo de pruebas y porque hay versiones del holismo que involucran narraciones —*story based*— es que se puede trazar un paralelismo con el concepto de integración explicativa de Haack y quizás es esta la razón por la que ella misma se declara *cuasi-holística*[777].

Finalmente, la forma más clara de diferencia entre las teorías que usan la probabilidad —en cualquiera de sus sentidos no inductivistas—, la lógica inductiva, el coherentismo —en particular el

---

[775] Esta consecuencia es diametralmente opuesta a la postura de algún sector de la bibliografía; cf. Anderson, Schum y Twinning, 2005: capítulo 9 y Schum, 1994. No está de más apuntar que el concepto de *relevancia* entendida como la prueba que, de ser admitida, elevaría la probabilidad de una proposición, es también descartada. En rivalidad con Haack, Laudan sostiene esta postura de la relevancia probatoria. Ver su «Tomando las ratios de la diferencia en serio: el delincuente reincidente y el estándar de la prueba, o el tratamiento diferenciado para los delincuentes reincidentes», incluido en este volumen. En efecto, decir que es relevante probatoriamente el antecedente de delitos previos cometidos por el acusado supone que, de ser admitidos como prueba, aumentará la *probabilidad* de la proposición que afirma que ha cometido el delito por el que se le juzga.

[776] Sobre este punto véase *infra* punto 2.2.3.4. de esta parte II.

[777] Haack, 2014: 15 y 21.

de Thagard— y la inferencia conforme a la mejor explicación —en particular la versión de Lipton— es su relación con la verdad. Haack sostiene que su teoría de la justificación de creencias acerca de que es el caso que «p» conduce a la verdad —entendida desde una teoría redundantista —laconista— en los términos de Ramsey[778]. En cambio, aquéllos que aceptan la probabilidad en cualquiera de sus formas, no implican la verdad en ninguna de sus concepciones sustantivas o no-deflacionarias. La asignación de un grado de probabilidad o la asignación de un orden —*i.e.*, primero, segundo, tercero— no implica que sea verdad que «p» en un proceso judicial. En todos los casos hace falta una premisa puente: que cierto grado de probabilidad o cierto grado de *respaldo inductivo* «implica» que sea verdad que «p». La semántica de «implica» en esta premisa puente dependerá de la filosofía de la probabilidad que se adopte, y será distinta para un inductivista como Cohen, para alguien que acepte el concepto lógico del predicado *probable* —en los términos de los primeros escritos de Carnap—, así como para alguien que acepte una teoría subjetivista de la probabilidad. Esta premisa puente no está presente en Haack. Otro tanto se puede decir de las teorías de la justificación coherentistas conectadas con una concepción corres-

---

[778] Esta es la cuestión medular para Haack: «De acuerdo con el criterio *foundherentista,* la prueba máxima con relación a las creencias empíricas son las pruebas de la experiencia, los sentidos y la introspección. De modo que la capacidad para indicar hacia la verdad del criterio *foundherentista* requiere que sea el caso que nuestros sentidos nos provean información acerca de las cosas y eventos que nos rodean y que la introspección nos provea información acerca de nuestros propios estados mentales», aunque sean —los sentidos y la introspección— falibles. Habría que reflexionar si esta tesis le alcanza a Haack para arribar a la verdad, de una manera que su teoría sea mejor que la de las teorías rivales. Por de pronto, un reto será poner a prueba este criterio en los tribunales, en donde los juzgadores —jurados o jueces— no tienen pruebas de la experiencia, sino a través de testigos, sean legos o expertos, ciudadanos o funcionarios públicos. En este sentido obsérvese que Haack trata a los reportes de información testimonial como si fueran pruebas de la experiencia directa, a menos que tengamos razones para pensar que el testigo no es de fiar o nos engañan. Véase *supra* nota al pie de página 748. Cf. Haack, 2014: Capítulo 10, sección II, párrafo 14.

pondentista de la verdad —como BonJour o Amaya—: hace falta
una premisa puente que indique, conceptualmente, que la proposición más justificada implica la correspondencia con un correlato
veritativo externo, es decir, que es verdad por correspondencia. En
cambio, hay otro grupo de teorías que se distinguen de la de Haack
por el criterio de verdad que adoptan: por caso, Lipton y Thagard
que sustituyen el predicado «verdadero» por «verosímil» —verdad
aproximada «*approximate truth*»—. Ambos afirman que sus criterios
de justificación llevan o conducen a la verdad aproximada[779]. Es de-

---

[779]   Lipton, 2004: Introducción, párrafo 7 y en especial Capítulo 11; Thagard,
2007: 41 y Thagard, 2000: 85. En ambos casos, deberían tomar posición con
relación al debate entre Putnam, por un lado y Laudan y Fine, por el otro—.
Lipton lo hace en el último capítulo de su libro (cf. Lipton, 2004). El argumento de Putnam es a favor del realismo científico —cuya tesis epistémica
es que las teorías científicas sólidas y exitosas en sus predicciones están bien
confirmadas y son aproximadamente verdaderas, de modo que las entidades
que nombran y designan, o entidades semejantes a ellas, existen en el mundo.
Putnam sostiene que el realismo científico es la única filosofía que no transforma el éxito de la ciencia en un milagro. Si no fuese verdad que las teorías
científicas sólidas se aproximan a la verdad, entonces su éxito, su capacidad
predictiva y de operación en el mundo sería un milagro. Cf. Putnam, 1975:
73. Laudan ataca al argumento del «no-milagro» diciendo que es redundante;
mientras que Fine explica el éxito de las teorías científicas sólidas en términos
anti-realistas. Véase Laudan, 1981a y Fine, 1986. El argumento de Putnam no
ha de ser confundido con otro razonamiento falaz pero parecido: 1) el proceso
judicial tiene como fin averiguar la verdad de los hechos controvertidos; 2)
la abducción es un razonamiento que al proponer hipótesis que son después
aceptadas inductivamente conducen a la verdad —vía la mejor explicación;
3) por lo tanto, la abducción en el derecho puede conducir a la verdad. Este
razonamiento carece del *milagro*, es decir, carece de la premisa que dice que
efectivamente hay teorías sólidas, como hay sentencias judiciales sólidas, que
funcionan, es decir, sentencias en donde fue verdad que se condenó al culpable y se absolvió al inocente. El argumento de Putnam supone que es un dato
evidente a todas luces que hay teorías científicas que funcionan para interactuar con la realidad principalmente porque predicen la regularidad de ciertos
fenómenos. Pero no hay, en cambio, en el derecho, ningún ejemplo de una
teoría de la abducción jurídica que nos indique al *verdadero* culpable y al *verda-*
dero inocente. Como también carecen las teorías de la abducción jurídica del
aspecto más relevante: los mecanismos concretos, en cada tipo de caso, para
cada conjunto de prueba, con las reglas de validez adecuadas, que hacen que,

cir, el concepto de verdad —o su sustituto— y la relación con la justificación de las creencias distingue en última instancia al *Foundherentism* de Haack de otras teorías rivales.

2.2.2. Teorías no inferencialistas (el narrativismo)

En el marco de un proceso, las partes ofrecen su versión de lo ocurrido, tanto cuando presentan la relevancia de cada una de las pruebas que ofrecen como cuando intervienen alegando en contra de la posición de la parte contraria. Esta característica pragmática de los procesos jurisdiccionales ha llevado a algunos teóricos a postular la idea de que el concepto de narración es fértil para dar cuenta de la actividad probatoria desplegada por los distintos actores del proceso, así como, en particular, del resultado del proceso y, a la vez, del acto de valoración final de la prueba, es decir, de la sentencia. Ahora bien, sin un marco teórico robusto más amplio que dé cuenta de la actividad probatoria, y sin la idea de que en los procesos jurisdiccionales los hechos son analizados para formular argumentos, para sostener posiciones, para, de alguna manera, *apoyar* las historias las partes, el concepto de narración no alcanza a ser más que una intuición de partida.

Entre aquellos que asumen que la actividad probatoria desarrollada en el proceso y, en particular, los actos de valoración de la prueba, son mejor iluminados cuando son reconstruidos como narraciones, dos son los marcos conceptuales que han sido puestos al servicio de esta idea: la semiótica y la teoría del discurso. Conviene, sin embargo, desde el comienzo, distinguir las teorías generales que pretenden dar cuenta de los distintos acontecimientos y sucesos que se desarrollan en el marco del proceso con relación al ofrecimiento y la valoración de pruebas, del modelo de psicología cognitiva denominado *story model*. Este último tiene como propósito explicar y

---

inductivamente, en el proceso judicial, estemos justificados a aceptar por verdaderos los enunciados que se conjeturan mediante la abducción. Ver Tuzet, 2003.

reconstruir los procesos cognitivos de los jurados cuando participan en los juicios[780]. En cambio, las teorías generales narrativistas buscan explicar la actividad probatoria del proceso jurisdiccional desde una disciplina diferente, sea la semiótica o el análisis del discurso. Debe destacarse, sin embargo, que las dos teorías que se presentan en esta sección han sostenido discusiones con teorías que provienen de las ciencias cognitivas. La discusión pasa por rechazar los modelos de psicología cognitiva, experimental, que se valen del concepto de narración [*story*] para explicar el procesamiento, el análisis y la síntesis de la información que intervienen en el juicio por jurados. La semiótica estructuralista (Bernard Jackson), en un caso, y la hermenéutica y la lingüística (Robert Burns), en el otro, son los marcos de referencia que se dicen capaces de mostrar la insuficiencia —o lo inadecuado— de un discurso científico como lugar de comprensión del fenómeno complejo que se desenvuelve en la adjudicación judicial[781].

El rasgo más distintivo de estas teorías quizás sea que desplazan el foco de la explicación desde la inferencia probatoria hacia los procesos semióticos o discursivos que implican las narraciones de las partes en el proceso y los significados que así se construyen durante su desarrollo. Es por esta razón que hemos clasificado a este tipo de teorías como no inferencialistas. Esto no quiere decir, por cierto, que este tipo de teorías no considere relevante la idea de razonamiento o de argumento o, en pocas palabras, que no pretendan dar cuenta de la discusión acerca de las pruebas que se efectúa durante el juicio. De hecho, ofrecen una reconstrucción teórica que incluye el papel que juegan el razonamiento y los argumentos en la valoración de la prueba dentro de ciertas narraciones o discursos producidos durante el juicio, pero —y esto es lo decisivo para considerarlas teorías no inferencialistas— rechazan la idea de que ex-

---

[780] Cf. Pennington y Hastie, 1992 y 1993 y Bennett y Feldman, 1984: 66-80.
[781] Cf. Jackson, 1988: capítulo 3; y Burns, 1999: capítulo VIII, sección «The Contemporary Trial Comprises the Practices Best Designed to Achieve Truth-for-Practical-Judgement».

plicar la inferencia probatoria revele la comprensión profunda del proceso y de la adjudicación judicial y, más precisamente, que sea estrictamente la inferencia probatoria lo que determine el sentido y alcance de la decisión.

Nos ocuparemos, sucesivamente, de dos teorías narrativistas que estimamos los ejemplos más representativos en el género: la teoría de Bernard Jackson basada en la semiótica (2.2.2.1) y la teoría de Robert Burns basada en una concepción hermenéutico-lingüística del discurso (2.2.2.2).

2.2.2.1. Un modelo del juicio desde la semiótica estructuralista

El punto de partida de la teoría de Jackson es la adopción de la concepción del significado de Algirdas J. Greimas, «[quien] está parado firmemente en la tradición de la semiótica europea altamente influenciada por el estructuralismo. Él desarrolla y aplica nociones tomadas de Saussure, Jakobson, Hjelmslev y Lévi-Strauss. Su objeto estudio no es la interpretación de los textos sino la explicación de la estructura de significación que subyace a ellos —esto es, cómo el significado que poseen es generado». La postura de Greimas supone que «el lenguaje no ha de ser definido en términos de una referencia al mundo exterior y no debe ser visto meramente como un instrumento neutral en las manos de sus usuarios. La "referencia" del lenguaje está completamente internalizada dentro de él, es una imagen mental de quién otorga significado [«the signifier»]»[782]. Para Jackson, entonces, no habrá una relación de acceso, de correspondencia entre el lenguaje y el mundo. Así, los conceptos de «hecho» y «verdad» tampoco se podrán relacionar bajo una relación de correspondencia —por ejemplo entre proposiciones del lenguaje y ciertos hechos del mundo externo. En efecto, Jackson encuentra que la mera noción de *correspondencia* es incoherente:

---

[782] Jackson, 1985: 32.

> [...] ¿qué quiere decir que el lenguaje se «corresponde» con el mundo? Si el mundo es concebido como un universo no lingüístico (fáctico), entonces el lenguaje únicamente puede «corresponder» en la medida en la que también exhiba tales elementos no lingüísticos (fácticos) o bien que el mundo manifieste tener estructuras lingüísticas. Mientras que la semántica de las condiciones de verdad hace precisamente eso —que consiste en identificar al propio significado de una oración [«sentence»] con las condiciones en el mundo no lingüístico (fáctico) bajo las cuales esa oración puede ser verdad— de esta manera asume que los «hechos naturales» son perceptibles como tales y que su verdad es extra-discursiva; la semántica estructural identifica el significado de una oración como generada por la interrelación de sus estructuras sintácticas y semánticas, y de los valores semánticos, como generados internamente, dentro de cualquier sistema lingüístico particular. El lenguaje, por lo tanto, no exhibe el elemento no-lingüístico (fáctico) requerido para establecer la correspondencia. Los «hechos naturales» no pueden entonces ser percibidos como tales, sino únicamente a través del filtro de un sistema de lenguaje particular que crea significado[783].

Incluso en un plano pragmático, cuando se usa el lenguaje para referirse a cosas del mundo, «las expresiones que refieren vienen determinadas por el significado construido dentro del lenguaje y, de esta manera, no se pueden corresponder directamente con los fenómenos de la realidad empírica»[784]. Si el significado es una función de las relaciones semánticas internas al lenguaje y la referencia es algo que es hecho con el lenguaje para indicar eventos o estados de cosas en el mundo, entonces nunca podemos estar seguros de que el lenguaje nos presenta una compresión de lo real (en el sentido de representarlo verdaderamente)[785]. Las características del lenguaje, el significado y la referencia de las expresiones hacia el mundo implican que el concepto de verdad no sea enten-

---

[783]   Jackson, 1998: 253.

[784]   *Ibidem*: 255.

[785]   Cf. *ibidem*: 257. En el mismo sentido también Jackson, 1988: 193: «"[...] una semiótica no referencial implica el punto de vista de que no podemos a través del lenguaje ofrecer y verificar descripciones precisas del mundo real. Porque la verificación de aquello que es una descripción verdadera (en términos de correspondencia) es necesariamente percibida a través de, y por tanto mediada por, el lenguaje».

dido como la correspondencia entre el lenguaje y algún correlato extra-lingüístico. Se abandona, por lo tanto, el concepto de verdad como correspondencia[786]. Como consecuencia de este abandono, también se sigue que la verdad ya no es concebida como objetiva: «puesto de manera muy amplia, la verdad no es una propiedad inherente a las proposiciones, sino que es atribuida a las proposiciones de acuerdo con las perspectivas de los usuarios de dichas proposiciones. Una vez que uno adopta esta postura, desde luego, una dificultad inmediata que surge es con relación al concepto de objetividad: la verdad es usualmente concebida como algo objetivo, sin embargo, una aproximación pragmática la haría parecer relativa a la perspectiva de diferentes usuarios»[787]. En efecto, Jackson dirá que la verdad es una función de la enunciación del discurso y no, en cambio, una función del discurso: «Si no podemos juzgar el contenido semántico de las historias como verdadero, por lo menos podemos tratar de juzgar quién creemos que está diciendo la verdad, en el sentido de quién nos persuade más que ha cumplido con las condiciones de sinceridad del acto [de habla] que pretende ser verdadero»[788]. El hecho de que sean las estructuras narrativas las que funden la inteligibilidad no solamente del enunciado sino también del acto de enunciación, es lo que ha llevado a Jackson — según el mismo explica— a proponer la expresión *narrativización de la pragmática* [*narrativising the pragmatics*] del acto de enunciación[789]. En ese nivel, debemos preguntarnos quién ha tenido más éxito en la actividad de persuasión, y poseemos modelos narrativos que nos guían para hacer dichos juicios. Es decir, en nuestras prácticas, tenemos estructuras de comprensión que nos permiten evaluar tanto

---

[786] «[...] si el significado en el lenguaje no involucra las relaciones de correspondencia con el mundo exterior entonces debemos abandonar cualquier teoría de la verdad como correspondencia. Si hacemos esto tenemos que abandonar el concepto de verdad o bien reemplazarlo con alguna alternativa» *Ibidem:* 192-193.
[787] Cf. *ibidem:* 259.
[788] *Ibidem:* 2.
[789] Cf. Jackson, 1994: 58.

en el nivel semántico, como en el pragmático, la plausibilidad de las afirmaciones que pretenden ser verdaderas. En definitiva, lo que hace verdadera a una afirmación es que haya sido enunciada de tal manera que nos persuada de que ha sido dicha con sinceridad y que la juzguemos plausible. Por cierto, este juicio es algo que hacemos porque poseemos estructuras de comprensión que nos vienen dadas por ser parte de un cierto grupo lingüístico[790]; distintos grupos lingüísticos tendrán distintas estructuras de comprensión; de aquí que la verdad ya no puede ser concebida como objetiva: «El concepto de verdad es relativo al discurso en el cual es construido. Esto hace que ninguna concepción particular [de la verdad] tenga privilegios: ni el abogado ni el científico pueden legítimamente reclamar acceso privilegiado [a la verdad]. En cambio, [lo que se puede decir es que] sus diferentes concepciones de la verdad reflejan sus intereses particulares, contextos y preocupaciones»[791]. Esta es una idea central de la teoría de Jackson, que la verdad es una construcción social efectuada a partir de interacciones, y no una función del mensaje que está siendo comunicado: «la propia construcción de la verdad es una función de una particular concepción de la verdad y de los procedimientos para certificar la verdad de una audiencia particular»[792].

Este conjunto de tesis, desde luego, tiene repercusiones en el derecho. Como adelanto, podemos decir que, de acuerdo con tales tesis, los procedimientos de certificación de la verdad que se desarrolla en el ámbito en que intervienen abogados, jueces y jurados determinarán la construcción de una particular concepción de la verdad. Así, por ejemplo, en la tradición angloamericana —dice Jackson— tanto el derecho que regula la prueba como los practicantes «asumen que la verdad existe "allá afuera", que en principio es accesible para nosotros, aunque este acceso se vea entorpecido por los propósitos de las instituciones jurídicas y aunque sea mediado

---

[790]   Cf. Jackson, 1998: 2.
[791]   *Ibidem*: 261.
[792]   *Ibidem*: 166.

por los discursos retóricos de los adversarios en competencia»[793]. En el interior de cualquier sistema discursivo un sentido de objetividad puede ser construido[794]. Para distinguir entre un sistema discursivo y otro Jackson propone —siguiendo a Greimas— adoptar la terminología de «grupo semiótico»: un grupo de personas que comparten un sistema particular de comunicación y de significación tal que el sistema está confinado a ellos mismos[795]. Dentro de tales sistemas encontramos un conjunto de convenciones con relación a la transmisión de mensajes y los códigos que son transmitidos. Hay tres criterios de pertenencia a un grupo semiótico. 1) El criterio hermenéutico: entre los miembros del grupo todos comparten estructuras de comprensión que les permite entender de manera unívoca los marcos narrativos que existen en las interacciones del grupo. 2) El criterio socio-lingüístico: sociolingüísticamente, las personas no pueden pertenecer a un grupo semiótico si no entienden los mensajes comunicados dentro del grupo. Así, por ejemplo, «aunque el derecho inglés es comunicado principalmente en inglés la mayoría de los hablantes del idioma inglés están excluidos del grupo semiótico del derecho, dado que no pueden entender los códigos particulares de lenguaje que el derecho emplea»[796]. 3) El criterio semiótico: los miembros del grupo comparten una *estructura profunda* que los habilita a comprender particulares formas del discurso; de modo que para pertenecer a un grupo como, por ejemplo, el vinculado al derecho, no es suficiente hablar inglés, ni siquiera entender el inglés jurídico, a nivel léxico y sintáctico, sino que hace falta comprender un código que define la identidad comunicativa particular. Un ejemplo son las actitudes de confianza y de desconfianza que el abogado aprende como parte del código lingüístico en el derecho, con relación al concepto de verdad. En el sistema del ciudadano, el concepto de verdad se aprende en la ex-

---

[793] *Ibidem*: 12.
[794] Cf. *ibidem*: 261.
[795] Cf. *ibidem*: 132-3.
[796] *Ibidem*: 134.

periencia inicial, en la infancia, en donde existe un discurso acerca la verdad, que ubica al niño en una relación pragmática de confianza con el hablante (típicamente su padre). La verdad, aprende el ciudadano, conlleva la actitud de la confianza con el interlocutor. Impuesto encima de este código, en buena medida por el entrenamiento y experiencia práctica, encontramos que el abogado litigante asume una posición de adversario frente al potencial testigo que sugiere una relación pragmática de *desconfianza*[797].

De conformidad con el anterior marco teórico, Jackson propone rechazar la representación tradicional de la aplicación del derecho a partir de un silogismo normativo, donde la premisa mayor es una norma y la premisa menor un enunciado fáctico, que, junto con la relación de deducción, permite inferir que la consecuencia normativa de la premisa mayor es aplicable al caso particular. La relación entre la premisa mayor y la premisa menor es una relación lógica. En cambio, para Jackson, la relación que hay entre la premisa mayor y la menor es de *interdiscursividad*. Esto es así, porque tanto la regla general como el enunciado fáctico responden a estructuras narrativas. Aunque abstractas, las reglas esconden detrás de su estructura oracional, *micro narrativas*. Así, por ejemplo, una regla que dice «si se mata al ladrón cuando se lo encuentra dentro de la casa, no habrá más delito que perseguir» esconde la narración de un ladrón que entra a una casa a robar, es encontrado en el acto del robo, y de que alguien le da muerte; este acto de matar al ladrón es juzgado como correcto y, por lo tanto, se declara que no hay delito que perseguir[798]. Las reglas del derecho moderno son más abstractas, pero no por ello dejan de esconder estructuras narrativas. La premisa menor, el enunciado fáctico, es también una propuesta de narración, por alguna de las partes. Sobre la base de estas consideraciones Jackson concluye: «Si tomamos las formas que subyacen tanto a la regla como al hecho como narrativas, tenemos una razón más para rechazar la aplicación de la lógica deductiva. Una historia no se ubi-

---

[797] Cf. *ibidem*: 264.
[798] Cf. *ibidem*: 98-9.

ca con relación a otra historia en una relación de implicación lógica. La relación adecuada es la de cercanía [*proximity*] en términos de la experiencia humana»[799]. El jurado o el juez debe realizar una comparación entre el resultado propuesto, la narración propuesta por cada una de las partes, y la estructura narrativa detrás de la regla jurídica. La narración más cercana a la regla jurídica es la narración que ganará. Para decidir acerca de la narración más cercana a la regla jurídica es que se crea una historia durante el juicio; la historia más persuasiva y plausible será la más cercana a la regla jurídica. La noción de plausibilidad ocupa el lugar de la relación deducción entre los enunciados probatorios y la regla general en el modelo del silogismo normativo:

> Hacer inferencias de un hecho a otro es un hecho que depende contingentemente de que los que realizan las inferencias encuentren aceptables las consecuencias de sus hallazgos fácticos [...] pero tales inferencias también son contingentes en el sentido de que dependen de ciertos factores sociales y culturales [...] ya que la inferencia de un hecho a otro no es una cuestión de las «pruebas» en sentido científico [...] sino que involucra la relación de plausibilidad. La plausibilidad es construida [...] en términos de modelos narrativos cuya estructura puede ser universal pero su contenido está determinado en forma contingente por la sociedad, por la cultura, son modelos que reflejan la experiencia compartida (o por lo menos la experiencia compartida como es socialmente construida y comunicada) y los valores sociales y culturales que informan a tales representaciones colectivas. Dos formas de plausibilidad han de ser evaluadas: la plausibilidad de la inferencia y la del acto de realizar la inferencia[800].

La persuasión es otra característica que incide en la elección de la historia: «Lo persuasivo de una historia reside en lo que la historia narra (nivel semántico) así como también en la narrativa de cómo se cuenta la historia. Tenemos tipificaciones narrativas de la persuasión en el relatar una historia que incluyen no solamente fac-

---

[799] *Idem.*
[800] *Ibidem*: 10-1.

tores como el estilo, la puesta en escena, sino también la autoridad que se le atribuye al que cuenta la historia»[801].

Como puede apreciarse, la imagen que emerge de la propuesta de Jackson es muy distinta de la visión que nos ofrecían las teorías inferencialistas, esto es, aquellas que se centran en la noción de inferencias a partir de hechos, hipótesis o explicaciones. De acuerdo con Jackson, todo el procesamiento de las pruebas depende de los procesos de construcción de sentido que cotidianamente empleamos y no de procedimientos cuasi-lógicos o científicos. Dado que no podemos escapar de estos mecanismos de atribución del significado, debemos estar muy alertas de su presencia, de las repercusiones que tiene en nuestra comprensión del proceso jurisdiccional[802]. Por más que lo intentemos, no seremos capaces de reemplazar los significados socialmente construidos en el juzgado por algún modelo científico. Siempre habrá algún elemento irreducible de verosimilitud en lugar de verdad en todo lo que ocurra en el tribunal durante el juicio. Si, por razones pragmáticas, esto es lo mejor que podemos hacer, entonces debemos enfrentarlo así; nunca tratando de esconder el carácter socialmente constructivo de la verdad producida por nuestros procedimientos institucionales con algún modelo científico[803]. El proceso por el que las narrativas son construidas en el juicio involucra tanto las estructuras sociales de comprensión comunes, como las del grupo semiótico al que pertenecen los participantes del juicio, pero muy particularmente las características sociales y psicológicas del intérprete: «Los hechos de un caso jurídico particular son construidos y reconstruidos [...] a través de un proceso de selección de características, o elementos, o propiedades, que la situación posee para efectos del contexto,

---

[801] *Ibidem*: 265.
[802] *Ibidem*: 271-2.
[803] Cf. *ibidem*: 272-3. A este respecto Jackson ha elaborado una serie que argumentos en contra del modelo de psicología cognitiva que da cuenta de los mecanismos de decisión de los jurados denominado modelo de narraciones [*story model*]. Véase *ibidem*: secciones 3.2-3.4.

que se juzgan pertinentes. La selección de características pertinentes evocará una imagen mental o serán juzgadas como relevantes con relación a alguna de las narraciones estándares que representan el conocimiento social del grupo concernido [al que pertenece el intérprete]. Ni las reglas jurídicas ni el método histórico determinarán la elección de los rasgos pertinentes. Como tampoco lo harán las estructuras narrativas, aunque pueden funcionar como restricciones»[804]. La comparación entre rasgos, para saber la mayor relevancia de uno respecto del otro, es analógica y no necesaria, dependerá de la fuerza que tenga alguna característica según el contexto social o psicológico del intérprete.

Uno de los rasgos de la elección de la narrativa más persuasiva y plausible es que los miembros del grupo semiótico *verán* ante sus ojos la narración que debe prevalecer: «Tanto jueces como académicos internalizan (algunos de manera más exitosa que otros) las reglas narrativas con relación a los tipos de estrategias de justificación que tienen más chances de resultar aceptables de acuerdo con las convenciones de la audiencia concernida [...] tales reglas son internalizadas como verdades y no como simples estrategias, de modo que algunos tipos de argumento de hecho, genuinamente, tienen la apariencia de ser más persuasivos que otros»[805]. De nueva cuenta aquí la persuasión se combina con la plausibilidad. Jackson dice que además de que hay convenciones sobre formas de argumentos, también existen reglas narrativas sobre las maneras de enunciar los argumentos. Una narración será elegida como la mejor cuando se presente como la más persuasiva y plausible con relación a estas reglas. El proceso de construcción de sentidos que revela la teoría de Jackson parece tener, en tanto estructura explicativa, un carácter universal, aunque con contenido específico relativo a cada grupo semiótico.

---

[804] *Ibidem*: 170.
[805] *Ibidem*: 153-4.

Teniendo como objeto de estudio un fenómeno cultural muy peculiar y particular, el juicio por jurados en los Estados Unidos de Norteamérica, Robert Burns desarrolla una explicación del funcionamiento de esta institución jurídica que también descansa en las nociones de narración y significado, solo que, a diferencia de Bernard Jackson, sostiene que los dispositivos narrativos permiten acceder, aun si hermenéuticamente, a la verdad fáctica. A considerar su propuesta está destinado el próximo apartado.

2.2.2.2. Un modelo del juicio por jurados norteamericano desde las prácticas hermenéutico-lingüísticas

El propósito de Burns es hacer una reconstrucción racional del juicio por jurados tal y como ocurre en los Estados Unidos de Norteamérica[806]. El modelo teórico que al efecto propone, se opone a lo que él denomina *la visión establecida del juicio* [*«the received viewed»*]. Bajo esta visión, los jurados realizan una serie de inferencias a lo largo del juicio para determinar lo que ha sucedido. La secuencia de pasos de razonamiento, en la visión establecida del juicio sería aproximadamente la siguiente: 1) los jurados reciben pruebas acerca de las circunstancias que rodearon los eventos que han de juzgar; 2) a partir de la pruebas que detallan las circunstancias el jurado formula conjeturas empíricas (generalizaciones): si la circunstancia es que una mujer tenía en brazos a un bebé llorando, la generalización es que cuando una madre tiene en brazos a su bebé en llanto no presta, en general, atención a lo que sucede en su entorno; 3) en conjunción con las pruebas acerca de las circunstancias y las generalizaciones, los jurados infieren una narrativa desprovista de todo juicio de valor acerca de lo que ocurrió; 4) los jurados comparan sus conclusiones con los supuestos legales que rigen el juicio —de qué tipo de caso legal se trata—; y 5) en el siguiente paso, el jurado realiza una categorización jurídicamente adecuada de la narrativa que se formula —hará una subsunción; 6) finalmente, en un paso

---

[806] Cf. Burns, 2003: 553.

posterior, el jurado realiza un inventario de las calificaciones que ha hecho antes, las arregla para saber el resultado: dará su veredicto como producto de este proceso acumulativo de pequeñas inferencias. Burns cuestiona este modelo ideal que conceptualiza al jurado como un agente pasivo que simplemente recibe información de las partes y que, una vez recibida, se limita a analizar la información recibida a modo de una cadena inferencial.

En contra de esta visión, Burns sostiene la tesis central de que el juicio ha de ser entendido como la superposición de muchos lenguajes amalgamados en prácticas lingüísticas complejas. En el corazón de su modelo se encuentra la idea de que el jurado debe decidir qué narración interpretada aceptar —lo que el autor denomina el nivel tres de su modelo para representar el juicio por jurados—. Para ello, el jurado se formula preguntas acerca de bajo qué circunstancias sucedieron los hechos, de modo que posteriormente pueda responder a la pregunta básica de qué ocurrió en el caso —tareas que se corresponden con el nivel uno y dos del modelo de Burns, respectivamente. Estas dos últimas preguntas y sus correspondientes respuestas se relacionan de manera interactiva con el nivel de la narración interpretada, porque operan como restricciones: el jurado tratará de visualizar lo que ocurrió sobre la base de la información que le suministren las partes. En el nivel dedicado a averiguar qué ocurrió, el jurado se preguntará qué narrativa en bruto es la más plausible, se preguntará qué hubieran visto ellos si hubieran estado en esa situación, en qué se hubieran fijado. A su vez, para dar una respuesta satisfactoria a lo anterior, el jurado debe atender a los elementos físicos involucrados en el caso, los objetos, los escenarios en donde ocurrieron las cosas. Las operaciones intelectuales que los jurados deben realizar están encaminadas a dar respuesta a estas preguntas. Preguntas que, por otro lado, la estructura del proceso judicial hace que sean imposibles de evitar. De esta manera, la metafísica implícita del juicio por jurados es simple: la realidad es lo que se corresponde con las respuestas justificadas a preguntas bien formuladas por parte de personas inteligentes y responsables ubicadas en las circunstancias en las que transcurre el juicio[807].

El modelo propuesto está estructurado en ocho preguntas, que se corresponden con ocho niveles hermenéuticos, sin que su orden determine una prelación de importancia o una sucesión cronológica, porque cada una de ellas se corresponde con un nivel que está en permanente interacción con los otros niveles en determinadas circunstancias o episodios de la puesta en escena del juicio: 1) ¿cuáles son las pruebas circunstanciales?; 2) ¿qué ocurrió? (la narrativa básica de movimientos y sonidos); 3) ¿qué demuestran las pruebas? (la narrativa interpretada); 4) ¿cuál es la equidad jurídica como dimensión de ajuste de todo lo anterior?; 5) ¿es la narración merecedora de encomio o de reproche? (la fiabilidad y credibilidad de los testigos); 6) ¿cuál es el significado público de todo esto? (la escenificación dramática en el tribunal); 7) ¿cuál es el aspecto más importante de este caso? (importancia, certeza, modo de organizar información); por último, el jurado se pregunta 8) ¿qué se debe hacer? (¿qué curso de acción adoptar?).

Las características más sobresalientes del juicio por jurados, por su parte, son: a) la pugna por interpretar el significado de las pruebas obliga a que los discursos de los participantes se dirijan hacia características concretas y específicas del caso (por ejemplo, ¿cómo era el arma?; ¿bajo qué condiciones el testigo observó el hecho?); b) los eventos son presentados en forma dramática pero ocurren de manera secuenciada en el tiempo, a modo de una sucesión de «ahoras»; de tal forma que se sugiere que en cada una de las presentaciones dramatizadas se encontrará la clave para resolver por completo el juicio; c) todos los eventos ocurren en un tiempo comprimido que facilita y permite una comprensión holística de todo el caso por parte del jurado; d) permanentemente se está posponiendo el momento final del juicio. Esto se logra con una presentación continua de eventos, provista de una continua interrupción por parte de las

---

[807]   Cf. Burns, 1999: capítulo VIII.

partes; e) hay una recreación dramática de los eventos en la sala de juicio que funciona como un lente con una metáfora: «las características del juicio entonces obligan a la mente a fijarse en la imagen completa de la historia; como hay una competencia intensiva entre las partes por dar sentido a los eventos que están siendo presentados, ello hace que la mente cultive la idea de posponer un juicio final hasta que todos los aspectos de las situaciones concretas hayan sido explorados desde todos los ángulos por las partes»[808]. Las tensiones dramáticas dentro del juicio funcionan de manera positiva para revelar formas muy particulares y articuladas de lo que está en juego en el caso: en el sentido de una metáfora teatral —en el juicio— podemos apreciar en su mejor luz una presentación del caso que coincide al mismo tiempo con la realidad y con la ilusión. Ello así porque se hace una recreación de todos los elementos relevantes y materiales que permite una reflexión y un enjuiciamiento agudo acerca del caso[809]. Burns argumenta que estos procesos albergan las condiciones de posibilidad que permite a los jurados ejercitar un tipo de «juicio reflexivo» [«*reflective judgement*»] que tiene la cualidad de hacer que la verdad del caso sea sentida, mediante mecanismos hermenéuticos[810].

Para Burns, el concepto de verdad que aquí tenemos es someramente equivalente a los aspectos de la realidad original, tal y como han sido determinados por la dinámica del juicio como los aspectos más importantes y significativos —lo que se correspondería con el nivel hermenéutico siete. Para lo cual, el juicio provee al jurado una experiencia hermenéutica completa que ilumina la situación que es problemática. La experiencia que proporciona el juicio a los jurados les permite apreciar lo que es esencial acerca de la situación en litigio. De este modo es que el juicio por jurado puede arrojar la verdad acerca de una situación humana. Las cosas, especialmente las cosas humanas, llegan a ser lo que son mediante los modos en

---

[808]   *Ibidem*: 132.
[809]   *Ibidem*: 50.
[810]   Cf. *ibidem*: Capítulo VII, sección «Reflective Judgement».

los que las conocemos; justamente como los modos desarrollados, desplegados, durante el juicio, cuyo objetivo no es exclusivamente la predicción ni el control de los eventos que se desarrollan en él. Los veredictos alcanzados en el juicio serán verdaderos porque los actos performativos y las prácticas lingüísticas que se dan cita durante el juicio revelan la verdad hermenéuticamente. Sin los lenguajes —el de los testigos, el de los expertos, el de los abogados, el del juez— que ocurren en el juicio, sin las puestas en escena, no seríamos capaces de apreciar la importancia y el significado de la situación que se juzga. Por el contrario, solo a través de la experiencia que nos brinda el juicio podemos arrojar luz acerca de lo ocurrido. Bajo muchas circunstancias importantes no podemos preguntarnos si el juicio ha hecho una representación precisa de la realidad, y no podemos porque la verdad acerca la realidad que representa es invisible excepto bajo la luz de la experiencia que nos proporciona el juicio. Así, la verdad del evento que está siendo juzgado es advertida únicamente mediante la participación del jurado durante el juicio[811].

Lo que ocurre en un juicio por jurados es, así, lo que de manera primordial determina lo que el jurado adjudica. El juicio implica un conjunto complejo de reglas, prácticas y lenguajes. Difícilmente es una presentación libre de valor en los hechos, como sea que estos sean. Las sentencias de los juicios serán verdaderas mientras que no exista otra institución mejor diseñada para alcanzar el propósito práctico del juicio; un propósito que está bien enraizado en los intereses humanos más fundamentales. Los juicios por jurados, en tanto prácticas, están diseñados para alcanzar una verdad que no es ni científica, ni histórica ni religiosa, sino una verdad de un tipo muy específico, una verdad para un juicio práctico [«*truths-for-practical-judgement*»]. Para los estadounidenses la verdad práctica implica el ajuste adecuado entre dos fuerzas en tensión: 1) los distintos principios que animan a las esferas más importantes de la vida social; y 2)

---

[811]   *Idem.*

los medios disponibles para organizar la vida social. Los casos que son llevados a juicio [«*triable cases*»] son conflictos que se producen entre esas dos esferas. La inconmensurable unidad de los valores subyacentes en esos casos permite que se puedan formular diferentes narrativas, todas plausibles, para solucionar el caso. Para los estadounidenses el juicio práctico último y más importante tiene que ver con la dimensión moral, pública.

En la sección anterior hemos señalado algunos problemas que deben enfrentar las teorías inferencialistas. Con relación a las teorías no inferencialistas que venimos de presentar, consideremos una por una, a fin de formular una apreciación general. La teoría de Jackson despliega un razonamiento que nos aparece algo apresurado. En efecto, del hecho de que existan tipificaciones narrativas, en buena medida dependientes de factores sociales, culturales, y psicológicos, que condicionan la construcción en los hechos, no se sigue que ese mecanismo pase necesariamente inadvertido ni, mucho menos, que no pueda ser modificado o revertido. Del mismo modo que es posible advertir la presencia de prejuicios que sesgan el juicio humano, nos parece también posible advertir qué tipificaciones narrativas han operado en la presentación de cierta reconstrucción de los hechos durante el juicio. Por otra parte, así como la construcción del concepto de verdad depende (según Jackson) de los procesos de certificación de la verdad que tenga cierto grupo (aunque desde nuestro punto de vista nos parece más adecuado decir que los procesos de certificación hacen a los criterios para considerar algo —una creencia, una proposición enunciado, etc.— como verdadero), así también podría considerarse que el concepto de inferencia probatoria depende también de los procesos de certificación que se desprenden de las inferencias que tenga cierto grupo que bien podría ser uno lo más semejante posible al empleado en la investigación científica de hechos. Esto abre la puerta para que se evalúe el peso probatorio de las pruebas ofrecidas durante el juicio como parte de los esquemas narrativos que controlan la plausibilidad de las narraciones. Es decir, el marco teórico provisto por Jackson no excluye por sí mismo (*i.e.*, más allá de sus pretensiones en sentido contrario) imaginar la posibilidad de un escenario en donde las pruebas sean valoradas estrictamente por su valor inferencial en formato atomístico. Finalmente, en tanto modelo normativo, el modelo de Jackson no parece permitir la crítica ni detectar el error en las decisiones jurisdiccionales. Porque según Jackson, incluso en los casos difíciles, existen patrones y esquemas argumentales que los practicantes han interiorizado como verdades, lo cual parece presuponer un determinismo en la persuasión y en la plausibilidad: el argumento que aparece como el más persuasivo y plausible será correcto. Un practicante que ha interiorizado estas estrategias argumentales como verdades, nunca podría apreciar una solución jurídica como errónea, ni criticarla, siempre que cumpla con los patrones de la práctica. El error consistiría en formular un argumento que no sea el más persuasivo y plausible de acuerdo con las estructuras compartidas del grupo.

La teoría de Burns, por su parte, implica que los veredictos de los jurados llegan al fondo del problema, aprecian la verdad que hay que apreciar en cada caso y producen resultados que solucionan conflictos entre esferas sociales que de otro modo serían inconmensurables. Para la sociedad norteamericana, según Burns, el juicio por jurados es el mejor de los mundos posibles. Burns también sostiene que cualquier discurso científico que pretenda dar cuenta del juicio por jurados produce una vista tan pobre que pierde poder explicativo y falla por completo en comprender su verdadera naturaleza. Conclusión, el juicio por jurados para la sociedad norteamericana es el mejor de los mundos posibles y ningún otro modelo explicativo de las ciencias sociales, puede dar cuenta de él ni comprenderlo; al mismo tiempo que éste es el mejor de los medios (no sustituible por ningún otro, como podrían ser, por ejemplo, los cánones de la investigación científica) tanto para dilucidar el conflicto que en él se ventila como para darle una solución social y moralmente satisfactoria. Las distintas interacciones que hay durante el juicio por jurados tal y como las imagina Burns, suponen, sin embargo, tres condiciones que no son realistas: 1) la igual calidad que los abogados; 2) que los recursos con que cuentan las partes es igual o, al menos, equiparable; y 3) que cualquier configuración de jurados —sin importar su origen, prejuicios o ideologías— posee la misma capacidad de penetrar la dramatización producida por las partes para encontrar hermenéuticamente la verdad del caso. Sumemos, a ello que, en el mejor de los casos, se trataría de una teoría muy local, restringida a la cultura estadunidense.

Para culminar este apartado, digamos, a modo de recapitulación, que hemos recorrido un panorama de teorías en el cual mientras algunas de ellas centran su atención en las inferencias que se realizan o deben realizarse en el proceso a propósito de la valoración de la prueba —«teorías interferencialistas»—, otras (como las dos que venimos de ver) proponen el concepto de narración como central para explicar las prácticas de enjuiciamiento que incluyen las prácticas de valoración de pruebas. Este panorama alcanza para mostrarnos que sería una simplificación demasiado empobrecedora contraponer teorías basadas en hechos frente a teorías basadas en narraciones. Ello surge claramente con solo tener en cuenta que las teorías narrativas de Jackson y Burns dan cuenta de los hechos discutidos en un proceso así como de su relación con las pruebas que, respecto de ellos, en él, se presentan; al mismo tiempo que no descartan los conceptos de prueba, hecho e inferencia a favor del concepto de narración *simpliciter*. Por el contrario, desde su propia concepción general de la narración, una y otra dan cuenta de dichos conceptos. Inversamente, las teorías que se basan en alguna noción de explicación o de conjetura también otorgan un lugar a las narraciones que surgen de las pruebas: es decir, la articulación en un lenguaje de la explicación de lo ocurrido en el caso a partir de las pruebas rendidas en el proceso. Resulta conveniente, entonces, revisar con más detalle la oposición tradicional entre las teorías basadas en hechos [«*fact based theories*»] y las teorías basadas en narraciones [«*story based theories*»], así como las etiquetas que, a veces, se entienden como equivalentes para referirse a una y otra de estas teorías, respectivamente: *atomismo* y de *holismo*. En realidad, el panorama es bastante más complejo: las expresiones «atomismo» y «holismo», en el marco de las teorías acerca de la actividad probatoria, en el proceso jurisdiccional en general y, en particular, de la valoración de la prueba, adquieren una pluralidad de significados muy diversos y se enmarcan en análisis y concepciones o teorías también muy diversas. Nosotros mismo asumiremos una forma particular de atomismo como modo tentativo de superar las críticas a que están expuestas las teorías de la comparación de hipótesis. A todo ello dedicamos la siguiente sección.

2.2.3. Balance crítico de la idea de comparación de hipótesis en la valoración de la prueba

La «comparación entre hipótesis rivales» es una expresión que aparece en varias de las teorías inferencialistas que hemos visto; así como también la idea similar de la «comparación entre explicaciones o entre narrativas». En esta tarea de comparación, asimismo, muchas de ellas toman en consideración el umbral probatorio establecido por ciertos estándares de prueba que pretenden además formular de manera objetiva a fin de evitar los problemas de incomensurabilidad que conllevan las formulaciones subjetivas. Ahora bien, Juan Carlos Bayón ha formulado una objeción radical en contra de la conjunción de la comparación de hipótesis y la aplicación de un estándar de prueba objetivo. Antes de pasar a considerar la crítica del iusfilósofo español (2.2.3.3), sin embargo, es necesario aclarar algunos de los posibles sentidos de estas expresiones (2.2.3.1), así como un examen de la noción de estándar de prueba (2.2.3.2.). Tras atender a la crítica de Bayón, haremos un análisis de las diferentes concepciones calificadas de holistas y atomistas (2.2.3.4.), como paso previo a formular una propuesta de tipo atomista y criteriológico y de carácter esquemático y exploratorio (2.3.3.5).

2.2.3.1. Distintos sentidos de «comparación de hipótesis»

Para distinguir entre los diferentes sentidos de «hipótesis» que aquí interesan, usaremos la convención de emplear un número a modo de subíndice después de la palabra «hipótesis». En un primer sentido de «hipótesis», que llamaremos «hipótesis$_1$», encontramos el que se refiere a una proposición que es empleada como conjetura, un enunciado que puede ser sometido a refutación, como ocurre con los razonamientos abductivos —por ejemplo, «tenemos la **hipótesis** de que lo rayos solares causaron la decoloración de la piel»[812]. Este primer sentido es el más básico, porque sirve para entender un segundo sentido, relacional, de la palabra en cuestión. Así, tenemos que «hipótesis$_2$» significa un conjunto —no vacío— de enunciados en una relación de *probabilidad* con otro conjunto de enunciados denominados pruebas. Como cuando en el contexto de la descripción del Teorema de Bayes decimos que el teorema nos indica «adaptar nuestras estimaciones de probabilidad o **hipótesis** en función de la prueba que vayamos acumulando» o cuando en el contexto de la probabilidad inductiva de Cohen se dice que «una característica esencial de las ciencias experimentales es que el intervalo de observaciones que se realice debe guiar selectivamente las observaciones bajo la luz de las variables que se creen relevantes cuando se pone a prueba una hipótesis, por el objetivo de descubrir tanto como sea posible acerca del apoyo disponible para la **hipótesis**»[813]. Dependiendo de la teoría epistémica que se adopte, a cierto grado de *probabilidad* —en algún sentido de la expresión— predicado de una hipótesis en este segundo sentido, se dice que la hipótesis es *aceptable* en algún grado, que está *justificada* o que está *confirmada*[814] o que ha de ser rechazada[815]. Como lo ilustra la siguiente cita: «que

---

[812]   En un sentido parecido emplea la expresión Taruffo: «[...] aumentando la aproximación a medida que aumentan los elementos de conocimiento a favor de la **hipótesis** de que la descripción se corresponde con la realidad» Taruffo, 1992: 180 y 259. El énfasis nos pertenece.

[813]   Cohen, 1970: 53. El énfasis nos pertenece.

[814]   Cf. Haack, 2007: capítulo II.

[815]   «Conviene aclarar el sentido en uso el término "refutación" en este trabajo para evitar una problemática confusión: entiendo la refutación como el rechazo de una **hipótesis** derivado del incumplimiento de las predicciones que pueden formularse a partir de ellas». Ferrer, 2013: 36, nota 20. El énfasis nos pertenece.

el conjunto de pruebas de que se disponga en el [proceso] mismo permiten únicamente atribuir un determinado grado de confirmación o de probabilidad de que esa proposición sea verdadera»[816]. En un tercer sentido, que formularemos como «hipótesis$_3$», por «hipótesis» se entiende un conjunto —no vacío— de enunciados en una relación de *explicación* con otro conjunto de enunciados denominados pruebas —con grandes variantes en función de la definición de la relación de *explicación*—; como en la frase «una pieza probatoria es directamente relevante para una hipótesis si la pieza es explicada por la hipótesis o por alguna hipótesis rival»[817] o en la frase «la explicación más hermosa indica la hipótesis que tiene más chances de ser verdadera»[818]. Los sentidos de «hipótesis$_2$» e «hipótesis$_3$» cada uno de ellos son conjuntos, que pueden ser integrados con un solo elemento o con más de un elemento. Cuando el conjunto consiste en un solo enunciado tenemos hipótesis simples y cuando el conjunto se compone de más de un enunciado, la hipótesis es compuesta. Así, por ejemplo, se habla de «la hipótesis$_2$ de que hay rastros de pólvora en el arma calibre 44» para referirnos a un enunciado de una hipótesis *simple*; pero también de «la hipótesis$_2$» de que hay rastros de pólvora en el arma calibre 44 y hay trazas de metal en el barril del arma», enunciado que expresa una hipótesis *compuesta*. Lo mismo sucede si sustituimos, en los ejemplos citados u otros equivalentes, el segundo por el tercer sentido de «hipótesis», esto es, el de «hipótesis$_3$». Así, un cuarto sentido de «hipótesis», que denominaremos «hipótesis$_4$», designa una hipótesis, en el sentido dos o tres, formulada, según la apariencia gramatical del enunciado que la expresa, como si fuera una hipótesis *simple*, pero que una vez analizado se revela que es un enunciado oblicuo cuya referencia es, en realidad, una hipótesis *compuesta* cuyos elementos están relacionados inferencialmente. Así, por ejemplo, decimos «el arma calibre 44 ha sido disparada en la última hora» para referirnos

---

[816] Ferrer, 2007: 27

[817] Thagard, 1989: 438.

[818] Lipton, 2005: capítulo 9, párrafo 20.

indirectamente a la hipótesis compuesta: «hay rastros de pólvora en el arma calibre 44 y hay trazas de metal en el barril del arma». Finalmente, tenemos un sentido de «hipótesis$_5$» que se refiere, en cambio, al relato circunstanciado ofrecido por una de las partes del proceso (por ejemplo, el fiscal o el defensor en una causa penal), o por el órgano de decisión, de que, por caso, tal día a tal hora, en tal lugar, y bajo tales y cuales modalidades, cierto individuo causó intencionalmente la muerte de otro, es decir, un conjunto interrelacionado de «hipótesis$_4$».

Con estas distinciones en mente podemos advertir que cuando se habla de la comparación de «hipótesis$_5$», la comparación puede ser hecha tanto por una teoría inferencialista que se base en alguna noción de probabilidad, como por otra teoría inferencialista que se base en la idea de conjetura o de explicación. Porque en todas las teorías que hemos clasificado como inferencialistas y que aceptan además alguna noción de probabilidad ocurre que admiten el sentido de «hipótesis$_5$» basado en «hipótesis$_2$», mientras que aquellas que aceptan alguna noción de explicación o conjetura aceptan también el sentido de «hipótesis$_5$» basado en el de «hipótesis$_3$». Por otra parte, con relación al método de contrastación de «hipótesis$_5$» que se basan en la noción de *probabilidad inductiva* creemos que existen buenas razones para objetar el uso del marco teórico tanto de la inducción estadística como de la inducción como función de apoyo probatorio. Al respecto, remitimos al lector los argumentos formulados *supra*[819]. Pero aunque fuese plausible obviar los presupuestos metodológicos de la probabilidad inductiva —y la estadística— para su importación en el campo de la valoración de la prueba judicial, restaría todavía por mostrar de qué manera el método de comparación de «hipótesis$_5$» es compatible con la aplicación de un estándar de la prueba objetivo. Un reto que, por lo demás, no ha sido res-

---

[819] Véase II, 2.2.1.1.2.

pondido cabalmente por ninguna de las teorías de la valoración de la prueba que emplean algún concepto de *probabilidad inductiva*[820].

En lo que sigue nos centraremos únicamente en aquéllas teorías que se basan en alguna noción de probabilidad para la comparación de hipótesis en el sentido de «hipótesis$_5$». En particular, nos interesa presentar el reto que Juan Carlos Bayón ha argumentado con relación a ese tipo de teorías, específicamente a la imposibilidad de comparar distintas «hipótesis$_5$» y, al mismo tiempo, aplicar un estándar de la prueba objetivo. Con esta finalidad, primero presentaremos, como hemos adelantado, un breve repaso del concepto de *estándar probatorio* formulando algunas precisiones a su respecto para después presentar la crítica de Bayón. Sin embargo, queremos dejar simplemente apuntado, desde ahora, que hasta donde sabemos, es un asunto inexplorado si el reto de Bayón es también aplicable a la comparación de «hipótesis$_5$» que se basan en alguna noción de explicación o conjetura; esta es, lamentablemente, una cuestión que ciertamente no exploraremos en la presente introducción[821].

2.2.3.2. La noción de estándar de la prueba

¿Qué es un estándar de prueba? Sin perjuicio de precisiones ulteriores, por «estándar de prueba» ha de entenderse el nivel de corroboración que se considerara suficiente para aceptar un enunciado como jurídicamente probado o, en la versión de la metodología de la contrastación de «hipótesis$_5$», un conjunto de enunciados («hipótesis$_5$») como juridicamente probado.

---

[820]   Por de pronto todos los autores que señala González-Lagier en su texto incluido en este volumen, incluyendolo a él mismo, son ejemplos de autores que se verían afectados por las objeciones de Bayón.

[821]   Así, por ejemplo, la teoría de Amaya incorpora dentro de los principios modificados de la coherencia explicativa de Thagard el principio de presunción de inocencia y el estándar probatorio penal. De modo que parece que la comparación de «hipótesis$_5$» para el sistema de Amaya incluye la aplicación del estandar de la prueba. Hasta qué punto el reto de Bayón afecta esta u otra teoría que emplee la noción de explicación o conjetura requeriría de un mayor análisis.

Antes de avanzar con el análisis de la noción de estándar de prueba es importante observar que al afirmar que alguno de tales estándares se halla satisfecho, se está presuponiendo la formulación de (distintos) enunciados probatorios del tipo «está probado que p»; «está probado que no p»; o «no está probado que p, ni está probado que no p». Los enunciados probatorios de la forma «está probado que p» han de ser interpretados como enunciados relacionales (relativamente a un elemento o conjunto de elementos de juicio o medios de prueba) que declaran probadas proposiciones sobre hechos (y no como enunciados «que prueban» en sentido similar a como se denomina «interpretativos» a los enunciados que interpretan). La forma analizada del enunciado probatorio sería pues la siguiente: «si x entonces está probado e», donde x es un elemento de juicio e y el hecho que sea da por existente o acecido mediante x[822]. En tanto tales, pueden ser verdaderos o falsos. De este modo, las condiciones de verdad de tales enunciados estarían dadas por la existencia (o inexistencia) de elementos de juicio suficientes a favor de p o a favor de no p. Así, «está probado que p» será verdadero si hay elementos de juicio suficientes en favor de p; «está probado que no p» será verdadero si hay elementos de juicio suficientes en favor de no p»; «no está probado que p, ni está probado que no p», será verdadero si no hay elementos suficientes en favor de p, ni elementos de juicio suficientes en favor de no p: por ejemplo, porque no hay elementos de juicio en absoluto, o porque estos no son suficientes para acreditar un cierto estándar (por el ejemplo, el requerido para el procesamiento), pero tampoco para acreditar la satisfacción de cierto otro estándar más exigente, en sentido inverso, que el primero (por ejemplo, el propio del sobreseimiento). En suma, un enunciado probatorio contenido en una sentencia será verdadero cuando lo que el juez o jurado *tiene* por probado concuerde con aquello que está probado en el proceso según lo establecido al efecto por las normas procesales, y será falso cuando dicha conformidad no se produzca;

---

[822] O de forma más analizada todavía: «si se dan las condiciones $x, y, \ldots$ entonces probado e»

más específicamente, será verdadero cuando existan elementos de juicio suficientes a favor de *p* y falso cuando no existan tales elementos o estos sean insuficientes[823]. En consecuencia, una decisión jurisdiccional puede contener enunciados probatorios erróneos: el juez (o jurado) considera que no hay elementos de juicio suficientes cuando en realidad sí los hay o, inversamente, considera que los hay cuando no los hay o, en fin, considera que hay duda cuando en realidad no la hay (sea porque hay elementos de juicio suficientes a favor de *p* o en favor de no *p*). Vale decir, un juez (o jurado) puede *tener por*, o *aceptar como*, probado lo que en realidad no lo está. Por otra parte, en esta reconstrucción, puede ocurrir que el enunciado probatorio «está probado que *p*» (o de forma analizada «si x entonces está probado y») sea verdadero (porque hay elementos de juicio suficientes para tenerlo por probado) y que *p* sea falso (porque el hecho *p* en realidad no ha ocurrido) y también que *p* sea verdadero pero que no haya elementos de juicio suficientes en su favor. Recuérdese, además, que las exigencias probatorias pueden ser más o menos exigentes, según el tipo de proceso (penal, civil, etc.) o del tipo de medida a adoptar (por caso, las diferentes situaciones del imputado) y que son, por ende, establecidos contingentemente, de modo variable, y con mayor o menor precisión, por los diferentes sistemas procesales. Por lo demás, existen diversas teorías para evaluar su racionalidad. Ahora bien, lo antedicho debe hacer patente que las condiciones de verdad de los enunciados probatorios no son las mismas que las de los enunciados relativos a objetos o hechos del mundo, es decir, las condiciones de verdad de «está probado que *p*» (o en su forma analizada «si x entonces está probado y») difieren de

---

[823] Debe tenerse presente que el enunciado «está probado que p» (o en su forma más analizada «si *x*, *y*... entonces está probado *e*» no es necesariamente equivalente al enunciado «Si se dan las condiciones *x*, *y*...entonces está suficientemente probado *e*». Ello así, por cuanto es posible que sea verdad que un enunciado está probado, pero falso que ha sido probado en un cierto grado o de acuerdo a ciertos criterios específicos. Esta distinción es importante en tanto y en cuento las leyes procesales o la práctica de los tribunales pueden no tener un estándar probatorio.

las condiciones de verdad de «es verdad que *p*». En este último caso la verdad depende exclusivamente de lo que ocurre en el mundo (y no de la existencia de elementos de juicio suficientes a su respecto, como ocurre con el primero). En ambos casos, la imprecisión o la vaguedad (de los conceptos o de los estándares de prueba requeridos) pueden traer como consecuencia que tales enunciados sean indeterminados con relación a sus valores de verdad o que éstos no puedan ser conocidos (según se sostenga una concepción semántica o epistémica de la vaguedad, respectivamente). A diferencia de ambos tipos de enunciados, los enunciados de *aceptación veritativa o probatoria* no son ni verdaderos ni falsos. En efecto, ya sea por razones epistémicas o normativas, el juez puede considerar una proposición *p* como verdadera, como falsa, o no atribuirle valores de verdad; o puede considerar que hay elementos de juicio suficientes, que no los hay, no que no sabe si los hay. Se trata, pues de actitudes proposicionales, respecto de las que, en tanto tales, no tiene sentido atribuir de valores de verdad. De ellas puede predicarse, en cambio, que son racionales o irracionales, justificadas o injustificadas, etc. Ello en nada obsta, sin embargo, la posibilidad de formular meta-enunciados verdaderos o falsos acerca de tales actitudes[824].

Podemos pasar ahora a nuestra segunda cuestión, esto es, aquella vinculada con la caracterización de un estándar de prueba y de los criterios susceptibles de satisfacerlo. Una primera tentativa para definir un estándar de prueba de manera precisa y objetiva sería formularlo en términos de una asignación de probabilidad específica (*probabilidad física, frecuencística*, por ejemplo). Así, se ha sugerido que el llamado estado de convicción *más allá de toda duda razonable o certeza* (en materia penal) propio de la condena en materia penal equivaldría a una probabilidad del 90 o del 95%; supongamos que es el 95%. El problema con esta estrategia para definir los estándares de prueba, como ha demostrado Larry Laudan, es que pese a sus apariencias no nos permite contar con criterios objetivos para

---

[824] Para un examen detallado de estas cuestiones véase Ferrer Beltrán, 2005 y 2007.

determinar si el estándar ha sido o no satisfecho, esto es, si el grado de probabilidad estipulado ha sido o no alcanzado. Ni siquiera respecto de las teorías científicas que la gran mayoría de los científicos estima probablemente verdaderas, les sería a éstos posible decir en qué probabilidad específica lo es; muchos menos entonces, les sería posible a los jueces o jurados asignar una probabilidad específica a una «hipótesis$_5$» de culpabilidad del imputado. Dicho en otras palabras, este tipo de asignaciones de probabilidad solo cobra sentido en el contexto de acontecimientos de carácter específicamente estadístico, el cual no es el caso de las creencias acerca del acaecimiento o no acaecimiento de los hechos que se busca probar en el proceso. Pero aún si estimara que éste problema pudiera resolverse, hay todavía uno más grave: una asignación específica de probabilidad nada dice de lo que ha de contar como prueba, esto es, no proporciona criterios objetivos para determinar cuándo ha de aceptarse que la conclusión (acerca de la culpabilidad del imputado) está justificada sobre la base de las premisas (relativas a la prueba disponible). Pese a su apariencia de objetividad, la asignación precisa de probabilidad no es un criterio objetivo porque descansa en la confianza subjetiva del juzgador[825].

Por su parte, desde la metodología de contrastación de «hipótesis$_5$», se ha entendido que para considerar satisfactorio un estándar de prueba éste debería reunir cuatro requisitos: 1) no debe estar formulado en términos de criterios subjetivos (ni de modo explícito ni encubierto); 2) debe estar formulado en términos de criterios objetivos de modo que sea posible determinar a través de procedimientos intersubjetivamente controlables cuándo ha quedado satisfecho y cuándo no; 3) su formulación debe ser tal que de su aplicación correcta resulte exactamente la distribución del riesgo que se repute justificada; y 4) que de su aplicación resulte esa distribución del riesgo, pero precisamente en razón de la calidad de los elemen-

---

[825]   Cf. Laudan, 2005.

tos de prueba y de las inferencias probatorias que es preciso llevar a cabo a partir de los mismos[826].

Hechas estas aclaraciones sobre la noción de estándar de prueba podemos ahora pasar a considerar la ya mencionada crítica de Juan Carlos Bayón.

2.2.3.3. El reto de Juan Carlos Bayón

Estamos ahora en condiciones, pues, de ver cuáles son las objeciones que Juan Carlos Bayón ha dirigido contra la posibilidad de satisfacer los referidos requisitos de los estándares de prueba en el marco de la metodología de la contrastación de hipótesis[827].

Bayón se preocupa por esclarecer de «qué tipo de esquemas argumentativos estamos hablando cuando hacemos referencia a la contrastación de hipótesis en el ámbito de la valoración racional de la prueba»[828]. En este sentido, precisa que a veces se asume que el razonamiento probatorio se desarrolla conforme al esquema nomológico causal propio de la explicación científica[829], pero considera que el sentido de esta expresión debería ser relativizado «y, además, que la analogía con el método de la explicación científica, supuesto que éste sea el hipotético-deductivo, tiene sus limitaciones», principalmente en virtud de que en el contexto de la prueba jurídica de los hechos —a diferencia de lo que ocurre en el terreno científico— hay que tener en cuenta: 1) que la posibilidad de someter las hipótesis rivales a nuevas contrastaciones no está indefinidamente abierta y 2) que las hipótesis auxiliares son típicamente «máximas de experiencia» que no cuentan con un respaldo ni con un grado de probabilidad comparable al de las leyes naturales. De este modo, la situación típica en un proceso judicial sería la de encontrar hipótesis rivales capaces ambas de explicar el mismo conjunto de

---

[826] Cf. Laudan, 2006: 87 y 81; Ferrer Beltrán, 2007: 146 y Bayón, 2008.
[827] Cf. Bayón, 2008.
[828] Cf. Bayón, 2008: 21-22.
[829] Cita al respecto Ferrajoli, 1989: 53.

datos, aunque no explicarlas igual de bien[830]. En el terreno de las teorías acerca de la valoración racional de la prueba que es el que presupone el análisis de Bayón, por «hipótesis» se entiende lo que aquí hemos llamado «hipótesis$_5$» cuyas «hipótesis$_2$» simples que la integran son de *probabilidad inductiva*.

A juicio de Bayón, una teoría racionalista del juicio de hecho contiene dos ideas esenciales que hoy nadie mínimamente informado puede poner en tela de juicio: 1) que el proceso se orienta hacia la búsqueda de la verdad; 2) pero que sin embargo no se orienta exclusivamente hacia ella, sino también a la consecución o protección de otros valores o fines, lo que podría justificar la introducción en el proceso de normas que cabría calificar de contra-epistémicas. Cada una de estas dos ideas centrales, sin embargo, requeriría una mayor articulación y dejaría abierta una serie de cuestiones. La primera serie de cuestiones tiene que ver con la valoración racional de la prueba y, más específicamente, con cuál es la estructura de las inferencias probatorias (*i.e.*, del enlace —cuando no está establecido por el derecho— entre hechos con valor probatorio y hechos por probar, y con cuáles son los criterios que determinan la aceptabilidad de las conclusiones de dichas inferencias. Estas cuestiones se vinculan con la primera idea central. Con relación a la segunda idea central, Bayón indica una serie de cuatro cuestiones fundamentales, de la que solo nos interesa retener la cuarta[831], que está íntimamente ligada con la primera serie de cuestiones: la asignación o distribución del riesgo del error judicial, que está a su vez ligado a la idea fundamental de un estándar de prueba.

Bayón observa que entre los trabajos más valiosos que se ocupan del razonamiento probatorio existe una perturbadora ambigüedad: a) unas veces se sostiene que el proceso de valoración racional de la prueba puede concluir, según los casos, ya sea con un resultado

---

[830] Cf. Bayón, 2008: 21-22.
[831] Las otras tres son, la reducción de error, minimización del coste de intentar reducirlo y el que la persecución de ciertos fines independientes de la verdad puede interferir con ésta última.

cierto o concluyente (porque entre las diferentes hipótesis fácticas solo una ha sido «confirmada» mientras que las demás han sido «refutadas»), ya sea con un resultado de duda (porque quedan en pie hipótesis alternativas, ninguna de ellas refutada); b) otras veces, en cambio, se sostiene que el proceso de valoración racional de la prueba no puede hacer otra cosa que atribuir grados de confirmación a cada una de las hipótesis rivales sobre los hechos, de modo que o bien alguna de ellas posee un grado de confirmación mayor, o bien todas ellas poseen un mismo grado de confirmación. A juicio de Bayón solo b) es coherente con la afirmación de la naturaleza inductiva del razonamiento probatorio, afirmación que asume como correcta, y que en substancia significa que a través del razonamiento probatorio no puede alcanzarse la «certeza absoluta» acerca de la verdad de una hipótesis, de modo que su resultado solo puede expresarse en términos de «probabilidad». Aunque habría varios sentidos de «probabilidad», lo que interesaría destacar es que: o bien i) se sostiene que como resultado del razonamiento probatorio se puede expresar numéricamente el grado de probabilidad de una hipótesis fáctica[832]; o bien ii) se mantiene que ello no es posible y se asume la posibilidad de comparar el grado de soporte inductivo con

---

[832] Lo que hay es un cierto «peso» de las pruebas que apoyan cierta hipótesis. Qué quiera decir que una hipótesis tenga mayor o menor «peso» admite más de una interpretación. Una de tales interpretaciones es que una hipótesis tiene mayor o menor peso que otra en función del grado de «probabilidad» que se le asigne a la hipótesis. A su vez, el grado de «probabilidad» de una hipótesis depende de la teoría de la «probabilidad» que se adopte. Podemos simplificar el panorama diciendo que hay ciertas teorías de la «probabilidad» que asignan un valor numérico a la hipótesis y otras que asignan una ordenación de la hipótesis. Las primeras serán teorías que acepten axiomas del tipo propuesto por Kolmogorov, mientras que las segundas serán teorías de «probabilidad inductiva». En este segundo caso se tratará de un método que asigna grados de soporte inductivo —aunque a veces se habla de forma poco precisa de grados de corroboración o de comprobación— a cierta hipótesis a partir de la satisfacción de ciertas pruebas o tests; cada prueba o test superado aumenta el grado de soporte inductivo. Para mayor detalle véase *supra* punto 2.2.1.1. de esta parte II.

que cuenta cada hipótesis fáctica a la luz de un conjunto dado de elementos de prueba (metodología de la contrastación de hipótesis).

Por otra parte, Bayón precisa que para que un sistema jurídico tenga una sensibilidad *más que mínima* a la distribución del riesgo al error judicial no debe tener por probada sin más la hipótesis que tenga un grado de confirmación mayor, sea cual sea la parte del proceso que la mantiene, sino que debe tener por probada la hipótesis mantenida por la parte que debe quedar menos protegida del riesgo del error solo si satisface exigencias adicionales: por caso, que además de tener un grado de confirmación mayor alcance un *quantum* de confirmación determinado; o que su grado de confirmación no solo supere al alcanzado por la hipótesis rival, sino que lo supere además en una determinada medida o magnitud; o que no se enfrente a una hipótesis rival cuyo grado de confirmación, aun siendo menor, alcance sin embargo, cierta medida o magnitud mínima. Una sensibilidad *mínima* se daría cuando el error no es indiferente sobre en cuál de las partes recae el riesgo de error únicamente cuando las hipótesis rivales sobre los hechos tienen *el mismo* grado de confirmación o, dicho de otro modo, las mismas posibilidades de ser falsas. La dificultad con esta sensibilidad mínima es que el riego del error, si se considera seriamente el carácter inductivo de los razonamientos probatorios, existe *siempre*, es decir, *también* cuando las hipótesis rivales tienen probabilidades *diferentes* de ser falsas. Pero debe quedar claro que ello no solo requiere que entre los grados de confirmación de las distintas hipótesis pueda establecerse una relación *ordinal*, sino que también sea posible su comparación *cardinal*.

Ahora bien, la mayoría de los autores estaría de acuerdo con que los modelos que tratan de reconstruir el proceso de valoración racional de la prueba de acuerdo con i) son insostenibles[833], razón por la cual sostendrían que los modelos de reconstrucción del proceso de valoración racional de la prueba deberían efectuarse sobre la base de ii). Bayón se propone criticar justamente estos últimos mode-

---

[833]   Las razones de ello han sido expuestas *supra*.

los de reconstrucción, es decir, aquellos que pretenden formular un estándar de prueba sobre la base de la metodología de la contrastación de hipótesis. Ya se ha visto cuáles son las características que se supone debería tener un estándar de prueba, por lo que estamos en condiciones de atender a la objeción de Bayón. Conviene citarla textualmente:

> Si los métodos con los que contamos para establecer qué grado de confirmación o apoyo inductivo obtienen distintas hipótesis de un conjunto de elementos de prueba solo nos habilitan para establecer entre ellas una relación *ordinal*, entonces cualquier intento de formular un estándar de prueba que pretenda articular una sensibilidad más que mínima a la distribución del riesgo del error —algo que nos parece irrenunciable, p. ej., para el proceso penal— está llamado a incumplir algunos de los requisitos que idealmente debería satisfacer. Por ejemplo, si consideramos que para tener por probada la hipótesis de la culpabilidad lo que se precisa es que se hayan refutado todas las demás hipótesis «plausibles» (lo que permite tenerla por probada aunque haya quedado sin refutar una hipótesis alternativa siempre que ésta sea «implausible» o «no suficientemente plausible»), o que existan elementos de prueba «muy difíciles» de explicar si el acusado fuese inocente y a la vez no existan elementos de prueba «muy difíciles» de explicar si el acusado fuera culpable el estándar de prueba resultante incumpliría los tres primeros de los cuatro requisitos reseñados en su momento: no habría garantía de que de su aplicación resulte exactamente la distribución del riesgo que se repute correcta (tercer requisito); no la habría —y esto es lo más importante— porque no parecen estar a nuestro alcance procedimientos intersubjetivamente controlables capaces de indicarnos cuándo habría quedado satisfecho y cuándo no (segundo requisito); y precisamente porque no disponemos de ellos, y aunque el estándar no se estaría formulando en términos que vayan referidos al convencimiento del juzgador, parece inevitable que se acabase produciendo su subjetivización encubierta. Y el problema se hace aún más visible si se admite que se necesitaría distinguir no ya entre un mero estándar de prueba prevaleciente o preponderante y el estándar más sensible a la distribución del riesgo del proceso penal, sino toda una gama de estándares de prueba diversos para distintas decisiones sobre la prueba en distintos contextos (lo que obligaría incluso a establecer gradaciones dentro de lo «no suficientemente plausible» o de lo «muy difícil de explicar»)[834].

---

[834] Bayón, 2008: 17.

Bayón hace explícito que lo que persigue con esta crítica no es proponer una conclusión escéptica, sino sugerir un cambio de enfoque: que una adecuada distribución del riesgo de error judicial no es posible de ser efectuada mediante la formulación de un estándar de prueba objetivo, sino, en cambio, mediante la formulación de reglas concretas sobre la admisibilidad, carga y valor de la prueba, reglas que habrían de contar con un fundamento si no exclusivamente, al menos principalmente, político-moral[835]. En cualquier caso, de coexistir el fundamento político-moral con razones de índole epistemológicas, el autor no especifica cuál sería el rol o aporte de cada uno de ellos. Una solución que se basara exclusivamente en fundamentos político-morales reconduciría, en el mejor de los casos, a un sistema de pruebas legales cuyas normas no contarían con ningún apoyo empírico (ni siquiera basado en meras máximas de experiencia), de manera que su contribución a la averiguación de la verdad de los hechos en el proceso judicial sería puramente azarosa. Ahora bien, si se quiere evitar esto último, no alcanza con postular la idea de una fundamentación mixta, político-moral y epistemológica de tales normas, sino que es imprescindible explicitar específicamente en qué consiste su fundamento epistemológico y en qué consiste su fundamento político-moral del referido tipo de reglas.

Antes de pasar a intentar dar un bosquejo muy exploratorio y tentativo de respuesta a la crítica de Bayón mediante un tipo de teoría atomista de la prueba es menester aclarar previamente el sentido de este concepto en vista de que «atomismo» y su concepto rival «holismo», distan de tener significados uniformes.

---

[835]   A juzgar por la última redacción del trabajo, parece asumirse el último punto de vista: «Pero si se comparten los argumentos aquí expuestos a favor de explorarlo, quizá haya llegado el momento de que los filósofos del derecho empiecen a ocuparse de la prueba no *solo* desde la epistemología —algo que ya han hecho y han hecho bien, pero desde donde tal vez no pueda decirse ya mucho más—, sino desde la filosofía moral y política». El énfasis nos pertenece. En una versión inicial de este trabajo presentado en el XIV Congreso ítalo-español de Teoría del Derecho (Girona, 2008), el «solo» puesto en énfasis no figuraba.

2.2.3.4. Holismo y atomismo

En un trabajo relativamente reciente, Daniela Accatino presenta un panorama muy amplio y detallado del estado actual del debate entre «atomismo» y «holismo». Siguiendo su clasificación, conviene distinguir el debate entre estos dos tipos de posturas según en qué etapa del proceso se centren: la fase de investigación, la de admisión de la prueba, las de su aportación o la de decisión. Esta última etapa, a su vez, es subdividida en dos tareas o actividades: la valoración de la fuerza probatoria de los elementos de prueba aportados y el juicio acerca de si dichos elementos son suficientes para cumplir con el estándar de la prueba[836].

Allende la anterior clasificación, a la hora de presentar los diferentes sentidos de «atomismo» y «holismo», conviene distinguir el propósito reconstructivo o normativo de las concepciones designadas por cada una de estas palabras bajo sus diferentes definiciones. Nuestro propósito, en lo que sigue, es presentar una clasificación que muestre las relaciones y las diferencias entre las teorías que hemos analizado en este apartado, el cual pretendemos que sirva, no solo por su valor analítico y cartográfico, sino también para introducir nuestro esbozo de propuesta preliminar y exploratoria de lo que podríamos denominar *atomismo criteriológico*. No perseguimos en cambio el propósito de argumentar a favor o en contra de las teorías agrupadas bajo las etiquetas de «atomismo» y «holismo», ni a favor o en contra del modo en que diversos autores trazan la distinción entre el atomismo y el holismo entendidos de una u otra

---

[836] Cf. Accatino, 2014: 21. En Pardo, 2013b se proponen dos niveles para analizar la adecuación de una teoría de la prueba. En el nivel micro se analiza la forma en que la teoría explica el peso (la fuerza) de las pruebas; en el nivel macro se analiza cómo explicar que las pruebas cumplan con el estándar de la prueba. Sobre estos dos criterios Pardo analiza las teorías de la prueba basadas en la probabilidad pascaliana y aquéllas que siguen el modelo de las narraciones [*story based*], para concluir a favor de estas últimas y en contra de las primeras, como teorías de la prueba adecuadas.

manera. A este último respecto remitimos a la bibliografía pertinente[837].

En un primer sentido de «atomismo» tenemos a las teorías que organizan la relación entre «hipótesis$_2$» compuestas e «hipótesis$_5$» en forma vectorial, unidireccionalmente; de una proposición a otra. Esto vale para quiénes aceptan una forma de razonar ya sea a partir de la *probabilidad no inductiva* (pascaliana), ya sea a partir de la *probabilidad inductiva*. En todos estos casos la relación de *probabilidad* entre enunciados probatorios y pruebas, entre hipótesis de distinto grado de complejidad y de abstracción, opera en una sola dirección: ciertas proposiciones o hechos o pruebas apoyan, implican, o aumentan la probabilidad —según la concepción de que se trate— de otras proposiciones. Esta forma de «atomismo vectorial» puede admitir más de una dirección de la inferencia. Así, por ejemplo, el razonamiento conjetural, la retroducción de Peirce y, en general, el razonamiento abductivo son ejemplos de razonamiento de las conclusiones hacia la búsqueda de información que confirme la «hipótesis$_1$», en un sentido contrario al que se realiza con el razonamiento inductivo por eliminación de variables propuesto por Cohen. Pero en ambos casos, la dirección del razonamiento es unidireccional. El razonamiento «atomista vectorial», visto con una variable temporal, dinámica, admite una bi-direccionalidad. Así, en la abducción, la «hipótesis$_1$» se orienta hacia la proposición que se quiere explicar —la observación anómala en el modelo de Schum—; pero esa misma «hipótesis$_1$» ha de ser validada por el conocimiento previo mediante métodos inductivos, por lo que la dirección del razonamiento ahora cambia de sentido. El razonamiento «atomista vectorial» da cuenta de la idea de premisas encadenadas, inferencias en cascada, o inferencias con dependencias. Es decir, inferencias de la forma $E_1 -> E_2 -> E_3 -> E_n$, en donde cada «E» representa una

---

[837] Para comparar formas de trazar la distinción ver Taruffo, 1992: 307 y ss.; Bennet y Feldman, 1984; Taruffo, 2008: 142; Abu-Hareira, 1986; Tillers, 1989: 1251; Damaška, 1990; Twining, 1990: 238 y ss.; Twining, 1991: 297-298; Pardo, 2013b; y Accatino, 2014.

inferencia y el signo «—>» representa una relación inferencial, sea ésta probabilística, inductiva o de otro tipo. Un diagrama de Wigmore modificado puede servir para representar múltiples cadenas inferenciales que convergen en ciertos puntos. Cuando, por el contrario, tenemos una serie de inferencias probatorias que admiten que eslabones de una cadena interactúen con otros eslabones, tenemos un «atomismo multivectorial». Por ejemplo, cuando los enunciados probatorios convergen hacia una misma conclusión que, sin embargo, impacta en otra cadena inferencial: «Pepe compró una Colt 38»; «Pepe estuvo en un local comprando un billete de lotería de las 9 a las 9:30»; «El arma de Pepe fue disparada entre las 8 y las 10 PM»; «Pepe disparó la Colt 38 de su propiedad». Entre estas proposiciones, que pertenecen a distintas cadenas inferenciales, hay cruces para favorecer una nueva inferencia: que «Pepe disparó el arma entre las 8 y las 9 o entre las 9: 30 y las 10 PM». Estas cadenas cruzadas exhiben las propiedades que Schum denomina la convergencia, la sinergia, la redundancia y la armonía de las pruebas[838]. Un tercer tipo de atomismo es aquél que incorpora más de una dimensión a la idea de inferencia probatoria, como, por ejemplo, la dimensión de la fiabilidad de la información, la dimensión de la credibilidad de los testigos o la dimensión de la relevancia de la información. En el diagrama de Wigmore modificado es posible representar relaciones vectoriales, verbigracia, en la siguiente cadena inferencial: «El testigo estaba nervioso»; «Los testigos de asaltos violentos exhiben un trauma mediante nerviosismo»; por lo tanto, «El testigo exhibe un trauma». Pero también es posible representar más de una dimensión para valorar la prueba, por ejemplo la de la fiabilidad de la información: «Que "Los testigos de asaltos violentos exhiben un trauma mediante nerviosismo" lo dice mi abuela»[839]. Otro ejemplo de teoría multidimensional y multivectorial es la de

---

[838] Cf. Schum, 1994: 401 y ss.
[839] Cf. Anderson, Schum y Twining, 2005: capítulo 5. Aunque excede nuestros propósitos actuales, es útil notar que estos ejemplos pueden ser representados mediante la notación de la probabilidad no-inductiva o de funciones de apoyo inductivo. Nótese, adicionalmente, que no hemos prejuzgado acerca de si la rela-

Susan Haack. La metáfora del crucigrama sirve para apreciar que entre las proposiciones a justificar —equivalente a «hipótesis$_3$» o «hipótesis$_5$» a probar— que están ancladas en experiencias sensibles y otras creencias —las razones— existe una relación vectorial de doble sentido; solo que en lugar de una relación de probabilidad media una relación de *explicación*. Pero además de la relación de apoyo mutuo entre creencias y razones, existen dos dimensiones adicionales: la seguridad de las razones con independencia de otras creencias y la exhaustividad de las pruebas. De modo que hay más de una dimensión. En este sentido, su teoría no es atomista, sino «holista multidimensional y multivectorial». Esto es así porque en cada paso de las posibles cadenas, se ha de realizar un ejercicio de revisión global de todo el razonamiento, una evaluación que indique el grado de ajuste entre las tres dimensiones, que produzca una explicación, lo que Haack denomina un *ajuste explicativo*. La relación de explicación entre los conjuntos de pruebas y de «hipótesis$_3$» o «hipótesis$_5$» no son suficientes para decidir qué fuerza tiene cada rama del proceso probatorio; para establecer esto hay que evaluar en su conjunto todas las pruebas y realizar un ejercicio de explicación. En este punto conviene recordar una variable institucional que no suele ser advertida en la discusión entre «atomismo» y «holismo». Puede ser que las características de un sistema procesal determinen la práctica de realizar una explicación global de las pruebas argumentadas y presentadas, con independencia del método de hecho seguido por el practicante. Así, por ejemplo, puede ser que el practicante encare de hecho la fase inicial del proceso, el acopio y recolección de pruebas, en forma atomista, y haga lo mismo con relación a la argumentación de la admisibilidad de las pruebas así como para su presentación y que, sin embargo, por una regla procesal, la valoración, la argumentación de la fuerza probatoria, deba hacerlo mediante una explicación global. Esta es la idea, por ejem-

---

ción entre pruebas e hipótesis es concluyente o no concluyente, si es monotónica o si admite gradualidad. Sobre nada de esto se prejuzga en nuestra presentación.

plo, de Anderson, por un lado, y de Burns, por el otro[840]. De forma que más allá de las diferencias que ahora estamos trazando entre uno y otro modo de reconstruir la valoración de la prueba, el arreglo institucional incide en los modos en que de hecho se realiza esta actividad. Hasta aquí, entonces, la idea de «holismo» está asociada con la presentación integral de todas las pruebas. Para Haack, será a modo de una explicación integradora de todas las dimensiones de la calidad probatoria. Se trata de un «holismo multivectorial» porque existe un permanente cruce y soporte entre todos los eslabones del razonamiento. En cambio, una teoría como la inferencia conforme a la mejor explicación será vectorial, en dos direcciones. Para esta teoría primero se formula una explicación de lo ocurrido, después se busca inferir las pruebas que se acomoden con la explicación —primera dirección del razonamiento. Una vez hecho esto —las pruebas deben de encajar, ser explicadas, de la manera más hermosa —segunda dirección del razonamiento. Por cierto, en esta segunda dirección puede haber cadenas inferenciales como en el «atomismo vectorial». La inferencia conforme a la mejor explicación es una teoría «holista vectorial, unidimensional». En cambio, una teoría como la de Thagard o la de Amaya exige que las proposiciones primero sean comparadas —mediante principios rectores— unas con otras; es decir, es una teoría «holista multidimensional», pero como puede haber conjuntos de proposiciones, algunos inconsistentes entre sí, de modo que se deba optimizar un conjunto tal que no tenga ningún subconjunto inconsistente, esto quiere decir que todas las proposiciones se comparan con todas, por lo que tiene un carácter multivectorial. Es «holista» porque la fuerza probatoria es un juicio de la coherencia global del sistema de proposiciones —incluidas las restricciones expresas. El siguiente paso es ahora imaginar que hay teorías «holistas no-vectoriales», es decir, teorías que sostienen que no hay «hipótesis» en ninguno de los sentidos apuntados y que, por lo tanto, no hay nodos desde donde construir inferencias (o explicaciones), ni, en consecuencia, sentidos ni direccio-

---

[840] Cf. Anderson, 1991; y Burns, 1999.

nes hacia donde apunten las inferencias (o las explicaciones). La construcción de narraciones es un sistema de significación que provee a los participantes del proceso de la única herramienta comunicativa y de procesamiento de información que necesitan para tomar una decisión en el juicio. A partir de aquí puede haber dos tipos de holismos no-vectoriales: los estructuralistas y los funcionalistas. El primer tipo, asumido por autores como Jackson o Burns —pero también por los modelos de la psicología cognitiva que tratan de modelar los procesos de pensamiento del jurado[841]— acepta que las narraciones surgen a partir de ciertas prácticas institucionales o lingüísticas —o de ambas—. Estas estructuras —tales como los alegatos de apertura, la focalización del juicio en detalles de circunstancias alrededor de los hechos, las reglas procesales que regulan las objeciones o los contra-interrogatorios—condicionan, moldean y establecen un marco de referencia en el que las narraciones operan —y de alguna forma también estandarizan los estilos con los que se da cuenta de los hechos del caso. Finalmente, encontramos a los «holistas no vectoriales funcionalistas» para quienes la función persuasiva o la función retórica de las practicas jurídicas de adjudicación determinan las narrativas durante el juicio —por ejemplo Perelman o el punto de vista del abogado practicante puro y duro que imagina Twining.

Con este panorama conviene retomar un punto que será relevante para movernos hacia la presentación de nuestra propuesta: que la comparación de hipótesis, para las teorías atomistas que sean también inferencialistas basadas en la probabilidad inductiva, solo puede ser realizada si integran las «hipótesis$_5$» dentro de una narración o de una explicación; es decir, si reconstruyen las hipótesis como si fueran una teoría «holista vectorial» (o «multivectorial»). Esto es así porque requieren comparar todos los vectores de inferencia que cada parte durante el juicio ha presentado. La comparación de árboles o de redes de inferencias no se efectuará, eslabón

---

[841] Ver Byrne, 1995; Pennington y Hastie, 1992 y 1993; y Bennett y Feldman, 1984: 66-80.

por eslabón, sino como un todo —con independencia de que, como hemos apuntado, de forma contingente, el diseño institucional del proceso obligue o no a una presentación narrativa del caso. Estamos ahora en condiciones de hacer un esbozo de propuesta exploratoria de una forma de «atomismo multivectorial». Se trata de una propuesta muy preliminar, teórica y de carácter prescriptivo.

2.2.3.5. Un atomismo criteriológico: esbozo exploratorio

Trataremos de bosquejar aquí brevemente una reconstrucción alternativa de la valoración racional de la prueba basada en un enfoque atomista de modo que 1) no le sea redirigible la crítica de Bayón pero que al mismo tiempo 2) ofrezca, a diferencia de la solución ofrecida por Bayón, una explicación del rol preciso que han de jugar los fundamentos epistemológicos y político-morales en la formulación de las normas jurídicas relativas a la valoración de la prueba.

En esta inteligencia, el proceso de valoración racional de la prueba (en la etapa final de un juicio)[842] debería partir de aquellos hechos que pueden ser englobados en aquello que ha sido establecido como objeto de la investigación, así como de la norma o las normas que putativamente resultan aplicables a ellos. Por ejemplo, si el objeto de la investigación, tras las actuaciones preliminares de la policía, se califica de muerte dudosa, cabría considerar todos los hechos particulares que pudieran ser comprendidos en los casos genéricos de muerte accidental, suicidio, homicidio simple o calificado u homicidio culposo, así como con las normas penales que regulan tales hechos genéricos y con los casos particulares subsumibles en ellos. Si, en cambio, estuviese claro desde las actuaciones preliminares de la policía que se trata de un homicidio doloso solo podrían consi-

---

[842] Por razones de simplicidad expositiva consideraremos solamente la instancia última de valoración de la prueba, pero lo aquí dicho podría ser aplicado, *mutatis mutandi*, a las otras instancias del proceso (penal, en nuestro ejemplo) que requieren una valoración de la prueba.

derarse este hecho genérico (y los hechos particulares subsumibles en él) y la norma o normas que lo regulan. En materia penal, en virtud del principio de legalidad, los elementos típicos de las figuras delictivas deben estar formulados con precisión y, en virtud del principio de inocencia, la parte acusadora tiene la carga de probar (satisfaciendo, en la etapa final del juicio, criterios particularmente exigentes) la existencia o acaecimiento de todos aquellos hechos particulares que pueden ser subsumidos, según se debe demostrar también[843], en cada uno de los elementos objetivos y subjetivos del tipo penal. Para efectuar esta tarea entendemos que alcanza con que la acusación establezca una cadena inferencial acerca de los hechos particulares respecto de cada uno de estos diferentes elementos típicos, en pos de demostrar[844] su tesis acusatoria. A la defensa, por el contrario, le alcanzará con demostrar que algún eslabón de las cadenas inferenciales de la acusación está roto, es decir, que algún paso inferencial de alguna de las cadenas inferenciales (o de varias o de todas ellas) no está justificado a la luz del criterio o los criterios para «tener por probado» lo que el sistema jurídico exige. Y el juez debería decidir sobre estas bases[845]. Este criterio o criterios para tener por probado puede ser entendido como un estándar de prueba en el sentido genérico en que lo hemos definido más arriba: «el nivel de corroboración que se considerara suficiente para aceptar un enunciado como jurídicamente probado». Ahora bien, nuestra

---

[843]   Como se ha visto *supra*, asumimos que la calificación jurídica o subsunción debe ser justificada de modo independiente a la demostración de la existencia fáctica de los hechos que pretenden ser objeto de calificación o subsunción jurídica. Asumimos también que la calificación o subsunción jurídica puede y debe ser analizada en función de los diversos elementos del tipo penal.

[844]   En el presente contexto empleamos la expresión «demostrar» en sentido laxo de «razonamiento o aplicación que muestra la verdad de algo o probar, sirviéndose de cualquier género de argumentación», de modo que se incluye el razonamiento deductivo sin que el sentido de la expresión se agote en él.

[845]   Huelga aclarar que todas estas afirmaciones se ubican en un plano normativo y no descriptivo, es decir, no pretenden reconstruir cómo de hecho razonan los operadores jurídicos, sino solamente cómo debieran razonar para que su actuación sea considerada adecuada o justificada.

idea es que debería haber diferentes estándares según la naturaleza de los hechos cuya existencia o acaecimiento se quiera probar y según la naturaleza de la inferencia que se emplee para hacerlo, aun si todos ellos quieren garantizar relativamente el mismo tipo de exigencia o nivel de corroboración. Así, por ejemplo, se podría fijar, para cierto tipo de pruebas periciales estadísticas o basadas en criterios estadísticos, que no serán admitidas como pruebas de un hecho (general o particular) a menos que reúna ciertos requisitos. De manera similar, podrían especificarse las características que debe poseer o no poseer un testigo, o su número, para tener por acreditado cierto hecho. Evidentemente, esto exigiría formular una clasificación de los diferentes tipos de hechos a probar así como de los medios de prueba aptos para acreditar su existencia o acaecimiento. Pero lo que ahora quisiéramos destacar es que la especificación de las características que debería poseer un medio de prueba para ser considerado «apto» para acreditar la existencia o acaecimiento de un hecho debiera responder, para ser racionales, a estudios empíricos que respeten los métodos científicos aceptados[846]. Lo segundo que quisiéramos destacar es que en esta manera de reconstruir (normativamente) la valoración de la prueba no es necesario en absoluto construir hipótesis, ni el sentido más fuerte que presupone el método hipotético deductivo, ni el sentido más débil del «holismo». Para ejemplificarlo, volvamos a nuestro ejemplo del homicidio dado más arriba.

Supongamos que la versión de los hechos (*i.e.*, la tesis del fiscal) es que el día tal a cierta hora el individuo X causó intencionalmente la muerte del individuo Y de un disparo en el pecho con un revolver marca j, calibre k. Para demostrar su tesis el fiscal tiene que acreditar los hechos particulares que se corresponden con cada uno de los elementos del tipo penal de homicidio simple, a saber: la muerte de Y; que X provocó esa muerte; y que X obró con dolo. Lo primero podría hacerse, por ejemplo, mediante un certificado

---

[846] Evidentemente deberá haber criterios jurídicos que guíen la investigación empírica.

médico forense. Todo lo demás, podría tenerse por probado, por ejemplo, mediante un video, que hubiera registrado completa y claramente el homicidio en cuestión, y cuya autenticidad haya sido a la vez corroborada por expertos técnicos (suponiendo que un video en estas condiciones se considera que respeta los criterios o estándares para ser considerado un medio válido de prueba para este tipo de hechos). Pero el fiscal de nuestro ejemplo no tiene tanta suerte y *todo* lo que «tiene» (además del certificado médico que acredita el fallecimiento de la víctima) es la bala hallada en el cadáver de la víctima y el arma secuestrada en la vivienda de quien es denunciado como autor del hecho. El fiscal, para demostrar su tesis acusatoria, podría, por ejemplo, efectuar una pericia para acreditar, por una parte, que la bala se corresponde con esa arma y, por otra parte, una pericia tendiente a acreditar que las huellas dactilares existentes en el arma corresponden al denunciado. Dejando de lado la cuestión de la acreditación del dolo, y concentrándonos solamente en los aspectos materiales y asumiendo que ambas pericias arrojan resultado positivo, cabe observar que si se considerase que con tales inferencias (y de acuerdo a los estándares aceptados) puede tenerse por acreditado que «X provocó la muerte de Y», ello torna absolutamente innecesario, irrelevante, un relato o hipótesis de exactamente cuándo, cómo, con qué motivación, X provocó la muerte de Y. Estas circunstancias no son, por lo demás, elementos del tipo de homicidio simple. En el supuesto de que tales inferencias probatorias no satisfagan el estándar establecido en nuestro sistema jurídico imaginario, la defensa haría notar que los medios de prueba elegidos no alcanzan para tener por acreditados el hecho de que el arma pertenecía a X, ni que éste la disparó (y *a fortiori* que le disparó a Y) ni, por ende, que X provocó la muerte de Y. Y aquí, una vez más, para «derrotar» la cadena inferencial de la acusación, la defensa no necesita alegar que no se ha acreditado el tiempo, lugar y modalidades exactos del homicidio, ni ofrecer una versión completa de los hechos alternativa, sino que le alcanza con mostrar que uno de los pasos en la cadena inferencial no satisface el estándar respectivo establecido.

Otra consecuencia de esta propuesta sería una cierta debilitación, si no anulación, de la distinción trazada por Ferrer entre el momento de apoyo que cada elemento de juicio aporta (en forma individual y en conjunto) a las distintas hipótesis en vista a obtener como resultado el grado de confirmación (o respaldo) del que dispone cada una de estas hipótesis, o de su refutación, por un lado, y el momento que consiste en decidir si la hipótesis seleccionada satisface o no el estándar de prueba aceptado, por el otro. No solo porque en el esquema que proponemos no se trata en ningún sentido de confirmar hipótesis, sino también porque la aceptación de cada eslabón en la cadena inferencial implica que es conforme al específico estándar previsto.

En este bosquejo de reconstrucción de valoración de la prueba que ofrecemos tentativa y exploratoriamente, por último, queda claro cuál es el rol diferenciado que juegan las razones o fundamentos político-morales y epistemológicos en la creación de las normas jurídicas destinadas a regular la valoración racional de la prueba: los primeros tienen injerencia, por ejemplo, en la *decisión* de distribuir el riesgo del error a través del establecimiento de un parámetro de corroboración relativamente alto o exigente, así como, conjuntamente con lo anterior, de establecer la carga de la prueba a una de las partes. Los segundos, en cambio, por ejemplo, en el estudio empírico que debe presidir el establecimiento de cuáles son los requisitos que ha de poseer cada medio de prueba para que se considere que satisface el referido parámetro de corroboración relativamente alto o exigente.

Efectuadas, en los cuatro apartados anteriores, las reflexiones generales y analíticas acerca de la naturaleza del proceso jurisdiccional y, más precisamente, de la valoración de la prueba y su eventual conexión con la verdad, queda por averiguar si, a la luz de la diferencias profundas que un examen histórico revela acerca de las características de los sistemas del *common law* y del *civil law*, así como de sus respectivas regulaciones acerca de la averiguación y valoración de la prueba, no cabría, oportunamente, revisar el modo de proceder tan general o estar atento a otras variables la hora de emprender el referido tipo de estudios teóricos.

2.4. La «producción» de la verdad jurídica en los sistemas de *common law* y de *civil law*

A fin de avizorar, en profundidad de campo, las diferencias salientes que marcan la distancia entre los sistemas procesales de la tradición del *common law* y los de la tradición del *civil law*, así como sus respectivas formas de «producción de la verdad judicial», nos centraremos en el magistral libro de Robert Jacob *La gracia de los jueces*[847].

En esta obra se explica que la investigación [*enquête*][848] asumió, en la génesis del procedimiento romano-canónico, un rol comparable a aquél que tenía el jurado, en la misma época, en el nacimiento del *common law*. Ambas formas de procedimiento vinieron a sustituir, entre los siglos XII y XIII, a los antiguos ritos decisorios, dominados por la figura del juicio de Dios. No obstante —apunta Jacob— «la relación a un Dios de justicia continuaba siendo central y no podía ser expulsada de golpe. Solo hacía falta reconstruirla»[849]. Ahora bien, Jacob destaca que dicha reconstrucción adoptó, de un lado y del otro, vías divergentes y, en este sentido afirma:

> Allí donde el juez del *common law* simplemente remplazó la ordalía por el veredicto del jurado, el juez eclesiástico organizó su relación con Dios de manera más compleja. En el fondo, su Dios de referencia ya no es el mismo. Ya no es el que salvó a Daniel o arrancó a los niños de la hoguera, es el Dios del Génesis quien, sabiendo perfectamente lo que tenía lugar en Sodoma y Gomorra, eligió sin embargo no tenerlo en cuenta

---

[847] Cf. Jacob, 2014.

[848] Con esta expresión francesa se alude, específicamente a las modalidades particulares de investigación judicial que comienza a desarrollarse, Europa continental, a partir del siglo XII, y que se caracteriza, básicamente, por una delimitación precisa de los hechos objeto del proceso, la interrogación de testigos sobre tales hechos y sobre todo, en materia penal, por el recurso a la tortura.

[849] Jacob, 2014: 323.

y llevar a cabo una investigación antes de pronunciarse. Es un Dios que tomó partido por abandonar al menos uno de los elementos de la trascendencia: la omnisciencia. Y que, para formarse una convicción en tanto juez, se dio reglas. [...] Entonces ya no cuentan más que la producción y la evaluación de los testimonios. Es la prueba decisiva que sustituye a la antigua puesta a prueba decisoria. Contrariamente al juez arcaico o al juez del *common law* [en tanto el primero remite la resolución del litigio a Dios a través del juramento decisorio o la ordalía y el segundo deriva la resolución del litigio a un jurado], el juez eclesiástico no descarga sobre otro la misión de decir la verdad. Puesto que es él quien aprecia la credibilidad de los testimonios, es él quien asume la tarea. Pero asocia su función al respeto de reglas formales rigurosas. Y es a través del procedimiento de investigación que se opera el desdoblamiento de su persona que crea en él al juez autorizado. El procedimiento de investigación es el instrumento rígido que instala la función de juzgar en el campo de la autonomía propio del que depende el juicio legítimo[850].

Sobre la base de estas consideraciones es que Jacob, desde un punto de vista eminentemente histórico, efectúa una importante relativización a las nociones «acusatorio» e «inquisitivo» empleadas a menudo, tanto por los dogmáticos como por los historiadores del procedimiento, para caracterizar las formas del proceso penal. En este sentido advierte:

Un lugar común del derecho comparado es oponer al procedimiento del *common law*, acusatorio, el procedimiento romano-canónico, inquisitivo. Como todo lugar común, éste tiene su parte de verdad, pero también es la fuente de confusiones. Una de las más lamentables que puede inducir es la de oponer al juez de lo acusatorio, privado de todo control sobre la prueba, el juez de lo inquisitivo, que sería el amo absoluto de ésta. Basta introducir en la comparación un tercer término, el juez de la China tradicional, por ejemplo, para entender la medida del error. El magistrado chino no tiene que desdoblarse, que separar lo que conocería en tanto hombre de lo que conoce en tanto juez. Para formarse una convicción en un caso, no se le impone ninguna directiva; ningún método, ni subterfugio le están prohibidos. Es por lo que el empleo del término «investigación» en su sentido corriente, aplicado indiferentemente al juez chino o al occidental, es portador de malentendidos. Por ello hace falta velar por conservarle el sentido técnico que siempre tuvo en el lenguaje de los juristas, el de la audición de las partes y de los testigos según un

---

850 *Ibidem*: 323-324. Lo escrito entre corchetes nos pertenece.

procedimiento formal preestablecido. Al contrario del juez chino, el juez occidental no dispone de ninguna libertad en la producción de la verdad judicial o, para ser más exactos, no puede hacer de su convicción la verdad judicial a menos que consiga traducirla a través de las operaciones formales apropiadas que controlan las interacciones con terceros, partes, jurados o testigos. No es inoportuno subrayar que, en la historia occidental, estas exigencias no aparecieron sino hasta mediados de la Edad Media. El juez antiguo las ignoraba aún. Un orador ateniense, que acusaba a su adversario de prostitución y de prodigalidad, podía permitirse desdeñar la presentación de testimonios, puesto que los jueces eran sus propios testigos: ¿acaso no sabían éstos ya todo lo que había que saber, por su frecuentación de los mercados, su conocimiento de los amantes y de los clientes del acusado? El abogado romano, incluso en el proceso civil, no olvidaba recordar al juez las relaciones que había entablado anteriormente con las partes, incluso la parte que éste había tomado personalmente en el caso en episodios precedentes, y así pues, las ideas que se había hecho sobre la honestidad de uno y la deshonestidad de otro. [...] Es en el corazón de la Edad Media [...] cuando apareció [...] un derecho de la prueba que fundaba la exigencia imperiosa de separar conocimiento judicial y conocimiento común. «La verdad, es Dios» (*veritas id est Deus*), continuaban pensando los hombres de la Edad Media. Pero cuando repudiaron la ordalía para atribuirse el poder de decirla, necesitaron encontrar un espacio intermedio entre lo divino y lo humano. Es este espacio el que explica los desdoblamientos. En *common law*, el desdoblamiento se encarna en la distinción de las dos funciones, la de juez y la de jurado. En el mundo de los clérigos, el desdoblamiento atraviesa la persona misma del juez, siendo al mismo tiempo el efecto, en el juez, de reglas que le son impuestas desde fuera[851].

De este análisis histórico-comparado y de conformidad a nuestros propósitos, resaltamos los siguientes puntos:

1) La relación del proceso penal con lo sagrado, la cual es determinante para comprender cabalmente la diferencias entre el procedimiento en los sistemas del *common law* y los de los sistemas de la tradición romano-canónica, y ello —pese a que es un punto completamente pasado por alto, sobre todo por los procesalistas— aún en la era actual, como veremos enseguida.

---

[851] *Ibidem*: 324-326.

2) Que la pasividad (ausencia de control) del juez del *common law* y la actividad (control absoluto) del juez de los sistemas de la tradición romano-canónica con relación a la prueba, poseen ambos una muy importante limitación en común: que los hechos objeto del proceso deben ser fijados de acuerdo con operaciones formales establecidas por reglas, a la vez que no es posible que el juez, en dicha tarea, tenga un conocimiento directo de los hechos.

3) Que el hecho de que los jueces en la Grecia y Roma antiguas no estuviesen limitados, para arribar a su veredicto, a un conjunto de operaciones formales determinadas por reglas y que pudiesen incluso tener un conocimiento directo de los hechos objeto del proceso, a diferencia de lo que ocurre con los jueces del *common law*, es un indicador (entre muchos otros), de las importantes diferencias que quedan obliteradas al categorizarlos a todos ellos bajo la generalización de «sistemas acusatorios».

Con relación al primero de los puntos señalados resulta de capital importancia destacar, con Robert Jacob, que:

> [...] a lo largo de este proceso (*processus*) de mutación **el proceso judicial (*procès*) inglés nunca se alejó de una lógica de la puesta a prueba** (épreuve) **para entrar en una lógica de la prueba (*preuve*)**. El campo semántico del verbo francés «*trier*» (escoger, seleccionar) remite a operaciones de puesta a prueba, las que sirven (justamente) para seleccionar, escoger, sentido que el francés continental conserva desde muy temprano en la Edad Media, pero también de manera general, a ensayos y puestas a prueba de todo tipo. Es el significado que conserva en inglés *to try* y que se origina en el lenguaje institucional de la época normanda. **El *trial* es la puesta a prueba que selecciona la buena causa y la mala**. Si, en inglés moderno, la palabra ha terminado por designar el proceso judicial entero, es por metonimia, ya que en sentido técnico propio solo designa el enfrentamiento final ante el jurado, siempre facultativo, como ya sabemos[852].

---

[852] *Ibidem*: 272. El énfasis nos pertenece.

A fin de comprender en todo su alcance la señalada matriz ordálica del proceso judicial inglés, es oportuno precisar la distinción
entre épreuve y *preuve*. La primera expresión significa «experiencia
a la que se somete una (o la) calidad de una persona o de una cosa
y que es susceptible de establecer el valor positivo de esta calidad;
poner a prueba, someter a una experiencia». Por la segunda, en
cambio, se entiende «hecho, testimonio, razonamiento susceptible
de establecer la verdad o la realidad de algo». Esta distinción no
posee un correlato en español cuyo término «prueba» conserva la
ambigüedad del latín *probatio*. En castellano, en efecto, «prueba»
significa tanto «razón, argumento, instrumento u otro medio con
que se pretende mostrar y hacer patente la verdad o falsedad de
algo, es decir, la acción de demostrar», como también «ensayo o experimento que se hace de algo, para saber cómo resultará en su forma definitiva»[853]. Vinculado con éste último sentido, en el terreno
jurídico suele hablarse de «prueba» (o de «prueba judiciaria») con
relación a la experiencia a que se sometía a los reos en la Antigüedad
o en la Edad Media, que consistía en hacerles sufrir la acción de un
agente destructor, como el fuego, para demostrar su inocencia si
salían ilesos de ella[854].

¿Cuáles son los principales rasgos de esta matriz ordálica (puesta
a prueba) que perviven aún en el proceso judicial inglés y hacen que
se distinga del proceso judicial de origen romano-canónico? Rasgos
que, por otra parte, son ignorados tanto por los procesalistas como
por los teóricos del derecho.

En primer lugar, si bien el procedimiento judicial inglés después
de su nacimiento medieval ha modificado por etapas sucesivas algunas de sus formas y mecanismos, ha conservado el *ritmo*:

> Su primera fase, los *pleadings* corresponde a los pleitos (*placita*) de
> la alta Edad Media. Se trata de una instancia preparatoria en el curso
> de la cual el juez y los abogados discuten sobre las objeciones previas,
> planteadas por el demandado. Si alguna de éstas fuese receptada, la

---

[853]   Cf. *Diccionario de la Real Academia Española*.
[854]   Cf. *Diccionario del uso del español* de María Moliner.

acción sería rechazada. En el curso de esta primera fase, de lo que hemos llamado antes la pequeña justicia, el juez, al estatuir sobre las objeciones, pronuncia los *judgments* que, puestos en cadena, formarán el cuerpo jurídico del *common law* material. Con vistas al desarrollo de los debates, la parte que siente venir su fracaso tiene la facultad de negociar. En la Edad Media como hoy, una aplastante mayoría de los procesos civiles se concluyen con una transacción. Sucede lo mismo en el campo penal, en donde en todas las épocas y bajo diversas formas, el «declararse culpable» predomina de lejos en las estadísticas judiciales sobre la marcha hacia el veredicto. Sin embargo, a falta de acuerdo entre las partes, el proceso se prolonga hasta la segunda fase, el *trial*, en sentido propio «la puesta a prueba» —del antiguo francés *trier* en el sentido que conserva el inglés *to try*: intentar, poner a prueba. La puesta a prueba de verdad que tiene preferencia en el *common law* es el veredicto del jurado. Pero ciertas acciones prolongaron mucho más tiempo el uso de puestas a prueba terminales arcaicas, como la acción de deuda, por ejemplo, que pudo concluirse hasta los Tiempos modernos a través del juramento liberatorio del deudor prestado junto a doce co-juradores[855].

En segundo lugar, ha conservado la transferencia de la virtud divina sobre el pueblo que integrará el jurado y pronunciará el veredicto de inocencia o culpabilidad, idea recogida en el adagio *Vox populi, vox Dei*[856]. Robert Jacob explica los alcances de esta transferencia que da lugar a la omnisciencia del jurado y que se vincula estrechamente al carácter de *épreuve* que posee aún hoy el *trial*:

> El jurado no está obligado a rendir cuentas de aquello sobre lo cual funda su saber. Y una análoga **presunción de omnisciencia** se encuentra en el proceso penal. Durante mucho tiempo, la instancia decisiva se limitó a una confrontación cara a cara del acusado con el jurado, confrontación de unos pocos minutos al término de los cuales caía el veredicto. **El tiempo corto del *trial* continuó siendo el de una ordalía.** Entre el justiciable y el pueblo juez se establecía una relación de comunicación en la inmediatez de tal modo que **el jurado sentía enseguida lo que separaba la culpabilidad de la inocencia.** Por ello el pueblo del jurado a menudo estuvo muy cerca de ser el pueblo del linchamiento. Hizo falta rudas controversias, y reformas tardías puesto que no se entablan verdaderamente hasta el siglo XVIII, para introducir ante el jurado el debate contradictorio, los derechos de la defensa argumentada y la prestación de

---

[855] Jacob, 2014: 483-484.
[856] *Ibidem*: 484.

testimonios, tales como funcionan hoy en día. Por supuesto, **la presunción de omnisciencia** no fue nunca oficialmente reivindicada por el *common law*. Permanece implícita. Pero podemos sostener que, **a la luz de lo que sucedió a lo largo de la historia, nunca desapareció verdaderamente. Es una suerte de estructura latente, siempre susceptible de reactivarse de un momento a otro**[857].

Una de las consecuencias de esta asumida omnisciencia del jurado es la tardía y aún muy restrictiva posibilidad de revisar su veredicto tanto en Inglaterra como en Estados Unidos. John Spencer recuerda, en este sentido, que el procedimiento penal continental acepta mucho más fácilmente la apelación que el procedimiento penal inglés, a lo que agrega: «En Inglaterra el jurado fue introducido como un sustituto del juicio que Dios pronunciaba a través de la ordalía, y como el juicio de Dios tampoco estaba abierto a ser desafiado con el fundamento de que hubo dado una respuesta incorrecta»[858].

En tercer lugar, ha conservado la liturgia, que es de importancia capital para comprender la idiosincrasia y funcionamiento de un proceso judicial. La desaparición de las ordalías cristianizadas del horizonte de la justicia del Medioevo de Europa occidental no hizo desaparecer, como muchas veces se pretende, la relación de la justicia con Dios, con lo sagrado; solo condujo a su reconstrucción, la cual adoptó, sin embargo, vías divergentes a un lado y otro del Canal de la Mancha[859]. Es en el (diferente) recurso a la liturgia, en el proceso del *common law* y en el de tradición romano-canónica, donde se hace visible su (diferente) relación con lo sagrado. Ésta determina además, en uno y otro caso, sus tiempos, su desarrollo, el significado profundo de los actos que lo constituyen. La liturgia —nos dice Robert Jacob— «es un instrumento poderoso. Actúa por sí misma y no necesita del apoyo de un aparato coercitivo. Crea la adhesión en torno suyo a través de su sola puesta en espectáculo,

---

[857]   *Ibidem*: 486-487. El énfasis nos pertenece.
[858]   Cf. Spencer, 2005: 28.
[859]   Cf. Jaccob, 2014: *passim* y, especialmente, 203 y 323.

así como suscita la creencia con su sola repetición. Permanece operativa incluso cuando se ha perdido desde hace mucho el recuerdo de las leyes que la establecieron y de los hombres que fueron sus autores. Atraviesa las fronteras y se trasmite incluso a pueblos a los que no estaba destinada. Durante los tres o cuatro siglos obscuros de práctica continua de la ordalía, ésta labró los espíritus»[860]. Y no dejó de incidir en la recomposición con lo sagrado que se produjo en Inglaterra y en los países del continente europeo tras la desaparición de las ordalías y la consecuente reconfiguración del proceso judicial en uno y otro lado. Robert Jacob, se pregunta:

> El proceso del *common law* ¿no ha conservado, en el fondo, la fuerza de una religión? [...] una religión que no estaría definida por sus dogmas, sino que sacaría de **la liturgia** de sus sacramentos tanto la certeza de sí misma como su capacidad para producir las verdades constitutivas del lazo social. La institución judicial es aquí, como en cualquier otro sitio, un lugar de discriminación del bien y del mal. Pero la discriminación no se supone que llegue del exterior, por la aplicación de criterios pre-constituidos. Es el producto del proceso mismo que organiza la confrontación del bien y del mal en una dramaturgia; y el primer objeto del derecho es el establecimiento de las reglas de esta dramaturgia. El desenlace de este enfrentamiento dramático es en cada caso incierto. [...] En su lucha ritual contra el mal, puede suceder que el bien fracase. No existe ningún sujeto en ningún país del *common law* que no esté convencido de ello. Pero la mayoría no está menos convencida de que las reglas del combate, en su conjunto, están ordenadas para la victoria del bien y que lo peor sería la ilusión de que el bien puede ganar sin tener que combatir. A este respecto, la adhesión al ritual judicial no es tan diferente de la que antaño generaba entorno suyo el procedimiento que conducía al juicio de Dios. Si nos permitiésemos plantear como hipótesis que las formas procesales del *common law* constituyen el objeto de un culto, tomando este término en un sentido fuerte, es en referencia a la sociedad estadounidense contemporánea que esta hipótesis sería la más pertinente. [...] ¿No se trataría acaso de una religión paralela a las distintas religiones, que tendría la misma capacidad que tuvo en la Inglaterra medieval, la de confortar el lazo social en un medio multicultural y, en este caso además, multiconfesional, de un *melting pot*?[861].

---

860   *Ibidem*: 205.
861   *Ibidem*: 494-495. El énfasis nos pertenece.

Ahora bien, al momento de producirse los referidos cambios en el Medioevo central tras la desaparición de las ordalías como medios de resolución de los conflictos, mientras que en proceso del *common law*, con la implantación del *trial*, se conservan las formas antiguas de sacralidad, la Iglesia, en la Europa continental, mediante la creación de la investigación romano-canónica, produce una desacralización del procedimiento judicial, que se transmitió a la justicia laica, al disociar el ministerio de los sacramentos de la función de juzgar, al desconectar el acto de juzgar de toda articulación ritual con la administración de sacramentos o cuasi-sacramentos[862]. La iglesia había transmitido a la justicia laica, de este modo, un sistema de procedimiento docto (basado fundamentalmente en la prueba de testigos y la confesión y la jerarquía de la pruebas), pero al mismo tiempo los privaba del carisma que fundaba la legitimidad del juicio. Así, al pasar de la Iglesia al Estado, el modelo debía componerse con figuras de lo sagrado que se habían implantado y sobre los cuales la iglesia no tenía un dominio absoluto[863]. Uno de los signos más visibles de esta reconstitución de un sacro de justicia es la **vestimenta judicial**, que hacía de la judicatura otro clero. «La recepción del modelo canónico por las ordenes jurídicas laicas instituía como heredero de la gran justicia, divina, no a un jurado como en el *common law*, sino al juez mismo. Hacía falta para el juicio final, acto solemne de discriminación del bien y del mal, reinventar una relación con Dios que lo recondujese a su legitimidad tradicional. Por ello, **las ilustraciones de los manuscritos** [otro signo visible de esta reconstitución], cuando intentan representar la idea abstracta de juicio, recurren a figuras de inspiración divina [...] Tanto en Francia como en Alemania de la baja Edad Media, se buscaba traducir, no sin tanteos, la convicción de que el acto de justicia colocaba al juez en una comunicación de orden particular con Dios»[864]. Ahora bien, esta comunicación debía comprenderse en razón del paradig-

---

[862]   *Ibidem*: 482-483.
[863]   *Ibidem*: 510 y 513, y 497-509.
[864]   *Ibidem*: 513 y 515. Lo escrito entre corchetes nos pertenece.

ma sacramental, lo cual se muestra por el éxito de mucho relatos legendarios (como el de las sentencias de Trajano) en los que el bautismo y la eucaristía juegan un rol fundamental; relatos que, por otra parte, inspiraban la composición de los cuadros que decoraban los tribunales. Pero sobre todo, es en **los sistemas de imágenes de la justicia** de los cuadros y los manuscritos producidos a propósito de la actividad judicial (tercer signo visible) que se revela plenamente la relación con lo divino reconstruida en el universo de aquí en más racionalizado de los procedimientos: la gracia del juez en un juicio recto se muestra en contrapunto con la figura del juez inicuo, destinado a la condenación[865].

Esta separación de las dos ramas de las culturas judiciales occidentales, *common law* y *civil law*, no fue solamente la de dos sistemas de procedimiento o derecho material, sino la de dos tipos de relaciones con lo sagrado que contenían en germen dos actitudes radicalmente diferentes respecto de la construcción de la verdad judicial, ya sea de hecho o de derecho[866]. Así, en cuarto lugar nos hayamos frente a dos modelos de producción de la verdad judicial. Cuando un juez del *common law*,

> escucha el enunciado «me declaro culpable» (*I plead guilty*), recibe una frase que «efectúa lo que significa», es decir que crea por sí misma el estado judicial de culpabilidad, sin que haga falta para dicho enunciado ir a buscar la realidad a la que corresponde. Si se ve en la obligación de llevar a cabo un proceso (*lawsuit*) hasta la puesta a prueba final (*trial*), el veredicto del jurado tiene para él las mismas consecuencias. El juez no tiene que producir por sí mismo la verdad judicial. Solo le incumbe dirigir la liturgia procesual que la producirá fuera de él. Las razones más o menos secretas que pueden empujar a un justiciable a declararse culpable o a un jurado a pronunciarse en tal o cual sentido, no son su asunto y nada sería más contrario a su misión que preocuparse por ellas, sobre todo si esta preocupación influyese en su forma de conducir los debates. La búsqueda de una verdad[2] externa sería contraria a la producción correcta de la verdad[1] judicial. Dado que el juez no es el dueño de esta última, se concluye que su conciencia no podría estar cargada con el peso del

---

[865] *Ibidem*: 515-517.
[866] *Ibidem*: 483.

eventual error judicial. No tiene que preguntarse «¿(...) eres digno, rezumas miseria, bajos instintos, pensamientos impuros, estás sujeto a todas clases de debilidades y equivocaciones?», sino únicamente «¿has hecho aplicar correctamente las reglas del procedimiento?» O, en el peor de los casos, «¿no has favorecido a alguna de las dos partes por tu manera de dirigir la instancia?». Se encuentra, en el fondo, en la posición del ministro del culto que conoce sus pecados y sospecha los de su rebaño, pero que sabe también que éstos no tienen efecto sobre la verdad[1] del sacramento que administra, siempre y cuando las condiciones formales de su administración estén reunidas. Esto es lo esencial, puesto que de esta única adecuación intrínseca dependen, además de la verdad[1], los beneficios que su ministerio distribuye sobre las almas que tiene a su cargo [...] Al substituir mecánicamente el *jury trial* a la ordalía, el procedimiento del *common law* conservaba todo del juicio-sacramento, con la salvedad de que lo que el derecho canónico iba a considerar como un simple sacramental, el juramento de los jurados, tomaba el lugar de la eucaristía del justiciable[867].

Otra característica de este modelo de la producción de la verdad judicial consiste en la preeminencia que se otorga a la consistencia por sobre la demostración de la verdad fáctica, como si la primera fuera el signo (falible, pero a fin de cuentas eficaz) de la verdad:

[pese a que] en la historia de la cultura judicial inglesa, lo lúdico y lo judicial se imbricaron desde muy temprano [...] la preocupación por la corrección en la producción de la verdad judicial no abandonó nunca el horizonte intelectual de los jueces ingleses. Se tradujo en un esfuerzo constante de selección rigurosa de lo que está permitido y prohibido

---

[867]   *Ibidem*: 481-482. Con «verdad[1]» y «verdad[2]», Robert Jacob se refiere a lo siguiente: los teólogos medievales, continuando ciertas tesis de San Anselmo, concibieron una doble verdad del sacramento, una intrínseca y otra extrínseca. De acuerdo con la primera, el sacramento opera por la eficacia misma del rito, es decir, produce por sí misma la verdad de su enunciado. Así, cuando un sacerdote, debidamente ordenado siguiendo correctamente el rito, la palabra sacramental «yo te bautizo», por ejemplo, borra el pecado original. No obstante, podría ocurrir que el sacerdote oficiante esté en estado de pecado mortal o que aquel que recibe el bautismo sea un simulador que no realmente está habitado por la fe. En este caso el sacramento no puede ser plenamente eficaz. La gracia que de él se espera no se transmite como debería. Pero esta falsedad extrínseca jamás puede comprometer la verdad intrínseca. Cf. *Ibidem*: 478.

proferir en el escenario judicial. Se puede incluso sostener que esta selección de lo aceptable y lo inadmisible, que siempre hacía falta reiniciar, fue en la historia el gran motor de la evolución del *common law*, civil y penal. Desde la Edad Media hasta nuestros días, un rasgo la atraviesa: la obsesión de la coherencia (*consistency*). Dado que se abstenían de verificar las afirmaciones de las partes, los jueces podían al menos exigirles que no se contradigan. El principio de no contradicción se aplica a toda afirmación articulada por las partes durante el proceso, incluso anterior al proceso, si ésta tenía que ser producida. Contradecirse, *se traverser* decían los jueces ingleses de antaño, era perder su causa [...] Al no reposar sobre el poder inquisitivo del juez para verificar lo dicho por las partes, la búsqueda de la verdad judicial se apoya en un deber de sinceridad (en principio) y de coherencia (en la práctica), que impone a cada parte construir siempre un relato coherente, pues una falla en la coherencia engendrará la caída [...] *Justice before truth*. El adagio expresa la consciencia clara de que, entre el trabajo de una justicia del *common law* y la búsqueda de la verdad a secas, existe una distancia, asumida. Pero expresa también la convicción de que esta distancia es necesaria. Desde este punto de vista, una «verdadera» justicia no es la que busca la verdad a cualquier precio. El *fair process* (cuya traducción por «*procès equitable*» no deja de prestarse a malentendidos) no puede ser el que se funda sobre la investigación más concienzuda de lo real. Es, más bien, el que se aboca a ordenar el debate sobre el escenario judicial en las mejores condiciones de lealtad entre los adversarios[868].

Por contraposición, el proceso romano-canónico, se caracteriza sobre todo porque la verdad judicial no puede reposar sobre la íntima convicción (de un jurado) sino ser el fruto de un método riguroso, tanto en su búsqueda como en valoración, que garantiza la objetividad. Lo primero queda asegurado por la investigación [*enquête*] que establece un cuadro constrictivo definido, desde el comienzo de la instancia, por la confrontación de alegaciones contradictorias producidas por escrito. Lo segundo, en tanto los elementos de convicción son valorados sobre la base de criterios formalmente definidos: el sistema de la jerarquía de las pruebas (también llamado sistema de pruebas legales)[869].

---

[868] *Ibidem*: 489 y 492. Lo escrito entre corchetes nos pertenece.
[869] Cf. *ibidem*: 497-501.

Otra diferencia fundamental entre ambos tipos de proceso consiste en que mientras que en el derecho continental la calificación jurídica de los hechos proviene de un corpus de normas preexistentes, en la tradición del *common law*, si bien no se desconoce la existencia de ciertas normas prexistentes, éstas no son concebidas como un corpus que debe preexistir a la calificación y son en buena medida producto de la elaboración judicial. En el *common law*, más que de la aplicación de una norma jurídica preexistente y previamente indentificable que vendría a calificar jurídicamente a unos hechos también previamente identificados a través de la prueba, se trata de *producir* una regla para unos hechos que se tienen por acreditados si se respetan ciertas formas rituales.

Estudiados, los aspectos normativos (sección 1) y fácticos (sección 2) involucrados en los procesos jurisdiccionales y su eventual conexión con la verdad, pasamos a considerar algunas notas salientes de los trabajos que integran la sección II del presente volumen (3).

3. Las contribuciones de este volumen sobre la verdad en los procesos jurisdiccionales

La sección II, «Problemas de la verdad *en* el derecho», del presente volumen, se inicia con el trabajo de Pierlugi Chiassoni «Interpretación jurídica sin verdad», en el que se busca contestar la siguiente pregunta fundamental: ¿qué manera de entender la *verdad* puede considerarse adecuada para la *interpretación jurídica*[870]? Después de un análisis, que se resume a continuación, el autor desecha el *monismo* (tanto *esencialista* como *pragmatista*) y se inclina por lo que denomina *pluralismo austero*. En palabras del propio autor, si se adopta el pluralismo austero:

> [...] el espacio de la verdad en la interpretación jurídica coincide con el espacio de la verdad empírica. En este espacio encontramos oraciones

---

[870]   Cf. apartado V del trabajo.

de detección y de predicción, por un lado, y las oraciones conjeturales, por el otro. En tales casos, sin embargo, se trata de los productos o bien de actividades de interpretación en sentido impropio, o bien de actividades de interpretación en sentido propio, pero en función cognoscitiva[871].

Conforme a ello, Chiassoni sostiene que las oraciones *interpretativas no* son aptas para la *verdad empírica*, ya sea en el campo de las interpretaciones jurídicas, entendidas como actividad o como producto, ya sea en el dominio de los sistemas normativos retóricos[872]. Por otra parte, subraya la ambigüedad en el uso del término *verdad jurídica*, proyectando tres formas de aplicación:

1. *Verdad del derecho*: el derecho que, bajo determinado criterio de verdad, se opone al derecho que, bajo el mismo criterio de verdad, no es verdadero. En relación con este tópico, el autor expone dos posiciones: a) derecho natural: hay un verdadero derecho que coincide con las leyes del derecho natural; b) derecho positivo: preguntarse por la verdad del derecho carece de sentido.

2. *Verdad sobre el derecho*: versa sobre la posibilidad de someter el derecho a investigaciones cuyos productos sean proposiciones verdaderas (de carácter cognoscitivo o científico). Se distinguen, al respecto dos enfoques: a) enfoque empirista (positivista): se asume la posibilidad de someter el derecho positivo a investigaciones cuyos resultados son verdaderos si son fieles a las realidades jurídicas (empíricas); b) derecho natural: se llega a la verdad por medio de la razón o la intuición.

3. *Verdad en el derecho*: Chiassoni se enfoca, al respecto, específicamente, en la verdad en el campo de la interpretación jurídica. Al respecto distingue dos categorías de interpretación jurídica: como actividad y como producto[873]. Para Chiassoni, en las *interpretaciones-producto* puede convenir hablar de *verdad*, sobre todo en entidades

---

[871] *Idem.*
[872] *Idem.*
[873] Cf. apartado II.

discursivas representadas por conjuntos de oraciones contenidas en ensayos doctrinales, sentencias u otros actos procesales.

De este extenso, detallado e incisivo trabajo, del que aquí apenas hemos reseñado algunos aspectos muy generales, digamos, en primer lugar, que es el único del volumen que aborda de manera frontal el problema filosófico de la determinación de la noción de verdad, antes de pasar a emplearla con relación a su objeto específico de examen que es la interpretación jurídica. Su ángulo de reflexión es eminentemente conceptual y analítico y, en este sentido, no se ocupa de la dimensión histórica de la relación entre interpretación jurídica y verdad, el cual no es, por otra parte, ni el objetivo de su trabajo ni del presente volumen[874]. En el trabajo tampoco se tematiza la cuestión de si hay una diferencia (cualitativa o de grado) entre la interpretación efectuada por los juristas teóricos (dogmáticos o doctrinarios) y la realizada por los jueces u otros órganos de aplicación en el marco de un proceso jurisdiccional. No obstante ello, el objeto principal del análisis lo constituye el segundo de los referidos ámbitos.

La sección que comentamos continúa con el trabajo de Frederick Schauer, «Una vez más sobre las ficciones jurídicas», que se centra en el estudio de las *ficciones jurídicas*. La tesis que en él se defiende es que el uso de ficciones en el campo del derecho no siempre es condenable. En este punto, se conecta la caracterización de las ficciones jurídicas con el debate, por un lado, acerca de la relación entre la *verdad jurídica* y la *verdad simpliciter*, y por otro, con la discusión en torno a la conexión entre la *verdad jurídica* y el *lenguaje jurídico*. Para Schauer, las ficciones —por definición— no son verdaderas[875]. En este sentido, las ficciones jurídicas son *falsedades intencionales*. Esto es, tanto teóricos, como jueces y abogados emplean ficciones con

---

[874]   Sobre el particular, que no ha sido tampoco objeto central del volumen II de esta obra, véase sin embargo, especialmente, el artículo de Jean-Louis Halpérin «La verdad legal en Francia desde fines del siglo XVIII hasta 1945»: 775-817. Permítasenos remitir asimismo a Frydman, 2005 y Marí, 2014.

[875]   Cf. introducción.

un propósito específico, a saber, ya sea la *presuposición*, la *presunción* o la *prevaricación*.

El uso de las ficciones jurídicas como presuposiciones se basa en la filosofía del «como si». La idea del «como si» tiene dos dimensiones. En la primera —*lógica*— se sugiere que la premisa de un razonamiento puede ser hipotética y se asume la noción de presuponer algo —la verdad de una proposición— en favor del argumento —que la otra proposición adquiera sentido—. La segunda dimensión —*psicológica*— advierte que en algunas ocasiones se construye una hipótesis de hecho —sin que sea relevante su verdad o falsedad— para hacer comprensible un punto temático. Schauer arguye que, en la teoría jurídica, la perspectiva de la filosofía del «como si» se conecta con la *norma básica fundante* de Hans Kelsen: el carácter irrelevante de la verdad o falsedad de la norma básica fundante es lo que define su estatus de ficción jurídica[876].

Las ficciones jurídicas como *presunciones* aparecen como consecuencia del carácter sub o sobreincluyente —en relación con la razón *subyacente*— de las reglas jurídicas. Considérese la siguiente regla jurídica que tiene como objetivo —razón subyacente— promover la seguridad en las calles: «prohibido conducir a más de 80 kilómetros por hora». La regla jurídica presume que todos los conductores pueden conducir un automóvil de manera segura solo si manejan el vehículo por debajo de la velocidad establecida como límite. En este sentido, Schauer afirma que las reglas jurídicas instrumentales son presunciones. Cuando un policía detiene a un piloto profesional de Fórmula 1 por conducir un Honda Civic en la calle por encima del límite de velocidad establecido por la regla, la autoridad de transito está asumiendo que el piloto profesional pone en peligro la seguridad de otros conductores y peatones en la calle, aun cuando de hecho no lo haga. Al decir de Schauer, la aplicación de una regla jurídica, en los supuestos en que ésta resulta sub o sobreincluyente con relación a su razón subyacente, puede ser vista

---

[876]   Cf. apartado I.

como una ficción jurídica[877]. Así, este tipo de presunciones jurídicas suelen describirse como ficciones jurídicas, las cuales, según muestra su análisis, son ficciones únicamente en el sentido de que toda regla es una ficción desde que «una de las características definitorias de toda regla es que trata lo que es comúnmente el caso como si fuera siempre el caso»[878]. El punto decisivo en la tesis de Schauer es que el análisis de acuerdo con el cual las generalizaciones descriptivas pueden ser verdaderas (o falsas) sin que para ello sea necesario que la propiedad atribuida esté presente en todos los miembros de la clase en cuestión sino solo en un mayor grado con relación al que aparece en otra clase con la que se compara implícitamente la primera, puede ser transferido a las generalizaciones prescriptivas que llamamos *reglas*.

En relación con la *prevaricación*, Schauer expone que cuando la aplicación de una regla jurídica puede producir un resultado incorrecto, el uso de ficciones jurídicas por parte de los jueces es una herramienta útil para modificar el desenlace. En otras palabras, dado que toda regla jurídica, en virtud de la generalidad que ocasiona su carácter sub o sobreincluyente, es susceptible de proporcionar una solución incorrecta, las ficciones jurídicas constituyen una herramienta empleada por las autoridades jurisdiccionales para corregir dicho resultado. A manera de ejemplo de esta clase de ficciones, Schauer menciona las construidas a partir de la *redescripción de hechos* en las resoluciones judiciales (*e.g.*, la interpretación de una regla jurídica en la que el juez incluye el objeto *bicicleta* en la clase *vehículo*) y las *categorías conceptuales* eminentemente jurídicas (*e.g.*, *fideicomiso* o *persona jurídica*)[879]. Señala, asimismo, que en la bibliografía existe una perspectiva que subraya el carácter *técnico* del lenguaje jurídico. Conforme a este enfoque, cuando la expresión «vehículo» es incluida en una regla de derecho, adquiere un significado distinto al ordinario y se convierte en un término eminentemente jurídico,

---

[877] Cf. apartado II.
[878] Cf. introducción.
[879] Cf. apartado III.

i.e, «vehículo». La tesis principal que defiende Schauer es que el concepto de ficción jurídica es incompatible con la noción de que todo el lenguaje jurídico se compone de términos técnicos. En este sentido, retoma la idea de que las ficciones —por definición— son falsas. En consecuencia, las *ficciones jurídicas* son *falsedades jurídicas* (aunque no mentiras). Por ello —aduce— el uso de ficciones en el derecho: a) presupone una concepción de la *verdad* no tan alejada a la de verdad *simpliciter*, y b) sugiere que el *lenguaje jurídico* se conforma por términos, oraciones y significados *técnicos* y *ordinarios*[880].

Amén de ser, junto con el ya comentado trabajo de Marmor, los únicos que se ocupan de la cuestión de las ficciones jurídicas y la verdad, este artículo de Schauer presenta el atractivo, por una parte, de ocuparse de las ficciones jurídico-teóricas y, por otra, ya en el ámbito de los ficciones propiamente jurídicas, de ocuparse tanto de aquellas que el autor finalmente equipara a las presunciones, como de aquellas otras, judiciales, no equiparables a las presunciones. En todos los casos se ocupa sistemáticamente de analizar su conexión o falta de conexión con la verdad (o falsedad). Lo más atractivo y novedoso, sin embargo, es la conexión de la temática de las ficciones con su concepción de las reglas como generalizaciones empíricas prescriptivas y las correspondientes nociones de razón subyacente u sobre y subinclusión. Es interesante notar, además, que la explicación que da Kelsen acerca de las ficciones propiamente jurídicas —donde, en realidad, éstas quedan equiparadas a las presunciones legales—, es diferente a la que ofrece Schauer. Las ficciones jurídicas, para Kelsen, se caracterizan por no tener ningún tipo de relación con los hechos, ni en términos de verdad ni de probabilidad. Cuál sean los motivos o los fines por los que el legislador vinculó a ciertos casos ciertos efectos jurídicos (equidad, generalización, simple capricho) en nada incide en la naturaleza de la norma que al ser prescriptiva no es verdadera ni falsa, y, por ende, no puede ni contradecirse ni medirse «probabilísticamente» con la realidad; razón

---

[880] Cf. *idem*.

por la cual no puede tratarse, para Kelsen, de una ficción genuina, la cual implica para él la asunción consiente de una proposición falsa con relación a la realidad. Resulta también de interés destacar que la tesis de Kelsen sobre las ficiones judiciales parece contrastar con la caracterización que Schauer ofrece de ella bajo el concepto de *prevaricación*. Mientras que Kelsen sugiere que no es posible identificar algún tipo de ficción en la práctica judicial, Schauer sostiene, como venimos de ver, que los jueces *sí* construyen un tipo especial de ficción cuando las reglas jurídicas ofrecen resultados *sobre* o *sub incluyentes* en relación con su función o propósito subyancente.

En «Verdad y proceso» Michel Taruffo —el tercer trabajo de esta sección II— aborda la relación entre la *verdad* y el *procedimiento jurídico*. Para él, el problema de la conexión de la verdad con el derecho, en el campo de la administración de justicia, es donde se presenta de manera más evidente y dramática. Podemos resumir en seis sus tesis principales:

1) Las tres condiciones conjuntamente *necesarias* para una decisión *justa* son: primero, que los hechos se hayan establecido de forma *veraz*; segundo, que el proceso se desarrolle de manera *correcta* y *legítima*; y, por último, que la norma jurídica haya sido *válidamente* interpretada. Así, la comprobación de la verdad judicial es una de las condiciones necesarias para la justicia de una decisión. Con relación a las diversas formas de escepticismo respecto de que se deba o pueda comprobar la verdad acerca de los hechos en un proceso jurisdiccional —de cuyas variantes Taruffo presenta un cuadro sintético pero comprensivo de las principales tendencias— se opone a través del siguiente argumento general: «si [las concepciones escépticas] no están interesadas en el problema del fundamento fáctico de la decisión judicial, o si niegan que ese problema tenga sentido y pueda abordarse tanto en el plano filosófico general como en el de las concepciones de la justicia y el proceso, entonces podemos decir que no son de ningún interés para aquellos que se ocupan del

problema de cómo se pueden resolver disputas a través de decisiones justas»[881].

2) En el proceso, los hechos se presentan en forma de *enunciados* o de *conjuntos de enunciados* que *describen* las circunstancias que han ocurrido en el pasado y que son relevantes para la solución de una controversia jurídica. Por ello, «el problema de verdad se plantea para *todos los hechos* que parecen ser jurídica y lógicamente relevantes». En consecuencia, Taruffo estipula que «el juez debe basar la decisión en una reconstrucción verídica de todos los hechos relevantes del caso; por supuesto, sobre la base de una evaluación racional de las pruebas de las cuales dispone para llegar a conocer estos hechos»[882].

3) Las descripciones de los hechos relevantes no están dadas o preconstituidas, sino que las *forman* los sujetos que forman parte del proceso —durante el desarrollo del procedimiento jurídico—. Los distintos actores de proceso formulan narraciones fácticas con pretensiones de verdad. Así, «el juez construye su narración de los hechos tomando en cuenta las circunstancias que resultan comprobadas y las que no, seleccionando y organizando los hechos que se pueden considerar como establecidos en una descripción posiblemente coherente o bien —si las pruebas no han llevado a resultados suficientes— afirmando que no es posible construir una narración verdadera de los hechos del caso». Pero a diferencia de los otros actores, la narración del juez debe ser verdadera o, dicho de manera más débil, su narración debe ser una hipótesis comprobada sobre la base de los elementos de convicción reunidos en el proceso[883].

4) Taruffo arguye que «el proceso no es comparable a un concurso literario, que consiste en otorgar el premio final a la historia "mejor"». Al respecto, crítica a las teorías *narrativistas* que no se ocupan del «mundo real», *i.e*, aquellas que se enfocan únicamente en la

---

[881] Cf. apartado I.
[882] Cf. apartado II.
[883] Cf. apartado III.

narración tal cual y en las condiciones que todo relato ha de cumplir para ser considerado como *bueno*[884].

5) Para llegar a una reconstrucción *verdadera* de los hechos del caso, lo importante es que en el procedimiento jurídico el juez adquiera información sobre lo que ocurrió en el *mundo exterior*. Conforme con esta idea, Taruffo sostiene que la *verdad* en el proceso no deriva de la *coherencia* de las narraciones, sino de su correspondencia con la *realidad* de los hechos que éstas *describen*. En consecuencia, especifica que aunque la decisión final del juez no es necesariamente *narrativamente verdadera* (porque no es «buena»), siempre debe ser *epistémicamente verdadera* (en tanto debe basarse en el conocimiento que se ha adquirido de los hechos del caso)[885].

6) Taruffo descarta que la verdad que se puede lograr en el proceso sea una de *verdad absoluta* (porque nunca coincide con la verdad alética o categórica) sino solo una verdad *relativa*. La verdad absoluta (alética o categórica) solo constituye un valor regulativo. Critica, sin embargo, el *relativismo radical*, la *relatividad probabilística*, la llamada *verdad «procesal»*, la *verdad consensual* y la verdad basada en la *certeza* puesto que todas ellas se encuentran «fuera» de la perspectiva *epistémica*: «la única que permite tratar de una manera racional, llegando a soluciones controlables y justificadas, el problema del establecimiento de la verdad de los hechos en el contexto del proceso»[886].

El trabajo de Taruffo se ubica claramente entre las posiciones que podríamos calificar como racionalistas y cognoscitivistas tanto con relación al objetivo de un proceso jurisdiccional, que sería la búsqueda de la verdad, como de los medios para alcanzarla con relación a los hechos investigados en dicho proceso. Su posición también se enmarca entre aquellas que asumen que la versión de los hechos de una decisión judicial ha de ser considerada como una narración

---

[884]   Cf. apartado IV y V.
[885]   Cf. apartado V.
[886]   Cf. apartado VI.

que asume la forma de una hipótesis que ha de ser contrastada con la experiencia. Así habla de narración o de hipótesis verdadera o confirmada. Estos dos predicados no son idénticos y establecer su relación es una cuestión compleja que no es abordada en el trabajo que comentamos. Sea ello como fuere, la hipótesis del juez está integrada por un conjunto más o menos grande de enunciados fácticos entre los cuales deben existir ciertas relaciones (como las de coherencia), pero que en su conjunto no deben ser refutados por la experiencia, sino confirmados por la experiencia. Para serlo, al menos algunos de los enunciados que la integran deben ser verdaderos. Desde luego esta es una condición necesaria, pero no suficiente.

Como hemos dicho, Taruffo rechaza la idea de que en el proceso jurisdiccional pueda alcanzarse una «verdad absoluta». Ahora bien, esta noción requiere a nuestro juicio un análisis más detallado. Mediante dicha expresión podrían quererse significarse al menos tres cosas diferentes: a) verdades metafísicas, *i.e.*, acerca de la estructura ontológica última de la realidad; b) la verdad de un sistema filosófico completo, esto es, uno que pretende referirse a todos los aspectos de la realidad desde todos los aspectos filosóficamente relevantes: metafísica, lógica, ética, estética, etc.; 3) como verdad necesaria (lógica o matemática). Ahora bien, como venimos de ver en el texto de Taruffo parece asimilarse «verdad absoluta» con «verdad alética o categórica»; pero estos dos calificativos, propiamente hablando, convienen, más que a la verdad, al *conocimiento* de la verdad. Es el conocimiento de la verdad (y no la verdad misma) el que podría ser calificado de categórico o de alético o, dicho de manera más apropiada, como apodíctico o indubitable. Por estas mismas razones no nos parece adecuado hablar de una *verdad relativa*: la verdad (entendida como correspondencia tal como se hace en el trabajo de Taruffo) no puede ser calificada de *relativa* (como tampoco de *absoluta*). Lo que podría ser relativo es nuestro conocimiento de la verdad (de una creencia, enunciado, etc.). Afirmar que el conocimiento de la verdad de un enunciado es absoluto podría querer decir que sabemos su verdad con certeza, de modo que es imposible estar equivocados, esto es, que el enunciado sea, en realidad, falso. Que el conocimiento de la verdad de un enunciado es relativo podría querer decir que tenemos elementos de juicio para creer en su verdad pero que estos no excluyen la posibilidad de que estemos equivocados. En suma: 1) la verdad del proceso no puede ser absoluta en ninguno de los tres sentidos señalados; 2) el conocimiento de la verdad de los enunciados acerca de los hechos de un proceso, difícilmente será apodíctico u indubitable —aun si se admite que hay algún conocimiento de esta clase, pues ésta es una tesis muy controvertida en filosofía y, de hecho, en el propio trabajo de Taruffo, hacia el final, se dirigen críticas contra la certeza como criterio de conocimiento de la verdad: podemos estar seguros y equivocados)— toda vez que se trata (al menos en su gran mayoría) de enunciados empíricos o sintéticos; 3) puede ocurrir (pero no es necesario que ocurra) que nuestro conocimiento de la verdad de los enunciados acerca de los hechos del proceso no sea total, es decir, que no se llegue a tener conocimiento de la verdad de la totalidad de los enunciados relativos a hechos relevantes del proceso, sino parcial, es decir, solo acerca de la verdad de algunos enunciados acerca de hechos del proceso pero no de otros; usar aquí los calificativos de «absoluto» o de «relativo» sería equívoco; 4) no resulta claro ni preciso decir que la verdad en el proceso es relativa, ni tampoco que lo es porque no «coincide» con la verdad alética o categórica. De conformidad con lo antedicho, lo que podría ser asumido como «valor regulativo», no es la verdad entendida como alética (o categórica), sino el conocimiento de la verdad sobre la totalidad de los enunciados acerca de hechos relevantes del proceso; y quizás (además) con algún grado de convicción epistémica que se estime suficiente (en el límite de certeza, si es que se lo admite).

Es cierto, por otra parte, como afirma Taruffo, que la narración de un juez no puede ser satisfecha por una narración solo consistente internamente (es decir, meramente coherente pero sin respaldo alguno en lo realmente ocurrido). No obstante, debe de advertirse (como de hecho se hace en el trabajo que comentamos) que los jueces conocen los hechos normalmente a través de pruebas. De esta manera, no cabe descartar que en el proceso queden probados enunciados contradictorios acerca de la ocurrencia de ciertos hechos sin que exista una vía para saber cuál de ambos es verdadero; por ejemplo, varios testigos fiables y veraces afirman que el acusado disparó contra la víctima mientras que otros tantos afirman lo contrario. Por ende, tampoco cabe descartar que el juez tenga que decidir cuáles (de todos los enunciados probados en el proceso) han de contar para ofrecer su narración, a menos que decida no ofrecer ninguna por falta de elementos. Pero si decide ofrecer una narración sobre la base de las pruebas colectadas, deberá hacer, en el supuesto que estamos considerando, estimaciones o valoraciones más o menos razonables, pero que quizá no podríamos calificar de verdaderas, acerca de por qué elegir unas pruebas en lugar de otras.

En el siguiente trabajo, «El problema de los hechos en la justificación de sentencias», de Ricardo Caracciolo, se defiende la tesis de que —pese a lo sostenido por diversos autores, entre los cuales figura Kelsen— la *verdad* de las proposiciones con contenido empírico es una *condición necesaria* para la justificación o corrección de las *decisiones judiciales*. En relación con la aplicación de normas generales, al autor le interesa dar cuenta de las *normas hipotéticas* (o condicionales) cuyo contenido se integra con la inclusión de una clase de *hechos* a los cuales se les asocia una cierta *consecuencia normativa* mediante el uso de *operadores deónticos* —obligatorio, prohibido o permitido—. Caracciolo sostiene que para *justificar* una *decisión judicial* se debe *describir* un *suceso* que debe estar incluido en un conjunto o sistema de *normas generales* (*i.e.*, el suceso se subsume en una norma general). En este punto, arguye que «la subsunción es una operación que se realiza exclusivamente en el plano del lenguaje, depende de los conceptos utilizados en la formulación de la norma o normas que se aplican y en los usados para describir la acción»[887]. Esto, en la inteligencia de que «las normas serían, entonces, resultados de la interpretación de estos textos o prácticas [textos legislativos o prácticas lingüísticas][888]». Por otro lado, Caracciolo afir-

---

[887] Cf. apartados I y II.
[888] *Idem.*

ma que en el ámbito de la aplicación de *normas generales* a *supuestos de hecho* solo se pueden identificar los *sucesos* mediante el uso de *predicados empíricos*, puesto que aunque haya conceptos que no se refieren a características empíricas (como defraudación o negligencia), *siempre* es necesario *traducir* el lenguaje para *describir* el mundo. En consecuencia, la *subsunción* propuesta por el juez debe ser una operación intelectual que se realice exclusivamente en el plano del *lenguaje* —condición *necesaria* más *no suficiente*—. Además, el juez debe afirmar explícita o implícitamente la existencia temporal y espacial del suceso que describe. Por último, la proposición resultante ha de ser *verdadera*. La exigencia según la cual los jueces *deben* justificar sus decisiones en el derecho vigente supone que el derecho constituye o suministra *razones* a favor de ciertas decisiones y no de otras. El autor entiende por *justificación normativa* una relación de justificación cuyo dominio son las normas jurídicas (consideradas como o reducidas a razones). La acción de justificar que se exige a los jueces consiste en demostrar que existe una relación entre las *razones jurídicas* y aquello que se justifica. Al respecto puntualiza que en el derecho contemporáneo las normas procesales autorizan u obligan a los jueces a elegir la solución del litigio sometido a su conocimiento. En la perspectiva del autor, la *justificación normativa* requiere que las normas jurídicas sean asumidas como *razones* (por ejemplo: no hay razón para sancionar a A si no existe una norma N según la cual todos los que maten a otros deben ser sancionados). Para Caracciolo, «la verdad de las proposiciones descriptivas es un componente conceptual tanto de la aplicación de normas generales a hechos como de la justificación de normas particulares»[889].

El trabajo de Caracciolo ha recibido, recientemente, algunas reflexiones críticas de parte de Pablo Navarro, en su artículo «Hechos y normas aplicables. Comentarios en torno a una propuesta de Ricardo Caracciolo»[890]. Navarro se centra en el siguiente planteamiento de Caracciolo: «las proposiciones descriptivas sobre los

---

[889]   Cf. apartado III.
[890]   Navarro, 2014.

hechos están sujetas a un requerimiento de verdad; de otro modo no puede hablarse de sentencias justificadas». En relación con esta idea, Navarro arguye que Caracciolo reconstruye una opinión compartida en la teoría del derecho: a) «las normas válidas y aplicables a un cierto caso proporcionan una solución a ese problema normativo»; y b) «[l]os jueces tienen el deber de aplicar normas aplicables y, a los efectos de la justificación de la decisión judicial, es necesario que esas normas aplicables sean efectivamente aplicadas en la solución del caso particular». En a) y b) Navarro identifica dos tesis conceptuales en la propuesta de Caracciolo. Por un lado, a) la *tesis de la aplicación posible* establece que: «Las normas generales solo pueden ser aplicadas a los casos que ellas regulan y, a su vez, una norma regula solo aquellos casos que se encuentran dentro de su alcance». De otro, b) la *tesis de la aplicación efectiva* estipula que: «Las normas generales solo son efectivamente aplicadas cuando son usadas para resolver casos en los que es verdad que se han producido los hechos que determinan sus consecuencias normativas». Así, para Caracciolo —dice Navarro— «los jueces tienen el deber de justificar sus decisiones en normas generales aplicables y solo cuando ellas son efectivamente aplicadas a los casos que regulan, es posible justificar la decisión judicial». Navarro subraya que, conforme a este enfoque, «*aplicar* una norma general N a un suceso S consiste en *usar* N para determinar una consecuencia normativa [...] ante la ocurrencia de S» (la cita corresponde al texto de Caracciolo)[891]. Ahora bien, Navarro estima que no es viable concluir de la conexión entre la aplicabilidad y el alcance de las normas jurídicas la idea de que «no hay casos individuales antes de la aplicación de una norma: C es un caso individual de N solo si N es aplicable». De acuerdo con Navarro, el error de Caracciolo deriva de la falta de distinción entre dos categorías de casos individuales. Al efecto señala que, por un lado, «un caso individual es un elemento del discurso UD» (a estas categorías de casos las llama *casos-UD*) y, por otro, que «un caso individual es

---

[891] Cf. apartado II.

un elemento de un caso genérico (a esta categoría de casos las llama *casos-UG*)» En palabras del autor:

> Si los casos individuales son vistos como elementos de un cierto universo del discurso UD, entonces, su pertenencia a ese conjunto depende exclusivamente de que ejemplifiquen las propiedades definitorias de UD.

Así, el reconocimiento de un caso-UD como individual no tiene relación directa con la norma jurídica elegida para dar cuenta del problema jurídico, a diferencia de lo que ocurre con los casos-UG. Otra importante diferencia entre ambas categorías de casos es fácil de advertir en supuestos de vaguedad del predicado empleado para dividir el UD ya que en los supuestos de penumbra no tenemos dudas acerca de que un determinado evento es un caso-UD, pero en cambio desconocemos a qué caso genérico pertenece. Así:

> Mientras que la proposición que describe el caso-UD es verdadera, la proposición que describe el caso-UG está indeterminada en su valor de verdad (o, para ciertos enfoques de la vaguedad, ella carece de valor de verdad). Este ejemplo sirve también para mostrar que no es verdad que la identificación de un caso-UD presuponga la identificación del alcance de una norma general. Por ello, la frase de Caracciolo «no hay casos individuales antes de la aplicación de una norma: C es un caso individual de N solo si N es aplicable» tiene que ser entendida exclusivamente en el sentido de un caso-UG.

Por otro lado, el autor explora la noción de *aplicación incorrecta* de la norma jurídica. Al respecto, Navarro estipula que «una norma es erróneamente aplicada cuando es *invocada* como fundamento de una decisión en un caso individual al que la norma no se aplica». Ahora bien, si se acepta que es posible dar cuenta de un caso de aplicación incorrecta de la norma jurídica, Navarro aduce que existen razones para no aceptar la *tesis de la aplicación efectiva* de una norma. Dicha tesis afirma que «una condición necesaria para que una norma sea efectivamente aplicada es la verdad de la premisa fáctica que describe al hecho que la norma regula». No obstante, cuando se aplica de manera *incorrecta* una norma jurídica existe un hecho, evento o suceso —como caso del UD— al que injustificadamente se califica como miembro de una clase de casos genéricos.

Nuestro próximo trabajo es el de Larry Laudan: «Tomarse la *ratio* de las diferencias en serio: el delincuente reincidente y el estándar de prueba, o el tratamiento diferenciado para los delincuentes reincidentes». En la primer parte, Laudan recuerda que tanto él como Harry Saunders defendieron en un trabajo anterior que la *prueba racional* exige tomarse en serio los costos y los beneficios de las consecuencias conocidas de los cuatro posibles resultados de un proceso[892]. El autor cree firmemente que la clave para comprender el *estándar de prueba* no es la *ratio* de los errores sino la *ratio* de las diferencias en las utilidades con información empírica. Conforme a esta premisa, Laudan considera inaceptable que los delincuentes *primerizos* y los *reincidentes* sean juzgados con el mismo *estándar de prueba*. Laudan utiliza como insumos dos fórmulas matemáticas — *la utilidad social esperada de la condena* y la *utilidad social esperada de la absolución*—, además de varios estudios empíricos, para crear un *estándar de prueba* que juzgue a los delincuentes *reincidentes* de manera distinta a como se juzga a los delincuentes *primerizos*. Como parte de su estrategia argumentativa: a) define la categorías de «criminal profesional» y «delincuente primerizo»; b) las distingue con estudios empíricos[893]; c) pondera los costos y beneficios de la discriminación[894]; y, por último, d) critica las posturas que rechazan el uso de *estándares* dispares para ambas categorías. En relación con el tópico señalado en d), Laudan afirma que los dogmáticos jurídicos no cuentan con conocimientos suficientes acerca de la *lógica* y la *epistemología probatoria*. Por un lado, observa que el costo de los errores en las sentencias puede variar significativamente de un tipo de un caso a otro y de una categoría de acusados a otra. Por el otro, señala que al tratarse el MADR[895] como válido en todos los supuestos de adjudicación judicial, en los tribunales se ha canoniza-

---

[892] Los cuatro resultados posibles son: condena verdadera (CV), condena falsa (CF), absolución verdadera (AV), y absolución falsa (AF).

[893] Cf. apartados I y II.

[894] Cf. apartado III.

[895] MADR es *más allá de toda duda razonable*. BARD por sus siglas en inglés (*Beyond any reasonable doubt*)

do una regla de decisión que abiertamente desconoce los preceptos más fundamentales de la teoría de la decisión racional. En la quinta parte —que constituye un epílogo—, el autor defiende una postura *consecuencialista* en el campo de la *filosofía moral*. De acuerdo con Laudan, la concepción *consecuencialista* es la única que cuenta con un mecanismo plausible para definir el *estándar de prueba*. En este punto, da cuenta del *retribucionismo puro* como aquella concepción que sostiene que el uso de *predicciones* en cualquier parte del sistema judicial es inaceptable, puesto que no se debería hacer responsables a las personas por la *predicción* de sus actos futuros, sino únicamente por los actos pasados *conocidos*. Al respecto, Laudan crítica dicha postura con base en la siguiente idea: las predicciones siempre han estado ahí, solo que no han sido percibidas claramente. Por último, Laudan concluye que «la decisión acerca de qué creer sobre los hechos pasados (el delito) está guiada por una regla de decisión que exige una gran cantidad de asunciones (predicciones) acerca de la conducta futura de los acusados»[896]. En este sentido, rechaza el *retribucionismo* y la teoría que concibe a la pena como un asunto de merecimiento por los hechos pasados. El rechazo de Laudan se relaciona con la noción de que tales teorías no resisten un escrutinio serio.

La contribución de Laudan implica adoptar un punto de vista político-moral del proceso penal: el costo social de los errores en las sentencias es el parámetro más importante para revisar las reglas de enjuiciamiento. El costo social más importante para Laudan es el que deriva de las falsas absoluciones; porque una persona que es reincidente y es absuelta produce el costo social de volver a delinquir con mayor frecuencia que otra persona sin antecedentes criminales. De modo que habría que bajar el estándar de la prueba cuando se enjuicie a personas con antecedentes criminales. De manera que sea más fácil condenar al acusado reincidente que al acusado sin antecedentes. Frente a esta postura político moral es posible formular

---

[896] Cf. apartado V.

algunos cuestionamientos. El primero es por qué le debería a la sociedad de importar más disminuir el error de las falsas condenas que el de las falsas absoluciones. Que existe un mayor costo social presupone justamente la conclusión de lo que está en debate, a saber, si políticamente deberemos preferir un costo social a otro. Así por ejemplo, es costoso financiar hogares públicos para ancianos, orfanatos o la sanidad pública. Pero del hecho de que sea costoso no se sigue que no haya buenas razones para asumir el costo. Del mismo modo, podría haber buenas razones para mantener un estándar de la prueba al costo de producir un número importante de sentencias con falsas absoluciones. Por otra parte, aun si decidimos que es importante disminuir el costo social de las personas que vuelven a cometer un delito, resta por averiguar cuál es el medio técnico más adecuado para impedir que esas personas produzcan un daño social. Quizás resulte más eficiente aumentar el seguimiento o la vigilancia de la policía sobre esas personas, tal y como actualmente hacen los servicios de policía para individuos que potencialmente pueden representar una amenaza para la sociedad. Aunque se elija políticamente evitar el costo social de los delincuentes reincidentes, de aquí no se sigue sin más que el medio idóneo sea cambiar el estándar probatorio durante el juicio de esas personas. En otro orden de ideas, convendría revisar las condiciones institucionales por las que es más fácil qué cierto grupo de la población obtenga una sentencia condenatoria que una sentencia absolutoria. Esto se puede deber a una serie de condiciones materiales como la disponibilidad de una defensa adecuada, el grado de educación de los acusados o ciertos prejuicios de la policía o de la fiscalía cuando enjuician a ciertos individuos. Todo lo cual podría contribuir a que ciertas personas con ciertos rasgos sean condenados con mayor facilidad que otras. Así, la tasa de condenas que sufre un individuo puede tener una prevalencia mayor si las condiciones institucionales no lo favorecen con independencia de que sea verdad que su modo de vida es una carrera criminal. Pero en el planteo de Laudan existe todavía otra dificultad, de naturaleza epistémica. La estadística que muestra la tasa de delitos que comete una persona después de haber sido condenado supone que es posible averiguar a verdad de lo ocurrido fuera de los registros judiciales. Una mirada a las estadísticas que emplea Laudan revela que se trata de encuestas practicadas en la cárcel a personas que están purgando una condena. Son encuestas de opinión cuyo grado de correspondencia con la realidad es de estimarse mucho menor que el de otro tipo de estudios sustentados en la observación de eventos corroborables. Adicionalmente, incluso si las estadísticas fuesen confiables, restaría por discutir su aplicación con relación al caso que se está juzgando, porque puede ocurrir que una persona que está siendo enjuiciada por la presunta responsabilidad de un segundo delito tenga características que lo hagan distinto a las personas que fueron objeto de la muestra estadística. Este último argumento se inscribe en la línea de cuestionamientos que hemos ofrecido en la sección anterior a propósito de las teorías de la valoración de la prueba que emplean algún concepto de probabilidad o de inducción.

Al trabajo de Laudan le sigue el de Daniel González Lagier «Cuatro problemas en torno a la relación entre prueba y verdad» en el que se parte de la idea de que la concepción *cognoscitivista* es una de las más desarrolladas en el campo de la teoría de la prueba. De acuerdo con esta concepción, la búsqueda de la *verdad* es uno de los propósitos más importantes del proceso judicial[897]. En este punto, el autor subraya que —en respuesta a las posturas que se enfocan en el convencimiento del juez— el cognoscitivismo: 1) «insiste en que, si el proceso no estuviera orientado a la averiguación de la verdad, el derecho no podría dirigir la conducta de los ciudadanos»[898], y 2) asume una noción de verdad como *correspondencia* (*i.e.*, el enunciado es verdadero si se ajusta a lo que ocurre en la realidad)[899]. En relación con ambas tesis, González Lagier destaca algunos problemas que se han planteado en la conexión entre prueba y verdad, a saber:

---

[897] Cf. introducción.
[898] *Idem.*
[899] *Idem.*

(a) el carácter aproximado de nuestros juicios sobre la verdad (en
realidad, no solo de la verdad alcanzada en el proceso, sino, en general, de nuestros juicios sobre la verdad empírica); (b) la necesidad de
introducir restricciones —que, en principio, podrían tener un carácter
contraepistemológico— al principio de libre valoración de la prueba; (c)
el problema que el relativismo conceptual plantea para una teoría de la
verdad como correspondencia; (d) y, dado que nuestra aproximación a
la verdad es necesariamente gradual, la necesidad —acompañada de
una gran dificultad— de determinar un estándar de prueba objetivo que
nos permita decidir cuándo el grado de justificación de una hipótesis es
suficiente para tomar una decisión en el contexto del proceso[900].

González Lagier traza el bosquejo de una *teoría de la prueba* que
identifica —desde el punto de vista lógico— tres pasos diferentes
en el proceso: 1) la elección de hechos probatorios, 2) la inferencia
de una hipótesis con fundamento en tales hechos, y 3) la aceptación
de los hechos como probados. De las tres etapas, la segunda corresponde a la valoración de la *prueba*, noción que es definida como «el
razonamiento con el que se evalúa en qué medida los elementos
de juicio (los hechos probatorios) avalan la hipótesis que se quiere
probar»[901]. El autor denomina *inferencia probatoria* a dicho razonamiento[902]. González Lagier da cuenta de diversos elementos en una
inferencia probatoria. Por un lado, el hecho que se desea probar —
hipótesis o hecho a probar—. Por otro, la información disponible
—*pruebas* o hechos probatorios—. Por último, la *relación* entre la
hipótesis y las pruebas[903]. La conexión entre el hecho que se quiere demostrar y la información disponible puede ser una *máxima de
experiencia* o una *regla*. Si el enlace consiste en una máxima de experiencia —«generalizaciones a partir de experiencias previas que
asocian hechos del tipo del que queremos probar con hechos del
tipo de los que constituyen las pruebas o indicios»[904]— las inferencias (*epistémicas*) tienen la finalidad de acercarse lo más posible a

---

[900] *Idem.*
[901] Cf. apartado I.2.
[902] Cf. *idem.*
[903] *Idem.*
[904] *Idem.*

la *verdad* de los hechos. Si el enlace constituye una regla dirigida al juez que le obliga a aceptar como probado cierto hecho cuando se actualizan eventos específicos de manera previa —*e.g*, presunciones o pruebas tasadas—, las inferencias (*normativas*) tienen el propósito de buscar la *verdad* —si se enfocan en la observación regular de hechos—, o preservar cierto *valor* o *principio* —si se centran en la observación de principios o valores—[905]. Por último, González Lagier afirma que la diferencia entre las *pruebas directas* y las *pruebas indirectas* es una cuestión de grado. En palabras del autor, «lo que queda de la distinción es la cuestión de si entre los hechos probatorios y los hechos a probar hay más o menos inferencias que realizar»[906]. La contribución del iusfilósofo español es ofrecer una agenda de dificultades que un segmento de la teoría —denominada racionalista— ha de enfrentar desde sus propios presupuestos.

Nos parece interesante agregar a la agenda propuesta algunos ítems adicionales para abonar a la reflexión. En primer término, advertir que, a juicio de González Lagier, todos los autores que él analiza en su trabajo, asumen que hay una relación entre la solidez de la conclusión de la inferencia probatoria, las pruebas y las generalizaciones que sirven de premisa puente entre las premisas y la conclusión. Lo que en esta presentación está ausente es una teoría articulada del apoyo inferencial que las pruebas y las premisas puente brindan a la conclusión. Lo que habría que agregar, a nuestro juicio, es una teoría que dé cuenta de la relación diferencial entre tipos de pruebas, tipos de razonamiento y propiedades relevantes a ser probadas en cada caso. En otro frente, convendría distinguir el problema que el relativismo conceptual plantea para la verdad como correspondencia de ese mismo problema pero relativamente a una teoría de la justificación de las creencias como correspondencia. Afirmar que estamos justificados a creer en la verdad de una proposición implica dar cuenta de una variedad conceptos, muchos de ellos mediados por otros conceptos antes de que puedan ser re-

---

[905]　*Idem.*
[906]　Cf. apartado I.3.

ferenciados con algún correlato extra lingüístico. Pero mientras que este es un problema de una teoría del conocimiento justificado como correspondencia, estas mismas dificultades no necesariamente ocurren en el plano del criterio de verdad como correspondencia. Por último, la esquematización que ofrece González Lagier y los autores por él citados de la inferencia probatoria es unidireccional y vectorial. Va de las pruebas hacia la hipótesis y de los respaldos y las garantías hacia las primeras dos. Una de las sugerencias de las teorías de la valoración de la prueba que se basan en el concepto de explicación es la idea del apoyo mutuo entre creencias y razones; es la sugerencia de un carácter multivectorial y multidireccional en la actividad de la valoración de la prueba. Frente está visión sería conveniente revisar las limitantes de un esquema de representación como el inspirado en la lógica informal de Toulmin. Al mismo tiempo, haría falta dar cuenta del papel que juega la presentación de los razonamientos probatorios en términos de una explicación; todo esto, por cierto, sin comprometer un ápice las premisas que definen a estos autores como racionalistas.

A continuación, el artículo de Bernard Jackson «¿Verdad o prueba?: el veredicto penal», se centra en el análisis del veredicto «no culpable». Por un lado, se realiza una revisión semiótica de las expresiones «culpable» y «no culpable» en los derechos inglés y escoces. Por otro lado, se vincula el diagnóstico *semiótico* de ambos términos lingüísticos con el debate teórico en torno al estatus de los *hechos* probados en un proceso judicial y la caracterización de la noción de *verdad*. La tesis que se sostiene es que la diferencia en la construcción de conceptos tiene su fundamento en la *pragmática* del discurso. Jackson elabora una radiografía de las posturas en relación con los significados atribuidos a los veredictos «culpable» y «no culpable» en el derecho inglés. Al respecto, el autor distingue dos posturas. La primera postura —representada por Lord Donaldson Lymington— establece que dado que la expresión «no culpable» adquiere significados diferentes en la arena jurídica —«culpabilidad» no probada— y en la arena pública —«inocente»—, es necesario sustituir dicho término por «no probado» —no acreditada

la culpabilidad (no se dice nada de la «inocencia»)—. La segunda
postura —representada por Michael Zander— afirma que como el
veredicto «no probado» favorecería la confusión de los supuestos de
«inocencia» con los de «culpabilidad» no demostrada, es preferible
la expresión «no culpable»[907]. En este nivel de la exposición, Jackson contrasta el derecho inglés con el sistema jurídico escocés. El
último incluye tres veredictos, a saber: «no culpable» —si se considera «inocente» al acusado—, «no probado» —si se estima «culpable» al acusado pero no se ha demostrado tal «culpabilidad»—y
«culpable» —si se ha probado la «culpabilidad»—[908]. Con base en
el panorama trazado de los veredictos «culpable» y «no culpable»
en Inglaterra y Escocia, Jackson aborda la siguiente problemática:
¿existe diferencia entre los discursos jurídico —abogados— y ordinario —opinión pública— como para afirmar que el primero se
enfoca en la *prueba* y el segundo en la *verdad* de los hechos? y, en su
caso ¿tal diferencia aplicaría de manera similar para los veredictos
de «culpabilidad» y «no culpabilidad»?[909]. Para responder ambas
preguntas Jackson retoma dos ideas del campo de la semiótica: a)
las proposiciones acerca de la realidad son verdaderas o falsas, no
admiten valores relativos —como «más o menos verdadera» o «más
o menos falsa»—, y b) el proceso judicial tiene un acceso indirecto
a lo *verdadero* o *falso* —como cualquier forma de significado, requiere las convenciones del sistema de conocimiento particular—[910].
Para Jackson esto se traduce en que hay una diferencia relevante en
la construcción de enunciados ontológicos y cognitivos. Los enunciados *ontológicos* —que se refieren a la *realidad objetiva*— son abso-
lutos, *i.e.*, verdaderos o falsos. En contraste, los enunciados *cognoscitivos* —que se refieren a la *comprensión humana* y al *discurso sobre la
realidad*— son relativos, *i.e.*, más o menos verdaderos o incluso más
o menos falsos[911]. Jackson conecta el examen sobre el veredicto «no

---

[907]   Cf. apartado I.
[908]   Cf. apartado II.
[909]   Cf. *idem*.
[910]   Cf. apartado III.
[911]   *Idem*.

culpable» con la discusión teórica acerca de la caracterización de los hechos en el juicio. En esta parte de la exposición, presenta dos opiniones divergentes en relación con el estatus de los *hechos* en el proceso judicial. La primera variante —defendida por Hans Kelsen—, aduce que un *evento natural* se transforma en un *evento jurídico* como consecuencia de la decisión de los jueces. En contraposición, la segunda variante —sostenida por Eugenio Bulygin—, afirma que lo que los jueces determinen en una controversia jurídica es independiente a la veracidad de los *hechos*[912]. A juicio de Jackson, Kelsen adopta una postura *discursiva* (*e.g*, el *homicidio* es constituido por la determinación judicial), mientras que Bulygin asume una postura *ontológica* (*e.g.*, solo hay una clase de *homicidio*). Conforme a la concepción *discursiva*, la noción de *verdad* se define de manera distinta en los sistemas de conocimiento *jurídico* y *ordinario*[913]. En contraposición, la concepción *ontológica* afirma que el concepto de *verdad* es similar en ambos sistemas de conocimiento, lo único que cambia en uno y otro es el criterio convencional para dar cuenta de tal categoría conceptual[914]. La tesis de Jackson combina herramientas de la *semántica*, por un lado, y de la *pragmática*, por el otro. Para él, un veredicto —«culpable» o «no culpable»— no es solo una proposición que pueda calificarse como *verdadera* o *falsa*. El veredicto es un *acto de habla* que reputa la *verdad* o demostración de la proposición. El significado se conecta con la *construcción narrativa* de la persona que emite el acto. Por lo tanto, la *verdad* no es una característica intrínseca de las proposiciones, más bien es una cualidad atribuida a los enunciados con base en el *enfoque* de los usuarios[915]. En la óptica de Jackson, esta caracterización explicaría por qué cuando la opinión pública significa «no culpable» afirma la *verdad* de dicho término y por qué cuando los abogados significan «no culpable» afirman solo la *falta de pruebas* en relación con la «culpabilidad»[916].

---

[912]   Cf. apartado IV.
[913]   Cf. *idem*.
[914]   Cf. apartado V.
[915]   Cf. apartado VI.
[916]   Cf. apartado VII.

Una observación que quisiéramos hacer con relación a la propuesta de Jackson tiene que ver con la cuestión de los hechos: en un
sentido Jackson rechaza que exista una relación lógica entre la premisa mayor y la premisa menor de un silogismo judicial; por lo que
parecería que impugna la idea de que hay una diferencia entre las
cuestiones de hecho y cuestiones de derecho. Máxime cuando sostiene que no hay algo así como los hechos naturales y, por lo tanto,
perceptibles como tales, y que solamente hay significados provistos
por el lenguaje de ciertos grupos semióticos. Los hechos son construidos por el discurso de estos grupos que, sin embargo, poseen
convenciones acerca de qué manifestaciones y comunicaciones son
internamente admitidas en esta construcción. De esta manera: «la
relación entre la premisa mayor y la premisa menor del silogismo
introduce la pregunta acerca de si los participantes en un litigio han
acordado el uso de la premisa mayor de tal forma que se refiere [o
no] a hechos contenidos en la premisa menor»[917]. Esto quiere decir
que incluso desde la óptica de Jackson hay una diferencia entre las
narraciones que construyen la premisa mayor y aquellas que construyen la premisa menor.

La sección se cierra con la contribución de Amalia Amaya, «Coherencia y verdad en el derecho». En él se recalca que una parte de la
bibliografía ha intentado descalificar la *coherencia* como criterio definitorio de la *verdad* en el derecho, y se señala que en opinión de los
autores que integran la perspectiva crítica de la teoría coherentista,
cualquier esfuerzo por definir los estándares de *justificación jurídica* en
términos coherentistas está destinado al fracaso. La idea que defiende
tal enfoque es que la *coherencia* no conduce a la *verdad*. La autora argumenta en favor de dos tesis para defender la perspectiva coherentista:
«(i) la conexión entre la coherencia de las proposiciones fácticas y
normativas en el derecho y la verdad de las mismas no es tan problemática como asume el detractor del coherentismo; y (ii) [...] a pesar
de que la verdad es un estándar fundamental para evaluar la adecua-

---

[917]   Cf. Jackson, 1988: 44.

ción de los estándares de justificación jurídica, hay también otros criterios que son relevantes para determinar si una determinada teoría de la justificación es adecuada»[918]. Amaya subraya que una de las objeciones principales a las teorías de la justificación como coherencia se basa en un argumento que sugiere la ausencia de razones para «creer que los enunciados fácticos justificados en virtud de su coherencia son probablemente verdaderos»[919]. En respuesta a esta postura, expone que algunos de los defensores de las teorías coherentistas de la prueba han adoptado una *teoría de la verdad como coherencia*[920]. Al decir de Amaya, la tesis que ellos sostienen es la siguiente: «un enunciado es verdadero si pertenece a un conjunto coherente de enunciados»[921]. Así, por ejemplo, Jackson se habría distanciado de la *teoría de la verdad como correspondencia* y habría promovido una versión de la *teoría de la verdad como coherencia* que descansa en la siguiente idea: «el valor de verdad de un enunciado fáctico depende de su coherencia con estructuras narrativas que operan en los niveles semántico y pragmático»[922]. De igual manera, Pardo se habría decantado por una teoría de corte similar en la que la idea de *plausibilidad* sustituye a la de *correspondencia*[923]. A continuación Amaya proyecta diferentes argumentos de defensa de la concepción *coherentista de la justificación* (no *de la verdad*, de la que toma distancia), entre ellos:

1) El argumento del anti-fundacionismo: dado que el fundacionismo presenta importantes dificultades en la dimensión jurídica (y en otras), el coherentismo emerge como una teoría alterna atractiva[924].

2) Coherencia y emoción: en virtud de que «las relaciones de coherencia no tienen por qué ser relaciones entre elementos proposicionales y dado que los juicios de coherencia son sensibles a las

---

[918] Cf. apartado I.
[919] *Idem.*
[920] Cf. apartado II.
[921] *Idem.*
[922] *Idem.*
[923] *Idem.*
[924] Cf. apartado IV.

respuestas emocionales, la teoría de la coherencia puede dar cuenta del papel que juegan las emociones en la justificación jurídica»[925].

3) El argumento de la plausibilidad psicológica: puesto que se basa en procesos de razonamiento comunes, la *coherencia* desempeña de mejor manera la *función regulativa* en el campo de la adjudicación judicial. El resto de las teorías se alejaría del proceso de razonamiento ordinario en los tribunales[926].

4) Las dinámicas de la justificación: la *coherencia* cuenta con los insumos necesarios para explicar la estructura dinámica de la justificación[927].

5) El valor práctico de la coherencia: la *coherencia* promueve la consecución de diferentes objetivos que se consideran valores fundamentales de todo sistema jurídico —e.g., *coordinación*, *eficacia*, *seguridad jurídica* y *estabilidad social*—[928].

6) La función social: la *coherencia* hace más viable que las afirmaciones de un juez sean aceptadas. En este sentido, la *teoría coherentista* se relaciona de manera directa con la confianza y el consenso público. Relacionado con ello, Amaya sostiene que la *coherencia* aumenta la credibilidad pública de las decisiones judiciales y tiene una influencia positiva en la confianza del sistema de impartición de justicia[929].

En tanto una forma de describir el razonamiento judicial, la propuesta de Amaya requeriría de dos tipos de especificación adicionales. La primera, sería mostrar cómo y bajo qué mecanismos los jueces alcanzan la verdad mediante las sentencias justificadas conforme a una teoría de la justificación como coherencia. La contracara sería administrar un criterio para identificar sentencias justificadas conforme a la coherencia pero que no se correspondan con la realidad.

---

[925] *Idem.*
[926] *Idem.*
[927] *Idem.*
[928] *Idem.*
[929] *Idem.*

La segunda, sería dar cuenta de aquellas situaciones en donde los jueces no tienen un estándar jurídico para resolver, de modo que no es posible emplear el conjunto de creencias coherentes tan solo porque existe alguna causa de indeterminación del conjunto —lo que se conoce como la indeterminación del derecho. En tanto teoría normativa de las decisiones judiciales, la propuesta de Amaya requiere de un ajuste en un doble nivel. En un nivel micro, la teoría debería definir reglas operativas que le digan a los jueces los pasos a seguir para hacer una inferencia conforme a la mejor explicación coherente para cada potencial conjunto de pruebas en relación con los universos de casos de los sistemas normativos que potencialmente tenga que adjudicar con motivo de su competencia. En un nivel macro, la teoría debería admitir la posibilidad de que el juez no eligiese la explicación más coherente. Es decir, debería admitir que es posible que el juez rechace dicha solución por considerarla injusta. Ahora bien, dicho rechazo implicaría que la decisión que ha rechazado es incoherente con relación a otro sistema de principios y proposiciones.

III. LA VERDAD EN LA «CIENCIA JURÍDICA» Y EN LA TEORÍA GENERAL DEL DERECHO

Uno de los aspectos más básicos y centrales de la ciencia jurídica es la identificación y exposición sistemática del derecho (1). Un estudio detallado de esta tarea requiere un examen de la estructura de los diferentes tipos de enunciados (descriptivos) sobre el derecho (2), así como también del estatus de los conceptos y construcciones dogmáticas y su relación con la verdad (3). La reconstrucción del objeto, estructura y función de la ciencia jurídica se encuentra, al menos en parte, subdeterminado por las teorías generales acerca de la naturaleza del derecho y del conocimiento jurídico. Estas últimas poseen, además, un evidente interés propio en tanto rama autónoma del conocimiento jurídico por lo cual cabe también preguntarse por el estatus de sus enunciados y construcciones teóricas y su conexión con la verdad (4). Tras dicho recorrido, terminaremos con un comentario de las contribuciones de este volumen sobre las cuestiones anteriores (5)[930].

1. La identificación y sistematización del derecho

Seguidamente abordaremos cada uno de estos tópicos por separado, comenzando por la identificación del derecho (1.1.) para culminar con su sistematización (1.2.).

1.1. Identificación del derecho

Por identificación del derecho a veces se entiende la determinación de las fuentes de producción de normas jurídicas que son reputadas válidas y, otras veces, la determinación del contenido conceptual de las normas jurídicas. Estas dos cuestiones, no obstante, dan lugar a problemas diferentes y deben ser cuidadosamente distinguidas. De acuerdo con el positivismo jurídico los criterios necesarios para reconocer el material jurídico están dados de manera necesaria y suficiente por ciertos hechos sociales. Como explican Moreso y Navarro:

> Para una teoría positivista, la identificación del derecho de una sociedad S depende de acciones humanas específicas de un grupo de individuos S. Esta caracterización presupone que no todas las normas del grupo S son normas jurídicas de S. Por tanto, la elaboración de una teoría positivista del derecho tiene que proporcionar un criterio que permita diferenciar al derecho de otros conjuntos normativos de un grupo social[931].

---

[930] Sin perjuicio de lo expuesto en este apartado III, vinculado escencialmente al contenido del presente volumen, remitimos al volúmen III de esta obra donde se desarrolla más ampliamente la problemática acerca de las diferentes concepciones de la «ciencia jurídica», así como de la filosofía del derecho en general y la teoría general del derecho en particular y su comparaciones con otros saberes acerca del derecho.

[931] Moreso-Navarro, 1993: 13.

Como lo ha destacado Hart, los sistemas jurídicos contienen criterios que permiten establecer si una norma es jurídica través de la especificación de alguna característica o conjunto de características. Son estos criterios los que determinan cuáles son las fuentes de producción normativa admitidas como válidas en un sistema jurídico[932].

---

[932] Hart afirma enfáticamente que las normas denominadas *secundarias* no establecen deberes, que no son normas de obligación y que, en este sentido, no pueden ser obedecidas o desobedecidas. No obstante, importantes autores sustentan la opinión contraria de acuerdo con la cual la regla de reconocimiento es (solamente o también) una regla que impone deberes, en particular que impone el deber de aplicar las normas identificadas de acuerdo con los criterios de validez proporcionados por la propia regla de reconocimiento (cf. Raz, 1970, 1975 y 1979, y Ruiz Manero, 1990 y 1991). En su libro *El concepto de derecho* su posición no resulta del todo clara y entendemos que puede dar lugar, desde el punto de vista exegético, tanto a una como a otra interpretación, sin perjuicio de que la segunda de ellas, en su segunda variante (a saber, la regla de conocimiento *a la vez* es una regla que proporciona los criterios últimos de validez y establece una obligación a los jueces de aplicarlo) presenta la dificultad de dar cuenta de una regla que poseería una naturaleza dual en tanto sería una regla conceptual y, al mismo tiempo, una regla de conducta, categorías que al menos en principio parecen excluyentes. No obstante, en una conferencia del año 1980, Hart asume explícitamente este último (y problemático) punto de vista: «[...] el último criterio de validez jurídica deriva de la práctica de los tribunales al aceptar lo que en mi libro he denominado "una regla de reconocimiento". La regla de reconocimiento impone un deber sobre los jueces de considerar ciertas características específicas como identificadores de los *standars* jurídicos que deben aplicar en la decisión de los casos» (cf. Hart, 1980: apartado II). Ahora bien, más allá de dicha cuestión exegética, a nuestro juicio, la naturaleza que en definitiva se atribuya a las normas o reglas que establecen la competencia y demás pautas de creación normativa de un orden jurídico, por una parte, y a las cláusulas teóricas elegidas para proveer una definición de orden jurídico (cf., por caso, la reconstrucción ofrecida en Bulygin, 1991), por la otra —esto es, si se las considera reglas de conducta o reglas conceptuales—, es irrelevante para dirimir la cuestión que estimamos central, a saber, que ellas deben ser nítidamente distinguidas, pues cualesquiera sean sus respectivas naturalezas, hay entre ellas una diferencia de nivel semántico. Mientras que las primeras forman parte de un orden jurídico determinado, las segundas no forman parte de orden jurídico alguno sino que, por el contrario, pretenden reconstruir teóricamente las pautas de creación normativa establecidas por las primeras

Por su parte, con relación a la identificación entendida como la determinación del contenido conceptual del derecho, Bulygin afirma:

> Llamo identificación de las normas jurídicas al paso que lleva de las distintas *fuentes* del derecho (legislación, precedentes, costumbres, etc.) a *normas* jurídicas (otro nombre más usual pero por eso mismo más ambiguo para esta actividad es «interpretación»)[933].

Las teorías positivistas del derecho suelen vincular la existencia de las normas jurídicas con la formulación de prescripciones en un lenguaje determinado. Ello obedecería a dos razones fundamentales. En primer lugar, esto sería así porque la existencia del derecho dependería de ciertas actitudes y acciones de los miembros del grupo, en particular de la intención de regular ciertas conductas y de la promulgación y derogación de normas. En segundo lugar, porque como la función de las normas consistiría en motivar el comportamiento de sus destinatarios, sería necesario utilizar un lenguaje a los efectos de comunicarles las pautas de conducta que deben ejecutar[934]. No obstante, pese a que ambas ideas parecen fuertemente intuitivas, resultaría excesivo reclamar una relación necesaria entre la existencia de una norma jurídica, su formulación en un lenguaje y la intención de la autoridad, pues de esta manera solo podría considerarse como fuente de derecho a la promulgación explícita y deliberada de normas, es decir, a la legislación, descartándose otras fuentes de creación normativa como, por ejemplo, la costumbre[935].

---

como criterios de pertenencia de normas a los sistemas que conforman el orden jurídico desde un meta-nivel discursivo. Como consecuencia de las dificultades señaladas, es que, a fin de hacer referencia a los criterios de validez jurídica (*i.e.*, a los criterios de pertenencia de una norma a los sistemas de un orden jurídico), nos parece preferible abandonar la engorrosa noción de regla de reconocimiento y hablar simplemente de pautas de creación normativa. Para un análisis más detallado de estas cuestiones permítasenos remitir a Sucar, 2013.

[933] Bulygin, 1986: 466.
[934] Cf. Moreso-Navarro, 1993: 20 y 35.
[935] Cf. Moreso-Navarro, 1993: 35-36.

Con tal criterio tampoco podrían admitirse las normas lógicamente derivadas a partir de las normas explícitamente formuladas.

Ahora bien, independientemente de cuál de las diferentes concepciones acerca de la existencia de las normas sea la correcta —si acaso ésta es una cuestión decidible—, cabe afirmar que incluso si se acepta que una norma puede existir aun sin haber sido explícitamente formulada, ello no obsta a admitir que, cuando menos, ella es siempre susceptible de ser formulada en un lenguaje. En este sentido restringido podría decirse que las normas constituyen un fenómeno lingüístico. El código o lenguaje en el que se transmite un mensaje o información —que denominaremos *texto*, ya sea escrito o verbal— estará sujeto a decodificación, o en caso de ciertos problemas de comprensión, a interpretación.

A fin de dar cuenta de este paso de la «fuente» a la «norma» es posible distinguir, siguiendo a von Wright y a Bulygin[936], entre *formulaciones normativas* y *normas*, entendiendo por las primeras, en el marco del derecho, aquellas entidades lingüísticas puramente sintácticas, consideradas con prescindencia de su significado, que han sido identificadas a partir de algunas de las fuentes jurídicas admitidas como válidas; y por las segundas, en cambio, al resultado de asignar un significado a una formulación normativa, ya sea recogiendo o estipulando las reglas de uso de sus términos componentes. Una concepción tal de las normas presupone un criterio de individualización mixto (sintáctico-semántico)[937].

De esta manera, hasta tanto no se haya asumido una interpretación de los textos o formulaciones jurídicas en consideración no podrá decirse que se está en presencia de un sistema jurídico. En este sentido, si existe más de una interpretación de los textos o formulaciones jurídicamente relevantes, existirá la posibilidad de

---

[936] Cf. von Wright, 1963: 109 y ss. y Bulygin, 1986.

[937] Podría decirse, entonces, que una norma es la correlación de un significado a una formulación normativa y que dos formulaciones normativas correlacionadas a un mismo significado expresan dos normas diferentes aunque sinónimas.

reconstruir más de un sistema jurídico. Si siempre o solo a veces resulta posible o, por el contrario, nunca resulta posible determinar cuál es la interpretación correcta de tales textos o formulaciones y, por consiguiente, si cabe o no reconstruir un sistema jurídico como el correcto o el «verdadero» es algo que no analizaremos en esta introducción. Baste aquí con decir, de manera general, por una parte, que los problemas de indeterminación semántica vinculados, en función de los dos aspectos señalados acerca de la identificación del derecho, proponemos tratarlos, correlativamente, como *problemas relativos a la individualización de las fuentes de producción jurídica y a la individualización de los textos producto de las fuentes*, por una parte, y como *problemas relativos a la interpretación de las formulaciones normativas*. Para la estructura lógico-semántica de los enunciados relativos a la individualización del material jurídico ofrecemos la siguiente reconstrucción: «"T" se deriva (o es derivable) de una FP del Oj», donde por «"T"» debe entenderse o bien un cierto texto expresamente formulado (como en el caso de las leyes promulgadas), o bien un texto que quepa inferir de ciertas conductas (como en el caso de las costumbres) o de la lectura de ciertos otros textos (como en el caso de la *ratio decidendi* de los precedentes judiciales); por «FP», una cierta instancia o fuente de producción jurídica admitida como tal en un cierto orden jurídico; y por «Oj», un cierto orden jurídico. Como forma estándar para un enunciado que se refiere al significado de una formulación normativa, esto es, un enunciado interpretativo, proponemos, por su parte, la siguiente: «"T" significa S», donde «"T"» es una variable para representar un texto producto de una fuente de producción normativa considerado sin tomar en cuenta su significado, esto es, considerado como una formulación normativa; y «S» es una variable para representar el significado asignado a ese texto, significado que es asignado por medio de un enunciado. La variable «"T"» está entrecomillada para indicar que se trata de una cita textual de una formulación normativa, esto es, que ella es mencionada, mientras que «S» se deja sin comillas para indicar que representa un enunciado usado para explicitar el significado de la formulación normativa. Ahora bien, en segundo lugar, en uno y otro supuesto, con relación a la posibilidad de asignar valores de verdad a estos tipos de enunciados, rechazamos tanto el cognitivismo semántico como el escepticismo semántico radical, inclinándonos por la llamada concepción intermedia de acuerdo con la cual —expuesta brevemente— la interpretación de una formulación normativa a veces es susceptible de poseer valores de verdad y otras veces no, dependiendo de cuán determinadas o no sean las reglas de uso de los términos de cuyo significado depende la asignación de significado a la formulación normativa en cuestión[938].

1.2. Sistematización del derecho

La descripción del derecho, observan Alchourrón y Bulygin, no consiste en la mera trascripción de leyes y otras normas y disposiciones jurídicas sino que comprende también la determinación de las consecuencias que se derivan de ellas. En particular, los juristas están interesados en describir cuáles son las soluciones que el derecho establece para tales o cuales casos (genéricos), esto es, en determinar las consecuencias normativas de un conjunto de enunciados de derecho para un problema o materia determinada. En la terminología de *Normative Systems* ello no es otra cosa que la construcción de un sistema deductivo axiomático.

Pero dicha tarea no agotaría la problemática de la sistematización. Los juristas frecuentemente tratan, además, de encontrar una base axiomática nueva, pero equivalente a la anterior, es decir, sin modificar el sistema mismo. Esta base tiene que ser —de acuerdo con el principio de economía de Jhiering— más reducida y más simple y, por lo mismo, más fácilmente manejable que la anterior, pero equivalente a la base originaria, es decir, sus consecuencias lógicas han de ser las mismas. La importancia de la reformulación sería doble: i) reducir el número de normas pertenecientes a la base hace más fácil comprender su estructura como una totalidad y ma-

---

[938] Cf. Sucar, 2008: 357-375, adonde nos permitimos remitir para una exposición más detallada.

nejarla en la práctica; y ii) puede mejorar la formulación del sistema en el sentido de que ella puede evitar su indeterminación lógica en el contexto de la derogación de normas.

La tarea de sistematización comprende, por lo tanto, los siguientes elementos:

a) La *materia*: problema o conjunto de problemas definidos por el Universo de Acciones en un cierto Universo de Discurso;

b) Los *enunciados de derecho* (*i.e.*, normas y otras disposiciones jurídicas) que han de contar como base axiomática. Ellos son normalmente seleccionados por los juristas sobre la base de ciertos criterios de validez para justificar su admisibilidad para figurar en la base de un sistema jurídico. La selección de la base axiomática, por lo tanto, presupone que se ha dado respuesta tanto a la cuestión de las fuentes admitidas como válidas como a la cuestión de qué significado ha de atribuirse a las formulaciones lingüísticas que se consideran originadas en las fuentes admitidas como válidas. Por ello, solo podrá realizarse la tarea de sistematización una vez que haya sido solucionado el problema de la identificación de las normas jurídicas de base (en el doble sentido señalado), cualquiera sea el procedimiento que se utilice para ello. No es posible hablar de sistema ni de sistematización hasta tanto dicha tarea no haya sido realizada. En este sentido, la identificación de las normas jurídicas es un paso previo y necesario sin el cual ninguna sistematización es posible. Ello es así porque, como se ha dicho, un sistema normativo es un sistema de normas y no de formulaciones normativas;

c) Las *reglas de inferencia*, que revisten capital importancia desde que los juristas asignan relevancia no solo a las normas explícitamente formuladas sino también a sus consecuencias lógicas[939].

Como señala Daniel Mendonca, la distinción entre normas formuladas y normas derivadas no hace otra cosa que reflejar en los sistemas normativos la distinción entre axiomas y teoremas de los

---

[939]   Cf. Alchourrón-Bulygin,1971: 111-118 y Bulygin, 1986: 472-473.

sistemas deductivos[940]. Entre los sistemas deductivos, algunos son axiomatizables y otros no. Son axiomatizables aquellos sistemas deductivos en los cuales pueda hallarse un conjunto finito de enunciados tal que todos los demás enunciados puedan derivarse como consecuencias de dicho subconjunto. Tal conjunto se denomina *base de la presentación del sistema*. Los sistemas jurídicos positivos serían axiomatizables, toda vez que el conjunto de enunciados que conforma su base sería siempre finito, aunque su extensión podría variar grandemente[941]. Algunas normas derivadas se siguen de manera inmediata de las normas formuladas, mientras que otras se siguen inmediatamente de otras que, a su vez, se siguen inmediatamente de las normas formuladas, y así sucesivamente. De este modo, toda norma derivada del sistema se sigue, inmediata o mediatamente, del conjunto de normas formuladas. Esta cadena que lleva de la norma formulada a la norma derivada puede ser corta o larga, pero tiene siempre una longitud finita, pues la norma derivada se alcanza invariablemente tras un número limitado de pasos deductivos[942].

Cuáles han de ser en definitiva los enunciados que se tomen como base de presentación de un sistema jurídico dependerá, entre otras cosas, de cuáles sean las fuentes que se admitan como válidas. En un sistema con predominio de derecho legislado —tal como ocurre en los países de tradición romanista—, la tarea de identificar el conjunto de todas las normas formuladas por el legislador resulta relativamente simple. Aunque la identificación de normas consuetudinarias puede resultar más compleja, nada impide que la costumbre sea admitida como una fuente válida de derecho y de que pueda ser determinado el significado de las normas que de ella se derivan. En los países donde impera el *common law*, la identificación de los enunciados que conforman la base del sistema jurídico es más compleja, pues aun cuando también existe derecho legislado, el sistema funciona básicamente a través del seguimiento de los

---

[940]   Cf. Mendonca, 1994.
[941]   Cf. Alchourrón-Bulygin, 1971: 86-88.
[942]   Cf. Mendonca, 1994.

precedentes judiciales. La identificación de las normas del sistema supone aislar la *ratio decidendi* de aquellos, esto es, la regla general que fundamenta la decisión judicial. Más allá del grado de complejidad que la tarea de identificación de las normas de base del sistema requiere, en ambos casos se trata de una labor de reconstrucción conceptual[943].

Sobre la importante cuestión de la sistematización del derecho y la determinación de las condiciones de verdad de los enunciados jurídicos descriptivos, permítasenos remitir a un trabajo anterior[944]. Lo que ahora nos concierne es ocuparnos del análisis de la estructura lógico-semántica de este último tipo de enunciados.

2. Tipos de enunciados sobre el derecho

Los enunciados formulados desde un punto de vista externo —a diferencia de los enunciados jurídicos normativos formulados desde un punto de vista interno, como se ha visto—[945] son informativos en el sentido de que mediante ellos se afirma algo (que se pretende verdadero o falso) acerca de las normas jurídicas, *i.e.*, se afirma su existencia o se le atribuye alguna propiedad. Podría denominárselos sin más *enunciados jurídicos descriptivos* si no fuese porque estimamos necesario discriminar diversas formas que pueden asumir tales enunciados según los diferentes aspectos del derecho que se intenta poner de manifiesto mediante ellos, o la diferente manera de hacerlo, y porque además creemos conveniente reservar dicho rótulo para una subclase específica de esta clase más amplia. Por esta razón, nos parece preferible reservar la expresión *proposiciones normativas* para hacer referencia de manera general a todas las clases de enunciados asertivos acerca de normas, *i.e.*, que aseveran o informan algo acerca de o con relación a las normas. Más específicamente,

---

[943]   Cf. Rodríguez 2002: 43-45.
[944]   Cf. Sucar, 2008: 420-448. De la noción de enunciado jurídico descriptivo nos ocupamos en el apartado siguiente.
[945]   Cf. apartado II, 1 de esta introducción.

por *proposición normativa* entenderemos toda aserción metalingüística que *se refiere* al menos a una norma[946].

Esta caracterización permite poner de manifiesto algunos importantes aspectos. En primer lugar, las proposiciones normativas son claramente distintas de las normas en tanto: a) son enunciados asertivos susceptibles de verdad o falsedad (diferencia lógico-semántica); y b) versan acerca de normas, es decir, se refieren a ellas desde un nivel de lenguaje superior o más elevado (*i.e.*, diferencia de niveles de lenguaje). En segundo lugar, al especificar que las proposiciones normativas *se refieren* a normas desde un cierto nivel del metalenguaje, ellas quedan nítidamente diferenciadas de los enunciados jurídicos normativos, en los cuales las normas son *usadas*; razón por la cual, como se dijo, a diferencia de las proposiciones normativas y al igual que las normas, no son informativos ni susceptibles de verdad o falsedad (diferencia lógico-semántica, aunque no de niveles de lenguaje). En tercer lugar, se trata de una definición lo suficientemente general como para permitir distinguir diferentes subclases de enunciados descriptivos acerca del derecho que resulta relevante discriminar a los efectos del análisis. Ello en virtud de que la noción de proposición normativa que proponemos

---

[946] Utilizamos la expresión «referirse a» de manera amplia como sinónima de «hablar de» o «hacer alusión a». A los efectos de precisar la definición propuesta asumiremos dos cosas. Por una parte, que la referencia a una norma puede ser no solo directa o expresa sino también indirecta o implícita, de manera que una proposición como «en Argentina está prohibido el adulterio» puede ser interpretada como una proposición normativa si con ella se quiere afirmar de manera indirecta o implícita que en el sistema jurídico argentino hay una norma que prohíbe la conducta en cuestión. Por otra parte, que la referencia a una norma ha de ser entendida no solo en sentido afirmativo, sino también en sentido negativo, de modo que, por ejemplo, si una norma califica negativamente una acción como «no prohibida», la afirmación correspondiente de que no hay norma en el sistema jurídico argentino que prohíba la acción en cuestión, es también considerada una proposición normativa. En fin, cabe advertir que el recurso a la expresión «proposición» en la denominación *proposición normativa*, no significa asumir un compromiso con proposiciones. Nos valemos de dicha denominación como un mero rótulo, dada su familiaridad en la bibliografía sobre el tema.

hace abstracción de cualquier atributo específico de las normas, tales como su pertenencia a un sistema jurídico[947], su eficacia o su fuerza obligatoria[948].

Las diferentes subclases de proposiciones normativas que nos interesa especialmente discriminar son las siguientes. Por una parte, aquellas que podríamos denominar *enunciados de existencia*. Tales enunciados afirman que una cierta norma existe y deben ser interpretados en términos de la fórmula $(\exists x)Fx$, es decir, expresando que entre la totalidad de las cosas o seres hay al menos una que satisface la función F. Dado que esta función (predicado) puede ser interpretada de diferentes maneras según cuál sea la concepción que se sostenga acerca de la naturaleza de las normas, a fin de completar la fórmula en cuestión para obtener un enunciado, ha de seleccionarse alguna de tales interpretaciones. Entenderemos dicha función como

---

[947] Podría decirse que esta noción amplia de proposición normativa permite hacer referencia a normas aisladamente consideradas, es decir, a normas que no pertenecen a sistema jurídico alguno, lo que puede resultar de interés no solo para hacer referencia a normas ajenas al dominio jurídico, sino también y especialmente para tomar en consideración normas que, aunque revisten interés para los juristas, no pertenecen a un sistema jurídico. Así, por ejemplo, una norma que tanto por vicios en su procedimiento como con relación a su contenido se considera que no pertenece al sistema jurídico en consideración. Contra esto podría aducirse que una proposición relativa a una norma aislada no es más que un caso límite de proposición relativa a un sistema normativo: el caso en que dicho sistema está integrado por un único elemento. A ello podría replicarse que si bien es cierto que con cualquier elemento es posible formar un conjunto sobre la base de cualquier propiedad en común que tenga con otros elementos, y en el caso límite formar un conjunto constituido por ese único elemento y que, en tal sentido, toda norma, como cualquier otra cosa, siempre pertenecería a un conjunto, lo que pretende ponerse de manifiesto es que una norma puede ser considerada *independientemente* de que forme o no parte de tal o cual conjunto y, más especialmente, de que es posible referirse a una norma que no pertenece a cierto sistema jurídico e incluso a sistema jurídico alguno.

[948] Otras definiciones de «proposición normativa» pueden verse en Alchourrón-Bulygin, 1971: 25 y 173; Bulygin, 1999; von Wright, 1963: 121 y Mazzarese, 1991.

la propiedad de ser una formulación normativa-tipo, alguna de cuyas ejemplificaciones o casos ha sido emitida por alguien.

Por otra parte, tomando en consideración ciertas propiedades que revisten particular interés para los juristas entre las infinitas propiedades que es posible predicar de las disposiciones jurídicas, pueden distinguirse, correspondientemente a tales propiedades, diferentes clases de enunciados como, por ejemplo, *enunciados relativos a la fuerza obligatoria*, *enunciados de eficacia*, etc.[949]. Con relación a la reconstrucción sistemática del derecho, los *enunciados de pertenencia* revisten particular importancia. Se trata de aquellos enunciados que afirman la pertenencia de una norma a un sistema del orden jurídico. Su forma canónica es la siguiente:

«La norma N pertenece al sistema S_n del orden jurídico O_J»[950].

De acuerdo con la tesis de las fuentes sociales, las afirmaciones acerca del estatus jurídico de las acciones son relativas a normas ju-

---

[949] Los *enunciados relativos a la fuerza obligatoria* y *los enunciados de eficacia*, afirman, respectivamente, que una cierta norma jurídica posee la propiedad de tener fuerza obligatoria o de ser eficaz. Dado que hay diferentes intentos de explicar en qué consiste una y otra propiedad de las normas jurídicas, tales enunciados pueden ser interpretados de manera diferente según cuál sea la explicación que de ellas se estime más adecuada. Por otra parte, cabe precisar que si la normatividad se entiende en sentido justificatorio (y no ya explicativo), los enunciados relativos a ella no serán sino una subclase de los enunciados jurídicos normativos.

[950] Dado que un orden jurídico está integrado por normas soberanas o independientes y por normas derivadas, y dadas las diferencias respecto de los requisitos de pertenencia a que uno y otro tipo de normas están sujetos, el fundamento de verdad de los enunciados de pertenencia variará en uno y otro caso. Así, un enunciado de pertenencia relativo a una norma soberana o independiente será verdadero si y solo si la norma que se afirma que pertenece al sistema del orden jurídico en cuestión forma parte de la primera constitución histórica y su existencia no deriva de ninguna otra norma. En cambio, la verdad de un enunciado de pertenencia relativo a normas derivadas dependerá o bien del hecho de que éstas hayan sido regularmente creadas de conformidad con las pautas formales y materiales de creación establecidas por la normas $N_1...N_n$ del sistema correspondiente al orden jurídico en consideración, o bien de que sean consecuencia lógica de otras normas que pertenecen a dicho sistema.

rídicas positivas. Cuando se afirma que una acción está jurídicamente prohibida, permitida, o que es obligatoria, se estaría afirmando, en realidad, que existe una norma jurídica positiva que prohíbe, permite o declara obligatoria tal acción. Este modo indirecto de expresarse es lo que se denomina *manera transpuesta de hablar*[951]. Tales afirmaciones serían verdaderas cuando afirman correctamente el contenido de cierta(s) norma(s) jurídica(s), y serían falsas en caso contrario. Es a dicha clase de expresiones a la que denominaremos *enunciados jurídicos descriptivos*. De conformidad con tales postulados, que un enunciado jurídico sea verdadero significa básicamente, entonces, que proporciona información correcta del contenido de una norma o de un conjunto de normas de un cierto sistema jurídico. Así caracterizados, los enunciados jurídicos descriptivos constituyen una subclase de las proposiciones normativas. Una de sus particularidades consiste en que se refieren a una norma de manera indirecta para afirmar directamente la calificación deóntica de la conducta que dicha norma establece. Dado que asumimos que una norma jurídica es una expresión lingüística que correlaciona un caso genérico con una solución normativa, un enunciado jurídico descriptivo afirmará —más específicamente— cuál es la calificación deóntica de una cierta acción *en tales y cuales circunstancias condicionantes*. Así, por ejemplo, un enunciado jurídico descriptivo tendrá la siguiente forma canónica:

«En Oj la conducta *p* está prohibida (o permitida o es obligatoria) en las circunstancias *q*».

Como los enunciados jurídicos descriptivos pueden ser relativos a casos genéricos o a casos individuales, utilizaremos las expresiones *enunciado jurídico descriptivo genérico* y *enunciado jurídico descriptivo individual*, respectivamente, para referirnos a cada uno de ellos.

---

[951] Cf. Moreso, 1995. Rudolf Carnap define el modo transpuesto de hablar como aquel uso del lenguaje en el cual «para decir algo acerca de un objeto *a*, decimos algo paralelo acerca de un objeto *b*, que está en una relación determinada con el objeto *a*». Carnap, 1971.

Ahora bien, podría parecer que los enunciados de pertenencia coinciden con lo que hemos denominado *enunciados jurídicos descriptivos*. En efecto, los primeros no afirman sino que una determinada norma pertenece a un cierto sistema jurídico, lo cual, si se tiene en cuenta que conocer una norma (entendida como un texto interpretado) implica conocer su contenido conceptual, no es sino afirmar lo que ella expresa acerca de las obligaciones, prohibiciones o permisiones establecidas respecto de ciertas conductas en determinadas circunstancias. No obstante, los *enunciados jurídicos descriptivos* no son ni intensionalmente ni extensionalmente equivalentes a los enunciados de pertenencia[952]. Lo primero se pone de manifiesto en el hecho de que la primera clase de enunciados considerada expresa algo diferente, *i.e.*, posee un significado distinto de lo expresado por un enunciado de pertenencia, aunque más no sea por el hecho de que solo la primera clase de enunciados considerada recurre a la manera transpuesta de hablar.

Que los enunciados jurídicos descriptivos y los enunciados de pertenencia sean extensionalmente no equivalentes puede parecer más dudoso. Más allá de la apuntada diferencia en el significado, ¿no son ambos verdaderos, y por las mismas razones, el enunciado jurídico descriptivo que afirma que la conducta de matar a otro está prohibida (en toda circunstancia, excepto aquellas específicamente previstas) en el sistema jurídico argentino, sobre la base de la norma que prohibe matar perteneciente a dicho sistema, y el enunciado de pertenencia que afirma que al sistema jurídico argentino pertenece una norma que prohibe matar (en toda circunstancia, excepto aquellas específicamente previstas)? Efectivamente, ambos son verdaderos y su fundamento de verdad lo constituye en ambos casos la pertenencia de una cierta norma al sistema jurídico en cuestión. No obstante, muchas veces ocurre que la determinación jurídica de una conducta está dada por una norma que no pertenece al sistema jurídico pero que debe ser aplicada porque así lo prescribe otra nor-

---

[952]   Cf. Navarro, 2002.

ma que sí pertenece al sistema en consideración; y también podría alegarse que puede ocurrir que una norma que pertenece al sistema jurídico no debe sin embargo ser aplicada. En tales circunstancias, los enunciados jurídicos descriptivos y los enunciados de pertenencia no poseerán las mismas condiciones de verdad[953].

Es importante no confundir la noción de proposición normativa con los *enunciados de la ciencia del derecho*, es decir, el enunciado complejo conformado por la conjunción de los enunciados que deben ser tomados en cuenta para determinar la verdad de un enunciado jurídico descriptivo, a saber: un enunciado de pertenencia, un enunciado relativo a las fuentes y un enunciado interpretativo[954]. Un enunciado de la ciencia del derecho será verdadero si

---

[953] Cf. Sucar, 2008 y bibliografía allí citada. En la reconstrucción que proponemos, los enunciados jurídicos descriptivos, al igual que los enunciados de pertenencia (y demás especies de proposiciones normativas), presuponen la verdad de un *enunciado de existencia*, pues la existencia de una norma constituye una condición de la predicación de cualquier otra propiedad a su respecto. Obviamente, los enunciados de existencia no son distintos de los enunciados de pertenencia entendidos *tout court*, toda vez que un enunciado de existencia no es más que un caso particular de un enunciado de pertenencia cuando a): la pertenencia es entendida como relativa a cualquier conjunto y no como relativa a una determinada clase de conjuntos; y b) el conjunto que se toma como punto de referencia está compuesto por un único individuo, en esta hipótesis la norma en cuestión. Pero el sentido al que se alude en el texto es el de pertenencia a un *cierto* conjunto, *i.e.*, a un *sistema jurídico*. Contra esto podría argüirse que, de acuerdo con la definición de enunciado jurídico descriptivo que se ofrece, lo que determina la verdad de un enunciado jurídico es que pertenezca una norma a un sistema jurídico que califique a una acción de cierto modo, de manera que si se trata de un enunciado jurídico general, bastaría con la pertenencia de la norma en cuestión y, eventualmente, de un enunciado de subsunción genérica, y que si se trata de un enunciado jurídico individual igualmente bastaría con la pertenencia de la norma en cuestión y de un enunciado de subsunción individual. No obstante, como se advierte en el texto, en ciertas circunstancias, la norma que determina la calificación jurídica de una conducta puede no pertenecer al sistema jurídico de referencia e incluso no pertenecer a ningún sistema jurídico.

[954] Como se ha adelantado los enunciados de aplicabilidad también pueden resultar relevantes.

dicha conjunción es verdadera, y falso en caso contrario. El objetivo de caracterizar esta clase de enunciados es que cuando los juristas se refieren a la calificación jurídica de las conductas lo hacen, muchas veces, sin tener presente que se trata en realidad de una afirmación compleja que admite ser analizada en diversos elementos.

Debe dejarse en claro, al respecto, que aun si se es partidario de la opinión de que los enunciados de la ciencia del derecho no pueden ser considerados como susceptibles de verdad o falsedad como consecuencia de que —por alguna razón— se estima que los enunciados de cuya verdad depende —todos o alguno(s) de ellos— no son susceptibles de verdad o falsedad, la noción general de proposición normativa no carecerá de importancia ni tampoco podrá concluirse que no es posible determinar su valor de verdad. En efecto, otro de los cometidos de la ciencia jurídica no menos importante que la identificación del derecho consiste en el análisis de todas las consecuencias que se siguen de un conjunto de normas una vez que se les ha dado una cierta interpretación. Dicha tarea es realizable y útil incluso si se sostiene que la derivación de la formulación normativa en cuestión a partir de una fuente del derecho admitida como válida, así como la interpretación que se le asigna, son dudosas o incluso indecidibles. Ahora bien, su realización depende crucialmente del uso de proposiciones normativas, es decir de un metalenguaje. Ello es así porque en la medida que quiera hablarse de las disposiciones jurídicas en general, o de las normas en particular, es imprescindible acudir a un lenguaje meta-normativo, sea lo que sea que se quiera afirmar (o negar) a su respecto: cuáles son sus consecuencias lógicas, cuáles son sus relaciones con otras disposiciones, o cualquier otra propiedad que sea de interés analizar; y la verdad de estas afirmaciones en nada se ven afectadas por el hecho de que la disposición referida por la proposición normativa se derive o no de la correcta interpretación de un texto resultante de una fuente admitida como jurídicamente válida, o de que pertenezca o no a un sistema jurídico determinado.

Mazzarese, concibe a las proposiciones normativas como un enunciado cuyo valor semántico es una función de verdad de dos variables, a saber: el valor semántico de un enunciado intepretativo (del tipo «la formulación normativa FN expresa la norma N») y el valor semántico de un enunciado de validez (del tipo «FN pertenece a las fuentes del derecho»)[955]. La definición de Mazzarese de proposición normativa coincide bastante aproximadamente con lo que aquí denominamos enunciado de la ciencia jurídica, solo que en esta última se hace más claro que para determinar el valor semántico de un enunciado de la clase examinada (sea como fuere que se lo denomine) es necesario considerar además del valor semántico de un enunciado interpretativo y un enunciado relativo a las fuentes (que la autora denomina enunciado de validez), el valor semántico de un enunciado de pertenencia. Ello así toda vez que una cierta formulación normativa puede derivarse de una fuente de derecho admitida como válida, pero al ser interpretada puede obtenerse una norma que no pertenece al sistema jurídico en consideración porque, por ejemplo, su contenido o algún otro aspecto formal no satisface las pautas de creación normativa establecidas por las normas jerárquicamente superiores del sistema en cuestión. Por otra parte, a esta caracterización de Mazzarese de las proposiciones normativas son dirigibles las mismas observaciones que hemos formulado respecto de los enunciados de la ciencia del derecho, en el sentido de que aun si se considera —como de hecho lo hace la autora— que los enunciados de cuyo valor semántico depende el valor semántico de la proposición normativa no son susceptibles de verdad o falsedad, ello en nada afecta la utilidad y necesidad de un recurso metalingüístico para referirse o hacer alusión a las normas (entendidas como formulaciones normativas interpretadas). Por estas razones, creemos que constituye una ventaja teórica introducir por un lado una noción genérica y abstracta de proposición normativa en los términos en los que la hemos caracterizado y, por otra, diferenciarla nítidamente de aquellos enunciados complejos que usualmente formulan los juristas cuando quieren describir o informar lo que el derecho efectivamente establece sobre una cuestión particular

---

[955]   Cf. Mazzarese, 1991.

(cualquiera sea el estatus lógico-semántico que en definitiva se atribuya a estos últimos).

3. Los conceptos y construcciones dogmáticas

Una de las cuestiones centrales vinculadas al problema del conocimiento jurídico es sin duda el relativo a la estructura lógico-semántica de los denominados enunciados jurídicos descriptivos, así como en qué consiste exactamente su verdad, para el caso que se admita esta posibilidad, dado que hay autores que niegan la posibilidad de atribuir valores de verdad a tales enunciados. Ahora bien, en este contexto, la mayoría de los análisis se centran en el problema de si es posible determinar y, en su caso cómo, el significado de las normas jurídicas ya sean éstas consuetudinarias o expresamente formuladas; más precisamente de lo que se trata es de indagar la determinación del significado normativo ya sea a partir de la interpretación de los hábitos o conductas sociales en el caso de las normas consuetudinarias, ya sea a partir de la interpretación de las formulaciones normativas, en el caso de las normas promulgadas. Dicho de otro modo: el problema de la verdad de la interpretación jurídica queda así limitado al análisis de los problemas de tipo lingüístico que plantea la compresión de la conducta o de los textos con relevancia jurídica. A nuestro juicio, sin embargo, la interpretación del derecho (aun en la visión positivista) excede con mucho este tipo de consideraciones, aun si éste es su cometido más básico e indispensable, su punto de partida ineludible. En efecto, otro problema fundamental de la ciencia del derecho es el del estatus epistemológico de los denominados *conceptos* y *teorías dogmáticas*, así como del rol que éstas desempeñan en el pensamiento y el razonamiento jurídico. Asimismo, se trata de determinar la permeabilidad (o no) a los valores de verdad de los enunciados que contienen tales conceptos al igual que las referidas teorías.

La omisión que intentamos poner de relieve no apunta (al menos no directamente) a las consideraciones de tipo moral que intervienen muchas veces en la interpretación de las normas jurídicas. Desde el modelo del positivismo metodológico que asumimos, el razonamiento moral no forma parte de la reconstrucción cognoscitiva y sistemática del contenido del material jurídico que se exige del *teórico* del derecho (*i.e.*, de la doctrina o dogmática jurídica); dicho tipo de razonamiento puede ser relevante, en cambio, en el ámbito *práctico* de la creación o aplicación de normas. Nuestro propósito es llamar la atención sobre las a veces muy sofisticadas elaboraciones teóricas que los juristas emplean para elucidar o determinar lo que el derecho establece, esto es, construcciones tales como la doctrina de personalidad jurídica o la teoría del riesgo en el dominio de la responsabilidad civil o las teorías causalista y finalista del delito en materia penal; a doctrinas muy generales sobre las funciones del Estado, de las formas de gobierno, la división de poderes o del estatus y naturaleza de la constitución o del poder constituyente o de la soberanía, entre muchas otras.

Ahora bien, la consideración de tales teorías plantea una serie de importantes problemas. En primer lugar, el de la tipología de tales teorías (pues no cabe suponer que son homogéneas) que está estrechamente vinculado con el de su estatus epistemológico. En efecto, ¿cuál es la naturaleza de tales construcciones teóricas: están destinadas a explicar (y, en su caso, en qué sentido) o, en cambio, su función consiste en proveer una justificación normativa (más allá de las apariencias), o acaso son en última instancia reductibles a la generalización efectuada sobre la base de lo establecido por un conjunto de normas jurídicas o incluso remiten en última instancia a una cierta concepción metafísica? Huelga decir que esta lista es meramente enunciativa.

En segundo lugar, se plantea el problema de la permeabilidad o no de cada uno de los tipos de teorías identificados a los valores de verdad (u otros criterios de corrección) y, por ende, de su rol (o ausencia del rol) en el marco del conocimiento jurídico; lo cual presupone obviamente clarificar la noción de verdad. En este punto —más allá de la disputa acerca de si tales construcciones dogmáticas (y la dogmática jurídica misma, en tanto disciplina teórica, en la medida en que las emplea) revisten la categoría de conocimiento científico, lo cual depende de la controvertida cuestión epistemológica acerca de los modelos de cientificidad— nos parece de particular interés el análisis de cuál es de hecho la naturaleza y función de la manera de proceder de la doctrina jurídica a través de la elaboración de los conceptos y construcciones teóricas que le son propias; y, en particular, el de si estas últimas pueden ser calificadas de verdaderas o explicativas en algún sentido. Para ello se torna relevante considerar críticamente algunos modelos epistemológicos de ciencia jurídica que se han propuesto para reconstruir la práctica teórica de la doctrina jurídica.

Hay aquí un punto importante a destacar: los juristas, cuando hacen dogmática jurídica (a la que también denominan «ciencia del derecho» o *doctrina jurídica*) hacen mucho más que interpretar formulaciones normativas. Con lo cual, o bien la visión de la ciencia jurídica de algunos cultores de la teoría general del derecho (por caso los modelos de ciencia jurídica de Kelsen, Ross, Alchourrón y Bulygin, entre otros) es muy reductiva, o bien todo lo que de más hacen los doctrinarios es algo desechable teóricamente sobre la base de algún criterio. Como decíamos, más que la cientificidad de tales modelos epistemológicos, lo que nos parece interesante indagar es la susceptibilidad a los valores de verdad de las teorías dogmáticas y su rol en el razonamiento de los juristas. Porque quizás lo que hacen los juristas no responde a ningún modelo de ciencia por débil que este sea, pero muchos de sus enunciados podrían ser verdaderos y jugar un papel explicativo. En este punto importaría especialmente distinguir sus diferentes procedimientos teóricos y analizarlos en detalle a través de ejemplos concretos a ese efecto.

En tercer lugar, se plantea la cuestión de si dichas teorías (todas o algunas de ellas) y la versión que nos dan del «conocimiento jurídico» son compatibles con los postulados del positivismo metodológico; y más allá de ello qué es lo que su análisis nos permite concluir acerca de la naturaleza del derecho y del conocimiento jurídico.

Por lo demás, un estudio centralmente enfocado, como se ha dicho, en lo concerniente al ámbito del conocimiento jurídico, ha de tener necesariamente relevancia, en cierta medida, respecto del plano del razonamiento práctico-normativo. En efecto, la aplicación del derecho en la resolución de un caso implica, en tanto las decisiones deban ser fundadas —tal como ocurre en mayor o menor medida en muchas de las jurisdicciones de los sistemas jurídicos modernos—, la formulación de un razonamiento práctico que contiene premisas de diferente naturaleza, a saber, normas generales relevantes que habrá de identificarse (*i.e.*, la *quaestio juris*), enunciados jurídicos normativos (por ejemplo, enunciados de adhesión a las normas generales), enunciados fácticos relativos a los hechos investigados (*i.e.*, la *quaestio facti*), y enunciados de subsunción de normas generales a casos particulares, y que tiene como conclusión una norma individual. Una decisión que es el producto de un razonamiento cuyas premisas son «verdaderas» o «correctas», y que es formalmente válido, puede ser calificada como «conforme a derecho». Pero en rigor, la cuestión de la verdad no puede ser planteada sino con relación a cada uno de estos diferentes tipos de premisas que integran el razonamiento jurídico. Por ello, si las construcciones teóricas de la dogmática resultan pertinentes para comprender o interpretar el alcance de las normas jurídicas, ellas habrán de ser relevantes para resolver la *quaestio iuris* y, de este modo, pertinentes para uno de los aspectos o más bien presupuestos en un razonamiento práctico-jurídico, en especial para la aplicación de normas generales a casos particulares: la previa identificación del derecho en aras a una aplicación racional del mismo[956]. *Mutatis mutandi*, di-

---

[956] La distinción entre identificación y aplicación del derecho es teórica-reconstructiva de los elementos involucrados en diferentes tareas jurídicas: la solución de un caso judicial, la argumentación a favor de una consecuencia jurídica respecto de un caso individual, la creación de una cláusula contractual, por mencionar solo algunas tareas. En tanto conceptos que sirven para reconstruir no expresan ni representan los procesos mentales que ocurren en el razonamiento cognitivo de los operadores jurídicos. Por lo demás, muchas veces los discursos de justificación que elaboran los operadores jurídicos pueden ser difíciles de ser reconstruidos en estos dos aspectos, la identificación y la aplicación del derecho. El valor de la distinción es la función teórica que producen al arrojar luz sobre la explicación acerca de las prácticas jurídicas, el

chas consideraciones son trasladables a los procesos de creación de normas generales, en la medida en que estén condicionados por el respeto de pautas de creación normativa establecidos por normas jerárquicamente superiores.

Asimismo, para el caso de que ciertos conceptos o teorías jurídicas resulten no ser sino una forma implícita o encubierta de sostener o proponer normas o teorías morales, parece del mayor interés tornar explícitos los términos de la discusión moral que ellos encierren a fin de, por una parte, considerarlos un elemento no pertinente para la ciencia jurídica (en la versión del positivismo metodológico que se ofrece de ella) y, por otra, de permitirle de este modo desplegar todo su poder argumental. Como hemos dicho, esto es particularmente relevante en el marco de la creación y de la aplicación de normas, donde además, frecuentemente, las normas en cuestión remiten a ciertas concepciones muy generales de la moralidad o a específicos conceptos morales como, por ejemplo, la noción de libertad, igualdad, bien común, equidad, o de lo que se considera una sociedad justa. Ello es particularmente notorio en las modernas constituciones y el derecho internacional contemporáneo que consagran derechos fundamentales que valen como criterios últimos de interpretación al que deben ajustarse imperativamente las normas jerárquicamente inferiores así como las decisiones jurisdiccionales.

---

conocimiento jurídico y los distintos niveles de lenguajes involucrados en unas y en el otro. Finalmente, nótese que en tanto distinción teórica-reconstruictiva siempre es posible adherir a otros conceptos e incluso argumentar su inutilidad teórica, como prominentemente han hecho, por ejemplo, el realismo jurídico norteamericano o Dworkin, desde sus primeros ensayos. Véase Leiter, 2005, en lo que hace al escepticismo de los realistas norteamericanos hacia el razonamiento jurídico, y Carrió, 1979, para una presentación de esta crítica en los primeros trabajos de Dworkin.

4. El estatus de las teorías acerca de la naturaleza del derecho y del conocimiento jurídico

En el marco de nuestro modelo teórico (positivista, normativista y convencionalista), asumimos que las teorías acerca de la naturaleza del derecho y del conocimiento jurídico son *generales* y *valorativamente neutras*. Lo primero alude a que tal clase de teoría no tiene por objeto el estudio de la forma ni del contenido específico de ningún sistema jurídico nacional en particular, sino de los rasgos centrales que éstos poseen en común, de su estructura. Que deba ser valorativamente neutra quiere decir que ha de poseer un carácter eminentemente explicativo y descriptivo, y no justificatorio (en sentido normativo), valorativo o prescriptivo. Muchas veces tales teorías pretenden dar cuenta de todo aquello que a lo largo de la historia y en diferentes culturas se ha denominado o se denomina «derecho». El caso paradigmático de esta ambición universalista es la teoría pura del derecho del Kelsen. No obstante, sin privarla de su carácter general, su foco de atención puede entenderse dirigido a ese tipo particular de fenómeno que son los órdenes jurídicos propios de los Estados modernos (es decir, los sistemas jurídicos nacionales) y no a otros fenómenos más o menos afines como, por ejemplo, los denominados *derecho primitivo*, *Antiguo* o *Medieval*, o el *derecho internacional*. Nada impediría, no obstante, que una adecuada explicación de los derechos modernos permita arrojar alguna luz sobre estos últimos, seguramente a través de sus diferencias y contrastes. Éste punto de vista, más prudente que el de Kelsen, es el adoptado por Hart[957]. Asimismo, ellas no solo deben procurar una caracterización del derecho, sino también proporcionar los criterios para determinar qué es lo que el derecho establece sobre una cuestión particular.

En otro lugar[958] hemos sostenido que las teorías acerca de la naturaleza del derecho y del conocimiento jurídico no son teorías científicas o empíricas en ninguno de los sentidos que tradicional-

---

[957] Véase al respecto lo dicho en el apartado IV de la introducción al volumen II de esta obra.

[958] Cf. Sucar, 2008: capítulo II.

mente reconoce la epistemología: el modelo nomológico deductivo, o los modelos de explicación genético o teleológico; no obstante lo cual éstas no se consisten tampoco en un mero sumario de hechos observados, sino que acuden a conceptos o principios teóricos que intentan proporcionar una comprensión más profunda y exacta de los fenómenos objeto de estudio. En tal sentido, dos teorías acerca de la naturaleza del derecho y del conocimiento jurídico serán rivales si son relativas al mismo asunto y no pueden ser aceptadas ambas porque son incompatibles, de modo que si una de ellas resulta más plausible, la otra tiene que ser abandonada como menos plausible. Una de las consecuencias de esta postura es el abandono no solo de la noción de «verdad» sino incluso de las nociones más débiles de «corrección» o «confirmabilidad» en tanto atributos legítimos de tales teorías. Implica, asimismo, renunciar a la idea de que hay una única manera correcta de construir una tal clase de teorías o, dicho de otro modo, de que los datos o fenómenos de los que ella ha de dar cuenta deben ser descubiertos porque están determinados por sus características intrínsecas más que reconstruidos sobre la base de (aunque no exclusivamente) ciertos objetivos teóricos. Tales objetivos teóricos pueden ser tomados como requisitos de adecuación a la vez que como pautas a tener en cuenta en su evaluación. Una teoría acerca de la naturaleza del derecho debería dar cuenta los siguientes rasgos centrales: *positividad, dimensión social, carácter institucional, carácter normativo, coactividad, carácter sistemático* y una cierta *conexión con el lenguaje*. Una teoría acerca del conocimiento jurídico debería dar cuenta de su carácter objetivo, así como ofrecer una clarificación de la estructura lógico-semántica de los enunciados que conforman el corpus de la ciencia jurídica.

Las teorías acerca de la naturaleza del derecho y del conocimiento jurídico, lejos de ser *teóricamente* neutras, responden a la asunción de ciertos presupuestos filosóficos y teóricos. En nuestro caso, por ejemplo, los análisis propuestos cobran sustento en una cierta concepción del derecho que hemos denominado *modelo positivista, convencionalista y normativista*. Una de las principales asunciones de dicho modelo teórico es que debe concebirse al derecho, básicamente, como un conjunto de normas, y al conocimiento jurídico como un conjunto de enunciados cuyo objeto es informar acerca del estatus jurídico de las acciones de conformidad con las normas jurídicas. Otra de ellas es el compromiso con la idea de que la determinación de las condiciones y valores de verdad de los enunciados jurídicos depende de una reconstrucción sistemática del material jurídico. De este modo, el establecimiento de las condiciones y valores de verdad de los enunciados de la ciencia jurídica dependen de una reconstrucción teórica propia de una teoría acerca de la naturaleza del derecho y del conocimiento jurídico.

5. Las contribuciones de este volumen sobre la verdad en la ciencia jurídica y en la teoría general del derecho

Uno de los problemas centrales de la filosofía del derecho es la elucidación del estatus epistemológico de las denominadas *teorías jurídicas* y su rol en el razonamiento de los juristas y, más específicamente, su permeabilidad a los valores de verdad. Dichas teorías pueden ser construcciones dogmáticas o construcciones propias de la teoría general del derecho. Las primeras son objeto de estudio de la *metodología jurídica* (una de las ramas de la teoría general del derecho). De las segundas, se ocupa lo que podríamos llamar, a falta de denominación, la *meta-metodología* o *metodología acerca de las teorías generales del derecho*. Ambas, a nuestro juicio, forman parte de la filosofía del derecho. El trabajo de Riccardo Guastini «Juristenrecht» pone particular énfasis en el análisis de las teorías dogmáticas.

Guastini sostiene que la distinción entre jurisprudencia descriptiva (que afirma, en un plano general, lo que el derecho es y cómo es) y jurisprudencia crítica (que recomienda, también en un plano general, cómo debe ser el derecho) supone a su vez una distinción lógica tajante entre el «lenguaje del derecho» y «el lenguaje de los juristas» la cual, a su juicio, es problemática. Ello por cuanto la jurisprudencia descriptiva como puro conocimiento del derecho que *es* (es decir, en tanto actividad cognoscitiva valorativamente neutra) no podría ser una representación satisfactoria de la «doctrina» (o dogmática), o sea «de lo que hacen habitualmente los juristas»[959]. A fin de lograr una adecuada evaluación de las tesis de Guastini debe quedar en claro que:

1) Tanto la jurisprudencia descriptiva como la jurisprudencia crítica son discursos propios de la filosofía del derecho: la primera forma parte de la teoría general del derecho (en particular, de la ontología jurídica) y la segunda de la teoría de la justicia. Mientras que la primera constituye un discurso valorativamente neutro, la segunda es un discurso de carácter normativo. Ambos tipos de jurisprudencia, sin embargo, son generales en el sentido de que no se ocupan de ningún ordenamiento jurídico en particular.

2) La doctrina (también llamada *dogmática* o *ciencia jurídica*) tiene básicamente como objeto de estudio el contenido del derecho positivo (válido o vigente) de un cierto ordenamiento jurídico o de algunas de sus partes.

3) Tanto la jurisprudencia descriptiva como la doctrina tienen como objeto de estudio el derecho. No obstante, mientras la primera se ocupa del derecho en general, la segunda tematiza el contenido de un cierto derecho positivo (o algunas de sus partes) en particular.

Ahora bien, la tesis central del Guastini es que «es imposible establecer una distinción clara entre el lenguaje del derecho y el lenguaje de los juristas: ellos están sujetos a un continuo proceso de ósmosis. El lenguaje de los juristas no "versa sobre" el lenguaje del derecho: los juristas, más bien, moldean y enriquecen continuamente su objeto de estudio, como un violinista que interpola notas apócrifas en la partitura que está ejecutando»[960].

Antes de continuar permítasenos una precisión respecto de la expresión «jurista» en el trabajo de Guastini: ésta se refiere al doc-

---

[959] Cf. apartado I.
[960] Apartado VIII.

trinario (o dogmático) y, por extensión, a su respectivo discurso, la doctrina (o dogmática), y no al teórico general del derecho y su respectivo discurso. Así, cuando afirma: «Ambos conceptos (jurisprudencia descriptiva y jurisprudencia crítica) suponen una tajante distinción lógica entre el lenguaje del derecho y el lenguaje de los juristas»[961], con ésta última expresión se refiere al doctrinario (o dogmático). Ahora bien, se percibe aquí un cierto salto de niveles: la jurisprudencia descriptiva pretende describir al derecho como *es*, pero en el marco de una teoría *general* (es decir, no acerca de algún derecho positivo en particular). Ocurre, sin embargo, como se ha visto, que las teorías generales del derecho no solo despliegan explicaciones acerca de la naturaleza del derecho (ontología jurídica) sino también acerca de la naturaleza del conocimiento jurídico (metodología de la ciencia jurídica o de la doctrina o dogmática). Ahora bien, estas últimas pueden limitarse a describir lo que de hecho hacen los doctrinarios cuando describen o explican el derecho positivo o, como ocurre muy a menudo, proponer modelos de lo que éstos deberían hacer y no hacer al abordarse temáticamente el derecho positivo. Guastini parece aquí estar suponiendo —en la cita que comentamos— un cierto modelo epistemológico (positivista) para la ciencia jurídica (doctrina o dogmática) que impone entre otros requisitos que el derecho positivo debe ser descrito objetivamente sin introducir valoraciones o propuestas normativas o, dicho de manera más neta, sin valorar y sin prescribir (ya sea de manera explícita o solapada). De este modo, si nuestras observaciones son correctas, lo que habría que decir, en rigor, es que dicho modelo epistemológico positivista de la ciencia del derecho (doctrina o dogmática) supone una distinción tajante entre el lenguaje del jurista (esto es, de los doctrinarios o dogmáticos) que sería descriptivo y el lenguaje del derecho (es decir, de las autoridades jurídicas, paradigmáticamente del legislador y de los jueces) que sería prescriptivo. La crítica de Guastini, plateada en estos términos, sería entonces que hay un desajuste entre este modelo epistemológico puramente

---

[961] Apartado I.

descriptivo de ciencia del derecho (doctrina o dogmática) y lo que efectivamente, de hecho, hacen los juristas cuando hacen ciencia jurídica (doctrina o dogmática).

La tesis central del Guastini es —reiterémosla— que «es imposible establecer una distinción clara entre el lenguaje del derecho y el lenguaje de los juristas: ellos están sujetos a un continuo proceso de ósmosis. El lenguaje de los juristas no "versa sobre" el lenguaje del derecho: los juristas, más bien, moldean y enriquecen continuamente su objeto de estudio, como un violinista que interpola notas apócrifas en la partitura que está ejecutando»[962]. Razón por la cual habría que incluir la doctrina (o dogmática) como «parte importante del derecho vigente»[963].

El mecanismo concreto por el que el lenguaje de la dogmática se trasfunde (para seguir con la metáfora de la ósmosis) hasta formar parte del lenguaje de los «juristas» se iniciaría con la actividad interpretativa de la doctrina o dogmática y, muy especialmente, con aquella que conduce a la producción de una norma no expresada dirigida a la concreción de principios. «Concretizar» un principio significa extraer de él una o más normas no expresadas[964]. ¿Cuál es el estatus lógico-semántico de los enunciados de la doctrina o dogmática cuando realiza esta función de concretización? Para Guastini, se trata de una operación argumental cuyas premisas incluyen normas y, de manera prominente, asunciones teóricas «que no guardan ninguna relación directa con los textos normativos»[965]. Se trataría de una *operación argumental* porque una norma no expresada puede ser tanto la conclusión de un razonamiento lógicamente válido como de uno lógicamente inválido —típicamente cuando se involucran esquemas argumentales paralógicos, como el razonamiento *a simili*, *a contrariis*, etc.— pero que, en cualquier caso, incluye entre sus premisas una o más normas expresas aunque también normas no

---

[962] *Idem.*
[963] *Idem.*
[964] Cf. apartado VII, *in fine.*
[965] Cf. apartado IV.

expresas y asunciones o construcciones teóricas arbitrarias (*i.e.* que no encuentran sustento en los textos jurídicos) o, en un caso límite, exclusivamente tales asunciones o construcciones teóricas. Un enunciado de la dogmática que es la conclusión de este tipo de operación argumental podría ser verdadero con relación a las premisas si el razonamiento que se emplea para inferirlo es lógicamente válido. Pero si el dogmático afirma que dicha conclusión de la operación argumental es un componente propio del derecho, dicha afirmación sería falsa con relación al *derecho* ya sea concebido como «los textos normativos promulgados por las autoridades normativas»[966], ya sea concebido como «conjunto de *normas*, entendidas como el contenido del significado de los enunciados normativos»[967]; y también podría ser falsa si, finalmente, por *derecho* se denota «el conjunto de normas *vigentes*, es decir efectivamente aplicadas (usadas para motivar decisiones) por los órganos que "aplican" los enunciados normativos»[968]. La posibilidad de la falsedad residiría, en este caso, en que el órgano no adoptara la norma no expresada para motivar sus decisiones.

Un punto central sobre el cual reflexionar es el siguiente: ¿cuál es la justificación teórica para equiparar, en tanto objetos temáticos de la jurisprudencia (descriptiva o crítica), a los razonamientos de la ciencia del derecho (lenguaje de los juristas) con las normas jurídicas (lenguaje de las autoridades)? La respuesta que da Guastini es que los juristas producen estos discursos en su quehacer cotidiano y que a partir de esta producción se vuelven parte del *lenguaje del derecho*. Algunos de los ejemplos que suministra Guastini para respaldar su tesis son: (a) la decisión del Tribunal de Justicia Europeo cuando asume que el Tratado de la comunidad Europea es un acto jurídico de naturaleza mixta, mitad internacional, mitad constitucional, asunción

---

[966]   Cf., en este volumen, el trabajo de Guastini «Réplica al comentario crítico de Ulises Schmill a "Juristenrecht"».

[967]   *Idem.*

[968]   *Idem.*

que no tiene ninguna relación directa con los textos normativos; (b) el razonamiento de un dogmático (Alexander Hamilton) que fue incorporado en un fallo de la Corte Suprema Norteamericana (*Marbury vs. Madison*); (c) que «[...] los constitucionalistas italianos (más o menos unánimes sobre este punto) piensan, *a la luz de una supuesta «teoría general» del gobierno parlamentario*, que el Presidente de la República no es jefe del Ejecutivo, sino un poder «neutro»[969]; (d) que «muchos constitucionalistas piensan actualmente que la función de la constitución es (también o hasta esencialmente) moldear las relaciones sociales entre los ciudadanos», lo que los conduce a la conclusión de que las normas constitucionales deben ser aplicadas por cualquier juez en cualquier asunto, a diferencia de la teoría clásica que sostiene que la función de la constitución es limitar el poder político, manera de pensar que implica que las normas constitucionales están dirigidas solo a los órganos supremos del Estado y que no son de ninguna forma aplicables por los tribunales, lo cual mostraría que en un uno y otro caso la conclusión depende de asunciones o construcciones teóricas sin relación directa con los textos normativos[970]. En estas consideraciones queda claro que está implicado que las teorías dogmáticas —algunas de las cuales apelan a ciertos conceptos de la teoría general del derecho—, al menos en la medida en que no guarden una conexión directa con los textos normativos (léase formulaciones normativas que provienen de fuentes jurídicamente válidas), no son ni verdaderas ni falsas. Lo que resulta falso —de acuerdo con el análisis de Guastini— es la afirmación de que la conclusión obtenida en un razonamiento que contiene entre sus premisas una de las referidas asunciones o construcciones dogmáticas —incluso cuando éste es formalmente válido— es verdadera en el sentido de que se ajusta a lo establecido por dichos textos normativos.

---

[969]   Cf. apartado V.
[970]   Cf. apartado VI.

Sin embargo, para arribar a la conclusión de que «es imposible establecer una distinción clara entre el lenguaje del derecho y el lenguaje de los juristas»[971] haría falta demostrar además, empíricamente, cómo es que el discurso de las autoridades normativas y el de los juristas se confunden. En otras palabras, para demostrar con suficiencia la tesis de Guastini habría que realizar una comprobación empírica en dos direcciones. Por un lado, estableciendo una muestra suficientemente representativa de los dos lenguajes involucrados en el proceso de ósmosis a fin de obtener un número suficiente de observaciones para sustentar el análisis[972]. Pero por otro lado, adicionalmente se debería mostrar, respecto de la muestra de discursos seleccionada, que la conmistura entre los lenguajes se da de manera regular. Sin esta comprobación empírica los ejemplos proporcionados por Guastini son, a lo sumo, una inducción incompleta para apoyar su conclusión. Por otra parte, aun en el caso de que se arribase a una tal comprobación empírica ¿por qué no describir la situación diciendo simplemente que buena parte de lo que hacen los doctrinarios es proponer normas de *lege ferenda* y que, al hacerlo, se apartan del modelo epistemológico descriptivista de la doctrina y que eventualmente tales propuestas son de hecho receptadas por los órganos de aplicación, en lugar de decir que la doctrina *crea normas no expresadas* que no es posible distinguir de las normas creadas por las autoridades competentes?[973]. Por último, si tomamos literalmente la palabra

---

[971]   Apartado VIII.

[972]   Aunque la tesis de Guastini podría interpretarse con una pretensión de carácter general para cualquier empresa dogmática respecto de cualquier sistema jurídico y relativa a cualquier área del derecho, el proceso por él descripto parecería referirse paradigmáticamente al campo de la «interpretación constitucional: o, mejor dicho, de [la] "construcción" constitucional» (apartado VII). En este sentido, la exigencia de demostrar empíricamente la ósmosis de la que habla Guastini parecería quedar reservada a registrar los discursos de la dogmática constitucional. Pero en este supuesto se harían patentes los estrechos límites de su tesis.

[973]   Sobre este punto se anuda fundamentalmente el debate, incluido en este volumen, entre Guastini y Schmill. Véase al respecto, además del trabajo de

«imposible» que figura en la conclusión de Guastini, su argumento se autorefutaría porque simplemente no podríamos distinguir, ni siquiera *prima facie*, los dos términos (*i.e.* los dos tipos de len-

Guastini que estamos comentando: i) «Observaciones al ensayo de Riccardo Guastini cuyo título es "juristenrecht"» (Schmill); ii) «Réplica al comentario crítico de Ulises Schmill a "Juristenrecht"» (Guastini); y iii) «Réplica a las observaciones de Riccardo Guastini» (Schmill). Schmill sostiene que para una visión positivista (en la tradición de Austin, Bentham y Kelsen) las normas jurídicas son *siempre* normas *positivas*, esto es, el resultado de actos positivos de una autoridad jurídica competente. De ahí que los juristas, que no son órganos competentes, aun si en el marco de su tarea doctrinaria, en lugar de limitarse a describir y ordenar el material jurídico positivo creado por las autoridades jurídicas (o proponer interpretaciones a su respecto), formularan enunciados prescriptivos, estos últimos no podrían ser identificados ni equiparados con normas jurídicas. Por lo anterior, considera «que no existen normas no expresadas, sino solo opiniones subjetivas de juristas o particulares que potencialmente pueden ser el contenido de normas positivas creadas por los órganos jurídicos», si es que estos órganos receptan en sus decisiones las opiniones subjetivas (propuestas normativas) de los doctrinarios. En una palabra, los enunciados de la doctrina, aún si pueden influir en el de los órganos jurídicos, no pueden ser parte integrante del derecho positivo; se trataría de dos niveles de lenguajes diferentes. Guastini responde que hay que distinguir tres conceptos de derecho (positivo): i) el conjunto de textos formulados por las autoridades; ii) el conjunto de significados asociados a tales textos (*i.e.*, textos interpretados, teniéndose en cuenta que hay más de una interpretación posible); y iii) el conjunto de normas vigentes, *i.e.*, aquellos textos interpretados que son efectivamente aplicados por los órganos de aplicación (jueces y otros tribunales). Schmill estaría suponiendo el primero de tales conceptos para reconstruir lo que es objeto de la doctrina; pero Guastini considera que a tales efectos el tercero de dichos conceptos es el más apto para quien desee hacer una buena ciencia del derecho, pues es la doctrina la que proporciona a través de sus interpretaciones la jurisprudencia dominante. Schmill insiste, por su parte, en que desde una concepción positivista del derecho y de la ciencia jurídica se debe reservar el término «norma», en tanto parte del derecho positivo, a aquellas que son el producto de actos de voluntad de una autoridad competente en la medida en que es la única que puede producir efectos jurídicos, efectos que no pueden producir los enunciados o interpretaciones formulados por los doctrinarios. Éstos, en tanto cultores de la ciencia jurídica (y no órganos competentes) agotan su tarea en proponer posibles interpretaciones de los textos normativos (*i.e.*, formulaciones normativas).

guajes) de la comparación. En un sentido más débil, por dicho término podría entenderse dificultoso o, mejor, de poco interés o relevancia a los fines de reconstruir el modo efectivo en que los juristas despliegan su saber y los efectos que éste produce. Aun así debilitada, uno podría resistirse a dicha conclusión en la medida en que de ser correcta habría que estimar como carente de sentido el argumento de un abogado en contra de una resolución judicial en virtud de que en ésta se arriba a una norma individual sobre la base, no de una norma positiva válida, sino de una norma «no expresada», lo cual en muchos casos resultaría absurdo. Piénsese, por ejemplo, en un caso de interpretación extensiva de un tipo penal.

El trabajo de Ulises Schmill «La verdad en el derecho y la jurisprudencia» ofrece un ejemplo nítido de postura que niega la conexión «derecho y verdad» en todos los niveles de análisis. No solo niega que las normas jurídicas sean susceptibles de ser verdaderas o falsas y que los enunciados involucrados en la determinación de la *quaestio iuris* y de la *quaestio facti* en el marco de un proceso judicial puedan ser calificados de verdaderos o falsos[974], sino que también niega que tanto los enunciados acerca de dichas normas, es decir, los enunciados de la ciencia jurídica (doctrina o dogmática), como los enunciados formulados desde la teoría general del derecho, sean aptos para su tratamiento veritativo. En otras palabras, en dicho trabajo se responde en forma negativa a las tres preguntas que nos conciernen, a saber, si la verdad se puede predicar *del* derecho, *en* el derecho y *acerca* del derecho. Al efectuar esta tarea no solo ofrece un aporte original y completo (en la medida que abarca todos los niveles de análisis) sino que al mismo tiempo nos permite apreciar una reconstrucción de la teoría de Kelsen sobre estas cuestiones.

---

[974] Dado que la cuestión de la verdad en el marco de los procesos jurisdiccionales no es abordada de manera central en el trabajo que comentamos, en lo que sigue prescindimos de su análisis.

La estrategia de Schmill es distinguir tres niveles del lenguaje: «L1. Lenguaje de las formulaciones normativas; L2. Lenguaje de la jurisprudencia dogmática o positiva; y L3. Lenguaje de la jurisprudencia general o teoría general del derecho»[975]. En el primer nivel del lenguaje, la verdad no jugaría ningún papel porque las formulaciones normativas, ya sea que se las considera sin interpretar, ya sea que se las considere interpretadas. Si no están interpretadas, no serían verdaderas porque se trataría de «objetos (abstractos o concretos según se asuman como formulaciones-tipo o formulaciones-caso) y los objetos no son verdaderos o falsos, a menos que se sostenga una concepción de la verdad de las cosas (y no de los enunciados u otros portadores de verdad como las creencias o proposiciones)»; y si se las considera interpretadas, tampoco serían verdaderas porque «se entiende que no tienen por función describir, informar o afirmar algo, sino prescribir», y «un enunciado prescriptivo puede ser válido o inválido, pero no verdadero o falso»[976].

En el segundo nivel de lenguaje se desenvuelve la tarea de la dogmática que, en tanto tiene como lenguaje objeto a L1 constituye, a su respecto, un metalenguaje. Los enunciados que se producen en este nivel del lenguaje tampoco serían verdaderos o falsos porque consisten en «las sugerencias de interpretación que hacen los juristas con relación a las posibles normas (interpretaciones de las formulaciones normativas)»[977]. Estas sugerencias interpretativas carecerían de valor de verdad —según parece (siguiendo sus lineamientos kelsenianos)— porque las formulaciones normativas no darían lugar a una única interpretación posible sino, en el mejor de los casos, a un conjunto de posibles interpretaciones dentro de un marco de posibilidades y, en el peor de los casos, a un conjunto de posibilidades que no encuentra marco alguno de delimitación. Por otra parte, si la interpretación de una

---

[975] Cf. apartado I.
[976] Cf. apartado III.
[977] Cf. apartado IV.

formulación normativa fuera un acto autoritativo de los órganos competentes que toma en cuenta las propuestas de interpretación realizadas por los juristas, el producto de estos actos de autoridad serían normas y, por lo tanto, tampoco serían susceptibles de verdad o falsedad.

Finalmente, en el nivel L3 se producen modelos teóricos formulados desde la teoría general del derecho, cuyo lenguaje objeto son los enunciados producidos en L2. A diferencia del referido trabajo de Guastini, Schmill en su exposición aborda explícitamente el estatus de este tipo de enunciados y su relación con la verdad. La función de este metalenguaje teórico en L3 sería «proporcionar un modelo conceptual del derecho positivo, conceptos y modelo que utilizará la jurisprudencia dogmática para organizar en un todo coherente el caos de formulaciones normativas emitidas por los órganos jurídicos, cuando realice su función interpretativa al fijar el marco de posibles interpretaciones»[978]. Esta función podría ser valorada en términos de su utilidad explicativa para «dar cuenta en un todo congruente con el mayor número posible de formulaciones normativas, por medio del conjunto posible de interpretaciones»[979], pero en ningún caso se podría predicar verdad o falsedad de los modelos conceptuales mismos que formula la teoría general derecho.

En suma, en los tres referidos niveles de lenguaje, para Ulises Schmill, el derecho es «sin verdad».

A partir de esta reconstrucción de los tres niveles de lenguajes jurídicos Schmill identifica un fenómeno de gran interés para la comprensión del discurso jurídico que denomina *infiltraciones jurídicas*. Una infiltración jurídica «es la utilización en un lenguaje de nivel inferior de los conceptos y reglas elaborados por lenguajes de nivel superior, como cuando un militar emite una orden a un

---

[978]   Cf. apartado V.
[979]   *Idem.*

subordinado y dice: "esta es una orden"[980]»[981]. La infiltración ocurre cuando, por ejemplo, en alguno de los tres niveles de lenguaje se emplea algún concepto formulado en otros de los niveles superiores. Así, por ejemplo, se puede «observar en los enunciados de la jurisprudencia positiva la utilización continua y permanente de

---

[980] Es interesante contrastar la interpretación que Marmor realiza acerca de la naturaleza exhortativa de las normas con la que realiza Schmill. Ambos parecen asociar a las normas una dimensión pragmática en tanto especies de actos de habla. Marmor infiere de esta circunstancia que los exhortativos poseen un carácter autorealizativo en el sentido de que se trata de oraciones que son «hechas verdaderas por su propia expresión [...] como [...] cuando un emisor dice, en condiciones normales, "Prometo j"» (véase el trabajo de Marmor incluido en este volumen, apartado I.). Esto, a su juicio, brinda un argumento a favor del tratamiento de las normas en términos de verdad. Schmill, por su parte, ofrece una explicación de la autoreferencia normativa que anula toda posibilidad de ser explicada en términos de verdad o falsedad: «Cabría preguntarse si en el caso de la orden del militar, la parte que dice "ésta es una orden" pudiera ser verdadera o falsa, pues tiene toda la apariencia de ser una descripción. Se refiere a una orden y lo hace diciendo que es una orden. Pareciera verdadera con base en el criterio de la correspondencia. Sin embargo, considero que esa parte, ese trozo de meta-lenguaje, no es una descripción, sino el énfasis pragmático de la obligatoriedad de la orden y entraña una referencia a todas las consecuencias normativas en caso de incumplimiento» (Schmill, aparatado II). Ambas reconstrucciones podrían ser cuestionadas. La de Marmor en cuanto a que confunde las condiciones de existencia de un exhortativo con las condiciones de verdad de una proposición que afirma la existencia de un exhortativo. Al satisfacerse las condiciones para que produzca un cierto acto de habla, un exhortativo (y no otro), puede afirmarse con verdad que existe un exhortativo, pero no que al satisfacerse tales condiciones dicho exhortativo es verdadero (véase al respecto lo dicho en el punto I, 6 de esta introducción). La de Schmill por cuanto bien podría decirse que el meta-enunciado relativo a la orden del militar podría ser una proposición normativa relativa a la clarificación de alcance pragmático de su emisión (dado, por ejemplo, un contexto de posible equívoco en el cual la persona a quien se dirige la orden pudiera pensar que ésta es un ejemplo o un chiste). Ello no descarta evidentemente que la interpretación que Schmill le adjudica al enunciado meta-lingüístico pueda ser correcta en ciertos contextos; lo que quedaría descartado es que su interpretación del mismo sea la única posible.

[981] Cf. «Réplicas a las observaciones de Riccardo Guastini» y apartado II (del trabajo que comentamos).

los conceptos deónticos elaborados por la jurisprudencia general al construir su modelo del derecho positivo»[982]. Pero también el discurso de las autoridades judiciales (L1) puede sufrir infiltraciones de L2 (jurisprudencia positiva o dogmática) o de L3 (jurisprudencia general). Los órganos jurisdiccionales, verbigracia, al establecer los alcances de una norma constitucional que establece la obligatoriedad de las resolución de los conflictos, resolverán dichos conflictos según adopten un modelo de derecho subjetivo basado en un modelo bilateral de normas en el cual a todo derecho le corresponde una obligación o, por el contrario, uno para el cual solo hay obligación de una parte (y, por ende, derecho de la otra parte) si existe una sanción para el caso de incumplimiento —conceptos éstos propios de L3—.

En forma semejante al efecto *constructivo* que otorga Guastini a la doctrina, la infiltración produce que contenidos de la doctrina terminen formando parte del *derecho positivo*[983]. La infiltración de los conceptos de L2 o de L3 en L1 dependería exclusivamente de la interpretación de los órganos jurisdiccionales competentes. En forma semejante, para Guastini, la construcción de los juristas —que no son autoridades— termina siendo parte del *derecho vigente* cuando las autoridades competentes, efectivamente, usan la norma (formulación interpretada) en la motivación de sus decisiones. Esta similitud entre Schmill y Guastini quizás se debe a que ambos parecen compartir un mismo presupuesto reconstructivo (en el nivel de la teoría general) con relación al derecho positivo vigente: que éste, en última instancia, se identifica con lo que los órganos competentes de máxima jerarquía deciden con carácter definitivo (*i.e.* cosa juzgada) qué es derecho válido.

---

[982]   Cf. apartado VI del trabajo que comentamos.

[983]   Solo que, como se ha visto, mientras que para Schmill tales contenidos doctrinarios no deberían ser conceptualizados como normas jurídicas, para Guastini deberían ser conceptualizados (cuando no guardan relación directa con las formulaciones normativas de las autoridades) como normas no expresadas.

Finalmente, y regresando a las tesis centrales de Schmill, conviene quizás reflexionar sobre la afirmación de que en el nivel L2 no se producen enunciados que sean susceptibles de verdad o de falsedad. Esta conclusión descansa en la premisa de que los únicos tipos de enunciados que formula la jurisprudencia positiva son *propuestas* de interpretación acerca de L1 —sea de las formulaciones mismas o de las interpretaciones que de éstas han hecho los órganos de aplicación competentes. Esta premisa parece estar delimitada en forma demasiado estrecha. En efecto, y siguiendo a Chiassoni, uno puede distinguir una familia de enunciados *asociados a la interpretación*[984]: (a) enunciados que *detectan* la atribución de sentido hecha por otros (juristas o autoridades); (b) enunciados que *proponen* a otros (juristas o autoridades) interpretar una disposición en cierto sentido; y (c) enunciados que *predicen* que cierta interpretación será efectuada o que será propuesta[985]. Todos estos tipos de enunciados de interpretación impropia son habitualmente formulados por la doctrina y son pasibles de un tratamiento veritativo: porque informan acerca del acaecimiento de ciertos hechos. Por lo que, en el fondo, el papel limitado que Schmill asigna a la verdad en el nivel L2 depende de los tipos de enunciados que se asocien con la tarea de la jurisprudencia positiva o dogmática.

La postura de Guastini y la de Schmill, con relación a las construcciones teóricas que produce la ciencia del derecho o doctrina, así como en general respecto de sus enunciados —aunque por diversas razones— es que carecen de valores de verdad. De igual manera, Schmill[986] sostiene que los enunciados formulados desde la teoría general del derecho no son susceptibles de verdad o falsedad. En contraste, Michael Moore sostiene una postura completamen-

---

[984] Más allá de que algunos de éstos sean considerados por el propio Chiassoni como enunciados de *interpretación en sentido impropio*.

[985] Chiasoni, «Interpretación jurídica sin verdad», incluido en este volumen, apartado I, 4.

[986] En el trabajo que comentamos Guastini no se ocupa particularmente de este punto aunque podría también inferirse una posición negativa.

te contraria. La denominada *particular jurisprudence* —que podría, quizás equipararse en su tarea a lo que Guastini y Schmill entienden por ciencia del derecho o doctrina— produce enunciados que son susceptibles de verdad o de falsedad[987]. Otro tanto sucedería con los enunciados de la teoría general del derecho (*general jurisprudence*), los cuales poseerían un carácter objetivo en el sentido de que son determinadamente verdaderos o falsos, y no solamente algunos sino todos ellos[988]. El argumento que justifica la objetividad en sentido fuerte de los enunciados de la ciencia del derecho (*particular jurisprudence*), como de la teoría general del derecho (*general jurisprudence*) es, para Moore, el mismo: a partir de una semántica realista, las intenciones de los teóricos del derecho son indexicales de propiedades reales acerca del derecho. Los teóricos del derecho serían los que determinan la referencia de los enunciados teóricos —pues el resto de la comunidad tendría la intención de deferir a ellos la identificación de la referencia. El derecho sería una clase funcional, un artefecto, de naturaleza profunda que debe ser dilucidada; por tanto, su referencia ha de encontrarse en los valores a los que sirve instrumentalmente[989]. El modelo metodológico para la ciencia del derecho y para la teoría general sería también el mismo: la formulación de enunciados que contribuyan a desentrañar la verdadera naturaleza metafísica de las clases naturales, artificiales o funcionales —según se trate de las normas jurídicas (*particular jurisprudence*) o de los enunciados de teoría del derecho (*general jurisprudence*). Ahora bien, el hecho de que los enunciados de la teoría del derecho o los de la ciencia del derecho resulten verdaderos, no modifica —para Moore— las obligaciones que tienen los jueces, las cuales —siempre para Moore— dependen de la verdad de las proposiciones jurídicas generales y particulares, entiéndase, de las normas jurídicas generales e individuales. Es decir, Moore distingue entre la tarea del juez, por un lado, y la del dogmático y la del

---

[987] Cf. apartado I, 5 de esta introducción.
[988] Cf. Moore, apartado VIII del trabajo incluido en este volumen.
[989] Cf. *ibidem*, al final de la sección.

teórico, por el otro; sin embargo, en todos los casos, la empresa es básicamente la misma: determinar la referencia de las normas jurídicas (su verdad) solo que en distintos grados de generalidad según sus respectivos ámbitos. No hay pues ninguna diferencia entre normas y enunciados teóricos, producto de que en la base no hay una diferencia entre razón práctica (en el ámbito jurisdiccional) y razón teórica (en el ámbito de la *jurisprudence*, ya sea particular o general). En todos los casos, rige la razón teórica.

Aunque, no forma parte del presente volumen, sino del volumen III de esta obra, es pertinente efectuar aquí una breve consideración del trabajo de Horacio Corti «La verdad en la doctrina constitucional», sin perjuicio de los comentarios que se le dedican en nuestra introducción al volumen correspondiente[990]. En contraposición con los tres autores que venimos de mencionar, Corti sostiene que no es posible, sin más, tratar la actividad de la ciencia del derecho desde la teoría general[991], vale decir, imponerle *una* metodología (lo cual no sería sino imponerle una *moralidad metodológica*), so pena de volverla inservible o de distorsionarla[992]. Cada rama del derecho debería ser estudiada en su contexto de práctica, con sus objetivos específicos y peculiaridades propias; deberíamos estar prevenidos contra las generalizaciones entre las diferentes ramas del quehacer dogmático[993]. Este particularismo metodológico cobraría sustento en una suerte de sano positivismo: «cabe aprehender a la doctrina constitucional tal como es y no como debe ser de acuerdo a tal o cual ideal moral» o metodológico (ideales que el autor prácticamente identifica)[994]. La dogmática constitucional —que es a la que se avoca su estudio— lo que haría, de hecho, es realizar «reconstrucciones plurales y polémicas que desarrollan en diferentes direcciones histórico-políticas

---

[990] El referido trabajo ha sido ubicado en el volumen III en función de que en él se desarrolla especialmente toda una concepción del derecho y de la ciencia jurídica.

[991] Cf. *ibidem*: § 2.1.

[992] Cf. *ibidem*: § 13.

[993] Cf. *idem*.

[994] Cf. *ibidem*: § 2.3.

las fórmulas plasmadas en el texto. *Plurales*: siempre hay más de una reconstrucción posible. *Polémicas*: siempre una reconstrucción se opone a otra»[995]. La naturaleza plural —y política— de la reconstrucción de la dogmática constitucional haría que sus enunciados no admitan ni verdad, ni corrección: «La pluralidad impide hablar no solo de una reconstrucción verdadera, sino también de una reconstrucción correcta. *La disolución epistemológica de la verdad implica simultáneamente la disolución moral de la corrección*»[996]. Se trata de una concepción del estatus de los enunciados de la ciencia del derecho (constitucional) que, por el particularismo que sostiene, es metodológicamente antagónica a la de Moore; y epistemológicamente antagónica a ella también, en tanto postula que las proposiciones de la ciencia jurídica (constitucional) acerca del derecho no admiten ni corrección ni verdad (con excepción de los enunciados que se limitan a reproducir o parafrasear las formulaciones normativas, que el autor juzga de triviales). Con relación a Guastini y a Schmill, cabría, finalmente, simplemente hacer notar que, desde la óptica de Corti, ambos tienen una visión en cierto modo *colaborativa* de las tareas que realizan el dogmático y el teórico del derecho respecto del derecho positivo vigente. Ello sería así en la medida en que en ambas reconstrucciones de lo que se trata es de proporcionar criterios a las autoridades, principalmente jurisdiccionales, aun si se reconoce que tales criterios no serían unívocos, sino plurales, dado que en el seno de ambas disciplinas habría divergencias de opinión. En suma, en la visión de Guastini y Schmill la función primordial o intrínseca de la dogmática y la teoría general no consistiría en la *contraposición* de criterios. La diferencia de criterios sería más bien el resultado de diferentes opiniones o reconstrucciones metodológicas. Corti, por el contrario, concibe a la tarea del dogmático constitucional como una tarea de constante oposición, de enfrentamiento con otros discursos, en donde el «carácter político de la doctrina constitucional exige correlativamente una responsabilidad política del doctrina-

---

[995] Cf. *ibidem*: §12.2.
[996] Cf. *ibidem*: §14.3.

rio, en tanto a éste le corresponde tener en cuenta, para asumirlas, las consecuencias eventuales de su posición. No hay inocencia en la doctrina constitucional. Hablar o no hablar es ya una decisión política»[997]. En relación con la visión colaborativa de la ciencia del derecho de Guastini y Schmill, Corti sostiene que un rasgo profundo, intrínseco, no solo del derecho constitucional, sino también de la doctrina constitucional, es la contraposición de sentidos.

---

[997]   Cf. *Ibidem*: § 18.

BIBLIOGRAFÍA*

Aarnio, Aulis y otros (comps.), 1997: *La normatividad del derecho.* Barcelona: Gedisa.

Abu-Hareira, M. A., 1986: «An early holistic conception of judicial fact-finding», *Juridical Review*: 79-106.

Accatino, D., 2002: «Notas sobre la aplicación de la distinción entre contextos de descubrimiento y de justificación en el razonamiento judicial», *Revista de Derecho*, vol. XIII: 9-25.

— 2003: «La Fundamentación de las sentencias: ¿un rasgo distintivo de la judicatura moderna?», *Revista de Derecho*, vol. XV: 9-35.

— 2014: «Atomismo y holismo en la justificación probatoria», *Isonomía*, 40: 17-59.

— 2015: «La arquitectura de la motivación de las premisas fácticas de las sentencias judiciales», en A. Páez (coord.): *Hechos, evidencia y estándares de prueba. Ensayos de epistemología jurídica.* Bogotá: Universidad de los Andes, 2015: 65-88.

Aitken, C., P. Roberts y G. Jackson, 2010: *Fundamentals of probability and statistical evidence in criminal proceedings: guidance for judges, lawyers, forensic scientists and expert witnesses.* Londres: Royal Statistical Society.

Alchourrón, C. E., 1969: «Lógica de normas y lógica de proposiciones normativas», en Alchourrón-Bulygin, 1991: 25-49; título original: «Logic of Norms and Logic of Normative propositions», *Logique et Analyse*, 12: 242-268.

— 1995: «Concepciones de la lógica», en Carlos E. Alchourrón y otros (eds.), *Enciclopedia Iberoamericana de Filosofía*, vol. 7, *Lógica*. Madrid: Trotta, 1995: 11-48.

Alchourrón, C. E. y Bulygin, E., 1971: *Normative Systems.* Vienna: Springer, Library of Exact Philosophy (V). Citado por la traducción castellana de los autores: *Introducción a la metodología de las ciencias jurídicas y sociales.* Buenos Aires: Astrea, 1974.

— 1981: «La concepción expresiva de las normas», en Alchourrón-Bulygin, 1991: 121-153; título original: «The Expressive Conception of Norms», en R. Hilpinen (ed.), *New Studies in Deontic Logic.* Dordrecht-Boston-Londres: Reidel, 1981: 95-124.

---

*   Cuando se referencia una obra en lengua extranjera y existe traducción castellana se lo aclara mediante la indicación: «citado por la traducción castellana de [...]», de modo que la paginación se corresponde con la edición traducida al castellano. Excepcionalmente, cuando pese a la existencia de una traducción castellana nos regimos por la edición de la obra en lengua extranjera y, por ende, por su paginación, se precisa mediante la indicación: «existe traducción castellana de [...]». En este segundo supuesto, al igual que cuando no existe traducción castellana, las eventuales traducciones nos pertenecen.

- 1989: «Los límites de la lógica y el razonamiento jurídico», incluido en Alchourrón-Bulygin, 1991: 303-328; título original: «Limits of Logic and Legal Resoning», en A. A. Martino (ed.): *Preproceedings of the III International Conference on Logica, Informatica, Diritto*, vol. II, Firence.
- 1991: *Análisis lógico y derecho*. Madrid: Centro de Estudios Constitucionales.

Alchourrón, Carlos E. y A. Martino, 1988: «Lógica sin verdad», *Teoría-Segunda época*, año III, 7-8: 7-43.

Alexy, R., 1978: *Theorie der Juristischen Argumentation. Die Theorie des rationalen Diskurses als Theorie der juristischen Begründung*. Frankfurt a. M: Suhrkamp. Citado por la traducción castellana de M. Atienza e I. Espejo: *Teoría de la Argumentación Jurídica. Teoría del discurso racional como teoría de la fundamentación jurídica*. Madrid: Centro de Estudios Constitucionales, 1989.
- 1981: «Die Idee einer prozeduralen Theorie der juristischen Argumentation», *Rechtstheorie*, vol. 2: 177-188; incluido más recientemente en *Recht,Vernunft, Diskurs*. Frankfurt am Main: Suhrkamp, 1995: 94-108. Citado por la traducción Castellana de E. Garzón Valdés: «La idea de una teoría procesal de la argumentación jurídica», en E. Garzón Valdés (ed.), *Derecho y Filosofía*. Barcelona-Caracas: Alfa, 1985: 43-57. Reproducido en Alexy, R., *Derecho y razón práctica*. México: Fontamara, 1993: 57-71.

Alexy, R. y A. Peczenik, 1990: «The Concept of Coherence and Its Significance for Discursive Rationality», *Ratio Juris*, vol. 3: 130-147.

Allen, R. J., 1986: «A Reconceptualization of Civil Trials», en *Boston University Law Review* (66): 401-437.

Amaya, A., 2015: *The Tapestry of Reason. An inquiry into the Nature of Coherence and its Role in Legal Argument*. Oxford: Hart Publishing.

Anderson, T., D. Schum y W. Twining, 2005: *Analysis of Evidence (Law in Context)*. Cambridge: Cambridge University Press, 2da edición.

Apel, K. O., 1991: *Teoría de la verdad y ética del discurso*. Buenos Aires-Barcelona-México: Paidós.

Arabatzis, T., 1992: «The Discovery of the Zeeman Effect: A Case Study of the Interplay between Theory and Experiment», *Studies in History and Philosophy of Science*, 23: 365-388.
- 1996: «Rethinking the "Discovery" of the Electron», *Studies in History and Philosophy of Modern Physics*, 27: 405-435.

Armour-Garb, B. P. y J. C. Beall (eds.), 2005: *Deflationary Truth*. Chicago y La Salle, Illinois: Open Court.

Atias, Ch., 1985: Épistémologie juridique. París: Puf.

Atienza, M., 1986: «Sobre la jurisprudencia como técnica social. Respuesta a R. Vernengo», *Doxa*, 3: 297-311.
- 1993: *Tras la justicia. Una introducción al derecho y al razonamiento jurídico*. Barcelona: Ariel.

- 2003: *Las razones del derecho. Teorías de la argumentación jurídica*, 2da edición. México: UNAM. La primera edición es de 1991 y fue publicada en Madrid por el Centro de Estudios Constitucionales. La segunda edición añade a la primera un capítulo en forma de apéndice.

Bárcenas, R., 2002: «Contexto de descubrimiento y contexto de justificación: un problema filosófico en la investigación científica», *Acta Universitaria*, vol. 12, 2: 48-57.

Bayón, J. C., 1991: *La normatividad del derecho: deber jurídico y razones para la acción*. Madrid: Centro de Estudios Constitucionales.

- 2007: «Bulygin y la justificación de las decisiones judiciales: la parte sorprendente», en J. J. Moreso y C. Redondo (eds.), *Un diálogo con la teoría del derecho de Eugenio Bulygin*. Madrid: Marcial Pons: 137-152.
- 2008: «Epistemología, moral y prueba de los hechos: hacia un enfoque no benthamiano», en *Analisi et diritto*, 2008: 15-34. También publicado en *Revista Mario Alario D'Filippo*, vol. 2, n° 4, 2010: 6-30. La paginación citada en este trabajo responde a esta última publicación.

Bennett, L. W. y M. S. Feldman, 1984: *Reconstructing Reality in the Courtroom*. New Brunswick: Rutgers University Press.

Bergmann, M., 2008: *An Introduction to Many-Valued and Fuzzy Logic: Semantics, Algebras and Derivation Systems*. Cambridge: Cambridge University Press.

Berkson, J., 1977: «My Encounter with Neo-Bayesianism», en *International Statistical Review / Revue Internationale de Statistique*, 1 (45): 1-8.

Bindreiter, U., 2002: *Why Grundnorm? A Treatise on the Implications of Kelsen's Doctrine*. La Haya: Kluwer Law International.

Blanchard, F., 1998: «Vers une théorie de la qualification juridique. Les socles épistémiques de la catégorisation», en D. Bourcier, *Lire le droit: Langue, texte, cognition*. Paris: LGDJ, 1998: 223-232.

Bobbio, N., 1985: *Estudios de historia de la filosofía. De Hobbes a Gramsci*. Madrid: Debate.

Bonevac, D., 2003: *Deduction: Introductory Symbolic Logic* (2da edición). Oxford: Wiley-Blackwell.

Boole, G., 2012: *Studies in Logic and Probability*. Londres: Watts.

Bouriau, Ch., 2013: *Les fictions du droit. Kelsen, lecteur de Vaihinger*. Lyon, ENS Éditions. Este libro contiene la traducción francesa de Kelsen, 1919 y 1964, precedidos por una presentación y un trabajo sobre las ficciones jurídicas en H. Vaihinger de Ch. Bouriau.

Bradley, R., 2005: «Radical Probabilism and Bayesian Conditioning», en *Philosophy of Science*, 2 (72): 342-364.

Bridgman, P. W., 1928: *The Logic of Modern Physics*. New York: MacMillan Co.

Bulygin, E., 1963: «El concepto de vigencia en Alf Ross», *Revista del Colegio de Abogados de La Plata*, año VI, 11 (VI), julio-diciembre: 622-637; ahora incluido en Alchourrón-Bulygin, 1991: 339-353.

- 1985: «Normas y lógica. Kelsen y Weinberger sobre la ontología de las normas», en Alchourrón-Bulygin, 1991: 249-265; título original «Norms and Logic. Kelsen and Weinberger on the Ontology of Norms», *Law and Philosophy*, 4: 145-163.
- 1986: «Legal Dogmatics and the Systematization of Law», en *Rechtstheorie*, Beiheft 10: 193-210. Citado por la traducción castellana de E. Bulygin: «Dogmática jurídica y sistematización del derecho», incluido en Alchourrón-Bulygin, 1991: 465-484.
- 1987: «Validez y positivismo», ponencia presentada en el Segundo Congreso Internacional de Filosofía del Derecho, La Plata, incluido en Alchourrón-Bulygin, 1991: 499-519.
- 1988: «Estudio preliminar», en Kelsen-Klug, 1981: 9-26.
- 1991: «Algunas consideraciones sobre los sistemas jurídicos», en *Doxa*, 9: 257-279.
- 1994: «On Legal Interpretation», en H. J. Koch y U. Neumann (eds.), *Praktische Vernunft und Rechtsanwendung*, ARSP Beiheft 54: 11-22.
- 1995a: «Lógica deóntica», en C. E. Alchourrón y otros (eds.), *Enciclopedia Iberoamericana de Filosofía*, vol. 7, *Lógica*. Madrid: Trotta, 1995: 129-142.
- 1995b: «Cognition and Interpretation of Law», en L. Gianformaggio y S. L. Paulson (eds.), *Cognition and Interpretation of Law*. Turin: Giappichelli, 1995: 11-35.
- 1999: «True or False Statements in Normative Discourse», en R. Eigidi (ed.), *Search of a New Humanism: The Philosophy of G. H. von Wright*. Dordrecht: Kluwer Academic: 183-191.
- 2009: «La importancia de la distinción entre normas y proposiciones normativas», en E. Bulygin, M. Atienza y J. C. Bayón, *Problemas lógicos en la teoría y práctica del Derecho*. Madrid: Fundación Coloquio Jurídico Europeo: 9-26.
- 2014: «Prologue», en P. E. Navarro y J. L. Rodríguez, *Deontic Logic y Legals Systems*. New York: Cambridge University Press, 2014: ix-xviii.

Burns, R. P., 1999: *A Theory of The Trial*. New Jersey: Princeton University Press.
- 2003: «A Response to Four Readings of "A Theory of the Trial"», *Law & Social Inquiry*, vol. 28, n° 2: 553-567.

Byrne, M., 1995: «The Convergence of Explanatory Coherence and the Story Model: A Case Study in Juror Decision», *Proceedings of the Seventeenth Annual Conference of the Cognitive Science Society*, Lawrence Erlbaum Associates, Hillsdale: 539-543.

Caracciolo, R., 1988: «Justificación normativa y pertenencia. Modelos de decisión judicial», *Análisis filosófico*, vol. VIII, 1: 37-67.

Carnap, R., 1945: «The two concepts of probability: The problem of probability», en *Philosophy and phenomenological research*, 4 (5): 513-532.

- 1952: *The continuum of Inductive Methods*. Chicago: Chicago University Press.
- 1962: *Logical foundations of* probability. Chicago: Chicago University Press, 2da edición.
- 1971: *The Logical Sintax of Language*. Londres: Routledge & Kegan Paul.
- 1980: «A Basic System of Inductive Logic, Part II», en R. C. Jeffrey (ed.), 1980: 7-156.

Carrió, G., 1979: «Professor Dworkin's Views on Legal Positivism», en *Indiana Law Journal*, vol. 55, 2: 209-246.

- 1986: *Notas sobre derecho y lenguaje*. Buenos Aires: Abeledo Perrot.

Cayla, O., 1993: «La qualification ou la vérité du droit», *Droits, revue française de théorie juridique*, 18: 3-16.

Centre national de recherches de logique, 1961: *Le Fait et le droit: études de logique juridique*. Bruselas: Bruylant.

Cerdio Herrán, J. A., 2015: «Razonamiento jurídico y moral: una breve distinción», *Anuario de Filosofía del Derecho*, 31: 35-54.

Clermont, K. M., 2013: *Standards of Decision in Law: Psychological and Logical Bases for the Standard of Proof, Here and Abroad*. Carolina del Norte: Carolina Academic Press.

Cohen, L. J., 1970: *The implications of Induction*. Londres: Methuen & Co Ltd.

- 1977: *The probable and the provable*. Oxford: Clarendon Press.
- 1989: *An introduction to the philosophy of induction and probability*. Oxford: Oxford University Press.

Coleman, J., 1995: «Truth and Objectivity in Law», *Legal Theory*, vol. 1: 33-68.

Comanducci, P., 1992: «La motivazioni in fatto», en G. Ubertis (ed.), *La conoscenza del fatto nel processo penale*. Milán: Giufrè, 1992: 215-244.

Conley, J y W. M. O'Barr, 1990: *Rules versus Relationships. The Ethnography of Legal Discourse*. Chicago: University of Chicago Press.

Conte, M. E., 1988: *Condizioni di coerenza. Ricerche di linguistica testuale*. Florencia: La Nuova Italia Editrice.

Cumyn, M., 2011: «Les catégories, la classification et la qualification juridiques: réflexions sur la systématicité du droit», *Les Cahiers de droit*, vol. 52, 3-4: 351-378.

Damaška, M. R., 1986: *The Faces of Justice and State Authority: A Comparative Approach to the Legal Process*. New Haven: Yale University Press.

Daston, L., 1995: *Classical probability in the Enlightenment*. Princeton: Princeton University Press.

De Finetti, B., 1970: «Logical foundations and measurement of subjective probability», en *Acta Psychologica*, (34): 129-145.

- 1992. «Foresight: its logical laws, its subjective sources», en *Breakthroughs in statistics* (Springer): 134-174.

- 2008. *Philosophical Lectures on Probability: collected, edited, and annotated by Alberto Mura*. Países Bajos: Springer Science & Business Media.

De Morgan, A., 1838: *An essay on probabilities: and on their application to life contingencies and insurance offices*. Londres: Longman, Orme, Brown, Green, Longmans, and John Taylor.

Dubislav, W., 1937: «Unbegründbarkeit der Forderungssätze», en *Theoria*, vol. III: 330-342.

Duff, A., 1998: *Philosophy and the criminal law: principle and critique*. Cambridge: Cambridge University Press.

Dworkin, R., 1977: «No Right Answer?», en P. M. S. Hacker y J. Raz (eds.): *Law, Morality and Society. Essay in Honour of H. L. A. Hart*. Oxford: Clarendon Press: 58-84. Existe una versión revisada de este artículo en R. Dworkin, *A Matter of Principle*. Cambridge: Harvard University Press, 1985: «Is There Really no Right Answer in Hard Cases»: 120-145. Citado por la traducción castellana de M. Narváez Mora: «¿Realmente no hay una respuesta correcta en los casos difíciles?», en Casanovas-Moreso (eds.), *La teoría del derecho en el siglo XX*. Barcelona: Crítica, 1994: 475-512.

- 1996: «Objectivity and Truth: You'd Better Believe It», en *Philosophy and Public Affairs*, 25: 87-139.

Eco, U., 1983: *The Sign of Three: Dupin, Holmes, Peirce Advances in* Semiotics. Indianapolis: Indiana University Press.

Eisenmann, Ch., 1966: «Quelques problèmes de méthodologie des définitions et des classifications en science juridique», Archives de philosophie du droit, 11, *La logique du droit*: 25-43.

Entelman, R., 1982: «Aportes a la formación de una epistemología jurídica en base a algunos análisis del funcionamiento del discurso jurídico», en E. E. Marí *et al*, 1982: 83-109.

Fabra, P., 2008: *Habermas: lenguaje, razón y verdad. Los fundamentos del cognitivismo en Jürgen Habermas*. Madrid: Marcial Pons.

Fenton, N. y M. Neik, 2011: «Avoiding probabilistic reasoning fallacies in legal practice using Bayesian networks», en *Austl. J. Leg. Phil.* (36).

Ferrajoli, L., 1989: *Diritto e ragione. Teoría del Garantismo penale*. Bari: Laterza. Citado por la traducción castellana de J. C. Bayón Mohino y otros: *Derecho y razón. Teoría del garantismo penal*. Madrid: Trotta, 1995.

Ferrer Beltrán, J., 2005: *Prueba y verdad en el derecho*. Madrid: Marcial Pons, 2ᵈᵃ edición.

- 2006: «Legal Proof and Fact Finder's Belief», en *Legal Theory*, 4 (12): 293-314.
- 2007: *La valoración racional de la prueba*. Madrid: Marcial Pons.
- 2011: «Apuntes sobre el concepto de motivación de las decisiones judiciales», *Isonomía*, 34: 87-107.

—   2013: «La prueba es libertad, pero no tanto: una teoría de la prueba cuasi-Benthamiana», en C. Vázquez (ed.), 2013: 21-39.

Fetzer, J. H., 1988a: «Probabilistic Metaphysics», en J. H. Fetzer (ed.), 1988b: 109-132.

—   (ed.) 1988b: *Probability and Causality: Essays in Honor of Wesley C. Salmon*. Países Bajos: Reidel Publishing Company.

Fienberg, S. E. y J. B. Kadane, 1983: «The presentation of Bayesian statistical analyses in legal proceedings», en *The Statistician*: 88-98.

Fine, A., 1986: «Unnatural Attitudes: Realist and Instrumentalist Attachments to Science», en *Mind*, 378 (95): 149-179.

Finkelstein, M. O. y W. B. Fairley, 1970: «A Bayesian approach to identification evidence», en *Harvard Law Review*: 489-517.

Finkelstein, M. O. y B. Levin, 2001: *Statistics for lawyers*. New York: Springer.

Fishburn, P. C., 1986: «The axioms of subjective probability», en *Statistical Science*, 3 (1): 335-345.

Fitelson, B., 2006a: «Inductive Logic», en J. Pfeifer y S. Sarkar (eds.), 2006: 384-394.

—   2006b: «Logical Foundations of Evidential Support», en *Philosophy of Science*, 5 (73): 500-512.

Foucault, Michel, 1974: «A verdade e as formas jurídicas»; traducción de J. W. Prado Jr.: *Cuadernos da P. U. C.*, 16, junio 1974: 5-133. Conferencias en la Universidad pontifical católica de Río de Janeiro, del 21 al 25 de mayo de 1973 (discusión con M. T. Amaral, R. O. Cruz, C. Katz, L. C. Lima, R. Machado, R. Muraro, H. Pelegrino, M. J. Pinto, A. R. de Sant'Anna). Incluido en M. Foucault, *Dits et* écrits: «La vérité et les formes juridiques», París, Gallimard, colección Quarto, vol. I: texto nº 139: 1406-1514. Existe traducción castellana de J. Varela y F. Álvarez Uría de la versión francesa: «La verdad y las formas jurídicas», en M. Foucault, *Obras esenciales*, Julia Varela y Fernando Álvarez Uría (eds.), 3 vols., Barcelona-Buenos Aires, Paidós, 1999, vol. II, *Estrategias de poder*: 168-28. Citado por la traducción castellana E. de Lynch, 1980: *La verdad y las formas jurídicas*. Barcelona: Gedisa, 1980.

Frank, J., 1930: *Law and the Modern Mind*. New York: Brentano's.

Frankfurt, H. G., 1958: «Peirce's Notion of Abduction», en *The Journal of Philosophy*, 14 (55): 593-597.

Frydman, B., 2005: *Le sens des lois: Histoire de l'interprétation et de la raison juridique*. Bruselas: Bruylant.

Fuller, L. L, 1967: «What is a legal fiction?», en L. L. Fuller, *Legal Fictions*. Stanford, Stanford University Press: 1-48. Citado por la traducción castellana de J. Ferrer Beltrán: «¿Qué es una ficción jurídica?», en D. Mendonca y U. Schmill (comps.), *Ficciones jurídicas*. México: Fontamara, 2003: 57-103.

Fumerton, R., 1980: «Induction and reasoning to the best explanation», en *Philosophy of Science*, 4 (47): 589-600.

Galavotti, M. C., 1991: «The notion of subjective probability in the work of Ramsey and de Finetti», en *Theoria LXII*, 3 (57): 239-259.

- 1996: «Probabilism and beyond», en *Erkenntnis*, 2-3 (45): 253-265.
- 2005: *A philosophical introduction to probability*. Stanford: Center for the Study of Language and Information.
- 2006: «For an Epistemology "From Within". An Introduction to Suppes' Work», en *Epistemologia*, 2 (29): 213-222.

Garapon, A. e I. Papadopoulos, 2003: *Juger en Amérique et en France*. París: Odile Jacob.

Garber, D. y S. Zabell, 1979: «On the Emergence of Probability», en *Archive for History of Exact Sciences,* 1 (21), 33-53.

Gascón, A. M, 2013: «Prueba científica. Un mapa de retos» en C. Vázquez (ed.), 2013: 181-202.

Gigerenzer, G., 2003: *Reckoning with Risk: Learning to Live with Uncertainty*. Toronto: Penguin Books Ltd.

Gillies, D., 2000: *Philosophical theories of probability*. Londres: Routledge.

Giuliani, A., 1961: *Il concetto di prova. Contributo alla logica giuridica,* Milán: Giuffrè.

- 1962: *«Influence of Rhetoric on the Law of Evidence and Pleading»,* The Juridical Review, 62: 216-251.
- 1963: «Il concetto classico di prova: la prova come "*argumentum*"», en Recueils de la Société Jean Bodin, *La preuve*, Bruselas, 1963, XVI: 357-388.
- 1974: «La filosofia retorica di Vico e la nuova retorica», en *Atti dell'Accademia di scienze morali e politiche della Società nazionale di Scienze, Lettere ed Arti in Napoli*, vol. LXXXV, 142-160. Citado por la traducción castellana de J. M. Sevilla: «La filosofía retórica de Vico y la nueva retórica», *Cuadernos Sobre Vico*, 11 (12): 1999-2000 (1999): 33-46.
- 1988: «Prova in generale. (Filosofia del diritto)», en *Enciclopedia del diritto,* XXXVII. Milán: Giuffrè, 1988: 518-579.

González Lagier, D., 2003: «Hechos y argumentos: (racionalidad epistemológica y prueba de los hechos en el proceso penal) (II)», *Jueces para la democracia,* 47: 35-50.

- 2013: *Quaestio facti. Ensayos sobre prueba, causalidad y acción*. México: Fontamara. Se trata de una edición actualizada del libro con el mismo título publicado en el año 2005 por las editoriales Temis y Palestra.

Goodman, N., 1983: *Fact, fiction, and forecast*. Boston: Harvard University Press.

Haack, S., 2007: *Defending Science-within reason: Between Scientism And Cynicism*. New York: Prometheus Books.

- 2009: *Evidence and Inquiry*. New York: Prometheus Books, 2da edición (Kindle book).
- 2014: *Evidence Matters. Science, Proof, and the Truth in the Law*. Cambridge: Cambridge University Press.

Habermas, J., 1968: «Zu Nietzsches Erkenntnistheorie» (Nachwort [epílogo]), en: F. *Nietzsche: Erkenntnistheoretische Schriften*: 237-261. Frankfurt a. M.: Suhrkamp. Citado por la traducción castellana de C. García Trevijano y S. Cerra: «La crítica nihilista del conocimiento en Nietzsche», en J. Habermas, *Sobre Nietzsche y otros ensayos*. Madrid: Tecnos: 31-61. También incluido en J. Habermas, 1982: con el título «Zu Niezsches Erkenntnisttheorie»: 505-528, «Sobre la teoría del conocimiento de Nietzsche»: 423-441.

— 1970-1971: «Lecciones sobre una fundamentación de la sociología en términos de teoría del lenguaje», Christian Gauss Lectures pronunciadas en febrero y marzo de 1971 en la Universidad de Princeton, incluido en J. Habermas, 1984: 19-111.

— 1971: *Theorie und Praxis*, 2da edición. Frankfurt a. M.: Suhrkamp. La primera edición data de 1963, Darmstadt y Neuwied: Hermann Luchterhand Verlag. Citado por la traducción castellana S. M. de Torres, y C. Mora Espí: *Teoría y praxis*. Barcelona: Atlaya, 1999. Esta última edición retoma la de edición de Madrid: Tecnos, 1997.

— 1973a: *Erkenntnis und Interesse*, 2da edición. Frankfurt a. M: Suhrkamp. La primera edición, en la misma editorial, data de 1968. Citado por la traducción castellana de M. Jiménez, J. F. Ivars y L. M. Santos, revisada por J. Vidal Beneyto: *Conocimiento e interés*. Madrid: Taurus, 1982.

— 1973b: «Objektivität und Wahrheit», «Objetividad y verdad», en Habermas, 1973a: 382-417 [310-337, de la edición castellana].

— 1973c: «Wahrheitstheorien», en H. Fahrenbach (ed.), *Wirklichkeit und Reflexion*. Neske: Pfullingen: 211-265 y en J. Habermas, 1984: 127-183 [113-158, de la edición castellana].

— 1973d: *Legitimationsprobleme im Spätkapitalismus*. Frankfurt a. M.: Suhrkamp. Citado por la traducción castellana de J. L. Etcheverry: *Problemas de legitimación del capitalismo tardío*. Madrid: Cátedra, 1999.

— 1973e: «Die Wahrheitsfähigkeit Praktischer Fragen», «El caracter veritativo de las cuestiones prácticas», en J. Habermas, 1973d: 140-152 [124-134, de la edición castellana].

— 1981: *Theorie des kommunikativen Handelns*, 2 vols. (vol. 1: *Handlungsrationalität und gesellschaftliche Rationalisierung*; vol. 2: *Zur Kritik der funktionalistischen Vernunft*). Frankfurt a. M.: Suhrkamp. Citado por la traducción castellana de M. Jiménez Redondo: *Teoría de la acción comunicativa*, 2 vols. (vol. 1: *Racionalidad de la acción y racionalidad social*; vol. 2: *Crítica de la razón funcionalista*). Madrid: Taurus, 1987.

— 1982: *Zur Logik der Sozialwissenschaften*. Frankfurt a. M.: Suhrkamp. La primera edición data de 1967. Citado por la traducción castellana de M. Jiménez Redondo: *La lógica de las ciencias sociales*. Madrid: Tecnos, 1988.

– 1983: *Moralbewußtsein und kommunikatives Handeln*. Frankfurt a. M.: Suhrkamp. Citado por la traducción castellana de R. de García Cotarelo: *Conciencia moral y acción comunicativa*. Barcelona: Península, 1985. (Hay reedición de la misma traducción por editorial Trotta, 2008).

– 1984: *Vorstudien und Ergänzungen sur Theorie des Kommunicativen Handelus*. Frankfurt a. M: Suhrkamp. Citado por la traducción castellana de M. Jiménez Redondo: *Teoría de la acción comunicativa: complementos y estudios previos*. Madrid: Cátedra, 1994.

– 1991: *Erläuterungen zur Diskursethik*. Frankfurt a. M.: Suhrkamp. Citado por la traducción castellana de M. Jiménez Redondo: *Aclaraciones a la ética del discurso*. Madrid: Trotta, 2000.

– 1992: *Faktizität und Geltung. Beiträge zur Diskurstheorie des Rechts und des demokratischen Rechtsstaates*. Frankfurt a. M: Suhrkamp. Citado por la traducción castellana de M. Jiménez Redondo: *Facticidad y validez. Sobre el derecho y el Estado democrático de derecho en términos de teoría del discurso*. Madrid: Trotta, 2005.

– 1996: «Rorty's pragmatische Wende», en *Deutsche Zeitschrift für Philosophie*, 44: 715-741. Reeditado como el capítulo 5 de J. Habermas, 1999: 223-259. La versión inglesa de este artículo fue publicada con el título «Richard Rorty's Pragmatic Turn» en Habermas, J., *On the Pragmatics of Communication* (Maeve Cooke (ed.)). Cambridge: The MIT Press, 1998: 343-382; y luego en R. Brandon (ed.), *Rorty and His Critics*. Oxford: Blackwell, 2000: 31-55. Citado por la traducción castellana (desde el inglés) de P. Wilson: R. Rorty, y J. Habermas, *Sobre la verdad: ¿validez universal o justificación?* Buenos Aires: Amorrortu, 2007: 81-141.

– 1999: *Wahrheit und Rechtfertigung. Philosophische Aufsätze*. Frankfurt a. M.: Suhrkamp. Citado por la traducción castellana de P. Fabra y L. Díez: *Verdad y justificación. Ensayos filosóficos*. Madrid: Trotta, 2002.

– 2001: *L'Éthique de la discussion et la question de la vérité*. París: Grasset, 2003. Citado por la traducción castellana de R. Vilà Vernis: *La ética del discurso y la cuestión de la verdad*. Madrid: Paidós, 2003. Esta obra se integra con una serie de conferencias que Habermas pronunció en París en enero y febrero de 2001.

Hacking, I., 1971: «The Leibniz-Carnap Program for Inductive Logic», en *The Journal of Philosophy*, 19 (68): 597-610.

– 1975: *The Emergence of Probability: A Philosophical Study of Early Ideas About Probability, Induction and Statistical Inference*. Cambridge: Cambridge University Press.

– 2001: *An introduction to Probability and Inductive Logic*. New York: Cambridge University Press (Kindle Edition).

Haigh, J., 2012: *Probability: A Very Short Introduction*. Oxford: Oxford University Press.

Hájek, A., 1996: «"Mises Redux" -Redux: Fifteen Arguments against Finite Frequentism», en *Erkenntnis*, 2-3 (45): 209-227.

—   2009: «Fifteen arguments against hypothetical frequentism», en *Erkenntnis*, 2 (70): 211-235.

—   2012: «Interpretations of Probability», en *The Stanford Encyclopedia of Philosophy (Winter 2012 Edition)*, publicada en internet en (<http://plato.stanford.edu/archives/win2012/entries/probability-interpret/>).

Halpérin, J.-L., 2003: «Code Napoléon (préparation, rédaction et évolution», en Rials, S. y Alland, D. (dirs.): *Dictionnaire de la culture juridique*. París: Lamy-Puf, 2003: 200-208.

Harman, G., 1965: «The inference to the best explanation», en *Philosophical Review*, 1 (74): 88-95.

—   1967: «Detachment, probability, and maxim likelihood», en *Nous*, 4 (1): 404-411.

—   1986: *Change en Vi: Principles of Reasoning*. Cambridge: MIT Press/ Bradford Books.

Hart, L. A., 1980: «El nuevo desafío del positivismo jurídico», *Sistema*, 36: 3-18. Traducción al castellano de Liborio Hierro, Francisco Laporta y Juan Ramón Páramo. Original inédito.

Harwood, W. S., 2004: «A New Model for Inquiry. Is the Scientific Method Dead?» *Journal of College Science Teaching*, vol. 33, n 7: 29-33.

Hastie, R., 2000: «Emotions in jurors' decisions», en *Brooklyn Law Review*, 66.

—   2001: «Problems for judgment and decision-making», en *Annual review of psychology*, 1 (52): 653-683.

Hawthorne, J., 2014: «Inductive Logic», en *The Stanford Encyclopedia of Philosophy (Winter 2014 Edition)*, publicada en internet en (<http://plato.stanford.edu/archives/win2014/entries/logic-inductive/>).

Heidegger, M., 1943: «De la esencia de la verdad», en Nicolás-Frápolli (eds.), 1997: 399-418; título original: *Vom Wesen der Wahrheit*. Frankfurt: Vittorio Klostermann. Dicho texto fue redactado inicialmente en 1930.

—   1947: «Doctrina de la verdad según Platón», en *Cuadernos de Filosofía*, Universidad de Buenos Aires, 10/12, 1953: 113-158; título original: «Platons Lehre von der Wahrheit», Berna, Francke.

Heller, K. J., 2006: «The cognitive psychology of circumstantial evidence», en *Michigan Law Review* (105): 241-305.

Hempel, C. G., 1945: «Studies in the Logic of Confirmation (II.)», en *Mind*, 214 (54): 97-121.

Hernández Marín, R., 2013: «Sobre la necesidad y la posibilidad de la lógica de normas», *Analisi e Diritto*: 143-154.

Hewitt, E. y L. J. Savage, 1955: «Symmetric measures on Cartesian products», en *Transactions of the American Mathematical Society*, 2 (80): 470-501.

Hintikka, Jaakko, 1998: «What Is Abduction? The Fundamental Problem of Contemporary Epistemology», en *Transactions of the Charles S. Peirce Society*, 3 (34).

Horovitz, J., 1972: *Law and logic*. Viena: Springer Verlag.

Hoyningen-Huene, P., 2006: «Context of Discovery versus Context of justification and Thomas Kuhn», en J. Schickore y F. Steinle (eds.), Revisiting Discovery and Justification. Holanda: Springer, 2006: 119-131.

Howard, D., 2003: «Two Left Turns Make a Right: On the Curious Political Career of North American Philosophy of Science at Mid-century», en A. Richardson y G. Hardcastle (eds.), *Logical Empiricism in North America*. Minneapolis: University of Minnesota Press: 25-93.

Husson, L., 1974: «Le fait et le droit», en *Nouvelles études sur la pensée juridique*. París: Dalloz, 1974: 145-169.

Jackson, B., 1985: *Semiotics and Legal Theory*. Londres y New York: Routledge & Kegal Paul.

— 1988: *Law, Fact and Narrative Coherence*. Liverpool: Deborah Charles Publications.

— 1994: «Thématisation et typifications narratives en droit», *Protée* 22/2, número especial, *Le lieu commun*: 57-68. Version en inglés: «Thematisation and the Narrative Typifications of the Law», en D. Nelken (ed.): *Law as Communication*. Andover: Dartmouth Publishing Co., 1996: 175-194.

Jackson, J. D., 1983: «Questions of Fact and Questions of Law», en W. Twining (ed.), 1983: 85-100.

— 1990: «Law, Fact and Narrative Coherence: A deep look at court adjudication», en *International Journal for the Semiotics of Law*, 1 (3): 81-95.

Jacob, R., 2012: «Le juge et la fiction en *common law* et dans les cultures romano-canoniques», conferencia pronunciada el 12 de diciembre de 2012 en el marco del seminario sobre «l'office du juge», en París, en el Institut des Hautes Études sur la justice, disponible en http://forumdelajustice.fr/ihej_wp/wpcontent/uploads/2013/03/Robert_Jacob_Juge_et_fiction_en_common_law.pdf. Última visita 11/3/2017.

— 2014: *La grâce des juges. L'institution judiciaire et le sacré en Occident*, París, PUF. Citado por la traducción castellana de J. Carlos Gutiérrez, relectura y revisión técnica de Germán Sucar y Robert Jacob: *La gracia de los jueces. La institución judicial y lo sagrado en Occidente*. Valencia: Tirant lo Llanch, 2017.

— 2016: «¿Es el *common law* el mejor sistema jurídico en el mejor de los mundos globalizados posibles? Libres reflexiones sobre los desarrollos de la teoría del derecho y sus desafíos actuales», *Isonomía*, 44: 11-37.

Janville, Th., 2004: *La qualification juridique des faits*, dos volúmenes. Aix-En-Provence: Press Universitarires d'Aix-Marseille.

Jeffrey, R. C. (ed.), 1980: *Studies in Inductive Logic and Probability* (dos volúmenes). California: University of California Press.

582   Germán Sucar - Jorge Cerdio Herrán

- 1992: «Radical Probabilism (Prospectus for a User's Manual)», en *Philosophical Issues*, (2): 193-204.

Jeffreys, H., 1933: «Probability, Statistics and the Theory of Errors», *Proceedings of the Royal Society of London. Series A, Containing Papers of a Mathematical and Physical Character*, 842 (140): 523-535.

- 1934: «Probability and Scientific Method», *Proceedings of the Royal Society of London. Series A, Containing Papers of a Mathematical and Physical Character*, 856 (146): 9-16.
- 1936: «The Problem of Inference», en *Mind*, 179 (45): 324-33.

Jestaz, Ph., 2002: *Le droit*, 4ta edición. París: Dalloz.

Jestaz, Ph. y Ch. Jamin, 2004: *La doctrine*. París: Dalloz.

Jouanjan, O., 1996: «Présentation du traducteur», en Müller, 1993: 5-23.

Johnson, W. E, 1932: «Probability: The Relations of Proposal to Supposal», *Mind*, 161 (41): 1-16.

Jørgensen, J., 1938: «Imperatives and Logic», *Erkenntis,* tomo 7: 288-296.

Kalinowski, G., 1967: *Le problème de la vérité en moral et en droit*. Lyon: Emmanuel Vitte. Citado por la traducción castellana de E. E. Marí, revisión técnica de G. Corbi: *El problema de la verdad en la moral y en el derecho*. Buenos Aires: Eudeba, 1979.

- 1977: «Sobre la significación de la lógica deóntica para la filosofía moral y jurídica», incluido en Kalinowski, 1978: 11-42; edición original «Die Bedeutung der Deontik fur Ethik und Rechtphilosophie», en *Deontische Logik und Semantik*. Wiesbaden: Athenaion, 1977: 101-129.
- 1978: *Lógica de las normas y lógica deóntica*. México: Fontamara, 1993, reimpresión de la edición de Valencia (Venezuela): Universidad de Carabobo.

Kantorowicz, E., 1957: *The king's Two Bodies. A study in Medieval Political Theology*. New York: Princeton University Press. Citado por la traducción castellana de S. Aikin Araluce y R. Blázquez Godoy: *Los dos cuerpos del rey. Un estudio de teología política medieval*. Madrid: Alianza, 1985.

Kaye, D. H., V. P. Hans, B. M. Dann, E. Farley y S. Albertson, 2007: «Statistics in the jury box: How jurors respond to Mitochondrial DNA match probabilities», en *Journal of Empirical Legal Studies*, 4 (4): 797-834.

Kelsen, H., 1911: *Hauptprobleme der Staatsrechtslehre entwickelt aus der Lehre vom Rechtssatz*. Tubinga: J. C. B. Mohr y P. Siebeck. Citado por la traducción castellana de W. Roses de la 2da edición de 1923: *Problemas Capitales de la Teoría Jurídica del Estado: desarrollados con Base en la Doctrina de la Proposición Jurídica*. México: Porrúa, 1987.

- 1919: «Zur Theorie der juristischen Fiktionen. Mit besonderer Berücksichtigung von Vaihingers Philosophie des Als Oben», *Annalen der Philosophie*, 1 (1): 630-658. Citado por la traducción castellana de J. Hennequin: «Reflexiones en torno de la teoría de las ficciones jurídicas. Con especial énfasis en la filosofía del "como si" de Vaihinger», en D. Mendonca y U. Schmill (comps.): *Ficciones jurídicas*. México: Fontamara, 2003: 23-56.

— 1920: *Das Problem der Souveränität und die Theorie des Völkerrechts. Beitrag zu einer Reinen Rechtslehre.* Tubinga: Bindreiter.

— 1934: *Reine Rechtslehre, Einleitung in die Rechtswissenschaftliche Problematik.* Viena: Franz Deuticke. Citada por la traducción castellana de J. C. Tejerina: *Teoría pura del derecho. Introducción a la problemática científica del derecho.* Buenos Aires: Losada, 1946, 2ª edición.

— 1960: *Reine Rechtslehre.* Wien: Franz Deuticke, zweite vollständig und erweiterte Auflage. Citado por la traducción castellana de R. J. Vernengo: Teoría pura del derecho. México: UNAM, 1979.

— 1964: «Die Funktion der Verfassung», *Forum*, año XI, fascículo 132: 583-586. Citado por la traducción castellana de E. Bein y corrección técnica de E. E. Marí: «La función de la Constitución», en E. E. Marí, Enrique, E. y otros: *Derecho y psicoanálisis. Teoría de las ficciones y función dogmática.* Buenos Aires: Hachette, 1987: 79-88.

— 1965: «Derecho y lógica», México, UNAM, *Cuadernos de Crítica*, 6, 1978; título original: «Recht Und Logik», *Neuen Forum*, 142/143.

— 1979: *Allgemeine Theorie der Normen.* Viena, Manz Verlag. Citado por la traducción inglesa de H. Michael: *General Theory of Norms.* Oxford: Clarendon Press, 1991.

Kelsen, H. y H. Klug, 1981: *Rechtnormen und logische Analyse.* Wien: Franz Deuticke. Citado por la traducción castellana de J. C. Gardella: *Normas jurídicas y análisis lógico.* Madrid: Centro de Estudios Constitucionales, 1988.

Keynes, J. M., 2007: *A Treatise on Probability.* New York: Cosimo Classics.

Kirkham, R. L., 1992: *Theories of Truth. A Critical Introduction.* Londres: MIT Press.

Kletzer, Ch., 2015: «Kelsen on Vaihinger», en W. Twining y M. Del Mar (eds.): *Legal Fictions in Theory and Practice.* Cham, Suiza: Springer, 2015: 23-29.

Klimovsky, G., 1994: *Las desventuras de conocimiento científico.* Una introducción a la epistemología. Buenos Aires: A Z editora.

Kolmogorov, A. N., 1933: *Grundbegriffe der Wahrscheinlichkeitsrechnung.* Berlin: Springer. Citado por la traducción inglesa de N. Morrison: *Foundations of the Theory of Probability.* New York: Chelsea, 2ª edición.

Kuhn, Th. S., 1962: *The Structure of Scientific Revolutions.* Chicago: University Chicago Press. Citado por la traducción castellana de A. Contín: *La estructura de las revoluciones científicas.* México: F. C. E., 1971.

Laudan, L., 1973: «Induction and Probability in the Nineteenth Century», en *Studies in Logic and the Foundations of Mathematics*, (74): 429-438.

— 1981a: «A confutation of Convergent Realism», en *Philosophy of Science*, 1 (48): 19-49.

- 1981b: «Why was the logic of discovery abandoned?», en L.Laudan, *Science and Hypothesis. Historical Essays on Scientific Methodology*. Dordrecht: Reidel, 1981: 181-191.
- 2005: «Por qué un estándar de prueba subjetivo y ambiguo no es un estándar», en *Doxa*, 28: 95-113; ahora también incluido en Laudan, L., 2011: 55-86.
- 2008: *Truth, Error and Criminal Law. An Essay in Legal Epistemology*. Cambridge: Cambridge University Press.
- 2011: *El estándar de prueba y las garantías del proceso penal*. Buenos Aires: Hammurabi.

Leeds, M. O., 1983: «Comments on John Jackson's "Questions of Fact and Questions of Law"», en W.Twining (ed.), 1983: 101-107.

Legendre, P., 1964: *La Pénétration du droit romain dans le droit canonique classique de Gratien à Innocent IV: (1140-1254)*. París: Jouve.
- 1974: *L'amour de censeur: Essai sur l'ordre dogmatique*. París: Le Seuil.
- 1983: *Leçons II. L'empire de la vérité. Introduction aux espaces dogmatiques industriels*. París: Fayard.
- 1988: *Leçons VII. Le désir politique de Dieu. Études sur le montages de l'Etat et du Droit*. París: Fayard.

Leiter, B., 2005: «American Legal Realism», en M. P. Golding y W. A. Edmundson (eds.), *The Blackwell Guide to the Philosophy of Law and Legal Theory*. Oxford: Blackwell Publishing, 2005: 50-66.

Lemmon, E. J., 2008: *Beginning Logic* (2da Edición). Londres: Chapman y Hall.

Lempert, R., 1977: «Modeling relevance», en *Michigan Law Review*, 5-6 (75): 1021-1057.
- 1986: «New Evidence Scholarship: Analyzing the Process of Proof», *B. U. Law Review*, 439.

Lewis, D., 1981: «A subjectivist's guide to objective chance», en *Ifs Springer*: 267-297.

Lipton, P., 2005: *Inference to the Best Explanation*. Londres: Routledge, 2da edición (Kindle Edition).
- 2007: «Replies. Reviewed Work (s): Inference to the Best Explanation by Peter Lipton», en *Philosophy and Phenomenological Research*, 2 (74): 449-462.

Lo, H. H., 2008: *A Philosophy of Evidence Law. Justice in the search for Truth*. New York: Oxford University Press.

Łukasiewicz, J., 1970: *Selected Works*, L. Borkowski (ed.). Amsterdam: North-Holland.

MacCormik, N., 1978: *Legal Reasoning and Legal Theory*. Oxford: Clarendon Press.

Maine, H. J. S., 1861: *Ancient Law, Its Connection with the Early History of Society, and Its Relation to Modern Ideas*. Londres: Murray. Existe traducción castellana de R. Catarelo: *El derecho antiguo. Su conexión con la historia temprana de la sociedad y su relación con las ideas modernas*. Valencia: Tirant Lo Blanch.

Marí, E. E., 1974: *Neopsitivismo e ideología*. Buenos Aires: Eudeba.

- 1982: «"Moi, Pierre Rivière…" y el mito de la uniformidad semántica en las ciencias jurídicas y sociales», en E. E. Marí *et al*, 1982: 82. También incluido en E. E. Marí, 1993: 249-290.

- 1985: «El marco jurídico del movimiento positivista argentino», en H. Biagini (comp.): *El movimiento positivista argentino*. Buenos Aires: Editorial Belgrano. También incluido en E. E. Marí, 1997: 141-204.

- 1986a: «Racionalidad e imaginario social en el discurso del orden», *Doxa*, 3: 93-111. También incluido en E. E. Marí *et al*, 1987: 57-88, y más recientemente en E. E. Marí, 1993: 219-247.

- 1986b: «El imaginario social en el medioevo. Algunos modelos de ideología político religiosa», *Revista de filosofía y teoría política*, 26-27: 105-117. También incluido en E. E. Marí, 1993: 101-120.

- 1987: «Las teoría de la ficciones en Jeremy Bentham», en E.E. Marí. *et al*, 1987: 15-56.

- 1990: *Elementos de epistemología comparada*. Buenos Aires: Punto Sur.

- 1992: «Racionalismo y ficcionalismo en los criterios de legitimación del poder», ponencia presentada en el Primer Coloquio de Bariloche de Filosofía, incluido en O. Nudler y G. Klimovsky (comps.), *La racionalidad en debate*, vol. II, Ceal, 1993; y más recientemente en E. E. Marí, 1993: 195-218.

- 1993a: *Papeles de filosofía*. Buenos Aires: Biblos.

- 1993b: «Las ficciones de legitimación en el derecho y la política: de la sociedad medieval a la sociedad contractual», *Crítica jurídica*, 13: 161-183. También incluido en E. E. Marí, 1997: 289-318.

- 1997: *Papeles de Filosofía II. La teoría de las ficciones en la práctica y la filosofía*. Buenos Aires: Biblos.

- 2001: *El banquete de Platon. El eros, el vino, los discursos*. Buenos Aires: Eudeba.

- 2002: *Teoría de las ficciones*. Buenos Aires: Eudeba.

- 2014: *La interpretación de la ley*. Buenos Aires: Eudeba.

Marí, E. E. *et al*, 1982: *El discurso jurídico. Perspectiva psicoanalítica y otros abordajes epistemológicos*. Buenos Aires: Hachette.

- 1987: *Derecho y psicoanálisis. Teoría de las ficciones y función dogmática*. Buenos Aires: Hachette.

Mazzarese, T., 1991: «Norm proposition: Epistemic and Semantic Queries», en *Rechtstheorie*, 22: 39-70.

- 1992: «Dubbi epistemologici sulle nozioni di "quaestio facti" e "quaestio juris"», *Rivista internazionale di filosofia del diritto*, 69: 294-320. Citado por la traducción castellana de A. Rentería Díaz: «Dudas epistemológicas acerca de las nociones de *quaestio facti* y *quaestio juris*», en *Lógica, derecho, derechos*. México: Fontamara, 2012: 65-91.

Mellor, D. H., 2005: *Probability: A Philosophical Introduction*. Londres: Routledge.

Mendonca, D., 2013: «Hacia una lógica con y sin valores de verdad. Una respuesta al dilema de Jørgensen», *Analisi e Diritto*: 135-142.

Mether, M., 2003: «The history of the central limit theorem», en *Sovelletun Matematiikan erikoistyöt*, 1 (2).

Miller, D., 1995: «Propensities and Indeterminism», en *Royal Institute of Philosophy Supplement*, (39): 121-147.

Mendonca, D., 1994: «Obligaciones, normas y sistemas», *Teoría-Segunda época*, vol. IX, 20: 109-121.

Mises, R., von, 1957: *Probability, statistics and truth*. Londres: George Allen & Unwin Ltd., 2ᵈᵃ edición.

Moore, M.: 1992: «Law as Functional Kind», en R. P. George (ed.): *Natural Theory. Contemporary Essays*. Oxford: Oxford University Press: 188-244; incluido también en Moore, M.: *Educating Oneself in Public. Critical Essays in Jurisprudence*. Oxford: Oxford University Press, 2000: 294-334.

Moreso, J. J., 1995: «La construcción de los conceptos en la ciencia jurídica», en *Anuario de Filosofía del Derecho*, XII: 363-385.

— 1996: «Lenguaje jurídico», en E. Garzón Valdés y F. Laporta (eds.). *Enciclopedia Iberoamericana de Filosofía*, vol. 11, *El derecho y la justicia*. Madrid: Trotta, 1996: 105-116.

— 1997: *La indeterminación del derecho y la interpretación de la Constitución*. Madrid: Centro de Estudios Políticos y Constitucionales.

Moreso, J. J. y P. Navarro, 1993: *Orden jurídico y sistema jurídico. Una investigación sobre la identidad y la dinámica de los sistemas jurídicos*. Madrid: Centro de Estudios Constitucionales.

Moreso, J.J., P. Navarro y C. Redondo, 2002: *La relevancia del derecho. Ensayos de filosofía jurídica, moral y política*. Barcelona: Gedisa.

Müller, F., 1993: *Juristische Methodik,* 5ᵗᵃ edición. Berlín: Duncker & Humboldt. Citado por la traducción francesa de O. Jouanjan: *Discours de la méthode juridique*. París: Puf, 1996.

Nagel, E., 1933: «A Frequency Theory of Probability», en *The Journal of Philosophy*, 20 (30): 533-554.

— 1939: «Probability and the Theory of Knowledge», en *Philosophy of Science*, 2 (6): 212-53.

Nagel, E., H. Margenau, C. J. Ducasse y S. S. Wilks, 1936: «The Meaning of Probability», en *Journal of the American Statistical Association*, 193 (31): 10-30.

Nance, D. A. y S. B. Morris, 2005: «Juror Understanding of DNA Evidence: An Empirical Assessment of Presentation Formats for Trace Evidence with a Relatively Small Random Match Probability», en *The Journal of Legal Studies*, 2 (34): 395-444.

Navarro, P., 2002: «Enunciados jurídicos y proposiciones normativas», en Mo-reso-Navarro-Redondo, 2002: 131-173.

- 2014: «Hechos y normas aplicables. Comentarios en torno a una pro-puesta de Ricardo Caracciolo», *Isonomía*, 40: 147-159.

Nettel, A. L., 1996: «La distinción entre contexto de descubrimiento y de justi-ficación y la racionalidad de la decisión judicial», *Isonomía*, 5: 107-117.

Neurath, O., 1913: «Die Verirrten des Cartesius und das Auxiliarmotiv. Zur Psychologie des Entschlusses», *Jahrbuch der Philosophischen Gesellschaft an der Universität Wien*. Leipzig: Johann Ambrosius Barth. Citado por la traducción inglesa: «The Lost Wanderers of Descartes and the Auxiliary Motive (On the Psychology of Decision)», en O. Neurath, *Philosophical Papers, 1913-1946*. R. S. Cohen y M. Neurath (eds.) y traductores. Vienna Circle Collection, vol. 16, H. L. Mulder, R. S. Cohen, y B. McGuinness (eds.). Boston-Dordrecht-Lancaster: D. Reidel, 1983: 1-12.

Nino, C. S., 1985: *La validez del derecho*. Buenos Aires: Astrea.

- 1974: *Consideraciones sobre la dogmática jurídica* (con referencia particular a la dogmática penal). México: UNAM.

- 1979: *Algunos modelos metodológicos de «ciencia jurídica»*. Valencia (Vene-zuela): Universidad de Carabobo.

- 1980: *Introducción al análisis del derecho*. Buenos Aires: Astrea. Esta obra es la edición ampliada de *Notas de introducción al derecho*. Buenos Aires: Astrea, 1973.

- 1989: *El constructivismo ético*. Madrid: Centro de Estudios Constituciona-les.

Novitz, D., 1987: *Knowledge, Fiction, and Imagination*. Filadelfia: Temple Univer-sity Press.

Ockleton, M., 1983: «Comments on John Jackson's "Questions of Fact and. Questions of Law"», en W. Twining, 1983: 101-107.

Ogden, C. K., 1932: *Bentham's Theory of Fictions*. Londres: Kegan Paul, Trench, Trübner & Co.

Olivier, P. J. J., 1975: *Legal Fictions in Practice and Legal Science*. Rotterdam: Rot-terdam University Press.

Opocher, E., 1973: «Legge e verità: riflessioni su di un passo platonico», *Rivista internazionale di filosofia del diritto*, 4: 754-64.

- 1977: *Analisi dell'idea della giustizia*. Milano: Giuffrè.

- 1993: *Lezioni di filosofia del diritto*. Padova: Cedam, 2ᵈᵃ edición.

Papineau, D., 2012: *Philosophical Devices: Proofs, Probabilities, Possibilities, and Sets*. Oxford: Oxford University Press.

Pardo, M. S., 2013a: «Estándares de prueba y teoría de la prueba» en C. Váz-quez, C. (ed.), 2013: 99-118.

- 2013b: «The Nature and Purpose of Evidence Theory», en *Vanderbilt Law Review*, 2 (66): 547-613.

Pennington, N., y R. Hastie, 1991: «Cognitive theory of juror decision-making: The story model», *Cardozo Law Review*, 13: 5001-5039.

— 1992: «Explaining the Evidence: Tests of the Story Model for Juror Decision Making», *Journal of Personality and Social Psychology*, vol. 2, 2: 189-206.

— 1993: «The story model for juror decision-making» en R. Hastie (ed.), *Inside the Juror: The Psychology of Juror Decision-making*. New York: Cambridge University Press: 192-221.

Perelman, Ch., 1961: «La distinction du fait et du droit. Le point de vue du logicien», en Centre national de recherches de logique, 1961: 269-278.

— 1963: «La spécificité de la preuve juridique», Recueils de la Société Jean Bodin, La Preuve, Bruselas, 1963, XIX: 5-17.

— 1979: *Logique Juridique. Nouvelle rhétorique*. París: Jurisprudence Générale Dalloz. Citado por la traducción castellana de L. Diez-Picaso: *La lógica jurídica y la nueva retórica*. Madrid: Civitas.

Perelman, Ch. y P. Foriers (eds.), 1974: *Les présomptions et les fictions en droit*. Bruselas: Bruylant.

— 1978: *La motivation des déctions de justice*. Bruselas: Bruylant.

— 1981: *La preuve en droit*. Bruselas: Bruylant.

Perelman, Ch. y R. Olbrechts-Tyteca, 1956: «La nouvelle rhétorique», en *Les études philosophiques*, 1: 20-29. Citado por la traducción castellana de M. Fischer: «La nueva retórica», en Ch. Perelman, R. Olbrechts-Tyteca, y M. Dobrosielski, 1987: 411-421.

Perelman, Ch., R. Olbrechts-Tyteca y M. Dobrosielski, 1987: *Retórica y Lógica*. México: Universidad Nacional Autónoma de México, 2da edición.

Pfeifer, J. y S. Sarkar (eds.), 2006: *The Philosophy of Science: An Encyclopedia*. New York: Routledge.

Piechowiak, M., 2008: «Can Human Rights be Real? Can Norms be True?», en M. Piechowiak (ed.): *Norm and Truth*. Poznań: School of Humanities and Journalism, 2008: 71-83.

Pieper, J., 1970: «La verdad de las cosas, concepto olvidado», en *Universitas*, 4 (VII), Stuttgart.

Pintore, A., 1996: *Il diritto senza verità*. Torino: Giappichelli. Citado por la traducción castellana de M. I. Garrido Gómez y J. L. del Hierro: *El Derecho sin verdad*. Madrid: Dykinson, 2005.

Plumpton R. F. y R. B. Braithwaite (eds.), 1931: *The foundations of mathematics and other logical essays*. New York: Routledge & Kegan Paul Ltd.

Popper, K. R., 1934: *Logik der Forschung. Zur Erkenntnistheorie der Modernen Naturwissenschaft*. Viena: Springer-Verlag. Aunque 1934 es la fecha real de publicación, si bien apareció con fecha de 1935). Traducción al inglés: *The logic of scientific discovery*. Londres: Hutchinson, 1959. Citado por la traducción castellana (efectuada a partir de la traducción inglesa) de V. Sánchez de Zavala: *La lógica de la investigación científica*. Buenos Aires: Rei, 1989.

— 1959: «The Propensity Interpretation of Probability», en *The British Journal for the Philosophy of Science*, 37 (10): 35-42.

— 2000: *A World of Propensities*. Bristol: Thoemmes Press.

Posner, R., 2008: *How Judges Think*. Cambridge: Harvard University Press.

Putnam, H., 1975: *Mathematics, Matter, and Method*. Cambridge: Cambridge University Press.

Ramsey, F. P., 1931: «Truth and probability», en R. F. Plumpton y R. B. Braithwaite (eds.), 1931: 156-198.

Ramsey, F. P. y E. J. Lowe, 1997: *Notes on philosophy, probability and mathematics*. Estados Unidos de América: Bibliopolis.

Ratti, G. B., 2013: «Lógica de tres valores y dilema de Jørgensen. Algunas dificultades básicas», *Analisi e Diritto*: 155-164.

Raz, J., 1970: *The Concept of Legal System. An Introduction to the Theory of Legal Systems*. Oxford: Clarendon Press; 2ᵈᵃ edición. 1980, Oxford: Oxford University Press. Citado por la traducción castellana de R. Tamayo y Salmorán: *El concepto de sistema jurídico. Una introducción a la teoría del sistema jurídico*. México: UNAM, 1986.

— 1975: *Practical Reason and Norms*. Londres: Hutchinson & Co.; 2ᵈᵃ edición. 1990, Princeton: Princeton University Press. Citado por la traducción castellana de J. Ruiz Manero: *Razón práctica y normas*. Madrid: Centro de Estudios Constitucionales, 1991.

— 1979: *The Authority of Law. Essays on Law and Morality*. Oxford: Clarendon Press. Citado por la traducción castellana de R. Tamayo y Salmorán: *La autoridad del derecho. Ensayos sobre el derecho y la moral*. México: UNAM, 1982.

Reichenbach, H., 1938: *Experience and prediction: An analysis of the foundations and the structure of knowledge*. Chicago: Chicago University Press.

Rodríguez, J. L., 2001: «Normas, proposiciones normativas y derrotabilidad. Respuesta a Jan-R. Sieckmann», inédito.

— 2002: *Lógica de los sistemas jurídicos*. Madrid: Centro de Estudios Políticos y Constitucionales.

Ross, A., 1958: *On law and justice*. Londres: Stevens and Sons Ltd. Citado por la traducción castellana de G. Carrió: *Sobre el derecho y la justicia*. Buenos Aires: Eudeba, 1974.

— 1961: «Validity and the conflict between legal positivism and natural law», publicado en texto bilingüe en *Revista jurídica de Buenos Aires*, IV, traducido por G. Carrió y O. Paschero con el título: «El concepto de validez y el conflicto entre el positivismo jurídico y el derecho natural». También incluido en A. Ross: *El concepto de validez y otros ensayos*. Buenos Aires: Centro Editor de América latina, 1969: 9-32; en P. Casanovas, y J. J. Moreso (eds.): *La teoría del derecho en el siglo XX*. Barcelona: Crítica, 1994: 361-382; y en A. Ross: *El concepto de validez y otros ensayos*. México: Fontamara, 2001: 7-29.

— 1968: *Directives and norms*. Londres: Routledge & K. Paul. Existe traducción castellana de J. S-P. Hierro: *Normas y lógica*. Madrid: Tecnos, 1971.

— 1969: «Legal Fictons», en G. Hughes, *Law, Reason and Justice*. New York: New York University Press. Citado por la traducción castellana: «Ficciones jurídicas», en D. Mendonca y U. Schmill (comps.): *Ficciones jurídicas*. México: Fontamara, 2003: 105-124.

Saks, M. J, y J. J. Koehler, 2008: «The Individualization Fallacy in Forensic Science Evidence», *Vanderbilt Law Review*, vol 61, 1: 199-219.

Sanchirinco, C. W., 2008: «A Primary Activity Approach to Proof Burdens», en *The Journal of Legal Studies*, 1 (37): 273-313.

Sarat, A., L. Douglas y M. Umphrey (eds.), 2007: *How Law Knows*. Stanford: Stanford University Press.

Savigny *et al*, 1949: *La ciencia del derecho*. Buenos Aires, Losada.

Scallen, E. A., 1995: «Classical Rhetoric, Practical Reasoning, and the Law of Evidence», en *American University Law Review*, (44): 1717-1816.

— 2003: «Evidence Law as Pragmatic Legal Rhetoric: Reconnecting Legal Scholarship, Teaching and Ethics», en *Quinnipiac Law Review*, (21): 813-891.

Sayre-McCord, G., 2015: «Moral Realism», *The Stanford Encyclopedia of Philosophy*, disponible en <http://plato.stanford.edu/archives/spr2015/entries/moral-realism/>. Última consulta 18/7/2015.

Schmill, U., 2007: «La norma fundante básica y el origen conceptual de la normatividad», *Analissi e diritto*: 91-121.

Schmölz, F.-M. (ed.), 1963: *Das Naturrecht in der politischen Theorie*. Viena: Springer.

Schum, D. A., 1994: *The Evidential Foundations of Probabilistic Reasoning*. Evanston, Illinois: Northwestern University Press.

— 2001: «Species of Abductive Reasoning in Fact Investigation in Law», en *Cardozo Law Review*, 6 (22): 1645-1681.

Shafer-Landau, R., 1997: «Moral Rules», *Ethics*, vol. 107, 4: 584-611.

Shafer, G., 1976: *A mathematical theory of evidence*. Princeton: Princeton University Press.

Shapiro, B., 2007: «"Fact" and the Proof of Fact in Anglo-American Law (c. 1500-1850)», en A. Sarat, L. Douglas y M. Umphrey (eds.), 2007: 25-71. Citado por la traducción castellana de N. Basily: «"Hechos" y prueba de los hechos en el derecho angloamericano (circa 1500-1850)», en G. Sucar y J. Cerdio Herrán (eds.), 2015: 673-739.

Shapiro, M., 1981: *Courts: a comparative and political analysis*. Chicago: University of Chicago Press.

Silving, H., 1947: «Law and Fact in the Light of the Pure Theory of Law», en R. Pound y P. Lombard Sayre (eds.), *Interpretations of Modern Legal Philosophies: Essays in Honor of Roscoe Pound*. New York: Oxford University Press, 1947: 642-667.

Spencer, J. R., 2005: «Introduction», en M. Delmas-Marty, y J. R.: Spencer *European Criminal Procedure*. Cambridge: Cambridge University Press, 2005: 1-75.

Sucar, G., 2003: «Verdad y ficción», en *Filosofía, política, derecho. Homenaje a Enrique Marí*. Buenos Aires: Prometeo Libros: 77-118.

— 2006: *Concepciones del derecho y de la verdad jurídica*. Tesis doctoral presentada en la Facultad de Derecho y Ciencias Sociales de la Universidad de Buenos Aires.

— 2008: *Concepciones del derecho y de la verdad jurídica*. Madrid-Barcelona-Buenos Aires: Marcial Pons.

— 2013: «Abandonar la regla de reconocimiento (desde el positivismo jurídico)», en Ramón Ortega García (Coordinador), *Teoría del derecho y argumentación jurídica. Ensayos contemporáneos*. México: Tirant Lo Blanch, 2013: 193-258.

Sucar, G. y J. A. Cerdio Herrán (eds.), 2015: *Derecho y verdad*. Volumen II, *Genealogía (s)*. Valencia: Tirant Lo Blanch.

Suppes, P., 1980: «Probabilistic Empiricism and Rationality», en *Rationality in Science* (Springer): 171-190.

— 1994: *Scientific Philosopher: Volume I. Probability and Probabilistic Causality*. Países Bajos: Springer.

Tadros, V., 2007: «Rethinking the presumption of innocence», en *Criminal law and philosophy*, 2 (1): 193-213.

Tarski, A., 1944: «La concepción semántica de la verdad y los fundamentos de la semántica», incluido en Nicolás-Frápolli (eds.), 1997: 65-108; título original: «The Semantic Conception of Truth and the Foundations of Semantics», en *Philosophy and Phenomenological Research*, IV: 341-375.

Taruffo, M., 1975: *La motivazione della sentenza civile*. Padova: Cedam.

— 1985: «Value Judgements in the Judgement of Fact», *Archivum Iuridicum Cracoviense*, 18: 45-57.

— 1986: «Note per una reforma del diritto delle prove», *Rivista di Diritto Processuale*, vol. XXXX, 3: 237-292.

— 1992: *La prova dei fatti giuridici*. Milán, Giuffre. Citado por la traducción castellana de J. Ferrer Beltrán: *La prueba de los hechos*. Madrid: Trotta, 2002.

— 2002: *La prueba de los hechos*. Madrid: Trotta.

— 2003: «Algunas consideraciones sobre la relación entre prueba y verdad», *Discusiones*, año III, 3, *Prueba, conocimiento y verdad*, Bahía Blanca, Universidad Nacional del Sur, 2003: 15-41.

— 2005: «Conocimiento científico y estándares de prueba judicial», 2005: *Boletín Mexicano de Derecho Comparado*, vol. XXXVIII, 114: 1285-1312. También incluido en Taruffo, 2009b: 87-121.

— 2008: *La prueba*. Madrid-Barcelona-Buenos Aires: Marcial Pons.

- 2009a: *La semplice verità. Il giudice e la costruzione dei fatti*. Bari, Laterza. Citado por la traducción castellana de D. Accatino Scagliotti: *Simplemente la verdad. El juez y la construcción de los hechos*. Madrid-Barcelona-Buenos Aires: 2010.
- 2009b: *La prueba, artículos y conferencias*. Santiago de Chile: Metropolitana.
- 2013: *Verdad, prueba y motivación en la decisión sobre los hechos*. México: Tribunal Electoral del Poder Judicial de la Federación.

Terré, F., 2000: *Introduction général au droit,* 5ᵗᵃ edición. París, Dalloz.

Thagard, P., 1989: «Explanatory Coherence», en *Behavioral and Brain Sciencies*, 3 (12): 435-467.
- 1993: *Computational philosophy of science*. Massachusetts: MIT Press.
- 2000: *Coherence in Thought and Action*. Massachusetts: MIT Press.
- 2007: «Coherence, Truth, and the Development of Scientific Knowledge», en *Philosophy of Science*, 1 (74): 28-47.

The Peirce Edition Project, 1998: *The Essential Peirce: Philosophical Writings. Volume II: 1893-1913*. Indiana: Indiana University Press.

Thomas, Y., 1995: «*Fictio Legis. L'empire de la fiction romaine et ses limites médiévales*», *Droits*, n° 21: 17-63. También incluido en Y. Thomas, *Les opérations du droit*. París: Ehess-Galimard-Seuil, 2011: 133-186.
- 2005: «Les artifices de la vérité en droit commun médiéval», *L'homme*, n° 175-176: 113-130. Este trabajo apareció previamente con el título «Les artifices de la vérité. Note sur l'interpretation médiévale de droit romain», *L'inactuel*, n° 6, 1996: 81-97. Se adopta la publicación de 2005 por contener algunas modificaciones. Existe traducción castellana de la publicación de 1996 de S. de Billerbeck: «Los artificios de la verdad. La ficción en derecho medieval», en *Los artificios de las instituciones. Estudios de derecho romano*. Buenos Aires: Eudeba, 1999: 37-54.

Tillers, P., 1989: «Webs of Things in the Mind, a New Science of Evidence» en *Michigan Law Review*, 87: 1225-1258.
- 2011: «Trial by mathematics reconsidered», en *Law, probability and risk*, 3 (10): 167-173.

Tillers, P. y Gree, E. D. (eds.), 1988: The *Probability and Inference in the Law of Evidence. Uses and Limits of Bayesianism*. Países Bajos: Kluwer Academic Publishers.

Tribe, L. H., 1971: «Trial by mathematics: Precision and ritual in the legal process», en *Harvard Law Review*: 1329-1393.

Tuzet, G., 2003: «Legal Abductions» en D. Bourcier (ed.), *Legal Knowledge and Information Systems. Jurix 2003: The Sixteenth Annual Conference*. Amsterdam: IOS Press, 2003: 41-50.
- 2014: «Usos jurídicos de la abducción», en J. A. García Amado, y P. R. Bonorino (Coords.), *Prueba y razonamiento probatorio en Derecho. Debates sobre abducción*. Editorial Comares: Granada, España, 2014: 121-146.

Twining, W. (ed.), 1983: *Facts in law*. Wiesbaden: Franz Steiner Verlag GMBH.

- 1985: *Theories of Evidence: Bentham and Wigmore*. Stanford California: Stanford University Press.
- 1990: *Rethinking Evidence. Exploratory Essays*, Oxford: Basil Blackwell.
- 1991: «The new evidence scholarship» en *Cardozo Law Review*, vol. 113, 2-3: 295-302.
- 2006: *Rethinking Evidence*. New York: Cambridge University Press, 2da edición.

Vader Nat, A., 2009: *Simple Formal Logic: With Common-Sense Symbolic Techniques*. New York: Rutledge.

Vaihinger, H., 1922: *Die Philosophie des «als ob». System der theoretischen, praktischen und religiösen Fiktionen der Menschheit auf Grund eines idealistischen Positivismus. Mit einem Anhang über Kant und Nietzsche*. Leipzig: Meiner, 8va edición.

Vázquez, C. (ed.), 2013: *Estándares de prueba y prueba científica. Ensayos de epistemología jurídica*. Madrid-Barcelona-Buenos Aires-San Pablo: Marcial Pons.

Vernengo, J. R., 1986a: «Ciencia jurídica o técnica Política: ¿es posible una ciencia del Derecho?», *Doxa*, 3: 289-295.

- 1986b: «Réplica a la respuesta de M. Atienza», *Doxa*, 3: 313-314.

Viola, F., 1990: «Diritto vero e Diritto giusto», en *Il diritto come pratica sociale*. Milán: Jaca Book, 153-178.

Wachsmann, P., 2003: «Qualification», en D. Alland y S. Rials (dirs.), *Dictionnaire de la culture juridique*. París: Lamy-Puf, 2003: 1277-1283.

Waismann, F., 1977: «A Logical Analysis of the Concept of Probability», en F. Waismann, y B. Mcguinness (eds.), 1977: 4-21.

Waismann, F. y B. Mcguinness (eds.), 1977: *Philosophical Papers*. Países Bajos: Springer.

Walton, D. N., 2002: *Legal argumentation and evidence*. University Park, PA.: Pennsylvania State University Press.

Wasserstrom, R. A., 1961: *The judicial decision. Toward a theory of legal justification*. Stanford: Stanford U. Press.

Wigmore, J. H., 1913: *The Principles of Judicial Proof As Given by Logic, Psychology, and General Experience and Illustrated in Judicial Trials*. Boston: Little Brown.

Wright, G. H. von, 1963: *Norm and Action. A Logical Inquiry*. Londres: Routledge & Kegan Paul. Citado por la traducción castellana de P. García Ferrero: *Norma y acción. Una investigación lógica*. Madrid: Tecnos, 1970.

- 1968. *Un ensayo de lógica deóntica y la teoría general de la acción*. México: UNAM, 1998; título original: *An Essay in Deontic Logic and the General Theory of Action*. Fennica-Helsinki: Societas Philosophica (traducido por Ernesto Garzón Valdés).
- 1985. «Ser y deber ser», incluido en Aarnio y otros (comps.), 1997: 87-110; título original «Is and Ought», en Eugenio Bulygin *et al.* (comps.): *Man Law and Modern Forms of Life*. D. Reidel Publishing Company: 263-281.

- 1983a. *Practical Reason. Philosopkuical Papers, Volume I*. Ithaca, New York: Cornell University Press.
- 1983b «Norms, Truth, and Logic», en von G.H. Wright, 1983a: 130-209. Una versión preliminar de la primera parte de este ensayo apareció en A. Martino (ed.): *Deontic Logic, Computacional Linguistics and Legal Informations Systems*. Amsterdam: North-Holland, 1982. Existe traducción castellana de C. Alarcón Cabrera: *Normas, verdad y lógica*. México: Fontamara, 1997.
- 1991: «Is There a Logic of Norms?», *Ratio Juris*, vol. 4, 3: 265-284.
- 2000: «Valuations - or How to Say the Unsayable», *Ratio Juris*, vol. 13, 4: 347-357.

Wróblewski, J., 1971: «Legal Decision and its Justification», *Logique et analyse*, vol. 14, 53-54: 409-419; también incluido en en J. Wróblewski, *Le raisonnement juridique*. Bruselas: Hubien: 409-419.
- 1973: «Facts and Law», *Archiv für Rechts-und Sozialphilosophie*, 2: 161-178; reproducido en Wróblewski, J., 1979: 113-139, y 1983: 104-126. Citado por la traducción castellana incluida en J. Wróblewski, 2011, «Los hechos en el derecho»: 259-277.
- 1974: «The Problem of So-called Judicial Truth», *Tidskrift Utgiven av Juridiska Föreningen i Finland*, n° 1: 19-33; reproducido en Wróblewski, J., 1979: 166-188, y 1983: 180-198. Citado por la traducción castellana incluida en Wróblelewski, J., 2011, «El problema de la así llamada verdad judicial»: 279-294.
- 1979: *Meaning and truth in judicial decision*, A. Aarnio (ed.). Helsinki: Juridica, 2ᵈᵃ edición de 1983.
- 1988: «Les langages juridiques: une typologie», *Droits et sociétés*, 8: 15-30. Citado por la traducción castellana de A. M. del Gesso Cabrera: «Los lenguajes del discurso jurídico», *Cuadernos del Instituto de Investigaciones jurídicas*, año V, 14, 1990: 357-377.
- 2011: *Sentido y hecho en el derecho*. México: Fontamara. Edición y traducción a cargo de F. J. Esquiaga Ganuzas y J. Igartua Salaverría.

Zuleta, H., 2006: «Lógica deóntica y verdad», *Análisis filosófico*, XXVI, N° 1: 115-133.

I. PROBLEMAS DE LA VERDAD *DEL* DERECHO

Semántica, metafísica y objetividad en el derecho**

I. INTRODUCCIÓN: ¿QUÉ ES LA OBJETIVIDAD EN EL DERECHO?

Por «objetividad» en este artículo entenderé determinación. Más específicamente, el derecho es *objetivo* en el sentido que me interesa si y solo si las proposiciones jurídicas singulares tienen valores de verdad determinados e independientes de la mente [*mind-independent*] y si algunas de estas proposiciones tienen el valor de verdad «verdadero». Permítaseme desarrollar esto un poco.

Una proposición jurídica singular es la clase de proposición jurídica que puede decidir casos particulares[1]. Tales proposiciones

---

* Traducido del inglés por Guillermo Silva Olivares; título original: «Semantics, Metaphysics, and Objectivity in the Law». Relectura: Germán Sucar y Jorge Cerdio.

* Mucho de las partes III, V y VI de este trabajo fueron expuestas en el Congreso Internacional sobre Problemas Contemporáneos en la Filosofía del Derecho, Universidad Nacional Autónoma de México, Ciudad de México, 2003, y luego a modo de discurso de apertura de la reunión anual del año 2003 de la Asociación Argentina de Filosofía del Derecho, Universidad de Córdoba, Córdoba, Argentina. Esta versión parcial fue publicada como parte de, «Can Objectivity Be Grounded in Semantics?», *Social, Political, and Legal Philosophy*, Vol. 2 (2007), pp. 235-260. Mucho de las partes VII y VIII fueron dadas en el encuentro de la Jurisprudence Section, «The Relevance of Metaphysics to Law,» Encuentro Anual de la Asociación Americana de Escuelas de Derecho, Washington, D.C., 2006. El artículo completo fue entregado al Departamento de Filosofía, Universidad Nacional Australiana, Canberra, 2008, luego en la Conferencia sobre Objetividad en el Derecho, Universidad de Texas, Austin, 2008, luego en la Conferencia sobre Vaguedad, Ontología y Clases Naturales en el Derecho y la Filosofía, Universidad de Humboldt, Berlín, 2010.

1 Véase Moore, 2003c: 25-26, 29-30, reimpreso en Moore, 2004.

pueden ser decisivas en este sentido porque se refieren a la relación jurídica particular entre personas específicas. Por ejemplo: «el contrato entre Jones y Smith es válido». Esas proposiciones son proposiciones jurídicas porque predican una cualidad jurídica (validez, por ejemplo) de un particular, y son autoritativas para las decisiones de casos particulares. Ellas forman lo que los juristas denominan la «regla del caso» [«*law of the case*»]. Tales proposiciones bien pueden ser derivadas de las proposiciones jurídicas *generales*, proposiciones como «todos los contratos requieren de oferta, aceptación y objeto [*consideration*]*». Aun así, las proposiciones jurídicas singulares son distintas de estas proposiciones jurídicas generales.

Las proposiciones jurídicas singulares son aquí el foco de atención porque ellas son decisivas para la resolución de casos particulares. Preguntar si las proposiciones jurídicas singulares tienen valores de verdad determinados es, entonces, preguntar si los casos particulares tienen respuestas que los jueces están obligados a obtener en sus decisiones de tales casos[2]. Por supuesto que los jueces están obligados a *fundar* sus decisiones en proposiciones jurídicas generales, pero las decisiones en sí mismas se expresan en la forma de proposiciones jurídicas singulares.

Para que el derecho sea objetivo, las proposiciones jurídicas singulares han de tener valores de verdad determinados con independencia de cómo un juez ha resuelto (o resolverá) un caso. El derecho no sería objetivo si los valores de verdad para tales proposiciones se generasen solo en virtud de hechos pasados o futuros acerca de decisiones judiciales. Pues entonces, mientras los jueces podrían *hacer*

---

*   N. del T.: en términos generales, la *consideration* como requisito de validez contractual es aquello por lo cual alguien decide vincularse contractualmente con otro u otros. El término que más se ajusta en español es «objeto». Aunque la traducción no es del todo precisa se prefiere utilizar la palabra traducida, en tanto no afecte el argumento del autor, para comodidad del lector. La misma decisión se adopta en lo que sigue para el caso de otros términos jurídicos tales como *reliance*.

[2]   Moore, 2003c: 25-26, 29-30.

verdaderas tales proposiciones mediante sus decisiones (actuales o pasadas), esa verdad pre-existente de las proposiciones no podría fundamentar una obligación del juez de resolver un caso de una manera y no de otra.

Hay una última ambigüedad que aquí requiere de clarificación. A veces aquellos que se preocupan por la objetividad del derecho buscan algo más que valores de verdad determinados para las proposiciones jurídicas decisivas de casos particulares. También buscan una tesis *causal* que sea verdadera, a saber, que los jueces, en su gran mayoría, resuelven como lo hacen a causa del material jurídico [*legal materials*] que otorgan sus valores de verdad a las proposiciones jurídicas singulares[3]. Para estos teóricos, la objetividad exige algo más que relaciones lógicas a ser sostenidas entre las proposiciones jurídicas generales y las proposiciones jurídicas singulares determinantes para decisiones particulares; ellos buscan las creencias de los jueces sobre aquellas proposiciones generales que causan que tales jueces decidan de manera consistente con el resultado lógico que el derecho exige.

Sería en verdad un hecho preocupante que los jueces fuesen incapaces de obtener decisiones objetivamente correctas. De hecho, si se tratara de una incapacidad sistemática de los jueces, poco podría importar si existen decisiones objetivamente correctas que ellos estuvieran obligados a obtener[4]. Asumiré aquí lo contrario, limitándome solo a la cuestión de si hay decisiones objetivamente correctas en casos jurídicos [particulares], decisiones que cada juez tiene que obtener por obligación.

---

[3]   Véase, por ejemplo, West, 1990.
[4]   Brian Leiter ha interpretado desde hace mucho a los realistas jurídicos norteamericanos como si estuvieran preocupados tanto por cómo las decisiones judiciales son causadas, como por la indeterminación de los materiales jurídicos sobre la base de los cuales los jueces podrían tomar decisiones objetivas. Véase Leiter, 1998. Mark Greenberg realiza un examen detallado de la adhesión de Leiter a la supuesta substitución, llevada a cabo por los realistas, de la pregunta causal por la pregunta por la corrección normativa, en Greenberg, 2011a; Greenberg, 2011b (Fe de erratas publicada con posterioridad).

II. OBJETIVIDAD Y LA SEMÁNTICA DE LOS LENGUAJES NATURALES

Para que sea siquiera plausible que un sistema jurídico sea capaz de asignar valores de verdad preexistentes y determinados a las proposiciones jurídicas singulares, una serie de cosas deben ser verdad sobre él. Para empezar, debe contener leyes [*laws*], es decir, proposiciones jurídicas generales. Sin duda, es concebible que pueda haber determinadas verdades jurídicas en el nivel de la decisión de un caso, pero no leyes (generales) de las cuales esas verdades se sigan. Esto sería una especie de particularismo o nominalismo, muy parecido a las «éticas de situación» de la década de 1950. No obstante, casi siempre ese particularismo degenera en la visión escéptica de que las decisiones particulares no tienen un valor de verdad determinado hasta que un adjudicador les *asigna* uno al tomar su decisión.

En consecuencia, para la objetividad necesitamos de leyes generales. Por supuesto también necesitamos de la lógica —aquel motor de inferencia válida que preserva la verdad— en pos de ser objetivos. Ello seguramente no es un problema. Con todo, la suma de leyes y lógica no produce determinación, incluso cuando añadimos descripciones verdaderas de los hechos de casos individuales. Como Herbert Hart señaló hace muchos años[5], la lógica es ciega a la clasificación de los hechos particulares bajo categorías jurídicas. Se necesita algo más, un cuarto tipo de verdad objetiva, a saber, una premisa interpretativa que conecte la ley autoritativa general con descripciones verdaderas de los hechos de casos particulares. Para que las proposiciones jurídicas singulares sean objetivas, necesitamos no solo de leyes autoritativas generales, de la lógica y de hechos verdaderos; también necesitamos que sea objetiva la interpretación de lo general en conexión con lo particular.

---

[5]   Hart, 1958.

Es esta última necesidad la que nos lleva a la semántica. Cualquier teoría aun remotamente plausible de la interpretación jurídica da cierto peso a los significados de las palabras y frases que aparecen en las leyes generales que son interpretadas. Sin duda, las teorías sensatas de la interpretación nunca le dejan la última palabra a la semántica; pero ellas de seguro conceden a la semántica la primera palabra, en el sentido de que aquello que las palabras significan generalmente debe proveer alguna orientación para lo que esas palabras significan en los textos jurídicos. Por ejemplo, la semántica de la palabra «vehículo» provee alguna orientación para el significado jurídico que se encuentra en una ordenanza que prohíbe la circulación de vehículos en el parque público[6]. Sin una conexión de este tipo, sería difícil dar crédito a los valores auténticos de la supremacía legislativa y de la publicidad de las leyes, valores que deben motivar y dar forma a una teoría de la interpretación jurídica[7].

Puede ser tentador pensar que si bien la interpretación en el derecho depende de la semántica, ella no depende de los significados de las palabras comunes de los lenguajes naturales. Términos jurídicos como «contrato», «malicia» e «intención» pueden tener significados distintivamente jurídicos, que se encuentran a alguna distancia de los significados de estas palabras en el lenguaje natural. Mientras esto es claramente cierto para algunas palabras como las anteriores, en última instancia esas mismas palabras son entendidas por referencia a otras que son derivadas del lenguaje ordinario no-jurídico. En el fondo, la semántica de los lenguajes naturales gobierna incluso aquí[8].

---

[6]   El famoso ejemplo de Hart, en Hart, 1958.
[7]   A favor de ello en Moore, 1985: 313-321.
[8]   Moore, 1985: 328-338.

III. TIPOS DE SEMÁNTICA Y GRADOS DE OBJETIVIDAD

1. Las versiones débil y fuerte de la objetividad

La tesis de que el derecho es objetivo (en el sentido de que sus proposiciones singulares tienen valores de verdad determinados) tiene tanto una versión débil como una fuerte. La versión débil consiste en la opinión de sentido común de que solo algunas proposiciones jurídicas singulares tienen valores de verdad pre-existentes; en cuanto a las otras, el juez que decide el caso para el que esas proposiciones son decisivas les *asigna* un valor de verdad, pero antes de esa decisión ellas no son ni verdaderas ni falsas. Esto se traduce en la idea de que hay dos tipos de casos: casos fáciles en los cuales el significado de los términos presentes en las leyes tiene una aplicación obvia, y casos difíciles en los cuales ese significado es indeterminado[9].

La versión fuerte de la tesis de la objetividad considera la diferenciación entre casos difíciles y casos fáciles como puramente epistémica: los casos fáciles son fáciles de resolver porque la respuesta es obvia, mientras que los casos difíciles son más difíciles de resolver debido a que la respuesta no es obvia. Sin embargo, la versión fuerte de la tesis sostiene que existe una respuesta incluso al más difícil de los casos difíciles, no importando lo complicado que pueda ser determinar cuál sea la respuesta. La versión fuerte sostiene que *todas* las proposiciones jurídicas singulares tienen un valor de verdad determinado, no solo algunas[10].

Que la versión fuerte o débil de la tesis de la objetividad sea verdadera depende, en parte, del propio punto de vista sobre la semántica. La versión débil es plausible en lo que he llamado *teorías semánticas convencionalistas*. La versión fuerte es plausible en lo

---

[9]   El punto de vista de Herbert Hart en su «Positivism and the separation [...]» (Hart, 1958).

[10]   Examino esta tesis en detalle en Moore, 1987a, reimpreso en Moore, 2000.

que he llamado *teorías semánticas realistas*. Antes de explorar estas conexiones primero debemos describir estos dos tipos de teorías semánticas.

2. Dos tipos de teorías semánticas

A. La semántica convencionalista

Bajo la perspectiva tradicional de la semántica, el significado de las palabras es una cuestión de convención. Las convenciones de nuestra comunidad lingüística han asignado ciertas propiedades para fijar la extensión de una palabra como «oro», o han asignado la palabra «oro» para nombrar algunos trozos particulares de metal (cualesquiera pudiesen ser sus propiedades). En cualquier caso, hay ciertas verdades analíticamente necesarias, enunciados que son verdaderos por convención: «el oro es un metal de color amarillo, dúctil», o «el material almacenado en el Fuerte Knox es oro», se cree comúnmente que son ejemplos de tales verdades.

La semántica convencionalista viene en un buen número de variedades. Una forma útil de organizar esas variedades, para nuestros propósitos, es mediante los recursos disponibles para responder a la crítica de la otra clase de semántica que consideraremos: la semántica realista. Clasifiquemos, en consecuencia, la semántica convencionalista en tres niveles, organizados éstos por el grado de reconstrucción previsto para los hechos acerca del uso lingüístico bruto. En el primer y más superficial nivel, existe lo que podría llamarse la semántica conductista de la filosofía del lenguaje ordinario. Bajo esta perspectiva de la semántica, las convenciones que confieren a una palabra su significado son aquellas que generalizan con precisión cómo la mayoría de los hablantes nativos usa esa palabra. Lo que sería y lo que no sería extraño decir, es utilizado como el criterio del significado de las palabras. Considérese la palabra «voluntario». Gilbert Ryle enfatizó que sería extraño llamar a una acción «voluntaria» de no ser con ocasión de algún tipo de evaluación; a partir de este hecho acerca del uso [*usage fact*], Ryle llegó a la conclusión de que «voluntario» no podría significar un movimiento corporal querido, puesto que muchos de esos movimientos no son objeto de evaluación[11].

Llamo a esto una semántica conductista, ya que no hace trabajo alguno de reconstrucción de los datos brutos de uso lingüístico. (Ni siquiera divide las convenciones de uso entre convenciones semánticas relativas a la verdad y convenciones pragmáticas relacionadas únicamente con una expresión apropiada). El segundo nivel de la semántica convencionalista hace alguna reconstrucción de los hechos brutos acerca del uso [raw usage facts]. Dicho nivel distingue convenciones semánticas de convenciones meramente pragmáticas, considerando a las convenciones semánticas como determinadores-de-extensión. (Una extensión en teoría semántica es la clase de cosas de la cual un predicado es verdadero).

En este nivel se descompone el uso en dos clases de determinadores-de-extensión. Una de estas clases se encuentra en términos de definiciones, las cuales corresponden a listas de propiedades que cualquier cosa dentro de la extensión de algún predicado debe —en sentido analítico— poseer. La otra se encuentra en términos de ejemplares paradigmáticos, esto es, particulares que analíticamente deben pertenecer a la extensión del predicado del que son paradigmas[12]. Describiré brevemente cada una por separado.

La teoría criterial [criterial theory] es una especie de teoría definicional de la semántica. Ella sostiene que el significado de un término como «soltero» es dado por una definición precisa: cualquier cosa que no se encuentre casado, sea varón, y sea una persona, es un soltero. Tal definición ofrece tres propiedades, la posesión de cada una de las cuales es individualmente necesaria y conjuntamente suficiente para el uso correcto de la palabra «soltero». Otra teoría definicional es la teoría criteriológica [criteriological theory], según la

---

[11]   Ryle, 1949: 69.
[12]   Exploro esto con mayor profundidad en Moore, 1981: 281-292, y Moore, 1985: 291-292, nota 25, 295-296.

cual existe una lista de propiedades analíticamente conectada a cada palabra con significado, solo que las propiedades no son individualmente necesarias, y ningún subconjunto de ellas es conjuntamente suficiente para la correcta aplicación de la palabra[13]. Más bien, se trata simplemente de una superposición de propiedades, algunas de las cuales determinan la extensión en ciertas ocasiones, mientras que otras propiedades determinan la extensión en otras ocasiones. Sin embargo, incluso en esta menos precisa teoría definicional, la lista completa de propiedades es conjuntamente necesaria y conjuntamente suficiente para el correcto uso de la palabra.

La versión paradigmática de este segundo nivel de la semántica convencionalista es conocida como el Argumento del Caso Paradigmático, o la semántica ACP[14]. Aquí no son palabras sino cosas las que están vinculadas por convención a la palabra cuyo significado se pregunta. Desde esta perspectiva, el significado de una palabra como «oro» está dado por las cosas (piezas de oro, presumiblemente) que los primeros hablantes reconocieron y bautizaron con la etiqueta «oro». «Oro» se aplica necesariamente a esas cosas; si alguien dejara de aplicar la palabra a esos elementos, se diría a su respecto que no conoce el significado de la palabra, porque son aquellos ítems los que le confieren a la palabra su significado.

La extensión de «oro» incluye más que solo estos ejemplares paradigmáticos. También incluye aquellos ítems que son similares a los casos paradigmáticos de oro. Esta similitud no ha de ser hecha efectiva en términos de ciertas propiedades que los elementos similares comparten, puesto que si ello fuera posible, entonces se podría formular una definición más allá de tales propiedades[15]. Por el contrario, las analogías entre instancias paradigmáticas y opacas

---

[13] Una postura a menudo atribuida a Wittgenstein en sus *Investigaciones filosóficas* § 67 (Wittgenstein, 1953 [1958]). Véase Wellman, 1962; Lycan, 1971; Rorty, 1973.

[14] Véanse las referencias en Moore, 1981: 286.

[15] Un punto muy destacado por los teóricos del derecho que adoptaron la semántica ACP. Véase Hart, 1958; Borgo, 1979: 437.

dentro de la extensión de «oro» se basan en una primitiva relación de similitud, una relación que no está limitada a unas pocas propiedades con respecto a las cuales dos cosas pueden ser similares.

El tercer nivel de la semántica convencionalista es lo que he llamado *convencionalismo profundo*[16]. Aquí se reiteran las reconstrucciones del uso realizadas en el segundo nivel, de modo tal que el uso de un término produzca dos capas de convenciones semánticas. Existen concepciones (o interpretaciones) del significado de algunas palabras que se dan tanto en términos de propiedades definicionales como en términos de ejemplares paradigmáticos; y hay conceptos que confieren el significado de las palabras, nuevamente, concebidos o en términos de propiedades o en términos de ejemplares[17]. Las definiciones o ejemplares que confieren el significado a los conceptos son más generales, más profundas y respecto de ellas existe mayor acuerdo, que las definiciones/ejemplares que componen las concepciones de tales conceptos. La idea es dar cabida a un desacuerdo considerable entre las convenciones que constituyan concepciones distintas, preservando la idea de que todavía hay un significado basado en convenciones para cada palabra, en términos del concepto de esa palabra[18].

B. *La reacción de la semántica realista*

Hay dos ámbitos en los cuales todas las formas de la semántica convencionalista fracasan. Uno tiene que ver con el momento en que habría que decir que una palabra cambia su significado. Tanto los desacuerdos simultáneos dentro de una cultura, como los desacuerdos entre las culturas a través del tiempo, son difíciles de entender bajo las explicaciones convencionalistas del significado. Si Usted (o los antiguos griegos) entiende por «ballena» un pez grande, y yo un

---

[16]   Véase Moore, 1985: 298-300.
[17]   Véase, en general, Gallie, 1956; Dworkin, 1985: 128-131.
[18]   De este uso se vale Dworkin para tal convencionalismo profundo en Dworkin, 1986.

mamífero, ¿cómo podemos estar en desacuerdo? Después de todo, usted y los griegos han fijado el significado de «ballena» de una manera, y yo lo he fijado de otra, por lo que nos limitaremos a sostener un diálogo de sordos a pesar de que ambos utilicemos la misma palabra: «ballena». O Usted (y Norman Malcolm)[19] entienden por «soñar» el único criterio que teníamos para soñar antes de 1950, es decir, un recuerdo consciente de sucesos durante el sueño que se sabe que no es real. Ciertos científicos descubren los patrones MOR y EEG[*] que generalmente acompañan el soñar, y proponen la hipótesis de que no nos acordamos de todo lo que soñamos. Si Usted fija el significado de «soñar» por el criterio del recuerdo consciente, entonces la idea de un sueño del cual no se tiene memoria (y, ciertamente, de uno que no sea posible recordar) literalmente carece de sentido[20].

Tal como Kripke y Putnam han originalmente señalado, esta incapacidad para captar nuestro sentido en que estos desacuerdos son significativos (porque las palabras en términos de lo que esos desacuerdos han sido llevados adelante no cambian su significado cuando son utilizadas por los contrincantes en tales desacuerdos), y que una de las partes de estos desacuerdos está, o al menos puede estar, en lo correcto (de forma que la ciencia es capaz de progreso), constituye un duro golpe a la semántica convencionalista. Igualmente dañina es otra implicación de la semántica convencionalista, la cual no tiene que ver con la idea del cambio del significado, sino con la de su agotamiento. Supongamos que uno se encuentra con una pieza de metal que es dúctil y de color blanco. En las versiones criteriológica y ACP del significado, no hay una respuesta a si esta pieza es o no es oro, ya que comparte solo algunas de las propie-

---

[19]   Malcolm, 1959.

[*]   N. del T.: La expresión «REM» es el acrónimo en inglés para una etapa o fase del sueño: *rapid eye movements*. En español, sueño de movimientos oculares rápidos cuyo acrónimo es «MOR». «EEG» es el acrónimo que en español significa «electroencefalografía» y que es el mismo acrónimo para la palabra en inglés *electroencephalography*».

[20]   Putnam, 1962, reimpreso en Putnam, 1975.

dades definitorias del oro (desde la perspectiva criteriológica), y es solo en cierto modo análoga a las instancias paradigmáticas de oro (para la perspectiva ACP). La palabra es vaga, lo que significa que nos hemos quedado sin convenciones suficientes para colocar el elemento definitivamente dentro o definitivamente fuera de la extensión de «oro».

Con todo, la mayoría de nosotros sentimos que hay una respuesta respecto de si la cosa es o no es oro. O sea, «oro» parece tener un significado suficiente para determinar si estos elementos se encuentran o no dentro de su extensión; ya que hemos agotado o nos hemos quedado sin convenciones, el significado debe estar constituido por algo distinto de esas convenciones.

Estas dos consideraciones teóricas militan fuertemente en contra de cualquier forma de semántica convencionalista, al menos para cualquier discurso donde: (1) el desacuerdo teórico significativo respecto de la extensión de cierto predicado subsiste frente al hecho de que existen diferentes definiciones, paradigmas, u otras convenciones que supuestamente fijan la extensión [*extension-fixing conventions*], y donde (2) subsisten preguntas significativas respecto de la extensión de algún predicado frente a la inexistencia de definiciones, paradigmas, u otras convenciones relevantes o no vagas que supuestamente fijan la extensión. Dichas consideraciones apuntan hacia una semántica alternativa, a la que llamaré *semántica realista*. Esta teoría semántica se puede dividir en una tesis semántica y una tesis metasemántica. La tesis semántica es aquella según la cual el significado de una palabra está dado (o al menos fuertemente influenciado) por su extensión. La tesis metasemántica explica cómo esto podría ser así: los hablantes descubren ciertos ejemplares respecto de los cuales creen provisionalmente que podrían ser instancias de una clase; ellos bautizan la clase con una palabra (por ejemplo, «oro»); con cada hablante sucesivo que pretende referirse a la clase originalmente bautizada con la etiqueta «oro» se genera una cadena causal de uso; se desarrolla un conocimiento experto [*expertise*] en relación con lo que es esa naturaleza y con cuáles son sus ejemplares; paradójicamente, puede resultar que los ítems iniciales que las personas tomaron como ejemplares de la clase no son, de hecho, tales ejemplares, sino tan solo heurística afortunada del descubrimiento de la clase.

La principal recompensa que se obtiene de este tipo de semántica es su capacidad para lidiar con las dos preocupaciones teóricas que aquejan a todas las formas de semántica convencionalista: (1) las personas pueden estar significativamente en desacuerdo porque los términos que emplean tienen el mismo significado, es decir, la misma cosa a la cual sus palabras refieren, y (2) las personas no se quedan sin significado tan pronto se les agotan las convenciones, porque el significado es una función del mundo y su naturaleza, que puede ser solo parcialmente conocido y, por lo tanto, ser solo parcialmente reflejado en convenciones.

C. El vínculo de las dos versiones de la tesis de la objetividad con los dos tipos de semántica

La versión fuerte de la tesis de la objetividad sostiene que todos los casos tienen respuestas correctas, esto es, que todas las proposiciones jurídicas singulares son determinadamente verdaderas o falsas. Esta versión fuerte puede ser sostenida solo por aquellos que adoptan una semántica realista para su interpretación de los textos jurídicos. Esto se debe a que solo en la semántica realista resulta plausible que no se agote el significado en casos difíciles[21]. Más bien, para el realista, el significado puede ser visto como igual de rico que la naturaleza de las cosas a las que éste se refiere, mientras que las convenciones existen solo en virtud de situaciones recurrentes que han tenido lugar, o situaciones que se puede anticipar que ocurrirán. Por lo tanto, las convenciones son necesariamente indeterminadas frente a casos novedosos, casos que no han ocurrido con anterioridad ni han ocurrido incluso en la imaginación de alguien.

---

[21]   A favor de ello en Moore, 1985: 322-338; Moore, 2000: 273-277.

Un modo de interpretación jurídica que incluya una semántica realista no es, por supuesto, todo lo que se necesita para hacer plausible la versión fuerte de la tesis de la objetividad. Por ejemplo, también se necesitan normas jurídicas no contradictorias. Y se necesita que las cosas (a las que se refieren las palabras en los textos jurídicos) tengan una naturaleza lo suficientemente rica como para hacer plausible la bivalencia. Aun así, se necesita, a lo menos, una semántica realista en contra de una semántica convencionalista a fin de que la versión fuerte de la tesis de la objetividad tenga alguna oportunidad.

Muchos convencionalistas en el campo de la semántica, quizás la mayoría, aceptan el hecho de que las convenciones se agotan y que los casos novedosos quedan, pues, indeterminados en su resolución bajo tales convenciones[22]. No obstante, tres grupos de convencionalistas cuestionan estas conclusiones. Unos, a los que llamaremos *convencionalistas superficiales*, creen que pueden haber reglas de clausura que ofrezcan respuesta en precisamente aquellos casos en donde las convenciones se agotan. La *rule of lenity* (a veces llamada *regla de interpretación estricta*)[*] en el derecho penal es a menudo presentada como un ejemplo de una regla de clausura en estos términos: establece que si algo no está *claramente* prohibido por el Código Penal, entonces ese acto está permitido[23]. La idea es que en los casos novedosos las convenciones o comprenderán o no comprenderán *claramente* los hechos en cuestión. En consecuencia, la regla de clausura se activa para proporcionar una respuesta de otro modo no disponible. De esta manera, si una persona que se desplaza en una patineta motorizada es aprehendida en el parque de una ciudad, de acuerdo a una ordenanza que prohíbe la circulación de vehículos en

---

[22] Por ejemplo, Hart, 1958.

[*] N. del T.: la así llamada *rule of lenity* es entendida en el sistema jurídico penal anglosajón, en sentido estricto, como una regla residual que opera al modo de una exigencia de resolver a favor del acusado, frente a casos de ambigüedad de las leyes cuya aplicación permanezca en duda una vez agotados los recursos de interpretación.

[23] El ejemplo de Kelsen, 1934: 474-482.

el parque, en tanto que una patineta motorizada no es claramente un vehículo, la actividad se encuentra permitida[24].

La resolución de la indeterminación en términos de reglas de clausura que ofrece el convencionalista superficial presenta dos problemas. Uno radica en que tales normas rara vez existen en los ordenamientos jurídicos plenamente desarrollados, y por una buena razón: ellas proveen de manera uniforme una respuesta mecánica, divorciada de la finalidad a la que una norma puede servir, cuando lo que se busca es una extensión inteligente de esa finalidad hacia casos novedosos. En segundo lugar, aun cuando existan ese tipo de normas, ellas no eliminan la indeterminación debida a la vaguedad. Téngase en cuenta que para las normas como aquellas que prohíben la circulación de vehículos, dos líneas difusas son creadas por la regla de la interpretación estricta: la línea entre lo que está *claramente* prohibido y lo que solo está discutiblemente prohibido, y la línea entre lo que está *claramente* no-prohibido y lo que solo está discutiblemente permitido; ambas son difusas, de hecho, tan difusas como la línea entre lo que está prohibido y lo que no está prohibido que existe ahí donde no existe una regla de clausura. Las reglas de clausura, por lo tanto, solamente desplazan un poco la vaguedad, pero no la eliminan[25].

El segundo grupo de convencionalistas —llamémoslos *convencionalistas «ricos»*— esperan que si uno tiene suficientes normas en el corpus del texto jurídico, todos los casos quedarán cubiertos de una manera u otra. Bentham fue un optimista en este sentido, al esperar que fuera posible escribir un código lo suficientemente rico para que «se pudiera nada más que abrir el gran libro de las leyes y encontrar allí dentro la respuesta a cada pregunta que se pueda formu-

---

[24] Ronald Dworkin también se aferra a esto en su intento por mostrar que la vaguedad de todos los lenguajes naturales no derrota la tesis de la respuesta correcta en el derecho. Véase Dworkin, 1985: 129.

[25] La respuesta de Joseph Raz a Dworkin sobre este punto. Véase Raz, 1979: 73-74.

lar de manera significativa»[26]. Más recientemente, Ronald Dworkin ha compartido el optimismo de Bentham al sostener que una enorme cantidad de estándares podrían eliminar la indeterminación, en todos salvo en al menos un puñado de «casos de empate» [*«ties»*][27].

Tal optimismo rara vez se toma la molestia de explicar cómo el aumento del número de normas vagas sirve para la eliminación de la indeterminación debida a la vaguedad. Mi sugerencia es la siguiente[28]: como ya Quine creía, una superposición de términos vagos podría reducir la vaguedad[29]. Su atractiva analogía era la de un pintor cuyo uso de acuarelas sombreadas en patrones superpuestos podrían acercarse a la precisión de un obrero que trabaja con azulejos de mosaico. No obstante, como lo he mostrado en otro lugar[30], esa superposición de términos vagos solo desplaza la vaguedad, de modo que para cada caso en el que se elimina la vaguedad se da otro en donde se genera una nueva vaguedad.

Por otra parte, el aumento del número de normas que utilizan términos vagos vuelve en extremo probable el incremento del conflicto entre normas[31]. Cuantas más normas haya, mayor es la probabilidad de superposición entre términos que tengan asociadas soluciones jurídicas contradictorias. El resultado de contar con una multitud de normas puede ser, por lo tanto, no un aumento sino una disminución de la determinación.

El tercer tipo de respuesta convencionalista a la indeterminación —a la que llamo respuesta *convencionalista profunda*— la he descrito en la última sección. Esto es, el punto de vista que sustituye convenciones profundas (aquellas que forman un «concepto» en contraposición a una «concepción») por la naturaleza de algo que es objeto de referencia, como un medio para reducir la indeterminación y

---

26   Bentham, 1782 [1970]: cap. 19, parágrafo 10.
27   Véase, por ejemplo, Dworkin, 1978.
28   Desarrollado en Moore, 1981: 197-199.
29   Quine, 1960: 127.
30   Moore, 1981: 198.
31   Moore, 1981: 198-199.

volver significativo el desacuerdo teórico[32]. La idea es que las personas puedan estar significativamente en desacuerdo en sus *concepciones*, siempre y cuando exista aquella «plataforma de acuerdo que posibilita el desacuerdo», es decir, un acuerdo sobre *conceptos*. Por supuesto, tal profundidad no puede eliminar la indeterminación, porque el *concepto* será en sí mismo vago, de modo que los desacuerdos más profundos sobre su significado no podrán resolverse como una cuestión de convención[33].

La conclusión es que la semántica convencionalista solo hace posible la versión débil de la tesis de la objetividad del derecho. Para que la versión fuerte sea verdadera, se necesita de una semántica realista en materia de interpretación jurídica.

IV. LA DESEABILIDAD DE UTILIZAR UNA SEMÁNTICA REALISTA EN LA INTERPRETACIÓN DE TEXTOS JURÍDICOS

Hay tres razones que favorecen en general el uso de una semántica realista en la interpretación jurídica por sobre alguna de sus alternativas convencionalistas[34]. La primera de estas razones proviene de la corrección general de la teoría realista como una teoría del significado en el discurso natural (es decir, no jurídico). Uno de los ítems que hace que una teoría semántica sea correcta es la conformidad con las intenciones con las que hablan los hablantes ordinarios del lenguaje. Aunque me ocuparé de estas intenciones con más detalle en la siguiente sección, por de pronto para el contraste con las teorías convencionalista podemos tratar el asunto en líneas generales.

Cuando las personas comunes utilizan palabras como «oro», «ballenas», «polio», «sueños» y «muerte», ¿lo hacen con la inten-

---

[32] El uso de Dworkin de esta distinción *rawlsiana* en Dworkin, 1986.
[33] Moore, 1985: 298-301, 309 nota 64.
[34] Examinado por mí en mayor detalle, Moore, 1985: 322-338.

ción de que ciertos ejemplos o ciertas definiciones fijen la extensión
de estas palabras? ¿Pretenden referirse con la palabra «oro» a alguna
cosa que se asemeje a algún ejemplo paradigmático de oro, incluso
si ese ejemplo resulta ser «oro de los tontos» (es decir, piritas de
hierro)? ¿Intentan con «oro» referirse a algo que coincida con la
definición que tienen en mente (tal como algo amarillo, valioso,
metálico), incluso si resulta que el oro se presenta en una variedad
blanca y se vuelve menos valioso? Llamo a éstas *intenciones semánticas*
«ricas», que son del tipo de intenciones que las personas deberían
tener si la semántica convencionalista fuese correcta[35].

Contrástense las anteriores con las *intenciones semánticas auste-*
ras[36]. Éstas son intenciones para referirse a una clase con palabras
como «oro», pero en las que el hablante no pretende que sus ejemplares o sus definiciones fijen lo que está en la extensión de la palabra. Esto no es asunto suyo y él lo sabe. Sabe que le corresponde a
la ciencia descubrir lo que es realmente el oro; no les corresponde a
él o a sus compañeros hablantes nativos estipular qué es lo que debe
ser algo para ser oro.

El hecho psicológico que sustenta una semántica realista por sobre una convencionalista es que la mayoría de las personas hablan
la mayor parte del tiempo con intenciones semánticas austeras y la
mayoría de las audiencias entienden que tales hablantes hablan de
esa forma. Si esto es así en general, entonces también es así para los
hablantes y las audiencias jurídicas, es decir, para los que establecen
las proposiciones jurídicas generales y los que tienen que entender estas proposiciones a fin de obedecerlas. En la medida en que
la autoridad de quienes producen leyes se extienda a lo que éstos
quieren decir [mean] (y no solo a lo que *dicen*), y en la medida en que
la comprensión de los ciudadanos de aquello que se quiso decir es
relevante para aquello que los jueces deberían considerar que significan las palabras utilizadas en los textos jurídicos, entonces el

---

[35]   Moore, 1985: 340.
[36]   Moore, 1985: 340.

hecho de que las intenciones semánticas austeras estén presentes (y se entienda que están presentes) apoya la utilización de la semántica realista en el derecho.

La segunda y tercera razones a favor de la utilización de una semántica realista en la interpretación jurídica, se derivan de las dos ventajas sistemáticas que la semántica realista presenta en general sobre sus competidoras convencionalistas. Estas ventajas eran que, en una semántica realista: (1) el saber convencional predominante acerca de qué propiedades son distintivas de una clase no necesita indicar un cambio en el significado, sino solo una mejor teoría acerca de lo que ese significado es en realidad (en vista de una mejor teoría sobre la naturaleza de la clase referida); y (2) uno no se queda sin significado solo porque se ha alcanzado el límite exterior de la comprensión convencional de alguna clase.

Tómese, en primer lugar, la primera de esas ventajas. Al restringir la función judicial, es deseable que la autoridad de los jueces para cambiar el derecho esté limitada. No es que nunca deban hacer caso omiso de un precedente del *common law* o cambiar el «sentido literal» de una ley, pero cambiar el derecho en este sentido requiere una demostración especial, una demostración más convincente que simplemente que una nueva regla habría sido mejor de haber sido inicialmente seleccionada. Sin embargo, la semántica realista le permite a un juez cambiar la teoría dominante sobre la naturaleza de alguna clase sin necesidad de modificar el derecho de esta manera. Esto porque en una semántica realista él no está cambiando el significado del texto jurídico, sino solo descubriendo (por medio de una teoría *mejor*) cuál fue siempre el significado. En la medida en que tal activismo judicial sea algo bueno, una semántica realista lo admite de una forma naturalmente consistente con la representación de la actividad de juzgar propia del derecho.

Considérese ahora la segunda ventaja sistemática de la semántica realista en general. En consonancia con la conveniencia de una función judicial limitada, también es deseable que exista suficiente legislación como para decidir incluso el más difícil de los casos difíciles. Los jueces, entonces, nunca son libres para crear nuevo derecho que resuelva situaciones novedosas. Simplemente están descubriendo el derecho que pre-existía a sus decisiones, por muy difícil que pueda haber sido verlo. Esto permite a los jueces tener un rol uniforme (siguiendo el derecho), en lugar de uno bifurcado (siguiendo el derecho en casos fáciles, y legislando por su cuenta en los casos difíciles). Semejante uniformidad de rol no solo es teóricamente ventajosa, sino también estimula a los jueces a esforzarse más para encontrar tales respuestas (en tanto no hay «casos difíciles» en los que tengan licencia para legislar). Como vimos en la sección anterior, solo una semántica realista hace posible tener suficiente legislación como para justificar la perspectiva unívoca de la función judicial. La conveniencia de ese rol, por lo tanto, respalda el uso de la semántica realista en materia de interpretación jurídica.

V. ALGUNAS VARIEDADES DE LA SEMÁNTICA REALISTA DENTRO DE LA TEORÍA JURÍDICA CONTEMPORÁNEA

La primera vez que abogué por el uso de una semántica realista en la interpretación jurídica en 1981[37], era una idea novedosa con pocos adeptos. Sin embargo, desde entonces esa teoría semántica prácticamente ha arrasado el campo de la lingüística y de la filosofía del lenguaje, y este predominio general ha resultado en el uso más extendido de esta teoría dentro de la teoría del derecho [*legal theory*]. En lo que sigue voy a distinguir tres versiones de este tipo de semántica dentro de la teoría del derecho. De particular interés en este contexto es cómo el realismo queda excluido de una «semántica realista» en dos de las versiones más recientes de esta teoría.

1. El modelo estándar. Aquellos de nosotros que fuimos estudiantes de Hilary Putnam a principios de la década de 1970, cuando estaba escribiendo «*The meaning of "meaning"*» tomamos la siguiente

---

[37]   Moore, 1981.

interpretación, a la que llamaré el *modelo estándar* de la semántica realista[38]. En este modelo la semántica realista es apropiada cuando, pero solo cuando, dos clases de hechos son verdaderos. Primero, hay un hecho acerca del entorno [*environmental fact*]: el mundo debe contener aquel ítem al que se hace clara referencia en el uso de la palabra en cuestión. En el caso de los términos singulares, estos ítems serán particulares; en el caso de los predicados generales, estos ítems serán universales, es decir, clases[39]. Para que estas clases sean aprehendidas deben haber, adicionalmente, particulares cuyas similitudes *inter se* sugieran que hay una clase de la que ellos son instancias. Bajo el modelo estándar, tales clases no deben ser una mera agregación de individuos; más bien la clase debe tener una naturaleza lo suficientemente robusta y unitaria para que se pueda hacer referencia a ella sin mención de sus instancias.

En segundo lugar, debe haber aquello que, en otro lugar, he llamado *hechos del uso* [*facts of usage*][40], y que otros llaman *hechos sociales*[41]. En el modelo estándar existen tres de estos hechos acerca del uso:

(i) Los hablantes tienen que usar el predicado en cuestión con intenciones indexicales, es decir, una intención de nombrar cualquiera sea la cosa que se encuentre cerca de ellos. En el famoso ejemplo de Putnam, nosotros en la Tierra usamos «agua» para referirnos a esta sustancia que está en este lugar (que resulta ser H2O), pero los hablantes en Tierra-Gemela usan «agua» para referirse a su propia sustancia clara, incolora, dadora de vida, etc. (que resulta ser XYY)[42]. «Agua»

---

[38] Véase Moore, 1981; Moore, 1985. Véase también Platts, 1980.
[39] Así, Putnam separa cuidadosamente la cuestión de si los hablantes pretenden referirse a una clase de la cuestión de si existe, de hecho, una clase, utilizando el ejemplo del jade. Véase Putnam, 1975. Para una discusión más detallada de la variedad de formas en las que puede fallar la referencia a una clase *evidente*, véase Soames, 2002: 281-284.
[40] Moore, 1998: 301-327, reimpreso en Moore, 2000: 100-102.
[41] Simchen, 2007.
[42] Putnam, 1975.

es, entonces, indexical en el mismo sentido que «yo» (el
ejemplo original de los indexicales es de Bar-Hillel)[43], dependiendo para su referencia de lo que sea que esté en el
entorno de los hablantes originarios.

(ii) Los hablantes tienen que utilizar el predicado en cuestión
con intenciones referenciales (*versus* atributivas)[44]. La distinción se comprende más fácilmente con términos singulares, por lo que me valdré de uno de los ejemplos de Leo
Katz[45]: su esposa le indica encontrarse con «el hombre del
traje Brooks Brother, de corbata Yves St. Laurent y de zapa-
tos Gucci». Si la intención de su esposa es hacer referencia
a alguna persona en particular, sin importar lo que de hecho esté vistiendo, entonces su intención es referencial; si
su intención es hacer referencia a quienquiera esté usando
esas tres prendas, entonces su intención es atributiva. Análogamente, para predicados como «oro», si hablamos con
la intención de nombrar una clase cualesquiera resulten ser
sus propiedades, nuestras intenciones son referenciales; si
hablamos con la intención de nombrar a cualquier clase de
individuos que resulten poseer las propiedades que entendemos son definitorias de oro, entonces nuestras intenciones
son atributivas.

(iii) Los hablantes deben estar dispuestos a deferir [*to defer*] a
cualquier conocimiento experto bien documentado que
otros puedan poseer respecto de la verdadera naturaleza de
la clase a la que todos se refieren. Putnam llama a esto la
división del trabajo lingüístico[46], *mientras que otros lo llaman deferencia lingüística* [*linguistic deference*][*47]. Es ésta la deferencia

---

43 Bar-Hillel, 1954.
44 La distinction es de Keith Donellan. Véase Donellan, 1966: 281-294.
45 Katz, 1987: 85.
46 Putnam, 1975.
* N. del T.: La expresión «deferencia lingüística» como se verá a continuación
se emplea para hacer alusión al acto de deferir a los expertos el conocimiento

que hace plausible que cualquier hablante individual pueda «querer decir más de lo que sabe», porque puede confiar en el conocimiento de otros e incorporarlo en sus intenciones referenciales.

Bien podría llamarse al modelo estándar de la semántica realista *el* modelo realista para esa aplicabilidad de la semántica. Esto porque el hecho acerca del entorno necesario es un realismo respecto de clases, y los hechos sociales requeridos son hechos verdaderos solo de hablantes que son ellos mismos, en su metafísica, algún tipo de realistas. Mi propia aplicación temprana de la semántica realista a la teoría jurídica y moral[48], en conjunto con aplicaciones como las de David Brink[49], Mark Platts[50], y otros[51], ilustran esta comprensión metafísica de la semántica realista.

2. El modelo de pedestal. Una perspectiva metafísica menos robusta de la semántica «realista» ha sido desarrollada por Nicos Stavropoulos[52] y Ronald Dworkin[53]. En este modelo, el hecho acerca del

---

de la naturaleza de la referencia lingüística. En español «deferir» significa en efecto tanto adherirse a una persona por respeto o cortesía como transferir parte del poder o jurisdicción. Aunque el sustantivo «deferencia» no se refiere a este tipo de actos en el presente texto lo utilizaremos con dicho significado a los efectos de traducir la expresión inglesa en cuestión: [*linguistic deference*].

[47] Simchen, 2007. Simchen presta gran atención a la deferencia lingüística en Coleman y Simchen, 2003.

[48] Moore, 1981 y Moore, 1985, véase también: Moore, 1982, Moore, 1992b, Moore, 2003a, todos reimpresos en Moore, 2004. Para una semántica realista aplicada al derecho constitucional, Moore, 1989b, Moore, 2001.

[49] Brink, 1988; Brink, 1989a. Brink es más moderado en cuanto a los compromisos metafísicos de dicha semántica en Brink, 1989b. Véase también Brink, 2001.

[50] Platts, 1980.

[51] Véase Katz, 1987: 85-87; Soames, 2009. Para una variedad de puntos de vista que vinculan la semántica K-P con una metafísica realista, véase la colección de ensayos en Beebee y Sabbarton-Leary, 2010.

[52] Stavropoulos, 1996.

[53] Stavropoulos, el antiguo estudiante de Dworkin, entiende así el interpretacionismo temprano de Dworkin. Véase Stavropoulos, 1996: 129-136, 160; sobre esta adecuación forzosa de las posturas interpretacionistas de Dworkin

entorno necesario para fundamentar una semántica realista es bastante modesto: solo se requiere de algunos particulares que puedan ser clasificados en conjunto, y de un concepto que agrupe de
este modo a esos particulares y sea aceptado por los hablantes que
usan la palabra para este propósito[54]. Los hechos acerca del uso son
también comparativamente modestos: los hablantes deben tener intenciones indexicales, supeditando la referencia de sus palabras a
los accidentes de la porción del entorno en la que se encuentran;
y los hablantes deben estar dispuestos a mostrar deferencia ante el
conocimiento experto, cuando esté en manos de quienes dispongan
de teorías acerca de los conceptos que agrupan a los particulares en
cuestión. (Esta última característica es lo que lleva a Ori Simchen
a acusar a Dworkin y Stavropoulos de colocar a los teóricos en un
pedestal; de ahí mi nombre para este modelo)[55]. Para la perspectiva
de «pedestal», no hay necesidad de que los hablantes tengan intenciones referenciales respecto de una clase; es suficiente que estén
dispuestos a deferir a los expertos respecto de un concepto de la
clase.

3. *La versión de la semántica realista de Simchen.* Como Stavropoulos,
Simchen prescinde de cualquier tipo de metafísica como presupuesto de una semántica «realista». El único hecho acerca del entorno
necesario es que haya algunos particulares susceptibles de agruparse
en una clase por los hablantes. (Aparentemente ni siquiera es necesario que haya un concepto compartido de cómo se debe definir
tal agrupamiento). Simchen conserva las intenciones referenciales,

---

dentro de esta semántica, compárese con Moore, 1998: 102, nota 7 (en Moore, 2000). Dworkin eventualmente cambió su postura llegando a aceptar el
modelo de pedestal de la semántica de Stavropoulos. Véase Dworkin, 2004.

[54]   En la versión de Stavropoulos de la semántica «realista», «las palabras-con-
cepto clave están destinadas a seleccionar los conceptos que representan, con
independencia de su contenido», y «el contenido de los conceptos relevantes
está determinado por la teoría sustantiva, la que está limitada por aplicaciones
paradigmáticas y caracterizaciones abstractas de la práctica relevante de aplicación». Stavropoulos, 1996: 160.

[55]   Coleman y Simchen, 2003: 10-11.

pero a lo que ellas se refieren parece ser a los agrupamientos convencionales aceptados por la comunidad lingüística. A diferencia de Stavropoulos, Simchen libera a la semántica realista de cualquier necesidad de deferencia lingüística; los hablantes no tienen que estar dispuestos a deferir a alguien más, ni siquiera en principio, debido a que ellos creen con razón estar en posesión del esquema clasificatorio correcto que agrupa determinados particulares. Tal esquema clasificatorio es «correcto» solo en el sentido en el que tal corrección es aquí un asunto de convención: si algún esquema concuerda con las capacidades de clasificación que poseen la mayoría de los hablantes nativos, entonces es «correcto»[56].

---

[56] Véase Coleman y Simchen, 2003: 20:

"Esquemáticamente, un hablante promedio entiende que algo es una silla en tanto posea la misma función prevista, apariencia general, y así sucesivamente, que las sillas paradigmáticas. Determinar si algunos elementos guardan o no la misma relación con la silla paradigmática es algo que se puede esperar de un hablante promedio [...] la "esencia" de las sillas depende de las capacidades cotidianas de clasificación de los hablantes ordinarios».

Véase también Coleman y Simchen, 2003: 22 («[...] la relación de equivalencia en sí misma fue determinada por las capacidades de clasificación de los hablantes ordinarios»); 28 («Sin importar que la semejanza [sameness] que impera entre un elemento dado y una instancia paradigmática del derecho esté determinada por las capacidades de clasificación de los hablantes ordinarios»); 28, nota 39 («[...] sin importar que la relación de semejanza relevante imperante [...] esté determinada por las capacidades clasificatorias ordinarias del hablante ordinario»); 30 («Algo pertenece a la extensión de "derecho" solo en caso de que sea considerado por el hablante promedio como algo relevantemente similar a los casos paradigmáticos»); 33 («[...] la extensión [...] es fijada por las tendencias clasificatorias del hablante promedio»). Sería quedarse corto decir que me desconcierta conciliar esta versión renovada del convencionalismo con las relaciones de similitud supuestamente *objetivas* (es decir, no convencionales) que determinan la extensión, presentes en un trabajo posterior de Simchen (Simchen, 2007). En su correspondencia privada, Simchen trata de reconciliarlos caracterizando sus declaraciones previas únicamente como «metasemántica», pero no como semántica. Tres puntos: primero, esto no parece ser la posición manifestada en las citas anteriores (por ejemplo: «la "esencia" de las sillas depende de las capacidades clasificatorias del hablante promedio»). Segundo, incluso si éstas fueran simplemente tesis metasemánticas respecto de cómo la gente llega a adoptar y usar una semántica realista, ¿cuál es, entonces, la tesis semántica de Simchen acerca de qué es lo que unifica la clase? Las

VI. NO HAY OBJETIVIDAD A UN BAJO COSTO: LA NECESIDAD DE UNA METAFÍSICA DE CLASES PARA JUSTIFICAR UNA SEMÁNTICA REALISTA

Simchen y yo estamos de acuerdo en rechazar la versión de Dworkin y Stavropoulos de la semántica realista, aunque nuestras razones para hacerlo son algo diferentes. Ambos pensamos que Dworkin y Stavropoulos no han podido justificar deferencia alguna a los teóricos por parte de los usuarios ordinarios de predicados del lenguaje natural. No obstante, yo creo esto porque vinculo la justificación de tal deferencia lingüística a la existencia de algo, una clase, con una naturaleza profunda susceptible de tratamiento teórico; la necesidad de Stavropoulos de que exista un concepto solo justifica una teoría de la naturaleza de ese concepto, una especie de semántica convencionalista profunda en el mejor de los casos. Por su parte, Simchen rechaza la reflexión de Stavropoulos basándose en que para que la semántica realista sea aplicable no se requiere de una reflexión o deferencia semejantes (ni existe alguna, de hecho, para muchas palabras); todo lo que se necesita son las habilidades de clasificación ordinarias de los hablantes nativos, cuyas habilidades no requieren y, de hecho, no generan deferencia a los expertos.

Volviendo entonces a la versión de la semántica realista de Simchen, mi primera inquietud es si su versión puede reunir por sí misma las dos ventajas teóricas que la semántica realista posee con respecto a todas las formulaciones de la semántica convencionalista. Considérese primero la constancia del significado que hace posible el desacuerdo radical. Sin el hecho acerca del entor-

---

relaciones de similitud objetivas deben ser similares en algún(os) aspecto(s), aspecto(s) presumiblemente determinados por la naturaleza de alguna clase, natural o social. En tercer lugar, incluso si es solo metasemántica, la explicación de Simchen (en términos de la capacidad de clasificación de los hablantes ordinarios) difícilmente se ajusta a una explicación más realista: la gente tiene esas capacidades porque éstas son clases naturales.

no que ha logrado hacer referencia a una clase genuina, y sin el hecho acerca del uso de que los hablantes normalmente tienen la intención de referirse a estas clases en su uso de las palabras pertinentes, no veo cómo el significado se mantiene constante a través de creencias tan divergentes. Toda la versión de la semántica realista de Simchen tiene que trabajar con el hecho acerca del entorno de que hay ciertos particulares seleccionados por un término, agrupados dentro de la extensión de esa palabra por medio de las capacidades normales de clasificación de los hablantes nativos, y con el hecho acerca del uso de que las intenciones de los hablantes son indexicales, es decir, la palabra tiene por objeto seleccionar cualquier particular que esté en la proximidad de los hablantes nativos.

Estos dos hechos son quizás suficientes para rechazar la semántica criterial, puesto que la indexicalidad efectiva así como aquella que es intencional de un término vuelve inadecuados los criterios ordinarios de uso para determinar la referencia; «agua», como se usa en la Tierra tiene el mismo criterio de uso que en la Tierra-Gemela y, sin embargo, la referencia es distinta en los dos entornos diferentes. Con todo, estos dos hechos no son suficientes para mostrar cómo puede darse la situación inversa, es decir, aquella en donde la referencia es la misma pero los criterios son diferentes, como en los ejemplos anteriores de «ballena» y «soñar». Y es este último tipo de ejemplo el que se necesita para mostrar la constancia del significado a pesar de los muy diferentes criterios para el uso. Incluso si nosotros y los griegos nos topamos con casos genuinos de oro, nuestras creencias discrepantes sobre la materia podrían generar esquemas clasificatorios lo suficientemente diferentes según los dos grupos de hablantes donde hubo poca coincidencia, en cuyo caso (en la semántica de Simchen) la extensión de «chrysos» y de «oro» diferiría, y cuando nosotros no estuviésemos de acuerdo con los griegos sobre la naturaleza del oro estaríamos inmersos en un diálogo de sordos.

Considérese ahora la segunda ventaja teórica de la semántica realista, aquella de la referencia exitosa a pesar de las convenciones vagas, inexistentes o conflictivas que guían el uso. Solo la intención de referirse a una clase cuya naturaleza supera la convención corriente, en conjunto con la existencia de hecho de tal clase, generan la implicación necesaria respecto de la referencia exitosa a pesar de las convenciones indeterminadas. Las habilidades de clasificación compartidas por los hablantes nativos de Simchen son solo una convención, y al igual que otras convenciones no son más comprehensivas que el comportamiento desde el cual ellas se construyen. Ahí donde las tendencias clasificatorias ordinarias de los hablantes son confusas, se encuentran fragmentadas o en conflicto, no habrá respuesta a la pregunta de si algún ítem se encuentra dentro de la extensión de algún predicado. Aquí a la versión de la semántica realista de Simchen no le va mejor que a cualquier otro tipo de semántica convencionalista.

Lo anterior introduce mi segunda inquietud: ¿no es la versión de la semántica realista de Simchen simplemente un retorno a algún tipo de semántica convencionalista? No un retorno a la forma definicional de esa semántica, por la razón anteriormente mencionada (la indexicalidad evita la uniformidad de la definición al garantizar la uniformidad de la extensión). Pero, ¿de qué manera la semántica de Simchen difiere de la semántica ACP o de la semántica superficial o de la semántica conductual de la filosofía del lenguaje ordinario? Consideremos cada una de ellas.

Que la semántica de Simchen se desplome dentro de la vieja semántica ACP depende de cómo éste considera a los paradigmas que los hablantes bautizan con el nombre de una clase. Hace muchos años distinguí entre paradigmas fuertes y débiles[57]. Un paradigma fuerte es un particular que está necesariamente (analíticamente) dentro de la extensión del predicado para el cual es un

---

[57]   Moore, 1981: 287-288.

paradigma. Tales paradigmas están sujetos a las palabras por medio de convenciones, de modo que todo lo que es un ejemplar paradigmático de azul, o es relevantemente similar a esos ejemplares, es necesariamente azul. Por el contrario, los paradigmas débiles no son más que heurística: les indican a los hablantes que ellos son instancias de una clase. Pero por mucho que tales paradigmas fuesen la evidencia original de la existencia de una clase, por más que sean las herramientas de aprendizaje estándar por medio de las cuales una cultura enseña el uso de una palabra de clase, los paradigmas débiles pueden resultar no ser del todo instancias de la clase. El océano puede ser el ejemplar original de «plano»; la forma «plana» quizá se enseñaba señalando al océano, pero el océano no se encuentra, de hecho, dentro de la extensión de «plano». Solo parece plano.

No tengo muy claro cómo la semántica de Simchen permite algo que no sea paradigmas fuertes. Después de todo, si no tiene por qué haber alguna clase referida por algún predicado, sino solo algunos particulares que compartan cualesquiera propiedades que resultan ser seleccionadas por las habilidades clasificatorias ordinarias de los hablantes nativos, entonces ¿qué es aquello que volvería solo provisional a cualquier paradigma dentro de la extensión de algún predicado? ¿De qué profunda percepción es su estatus rehén, en ausencia de cualquier naturaleza salvo la más convencional?

Si la semántica de Simchen descansa en la existencia de paradigmas fuertes, donde la extensión de cada predicado está determinada por su similitud con tales paradigmas, entonces su versión de la semántica es indistinguible de la semántica convencionalista ACP de hace cincuenta años, una semántica respecto de la cual la semántica realista se suponía era el antídoto.

No obstante, tal vez Simchen desea considerar a los paradigmas en su sentido débil, es decir, como provisionales y derrotables. Quizás mantuvo las disposiciones lingüísticas de los hablantes nativos para dejar sin efecto el estado paradigmático de cualquier particular dado (aunque es difícil ver cómo estas disposiciones clasificatorias podrían prescindir de *todos* estos paradigmas, como en principio deberían ser capaces de hacer si los paradigmas fueran realmente paradigmas débiles). Pero entonces, ¿qué distingue a la semántica de Simchen del enfoque conductista de la filosofía del lenguaje ordinario? Es común a ambos descansar en último término sobre lo que las personas están inclinadas a decir, ese tipo de expresiones clasificatorias compartidas que determinan qué es aquello respecto de lo que están hablando.

Mi tercera inquietud tiene que ver con la razón por la que Simchen se siente atraído por una versión de la semántica realista que está despojada de una metafísica de clases, despojada de las intenciones de referirse a estas clases en los usos típicos de las palabras, y despojada de cualquier deferencia de los hablantes ordinarios hacia el conocimiento experto que otros puedan poseer acerca de la naturaleza de esa clase. Una tentación para esta versión despojada de la semántica realista podría ser de tipo ontológico: se podría dudar de la metafísica realista (es decir, anti-nominalista) de clases, ya sea en todo ámbito o al menos para muchos de los predicados que constituyen un lenguaje. Los motivos de Simchen, sin embargo, no parecen tener su origen en una austeridad ontológica. Más bien, sus dudas se basan en los hechos acerca del uso sobre los que descansa la versión estándar de la semántica realista. Simchen duda que los hablantes ordinarios tengan los puntos de vista metafísicos que él cree que habrían de tener a fin de pretender referirse a las clases que tienen una naturaleza que otros pueden conocer mejor que lo que ellos lo hacen.

Vale la pena citar aquí a Simchen, puesto que él busca poner, de entrada, un poco las cosas en su favor. Simchen piensa que cualquier atribución «a los hablantes ordinarios de la intención metafísica realista de emplear "agua" para referirse a cualquier cosa significativamente similar a las instancias paradigmáticas de agua, desde el punto de vista del mundo tal como es en sí mismo, más allá de lo que podríamos llegar a creer respecto de la materia»[58], es altamente implausible. O, de nuevo: «este punto de vista atribuye a los hablantes, cuando utilizan un término de clase N, la intención de referirse a todo lo que tiene la misma naturaleza subyacente que alguna muestra paradigmática de N, al margen de lo que cualquier doctrina experta acerca de la naturaleza de N revele o revelaría»[59].

Hay varias cosas que desenredar en estas caracterizaciones algo exageradas de las intenciones referenciales necesarias para la versión estándar de la semántica realista. Para empezar, en este contexto la distinción entre el realismo *peirceano* (o «interno», de Putnam) por una parte, y el realismo metafísico (o «externo») por otro, es una distracción. Dudo (al igual que Simchen) que las intenciones referenciales de los hablantes ordinarios sean lo suficientemente refinadas [*fine-grained*] como para distinguir o seleccionar uno u otro de estos puntos de vista metafísicos. Sin embargo, afortunadamente esto no importa para efectos de los asuntos que aquí interesan, que son: (1) si dichos hablantes presuponen que existe una clase a la cual tienen la intención de referirse y respecto de cuya naturaleza tienen la intención de deferir al verse enfrentados a una teoría mejor (el hecho acerca del uso); y (2) si existe, de hecho, tal clase (el hecho acerca del entorno). Como he sostenido en otro lugar[60], el realista interno puede igualar paso a paso a la metafísica realista en estos compromisos, por lo que una presuposición de cualquiera de esas dos formas de realismo (o la combinación indiferenciada de ambas) es suficiente para respaldar las intenciones referenciales y las presuposiciones metafísicas que, sostengo, son necesarias para el uso de la semántica realista.

---

[58] Simchen, 2007: 227.
[59] Coleman y Simchen, 2003: 36, nota 43.
[60] Moore, 2003a: 694.

La segunda aclaración tiene que ver con el lugar de los ejemplos paradigmáticos y de las funciones de similitud en las intenciones referenciales de los hablantes ordinarios. Debemos distinguir las intenciones referenciales de quienes originalmente bautizaron una clase, de aquellas que se encuentran mucho más lejos en la cadena causal de referencia. Solo aquéllos necesitan tener a su disposición particulares extrañamente similares sobre los que plantear de manera autoconsciente la hipótesis de una clase[61]; los usuarios posteriores no necesitan pensar acerca (o incluso creer en la existencia) de cualquiera de los ejemplares paradigmáticos[62]. Sus intenciones pueden ser más simples: referirse a una clase con sus predicados generales de la misma forma en que se refieren a un particular con sus términos singulares. Estos usuarios posteriores no necesitan tener en mente alguna función compleja de relaciones de similitud por sobre ciertos particulares.

Téngase en cuenta que estos dos puntos simplifican considerablemente el contenido de las intenciones referenciales que la versión estándar de la semántica realista atribuiría a los usuarios del lenguaje contemporáneo. El primero libra a ese contenido de cualquier independencia total «de lo que cualquier doctrina experta sobre la naturaleza de N revela o revelaría». Por su parte, el segundo libra ese contenido de cualquier aislamiento de muestras paradigmáticas y cuantificación universal por sobre los particulares que comparten la naturaleza de tales muestras. El contenido de la intención referencial pertinente es más sencillo: consiste en referirse a una clase que existe con independencia de si el hablante o su comunidad cree que existe (un realismo acerca de los univer-

---

[61]   Scott Soames describe muy bien la precisión y explicitud limitadas de las intenciones de bautismo [*baptizing intentions*] y las disposiciones requeridas para que la semántica K-P sea adecuada, en Soames, 2002: 284-286; Soames, 2010: 88-89.

[62]   Aparte de la palabra «metro», ¿se pueden identificar paradigmas plausibles? De seguro hemos dejado olvidados cualesquiera trozos originales de metal, por ejemplo, incluso si ellos fuesen las muestras iniciales de oro de nuestra comunidad lingüística.

sales); y esa intención se encuentra acompañada por la creencia de que la naturaleza de la clase solo puede ser parcialmente revelada (ya sea a un hablante individual o a su comunidad lingüística). Que estos estados psicológicos más simples sean requeridos en la versión estándar de la semántica realista hace a esta última versión más plausible, porque estos estados son más fácilmente adscritos a los hablantes ordinarios.

Una vez aclarado el contenido de las intenciones referenciales requeridas, resta por aclarar la naturaleza de la pretensión que se efectúa cuando se afirma que un hablante *tiene* la intención referencial requerida y una creencia que la acompaña. Como Simchen reconoce, esto está estrechamente vinculado con los propios puntos de vista generales sobre lo que es requerido para adscribir actitudes intencionales a otra persona. Si algo no es necesario es una fenomenología *joyceana* que contenga explícitamente el contenido de la intención y de la creencia. No requerimos esas recitaciones conscientes para adscribir intenciones y creencias en general, por lo que aquí no hay justificación para exigir algo semejante.

Lo que se requiere para adscribir intenciones y creencias es que haya ciertas disposiciones, lo que equivale a decir que algunos contrafácticos sean verdaderos del individuo de cuyos estados mentales se trata. En el caso de las intenciones referenciales, las disposiciones más pertinentes son las disposiciones verbales, específicamente: ¿qué pensaría y diría el hablante al aprender ciertos hechos sorprendentes acerca de algún tema de su discurso? Para emplear una de mis viejas bomba de intuición [*intuition pump*]*[63], supóngase que

---

*   N. del T.: El término es acuñado por Daniel Dennett y con él se refiere a un experimento mental utilizado en filosofía que pide al lector imaginarse un ejemplo ficticio para luego invitarlo a reparar en algunas consecuencias del mismo. Con ello se busca desviar la atención del lector de detalles difíciles de seguir y dirigirla hacia las características «importantes» para el argumento central del asunto tratado. Véase, principalmente, Dennett, Daniel, «Consciousness Explained», Back Bay Books/Little, Brown and Co., N.Y., 1992, p. 282; y «Elbow Room», Clarendon Press, Oxford, 1984, p. 12.

[63]   Moore, 1985: 293-294, 297-300, 322-328.

el hablante haya declarado *muerto* a un individuo que ha perdido el conocimiento, y cuyo corazón y pulmones han dejado de funcionar de manera espontánea, debido a que ha sido sumergido bajo agua muy fría durante treinta minutos. ¿Qué pensaría ese hablante si se le presenta la conclusión de que la víctima de ahogamiento «no está realmente muerta», y si se le presenta la evidencia médica que respalda esa conclusión (función cerebral intacta, reversibilidad, etc.)? Si las intenciones del hablante habían sido atributivas en el uso de la palabra «muerto» —de modo que todo lo que posee las propiedades definitorias de «muerto», para el hablante está necesariamente muerto— entonces él debe rechazar la conclusión en tanto carente de sentido. Esta víctima podría no estar *smead* (un nuevo estado definido por la función cerebral), ¿pero está ella necesariamente muerta? Mientras que si las intenciones del hablante fuesen referenciales, entonces él podría fácilmente aceptar tanto que la conclusión tiene pleno sentido, como la pertinencia de la evidencia para sostenerlo; luego, él consideraría sus propias conclusiones sobre la muerte como falibles y reconocería que las opiniones de los expertos acerca de la muerte bien podrían ser mejores que la suya, a pesar de que ellos también sean falibles. Éstas son las creencias de un realista sobre la clase de evento que es la muerte, a pesar de que tal hablante sea totalmente ignorante respecto al debate en filosofía entre el realismo y el anti-realismo.

Mi propia intuición empírica es que tales intenciones referenciales son bastante comunes, tanto en cuanto a las personas que las llevan a cabo como en cuanto a las palabras con respecto a las cuales son llevadas a cabo. Volviendo al ejemplo de la muerte, seguramente pocos hablantes nativos del inglés extraerían los órganos de una víctima de ahogamiento que cumple con la definición vigente de «muerte», pero que no está realmente muerta.

VII. LA METAFÍSICA CORRECTA COMO EL CORRELATO VERITATIVO* DE LAS PROPOSICIONES JURÍDICAS

Como vimos en la Parte III, la objetividad fuerte requiere del uso de una semántica realista en la interpretación de los textos jurídicos. Como acabamos de ver en la Parte VI, la semántica realista a su vez requiere que sean verdaderos tanto ciertos hechos acerca del uso (o hechos sociales), como ciertos hechos ontológicos. En esta sección y la siguiente quiero examinar los hechos ontológicos necesarios para que el derecho sea objetivo en sentido fuerte.

Mi preocupación en este apartado es para con los correlatos veritativos de las proposiciones jurídicas. Esto incluye proposiciones generales del derecho (tales como, «los contratos requieren de objeto y causa a fin de ser válidos») y proposiciones singulares del derecho (como por ejemplo, «este contrato es válido»). En la sección inmediatamente siguiente me ocuparé de los correlatos veritativos de las proposiciones *sobre* el derecho*, esto es, de las proposiciones de la teoría del derecho [*legal theory*].

Centrando la atención en los correlatos veritativos de las proposiciones jurídicas, puede parecer como si todos los términos jurídicos tuviesen que referirse a clases naturales para que el derecho sea objetivo en sentido fuerte. Porque es con las clases naturales que la naturaleza de la clase extiende la promesa de una riqueza suficiente como para responder a todas las preguntas significativas acerca de la clase. Si se es un realista moral, lo anterior también se podría extender a las clases morales[64]. En tal caso la idea sería la siguiente: en

---

*   N. del T.: literalmente la expresión «*truth-maker*» quiere decir lo que hace verdadero al portador de verdad (creencia, oración, enunciado, proposición, etcétera). Así, se trata de aquello que está correlacionado con el portador de verdad y lo hace verdadero en tanto entidad que funda la verdad de la proposición o del portador de verdad de que se trate.

*   N. del T.: El autor distingue entre proposiciones del derecho [*propositions of law*] las que aquí se han traducido como «proposiciones jurídicas» y proposiciones *sobre* el derecho [*propositions about law*].

[64]   Moore, 1982; Moore, 1992b; Brink, 1988; Brink, 1989a.

la medida en que el derecho utilice palabras que se refieren a clases naturales o morales, entonces puede ser objetivo en sentido fuerte.

En el análisis que sigue, primero voy a seguir este pensamiento natural, examinando los casos en que el derecho utiliza palabras que se refieren a clases naturales o morales. A continuación examinaré los casos en donde la mejor interpretación de los textos jurídicos consiste en interpretar sus palabras como si *no* estuvieran referidas a clases naturales o morales. En tales casos el derecho crea una clase artificial, a la que yo llamo una clase funcional. Querremos ver si también en estos casos el derecho puede ser objetivo en sentido fuerte. Luego voy a examinar casos más complicados. Con éstos me refiero a los casos en que la mejor interpretación de un texto jurídico descansa en parte en la metafísica correcta de una clase natural y en parte en un análisis más instrumental. Por último, me detendré específicamente en la cuestión de la verdad de las proposiciones jurídicas.

1. *Clases naturales y morales como correlatos veritativos de las proposiciones jurídicas*

Durante el último cuarto de siglo he utilizado muchos ejemplos de textos jurídicos en donde la mejor interpretación entendió que sus palabras se referían a clases naturales o morales. Por ejemplo: leyes que regulan la extracción de *oro*, que establecen derechos de herencia, impuestos a la herencia, transferencias de órganos, procesos por homicidio, y otras situaciones que dependen de cuando alguien está *muerto*, que se ocupan de los derechos de *agua*, que regulan la captura de *ballenas*, *peces*, o *aves*, que tienen que ver con *enfermedades*, etc.; o leyes que conceden la custodia a cualquiera de los padres que, en un proceso de divorcio, vaya a maximizar el *interés superior* del niño, o que concede la ciudadanía a quienes estén en posesión de un *buen carácter moral*, o que deporten a extranjeros condenados por un delito de *bajeza moral*, o que establecen en todos los contratos una cláusula de *buena fe* y *trato justo* [*fair-dealing*], o que prohíben las prácticas comerciales *desleales* o la publicidad *desleal* y *engañosa*, etc.; o los textos constitucionales que exigen la *igual* protección de la ley, que un proceso que sea *debido*, que los cateos sean *razonables*, y que los castigos no sean *crueles*[65]. En cada caso, el argumento no fue solo que ciertas clases naturales o morales existieron, de modo que las palabras en los textos jurídicos pudieron haberse referido a ellos; ni siquiera que los autores de este tipo de textos tuvieron en la elección de sus palabras la intención de referirse a ellos de esa manera. Más bien, el argumento completo incluía una premisa moral, a saber, que se sirve mejor al valor que está detrás de la regla al interpretar esas palabras como si se refirieran a una clase cuya naturaleza era guiar el significado jurídico.

Antes que volver a estos viejos ejemplos, considérese uno más reciente: el significado de «causa» como la palabra utilizada en las reglas de atribución de responsabilidad del derecho de la responsabilidad civil extracontractual y del derecho penal. En un libro reciente[66] sostuve que el propósito al que sirven los requisitos causales tanto del derecho de la responsabilidad extracontractual como del derecho penal, es un aspecto de la justicia; de la justicia correctiva en el caso de la responsabilidad extracontractual y de la justicia retributiva en el caso del derecho penal. En pocas palabras, la justicia correctiva se logra solo cuando los *causantes* culpables de un daño tienen que indemnizar a las víctimas que sufren ese daño; por su parte, se logra la justicia retributiva solo cuando los castigos más severos son impuestos a aquellos que culpablemente *causen* algún daño (más severo en comparación con las sanciones apropiadas en contra de quienes intentan producir, o asumen el riesgo de la producción de, un daño que no es causado).

Los fines orientados hacia la justicia de este tipo de reglas de responsabilidad que contienen requisitos de causalidad [*cause-based liability rules*] exigen la aplicación de la metafísica correcta de esa clase natural de relación a la que llamamos causalidad. No hay espacio aquí para una noción artificialmente construida de causalidad, pro-

---

[65]   Véanse las referencias de la nota 48, *supra*.
[66]   Moore, 2009.

pia del derecho, cuando estos valores de la justicia han de ser satisfechos. Los deberes de indemnización y los castigos más severos caen sobre quien realmente causa algún daño, no sobre quien «causa» el daño en algún sentido creado o artificial del término[67]. Las mismas directrices [*policies*] detrás de estas reglas de responsabilidad exigen que los jueces *no* recurran a directrices en la determinación de la responsabilidad civil o penal. Por el contrario, ellos deben aplicar la mejor metafísica de la relación causal, de la manera en que mejor puedan constatarla. Eso, por supuesto, es una tarea formidable. Afortunadamente, hay buenos libros para ayudarlos.

2. Clases funcionales como correlatos veritativos de las proposiciones jurídicas

Muchas normas jurídicas no son como las reglas de atribución de responsabilidad del derecho penal y del derecho de la responsabilidad civil extracontractual antes mencionadas. Por el contrario, en muchos casos la mejor interpretación de los textos jurídicos *no* es fijar el significado de las palabras que contienen esos textos según la metafísica correcta de las clases naturales o morales. En estos casos el problema no es que esas clases no existan, sino que, aun cuando esas clases sí existan, la norma jurídica es a veces mejor interpretada (a la luz de su finalidad) de una manera en que no esté referida a esas clases.

Mis primeros ejemplos de esas palabras incluyeron: «malicia» (en la legislación sobre homicidio), «contrato», «demencia», «vehículo», y otros similares[68]. Considérese ahora un viejo ejemplo: la ubicación espacial en donde un delito o un ilícito civil tuvieron lugar[69]. Las normas que rigen la elección del lugar cuya legislación resulta aplicable, qué órgano tiene jurisdicción para legislar, qué

---

[67] Moore, 2009.
[68] Moore, 1985.
[69] Un ejemplo, de Oliver Wendell Holmes, del fracaso en el uso de la metafísica por parte de los tribunales. Véase Holmes, 1881.

órgano tiene jurisdicción para juzgar, dónde la competencia se encuentra correctamente radicada, tradicionalmente hacen girar esas preguntas, al menos en parte, en torno a dónde el delito o ilícito civil tuvo lugar[70]. Algunos ejemplos: el acusado que se encuentra en una orilla del río, en el lado de Carolina del Sur, dispara a su víctima que se encuentra al otro lado del río, en el Estado colindante de Georgia[71]. Dos variaciones: la bala impacta y mata a la víctima, o la bala falla pero aterriza en suelo de Georgia. ¿Qué Estado puede aplicar su legislación a esta situación? ¿Qué Estado puede enjuiciar al acusado? ¿Importa si el cargo es por homicidio (cuando la muerte ocurrió en Georgia), o por tentativa de homicidio (donde no se requiere que se produzca la muerte)?

El acusado vive en Nueva Jersey y desea matar a la víctima que vive en California[72]. El acusado envía caramelos envenenados a través del correo desde Nueva Jersey a California, lugar en donde la víctima ingiere los dulces y muere. Nuevamente, ¿cuál ley se aplica aquí? ¿Quién puede enjuiciar al acusado?

El acusado dispara y hiere a la víctima en un condado de Indiana, pero la víctima escapa solo para morir más tarde (producto de la herida de bala) en otro condado del mismo Estado[73]. ¿Cuál es el condado apropiado en el que se podrá radicar la competencia para el juicio?

El acusado, encontrándose en su propio terreno, disparó a dos ciervos[74]. Uno de los ciervos también estaba en la propiedad del acusado cuando recibió el disparo, aunque antes de morir se las arregló para salir de ese terreno hacia el que pertenece a un tercero. El segundo ciervo ya estaba en la tierra de esta otra persona cuando fue baleado por el acusado desde su propia tierra; el ciervo también muere en la tierra ajena. El acusado tiene permiso de matar ciervos

---

[70] Examinado por mí en Moore, 1993: 293-301.
[71] *Simpson v. State*, 92 Ga. 41, 17 S.E. 984 (1893).
[72] *People v. Botkin*, 132 Cal. 231, 64 Pac. 286 (1901).
[73] *Peats v. State*, 213 Ind. 560, 12 N.E. 2d 270 (1938).
[74] *Jemmison v. Priddle*, [1972]-1 All Eng.Rep. 539, [1972] Q.B. 489.

en su propia tierra, pero constituye un ilícito civil matar ciervos en un terreno que no sea de su propiedad.

Cada una de estas normas jurídicas está tradicionalmente formulada en términos de *dónde* el hecho ilícito del acusado tuvo lugar. La correcta metafísica de eventos no guarda silencio sobre esta cuestión. Bajo la teoría *davidsoniana* de eventos, defendida en otro lugar[75], las muertes de las víctimas humanas y animales no son partes en sí de los actos ilícitos de matarlos. Sin duda, estas muertes *son* parte de lo que hace a los actos de este *tipo* [*type*] —el tipo, matar— ilícitos. Pero las muertes no son parte de los actos particulares realizados por estos acusados. Aquellos actos-caso [*act-tokens*] terminaron ahí donde los movimientos corporales de los acusados terminaron, con independencia de que nos refiramos a esos movimientos corporales a través de frases que utilizan propiedades causales como «mató al ciervo»[76].

Uno podría cuestionar esta metafísica, pero hacerlo, o defenderse contra tales cuestionamientos, no es funcional al presente propósito. Supongamos que la teoría de Davidson capta la correcta metafísica de eventos, ¿deberían los juristas entender el lenguaje de la ubicación [*location language*] presente en las diversas normas como refiriéndose a esa naturaleza metafísica? Yo creo claramente que no[77]. Los propósitos de las normas de selección de derecho aplicable, la jurisdicción para legislar, la jurisdicción para adjudicar, la radicación de la competencia, y los privilegios de los propietarios, son pobremente servidos al dar a estas normas esta lectura metafísica. California, por ejemplo, seguramente tiene tanto interés como Nueva Jersey en la acusación judicial (bajo su legislación) del homicida de un ciudadano de California, al tiempo en que ese ciudadano residía en California. Que el *acto* de matar estaba totalmente realizado en Nueva Jersey es metafísi-

---

75   Moore, 1993.
76   Moore, 1993.
77   Moore, 1993: 295-298.

camente verdadero, pero es una verdad metafísica jurídicamente ociosa. Los propósitos de las reglas de aplicación de la ley en el espacio [*locational rules*] exigen que tales verdades metafísicas sean dejadas de lado en favor de una localización de acciones construida jurídicamente (es decir, ficticia).

Esta conclusión sobre los anteriores ejemplos puede parecer descartar la posibilidad de la objetividad fuerte para las leyes que consisten en reglas como éstas. Pero ello no tiene por qué ser así. Puede haber clases a las que se refieren las palabras que son utilizadas en estas reglas, aun cuando no se traten de clases naturales o morales. Llamo a las clases a las que aquí me he referido, cuya naturaleza determina el significado, *clases funcionales*[78]. Una clase funcional es un bien instrumental, un bien que es bueno solo porque es funcional a algún otro valor. La *ubicación jurídica* [*legal location*] —el lugar de un homicidio tal como es determinado por la maximización de los principios que se encuentran detrás de las normas dependientes de la ubicación antedichas— es un bien instrumental cuya naturaleza ha de servir al máximo a los valores que están detrás de las reglas en las cuales aparece. Si se es un realista moral, ésta es una naturaleza lo suficientemente rica como para justificar la teoría realista del significado y la objetividad fuerte, aun cuando la naturaleza no es una clase natural o incluso (intrínsecamente) moral.

3. Los correlatos veritativos de las proposiciones jurídicas que se refieren a clases que no son ni enteramente naturales ni enteramente funcionales

A veces las directrices detrás de las normas jurídicas exigen una respuesta aún más complicada en cuanto a la naturaleza de qué es lo que hace a las proposiciones jurídicas, expresadas en dichas normas, verdaderas. Considérese al menos un ejemplo: la discutida cuestión

---

[78]   Moore, 1985. Véase en general Moore, 1992a, reimpreso en Moore, 2000.

de interpretación contractual que se encuentra en el centro de la polémica sobre seguros, después de la destrucción del World Trade Center, en Nueva York, en el año 2001[79]. La póliza de seguro aseguraba al Center contra todo riesgo con un límite de aproximadamente 3,6 mil millones de dólares «por incidente». La pregunta, sumamente discutida, fue si el ataque coordinado por dos aviones a reacción que se estrellan en dos torres separadas, cada avión derribando una torre, se trató de un incidente o de dos incidentes. Bajo la legislación de seguros de Nueva York, este problema giró en torno al test del «evento único» [«*single event*» *test*] de Nueva York. ¡Un problema de individuación de eventos de 3.6 mil millones de dólares!

Mi propia conclusión acerca de este caso fue que la respuesta correcta era que aquí habían dos incidentes, no uno[80]. Para nuestros propósitos, el contenido de esa respuesta no tiene importancia. Lo que importa es lo que podría hacer tal respuesta verdadera. Los correlatos veritativos de la proposición jurídica singular de la que aquí se trata son una combinación. En parte una combinación de la correcta metafísica de eventos, en parte una combinación de ciertas convenciones de la individuación de sentido común de objetos en la vida cotidiana, en parte una combinación de los casos de seguros previos a los de Nueva York, y en parte una combinación de algunas intenciones que efectivamente las partes contratantes puedan haber tenido en la elección de su uso de esta fraseología sumamente común.

Supongo que podríamos llamar a esta combinación una «clase mestiza». Pero lo que en realidad ha de ser aquí el correlato veritativo es una clase funcional cuya naturaleza está en parte dada por la verdadera metafísica de eventos y en parte dada por convenciones e intenciones. Lo que justifica la combinación de estos elementos

---

[79]   Un ejemplo que considero en detalle en Moore, 2003b, reimpreso en Moore, 2009.

[80]   Moore, 2003b.

dispares son los valores que guían una buena interpretación contractual. Estos principios incluyen de manera prominente la deseabilidad de las obligaciones contractuales en tanto obligaciones autoimpuestas, particularmente en contextos de no consumidores, donde hay igualdad de información, capacidad de negociación y capacidad deliberativa, tal como aquí. Esa combinación que sirve al máximo a este tipo de directrices constituye el correlato veritativo correcto para la respuesta de «un evento» o «dos eventos», que es la razón por la que se trata de otra clase funcional. Como tal, su naturaleza es de nuevo lo suficientemente rica como para guiar el significado, incluso en casos (epistemológicamente) difíciles, como el litigio de las Torres Gemelas.

4. La verdad de las proposiciones jurídicas generales

En la introducción insistí en que el derecho es objetivo en sentido fuerte si cada proposición jurídica singular (decisiva de cierto caso en disputa) tiene un valor de verdad determinado que es independiente de cómo el juez al dictar el fallo lo resolvió o resolverá. En relación con esto, insistí en que el derecho es objetivo en sentido débil si lo anterior es verdadero de *algunas* proposiciones jurídicas singulares, pero no de todas.

Supuse que debe existir alguna íntima relación entre las proposiciones jurídicas generales y singulares, de tal manera que estas últimas son en cierto sentido derivadas de las primeras. (Los detalles de esa derivación están dados por la propia teoría de la interpretación). Ahora deberíamos preguntar: para que el derecho sea objetivo (en sentido fuerte o débil), ¿deben las proposiciones jurídicas generales (de las cuales las proposiciones jurídicas singulares son, en cierto sentido, derivadas) ser ellas mismas verdaderas?

Al parecer la respuesta a esta pregunta debe ser afirmativa. Los jueces han de derivar las proposiciones jurídicas singulares de las proposiciones jurídicas generales. Este proceso de derivación supone: (1) enunciados de derecho general, tales como, «todos los

homicidios realizados con premeditación*constituyen asesinatos»;
(2) enunciados de los hechos de cada caso particular como, por
ejemplo, «este homicidio fue realizado intencionalmente y sin provocación»; (3) enunciados de hechos interpretativos, en este caso,
«todos los homicidios realizados intencionalmente y sin provocación son realizados con premeditación» y (4) la aplicación de la lógica deductiva estándar. La lógica estándar es un instrumento de
preservación de la verdad, en el sentido de que si se deduce lógicamente una conclusión verdadera (aquí, la proposición jurídica singular), cada premisa de la deducción debe ser ella misma verdadera.
Bismarck alguna vez sostuvo que si usted desea que las personas se
vuelvan conservadoras primero debe darles algo para conservar (él
hablaba a favor del entonces novedoso sistema de seguridad social
de Alemania). Así que en este caso: si vamos a estar en el negocio
de la lógica —para preservar la verdad— uno debe primero tener
verdad (en las premisas) que preservar.

Hasta ahora en mi exposición de las proposiciones jurídicas como portadoras de verdad y estados de cosas (como la existencia de
clases) como correlatos veritativos, he presupuesto algún tipo de
teoría de la verdad como correspondencia. Algunos podrían estar
tentados a pensar que esto debe ser diferente para las proposiciones
jurídicas generales. Un pensamiento como el anterior podría estar
basado en la duda de si puede haber correlatos veritativos plausibles para las proposiciones generales del derecho. ¿Qué, podría uno
preguntarse, hace verdadero que todos los contratos requieran de
aceptación de la oferta y de causa a fin de ser legalmente válidos?

En realidad esta dificultad es ilusoria. La inquietud se basa en
una confusión entre *proposiciones* (jurídicas) y *oraciones* establecidas
por autoridades jurídicas, como los tribunales o las legislaturas. Si
se piensa en términos de oraciones canónicamente formuladas emitidas por las legislaturas, entonces bien puede parecer que el único

---

*   N. del T.: el autor habla aquí de *malice aforethought*, hoy entendido como pre-
     meditación, pero que básicamente se refiere al elemento mental, o del *mens
     rea*, que de antiguo era necesario para calificar el homicidio como asesinato.

«correlato veritativo» para estas oraciones sería el hecho histórico de que se hizo tal pronunciamiento. Desde esta perspectiva, la oración: «todos los testamentos no ológrafos requieren dos testigos para ser legalmente válidos», es hecha verdadera por una autoridad jurídica (tal como una legislatura) que pronuncia esa oración en alguna ocasión apropiada. La oración es «verdadera», bajo este punto de vista, no porque se corresponde con alguna cosa, independiente-de-lo-mental o no, sino que tal oración es «verdadera», según esta perspectiva, solo en el sentido débil de que fue autoritativamente pronunciada, es decir, fue «hecha verdadera» como una expresión performativa.

Con todo, las proposiciones jurídicas generales no deben ser confundidas con las oraciones autoritativamente establecidas que puedan ser utilizadas para *expresarlas*[81]. Un órgano legislativo puede pronunciar la oración «nadie podrá obstruir el paso del correo de los EE.UU.», o «nadie podrá participar en prácticas restrictivas del comercio»; las proposiciones jurídicas generales que expresan esas oraciones son reproducidas con mayor precisión, respectivamente: «nadie podrá obstruir el paso del correo de los EE.UU., salvo por una buena razón», y «nadie podrá participar en prácticas que limiten de manera injustificable el comercio».

Las proposiciones jurídicas generales no son más que, ni algo distinto de, las proposiciones singulares (de todo caso jurídico imaginable) que las componen. Las clases naturales, morales y funcionales desempeñarán los mismos roles como correlatos veritativos de tales proposiciones generales que desempeñan en las proposiciones singulares. Por lo tanto, los predicados en esas proposiciones jurídicas generales harán referencia a las extensiones de oro, agua,

---

[81] Uso el «puedan» deliberadamente, porque para las proposiciones generales del *common law*, a diferencia de la legislación en sentido formal, no existen oraciones canónicamente formuladas emitidas con autoridad por los tribunales en casos anteriores. Sobre esto, véase Moore, 1987b. Para este tipo de normas jurídicas no canónicas, la tentación basada en el origen del positivismo jurídico discutida en el texto no llegan siquiera a plantearse.

tigres, propiedad, libertad, igualdad, testamentos, premeditación, y muerte, en igual o mayor medida que en las proposiciones jurídicas singulares derivadas de las primeras a través de la interpretación. La perspectiva central de la semántica realista —que los términos de clase se refieren a clases, tal como los nombres propios y las descripciones definidas se refieren a individuos— no hace del correlato veritativo para las proposiciones jurídicas generales algo diferente o más misterioso que los correlatos veritativos de las proposiciones jurídicas singulares. Al menos esto será así para cualquiera cuyo realismo se oponga al nominalismo, así como al idealismo.

VIII. LA METAFÍSICA CORRECTA COMO EL CORRELATO VERITATIVO PARA LAS PROPOSICIONES SOBRE DEL DERECHO

Las proposiciones jurídicas son proposiciones internas a un ordenamiento jurídico. En ese sentido, su verdad es una verdad relativa a un ordenamiento jurídico. Por lo tanto, (la proposición) «se requiere premeditación para que se constituya un asesinato», afirmada por un abogado, juez o ciudadano angloamericanos implícitamente se califica como: «en el derecho penal angloamericano, se requiere premeditación para que se constituya un asesinato». Las proposiciones sobre el derecho, por el contrario, no son internas a determinados ordenamientos jurídicos de esta manera. Tales proposiciones son, en este sentido, parte de una teoría del derecho externa [*external jurisprudence*]. Esas proposiciones son «meta-», o externas, solo en tanto dicen algo sobre el derecho como tal, no del derecho en Francia, en Italia, etc. Por tanto, tales proposiciones son, denominadas acertadamente, parte de una teoría *general* del derecho [*general jurisprudence*][82].

---

[82] Examino la diferencia entre una teoría particular e interna del derecho [*internal particular jurisprudence*], y una teoría general y externa del derecho [*external general jurisprudence*] en Moore, 1998.

La pregunta más general que se formula en una teoría del derecho general y externa es «¿qué es derecho?». Lo que se busca en respuesta a tal pregunta es alguna lista de las características esenciales que una cosa debe tener para ser derecho. Llámese a una lista que presenta dichas características, una teoría del derecho [*theory of law*]. Podemos preguntarnos si dicha teoría, y si cada una de sus proposiciones sobre el derecho, pueden ser *objetivas*.

Cuando preguntamos por la objetividad de las proposiciones de una teoría del derecho [*legal theory*], estamos usando «objetividad» en el(los) mismo(s) sentido(s) que la usamos al preguntar por la objetividad de las proposiciones jurídicas. Es decir, estamos preguntando si estas proposiciones son capaces de tener un valor de verdad independientemente de lo que crea algún grupo, y si algunas de estas proposiciones son verdaderas en este sentido independiente-de-lo-mental. Y, como antes, se pueden distinguir dos versiones de esta objetividad, una versión fuerte y una débil. En la versión débil, solo algunas proposiciones sobre el derecho tienen valores de verdad determinados; mientras que otras son indeterminadas en sus valores de verdad. En la versión fuerte, todas las proposiciones significativas sobre el derecho son o verdaderas o falsas (incluso si epistémicamente puede ser difícil a veces saber cuál es el valor de verdad correcto).

Además, como antes, la versión fuerte de la objetividad será plausible para las proposiciones de la teoría del derecho [*propositions of legal theory*] solo si una semántica realista resulta apropiada para las palabras utilizadas al expresar tales proposiciones. Considérense casos como el del derecho internacional, del derecho antiguo, del derecho constitucional de los EE.UU., o del *common law*[83]. Es muy posible que (como algunos teóricos del derecho han sostenido) nuestras convenciones, lingüísticas y de otro tipo, que dan sentido a nuestra concepción del derecho bajo cualquier explicación no realista, se agoten o entren en conflicto respecto de estos casos.

---

[83] Los casos límite para los positivistas jurídicos como Bentham y Hart. Véase, por ejemplo, Hart, 1961.

Éstos son, entonces, los «casos difíciles» de la teoría del derecho, indeterminados bajo cualquier semántica convencionalista de las proposiciones sobre el derecho. Pero bajo una semántica realista, la naturaleza de la bestia (el derecho) puede proporcionar una respuesta determinada a la pregunta de si éstos son derecho, aun cuando pueda conllevar una discusión teórica considerable respecto de la naturaleza del derecho ver [*see*] estas respuestas[84].

Con toda esta feliz repetición y monotonía, podría parecer como si zanjar la cuestión de la objetividad de las proposiciones jurídicas resolviese asimismo la cuestión de las proposiciones sobre el derecho. Esto sería un error. Es como pensar que las proposiciones respecto de la vaguedad tienen que ser ellas mismas vagas, o que las proposiciones acerca de la interpretación tienen que ser ellas mismas interpretativas[85]. Se trata de un craso error. No es necesario que los meta-lenguajes compartan las características de los lenguajes (objeto) a los que se refieren.

Por consiguiente, la controversia sobre la objetividad de las proposiciones de la teoría del derecho [*legal theory*] sigue viva, a pesar de lo que hemos dicho antes sobre la objetividad fuerte de las proposiciones jurídicas. No solo la respuesta a la pregunta no está determinada por nuestra respuesta a la pregunta similar acerca de las proposiciones jurídicas; también nuestro interés en estas dos cuestiones sobre la objetividad difiere.

Nuestro interés en la objetividad (determinación) de las proposiciones jurídicas era en parte práctico. Estábamos motivados por dos de esos intereses prácticos: (1) la objetividad fuerte quería decir que los jueces no se apartaban del derecho en los casos difíciles, y esto era importante para cómo los jueces deben fallar en tales casos, y (2) la objetividad fuerte significaba que un cambio dentro de

---

[84]   Examino la diferencia entre una búsqueda convencionalista de un *concepto* de derecho y la búsqueda realista de la *naturaleza* del derecho, en Moore, 1992a.

[85]   Separo el interpretativismo sobre el derecho del interpretativismo acerca de la teoría del derecho, en Moore, 1989a, reimpreso en Moore, 2000.

las convenciones no indica necesariamente un cambio en el derecho, de modo que los jueces eran más libres para cambiar esas convenciones en su juzgamiento de lo que serían si tales convenciones constituyeran el derecho. Las proposiciones sobre el derecho en la teoría del derecho [*legal theory*] carecen de estos beneficios prácticos producto de decidir entre objetividad fuerte versus objetividad débil. Si la teoría del derecho es o no objetiva en sentido fuerte, ello no tendrá impacto en las obligaciones de los jueces.

Con todo, la objetividad de la teoría del derecho tiene consecuencias teóricas que deberían dirigir nuestro interés. Tales consecuencias corresponden a los dos intereses prácticos que tenemos en la objetividad de las proposiciones jurídicas. Estos intereses teóricos paralelos son: (1) no nos quedamos sin respuestas frente a los supuestos casos límite del derecho, tales como el derecho internacional, si la objetividad fuerte es verdadera respecto a las proposiciones sobre el derecho; y (2) los desacuerdos radicales entre los teóricos del derecho se vuelven significativos porque ellos están en desacuerdo respecto de la naturaleza de la misma cosa (es decir, del derecho). Los anteriores son beneficios teóricos que hacen que la cuestión de la objetividad de las proposiciones sobre el derecho derecho no carezca de interés.

Por tanto, ¿son las proposiciones sobre el derecho objetivas en sentido fuerte? ¿Hay una respuesta correcta a preguntas sobre si el *common law* es realmente derecho, o sobre si el derecho es una unión de normas primarias y secundarias?[86] En lo que antes denominé el modelo estándar de la semántica realista, dos tipos de hechos deben ser verdaderos para que la semántica realista sea apropiada (y, así, la objetividad posible): ciertos hechos sociales de uso y ciertos hechos ontológicos sobre la realidad.

Los hechos acerca del uso que necesitamos son intenciones indexicales y referenciales de los hablantes cuando hablan sobre el derecho, junto con las intenciones de deferencia de los no expertos

---

[86]   Las preguntas son de Bentham y Hart, respectivamente.

sobre el derecho. Considérense primero las intenciones indexicales de los usuarios naturales de la palabra «derecho». Como hemos visto, que existan tales intenciones indexicales es una idea plausible: (1) cuando los hablantes en cuestión tengan acceso a las muestras locales de la materia, y (2) tengan una intención ostensiva de referirse a cualquier otra cosa que sea «lo mismo» (es decir, similar en aspectos significativos) que las muestras locales que han visto. La palabra «derecho» es plausiblemente usada de esa forma. Todo el mundo piensa que conoce claramente casos de leyes y de derecho (es decir, del ordenamiento jurídico), porque todos han tenido algún tipo de contacto con la materia en su vida diaria. Por otra parte, su intención referencial es plausiblemente indexical: «cualquier otra cosa que sea igual que las cosas que sé que son derecho, debe ser derecho también». Incluso los teóricos del derecho tienen tales intenciones indexicales al usar la palabra «derecho»; nótese, en este sentido, cómo Hart toma a los «ordenamientos jurídicos nacionales maduros» en Inglaterra como su punto de partida en la generalización sobre el derecho[87].

Las intenciones de los usuarios de «derecho» también son plausiblemente referenciales y no atributivas. Esto se evidencia en parte por la derrotabilidad con la que los usuarios de «derecho» consideran a sus propias definiciones y teorías del derecho [*theories of law*]. Como Stavropoulos también advierte, «los juristas tratan a las propiedades jurídicas como las propiedades genuinas sobre las cuales [...] [ellos y otros] pueden estar substantivamente equivocados. En términos de intenciones, los legisladores tienen la intención (fundamentalmente) de que la *propiedad* que un concepto representa, antes que su propio intento de aprehender su naturaleza, sea respetada en el derecho»[88]. El derecho tiene una naturaleza que los hablantes ordinarios toman como la fijación del significado de «derecho»; ellos no creen estar en posesión de definiciones determinantes-de-

---

[87]   Hart, 1961.
[88]   Stavropoulos, 1996: 46.

extensión que no puedan ser erróneas porque tales definiciones fijan el significado de «derecho».

Simchen y Coleman cuestionan que la mayoría de los usuarios de «derecho» puedan tener tales intenciones referenciales; esto, porque piensan que esas intenciones no solo tienen que ser intenciones «de referirse a todo lo que tenga la misma naturaleza subyacente que algunas muestras paradigmáticas [...]»[89]. Ellos también exigen que tales intenciones tengan que reconocer que esa naturaleza pueda superar cualquier teoría al respecto, incluyendo cualquier posible teoría en el futuro, y aún así la intención haya de referirse a tal naturaleza desconocida e incognoscible[90]. Sin embargo, como insistí anteriormente[91], esto implica atribuir a las intenciones referenciales aquí necesarias mucho más de lo que es en verdad esencial. Los hablantes ordinarios no tienen que distinguir el realismo *peirceano* (o «interno») del realismo metafísico con el fin de tener las intenciones referenciales suficientes para la aplicación de una semántica realista.

En tercer lugar, por lo general existe una intención de deferir a los expertos cuando una semántica realista es apropiada. Simchen y Coleman hacen un buen trabajo al detallar cuándo existen tales intenciones deferenciales como una cuestión de hecho social[92]. Los éxitos pasados de los expertos, la importancia de sus impresiones en la vida cotidiana, la falta de desacuerdos entre ellos, y de existir dicho desacuerdo: su convergencia en el tiempo, o la simple confianza en el conocimiento experto por alguna otra razón, puede ser suficiente para generar intenciones generalizadas de deferir a los expertos respecto de la naturaleza de oro, sueños, pez, etc. El rechazo de parte de Simchen y Coleman del modelo de «pedestal» de Dworkin y Stavropoulos, yace precisamente en su escepticismo de que haya alguna deferencia a la pericia de los teóricos del derecho

---

[89] Coleman y Simchen, 2003: 36, nota 43.
[90] Coleman y Simchen, 2003.
[91] Véase el texto de la nota 59 *supra*.
[92] Coleman y Simchen, 2003: *passim*.

acerca de la naturaleza del derecho. Hay expertos respecto de las proposiciones *del* derecho (proposiciones jurídicas), y las personas comunes tienen la intención de deferir a ellos; llamamos a esos expertos, «abogados» [*lawyers*]. Pero hay una deferencia comparativamente limitada a los teóricos del derecho sobre las proposiciones *sobre* el derecho.

Con todo, hay un tipo de deferencia que se pasa por alto aquí. Es el tipo de deferencia involucrada en el discurso moral, donde las personas también creen comúnmente (aunque no universalmente) que no hay expertos[93]. Debido al intento de referirse a la naturaleza de alguna clase moral o jurídica, y debido a la modestia de la mayoría de las personas al pensar que no son infalibles en sus propias creencias acerca de esas naturalezas, ellos deben tener la intención de deferir al conocimiento experto que sería necesario para comprender la naturaleza de tal clase. Este conocimiento experto puede residir en sus propias percepciones futuras, así como en las de los demás; ellos pueden atribuírsela a Dios, a los teólogos[94], a los más sabios de sus amigos, a un observador epistémicamente idealizado, o a nadie en particular. Pero teniendo la intención de *referirse* (a alguna naturaleza semejante), ellos tienen la intención de deferir.

Dejando de lado los hechos sociales necesarios para hacer plausible a la semántica realista (y a la objetividad fuerte) para las proposiciones sobre el derecho, dirijo la atención hacia los hechos ontológicos necesarios. Como hemos visto, las habilidades clasificatorias comunes para los hablantes nativos (Coleman/Simchen), la existencia de un concepto bajo el cual los particulares puedan ser agrupados (Dworkin/Stavropoulos), etc., no son suficientes. Éstas son demasiado convencionales. Se necesita la existencia de una cla-

---

[93]   Véase, por ejemplo, Waldron, 1992.

[94]   Véase, por ejemplo, la decisión del juez Jerome Frank, quien en su voto de minoría en *Repouille v. United States*, F.2d 152 (2d Cir. 1947), instó al reenvío del caso al juez de distrito para su fallo, sobre la base de lo que nuestros «líderes éticos» (por quienes parecía referirse a líderes religiosos) pensaron sobre el problema moral que estaba en cuestión en el caso.

se cuya naturaleza sea lo suficientemente rica como para guiar el significado, incluso cuando las convenciones se agotan o entran en conflicto.

Todo el que haya abordado el problema de la aplicación de la semántica realista al derecho ha observado, con razón, que el derecho no es una clase natural como el oro, el agua, los sueños, etc. El derecho es una creación humana, un artefacto[95]. A partir de este truismo se podría inferir que no puede haber naturaleza alguna para estos artefactos a ser referida por la palabra «derecho», o al menos alguna naturaleza más rica que aquella que explícitamente se les da a estos artefactos por parte de sus creadores humanos. La preocupación es que esta naturaleza, constituida por intenciones y convenciones, se agotará con demasiada frecuencia como para apoyar una semántica realista y una objetividad fuerte.

Ilustrativa de esta preocupación es una anécdota (real) sobre «el pliegue» [«*the pucker*»]. (Un pliegue es un cierto punto adoptado por las costureras desde tiempos inmemoriales). Una profesora de administración del hogar [*home economics*] en una universidad del medio oeste se acercó al Decano de la universidad un día, con una nueva propuesta para un curso. Ella se había tomado en serio el alto prestigio de la teoría en la academia de hoy, y por lo tanto deseaba dedicar un nuevo curso para estudiar «la teoría del pliegue». No es necesario mencionar que el Decano (quien resultó ser mi suegro) no podía verle una naturaleza lo suficientemente rica al pliegue como para sostener un curso de un semestre.

Es cierto que no todas las clases tienen una naturaleza que invita a una teoría profunda. No es probable que próximamente una teoría profunda del pliegue —o de sillas, estanques, guijarros o tablas— esté en camino. Uno puede, por supuesto, imaginar hechos muy sorprendentes que han aparecido sobre esos elementos, tales como el descubrimiento imaginado por Hilary Putnam de que los

---

[95]   Véase, por ejemplo, Bix, 2003.

lápices que están vivos[96]. Los hablantes pueden, entonces, tener tanto intenciones indexicales como referenciales en su uso de esas palabras. Pero la probabilidad es que muchas clases no sean teóricamente interesantes.

Con todo, la línea entre las clases de naturaleza profunda versus las de naturaleza superficial no es congruente con la línea natural/artificial[97]. No solo algunas clases de la naturaleza (como guijarros, estanques y cerdos)[98] no están en el fondo de este espectro, sino tampoco lo están algunas creaciones humanas. Las soluciones de coordinación, los equilibrios de Nash, la democracia, la función judicial, la libertad frente a la coacción por otros, la inteligencia artificial, la gramática profunda, la demencia en sentido jurídico, todas vienen a la mente. El derecho también parece ser una clase de este tipo de teoría que invita a la profundidad.

Las personas ordinarias están inmediatamente familiarizadas con el derecho porque todos tenemos contacto con el derecho en nuestra vida cotidiana. Esto lleva a algunos a considerar la pregunta de qué es el derecho como casi tan obvia como la cuestión, «¿qué es una silla?»[99]. No obstante, los teóricos del derecho saben que esta familiaridad ordinaria es engañosa. El derecho es fascinantemente complejo en su naturaleza, se nutre de siglos de especulación teórica llevada a cabo por teóricos sofisticados. Sus estructuras distintivas (¿reglas generales? ¿sanciones?), su función distintiva (¿valores del Estado de derecho? ¿coordinación? ¿moral que completa lagunas? ¿integridad?), y su lugar distintivo dentro de las razones objetivas que ligan a los actores, son individualmente complejos, y su combi-

---

[96] Putnam, 1975: 243.

[97] Un punto también destacado por Coleman y Simchen, 2003: 18.

[98] Un jabalí puede constituir una clase natural, pero un cerdo es solo un jabalí doméstico.

[99] Un ejemplo personal: años atrás un profesor con el que daba un curso en psicología sostuvo fuertes opiniones jurídicas anti-naturalistas acerca de la naturaleza del derecho. Tras investigar al respecto, resultó que él había recibido un fallo extremadamente desfavorable en su reciente juicio de divorcio. (Por tanto, estaba seguro de que el derecho no guardaba relación con la justicia).

nación en el derecho lo es aún más. En términos muy generales, el derecho es una clase funcional[100], similar a las clases funcionales que son los referentes de las palabras utilizadas para expresar tanto las proposiciones jurídicas generales como singulares («dolo», «contrato», etc.). Como tal, los valores a los que sirve, y las estructuras que sirven al máximo a esos valores, y sus capacidades vinculantes, están lejos de ser simples o evidentes.

De hecho, la propia complejidad del derecho, y los resultantes desacuerdos sobre su naturaleza, predispone un poco hacia el escepticismo de que no tiene alguna naturaleza en absoluto. Sin embargo, incluso desde una visión naturalista del mundo, tal escepticismo sobre el derecho es injustificado[101]. Su naturaleza está ahí para ser referida, con una riqueza que invita al desarrollo teórico.

---

[100] Moore, 1992a.
[101] He explorado la ontología del derecho en Moore, 2003a.

Bibliografía

Bar-Hillel, Y., 1954: «Indexical Expressions», *Mind*, 63: 359-379.

Beebee, H. y N. Sabbarton-Leary, 2010: *The Semantics and Metaphysics of Natural Kinds*. New York: Routledge.

Bentham, J., 1782: *Of Laws in General*. London: Athlone Press, 1970.

Bix, B., 2003: «Can Theories of Meaning and Reference Solve the Problem of Legal Determinacy?», *Ratio Juris*, 16: 281-295.

Borgo, J., 1979: «Causal Paradigms in Tort Law», *Journal of Legal Studies*, 8: 419-455.

Brink, D., 1988: «Legal Theory, Legal Interpretation, and Judicial Review», *Philosophy and Public Affairs*, 17: 105-148.

— 1989a: *Moral Realism and the Foundations of Ethics*. Cambridge: Cambridge University Press.

— 1989b: «Semantics and Legal Interpretation (Further Thoughts)», *Canadian Journal of Law and Jurisprudence*, 2: 181-191.

— 2001: «Realism, Naturalism, and Moral Semantics», *Social Philosophy and Policy*, 18: 154-176.

Coleman, J. y O. Simchen, 2003: «Law», *Legal Theory*, 9: 1-41.

Donellan, K., 1966: «Reference and Definite Descriptions», *The Philosophical Review*, 75 (3): 281-304.

Dworkin, R., 1978: «Reply to My Critics», en Dworkin, R.: *Taking Rights Seriously*. Cambridge Mass.: Harvard University Press.

— 1985: *A Matter of Principle*. Cambridge, Mass.: Harvard University Press.

— 1986: *Law's Empire*. Cambridge, Mass.: Harvard University Press.

— 2004: «Hart's Postscript and the Character of Political Philosophy», *Oxford Journal of Legal Studies*, 24: 1-37.

Gallie, W.B., 1956: «Essentially Contested Concepts», *Proceedings of the Aristotelean Society*, 56: 167-198.

Greenberg, M., 2011a: «Naturalism in Epistemology and the Philosophy of Law», *Law and Philosophy*, 30: 419-451.

— 2011b: «Implications of Indeterminacy: Naturalism in Epistemology and the Philosophy of Law II», *Law and Philosophy*, 30: 453-475.

Hart, H.L.A., 1958: «Positivism and the Separation of Law and Morality», *Harvard Law Review*, 71: 593-629.

— 1961: *The Concept of Law*. Oxford: Clarendon Press.

Holmes, O.W., 1881: *The Common Law*. Boston: Little, Brown.

Katz, L., 1987: *Bad Acts and Guilty Minds*. Chicago: University of Chicago Press.

Kelsen, H., 1934: «The Pure Theory of Law», *Law Quarterly Review*, Vol. 50: 474-482.

Leiter, B., 1998: «Naturalism and Naturalized Jurisprudence», en Bix, B. (ed.): *Analyzing Law: New Essays in Legal Theory*. Oxford: Clarendon Press.

LYCAN, B., 1971: «Non-Inductive Evidence: Recent Work on Wittgenstein's "Criteria"», *American Philosophical Quarterly*, 8: 109-125.

MALCOLM, N., 1959: *Dreaming*. London: Routledge.

MOORE, M., 1981: «The Semantics of Judging», *Southern California Law Review*, 54: 151-295.

– 1982: «Moral Reality», *Wisconsin Law Review*, 6: 1061-1156.

– 1985: «A Natural Law Theory of Interpretation», *Southern California Law Review*, 58: 279-398.

– 1987a: «Metaphysics, Epistemology, and Legal Theory», *Southern California Law Review*, 60: 453-506.

– 1987b: «Precedent, Induction, and Ethical Generalization», en GOLDSTEIN, L. (ed.): *Precedent in Law*. Oxford: Oxford University Press.

– 1989a: «The Interpretive Turn: A Turn for the Worse?», *Stanford Law Review*, 41: 871-957.

– 1989b: «Do We Have an Unwritten Constitution?», *Southern California Law Review*, 63: 107-148.

– 1992a: «Law as a Functional Kind», en GEORGE, R. (ed.): *Natural Law Theories*. Oxford: Oxford University Press.

– 1992b: «Moral Reality Revisited», *Michigan Law Review*, 90: 2424-2533.

– 1993: *Act and Crime: The Implications of the Philosophy of Action for the Criminal Law*. Oxford: Clarendon Press.

– 1998: «Hart's Concluding Scientific Postscript», *Legal Theory*, 4: 301-327.

– 2000: *Educating Oneself in Public: Critical Essays in Jurisprudence*. Oxford: Oxford University Press.

– 2001: «Justifying the Natural Law Theory of Constitutional Interpretation», *Fordham Law Review*, 69: 2087-2117.

– 2003a: «Legal Reality: A Naturalist Approach to Legal Ontology», *Law and Philosophy*, 21: 619-705.

– 2003b: «The Destruction of the Twin Towers and the Law on Event-Identity», en HYLAND, J. y STEWARD, H. (eds.): *Action and Agency*. Cambridge: Cambridge University Press.

– 2003c: «The Plain Truth About Legal Truth», *Harvard Journal of Law and Public Policy*, 26: 23-47.

– 2004: *Objectivity in Law and Ethics*. Aldershot, U.K.: Ashgate Publishing.

– 2009: *Causation and Responsibility*. Oxford: Oxford University Press.

PLATTS, M., 1980: *Ways of Meaning*. London: Routledge.

PUTNAM, H., 1962: «Dreaming and Depth Grammar», en BUTLER, R.J., (ed.): *Analytic Philosophy, First Series*. Oxford: Oxford University Press. Reimpreso en PUTNAM, H., 1975: *Mind, Language, and Reality*. Cambridge: Cambridge University Press.

  - 1975: «The Meaning of "Meaning"», Minnesota Studies in the Philoso-
    phy of Science, 7: 131-193.
QUINE, W.V.O., 1960: *Word and Object*. Cambridge Mass.: MIT Press.
RAZ, J., 1979: «Legal Reasons, Sources, and Gaps», en RAZ, J.: *The Authority of
    Law*. Oxford: Oxford University Press.
RORTY, R., 1973: «Criteria and Necessity», *Nous*, 7: 313-329.
RYLE, 1949: *The Concept of Mind*. London: Hutcheson.
SIMCHEN, O., 2007: «Metasemantics and Objectivity», en VILLANUEVA, E. (ed.):
    Law: Metaphysics, Meaning, and Objectivity. Amsterdam: Rodopi, pp. 215-234.
SOAMES, S., 2002: *Beyond Rigidity: The Unfinished Semantic Agenda of Naming and
    Necessity*. Oxford: Oxford University Press.
  - 2009: «Interpreting Legal Texts: What Is and Is not Special About the
    Law», en SOAMES, S. (ed.): *Philosophical Essays*, Vol. I. Princeton: Prince-
    ton University Press.
  - 2010: *Philosophy of Language*. Princeton: Princeton University Press.
STAVROPOULOS, N., 1996: *Objectivity in Law*. Oxford: Clarendon Press.
WALDRON, J., 1992: «The Irrelevance of Moral Objectivity», en George, R.:
    Natural Law Theories. Oxford: Oxford University Press.
WELLMAN, C., 1962: «Wittgenstein's Conception of the Criterion», *Philosophi-
    cal Review*, 71: 433-447.
WEST, R., 1990: «The Supreme Court. Foreword: Taking Freedom Seiously»,
    Harvard Law Review, 104: 43.
WITTGENSTEIN, L., 1953: *Philosophical Investigations*. Oxford: Blackwell, 1958.

Normas verdaderas a la luz de la justificación axiológica de las normas[*]

MAREK PIECHOWIAK

I. PRELIMINARES

1. Status quaestionis

En la Constitución de la República de Polonia del 2 de abril de 1997[1] se reconocía el carácter objetivo de ciertos valores y un cognoscitivismo axiológico. Si tomamos las disposiciones constitucionales en serio tenemos que aceptar que algunas valoraciones morales o que algunas preferencias [*utterances*] valorativas pueden ser verdaderas o falsas y que nos informan acerca de una realidad objetiva. Por otro lado, en la teoría del derecho polaca y en los cursos universitarios de lógica para abogados se encuentran definiciones de la justificación axiológica de las normas y de normas axiológicas (normas que poseen una justificación axiológica) que presuponen que ningún valor es objetivo y que no pueden ser conocidos —se presupone un no-cognoscitivismo axiológico. De acuerdo con el no-cognoscitivismo, ninguna valoración y ninguna preferencia valorativa puede ser verdadera o falsa, ni puede informar acerca de la realidad. En este trabajo se analiza la concepción no-cognoscitivista de Zygmunt Ziembiński tal y como ha sido formulada en su libro de texto *lógica práctica* [*Logika praktyczna*] —el cual ha formado intelec-

---

[*] Traducido del inglés por Jorge Cerdio; título original: «True Norms in the Light of Axiological Justification of Norms». Relectura: Germán Sucar.

[1] La Constitución de la República de Polonia [*Konstytucja Rzeczypospolitej Polskiej*] del 2 de abril de 1997, Dziennik Ustaw, 1997. No. 78, item 483. Versión en inglés en Gierach, 2009: 21.

tualmente a dos generaciones de abogados polacos y ha establecido el estándar bajo el que se entienden las justificaciones axiológicas y las normas axiológicas[2]. Su definición de valoración y de normas excluyen la posibilidad misma de un discurso significativo acerca de las valoraciones o acerca de las normas en términos de verdad o falsedad.

2. Objetivos

La concepción de Ziembiński es compleja, presentada en una forma clara y, por lo tanto, es un punto de partida adecuado para iniciar un análisis que revelará los puntos débiles de una postura no-cognoscitivista y que preparará el camino para elaborar nuevas definiciones.

Los principales objetivos de este trabajo no son críticos sino de tipo propositivo. Primero se buscará una definición de justificación axiológica de las normas y de las normas axiológicas que puedan ser empleadas tanto por los no-cognoscitivistas como por los cognoscitivistas. Después se propondrá una definición de justificación axiológica específica para las posturas cognoscitivistas. Se podría denominar a ese tipo de justificación, *justificación del tipo de los derechos humanos* [*human-rights-type-justification*]. Finalmente, sobre la base de una definición de justificación axiológica se propone una definición de norma verdadera.

En nuestra búsqueda por una definición de justificación axiológica de las normas se seguirán algunas directrices pragmáticas. Se busca una solución que tome en cuenta las intuiciones básicas que en el contexto del derecho van unidas a la expresión «justificación axiológica». Desde la perspectiva de las posiciones dominantes en el tema, la nueva solución debe ser una continuación antes que un

---

[2]   La primera edición polaca fue publicada en 1956; hasta el 2014 el libro tenía 26 ediciones en polaco y un sinnúmero de reimpresiones —la más reciente en 2013. Existe traducción en inglés, basada en la edición polaca de 1973. Véase Ziembiński, 1956.

quiebre revolucionario. La nueva definición debe ser más adecuada que las definiciones comúnmente aceptadas cuando se trata de analizar un ordenamiento jurídico en el que se reconoce el carácter objetivo de ciertos valores y un cognoscitivismo axiológico. Si bien es cierto que se busca una solución adecuada para sistemas jurídicos reales, también se tendrá en cuenta un advertencia hecha por Aristóteles:

> Las personas educadas buscan la exactitud en cada uno de sus campos en la medida en que la naturaleza de cada tema lo permite; porque aparentemente tanto es un error exigir demostraciones a un retórico como lo es aceptar simples argumentos persuasivos de un matemático[3].

II. EL ORDENAMIENTO JURÍDICO POLACO Y LOS VALORES OBJETIVOS

1. Las controversias meta-axiológicas y su importancia para la interpretación del derecho

La axiología del derecho —en el sentido estrecho y básico de esta expresión— tiene por objetivo responder a la pregunta acerca de cuáles son los valores que son reconocidos directa o indirectamente en el sistema jurídico y que son importantes en el proceso de interpretación jurídica (y de esta manera en la identificación de normas). Responder a esta pregunta puede apuntar, por ejemplo, hacia la dignidad, la libertad, la igualdad y el bien común.

La meta-axiología del derecho, que es una parte de la axiología del derecho en sentido amplio, trata con cuestiones relativas a la ontología y a la epistemología de los valores. Su objetivo es responder a las preguntas acerca del modo en que los valores existen y acerca de la posibilidad de su conocimiento cuando éstos son directa o in-

---

3   Aristóteles, *Ética a Nicómaco*, 1094b. *N. del T.: la traducción está hecha de la versión en inglés de T. Irwin: *Nicomachean Ethics*. Indianapolis, Ind.: Hackett Publishing Company, 1985.

directamente reconocidos en un sistema jurídico y son importantes en el proceso de interpretación jurídica. En el dominio de la ontología, la disputa principal se encuentra entre el realismo axiológico y el anti-realismo —el primero sostiene que los valores son reales, objetivos e independientes de la acción humana; el segundo niega las posturas de este tipo. Esta controversia tiene su correlato en el terreno de la epistemología, a saber, la controversia entre el cognoscitivismo axiológico y el no-cognoscitivismo.

No nos ocuparemos aquí de la cuestión acerca de si hay una conexión necesaria entre aceptar un realismo y aceptar un cognoscitivismo o entre aceptar un anti-realismo y aceptar un no-cognoscitivismo. Sin embargo, desde un punto de vista práctico, en el terreno de la investigación jurídica podemos aceptar que hay una correlación entre el realismo y el cognoscitivismo, por un lado, y entre el anti-realismo y el no-cognoscitivismo, por el otro. Las soluciones de tipo ontológico son importantes para el proceso de interpretación del derecho solo en la medida en que se reflejan en el dominio de la epistemología.

Las soluciones meta-axiológicas son de vital importancia para determinar los modos en los que se puede aprehender el contenido de los valores y para determinar qué procedimientos han de ser aplicados en el proceso de interpretación del derecho. Las controversias entre realismo y anti-realismo y entre cognoscitivismo y no-cognoscitivismo son vitales para determinar el lugar que ocupa el principio de transigencia cuando se resuelven colisiones entre normas o valores jurídicos. Si los valores en conflicto se reconocen como meras creaciones de las partes en un conflicto, entonces los procedimientos no tienen como propósito el conocimiento de los valores sino convencer a las partes a que se comprometan a renunciar parcialmente a sus intereses. La controversia acerca de valores jurídicamente protegidos será determinada, principalmente, por medio de decisiones. Si —como ocurre en el terreno de la protección de los derechos humanos— los valores en conflicto son reconocidos como dados, entonces los procedimientos han de apuntar al conocimiento de esos valores, y la transigencia entre las partes en conflicto no estará fundada en sus decisiones, entonces tales valores servirán como *ultima ratio* para arribar a una solución práctica. De este modo, se puede apreciar que las controversias meta-axiológicas básicas son cruciales para la interpretación jurídica incluso si los problemas filosóficos particulares no son resueltos con todo detalle.

Tanto la axiología (en un sentido estrecho) como la meta-axiología del derecho pueden ser desarrolladas desde una perspectiva interna o externa al derecho. Desde una perspectiva interna las soluciones axiológicas y meta-axiológicas se identifican al analizar los textos jurídicos. Desde una perspectiva externa tales soluciones se identifican en forma independiente al reconocimiento que de ellas haga el legislador. En este trabajo se adopta la perspectiva interna.

2. Soluciones meta-axiológicas aceptadas en la Constitución polaca de 1997

A. Valores constitucionales universales

Después de la adopción de la Constitución de la República de Polonia [*Konstytucja Rzeczypospolitej Polskiej*] el 2 de abril de 1997 fue claro que la teoría del derecho tenía que elaborar instrumentos para tratar con cuestiones relativas al realismo axiológico y al cognoscitivismo. Desde un punto de vista meta-axiológico las disposiciones constitucionales más importantes son las que hacen referencia a los denominados *valores constitucionales universales* y a la dignidad humana[4].

Un enunciado en el que son reconocidos valores universales se ubica en el preámbulo a la constitución:

---

4   Para un tratamiento más extenso de este punto véase Piechowiak 2009a y 2009b.

Nosotros, la Nación Polaca —todos ciudadanos de la República, tanto aquellos que creen en Dios como la fuente de la verdad, la justicia, lo bueno y la belleza, como aquéllos que no comparten esa fe pero que respetan aquellos valores universales como emanados de otras fuentes[5].

La importancia meta-axiológica de esta disposición se vuelve evidente cuando es comparada con la propuesta contenida en la versión final del texto preparado por el comité constitucional de la asamblea nacional [*Constitutional Committee of the National Assembly*]. En lugar de: «respetan aquéllos valores universales como emanados de otras fuentes» se había propuesto: «valores que son reconocidos por ellos mismos como derivados de otras fuentes»[6]. Esta última propuesta fue rechazada por la asamblea nacional (el *Sejm* y el *Senat* —que son la cámara baja y la cámara alta [respectivamente] del parlamento polaco— actuando en forma conjunta)[7]. La fórmula propuesta por el comité constitucional era claramente la expresión de una aproximación relativista a los fundamentos axiológicos del orden constitucional. En relación con aquéllos que no comparten la fe en Dios como fuente de valores, la condición básica para que un valor se vuelva constitucionalmente importante sería su reconocimiento por parte del individuo —su fuente no es relevante, en tanto que es de una fuente diferente a Dios («derivados de otras fuentes»). De modo tal que estos valores pueden hallarse fundados, por ejemplo, en las reacciones emocionales o en decisiones libres de un individuo y, más aún, no habría necesidad para los no creyentes de reconocer a la verdad, la justicia, lo bueno y la belleza como

---

5   *Constitución de la República de Polonia* en Gierach, 2009: 21.
6   *Sprawozdanie Komisji Konstytucyjnej Zgromadzenia Narodowego o projekcie Konstytucji Rzeczypospolitej Polskiej z dnia 16 stycznia 1997* [*Informe del Comité Constitucional de la Asamblea Nacional sobre el borrador a la Constitución polaca de 16 de enero de 1997*], Warszawa: Wydawnictwo Sejmowe, 1997: 3.
7   *Biuletyn Komisji Konstytucyjnej Zgromadzenia Narodowego* [Boletín del Comité Constitucional de la Asamblea Nacional], Warszawa: Wydawnictwo Sejmowe, No. 45, 1997: 90-98; *Sprawozdanie stenograficzne z 3 posiedzenia Zgromadzenia Narodowego* [Informe en version estenogáfica de la 3ra Sesión de la Asamblea Nacional], 24 de febrero-24 de marzo de 1997.

importantes para la constitución. Debido a su carácter relativista, la propuesta del comité constitucional fue rechazada y se estableció a la verdad, la justicia, lo bueno y la belleza como fundamentales para el orden constitucional polaco. Lo que es más importante desde una perspectiva meta-axiológica es que se reconoció el carácter universal de estos valores. Tiempo después el Tribunal Constitucional polaco en una sentencia del 11 de mayo de 2005 describió a la verdad, la justicia, lo bueno y a la belleza como «valores constitucionales universales»[8]. Desde luego que estos valores no son reconocidos universalmente, no son universales en un sentido descriptivo, sociológico (hay individuos y grupos que rechazan al menos uno de esos valores).

De este modo la disposición constitucional tiene que ser leída como diciendo algo acerca de la naturaleza misma de esos valores —son universales aunque no sean universalmente reconocidos. Están «presentes» en todas partes y —en consecuencia— han de ser reconocidos y respetados; de modo que la constitución emplea el término «universal» en un sentido normativo. Se aprueba un tipo de realismo axiológico. De manera semejante, el preámbulo a la constitución habla acerca de valores humanos universales:

> En deuda con nuestros antepasados [...] por nuestra cultura enraizada en la herencia cristiana de la Nación y en los valores humanos universales[9].

Podemos concluir que el legislador o el sistema jurídico mismo aprueba un realismo axiológico cuando se trata de los valores constitucionales universales y de los valores humanos universales.

---

[8]   Tribunal Constitucional, sentencia del 11 de Mayo de 2005, K 18/04, pt. III. 6.1.

[9]   *Constitución de la República de Polonia*, en Gierach, 2009: 21.

B. Dignidad Humana

En forma unívoca es reconocido el carácter objetivo de la dignidad como un valor fundamental del orden jurídico[10]. El preámbulo de la constitución dice:

> Hacemos un llamado a aquéllos que aplicarán esta Constitución por el bien de la Tercera República a que lo hagan respetando la dignidad inherente a la persona, el derecho de él o de ella a su libertad, la obligación de solidaridad con los otros y el respeto de estos principios como el fundamento inamovible de la República de Polonia[11].

El artículo 30 que abre la sección «Principios Generales» en el segundo capítulo de la constitución intitulado «Las Libertades, Derechos y Obligaciones de las Personas y de los Ciudadanos» establece:

> La dignidad inherente e inalienable de la persona deberá constituir una fuente de las libertades y derechos de las personas y de los ciudadanos. Será inviolable. Su respeto y protección, por lo tanto, será la obligación de las autoridades públicas[12].

---

[10]   En la constitución el término «dignidad» [dignity] se emplea con diferentes sentidos además de designar «dignidad de la persona» («godność człowieka» — una traducción literal sería: «dignidad del humano»), es empleado también para describir otros valores: art. 130, dignidad de la Nación; art. 178, para. 2, y art. 205 para. 3, dignidad de un funcionario; art. 214, para. 2, dignidad de una función; art. 33, para. 2, honores públicos.

[11]   *Constitución de la República de Polonia*, Gierach, 2009: 21.

[12]   *Constitución de la República de Polonia*, Gierach, 2009: 26. *Declaración Universal de los Derechos Humanos*, primeras palabras del preámbulo: «Considerando que la libertad, la justicia y la paz en el mundo tienen por base el reconocimiento de la dignidad intrínseca y de los derechos iguales e inalienables de todos los miembros de la familia humana», *adoptada* el 10 de Diciembre de 1948, G.A. Res. 217 A (III), U.N. GAOR, 3rd Sess., U.N. Doc. A/RES/3/217A. La dignidad intrínseca también ha sido reconocida por ejemplo en los pactos internacionales en materia de derechos humanos de 1966 que constituyen dos de los tratados internacionales más fundamentales de protección de los derechos humanos a nivel universal; sus preámbulos establecen la siguiente fórmula: «Los Estados Partes en el presente Pacto, considerando que, conforme a los principios enunciados en la Carta de las Naciones Unidas, la libertad, la justicia y la paz en el mundo tienen por base el reconocimiento de la dignidad

De modo que la dignidad como valor inherente e inalienable existe independientemente de cualquier acción humana incluyendo los actos de reconocimiento o reacción emocional, independientemente de las condiciones de vida e independientemente de la cultura. La dignidad del ser humano en tanto valor constitucional tiene que ser considerada como algo dado, como algo real. Por medio del mismo artículo se reconoce a la dignidad como fuente de «libertades y derechos humanos y de los ciudadanos». De tal manera que la dignidad es reconocida como el valor que justifica axiológicamente las normas jurídicas que protegen ciertos derechos y libertades.

El Tribunal Constitucional en su sentencia del 23 de marzo de 1999 fue más lejos al aceptar la existencia de un «sistema objetivo de valores» subyacente al orden constitucional:

> La Constitución como un todo expresa un cierto sistema objetivo de valores y el proceso de interpretación y de implementación de las disposiciones particulares de la Constitución han de servir a la realización del mismo. Este sistema es definido primeramente por las disposiciones acerca de los derechos y libertades del individuo y se ubican antes que todo en el segundo capítulo de la Constitución. Dentro de estas disposiciones se otorga un lugar central al principio de la dignidad inherente e inalienable del ser humano[13].

Con independencia de cómo sea respondida la pregunta acerca de si estas características de la dignidad son verdaderas, a los fines de interpretar el derecho necesitamos una noción de ese tipo de justificación axiológica, lo que comporta una aproximación cognoscitivista de los valores jurídicos.

---

inherente a todos los miembros de la familia humana y de sus derechos iguales e inalienables»), *Pacto Internacional de Derechos Económicos, Sociales y Culturales*, *adoptado* el 16 de Diciembre de 1966, G.A. Res. 2200 A (XXI), U.N. GAOR, 21st Sess., U.N. Doc. A/6316, 993 U.N.T.S. 3; *Pacto Internacional de Derechos Civiles y Políticos*, *adoptado* 16 de Diciembre de 1966, G.A. Res. 2200 A (XXI), U.N. GAOR, 21st Sess., U.N. Doc. A/6316, 999 U.N.T.S. 171. Ver, por ejemplo, Piechowiak, 1999.

[13]   Tribunal Constitucional, sentencia del 23 de Marzo de 2005, K 2/98, pt. III.

III. NORMAS AXIOLÓGICAS Y JUSTIFICACIÓN AXIOLÓGICA DE LAS NORMAS —LA POSICIÓN PREDOMINANTE—

1. *Justificación de proposiciones, proposiciones verdaderas y justificación de normas*

Ziembiński define una proposición como «una expresión que afirma que o bien algo es el caso o bien no lo es»[14]. El acepta una concepción de la verdad clásica, por correspondencia —«la proposición verdadera es aquélla que describe la realidad como es»[15]. Una proposición verdadera asevera que algo es de tal y cual manera y en la realidad es de tal y cual manera. Por el otro lado «una proposición falsa es aquélla que describe la realidad de manera diferente de cómo ésta es. De este modo una proposición falsa asevera que algo es de tal y cual manera mientras que en la realidad no es de tal y cual manera»[16].

Justificar una proposición (o dar su fundamento)[17] es dar razones, indicar en qúe nos basamos para reconocer que esta proposición es verdadera, para reconocer que esta proposición nos brinda información acerca de la realidad.

Justificar una norma es dar razones para reconocer esta norma como válida:

---

[14]   Ziembiński, 1956 [1976]: 69.
[15]   *Ibidem*: 69.
[16]   *Ibidem*: 69.
[17]   En el caso de las proferencias descriptivas [«*descriptive utterances*»] y de las proposiciones en la traducción inglesa de lógica práctica [*Logika praktyczna*] el término «justificación» [«*justification*»] es evitado y en su lugar es empleado el término «fundamento» [«*foundation*»]; Ziembiński, 1956 [1976]: 179. En la version polaca «justificación» [«*uzasadnienie*»] —es empleado cuando se habla tanto de proferencias descriptivas (proposiciones) como de normas.

En algunos casos cuando hablamos de que una norma es válida estamos pensando si la norma está o no justificada de una manera adecuada desde cualquier punto de vista[18].

Z. Ziembiński adopta una concepción lingüística de las normas:

Una *norma de conducta* es un pronunciamiento [*pronouncement*] que ordena (o prohíbe) a alguien directamente que se comporte de tal y cual manera en ciertas circunstancias específicas[19].

Él observa que:

[...] encontramos que los dos tipos de justificación más comunes de una norma con relación a los cuales se dice que es válida es: la *justificación tética* [*thetic justification*] y la *justificación axiológica*[20].

2. *Justificación tética*

Para comprender mejor la justificación axiológica es necesario dar cuenta de la justificación tética. Aunque la misma norma puede tener tanto una justificación axiológica como tética, hay una cierta oposición entre estos tipos de justificación de las normas y entre los tipos de validez que se corresponden con cada uno de ellos. La validez que proviene de una justificación tética es caracterizada como sigue:

Cuando decimos que una norma N es válida sobre la base de su justificación tética, queremos decir que la norma N ha sido establecida y que ese acto de establecerla una vez realizado no ha sido abrogado por alguna persona que es una autoridad respecto de los destinatarios de esta norma. Esto es, que el sistema de relaciones que hay entre quien dicta la norma (legislador) y el destinatario de la norma es de un tipo tal que el establecimiento de la norma por quien la dicta es considerado vinculante para los destinatarios[21].

---

[18]   Ziembiński, 1956 [1976]: 130.
[19]   *Ibidem*: 126.
[20]   *Ibidem*: 130.
[21]   *Ibidem*: 131.

En consecuencia:

> Una norma, cuya validez puede ser justificada recurriendo al hecho
> de que ha sido dictada por alguien que es visto por los destinatarios de
> la norma como autoridad, es llamada *norma que posee una justificación
> tética* o, simplemente, *norma tética*[22].

3. *Justificación Axiológica*

En el libro de Ziembiński *Lógica práctica* encontramos la siguiente definición de una norma axiológica:

> Una norma, cuya validez está justificada recurriendo a la valoración
> de alguien, en la que se afirma que la conducta indicada por la norma
> es buena o —de conformidad con el conocimiento de alguien— que
> sus consecuencias son valoradas positivamente, es llamada *norma que
> posee una justificación axiológica* o, simplemente, *norma axiológica*[23].

De esta manera, la justificación axiológica de una norma es una justificación fundada en la valoración de alguien de acuerdo con la cual la conducta indicada por la norma es buena o —de conformidad con el conocimiento de alguien— de que posee consecuencias valoradas en forma positiva. Una característica muy semejante se puede hallar en *Teoría del derecho* [*Teoria prawa*] de Ziembiński:

> Una norma es reconocida como válida sobre la base de su justifi-
> cación axiológica si su validez está justificada por lo siguiente: que la
> conducta ordenada por la norma es valorada positivamente y su omisión
> negativamente (o lo contrario si la norma lo prohíbe); de conformidad
> con las valoraciones compartidas o declaradas por ciertas personas[24].

---

[22]   *Ibidem*: 132.
[23]   *Ibidem*: 132.
[24]   Z. Ziembiński, 1978: 29-30. Cf. Zieliński-Ziembiński, 1988); no es claro
        en qué medida los puntos de vista presentados en este libro son atribuibles
        a Ziembiński y en qué medida a su coautor —Maciej Zieliński; estos pun-
        tos de vista no son totalmente compatibles con aquellos formulados en *Lógica
        Práctica*.

En *Teoría del Estado y del derecho: una introducción* [*Zarys teorii państwa i prawa*] de 1992 encontramos la formulación más elaborada que define en forma directa una justificación axiológica:

> Hablamos de una justificación axiológica de las normas cuando a la luz de la valoraciones aceptadas por alguien, las conductas ordenadas por estas normas son reconocidas como buenas y las conductas prohibidas como malas o —lo que es más común— las consecuencias esperadas se consideran que serán malas o buenas desde algún punto de vista a la luz de las valoraciones aceptadas por alguien[25].

De acuerdo con esta definición, una justificación axiológica descansa en dos actos consecutivos de valoración. Primero, descansa en un acto de valoración que es hecho en forma directa sobre la conducta prescrita por la norma o sobre sus resultados («son reconocidas como buenas», «se considera que serán malas») y segundo, en un acto de aceptación de ciertas valoraciones (aceptadas por alguien). El primer acto puede ser entendido como un acto de carácter epistémico —también será denominado valoración instrumental— que, como observa Ziembiński, puede ser verdadero o falso[26].

Vale la pena notar que si los valores son entendidos como correlatos de valoraciones, tenemos que distinguir entre dos sentidos del término «valor». En un primer sentido, fundado en el primer tipo de actos de valoración, valor es un estado de cosas real o cuya realización se pretende. En un segundo sentido, fundado en el segundo tipo de actos de valoración, valor es un criterio abstracto para la valoración real o pretendida de estados de cosas. Un entendimiento análogo en este doble sentido se encuentra en la concepción cog-

---

[25] Ziembiński, 1992: 87-88.

[26] Ziembiński, 1956 [1976]: 123-124. Un ejemplo de proferencia que expresa una valoración instrumental es: «Esta es una buena llave» cuando expresa la afirmación de que esta llave funciona en alguna cerradura específica. De acuerdo con Ziembiński, las valoraciones instrumentales no son valoraciones en sentido estricto. Ellas «son en realidad enunciados acerca de la utilidad o de la efectividad de algo como medio para alcanzar ciertos fines de conformidad con el conocimiento que tenemos acerca de nexos causales», *idem*.

noscitivista —el primero se ubica en la tradición aristotélica donde el término «valor» se sustituye por el de «bien»; el segundo se ubica en la tradición platónica en donde el término «valor» es entendido principalmente como algo separado del mundo cognoscible por los sentidos y que tiene que ser *aplicado* y realizado en el mundo sensible. Estos dos sentido del término «valor» van de la mano: en la Constitución polaca, por ejemplo, la tradición aristotélica se acomoda mejor para una comprensión de los valores protegidos por normas derivadas de disposiciones que protegen los derechos humanos; la tradición platónica, con los valores constitucionales universales.

4. *Preferencias valorativas —valoraciones— valores*

«Valoración» es un término central empleado en las definiciones de justificación axiológica citadas anteriormente. De acuerdo con Ziembiński, una valoración es «nuestra actitud emotiva a este estado de cosas particular. Puede ser nuestra aprobación de este estado de cosas o nuestra desaprobación del mismo»[27]. También puede incluir hechos imaginarios[28]. Las valoraciones son expresadas mediante preferencias valorativas. Algunas veces tales preferencias contienen un elemento descriptivo. Pero

> [...] si una proferencia no describe nada sino que expresa únicamente la valoración de alguien, no podemos afirmar que sea ni verdadera ni tampoco falsa [...] es importante recordar que cualquier proferencia cuya significatividad está limitada a expresar una valoración únicamente, nunca es una proposición en el sentido lógico de esta palabra[29].

---

[27]   Ziembiński, 1956 [1976]: 122.
[28]   *Idem*.
[29]   Ziembiński, 1956 [1976]: 123. «Por su puesto, si alguien dice que los viajes en carruaje actualmente en Europa son desagradables, esta proferencia sería considerada falsa. La falsedad, sin embargo, concierne solamente a la afirmación descriptiva contraria a la realidad que contiene, a saber, que actualmente se viaja en carruajes en Europa», *idem*.

De modo que Ziembiński adhiere a la posición denominada emotivismo. Usando su marco conceptual, el emotivismo puede ser caracterizado como el punto de vista que sostiene que las preferencias valorativas, en tanto que expresan valoraciones, son el resultado de reacciones emotivas y no pueden ser ni verdaderas ni tampoco falsas, no pueden informar acerca de la realidad.

Las valoraciones no son actos de conocimiento, no informan acerca de los aspectos normativos de la realidad. Ciertos estados de cosas o hechos imaginarios son valores porque son valorados en forma positiva. De acuerdo con la postura de Ziembiński, los actos de valoración más importantes para la vida social y para el derecho (especialmente para su creación e interpretación) no son los actos de valoración individuales sino aquéllos que son disposiciones relativamente persistentes en el tiempo (actitudes). De este modo, los valores son entendidos como estados de cosas (incluyendo a los hechos imaginarios) que tienen como correlato disposiciones relativamente persistentes en el tiempo a ser valorados de cierta manera[30], esto es, disposiciones relativamente persistentes en el tiempo a que se reaccione en forma emotiva de cierta manera.

5. *Relativización en varios niveles de la base de la justificación axiológica*

La concepción de la justificación axiológica analizada posee una relativización en varios niveles de las razones que se dan para el reconocimiento de la validez de una norma. En consecuencia, mientras se acepte esta concepción, el término «justificación axiológica» no puede ser empleado en forma significativa cuando se trate de valores objetivos, cognoscibles. Antes de que se pueda diseñar una nueva definición es necesario identificar modos de relativización que están presentes en el enfoque dominante:

---

[30]   Ziembiński, 1993: 18, 22.

(1) Hay una referencia directa a las valoraciones y no a los valores y los valores son actos secundarios de valoración (son creados por estos actos).

(2) Hay una referencia a las valoraciones ejecutadas por ciertas personas.

(3) Las valoraciones son entendidas como actos emotivos y no como actos de conocimiento.

Se considerará si una nueva definición de justificación axiológica requiere una modificación en cada uno de estos niveles de relativización.

IV. EN BUSCA DE MODIFICACIONES

1. Nueva definición de «valoraciones»

En el análisis de las definiciones de justificación axiológica se hizo notar que en uno de los niveles de relativización se hace referencia a las valoraciones en lugar de a los valores, lo cual es contrario a una perspectiva cognoscitivista. Estamos en busca de una nueva definición de justificación axiológica que sea —de ser posible— no revolucionaria y ampliamente aceptable. El término «valor» depende fuertemente de su trasfondo teórico y su uso puede ser equívoco. De esta manera, se escoge un camino que conduce a la modificación de la concepción de la valoración sin introducir el término «valor».

Una advertencia ha de ser hecha; el rol principal de la noción de valoración, que es definir la justificación axiológica, se acepta desde un punto de vista pragmático: en vista de la necesidad de tener una definición más adecuada. No se presupone ningún tipo de primacía ontológica o epistémica a este respecto. En la nueva aproximación, los valores son entendidos como correlatos de valoraciones, como los objetos de valoración, pero no se hace ninguna presuposición acerca del estatus ontológico ni epistémico de tales correlatos. En especial, no hay nada presupuesto acerca de si algo es un valor porque es valorado en forma positiva (posición no-cognoscitivista) o

—por el contrario— que algo es valorado en forma positiva porque es un valor (posición cognoscitivista).

Para escapar a la relativización que es incompatible con la aproximación cognoscitivista tenemos que abandonar el emotivismo. La definición de justificación axiológica mediante valoraciones entendida como actos emotivos no puede ser empleada en el marco de las aproximaciones cognoscitivistas. Más aún, en el contexto del derecho, las reacciones emotivas de aprobación o desaprobación simplemente no aparecen involucradas en la justificación axiológica. De hecho, las reacciones emotivas no son relevantes ni desde la perspectiva interna al derecho (cuando las valoraciones o los valores aceptados en un sistema jurídico están en juego) ni desde la perspectiva externa al derecho. Si existe la necesidad de determinar el contenido preciso de los valores objetivos reconocidos por el derecho, una indagación acerca de las actitudes emotivas no es un elemento de la interpretación del derecho. Ni el legislador ni alguien que aplique el derecho considera crucial la valoración predominante en la sociedad, especialmente si se trata de los derechos humanos. Hacemos referencia a la justificación axiológica (a valores) en situaciones en las que estamos convencidos de que la mayoría se equivoca, por ejemplo, cuando la mayoría comparte convicciones racistas.

Las aproximaciones cognoscitivistas pueden ser empleadas si las valoraciones son entendidas como actos de carácter epistémico. En este caso subsiste el problema de la relativización fundada en que las valoraciones son actos de ciertas personas. Para evitar este tipo de relativización, o por lo menos para aminorar su incompatibilidad con la postura cognoscitivista, las valoraciones serán entendidas como algo que es el resultado de ciertos actos, en lugar de ser entendidas como actos de ciertas personas y de cierto tipo de personas. Esta solución es compatible con diferentes aproximaciones a la fundamentación de las valoraciones —los actos de los que hablamos pueden ser actos de conocimiento, actos emotivos, actos de voluntad o actos de aplicación de estándares normativos culturalmente creados. Naturalmente que, si hablamos de actos, todavía se mantiene el vínculo con los autores de estos actos y permanece la pregunta acerca de los actos de qué sujetos son los decisivos. Sin embargo, esta pregunta puede ser desplazada a un segundo plano. Las valoraciones pueden ser entendidas como algo que está entre los valores —que son correlativos a ellas— y actos de valoración. Si las valoraciones son ubicadas *entre* los valores y los actos de valoración, podemos unirlas con una *tercera* cosa, con las proferencias. Se propone la siguiente solución:

Una valoración (en el sentido principal de la palabra *valoración*) es el significado de una proferencia valorativa.

Esta manera de entender la valoración es análoga a la forma de entender nociones como las del significado de los nombres, la de las proposiciones como los significados de las oraciones. Así como con las proposiciones, una valoración puede ser considerada como el resultado de ciertos actos psíquicos o como una aprehensión o como el correlato de ciertos estados de cosas (reales o imaginarios) o, incluso, como el correlato de entidades de tipo ideal —en la tradición platónica.

La solución que se propone parece ir bien con el análisis que se hace en el contexto del derecho. El objeto principal de tal análisis son los textos jurídicos. Cuando encontramos en la constitución términos como «dignidad» o «bien común» y necesitamos determinar su significado, la pregunta por los actos psíquicos que podrían estar detrás de estos términos (o detrás de las proferencias valorativas unidas a dichos términos) nunca surge. La solución propuesta no clausura una discusión acerca de los fundamentos de las valoraciones. Es posible que algunos valores reconocidos en el sistema jurídico combinen elementos que son accesorios a ciertos actos de libre albedrío o actos emotivos, con elementos de índole normativa (valorativa), independientes de tales actos. En el orden constitucional polaco el bien común puede servir como ejemplo de tal valor[31].

---

[31] Véase Piechowiak, 2012.

Desde el punto de vista de las aproximaciones cognoscitivistas, unir el modo de entender las valoraciones con las preferencias valorativas también tiene claras desventajas. Las valoraciones están unidas a los actos de expresión —no existe una proferencia sin su autor. Si los valores son correlatos de valoraciones y si las valoraciones son el significado de las proferencias, entonces los valores son accesorios de las expresiones y, así, no pueden ser objetivos. Al enfrentar esta dificultad podemos advertir que simplemente se está haciendo una correlación entre una valoración y una proferencia valorativa. Podemos pensar a las valoraciones como el significado de una proferencia valorativa pero también podemos pensar a las proferencias valorativas como una expresión de una valoración. En forma similar, si las proposiciones son entendidas como los significados de las oraciones esto no quiere decir que sean relativas.

2. Nueva definición de una norma que posee una justificación axiológica

A. Primera modificación

Tomando en cuenta las consideraciones anteriores podemos proponer la siguiente modificación a la definición:

> **Una norma tiene una justificación axiológica si la conducta ordenada por la norma o sus consecuencias es buena (justa) y la conducta prohibida por la norma o sus consecuencias es mala (injusta) a la luz de valoraciones de cierto tipo.**

B. La segunda modificación —una enmienda—

Las definiciones analizadas de justificación axiológica de las normas están incompletas. Únicamente corresponde a esta parte de la norma que describe, qué ha de ser hecho por el destinatario de la norma. Pero una norma también incluye la denominada hipótesis, que describe quién y bajo qué circunstancias debe actuar de cierta manera.

Algunas veces el estado de cosas resultante de realizar la conducta prescrita por la norma es valorado de manera positiva pero cierta forma de realizarla es valorada de manera negativa en relación con los sujetos de esta conducta o con algunas circunstancias en las que la conducta ha sido ejecutada. Por ejemplo, el resultado de una acción militar que trae seguridad a una nación puede ser evaluado de manera positiva pero a condición de que esta acción no haya sido ejecutada por niños o que no se haya violado ninguna obligación internacional. Para evitar complicaciones en la construcción de una definición podemos asumir que la descripción de la conducta que aparece en la norma incluye las circunstancias de una acción cuya descripción —estrictamente hablando— se ubica en la hipótesis de la norma. En forma similar, se puede asumir también que una descripción del sujeto de la conducta prescrita está incluida en la descripción misma de la conducta. El último paso, sin embargo, es una simplificación que va mucho más lejos. El sujeto de la conducta prescrita por la norma es un destinatario de esta norma y cualquier obligación jurídica está unida a este sujeto particular de la acción. La identificación del destinatario de la norma es un elemento importante del proceso de interpretación del derecho. Más aún, dado que justificar axiológicamente una norma es indicar las razones para el reconocimiento de la obligación de un sujeto particular, debemos señalar los valores (valoraciones) que proveen de razones para actuar en lugar de no hacerlo (de cierta manera, en ciertas circunstancias). En la práctica cotidiana llevamos a cabo muchas acciones cuyos resultados así como la ejecución misma de las acciones son valoradas positivamente y, sin embargo, estas acciones no son necesariamente vistas como ejecutadas debido al cumplimiento de una obligación —ni jurídica ni moral. Hablamos de una obligación si el no ejecutar la acción es valorado negativamente.

Tomando en consideración el destinatario de la norma y la obligación misma podemos proponer una definición que comporta tanto condiciones necesarias como suficientes para que una norma posea una justificación axiológica:

Una norma tiene una justificación axiológica si y sólo si la conducta ordenada por la norma o sus consecuencias es buena (justa) y la conducta prohibida por esa norma o sus consecuencias es mala (injusta) y la ejecución de esta conducta por un destinatario de esta norma es buena (justa), y la no ejecución de esta conducta por un destinatario de esta norma es mala (injusta) a la luz de las valoraciones de cierto tipo.

Los diferentes tipos de valoraciones pueden ser distinguidos desde el punto de vista de los fundamentos de las valoraciones. La fórmula propuesta está abierta a diferentes aproximaciones a los fundamentos de las valoraciones. Las valoraciones pueden fundamentarse en las emociones, en las convicciones compartidas o declaradas de la gente, en las elecciones hechas por individuos o grupos de personas o por instituciones, en una cierta cultura o —finalmente, pero no por esto menos importante— en el conocimiento.

V. NORMAS DEL TIPO DE LOS DERECHOS HUMANOS —JUSTIFICACIÓN AXIOLÓGICA DEL TIPO DE LOS DERECHOS HUMANOS

1. Definición

Al tratar de formular una definición de norma verdadera lo más interesante es una justificación axiológica de las normas dentro del marco de una aproximación cognoscitivista —que también denominamos *una justificación axiológica de tipo cognoscitivista*. Este tipo de justificación axiológica es también muy interesante si tratamos con el reconocimiento de valores objetivos en actos jurídicos como, por ejemplo, en la Constitución polaca. Debido a que el cognoscitivismo axiológico está ligado al derecho de los derechos humanos en el cual la dignidad inherente del ser humano es reconocida como fuente de todos los derechos humanos, una justificación axiológica que presupone un cognoscitivismo puede ser llamada una *justificación axiológica del tipo de los derechos humanos* y una norma que posee tal justificación puede ser denominada *norma del tipo de los derechos humanos*.

La primera modificación breve a la fórmula estándar es:

> **Una norma tiene una justificación axiológica de tipo cognoscitivista (una norma es una norma del tipo de los derechos humanos) si la conducta ordenada por esta norma o sus consecuencias es buena (justa) y la conducta prohibida por esta norma o sus consecuencias es mala (injusta) a la luz de valoraciones que son proposiciones o que pretenden ser proposiciones.**

Una versión ampliada de la fórmula es la siguiente:

> **Una norma tiene una justificación axiológica de tipo cognoscitivista (una norma es una norma del tipo de los derechos humanos) si y solo si la conducta ordenada por esta norma o sus consecuencias es buena (justa) y la conducta prohibida por esta norma o sus consecuencias es mala (injusta) y la ejecución de esta conducta por un destinatario de esta norma es buena (justa), y la no ejecución de esta conducta por un destinario de este normas es mala (injusta) a la luz de las valoraciones que son proposiciones o que pretenden ser proposiciones.**

La justificación axiológica del tipo de los derechos humanos es una forma de justificación axiológica que es privilegiada desde el punto de vista de las intuiciones que están unidas a la justificación axiológica en las discusiones acerca de la validez de las normas jurídicas. Solemos hacer referencia a valores cuando queremos desafiar la autoridad del derecho —especialmente cuando la autoridad tética de las normas es cuestionada por el bien de los derechos humanos inherentes. En tales situaciones no es crucial para la autoridad del derecho cuáles son las convicciones axiológicas de la mayoría de los miembros de la sociedad, sus reacciones emotivas o sus decisiones. Esta justificación axiológica de tipo cognoscitivista también puede ser importante para cuestionar las interpretaciones del derecho en sistemas jurídicos en los que se reconoce la dignidad inherente o los derechos humanos como fundamentación de ese orden jurídico. De esta manera, la justificación axiológica del tipo de los derechos humanos ha de ser considerada una justificación axiológica en sentido estricto y propio.

2. La fórmula «pretenden ser proposiciones» y las consecuencias procedimentales de las soluciones meta-axiológicas

Un cognoscitivista convencido sostiene que las valoraciones subyacentes a las justificaciones axiológicas pueden ser verdaderas o falsas y que, en algunos casos, pueden ser proposiciones. En la definición antes propuesta la fórmula «pretenden ser proposiciones» se introduce para hacer posible que también aquéllos que no comparten el cognoscitivismo axiológico puedan, en la práctica, justificar normas. La razón principal para introducir esta fórmula (y para tratar con el problema de los distintos tipos de fundamentaciones de las valoraciones) es que existen diferentes consecuencias procedimentales para las diferentes posturas meta-axiológicas. Baste con mencionar dos de ellas.

Debido a sus consecuencias procedimentales, la fórmula «a la luz de valoraciones que son proposiciones o que pretenden ser proposiciones» es más conveniente para el análisis de la creación o la aplicación del derecho que otras fórmulas que apunten directamente a un sistema de valores, por ejemplo, «a la luz de un sistema de valores específico»[32]. Esta última fórmula no dice nada acerca de la fundamentación de los valores y, por lo tanto, es imposible argumentar a favor de un tipo específico de procedimiento para la determinación del contenido de los valores. Más aún, da la impresión de que el sistema es *acabado* y definido. La fórmula «a la luz de valoraciones que son proposiciones o que pretenden ser proposiciones» no hace ninguna suposición acerca de si las valoraciones son *acabadas* y únicamente se pueden identificar, por

---

[32] Zieliński-Ziembiński, 1988: 149-150.

ejemplo, mediante el análisis de las convicciones de cierto grupo
de personas. Esta fórmula puede y ha de ser leída como requirien-
do que los procesos de determinación del contenido de los valores
sean moldeados como procedimientos que busquen conocer estados de cosas antes que estados mentales.

Tal y como se ha mencionado antes, las soluciones meta-axiológicas son cruciales para el lugar que se le asigna al principio de transigencia en el proceso de interpretación del derecho. A la luz de la definición propuesta, también un convencido no-cognoscitivista puede
recurrir a la justificación axiológica del tipo de los derechos humanos.
Esto puede ser algo importante, por ejemplo, para un juez de un tribunal constitucional que es un no-cognoscitivista convencido y que
tiene que tratar con casos en los que se requiere la determinación del
contenido de un valor constitucional que de acuerdo con las palabras
de la constitución es objetivo. Como juez, está obligado a reconocer
la decisión del creador de la norma pero sin cambiar sus creencias
personales ni excusarse de juzgar el caso. Basta con que éste siga ciertos procedimientos. Se puede hacer notar que los tribunales y juzgados suelen conducirse de tal modo que es más bien compatible con un
cognoscitivismo que con un no-cognoscitivismo: no buscan consenso,
las encuestas de opinión no se consideran como una manera de determinar el contenido de los valores constitucionales reconocidos como
objetivos y mucho menos se reconoce a las reacciones emotivas como
un factor legítimo de interpretación.

VI. NORMAS VERDADERAS

Siguiendo la concepción clásica de la verdad (y su presentación
formal, por ejemplo, la de Alfred Tarski[33]) las proferencias valorativas verdaderas pueden ser definidas como sigue:

La proferencia valorativa «v_p» es verdadera si y solo si v.

---

[33]   Tarski, 1983.

En forma semejante, las valoraciones verdaderas —entendidas como el significado de preferencias valorativas— puede ser definido como:

La valoración «*v*» es verdadera si y solo si *v*.

¿Cuál es la realidad de la que hablan las preferencias valorativas? ¿Qué es lo que se corresponde con la valoración? Ciertamente pueden haber muchas respuestas a estos interrogantes. Usando a la tradición aristotélica, la respuesta apunta a relaciones[34]. Cuando realizamos una valoración positiva de las consecuencias de la conducta estamos aseverando la existencia de la relación de cierta congruencia entre estas consecuencias e individuos o grupos de personas. Esta congruencia puede ser fundada en que es apta para facilitar un desarrollo (*florecimiento*) personal, integral de los seres humanos. Ser bueno o malo es siempre una propiedad relacional pero no necesariamente relativa o subjetiva, porque la existencia de esta relación es algo dado, cognoscible. En forma semejante, la valoración positiva de la ejecución de una conducta por un destinatario de una norma asevera la existencia de una relación de cierta congruencia entre un estado de cosas que consiste en actuar de cierto modo prescrito por la norma y el autor de esta acción (el destinatario de la norma). Desde este punto de vista, la principal diferencia entre la aproximación cognoscitivista y la no-cognoscitivista descansa en si la existencia de estas relaciones de congruencia es reconocida como objetiva o si no lo es. Para un cognoscitivista estas relaciones están dadas y son objetivas, para un no-cognoscitivista son creadas[35].

---

[34]   Véase Piechowiak, 2008.

[35]   Nótese que el cognocitivismo puede aceptar que los estados de cosas que son llamados relaciones sean creados y al mismo tiempo reconocer objetividad en la relación de congruencia que otorga fundamento a la valoración. Por ejemplo, la ciudadanía es algo creado culturalmente pero el derecho a la ciudadanía de un recién nacido puede ser reconocido como un derecho inherente: una relación de congruencia entre poseer una ciudadanía y un desarrollo integral de la persona es algo dado (existente) solo si se crea la institución de la ciudadanía.

Finalmente podemos proponer una definición de norma verdadera:

Una norma es verdadera si y solo si tiene una justificación axiológica fundamentada en valoraciones verdaderas.

Esta definición presupone el cognoscitivismo axiológico. Una norma asevera la existencia de una red de relaciones que son aprehendidas en las valoraciones en cuya justificación axiológica se basa dicha norma.

VI. CONCLUSIONES

El análisis aquí presentado, primero apuntó a proveer las definiciones de norma axiológica y de justificación axiológica compatibles con las aproximaciones cognoscitivistas de los valores y las valoraciones. Cuando se busca una definición de justificación axiológica de las normas se debe prestar atención primordialmente a la fundamentación de las valoraciones y a las presuposiciones meta-axiológicas que, a su vez, tienen consecuencias procedimentales, antes que a los objetos de los actos de valoración. El reconocimiento del carácter proposicional de las valoraciones es una fuente de las exigencias relacionadas con los procedimientos que han de ser empleados para la determinación de los contenidos de las valoraciones y de los valores.

Cuando se toman en cuenta intuiciones básicas relacionadas con la justificación axiológica que están unidas con el cuestionamiento de las regulaciones jurídicas y la interpretación del derecho, se debe reconocer una justificación del tipo de los derechos humanos —en tanto justificación axiológica en sentido propio— fundamentada en valoraciones que son proposiciones o que pretenden ser proposiciones.

La definición de norma que posee una justificación axiológica del tipo de los derechos humanos sirve como base para definir las normas verdaderas. Las normas verdaderas pueden ser entendidas como normas que poseen una justificación axiológica fundamentada en valoraciones; siendo estas últimas proposiciones verdaderas. Una norma verdadera asevera la existencia de una red de relaciones que son aprehendidas en las valoraciones que justifican a esta norma.

BIBLIOGRAFÍA

GIERACH, E. (ed.), 2009: *Polish Constitutional Law: The Constitution and Selected Statutory Materials*. Warsaw: Chancellery of the Sejm.

PIECHOWIAK, M., 1999: «What are Human Rights? The Concept of Human Rights and Their Extra-Legal Justification», en: Hanski, R. y M. Suksi (eds.), *An Introduction to the International Protection of Human Rights. A Textbook*, 2. ed. Åbo Akademi University: Turku / Åbo: Institute for Human Rights: 3-14.

— 2008: «Can Human Rights be Real? Can Norms be True?» in: Piechowiak M. (ed.), *Norm and Truth*, Poznań: School of Humanities and Journalism: 71-83.

— 2009a: «Elementy prawnonaturalne w stosowaniu Konstytucji RP» [«Natural-Law Elements in Application of the Constitution of the Republic of Poland»], *Przegląd Sejmowy* 17, no. 5 (94): 71-90;

— 2009b: «The Axiological Basis of Polish Law», en: Guz, T., J. Głuchowski y M. R. Pałubska (eds.), *A Synthesis of Polish Law*, Frankfurt a. M.: Peter Lang Verlag, Part 1: 97-133.

— 2012: *Dobro wspólne jako fundament polskiego porządku konstytucyjnego* [*Bien común como fundamento del orden constitucional polaco*], Warszawa: Biuro Trybunału Konstytucyjnego.

TARSKI, A., 1983: «The Concept of Truth in Fomalized Languagues», en: Tarski, A., *Logic, Semantics, Metamathematics, papers from 1923 to 1938*, Corcoran, J. (ed.). Indianapolis: Hackett Publishing Company: 152-278.

ZIELIŃSKI, M. y Z. ZIEMBIŃSKI, 1988: *Uzasadnianie twierdzeń, ocen i norm w prawoznawstwie* [*Justificación de los enunciados, valoraciones y normas en la teoría del derecho*] Warszawa: PWN.

ZIEMBIŃSKI, Z., 1956: *Logika praktyczna;* edición de 2013, Warszawa: Wydawnictwo Naukowe PWN. Citado por la traducción al inglés: *Practical Logic*. Warszawa - Dordrecht: PWN - Polish Scientific Publishers - D. Reidel Publishing Company, 1976 (basada en la edición polaca de 1973).

— 1978: *Teoria prawa* [*Teoría del derecho*], wyd. 4, Warszawa-Poznań: PWN.

— 1992: Rozdział 5: *Normy postępowania* [Chapter 5: *Norms of conduct*], in: Redelbach, A., S. Wronkowska, Z. Ziembiński, *Zarys teorii państwa i prawa* [*Teoría del Estado y del derecho: una introducción*]. Warszawa: PWN: 73-93.

— 1993: *Wartości konstytucyjne. Zarys problematyki* [*Valores constitucionales: una introducción*], Warszawa: Wydawnictwo Sejmowe.

La verdad en el derecho[*]

ANDREI MARMOR

La tarea habitual de los abogados y los jueces es realizar inferencias jurídicas. Muchas de ellas se ven como silogismos comunes y corrientes, cuya conclusión se deriva de una serie de premisas acerca del contenido normativo del derecho y de enunciados que describen hechos o eventos. ¿Son válidos esos silogismos? ¿Se derivan de ellos conclusiones que podemos calificar como verdaderas o falsas? ¿Podemos adscribir valor de verdad al contenido de las normas jurídicas? Estas son las preguntas que quiero examinar en este ensayo. Debe notarse, sin embargo, que no voy a discutir aquí la cuestión de qué es lo que hace verdadero que una norma sea jurídicamente válida. Asumiré como dada la legalidad de las normas relevantes. Mi interés en este ensayo está posado sobre la cuestión de si podemos adscribir valores de verdad a lo que el derecho dice, y qué es lo que ello implicaría. Como veremos, se involucran aquí dos cuestiones distintas. La inmediata y más obvia tiene que ver con si puede asignarse un valor de verdad a las prescripciones jurídicas. Una solución a este problema conforma la primera parte de este artículo (apartados I-III). En la última parte (apartado IV), exploraré algunos aspectos estructurales del silogismo jurídico, con la idea de que existe una analogía interesante entre la verdad en el derecho y la verdad en la ficción literaria.

---

[*] Traducido del inglés por Tobías J. Schleider; título original: «Truth in Law». Relectura: Germán Sucar y Jorge Cerdio.

I. EL CONTENIDO PROPOSICIONAL DE LOS EXHORTATIVOS

Una inferencia es válida solo si la verdad de sus premisas garantiza la verdad de su conclusión. Por ende, la pregunta sobre la validez de una inferencia no puede surgir si las premisas consisten en oraciones o expresiones lingüísticas que no expresan un contenido proposicional, *i.e.*, susceptible de verdad o falsedad. A primera vista, sin embargo, las expresiones lingüísticas que conforman ciertos contenidos jurídicos, esto es, el contenido de las prescripciones constitucionales y legales, las decisiones judiciales, las resoluciones administrativas, etc., no son proposiciones. Las leyes no pretenden describir un aspecto del mundo, no nos dicen cómo son o no las cosas; nos dicen, a grandes rasgos, qué hacer o qué no hacer. Por ende, la pregunta es si el contenido prescriptivo que hallamos en las disposiciones jurídicas es una clase de contenido susceptible de verdad o falsedad. Si esto no fuese así, las inferencias que se valen de esas prescripciones como premisas no podrían ser válidas[1].

Antes de continuar, es importante aclarar qué es lo que aquí está en juego. No estoy afirmando que para proporcionar el marco lógico de las inferencias jurídicas debamos limitarnos al cálculo proposicional estándar. Los lógicos han desarrollado sistemas de lógica deóntica que nos permiten formalizar las relaciones lógicas entre proposiciones que contienen operadores deónticos, como obligatorio, permitido, etc. Pero la lógica deóntica, como cualquier sistema axiomático que pudiéramos crear para tratar con esas expresiones, no es la solución para nuestro problema, sino solo una herramienta para ser utilizada una vez que se haya resuelto dicho problema. La lógica deóntica nos ofrece un sistema formal para tratar con las oraciones prescriptivas, *asumiendo* que existe algún sentido en el cual ellas pueden ser verdaderas (o falsas)[2]. Esas herramientas lógicas no

---

[1]   Quien propuso de manera temprana una visión como esa fue Hans Kelsen; cf. Kelsen, 1979 [1991].

[2]   Ver Jörgensen, 1937.

nos ofrecen una interpretación de qué es lo que hace que las prescripciones o los enunciados deónticos sean susceptibles de verdad o falsedad; asumen que esa interpretación existe. Pero es precisamente la existencia de esa interpretación lo que aquí se cuestiona. En otras palabras, el desafío es mostrar cómo es que las prescripciones jurídicas pueden tener un contenido susceptible de verdad o falsedad. Una vez que se cuenta con esa interpretación, entonces puede usarse la lógica deóntica para evaluar las relaciones lógicas entre los enunciados relevantes. A esto me abocaré ahora.

La viabilidad de una posición escéptica puede verse, principalmente, al fijarnos en enunciados expresados en modo imperativo. Imperativos, como «¡Cierre la puerta!», «¡Párese aquí!», etc., no son la clase de expresiones [*utterances*] que describen algo; su función es motivar la conducta, y no parecen tener un contenido susceptible de verdad o falsedad. No estoy sugiriendo, naturalmente, que las normas jurídicas sean formuladas típicamente como imperativos. Pero su función lingüística o comunicativa es muy similar, y esto en dos sentidos. En primer lugar, las leyes prescriben modos de conducta, no describen cómo son (o no) las cosas. Las leyes, por supuesto, son formuladas de una gran variedad de maneras. Muy pocas tienen la forma estándar de los imperativos. Otorgan derechos de clases diversas, imponen obligaciones, conceden potestades a agentes privados y públicos para introducir cambios normativos en el derecho, y mucho más. El elemento unificador es, no obstante, guiar la conducta. De un modo u otro, las normas jurídicas y las decisiones judiciales tienen como propósito guiar la conducta[3].

En segundo término, cuando el derecho nos exige que hagamos algo, por ejemplo, que «debemos hacer j en la circunstancia C»,

---

[3] Es posible, por supuesto, que algunas leyes promulgadas no tengan contenido prescriptivo. A veces, las legislaturas promulgan leyes declarativas que no tienen la característica de guiar la conducta, como la declaración de que cierto pájaro es el «ave oficial del Estado», u otras declaraciones similares. Esas leyes, no obstante, son muy raras y, en cualquier caso, muy tangenciales a las funciones principales del derecho en la sociedad.

tiene por objetivo que debamos hacer j *y* que debamos hacerlo *por-que* el derecho así lo dispone. Los requerimientos del derecho no se limitan a indicar a sus destinatarios razones para actuar aplicables a ellos. Pretenden crear o imponer esas razones mediante la expresión de los requerimientos relevantes. Debes hacer eso porque el derecho lo dispone. Una vez más, en este aspecto las normas jurídicas son muy semejantes a los imperativos estándar. Considérese, por ejemplo, la diferencia entre los dos enunciados siguientes:

(1) S le dice a H: «Debe darle a Sarah $100».

(2) S le dice a H: «¡Dele $100 a Sarah!».

Los enunciados de tipo (1) normalmente se expresan para indicar una razón para actuar que se aplica a H, esto es, más allá de lo que S diga. Al expresar (1), S por lo común entendería que indicó a H, o le recordó, que hay algo que él debe hacer, esto es, darle a Sarah $100 (digamos, porque prometió hacerlo, o algo así). El acto de habla en sí mismo no tiene el propósito de marcar diferencia alguna en las razones para actuar de H [o, si se quiere, en el valor de verdad de (1)]. La razón es afirmada o asumida como existente, más allá de la expresión o el acto de habla de S. Por otro lado, expresiones imperativas como (2) implican necesariamente una expectativa de que H considere a la expresión del imperativo por parte de S como una razón para actuar. S expresa (2) con el fin de marcar una diferencia en las razones para actuar de H.

Los estudiosos de los actos de habla han reconocido, tiempo atrás, que existe un rango muy amplio de actos de habla performativos expresados normalmente para inducir al receptor a realizar cierta acción (o abstenerse de hacerlo), reconociendo al acto de habla mismo como una razón para actuar como se ordenó o solicitó. Entre ellos están las directivas, las órdenes, los pedidos, las súplicas, las invitaciones, las preguntas y muchos otros[4]. Siguiendo a Austin (algo modificado), llamaré a los performativos de esta clase *actos de*

---

[4]   Una clasificación muy útil de esos actos de habla puede verse en Bach-Harnish, 1982: 47-55.

habla exhortativos, o *exhortativos*[5]. Esos actos de habla buscan motivar la conducta de su receptor por el mero acto de expresar la afirmación relevante, esperando que el receptor reconozca a esas afirmaciones como razones para actuar. Al igual que otros performativos, pueden existir algunas condiciones de base que son necesarias para asegurar las condiciones de felicidad, o el éxito, del acto de habla en cuestión. A veces estas condiciones de base consisten en convenciones sociales o reglas institucionales, pero no asumo que este sea necesariamente el caso[6].

Las instrucciones jurídicas típicamente son exhortativos. De hecho, tal vez sean uno de sus ejemplos paradigmáticos. La promulgación de una norma jurídica o la expresión oficial de una orden jurídica (digamos, por una corte o una autoridad administrativa) son la clase de actos de discurso que tienen por fin motivar la conducta de los receptores mediante el reconocimiento por parte de ellos de que ese acto de habla les da razones para actuar. Naturalmente, esto no quiere decir que todas las prescripciones jurídicas estén formuladas en modo imperativo; ni siquiera que estén formuladas prescriptivamente. Una expresión bien puede ser un exhortativo aun si está formulada como un simple enunciado descriptivo. Decir, por ejemplo, «aquí hace mucho frío» podría ser un pedido para que alguien cerrara la ventana, dependiendo del contexto conversacional y el conocimiento común de las circunstancias relevantes. Del mismo modo, un enunciado jurídico descriptivo como «Es una

---

[5]   Austin los llamó «exercitivos» (Austin, 1962: 151), mientras que Bach y Harnish los bautizaron, quizás con más sensibilidad, como «directivas» (ver Bach-Harnish, 1982: 47). No uso la terminología de Bach y Harnish porque «directiva» se ha convertido en la manera estándar de referirse a los actos de habla autoritativos, y prefiero conservar una categoría más amplia que incluya a los actos de habla que no son necesariamente autoritativos.

[6]   Sobre la cuestión de si los actos de habla performativos necesariamente se apoyan en una convención, se está librando actualmente un debate en la bibliografía. He intervenido en él con mi *Social Conventions* (confrontar Marmor, 2009: 118-130). En cualquier caso, no todos los actos de habla performativos son exhortativos.

infracción realizar j en las circunstancias C» no es una descripción de cómo son las cosas en el mundo, sino una prescripción de que no debe hacerse j en C. Una vez más, cuando el derecho dice que uno no debe hacer j, esto invariablemente implica que uno no debe hacer j, al menos en parte, porque el derecho así lo dispone.

Ahora bien, asumiendo que las normas son, típicamente, actos de habla exhortativos, la pregunta relevante que surge es si los exhortativos tienen valores de verdad. Uno podría dudar de que aquí haya un problema. Podría pensarse que para propósitos inferenciales, podemos simplemente estipular un operador como «es imperativo que ___», seguido del contenido del exhortativo relevante. Así, por ejemplo, considérese el enunciado imperativo:

(3) (S a H): «Cierre la puerta».

La idea es que podemos asignar un valor de verdad a (3) mediante la fórmula:

es imperativo que {H cierre la puerta}

Nótese que el valor de verdad no es asignado al contenido entre llaves, toda vez que esto implicaría que el imperativo es verdadero si H cierra la puerta y falso si no la cierra, y eso no es lo que estamos buscando. El valor de verdad de un imperativo no puede depender de su cumplimiento. Más aún: nótese que algo como un operador de «deber» tampoco funcionaría, porque un imperativo podría ser verdadero (si hubiera un sentido en el cual lo es) aun si fuese falso que uno debiera actuar como se prescribe. Por ende, la idea es que asignemos valor de verdad a *«es imperativo que ___»*, de modo tal que es verdadero si un imperativo con el contenido que sigue al operador ha sido formulado o expresado, y falso si no lo ha sido. Para propósitos lógico-inferenciales, esto debería funcionar. Pero aun necesitaríamos una interpretación acerca de qué es lo que hace que las proposiciones relevantes sean verdaderas (o falsas). ¿Es el simple hecho de que el imperativo haya sido expresado? Tal vez lo sea, pero necesitamos alguna explicación acerca de por qué es así y bajo qué condiciones. En otras palabras, necesitamos una interpretación de las *condiciones* de verdad de esos enunciados. El hecho de que podamos traducir enunciados imperativos y, probablemente, otros tipos de exhortativos, a enunciados susceptibles de verdad o falsedad mediante la estipulación de un operador al cual pueda atribuírsele un valor de verdad, no responde nuestra pregunta. Necesitamos saber qué es eso que *justifica* adscribir verdad (o falsedad) a los exhortativos de diversas clases.

En honor a la simplicidad, de aquí en más me concentraré en algunos exhortativos sencillos, como órdenes o directivas expresadas en modo imperativo. Lo que aquí se asume es que si podemos ofrecer una interpretación de la adscripción de valores de verdad a los imperativos, con ciertas modificaciones, otros tipos de exhortativos podrían tratarse de un modo similar. Ahora bien, un modo natural de interpretar el contenido proposicional de los imperativos es sugerir que ese contenido es autorreferencial. Cuando S le dice a H: «¡Cierre la puerta!», el contenido proposicional expresado es acerca de los deseos de S; expresa algo acerca del estado mental del hablante, algo como «S desea o espera que H cierre la puerta y desea o espera que H reconozca la expresión de este deseo como una razón para actuar en ese sentido». Este es, sin duda, un contenido proposicional de tipo descriptivo estándar. La proposición se refiere al estado mental del emisor. En otras palabras, cuando alguien expresa un pedido, una orden o algo así, normalmente expresa el deseo de que algo suceda y la expectativa de que el receptor entienda la expresión del pedido o de la orden como lo que es, es decir, como una razón motivacional para actuar de cierta manera[7]. Esto, al menos, en los casos estándar. Me ocuparé de algunos ejemplos no estándar un poco más abajo.

---

[7]   La diferencia principal entre una orden y un pedido consiste en la diferencia en la clase de razones para la acción que se espera que la expresión genere. Las órdenes pretenden generar razones protegidas para la acción (u obligaciones), mientras que los pedidos normalmente se consideran generadores de una razón común para actuar. Los detalles no son fáciles de elaborar, pero no afectan al presente argumento.

Para que quede claro, no estoy sugiriendo que el contenido auto-rreferencial es lo que *significa* el imperativo; un enunciado imperativo significa lo que enuncia, es decir, «cierre la puerta», o «páseme la sal», etc. En otras palabras, las oraciones imperativas no pueden reducirse semánticamente a sus contenidos proposicionales auto-rreferentes. El contenido proposicional en juego es lo que hace a un imperativo verdadero o falso, según sea el caso. Pero ¿puede ser falso? Si un imperativo expresa un contenido proposicional autorre-ferente, toda expresión *sincera* de un imperativo sería una proposi-ción verdadera. Si al decir «cierre la puerta» expreso la proposición de que yo quiero que usted cierre la puerta (y quiero que mi ex-presión de la orden sea tomada como razón para actuar por usted), ¿cómo podría resultar falso ese contenido proposicional? Se supone que bajo presuposiciones conversacionales normales y dadas ciertas condiciones de sinceridad, no podría. Pero este no es un proble-ma grave. Se da un fenómeno similar (identificado por Lemmon y otros[8] en el caso de las oraciones hechas verdaderas por su propia expresión, como «Estoy hablándole en este mismo momento» o, más interesante, la expresión de una promesa. Cuando un emisor dice, en condiciones normales, «Prometo j», formula un enunciado verdadero, verdadero en virtud del hecho de que ha sido expresa-do. No puede resultar falso, aun si el emisor en verdad no quería mantener la promesa. Al decir «Prometo j» (en un contexto con-versacional estándar), el emisor expresó el hecho de haber asumido un compromiso en virtud de expresarlo, y por eso es verdadero[9].

No estoy diciendo que no hay sitio para el error. La expresión de un imperativo puede fallar en su intento de transmitir un contenido proposicional en las circunstancias de su manifestación. La orden de cerrar la puerta, por ejemplo, presupone que hay una puerta en las cercanías que puede ser cerrada; si la presuposición es obviamente falsa (digamos, le pido que cierre la puerta mientras caminamos en

---

[8]   Ver Lemmon, 1962 y Bach-Harnisch, 1992.

[9]   Expliqué esto con más detalle en mi *Social Conventions*, cf. Marmor, 2009: 120 y ss.

una pradera, sin puerta alguna en los alrededores), es muy probable que la expresión no logre comunicar un contenido proposicional significativo. Creo que esta es una falla típicamente pragmática; sabemos qué quiere decir la oración, y qué necesita para ser verdadera; la falla consiste en su falta de relevancia. El hablante expresó algo que no es relevante en la situación conversacional. Aunque quizás haya otras formas de explicar de qué clase de falla se trata, no insistiré sobre el particular.

Para resumir lo dicho hasta aquí, lo que he sugerido es que en los casos estándar, un enunciado imperativo expresa un contenido proposicional acerca de las intenciones del hablante, sus deseos o su querer, que típicamente se hace verdadero por su mera expresión. Con las modificaciones pertinentes, esto es verdadero para los exhortativos en general. Los exhortativos son la clase de actos de habla por medio de los cuales el emisor pretende motivar una acción (o inacción) del receptor a partir de que el último reconoce la expresión como una razón motivadora para actuar. Una característica fundamental de los exhortativos es que el pronombre de la primera persona siempre está implícito en la expresión del exhortativo; siempre, para decirlo de algún modo, marca una diferencia quién sea el emisor. Cuando yo hago un pedido, por ejemplo, es una característica esencial de la expresión que es mi pedido, que expresa mis deseos, mis intenciones, etc[10]. Aunque rara vez se lo exprese, el pronombre de la primera persona es, para decirlo así, aquello acerca de lo cual versa el exhortativo; realiza un enunciado cuasidescriptivo acerca de estados mentales del emisor. Esto puede comprobarse superponiendo un exhortativo con la negación del contenido proposicional que comunica. Considérense los siguientes pares de enunciados:

---

[10] Por supuesto, existen casos en los cuales uno puede expresar el exhortativo de otro; se me podría haber ordenado que le ordene a usted hacer j. No creo que estos casos generen problemas particulares. Habitualmente, la segunda orden es una descripción de la primera y la expresión sirve como medio para comunicar los deseos, etc., de otra persona.

(a) Cierre la puerta & No es verdadero que yo quiero que usted cierre la puerta.

(b) Por favor, présteme $10 & No es verdadero que yo deseo tomar prestados $10 de usted.

(c) Ya puede dejar el cuarto & No es verdadero que yo tengo la intención de permitirle dejar el cuarto en este momento.

Como muestran estos pares de conjunciones, la yuxtaposición de un exhortativo con la negación del contenido proposicional que comunica, que refiere a un estado mental del emisor, no tiene sentido. Las conjunciones son incoherentes o, por lo menos, desconcertantes. La expresión de un exhortativo comunica cierto contenido proposicional que no puede ser contradicho sin asumir que el exhortativo no ha sido expresado con sinceridad. Cuando uno expresa un exhortativo, *en condiciones normales y sinceramente*, ha expresado un contenido proposicional que es verdadero por su mera expresión. Una vez más, no sugiero así que los exhortativos son semánticamente reducibles al contenido proposicional que expresan. Lo que afirmo es que ese contenido surge por el tipo de acto de habla que es un acto de habla exhortativo, y por su función en la comunicación. El sentido de un exhortativo es lograr que el receptor reconozca un estado mental del emisor y, por ende, motivar al receptor para que actúe de un modo determinado. Los exhortativos difieren, naturalmente, en el modo en el cual las intenciones del emisor, o sus deseos, etc. son considerados como razones para actuar y en la clase de razones que constituyen[11].

Todo esto es así en los casos usuales, en los cuales los exhortativos se expresan con sinceridad y el emisor quiere expresar lo que expresa. Pero este no es siempre el caso. Existen casos no usuales

---

[11] De hecho, pueden diferir también en otros aspectos. Por ejemplo, algunos actos de habla exhortativos, como una orden o una prohibición, presuponen típicamente cierta posición del emisor frente al receptor, como una posición autoritativa, mientras que otros no exigen ni presuponen posición particular alguna. Ver Bach-Harnish, 1982: 47-55.

en los cuales el contenido comunicado mediante un acto de habla exhortativo implica (o tiene como objetivo implicar) algo distinto de lo que se dice. Por ejemplo, considérese el que Susan le diga a su marido Bob: «Sí, te permito ir al juego de fútbol esta noche, no me importa». Asumamos que, no obstante, a Susan sí le importa, y prefiere que Bob se quede en casa con ella. Hay dos maneras de lidiar con estos casos, dependiendo de los matices del contexto conversacional y factores pragmáticos semejantes. Una posibilidad es que la condición de sinceridad no esté satisfecha. La expresión de Susan no fue sincera. Ella expresó un acto de habla permisivo pero sin la necesaria sinceridad. Otra posibilidad es que en el contexto de esta conversación, a la luz del conocimiento entre las partes involucradas, la expresión comunica un contenido diferente (en rigor, opuesto) de lo que literalmente significa la oración. Y esto no es exclusivo de los actos de habla exhortativos. Existen muchas instancias en las cuales la gente trata de afirmar algo distinto de lo que dice literalmente y, con frecuencia, esta intención es reconocida con facilidad por el receptor. Un ejemplo familiar es el del caso en que, digamos, Susan le pregunta a Bob: «¿Has desayunado?». En circunstancias normales, no pensaríamos que Susan quiere saber si Bob desayunó alguna vez, sino si desayunó esa mañana, por ejemplo. En breve, como sucede con expresiones lingüísticas de otras formas, el contenido asertivo puede verse afectado por diversos factores pragmáticos de la situación conversacional y de maneras que convierten a ese contenido en algo distinto de lo que significa literalmente[12].

Es cierto que hay casos más complicados. Supóngase que en el ejemplo anterior que el permiso de Susan para que Bob concurra al juego afirma lo que ella literalmente dice y que, entonces, comunica la intención de dar a Bob permiso para concurrir al juego. Pero que, de hecho, Susan también tiene la esperanza (tal vez, contra to-

---

[12]   En otra parte traté de explicar con algo de detalle por qué esto no sucede en el derecho. Ver Marmor, 2008.

do pronóstico) de que Bob no irá[13]. ¿Podemos decir que el acto de habla permisivo de Susan expresa su deseo o intención de que Bob vaya al juego? Esto parece incorrecto, porque asumimos que ella en verdad guarda el deseo o la esperanza de que no vaya. Se trata de un caso complicado, pero creo que la solución viable es sostener que las intenciones comunicativas de Susan están en conflicto con sus esperanzas o deseos. En otras palabras, creo que el acto de habla exhortativo de Susan expresa el contenido proposicional que tiene como fin el permitirle a Bob concurrir al juego, aunque espera que suceda lo opuesto. Y esto no es completamente irracional, ni exclusivo de los exhortativos. Un problema semejante es familiar a partir de los casos en los cuales un agente intenta hacer algo que sabe que no puede hacer, o trata de hacer algo porque le piden que lo haga y pretende demostrar que no puede. Para quienes sostienen que intentar hacer algo implica necesariamente hacerlo, una clase similar de conflicto está presente en esos casos. La intención está en conflicto con una esperanza, una expectativa o algo así. No es necesario decir que éste no es el lugar para ocuparme de las intenciones de los intentos, y de cómo dar cuenta de estos contraejemplos[14]. Lo que sostengo es que no es necesariamente irracional expresar un querer o intención que está en conflicto con una esperanza o un deseo; y algunos actos de habla exhortativos pueden involucrar conflictos como esos. Las personas pueden tener la intención de comunicar una cosa y la esperanza de que suceda lo opuesto. El contenido proposicional, sin embargo, no está determinado por las esperanzas o los deseos que acompañan a la expresión. El hecho de que el emisor guarde esperanzas o expectativas que difieren de lo que afirma no afecta, por sí solo, el contenido proposicional, susceptible de verdad o falsedad, que comunica.

---

[13]   O en este ejemplo similar: le digo «¡Vamos, pégueme en la nariz!» [«*go ahead, punch me in the nose!*»] esperando, naturalmente, que no lo haga. N. del T.: La expresión inglesa de la cual hemos vertido una traducción literal se utiliza en realidad para significarle al interlocutor que se ha excedido o se ha pasado de la raya.

[14]   Ver, por ejemplo, Yaffe, 2011: cap. 2.

II. EL CONTENIDO DE LAS NORMAS Y SU VERDAD O FALSEDAD

Regresemos al contexto jurídico. Cuando le pido que cierre la puerta, expreso un deseo complejo: mi deseo de que usted cierre la puerta y mi deseo de que usted reconozca mi expresión de ese deseo como una razón para hacerlo. La idea hasta aquí ha sido que el contenido proposicional de las expresiones exhortativas consiste en la descripción adecuada de este estado mental complejo. Ahora supóngase que el contexto es levemente diferente. Hay un cartel en la puerta de entrada de la oficina principal de nuestro departamento que dice «No entrar después de las 6 PM». Tomemos a ese cartel como una especie de instrucción jurídica o cuasijurídica. En ese caso, ¿qué la hace una clase de instrucción jurídica? Probablemente, el hecho de que quien haya colocado ese cartel estaba autorizado para hacerlo. Supóngase que fue el director del departamento. En lo que hace al contenido proposicional de la instrucción, no hay diferencia entre la instrucción del director comunicada mediante el cartel sobre la puerta y su instrucción enunciada oralmente a cada uno de nosotros. Imagínese que en lugar de pegar el cartel, el director se paró ante cada uno de nosotros y expresó oralmente la misma instrucción. El contenido proposicional sería exactamente el mismo. Por cierto, es mucho más eficiente comunicar ese contenido pegando el cartel.

Ahora bien, naturalmente, es posible que al director del departamento, como persona, le de lo mismo que alguien ingrese a la oficina después de las 6 PM. La instrucción refleja su deseo oficial, no necesariamente su deseo personal. Esto no es extraño: la gente suele expresar ciertos contenidos en su rol oficial que pueden no reflejar nada de lo que personalmente cree o desea. Y este fenómeno no es exclusivo de los roles exhortativos o autoritativos. Por ejemplo, los empleados de atención al cliente suelen decir, cuando uno los llama, que agradecen el llamado y aprecian tenernos como clientes. Ellos no pretenden estar hablando en su nombre, sino en el de la empresa que representan. Y es obvio que estaríamos terriblemente equivocados si asumiéramos otra cosa. Lo mismo sucede con las autoridades jurídicas y de otro tipo. Ellos no hablan necesariamente por sí mismos, personalmente. Los exhortativos oficiales reflejan, como corresponde, los deseos y las intenciones de las personas en sus roles oficiales, *qua* oficiales, y así es como normalmente entendemos esas manifestaciones[15].

Demos un paso más. Supongamos que por alguna razón el tema está controvertido en el departamento. Así, el director de departamento convoca a una reunión de departamento para tratar este pequeño problema, y luego de algunos intercambios se acuerda no permitir a nadie ingresar a la oficina después de las 6 PM. Y que, en consecuencia, se pega el cartel. ¿Marcaría esto alguna diferencia con respecto al contenido proposicional de la instrucción? El que la instrucción exprese la posición de un único «legislador», para decirlo así, o una decisión colectiva de una multitud, no debería marcar una diferencia con respecto al contenido proposicional. Pero ¿qué sucedería si miembros distintos del departamento hubieran querido decir cosas levemente diferentes cuando votaron por la resolución? Quizás algunos creían que la instrucción solo se aplicaría a estudiantes, mientras que otros asumieron que también alcanzaría a los docentes. Estos son dos contenidos diferentes, ambos (asumamos) consistentes con un entendimiento ordinario de la instrucción en las circunstancias relevantes. ¿Cuál es, entonces, su contenido? ¿Podemos saberlo?

Lo que podemos decir es esto: los exhortativos, como toda proposición ordinaria, tendrían cierto contenido proposicional que está determinado por la expresión relevante en el contexto de su emisión, y cierto contenido que queda indeterminado o no especificado. Supóngase, por ejemplo, que alguien señala una puerta y dice:

(4) «Esa puerta no puede abrirse».

---

[15]   Esto está muy bien explicado en Dan-Cohen, 1995.

Claramente, esa es una oración descriptiva con algún contenido proposicional, que es verdadero o falso. Pero la emisión también deja indeterminado cierto contenido; ¿significa que la puerta está cerrada o que está trabada? La proposición es consistente con ambas opciones y, por sí misma, no elimina ninguna. (A menos que, por cierto, el contexto de la emisión aclare cuál opción es la correcta; *e.g.*, la emisión puede haber formado parte de una conversación acerca de la falta de mantenimiento del edificio, dando a entender en este caso que la proposición afirma que la puerta está trabada, no solo cerrada.) Y esto es cierto con respecto a la mayoría de las emisiones expresadas en una conversación ordinaria, sea la emisión una proposición propiamente dicha, un imperativo u otra clase de expresión. Comúnmente, cierto contenido está determinado por la expresión en el contexto de su emisión y cierto contenido puede quedar no especificado[16].

Pero aún no hemos respondido la pregunta, que es acerca de la relevancia de la intención de los emisores. Lo que tenemos en el caso de la decisión departamental es una forma de habla colectiva, en la cual participantes diferentes tienen intenciones comunicativas distintas, en algún sentido, acerca del contenido de la expresión colectiva. La pregunta es si estos estados mentales distintos afectan el contenido proposicional de la expresión, o no. Y aquí es donde podríamos meternos en problemas. En el caso de un enunciado proposicional ordinario, el contenido proposicional expresado es, usualmente, determinado por una combinación del significado de las palabras expresadas (y la sintaxis) y ciertos determinantes pragmáticos en juego, como el conocimiento común del contexto de base relevante, presuposiciones, las máximas que gobiernan la conversación, etc. La intención del emisor, o su estado mental, *por*

---

[16] Para un análisis mucho más detallado ver, por ejemplo, Soames, 2009: vol. 1, cap. 10. Nótese que aquí me concentro en el contenido asertivo y, en honor a la simplicidad, no discuto la clase de contenido que está implicado, aunque no afirmado. Sobre las maneras en las cuales funcionan las implicaciones en contextos jurídicos, me he explayado en otro lugar: ver Marmor, 2011.

sí mismo, no determina lo que ha dicho. En el ejemplo (4), el emisor podría haber tenido la intención de decir que la puerta estaba cerrada. Pero eso no es necesariamente lo que dijo. (A menos que, naturalmente, algún elemento contextual de base deje claro que eso es lo que el emisor expresó)[17].

No obstante, podría parecer que esto es distinto en el caso de los exhortativos. Si el contenido proposicional de un exhortativo es, como creo, autorreferente, que describe un estado mental del emisor, podría concluirse en que el estado mental relevante es lo que *determina* el contenido proposicional expresado. Y este sería un resultado problemático. Por ejemplo, implicaría que en el ejemplo del acto colectivo de habla, en el cual participantes distintos tienen intenciones, deseos, etc., en algún sentido diferentes, el contenido proposicional variaría de acuerdo con qué participantes estuviesen involucrados; esto parece muy complicado.

Esa conclusión, sin embargo, no se sigue. Así como la gente puede fallar en su intento de expresar el contenido exacto de sus intenciones comunicativas en el caso de un enunciado proposicional estándar, también puede fracasar en su intento de expresar el contenido que ha querido expresar en el caso de los exhortativos. El contenido proposicional susceptible de verdad o falsedad consiste en lo que *es dicho o afirmado* por un emisor en un contexto dado, no en lo que quiso decir. No quiero sugerir con esto que las intenciones comunicativas son irrelevantes; estoy muy lejos de creer eso. En circunstancias normales, en un contexto conversacional ordinario, son precisamente esas intenciones comunicativas del emisor lo que tratamos de captar, descubriendo qué es lo que se dijo (y quizás se implicó, etc.). Pero los emisores pueden fallar en su intento de comunicar todo lo que desean. La intención del emisor, por sí sola, no constituye lo que ha sido dicho o expresado. El contenido aser-

---

[17]   Siguiendo una nomenclatura bastante usual, uso las construcciones «lo que es dicho» y «lo que es expresado» como sinónimos, haciendo referencia al contenido susceptible de verdad o falsedad de una expresión en un contexto dado.

tivo de una expresión está determinado por lo que *un receptor razonable*, que conoce el contexto y la base conversacional relevantes, inferiría acerca de la intención comunicativa del emisor a partir de las palabras u oraciones expresadas en ese contexto. Una posición puramente subjetivista acerca del contenido asertivo, es decir, que sostenga que éste está completamente determinado por las intenciones comunicativas del emisor, implicaría que uno nunca puede estar del todo seguro acerca de qué ha sido afirmado mediante una expresión; después de todo, nunca podemos estar del todo seguros acerca de lo que el emisor puede haber querido comunicar. Esto parece inviable. Cualquier concepción viable acerca de lo que son los contenidos asertivos debe poder dar cuenta de la posibilidad de que un emisor puede fallar en su intento de afirmar mediante su expresión todo lo que quería comunicar[18].

Ahora la pregunta es si esto es distinto con respecto a los exhortativos: si el contenido proposicional de un exhortativo consiste en la descripción adecuada de un estado mental del emisor, ¿esto quiere decir que las intenciones del emisor, todas las cosas consideradas, al expresar el enunciado exhortativo, son constitutivas del contenido afirmado por él en el contexto particular de la expresión? La respuesta es negativa. Por supuesto, algunas intenciones son así constitutivas, pero no todas. Supóngase, por ejemplo, que un estudiante entra a mi oficina, y yo le digo «Por favor, cierre la puerta». Sería sorprendente que el estudiante concluyera en que mi pedido se refería a que cerrara la puerta con llave, aun cuando si, por alguna razón extraña, eso hubiese sido exactamente lo que yo quería pedirle. Si yo hubiera tenido esa intención, simplemente habría fallado en mi intento de comunicarla. La expresión de un exhortativo no es una invitación al receptor para que adivine la intención del emisor. Es la expresión de un deseo y, como cualquier otra expresión, puede fracasar en comunicar todo el contenido que quiso el emisor.

---

[18] Ver, por ejemplo, Soames, 2009: caps. 10 y 11.

Así es que ahora ya puede verse hacia dónde me estoy dirigiendo: lo anterior también sucede con los actos de habla colectivos. No todas las intenciones que participan de un acto de habla colectivo que aportan a su contenido son determinantes del contenido afirmado por la expresión colectiva, se trate o no de un exhortativo. Los actos de habla colectivos, como las expresiones individuales, pueden dejar sin especificar parte de su contenido. A este respecto, los actos de habla exhortativos no son diferentes de las expresiones o proposiciones propiamente dichas[19].

Permítaseme agregar una aclaración importante: la discusión anterior está limitada a la cuestión sobre cuál es el contenido, susceptible de verdad o falsedad, de los exhortativos. Esto no tiene influencia directa alguna en la cuestión de cómo interpretar esas expresiones cuando surgen dudas acerca de su contenido o su aplicación a un caso problemático. Lo último depende en lo fundamental de los intereses relevantes del receptor o, con más exactitud, de las razones para prestar atención a la expresión. Es muy posible que un receptor esté interesado en, o tenga razones para averiguar, las intenciones, esperanzas, expectativas, etc., del emisor, aun cuando no estén en absoluto expresadas —o, aun, implicadas— por el emisor en el contexto de su expresión. Con frecuencia queremos saber más de lo que el emisor ha dicho o expresado (o implicado). Aun en un contexto jurídico, ese conocimiento puede ser muy relevante para la interpretación correcta del derecho. Pero estas cuestiones

---

[19]   Podría pensarse que para los actos de habla colectivos esto es distinto, porque sería posible encontrar casos en los cuales la expresión colectiva no refleja en verdad la intención o las preferencias de ninguno de los participantes. Supóngase, por ejemplo, que los participantes de la reunión de los docentes tienen posturas diferentes: algunos prefieren que nadie ingrese a la oficina después de las 4 PM, otros después de las 8 PM, etc., y la resolución final es un acuerdo que no refleja el deseo o la preferencia de nadie. Pero este tipo de ejemplos son muy engañosos. Una vez que una propuesta se somete a votación, y obtiene el apoyo de la mayoría, como mínimo consigue que la intención colectiva de la mayoría sea la adoptada, lo que equivale a decir que existe una intención comunicativa colectiva expresada por la resolución votada. El hecho de que cada uno de los votantes habría votado algo distinto, no es relevante.

están más allá del interés de este ensayo. No propongo aquí una teoría de la interpretación jurídica. Mi único interés es ofrecer una explicación de los actos de habla jurídicos que nos permita adscribir valores de verdad a los contenidos expresados por ellos. Cómo completar esos contenidos cuando no ha sido especificado por la expresión relevante es una cuestión aparte, mucho más amplia, que involucra consideraciones que no serán discutidas aquí.

III. ¿IMPERATIVOS SIN *IMPERATOR*?

Muchos juristas y filósofos del derecho rechazan la posición de que el contenido del derecho está determinado por las intenciones de los legisladores. Esa posición tiene muchas versiones, y algunas de ellas son claramente irrelevantes para nuestra discusión. En particular, el antiguo debate acerca de la posible relevancia de la intención del legislador en la interpretación de las leyes y de la constitución no tiene que ver con la pregunta sobre qué es lo que constituye el contenido proposicional de las normas jurídicas. Es un debate sobre cómo interpretar el derecho, es decir, completarlo, cuando alguna cuestión relevante ha sido dejada sin determinar o no se ha especificado por parte de la norma relevante. Como dije en las conclusiones del apartado anterior, se trata de un debate que no se ve afectado por las cuestiones bajo estudio en este ensayo.

La objeción relevante a la tesis que aquí se sostiene se vincula con la pregunta sobre de qué es lo que constituye el contenido susceptible de verdad o falsedad de las normas jurídicas. Algunos filósofos del derecho postulan que aun cuando el contenido de una norma jurídica es suficientemente claro, no lo es porque sepamos lo que los legisladores trataron de comunicar. El contenido del derecho, afirman, no está determinado por las intenciones comunicativas de quienes lo crean. Una vez más, es importante distinguir entre dos tipos de afirmación, casi diametralmente opuestas. Algunos autores sostienen que el contenido del derecho, todas las cosas consideradas, no se limita a las normas que resultan de actos de habla au-

toritativos; las normas o requerimientos pueden ser jurídicamente
válidos, formar parte del derecho, aun si ninguna autoridad las ha
creado. (Esta es una posición defendida, como es bien sabido, por
R. M. Dworkin.) Otros, sin embargo, conceden que el derecho
siempre es resultado de proclamaciones autoritativas, pero niegan
que el contenido de esas proclamaciones esté determinado por las
intenciones comunicativas de los legisladores. Estas dos posiciones,
si fuesen correctas, pondrían en problemas a la tesis que planteo
en los apartados II y III. Así es que me ocuparé de ellas, aunque en
orden inverso.

Se considera que el textualismo es la posición que sostiene que
el contenido del derecho está determinado por lo que el derecho
significa y no por lo que los legisladores quisieron decir. Ya señalé
que en un sentido esto es verdadero, pero en otro implausible. Permítaseme ser más claro. Los textualistas dan a veces la impresión de
sostener que el derecho puede entenderse simplemente conocien-
do el contenido literal o lexicográfico (y, probablemente, sintáctico) de las palabras y oraciones en cuestión. Esto, desde un punto de
vista filosófico, tiene poco sentido. El contenido determinado por
el significado literal de las palabras y las oraciones en un lenguaje
natural rara vez es suficiente para captar qué es lo que realmente
se dice en un acto de habla particular. Ese contenido semántico es,
por supuesto, un vehículo esencial para transmitir el contenido comunicativo, pero el contenido transmitido con frecuencia se completa, y/o enriquece, mediante varios factores, contextuales y de
otro tipo. Sin embargo, los textualistas podrían estar queriendo dar
un paso más, que es necesario. El Juez Scalia, por ejemplo, refiere
con frecuencia que el contenido del derecho está determinado por
aquello que «las palabras significan en el contexto»[20]. En otras palabras, los textualistas parecen admitir que la misma oración o expresión puede querer decir cosas distintas, esto es, expresar contenidos
diferentes, en contextos diferentes.

---

[20]   Scalia, 1997: 23-25.

Pero entonces deberíamos preguntar por qué el contexto marcaría una diferencia, si no es para determinar la intención comunicativa de la autoridad jurídica relevante. Normalmente, usamos el conocimiento contextual y otros determinantes pragmáticos para captar el contenido de lo que el emisor quiso comunicar bajo las circunstancias específicas de su expresión. Asumir que podemos dar cuenta de algún modo del contenido afirmado mediante una expresión lingüística sin atender a las intenciones comunicativas del emisor tiene muy poco sentido. Por otro lado, creo que los textualistas aciertan al asumir (si es que lo hacen) que las intenciones, por sí solas, no determinan lo que la expresión realmente afirma. Como mencioné antes, una posición puramente subjetivista acerca del contenido asertivo es igualmente inviable.

Así es que este es el punto en el que creo que nos encontramos: no puede interpretarse, plausiblemente, que el textualismo sostiene que el contenido asertivo de un texto jurídico es separable de las intenciones comunicativas de la autoridad que creó la regla. En general, entender lo que alguien dijo es, precisamente, el intento de entender lo que quiso comunicar. Sin embargo, los textualistas acertarían al decir que el contenido asertivo está determinado, en parte, por algunas características objetivas de la situación conversacional. Lo que es expresado mediante una afirmación es la clase de contenido que un receptor razonable, que comparte el conocimiento de base relevante, etc., puede inferir de la afirmación en el contexto de su expresión. En otras palabras, los textualistas tienen mucha razón al asumir que un emisor puede fallar en su intento por comunicar todo lo que quería comunicar, y siempre debemos poder dar cuenta de eso.

La importancia principal del textualismo, no obstante, no tiene que ver con la cuestión de lo que constituye el contenido asertivo o lo que hace verdaderas a las prescripciones jurídicas. El núcleo del textualismo está en las maneras en las cuales el contenido jurídico puede ser completado legítimamente (por los jueces) cuando la expresión relevante está incompleta, o de algún modo deja sin especificar algo de su contenido. Como afirmé antes, esta es una cuestión distinta a la que trataré aquí.

Ahora bien, en el otro extremo de este debate, encontramos la posición que niega, sobre bases generales de la teoría jurídica, que el derecho está limitado a las normas y las reglas creadas por autoridades jurídicas. De acuerdo con Dworkin, por ejemplo, cierto contenido normativo puede formar parte del derecho aun si no surge de una proclamación autoritativa. No hace falta decir que este no es el lugar para presentar todas las complejidades de la posición de Dworkin acerca de la naturaleza del derecho y criticarlas. He sostenido en otro lado, con argumentos que no tienen nada que ver con las cuestiones que discutimos aquí, que es inviable sostener que las normas pueden ser jurídicamente válidas sin haber sido autoritativamente promulgadas como tales. Solo las decisiones autoritativas crean el derecho[21]. Sin embargo, para los fines de esta discusión, será útil examinar algunos aspectos de este debate dejando de lado problemas de mayor amplitud a su respecto. En otras palabras, la pregunta es si podemos tener un contenido exhortativo que no exprese la posición de nadie acerca de lo que debe hacerse: ¿existen imperativos sin un *imperator*?

Parece tentador pensar que la respuesta debería ser afirmativa. Después de todo, no pensamos en normas morales o requerimientos morales como la clase de prescripciones que expresan los deseos de alguien acerca de lo que debe hacerse. O, al menos, muchos filósofos piensan que esto es así, y no tengo problemas con eso. Una manera de ver la dificultad es la siguiente. Tomemos un contenido prescriptivo, digamos:

(5) «A debe hacer j en las circunstancias C»,

y asúmase que este es un deber tanto jurídico como moral. En otras palabras, asumamos que la misma conducta es moralmente obligatoria y prescripta por una autoridad jurídica en un sistema

---

[21]   Ver, por ejemplo, Dworkin, 1986, y mi respuesta en Marmor, 2001: cap. 4.

jurídico determinado. Llamémoslas (5M) y (5L), respectivamente. ¿No deberíamos esperar que el contenido proposicional susceptible de verdad o falsedad de esas dos prescripciones, la moral y la jurídica, sea exactamente el mismo? Después de todo, la conducta exigida por (5M) y (5L) es, por hipótesis, idéntica.

La respuesta debe ser negativa; el contenido proposicional de las prescripciones morales es, esencialmente, diferente del de las prescripciones jurídicas, aun si las dos prescripciones en cuestión prescriben exactamente la misma clase de conducta. La verdad de un requerimiento moral, creo, no tiene nada que ver con las posiciones, intenciones o deseos de la persona que expresa el requerimiento[22]. Al decir que A debe (o que se le exige, etc.) hacer j, usualmente se está indicando el hecho de que A tiene razones para hacer j, algún hecho que favorezca el hacer j, o algo por el estilo. Pero este no puede ser el caso con respecto al contenido susceptible de verdad o falsedad de un requerimiento jurídico. Como señalé antes, la expresión de exhortativos es crucialmente diferente, en cuanto ella siempre invoca, aun de manera implícita, el pronombre de la primera persona; importa quién es el emisor. Cada vez que el derecho nos dice que debemos hacer algo, también nos dice que debemos hacerlo porque *el derecho* lo dice. Y este es el sentido en el cual las prescripciones jurídicas son ejemplos paradigmáticos de actos de habla exhortativos.

Para pensarlo de otro modo, supóngase, por ejemplo, que (5M) es verdadera y que (5L) es su contraparte jurídica en el sistema jurídico S1, pero no en un sistema jurídico distinto, S2. Cualquiera sea el caso, deberíamos ser capaces de explicar en qué sentido (5L) es verdadera si S1 rige y falsa si S2 rige, a pesar del hecho de que (5M) es verdadera en los dos casos. En otras palabras, cualquiera sea

---

[22] Naturalmente, algunos filósofos niegan esto; no estoy argumentando en contra del expresivismo, sino solo asumiendo que la objeción proviene de autores no expresivistas. El expresivismo, o cualquier posición similar acerca de la naturaleza de moralidad, no tendría conflicto alguno con las posiciones que defiendo aquí.

el motivo por el cual (5M) es verdadera, no tiene nada que ver con el emisor que la expresa; mientras que es imposible decir si (5L) es o no verdadera sin saber quién ordenó (5L), en qué contexto, etc.

No hace falta decir que este no es el lugar para desarrollar un análisis de las condiciones de verdad de las prescripciones morales. Lo único que quiero sostener aquí es que es imposible dar cuenta del contenido susceptible de verdad o falsedad de las normas jurídicas sin hacer referencia al origen o al carácter de la norma como jurídica, esto es, sin tomar en cuenta que el mismo contenido prescriptivo puede ser verdadero en un sistema jurídico y/o en un momento y lugar determinados, pero no en otros. El derecho es uno de esos dominios en los cuales el *decir algo* (por parte del agente y en las circunstancias apropiados) es *hacerlo realidad*. En el próximo apartado examinaré otro aspecto de este fenómeno, relacionado con un aspecto estructural de los silogismos jurídicos.

IV. LA FALACIA DE LEWIS

Permítaseme comenzar con una analogía con la verdad en la ficción literaria. Sherlock Holmes, como nos enseñan las novelas de Arthur Conan Doyle, vivió en el 221B de la Baker Street, en Londres. Asumamos, entonces, que existe un sentido en el cual (6) es verdadero:

(6) Sherlock Holmes vivió en Baker Street 221B, Londres.

David Lewis dice que el edificio situado en el 221B de la Baker Street en Londres era, en ese momento, un banco[23]. Asumamos, luego, que en los momentos relevantes, (7) es verdadera:

(7) El edificio ubicado en el 221B de la Baker Street en Londres es un banco.

La inferencia de (6) a (7) parece ser:

---

[23]   Lewis 1983: 262.

(8) Sherlock Holmes vivió en un banco.

Pero se ve con claridad que (8) es falsa. ¿Qué es lo que falló aquí? Lewis nos dice que cometimos el error de pasar de un contexto *con prefijo* a uno *sin prefijo*. (6) es verdadera solo si tiene como prefijo un operador del tipo: «En la ficción literaria F...»; mientras que (7) solo es verdadera si se toma como no afectada por prefijo alguno (en el mundo real, por decirlo así). Así, a menos de que (7) tenga como prefijo el mismo operador «En la ficción literaria F...», no puede concluirse que (8) es verdadera en la ficción; y como (6) es verdadera solo si está modificada por el prefijo, no puede concluirse que (8) es verdadera *sin prefijo*. Sin duda, esto es correcto (y me referiré al problema como la *Falacia de Lewis*)[24]. Pero ahora considérese un ejemplo jurídico:

(6*) Es una infracción, punible con una multa de hasta \$100, usar un teléfono móvil mientras se conduce un vehículo sin un dispositivo de manos libres.

(7*) John usó su teléfono móvil, sin un dispositivo de manos libres, mientras conducía su automóvil.

La inferencia de (6*) a (7*) es:

(8*) John cometió una infracción punible con una multa de hasta \$100.

Ahora bien, es claro que la expresión jurídica usada en (6*), «es una infracción hacer j...», debería formularse aquí como un exhor-

---

[24] Ver Lewis, 1983: 262. Muchas publicaciones criticaron las ideas de Lewis presentadas en ese trabajo, aunque no sobre este punto en particular. Ver, por ejemplo, Byrne, 1993. Algunos filósofos se inclinan a negar que la ficción literaria tenga contenido proposicional en absoluto. Una posición alternativa (*e.g.* Walton, 1990) considera a los textos literarios como una invitación para que el receptor pretenda que cree lo que está dicho, o algo por el estilo. No estoy sosteniendo o asumiendo que estas posiciones están equivocadas. Para dar cuenta de lo que sería el contenido proposicional de la ficción literaria, tendríamos que contar una historia mucho más compleja. Sin embargo, nada de esto afecta a mis argumentos en este trabajo. Solo uso la verdad literaria como un ejemplo de contexto con prefijo.

tativo, expresando en verdad el contenido prescriptivo de que no se debe hacer j, o algo por el estilo. Aun así, la inferencia parece ser perfectamente válida. De hecho, esta es la clase de inferencia que es característica de innumerables silogismos jurídicos. Pero, a primera vista, hemos cometido la falacia de Lewis al pasar de un contexto con prefijo a uno que no lo tiene. (6*) ha de estar modificado por un prefijo como el del operador «En el sistema jurídico S... (en el momento m, el lugar x, etc.)...», mientras que (7*) parece no estar afectada por un prefijo, ser una descripción lisa y llana de un evento que sucedió en el mundo. ¿Cómo podemos, entonces, inferir correctamente (8*)? Nótese que no sirve de ayuda entender (8*) como modificada por un prefijo, o contenida bajo el operador «En el sistema jurídico S...», que probablemente sería la manera correcta de interpretar esa conclusión. Sherlock Holmes no vivió en un banco, esto ni en el sentido modificado por el prefijo «En la ficción literaria F...» ni no modificado por él. Así es que la inferencia acerca de la residencia de Holmes es incorrecta, por lo que también debería serlo una inferencia acerca de resultados jurídicos, como (8*), sea que la conclusión se entienda como afectada o no por el prefijo[25].

¿Por qué deberíamos pensar que (6*) debe tomarse como modificada por el prefijo? Aunque no con esta formulación, la idea de que las oraciones que expresan el contenido de una norma jurídica se refieren a algo que es verdadero, si es que lo es, solo desde cierto punto de vista, es decir, desde la perspectiva de un sistema

---

[25] Es tentador pensar que el problema es fácilmente evitable si formulamos la inferencia jurídica en términos condicionales. Podemos reformular (6*) diciendo que «Si X hace j, X es punible...»; entonces (7*) puede comprenderse como un enunciado de modo que el antecedente se de, y (8*) se seguiría como una conclusión válida. El problema es que esta estrategia evita el problema solo si (6*) se concibe como un enunciado predictivo y (8*) como una conclusión fáctico-predictiva; de otro modo, volvemos al mismo problema de mezclar un condicional con prefijo con un antecedente sin prefijo. En cualquier caso, como veremos enseguida, el antecedente ha de ser incorporado en el contexto con prefijo.

jurídico dado, ha sido aceptada ampliamente por los teóricos del derecho, por lo menos desde que Kelsen ha llamado la atención sobre el punto[26]. En otras palabras, una oración como (6*) expresa una prescripción o directiva jurídica particular que debe ser una directiva o prescripción de un sistema jurídico vigente particular. Cuando se dice que «X es ley», necesariamente se está queriendo decir que X es ley de acuerdo con cierto sistema jurídico en un tiempo y un lugar determinados. Una norma es jurídica si, y solo si, forma parte de un sistema jurídico particular, y solo como parte de ese sistema, en el momento y lugar donde está vigente. Por ende, todo enunciado que exprese el contenido de un requerimiento jurídico particular se conforma con una fórmula que puede ser esquematizada como «*De acuerdo con la ley en S en el momento m [...]*». No tiene sentido hablar de requerimientos jurídicos particulares o de contenidos jurídicos a menos que se los considere modificados por el prefijo. Ahora bien, es claro que hay muchas otras maneras de formular esta idea simple, más allá de la terminología de Lewis. Podemos hablar en términos de «verdadero *en* S en el momento m [...]» o «es ley en S en el momento m», o cualquier otra formulación que exprese la misma idea, esto es, que la verdad acerca del contenido de las normas jurídicas es necesariamente relativo a algún sistema. Esto es lo que quiero decir cuando sostengo que los enunciados jurídicos están necesariamente sujetos a un prefijo.

A partir de esto, podría pensarse que algunos prefijos dan lugar a falacias como la de Lewis, y otros no. Y esto es correcto. Llamémoslos prefijos *cerrados* y *abiertos*, respectivamente. Los prefijos abiertos son tales que pueden formar parte de argumentos válidos junto a enunciados no afectados por un prefijo para conducir a conclusiones válidas. Por ejemplo, «De acuerdo con las leyes de la naturale-

---

[26] Naturalmente, Kelsen expresó esta idea en términos de la necesidad de presuponer la Norma Básica. Ver, por ejemplo, Kelsen, 1960 [1967]. Joseph Raz sostuvo una posición similar, mediante su noción de «enunciados formulados desde el punto de vista del derecho»; ver Raz, 1979: 153-157. Y ver Marmor, 2001: cap. 1, donde explico esto con mucho más detalle.

za...»[27]. ¿Qué tienen, entonces, los prefijos cerrados que genera la falacia de Lewis? Una alternativa es fijarse en la semántica del prefijo. Probablemente esté implícito en la semántica de los prefijos científicos —«De acuerdo con las leyes de la naturaleza [...]»— que ellos prevalecen sobre los enunciados sin prefijo a la hora de extraer conclusiones válidas. Por el contrario, es parte del significado de un prefijo tal como «de acuerdo con la ficción literaria F [...]» que él determina que el valor de verdad del enunciado está contenido en el mundo demarcado mediante el prefijo, es decir, el mundo de la ficción literaria F. Esto tal vez sea verdadero, pero no basta. Todavía podríamos preguntarnos qué es lo que hace que algunos prefijos sean cerrados. Creo que al menos en algunos casos centrales los prefijos son tales que establecen una *relación constitutiva* con los valores de verdad de los enunciados a los que se aplica. Un enunciado es verdadero en una ficción, si es que lo es, porque la ficción así lo determina. Decir algo lo hace verdadero, por decirlo así. Si un texto ficcional dice que «la luna es verde», es verdadero, *en esa ficción*, que la luna es verde, y es verdadero *porque el texto lo dice así*. De manera semejante, el prefijo de un juego, digamos, «de acuerdo con el ajedrez [con sus reglas], es el caso que *p*», genera el caso que *p*, o hace verdadera a *p*, en el marco del juego. Naturalmente, *p* es verdadera en el ajedrez (si lo es) porque su verdad está constituida por las reglas del juego.

En síntesis, los prefijos cerrados son aquellos (aunque probablemente no solo aquellos) en los cuales se da una relación constitutiva entre ciertas características esenciales del mundo o contexto designado por el prefijo y la verdad de los enunciados expresados acerca de ese mundo o contexto. Ahora espero, entonces, que podamos ver por qué tiene sentido asumir que el prefijo jurídico también es cerrado. Cierto contenido jurídico es verdadero, si lo es, en un

---

27 Según ciertas posiciones metaéticas, lo mismo vale para «de acuerdo con la moral...». Pero, naturalmente, esto está muy discutido. Los operadores modales, como «es necesariamente el caso que...» podría ser otro ejemplo de prefijo abierto.

sistema jurídico S (en un momento m, etc.) porque el derecho, en S, *lo dice*. Un prefijo jurídico, en otras palabras, es cerrado porque vincula el valor de verdad de los enunciados a los que modula con el mundo designado por el propio prefijo. En este aspecto, el derecho es muy parecido a la ficción literaria y a los juegos estructurados; decir algo, del modo adecuado, lo hace así relevante en el contexto.

Una solución obvia a la falacia de Lewis para el caso jurídico sería sostener que toda la inferencia —(6*) a (8*)— está contenida dentro del contexto definido por el prefijo, y que esto es lo que la hace verdadera. La idea es que la premisa menor, (7*), también tiene un prefijo. En otras palabras, (8*) se sigue como conclusión válida solo si (7*) es entendida como sujeta al prefijo «De acuerdo con el derecho en S [...]». Si y solo si la acción realizada por John se corresponde con «usar un teléfono móvil mientras conduce» *desde el punto de vista del derecho*, o *a los ojos del derecho*, entonces (8*) se sigue.

Antes de intentar una explicación más detallada de esto, regresemos a Sherlock Holmes por un momento. Considérese la inferencia siguiente:

(9) Sherlock Holmes vivió en Londres.

(10) Londres es una ciudad del Reino Unido.

(11) Sherlock Holmes vivió en el Reino Unido.

Aquí tenemos la misma estructura que en (6) a (8), pero con un resultado muy diferente. (9) está modulada, claramente, por el prefijo «En la ficción literaria F [...]», mientras que (10) no lo parece, sino que solo es un hecho del mundo real que Londres está en el Reino Unido. La conclusión, sin embargo, es correcta. Cualquier lector de las novelas de Conan Doyle asumiría, y de manera correcta, que las aventuras de Sherlock Holmes sucedieron en el Reino Unido[28]. Y, crucialmente, este sería el caso aun si el Reino Unido (o

---

[28] Para que quede claro, no estoy diciendo que es imposible ofrecer una interpretación de las historias de Holmes de acuerdo con la cual tienen lugar en un universo paralelo, o en el planeta Krypton, etc., donde Londres no está en el

Inglaterra, o Gran Bretaña) nunca se hubieran mencionado explícitamente en el texto. Así es que podemos preguntarnos qué es lo que hace válida a la inferencia que va de (9) a (11), frente a la que va de (6) a (8), que no lo es.

La solución tiene que ser esta: aunque la proposición (10) no parece estar sujeta a un prefijo, en el contexto de esta inferencia sí lo está; (10) forma parte de la ficción por implicación. Lo que se está asumiendo aquí es que las ficciones literarias comúnmente incorporan por implicación un número indefinido, aunque limitado, de hechos (o suposiciones fácticas) acerca del mundo, al menos aquellas relevantes y que pueden esperarse que sean importantes y bien conocidas por los potenciales lectores. Puede esperarse que todo lector razonable de las novelas de Sherlock Holmes sepa que Londres es una ciudad del Reino Unido y, por ende, aun cuando el texto no lo explicite, puede considerarse que está incluido en él por implicación. (Asumiendo, por supuesto, que nada en el texto sugiere lo contrario). Así es como evitamos la falacia de Lewis; la inferencia (9) a (11) se considera contenida en el contexto que define el prefijo. Del mismo modo, aun si las novelas nunca hablaran de la nariz de Sherlock Holmes, podemos asumir que tenía una (y solo una), en virtud del hecho literario establecido de que es un hombre. Puede decirse que esta clase de hechos no mencionados están incorporados en la ficción por implicación y así, para propósitos inferenciales, pueden considerarse como enunciados sujetos a un prefijo.

Regresemos al caso jurídico. ¿Podemos decir, como antes, que la inferencia que va de (6*) a (8*) es válida porque (7*) se incorpora al contexto jurídico por implicación, y por eso la inferencia como un todo está contenida en el contexto definido por el prefijo? El problema con esta solución es que exigiría que asumiéramos que

---

Reino Unido. Lo que digo es que quienes asumimos que las historias de Holmes tienen lugar en Inglaterra no estaríamos cometiendo un error evidente. Y esto es todo lo que necesitamos por ahora. Si quedan dudas acerca del ejemplo, podrían darse otros semejantes, *e.g.*, el que Holmes haya tenido una nariz, o un cerebro, etc.

todos los hechos del mundo están incorporados al derecho por implicación e incluidos en el contexto del prefijo. Desde que todo hecho o evento en el mundo podría ser relevante para una u otra inferencia jurídica, no podría trazarse un límite a la clase de hechos que están contenidos en el contexto definido por el prefijo que afecta al derecho. Nótese que este no es para nada el caso con la ficción literaria. Hay innumerables inferencias acerca de Sherlock Holmes que podrían ser inválidas (considérese, *e.g.*, nuestro primer ejemplo acerca del banco en Baker Street). En el caso de la ficción literaria, buscamos atribuir a ciertas presuposiciones fácticas la característica de estar incorporadas en el mundo ficcional, por decirlo así, bajo ciertas condiciones, como cierta presuposición de un conocimiento compartido, importancia, relevancia, la falta de cualquier indicación en contrario en el texto, etc[29]. En el caso jurídico, sin embargo, no parece haber lugar para esos límites. Lo cual, una vez más, parece sugerir que deberíamos asumir que el derecho incorpora por implicación todos los hechos reales del mundo.

Ahora bien, hay un sentido en el cual eso es verdadero, pero para hacerlo plausible debemos reparar en un límite crucial: los hechos deben ser incorporados en el derecho a través de alguna estipulación. Que quede claro que no estoy diciendo que toda inferencia jurídica debe incorporar los hechos sobre los cuales se apoya para considerarse dentro del rango del prefijo mediante un enunciado explícito a tal efecto; eso sucede usualmente cuando la clasificación

---

[29] Estas condiciones pueden ser discutibles, naturalmente. Por ejemplo, en una de las novelas de Holmes, *The Adventure of the Speckled Band*, la culpable es una serpiente, una víbora de Russell que trepó por una cuerda para matar a su víctima. De hecho, la víbora de Russell no es constrictora y no puede trepar por cuerdas. ¿Acaso eso importa? ¿Es la clase de hecho que se supone conocida por los lectores de las historias de Holmes? Nótese, además, que en la medida en la cual los hechos no explicitados se incorporan a una ficción literaria por implicación depende, en parte, del género. Algunos géneros literarios, como las novelas realistas o las historias de detectives, etc., tienden a ser muy generosos con respecto a la incorporación implícita de hechos no explicitados, mientras que otros géneros, como la ficción surrealista, probablemente lo sean menos.

jurídica de los hechos está controvertida. En cualquier otro caso, la estipulación está principalmente implícita o presupuesta[30]. Nótese, sin embargo, que aun si la clasificación de los hechos relevantes no está discutida ni controvertida, siempre se trata de clasificaciones *discutibles*. En principio, siempre es posible cuestionar la incorporación de un supuesto hecho en el silogismo jurídico afirmando que a los ojos del derecho relevante, E [la acción o el evento en el mundo] no *cuenta como* X [el hecho exigido por el derecho]. En cualquier caso, la estipulación es constitutiva. En otras palabras, cada vez que nos enfrentamos a un argumento jurídico de la forma

(a) De acuerdo con el derecho en S (en el momento m, etc.) {si X [hecho] entonces Y [consecuencia jurídica]}.

(b) X

(c) De acuerdo con el derecho en S, {Y}

la premisa menor (b), está sujeta al prefijo. Típicamente, así asumimos que es el caso, la más de las veces lo damos por sentado en los contextos conversacionales relevantes. Pero esta presuposición es esencial. En otras palabras, la inferencia completa tiene aquí otra premisa, a menudo oculta (*viz* presupuesta), la de que el acto o evento en el mundo no sujeto a prefijo *cuenta como* X, jurídicamente hablando. Así, la inferencia completa se asemeja a esto:

(a) De acuerdo con el derecho en S (en el momento m, etc.) {si X [hecho] entonces Y [consecuencia jurídica]}.

(b1) E [algo que sucedió en el mundo]

(b2) De acuerdo con el derecho en S, E cuenta como X,

---

[30] Los abogados suelen referirse a este tema en términos de «determinación de los hechos»; reconocen que las inferencias jurídicas deben apoyarse en la determinación jurídica de los hechos, esto es, en hechos determinados jurídicamente a los fines de la inferencia relevante. Sin embargo, esta noción de determinación autoritativa de los hechos es ambigua: oscila entre la determinación de que algo sucedió realmente en el mundo y la de que algo se conforma con la categorización jurídica relevante. Mi discusión en el texto concierne a la última cuestión.

por ende, X

(c) De acuerdo con el derecho en S, $\{Y\}$.

De inmediato surge una objeción. Considérese el caso en el cual John usa su teléfono móvil mientras conduce. Nos tentaría afirmar que, dada la disposición jurídica de (6*), John cometió una infracción, estuviera o no determinado autoritativamente que lo hizo. Después de todo, queremos decir que John cometió la falta aun si nunca fue atrapado; John violó la ley. Esto es correcto. Nada de lo que afirmo aquí, sin embargo, evita que afirmemos que John cometió una falta aun si nunca fuera atrapado. El único tema que debe tenerse en cuenta es que la premisa menor está incorporada en el contexto jurídico; es decir, presuponemos que para los ojos del derecho, o desde el punto de vista del derecho, John usó un teléfono móvil mientras conducía (y, por ende, cometió una falta)[31]. En otras palabras, la inferencia de (6*) y los hechos relevantes implican (8*) solo si (7*) está estipulada jurídicamente, es decir, incorporada al contexto del prefijo. Como en la ficción literaria, lo que se dice en el derecho, es. Si consideramos a las prescripciones jurídicas como un tipo de exhortativo, esto no es para nada sorprendente[32].

---

[31] Supóngase, por ejemplo, que John hablaba con su teléfono móvil usando el altavoz del mismo, sin colocarlo sobre su oreja; seguramente sobre la base de esto podría oponerse a la estipulación de la premisa menor, sosteniendo que lo que hizo no cuenta como violación de la ley. Y un tribunal debería tomar una decisión al respecto.

[32] Estoy agradecido a Scott Soames, Giddeon Yaffe, Mark Schroeder, Joseph Raz, Ron Garet y los participantes de la Analytical Legal Philosophy Conference (San Diego, abril de 2011) por sus comentarios tan útiles a versiones anteriores de este trabajo.

BIBLIOGRAFÍA

AUSTIN, J.L., 1962: *How to do Things with Words*. Cambridge: Harvard University Press.

BACH, K. y R. HARNISH, 1982: *Linguistic Communication and Speech Acts*. Cambridge: The MIT Press.

— 1992: «How Performatives Really Work?», en *Linguistics and Philosophy*, vol. 15: 93-110.

BYRNE, A., 1993: «Truth in Fiction: The Story Continued», en *Australian Journal of Philosophy*, vol. 71: 24-35.

DAN-COHEN, M.: «Interpreting Official Speech» en MARMOR, A.: *Law and Interpretation: essays in legal philosophy*. Oxford: Oxford University Press, 1995: 433-450.

DWORKIN, R., 1986: *Law's Empire*. Fontana: Belknap Press of Harvard University Press.

JORGENSEN, J., 1937: «Imperatives and Logic», en *Erkenntnis*, vol. 7: 288-296.

KELSEN, H., 1960: *Reine Rechtslehre*. Vienna: Franz Deuticke. Citado por la traducción inglesa de KNIGHT M.: Kelsen, H., *Pure Theory of Law*. Berkeley: University of California Press, 1967.

— 1979. *Allgemeine Theorie der Normen*. Wien: Manz. Citado por la traducción inglesa de Hartney, M.: Kelsen, H., *General Theory of Norms*. Oxford: Clarendon Press, 1991.

LEMMON, E.J., 1962: «On Sentences Verifiable by their Use», en *Analysis*, vol. 22: 86.

LLEWELLYN, K., 2008: *Jurisprudence: Realism in Theory and Practice*. New Brunswick: Transaction Publishers.

LEWIS, D., 1983: «Truth in Fiction», en *Philosophical Papers,* vol. 1, Oxford, Oxford University Press.: 261-275.

MARMOR, A., 2001: *Philosophy of Law*. Princeton: Princeton University Press.

— 2008: «The Pragmatics of Legal Language», en *Ratio Juris*, vol. 21: 423-452.

— 2009: *Social Conventions: from language to law*. Princeton: Princeton University Press.

— 2011: «Can the Law Imply More than it Says?», en MARMOR, A. y SOAMES (eds.), *The Philosophical Foundations of Language in the Law*. Oxford: Oxford University Press.

RAZ, J., 1979: *The Authority of Law*. Oxford: Oxford University Press.

SCALIA, T., 1997: *A Matter of Interpretation*. Princeton: Princeton University Press.

SOAMES, S., 2009: *Philosophical Essays*, vol. 1. Princeton: Princeton University Press.

WALTON, K., 1990: *Mimesis as Make-Believe*. Cambridge: Harvard University Press.

YAFFE, G., 2011: *Attempts: In the Philosophy of Action and Criminal Law*. Oxford: Oxford University Press.

II. PROBLEMAS DE LA VERDAD *EN* EL DERECHO

Interpretación jurídica sin verdad

PIERLUIGI CHIASSONI

«In vino, possibly, "veritas", but in a sober symposium "verum"»
J.L. Austin

«Science, thanks to its links with observation, retains some title to a correspondence theory of truth; but a coherence theory is evidently the lot of ethics»
W.V.O. Quine

I. VERDAD JURÍDICA

Se habla a menudo de «verdad jurídica». Sin embargo, la expresión es ambigua. Bajo el perfil de su componente adjetival, para limitarme ahora solo a éste, ella puede en efecto ser utilizada para hacer referencia a no menos de tres cosas distintas: la verdad del derecho, la verdad en el derecho, la verdad sobre del derecho.

1. Verdad del derecho

En lo que concierne a «la verdad del derecho», hace falta antes que todo destacar el «verdadero derecho» del «derecho verdadero». En la primera expresión, el adjetivo «verdadero» juega una función clasificatoria: el verdadero derecho, sea lo que sea, es algo que es genuinamente, auténticamente, derecho y, siendo derecho, difiere de, y se opone a, lo que no es derecho sino otra cosa (moral, costumbre, naturaleza, fuerza, albedrío, violencia, etc.). En la segunda expresión, en cambio, el adjetivo «verdadero» juega una función calificativa: el derecho que (bajo cierto criterio de verdad) es verdadero se opone al derecho que (bajo el mismo criterio de verdad) no es verdadero.

Ahora bien: ¿tiene sentido preguntarse por la verdad del derecho? En la historia del pensamiento jurídico encontramos dos maneras alternativas, bien conocidas, de contestar esta pregunta.

Los teóricos del derecho natural reputan que tal pregunta está sin más dotada de sentido. Además, responden afirmativamente: sí, hay un verdadero derecho, que coincide con las leyes del derecho natural[1]. El derecho natural es el verdadero derecho porque sus leyes derivan de, y/o tienen correspondencia con, la naturaleza de las cosas y de los hombres, la cual sería a su vez el producto de una creación de seres transcendentes y hasta se identificaría con ellos (*natura idest deus, natura sive deus, deus sive natura*). De esta forma, también el llamado derecho positivo —el derecho puesto, creado, producido, impuesto en este mundo por y para hombres— es verdadero derecho si, y en la medida en que, sus leyes o bien reiteren las leyes naturales, o bien sean el resultado de una correcta derivación (*conclusio*) o determinación (*determinatio*) a partir de ellas.

Los llamados positivistas jurídicos, en cambio, consideran que preguntarse por «la verdad del derecho» es engañoso o carece de sentido. Por un lado, observan que los teóricos del derecho natural hablan de «verdadero derecho», de algo que sería genuina y auténticamente derecho, sugiriendo que ello es así por razones ontológicas. Pero si nos detenemos a analizar la oración «el verdadero derecho es el derecho natural», no hay duda de que expresa un juicio de valor no susceptible de control empírico. Se trata pues de un juicio propio de la filosofía normativa del derecho y de la ética normativa, en el cual la locución «verdadero derecho» posee una indudable fuerza emotiva y desempeña la función de herramienta de persuasión ideológica. En esta perspectiva, por lo tanto, preguntarse por la verdad del derecho equivale a ponerse, en forma disfrazada, sobre el camino de la axiología jurídica, la cual proporciona modelos normativos de derecho. Por el otro lado, la expresión «de-

---

[1]   En las palabras de Cicerón: «*est quidem vera lex recta ratio naturae congruens*» (M. T. Cicerone, *De re publica*, III, Fragmenta VI).

recho verdadero» es un sinsentido del género *contradictio in adiecto*. El derecho, así razonan los positivistas, está hecho por normas; las normas no son entidades idóneas para la verdad (*truth-apt entities*); por lo tanto, se puede sensatamente hablar no ya de derecho verdadero sino solo, según el contexto, de derecho eficaz o ineficaz, valido o invalido, conveniente o no conveniente, justo o injusto, moralmente lamentable o no lamentable, etc.[2]...

2. *Verdad sobre del derecho*

En lo que concierne a la verdad sobre del derecho, la reflexión versa sobre la posibilidad de someter el derecho a investigaciones cuyos productos sean proposiciones verdaderas, es decir, proposiciones de carácter genuinamente cognoscitivo y científico. El problema de la verdad sobre del derecho es un problema de carácter epistemológico. ¿Es posible lograr un conocimiento genuino sobre del derecho? En el enfoque empirista que caracteriza el positivismo jurídico en su variante llamada *metodológica* (*conceptual, científica, analítica*), se suele dar por sentada la posibilidad de someter el derecho positivo, en cuanto fenómeno inmanente y social («hecho por hombres»), a investigaciones cuyos productos son verdaderos en la medida en que proporcionen descripciones fieles, o bien de lo que es derecho en general, o bien de piezas de realidades jurídicas particulares. Los teóricos del derecho natural suelen añadir al conocimiento empírico del derecho positivo, que no tienen dificultad alguna por admitir, el pretendido conocimiento objetivo del derecho natural, que se lograría en cambio mediante la razón, la intuición, o bien una combinación de las dos.

---

[2] Para un análisis finísimo de esta argumentación de los positivistas, véase Pintore, 1996. Sobre el tema derecho y verdad, véase también Patterson, 1996; Sucar, 2008. Sobre el tema interpretación jurídica y verdad, Diciotti, 1999.

3. Verdad en el derecho

En lo que concierne en fin a la verdad en el derecho la reflexión trata, por decirlo así, sobre el espacio de la verdad en el dominio del derecho: ¿hay verdad al interior de las experiencias y prácticas que constituyen el (nuestro) derecho? Se encuentra aquí el conjunto de problemas del cual voy a ocuparme, aunque parcial y tentativamente, a continuación: ¿hay en el derecho interpretaciones verdaderas? ¿Tiene sentido predicar la verdad en relación con la interpretación jurídica? ¿En qué sentido una interpretación jurídica puede ser verdadera? Los juristas hablan a menudo de interpretaciones verdaderas (que habitualmente coinciden con las suyas) y de interpretaciones falsas (que habitualmente coinciden con las de los demás). ¿Están todos ellos equivocados? ¿Tienen quizás razón? ¿Son quizás las victimas inocentes de una ilusión colectiva intergeneracional? ¿Deben los filósofos y teóricos del derecho tomar en serio las «intuiciones» de los juristas acerca de la verdad en la interpretación jurídica, o bien tienen que rechazarlas sin más en cuanto sinsentidos engañosos?

II. EL MISTERIO DE LA INTERPRETACIÓN

Cualquier intento razonable de reflexionar sobre verdad e interpretación jurídica tiene que identificar cuidadosamente de antemano los términos que se ponen en relación. ¿Qué es interpretación jurídica? Pese al diluvio de escritos que la estudian en todos sus rasgos y desde toda perspectiva imaginable, la interpretación jurídica sigue siendo un misterio. La variedad de usos lingüísticos, junto a la pluralidad de opiniones teóricas y posturas prácticas a menudo divergentes, hacen que sea así. De forma que no se puede aparentemente salir del *impasse* sin proporcionar algunos esclarecimientos y estipulaciones preliminares.

1. «Interpretación jurídica»

Sea lo que sea que entendamos por «interpretación jurídica», la ambigüedad proceso-producto de la palabra «interpretación» sugiere distinguir entre interpretación jurídica en cuanto actividad (interpretación-actividad), por un lado, e interpretación jurídica en cuanto resultado o producto de una interpretación-actividad (interpretación-producto), por el otro[3].

2. Interpretación-actividad, interpretación-producto

¿Que es interpretación-actividad? En vía de una primera aproximación, y en términos genéricos e intencionalmente tautológicos, interpretación-actividad es un fenómeno mental constituido por un conjunto de operaciones susceptibles de ser clasificadas como «interpretativas»; es un proceso mental donde se forman, se adoptan, se modifican, se rechazan, se utilizan, creencias, propósitos, posturas axiológicas, compromisos ideológicos, instrucciones (prescripciones, normas, directrices, principios), juicios, determinaciones o instancias de razonamientos (razonamientos-*tokens*) «interpretativos».

Un proceso interpretativo puede permanecer totalmente en la mente del intérprete: ser interior, no tener algún rasgo exterior. Pero puede también ser manifestado (exteriorizado) mediante el cumplimiento de actos lingüísticos de habla o de escritura, presentando así al mismo tiempo un rasgo interior (psicológico, cognitivo) y uno exterior (lingüístico, discursivo)[4].

---

3   La distinción constituye un punto central de la teoría de la interpretación jurídica de Giovanni Tarello: véase Tarello, 1980: 39-42.

4   Siempre, detrás de actos lingüísticos hay actos mentales. Esto naturalmente no implica que entre los dos conjuntos haya siempre una correspondencia exacta. Por el contrario, se puede pacíficamente asumir una (casi) constante discrepancia entre los dos: los actos lingüísticos (casi) siempre representan una selección de los actos mentales («casi», porque no podemos excluir casos de una correspondencia exacta, a la manera de un joyceano *fully externalized stream of*

En relación con una noción de interpretación-actividad así definida, parece oportuno destacar dos nociones de interpretación-producto: la interpretación-producto en cuanto entidad mental (interna) y la interpretación-producto en cuanto entidad discursiva (externa).

Interpretación-producto interna (mental) es cualquier resultado —inicial, intermedio o final— en el interior de un proceso interpretativo. En términos figurativos, es un cierto punto al que llega un proceso de interpretación: ya sea para continuar hacia otro punto, ya sea un punto final donde el proceso se acaba[5]. Por ejemplo, cuando en sus reflexiones un intérprete (J_i) llega a (es decir: decide) adoptar un determinado conjunto de directivas interpretativas (CI_i), considerando que se trata del conjunto estratégica o axiológicamente «correcto», este punto de llegada, constituido por el juicio «el conjunto de directivas interpretativas CI_i es el conjunto correcto en aras de interpretar la disposición de ley D_i en el caso C_i», representa uno de los productos internos del proceso interpretativo cumplido por J_i.

Interpretación-producto externa (discursiva) es en cambio cualquier conjunto de oraciones que constituye la manifestación (exteriorización) de un proceso mental de interpretación. Una interpretación-producto discursiva no es necesariamente la exteriorización de un proceso interpretativo en su totalidad, es decir, de todos sus actos y productos internos. En efecto, consiste casi siempre en una exteriorización selectiva, esto es, que abarca solo algunos de los

---

consciousness). Dos precisiones más. Primero, un proceso interpretativo puede también ser exteriorizado por signos no lingüísticos; simplemente, no voy a considerar aquí esta posibilidad. Segundo, no quiero tomar posición sobre la naturaleza lingüística o *language-dependent* de los actos mentales, ni sobre el problema del «lenguaje del pensamiento». Estos problemas, propios de la psicología de la interpretación, pueden en el presente escrito ser pasados por alto.

[5] La idea de «proceso» nos compromete solo a una idea de movimiento: pero el movimiento puede ser no ya lineal, sino circular o, más bien, en forma de espiral.

actos y productos internos de un proceso interpretativo determinado; típicamente, uno o más razonamientos interpretativos, con sus premisas, argumentos (pruebas), y conclusiones[6].

3. Tipos de interpretación-actividad

¿Qué tipos de discurso pueden valer como interpretaciones-producto? Para contestar a esta pregunta, hace falta precisar qué es interpretación-actividad. Giovanni Tarello, en un análisis todavía valioso, destaca cuatro formas de interpretación-actividad: la interpretación-detección, la interpretación-predicción, la interpretación-proposición, y la interpretación-decisión[7]. A ellas podemos añadir: la interpretación-conjetura, la interpretación-creación, la

---

[6]   En la teoría de la decisión judicial se traza a veces la distinción entre «razonamiento decisorio», que sería un proceso mental e interior (*in mente judicis*), por un lado, y «razonamiento justificativo», que sería en cambio un proceso discursivo y exterior, por el otro. La distinción sirve para dar cuenta del modelo intuicionista-argumentativo de decisión judicial, al destacar el momento psicológico y privado de la decisión (donde hay «invención» de la solución jurídica), que puede depender, y a menudo depende, también de factores no jurídicos y hasta inconfesables, por un lado, y del momento discursivo y público de su justificación estrictamente jurídica frente a un auditorio compuesto antes que todo por (otros) juristas y jueces, por el otro. Véase, por ejemplo, Taruffo, 1989: 317-318; Chiassoni, 1999: 56-58; 151 ss. La oposición, al destacar la dimensión interior y mental de la dimensión exterior y discursiva de la «decisión judicial» es muy útil y forma la base de las distinciones que he trazado en el texto respecto de la interpretación. Cabe notar, sin embargo, que «razonamiento» no tiene exactamente el mismo sentido en las dos expresiones. En «razonamiento decisorio», «razonamiento» equivale genéricamente a actividad mental intencional y voluntaria («conciencia activa»: Searle, 2004: 99 ss.), la cual incluye razonamientos en sentido propio, pero no se agota en ellos. En «razonamiento justificativo», en cambio, «razonamiento» tiene el sentido propio de conjunto de premisas, argumentos (pruebas) y conclusiones. Como subrayo en el texto, la interpretación-actividad, en cuanto proceso mental, incluye razonamientos interpretativos en sentido propio, pero no coincide sin más con ellos (excepto, por supuesto, en el caso de una mente puramente razonadora, *a purely reasoning mind*).

[7]   Tarello, 1980: 61 ss.

interpretación textual (que representa, como veremos, una precisión de la noción tarellana de interpretación-decisión), y la interpretación meta-textual[8].

4. Interpretación-detección, interpretación-predicción, interpretación-proposición, interpretación-decisión

La interpretación-detección consiste en detectar «interpretaciones»: es decir, detectar las atribuciones de significado que de hecho hayan sido proporcionadas, por agentes determinados (el jurista Fulano, el juez Mengano, el Tribunal de Fuente Ovejuna, etc.), para textos jurídicos autoritativos determinados (el párrafo 12 de la ley n. 15/1888, el artículo 4 de la Constitución, etc.), en ocasiones determinadas (el ensayo E, las sentencia S_1 ... S_n, etc.).

La interpretación-predicción consiste en formular predicciones acerca de «interpretaciones»: es decir, prever los significados que agentes determinados (el juez Mengano, los jueces del Tribunal Supremo) atribuirán a textos jurídicos autoritativos determinados (el artículo 4 de la Constitución) en relación, o bien con un caso determinado que ha de ser decidido, o bien con casos futuros hipotéticos[9].

La interpretación-proposición* consiste en proponer «interpretaciones»: es decir, proponer una atribución de significado determinada para un texto jurídico autoritativo determinado, con fuerza o bien de recomendación (típicamente, por el jurista Fulano a los demás juristas y jueces; por el juez Mengano, que goza de la dimensión persuasiva del precedente judicial, a los demás jueces), o bien de imposición (por el Tribunal de Casación a los jueces de fondo).

---

8   Chiassoni, 1998: 23-24 y 2011: cap. II; Guastini, 2012: cap. II.
9   Esta tarea caracteriza tradicionalmente los enfoques «realistas» frente al derecho: véase, p.e., Llewellyn, 1931: 1243-1244; Ross, 1958: 34 ss.; Miles-Sunstein, 2007.
*   N. del T.: En este contexto entiéndase en el sentido de acción y efecto de proponer.

La interpretación-decisión consiste, en fin, en decidir «interpretaciones»: es decir, establecer cuál es el significado de un texto jurídico determinado, típicamente en relación con determinados casos reales o hipotéticos.

Las cuatro formas de interpretación-actividad destacadas por Tarello, cabe notar, no están todas en el mismo plano. Las nociones de interpretación-detección, interpretación-predicción e interpretación-proposición son conceptualmente parasitarias de la noción de interpretación-decisión. Una interpretación-decisión y, más precisamente, su resultado final exteriorizado (interpretación-decisión-producto discursivo) representan el presupuesto ya sea de la interpretación-detección, ya sea de la interpretación-proposición. Detectar o proponer interpretaciones presupone que ya hay ciertas interpretaciones-producto que detectar o proponer, y esto presupone a su vez que ya se han efectuado ciertas interpretaciones-decisión. Es más, detectar o proponer interpretaciones relativas a una disposición es algo conceptualmente diferente de interpretar la disposición. Es «interpretación jurídica», si se quiere, en sentido impropio; mientras que la interpretación-decisión es «interpretación jurídica» en sentido propio. Quienes deciden una interpretación para una disposición «interpretan la disposición»: establecen lo que la disposición significa, determinan su sentido. En cambio, quienes detectan cómo una disposición fue interpretada por alguien, no «interpretan la disposición», sino que interpretan los discursos de los que (sí) han interpretado. Análogamente, quienes proponen a alguien que una disposición sea interpretada de una cierta manera tampoco interpretan la disposición, sino que hacen referencia a una interpretación de la disposición ya efectuada: sea por ellos mismos, sea por otros. De la misma forma, quienes formulan predicciones interpretativas «no interpretan» disposiciones, sino que pretenden prever cómo alguien las interpretará. Esto no presupone que este «algo» ya haya sido interpretado (piénsese en una nueva ley, que nunca haya sido interpretada por ningún juez o jurista); pero es predicción de una interpretación-decisión y, más precisamente, de su resultado.

5. Interpretación-conjetura, interpretación-creación

Parece útil destacar dos formas de interpretación-conjetura: la interpretación-conjetura metodológica y la interpretación-conjetura (que, *faute de mieux*, llamaré) axiológica[10].

La interpretación-conjetura metodológica consiste en identificar, en relación con un momento t_p, los significados que pueden por hipótesis ser atribuidos a una disposición (D_i), a luz de los métodos interpretativos que la cultura jurídica del momento considera prescritos por el derecho o en todo caso admisibles[11], sin calificar a ninguno de ellos como el significado «verdadero», «correcto», «justo» de la disposición, sino limitándose a hacer un inventario. Este puede ser un inventario minimal o bien un inventario maximal. En este último caso, la investigación pretende llegar muy cerca de ser exhaustiva, agotando el espacio de las potencialidades hermenéuticas metodológicamente admisibles de una disposición: llegando, por así decir, hasta la última frontera de las interpretaciones metodológicamente admisibles. Para cada disposición considerada (D_i), la interpretación-conjetura metodológica procede entonces, en forma experimental, de la siguiente manera:

(*a*) identifica los métodos (técnicas, directivas, criterios hermenéuticos) considerados prescritos o admisibles para interpretar D_i ($M_1, M_2 \dots M_n$);

(*b*) identifica en vía de técnica combinatoria diferentes conjuntos de métodos ($CM_1, CM_2 \dots CM_p$);

(*c*) identifica, para cada conjunto de métodos, los conjuntos de recursos interpretativos que pueden ser considerados relevantes

---

[10]   La fuente de estas consideraciones se encuentra naturalmente en la noción kelseniana de interpretación científica (Kelsen, 1960: cap. VIII).

[11]   El intérprete conjetural solo utiliza los métodos que la cultura jurídica de su tiempo considera prescritos por el derecho o admisibles. Si el empleo de un método es controvertido, si hay disputas metodológicas entre juristas al respecto, el intérprete conjetural debe abstenerse de tomar partido, registrar las diferencias de opinión y elaborar sus conjeturas dando cuenta de ellas.

según la cultura jurídica (CR_1, CR_2 ... CR_p), donde por «recurso interpretativo» se entiende cualquier dato que un método interpretativo prescribe emplear para interpretar una disposición (por ejemplo, el método literal del originalismo, según una forma de entenderlo, prescribe emplear como recurso interpretativo, como dato relevante para la interpretación, los usos comunes de las palabras al tiempo del dictado de la disposición);

(*d*) conjetura cuáles pueden ser los significados de la disposición D_i en relación con cada combinación de un conjunto de métodos con un conjunto de recursos correspondiente [$SCD_i = f\,(CM_1$, CR_1), (CM_1, CR_1), ... (CM_2, CR_2) ... (CM_p, CR_p)], identificando así el marco abstracto, puramente metodológico, de las potencialidades hermenéuticas de D_i.

La interpretación-conjetura axiológica representa una variante de la interpretación-conjetura metodológica. Aquí el intérprete se preocupa no ya de identificar el conjunto de las interpretaciones metodológicamente admisibles de una disposición (marco interpretativo metodológico), sino de identificar el conjunto de las interpretaciones axiológicamente admisibles de la disposición (marco interpretativo axiológico). Este marco depende no solo de las herramientas metodológicas y de los recursos interpretativos, sino también de las axiologías (moral social y morales críticas) influyentes en la cultura jurídica y en la sociedad en general, que proporcionan los criterios de corrección sustancial de las interpretaciones-productos[12]. Normalmente, el marco interpretativo axiológico representa un subconjunto del marco interpretativo metodológico.

La interpretación-creación consiste, en fin, en identificar uno o más significados de una disposición tales que, por hipótesis, están más allá de la frontera de las interpretaciones admisibles en la sede de interpretación-conjetura metodológica. La interpretación-crea-

---

[12] Si la cultura jurídica es caracterizada por la presencia de disputas axiológicas, el intérprete conjetural debe abstenerse de tomar partido, registrar las diferencias de opinión y elaborar sus conjeturas dando cuenta de ellas.

ción identifica entonces, en algún momento t_p, significados «nue-vos» en relación con los significados dentro del marco interpreta-tivo metodológico. Si los nuevos significados no son fruto del puro albedrío, sino que pueden no obstante ser presentados (en cualquier sentido) como «razonables», aunque no sean por hipótesis metodo-lógicamente admisibles, su identificación constituye un intento de ir más allá de la frontera jurídico-metodológica de los significados admisibles de una disposición. También en este caso, como en el ca-so de la interpretación-conjetura, el intérprete no califica ninguno de los nuevos significados como «el» significado «verdadero», «co-rrecto», «justo» de la disposición. La interpretación-creación es, en conclusión, una forma de interpretación-conjetura fuera de los límites, contingentes y mudables, de las interpretaciones metodo-lógicamente admisibles.

Interpretación-conjetura metodológica, interpretación-conje-tura axiológica e interpretación-creación son —podríamos decir: propiamente— interpretaciones de una disposición, junto con la interpretación-decisión. A diferencia de ésta, sin embargo, no po-seen naturaleza decisoria. Son interpretaciones en función cognos-citiva, mientras que la primera es interpretación en función prác-tica. No son aptas en sí mismas para solucionar una *quaestio iuris*, resolver una disputa, decidir un pleito, porque esto requiere en todo caso una decisión: por ejemplo, una decisión que elige uno de los significados metodológicamente admisibles, o bien uno de los significados axiológicamente admisibles, o bien un significado «nuevo» pero «razonable», presentándolo como «el» significado ju-rídicamente correcto de la disposición. Los procesos interpretati-vos de conjetura o creación solo llevan a la formación de creencias hipotéticas acerca de los significados de las disposiciones.

En el caso de la interpretación-conjetura metodológica, se trata de la creencia en que «la disposición D_i puede ser interpretada, por la vía de conjeturas aquí y ahora metodológicamente admisibles, de modo que exprese las normas N_1 o bien N_2 o bien N_3 o bien $N_1 + N_3$ o bien … N_n».

En el caso de la interpretación-conjetura axiológica, se trata de la creencia en que «la disposición D_i puede ser interpretada, por la vía de conjeturas aquí y ahora metodológica y axiológicamente admisibles, de modo que exprese las normas N_1 o bien N_2 o bien N_3 o bien N_1+N_2 o bien … N_m».

Por último, en el caso de la interpretación-creación, se trata en fin de la creencia en que «la disposición D_i puede ser interpretada, por la vía de conjeturas aquí y ahora metodológicamente no admisibles, pero razonables, de modo que exprese también las normas N_1, o bien N_2, o bien N_3, o bien N_1+N_3, o bien … N_n».

6. Interpretación textual y meta-textual

Dejando por el momento de lado las interpretaciones-actividad en sentido impropio (detectar, proponer, prever interpretaciones), así como las tres interpretaciones-actividad propias en función cognoscitiva (conjeturar en el ámbito de lo admisible metodológicamente, conjeturar en el ámbito de lo admisible axiológicamente, conjeturar en el ámbito de lo razonable) parece útil destacar dos formas de interpretación-actividad, en sentido propio y en función práctica: la interpretación textual y la interpretación meta-textual.

La interpretación textual coincide en parte con la interpretación-decisión de la que habla Tarello; versa sobre disposiciones (oraciones del discurso de las fuentes del derecho: por ejemplo, el texto del art. 6 del código civil español: «La ignorancia de las leyes no excusa de su cumplimiento»); consiste, más precisamente, en proporcionar una traducción justificada o justificable de una disposición determinada, habitualmente en aras de su aplicación a casos reales o imaginarios y de la resolución de una *quaestio iuris*.

La interpretación meta-textual en cambio abarca un conjunto de actividades diferentes y heterogéneas que o bien preceden, o bien presuponen, la interpretación textual.

7. *Variedad de interpretaciones-producto*

Las interpretaciones-producto discursivas (solo ellas interesan ahora) son diferentes según que se trate del producto de una actividad de interpretación textual o bien de interpretación meta-textual. Estos productos son a su vez diferentes, ya sea, de los productos de la interpretación-detección, de la interpretación-predicción o interpretación-proposición, o productos de la interpretación-conjetura o interpretación-creación.

8. *Productos de interpretaciones textuales (interpretaciones textuales-producto)*

La interpretación textual es obra de traducción y, más precisamente, de traducción inter-lingüística: se traducen oraciones en el lenguaje *L* mediante otras oraciones en el mismo lenguaje. Trata además de proporcionar no ya una traducción cualquiera, sino una traducción «correcta» de la disposición interpretada, es decir, justificada o justificable como tal. La prueba de la corrección consiste en traer a colación argumentos interpretativos o, por lo menos, en la posibilidad de traerlos. Los argumentos tienen además que ser «buenos» argumentos: técnicamente y substancialmente idóneos para presentar la traducción como «jurídicamente correcta», es decir, correcta desde el punto de vista «del derecho», y no ya simplemente desde las actitudes, preferencias y posturas puramente personales del intérprete. No obstante, la interpretación textual es interpretación-decisión: interpretación en función práctica y no cognoscitiva. Siempre, como sugiere la interpretación-conjetura, el intérprete cumple una elección, aunque motivada, entre significados alternativos metodológica, si no es que axiológicamente, admisibles de la disposición interpretada. El intérprete siempre cumple un acto de volición: aun cuando sea un acto de volición conformista respecto de la interpretación bajo hipótesis unánimemente preferida en la cultura jurídica de su tiempo. El intérprete, al proporcionar una interpretación textual, siempre empeña su responsabilidad de agente moral, eligiendo un camino entre la cooperación y el sabotaje.

Ahora bien, a la luz de las precisiones que preceden podemos entender el producto de una actividad de interpretación textual de tres maneras diferentes: en sentido estrechísimo (*strictissimo sensu*), en sentido estrecho (*stricto sensu*), o en sentido (más) amplio (*lato sensu*).

En su forma más estrecha, el producto de la interpretación textual de una disposición (D_i) coincide con el conjunto de las oraciones que la traducen (oraciones de traducción). Estas representan a su vez la norma o las normas (que el intérprete considera que son) expresadas por la disposición (normas expresas, normas explícitas). Por ejemplo, si el intérprete J_i decide que la disposición

D_i: «La ignorancia de las leyes no excusa de su cumplimiento»

expresa la norma

NE_i: «La ignorancia culpable de las leyes o demás normas imperativas no excusa de su cumplimiento»,

el producto *strictissimo sensu* de su actividad de interpretación coincide con la norma explícita NE_i, es decir, con la oración: «La ignorancia culpable de las leyes o demás normas imperativas no excusa de su cumplimiento»[13].

En su forma estrecha, en cambio, el producto de la interpretación textual de una disposición (D_i) coincide con una oración interpretativa. De alguna de las siguientes formas:

OI_i: «La disposición D_i expresa el conjunto de normas explícitas $NE_{i\,(i1\,\cdots\,in)}$»,

---

[13] Dicho sea de paso, interpretando la «o» en sentido incluyente, el enunciado NE_i expresa cumulativamente tres normas explícitas: la norma «la ignorancia culpable de las leyes no excusa de su cumplimiento», la norma «la ignorancia culpable de las demás normas imperativas no excusa de su cumplimiento», y la norma «la ignorancia culpable de las leyes y demás normas imperativas no excusa de su cumplimiento».

o bien, de una manera abreviada,

OI'$_i$: «La disposición D$_i$ significa NE$_i$ ($_{i1}$ ... $_{in}$)».

Para seguir con nuestro ejemplo, la oración interpretativa sería:

OI$_i$: «El par. 6 del código civil "La ignorancia de las leyes no excusa de su cumplimiento" expresa la norma "La ignorancia culpable de las leyes o demás normas imperativas no excusa de su cumplimiento"»

o bien:

OI'$_i$: «El par. 6 del código civil "La ignorancia de las leyes no excusa de su cumplimiento" significa "La ignorancia culpable de las leyes o demás normas imperativas no excusa de su cumplimiento"»

En fin, en su forma (más) amplia el producto de la interpretación textual de una disposición (D$_i$) es un discurso que involucra una oración interpretativa (OI$_i$: «La disposición D$_i$ expresa el conjunto de normas explícitas NE$_i$ ($_{i1}$ ... $_{in}$)»), más el conjunto de argumentos contextualmente formulados que representan, y proporcionan, su justificación jurídica: «a la luz de los argumentos interpretativos AI$_1$ ... AI$_n$», que reflejan, por hipótesis, un conjunto de métodos interpretativos (CM$_1$) y utilizan un conjunto de recursos interpretativos (CR$_1$).

9. Productos de interpretaciones meta-textuales (interpretaciones meta-textuales-producto)

La interpretación meta-textual, como dije antes, abarca un conjunto de actividades diferentes y heterogéneas que o bien preceden, o bien presuponen, la interpretación textual. Dichas actividades incluyen, por ejemplo:

(1) la identificación de los textos y demás materiales jurídicos autoritativos;

(2) la identificación de las disposiciones al interior de un texto jurídico previamente identificado;

(3) la determinación del valor funcional de la disposición que se va a interpretar: estableciendo, por ejemplo, si ella es apta para expresar principios («disposición de principio») o bien reglas, normas derrotables o bien inderrotables, normas programáticas o bien inmediatamente prescriptivas, etc.;

(4) la determinación del valor funcional de una norma explícita previamente identificada: estableciendo, por ejemplo, que se trata de una norma general o bien especial, de una norma común o bien excepcional, de una norma imperativa (de *ius cogens*) o bien dispositiva, de una norma de interpretación auténtica o bien de una ordinaria norma innovadora, de un principio constitucional «supremo» o bien de un principio constitucional «ordinario», etc.;

(5) la identificación de la *ratio* de una disposición previamente identificada;

(6) la identificación de la *ratio* de una norma explícita previamente identificada;

(7) la identificación de principios implícitos (fundamentales, constitucionales, generales, legislativos, etc.);

(8) la identificación y resolución de una antinomia;

(9) la identificación e integración de una laguna normativa: habitualmente, identificando la norma implícita para un caso genérico no regulado a la luz de una combinación metodológicamente plausible de normas explícitas y/o implícitas previamente identificadas;

(10) la identificación de los institutos («cuerpos», «construcciones», «modelos normativos») subyacentes a disposiciones y normas explícitas;

(11) la definición de conceptos técnico-jurídicos («dogmáticos»);

(12) la sistematización de conjuntos de normas previamente identificadas, mediante una o más de las operaciones precedentes (y otras más, como, por ejemplo, la contracción conservadora de la base normativa de un micro-sistema de normas).

Cada una de las operaciones de interpretación meta-textual conduce a resultados (interpretaciones-producto interiores o mentales) aptos a ser exteriorizados en forma de discursos, tratándose de normas, juicios normativos (es decir, juicios que, en sentido amplio, «atañen a normas») y razonamientos justificativos de normas o de juicios normativos. Algunos ejemplos.

La identificación de una laguna normativa tiene como resultado: en sentido estrecho, un juicio de constatación de una laguna (JdL_i:«El derecho OJ_i no contiene ninguna norma explícita que regule el caso C_i en relación con la *quaestio juris* QJ_i»); en sentido amplio, un juicio de constatación de una laguna (JdL_i) más el conjunto de argumentos (razones, consideraciones) que lo justifican, presentando el mismo como «correcto» o «verdadero».

La integración de una laguna normativa tiene como resultado: en sentido estrecho, un juicio de integración (JdI_i: «Al caso C, que no resulta ser explícitamente regulado en OJ_i en relación con la *quaestio juris* QJ_i, conviene la solución S en virtud de la norma implícita NI_i»); en sentido amplio, un juicio de integración (JdI_i) más el conjunto de argumentos (razones, consideraciones) que lo justifican, presentando el mismo como «correcto» o «verdadero».

La resolución de una antinomia tiene como resultado: en sentido estrecho, un juicio de primacía normativa (JdP_i: «En el conflicto entre la norma N_1 y la norma N_2, la norma N_1 prevalece sobre la norma N_2»); en sentido amplio, un juicio de primacía normativa (JdP_i) más el conjunto de argumentos (razones, consideraciones) que lo justifican, presentando el mismo como «correcto» o «verdadero». Y así sucesivamente.

10. *Productos de interpretaciones impropias*

Pasando a las interpretaciones-actividad en sentido impropio, los resultados de una actividad de interpretación-detección pueden ser representados por oraciones de detección interpretativa de la forma siguiente:

ODS_i: «La disposición D_i fue interpretada por el intérprete I_i, en el documento DC_i, de modo que expresa el conjunto de normas explícitas NE_i $(_{i1} \ldots _{in})$»

o bien, en forma abreviada:

ODS'_i: «Según I_i en DC_i, la disposición D_i significa NE_i $(_{i1} \ldots _{in})$».

Las oraciones de detección interpretativa ahora consideradas son oraciones singulares: que versan sobre interpretaciones textuales-producto singulares. Sin embargo, la actividad de detección puede también llevar a conclusiones más generales. Tales como, por ejemplo:

ODG_i: «Aquí y ahora, la disposición D_i es habitualmente interpretada por los intérpretes $I_i \ldots I_n$ de modo que expresa el conjunto de normas explícitas NE_i $(_{i1} \ldots _{in})$».

Los resultados de una actividad de interpretación-predicción pueden ser representados, análogamente, por oraciones de predicción interpretativa bajo alguna de las siguientes formas:

OPS_i: «Hay una probabilidad P_i de que la disposición D_i sea interpretada por I_i en C_i de modo que exprese el conjunto de normas explícitas NE_i $(_{i1} \ldots _{in})$»,

OPG_i: «Hay una probabilidad P_i de que la disposición D_i sea interpretada por los intérpretes $I_i \ldots I_n$ en $C_i \ldots C_n$ de modo que exprese el conjunto de normas explícitas NE_i $(_{i1} \ldots _{in})$».

Los resultados de una actividad de interpretación-prescripción pueden ser representados, en fin, por oraciones de prescripción interpretativa bajo alguna de las siguientes formas:

ONS_i: «La disposición D_i debe ser interpretada por I_i en C_i de modo que exprese el conjunto de normas explícitas NE_i $(_{i1} \ldots _{in})$»,

ONG_i: «La disposición D_i debe ser interpretada por los intérpretes $I_i \ldots I_n$ en $C_i \ldots C_n$ de modo que exprese el conjunto de normas explícitas NE_i $(_{i1} \ldots _{in})$».

11. Productos de interpretaciones propias en función cognoscitiva

Los resultados de una actividad de interpretación-conjetura metodológica, en cuanto entidades lingüísticas, pueden ser representados por oraciones conjeturales de la forma siguiente:

> OCM_i: «La disposición D_i puede ser interpretada, por la vía de conjeturas aquí y ahora metodológicamente admisibles, de modo que exprese las normas N_1 [f (CM_1, CR_1)], o bien N_2 [f (CM_2, CR_2)], o bien N_3 [f (CM_3, CR_3)], ... o bien N_n [f (CM_n, CR_n)]».

Los resultados de una actividad de interpretación-conjetura axiológica, en cuanto entidades lingüísticas, pueden ser representados por oraciones conjeturales de la forma siguiente:

> OCA_i: «La disposición D_i puede ser interpretada, por la vía de conjeturas aquí y ahora metodológica y axiológicamente admisibles, de modo que exprese las normas N_1 [f (CM_1, CR_1)], o bien N_2 [f (CM_2, CR_2)], o bien N_4 [f (CM_4, CR_4)], ... o bien N_m [f (CM_m, CR_m)]».

Análogamente, los resultados de una actividad de interpretación-creación, en cuanto entidades lingüísticas, pueden ser representados por oraciones de creación hermenéutica de la forma siguiente:

> OCH_i: «La disposición D_i puede ser interpretada, por la vía de conjeturas aquí y ahora metodológicamente no admisibles, pero razonables, de modo que exprese también las normas $N_{1'}$ [f ($CM_{1'}$, $CR_{1'}$)], o bien $N_{2'}$ [f ($CM_{2'}$, $CR_{2'}$)], o bien $N_{3'}$ [f ($CM_{3'}$, $CR_{3'}$)], ... o bien $N_{n'}$ [f ($CM_{n'}$, $CR_{n'}$)]».

12. Resumiendo

Si nos preguntamos por la verdad en la interpretación jurídica (§ 1), parece razonable considerar que el predicado «verdadero» puede, *prima facie*, convenir para las interpretaciones-producto; más precisamente, para las interpretaciones-producto en cuanto entidades discursivas, representadas por conjuntos de oraciones formulados en documentos tales como ensayos doctrinales, sentencias judiciales u otros actos procesales.

Sin embargo, como hemos visto, hace falta distinguir formas muy diferentes y hasta heterogéneas de interpretación-actividad y, en consecuencia, de interpretaciones-producto (discursivas).

En relación con las actividades de interpretación en sentido propio y en función práctica (interpretación textual, interpretación meta-textual), las interpretaciones-producto consisten en normas explícitas, oraciones interpretativas, normas implícitas, juicios sobre el valor funcional de una disposición o de una norma (por ejemplo, sobre el carácter supremo de un principio), juicios de constatación de una laguna, juicios de constatación de una antinomia, juicios de primacía normativa, juicios de constatación de un principio implícito, etc., o bien en razonamientos que involucran una o más de tales entidades.

En relación con las actividades de interpretación en sentido propio, pero en función cognoscitiva (interpretación conjetural, interpretación creativa), las interpretaciones-producto consisten en cambio en (*i*) oraciones conjeturales acerca del marco interpretativo metodológico de una disposición, (*ii*) oraciones conjetúrales acerca del marco interpretativo axiológico de una disposición, (*iii*) oraciones de creación hermenéutica, que identifican «nuevos» posibles significados para una disposición, o bien (*iv*) razonamientos que involucran una o más de tales entidades.

En fin, en relación con las actividades de interpretación en sentido impropio (interpretación-detección, interpretación-predicción, interpretación-proposición), las interpretaciones-producto pueden consistir en oraciones de detección, oraciones de predicción, o bien oraciones de prescripción interpretativa, solas o en combinación con sus «pruebas».

Aparentemente, cuando juristas y filósofos del derecho afirman que hay, o puede haber, interpretaciones (que ellos califican de) «verdaderas», ellos parecen pensar principalmente en algunos tipos específicos de interpretaciones-producto discursivas. Si no me equivoco, ellos se refieren a lo que he caracterizado aquí como oraciones interpretativas, normas explícitas y normas implícitas. Por supuesto, una norma explícita sería «verdadera» en cuanto traducción «verdadera» de una disposición: en cuanto represente su significado «verdadero», o, en otras palabras, si, y solo si, forma parte de una oración interpretativa «verdadera». Análogamente, una norma implícita sería «verdadera» por haber sido identificada mediante una interpretación «verdadera» de un sistema jurídico en su conjunto o bien de una parte de él[14]. En los discursos de algunos filósofos y juristas, oraciones interpretativas, normas explícitas y normas implícitas se presentan pues como entidades adecuadas para que de ellas se predique verdad (*truth-apt entities*). Pero: ¿qué verdad?

III. VERDAD

«Cuando Jesús de Nazareth en el interrogatorio ante el Gobernador romano admitió que era un Rey, dijo: "Yo he nacido y venido al mundo para dar testimonio de la verdad". Entonces Pilato preguntó: "¿Qué es la verdad?" Evidentemente el escéptico romano no esperaba respuesta alguna a su pregunta y el Justo tampoco dio ninguna. Pues lo esencial de su misión no era dar testimonio de la verdad. Él había nacido para dar testimonio de la justicia, de esa justicia que Él quería realizar en el Reino de Dios»[15].

---

[14]   Ronald Dworkin habla de las «*propositions of law*» como de entidades susceptibles de ser verdaderas o falsas. Las «*propositions of law*» de Dworkin sin embargo son, no ya genuinas proposiciones normativas (que en sentido propio «describen» normas), sino oraciones que expresan normas, individuales o generales, explícitas o implícitas, propuestas, invocadas, utilizadas, aplicadas en cuanto «verdaderas» en relación con un sistema jurídico. Tales «*propositions*» tienen pues naturaleza de normas derivadas mediante interpretación, como el mismo Dworkin sugiere: «*According to law as integrity, propositions of law are true if they figure or follow from the principles of justice, fairness, and procedural due process that provide the best constructive interpretation of the community's legal practice*» (Dworkin, 1986: 4-5, 225; véase también *Id.*, 2006: 14-15).

[15]   Kelsen, 1953: 7. La escena es también evocada, entre otros autores, por J. L. Austin: «"what is truth?" said jesting Pilate, and would not stay for an answer» (Austin, 1950: 85).

En su comentario de la escena evangélica, Hans Kelsen nos recuerda que la palabra «verdad» puede ser utilizada de muchas maneras diferentes. De forma que, sobre la base de tal rasgo, sería también posible adoptar una estrategia eliminatoria respecto del problema «verdad e interpretación jurídica». Pues si se entiende «verdad» como uno de los nombres de la justicia, el problema de la interpretación «verdadera» se convierte en el problema de la interpretación «justa» o «conforme a la justicia». Si además, siguiendo a Kelsen, se adopta una postura metaética no-objetivista y no-cognoscitivista, tal problema se vuelve de problema —por lo menos en apariencia— epistémico en problema práctico, al interior de un trasfondo marcado; ya sea por una pluralidad de filosofías políticas, jurídicas y morales en competición; ya sea por conflictos de intereses materiales y espirituales entre individuos y grupos, propiciados por la escasez estructural de los recursos necesarios para satisfacerlos, ya sea por la búsqueda fatalmente interminable de la felicidad social, sobre la cual el mismo Kelsen echó su mirada de escéptico constructivo.

Cabe notar que, contrariamente al Justo, los filósofos sí han contestado, y contestan todavía, la pregunta de Poncio Pilato: la elaboración de teorías y metateorías de la verdad es, desde siempre, una de las tareas principales de sus investigaciones. Una «teoría de la verdad» se ocupa típicamente de una o más de las cuestiones siguientes: (*i*) la determinación del «concepto» de «verdad» (¿qué significa «verdad»?) o bien, como se suele decir, de la «naturaleza» de la verdad (¿qué es verdad?); (*ii*) la determinación del «criterio» o método que permite establecer si algo es, o no, verdadero (*truth-criterion*); (*iii*) la determinación de los tipos de «objetos» o «entidades» (entidades mentales, discursos, entidades ideales) que son susceptibles de verdad (*truth-apt entities, truthbearers, vehicles of truth*) —lo que conlleva a su vez la determinación del «alcance» de la verdad; (*iv*) la identificación de los factores que, asumida una noción de verdad, hacen que algo sea verdadero o no verdadero (*truthmakers*); (*v*) la justificación de la aceptación de la verdad como valor, o bien de su rechazo— lo que, en las investigaciones epistemológicas, conlleva los problemas del escepticismo y del relativismo. Si pretende investigar, esclarecer y afinar «nuestra» concepción («intuitiva», de «sentido común») de la verdad, una teoría se inscribe en la llamada *metafísica descriptiva*; si pretende forjar concepciones nuevas que o bien substituyan la «nuestra» o bien se añadan a ella, se inscribe en cambio en la llamada *metafísica constructiva*. Hoy en día, estamos frente a un conjunto de «teorías de la verdad» donde se suele destacar «la teoría» de la verdad como «correspondencia», como «coherencia», «pragmatista», «tarskiana», «de la identidad», «deflacionista», «minimalista», «pluralista», «funcionalista», etc., y donde cabe también distinguir, en relación con cada «teoría», entre versiones diferentes (por ejemplo, entre la versión «clásica» y «neoclásica» de la teoría de la correspondencia). Estas teorías además se oponen, se respaldan, se especifican en un juego complejo de relaciones recíprocas no siempre claras y determinadas[16].

Ahora bien: a la luz de la pluralidad de concepciones de la verdad que el debate filosófico nos proporciona, ¿qué manera de entender la verdad puede considerarse adecuada en relación con el fenómeno de la interpretación jurídica?

IV. DOS PLURALISMOS ALÉTICOS

Si nos preguntamos por la concepción de la verdad que resulta adecuada en relación con la interpretación jurídica, nos colocamos en un sendero que nos conduce pronto a una primera bifurcación. Parece pues oportuno considerar, antes que todo, la alternativa entre adoptar una postura monista (monismo alético) o bien una postura pluralista (pluralismo alético)[17].

---

[16]   Quine, 1987 y 1992: 77 ss.; Engel, 1998; Walker, 1998; Lynch, 2001a; Blackburn, 2005; Davidson, 2005; Horwich, 2005; Glanzberg, 2006; Marconi, 2007; Young, 2008; David, 2009; Burgess-Burgess, 2011; Pedersen-Wright, 2012.

[17]   Descarto así la tercera vía, representada por el rechazo nihilista de cualquier idea de verdad, por ser una noción engañosa. Sobre la cuestión monismo v.

La postura monista se da cuenta de que en los discursos de los filósofos hay una pluralidad de teorías de la verdad. Sostiene, sin embargo que solo una entre ellas tiene que ser considerada como la teoría (adecuada, correcta) de la verdad en el sentido propio del término. Las demás serían pues, o bien teorías de la verdad en sentido propio, pero equivocadas, o bien teorías de «verdades» en sentido impropio, o bien seudo-teorías de la verdad, discursos en los cuales se abusa del término «verdad» aplicándolo fuera de su propio ámbito, quizás en un intento ideológico por gozar del buen nombre de «verdad» en áreas donde solo cabe servirse de términos menos prestigios y de criterios de evaluación menos sólidos y más controvertidos. El monismo alético puede descansar en dos posturas distintas. Puede ser, por un lado, un monismo esencialista. En tal caso, se caracteriza por la creencia de que hay, en la «realidad», una y una sola verdadera noción de verdad, y esta es por lo tanto la única verdad que los humanos deberían utilizar en cualquier campo del conocimiento y de la acción. Empero puede tratarse también, por el otro lado, de un monismo pragmatista. Desde este enfoque no tiene ningún sentido creer en algo como «la verdadera (noción de) verdad». No obstante, puede haber buenas razones teóricas o prácticas para adoptar una postura monista, favoreciendo una concepción determinada de la verdad como la única adecuada a desempeñar el papel de concepción de «la verdad» en cualquier área del conocimiento y de la acción humana. Por ejemplo, se podría sostener que es oportuno considerar la concepción empírica de la verdad (de la cual pronto diré algo) como la única, genuina concepción de la verdad; y esto porque de ello se seguirían algunas ventajas indudables, que incluyen, ante todo, la posibilidad de distinguir en forma tajante el campo del conocimiento objetivo del «mundo» (de los «hechos»: empezando por los hechos humildes cuyo cono-

---

pluralismo alético, véase por ejemplo, Pedersen-Wright, 2012: «*"Pluralism about truth"names the thesis that there is more then one way of being true*»; Pedersen-Wright, 2013; Wright, 2013 y 2001; Lynch, 2001b. Lo que voy a decir a continuación se inspira libremente en este debate.

cimiento es necesario para nuestra vida cotidiana), por un lado, de otros campos de la investigación y de la acción humana (como, por ejemplo, los de la ética normativa, la lógica, la argumentación forense, la propaganda política), por el otro.

La postura pluralista también se da cuenta de que en los discursos de los filósofos hay una pluralidad de teorías de la verdad. A diferencia del monismo, sin embargo, el pluralismo rechaza la idea de que hay —en virtud de factores ya sea ontológicos, ya sea pragmáticos— una sola concepción (adecuada, correcta) de la verdad. Podemos destacar dos formas de pluralismo alético: un pluralismo austero y un pluralismo amplio. El pluralismo austero reconoce dos formas de verdad: la verdad empírica (contingente, de las oraciones sintéticas *a posteriori*) y la verdad lógica (necesaria, de las oraciones analíticas *a priori*). El pluralismo amplio, en cambio, está dispuesto a reconocer más formas (nociones, concepciones) de verdad. En su variante quizás más razonable, se presenta como pluralismo selectivo. El pluralismo selectivo sostiene dos tesis: (*i*) hay diferentes nociones y concepciones aceptables —viables, bien construidas, útiles— de la verdad, que incluyen la verdad empírica y la verdad lógica, pero no se agotan en ellas (tesis de la pluralidad); (*ii*) las diferentes nociones aceptables de verdad no son funcionalmente equivalentes: cada una de ellas solo es adecuada en relación con algunos tipos determinados de entidades, en algunas áreas de investigación o esferas de acción determinadas, y no en relación con otros tipos de entidades, en otras áreas o esferas (tesis de la no equivalencia, o especificidad, funcional).

El monismo esencialista es una postura metafísicamente problemática y discutible. El monismo pragmatista tampoco parece aceptable: por lo menos a la luz del pluralismo austero, que refleja una situación consolidada en nuestra cultura filosófica. De la bifurcación inicial hemos llegado entonces, aparentemente, a una segunda bifurcación donde la alternativa se establece entre pluralismo austero y pluralismo amplio (y selectivo). Las nociones de verdad contempladas por el pluralismo austero son, como dije, las de la verdad empírica y de la verdad lógica. ¿Cuáles serían, en cambio, las nociones (aceptables) de verdad según el pluralismo amplio? De una manera totalmente experimental y tentativa, el pluralismo amplio puede quizás caracterizarse por considerar por lo menos tres nociones básicas de verdad: la verdad empírica, la verdad pragmática y la verdad sistemática. Veamos brevemente de qué se trata, imaginando caritativamente la forma en que una postura pluralista amplia podría dar cuenta de ellas.

Verdad empírica. La verdad empírica es corrección epistémica en relación con la experiencia. Hace falta distinguir dos tipos de entidades susceptibles de verdad empírica: las oraciones descriptivas singulares (de observación de acontecimientos, eventos, estados de cosas, actos, conductas singulares) y las oraciones teóricas (leyes naturales, máximas de experiencia, oraciones descriptivas generales, oraciones explicativas de fenómenos complejos, etc.)[18].

Las oraciones descriptivas singulares tienen una relación directa con la experiencia: versan sobre aspectos singulares de la experiencia (el numero de participantes al mitin C en T_i, L_i; la conducta de Y en T_j, L_j; el color del traje de X en T_o, L_o; los caracteres organolépticos del vino contenido en la botella B en T_p, L_p, etc.), y son verdaderas (E-verdaderas) si, y solo si, las cosas son en efecto como ellas dicen que son[19]. Se asume además, rechazando el escepticismo, el idealismo y el post-modernismo, que las cosas —los eventos, estados, acontecimientos, actos, etc.— que funcionan como *truth-makers* existen independientemente de las creencias, preferencias e interpretaciones de los que formulan las oraciones descriptivas[20].

---

[18] Ley natural: «El agua hierve a 100°»; máxima de experiencia: «Los asesinos siempre vuelven al lugar del delito»; oración descriptiva general: «Los cuervos son negros»; oración explicativa de un fenómeno complejo: «el derecho se compone de normas».

[19] En las conocidas palabras de Aristóteles «Decir de lo que es que no es, o de lo que no es que es, es falso [...] decir de lo que es que es o de lo que no es que no es, es verdadero» (Aristóteles, *Metafísica*, que cito en la traducción propuesta por D. Marconi (cf. Marconi, 2007: 6)).

[20] Las oraciones descriptivas verdaderas proporcionan informaciones verdaderas; si están justificadas (por observación directa, experimentación, u otras

Las oraciones teóricas en cambio no tienen una relación directa con estados de cosas singulares en la experiencia. La verdad de estas oraciones depende inmediatamente de su conformidad («coherencia») con otras entidades lingüísticas (por ejemplo, con un conjunto determinado de oraciones descriptivas singulares), y solo mediatamente de la experiencia[21].

Para las oraciones descriptivas singulares la verdad consiste entonces —se suele decir, con expresión metafórica— en el ajuste («correspondencia», «*adaequatio*», «*fit*») entre oración («palabras») y experiencia («mundo»). Para las oraciones teóricas, la verdad depende en cambio de la conformidad («coherencia») con otras oraciones (ajuste entre «palabras» y «otras palabras»), entre las cuales hay algunas oraciones descriptivas singulares empíricamente verdaderas.

Verdad pragmática. La verdad pragmática es corrección instrumental (adecuación instrumental) en relación con un conjunto de objetivos determinado. Hace falta destacar dos tipos heterogéneos de entidades susceptibles de verdad pragmática. Por un lado están las entidades teóricas, que pertenecen a la esfera del conocimiento empírico y de las investigaciones científicas. Por el otro están las entidades prácticas, que pertenecen a la esfera de la ética normativa (en el sentido más amplio de la expresión).

Respecto de las entidades teóricas, la noción pragmática de verdad se sitúa en el marco de la llamada «teoría pragmatista» de la verdad, defendida originariamente por los filósofos C. S.

---

pruebas confiables), son vehículos de genuino conocimiento. Naturalmente, hace falta no olvidar las dudas acerca de la noción estándar de «conocimiento» desencadenadas por el ensayo de Gettier, 1963.

[21]   En esta perspectiva, por lo tanto, la noción de verdad como coherencia y la noción de verdad como correspondencia no representan el núcleo de dos teorías de la verdad contrapuestas e inconciliables. Son, por el contrario, componentes de una misma teoría empirista de la verdad. La contraposición surge cuando la idea de coherencia forma parte de una concepción idealista de la verdad. Sobre este punto, véase Quine, 1987: 212 ss.

Peirce, William James, John Dewey y Ferdinand Schiller. Desde este enfoque, las tesis («ideas») empíricas y teorías científicas son verdaderas si «funcionan» exitosamente como herramientas para mejorar los estados de cosas existentes, eliminar inconvenientes o disolver dudas. El éxito de una tesis empírica o de una teoría científica se mide a partir de las previsiones confiables que la revelan como idónea a los agentes en relación con sus objetivos existenciales[22].

Respecto de las entidades prácticas (normas, principios, juicios de valor ético-normativos, etc.), la noción pragmática de verdad se sitúa en el marco de las éticas consecuencialistas[23]. Una entidad práctica (un juicio moral, una decisión judicial, una norma general de conducta, un principio jurídico) es pragmáticamente verdadera (P-verdadera) si, y solo si, es instrumentalmente adecuada en vista de la realización de un conjunto de objetivos (que previamente se ha establecido que es) éticamente valioso.

El juicio moral singular «Derrocar el tirano X es justo» es pragmáticamente verdadero (P-verdadero) si y solo si, por hipótesis, derrocar el tirano X tiene más consecuencias éticamente favorables (valiosas) que desfavorables (dis-valiosas): estimándose, por ejemplo, que en el balance tal conducta favorece la mayor felicidad para el mayor número de ciudadanos, y asumiendo que tal objetivo es valioso y merece ser perseguido antes que cualquier otro. Análogamente, la norma moral «Los tiranos deben ser derrocados» es prag-

---

[22] Según John Dewey, por ejemplo, «ideas» y «teorías» son verdaderas si son «instrumentales a una reorganización activa de un dato ambiente, a la remoción de algún problema o perplejidad específicos [...] La hipótesis que funciona es la *verdadera*» (Dewey, 1920, citado por en Davidson, 2005: 8, nota 3). Véase también James, 1907: 78: «*The importance to human life of having true beliefs about matters of fact is a thing too notorious. We live in a world of realities that can be infinitely useful or infinitely harmful. Ideas that tell us which of them to expect count as the true ideas in all this primary sphere of verification, and the pursuit of such ideas is a primary human duty. The possession of truth, so far from being an end in itself, is only a preliminary means towards other vital satisfactions*».

[23] Sobre la noción de ética consecuencialista, Lecaldano, 1996: 115 ss.

máticamente verdadera (P-verdadera) si, y solo si, se estima que de su vigencia y eficacia general se siguen situaciones que procuran, por ejemplo, la mayor libertad política para el mayor número de hombres, y se asume que tal objetivo es valioso y merece ser perseguido antes que cualquier otro. Cuando se la utiliza en relación con entidades prácticas, la noción de verdad pragmática (P-verdad) favorece por lo tanto la evaluación racional —según el criterio de racionalidad instrumental o medio-a-fin— de normas y juicios de valor ético-normativos.

Verdad sistemática. La verdad sistemática es corrección genética en relación con un sistema. Parece útil destacar, aunque de manera muy superficial, dos tipos ideales de sistemas: los sistemas axiomáticos-deductivos y los sistemas normativos-retóricos.

Un sistema axiomático-deductivo es cualquier lenguaje artificial:

(*i*) identificado por un conjunto cerrado de reglas de formación, axiomas y reglas de transformación determinados;

(*ii*) donde las reglas de transformación son reglas de inferencia lógico-deductivas.

En el interior de cada sistema axiomático-deductivo hay dos tipos de entidades: las expresiones originarias y las expresiones no-originarias. Son expresiones originarias las reglas de formación, los axiomas y las reglas de transformación. Son no-originarias las expresiones derivadas de axiomas en las maneras establecidas por las reglas de transformación. Los axiomas son establecidos por estipulación: gozan, si lo hacen, de una verdad pragmática (son P-verdaderos). Las expresiones no-originarias en cambio son sistemáticamente verdaderas (S-verdaderas) si, y solo si, su derivación de los axiomas es conforme a las reglas de transformación del sistema. Puesto que las expresiones originarias son las hipótesis determinadas y que las reglas de transformación son reglas de inferencia deductiva, la verdad sistemática de las expresiones derivadas en sistemas axiomáticos-deductivos es corrección genética formal, que prescinde del significado de las expresiones.

Un sistema normativo-retórico es cualquier lenguaje normativo:

(*i*) identificado por un conjunto de axiomas, definiciones y reglas de transformación, y tal que:

(*ii*) los axiomas son un conjunto cerrado de principios supremos, (siempre, en alguna medida) indeterminados, que reflejan valores ético-normativos;

(*iii*) las definiciones son (siempre, en alguna medida) indeterminadas y dejan términos indefinidos;

(*iv*) las reglas de transformación incluyen directivas de interpretación (por ejemplo: «Los principios supremos deben ser interpretados conforme a la naturaleza de las cosas», «Los principios supremos deben ser interpretados de modo que expresen un conjunto coherente de normas», etc.) y directivas de argumentación retórica (por ejemplo: «Casos similares deben ser regulados de la misma manera», «Casos diferentes deben ser regulados de manera opuesta», «La transformación-producto más ventajosa prevalece sobre la menos ventajosa», etc.), cuya identificación es atribuida a los intérpretes y usuarios del sistema;

(*v*) la utilización de las reglas de transformación está vinculada con el principio de coherencia («Cada transformación debe ser coherente con los principios supremos»);

(*vi*) dentro de los límites (dúctiles) trazados por el principio de coherencia, la utilización de las reglas de transformación es discrecional (aunque no arbitraria): involucra necesariamente decisiones y evaluaciones prácticas por parte de los intérpretes y utilizadores del sistema[24].

Principios supremos, definiciones y reglas de transformación representan las normas originarias del sistema. Las normas no-ori-

---

[24] El modelo de sistema normativo-retórico se inspira libremente en la idea de «código modelo» de Leibniz y de «sistema estático» de Kelsen. Leibniz, 1667: §§ 7, 22, 23, 24, 25 (sobre Leibniz jurista, véase Tarello, 1976: 133-140); Kelsen, 1945: 112.

ginarias son derivadas a partir de los principios supremos, en las formas consentidas por las reglas de transformación, dentro de los límites admitidos por el principio de coherencia. Los principios supremos son establecidos por estipulación: gozan, si lo hacen, de una verdad pragmática (son P-verdaderos). Las normas no-originarias son sistemáticamente verdaderas (S-verdaderas) si, y solo si, son coherentes con los principios supremos del sistema. Hay —cabe notar— por lo menos cinco maneras diferentes en que la «coherencia» puede ser definida en un sistema normativo-retórico y/o entendida por sus intérpretes y utilizadores: coherencia como derivación material, coherencia como consistencia lógica, coherencia como adecuación (congruencia) instrumental, coherencia como adecuación (congruencia) teleológica, coherencia como adecuación (congruencia) axiológica. La coherencia como derivación material requiere que las normas derivadas «tomen su contenido» de los principios supremos. La coherencia como consistencia lógica requiere que las normas derivadas no sean lógicamente incompatibles (por contradicción o contrariedad) con los principios supremos. La coherencia como adecuación instrumental requiere que las normas derivadas funcionen como herramientas eficientes para lograr los fines establecidos por los principios supremos. La coherencia como adecuación teleológica requiere que, si una norma derivada es una norma que prescribe lograr un cierto objetivo, este objetivo debe ser compatible con los objetivos establecidos por los principios supremos: es decir, su búsqueda no debe interferir negativamente con la búsqueda de los objetivos establecidos por los principios. La coherencia como adecuación axiológica, finalmente, requiere que las normas derivadas respeten la escala de valores establecida por los principios supremos[25]. La verdad sistemática de las normas

---

[25] P. Chiassoni, 2011: cap. IV. Algunas formas de coherencia consideradas en el texto son claramente de tipo pragmático. En tales casos, la verdad sistemática es verdad pragmática en relación con un sistema normativo-retórico determinado. Sobre las huellas de Dworkin, Michael Lynch caracteriza la verdad de las *propositions of law* no ya como correspondencia a una realidad independiente («*it is unlikely that they are true in virtue of referential relations with mind-indepen-*

derivadas en sistemas normativos-retóricos es, en conclusión, corrección genética no formal, sino sustancial: es coherencia (congruencia, adecuación) material, que se mide desde el significado de las normas derivadas, considerado a la luz del significado que se sea establecido para los principios supremos.

Volvemos a la alternativa entre pluralismo alético austero y pluralismo alético amplio selectivo. Si estas son las nociones acertadas de verdad del pluralismo amplio, un pluralista austero tendría razón, según creo, en ponerlo en tela de juicio. «Verdad empírica», «verdad pragmática» y «verdad sistemática» —podría decir el pluralista austero— apuntan a criterios de evaluación heterogéneos para entidades heterogéneas. Verdad pragmática es racionalidad instrumental, racionalidad medio-a-fin. Verdad sistemática, en lo que concierne a los sistemas normativos-retóricos, es corrección genética sustancial —coherencia material, congruencia material (los teóricos del derecho dirían: «validez material»)— en relación con principios y reglas de transformación indeterminados, cuya identificación y aplicación dependen de evaluaciones ético-normativas y decisiones por parte de los intérpretes y usuarios de tales sistemas. El pluralismo amplio parece ser, por lo tanto, una postura innecesariamente inflacionista: ¿por qué, se pregunta el pluralista austero, hablar de «verdad pragmática» y de «verdad sistemática», cuando

---

dent objects and properties»), sino como coherencia («*we think that a proposition of law is true when it coheres with its immediate grounds and with the grounds of propositions inferentially connected to it. In short, legal truth consists in coherence with the body of law*»), y, más bien, en analogía a la idea de «*superassertibility*» de Crispin Wright, como «supercoherencia» («*Thus perhaps what makes a proposition of law true is that it durably or continually coheres with the body of law […] In short, juridical truth might turn out to be realized by "supercoherence" with the body of law, where a proposition can fail to have this property even if it coheres with the law in the short run, or coheres with judicial decisions that are later overturned*»): Lynch, 2001b: 736, 737, 738. La idea de que la verdad, en el dominio de la ética, sea verdad «como coherencia» es sugerida por Quine (Véase Quine, 1978: 63: «*Science, thanks to its links with observation, retains some title to a correspondence theory of truth; but a coherence theory is evidently the lot ethics*») y defendida por Dorsey (cf. Dorsey, 2006).

tenemos expresiones («racionalidad instrumental», «corrección genética sustancial», «coherencia material», «congruencia material», «validez material») más directas, claras y hasta usuales para referirnos a aquellos mismos criterios de evaluación?

No voy a juzgar quien tenga razón, aunque pienso que el pluralismo austero tiene buenas razones[26]. Sea cuál sea el enfoque adoptado, lo que interesa subrayar aquí es que no hay duda de que hay una diferencia importante entre las nociones de verdad empírica (corrección epistémica en relación con la experiencia), verdad pragmática (racionalidad instrumental en relación con un conjunto de objetivos determinado) y verdad sistemática (corrección genética formal; corrección genética sustancial, o congruencia material, en relación con un sistema normativo).

V. ¿QUÉ VERDAD PARA LA INTERPRETACIÓN JURÍDICA?

Estamos ahora en condición de proporcionar una respuesta, aunque tentativa, a la pregunta formulada al final del § 3: ¿qué manera de entender la verdad puede considerarse adecuada en relación con el fenómeno de la interpretación jurídica?

El ámbito de la verdad empírica abarca sin duda los productos de la interpretación-detección: las oraciones de detección, sea singulares, sea generales, en cuanto oraciones descriptivas, son susceptibles de ser empíricamente verdaderas o falsas.

Los productos de la interpretación-predicción son susceptibles de ser evaluados en términos ya sea de verdad pragmática, ya sea de verdad empírica. Una oración de predicción es empíricamen-

---

[26] Para una defensa del pluralismo (que aquí llamo) amplio, sobre la base de la idea de que las diferentes nociones de verdad comparten, no obstante, una misma propiedad o bien un mismo papel, véase por ejemplo Lynch, 2001b: 723 ss.; Pedersen-Wright, 2012: § 4.1. No puedo detenerme aquí a analizar si tales defensas son convincentes.

te verdadera *a posteriori*, cuando la previsión que expresa resulta confirmada por la conducta de los intérpretes a las cuales hacía referencia[27]. Es además pragmáticamente verdadera toda vez que, en virtud de su presumible corrección epistémica, resulta útil para lograr resultados (que se han establecido alcanzar como) valiosos: por ejemplo, prevenir pleitos destinados al fracaso, prevenir gastos de recursos inútiles, sugerir la vía de la negociación, sugerir estrategias judiciales exitosas, etc.

Los productos de la interpretación-proposición, siendo entidades normativas (prescripciones interpretativas), no son susceptibles de verdad empírica. Son susceptibles en cambio ya sea de verdad pragmática (corrección instrumental en relación con fines ético-normativos valiosos), ya sea de verdad sistemática (congruencia material en relación con un sistema jurídico).

Los productos de la interpretación conjetural, en ambas formas —metodológica y axiológica— son también susceptibles de ser empírica y pragmáticamente verdaderos. Son E-verdaderos en el mismo sentido que cualquier tesis empírica fundada sobre datos acerca de hechos y pruebas experimentales. Son P-verdaderos, además, en la medida en que las informaciones que ellos proporcionan acerca del alcance hermenéutico de una disposición son útiles para lograr resultados (que se han establecido alcanzar como) valiosos: por ejemplo, sugerir modificaciones ventajosas a un texto normativo, estructurar exitosamente una argumentación en derecho, sugerir exitosamente un cambio jurisprudencial, etc.

Los productos de la interpretación-creación son susceptibles de verdad pragmática. Son P-verdaderos si, y solo si, la nueva interpretación que ellos proporcionan se revela útil para lograr resultados (que se han establecido alcanzar como) valiosos: por ejemplo, con-

---

[27] Voy a pasar por alto el problema —en su forma más general, el milenario problema de los futuros contingentes— de si las oraciones de predicción interpretativa sean verdaderas o falsas al tiempo de su formulación.

seguir un cambio relevante en el derecho legislativo, sin cambiar las palabras de la ley.

Pasando, en fin, a los productos de la interpretación textual y meta-textual, ellos no son aptos para la verdad empírica: tratándose de entidades prácticas, decisorias, que, como hemos visto (§ 2, nn. 9-10), establecen lo que es una traducción correcta de una disposición, determinan la posición correcta de un principio en el sistema, determinan la forma correcta de llenar una laguna, etc. En cambio, sí son aptos ya sea para la verdad pragmática, ya sea para la verdad sistemática.

En relación con el problema de la interpretación jurídica y la verdad, parece entonces que podemos considerar acertadas las conclusiones siguientes.

1. Si adoptamos el pluralismo selectivo, todo el campo de la interpretación jurídica, ampliamente entendido, resulta apto para la verdad. Sin embargo, no resulta apto para una misma forma de verdad, sino para las tres formas heterogéneas antes consideradas, según se trate de oraciones de detección, de predicción, conjeturales, interpretativas, de prescripción, etc.

2. Si adoptamos el pluralismo austero, en cambio, el espacio de la verdad en la interpretación jurídica coincide con el espacio de la verdad empírica. En este espacio encontramos las oraciones de detección y de predicción, por un lado, y las oraciones conjeturales, por el otro. En tales casos, sin embargo, se trata de los productos o bien de actividades de interpretación en sentido impropio, o bien de actividades de interpretación en sentido propio, pero en función cognoscitiva. Desde el pluralismo austero, por lo tanto, cabe concluir que no hay espacio para la verdad en la interpretación jurídica propiamente y estrictamente dicha: es decir, para los productos de la interpretación textual y meta-textual. Desde esta perspectiva la interpretación jurídica es, en suma, sin verdad.

3. No hay aparentemente ningún misterio en las relaciones entre interpretación jurídica y verdad: ya sea que adoptemos un pluralismo austero, ya sea que adoptemos un pluralismo amplio.

4. Al elegir entre pluralismo austero y pluralismo selectivo, hace falta no olvidar que el primero adopta una orientación deflacionista, mientras que el segundo es inflacionista.

Pueden surgir problemas en relación con la determinación de qué entidades interpretativas son aptas respecto las diferentes formas de verdad. He sostenido que las oraciones interpretativas nunca son aptas para la verdad empírica: ya sea sobre la base de una teoría de la interpretación jurídica-actividad y-producto; ya sea arrojando luz sobre la estructura y funcionamiento de un sistema normativo-retórico, que, con ajustes oportunos, es el modelo de «nuestros» sistemas jurídicos. La tesis de que las oraciones interpretativas nunca son aptas para la verdad empírica es, sin embargo, una tesis controvertida. Ya tuve la oportunidad de defenderla[28]. Una defensa suplementaria deberá esperar otra ocasión.

---

[28]   Chiassoni, 2010: 75-96 y 2012: 105-143.

Bibliografía

Austin, J.L., 1950: «Truth», en *Philosophical Papers*. Oxford, Clarendon Press, 1961: 85-101.

Blackburn, S., 2005: *Truth. A Guide for the Perplexed*. London: Allen Lane; London: Penguin, 2006.

Burgess, A.G. y J.P. Burgess, 2011: *Truth*. Princeton-Oxford: Princeton University Press.

Chiassoni, P., 1998: «L'ineluttabile scetticismo della "scuola genovese"», *Analisi e diritto*: 21-76.

    — 1999: *La giurisprudenza civile. Metodi d'interpretazione e tecniche argomentative*, Milano, Giuffrè.

    — 2010: «Analisi linguistica e teoria dell'interpretazione. Ancora sulla sempiterna disputa tra scettici e misti(ci)», en Visconti, J. (ed.): *Lingua e diritto. Livelli di analisi*. Milano, LED, 2010: 75-96.

    — 2011: *Técnicas de interpretación jurídica. Breviario para juristas*. Barcelona-Madrid-Buenos Aires: Marcial Pons.

    — 2012: «On the Wrong Track: Andrei Marmor sobre positivismo jurídico, interpretación y casos fáciles», en Chiassoni, P.: *Desencantos para abogados realistas*, Moreno Cruz, D. (comp.). Bogotá: Universidad Externado de Colombia, 2012: 105-143.

David, M., 2009: «The Correspondence Theory of Truth», en *Stanford Encyclopedia of Philosophy*, (http://plato.stanford.edu/entries/truth-correspondence/).

Davidson, D., 2005: *Truth and Predication*. Cambridge, Mass.-London: The Belknap Press of Harvard University Press.

Dewey, J., 1920: *Reconstruction in Philosophy*. New York: Henry Holt.

Diciotti, E., 1999: *Verità e certezza nell'interpretazione della legge*. Torino: Giappichelli.

Dorsey, D., 2006: «A Coherence Theory of Truth in Ethics», en *Philosophical Studies*, 127: 493-523.

Dworkin, R., 1986: *Law's Empire*. Cambridge, Mass.-London: The Belknap Press of Harvard University Press.

    — 2006: *Justices in Robes*. Cambridge, Mass.-London: The Belknap Press of Harvard University Press.

Engel, P. 1998: *La vérité. Réflexions sur quelques truismes*. París: Hatier. Citado por la traducción italiana de G. Tuzet: *Verità. Riflessioni su alcuni truism*. Génova: De Ferrari, 2004.

Gettier, E., 1963: «Is Justified True Belief Knowledge?», *Analysis*, 23: 121-123.

Glanzberg, M., 2006: «Truth», en *Stanford Encyclopedia of Philosophy*, (http://plato.stanford.edu/entries/truth/).

Guastini, R., 2012: *Interpretare e argomentare*. Milano: Giuffrè.

HORWICH, P., 2005: «Truth», en Jackson, F. y M. Smith (eds.), *The Oxford Handbook of Contemporary Philosophy*. Oxford: Oxford University Press, 2005: cap. 17.

JAMES, W.: 1907: *Pragmatism. A new name for some old ways of thinking*. New York: Longman Green and Co. New York: Dover, 1995.

KELSEN, H., 1945: *General Theory of Law and State*. Cambridge, Mass.: Harvard University Press.

— 1953: *Was ist Gerechtigkeit?* Wien: Franz Deuticke. Citado por la traducción castellana de Garzón Valdés, E.: *¿Qué es la Justicia?* México: Fontamara, 1991.

— 1960: *Reine Rechtslehre*. Wien: Deuticke.

LECALDANO, E., 1996: *Etica*. Torino: Utet.

LEIBNIZ, G.W., 1667: *Nova methodus discendae docendaque jurisprudentiae*. Citado por la traducción italiana Iuliis, De, Carmelo Massimo: *Il nuovo metodo di apprendere ed insegnare la giurisprudenza*. Milano: Giuffrè, 2012.

LYNCH, M.P. (ed.), 2001a: *The Nature of Truth. Classic and Contemporary Perspectives*. Cambridge, Mass.-London: The MIT Press.

— 2001b: «A Functionalist Theory of Truth», en Lynch, M.P. (ed.), 2001: 723-749.

LLEWELLYN, K.N., 1931: «Some Realism about Realism: Responding to Dean Pound», *Harvard Law Review*, 44, 1931: 1243-1244.

MARCONI, D., 2007: *Per la verità. Relativismo e filosofia*. Torino: Einaudi.

MILES, T.J. y Sunstein, C., 2007: «The New Legal Realism», *The Social Science Research Network Electronic Paper Collection*: http://ssrn.com/abstract_id=1070283.

PATTERSON, D., 1996: *Law and Truth*, New York-Oxford: Oxford University Press.

PEDERSEN, N. y C.D. WRIGHT, 2012: «The Pluralist Theory of Truth», en Stanford Encyclopedia of Philosophy, (http://plato.stanford.edu/entries/truth-pluralist/).

— 2013: «Truth, Pluralism, Monism, Correspondence», en PEDERSEN, N. y C.D. WRIGHT (eds.): *Truth Pluralism: Current Debates*. Oxford: Oxford University Press, 2013: cap. 1.

PINTORE, A. 1996: *Il diritto senza verità*. Torino: Giappichelli.

QUINE, W.V.O., 1978: «On the Nature of Moral Value», en QUINE, W.V.O., *Theories and Things*. Cambridge, Mass.: Harvard University Press, 1981: 55-66.

— 1987: «Truth», en QUINE, W.V.O., *Quiddities. An Intermittent Philosophical Dictionary*. Cambridge, Mass.-London: The Belknap Press of Harvard University Press: 212-216.

— 1992: *The Pursuit of Truth. Revised Edition*. Cambridge, Mass.-London: Harvard University Press.

ROSS, A., 1958: *On Law and Justice*. London: Stevens & Sons.

SEARLE, J.R., 2004: *Mind. A Brief Introduction*. New York-Oxford: Oxford University Press.

SUCAR, G., 2008: *Concepciones del derecho y de la verdad jurídica*. Madrid-Barcelona-Buenos Aires: Marcial Pons.

TARELLO, G., 1976: *Storia della cultura giuridica moderna. I. Assolutismo e codificazione del diritto*. Bologna: Il Mulino.

— 1980: *L'interpretazione della legge*. Milano: Giuffrè.

TARUFFO, M., 1989: *La giustificazione delle decisioni fondate su standards*, en P. COMANDUCCI, R. GUASTINI (eds.), *L'analisi del ragionamento giuridico. Materiali ad uso degli studenti*, Volume II, Torino, Giappichelli: 311-344.

WALKER, R.C.S., 1998: «Theories of Truth», en HALE, B. y C. WRIGHT (eds.), *A Companion to the Philosophy of Language*, Oxford, Blackwell, 1998: cap. 13.

WRIGHT, C., 2001: «Minimalism, Deflationism, Pragmatism, Pluralism», en LYNCH, M. P. (ed.), 2201: 751-787.

— 2013: «A Pluralism of Pluralisms», en PEDERSEN, N. y C. D. WRIGHT (eds.), *Truth Pluralism: Current Debates*. Oxford: Oxford University Press, 2013: cap. 7.

YOUNG, J.O., 2008: «The Coherence Theory of Truth», en *Stanford Encyclopedia of Philosophy*, (http://plato.stanford.edu/entries/truth-coherence/).

Una vez más sobre las ficciones jurídicas[*]

FREDERICK SCHAUER[1]

En la actualidad, decir que un juez, un tribunal o un jurista utilizan una «ficción jurídica» no es un elogio. Pero no siempre fue así[2], y la bibliografía sobre ficciones jurídicas rebasa de afirmaciones con respecto a que utilizar una ficción jurídica es, ocasionalmente o aun con frecuencia, necesario para alcanzar las metas diversas de un sistema jurídico[3]. No obstante, las defensas de las ficciones jurídicas son cada vez más raras, y la acusación de hacer uso de una «ficción jurídica» parece haber desplazado a la de «formalista» como la con-

---

[*] Traducido del inglés por Tobías J. Schleider; título original: «Legal Fictions Revisited». Relectura: Germán Sucar y Jorge Cerdio.

[1] Este artículo fue escrito para el Proyecto sobre *Derecho y verdad* del Instituto Tecnológico Autónomo de México (ITAM), y para el coloquio del mencionado Proyecto celebrado en México D.F. los días 21 y 22 de octubre de 2011. Estoy agradecido por sus valiosos comentarios a Jorge Cerdio, Raymundo Gama, Germán Sucar, William Swadling y Michael Wells. También me han sido de utilidad los comentarios que recibiera a versiones previas de este trabajo, que fueron presentadas en la Universidad de Girona y en un coloquio celebrado en la Universidad de Virginia.

[2] Un estudio importante sobre el uso de ficciones jurídicas que se remonta hasta el derecho romano es el de Pierre J. J. Oliver, 1975. Es útil también, por lo abarcativo, el trabajo de Louise Harmon, 1990.

[3] La defensa clásica (aunque calificada) de las ficciones jurídicas sigue siendo la de Lon L. Fuller, 1967. Esfuerzos anteriores notables para justificar el uso de las ficciones jurídicas incluyen los trabajos de William Blackstone, 1768: vol. 3: 43 («Y estas ficciones del derecho, aunque a primera vista puedan asustar al estudiante, luego las tendrá en alta estima, por encontrarlas muy beneficiosas y útiles...»), de Rudolf von Ihering, 1914 y 1923, y de Pierre de Tourtoulon, 1922. Revisten aún mayor autoridad los trabajos de Jerome Frank, 1930 [1963]: 41-45, 338-50; Sumner Maine, 1861: 25-26 y Ross, 1969.

dena más ubicua y vaga entre los juristas[4]. Pero si bien el cargo de utilizar una ficción jurídica es hoy muy peyorativo, no queda del todo claro en qué consiste y por qué estaría justificada la condena.

El problema básico es que, por definición, una ficción no es verdadera. Y aunque se espera que novelistas, dramaturgos y jugadores de póquer falten a la verdad, en la mayoría de los dominios decir con intención algo falso es, al menos a primera vista, inaceptable. Por ende, una ficción jurídica, una falsedad intencional en el derecho, parece algo demasiado difícil de tolerar para una institución supuestamente comprometida con la búsqueda de la verdad. Sin embargo, al analizar los empleos variados de las ficciones jurídicas, y los usos diversos del término «ficción jurídica», veremos por qué no toda ficción jurídica debe ser condenada, y por qué las ficciones jurídicas han tenido sus defensores a lo largo de los años. Entender las virtudes ocasionales de las ficciones jurídicas, sin embargo, nos adentrará en el dominio de la verdad jurídica en sí misma, y nos enfrentará con la relación tan difícil entre la verdad jurídica y la verdad *simpliciter*, relación que revela, a su vez, complejidades importantes en torno a la conexión entre la verdad jurídica y el lenguaje jurídico.

La estructura principal de este trabajo (que deja entre paréntesis los aspectos técnicos de la metáfora y otros usos figurativos del lenguaje) se divide en tres partes. En lo que parece una aliteración forzada, en ellas se examina a las ficciones jurídicas como *presuposiciones*, como *presunciones* y como *prevaricaciones*. La primera parte es, al menos para mí, la menos importante. Pero como la noción de ficción jurídica juega un rol tan relevante en la filosofía kelseniana del derecho, será necesario decir algo acerca de Kelsen y la *Grundnorm* como ficción. Al dar cuenta, someramente, de Kelsen, la *Grundnorm*

---

[4]   Para un ejemplo moderno de uso peyorativo, ver Smith, 2007. Y para un esfuerzo elogiable por rescatar el entendimiento tradicional, y más preciso, de lo que es exactamente una ficción jurídica distinto del moderno, amplio, peyorativo y comúnmente vago, ver Knauer, 2010.

y la noción de ficción como presuposición teórica, no pretenderé ser original ni exhaustivo.

El núcleo de lo que quiero aportar a la bibliografía de las ficciones jurídicas está contenido en las partes segunda y tercera de este trabajo. Allí examino, en primer lugar, presunciones jurídicas clásicas en el *common law*, como la de que el marido de la madre es el padre del hijo que ella dio a luz. Como es obvio, esto no es literal o biológicamente verdadero en algunos de los casos en los cuales la presunción se aplica. Por ende, no debería sorprendernos que esas presunciones suelan describirse como ficciones jurídicas, y casi tan a menudo también criticadas por su carácter engañoso, aunque no por su relevancia sustantiva. Pero, como veremos, este tipo de ficción jurídica no solo es común, sino que también es una ficción únicamente en el sentido de que toda regla es una ficción. Ello, precisamente, porque una de las características definitorias de toda regla es que trata lo que es comúnmente el caso como si fuera siempre el caso. Las presunciones que en ocasiones son falsas en casos particulares pueden ser un blanco fácil para las críticas, pero son la ocasional prueba viviente de que toda empresa que se apoya en la generalidad —como el derecho ciertamente hace— terminará extrayendo conclusiones que no siempre serán correctas en sentido literal.

Pero la conexión entre las ficciones jurídicas y las reglas jurídicas es aún más estrecha, como explicaré en la tercera parte. Allí examinaré a las ficciones jurídicas como mecanismos comunes para poner en práctica la derrotabilidad (contingente) de las reglas jurídicas. Por el hecho de que las reglas son, de manera necesaria, actual o potencialmente tanto sub como sobreincluyentes con respecto a sus justificaciones subyacentes, o con respecto a las nociones más amplias de justicia, equidad, eficiencia o utilidad, las reglas suelen dar lugar a los que parecen ser, y con frecuencia son, resultados subóptimos o, simplemente, erróneos. En esas circunstancias, y siguiendo una línea que se remonta hasta la discusión de Aristóteles acerca de la equidad como solución para la tosquedad inevitable de las reglas, los sistemas jurídicos permitirían a menudo a sus decisores que traten a las reglas del sistema como derrotables. Esto es, como si pudieran ser dejadas de lado para producir un buen resultado independiente de las reglas, en lugar de uno generado a partir de ellas, pero incorrecto. Pero como se exige, en especial, a los jueces que justifiquen ese apartamiento de las reglas, ellos se valen de ciertas maniobras justificatorias para no decir, simplemente, que no están siguiendo las reglas. Una de esas maniobras, aunque difícilmente la única, es una clase de ficción jurídica: la redescripción de los hechos de un evento para volverlos, así, compatibles con la regla y, al mismo tiempo, permitir la derivación de la decisión, en apariencia, correcta.

Al examinar este último tipo de ficción jurídica —la redescripción de un X (o de la clase de los X) como un Y, para evitar un resultado indeseado— nos enfrentaremos con las grandes cuestiones del lenguaje jurídico y la verdad jurídica, y por ende del derecho mismo. Cuando decimos que lo que bajo todo punto de vista parece un X es realmente un Y para el derecho, ¿estamos mintiendo?, ¿nos involucramos en una ficción?, ¿o estamos reconociendo, como algunos han hecho, que el lenguaje jurídico está en una relación incómoda con el lenguaje ordinario? Mi trabajo finalizará con un examen de esta cuestión, aunque no llegará a conclusiones firmes al respecto.

I

En una obra, por desgracia, desatendida en la actualidad, el filósofo alemán Hans Vaihinger presentó la perspectiva del, en alemán, *als ob*[5], que en su traducción más frecuente significa «como si». La filosofía del «como si» de Vaihinger fue muy influyente durante algunos años[6]. Para nuestros fines, fue especialmente notoria

---

[5]   Vaihinger, 1911 [1924].
[6]   Por ejemplo, referencias a Vaihinger abundan en el trabajo de Frank (1930 [1963]: 41-45, 338-50). Ver asimismo Seidel, 1932; Handy, 1967.

la influencia que tuvo sobre Hans Kelsen[7] y, más o menos al mismo tiempo, sobre Lon Fuller[8]. La idea básica de Vaihinger tiene tanto una dimensión lógica como una psicológica. Con respecto a la primera, la idea es directa: la premisa de un razonamiento típicamente puede ser presentada de una forma hipotética, y estamos muy familiarizados con la idea de asumir algo en pos del argumento, o con presuponer la verdad de una proposición para que otra proposición tenga sentido. Para tomar el ejemplo estándar de Bertrand Russell[9], el enunciado «El rey de Francia es calvo» presupone que hay un rey en Francia. Por ende, podemos dar sentido al enunciado sobre la base de asumir que hay un rey en Francia, aun cuando no hay realmente un rey en Francia. Así, la proposición fáctica presupuesta de que hay un rey en Francia es una ficción, en la medida en que permite que la oración en la que figura tenga sentido, aun cuando la proposición es falsa. Ahora bien, se trata de una ficción solo contingente, porque el enunciado lógicamente equivalente «La reina de Inglaterra no es calva» presupone, de manera semejante, que hay una reina en Inglaterra. Pero como en este caso sí hay en verdad una reina en Inglaterra, la presuposición, de manera contingente pero no necesaria, no es falsa y, por ende, no es para nada una ficción.

En ocasiones, sin embargo, asumimos un hecho en pos del argumento, o formulamos la hipótesis de un hecho, en circunstancias bajo las cuales simplemente no interesa si el hecho asumido es verdadero o falso. Aunque la verdad de la cuestión es irrelevante, asumimos la existencia de cierto hecho porque eso hace que algún otro punto sea comprensible o más claro. Considérese lo siguiente: «Asumamos que el 70% de una población aprueba una política determinada. Si esto es así, en una democracia, esa es la política que debería ser adoptada». Aquí no interesa si en una u otra instancia esa presuposición con respecto al 70% de la población es verdadera o falsa. Más aún, la mayoría del 70% es una presuposición que nos

---

7   Ver Bindreiter, 2002; Paulson, 1992a.
8   Fuller, 1967: 94-137.
9   Russell, 1905.

permite entender la idea de democracia, una comprensión que es independiente de la verdad o falsedad reales de la presuposición sobre ese hecho. Al estudiar a las «ficciones» como elementos importantes del pensamiento, entonces, Vaihinger estaba menos preocupado por el aspecto fáctico del «como si» que por la manera en la cual el pensamiento «como si» suele facilitar el entendimiento y la comprensión humanas. El hecho de que Vaihinger fuera un especialista importante en Kant y el fundador de la revista *Kant-Studien* subraya las semejanzas entre la filosofía de Vaihinger del «como si» y los entendimientos trascendentales de Kant, relacionados con, pero no exactamente iguales a, las presuposiciones fácticas del ejemplo de Russell y de la bibliografía filosófica posterior[10].

La perspectiva de Vaihinger se vincula de manera estrecha con la *Grundnorm* de Kelsen[11]. La *Grundnorm* en el sistema kelseniano no es tanto una proposición fáctica como un entendimiento trascendental kantiano[12], pero un entendimiento trascendental tal que puede ser, al menos en cuanto a sus componentes fácticos, fácticamente verdadero o falso. Si es fácticamente verdadero —si dar sentido a un sistema jurídico exige que adoptemos un entendimiento que, de manera contingente, refleja la realidad—, entonces sería extraño describir ese entendimiento como una ficción. Pero si el entendimiento no es verdadero o si, con más precisión, simplemente no importa si es o no verdadero, podemos entender por qué Kelsen describiría a ese entendimiento que es la *Grundnorm* como una ficción. Es, por ende, la falsedad contingente y, más todavía, la irrele-

---

[10]   Ver Strawson, 1952: 174-179.

[11]   Kelsen hace referencia a Vaihinger en su *Reine Rechtslehre*, edición de 1960: 99, aunque en primer término en el contexto de la discusión sobre el libre albedrío. Kelsen no menciona a Vaihinger en la primera edición de 1934 [1992]. Pero sí concibe a la *Grundnorm* como una ficción en términos de Vaihinger en su trabajo de 1964 [1986] «La función de la constitución». Con respecto a las ideas de Kelsen sobre las ficciones jurídicas de manera más amplia, y en modos que también abrevan en Vaihinger y que se conectan con las secciones siguientes de mi trabajo, ver Kelsen, 1919.

[12]   Ver Paulson, 1992b. Ver también Raz, 1979.

vancia de la verdad o falsedad fáctica de la *Grundnorm* lo que explica por qué ella es concebida habitualmente como una ficción jurídica de la teoría kelseniana del derecho[13]. Pero aunque la existencia asumida de algo que puede no existir quizás justifique (aunque escasamente) el término «ficción», y aunque es la propia presuposición antes que la existencia fáctica de la verdad de la *Grundnorm* lo que la distingue de la regla última de reconocimiento[14], el uso del término «ficción» en este contexto parece sustancialmente metafórico. Si entendemos una ficción no tanto como una presuposición (sea o no un entendimiento trascendental) cuya verdad fáctica no es relevante, sino como un enunciado que es literalmente falso y, además, esta circunstancia es conocida por quien afirma el enunciado —lo que en otra situación llamaríamos un «error» y no una «ficción»—, entonces, el uso común de «ficción jurídica» para referirse a la idea kelseniana de la *Grundnorm* es, en sí misma, un poco ficcional con referencia al término «ficción».

Tanto Kelsen como Vaihinger reconocieron que, a veces, es importante actuar y hablar como si algo fuese verdadero, y que lo hacemos no solo cuando lo que asumimos como verdadero es falso, sino también cuando no queremos que importe su verdad o falsedad. En primer término, entonces, las ideas de Vaihinger y Kelsen no fueron acerca de presuposiciones contrafácticas, sino acerca de presuposiciones «afácticas», en las cuales la verdad o falsedad fáctica de la presuposición es del todo irrelevante. La conexión entre Vaihinger y Kelsen parece evidente, pero lo que también parece evidente es la conclusión de que describir las ideas del «como si» y de la *Grundnorm* como «ficciones» es un uso que, aunque no es completamente

---

[13] Ver Hans Kelsen, 1979 [1991]: 256. Kelsen allí dice explícitamente que la *Grundnorm* es diferente de una hipótesis en el esquema de Vaihinger, porque una ficción es afirmada con el conocimiento de que la realidad no coincide con ella. Ver la discusión en Paulson, 1992a: 269-70. También, los puntos de vista divergentes en Gustafsson, 2010; Stewart, 1980, y Tur, 1986.

[14] Hart, 1994. Sobre las semejanzas y diferencias entre la *Grundnorm* de Kelsen y la regla de reconocimiento de Hart, ver Alexander-Schauer, 2009; Green, 2009.

erróneo es, al menos en algún sentido, no estándar. Por lo común, entendemos a las ficciones como más cercanas a una mentira —la enunciación intencional de una falsedad— pero sin el componente engañoso de la verdadera mentira. A diferencia de las mentiras, las ficciones son conocidas como falsas por sus receptores, y es por eso que normalmente no pensamos que los novelistas y guionistas de cine son mentirosos, aun cuando dicen cosas literalmente falsas, y sabiendo que lo son. A pesar de que esa falsedad intencional existe, estamos en conocimiento de ella, y por eso falta el componente del engaño, necesario para que una proposición se considere una mentira. Puede esperarse que los espectadores o lectores suspendan su incredulidad sobre la verdad de la narración ficcional mientras ven o leen, y este puede ser un tipo de entendimiento trascendental clave para la idea de la *Grundnorm*. Pero el aspecto ficcional de la *Grundnorm* no es más problemático que la ficción en general. La *Grundnorm* puede ser una ficción jurídica, pero solo en el sentido de que toda presuposición es potencialmente ficcional, y las ficciones de esta clase son una porción demasiado grande de nuestra maquinaria conceptual como para que requiera reparar en ellas, y mucho más para condenarlas, aun con la mayor levedad. Y lo que es más importante, el uso de «ficción» para describir a la *Grundnorm* está lo suficientemente alejado del modo tradicional en el que «ficción» ha sido usado en «ficción jurídica» en el discurso del *common law*, como para sugerir que las discusiones sobre el aspecto ficcional de la *Grundnorm*, aunque importantes por su propio peso, son en extremo periféricos al tema de las ficciones jurídicas.

II

Cuando pasamos de las presuposiciones a las presunciones, la tendencia a condenar a las ficciones jurídicas se acelera. Así, se dice con frecuencia que las ficciones jurídicas o, al menos, muchas de ellas, lo son porque esas presunciones exigen que los jueces o jurados acepten como verdaderas cosas que son falsas, y que esto resulta

muy indeseable[15]. Aunque referirse a una presunción como la aceptación obligatoria de algo falso sugiere que algún grado de falsedad
o de ficción está presente en las presunciones típicas, la impresión
inicial —y la de Bentham— de que una presunción es una ficción,
o que da lugar a ficciones, se revela más engañosa que útil.

Considérese una generalización típica en un contexto no jurídico. Por ejemplo, «El queso suizo tiene agujeros». O «Los automóviles Volvo son confiables». Esos enunciados no son verdaderos con
respecto a todos los miembros de las clases descritas. Hay quesos
suizos sin agujeros que siguen siendo quesos suizos, y hay Volvos que
no son confiables. Pero si esto es así, ¿qué es formular un enunciado
acerca de una clase? Y, ¿qué hace verdadero, o falso, a un enunciado
acerca de una clase? Piénsese, por ejemplo, en la clase de los Yugos,
automóviles notoriamente poco confiables que se fabricaron en la
ex Yugoslavia en los años setenta y ochenta. Asumiendo (posiblemente, de manera contrafáctica) que existían al menos dos Yugos
confiables, sería verdadero decir que «algunos Yugos son confiables», aunque el enunciado «Los Yugos son confiables» parece falso.
Pero si existen algunos Volvos que no son confiables y algunos Yugos
que sí lo son, ¿por qué el enunciado «Los Volvos son confiables» es
verdadero y el enunciado «Los Yugos son confiables» es falso? La
respuesta es que de acuerdo con la pragmática estándar del lenguaje ordinario[16], un enunciado acerca de una clase que atribuye
una propiedad a esa clase es verdadero si, y solo si, la propiedad
está presente en la clase en una mayor extensión que en otra clase

---

[15]   En efecto, mucho del libelo de Bentham contra las ficciones en el derecho tiene
      este sabor. Ver Ogden 1932. Entre las afirmaciones más fuertes de Bentham,
      por cierto muy representativas, están: «[…] el aliento pestilente de la Ficción
      envenena el sentido de cada herramienta a la cual se acerca» (Bentham, 1962,
      vol. 1: 235) y «[…] en el derecho inglés, la ficción es una sífilis que corre por
      cada vena y lleva a cada parte del sistema el principio de la podredumbre»
      (*Ibid.*, vol. 5: 92). Sobre Bentham y las ficciones en general, ver Stolzenberg,
      1999.

[16]   Sobre la semántica y la pragmática de las oraciones genéricas —que expresan
      generalizaciones que toleran excepciones—, ver Cheng, 2011; Leslie, 2008.

con la cual la clase referida está siendo explícita o implícitamente comparada. Nótese que no hay una exigencia, para que el enunciado acerca de la propiedad respecto de esa clase sea verdadero, de que la propiedad aparezca en la mayoría de los miembros de la clase a la que el enunciado se refiere. Sería adecuado decir «Los Yugos no son confiables» aun si solo el 45% de esos vehículos no son confiables, porque el 45% es una proporción de desconfianza mucho más alta que respecto de los automóviles en general, o de otros modelos de automóviles. De un modo semejante, es correcto decir que «los perros pitbull son agresivos» aun cuando solo una minoría de ellos lo son, y esto se debe a que la proporción de agresividad para la clase de los perros pitbull es más elevada que la referida a la mayoría de las otras razas y que la referida a todos los demás perros[17]. Así, los enunciados que atribuyen una propiedad a una clase pueden ser verdaderos si la propiedad aparece en todos los miembros de la clase, o en la mayoría de los miembros de la clase, o en un grado mayor que el que aparece en otra clase implícitamente comparada con la primera.

El punto que hay que probar es que los enunciados probabilísticos acerca de una clase pueden ser de hecho verdaderos (o falsos) sin ser universalmente verdaderos (o falsos) con respecto a todos los miembros de la clase. Y este análisis puede ser transferido de las generalizaciones descriptivas a las generalizaciones prescriptivas que llamamos reglas[18]. Las reglas prescriptivas son creadas para servir a justificaciones subyacentes. Así, la regla «no conducir a más de 100 kilómetros por hora» se crea para promover el objetivo de la seguridad en las carreteras. Como en este ejemplo, las reglas son también generalizaciones probabilísticas, porque son generalizacio-

---

[17]   Para mi extenso desarrollo del tema con referencia a este ejemplo, ver Frederick Schauer, 2003: 55-78.

[18]   Ver Schauer, 1991. Es cierto que algunas reglas pueden no ser generalizaciones prescriptivas —piénsese en las reglas últimas y, por ende, no instrumentales de Kant, por ejemplo—, pero dejo aquí de lado esas complicaciones. El punto básico es solo que la mayoría (aunque no todas) las críticas de las presunciones como ficcionales son aplicables a las reglas instrumentales.

nes acerca de las formas de conducta que servirán a esas justificaciones subyacentes. Así, para usar el famoso ejemplo de H. L. A. Hart, si prohibimos el ingreso de vehículos en el parque porque queremos asegurar la tranquilidad y el silencio en él[19], es porque hemos evaluado que prohibir el ingreso de vehículos, en general, llevará a la tranquilidad y el silencio, otra vez en general y no necesariamente en todos los casos. La prohibición se inserta en una regla con la aceptación completa y necesaria del hecho de que la regla puede ser la correcta aun cuando algunos vehículos pueden no disminuir la tranquilidad y el silencio (sobreinclusión) y aun cuando algunos *no vehículos* pueden disminuirlas del mismo modo que los vehículos ordinarios lo hacen (subinclusión).

Las presunciones jurídicas, aun cuando no siempre ni de manera necesaria, típicamente operan para el mismo efecto, aunque no del mismo modo. Consideremos la presunción histórica, ya clásica, de paternidad que opera en el *common law* —la presunción de que el esposo de la madre es el padre de todo hijo nacido durante el matrimonio—[20]. Asumiendo por el momento —pero solo por el momento, como veremos en la Sección III, más abajo— que la paternidad es un estado fisiológico que exige cierta conexión biológica entre el padre y el hijo, y que exige que el padre haya tenido relaciones sexuales (o un equivalente moderno, científico o tecnológico) con la madre para producir al hijo, entonces algunas personas que la ley presume que serán padres de hecho no lo *serán*. Es, después de todo, bastante posible que el padre biológico del hijo de una mujer casada no sea la persona con quien la madre estaba casada al momento de la concepción o del nacimiento. Pero el derecho, en parte porque refleja una aversión social tradicional contra la ilegitimidad de los hijos, y en parte para crear e imponer ciertas obligaciones de manutención, presume que todos los hombres casados con mujeres

---

[19] Hart, 1994 : 129. Ver también Hart, 1958.
[20] Ver *Michael H. v. Gerald D.*, 491 U.S. 110 (1989); Glennon, 2000.

mientras ellas dan a luz son los padres de los niños que nacieron, aun cuando, de hecho, solo la mayoría de ellos lo son[21].

La conexión entre las reglas y las presunciones debería ser, ahora, evidente. La mayoría de las reglas tratan a lo típico como universal, como cuando tratan a los vehículos que ordinariamente alteran la tranquilidad y el silencio como si los alteraran de un modo necesario. Así pasa también, por ejemplo, con el límite de velocidad, que se apoya en una valoración de la velocidad máxima que es segura para conductores promedio de vehículos promedio en carreteras, condiciones climáticas y de tránsito promedio, pero que sin embargo es el límite de velocidad impuesto para todos los conductores, todos los vehículos y todas las condiciones. Así, las reglas jurídicas instrumentales *presumen* que todos los vehículos alterarán la tranquilidad y el silencio aunque solo la mayoría de ellos lo harán, y presume que todos los conductores pueden conducir de manera segura solo hasta cierta velocidad, aunque de hecho algunos conductores pueden hacerlo a velocidades más elevadas. Del mismo modo, la semejanza entre la regla típica y la presunción típica no es simplemente que ambas tratan de manera paralela lo que es típica u ordinariamente el caso como si fuese siempre el caso. Por el contrario, las reglas en muchas ocasiones, y siempre cuando ellas sirven a propósitos instrumentales con relación a sus justificaciones subyacentes, solo *son* presunciones, aunque esta característica de las reglas está a veces oscurecida por el modo en que esas presunciones, por lo común, se expresan. La presunción de que el marido de la madre de un niño nacido durante el matrimonio podría expresarse también en términos de una regla que exigiera al marido de la madre de un niño nacido durante el matrimonio mantener al

---

[21]   Muchas de las presunciones del *common law*, incluyendo ésta, eran vencibles. Ver Swadling, 2008: 74-77. Pero como aun una presunción vencible invierte la carga de la prueba, puede esperarse que dé lugar a algunas resoluciones en las cuales el hecho presupuesto no es un hecho en absoluto. Y por eso no debería sorprendernos que Bentham, Fuller y la mayoría de quienes escribieron acerca de las ficciones jurídicas hayan dedicado algo de su tiempo a las ficciones generadas por las presunciones, aun vencibles.

niño, tratarlo como su hijo legítimo, etc. En ese caso, exactamente las mismas consecuencias que se derivan de la presunción se articularían en la forma de una regla y no de una presunción, pero la importancia jurídica de ambas sería idéntica[22].

Podemos ver ahora por qué el discurso común que se refiere a las presunciones como ficciones es, en muchos aspectos importantes, producto de una confusión. Pedirle a los decisores jurídicos que asuman a los efectos de su decisión que es verdadero algo falso parece, en efecto, una ficción, pero no más que pedirles que apliquen reglas en el ámbito de su sub y sobreinclusividad. Cuando un agente de policía detiene a un conductor experimentado y seguro por exceder el límite de velocidad bajo condiciones de tráfico y clima ideales, el agente está asumiendo que el conductor y las condiciones son las promedio, aun cuando no lo sean[23]. Cuando el guardián del parque no permite el ingreso de un vehículo que no altera la tranquilidad ni el silencio, está asumiendo (o poniendo en práctica la presuposición del legislador sobre) que el vehículo alterará la tranquilidad y el silencio, aun cuando no lo haga. En estos y en incontables otros casos, la aplicación de una regla en el ámbito de su sub o sobreinclusividad puede verse como una ficción en exactamente en el mismo modo que la presunción fáctica típica es una ficción en el ámbito de su falsedad fáctica. Tal vez, el seguimiento estricto de reglas sea en sí mismo un problema, y esta posibilidad será el objeto de la próxima sección. Pero si un seguimiento de reglas rígido (o aun uno no concluyente) tiene su lugar y sus usos, entonces no hay razón para creer que haya algo preocupante con respecto a alcanzar el mismo objetivo a través del uso de una presunción, presunción que podemos apreciar haciendo casi lo mismo en casi el mismo modo.

---

[22]   Sobre la identidad esencial entre una regla y una presunción invencible, ver la decisión de la Corte Suprema de los EE.UU. en *Weinberger v. Salfi*, 422 U.S. 749 (1975).

[23]   Ver Schauer, 2009: cap. 1.

III

1. En la sección anterior asumimos que el seguimiento estricto de reglas podría ser deseable en algunos contextos[24]., pero sin que eso sea asumido, en modo alguno, de manera universal. Así, debemos regresar a Aristóteles, quien en sus estudios sobre la equidad reconoció que las reglas rígidas podrían generar los resultados «falsos» que examinamos en el apartado previo. Aristóteles se refirió a las reglas como «derecho», y luego afirmó que:

> ... todo derecho es universal, y existen algunas cosas acerca de las cuales no es posible pronunciarse de manera correcta en términos generales; por ende, en casos en los cuales es necesario dictar una resolución con carácter general, pero resulta imposible hacerlo de manera correcta, el derecho contempla la mayoría de los casos, aunque no sin advertir que puede cometer errores valiéndose de este procedimiento. Y el derecho es, sin embargo, correcto; porque el error no se debe al derecho ni al legislador, sino a la naturaleza del caso; porque la materia prima de la conducta humana es, en esencia, de este tipo. Así, cuando el derecho establece una regla general y surge un caso excepcional, es correcto, si el legislador no ha llegado a cubrir el caso debido a la generalidad de su lenguaje, corregir la omisión decidiendo como el legislador mismo habría hecho si estuviese presente en el momento, y como él habría promulgado la regla si hubiese advertido esas circunstancias ...

> Es por eso que la equidad, aunque justa, y mejor que una clase de justicia, no es mejor que la justicia absoluta: solo por el error generado por las generalizaciones[25].

La idea básica de Aristóteles había sido expresada con antelación por Platón en el *Político*[26], y fue luego desarrollada por Cicerón[27], por otros filósofos y juristas romanos[28] y, finalmente, por autores ingleses, cuando crearon las instituciones formales de la equidad

---

[24] Los argumentos a favor de la preferibilidad ocasional de ese enfoque se desarrollan en Schauer, 2009 y 1988.

[25] Aristóteles, *Ética a Nicómaco*: 1137a-b.

[26] En particular, en el díalogo con el Extranjero de Elea. Platón, *El Político*: 294a-b.

[27] Cicerón, *De Oratore*: 1.57.

[28] Ver Frier, 1985.

en el derecho inglés[29]. Pero lo importante aquí no es la historia de la idea, sino la idea misma. Y la idea es que toda regla, y por ende toda regla jurídica, puede dar lugar a una respuesta incorrecta en un caso particular en virtud de la generalidad de las reglas. En consecuencia, la equidad a grandes rasgos es el mecanismo contingente mediante el cual se corrigen esos errores[30]. Digo «contingente» porque queda abierto a cualquier orden normativo el vedar este poder a la equidad y, así, asumir la posición de que es mejor tolerar los errores debidos a la sub o sobreinclusión de las reglas antes que dotar a un grupo de jueces u otros operadores con el poder de determinar cuándo ocurre un error de ese tipo. Los dominios regidos por reglas, como el derecho, son formales en tanto y en cuanto tales poderes de revisión no se otorgan. Pero podrían ser considerados equitativos, en la medida en que en algún lugar del sistema existiera una solución para los errores generados por la sub y sobreinclusión de las reglas positivas.

2. Pero ¿cuáles podrían ser esas soluciones? Una, tal vez, algún tipo de sistema adicional que sirva para corregir los errores generados necesariamente por las reglas sub y sobreincluyentes. De hecho, ésta fue la solución concebida cuando apareció por primera vez la equidad en los tribunales ingleses. Los jueces de derecho común, en el sentido más estrecho del término, no tenían los poderes necesarios para aminorar los errores generados por las reglas generales. Pero los agraviados por esos errores podían acudir al canciller primero, y luego a una serie compleja de tribunales dependientes de ese funcionario conocidos como Tribunales de Equidad, para conseguir una solución equitativa frente a la rigidez del derecho[31]. Más recientemente, muchos de los países del *common law*, quizás de manera más prominente y sustancial los Estados Unidos, han otorgado a los jueces facultades para ejercer esos poderes. Por eso, los jueces ordinarios pueden concluir, legítimamente, en que la aplicación de

---

[29]   Frederick Schauer, 2003: 27-54.
[30]   Ver Solum, 1994.
[31]   Ver Guy, 1985.

una regla sería injusta o inconsistente con sus propósitos subyacentes, y considerar así a la regla inaplicable al caso bajo juzgamiento, o sujeta a una excepción no expresada con antelación, de manera muy semejante a la prevista por Aristóteles[32].

Recurrir a la equidad para generar un resultado justo todas las cosas consideradas es, como vimos, cada vez más aceptado en muchas jurisdicciones. Pero hacerlo en contravención directa de reglas explícitas y precisas parece conservar el mal olor que tenía en épocas remotas. Es difícil para los jueces, por razones que son tanto psicológicas y políticas como jurisprudenciales, quedar como aquellos que reescriben la letra aparentemente clara de una ley[33]. En este sentido, ha sido por mucho tiempo considerado más aceptable en la persecución de la justicia para el caso individual el redescribir los hechos para arribar al resultado justo, en lugar de reescribir una ley con el mismo objetivo. Ello aun cuando, en realidad, redescribir (esto es, describir de manera inexacta) los hechos para hacerlos encajar en la ley no es muy diferente que reescribirla para que los hechos reales encajen en ella[34].

Dejando de lado esta semejanza entre los dos enfoques, por mucho tiempo, y quizás justamente por las razones psicológicas y políticas mencionadas, la redescripción de los hechos para dar lugar a un resultado justo ha parecido preferible a la reescritura, más explí-

---

[32] Ver Calabresi, 1982; Laycock, 1993. Acerca de la mayor voluntariedad de los tribunales norteamericanos con respecto a sus pares ingleses para apartarse, sobre la base de la equidad, de la importancia llana y desafortunada de las reglas jurídicas, ver Atiyah-Summers, 1987.

[33] «Las autoridades [jurídicas]... admiten que se recurre con frecuencia a la ficción en el intento de ocultar el hecho de que el derecho está siendo alterado por los jueces». Smith, 1917: 150.

[34] Las consecuencias para el caso particular pueden ser virtualmente idénticas, pero dependiendo de cuestiones de jurisprudencia y de facultades judiciales en una jurisdicción determinada, podría darse el caso de que modificar la ley para generar el resultado correcto en el caso bajo juzgamiento tuviera mayores efectos para los casos futuros que el describir de manera inexacta los hechos para obtener el mismo fin. Cuando esto es así, puede entenderse la preferencia judicial por redescribir antes que reescribir.

cita, de una regla jurídica. A partir de esta preferencia —una preferencia por la prevaricación de los jueces antes que por el activismo judicial—, surge un tipo importante de ficción jurídica. Así, puede verse el ejemplo clásico del caso *Mostyn v. Fabrigas*, resuelto por la Corte del Rey (*King's Bench court*) en 1774[35]. Fabrigas, un residente de la isla de Menorca, en el Mediterráneo, en ese momento ocupada y controlada por Inglaterra, fue encarcelado por Mostyn[36], el gobernador de la isla. Como no podía presentarse demanda alguna en Menorca sin la aprobación del gobernador —y como el gobernador sería el demandado en el juicio que Fabrigas deseaba iniciar— presentó su acción ante los tribunales ordinarios en Londres, por daños y privación ilegítima de la libertad, y obtuvo un veredicto favorable de tres mil libras. En la apelación, Mostyn adujo, correctamente, que el tribunal de juicio tenía jurisdicción solo en casos presentados por los residentes en Londres. Pero Lord Mansfield, reconociendo que declarar la incompetencia del tribunal dejaría sin una solución jurídica a un individuo que claramente había sido dañado, decidió que Menorca era parte de Londres a los efectos de esa demanda. Esa afirmación era palmariamente falsa y, de manera igual de palmaria, dio lugar a un resultado justo. Por esto, *Mostyn v. Fabrigas* es el ejemplo paradigmático del uso de una ficción para conseguir lo que en épocas anteriores se hubiera hecho mediante la equidad[37].

Más cerca en el tiempo, tribunales norteamericanos han hecho lo mismo con las leyes de herencia. Como es común, dos personas

---

[35]   *Mostyn v. Fabrigas*, 1 Cowp. 161, 98 Eng. Rep. 1021 (K.B. 1774) (Mansfield, L. J.).

[36]   Parece ser que el encarcelamiento de Fabrigas fue parte de una venganza política, por lo que su planteo de fondo tenía fundamentos jurídicos.

[37]   Hay una historia, tal vez verdadera o tal vez apócrifa, que cuenta que en 1939 el famoso y tan querido ciervo que pastaba en los campos del Magdalen College en Oxford corría el riesgo de ser requisado por el Ministro de Alimentos durante la hambruna que se padecía en la guerra. Para evitar que eso sucediera, se dice que graduados influyentes del College que revistaban en el gobierno hicieron lo necesario para reclasificar a los ciervos como vegetales y, así, alejarlos del matadero.

pueden ser copropietarias, y a veces una de ellas mata a la otra para hacerse de la totalidad de la propiedad. En esas circunstancias, el asesino, aunque obviamente responsable desde el punto de vista penal, bajo las leyes tradicionales de la copropiedad adquiriría la propiedad completa de lo que antes tenía solo en parte. Pero para evitar ese resultado injusto, muchos tribunales han asumido, a los efectos del juicio, que el asesino murió con anterioridad a su víctima[38]. En casi todas las situaciones esta conclusión es palmariamente falsa, pero lleva a un resultado justo sin modificar los términos generales de las leyes que conciernen a la copropiedad. Y una vez más, entonces, la ficción como enunciado fácticamente falso se usa para lograr un resultado justo o equitativo. En el mismo sentido, puede apreciarse la máxima *in fictione juris semper aequitas existit*: como ficción jurídica, la equidad existe siempre[39].

Un tercer y último ejemplo es el caso que tuvo lugar en 2007 en el Reino Unido, *R (Robinson) v. Torridge District Council*[40]. El predio de Robinson se había anegado y dañado como consecuencia de que los pilares de un puente habían restringido el pasaje del agua, lo que había derivado en una inundación. Su acción contra las autoridades competentes habría sido fundada si ellas hubieran omitido solucionar el problema generado por un curso de agua «tan obstruido o empantanado como para impedir el pasaje adecuado del agua». Para que Robinson obtuviera un remedio el tribunal concluyó en que el bloqueo causado por el puente debía ser tratado como si hubiera «obstruido» el curso de agua, aun cuando palmariamente no lo

---

[38]   *E.g.*, *Estate of Sparks*, 15 N.Y.S.2d 926 (Surr. Ct. 1939); *Bierbrauer v. Moran*, 279 U.S. 176 (App. Div. 1935). Tanto cuando los tribunales de New York adoptan ese enfoque como cuando, en cambio, optan por el ya famoso, ejemplificado por *Riggs v. Palmer*, 22 N.E. 188 (N.Y. 1889), nos introducen de lleno en los intersticios y las complejidades de los derechos reales y sucesorios neoyorquinos. Ver el comentario de Olenn, 2001.

[39]   Jowitt-Walsh, 1959, vol. 1: 799.

[40]   [2007 W.L.R. 871; [2006] 877 (Admin.). El litigio y las cuestiones jurisprudenciales en torno a él han sido descriptas de manera atractiva en Monday, 2008.

había hecho de acuerdo con cualquier definición de lo que significa que un curso de agua esté obstruido, definiciones consistentes con la referencia de la ley a los términos «obstruido o empantanado». Pero la redescripción falsa del problema le permitió a Robinson obtener una indemnización. Y, una vez más, una ficción jurídica — en realidad, una ficción de hecho y no de derecho— fue empleada como instrumento para dar lugar a un resultado equitativo, instrumento que para muchos jueces parece preferible a las alternativas de producir un resultado injusto o de reescribir, en apariencia, una ley.

3. Todos los ejemplos de la sección anterior involucraban hechos particulares (y, más o menos, únicos) en casos particulares, pero es todavía más común que ficciones de esos tipos sean usadas con referencia a categorías de hechos que un tribunal puede considerar mal resueltas, o no resueltas, por la regla jurídica relevante. Es una ficción tratar a una sociedad como una persona, por ejemplo, por el mero hecho de que las sociedades no son gente, según cualquier comprensión de lo que es una persona. Pero como se perciben diversas razones para tratar a las sociedades *como si* fuesen personas, esa ficción brotó y su florecimiento fue tolerado[41].

Ficciones jurídicas semejantes a las de la personalidad de las sociedades, más categoriales que particularizadas, abundan. Así, está la ficción de los contratos tácitos, según la cual se trata como un contrato a algo que no lo es[42], la teoría del interdicto de recobrar la posesión, que permitió a los tribunales ingleses conferir un título de propiedad aun cuando nadie excluyó a nadie de ningún predio[43], la regla que declara que los hombres iletrados son miembros del clero de manera de hacerlos ingresar dentro de la ley que otorga el beneficio de ser miembro del clero solo a hombres letrados[44], la regla jurídica que confiere a los niños que invaden la propiedad ajena

---

[41]   Ver Schane, 1987.
[42]   Ver Stone, 1968: 260-261.
[43]   Ver Langbein-Lerner-Smith, 2009: 252.
[44]   *Ibid.*: 621-622.

el carácter de invitados al predio, aun en circunstancias en las cuales
decididamente no lo fueron[45], las decisiones judiciales que atribuyen a alguien el conocimiento de un hecho cuando no lo conoce[46] y
la teoría constitucional norteamericana que dispone que un ciudadano de un Estado es ciudadano de «otro» Estado, extendiendo así
la garantía constitucional de la Undécima Enmienda más allá de su
significado literal, de manera de generar una teoría con coherencia
interna acerca de cuándo es posible para los ciudadanos recurrir a
los tribunales federales para demandar a instituciones estatales[47].

En ninguna de estas instancias existe el tipo de engaño que normalmente se asocia con la mentira. De hecho, el modo característico
para diferenciar la ficción de la mentira, tanto en el derecho como
en cualquier ámbito, consiste en notar que la ficción típicamente se
conoce como falsa, mientras que la mentira es un intento de hacer
pasar una falsedad como una verdad a aquellos que no están al tanto
de que cierto enunciado es falso. Pero si las ficciones jurídicas se
conocen como ficticias, ¿por qué son usadas? Una respuesta a esta
pregunta, que sugerí antes, se apoya en la expresión «es considerado», que a veces se usa y a veces, cuando no está explicitada, se asume. Decir que un pájaro es considerado una «bestia», aun cuando
no lo sea[48], o que el marido de la madre de un niño es considerado
el padre aun cuando no lo sea, no es más que decir que algo que no
es un X será considerado un X —será tratado como si fuese un X—
porque las razones para tratar a X del modo m también se aplican a
algunos $no\ X$, que en consecuencia serán tratados del mismo modo.

Aunque ese procedimiento no tiene nada de misterioso, y aunque
se vincula en un sentido importante con el uso de las presunciones
tratado más arriba, sigue siendo un poco intrigante, especialmente

---

[45]   Ver Fuller, 1967: 66.
[46]   Ver *Jones v. Flowers*, 547 U.S. 220 (2006).
[47]   *Mónaco v. Mississippi*, 292 U.S. 313, 329 (1934); *In re State of New York*, 256 U.S.
        490, 498 (1921).
[48]   Ver *Westley v. Fulewelle*, Yearbooks of Edward II, vol. 2, como se explica en
        Moglen, 1990.

con relación a la toma de decisiones en el ámbito del *common law*, donde la creación judicial de reglas está (en mayor o menor medida) aceptada, por qué la ficción de que el *no X* sea tomado como *X* es el camino preferido, en lugar de declarar directamente que este *no X*, aunque no es un *X*, será tratado del mismo modo que los *X*, porque las razones para tratar a los *X* de tal forma son también aplicables a algunos *no X*. Parece haber dos justificaciones para ese enfoque sinuoso, aunque no engañoso. Una es que al interpretar una ley, a diferencia de modificarla o extender su alcance, el camino sinuoso de la ficción jurídica parece evitar una reescritura judicial de una regla creada por el poder legislativo y así, como se mencionó más arriba, puede parecer más legítimo o más políticamente digerible, aun cuando las consecuencias para el caso particular sean exactamente las mismas, y sustancialmente las mismas aun para casos futuros. La otra justificación es captada por el conocido adagio que reza que el derecho es una «red sin fisuras»[49]. Las reglas jurídicas existen, típicamente, como parte de una red interrelacionada de reglas, por lo cual sucede en ocasiones que el cambio de una regla tiene efectos indirectos sobre otras, algo que no pasa cuando simplemente la regla se aplica *incorrectamente*.

Puede haber justificaciones para un enfoque sinuoso como ese, y es cierto que el uso de las ficciones jurídicas no involucra un verdadero engaño. Pero la cuestión básica es la misma: se usa una ficción jurídica para generar lo que parece ser el resultado correcto desde el punto de vista de la justicia, la equidad o las políticas, cuando la aplicación literal o no ficcional de una regla existente generaría una injusticia, una inequidad o una mala política.

4. Pero la cuestión se complica. Para que una regla jurídica cuente con la capacidad de generar una decisión jurídica deficiente, que un operador jurídico tendría el poder legítimo de corregir, debe ser el caso de que esa decisión deficiente sea producida por entender

---

[49] Ver Maitland, 1898. Para una discusión general y un análisis del tema, ver Solum, 2011.

el lenguaje jurídico en términos no jurídicos. Que esto es así se hace patente cuando examinamos el proceso que permite extender un término intrínsecamente jurídico. Consideremos, por ejemplo, el proceso a través del cual un tribunal decide que fue creado un «fideicomiso» aun en ausencia de una intención de un agente en tal sentido. Es verdad que el derecho puede haber exigido con anterioridad que para la constitución de un fideicomiso es necesaria cierta intención, pero también es cierto que un fideicomiso es en sí mismo una creación del derecho. Dejando de lado por el momento las cuestiones acerca de qué tipo de agente de derecho tiene el poder para cambiar las reglas, parece que no ofende a la verdad del sistema jurídico concebir la existencia de un fideicomiso que no fue generado por una intención, y esto se debe a que la verdad acerca de si un contrato es o no un fideicomiso es, por completo, una cuestión jurídica. «Fideicomiso» es *definido* por el derecho, y la verdad o falsedad de algo que se subsuma bajo ese término es, en consecuencia, de manera semejante y necesariamente una cuestión jurídica.

Esto es obvio con respecto a los fideicomisos y la palabra «fideicomiso». La pregunta es si el mismo tipo de análisis sirve para todo el lenguaje usado en y por el derecho[50]. Esto es, si *todo* el lenguaje usado en el derecho es técnico en el mismo sentido que «fideicomiso» lo es; si tiene un significado jurídico cuando es usado en el derecho. Así, considérese la sugerencia (no del todo clara) de Lon Fuller con respecto al ejemplo famoso de los «vehículos en el parque» de H. L. A. Hart, en cuanto a que quizás el camión militar que Fuller imagina usado como monumento en conmemoración de la guerra no es un vehículo en absoluto, al menos para los propósitos de la ley y cuando la palabra «vehículo» es utilizada en una regla jurídica[51]. El hipotético hombre razonable podría pensar que un camión es un vehículo, pero cuando la palabra «vehículo» es incorporada

---

[50]   La discusión más elaborada de la bibliografía sobre la relación entre el lenguaje ordinario y el jurídico es la de Morrison, 1989.

[51]   Fuller, 1958: 655-56. Un argumento sustancialmente más sofisticado, y sutil, con respecto a una cuestión muy semejante puede verse Moore, 1981 y 1985.

a una regla jurídica y sometida a la interpretación de operadores jurídicos, podría suceder que *vehículo* pase a ser *vehículo'*, donde *vehículo'*, a pesar de las primeras apariencias, es un término técnico del derecho, como «fideicomiso» lo es, con un significado jurídico característico. Y si esto es así, decir que el camión militar no es un vehículo, asumiendo que sería absurdo aplicarle la regla que prohíbe la entrada de vehículos en el parque, ya no resulta falso. En el mismo sentido, la afirmación de que Menorca es parte de Londres dejaría de ser falsa, por cuanto el Londres de una ley que regula la competencia de los tribunales no sería, necesariamente, el Londres de los cartógrafos.

Las proposiciones son creaciones del lenguaje, y por eso para que una proposición sea falsa la realidad debe divergir de algún modo respecto del significado de la proposición. Pero si todas las proposiciones jurídicas incluyen el conjunto completo de las metas de un sistema jurídico, y si entre esas metas está el poder del intérprete —típicamente, el juez— para alcanzar un resultado justo, el significado de *vehículo'* incluye ese poder. Así, cuando un juez decide que un camión militar que está en el parque no es un *vehículo'* no está diciendo nada falso ni, por eso, está valiéndose de una ficción. Esto parece ser lo que afirma Fuller, y no resulta del todo inviable[52]. Más aun, cuando Fuller sostiene que el derecho progresa en la medida en que más términos son términos técnicos y son entendidos como tales[53], y cuando el autor de derecho de contratos y jurista Edwin Patterson refirió que podrían eliminarse grandes confusiones si todos los conceptos tuvieran «puras» etiquetas jurídicas[54], reconocen el modo en que el lenguaje en un contexto jurídico, y solo en virtud de ese contexto, adopta significados diferentes que en un contexto no jurídico. Y si esto es así,

---

[52] Y aún más viable en la versión de Moore, *ibid*.

[53] Fuller, 1967: 23-27.

[54] Edwin W. Patterson, Manuscrito, Capítulo 3, de *The Law of Contracts* (inédito, disponible en los archivos de la Columbia Law School Library). Por supuesto, Patterson reconoció que esa propuesta es completamente irreal, y que además implicaría desventajas con respecto a otros fines del derecho.

quizás cada una de las palabras usadas en el derecho tiene, necesariamente, un significado jurídico, no ordinario, e incluye todas las reglas
y los fines del sistema jurídico. Si se cree, por ejemplo con Fuller, que
el derecho necesariamente debe evitar la creación absurda de reglas
inconsistentes con los propósitos subyacentes a ellas, es muy corto el
paso para llegar a la conclusión de que *vehículo'*, el término jurídico,
incluye el fin de evitar el resultado absurdo y, así, un camión usado
como monumento, aun cuando con claridad es un *vehículo*, simplemente no es para nada un *vehículo'*.

Pero aunque la posición de Fuller no es del todo inviable, sí es
inconsistente con la idea de que *existe* algo que podemos llamar *ficción jurídica*. Esto es, la idea de una ficción jurídica presupone que *no*
todo el lenguaje jurídico es lenguaje técnico. Las ficciones jurídicas
existen en virtud de que hay términos jurídicos que no tienen un
significado técnico, en el sentido de que una aplicación no estándar
de ese significado es falsa, más allá de las justificaciones que puedan
darse con respecto a esa falsedad. Y, por supuesto, si el derecho debe
servir a su función de guiar a las personas comunes, el significado de algunos o de la mayoría de sus términos debe ser el que les
otorga el lenguaje que las personas comunes usan y entienden. La
sugerencia casi displicente de Fuller acerca de que el camión militar
no es un vehículo fue displicente y tentativa por un motivo: porque
Fuller, en otros tiempos y lugares, reconoció abiertamente que sin
una conexión entre el lenguaje jurídico y el ordinario y, por ende,
entre la verdad jurídica y la verdad *simpliciter*, el derecho no podría
satisfacer sus fines primordiales en modo alguno[55].

IV

El estudio de las ficciones jurídicas, por todo esto, no es simplemente el de una característica secundaria y pintoresca del razonamiento jurídico. Se trata, en cambio, de un aspecto del problema

---

[55]   Ver Fuller, 1949: 631-637 (voto del juez Keen).

arduo de la verdad jurídica. Las ficciones son, por definición, falsas y, por ende, una ficción jurídica es una falsedad jurídica. Pero para que existan falsedades jurídicas, debe haber una diferencia, real o potencial, entre lo que el derecho *dice* y lo que el derecho o algún actor jurídico debe *hacer*. En el mismo sentido, la propia idea de una ficción jurídica presupone una posición con respecto a la verdad jurídica que la convierte en algo no completamente discontinuo con respecto a la verdad *simpliciter*, y esa posición acerca de la relación entre la verdad jurídica y la verdad, a su vez, presupone una posición acerca del lenguaje jurídico según la cual no es, ni puede ser, completamente, en todos sus términos, sus oraciones y sus significados-*sui generis*.

El que el lenguaje jurídico no pueda ser entendido como completamente técnico es consistente con la posición de que no puede ser entendido de un modo tal que el mejor resultado todas las cosas consideradas pueda superponerse con el significado del lenguaje jurídico. Las ficciones jurídicas son, así, parasitarias de una separación entre el lenguaje jurídico y los resultados fundados, todas las cosas consideradas. Sin esta separación, sería imposible entender la idea de una regla jurídica. Tampoco podría entenderse la manera en la cual el derecho, por más técnico que pueda ponerse a veces, debe permanecer conectado con el lenguaje en el que es escrito y, así, conectado con el lenguaje de la comunidad lingüística en el cual el sistema jurídico existe. De otro modo, el derecho no sería necesario. Más importante aún, de otro modo no podría existir una verdad jurídica, ni una falsedad jurídica ni, simplemente, el derecho en absoluto.

Bibliografía

Alexander. L. y F. Schauer, 2009: «Rules of Recognition, Constitutional Controversies, and the Dizzying Dependence of Law on Acceptance», en Adler, M.D. y Himma, K.E. (eds.), *The Rule of Recognition and the U.S. Constitution.* New York: Oxford University Press, 2009: 175-192.

Aristóteles, 1977: *Nicomachean Ethics*, trad. por J.A.K. Thomson. Harmondsworth, UK: Penguin.

Atiyah P.S. y Summers R.S., 1987: *Form and Substance in Anglo-American Law: A Comparative Study in Legal Reasoning, Legal Theory and Legal Institutions.* Oxford: Clarendon Press.

Bentham, J., 1962: *The Works of Jeremy Bentham*, J. Bowring, ed. London: Russell & Russell.

Bindreiter, U., 2002: *Why Grundnorm? A Treatise on the Implications of Kelsen's Doctrine.* The Hague, Netherlands: Kluwer.

Blackstone, W, 1765-1769: *Commentaries on the Laws of England*, 4 vols. Oxford: Clarendon Press.

Calabresi, G. 1982: *A Common Law for the Age of Statutes.* Cambridge, MA: Harvard University Press.

Cheng, K-Y 2011: «A New look at the Problem of Rule-Following: A Generic Perspective», *Philosophical Studies*, vol. 155: 1-21.

Frank, J., 1930: *Law and the Modern Mind.* New York: Brentano's (New York: Anchor Books, 1963).

Frier, B.W., 1985: *The Rise of the Roman Jurists: Studies in Cicero's Pro Caecina.* Princeton: Princeton University Press.

Fuller, L.L., 1949: «The Case of the Speluncean Explorers», *Harvard Law Review*, vol. 62: 616-645.

— 1958: «Positivism and Fidelity to Law-A Reply to Professor Hart», *Harvard Law Review*, vol. 71: 630-661.

— 1967: *Legal Fictions.* Stanford, CA: Stanford University Press.

Glennon, T, 2000: «Somebody's Child: Evaluating the Erosion of the Marital Presumption of Paternity», *West Virginia Law Review*, vol. 102: 547-605.

Green, M.S., 2009: «Kelsen, Quietism, and the Rule of Recognition», en Adler, M.D. y Himma, K.E., *The Rule of Recognition and the U.S. Constitution.* New York: Oxford University Press, 2009: 351-378.

Gustafsson, H., 2010: «Fiction of Law», *Rechtstheorie*, vol. 41: 319-363.

Guy, J.A., 1985: *Christopher St. German on Chancery and Statute.* London: Selden Society.

Handy, R., 1967: «Hans Vaihinger», en *The Encyclopedia of Philosophy.* New York: Macmillan, vol. 8: 221-224.

Harmon, L., 1990: «Falling Off the Vine: Legal Fictions and the Doctrine of Substituted Judgment», *Yale Law Journal*, vol. 100: 1-71.

HART, H.L.A., 1958: «Positivism and the Separation of Law & Morals», *Harvard Law Review*, vol. 71: 593-629.

   — 1994: *The Concept of Law*. Penelope A. Bulloch & Joseph Raz, (eds.), 2d ed. Oxford: Oxford University Press.

IHERING, R. VON: 1914: *Law as a Means to an End*. Boston: Boston Book Co., (Isaac Husic trad.).

   — 1923: *Geist des römischen Rechts auf den verschiedenen Studen der Entwicklung*. Leipzig: Breitkopf & Härtel, 7ma ed.

JOWITT, E. y WALSH, C., 1959: *The Dictionary of English Law*. London: Sweet & Maxwell.

KELSEN, H., 1919: «Zur Theorie der Juristischen Fiktionen: Mit besonderers Berücksichtigung von Vaihingers Philosophie des Als Ob» *Annalen der Philosophie*, vol. 1: 630-658.

   — 1934: *Reine Rechtslehre, Einleitung in die Rechtswissenschaftliche Problematik*. Wien: Franz Deuticke. Citado por la traducción inglesa de Litschewski Paulson, B. y Paulson, S. L.: Kelsen, H., *Introduction to the Problems of Legal Theory: A Translation of the First Edition of the Reine Rechslehre or Pure Theory of Law*. Oxford: Clarendon Press, 1992.

   — 1960: *Reine Rechtslehre*. Vienna: Franz Deuticke.

   — 1964: «Die Funktion der Verfassung», *Forum*, vol. 11 (132) (1964): 583-586; Traducción inglesa: «The Function of the Constitution» en Richard Tur & William Twining (eds.), *Essays on Kelsen*. Oxford: Oxford University Press, 1986.

   — 1979. *Allgemeine Theorie der Normen*. Wien: Manz. Citado por la traducción inglesa de Hartney, M.: Kelsen, H., *General Theory of Norms*. Oxford: Clarendon Press, 1991.

KNAUER, N.J., 2010: «Legal Fictions and Juristic Truth», *St. Thomas Law Review*, vol. 23 (2010): 1-48.

LANGBEIN, J.H., Lerner, R.L. y Smith, B.P., 2009: *History of the Common Law*. New York: Aspen Publishers.

LAYCOCK, D., 1993: «The Triumph of Equity», *Law & Contemporary Problems*, vol. 56: 53-82.

LESLIE, S.J., 2008: «Generics: Cognition and Acquisition», *Philosophical Review*, vol. 117: 1-47.

MAITLAND, F.W., 1898: «A Prologue to a History of English Law», *Law Quarterly Review*, vol. 14: 13-33.

MOGLEN, E., 1990: «Legal Fictions and Common Law Legal Theory: Some Historical Reflections», *Tel Aviv University Studies in Law*, vol. 10: 33-62.

MONDAY, R., 2008: «The Bridge that Choked a Watercourse or Repititive Dictionary Disorder», *Statute Law Review*, vol. 29: 26-44.

MOORE, M., 1981: «The Semantics of Judging», *Southern California Law Review*, vol. 54: 151-294

- 1985: «A Natural Law Theory of Interpretation», *Southern California Law Review*, vol. 58: 277-398.

MORRISON, M.J., 1989: «Excursions into the Nature of Legal Language», *Cleveland State Review*, vol. 37: 271-316.

OGDEN, C.K., 1932: *Bentham's Theory of Fictions*. New York: Harcourt, Brace & Co.

OLENN, J.J., «Til Death Do Us Part: New York's Slayer Rule and In re Estates of Covert», *Buffalo Law Review*, vol. 49: 1341-1378.

OLIVER, P.J.J., 1975: *Legal Fictions in Practice and Legal Science*. Rotterdam: Rotterdam University Press.

PAULSON, S.L., 1992a: «Kelsen's Legal Theory: The Final Round», *Oxford Journal of Legal Studies*, vol. 12: 265-274.

- 1992b: «The Neo-Kantian Dimension of Kelsen's Pure Theory of Law», *Oxford Journal of Legal Studies*, vol. 12: 311-332.

PLATÓN, 1952: *The Statesman*, trd. Por J.B. SKEMP. Bristol, UK: Bristol Classical Press.

RAZ, J., 1979: «Kelsen's Theory of the Basic Norm» en *The Authority of Law: Essays on Law and Morality*. Oxford: Clarendon Press, 1979: 122-145.

ROSS, A. 1969, «Legal Fictions» en Graham Hughes, ed., *Law, Reason and Justice: Essays in Legal Philosophy*. New York: New York University Press, 1969: 217-231.

RUSSELL, B., 1905: «On Denoting», *Mind*, vol. 14: 479-493.

SCHANE, S.A., 1987: «The Corporation is a Person: The Language of a Legal Fiction», *Tulane Law Review*, vol. 61: 563-614.

SCHAUER, F., 1988: «Formalism», *Yale Law Journal*, vol. 97: 509-548.

- 1991: *Playing By the Rules: A Philosophical Examination of Rule-Based Decision-Making in Law and in Life*. Oxford: Clarendon Press.

- 2003: *Profiles, Probabilities, and Stereotypes*. Cambridge, Massachusetts: Harvard University Press.

- 2009: *Thinking Like a Lawyer: A New Introduction to Legal Reasoning*. Cambridge, MA: Harvard University Press.

SEIDEL, A. (ed.), 1932: *Die Philosophie des Als Ob und das Leben*. Berlín: Reuther & Reichard.

SMITH, P.J., 2007: «New Legal Fictions», *Georgetown Law Journal*, vol. 95: 1435-1495.

SMITH, J. 1917: «Surviving Fictions», *Yale Law Journal*, vol. 27: 147-166, 317-329.

SOLUM, L.B., 1994: «Equity and the Rule of Law» en Shapiro, I. (ed.), *The Rule of Law: NOMOS XXXVI*. New York: New York University Press: 120-147.

- 2011: «Legal Theory Lexicon: The Law is a Seamless web», *Legal Theory Lexicon*, 31 de julio, disponible en http://lsolum.typepad.com/legaltheory/.

STEWART, I., 1980: «The Basic Norm as Fiction», *Juridical Review*, vol. 25: 199-224.

STOLZENBERG, N.M., 1999: «Bentham's Theory of Fictions-A "Curious Double Language"», *Cardozo Studies in Law and Literature*, vol. 11: 223-249.

STONE, J. 1968: *Legal System and Lawyers' Reasonings*. Sydney: Maitland Publications.

STRAWSON, P.F., 1952: *Introduction to Logical Theory*. London: Methuen.

SUMNER MAINE, H., 1861: *Ancient Law: Its Connection with the Early History of Society, and Its relation to Modern Ideals*. London: John Murray.

SWADLING, W., 2008: «Explaining Resulting Trusts», *Law Quarterly Review*, vol. 124: 72-102.

TOURTOULON, P. DE, 1922: *Philosophy in the Development of Law*. New York: Macmillan (trad. por Martha McC. Read).

TUR, R., «The Kelsenian Enterprise», en Tur, R. y Twining, W. (eds.), *Essays on Kelsen*. Oxford: Clarendon Press, 1986: 149-183.

VAIHINGER, H., 1911: *Die Philosophie des Als Ob*. Berlín: Reuther & Reichard. Citado por la traducción inglesa de OGDEN, C.K.: VAIHINGER, H., *The Philosophy of «As If: A System of the Theoretical, Practical and Religious Fictions of Mankind»*. London: Routledge & Kegan Paul, 1924.

Verdad y proceso[*]

MICHELE TARUFFO

I. VERDAD Y FUNCIÓN DEL PROCESO

La administración de justicia es un área del sistema jurídico en la cual el problema de la verdad y de sus conexiones con el derecho se deja observar de la manera más evidente y dramática. Ocurre en todo tipo de proceso, civil, penal, administrativo o constitucional, que la decisión supone la comprobación de los hechos que son relevantes para la aplicación del derecho. Incluso, en muchos casos, el verdadero problema que el juez debe resolver tiene por objeto —mucho más que la interpretación de la norma que debe aplicarse como regla de decisión— los hechos que han determinado el objeto de la controversia a la cual la regla debe aplicarse. Tal relevancia de los hechos, sin embargo, debe ser definida de manera más específica, en estos términos: en el proceso los hechos determinan la interpretación y la aplicación de la ley en la medida en que *la comprobación de la verdad de los hechos es condición necesaria para la justicia de decisión*[1]. Esta afirmación parece fundada si se toma en cuenta que ninguna decisión puede considerarse justa si se basa en una constatación de los hechos relevantes falsa o errónea: la aplicación correcta de la regla de derecho supone que se haya producido el hecho indicado en el antecedente (o en el «frástico») de la norma (la *abstrakte Tatbestand* de la doctrina alemana), y que la misma norma identifica como condición necesaria para que se produzcan en el caso particular los efectos jurídicos que la misma norma establece. Si en el caso concreto, el hecho (la *konkrete Tatbestand*) que corres-

---

[*] Traducido del italiano por Alberto Puppo; título original: «Verità e processo». Relectura: Germán Sucar y Jorge Cerdio.
[1] Para la demostración de esta afirmación, cf. Taruffo, 2009: 132 y ss.

ponde a la situación prevista por la norma como condición no se produjo, esta norma —sea como sea que se interprete— no puede ser correctamente aplicada como regla de decisión de dicho caso. Como suele decirse, ninguna regla se aplica correctamente a hechos falsos o equivocados[2].

Por supuesto, establecer la verdad de los hechos que han ocurrido en el caso concreto es solo una de las condiciones de justicia de la decisión, que para ser justa presupone *también* que se lleve a cabo de manera correcta y legítima el proceso del que constituye el resultado final y, obviamente, *también* que se interprete correctamente la norma que el juez adopta como fuente de la decisión. Por lo tanto, es una condición en sí misma no suficiente, pero necesaria para la justicia de la decisión: si los hechos no se han establecido de forma veraz, ello es suficiente para generar una decisión injusta, incluso si el proceso se desarrolló correctamente y la norma jurídica ha sido válidamente interpretada. Por así decirlo, ninguna de las tres condiciones es en sí misma suficiente para determinar la justicia de la decisión, mientras que todas estas condiciones son *conjuntamente necesarias* para que la decisión sea justa[3].

Si se admite que esta concepción de la decisión judicial es fundada, entonces resultan inaceptables por varias razones las diversas teorías que más o menos directamente llevan a negar o descartar que en el proceso judicial se debe o puede comprobar la verdad de los hechos. Estas teorías son bastante numerosas y no pueden ser aquí analizadas de forma amplia y detallada, pero algunas sintéticas observaciones pueden ser útiles, aunque solo sea para dar una idea del campo teórico en el que se coloca el discurso que se está desarrollando en estas páginas.

En primer lugar, debemos recordar las concepciones filosóficas —desde el idealismo hasta el irracionalismo en todas sus variantes— que excluyen como una cuestión de principio la posibilidad

---

2   Cf. Taruffo, 2009: 134.
3   Para un análisis más amplio de este aspecto del problema, cf. Taruffo, 2002.

de un conocimiento efectivo de la realidad externa al sujeto[4]. En este sentido, y en las últimas décadas, han sido particularmente influyentes las corrientes del postmodernismo que han criticado en general la posibilidad de hablar con sentido de la verdad, y las doctrinas del relativismo radical —como por ejemplo la de Richard Rorty— según las cuales cada uno tiene su verdad, nadie se equivoca, y por lo tanto no tiene sentido hablar de verdad o error[5]. Es obvio que si se adopta una de estas concepciones a nivel de filosofía general, no tiene sentido ningún discurso que se pueda hacer acerca de la verdad en el contexto de la administración de justicia.

Bajo otro perfil, hay que recordar las concepciones de acuerdo con las cuales el proceso sería dirigido solo a resolver controversias y —puesto que una controversia puede ser resuelta también por medio de una decisión injusta, ilegal o fundada sobre una averiguación de los hechos incorrecta o falsa— de ello se desprende que el establecimiento de la verdad no se puede colocar entre los objetivos que el proceso debería alcanzar[6]. Una versión algo más extrema de esta concepción es la que establece que el proceso *no debería* esforzarse para descubrir la verdad, porque incluso si fuera posible a nadie le interesaría e implicaría costos innecesarios y pérdidas de tiempo[7].

Por otro lado, son numerosas las opiniones según las cuales el proceso no podría alcanzar el establecimiento de la verdad —aunque fuese teóricamente posible— en razón de las normas que rigen el funcionamiento del proceso y que de distintas formas pueden

---

[4] Con referencia a este tema, cf. Taruffo, 1992: 28 y ss.

[5] Cf., para más referencias bibliográficas, Taruffo, 2009: 93 y ss.

[6] Para un análisis de esta concepción, y para más referencias bibliográficas, cf. Taruffo, 2009: 125 y ss., y 1992: 37 y ss.

[7] Se trata de la versión más coherente de la concepción *adversarial* típica del proceso norteamericano. Sobre este tema, cf. en particular Taruffo, 2009: 127.

limitar la adquisición de las fuentes de conocimiento (las pruebas) que serían necesarias para descubrir la verdad de los hechos[8].

Por último, hay que recordar las posturas que no se ocupan directamente del problema relativo al establecimiento de la verdad de los hechos, ya que no toman en cuenta el contenido y la calidad de la decisión que concluye el proceso. Se trata de perspectivas teóricas heterogéneas que tienen en común, sin embargo, la característica de concentrar la atención exclusivamente en la *función legitimadora* que cumple el *rito* (o el teatro) procesal[9]. El corazón de estas concepciones es la idea de que la aceptación social de las decisiones judiciales está condicionada —principal o únicamente— por los aspectos rituales del proceso, los cuales enviarían, a la sociedad en que operan, mensajes positivos acerca de la posibilidad de que la justicia sea realmente administrada en los tribunales. Desde estas perspectivas, la posibilidad de que la decisión se base en una comprobación verdadera o falsa de los hechos del caso es totalmente irrelevante, al igual que cualquier otro elemento del contenido de la decisión.

Como lo ilustran estas rápidas referencias, los *veriphobics*[10] (o *«enemigos de la verdad»*)[11] *son muchos y de especies variadas, sobre todo respecto de las maneras de concebir el proceso y sus funciones; pero esta constatación no debe impresionar.* Con todo, es mucho más fácil y *à la page* compartir alguna forma de escepticismo más o menos justificado que abordar directamente el problema de la justicia de las decisiones judiciales. Esto, sin embargo, es precisamente el elemento que permite dirigir una crítica global a las concepciones apenas evocadas: si no están interesadas en el problema del fundamento fáctico de la decisión judicial, o si niegan que este problema tenga sentido

---

8   Sobre estas tendencias, ver en particular Taruffo, 1992: 45 y ss., y v. *infra,* par.
     6, las referencias al concepto de «verdad procesal».
9   Entre las publicaciones más recientes, cf., por ejemplo, Garapon, 1997; Chase,
     2005.
10   El vocablo *veriphobia* ha sido acuñado por Goldman, 1999: 7 y ss.
11   Cf. Lynch, 2004.

y pueda abordarse tanto en el plano filosófico general como en el de las concepciones de la justicia y del proceso, entonces podemos decir que no son de ningún interés para aquellos que se ocupan del problema de cómo se pueden resolver disputas a través de decisiones justas.

II. HECHOS Y ENUNCIADOS

A partir de estas premisas, es conveniente aclarar algunos aspectos del problema de la verdad de los hechos en el proceso. El primer aspecto a aclarar se refiere a la identificación de aquello respecto de lo cual debería establecerse la verdad en el proceso. Comúnmente se dice que esta cuestión se refiere a los «hechos» y no a las normas; de ser así, se trata entonces de establecer cuáles son estos hechos. Al respecto, una observación obvia, pero muy importante, es que normalmente (y con muy pocas excepciones no importantes)[12] los hechos no entran en el proceso en su materialidad empírica, de modo que ninguna de las personas involucradas en el proceso, y en especial el juez, los puede percibir directamente. La razón obvia de esto es que normalmente los hechos que se trata de comprobar ya han ocurrido antes del proceso (a menudo mucho antes) y de todas formas han ocurrido «fuera» del contexto procesal. En el proceso, los hechos se presentan en forma de *enunciados* o de *conjuntos de enunciados* que *describen* las circunstancias que han ocurrido en el pasado y que son relevantes para la decisión de la controversia. Por lo que no tienen que ver con eventos o acontecimientos empíricos que se han producido históricamente en la realidad material, sino con *productos lingüísticos* que se refieren a estos eventos. En consecuencia, hablar de verdad de los hechos en el contexto procesal significa hablar de *verdad* —o de falsedad— *de los enunciados* o de los

---

[12]   Se trata exclusivamente de casos en los cuales el hecho relevante puede ser directamente percibido por el juez, por ejemplo, mediante una inspección.

conjuntos de enunciados que describen los hechos relevantes para la decisión.

Vale la pena señalar que en general el problema de la averiguación de la verdad se refiere a dos conjuntos de hechos: se trata ante todo de los hechos que resultan ser *jurídicamente relevantes* en la medida en que están comprendidos en el «caso abstracto», definido por la norma que se adopta como regla jurídica para la decisión de la controversia[13]; se trata también de los hechos *lógicamente relevantes* (indicios, fuentes de presunciones simples) que entran en el proceso en la medida en que pueden representar la premisa de inferencias lógicas cuya conclusión es la verdad o falsedad de los enunciados relativos a los hechos jurídicamente relevantes[14].

El problema de la verdad se plantea para *todos los hechos* que parecen ser jurídicamente o lógicamente relevantes. Se plantea sin lugar a dudas a propósito de los hechos jurídicamente relevantes porque —como ya se mencionó— la posibilidad de aplicar válidamente la norma que determina la decisión, y por ende la justicia de la misma, depende de la comprobación de la verdad de los enunciados sobre aquellos hechos. Sin embargo, también los enunciados que describen hechos lógicamente relevantes deben ser establecidos como verdaderos, porque de lo contrario no podrían constituir premisas cognoscitivamente válidas para la formulación de inferencias relativas a la verdad o falsedad de un enunciado acerca de un hecho jurídicamente relevante.

Todo esto significa que, en el contexto del proceso, el juez debe basar la decisión en una reconstrucción verídica de todos los hechos relevantes del caso; por supuesto, sobre la base de una evaluación racional de las pruebas de las cuales dispone para llegar a conocer estos hechos.

---

[13] Sobre estos hechos y las modalidades en que son determinados, cf. Taruffo, 1992: 96 y ss.

[14] Sobre estos hechos cf. Taruffo, 1992: 119 y ss.

III. NARRACIONES FÁCTICAS

Las descripciones de los hechos relevantes que deben ser establecidos en el proceso no son «dadas» o «preconstituidas», sino que se forman —por decirlo así— en el mismo proceso gracias a las actividades de los sujetos que en el mismo desempeñan varios papeles. Como suele tratarse de conjuntos ordenados de enunciados que describen las circunstancias de hecho más o menos complejos, articulados en el tiempo y el espacio, se puede hablar de *narraciones*. Los sujetos que en el proceso «narran» hechos son varios, y sus respectivas narraciones tienen distinta naturaleza y funciones diferentes, aunque puedan estar relacionadas con las mismas circunstancias de hecho[15]. Por ejemplo, en el proceso civil el actor narra los hechos en que basa el derecho del cual solicita su reconocimiento. Esta narración tiene la característica de que no es, en sí, nada más que una hipótesis: quien la hace, obviamente, la presenta como si fuera cierta (podría decirse que tiene una *pretensión de verdad*), pero si es cierta o falsa solo lo determinará el juez con la sentencia que concluye el proceso[16]. Lo mismo puede decirse de la narración de los hechos que hace la parte demandada, en la medida en que es diferente a la del actor. En el proceso penal, las mismas consideraciones se aplican a las narraciones hechas por el representante de la acusación y el defensor del imputado. Otras narraciones son hechas por los testigos, que relatan los hechos de los que tienen conocimiento. También estas narraciones tienen una pretensión de verdad, de alguna manera reforzada por el hecho de que el testigo tiene la obligación de decir la verdad y está sujeto a sanciones penales si miente, pero sus declaraciones pueden no reflejar la verdad y por ello son también hipotéticas, y solo la sentencia final dirá si eran verdaderas o falsas[17]. Por último, también el juez, en la sentencia que pone fin al proceso,

---

[15] Al respecto cf. en particular Di Donato, 2008 y Taruffo, 2009: 56 y ss.
[16] Acerca de la construcción de narraciones por parte del abogado, cf. Di Donato, 2008: 151 y ss.; Taruffo, 2009: 57 y ss.
[17] Sobre las narraciones de los testigos, cf. Taruffo, 2009: 63 y ss.

narra los hechos en que basa la decisión[18], pero esta narración tiene una característica fundamental que la distingue de las narraciones realizadas por otros sujetos: la narración del juez debe ser *verdadera* porque el juez tiene la obligación de aplicar correctamente la ley en un caso concreto y —como se mencionó anteriormente— para que una norma sea aplicada válidamente como regla de juicio, debería haber sido comprobada la verdad de los hechos que la norma prevé como condición de determinadas consecuencias jurídicas. Así que la narración del juez no se limita a tener una pretensión de verdad y a ser meramente hipotética: el juez debe decidir sobre la base de las pruebas que fueron adquiridas en el proceso y, por lo tanto, debe narrar en la sentencia los hechos que ha *conocido* a través de las pruebas. Puede ser que la narración del juez coincida, en todo o en parte, con la que propuso una parte o un testigo, pero aún así es diferente debido a su carácter de «hipótesis comprobada» sobre la base de los elementos cognoscitivos que el juez ha podido utilizar[19].

Decir, como se ha dicho, que las narraciones de los hechos no preexisten al proceso, significa que los diversos sujetos que narran los hechos, en realidad, *construyen* sus narraciones: estas, entonces, son el resultado de actividades en algún sentido «creativas» realizadas por los sujetos que las elaboran. Así, por ejemplo, el abogado del actor en el juicio civil selecciona y organiza en un orden narrativo los hechos que sirven para que la demanda dirigida al juez parezca fundada, y el fiscal selecciona y organiza los hechos que sirven para fundamentar la acusación. Del mismo modo, los defensores de los demandados en el proceso civil y de los imputados en el proceso penal elaboran narraciones de los hechos con el objetivo de demostrar el carácter infundado de la demanda y de la acusación. A su vez, el testigo, al responder a preguntas que le hicieron (posiblemente también en el contrainterrogatorio) o al contar libremente los hechos que sostiene conocer, reelabora, selecciona, organiza sus recuerdos con el fin de proporcionar una narración

---

[18]   Sobre la narración construida por el juez, cf. Di Donato, 2008: 183 y ss.
[19]   Para profundizar el tema, ver Taruffo, 2009: 65 y ss.

posiblemente coherente[20]. En fin, el juez construye su narración de los hechos tomando en cuenta las circunstancias que resultan comprobadas y las que no, seleccionando y organizando los hechos que se pueden considerar como establecidos en una descripción posiblemente coherente, o bien —si las pruebas no han llevado a resultados suficientes— afirmando que no es posible construir una narración verdadera de los hechos del caso. Así que cada una de las partes involucradas en el proceso construye «su» narración de los acontecimientos, de una manera sustancialmente análoga a la de cualquier «narrador» que compone una «historia» que se presenta como coherente, creíble, y narrativamente «buena».

IV. NARRACIONES BUENAS Y NARRACIONES VERDADERAS

Las teorías de la narración y, en particular, las propuestas en los últimos años por autores como Jerome Bruner[21], son muy útiles para entender cuáles son las modalidades y las herramientas con las que son elaboradas y construidas las narraciones. También son muy interesantes para entender cuáles son las características de una narración que se considera «buena» porque es creíble, persuasiva, interesante, coherente[22]. En particular, muestran cómo una narración parece tanto más persuasiva y narrativamente eficaz cuanto más se basa en estereotipos, patrones de hechos y acontecimientos, tramas e «historias típicas» (*scripts*) que existen en el bagaje cultural de las personas que son los destinatarios —el «público»— de las narraciones. En otras palabras, lo que parece más familiar o más «normal» es lo que hace de una narración una buena narración. En

---

[20] Acerca de los mecanismos psicológicos que condicionan la reconstrucción de los hechos por parte de los testigos, cf. en particular Mazzoni, 2003: 31 y ss., 57 y ss.

[21] Cf. Bruner, 2002; Di Donato, 2008: 23 y ss., 52 y ss.

[22] Sobre el concepto y las características de la narración «buena», cf. Taruffo, 2009: 83 y ss. Cf. también Twining, 2006: 308 y 336.

gran medida lo que las teorías de la narración dicen acerca de las narraciones en general vale también para las narraciones elaboradas en el contexto del proceso: las narraciones procesales, también, son más o menos «buenas», bajo el perfil narrativo, dependiendo de si son coherentes, bien organizadas, bien contadas, y de si corresponden a criterios de normalidad, tanto en términos de lo que se dice de las personas y de sus comportamientos, como en lo que se refiere a la descripción de acontecimientos más complejos que tuvieron lugar en el tiempo y en el espacio.

Estas teorías, sin embargo, presentan una característica importante, que consiste en el hecho de que se ocupan solo de la narración *como tal* y —precisamente— de las condiciones que deben ser satisfechas para que una historia contada pueda ser considerada como *narrativamente buena*. En particular, no se ocupan de la posibilidad de que la narración en cuestión describa eventos que se supone que se han producido efectivamente en el mundo real. Por así decirlo, el mundo real no cuenta para el verdadero narrativista, y también se podría decir que para él el mundo real podría no existir, porque —precisamente— él toma en consideración solo las narraciones y sus características, y no le importa cualquier otra cosa que se ubique *fuera de la narración*[23]. *En este sentido, incluso sería impropio hablar de narraciones que describen* hechos, porque el concepto mismo de «descripción» presupone que más allá del enunciado descriptivo haya «algo más» que se describe (para citar Frege, no existiría solo el *Sinn*, sino también la *Bedeutung*, y a ésta última correspondería una cosa o un evento real «exterior» al enunciado)[24]. En realidad, de acuerdo con estas teorías, la narración «habla» de hechos, personas y eventos, pero no ofrece ninguna descripción porque no es re-

---

[23]   En este sentido ver claramente Di Donato, 2008: 24 y ss., quien, después de negar la posible existencia de la realidad externa a la narración, llega a afirmar que es la narración la que «construye» la realidad.

[24]   En el conocido ejemplo propuesto por Frege en virtud del cual los enunciados «Venus es la estrella matutina» y «Venus es la estrella vespertina» tienen *Sinne* distintos pero la misma *Bedeutung,* no se duda de que el planeta Venus exista realmente «más allá» de los dos enunciados.

levante si estos hechos, personas y eventos han realmente ocurrido o son solo un producto de la imaginación del autor de la narración. Se entiende entonces que desde esta perspectiva no existe ninguna diferencia entre las narraciones que se presentan como descriptivas y las narraciones que no tienen ninguna pretensión de describir, como sucede por ejemplo en una novela, en un cuento o en cualquier otra obra literaria.

V. NARRACIONES PROCESALES

Como se mencionó, en el proceso varios sujetos construyen narraciones y, a veces, sucede que un sujeto cambie, en su totalidad o en parte, su narración de los hechos, si descubre que una descripción hipotética de los hechos no ha sido confirmada, y la reemplaza con una descripción diferente. Desde este punto de vista, el proceso puede ser interpretado como un juego complejo de narraciones que solo termina con la decisión final formulada por el juez. Sin embargo, el proceso no es comparable a un concurso literario, que consiste en otorgar el premio final a la «mejor» historia. Como se ha dicho anteriormente, la decisión que concluye el proceso se puede considerar como justa si y solo si se basa en una reconstrucción verdadera de los hechos del caso, y es sustancialmente esta característica la que distingue el proceso entendido como juego dialéctico de las narraciones de un concurso literario donde se trata de elegir una narración entre las que participan en la competición.

En relación con este aspecto, surge sin embargo el problema de la naturaleza de la verdad que debería ser comprobada en el proceso. Al respecto, los que aplican las teorías de la narración al contexto del proceso, a veces no niegan que el juez debe establecer la verdad de los hechos, mas adoptan una concepción de la verdad que se funda en estas mismas teorías. Es, en esencia, la concepción según la cual la verdad de una narración sería determinada exclusivamente por su *coherencia narrativa*: si una narración es coherente, entonces se puede considerar como verdadera[25]. Aún con esto en mente, sin embargo, no se abandona la idea de que solo existen las narraciones y nada más, porque la verdad de la narración se busca, por así decirlo, dentro de la propia narración. En otras palabras, esto es equivalente a decir que si una narración es «buena», ya que cumple con los requisitos de coherencia y correspondencia a lo «normal» y a los estereotipos del sentido común precedentemente evocados, entonces la misma es también verdadera. Bondad y verdad de la narración terminan pues por coincidir.

Pero esta es una visión simplista, esencialmente unilateral y poco fiable, debido principalmente a una razón fundamental: existen en efecto narraciones «buenas» a pesar de que son descriptivamente falsas[26]. Por el contrario, hay muchas narraciones «buenas» que ni siquiera pretenden ser verdaderas, ya que se presentan abiertamente como obras de imaginación creativa, como es el caso de las novelas y en general de las obras literarias. Parece claro que el hecho de que una novela sea narrativamente coherente no demuestra que, por esta razón, se trata de una descripción verídica de los hechos que narra: una buena novela no pretende ser «verdadera», solo pretende ser una buena narración.

Estas observaciones son tan obvias que no hay necesidad de insistir más. Sin embargo, hay que enfatizar un punto de gran importancia: las concepciones radicalmente «narrativistas» y «coherentistas» no tienen nada que ver con lo que sucede en el proceso. En el proceso el objetivo es establecer si ocurrió *en la realidad del mundo exterior* que Tizio ha matado a Cayo, si ocurrió efectivamente un accidente de coche en el que Tizio ha causado daños al coche de Cayo, si Tizio y Cayo han celebrado un contrato de venta de una cosa particular, y así sucesivamente. En otras palabras, en el proceso se adopta una postura metafísica realista, implícita o explícita[27], en función de la

[25]   Cf. por ejemplo MacCormick, 1984: 48; Jackson, 1988: 18.
[26]   Cf. en particular Peczenik, 1989: 161 y ss.
[27]   Vale al respecto la observación de Searle según la cual el *external realism* no es una concepción de la realidad que se pueda aceptar o rechazar, sino un

cual se admite la existencia de la realidad externa a las narraciones y a las personas que las construyen, y los hechos relevantes para la decisión son aquellos que empíricamente e históricamente se produjeron en esta realidad externa. Una condena solo se justifica si el sujeto condenado ha realmente cometido el hecho que se le imputa, no si alguien ha construido una buena narración al respecto, *independientemente* de si el sujeto es realmente culpable. Por así decirlo, el proceso dirige su mirada hacia lo que pasó en la realidad histórica del mundo exterior, ya que es a esta realidad que la ley conecta las consecuencias previstas por el orden jurídico, sobre las cuales el juez debe pronunciar su decisión en el caso concreto.

Esto implica que la concepción de la verdad como mera coherencia narrativa no tiene espacio ni valor en el contexto del proceso. El proceso no puede dejar de basarse en una concepción realista de la verdad como *correspondencia* de la descripción de los hechos a su realidad efectiva. De acuerdo con esta concepción —que no es nueva en la historia de la filosofía y, aunque haya sido muy discutida, sigue siendo esencial en el contexto procesal— un enunciado o un conjunto de enunciados que describen uno o más hechos son verdaderos, si estos hechos han efectivamente ocurrido, y son falsos si los mismos hechos no se han producido en el mundo de la realidad externa[28].

Si, como se mencionó anteriormente, el problema de la verdad de los hechos relevantes para la decisión se plantea en particular para la reconstrucción de los hechos que el juez opera en la decisión, esto implica que el juez tiene que construir una narración de estos

---

presupuesto necesario de la misma posibilidad de tener opiniones o teorías sobre la realidad. Cf. Searle, 1999: 32.

[28] Esto no implica la adopción de ninguna actitud de realismo «ingenuo» acerca de las relaciones entre lenguaje y mundo. El problema no puede ser aquí discutido en forma adecuada, pero hay que recordar que en la epistemología contemporánea no faltan teorías —a las cuales se reconoce una cierta autoridad— que admiten la existencia de la realidad externa al sujeto y su cognoscibilidad a través de métodos racionales. Cf., por ejemplo, Goldman, 1999: 41 y ss., 244 y ss.; Haack, 2009: 47 y ss., 117 y ss., 263 y ss.

hechos que resulte verdadera en la medida en que corresponde a la realidad empírica de los acontecimientos de los cuales habla. Esto no excluye, por supuesto, que la narración construida por el juez no sea también narrativamente buena, pero esto no es suficiente ni necesario desde el punto de vista de su verdad. No es suficiente porque, como ya hemos dicho, una buena narración puede ser descriptivamente falsa, mientras que la narración del juez debe ser descriptivamente verdadera. No es necesario porque puede suceder que los resultados que se desprenden de las pruebas adquiridas en el proceso no permitan alcanzar una descripción narrativamente buena (por ejemplo, debido a que faltó la demostración de algún hecho o a que los hechos que resultan probados no se organizan en una narración coherente). En este caso, la tarea del juez no es construir *a toda costa* una buena narración, ignorando lo que resulta o no resulta de las pruebas, para luego, llegado el caso, inventar hechos que no han sido probados, pero que serían necesarios para cumplir con el carácter completo y coherente de una «buena» narración[29], sino la de elaborar una descripción «verdadera» de lo que ha podido comprobar y de lo que no, incluso si esto implica confeccionar una narración de «mala calidad»[30].

Por lo tanto, sobre la base de lo que se ha dicho, la narración de los hechos que el juez construye en la decisión final no es necesariamente *narrativamente verdadera* (porque no es «buena»), pero debe ser *epistémicamente verdadera*, en el sentido de que debe basarse en el conocimiento que el tribunal ha adquirido —a través de las pruebas— de los hechos del caso. En otras palabras, los enunciados que componen la narración del juez deben ser, todos, epistémicamente

---

[29]　Las concepciones narrativistas admiten que el narrador —en nuestro caso: el juez— inventa los hechos que no son verdaderos que le sirven para construir su narración: cf. Twining, 2006: 308, 336. Claro está, sin embargo, que en el proceso no es tolerable ninguna situación en la que el juez invente y considere verdaderos hechos para los cuales no existen ninguna prueba. Admitir esta situación significaría destruir en su base los principios generales sobre los cuales se funda la administración de la justicia.

[30]　Al respecto ver Taruffo, 2009: 82 y ss.

verdaderos en la medida en que han sido confirmados por las evidencias disponibles.

Por tanto, es evidente que el proceso, además de ser un «juego de narraciones», es sobretodo una compleja *actividad epistémica* cuya finalidad es alcanzar la verdad de los enunciados relativos a los hechos relevantes del caso. En la misma perspectiva podemos entonces decir que las pruebas adquiridas en el proceso y, en particular, las narraciones proporcionadas por los testigos son herramientas epistémicas (no discursos o artificios retóricos)[31] precisamente porque es a través de las pruebas que el juez adquiere las informaciones y las bases cognoscitivas en función de las cuales podrá llegar a una reconstrucción verdadera de los hechos del caso.

Siendo tal actividad —esencialmente— de carácter epistémico, al proceso pueden aplicarse los principios generales de la racionalidad del método cognoscitivo elaborados en el contexto de la epistemología general[32].

En esencia, podemos decir que la perspectiva esbozada aquí concibe el proceso como un procedimiento complejo orientado a la obtención del conocimiento de los hechos tal como ocurrieron en el mundo real, mientras que las teorías narrativistas tienden a reducir la administración de la justicia a un juego de palabras.

VI. CARACTERES DE LA VERDAD PROCESAL

Una vez establecido que la verdad pertinente en el proceso no deriva de la coherencia de las narraciones, sino de su correspondencia con la realidad de los hechos que describen, quizás sea conveniente añadir algunas sintéticas observaciones —que no pretenden tratar en pocas palabras el problema de la verdad en el plano

---

[31] El problema de la naturaleza y de la función de la prueba judicial no puede ser aquí profundizado de forma adecuada. Al respecto cf. Taruffo, 1992: 349 y ss.

[32] Al respecto ver el análisis desarrollado en Taruffo, 2009: 155 y ss.

filosófico— para aclarar el significado que la verdad asume en el contexto del proceso.

En primer lugar, cabe señalar que en este contexto nunca se habla de verdades «absolutas», aunque a veces parece que a este tipo de verdades hacen referencia, implícita o explícitamente, los que niegan que en el ámbito del proceso sea posible establecer la verdad de los hechos[33]. De verdades absolutas solo hablan unas pocas metafísicas y algunas religiones fundamentalistas, y ni siquiera se habla de ello en el contexto de las teorías de la ciencia, así que aun menos estas verdades tienen cabida en el proceso; tampoco tendría sentido referirse a ellas en la experiencia cotidiana de aquellos que deben tomar decisiones basadas en el establecimiento de la verdad de ciertos hechos. Por lo tanto, solo tiene sentido hablar de verdades relativas, pero el significado de esta calificación se debe especificar más. Por un lado, la verdad que se puede lograr en el proceso es relativa precisamente porque no puede ser absoluta, o sea porque nunca coincide exactamente con la verdad *alética* o *categórica*. En el proceso la verdad *alética* representa un *valor regulativo* y constituye, como se suele decir, «el norte», un punto de referencia que nunca puede alcanzarse, y que sin embargo sirve para indicar la dirección en que deben estar orientados los procesos cognoscitivos activados en la práctica[34]. Desde este punto de vista, la verdad que se puede lograr en el proceso es en realidad una *aproximación* a lo que podría considerarse como la correspondencia perfecta de los enunciados a los hechos reales que describen. Por otra parte, *esta* verdad es *relativa* y, por lo tanto, el grado de aproximación es mayor o menor, dependiendo de la calidad y cantidad de información en la que, según las diversas ocasiones, está basado el conocimiento de los hechos en

---

[33] Se trata, para evocar una metáfora popperiana, del «absolutista —o perfeccionista— decepcionado», o sea de aquel que imagina que en el proceso pueden descubrirse verdades absolutas, mas luego constata que esto no es posible y, por lo tanto, termina por decir que en el proceso no puede descubrirse ninguna verdad. Para más referencias, cf. Taruffo, 1992: 30 y 177.

[34] Acerca de la naturaleza y función de la verdad alética, cf., también para más referencias, Taruffo, 2009: 94.

cuestión. En el contexto específico del proceso, ello significa que el grado de aproximación en el establecimiento de la correspondencia entre los enunciados y los hechos materiales que describen depende de la calidad y cantidad de las pruebas sobre las cuales descansa la reconstrucción de los hechos operada por el juez, la cual es mejor a medida que se adquieren en el proceso todas las pruebas relevantes, es decir, todas las pruebas que pueden ser útiles para esclarecer la verdad de los hechos[35]. Una vez más, es la epistemología general que aclara que la verdad, en el proceso como en la ciencia, depende de un adecuado uso racional de los conocimientos de los que se dispone en cada situación concreta[36].

Entendida la relatividad de la verdad en este sentido, se excluye cualquier referencia a las perspectivas del relativismo radical, según las cuales cada sujeto estaría en posesión de *su* verdad personal sobre cualquier hecho, con el resultado de que nadie nunca caería en un error y las distintas verdades individuales no serían conmensurables entre sí y de ninguna manera podrían ser controladas o falsificadas[37]. Un razonamiento de este tipo podría fácilmente relacionarse con la idea de la verdad como coherencia narrativa de las diferentes versiones de los hechos que surgen en el proceso, ya que cada autor de una narración en el proceso podría tener *su* verdad y no sería posible determinar si una narración es descriptivamente o epistémicamente verdadera o falsa. Sin embargo, es evidente que el relativismo radical no tiene sentido y que, en particular, no se aplica al problema de la verdad de los hechos en el contexto del proceso, ya que en este contexto —como se ha dicho en reiteradas ocasiones—, no deben tomarse en cuenta las opiniones subjetivas e individuales de los varios protagonistas de la vicisitud procesal, sino

---

[35] Sobre el principio *inclusivo* de relevancia, sobre la base del cual todas las pruebas relevantes deberían ser admitidas, ver con más detalles Taruffo, 1992: 364 y ss.; Taruffo, 2009: 140 y ss.

[36] Cf. en particular Haack, 2009: 64 y ss. y 132 y ss.

[37] Para algunas críticas decisivas a la concepción relativista de la verdad, cf. en particular Marconi, 2007; Lynch, 2004: 35 y ss.

que es importante «conocer», de la forma más objetiva, lo que ocurrió y lo que no ocurrió en el mundo de los acontecimientos reales.

El carácter relativo de la verdad es a menudo descripto haciendo referencia al concepto de probabilidad[38]: se dice, esto es, que la verdad procesal, no pudiendo ser absoluta, es necesariamente *probable*. En particular, luego, se invoca el concepto de *probabilidad cuantitativa* y el relativo cálculo basado principalmente en el conocido «teorema de Bayes», con el fin de asignar porcentajes o valores numéricos decimales —de 0 a 100 o de 0 a 1— al grado de la confiabilidad que de hecho adquiriría un enunciado sobre la base de las pruebas que lo apoyan[39]. El problema es muy complejo y no puede ser analizado aquí con la profundidad que merecería, pero pueden hacerse dos breves observaciones. La primera observación es que —como se ha demostrado— salvo rarísimas situaciones excepcionales (relativas al uso probatorio posible de indicadores estadísticos), el cálculo de la probabilidad cuantitativa no es aplicable a la evaluación de las pruebas y, por lo tanto, no puede traducirse numéricamente el grado de aproximación que caracteriza a la verdad procesal[40]. La segunda observación es que si hablar de probabilidad es posible a propósito de esta verdad, lo es solo en términos de probabilidad lógica, o sea del resultado de inferencias lógicas a través de las cuales, a partir de las informaciones proporcionadas se formulan conclusiones sobre la fiabilidad de los enunciados relativos a los hechos de la causa[41]. De esta manera, la verdad procesal es probable en función de la cantidad y calidad de las informaciones probatorias en que se basa, y en función del razonamiento a través del cual, a partir de las pruebas, se obtiene la justificación de una conclusión sobre estos enunciados. Antes de concluir este discurso,

---

[38]   Para un sintético examen de esta postura, cf. Taruffo, 2009: 106 y ss.
[39]   Sobre esta tendencia, y para más referencias bibliográficas, ver Ferrer Beltrán, 2007: 98 y ss.; Taruffo, 1992: 190 y ss.
[40]   Al respecto, ver para más detalles Taruffo, 1992: 215 y ss.
[41]   Sobre este concepto de probabilidad, ver Ferrer Beltrán, 2007: 120 y ss.; Taruffo, 1992: 223 y ss.

quizá valga la pena precisar que algunas otras ideas populares acerca de la naturaleza de la verdad en el ámbito procesal son infundadas y no merecen ser tomadas en cuenta.

Una de estas ideas es bastante común entre los estudiosos del proceso, y consiste en pensar que en el proceso solo puede establecerse una verdad «procesal» o «formal», mientras que la verdad «real» solo podría establecerse fuera del proceso[42]. La razón de esta diferencia sería que la dinámica del proceso por lo general contiene normas que rigen la admisión, la adquisición, y a veces también la valoración de la prueba, mientras que tales normas no existen fuera del proceso. Al respecto puede observarse que, en efecto, existen normas de este tipo (muy diferentes, sin embargo, en los distintos ordenamientos procesales), y que a veces algunas de estas reglas pueden limitar (pero a veces favorecer) la búsqueda de la verdad, mas esto no implica que lo que se puede conocer dentro del proceso es una verdad ontológicamente diferente de la que se conoce en cualquier campo de experiencia extra-procesal. Incluso fuera del proceso, de hecho, en la ciencia como en cualquier campo del conocimiento, hay límites y restricciones que se oponen al descubrimiento de la supuesta «verdad real», y es por esta razón que nadie habla de verdades absolutas (salvo, como se ha dicho, en alguna religión o alguna metafísica). Así que el proceso es un contexto en el que se lleva a cabo —como ya se ha dicho— una actividad epistémica orientada —por así decirlo— al descubrimiento de la misma verdad que se puede determinar al margen del proceso, por lo que no existe una verdad específicamente «procesal» o «formal»[43]. La única observación que se puede hacer al respecto es que a veces hay normas de procedimiento que limitan o incluso impiden la búsqueda de la verdad, pero este es un problema que atañe a la (mala) calidad de ciertos sistemas procesales, y no afecta la concepción

---

[42]   Sobre esta tendencia, cf. Ferrer Beltrán, 2002: 63 y ss., 68 y ss.; Taruffo, 1992: 45 y ss.; Taruffo, 2009: 100.

[43]   Ver las referencias en la nota precedente.

general de la verdad que se puede (y debería poderse) establecer en el proceso.

Otra idea bastante común —entre los filósofos, pero también entre los juristas— es que la verdad de un enunciado está determinada por el consenso que existe en torno a este enunciado. Esta idea merecería también un análisis más completo, pero su falta de fiabilidad es fácil de constatar a partir de una observación muy trivial. Si se aceptara una teoría de este tipo, habría que concluir que durante muchos siglos fue «verdadero» que la Tierra era plana y que el Sol giraba alrededor de ella, porque —como es bien conocido— hasta Copérnico y Galileo existía un consenso general, apoyado también por la autoridad de la Iglesia, acerca de la configuración ptolemaica del universo y del sistema solar. Sin embargo, no puede razonablemente sostenerse que la desaparición de dicho consenso con la «revolución copernicana» haya determinado un cambio «real» en la estructura del universo y del sistema solar, los cuales —obviamente— también en la noche de los tiempos se encontraban tal como la ciencia moderna lo ha revelado y lo está revelando. Por lo tanto, el consenso —no importa de quién— no tiene nada que ver con la verdad epistémica[44].

En fin, una tercera idea bastante generalizada es aquella según la cual sería verdadero cualquier enunciado sobre el cual exista *certeza*. Por un lado, sin embargo, esta idea es insostenible por las mismas razones, ya evocadas, por las cuales la concepción del relativismo subjetivo —de acuerdo a la cual cada individuo tendría «su» verdad— no es confiable, pero igualmente por las razones —recién analizadas— por las cuales el consenso, aunque general, no demuestra la veracidad de ningún enunciado: muchos millones de sujetos han estado durante mucho tiempo «convencidos» (y, probablemente, muchos todavía lo están) de la verdad de la visión ptolemaica, pero tal certeza de ninguna manera ha demostrado su ver-

---

[44]   Al respecto ver Taruffo, 2009: 147; Goldman, 1999: 12 y ss.

dad[45]. Por otro lado, está claro que es posible tener subjetivamente la certeza, por cualquier razón, de la verdad de un enunciado que es evidentemente falso porque no corresponde de ninguna forma a la realidad del hecho que describe. Esto depende de la circunstancia de que la certeza es, en realidad, un *status* psicológico de creencia que puede ser vivido de forma particularmente profunda, pero que no tiene nada que ver con la verdad. Muchos están profundamente convencidos de los dogmas de alguna religión, o de la ocurrencia de milagros (o de la fidelidad del cónyuge, o de la honradez de un líder político, o de cualquier otra cosa), pero a partir de esta certeza subjetiva e individual, a menudo connotada por una intrínseca irracionalidad, no es posible derivar ninguna conclusión acerca de la verdad de los objetos de dichas certezas. Por este motivo fundamental, la idea según la cual la decisión sobre los hechos de la causa debería basarse en la *intime conviction* del juez o del jurado introduce en el proceso un factor de irracionalidad incontrolable, en virtud de la cual, se vuelve imposible hablar de verdad o falsedad de la reconstrucción de los hechos que constituye la base de la decisión final[46].

La razón fundamental por la cual estas concepciones de la verdad deben ser consideradas infundadas, y deben ser excluidas del análisis de la naturaleza de la verdad procesal es que todas —aunque de diferentes maneras y por razones diferentes— se encuentran fuera de la perspectiva epistémica, la única que permite tratar de una manera racional, llegando a soluciones controlables y justificadas, el problema del establecimiento de la verdad de los hechos en el contexto del proceso.

---

[45]   Cf. Taruffo, 2009: 102.
[46]   Cf. en particular Andrés Ibáñez, 2009: 38 y ss.; Taruffo, 2009:104.

Bibliografía

Andrés Ibáñez, P., 2009: *Prueba y convicción judicial en el proceso penal*. Buenos Aires: Hammurabi.

Bruner, J., 2002: *Making Stories. Law, Literature, Life*. Cambridge (Mass.)-London: Harvard University Press.

Chase, O.G., 2005: *Law, Culture and Ritual. Disputing Systems in Cross-Cultural Context*. NewYork-London: NewYork University Press.

Di Donato, F., 2008: *La costruzione giudiziaria del fatto. Il ruolo della narrazione nel «processo»*. Milano: Franco Angeli.

Ferrer Beltrán, J., 2002: *Prueba y verdad en el derecho*. Madrid-Barcelona: Marcial Pons.

   — 2007: *La valoración racional de la prueba*. Madrid-Barcelona-Buenos Aires: Marcial Pons.

Garapon, A., 1997: *Bien juger. Essais sur le rituel judiciaire*. Paris: Odile Jacob.

Goldman, A.I., 1999: *Knowledge in a Social World*. Oxford: Clarendon, reimp. 2003.

Haack, S., 2009: *Evidence and Inquiry. A Pragmatist Reconstruction of Epistemology*, 2ª ed. Amherst (NY): Prometheus Books.

Jackson, B.S., 1988: *Law, Fact and Narrative Coherence*. Merseyside: Deborah Charles Publications.

Lynch, M.P., 2004: *True to Life. Why Truth* Matters. Cambridge (Mass.): The MIT Press. Citado por la traducción italiana de Fortuna, S. : *La verità e i suoi nemici*. Milano: Cortina Raffaello, 2007.

MacCormick, N., 1984: «Coherence in Legal Justification», en Krawietz, W. et al. (eds.): *Theorie der Normen. Festgabe für Ota Weinberger zum 65. Geburstag*. Berlin: Dunker & Humblot, 1984.

Marconi, D., 2007. *Per la verità. Relativismo e filosofia*. Torino: Einaudi.

Mazzoni, G., 2003: *Si può credere a un testimone? La testimonianza e le trappole della memoria*. Bologna: Il Mulino.

Peczenik, A., 1989: *On Law and Reason*. Dordrecht: Kluwer.

Searle, J., 1999: *Mind, Language and Society. Philosophy in the Real World*. New York: Basic Books.

Taruffo, M., 1992: *La prova dei fatti giuridici. Nozioni generali*. Milano: Giuffré. Citado por la traducción castellana de Ferrer Beltrán, J.: *La prueba de los hechos*. Madrid: Trotta, 2002.

   — 2002: «Idee per una teoria della decisione giusta», en Taruffo, M., *Sui confini. Scritti sulla giustizia civile*. Bologna: Il Mulino: 219-234. Citado por la traducción castellana de Quintero de Prieto, B. H.: «Ideas para una teoría de la decisión justa», en *Sobre las fronteras. Escritos sobre la justicia civil*. Bogotá: Temis, 2006: 199-212.

— 2009: *La semplice verità. Il giudice e la costruzione dei fatti.* Bari: Laterza. Citado por la traducción castellana de ACCATINO SCAGLIOTTI, D.: *Simplemente la verdad. El juez y la construcción de los hechos.* Madrid-Barcelona-Buenos Aires: Marcial Pons, 2010.

TWINING, W., 2006: *Rethinking Evidence. Exploratory Essays*, 2ª ed. Cambridge: Cambridge University Press.

El problema de los hechos en la justificación de sentencias[*]

RICARDO CARACCIOLO

I

1. En este trabajo voy a denominar «problema de los hechos», al que resulta de la aplicación de normas jurídicas generales y que tiene que ver con la verdad de las proposiciones con contenido empírico que integran los textos de las sentencias en el derecho contemporáneo. Esto es, aquellas que describen los hechos sometidos a la evaluación judicial, *i.e.* los que conforman la materia del litigio. Se asocia, obviamente, con la distinción que tradicionalmente se presenta en el derecho procesal entre las ideas de «verdad material» y «verdad formal» o «verdad procesal». La cuestión no es, por supuesto, novedosa. Sin embargo, es notorio que existe una controversia abierta con respecto al interrogante de saber si la verdad —y en su caso, qué clase de «verdad»— de esas proposiciones es —o no— una condición necesaria de justificación o corrección de las decisiones judiciales. Aquí, me propongo presentar un argumento a favor de la respuesta afirmativa. Para ello, voy a considerar esa pregunta desde la perspectiva de distinciones que no son habituales en la literatura y que conducen, como se verá, a ciertos resultados paradójicos.

2. Este problema se puede desagregar en una serie de cuestiones que explican el carácter problemático de la operación de aplicar normas generales, bajo el supuesto según el cual el derecho que los jueces tienen que aplicar —y que aplican de hecho— se integra con normas de este tipo. Interesa aquí el análisis de normas hipo-

[*] Este trabajo ha sido publicado originalmente en *Isonomía* Núm. 38, abril 2013: 13-34.

téticas o condicionales —típicas en el derecho—, cuyo contenido se integra con la mención de una clase de hechos[1], a la que se asocia una cierta consecuencia normativa, en especial, la calificación deóntica de cierta clase de acciones[2] mediante el uso de operadores deónticos, v.g. «obligatorio», «prohibido» o «permitido». Se trata de una típica operación que tienen que realizar los jueces a la hora de adoptar las decisiones que constituyen las sentencias y que es, además, necesaria, para tornar operativas las normas generales en la dimensión empírica. En esta dimensión solo existen sucesos o eventos, incluyendo a las acciones o comportamientos, localizados en el tiempo y en el espacio y no existen las clases. Parte del problema aparece cuando se exige que los jueces justifiquen los resultados de la aplicación de normas, es decir, que justifiquen las decisiones que adoptan, una exigencia impuesta incluso en las constituciones democráticas. Una sentencia no justificada es, en rigor, una sentencia arbitraria y, por lo tanto, en vista de esa exigencia, descalificable como acto jurisdiccional[3]. No existe duda que la exigencia de justificación —asociada con la garantía de defensa en juicio— es especialmente acuciante en el dominio del derecho penal, toda vez que esos resultados importan para los individuos condenados la pérdida de bienes en extremo valiosos. Entonces, esta exigencia conduce a la pregunta: ¿qué relación hay entre justificar una sentencia y aplicar una norma? Por supuesto, ello depende de lo que signifique «aplicar» y «justificar» en el ámbito de las decisiones de los jueces[4].

---

[1]   Esta clase, y también las propiedades que la definen, se denominan «caso genérico», en la terminología propuesta por C. Alchourrón y E. Bulygin en *Normative Systems*. Cf. Alchourrón-Bulygin 1971: cap. 1.

[2]   Lo que Alchourrón y Bulygin denominan «solución» [*Ibidem*]. Otras consecuencias jurídicas son, por supuesto, posibles.

[3]   Se trata de un estándar adoptado generalmente en la doctrina de varios tribunales superiores de justicia. De acuerdo con esa doctrina, semejantes sentencias *no son válidas*. Las sentencias son «válidas», en este sentido, si y solo si, satisfacen las reglas procesales o constitucionales que regulan la producción de sentencias.

[4]   En el lenguaje jurídico común, el término sentencia se usa (ambiguamente) para designar un documento —elaborado de acuerdo a ciertas formalidades—

II

1. El paradigma clásico de las decisiones judiciales[5] incorpora una cierta idea acerca de lo que hay que entender por «aplicación del derecho», cuando se lo considera —como sucede habitualmente— como un conjunto o sistema de normas *generales*. En rigor, esta idea es una propuesta conceptual que no se limita al ámbito jurídico, sino se presenta como una consecuencia de la naturaleza de las normas generales y se extiende, por lo tanto, a otros dominios normativos. Puede admitirse que, de acuerdo a esa propuesta, *aplicar* una norma general N a un suceso S consiste en *usar* N para determinar una consecuencia normativa (la prevista genéricamente en el contenido de N) ante la ocurrencia de S. De ello se sigue un típico modelo de aplicación que adopta la forma de un *modus ponens*: una vez establecida N como punto de partida —esto es, como premisa de un argumento— la consecuencia normativa tiene que seguirse lógicamente de la descripción de S. Para ello es preciso que esta descripción muestre que S está incluido en la clase general prevista en N como una condición de esa consecuencia. Se dice entonces, que S se «subsume» en la norma general. La subsunción, en este sentido, opera exclusivamente en el lenguaje, porque para llevarla a cabo lo que hay que hacer es describir al hecho o suceso S[6], usando los mismos predicados que caracterizan la clase general, es decir, adjudicar a S las mismas propiedades que identifican esa clase. Si el suceso no se describe de esa manera, no es posible aplicar N a S, es decir, N no es aplicable en el supuesto de S. Por el contrario, la

---

que expresa la decisión del juez. Obviamente, se trata aquí del problema de justificar el contenido del documento, esto es, el contenido de la decisión o el acto de adoptarla, y no el documento mismo. Cf. más adelante apartado III, para los distintos sentidos de «decisión judicial».

5   Cf. R. Caracciolo, 2006.

6   Para evitar malentendidos lingüísticos, hay que decir que, a veces se caracteriza como «enunciado calificatorio» del tipo «x pertenece a la clase C» a los resultados de la operación de subsunción. Pero ello no afecta lo que se dice aquí, porque tales enunciados son equivalentes a la descripción de x en términos de las propiedades que definen la clase C.

aplicación muestra que S constituye un «caso individual» del «caso genérico» previsto en N. En rigor, la afirmación de que cierta norma N es aplicable a un cierto caso individual C es analítica, porque no hay «casos individuales» antes de la aplicación de una norma: C es un caso individual de N solo si N es aplicable[7].

2. Como es obvio, como ocurre con relación al derecho penal, los «sucesos» a los que se aplican las normas pueden consistir en la realización de ciertas acciones, por ciertos individuos y en ciertas circunstancias de tiempo y espacio. Y las consecuencias normativas pueden consistir en la calificación normativa de la imposición de una pena, v.g. N1= «Todos los individuos que maten a otro individuo, deben ser condenados a prisión por el tiempo T». De acuerdo a lo dicho, para que esta norma N1 sea aplicable a la conducta de cierto individuo A es *necesario* describir el comportamiento de A, como un caso de «matar a otro individuo». Esta observación es realmente importante porque las acciones que efectivamente se realizan —al igual que cualquier hecho o suceso— puede ser descriptas de múltiples maneras[8], o lo que es lo mismo pueden pertenecer a distintas clases de eventos[9]. Por ejemplo, supóngase que se describa la acción de A como «disparar intencionalmente un revólver a B». En tal supuesto, N1 es aplicable a la acción de A, si, y solo si, *también* puede ser descripta como un acto de matar a otro. Y N1 solo se *aplica* a esa específica acción si efectivamente es descripta como un acto de matar otro. Como la subsunción es una operación que

---

[7]   Un «caso individual», es un suceso o un hecho clasificado de acuerdo al lenguaje de las normas. Cf., de nuevo, C. Alchourrón y E. Bulygin 1971. Por lo tanto, de acuerdo a esta terminología técnica, no existen «casos individuales» preclasificados. Esto es, ningún suceso es un «caso» en relación con una norma antes de la operación de subsunción. Por supuesto, otras nociones de «caso» son posibles, pero no voy a discutir esta cuestión en este trabajo.

[8]   Sobre esta cuestión, véase González Lagier, 2005: capítulo I.

[9]   Carlos Alchourrón y Eugenio Bulygin distinguen entre «subsunción individual» —la inclusión de un hecho en una clase—, y «subsunción genérica» —la inclusión de una clase de hechos en otra más general—; cf. Alchourrón-Bulygin, 1989.

se realiza exclusivamente en el plano del lenguaje, depende de los conceptos utilizados en la formulación de la norma o normas que se aplican y en los usados para describir la acción, esto es, de significados. Es más, como es habitualmente admitido, las normas se identifican con ciertos significados, o lo que equivale a lo mismo, son contenidos conceptuales asociados a ciertos textos legislativos o a ciertas prácticas lingüísticas. Las «normas» serían, entonces, resultados de la «interpretación» de esos textos o de esas prácticas. Ahora bien, como se trata de aplicar normas a hechos, el lenguaje utilizado finalmente en esa descripción de la acción, tiene que habilitar la identificación de propiedades empíricas, porque los sucesos que ocurren, que han ocurrido o que ocurrirán solo pueden ser identificados mediante el uso de predicados cuyas referencias *son* esa clase de propiedades.

3. Una especial cuestión surge al respecto cuando en el contenido de los textos, para caracterizar las condiciones de aplicación de las normas, se utilizan conceptos que *no* se refieren a características empíricas. Esto es, cuando ese lenguaje no sirve para identificar *directamente* un hecho, un suceso o una acción. Es lo que ocurre, al menos, en dos situaciones: a) cuando en la formulación de la norma que hay que aplicar se utiliza nociones técnico-jurídicas, que no pertenecen al lenguaje descriptivo usual. Por ejemplo, «homicidio», «defraudación», «abigeato», «injuria», «contratar» etc.; b) cuando se usa una terminología con contenido evaluativo, por ejemplo, «buena fe», «perversidad», «dignidad» o «negligencia». Por supuesto, la lista de semejantes conceptos evaluativos puede ser materia de controversia como así también la de saber si todos los conceptos utilizados en las normas son —o no— evaluativos o normativos[10]. No interesa aquí ingresar en esa discusión. Lo que es preciso subrayar ahora es que, para que sea posible la aplicación a hechos de las normas así formuladas, es necesario *reducir* las propiedades asociadas con esas nociones a características empíricas, o lo

---

[10]   María Cristina Redondo presenta un argumento en favor de la respuesta afirmativa; véase Redondo, 2009.

que equivale a lo mismo, *traducir* ese lenguaje a uno apto para describir el mundo empírico. Así, por ejemplo, la acción de cometer un «homicidio» es —de acuerdo al significado de esta expresión— considerada equivalente a matar a otro en ciertas circunstancias. Al igual de lo que ocurre con los términos teóricos de una teoría científica, hay que contar con reglas de correspondencia que los asocien con nociones observacionales. Esto también depende del lenguaje utilizado e incluye asimismo —vale la pena insistir— a los denominados conceptos evaluativos. Si no existen en ese lenguaje reglas conceptuales de ese tipo, o se niega la posibilidad de reducción, entonces habrá que concluir que las normas que utilizan esos conceptos *no se pueden aplicar* a hechos.

4. Lo que se supone, de acuerdo al paradigma clásico de las decisiones de los jueces, es que los textos en que consisten las sentencias (al menos las sentencias típicas) tienen que *mostrar* que resuelven un litigio mediante la aplicación de normas generales a un suceso, es decir, un caso individual. La solución consiste en emitir una norma *particular* para ese caso y conforma la denominada «parte resolutiva» del respectivo documento. Para ello, como fue indicado, el suceso tiene que ser descripto en los mismos términos utilizados en las normas que aplica y, cuando sea necesario, hay que *mostrar* que estos pueden ser reducidos a términos descriptivos. Cualquier otra descripción impide el paso deductivo de las normas generales a la norma individual[11]. Pero la sentencia así entendida es el producto final de un proceso que involucra la adopción de varias decisiones[12]: se tienen que elegir las normas en función de los hechos descriptos, o se tienen que describir los hechos en función de las normas que se pretende aplicar. Las dos son versiones equivalentes de ese proceso en el sentido de que —finalmente— semejante aplicación no

---

[11]   A veces, en vez de usar el lenguaje de las normas, los jueces asumen implícitamente la premisa según la cual el suceso descripto como A pertenece a la clase B, prevista por las normas. Ello puede ser así, porque se supone que un hablante competente del lenguaje, puede *comprender* que esa premisa es verdadera.

[12]   Cf. Redondo, 2009: 64 y ss.

consiste en otra cosa que en una correspondencia entre contenidos de normas y descripciones de hechos. Aunque la subsunción propuesta por el juez puede ser discutible y discutida[13], lo importante es insistir que se trata de una operación intelectual que se realiza exclusivamente en el plano del lenguaje.

5. Por ello, no obstante su apariencia, este modelo, aunque necesario para reconstruir ese resultado final, no es sin embargo suficiente para decir que los jueces aplican normas a hechos. Los hechos no integran el lenguaje, no constituyen las premisas del *modus ponens* en que consiste la aplicación así entendida. La eventual idea de que el modelo suministra también una condición suficiente es consecuencia de un error sistemático en el uso de la expresión «aplicación a un hecho»: se entiende que N se aplica al hecho H cuando la descripción de H coincide con la descripción de un caso individual de N. Pero esto solo puede describirse como la aplicación a una descripción. El único sentido en el que puede hablarse de una genuina aplicación *a un hecho* requiere agregar un cuantificador existencial a la descripción, esto es, el juez tiene que afirmar explícita o implícitamente la existencia temporal y espacial del suceso que describe (porque no se trata de una ficción o de un mero relato) y *además* la proposición resultante tiene que ser *verdadera*. Es decir, tiene que haber ocurrido un hecho, verbigracia la realización de una acción por un cierto individuo en un tiempo t y en un espacio e, que efectivamente tiene que tener las características o propiedades que le adjudica su descripción. Si la proposición es falsa, no se aplica una norma a un hecho, sencillamente porque los únicos hechos son los hechos que existen o que han existido. Los jueces solo aplican, entonces, normas jurídicas a hechos cuando las premisas empíricas de sus sentencias son verdaderas. Cuando la verdad es considerada irrelevante, habría que admitir que solo participan en una especie de juego lingüístico, que seguramente cumple una función ideoló-

---

[13] Un problema semántico básico que puede conducir a una controversia en la subsunción es la vaguedad de los lenguajes usuales. No voy a ocuparme aquí de ese problema.

gica: la de satisfacer un mero ritualismo, que encubre la privación arbitraria de bienes[14]

III

1. El problema de los hechos reaparece cuando se considera la exigencia de justificación de las decisiones judiciales. Lo que hay que justificar en primer lugar, son las normas individuales en que consisten sus partes resolutivas. Una sentencia no justificada es una decisión judicial arbitraria y, según el *dictum* de los precedentes de la Corte Suprema, *no vale* como acto jurisdiccional. Ahora bien, la noción general de «justificación» remite a la idea de «razón»: para justificar algo, v.g. una acción, una norma o una creencia, hay que recurrir a razones. Por supuesto, existe una intensa controversia filosófica abierta en torno a la naturaleza de las «razones» o, lo que es lo mismo, acerca de la idea de racionalidad o de razón[15]. En este trabajo, no es preciso avanzar en esa compleja discusión. Basta constatar que la exigencia —impuesta normativamente, incluso en textos constitucionales— según la cual los jueces *deben* justificar sus decisiones *en* el derecho vigente, *supone* que el derecho constituye o suministra razones a favor de ciertas decisiones y no de otras. Esta suposición tampoco será aquí puesta en tela de juicio.

2. Con todo, esa remisión al «derecho vigente» muestra una importante característica estructural de la noción de justificación: se justifica en todo caso *con relación* a una o varias «razones». Ello quiere decir que

---

[14]   No hay que confundir el problema de la exigencia de verdad de las proposiciones descriptivas de los hechos con la exigencia de prueba de esas proposiciones. Al respecto, cf., más adelante, la discusión de las tesis kelsenianas. En este trabajo —vale la pena insistir sobre ello— no se discuten los posibles modelos para reconstruir los procesos probatorios.

[15]   Una discusión esencial es, por supuesto, la de saber si la razón puede alcanzar al ámbito de la práctica, v.g. si pueden existir razones para la acción. En la discusión contemporánea, se admite que una respuesta positiva es necesaria para entender la propia idea de «norma». Cf. Dancy, 2000.

la expresión «justificación» designa —al menos— una cierta relación entre algún componente de un conjunto de «razones» (cuya naturaleza general puede quedar abierta) y algún componente de otro conjunto compuesto por aquello que hay que justificar (acciones, normas, deseos, creencias o proposiciones). Se trata de la relación que puede ser denominada «ser razón de»[16]. De manera que toda justificación es relacional. Pero también, la justificación puede ser relativizada en un segundo nivel, si se admite que existen o pueden existir conjuntos o dominios de razones recíprocamente excluyentes e inconmensurables con respecto a su calidad de «razones». Esto quiere decir que, verbigracia, una cierta acción A puede justificarse en un conjunto o dominio D (existe en D una razón para realizar A) y resultar injustificada en otro dominio D1 (existe en D1 una razón para omitir A), sin que exista un criterio que resuelva el conflicto entre D y D1. Lo que implica una versión *relativista* de la justificación. Si esta es, o no, la versión filosóficamente correcta de la idea de justificación, es una cuestión que no será abordada en este trabajo[17]. De nuevo, basta constatar que la exigencia de justificación *en* el «derecho vigente» (de acuerdo al estándar de sentencia justificada), por una parte supone que la justificación «jurídica» de una acción es, o puede ser, distinta de su justificación «moral», y por la otra, que su justificación jurídica depende del contenido del derecho o sistema jurídico que se adopte como conjunto de referencia. De manera que pueda resultar justificada, v.g en el derecho argentino, pero no en el derecho uruguayo. Como es claro, ello se corresponde con *una* concepción relativista de la justificación.

---

[16] Cf. Caracciolo, 1988.

[17] Puede ser que, de acuerdo con alguna concepción jusnaturalista u objetivista de la moral, solo existe un dominio privilegiado de razones para la acción. Para una idea semejante, los jueces solo justifican sus decisiones si recurren a razones de ese dominio. Por consiguiente, los diversos «derechos positivos» vendrían a carecer de relevancia práctica, no podrían ser considerados dominios de «razones». Ello es incompatible con la exigencia de justificación en el «derecho vigente» que se acepta en la práctica judicial del derecho contemporáneo. Si ese supuesto de semejante práctica es, o no, admisible desde un punto de vista filosófico es una cuestión que no integra el interrogante de este ensayo.

3. Si la idea de «justificación» se entiende de esta manera, esto es, como una relación *existente* entre razones y normas, acciones, o creencias, entonces, la acción de «justificar» que se exige a los jueces no puede consistir en otra cosa que en mostrar que existe una relación de este tipo entre alguna razón o razones «jurídicas» y aquello que se justifica. También se supone en ese discurso, entonces, que la cuestión de cuáles sean esas «razones» *no depende* del arbitrio de los jueces. En rigor, ello es así porque se identifica el conjunto de «razones jurídicas» con el derecho objetivo, cuyo contenido, por definición, no depende de las decisiones de los jueces[18]. Si se admite, como generalmente es el caso, que el derecho o mejor, «los derechos objetivos», se integran con normas u otros criterios normativos, puede denominarse «justificación normativa» a la relación de justificación jurídica.

4. Por «justificación normativa» entiendo una relación de justificación cuyo dominio son normas. Esto es, en este supuesto, las normas son consideradas o reducidas a razones. Pero hay dos tipos de candidatos para el conjunto de aquello que se justifica, es decir, para el contra dominio de una relación de justificación normativa: acciones y normas, cuya diversa naturaleza modifica el carácter posible de la relación de justificación. La distinción es importante[19] porque la expresión «decisión judicial» es ambigua: por un lado, designa una acción de un juez, esto es, la elección de una solución a la controversia. Por otro, se refiere al contenido de la solución elegida. Si la solución es normativa, es decir, si impone un deber o confiere un permiso o facultad a algún o algunos individuos definidos, se trata de una norma individual con la que se identifica la parte resolutiva de una sentencia.

---

[18]   Otra cuestión distinta es si existe el «derecho objetivo». Como correctamente indica Cristina Redondo, una respuesta positiva implica que la denominada *questio juris*, involucra también un proceso cognoscitivo. Cf. Redondo, 2009.

[19]   Para esta distinción, véase Caracciolo, 1988. También Bulygin, 1995 y Ferrer, 2011.

5. En primer lugar, puede admitirse que un conjunto de normas C justifica otra norma N1 si, y solo si, C implica lógicamente N1. Esto quiere decir que N1 se justifica, v.g. en el derecho argentino, si, y solo si, algún subconjunto incluido en el derecho argentino, implica N1. Por lo tanto, la relación de justificación de normas en otras normas, es idéntica a una relación de implicación. Pero la relación de implicación lógica no sirve para justificar una acción A porque *no hay* relaciones lógicas entre normas y hechos y la realización de una acción, por ejemplo, la elección de una solución por parte de un juez, es un hecho. En cambio, se puede decir que una norma N justifica una acción A si, y solo si, N permite u obliga la realización de A: esta relación se puede denominar «cumplimiento». De esta manera, la acción A se justifica en el derecho D si, y solo si, N pertenece a D. La distinción es importante, porque no hay duda que, en el derecho contemporáneo, las normas procesales *autorizan* u *obligan* a los jueces a elegir la solución del litigio sometido a su conocimiento. Es decir, están obligados o facultados a decidir. En eso consiste su «poder jurisdiccional». O, lo que es lo mismo, su competencia. Como más adelante se verá, no es posible obviar esta dicotomía en el tratamiento del problema abordado en este trabajo.

6. De acuerdo con ello, si «decisión judicial» se entiende en el primer sentido, lo que hay que justificar es una norma individual, lo que depende, entonces, de su relación lógica con una norma general que pertenece al derecho (se supone que el derecho es el dominio de la relación). Pero aquí aparece el problema de los hechos a la hora de justificar una norma particular N1 en una general N. Las normas particulares solo se siguen de normas generales condicionales si se incorpora una premisa que afirme la satisfacción *in concreto* de las condiciones de aplicación previstas *in abstracto* en el contenido de las normas[20]. Se trata de una premisa necesaria en la inferencia cuya conclusión es una norma particular. Por consiguiente, N1 solo

---

[20]   Por supuesto, si esas condiciones no se refieren a hechos, las normas no se pueden aplicar a hechos.

se sigue de N si se agrega un enunciado E, descriptivo de un hecho incluido en la clase mencionada por N.

7. El agregado —como premisa— de un enunciado empírico que satisfaga esos requisitos es suficiente para garantizar la *validez lógica* de la inferencia que conduce de N a N1. Pero ¿es suficiente para justificar la norma individual? Semejante validez lógica es compatible con la falsedad del enunciado E, que funciona como un puente entre una norma general y una particular. ¿Pueden, entonces, los jueces, justificar sus sentencias con sustento en proposiciones falsas, aunque identifiquen correctamente el contenido del derecho? La respuesta parece que tiene que ser positiva, si se considera que basta para ello satisfacer *una* relación de justificación entre normas, esto es, una relación deductiva, porque esa relación es *independiente* de la verdad de semejantes proposiciones puente. Sin embargo, esa respuesta resulta de un equívoco. No tiene en cuenta que, para hablar con sentido de «justificación jurídica», las normas generales tienen que ser asumidas como razones. De manera que, aunque necesaria, la relación deductiva —asimilada a la relación de justificación— no es suficiente si no opera sobre razones. Es decir, no hay «justificación» si uno de los términos de la relación *no es* una «razón». Pero las normas generales consideradas «razones» son normas condicionales y ello quiere decir que solo suministran razones para las normas particulares que se infieren de su contenido si se satisfacen las condiciones previstas[21]. Esto es, si efectivamente tienen lugar ciertas circunstancias, es decir, si efectivamente ha sucedido un hecho, por ejemplo, la realización por parte de un individuo A de la acción descripta como «matar a otro», si es que ese hecho es una de las condiciones previstas en la norma que se aplica. Lo que significa que, para que la norma general suministre una razón, la verdad de

---

21   Ello quiere decir —vale la pena insistir— que la corrección lógica de la propuesta de la sentencia (esto es, la denominada «justificación interna») en ningún caso es suficiente.

la proposición descriptiva de los hechos es una *condición necesaria*[22]. Por el contrario, si esa proposición es falsa, la norma invocada por el juez no constituye razón alguna que justifique la sentencia. Dicho de manera más coloquial: la razón por la cual A debe ser sancionado es que todos los que maten a otro deben ser sancionados y A ha matado a B en el tiempo *t* y en el espacio *e*. Esta formulación en el meta-lenguaje de las normas es una conjunción. De manera que no hay razón para sancionar a A si no existe una norma N según la cual todos los que maten a otros deben ser sancionados, o no es verdad que A ha matado a B en el tiempo *t* y en el espacio *e*. En el lenguaje propuesto por Joseph Raz, *el hecho* de que A ha matado a B —y no su descripción— funciona como una «razón auxiliar» de la «razón operativa» constituida por la norma N[23].

8. De acuerdo con lo anterior, la verdad de las proposiciones descriptivas es un componente conceptual tanto de la aplicación de normas generales a hechos como de la justificación de normas particulares. Ello es así porque se trata, en rigor, de la misma operación considerada desde dos puntos de vista: aplicar una cierta norma general equivale a justificar una cierta norma individual y justificar una cierta norma individual no es otra cosa que aplicar una norma general[24].

---

[22] Lo que no es sorprendente. También el modelo deductivo de explicación científica requiere la verdad de las proposiciones que describen las circunstancias antecedentes para que una la teoría general o un conjunto de hipótesis generales *explique* la ocurrencia de un hecho. Cf. Hempel, 1965: 332 y ss.

[23] Cf. Raz, 1990: 33-35.

[24] En todo caso, para que opere el *modus ponens deóntico*, son necesarias las premisas descriptivas de las condiciones de aplicación previstas en la norma general que se pretende aplicar. Hay que tener presente, de nuevo para evitar malentendidos, que las proposiciones clasificatorias implican esas proposiciones descriptivas [cf. nota 6]

IV

1. Parece claro que si se acepta que los jueces tienen que aplicar a hechos, normas que integran el derecho objetivo preexistente —el «derecho vigente» en el lenguaje de la Corte Suprema— tienen que involucrarse en un proceso tendiente a determinar el contenido del derecho y a determinar cuáles son los hechos relevantes en el litigio. Es decir, tienen que llevar a cabo una actividad cognoscitiva, tanto en lo que respecta a la denominada *questio juris* como a la llamada *questio facti*[25]. Pero la exigencia del éxito en semejante empresa, en especial, con relación a la segunda, ha sido, y es, puesta en tela de juicio como criterio de corrección de las sentencias judiciales. Ello equivale a negar que la verdad de las proposiciones empíricas constituya una condición de justificación de las sentencias. O si se quiere, a cuestionar que el «éxito» de las decisiones de los jueces dependa de esa condición. Se dice que el carácter práctico del proceso judicial determina un tiempo en el que hay que decidir[26]. La cuestión epistemológica (el conocimiento de los hechos) estaría, entonces, subordinada a la cuestión práctica: a) los medios probatorios de la verdad están restringidos y su uso sometido a las reglas de un proceso; b) finalmente, habida cuenta del carácter finito de ese proceso, se arriba a una decisión final no cuestionable, que adquiere la calidad de «cosa juzgada». De aquí, entonces, la conocida tesis kelseniana según la cual los «hechos» del proceso se *constituyen* mediante la decisión judicial definitiva. Sin embargo, la idea de que existen dos clases de verdad empírica *no es* inteligible: la decisión de un juez no puede tornar verdadera una proposición factual falsa, ni falsa una verdadera (cualquiera sea la naturaleza de la verdad)[27]. El carácter constitutivo de la decisión no puede entenderse, entonces, como constitución de la verdad. Pero se puede mostrar que, a pesar de la terminología utilizada, no es necesario comprender el argu-

---

[25]   Cf. Redondo, 2009.
[26]   Una buena exposición de este problema puede verse en Celano, 1995.
[27]   Una crítica contundente en este sentido en Bulygin, 1995 y en Alchourrón-Bulygin, 1989.

mento de Kelsen como uno que se dirige a proponer una dudosa duplicación de la noción de «verdad empírica», sino, más bien, a mostrar la irrelevancia de la verdad. Voy a discutir tres variantes de interpretación de ese rechazo, que toman como punto de partida la propuesta kelseniana. No obstante, voy a sostener que son insuficientes para sustentarlo.

2. Es importante indicar que este argumento parte de una reconstrucción manifiestamente correcta de los procesos judiciales, tendientes a la aplicación de normas generales, de los cuales las sentencias son solo los productos finales. En el derecho moderno, caracterizado por la centralización funcional, los jueces son individuos facultados por normas de competencia para intervenir en procesos semejantes, procesos usualmente también definidos por reglas de procedimiento establecidas de antemano en el denominado «derecho adjetivo». Las decisiones sobre los hechos son también actos reglados de los jueces, tienen que consistir en resultados del denominado procedimiento probatorio, cuyo propósito no es otra cosa que la recolección de evidencias a favor o en contra de las proposiciones empíricas cuya verdad se discute judicialmente. En este indiscutible sentido, el cumplimiento de las reglas probatorias es también una condición *necesaria* de la validez jurídica de la sentencia, es decir, en el lenguaje de este trabajo, de su justificación. Lo que implica, también en este indiscutible sentido, que no hay hechos *jurídicamente relevantes* —hechos que los jueces tengan que tomar en cuenta— fuera o al margen del procedimiento probatorio. Lo que no es lo mismo que decir que no hay hechos existentes al margen del proceso. En el lenguaje de Kelsen:

> En el mundo del derecho, no hay hechos «en sí mismos», o «absolutos»; solo hay hechos cuya existencia ha sido declarada por un órgano competente, dentro de un *procedimiento previsto por la ley*[28] (subrayado mío).

También:

---

[28]   Kelsen, 1945: 161.

Solo al quedar establecidos a través de un procedimiento legal, aparecen los hechos en la esfera del derecho o, por decirlo así, adquieren existencia dentro de la misma. Si quisiéramos valernos de una formulación algo paradójica, podríamos decir que el órgano competente que determina la existencia de los hechos condicionantes, los «crea» jurídicamente. Por ello mismo, la función declarativa de ciertos hechos, a través del procedimiento jurídico, tiene siempre un carácter específicamente constitutivo[29]

3. Si se considera que aquí las expresiones «existencia», «creación», o «verdad procesal», juegan un papel meramente metafórico —que no se oponen ni sustituyen a las correspondientes nociones de existencia o verdad empírica— parece que se intenta decir que el criterio esencial de validez de las sentencias[30] no incluye la verdad de las proposiciones empíricas, sino la satisfacción de un procedimiento, especialmente, el correspondiente procedimiento probatorio. Así dice Kelsen:

> La formulación correcta de la regla de derecho no es «si un sujeto ha cometido un delito, un órgano del Estado deberá aplicar la sanción al delincuente» sino esta otra «si un órgano competente ha establecido *en debida forma* que un sujeto ha cometido un delito, entonces determinado órgano deberá aplicarle una sanción»[31] (cursiva mía).

Lo que parece bastante sensato, cuando se advierte que lo único que pueden hacer los jueces es actuar sobre la evidencia acumulada en el proceso. Por consiguiente, el cumplimiento de las reglas probatorias no sería una condición meramente necesaria sino también suficiente de validez de las sentencias, es decir, de su corrección.

---

[29] *Ibidem*: 161.

[30] Recuérdese [Cf. nota 3.] que en este trabajo se adopta la noción usual en derecho procesal de «validez», que se corresponde con la teoría de Kelsen, según la cual las decisiones judiciales son válidas si, y solo si, se adoptan de acuerdo con las reglas que regulan la producción de sentencias en el derecho que concede competencia al juez. Nada se dice aquí sobre cuestión adicional de saber si «validez» significa *también* «fuerza obligatoria» de las decisiones que satisfacen esos requisitos. La respuesta afirmativa —como se sabe— integra esencialmente la concepción de Kelsen.

[31] Kelsen, 1945: 161.

Lo que se corresponde, asimismo, con la doctrina de algunos tribunales superiores según la cual el derecho vigente *debe* aplicarse a las circunstancias *comprobadas* de la causa. Esto puede expresarse mediante la afirmación según la cual la condición de un deber particular de aplicación, *no es* la verdad de una cierta proposición P, sino la prueba de P[32]

4. No obstante, es fácil advertir que esta maniobra no elimina el problema de la verdad empírica acerca de los hechos, porque solo conduce a sustituir en la evaluación de las sentencias una clase de proposiciones empíricas por otra. Lo que implica, también, sustituir las condiciones de aplicación de las normas sustantivas, como consecuencia de entender de esta manera la aplicación de normas procesales. Así, el correspondiente texto del código penal, como resulta del párrafo de Kelsen, no diría:

N1) «Todos los individuos que maten a otro, deben ser sancionados», sino más bien:

N2) «Todos los individuos con respecto a los cuales se prueba que han matado a otro deben ser sancionados».

Por lo tanto, habría que sustituir, para aplicar N2), en tanto descripciones de las condiciones de aplicación *in concreto* del código penal, las proposiciones del tipo:

1') «A mató a B en el tiempo *t* y en el espacio *e*»,

por proposiciones del tipo:

2') «Esta probado que A mató a B en el tiempo *t* y en el espacio *e*»

Como 2') no implica 1'), ni 1' implica 2', es irrelevante para aplicar la norma N2 si es verdad o no que A mató a B[33]. Pero, obvia-

---

[32] Una discusión acerca de la afirmación «está probado que P», en Ferrer, 2005.

[33] Por cierto, como es usual, «probar» una proposición P no significa, en esta discusión, probar la verdad de P, sino acumular evidencia *suficiente* a favor de la verdad de P. Existe una discusión abierta acerca de lo que significa «suficiente», en la que no es necesario ingresar aquí. Cf. Ferrer, 2007.

mente, para aplicar 2, *tiene que ser verdad 2'*. Esto es, tiene que existir
el hecho descripto por 2'. Efectivamente tiene que estar probado
que A mato a B. En consecuencia, no existe ninguna ganancia teórica en la sustitución, si lo que se procura es eliminar la exigencia
de verdad. Tiene, en cambio, un costo elevado en la dirección política, porque conduce a entender que la comisión de un delito *no
es,* en modo alguno y de acuerdo al derecho penal sustantivo, una
condición para la imposición de una pena. Es discutible que se pueda interpretar la doctrina de aquellos tribunales superiores de esta
manera contraintuitiva. En todo caso, ello no puede resultar solo
del carácter ineludible del procedimiento probatorio

V

1. El escepticismo kelseniano en punto al problema de los hechos
puede ser, todavía, más radical, porque —sin duda— se origina
en una plausible descripción de la dinámica de un proceso judicial.
Hay otro sentido en que es legítimo decir que cada juez *constituye*
los hechos del proceso: tiene que decidir acerca de los enunciados
que va a usar para fundamentar su sentencia. Es decir, la decisión
es *constitutiva* de la premisa empírica que es necesaria para justificar
la norma individual de la sentencia. Pero Kelsen señala, asimismo,
que es también constitutiva en este sentido de otra proposición, a
saber, la que tiene por probados los hechos del proceso, aquellos
que son, finalmente, descriptos en la premisa empírica, si es que se
trata de una sentencia internamente consistente[34]. Por consiguiente, la decisión del juez es también un pronunciamiento sobre otra
clase de hechos, a saber, aquellos que consisten en el cumplimiento
del procedimiento probatorio. Pero si la sentencia es recurrible, les
corresponderá a los jueces superiores la revisión de ambas dimensiones, el carácter constitutivo de esas decisiones es, entonces, provisorio. Como dice Kelsen, el proceso mismo —entendido como

---

[34]   Kelsen, 1960: 246 y ss.

un conjunto de acciones regladas— puede ser también materia de determinación judicial, en la medida en que esté prevista la actuación de instancias superiores. Estas pueden alterar —o no— las determinaciones de los hechos realizadas por los jueces anteriores. Pueden considerar verdaderas las proposiciones sobre los hechos que en la etapa anterior se calificaron como falsas, o viceversa. O pueden considerar vulnerado el procedimiento probatorio y concluir que no están probados los hechos en cuestión. O afirmar que los jueces originarios actuaron fuera de su competencia. Pero como no puede aceptarse un procedimiento judicial sin límites temporales, siempre habrá, en cada controversia, una decisión final del último tribunal, tanto sobre el contenido del derecho aplicable como acerca de los hechos, que no podrá ser revisada. Una sentencia que adquiere, por ello, la calidad de *cosa juzgada*. Lo que significa, entre otras cosas, que se clausura la discusión sobre la verdad o falsedad de las proposiciones empíricas que describen un caso particular, v.g. la que afirme que cierto individuo A ha cometido un homicidio. La controversia ha finalizado con la última decisión sobre la cuestión práctica suscitada ante los jueces. El comportamiento de los jueces superiores y sus resultados, entendidos como «hechos», no pueden ser materia de otro litigio. Hay que admitir —dice Kelsen— que se tratan de hechos *en sí*, en oposición a aquellos que pueden —todavía— ser materia de una determinación judicial, imposible en el supuesto de la sentencia final[35]. En este otro sentido, habría que admitir que esta decisión *constituye* los «hechos jurídicos» ahora definitivamente, esto es, en el sentido que son los hechos que se describen en las premisas empíricas *del último pronunciamiento judicial*.

2. Para evaluar esta propuesta que, *prima facie*, constituye una aceptable presentación del proceso judicial, hay que advertir, de nuevo, que esta idea de «constitución de los hechos», no implica su genuina existencia o no existencia en el mundo empírico ni, consiguientemente, la verdad ni la falsedad de las premisas que los des-

---

[35]   Kelsen, 1960: 250.

criben. Por consiguiente, la tesis de Kelsen no tiene necesariamente que interpretarse como una que sostiene extrañas nociones, específicamente jurídicas, de «existencia» o de «verdad»[36]. La crucial conclusión consiste, más bien, en *negar la relevancia de la verdad* como criterio de validez de la sentencia final, y por ende, de todas las sentencias[37]. Las decisiones de los jueces serían, entonces, válidas, aunque se sustenten en premisas falsas, lo que equivale —de acuerdo al argumento de este trabajo— que la aplicación a los hechos del proceso de las normas que integran el derecho vigente no integra las condiciones de validez de las sentencias[38]. Como se admite que las sentencias arbitrarias no son válidas, se sigue que semejante aplicación *tampoco* vendría a constituir un criterio de justificación. Pero, entonces, ¿cuál es o puede ser el criterio o criterios de justificación de las sentencias? Lo cierto es que en la medida en que no se propone otro criterio alternativo más allá de la última decisión de los jueces de última instancia, una tesis semejante equivale a evaporar cualquier exigencia de corrección o de justificación. Por lo tanto, no habría distinción que hacer entre «sentencias justificadas»

---

[36]   Ello a pesar del paralelismo que Kelsen propone entre procedimiento judicial y «construcción» epistemológica del objeto de conocimiento (Kelsen, 1960: 251), idea de la que no voy a ocuparme. Me importan, en cambio, las reconstrucciones posibles del punto de partida kelseniano.

[37]   Cualquier sentencia de cualquier juez puede ser la sentencia «definitiva». El discurso de la verdad solo vendría a satisfacer una función retórica en el juego interno de un proceso judicial. Es interesante indicar que, a pesar de sus críticas a Kelsen, tampoco para Alchourrón y Bulygin la verdad de las premisas empíricas constituye un criterio de validez: para estos autores las sentencias definitivas son *válidas*, aunque los jueces cometan errores. Cf. Alchourrón-Bulygin, 1989: 312. El argumento para esa afirmación es semejante al de Kelsen: la ausencia de un procedimiento de revisión.

[38]   Es verdad que Kelsen, para enfrentar este problema, recurre a su propuesta según la cual todas las normas generales están dotadas de una cláusula alternativa tácita que vendría a autorizar a los jueces a apartarse del contenido explícito de esas normas y a resolver según cualquier otro criterio. Por supuesto, ello equivale a decir que la validez de las sentencias —en un todo de acuerdo con la reconstrucción de este trabajo— no depende de la aplicación de norma alguna. Sobre esta cuestión, véase Ruiz Manero, 1990.

y «sentencias arbitrarias». Tanto el contenido del derecho como la cuestión de saber a quién o quienes hay que imponer una pena, sería así una pura función de la ideología de los jueces del último tribunal. Pero semejante escepticismo no se puede defender *solo* con la indiscutible constatación de que existen —en todo caso— sentencias de última instancia. Se trata de un genuino *non sequitur*, porque el hecho de que no puedan ser revisadas *no impide* calificar de arbitrarias a las sentencias de los últimos tribunales que no se sustenten en el derecho vigente y en proposiciones verdaderas acerca de los hechos de la causa. Solo se sigue que algunas sentencias definitivas, son, o pueden ser, arbitrarias, lo de que ninguna manera es sorprendente[39]. Por lo tanto, no basta para descalificar la exigencia de verdad.

3. Sin embargo, aun cuando se admita esta objeción, la correcta tesis kelseniana según la cual para que sea posible la aplicación centralizada de normas generales es esencial establecer, por un lado, la competencia de los jueces para verificar la existencia de los hechos condicionantes y, por otro, un procedimiento reglado de verificación, puede conducir a proponer otra noción de justificación o corrección de las decisiones de los jueces, una independiente de la verdad de las proposiciones descriptivas de los hechos. Después de todo, es posible que un juez competente, es decir, *autorizado* para adoptar esas decisiones cumpla con todas las reglas del proceso y tenga en cuenta todas las pruebas producidas y que, sin embargo, la proposición existencial sea falsa. Ello vendría a significar que la norma individual no se justifica en las normas generales invocadas en su sentencia, aunque no se tengan objeciones dirigidas a la conducta de los jueces ¿cómo explicar esta aparente paradoja?

4. Parece que para ello puede servir la distinción ya indicada entre justificar normativamente una norma y justificar normativa-

---

[39]   Lo que implica que algunas sentencias definitivas tendrían que considerarse inválidas. El problema con Kelsen es su tesis según la cual no pueden existir sentencias inválidas. Pero esto no se sigue de la mera circunstancia empírica de que los jueces emiten sentencias ilegales. Esta cuestión se discute en Caracciolo, 2012.

mente una conducta. Puede ser, entonces, que la norma individual no se justifique porque una cierta proposición P, descriptiva de los hechos es falsa, pero que se justifique la decisión de adoptarla como premisa. Ello sucede si le está permitido o es obligatorio para el juez, según las normas de procedimiento, adoptar P como premisa. O viceversa, puede ser esa decisión esté prohibida, en cuyo caso el acto del juez no se justifica, aunque la proposición P sea verdadera, y en consecuencia se justifique la norma individual. Pero esta propuesta de solución es también paradójica porque los actos de elección y las normas particulares elegidas por los jueces no son independientes: estas son resultados de acciones que se *definen* como la producción de ese resultado. Por lo tanto, no se pueden evaluar con criterios independientes. La idea de que los jueces estarían autorizados a emitir sentencias arbitrarias no parece inteligible. Para evitar este problema —y mantener la exclusión de la verdad— lo que hay que hacer es admitir que la justificación de la norma individual es *una función exclusiva* de la justificación de los actos de los jueces: se justifican si, y solo si, son adoptadas por los jueces competentes, esto es, por aquellos que están autorizados para decidir acerca de las normas aplicables y acerca de cuáles son los hechos comprobados en el proceso. No habría, entonces, cuestión alguna acerca del contenido de las sentencias como criterio de justificación. Pero esta maniobra conduce a otro resultado paradójico: los jueces estarían autorizados por el propio derecho a *omitir* la aplicación del derecho objetivo vigente, porque la aplicación supone la verdad de las proposiciones empíricas. En rigor, por la misma razón, estarían también autorizados para decidir al margen de cualquier norma general. O lo que es lo mismo, estarían autorizados a imponer penas a cualquier individuo con total prescindencia de cualquier condición, esto es, de las acciones que efectivamente haya realizado. Pero esta escéptica conclusión, que equivale a postular la total irrelevancia del derecho sustantivo, es también resultado de un error, porque de la indudable independencia de la verdad objetiva, tanto del procedimiento probatorio como de las creencias de los jueces, lo que explica por qué algunas premisas aceptadas por los jueces *pueden* ser falsas, *no se sigue* la imposibilidad de sustentar las sentencias en premisas verdaderas. Es decir, no se sigue la imposibilidad de satisfacer un criterio sustantivo de justificación. Esta última maniobra teórica no es, entonces, tampoco suficiente para rechazar la exigencia normativa de verdad de las proposiciones descriptivas de los hechos como un componente de las decisiones judiciales.

BIBLIOGRAFÍA

ALCHOURRÓN C. y E. BULYGIN, 1971: *Normative Systems*. Verlag, Viena, Nueva York: Springer.

— 1989: «Los límites de la lógica y el razonamiento jurídico», incluido en ALCHOURRÓN, C. y E. BULYGIN *Análisis Lógico y Derecho*, Madrid, Centro de Estudios Constitucionales, 1991: 303-328; título original: «Limits of Logic and Legal Resoning», en Antonio A. Martino (ed.), *Preproceedings of the III International Conference on Logica, Informatica, Diritto*, vol. II, Firence.

BULYGIN, E. 1995: «Cognition and interpretation of law», en Gianformaggio, L., y S. Paulson (eds.),*Cognition and Interpretation of Law*, Torino, Giappichelli, 1995: 11-35.

CARACCIOLO, R., 1988: «Justificación normativa y pertenencia. Modelos de decisión judicial», en *Análisis Filosófico*, vol. VIII, núm. 1: 37-68; también incluido en Caracciolo, R., *El Derecho desde la Filosofía*, Centro de Estudios Políticos y Constitucionales, Madrid, 2009: 37-70.

— 2006: «El paradigma clásico de las decisiones judiciales», en Comanducci, P., C. REDONDO, y H. AGUIRRE, *Perspectivas del Derecho entre Latinoamérica e Italia*. Córdoba, Alveroni, 2006: 35-45.

— 2012: «Paradigmas de Decisión Judicial», en *Revista Brasileira de Filosofía*, año 61,vol. 238: 63-90.

CELANO, B., 1995: «Judicial decision and truth. Some remarks», en GIANFORMAGGIO L., y S. PAULSON (eds.),*Cognition and Interpretation of Law*, Torino, Giappichelli: 141-153. [Existe traducción castellana de REDONDO, M.C.: «Decisión Judicial y Verdad. Algunas consideraciones», en COMANDUCCI, P. (compilador): *Análisis y derecho*, México: Fontamara: 137-153].

DANCY, J., 2000: *Normativity*. Oxford: Blackwell.

FERRER, J., 2005: *Prueba y Verdad en el Derecho*, Madrid: 2ª. edición, Marcial Pons.

— 2007: *La Valoración Racional de la Prueba*. Madrid: Marcial Pons.

— 2011: «Apuntes sobre el concepto de motivación de las sentencias judiciales», en *Isonomía*, núm. 34: 87-107.

GONZÁLEZ LAGIER, D., 2005: *Questio Facti. Ensayos sobre Prueba, Causalidad y Acción*. Bogotá, Temis.

HEMPEL, Carl., 1965: *Aspects of Scientic Explanation and Other Essays in the Philosophy of Science*, New York, Free Press. Citado por la traducción Castellana de FRASSINETI DE GALLO, M., NÉSTOR MÍGUEZ e IRMA RUIZ AUSED: *La Explicación Científica. Estudios sobre la Filosofía de la Ciencia*, Buenos Aires, Paidós, 1979.

KELSEN, H., 1945: *General Theory of Law and State*. Cambridge-Massachusetts: Harvard University Press. Citado por la traducción castellana de GARCÍA MÁYNEZ, E.: *Teoría general del derecho y del Estado*. México: UNAM, 1ª edición 1949; 4ª reimpresión 1988.

- 1960: *Reine Rechtslehre*. Wien: Franz Deuticke, zweite vollständig und erweiterte Auflage. Citado por la traducción castellana de Vernengo, R.J.: *Teoría pura del derecho*. México: UNAM, 1979.

Raz, J.: 1990: *Practical Reason and Norms*. Princeton: 2ª edición, Princeton University Press.

Redondo, M.C., 2009: «Sobre la justificación de la sentencia judicial», incluido en Redondo, M. C., José M. Sauca y Perfecto A. Ibáñez, *Estado de Derecho y Decisiones Judiciales*, Madrid, Fundación Coloquio Jurídico Europeo, 2009: 63-100.

Ruiz Manero, J., 1990: *Jurisdicción y Normas*. Madrid: Centro de Estudios Constitucionales.

Tomarse la *ratio* de las diferencias en serio: el delincuente reincidente y el estándar de prueba, o el tratamiento diferenciado para los delincuentes reincidentes[*]

LARRY LAUDAN

En un artículo publicado recientemente en *International Commentary on Evidence*, Harry Saunders y yo sostuvimos que fijar un estándar de prueba racional exige tomarse en serio los costos y los beneficios de las consecuencias conocidas de los cuatro posibles resultados de un proceso[1][*]. En realidad, esto no constituye una novedad. Lawrence Tribe le dio vueltas a la misma idea (solo para rechazarla) en 1971 y, con posterioridad, muchos otros autores (entre los que se cuenta Erik Lillquist) la han examinado y suscrito. Dicho esto, la insistencia en tomar en cuenta las cuatro utilidades [de los resultados posibles] es, probablemente, una posición minoritaria sobre el tema, dado que muchos teóricos de la prueba aún creen que el estándar puede simplemente derivarse —tal como lo propuso Kaplan originalmente— del conocimiento de la utilidad de los resultados erróneos.

---

[*] Traducido del inglés por Maximiliano Aramburo; título original: «Taking the Ratio of Differences Seriously: the Multiple Offender and the Standard of Proof, or, Different Strokes for Serial Folks». Relectura: Germán Sucar y Jorge Cerdio.

[1] Laudan y Saunders, 2009.

[*] N. del T.: los cuatro resultados posibles son: condena verdadera (CV), condena falsa (CF), absolución verdadera (AV) y absolución falsa (AF).

Por razones que no voy a repetir aquí, hemos rechazado por inadecuado todo punto de vista que se fundamente exclusivamente en los costos de los errores; y hemos insistido, por el contrario, en que la clave para entender el estándar de prueba no es la *ratio* de los errores sino la *ratio* de las diferencias en las utilidades [*Utility Differences*]. En este artículo quiero explorar un interesante conjunto de consecuencias que se derivan de este punto de vista. Específicamente sostendré que si combinamos la *ratio* de las diferencias en las utilidades con información empírica, tal como la que tenemos respecto de la reincidencia, resulta evidentemente inaceptable que los delincuentes primerizos y los reincidentes sean juzgados con el mismo estándar de prueba. Antes de abordar el tema de la reincidencia, será útil recordar cómo surge esta importante *ratio*.

I. EL CARÁCTER CENTRAL DE LA *RATIO* DE LAS DIFERENCIAS

La utilidad social esperada de la **condena**, entendida como función de la percepción de un miembro del jurado sobre la probabilidad de culpabilidad[*] p, es:

$$\langle U_C \rangle = p u_{CV} + (1 - p) u_{CF} \qquad (1)$$

De forma similar, la utilidad social esperada de una **absolución**, en tanto función de dicha percepción sobre la probabilidad, es:

$$\langle U_A \rangle = p u_{AF} + (1 - p) u_{AV} \qquad (2)$$

Dadas las cuatro utilidades sociales, el estándar de prueba cuantificado se calcula como la percepción sobre la probabilidad de culpabilidad de acuerdo con el cual para la sociedad es indiferente que se condene o se absuelva. En otras palabras, la probabilidad de acuerdo con la cual las dos utilidades esperadas, «U_c» y «U_A», son iguales:

---

[*] N. de T.: de aquí en más «percepción sobre la probabilidad».

$$p^* = \frac{u_{AV} - u_{CF}}{(u_{CV} - u_{AF}) + (u_{AV} - u_{CF})} \qquad (3)$$

donde *p*= estándar de prueba resultante*. Esto equivale formalmente a la propuesta de Tribe de 1971, como puede verse si se dividen el numerador y el denominador por $(u_{AV}\text{-}u_{CF})$, lo cual da como producto:

$$p^* = 1 \Big/ \Big\{ 1 + [(u_{CV} - u_{AF})/(u_{AV} - u_{CF})] \Big\} \qquad (4)$$

El denominador de la fracción en la ecuación (4) define el estándar de prueba y será la clave para buena parte del resto de la discusión en este artículo. Consiste en 1 más una *ratio* entre dos diferenciales de utilidad. Obviamente, esta *ratio* determina el nivel del estándar de prueba, pues contiene todas las variables. Dada la ecuación (4) y una especificación de las diferencias de utilidad identificadas allí, tenemos todo lo necesario para resolver la cuestión de la altura del estándar. Sostenemos que es esta *ratio* de las diferencias, más que la *ratio* de los errores (en la que ha consistido la fijación del estándar para muchos pensadores jurídicos, desde Blackstone hasta Kaye) lo que debe respaldar la selección del estándar de prueba. Antes de pasar al núcleo de este artículo, vale la pena resaltar un par de interesantes, aunque obvias, características formales de esta *ratio*:

a) Para alcanzar un estándar cercano al 90% o MADR[*], esta *ratio* debe ser de 0.1 o menos. Si el valor de esta *ratio* asciende a más de 0.1, el estándar de prueba se desploma por debajo de lo que habitualmente se entiende como MADR.

b) El numerador y el denominador de esta *ratio* consisten, ambos, en diferenciales de utilidad. Si la diferencia entre las utilidades en el numerador se vuelve mayor (sin cambiar el

---

[*]   N. del T.: MADR es «más allá de toda duda razonable». Es la traducción habitual del estándar *beyond any reasonable doubt*, que suele utilizar en inglés el acrónimo BARD.

denominador), el valor de la *ratio* aumenta, produciendo una disminución en el estándar. Si la diferencia entre las utilidades en el denominador se hace más pequeña (sin cambios en el numerador), la *ratio* de igual forma aumentará, reduciendo el estándar de prueba. Finalmente —y este es el ejemplo que probará de manera más adecuada mi argumento— si la diferencia entre las utilidades en el numerador incrementa, mientras la diferencia en las utilidades del denominador disminuye, podemos esperar una caída precipitada en el estándar de prueba adecuado.

Aprehender el vínculo que hay entre esta *ratio* de diferencias y la exigencia del estándar de prueba es, según sugeriré, la clave para pensar acerca de, o alrededor de, algunos de los serios enigmas de la teoría de la prueba, que incluye algunos enigmas que abordan aspectos diferentes del estándar de prueba mismo.

Esta es, obviamente, una pretensión amplia, mucho más ambiciosa de lo que pretendo desarrollar aquí. Lo que haré en este artículo es mostrar cómo el hecho de tomarse en serio esta *ratio* entre diferenciales implica que podríamos usar un estándar de prueba para juzgar delincuentes reincidentes muy diferente del que usamos para juzgar a los delincuentes primerizos. Si usted es de los que piensa, como los jueces de la Corte Suprema o los parlamentarios de todos los rincones del mundo, que un único estándar de prueba es la forma racional y justa para organizar los procesos penales, espero que los argumentos que daré aquí le proporcionen un momento para la reflexión.

II. EL CRIMINAL PROFESIONAL Y EL DELINCUENTE PRIMERIZO

Antes de que podamos volver a la *ratio* entre diferenciales y al estándar de prueba, vale la pena recordarnos a nosotros mismos algunas de las cosas que sabemos acerca de los patrones de reincidencia entre los delincuentes reincidentes y los que no lo son. Esa tarea se facilita gracias a la proliferación de monumentales y bien estructurados estudios, en las últimas dos décadas, acerca de delincuentes reincidentes.

Aclaremos primero algunos términos clave que emplearé. Entenderé por «posible delincuente primerizo» una persona que no tiene arrestos ni condenas previas por infracción alguna y que está siendo actualmente sometida a un juicio por un delito [*felony*]. Por «delincuente primerizo» entenderé alguien que ha sido condenado por un único delito. No tiene arrestos previos por ningún delito (por supuesto, puede tener varios crímenes [*crimes*] en su haber, pero el Estado no lo sabe). «Delincuente moderadamente reincidente» se referirá a alguien que tiene no más de una condena, pero muchos arrestos previos por diversos delitos. Finalmente, un «delincuente reincidente» será alguien que tiene al menos dos condenas por delitos en, por ejemplo, los últimos cinco años. En 2004, la *US Sentencing Commission* publicó los resultados de un amplio estudio realizado sobre 29000 delincuentes condenados por los tribunales federales en 1992. De este grupo, el 30% carecía de arrestos o condenas previas. El estudio dio seguimiento a estas personas durante los dos años siguientes al momento en que fueron puestos en libertad, buscando pruebas sobre su actividad criminal posterior, se tratase de arrestos o de condenas penales. Las tasas de reincidencia que se evidenciaron durante esos dos años, indicaban que al menos el 7% de los que no tenían ni arrestos ni condenas previas (anteriores a su más reciente condena) cometieron un nuevo delito. En contraste, el 37% de aquellos que sí tenían condenas y arrestos previos cometieron un delito dentro de los dos años siguientes a su puesta en libertad. En pocas palabras, es 500% más probable que reincida rápidamente al volver a la calle un delincuente reincidente que un delincuente que no lo es.

En un estudio aún más amplio de Langen y Levin sobre los 272000 prisioneros puestos en libertad de prisiones de Estados Unidos en 1994, se reveló que esta cohorte había sido arrestada por más de 4.1 delitos en promedio (antes de su más reciente encarcelamiento), sumando un promedio de 15 arrestos por cada delincuente recién puesto en libertad. Más de dos tercios de ellos tenían arrestos previos por crímenes *violentos*. Desde su puesta en libertad, un alto número reincidió: el 52% volvió a prisión en menos de tres años, con una nueva condena. Durante los tres años que siguieron a su puesta en libertad, esta cohorte (conformada por el 0.1% de la población de Estados Unidos) sumaba un 8% de los casos de homicidio resueltos, el 9% de los casos de robo resueltos y el 4.4% de los casos de violación resueltos. En otras palabras, delinquían a una tasa que hacía que fuese 8000% más probable que ellos cometiesen homicidio, robo o violación, si se les comparaba con un ciudadano promedio.

Por supuesto, esos datos no dicen nada aún acerca de cuántos delitos cometieron los dos grupos (dado que la mayoría de los delitos quedan sin resolverse) y ni siquiera dan una base para suponer que solo el 37% de los delincuentes reincidentes y solo el 7% de los delincuentes primerizos delinquen de nuevo dentro de los dos años siguientes (dado que, nuevamente, la mayoría de los delitos quedan sin resolverse). En breve intentaré compensar esos déficits de información. Lo que sí es ciertamente derivable de estos datos, creo, es que es cinco veces más probable que los delincuentes reincidentes —no importa cuántos nuevos delitos cometan— ejecuten un nuevo delito poco tiempo después de haber dejado de vigilarlos, en comparación con los delincuentes primerizos. Esto ya nos alerta sobre una conclusión que la discusión siguiente hará vívidamente clara, a saber: que la falsa absolución de un delincuente reincidente es mucho más costosa que la falsa absolución de un delincuente primerizo[2]. Por razones similares, la falsa condena de un delincuente reincidente es menos costosa que la condena de un delincuente primerizo futuro inocente.

---

[2]   Asumo que si es absuelto un delincuente reincidente culpable, éste procederá, desde esa absolución, a cometer delitos a la misma tasa que los habría cometido una vez puesto en libertad tras una condena.

Para dar una idea de la magnitud del problema de la reincidencia de los delincuentes, hay que girar nuestra atención no hacia los datos sobre arrestos y condenas, sino hacia los estudios que incluyen el reporte de la propia actividad delictiva. Afortunadamente, la bibliografía en este campo es amplia. Los dos estudios más impresionantes son los de Blumstein y Farrington (para el Ministerio de Justicia de Inglaterra y Gales). Comienzo con el estudio de Farrington, publicado por la *British Home Office* en 2006[3]. En su más reciente edición, versa sobre un rastreo longitudinal, a lo largo de 42 años, de 411 londinenses, nacidos en 1953. El estudio consistió en la realización de entrevistas y cuestionarios en intervalos regulares desde la edad de 8 años hasta la edad de 50 años[4]. Algunas de estas personas siguieron una carrera delictiva; otros, no. Entre los que sí, la carrera delictiva promedio duró 9 años con cinco condenas; y con un promedio de 29 delitos reportados por el propio delincuente adicionales a cada una de esas condenas. En suma, el delincuente reincidente típico comete cerca de 150 delitos en su carrera activa, alcanzando más o menos 17 delitos por año, mientras no esté en prisión[5]. En contraste, el 59% nunca fue condenado.

De este grupo de 411 hombres, 167 fueron condenados por algún delito. 49 de ellos fueron condenados por un único delito; 118 tenían al menos dos condenas. Y 28 tenían 10 o más condenas. El 7% de esta muestra fue el más atroz grupo de delincuentes (cada uno con 10 o más condenas y con carreras delictivas que duraron en promedio 20 años): reportaron haber cometido un promedio de 39

---

[3] Farrington *et al*, 2006.

[4] El estudio aún es una actividad en curso.

[5] Un estudio similar de larga duración fue realizado por un equipo liderado por Marvin Wolfgang, aunque se basaba en registros de condenas y arrestos, y no en el reporte voluntario. Examinaron un grupo de 60000 varones nacidos en Filadelfia en 1945. Aproximadamente el 6% de este grupo en algún momento terminaron convertidos en delincuentes reincidentes. Cada uno de estos delincuentes fue condenado por al menos cinco delitos (y, en muchos casos, llegaron a acumular 25 condenas), un número que coincide exactamente con los resultados del estudio de Farrington.

delitos por cada condena, es decir, 780 delitos a lo largo de sus dos décadas como delincuentes profesionales.

Los delincuentes reincidentes parecen continuar sus actividades con bastante regularidad, aun cuando estén nominalmente bajo la supervisión del sistema de justicia penal. Por ejemplo, en un amplio estudio que abarcaba el período entre 1990 y 2002, el *Bureau of Justice Statistics* concluyó que el 37% de la totalidad de las personas arrestadas en Estados Unidos por un delito violento, ya estaban o bien bajo el régimen de condenas de ejecución condicional (18%), o de libertad bajo caución (12%) o de libertad condicional (7%) por una condena anterior[6][*].

Por fin, quiero hablar brevemente del clásico estudio de Blumstein acerca de la reincidencia en los robos a mano armada. Este fue, esencialmente, un análisis más sólido acerca de los patrones de reincidencia, originalmente hecho por la RAND Corporation. Entrevistaron alrededor de 123000 personas que estuvieron en prisión por robo a mano armada, preguntándoles acerca de sus actividades «profesionales» previas. Al preguntárseles cuántos robos habían cometido en el año anterior a su ingreso en prisión, estas fueron las respuestas:

<1 Percentil 17
<2 Percentil 33
<5 Percentil 56
<10 Percentil 72
<150 Percentil 88
<100 Percentil 92

---

[6]   BJS, *Violennt Felons in Large Urban Counties*, julio de 2006.
[*]   N. delT.: aunque suelen confundirse *parole* y *probation,* se ha traducido la primera como «libertad condicional» y la segunda como «condena de ejecución condicional». La *parole* es la libertad que se otorga como una salida «anticipada» de la prisión. Mientras que la *probation* se predica, en el sistema estadounidense, de las condenas que no se ejecutan si el recién condenado observa buena conducta e incluso de sentencias condenatorias a las que no sigue una determinación de la pena, la cual se deja sometida a condición.

<1358 Percentil 99[7]

El promedio global entre los internos que purgaban penas por robo a mano armada, fue de 43 robos por año. Si contamos la primera entrada en la tabla como representativa de delincuentes no reincidentes, y todos los demás como delincuentes reincidentes (si bien en diferentes grados), el último grupo promedia 21 delitos por año, frente a ninguno de los delincuentes moderados. Mientras que los asaltantes a mano armada están entre los reincidentes más activos, el estudio RAND, entre muchos otros, dibuja un cuadro desalentador con respecto a otras formas de crímenes violentos. Por ejemplo, quienes están en prisión por violación, homicidio o lesión agravada, reportan haber cometido entre dos y cuatro delitos violentos cada año, antes de su más reciente encarcelamiento[8].

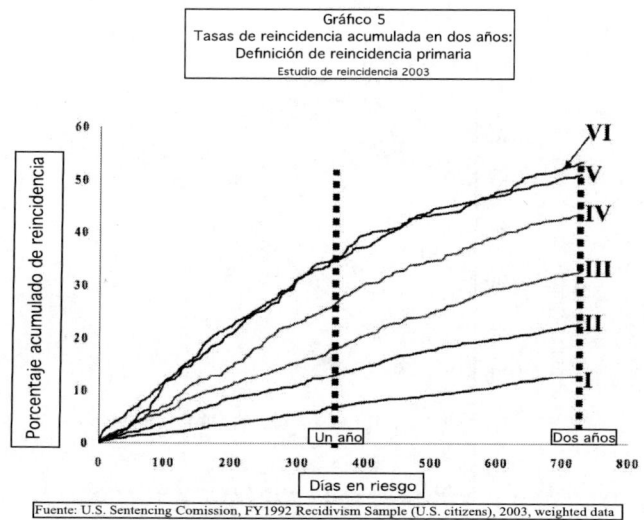

Gráfico 5
Tasas de reincidencia acumulada en dos años:
Definición de reincidencia primaria
Estudio de reincidencia 2003

Fuente: U.S. Sentencing Comission, FY1992 Recidivism Sample (U.S. citizens), 2003, weighted data

---

[7] Véase Cohen, 1986: 326.

[8] Cohen, 1986: 352. Esto sugiere que cada falsa absolución de una persona, por violación, asesinato o lesiones (y cada falsa condena de un acusado realmente inocente) lleva a un promedio de 12 a 24 delitos violentos más (de dos a cuatro por año, durante seis años) que habrían sido evitados si el verdadero culpable hubiese sido condenado.

Este gráfico muestra las conocidas tasas de reincidencia (en días contados desde la puesta en libertad hasta la detención) de delincuentes que se ubican en media docena de categorías de reincidencia (la Categoría I corresponde a delincuentes primerizos; la Categoría VI corresponde al nivel más alto de reincidencia).

Una observación final es crucial para las reflexiones teóricas que llevaremos a cabo: los delincuentes reincidentes que siguen infringiendo la ley generalmente avanzan de delitos menos graves a más graves, en la medida en que su carrera progresa (véase figura 1). Esta distribución traza la gravedad de un delito relativamente al momento en que ocurre en la carrera delictiva. Claramente, mientras más activo es un criminal, más probable es que su próximo delito sea más grave que el anterior.

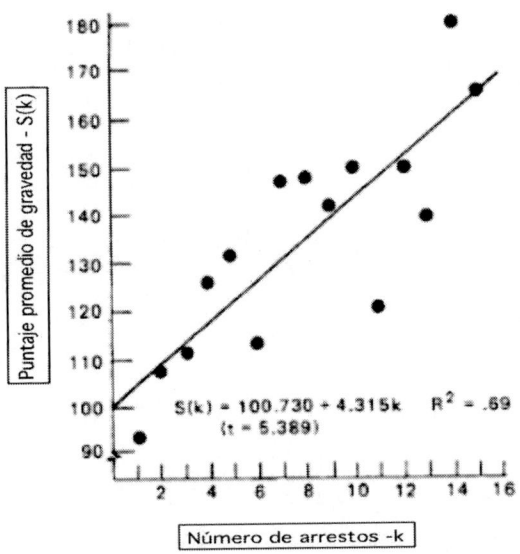

Figura 1. Reincidente avanzado y la gravedad de los delitos.

Varias conclusiones importantes surgen de estos estudios.

1) El más grave de los delincuentes reincidentes, durante su permanencia en las calles y hasta que abandona su vida criminal,

comete entre 100 y 200 delitos, es decir, cerca de 20 delitos por año.

2) La mayoría de los delincuentes primerizos dejan de delinquir, por lo general, después de su primer roce con la ley[9]. Puede que luego cometan delitos de vez en cuando, tal como lo hacen quienes no tienen antecedentes penales, pero durante el tiempo en el que no están bajo custodia, constituyen un riesgo para la ciudadanía mucho menor que el que constituyen los delincuentes reincidentes, al menos por un orden de magnitud (inevitablemente, una minoría de delincuentes primerizos se convierten en delincuentes profesionales).

III. LA REINCIDENCIA Y EL ESTÁNDAR DE PRUEBA

Finalmente llegamos a un punto que permite alguna teorización. El punto que se nos presenta es simplemente éste: ¿son los costos y beneficios que se perfilan asociados a los cuatro posibles resultados del proceso para el caso de los delincuentes primerizos sustancialmente diferentes a los que surgen respecto de los delincuentes reincidentes? La respuesta a esta pregunta debe darse en términos de la *ratio* identificada en la fórmula (4) indicada antes.

La teoría de la decisión racional exige abordar toda decisión compleja (tal como la decisión acerca de condenar o absolver a un acusado) mediante la consideración, tan completa como sea posible, de las consecuencias que se seguirían de los resultados posibles de nuestras acciones. Simplemente para propósitos ilustrativos, la forma como debemos pensar acerca de las consecuencias más importantes de los cuatro resultados para un delincuente primerizo, es la siguiente:

---

[9]   Un excelente resumen sobre los patrones de reincidencia entre los delincuentes primerizos, puede verse en O'Neill, 2001.

CONSECUENCIA	CV	CF	AV	AF
El delincuente recibe un castigo justo	SÍ ↑	NO ↓	NO ↓	NO ↓
Reducción del delito por *incapacitation**	SÍ ↑	NO ↓	NO ↓	NO ↓
Reducción del delito por disuasión	SÍ ↑	SÍ ↑	NO ↓	NO ↓
Se causa grave daño al acusado inocente	NO ↑	SÍ ↓	NO ↑	NO ↑
Se cierra el asunto para las víctimas	SÍ ↑	SÍ ↑	NO ↓	NO ↓
Modificable en apelación	SÍ ↓	SÍ ↑	NO ↑	NO ↓
Se satisface verdad y justicia	SÍ ↑	NO ↓	SÍ ↑	NO ↓
Restauración parcial de la reputación del acusado	NO ↑	NO ↓	SÍ ↑	SÍ ↓

*N.deT.: la expresión "*incapacitation*" se refiere en la penología norteamericana al efecto que tiene la sentencia sobre el sentenciado, en particular, al efecto de prevenir (individualmente) que vuelva a delinquir y no meramente a disuadir.

(Las flechas hacia arriba indican los beneficios que amplían la utilidad del resultado en cuestión; las flechas hacia abajo señalan costos que rebajan la utilidad).

Si construimos la misma tabla para un delincuente reincidente (y eliminamos los casos que cuentan doble), hay cuatro casillas en las que el balance de utilidades difiere significativamente de las de un delincuente primerizo. Para los delincuentes reincidentes:

u_{CV} es mucho más alto para *incapacitation*;

u_{CF} es mucho más alto para *incapacitation*;

u_{CF} es más alto para el grave daño al acusado;

u_{CF} es más alto para la restauración parcial de la reputación del acusado

Dado nuestro interés en el valor $(u_{CV} - u_{AF})/(u_{AV} - u_{CF})$, es bastante claro que, en la medida en que nos movemos de la matriz del delincuente primerizo a la matriz del delincuente reincidente, la diferencia en el numerador de esta *ratio* se hace mucho mayor, mientras que la diferencia en el denominador se reduce considerablemente. Bajo estas circunstancias el estándar apropiado para condenar a un delincuente reincidente debe ser significativamente menor que el estándar para un delincuente primerizo.

Obviamente, el principal motor de las distintas evaluaciones se reduce a las ventajas de inhabilitar, de dejar fuera de las calles temporalmente a los delincuentes reincidentes.

Cuánto menos exigente daba ser el estándar para los delincuentes reincidentes, sigue siendo una pregunta abierta que no intentaré responder aquí. Con una mirada rápida a la cuestión con estos datos en mente, diría, si se me presionase, que el estándar denominado de la *prueba clara y convincente* probablemente satisface los requisitos de un estándar adecuado para delincuentes reincidentes, suponiendo que reservamos el estándar MADR para acusados que sean delincuentes no reincidentes. Pero defender esa tesis no es mi trabajo aquí. Me basta con la pretensión mucho más modesta de que los datos sobre reincidencia muestran que el uso del mismo estándar de prueba para delincuentes reincidentes y no reincidentes —siendo éstos al menos cinco veces más susceptibles de reincidir que los primeros, y habiendo exhibido repetidamente su desprecio por el derecho— viola ante todo la lógica subyacente al nivel de exigencia del estándar fijado. Qué tanto deba bajarse el estándar, es una cuestión que cede en importancia ahora frente al reconocimiento de la necesidad, impuesta por una teoría de las decisiones racionales, de ajustarlo a la baja, a la luz de las distintas *ratios* entre diferenciales de utilidad asociadas a los delincuentes reincidentes y no reincidentes.

IV. OBSTÁCULOS Y OBJECIONES AL ANÁLISIS

Sin lugar a dudas habrá quienes entren en leve conmoción con la mera sugerencia de que deben usarse diferentes estándares para diferentes acusados por el mismo delito. Después de todo, desde el precedente *Scotus* nos han repetido que el debido proceso exige que se use el mismo estándar en todas partes, para todos los delitos y para todos los acusados.

Otros, menos comprometidos con los dogmas del Derecho constitucional, pueden sin embargo sostener que el problema identificado aquí puede resolverse mediante medidas diferentes a la introducción de un nuevo estándar de prueba.

Quiero considerar ambas cuestiones brevemente, en orden inverso:

A) *Otras soluciones*:

Hay al menos dos observaciones que uno podría hacer para desactivar el problema de la reincidencia, sin ajustar el estándar de prueba:

1) Podría sostenerse que las directrices sobre imposición de penas ya tienen duramente en cuenta los antecedentes penales del acusado. Es mucho más probable que a un delincuente primerizo le sea concedida la condena de ejecución condicional o se le de una condena corta. Los delincuentes reincidentes reciben condenas mucho más largas. De esta manera, podría sostenerse que ya hemos dado los pasos adecuados para reducir la victimización de gente inocente, causada por los delincuentes reincidentes. No hay duda de que son deseables las condenas más largas para los delincuentes reincidentes condenados, ni hay dudas de que así se imponen ampliamente (tal vez se imponen más de la cuenta, dado que muy pocos delincuentes cometen delitos a lo largo de toda su vida adulta). Aun así, esa observación no logra resolver el problema aquí identificado. El uso del estándar MADR hace difícil condenar a un acusado, a menos que la prueba de su culpabilidad sea muy contundente. Por lo tanto, inevitablemente hay muchos delincuentes reincidentes que, aunque son arrestados por la policía y son realmente culpables del delito por el que han sido arrestados, logran evadir la prisión, bien porque el fiscal retira los cargos en su contra (por falta de prueba contun-

dente) o porque el jurado los absuelve. Las condenas duras y a largos períodos en prisión para los delincuentes reincidentes que resultan condenados, no solucionan en absoluto esta anomalía del sistema. Por el contrario, un estándar de prueba más bajo podría presumiblemente permitir la condena de muchos delincuentes reincidentes, que ahora escapan de la justicia, inhabilitando de ese modo a muchos criminales genuinos, que están siendo actualmente absueltos.

2) Una segunda alternativa posible frente a la propuesta en discusión, supondría un cambio en las reglas probatorias, más que en el estándar de prueba. Tal cambio permitiría a los jurados conocer los detalles de la actividad criminal anterior del acusado, y usar esa información para emitir un veredicto. Es bien sabido que las actuales reglas procesales hacen muy difícil (excepto bajo circunstancias especiales) informar al jurado acerca de la historia criminal previa del procesado. La razón para esta regla de exclusión se basa en dos pilares conocidos de la sabiduría popular: a) que a una persona se le juzga por el delito cometido y no por ser mala persona; y b) que los jurados, ante un largo prontuario del acusado, probablemente le condenarían sin importar si la prueba muestra que es culpable más allá de toda duda razonable, o que no lo es. No sé si estas ideas acerca de la psicología de los jurados están bien fundamentadas o no, y ya se sabe que me opongo a esta regla de exclusión, dado que carecemos de una demostración de que el jurado estaría presto a condenar a los delincuentes reincidentes sin importar lo que diga la prueba acerca de su culpabilidad en el caso concreto[10]. Pero resulta plausible la idea de que los jurados, enfrentados a sangrientos detalles de los delitos previos, ignorarían las instrucciones del juez acerca de juzgar el caso con el estándar dominante, de manera que modificar el estándar de prueba por uno menor para

---

[10]   Véase Laudan, 2006: cap. 5.

los delincuentes reincidentes, parece preferible a tener que permitir que se conozcan los sombríos detalles de los delitos previos, que podrían desencadenar condenas automáticas.

B) *El argumento del debido proceso*

Ignoro completamente el derecho constitucional. Peor aún, confieso que suscribo la herejía de que ni los autores de la Constitución de los Estados Unidos, ni los distinguidos jueces que la han interpretado por más de dos siglos, tienen idea alguna acerca de la lógica y la epistemología probatoria. Soltar unas cuantas perogrulladas y obviedades (que a menudo son falsos «ismos») acerca de los costos de los errores, no sustituye el hecho de no saber de lo que se está hablando. Cuando los Ministros de la Corte Suprema se pronuncian sobre estos temas, encuentro sus consideraciones similares a aquellas del legislador del Estado de Indiana que decretó en 1897 la cuadratura del círculo[11]. Algunas cosas (y la naturaleza de la prueba es una de ellas) están mejor sin la ignorante improvisación legislativa o judicial[12].

---

[11]   La ley 245 de la Asamblea General de Indiana fue originalmente (y correctamente) remitida al Comité de Pantanos y Canales pero subsecuentemente enviada al Comité de Educación, que la juzgó favorablemente. Fue aprobada por unanimidad en la Asamblea General el 5 de febrero de 1897. En el Senado, fue remitida (de nuevo correctamente), al Comité de Abstinencia. Pese al informe favorable de los abstemios, se pospuso indefinidamente en el Senado. El texto de la ley puede encontrarse en http://www.agecon.purdue.edu/crd/Localgov/Second%2520Level%2520pages/indiana_pi_bill.htm

[12]   Aunque parezca que me quejo demasiado de la ignorancia del precedente *Scotus* acerca de asuntos probatorios, téngase en cuenta que el muy apreciado Ministro William Brennan, en la sentencia más importante de la Corte Suprema sobre estándares de prueba, opinó —votando con la mayoría— que la gran fortaleza del estándar MADR consistía en que garantizaba al ciudadano ordinario «que su gobierno no puede declararlo culpable de un delito sin haber convencido al correspondiente juez de los hechos de su culpabilidad, *con la mayor certeza*» (in re*Winship*, 397 US 358, p. 365 (1970), cursivas mías). Intente decirle eso a los miembros de los diversos *Innocence Projects* que han brotado a lo largo del país. Para otros ejemplos que vienen de altas esferas, de argumentos similarmente pretensiosos acerca de la prueba judicial, véase el capítulo 2 de Laudan, 2006. Michael Risinger también identifica distintos lugares en los

Dicho esto, me atrevo a observar que los Ministros de la Corte han sugerido repetidamente que la razón por la cual el derecho penal emplea un estándar de prueba tan exigente, es la necesidad de reconocer los correspondientes costos de los errores que pueden cometerse en el proceso. Lo que no han reconocido es el hecho de que los costos de los errores pueden variar tremendamente de un tipo de caso a otro (¿es igual de costosa la condena de una persona por un hurto en una tienda, que por violación?) y de un tipo de acusados a otro. Resulta muy interesante constatar que la Corte Suprema no tiene problema alguno con la directriz según la cual la condena impuesta a un delincuente declarado culpable deba atender cuidadosamente a sus antecedentes penales (y a las proyecciones acerca de su futuro delincuencial), ni con la negación de la libertad bajo fianza que se base en una decisión acerca del peligro que representa para la comunidad ese acusado. Pero la Corte actualmente no permitiría que consideraciones semejantes jugasen ningún papel en la decisión acerca de si el acusado debe ser declarado culpable. Al adoptar esta posición, la Corte está diciendo, implícita e inequívocamente, que el estándar de prueba no debe basarse en una valoración de los costos futuros de diferentes resultados. Al tratar el estándar MADR como válido para todos los casos, ha canonizado una regla de decisión que abiertamente desconoce los preceptos más fundamentales de la teoría de la decisión racional.

V. UN EPÍLOGO DE FILOSOFÍA MORAL

Espero haber logrado, hasta este punto, mantener mis instintos filosóficos estrictamente bajo riendas. He intentado abordar este punto tal como lo haría una persona común, modestamente inteligente, sin el tipo de minuciosidad teórica a la que somos especialmente propensos los filósofos. Sería negligente, sin embargo,

---

que prominentes Ministros de la Corte Suprema han subestimado ampliamente la naturaleza propensa al error del estándar de prueba. Cf. Risinger, 2007.

dejar los aspectos filosóficos fuera de la discusión dado que, en este ámbito en concreto, algunas actitudes filosóficas se han afianzado profundamente. Quiero traerlas a la superficie y mostrar por qué pueden estar mal encaminadas. Tienen que ver con moralidad política y con un extendido conjunto de actitudes acerca de los propósitos y la estructura del proceso. Pueden expresarse mejor en una dicotomía, común pero quizás engañosa, entre predicción y determinación de los hechos. Buena parte de la empresa de la justicia penal está profundamente comprometida en tomar decisiones que son, de hecho, predicciones. En una audiencia para conceder libertad bajo fianza, el juez está llamado a adivinar si el acusado —una vez que se le conceda la libertad bajo fianza— se convertirá en fugitivo o será una amenaza para ciudadanos inocentes. En una audiencia para que el juez pronuncie la condena, esta última estará ampliamente determinada por las directrices diseñadas para predecir si el acusado ahora condenado necesita ser puesto en prisión por un período largo para proteger a la sociedad, o bien si constituye una amenaza pequeña, o si no constituye amenaza (esta es la razón por la cual diversas condenas pronunciadas por el mismo delito, pueden variar desde la ejecución condicional de la sentencia, hasta 15 años en prisión. Las decisiones de libertad condicional tienen el mismo carácter). Algunos académicos (de manera más destacada, Dershowitz[13] y Tribe[14]) han sostenido que el uso de las predicciones en cualquier parte del sistema judicial es moralmente inaceptable y que es una desgracia, dado que el único sistema justo es aquél que

---

[13]   Dershowitz, 1973. Dershowitz está dispuesto a tolerar el uso de predicciones *después* de que el acusado ha sido condenado (en el caso de la determinación de la pena, por ejemplo), pero es categórico en afirmar que no tienen un uso legítimo antes de determinar la culpabilidad, lo que supone, por supuesto, que la predicción de la conducta futura no tiene un lugar legítimo en el juzgamiento.

[14]   Véase Tribe, 1970. Tribe insiste audazmente (aunque de forma equivocada) en que «No hay base para asumir que traer la peligrosidad a la superficie como criterio para la detención preventiva, pueda mejorar significativamente la labor predictiva de los jueces que administran el sistema» (Tribe, 1970: 373, n. 6)

hace a las personas responsables únicamente por sus actos pasados conocidos y no por la predicción de sus actos futuros. Esta forma de retribucionismo puro es, afortunadamente, una posición marginal y la mayoría de las autoridades jurídicas no tienen nada en contra del uso de predicciones en contextos no directamente vinculados con el juzgamiento, tales como el la concesión de libertad bajo fianza y la determinación de la pena a imponer.

El juzgamiento, en cambio, casi nunca se considera un mecanismo para predecir el futuro sino como un sistema de averiguación para descubrir lo que ha ocurrido en el pasado. Muchos, incluso ministros de la Corte Suprema, dirían que no debe haber nada en el proceso que mire hacia el futuro. Que no es una predicción acerca de lo que el acusado hará en el futuro sino una determinación de lo que hizo en el pasado. Desde este punto de vista, el juez de los hechos ni puede ni debe ser un profeta de la conducta futura del acusado. Al contrario, simplemente trata de descubrir si hubo un delito y, en su caso, si el acusado fue quien lo cometió.

Ahora, el modelo que he descrito en este artículo desdibuja la distinción entre reconstruir el pasado y predecir el futuro. He sostenido que la única manera razonable de decidir qué estándar de prueba usar para juzgar a un acusado consiste (entre otras cosas) en adivinar si es probable que, en caso de ser absuelto por error, puede causar estragos inaceptables. Esto claramente añade un elemento prospectivo o predictivo en el proceso de juzgamiento mismo. Sospecho que muchos dirán que ese elemento no es bienvenido, por lo menos porque predecir el futuro es siempre un asunto riesgoso.

Mi defensa de llevar las predicciones al contexto del juzgamiento es sencilla: *siempre* ha estado ahí, solo que no la hemos percibido claramente. Al menos desde el siglo XVIII, si no es que mucho tiempo antes, conocidas discusiones sobre el proceso penal se han ocupado de articular un estándar de prueba razonable y justo. Irónicamente, muchas formas de moralidad política —desde la ética kantiana a las conocidas teorías de la retribución y del justo merecimiento— carecen de aparato conceptual alguno para abordar la más importante cuestión acerca de la estructura del proceso, a saber: cuál debería ser la regla de decisión para determinar si el acusado es culpable o no lo es. Desde mi punto de vista, los consecuencialistas son los únicos, de entre los filósofos morales, que tienen un mecanismo plausible para definir un estándar de prueba. Permítaseme repetirme a mí mismo, pues la idea es tan clara como la redundancia me permite plantearla. No digo simplemente que el consecuencialismo tiene la mejor forma de establecer el estándar de prueba. Digo que el consecuencialismo es la *única* de todas las teorías de la filosofía moral que cuenta con recursos lógicos para generar un estándar de prueba. Es en esa posición en donde se apoya todo el análisis de este artículo.

Una característica inevitable de la derivación del estándar de prueba —o, incluso de cualquier otra decisión racional— es que hay que tener en cuenta las consecuencias futuras de las acciones presentes. Si no lo hacemos, no podemos estimar la utilidad esperada de los diversos resultados posibles y, sin saberlo, seremos incapaces de llegar a un estándar de prueba que no sea arbitrario. Esto quiere decir que, a partir del momento en que, hace siglos, los juristas comenzaron correctamente a discutir acerca de tener en cuenta el costo de los errores al determinar el estándar de prueba, el derecho penal se basó, parcialmente, en asunciones predictivas. Si no realizamos predicciones sobre las consecuencias futuras de las falsas absoluciones o de las falsas condenas (o de las condenas verdaderas y las absoluciones verdaderas), no podemos darle sentido alguno a, por ejemplo, la famosa insistencia de Blackstone según la cual diez falsas absoluciones eran preferibles a una falsa condena[15].

---

[15]   Si quienes se oponen a las predicciones (como los retribucionistas) eligen ignorar el daño que producen los delincuentes falsamente absueltos, y el daño que se causa con la depredación generada por los verdaderos responsables cuando alguien es falsamente condenado, entonces no pueden razonablemente decir que están teniendo en cuenta algunos de los más importantes equívocos que se siguen de estos errores.

En pocas palabras, los teóricos del proceso que han sostenido que hay una notable diferencia entre una condena y una concesión de libertad bajo fianza consistente en que la primera excluye hacer predicciones sobre el comportamiento futuro de los acusados, ignoran, bajo su propia responsabilidad, el hecho de que el estándar de prueba en sí mismo implica hacer predicciones (falibles) acerca de la conducta futura del acusado. Si esas predicciones no son obvias a primera vista, se debe a que la confusión de los tribunales de apelación impide pensar claramente acerca del estándar de prueba. Aun así, esa confusión no logra refutar el hecho de que las predicciones o asunciones acerca del futuro están inevitablemente imbricadas en el estándar de prueba que será usado. Cuando un jurado decide que un acusado debe ser condenado, está inexorablemente asumiendo algo acerca de la conducta de ese acusado. Los jurados no se dan cuenta, por supuesto, ni hay razón alguna por la que debieran hacerlo, dado que a ellos se les ha dado un estándar de prueba prefabricado (que ya tiene esas predicciones incluidas en su estructura), en lugar de tener que ser inventado por ellos mismos. Pero los demás no deberíamos engañarnos. En derecho, la decisión acerca de qué creer sobre los hechos pasados (el delito) está guiada por una regla de decisión que exige que uno haga una gran cantidad de asunciones (predicciones) acerca de la conducta futura de los acusados. La idea de que la decisión judicial es o debería ser —o, incluso, podría ser— un proceso de mirar hacia atrás, que renuncia a la necesidad de hacer cualquier asunción acerca de la conducta futura del acusado —fuertemente asociada al retribucionismo y a la teoría de que la pena es un asunto de merecimiento solo por los hechos pasados— no resiste un escrutinio serio.

Bibliografía

BJS, 2006: *Violent Felons in Large Urban Counties.*

Cohen, J., 1986: «Research in Criminal Careers» (Appendix B), en Blumstein, A. y otros: *Criminal Careers and "Career Criminals"*, v. I. National Academy Press, Washington.

Dershowitz, A., 1973: «Preventive Confinement», en 51 *Texas Law Rev*: 1277 y ss.

Farrington, D. y otros, 2006: *Criminal Careers up to Age 50 and Life Success up to Age 48: New Findings from the Cambridge Study in Delinquent Development.* 2a ed., Home Office.

Laudan, L., 2006: *Truth, Error and Criminal Law.* Cambridge: Cambridge University Press.

Laudan, L. y H. Saunders, 2009: «Re-Thinking the Criminal Standard of Proof: Seeking Consensus About the Utilities of Trial Outcomes», disponible en internet en http://papers.ssrn.com/sol3/papers.cfm?abstract_id=1369996.

O'Neill, M., 2001: «Abrham's Legacy: An Empirical Assessment of (Nearly) First-Time Offenders in the Federal System», en 42 B.C.L. Rev.: 291 y ss.

Risinger, M., 2007: «Criminal Law. Innocents Convicted: An Empirically Justified Factual Wrongful Conviction Rate», en 97 *J. Crim. L. & Criminology*: 761 y ss.

Tribe, L., 1970: «An Ounce of Detention: Preventive Justice in the World of John Mitchell», en 56 *Virginia Law Review*: 371 y ss.

Cuatro problemas en torno a la relación entre prueba y verdad[*]

DANIEL GONZÁLEZ LAGIER

En mi opinión, una de las concepciones actualmente más sólidas dentro del desarrollo de la teoría de la prueba es la denominada concepción cognoscitivista[1] o racionalista de la misma. Esta concepción, asumida por autores tanto de la tradición del *common law* como de la tradición *romano-germánica* (como Michele Taruffo, Perfecto Andrés Ibáñez, Marina Gascón, Juan Igartua, Jordi Ferrer, Larry Laudan, Susan Haack. Ronald Allen, Michel S. Pardo, etc.) tiene como denominador común la idea de que uno de los objetivos fundamentales del proceso es la averiguación de la verdad, con el consiguiente rechazo de aquellas posturas que señalan que la finalidad de la prueba es, en cambio, el convencimiento del juez (cabría preguntar convencimiento sobre qué, si no es sobre la verdad de los enunciados que se dan por probados o sobre si los hechos alegados realmente ocurrieron), su persuasión, una supuesta verdad judicial o forense que nada tiene que ver con la verdad material por estar «constituida» por el juez, la resolución de conflictos sin atender a lo realmente ocurrido, etc., etc.

Frente a estas posturas, el cognoscitivismo insiste en que, si el proceso no estuviera orientado a la averiguación de la verdad, el derecho no podría dirigir la conducta de los ciudadanos. En palabras de Jordi Ferrer: «Solo si las consecuencias jurídicas previstas por el derecho para acciones determinadas se aplican efectivamente a esas

---

[*] Este trabajo ha sido realizado en el marco del proyecto de investigación DER2010-21032, financiado por el Ministerio de Ciencia e Innovación.
[1] Gascón Abellán, 2003. Para una defensa del cognoscitivismo y una crítica de las concepciones alternativas puede verse, por todos, Gascón Abellán, 1999.

acciones (idealmente a esas acciones y nunca a otras), los ciudadanos tendrán motivos (jurídicos) para actuar conforme a lo prescrito por el derecho y éste podrá cumplir su función de mecanismo de resolución de conflictos»[2]. La noción de verdad asumida por el cognoscitivismo, por tanto, es la denominada teoría de la verdad como correspondencia, de acuerdo con la cual un enunciado es verdadero si lo que describe se ajusta a lo ocurrido en la realidad.

Aunque comparto las principales ideas del cognoscitivismo, creo que es necesario insistir en algunos problemas (la mayoría de ellos aceptados por los cognoscitivistas, de ahí que se hable de *cognoscitivismo crítico*) que se plantean en torno a la conexión entre prueba y verdad, para ser conscientes de los límites de esta concepción. El objetivo de este trabajo es ocuparse de cuatro de estos problemas: (a) el carácter aproximado de nuestros juicios sobre la verdad (en realidad, no solo de la verdad alcanzada en el proceso, sino, en general, de nuestros juicios sobre la verdad empírica); (b) la necesidad de introducir restricciones —que, en principio, podrían tener un carácter contraepistemológico— al principio de libre valoración de la prueba; (c) el problema que el relativismo conceptual plantea para una teoría de la verdad como correspondencia; (d) y, dado que nuestra aproximación a la verdad es necesariamente gradual, la necesidad —acompañada de una gran dificultad— de determinar un estándar de prueba objetivo que nos permita decidir cuándo el grado de justificación de una hipótesis es suficiente para tomar una decisión en el contexto del proceso. Antes de embarcarnos en estos problemas, comenzaré tratando de ofrecer un bosquejo de una teoría de la prueba (más exactamente, de la inferencia probatoria), que he ido perfilando en trabajos anteriores[3].

---

[2]   Ferrer, 2013: 31.
[3]   Estos trabajos han sido recogidos en González Lagier, 2013.

I. SOBRE LA INFERENCIA PROBATORIA

1. El modelo general

Comencemos con algunas consideraciones generales. En nuestra vida cotidiana nos vemos obligados a tomar decisiones, para lo que necesitamos realizar conjeturas sobre hechos muy variados; conjeturas sobre si determinados hechos han ocurrido, sobre por qué han ocurrido o sobre si ocurrirán en el futuro (aunque aquí nos interesa el primer supuesto, los tres tipos de argumentos —descubrimiento, explicación y predicción— están estrechamente emparentados). Debemos alcanzar cierto grado de convicción sobre la corrección de tales conjeturas, si queremos tomar las decisiones sobre bases sólidas. Podría decirse que, en muchas ocasiones, nuestro convencimiento de que ha ocurrido un determinado hecho descansa en inferencias que realizamos a partir de ciertos hechos que ya damos por conocidos o por seguros (por ejemplo, realizamos inferencias a partir de la información proporcionada por nuestras percepciones). Para pasar de un tipo a otro de hechos (de los hechos probatorios a los hechos a probar) necesitamos asumir la existencia de alguna conexión entre ellos. Si yo sé que los acontecimientos como A están vinculados de alguna manera con acontecimientos como B, ante la presencia de un hecho del primer tipo puedo inferir (que ha ocurrido o que ocurrirá) un hecho del segundo tipo. ¿Como sé que existe esa asociación entre acontecimientos? Lo sé porque la he observado en cierto número de casos anteriores, y a partir de esa observación he concluido (por inducción) un enunciado general que describe la existencia de una regularidad entre acontecimientos de uno y otro tipo. Llamaré a este tipo de enunciados —usando una denominación de los juristas— máximas de experiencia (tiene más tradición en filosofía llamarlas «presunciones», pero este término tiene una enorme ambigüedad, por lo que lo reservaré para referirme a las reglas jurídicas que imponen presunciones). De manera que la construcción de máximas de experiencia y la inferencia de hechos a partir de ellas tienen un papel destacado en la adquisición de nuevo conocimiento. En ocasiones, estamos tan seguros de una de esas máximas de experiencia que decidimos adoptarla como «regla de decisión» (acerca de qué hechos aceptar como ocurridos): como normalmente hemos obtenido resultados satisfactorios aplicando esa máxima de experiencia, la consideramos como una regla que debemos seguir siempre y no nos planteamos su fundamento cada vez que tenemos la oportunidad de aplicarla. Hemos convertido la máxima de experiencia en una «regla» que nos imponemos a nosotros mismos. Hacemos esto porque estamos seguros de que la adopción como regla de esa máxima de experiencia nos aproxima —en la mayor medida posible— a una conclusión probablemente verdadera. Pero otras veces —normalmente en contextos institucionalizados— adoptamos una regla de decisión acerca de hechos porque esa regla nos ayuda a proteger o alcanzar un valor o interés práctico (no teórico o cognoscitivo), distinto de la verdad. En este segundo caso, esa regla tiene su origen en nuestra confianza en que la aceptación de un determinado hecho como sucedido (con independencia de que realmente haya ocurrido o no) protege un interés práctico que, en el caso concreto, estimamos más que a la consecución de la verdad. Preferimos «fingir» que ese hecho ha ocurrido. Por último, obsérvese que para realizar este tipo de inferencias necesitamos un criterio para clasificar hechos dentro de una determinada categoría: las máximas de experiencia y reglas de decisión sobre hechos correlacionan tipos o clases de hechos; para construir esos tipos o clases de hechos necesitamos conceptos, que expresamos en definiciones. Las definiciones nos dicen qué hechos «cuentan como» casos de uno u otro tipo de hecho.

2. Tres tipos de inferencias probatorias en el proceso

La prueba judicial es un método de conocimiento y de justificación que, en lo esencial, sigue este mismo modelo. En el proceso de prueba podemos distinguir, desde un punto de vista lógico, tres momentos distintos: (1) la selección de los hechos probatorios; (2) la inferencia de una determinada hipótesis a partir de ellos; y (3) el momento de la decisión de aceptar los hechos como probados[4]. El segundo momento es el que se corresponde con lo que los juristas llaman la valoración de la prueba. Se trata del razonamiento con el que se evalúa en qué medida los elementos de juicio (los hechos probatorios) avalan la hipótesis que se quiere probar. A este razonamiento podemos llamarlo la inferencia probatoria.

En la inferencia probatoria podemos distinguir varios elementos: el hecho que queremos probar (al que llamaremos «hipótesis» o «hecho a probar»), la información (acerca de otros hechos más o menos directamente vinculados con el primero) de la que disponemos (que podemos llamar los elementos de juicio, las pruebas o los «hechos probatorios») y una relación entre el hecho que queremos probar y los elementos de juicio.

Veamos un ejemplo: una Sentencia de la Audiencia Provincial de Alicante de 2 de noviembre de 1998 absolvió al acusado de un delito contra la salud pública de tráfico de drogas. Justificó su decisión en dos razones: (1) solo se le había encontrado en el registro de su lugar de trabajo 1 gramo, 810 miligramos de cocaína y (2) la identificación del mismo se había hecho a partir de las manifestaciones ante la Guardia Civil de otra persona a la que se le había intervenido previamente cierta cantidad de droga, sin que dichas manifestaciones fueran posteriormente ratificadas, ni en la fase instructora ni en el juicio oral. La fuerza de estas razones deriva de dos enunciados generales: una presunción establecida jurisprudencialmente, según la cual se presume que se posee droga para el tráfico cuando la cantidad es superior a 3 gramos y una máxima de experiencia de los magistrados, de acuerdo con la cual «viene siendo desgraciadamente frecuente que la persona a la que se le interviene alguna cantidad de droga, temerosa de que se le pueda considerar vendedora de la misma, facilite la identificación de otra, diciendo que se la compró a ella, para desviar hacia ésta la investigación policial, y situándose después en paradero desconocido, para impedir la ratificación de lo

---

[4] Ferrer, 2013: 24.

dicho en el atestado policial. A su vez, cabría hacer explícito —aunque la sentencia no lo hace— el fundamento de la presunción y de dicha máxima de experiencia (lo que, en última instancia, debe descansar en la observación de casos anteriores).

Presunción jurisprudencial
Máxima de experiencia: «Viene siendo desgraciadamente frecuente...»

(1) Solo se encontró en el registro ————————▶ Juan no traficaba con droga.
de su casa 1 gramo de cocaína.   (Pretensión)
(2) Fue acusado por alguien a quien
se le había intervenido cierta
cantidad de droga, sin que dicha acusación fuera ratificada.

Como hemos visto, el enlace entre los enunciados sobre los hechos que deseamos probar y los elementos de juicio (la información sobre los hechos probatorios) de los que disponemos puede ser de distintos tipos (en el ejemplo anterior nos encontrábamos con una máxima de experiencia y una presunción). En cada uno de estos tipos de conexiones o enlaces podemos distinguir entre a) su fundamento, b) su finalidad y c) su fuerza. Por fundamento me refiero a los requisitos para la corrección del enlace; por finalidad al objetivo (que puede ser epistémico o práctico) que ese enlace trata de satisfacer; y por fuerza al grado de solidez que ese enlace aporta a la inferencia probatoria (lo que se traduce en una mayor o menor resistencia a ser desplazado por inferencias con un enlace distinto). Se trata, sin embargo, de tres nociones relacionadas: muchas veces el fundamento de un enlace dependerá de la medida en que resulte un medio adecuado para satisfacer su finalidad, y su fuerza dependerá a su vez del grado en que esté fundamentado y la importancia que se le conceda a tal finalidad; sin embargo, creo que puede resultar útil y esclarecedor distinguir estas tres dimensiones.

En ocasiones, el enlace consiste en un enunciado que describe una regularidad entre dos tipos de acontecimientos. Hemos llamado a estos enunciados máximas de experiencia y consisten en generalizaciones a partir de experiencias previas que asocian hechos del tipo del que queremos probar con hechos del tipo de los que constituyen las pruebas o indicios. Estas máximas de experiencia, por tanto, tienen como fundamento la observación de una asociación más o menos regular entre dos hechos y su finalidad es tratar de aproximarse en la mayor medida posible —dadas las circunstancias de la prueba— a la verdad acerca de los hechos que se infieren. Su fuerza viene determinada por la solidez del argumento inductivo en el que descansan. En otras ocasiones, se trata de reglas dirigidas al juez que le obligan a aceptar como probados ciertos hechos cuando se dan ciertos hechos previos (es el caso de las presunciones y de las pruebas legal o jurisprudencialmente tasadas, esto es, reglas que predeterminan la valoración que el juez debe hacer de los hechos probatorios). Estas reglas pueden tener como fundamento la observación de una asociación regular entre hechos (en cuyo caso son similares a máximas de experiencia, pero con autoridad normativa) o algún valor o principio que se considera relevante (por ejemplo, el de seguridad, el de protección de los intereses de la parte más débil, etc.). En el primer caso, su finalidad es también la averiguación de la verdad; en el segundo caso, su finalidad es la protección de ese valor o principio. Ahora bien, dado que son reglas o normas, en uno y otro caso su fuerza viene determinada —al menos en un primer momento— por el carácter normativo del derecho.

Podemos distinguir, por tanto, entre las inferencias probatorias cuyo enlace es una máxima de experiencia y aquellas cuyo enlace es una norma o regla de este tipo. Podemos llamar a las primeras *inferencias probatorias epistémicas* y a las segundas *inferencias probatorias normativas*. Sin embargo, el primer tipo de inferencia ocupa en el conjunto del razonamiento probatorio un lugar central y en cierto sentido lógicamente prioritario. La razón es sencilla: para poder realizar el segundo tipo de inferencias (aquellas cuyo enlace es una norma) es necesario partir de la constatación de ciertos hechos (las pruebas o indicios), pero para determinar si estos hechos ocurrieron, en algún momento del razonamiento habremos de confiar en máximas de experiencia (aunque sean aquellas que avalan la validez de nuestras observaciones directas). De manera que el segundo tipo de inferencias debe descansar en una inferencia del primer tipo.

Por otra parte, como hemos visto, tanto las reglas que establecen presunciones como las máximas de experiencia correlacionan clases o tipos de hechos; por tanto, es importante para nosotros clasificar bien hechos particulares en clases de hechos (subsunción individual) o unas clases de hechos en otras (subsunción genérica). El proceso de clasificación o subsunción de un hecho en una clase de hechos podemos llamarlo «interpretación» de hechos y es un paso importante en la comprensión del mundo en general y en la aplicación del derecho en particular. El antecedente de hecho de las normas jurídicas ofrece tipos de hechos en los que subsumir los hechos probados (es lo que llamamos calificación); pero en la mayoría de las ocasiones no podemos subsumir directamente un hecho empírico en el antecedente de hecho de una norma, sino que previamente hemos de hacer subsunciones intermedias. Por ejemplo, flexionar el dedo sobre un gatillo y disparar solo puede calificarse como homicidio doloso si previamente lo hemos interpretado como un caso de acción intencional (esto es, lo hemos subsumido en la clase de las acciones intencionales), si la relación entre ese disparo y la muerte de una persona es un caso de relación causal, etc. De manera que los hechos, tal como nos interesan normalmente para adscribir responsabilidad, son hechos interpretados. Los hechos suelen tener grados diversos de interpretación, pero normalmente no nos enfrentamos a hechos puramente empíricos, sino a entidades complejas que combinan elementos observacionales y teóricos, normativos o valorativos. Los elementos observacionales son aquellos que dependen de la observación de la realidad a través de nuestros sentidos; los elementos teóricos, normativos o interpretativos son aquellos que dependen de la red de conceptos con los que los clasificamos y comprendemos. Así, por ejemplo, algunas conexiones entre sucesos las clasificamos como relaciones de causalidad; algunos movimientos corporales de las personas, acompañados de ciertas actitudes psicológicas, los consideramos acciones; en ciertos supuestos, lo que un agente no ha hecho lo podemos calificar de una omisión; etc. Determinar que algo es causa de otra cosa, que algo es una acción, que una acción es intencional o no, que ciertas actitudes constituyen emociones, etc. son cuestiones que dependen de opciones conceptuales. Según cuál sea el concepto de causa, por ejemplo, que manejemos (según la identifiquemos con condiciones necesarias o suficientes del efecto), una relación entre dos sucesos puede ser considerada causa o no; y según la noción de intención que usemos, las consecuencias de nuestras acciones previstas pero no deseadas directamente pueden ser consideradas intencionales o no.

Lo anterior sugiere que hay otro tipo de inferencia que tiene que ver con los hechos (previa todavía a la calificación jurídica de tales hechos; no se trata aún, por tanto, del razonamiento cuya conclusión es la calificación jurídica del hecho, aunque esencialmente es una inferencia del mismo tipo: en ambos casos subsuntiva), cuyo enlace es una regla conceptual o definición (o, si se quiere, una teoría conceptual, en sentido amplio). Podemos llamarlas inferencias (probatorias) interpretativas. ¿Cuál es el fundamento, cuál la finalidad y cuál la fuerza de estas reglas conceptuales o definiciones?

El fundamento de las reglas conceptuales que usamos en la prueba de los hechos (judicial o no) remite a las condiciones de corrección o adecuación de los conceptos; la finalidad de estas reglas conceptuales remite a la función de los conceptos como herramientas para ordenar, clasificar, comprender el mundo, construir leyes generales explicativas y predictivas, facilitar la aplicación de normas, etc.; y la fuerza de estas reglas dependerá del grado en que estén fundamentadas, de su adecuación a los fines perseguidos y —en el caso del derecho— de si su origen se encuentra en el legislador, la jurisprudencia, la dogmática, etc.

Un ejemplo de este tipo de inferencias es el siguiente:

Por «causa» hay que
entender una rela-
ción que opera como
condición necesaria
entre dos sucesos.
(Enlace)

(a) Todo aquél que contrajo la enferme- ——————————▶ Z es causa de X.
dad X había consumido Z.   (Hipótesis)
(b) No todo el que consumió Z contrajo
la enfermedad X.
(es decir, Z opera como condición
necesaria, pero no suficiente, de X).
(Pruebas)

Y en el siguiente esquema podemos ver las diferencias entre los
tres tipos distintos de inferencias[5]:

INFERENCIA PROBATORIA	ENLACE			
	TIPO	FUNDAMENTO	FINALIDAD	FUERZA
Epistémica	Máxima de la experiencia	La observación de una asociación más o menos regular entre dos hechos	Aproximarse a la verdad acerca de los hechos que se infieren	La solidez del argumento inductivo en el que descansa la máxima de la experiencia
Normativa	Regla	La observación de una asociación más o menos regular entre dos hechos	Aproximarse a la verdad acerca de los hechos que se infieren	Carácter normativo del derecho
		Algún valor o principio que se considera relevante	La protección de ese valor o principio	Carácter normativo del derecho
Interpretativa	Concepto o definición	Condiciones formales y materiales de corrección o adecuación de los conceptos	Remite a la función de los conceptos como herramientas para ordenar, clasificar, comprender el mundo, construir leyes generales explicativas y predictivas	Dependerá del grado en que estén fundamentadas, de su adecuación a los fines perseguidos y —en el caso del derecho— de si su origen se encuentra en el legislador, la jurisprudencia, la dogmática, etc.

---

[5]   Tomo el esquema de Roger Zabaleta, «La justificación respecto de los problemas de prueba», manuscrito.

3. ¿Prueba directa vs. prueba indirecta?

Los juristas suelen reservar este esquema que he propuesto como representación de la estructura general de la prueba para el tipo de prueba que se ha llamado «prueba indirecta» o «prueba de indicios» (o, incluso, «prueba presuntiva»), contraponiéndola a la prueba directa.

La diferencia entre ambos tipos de prueba se ha caracterizado tradicionalmente como sigue: la prueba directa es «aquélla en que la demostración del hecho enjuiciado surge de modo directo e inmediato del medio de prueba utilizado; la prueba indirecta o indiciaria es aquella que se dirige a mostrar la certeza de unos hechos (indicios) que no son los constitutivos del delito, pero de los que pueden inferirse éstos y la participación del acusado por medio de un razonamiento basado en el nexo causal y lógico entre los hechos probados y los que se trata de probar»[6]. A partir de esta caracterización suele sostenerse que la prueba indirecta es menos fiable (y una especie de «mal menor») y, por ello, debe estar sujeta a criterios de valoración más estrictos.

En mi opinión, sin embargo, la diferencia entre ambos tipos de prueba debe ser muy matizada. Entre las pruebas consideradas directas encontramos las declaraciones de testigos y las pruebas documentales. Si Ticio dice que vio a Cayo golpear a Sempronio, este testimonio se consideraría prueba directa de que Cayo golpeó a Sempronio. Sin embargo, lo único que ese testimonio prueba directamente es que Ticio dice que vio a Cayo golpear a Sempronio. Para concluir a partir de esa declaración que Cayo golpeó realmente a Sempronio hay que establecer la credibilidad de Ticio (descartar que mienta, que haya construido una versión falsa a partir de recuerdos fragmentarios o que percibiera o interpretara mal lo que vio). Ello exige cierto razonamiento (no necesariamente sencillo) y una serie de inferencias encadenadas, basadas a su vez en regula-

---

[6]   Miranda Estrampes, 1997: 218.

ridades o máximas de experiencia. Es decir, ni en la prueba directa surge directamente la demostración del hecho enjuiciado, ni tal demostración se realiza sin inferencias, ni la estructura de la prueba de indicios es distinta de la de la prueba directa (en ambos casos hay un hecho base, una hipótesis a probar y un enlace)[7].

Tampoco puede decirse, con carácter general, que la prueba directa es más fiable que la prueba de indicios. Por ejemplo, una prueba directa basada en testigos que presenciaron el hecho enjuiciado pero que son, en realidad, poco fiables puede tener una solidez menor que una prueba de indicios basada en una muestra de ADN (que, sin embargo, se conecta con el hecho enjuiciado a través de un razonamiento con más pasos).

En definitiva, lo que queda de la distinción es la cuestión de si entre los hechos probatorios y los hechos a probar hay más o menos inferencias que realizar. Se trata, por tanto, de una distinción gradual, y no cualitativa. Por ello, los criterios de racionalidad epistemológica que hemos mencionado antes son aplicables a uno y otro tipo de prueba.

---

[7]   Tiene razón Belloch Julbe cuando afirma que «no existen diferencias cualitativas entre la estructura de la prueba indiciaria y la estructura de las convencionalmente denominadas "pruebas directas". Piénsese en el ejemplo de un testigo que afirma haber presenciado cómo el acusado realizaba el correspondiente hecho delictivo. Tal testimonio, según las normas al uso, deberá calificarse de "prueba directa" en cuanto recae sobre el epicentro de la eventual pretensión acusatoria y no sobre hechos periféricos íntimamente conectados con la dinámica comisiva. Pues bien, incluso en tal caso, podría hablarse de un hecho-base (un testigo *que afirma* haber presenciado los hechos), un proceso deductivo [léase, inferencial; como veremos más adelante, no necesariamente será una deducción. DGL] (no tiene el testigo razones o motivos para mentir, y además estaba plenamente capacitado para "percibir" esa realidad que ahora transmite) y una conclusión lógica (debe ser verdad lo que el testigo narra que presenció)». Belloch Julbe, 1992: 42 y 43.

II. PRIMER PROBLEMA: EL CARÁCTER APROXIMATIVO DE NUESTROS JUICIOS SOBRE LA VERDAD

El primero de los problemas que quiero discutir se plantea a propósito del tipo de inferencia que he llamado inferencia probatoria epistémica. Como hemos visto, esta inferencia podría considerarse como el tipo central de razonamiento probatorio, puesto que los otros tipos de inferencias descansan en él. Es también el tipo de inferencia que tiene una conexión más evidente con la verdad. Con las inferencias que he llamado epistémicas pretendemos obtener o justificar conocimiento nuevo. Partiendo de premisas que se consideran verdaderas, concluimos una proposición que también consideramos verdadera. La inferencia probatoria epistémica es, por tanto, una inferencia teórica, aunque se desenvuelva en el marco de un contexto más amplio cuya finalidad última (la aplicación correcta del derecho) sea práctica.

Ahora bien, el uso de estas inferencias, como han insistido los autores cognoscitivistas, no nos garantiza más que juicios que se aproximan a la verdad, esto es, juicios que están más o menos justificados desde un punto de vista epistemológico, pero de los que nunca podemos decir que son con total seguridad absolutamente verdaderos. No podemos esperar que la prueba nos ofrezca certeza absoluta, si por certeza absoluta entendemos que no haya lógicamente un margen de error. Como es sabido, las inferencias se suelen clasificar en deductivas o no deductivas (o inducciones). Las primeras suelen caracterizarse como aquellos argumentos en los que la verdad de las premisas garantiza la verdad de la conclusión, cosa que no ocurre en los argumentos inductivos. En ellos, es lógicamente posible que las premisas sean verdaderas y la conclusión no lo sea, porque las premisas solo avalan la conclusión hasta cierto grado. Un argumento inductivo no es válido o inválido (a diferencia de lo que ocurre con las deducciones), sino más o menos sólido (entendiendo por «solidez» el grado en que las premisas avalan o corroboran la conclusión).

Las inferencias probatorias se han considerado normalmente como razonamientos no deductivos, pero podrían incluso reconstruirse como deducciones tomando la máxima de experiencia como premisa mayor y los hechos probatorios como premisa menor. Por ejemplo:

«Si dos personas conviven maritalmente durante un lapso prolongado de tiempo, las actividades delictivas de una de ellas son conocidas por la otra»

A y B convivieron maritalmente durante un lapso prolongado de tiempo.

A conocía las actividades delictivas de B.

Aun así, la conclusión no es necesariamente verdadera, porque no tenemos certeza absoluta acerca de la verdad las premisas. Una deducción nos dice que si las premisas fueran verdaderas, la conclusión también lo sería, pero no nos dice si las premisas son efectivamente verdaderas. Por tanto, si la inferencia probatoria se reconstruye como un argumento no deductivo, las premisas no nos garantizan la conclusión. Y si se reconstruye como un argumento deductivo, tampoco lo hacen (porque nunca podemos estar seguros de la corrección de las premisas).

Si la conclusión acerca de los hechos probados nunca es una certeza absoluta, esto es, si los hechos probatorios y las máximas de experiencia se limitan a ofrecer un cierto grado de confirmación de la hipótesis sobre los hechos que hay que probar, que puede ser mayor o menor, entonces no es correcta (en el ámbito de la inferencia probatoria epistémica) la distinción entre prueba plena y semiplena, ni tampoco afirmaciones del tipo siguiente: «no existe una mayor o menor convicción judicial, o se alcanza o no se alcanza» o «la prueba es total y plena, o no es nada»[8] (otra cosa es que por prueba plena se entienda prueba legal o jurisprudencialmente tasada, pero

---

[8]   Miranda Estrampes, 1997: 52 y ss.

entonces se trata de inferencias probatorias normativas). La credibilidad de la conclusión es una cuestión gradual.

Ahora bien, lo anterior no quiere decir que la inferencia probatoria epistémica pueda valorarse al margen de criterios racionales[9]. La «libre valoración de la prueba» ha de significar necesariamente libre valoración racional, y no libertad frente a cualquier criterio o regla, incluyendo la racionalidad (la crítica a la concepción que entiende el principio de libertad de valoración de la prueba de una manera absoluta ha sido un lugar común de los autores cognoscitivistas[10]). La dogmática procesal y la jurisprudencia se han ocupado de estos criterios a propósito de la prueba de indicios o prueba indirecta (pero, como hemos visto, no hay una diferencia cualitativa entre ésta y la prueba directa). En mi opinión, estos criterios —a los que a veces se hace referencia con el nombre de reglas de la sana crítica o reglas de la lógica— son una aplicación a la prueba en el ámbito judicial de los criterios que los filósofos de la ciencia han propuesto para establecer en qué medida las hipótesis científicas vienen avaladas por las observaciones (pruebas) disponibles. En otros trabajos he propuesto los siguientes criterios de racionalidad epistemológica[11]:

i) Respecto de las pruebas o indicios, debe examinarse si éstos son a) fiables, b) suficientes, c) variados, d) pertinentes.

ii) Respecto de las máximas de experiencia, a) deben estar bien fundamentadas (esto es, ser la conclusión de un argumento inductivo bien construido, que partiendo del examen de casos particulares concluya el enunciado que describe una regularidad empírica) y b) en el caso de que establezcan una regularidad probabilística (si p, entonces probablemente q), la probabilidad debe ser elevada.

iii) Respecto de la hipótesis, son importantes los siguientes requisitos: a) la hipótesis no debe estar refutada por ninguna prueba,

---

[9]   Fernández López, 2005: 243 y ss.
[10] Véase, por todos, Andrés Ibáñez, 1992: 277 y ss.
[11] Para una explicación de los mismos, véase González Lagier, 2013: 55 y ss.

b) el grado de confirmación de las hipótesis derivadas, c) su cohe-rencia, d) si existen otras hipótesis alternativas plausibles, e) en qué medida su corrección explicaría los hechos que hemos dado por probado, f) su simplicidad (en qué medida exige aceptar hechos no probados).

Este punto tiene una implicación importante para la formación de los jueces: éstos deberían tener sólidos conocimientos en lógica y epistemología; sin embargo, en la formación de los juristas en general, y de los jueces en particular, se presta más atención a la memorización de contenidos normativos que a la adquisición de habilidades de razonamiento jurídico y de métodos de análisis de los casos, y cuando sí se llega a esto, se prima la formación en los métodos de resolución de los problemas planteados por las nor-mas (interpretación, lagunas, antinomias,...) sobre los problemas de prueba. Ser conscientes de esto es relevante para algo que diré a propósito de las normas sobre la valoración de la prueba.

III. SEGUNDO PROBLEMA: LAS RESTRICCIONES A LA LIBRE VALORACIÓN DE LA PRUEBA

1. La justificación de las inferencias probatorias nor-mativas

El segundo problema que plantea la relación entre prueba y ver-dad guarda relación con lo que hemos llamado inferencias probato-rias normativas. La inferencia probatoria normativa es un caso de restricción del principio de libre valoración de la prueba. Las infe-rencias probatorias normativas no son argumentos teóricos, esto es, argumentos que, partiendo de premisas descriptivas que se con-sideran verdaderas, llegan a una conclusión también descriptiva e igualmente considerada verdadera. Por el contrario, son argumen-tos prácticos que parten de una norma (que establece, por ejemplo, una presunción) y concluyen otra norma: la obligatoriedad de dar por probado un hecho[12]. Hemos visto que las presunciones pueden tener un fundamento cognoscitivo o epistémico o un fundamento basado en la protección de un valor o interés práctico; en este segundo caso la inferencia probatoria normativa no está orientada a la verdad empírica, sino exclusivamente a una fijación de los hechos por razones distintas a su probable conexión con lo que ocurrió en realidad. En el primer caso se produce un supuesto de inferencia normativa que pretende tener un fundamento epistemológico. ¿Son legítimas estas reglas de prueba?

De acuerdo con Bentham, si se asume que la finalidad de la prueba es la averiguación de la verdad, entonces el mejor método para alcanzar esa finalidad consiste en reducir en la mayor medida posible el llamado «derecho probatorio». Bentham confiaba en una suerte de «epistemología natural» basada exclusivamente en los criterios de racionalidad epistemológica, por lo que las interferencias en tales criterios nos alejan de esa finalidad y deben limitarse en la mayor medida posible. Esto implica, respecto del momento de selección de los elementos de juicio, la asunción de una regla general de inclusión de todas las pruebas relevantes y consiguientemente el rechazo de las reglas de exclusión de pruebas (que también afectan al principio de libre valoración de la prueba, en la medida en que impiden que sea el juez el que decida si valora esa prueba). Y respecto del momento de valoración de la prueba, el rechazo de toda regla que establezca autoritativamente el valor probatorio de los elementos de juicio. En definitiva, tal como lo resume Twining, de acuerdo con Bentham el derecho no debe contener

> ninguna norma que excluya testigos o pruebas; ninguna norma sobre el peso o el *quantum* de la prueba; ninguna norma vinculante sobre la forma de presentación de las pruebas; ninguna restricción artificial sobre los interrogatorios o el razonamiento probatorio; ningún derecho al silencio ni privilegios de los testigos; ninguna restricción al razonamiento

---

[12]   Ciertas consideraciones acerca de a qué obligan realmente las presunciones (si a creer un hecho, a inferirlo, a aceptarlo, etc.) puede verse en Mendonca, 1998 y Aguiló Regla, 1999. Véanse también Aguiló Regla, 2006 y Peña-Ausín, 2001.

que no sean las propias del razonamiento práctico; ninguna exclusión de pruebas excepto si son irrelevantes o superfluas o si su presentación supone perjuicios, gastos o retrasos excesivos en las circunstancias del caso específico[13].

En todo caso, aun aceptando el principio general de inclusión de las pruebas epistemológicamente relevantes, el propio Bentham admitía excepciones al mismo. Un primer grupo de excepciones tiene que ver con lo que Juan Carlos Bayón ha llamado «costes procedimentales». En palabras suyas:

> minimizar el riesgo de error conlleva en sí mismo costes (tanto de funcionamiento general del sistema jurisdiccional como, para las partes, de dilación en la obtención de una decisión) y no es razonable postular que el derecho debe buscar la reducción del error literalmente a *cualquier* coste. Así que, si el primer problema era el de la minimización del riesgo de error, el segundo es el de la *minimización de los costes que conlleva la minimización del riesgo de error* (que podemos denominar, por simplicidad, «costes procedimentales»)[14].

Un segundo grupo de excepciones está relacionado con la necesidad de proteger valores distintos al de la verdad y que pueden entrar en conflicto con ella (derechos fundamentales, por ejemplo). Desde este punto de vista, la averiguación de la verdad no es la única finalidad del proceso. La averiguación de la verdad es un valor más que debe ponderarse con otros valores. La cuestión de cuándo están justificadas estas excepciones es una cuestión moral y política, pero no epistemológica[15].

¿Cabría hablar de un tercer tipo de excepciones a la regla general de inclusión de todas las pruebas relevantes? Para Bentham no, pero podría ponerse en duda su convicción de que el modo más eficaz de asegurar la verdad consiste en rechazar necesariamente las reglas de prueba. De hecho, muchas veces se ha pretendido que algunas reglas de prueba (tanto a propósito del momento de selección de

---

[13]   Twining, 1994: 195.
[14]   Bayón, 2008: 21.
[15]   Bayón, 2008: 21.

las pruebas como en el momento de valoración de las mismas) tiene un fundamento precisamente epistemológico (por ejemplo, como hemos visto, en el caso de algunas reglas que establecen presunciones). La pretensión de estas reglas es que, en ocasiones, introducir normas sobre prueba podría ser una manera de asegurar en conjunto y a largo plazo un número total de errores menor que el que produciría en esos casos la restricción de las reglas de exclusión de pruebas y el principio de libre valoración de la prueba[16].

El problema del establecimiento de reglas de exclusión de pruebas, reglas tasadas de valoración de la prueba y de presunciones es que limitan la capacidad del juez de tener en cuenta todas las circunstancias y peculiaridades del caso, predeterminando las pruebas que puede tener en cuenta y cómo debe valorarlas, siendo obvio que el legislador no puede prever al establecer tales reglas todas las circunstancias que en cada caso pueden ser relevantes. A pesar de ello, en mi opinión, pueden darse circunstancias prácticas que justifiquen —desde un punto de vista epistemológico— el establecimiento de estas reglas. Piénsese, por ejemplo, en la tendencia a interpretar el principio de libre valoración de las pruebas como una libertad total, incluso frente a las reglas de la racionalidad, o en la falta de formación de muchos jueces (y, sobre todo, de los jurados) en habilidades epistemológicas. Ahora bien, esta justificación de restricciones a los principios de libre inclusión y de libre valoración de la prueba, aun teniendo como finalidad asegurar la minimización de errores (esto es, una finalidad epistemológica), depende de consideraciones contextuales (aunque no por ello menos relevantes): un juez ideal, plenamente racional y con plenas destrezas epistemológicas, no necesitaría este tipo de reglas de prueba, pero pueden ser necesarias con jueces «de carne y hueso»[17].

---

[16] Bayón, 2008: 20.

[17] Existe otro argumento (aunque parcialmente conectado con éste) que podría justificar la introducción de reglas de valoración de la prueba. Se trata de un argumento que parte de la imposibilidad de formular un estándar de prueba objetivo, por lo que lo discutiré más adelante.

2. La prueba de los hechos psicológicos: ¿búsqueda de la verdad?

Un problema relacionado con el anterior es el que plantea la prueba de los hechos psíquicos. Uno de los requisitos para que pueda haber una sentencia penal condenatoria es que se haya practicado prueba de cargo. De acuerdo con el Tribunal Constitucional español, la prueba de cargo es aquélla «encaminada a fijar el hecho incriminado que en tal aspecto constituye el delito, así como las circunstancias concurrentes con el mismo (...), por una parte y, por otra, la participación del acusado, incluso la relación de causalidad, con las demás características subjetivas y la imputabilidad»[18]. Por lo tanto, la presunción de inocencia exige que se prueben no solo los aspectos externos del delito, sino también los hechos mentales o psicológicos relativos al mismo[19]. Sin embargo, los hechos mentales plantean serios problemas de prueba. Éstos se han discutido especialmente a propósito de la prueba de la intención y del dolo.

¿Qué problemas plantea la prueba de la intención? Las intenciones, como el resto de estados mentales o internos (las emociones, las creencias, las sensaciones, etc.), tienen un *modo subjetivo de existencia* (no independiente del sujeto que los experimenta) y no son directamente observables por terceros; solo el propio sujeto que los siente parece tener un conocimiento directo de los mismos (que ni siquiera puede ser considerado infalible), a través de lo que se ha llamado *consciencia* (por el contrario, los hechos externos tienen un modo objetivo de existencia y pueden ser observados por terceros). Estas peculiaridades —entre otras— han suscitado muchas dudas acerca de si los estados mentales son hechos en el mismo sentido que los hechos externos, acerca de cómo «encajan» en la concepción científica del mundo y acerca de cómo pueden ser conocidos por terceros.

---

[18]   STC 33/2000 de 14 de febrero, Fundamento jurídico 4°.
[19]   Véase Fernández López, 2005: 58 y ss.

Por su parte, la doctrina procesal y la jurisprudencia sostienen —acertadamente— que los hechos psicológicos no son susceptibles de prueba directa, sino de prueba indirecta o de indicios[20]. Esto es, nadie puede *haber visto* que un sujeto tenía una determinada intención (o una creencia, o una emoción), por lo que los estados mentales deben ser inferidos (o presumidos) a partir de la conducta externa del agente al que se atribuyen y de las circunstancias del contexto:

> La prueba de los elementos subjetivos del delito no requiere necesariamente basarse en las declaraciones testificales o en pruebas periciales. En realidad, en la medida en que el dolo o los restantes elementos del tipo penal no pueden ser percibidos directamente por los sentidos, ni requiere para su comprobación conocimientos científicos o técnicos especiales, se trata de elementos que se sustraen a las pruebas testificales y periciales en sentido estricto. Por lo tanto, el Tribunal de los hechos debe establecerlos a partir de la forma exterior del comportamiento y sus circunstancias mediante un procedimiento inductivo, que, por lo tanto, se basa en los principios de la experiencia general[21].

Con este fin, la jurisprudencia ha ido creando un catálogo de «indicios-tipo» aptos para inferir el dolo en distintos tipos penales (por ejemplo, para la receptación se considera indicio de la intención que el precio de adquisición sea notablemente inferior al valor real de la cosa, y para la distinción entre «*animus necandi*» y «*animus laedendi*» la idoneidad del arma usada o la importancia vital del lugar del cuerpo al que se dirigió el ataque)[22]. Por esta vía, se ha ido conviertiendo la prueba de la intención en una inferencia probatoria normativa, en la que el enlace entre los hechos probatorios y los hechos a probar (la intención) está constituido por tales indicios-tipo, que no son más que reglas de valoración de la prueba introducidas jurisprudencialmente. El propio Tribunal Supremo ha llegado a negar que los hechos psicológicos sean realmente hechos y

---

[20]   Por todos, Ragués, 1999: 237 y ss. y Laurenzo Copello, 1999: 124 y ss.
[21]   STS de 20 de julio de 1990.
[22]   Sobre el problema de los indicios-tipo en la prueba del dolo, véase Laurenzo Copello, 1999: 132 y ss.

los ha considerado «juicios de valor» que forman parte de la *quaestio iuris*; y parte de la doctrina penal —en una dirección semejante— ha señalado que la prueba del dolo no es en realidad una actividad cognoscitiva, sino una atribución o imputación a partir de esos «indicios-tipo»[23].

De esta manera, a propósito de la prueba del dolo o de la intención, se pueden identificar dos tipos de posturas o concepciones: por un lado, las concepciones que podemos llamar **cognoscitivistas** o **descriptivistas**, para las que la prueba de la intención es descubrimiento, esto es, una actividad cognoscitiva, orientada a establecer juicios de atribución que son verdaderos o falsos. Para estas concepciones las intenciones son un tipo de realidad que es posible conocer, por lo que los criterios que debemos usar para formular nuestros juicios de atribución deben asegurarnos en la mayor medida posible la correspondencia entre nuestra atribución y esa realidad. Por otro lado, las **concepciones adscriptivistas** o **normativistas**, para las cuales la prueba de la intención es una imputación, esto es, una actividad que no tiende a descubrir ninguna realidad interna o psicológica (porque no existen los estados mentales, o porque no pueden ser conocidos, o porque no es necesario conocerlos en el proceso), sino a calificar de cierta manera la acción del agente de acuerdo con ciertos criterios que pueden satisfacer intereses muy variados (como el carácter ejemplificativo de la pena, la resolución de conflictos, etc.), pero no orientados al descubrimiento de la verdad.

Mi opinión es que la prueba de los elementos subjetivos del delito debe estar también presidida por la finalidad de averiguar la verdad, aunque en este caso se trate de una finalidad más difícil de satisfacer. Si no fuera así, la culpabilidad no se estaría descubriendo, sino que la estaría constituyendo el sistema jurídico. No tener en cuenta las actitudes subjetivas reales del sujeto atenta, además, contra un principio básico del derecho penal: el principio de res-

---

[23]　Por todos, véase Ragués, 1999 y 2002.

ponsabilidad subjetiva, basada en la idea del reproche como uno de los elementos que ponen en marcha la reacción del sistema penal.

En realidad, que la jurisprudencia haya establecido reglas de valoración de la prueba de estos hechos y que el tipo de inferencia que se haya extendido para la prueba de los mismos sea la inferencia probatoria normativa no es suficiente para negar el carácter epistemológico y orientado hacia la verdad de esta prueba o que el contenido de lo que se declara probado pueda ser verdadero o falso. Lo contrario es confundir el *fundamento* y la *finalidad* de estas reglas con su *fuerza*. Como hemos visto, hay supuestos de reglas de valoración y presunciones que tienen detrás máximas de experiencia y, por tanto, tienen fundamento en una inducción a partir de casos anteriores, y hemos visto que en ocasiones estas reglas pueden estar justificadas ante la especial dificultad del hecho que hay que probar y la falta de competencias epistemológicas del juzgador. Mi opinión es que esto es lo que ocurre precisamente a propósito de la prueba de la intención.

Recientemente García Amado ha sostenido que los hechos psíquicos son —para el derecho— hechos normativos o, incluso, análogos a los hechos institucionales:

> ¿Cómo se puede probar mi intención de ensañarme? Nada más que por indicios que se interpretan con patrones normativos. La valoración de la prueba es una valoración normativamente condicionada. Ya no se trata de constatar el hecho H (por ejemplo, que tal bala salió de tal pistola), sino de interpretar el hecho H dándole el significado de ensañamiento. En el mundo, "ahí afuera" hay balas y pistolas y disparos y corazones atravesados por proyectiles, pero no hay ensañamiento. El de ensañamiento es un concepto normativo y la prueba de la concurrencia del ensañamiento es una prueba por señales, por así decir: queda probado el ensañamiento cuando concurren los hechos empíricos H1...Hn que normativamente operan, aquí y ahora, como significando o indicando ensañamiento. Y lo que digo para el ensañamiento sirve para cualquier hecho psíquico, pues para el derecho, que no es ciencia empírica, los hechos psíquicos valen como hechos normativos, de modo un tanto similar a lo que antes se dijo de los hechos institucionales[24].

---

[24] García Amado, 2013.

Me parece que hay algunas dificultades en este razonamiento: en primer lugar, quizá el ejemplo del «ensañamiento» no sea el más adecuado, porque es un término estrictamente técnico, creado por el derecho (el sentido jurídico de ensañamiento es más estricto que el sentido habitual), por lo que en última instancia plantea un problema de calificación, y no —o no solo— de prueba[25]. Lo que habría que mostrar es que la prueba de la intención de provocar un sufrimiento innecesario es normativa. En segundo lugar, los hechos psíquicos no son los únicos hechos que se prueban por medio de presunciones (en eso consisten los indicios-tipo) a partir de indicios, sino que esto también ocurre con hechos externos (por ejemplo, el fallecimiento de una persona desaparecida), y sería difícilmente admisible negar que éstos existan u ocurran realmente. En tercer lugar, que un hecho se pruebe por medio de presunciones no nos autoriza a decir sin más que al derecho no le interesa si en realidad ocurrió o no ni lo convierte en un hecho normativo o institucional. Esto dependerá de la presunción de la que se trate. Como sabemos, hay presunciones que se fundamentan en máximas de experiencia y buscan asegurar la verdad y presunciones que se fundamentan en la medida en que son eficaces para proteger un valor no cognoscitivo. Y, además, las presunciones pueden admitir o no prueba en contrario. Si una presunción trata de proteger un valor no cognoscitivo y no admite prueba en contrario, podríamos decir que efectivamente está prescindiendo por completo de la realidad y podemos verla como una regla constitutiva que crea un hecho institucional[26]. En caso de que su fundamento y su finalidad sea cognoscitivo y admita prueba en contrario seguramente no es lícito pensar que al derecho no le importa la realidad: le importa y quie-

---

[25]   Esto se ve de manera muy clara en los casos con jurado: los jurados se pronuncian sobre los hechos en el veredicto (por ejemplo, el magistrado-presidente les pregunta si han quedado probados los hechos de los que puede inferirse la alevosía, el ensañamiento, etc. y es en la sentencia donde el magistrado los califica como tales). Puede preguntarles, por ejemplo, si el acusado provocó a la víctima un sufrimiento innecesario. Agradezco a Mercedes Fernández López este comentario.

[26]   Véase Aguiló Regla, 2006: 25 y ss.

re asegurarla. El resto de casos (fundamento cognoscitivo sin admitir prueba en contrario y fundamento en otro valor admitiendo prueba en contrario) probablemente haya que situarlos entre uno y otro. En definitiva, debe distinguirse entre el fundamento y la finalidad de los indicios-tipo y su fuerza. Los primeros son epistemológicos; la segunda, normativa (no teórica). Mientras se mantenga un fundamento y una finalidad cognoscitiva, la prueba de estos hechos no es una cuestión desconectada de la realidad.

Las presunciones que la jurisprudencia ha ido introduciendo para la prueba de los hechos psicológicos, por lo general, son derrotables, no cubren todos los supuestos en los que necesitamos probar hechos psicológicos y, en mi opinión, se basan en máximas de experiencia. Probar esto último con carácter general (para todos los hechos mentales) excede el propósito de este artículo, pero sí lo he intentado en otros trabajos a propósito de la prueba de la intención[27]. En mi opinión, una gran mayoría de indicio-tipo para la prueba de la intención se basan en la máxima (que he llamado Principio de Racionalidad Mínima)[28] de que cuando un agente actúa intencionalmente realiza la acción que cree —a la luz de su evaluación de la situación en el momento en que actúa— más adecuada para lograr el fin que persigue. Por lo tanto, el derecho nos hace presumir que si se escogen los medios más adecuados para un determinado fin, entonces es que el sujeto quería ese fin. Aunque este argumento no es concluyentemente válido, su fuerza descansa en que la mejor explicación que tenemos de que el sujeto haya realizado las acciones A adecuadas para el fin F es que desea ese fin. Además, la validez de esta máxima descansa en nuestra experiencia: para lograr nuestros objetivos necesitamos coordinar nuestras acciones con la de otros, predecir su comportamiento, determinar si fue intencional o no, etc. Un gran número de estas atribuciones de intenciones parecen exitosas, en el sentido de que logramos ajustar nuestra conducta a la de los demás y conseguir de esa manera nuestros objetivos. Si

---

[27] González Lagier, 2013: cap. VI.
[28] González Lagier, 2013: 150 y ss.

falláramos demasiado a menudo la vida en sociedad sería imposible. Esta fiabilidad «en general», contrastada a través de nuestras experiencias, permite tener cierta confianza en nuestros criterios y procedimientos de atribución de intenciones.

IV. EL PROBLEMA DE LA RELATIVIDAD CONCEPTUAL

1. *Verdades relativas*

El siguiente problema que quisiera discutir a propósito de la relación entre prueba y verdad está en conexión con el tercer tipo de inferencia probatoria: la inferencia probatoria interpretativa. Como hemos visto, en ocasiones probar un hecho consiste en mostrar que determinados eventos pueden interpretarse (clasificarse) como un caso de uno u otro tipo de hecho. Por ejemplo, supongamos que hemos probado que todos los sujetos que desarrollaron la enfermedad S habían ingerido la sustancia C, pero no todos los que habían ingerido la sustancia C desarrollaron la enfermedad S. ¿Es C causa de S? Probar que C es causa de S requiere un concepto de causa. Dicho de otra manera, la verdad del enunciado «C es causa de S» (como la verdad de enunciados como «A tenía la intención de hacer x», «A omitió z», etc.) depende de los conceptos que aceptemos. Si esto es así, la verdad de las afirmaciones sobre un hecho (y, por tanto, que lo consideremos probado o no) es relativa a la red conceptual con la que tratamos de comprender el mundo. «Qué verdades haya depende de qué conceptos empleemos», dice Jesús Mosterín[29]. Esto plantea inmediatamente un problema de objetividad: si los conceptos varían, el resultado de la prueba varía. Con las mismas prue-

---

[29] Mosterín, 2003: 16. Podemos pensar en una línea continua con un extremo donde se sitúan los hechos puros (menos cargados de interpretaciones) y otro donde se sitúan los hechos con una mayor carga interpretativa. Pero en realidad no existen hechos completamente puros, porque incluso nuestras percepciones están ya mediatizadas por conceptos.

bas podemos obtener resultados probatorios distintos cambiando solamente la definición de los conceptos que usemos. «C causó S» es verdad con un concepto que asimila las relaciones causales a condiciones necesarias y no lo es con un concepto que las asimila a las condiciones suficientes. La verdad ya no depende solo de cómo es la realidad, sino también de nuestros esquemas de interpretación de la realidad. Es más, no sabemos cómo es la realidad independiente de nuestros conceptos. Y más aún, la existencia de una realidad con una estructura ontológica independiente de nuestros conceptos es algo que no podemos probar.

Esta pérdida de la objetividad afecta a la noción de verdad como correspondencia con la realidad, de una manera que el cognoscitivismo en la teoría de la prueba me parece que no ha advertido. Cuando decimos «es verdad p», siendo «p» un hecho con un grado alto de interpretación, ya no estamos diciendo sin más que en la realidad ha ocurrido un hecho «p», sino que estamos diciendo que en la realidad ha ocurrido un hecho «p» para los aceptantes del esquema conceptual x, pero no necesariamente para los aceptantes de un esquema conceptual distinto. Por tanto, un hecho puede existir bajo un esquema conceptual y no existir bajo otro. La teoría de la verdad como correspondencia debe ser reinterpretada: solo hay correspondencias una vez aceptado un esquema conceptual. Es una correspondencia «bajo un esquema conceptual». Una de las propiedades importantes del concepto tradicional de verdad como correspondencia es que la verdad aparece como única y objetiva: o hay o no hay correspondencia entre el enunciado y la realidad. Pero una «verdad» relativa a un esquema conceptual pierde esta propiedad: bajo esquemas conceptuales distintos e incompatibles entre sí podemos hablar de enunciados contradictorios que, sin embargo, son simultáneamente verdaderos (cada uno bajo su esquema conceptual). ¿En qué puede consistir, entonces, la «objetividad» del concepto de verdad, si es que retiene alguna?

2. *El realismo interno y el concepto de verdad*

Este tipo de cuestiones, de larga raigambre filosófica, ha experimentado una revitalización (hasta el punto de haberse convertido en uno de los temas centrales de la agenda filosófica actual) con la obra del filósofo Hilary Putnam. Putnam es importante para nosotros por su intento de armonizar el relativismo conceptual con un cierto grado de objetividad y por su reinterpretación en términos pragmáticos del concepto de verdad. Putnam, que había sido un realista clásico, a partir de los años 70 rechazó lo que él llamó el *realismo metafísico* y defendió un nuevo tipo de realismo (al que llamó *realismo interno* o *pragmático)*, que pretende ser una vía distinta a la del realismo tradicional y a la del relativismo cultural[30].

Putnam caracteriza el realismo metafísico a partir de tres ideas:

1) El mundo consiste en alguna totalidad determinada de objetos independientes de la mente (realismo ontológico).

2) Hay exactamente una descripción verdadera y completa de cómo es el mundo (realismo epistemológico).

3) La verdad es alguna clase de correspondencia entre palabras o pensamientos y cosas del mundo o clases de cosas del mundo (realismo semántico).

En opinión de Putnam, el realismo metafísico es erróneo porque presupone un punto de vista externo —el punto de vista «del Ojo de Dios»—, como si fuera posible una descripción del mundo desprendida de toda perspectiva. Frente a este realismo, Putnam sostiene que existen muchas formas distintas de describir e interpretar el mundo y que no podemos decir que solo una de ellas sea legítima (rechazando, por tanto, la tesis 2), lo que le lleva a sostener a su vez que los objetos y los hechos varían con las teorías o esquemas conceptuales, esto es, no existen con independencia de las teorías (rechazo de la tesis 1). Aunque existe un mundo «objetivo», éste

---

[30]　Pueden verse, entre otras, las siguientes obras: Putnam 1978, 1981, 1983, 1987 y 1990.

no posee una estructura ontológica dada, sino que ésta es construida con nuestros esquemas conceptuales: «nosotros cortamos el mundo en objetos cuando introducimos uno u otro esquema de descripción»[31].

El relativismo conceptual también parece implicar el rechazo de la teoría de la verdad como correspondencia a la manera tradicional. Puesto que no hay objetos independientes de la mente, dice Putnam, no puede haber una correspondencia entre nuestras teorías y los objetos independientes de la mente. Lo que sí hay son verdades internas a cada esquema conceptual o verdades pragmáticas.

En su opinión, estos tres postulados (relativismo conceptual, relativismo ontológico y rechazo de la teoría de la verdad como correspondencia) son necesarios para reubicar el realismo, sacándolo de su posición ingenua e introduciendo en él un necesario elemento pragmático. Pero el realismo interno tampoco es un relativismo radical según el cual el mundo es creado sin criterios por nuestra cultura. ¿Qué queda de genuino realismo en el realismo pragmático de Putnam? Queda el hecho de que, una vez elegido un esquema conceptual, qué hechos y objetos existen ya no es una cuestión de decisión, ya no es convencional. Lo único que podemos hacer es escoger las teorías y los conceptos; una vez hecho esto, la verdad deja de ser convencional y se nos impone (como explica Diéguez Lucena: «una vez elegido el marco conceptual, hay "hechos externos" que nos dicen cuáles son los objetos que hay, o dicho de otro modo, una vez elegido el marco conceptual, "los objetos caen intrínsecamente bajo ciertas etiquetas"; si elegimos utilizar el concepto de estrella tal como lo empleamos en astronomía, Sirio cae entonces, queramos o no, bajo ese concepto; la referencia no está, pues, indeterminada»[32]). Y queda también el hecho de que no todas las teorías y conceptos se ajustan a nuestras intuiciones (es decir, cualquier esquema conceptual no sirve para reconstruir nuestras

[31]   Putnam, 1981: 52.
[32]   Diéguez, 2007: 72.

intuiciones sobre el mundo) ni son adecuados para nuestros fines, porque no es la mente la que construye el mundo a partir de la nada, sino que éste es un producto de la mente y de la realidad conjuntamente.

3. El realismo pragmático en el derecho

La discusión filosófica tiene una profundidad que excede el problema de la relatividad de la prueba respecto de los conceptos usados, y además es posible que el realismo interno de Putnam sea «demasiado poco realista» para explicar cuestiones como la eficacia de las teorías científicas o el progreso científico. Aun así, puede servirnos para entender en qué pueden consistir los criterios de corrección de los conceptos que estamos discutiendo.

La idea de que un hecho exista bajo un esquema conceptual y no exista bajo otro puede parecer inicialmente muy perturbadora para el derecho. La presunción de inocencia no parece admitir que digamos «x realizó la acción A bajo este esquema conceptual, pero no bajo este otro», salvo que podamos mostrar que se trata del esquema más justificado. Pero me parece que la lección del realismo pragmático consiste en la advertencia de que la justificación de un esquema conceptual no es una cuestión absoluta (no hay una única manera de ver el mundo que sea, sin más, la mejor), sino que se trata también de una cuestión relativa: consiste simplemente en la adecuación de ese esquema conceptual para determinados fines e intereses. Dicho de otra manera, no se trata de mostrar que un esquema conceptual debe estar más justificado que otro en abstracto. Hay esquemas conceptuales que no entran en conflicto, simplemente porque los intereses o finalidades para los que tratan de ser eficaces son distintos. Lo que hay que mostrar es que se trata del esquema conceptual más justificado si se quieren alcanzar los fines que el derecho pretende alcanzar. Nuestros objetivos determinan nuestros conceptos y nuestros conceptos determinan (junto con la realidad) nuestros juicios de verdad. Esto implica dos cosas: en primer lugar, que no hay una respuesta única a la pregunta acerca de cuál es el concepto correcto de causalidad, de acción o de intención. El concepto apropiado para los científicos o los filósofos no tiene por qué serlo para el derecho. En segundo lugar, que la objetividad no consiste en la supremacía de un esquema conceptual sobre otro, sino en su adecuación a los fines que perseguimos.

El derecho pretende guiar la conducta de los individuos y para ello necesita adscribir responsabilidad por acciones realizadas por ellos en el mundo. Los conceptos que nos interesan para la prueba judicial de los hechos (acción, causalidad, intención, etc...) deben cumplir la función de mediar entre los datos empíricos ofrecidos por la realidad y las calificaciones jurídicas ofrecidas por las normas, con el fin de posibilitar la aplicación de éstas últimas. Tienen, por tanto, una finalidad que en última instancia es práctica o normativa y dependen de nuestras intuiciones normativas y valorativas acerca de cómo debe ser una adscripción de responsabilidad justa. Pero también tienen que reconstruir de una manera aceptable la realidad en la que viven los sujetos destinatarios de las normas (porque eso es parte de nuestras intuiciones acerca de cómo adscribir responsabilidad). Dicho de otra manera, estos conceptos están a medio camino entre una finalidad teórica y una finalidad práctica. Por ello, en mi opinión, tienen dos tipos de condiciones de corrección: por un lado, las que impone su pretensión de captar el mundo (o la percepción habitual en la realidad social de los hechos que pretenden definir); por otro lado, las que le impone su pretensión de servir para una adscripción justa (de acuerdo con nuestras intuiciones) de responsabilidad[33].

Esto tiene varias consecuencias. Algunas de ellas son las siguientes:

---

[33] Este último conjunto de criterios es evidente, por ejemplo, en las discusiones de los penalistas acerca de cuál es el concepto de causalidad o el de intención más adecuado: algunos se rechazan por sobreincluyentes (permiten adscribir responsabilidad en supuestos en los que nos parece contraintuitivo hacerlo), otros por infraincluyentes (no permiten adscribir responsabilidad en supuestos en los que nos parece intuitivo hacerlo), etc.

1) Podemos distinguir dos tipos de desacuerdos acerca de la definición de conceptos como los de acción, causalidad, intención, etc. en contextos jurídicos: desacuerdos puramente teóricos, acerca de cómo reconstruir el concepto correspondiente para maximizar su adecuación a la realidad; y desacuerdos valorativos, acerca de cómo construirlos para que permitan una mejor aplicación del derecho (esto es, una aplicación del mismo más ajustada a nuestras intuiciones, creencias morales, sentido del derecho, etc.).

2) Las discusiones sobre estos conceptos y teorías acaban siendo en parte dependientes de aspectos normativos o valorativos y acaban sujetas a nuestras prácticas, valores, intuiciones sobre la justicia, interpretaciones del derecho, etc. En este sentido, los hechos identificados por medio de esos conceptos son hechos normativos (recuérdese la discusión con García Amado a propósito de los hechos psíquicos), pero eso no quiere decir que sean ficciones, que dejen de ser hechos de la realidad. Su conexión con la realidad es doble: En primer lugar, una vez fijado el esquema conceptual impregnado de nuestras normas y valores (y suponiendo la posibilidad de eliminación de toda vaguedad), ya no es asunto de decisión si algo es o no una intención o una relación causal y, por tanto, tiene todavía sentido decir que esos hechos son verdaderos o falsos y que su verdad o falsedad no son simples decisiones nuestras. En segundo lugar, el derecho no puede construir conceptos totalmente desconectados de otros esquemas conceptuales: lo que entiendan por intención o por causalidad los juristas no puede ser algo irreconocible desde el punto de vista del lenguaje común.

3) Consiguientemente, los hechos identificados a partir de tales conceptos son una amalgama de cuestiones fácticas y valorativas.

4) Al estar orientados a la aplicación del derecho, las definiciones o teorías de los juristas acerca de estos conceptos no tienen por qué coincidir plenamente con las ofrecidas por los científicos, los filósofos u otras perspectivas (que han de ajustarse a una finalidad distinta). Los juristas pueden aprender de los análisis conceptuales de los filósofos aspectos muy importantes de conceptos como

acción, causalidad, etc. (sobre todo para satisfacer los criterios de corrección que tienen que ver con la adecuación a la realidad), pero estos análisis no pueden constituir la última palabra para el jurista. Son esquemas conceptuales distintos.

5) La verdad no consiste sin más en una correspondencia entre nuestras creencias y la realidad, sino en la correspondencia entre nuestras creencias y la realidad bajo un esquema conceptual justificado como el medio más eficaz para alcanzar los fines que persigue la institución que genera ese esquema conceptual.

6) Es tarea de los juristas teóricos mostrar que los conceptos de la práctica jurídica están justificados desde el anterior punto de vista.

V. EL PROBLEMA DE LA DETERMINACIÓN DEL GRADO SUFICIENTE DE APROXIMACIÓN A LA VERDAD PARA LA TOMA DE DECISIÓN

1. Qué es el estándar de prueba

Tras la valoración de la prueba, una vez realizadas las inferencias probatorias que conectan los distintos elementos de juicio con las distintas hipótesis (acusatoria y condenatoria) y una vez que se le ha asignado a cada hipótesis un distinto grado de credibilidad, podemos encontrarnos en alguna de las siguientes situaciones: que la acusación haya sido probada concluyentemente (en cuyo caso se debe condenar al acusado); que la inocencia haya sido probada concluyentemente (en cuyo caso hay que absolver al acusado); o que no haya prueba concluyente ni de una ni de otra cosa (en cuyo caso, la presunción de inocencia y su derivado el principio *in dubio pro reo*, exige la absolución). De manera que resulta obvio que la toma de decisión depende de qué se entienda por «concluyente». El criterio que nos permite decir cuándo una prueba es concluyente, o suficiente para condenar, es lo que los teóricos de la prueba han llamado «estándar de prueba».

Es importante distinguir entre la función de los criterios de valoración racional de la prueba y el estándar de prueba. La valoración de la inferencia probatoria por medio de los criterios de racionalidad epistemológica sirve a la finalidad —con las excepciones de las que ya hemos hablado— de determinar qué hipótesis es la más fundada a la luz de los elementos de prueba. Se trata de un instrumento para comparar el grado de fundamentación de distintas hipótesis acerca de cómo ocurrieron ciertos hechos. Si nuestra intención es escoger la hipótesis más probablemente verdadera, debemos escoger aquélla a la que apuntan los criterios de racionalidad epistemológica. Pero, como ya hemos dicho, nuestra conclusión siempre podrá estar equivocada, dado que tales criterios nunca nos proporcionan total certeza: la credibilidad de una hipótesis es una cuestión de grado. La determinación de cuáles son los criterios de valoración de la prueba que nos permiten una mayor aproximación a la verdad es una cuestión epistemológica. El estándar de prueba, por su parte, tiene la función de señalar a partir de qué umbral podemos considerar que el grado de credibilidad de una hipótesis es suficiente como para basar en ella la decisión. Si al derecho simplemente le interesara adoptar la decisión basándose en la hipótesis que con más probabilidad es verdadera, el estándar de prueba no sería necesario (o simplemente vendría a decir que debe aceptarse la hipótesis mejor confirmada, como ocurre con el estándar de la probabilidad prevaleciente que se aplica en el proceso civil). Pero la presunción de inocencia tiene su fundamento en la idea de que es más grave el error de declarar culpable a un inocente que el contrario, por lo que exige minimizar el riesgo de falsas condenas (aun a costa de aumentar el riesgo de falsas absoluciones). De manera que es necesario establecer un estándar de prueba más elevado, que le asegure al imputado que no va ser condenado simplemente porque la hipótesis acusatoria es más probable que el resto de hipótesis, sino porque lo es por encima de cierto umbral, que haga difícil (aunque nunca hará imposible) un error en la condena. Establecer este umbral no es una cuestión epistemológica (aunque tiene una consecuencia epistemológica: si se supera el estándar, estaremos más seguros de la verdad de la acusación), sino política y moral: una determinada distribución de los riesgos del error.

En palabras de Marina Gascón:

> En una decisión probatoria hay dos errores posibles:
>
> – Error 1: Aceptar como verdadero (o dar por probado) lo que es falso.
>
> – Error 2: No aceptar como verdadero (o dar por no probado) lo que es verdadero.
>
> No cabe duda de que una decisión jurídica basada en una tesis fáctica errónea (sea por el Error 1 o por el Error 2) afecta derechos o intereses y/o defrauda expectativas legítimas [...].
>
> En definitiva, un estándar de prueba específico se construye decidiendo cuál de los dos errores posibles se considera preferible o más asumible [...] y en qué grado estamos dispuestos a asumirlo. Y ésta es, en última instancia, una elección política o valorativa[34].

2. El problema de la objetividad

Es una tesis aceptada por todos los teóricos de la prueba cognoscitivistas o racionalistas que para que un estándar de prueba pueda cumplir satisfactoriamente su finalidad debe tratarse de un estándar objetivo, es decir, debe estar formulado de manera que la determinación de si se ha cumplido o no sea independiente de las actitudes subjetivas del juzgador. Sin embargo, los estándares de prueba penales con los que cuentan la mayoría de los sistemas jurídicos no satisfacen este requisito. Los estándares de la duda razonable (que tiene su origen en los países anglosajones) y el de la íntima convicción (característico de los sistemas continentales europeos) no son objetivos, en el sentido de que remiten a actitudes del juzgador no controlables intersubjetivamente. A falta de una mayor precisión del estándar (concretando qué es «una duda razonable» o en qué consiste «estar convencido»), si el juez o el jurado creen que tienen una duda razonable, o si no se sienten completamente convenci-

---

34   Gascón Abellán, 2005: 131.

dos, el estándar de prueba no queda superado. Y, por el contrario, si creen haber eliminado todas las dudas razonables o haber alcanzado una total convicción (que nunca será más que una forma de hablar, porque la convicción absoluta no puede alcanzarse en este ámbito), entonces el estándar de prueba se ha superado. Precisamente la doctrina y la jurisprudencia española ha entendido que mientras la presunción de inocencia, entendida como regla probatoria, establece un requisito objetivo de las sentencias condenatorias, el *in dubio pro reo* establece una condición subjetiva[35]. Pero esta interpretación psicologista (1) es injusta y desigualitaria, pues no trata igual a los casos semejantes (con los mismos o semejantes elementos de juicio un juez o jurado puede condenar y otro absolver); (2) no permite un control real de la decisión, pues es el propio juzgador el que decide si tiene o no una duda razonable o si está plenamente convencido (esto es así hasta el punto de que el Tribunal Supremo ha señalado en ocasiones que solo se puede admitir el control de las posibles vulneraciones del principio *in dubio pro reo* cuando el órgano sentenciador ha expresado sus dudas respecto de algún hecho relevante y aun así ha condenado: se trata, por tanto, de un derecho a que se absuelva si hay expresamente duda, pero no un derecho a que se dude[36]); y (3) es irracional, en el sentido de que es indiferente (dada la falta de controles) si el convencimiento del juzgador se basa o no en criterios racionales.

En palabras de Larry Laudan, quien ha sido uno de los principales críticos del estándar de la duda razonable:

> Aparentemente, todo lo que importa es si habiendo oído todas las pruebas, la creencia de los jurados es firme y sólida. Y si no es así, entonces debe votar la absolución. Los jueces ni tan siquiera explican a los jurados lo que significa tener una duda razonable, manteniendo de manera vergonzosa que esta noción es auto-evidente [...]. Básicamente, en estas circunstancias, la duda razonable queda reducida a cualquier duda que un jurado quiera utilizar para absolver a alguien[37].

---

[35] Fernández López, 2005: 162 y ss.
[36] Fernández López, 2005: 175 y 176.
[37] Laudan 2005: 100.

3. Algunos intentos de solución

Para superar el problema de la subjetividad del estándar de prueba se han ofrecido varias formulaciones alternativas. Una primera posibilidad consiste en tratar de cuantificar el grado de credibilidad de las hipótesis, esto es, encontrar un método para expresar matemáticamente la confianza que tenemos en una hipótesis (Susan Haack ha llamado «Probabilismo jurídico» al intento de hacer esto en el ámbito de la prueba judicial). Si esto fuera posible, si fuera posible de una manera objetiva cuantificar matemáticamente el apoyo que los elementos de juicio prestan a la hipótesis que se quiere probar (si pudiéramos decir, por ejemplo, que dadas tales pruebas la hipótesis queda confirmada en un 70% o un 90%, por ejemplo), entonces podría establecerse un estándar de prueba objetivo: habría que decidir si en el 90%, en el 95%, en el 87% o en la probabilidad que fuera, pero podríamos objetivizar el estándar de prueba.

El problema de este intento de ofrecer un estándar objetivo es que no se cuenta con instrumentos satisfactorios para hacer este cálculo. Los intentos de aplicar el Teorema de Bayes al cálculo del grado de credibilidad de una hipótesis (que son los intentos más serios del «probabilismo jurídico») parecen suscitar enormes dificultades. El Teorema de Bayes afirma que la probabilidad de un evento H, dado un evento E, puede determinarse en función de la frecuencia estadística con la que dado H se verifica E y de la probabilidad atribuida precedentemente al evento H (esto es, sin contar con el evento E)[38]. Esto es, permite medir el impacto que una de-

---

[38]   La fórmula correspondiente al teorema de Bayes es la siguiente: $P(H/E)=P(E/H) \times P(H)/P(E/\text{-}H)$; se lee como sigue: la probabilidad de que la hipótesis H sea verdadera si tenemos el elemento de juicio E es igual a la probabilidad de que el elemento de juicio E sea verdad si la hipótesis H es verdad, multiplicado por la probabilidad de que la hipótesis H sea verdad al margen de dicho elemento de juicio (probabilidad inicial), dividido por la probabilidad de que se dé E si H no es verdad. Por ejemplo, la probabilidad de que Pedro sea el asesino dado que poseía el arma homicida es igual a la probabilidad de que tuviera el arma homicida si fuera el asesino, multiplicada por la probabilidad

terminada prueba (o un conjunto de ellas) tiene sobre la probabilidad atribuida inicialmente (antes de esa prueba) a una hipótesis. El modo de proceder para su uso como estándar de prueba consistiría en establecer en primer lugar cuál es la probabilidad *a priori* que se asigna a la hipótesis de la culpabilidad y la aplicación de la fórmula indicará, dado el impacto de las nuevas pruebas, cuál es la probabilidad *a posteriori* de esa hipótesis. Si hemos establecido el estándar de prueba en un 95%, por ejemplo, lo habremos superado si la probabilidad *a posteriori* es igual o mayor. ¿Cómo asignamos la probabilidad *a priori*? En algunos casos es posible tener datos estadísticos que nos permitan esta asignación inicial de probabilidad, pero en la inmensa mayoría de los casos la asignación de la probabilidad *a priori*, que determina finalmente la *probabilidad a posteriori*, es totalmente subjetiva[39]. Con ello, el estándar de prueba construido de esta manera no supera el problema de la subjetividad, sino que solo lo traslada a otro momento.

Antes hemos visto que el estándar de prueba de la duda razonable (o el de la íntima convicción) planteaba tres problemas: a) era desigualitario, pues ante las mismas pruebas, jueces distintos pueden tener o no una duda razonable; b) no permitía el control, pues dada su subjetividad y la falta de precisión del estándar, basta con que el juez diga que ha tenido una duda razonable y c) era irracional, al no poderse controlar que la duda estuviera basada en criterios racionales. Pues bien, la «inferencia bayesiana» incurre en estos mismos tres problemas:

a) No respeta el principio de igualdad: es perfectamente posible que dos jueces distintos hayan asignado probabilidades iniciales distintas a la hipótesis a probar (precisamente, lo raro sería lo contrario), de manera que aunque valoren los mismos elementos de juicio,

---

[39] *a priori* (sin ese elemento de juicio) de que fuera el asesino, dividida por la probabilidad de que tuviera el arma homicida si no fuera el asesino.
    Larry Laudan 2005: 100 y 101. Para una crítica a los problemas generados por la aplicación del Teorema de Bayes a la prueba judicial puede verse Taruffo, 2002: 193 y ss. Véase Haack, 2013; Pardo, 2013; y Ferrer, 2007: 108 y ss.

las probabilidades finales serán también distintas (los partidarios de la «inferencia bayesiana» suelen creer que aunque las asignaciones iniciales de probabilidad subjetiva de un grupo de individuos sean distintas, acaban convergiendo ante las pruebas que vayan surgiendo, pero esto dista mucho de estar probado[40]).

b) No permite el control, dado que legitima que la asignación de la probabilidad *a priori* sea subjetiva (una «corazonada»).

c) Es irracional en un sentido relevante, puesto que no controla qué criterios usan los jueces para la asignación inicial de probabilidad. Como señala De Finetti-Savage, esta teoría de la inferencia probatoria «enseña únicamente a extraer conclusiones coherentes respecto de los juicios de partida, cualesquiera que estos sean (por ello no tiene ni siquiera sentido preguntarse si éstos son en sí mismos más o menos "sensatos" o, aún peor, "correctos o equivocados"). Podría aplicarla correctamente también un supersticioso que atribuyera elevadas probabilidades a la ocurrencia de ciertas predicciones o presentimientos»)[41].

Pero, además de los anteriores problemas planteados por la aplicación del Teorema de Bayes a la inferencia probatoria, hay uno que tiene una relación directa con la presunción de inocencia y que es suficiente por sí solo para descartarlo en el proceso penal: la presunción de inocencia exige que no se asigne ninguna probabilidad a la hipótesis de la culpabilidad antes de haber analizado las pruebas. Luego tomarse en serio la presunción de inocencia exigiría que la probabilidad *a priori* asignada a la hipótesis de la culpabilidad sea 0 o, al menos, muy baja (en caso contrario, el juez o jurado tendría un prejuicio contra el acusado). Pero entonces la aplicación del Teorema haría que la probabilidad *a posteriori* fuera también 0 o muy baja. Ningún elemento de juicio, por potente que fuera, podría funda-

---

[40] Laudan, 2005: 101.
[41] Citado en Ferrer, 2007: 112.

mentar una hipótesis de culpabilidad[42]. Esto descarta totalmente la posibilidad de aplicar un estándar de prueba *bayesiano* en el proceso penal.

Ante el fracaso del intento de expresar el grado de credibilidad de una hipótesis de un modo matemático (salvo como mera metáfora), se han propuesto otras formulaciones para el estándar de prueba. Tres de las más importantes y recientes han sido las siguientes:

a) Una condena está justificada si a) la hipótesis de la culpabilidad puede explicar la mayor parte de los hechos más importantes del caso y b) la hipótesis de la inocencia no puede dar cuenta de ninguna prueba importante que no haya logrado explicar la hipótesis de la culpabilidad (Laudan)[43].

b) 1) La hipótesis debe tener un alto nivel de contrastación, explicar los datos disponibles y ser capaz de predecir nuevos datos que, a su vez, hayan sido corroborados. 2) Deben haberse refutado todas las demás hipótesis plausibles explicativas de los mismos datos que sean compatibles con la inocencia del acusado, excluidas las meras hipótesis ad hoc (Jordi Ferrer)[44].

c) El estándar de prueba consiste en optar por la hipótesis que mejor explique los hechos probatorios o elementos de juicio, esto es, la hipótesis más plausible (R. Allen y M. Pardo)[45]. Desde este punto de vista, la inferencia probatoria es una «inferencia de la mejor explicación» o abducción.

Sin embargo, ninguno de estos criterios está libre de problemas. Algunos de ellos son los siguientes:

a) La primera es que todos estas formulaciones incluyen expresiones cargadas de vaguedad, como «hechos más importantes del

---

[42]   Laudan, 2005: 101; Ferrer 2007: 119. Si la probabilidad incicial es 0 el teorema de Bayes diría que $P(H/E) = P(E/H) \times 0/P(E/-H)$, lo cual, obviamente, es 0.

[43]   Laudan, 2011: 8.

[44]   Ferrer, 2013: 36.

[45]   Allen, 2013: 56.

caso», «prueba importante» (Laudan), «alto nivel de contrastación», «hipótesis plausibles» (Ferrer), «mejor explicación» (Allen y Pardo). Por supuesto, hay que reconocer que suponen un avance importante en la reducción de la vaguedad frente a los estándares tradicionales de la duda razonable y la íntima convicción, pero al mantener todavía un grado elevado de imprecisión (probablemente ineliminable), corren el peligro de la subjetivización[46]: la vaguedad, unida a la necesidad de decidir, conduce a la necesidad de apreciación subjetiva. Por otra parte, lo que necesitamos para establecer un estándar de prueba es un umbral todo o nada, lo que el uso de expresiones con este tipo de vaguedad (vaguedad por graduabilidad) hace imposible.

b) La segunda dificultad que plantean estas formulaciones (al menos, las dos primeras) es que, al haberse inspirado en los estándares propuestos en el ámbito científico, acaban siendo demasiado exigentes (probablemente, incluso para la ciencia). Pensemos, por ejemplo, en el requisito de eliminar *todas* las hipótesis alternativas. Como recuerda Bayón, en el contexto de la prueba judicial la posibilidad de someter a contrastaciones empíricas las hipótesis rivales (algo necesario para eliminarlas) está —por razones institucionales— muy limitada en comparación con lo que ocurre en el contexto científico, y las «máximas de experiencia» (incluso las que pueden considerarse sólidamente fundadas en una inducción ampliativa) «establecen asociaciones entre dos fenómenos con un grado de probabilidad que no es comparable al de las leyes naturales». Por ello, la circunstancia normal será la coexistencia de varias hipótesis plausibles.

c) Queda entonces el recurso a escoger aquélla hipótesis que explique mejor los datos probatorios, pero entonces el problema parece ser el contrario: resulta un criterio demasiado poco exigente para el derecho penal: supongamos dos hipótesis h1 y h2; el juzgador puede considerar que h1 explica mejor los datos probatorios

---

[46]   Fernández López, 2009: 98; Bayón 2008: 32.

que h2, pero aun así puede ser que h1 no sea lo suficientemente buena como para condenar, en virtud del principio *in dubio pro
reo*. Supongamos ahora dos hipótesis h1 y h2; ambas son hipótesis
razonables, aunque h1 es mejor; ahora bien, si no hay mucha diferencia entre una y otra hipótesis (aunque una sea mejor), entonces,
de nuevo por el mismo principio, debe absolverse[47]. Es decir, la
selección de la hipótesis que ofrece una mejor explicación de los
datos probatorios no excluye la necesidad de un estándar de prueba
adicional.

d) Dado que los anteriores criterios no son aptos para establecer
un «umbral» (bien por su vaguedad por graduabilidad, bien porque
sus exigencias no pueden ser satisfechas plenamente en el marco del
proceso judicial), cabe verlos más bien como criterios racionales de
valoración de la prueba. Pero entonces, se trata de criterios para
minimizar el error: su mejor utilidad consiste en decirnos cuál de
varias hipótesis en conflicto está mejor fundada, pero eso es insuficiente si lo que queremos es distribuir el error de manera que se
minimicen las falsas condenas. Escoger la hipótesis más probable
hace correr a ambas partes con el riesgo del error de una manera
igualitaria.

Consideraciones como las anteriores han llevado a autores como
Mercedes Fernández López y Juan Carlos Bayón a la conclusión de
que la protección de la presunción de inocencia nos lleva a la necesidad de reforzar las reglas de prueba. En palabras de Fernández
López: «Aunque creo inviable una concreción de la regla [que establece el estándar de prueba] con validez para todos los casos, sí es
posible concretar su alcance poniéndola en relación con los medios
de prueba que ha de valorar el juez indicando en cada caso cuáles
han de ser los requisitos que éstos han de reunir para constituir
prueba de cargo suficiente para condenar»[48]. Y en palabras de Juan
Carlos Bayón: «si el estándar de prueba no es capaz de distribuir

---

[47]   Laudan, 2007.
[48]   Fernández López 2007: 3

adecuadamente el riesgo del error, no intentar hacerlo mediante reglas concretas (de admisibilidad de elementos de prueba, sobre la carga de la prueba, que condicionen el valor de ciertos medios de prueba a su corroboración por otro medio de prueba distinto, etc.) puede acabar equivaliendo a no contar el valor de ese fin ninguna vez». La sugerencia de estos autores consiste, por tanto, en reforzar el primer (selección de las pruebas) y segundo momento de la decisión (valoración de las pruebas), al no poder contar con un estándar de prueba suficientemente robusto en el tercero (toma de decisión, propiamente)[49].

La construcción de estas reglas no es, sin embargo, nada fácil, porque deben evitarse tres peligros: (a) deben tener suficiente flexibilidad como para no incurrir en un nuevo sistema de pruebas rígidamente tasadas, (b) pero deben evitar también un lenguaje excesivamente vago e impreciso que, de nuevo, haga imposible el control intersubjetivo de la decisión y (3) deben ser algo más que meros criterios para determinar qué hipótesis está mejor fundada (porque si se limitan a eso, como, en mi opinión, ocurre con las reglas de valoración de la prueba de indicios, no pueden cumplir la función de distribución del error). Un difícil equilibrio y una tarea de todos.

---

[49] Este tipo de reglas de valoración ya han sido propuestas por el Tribunal Supremo y el Tribunal Constitucional para algunos casos, por ejemplo, para la valoración de la declaración del coimputado, la declaración de la víctima, el testimonio de referencia, etc. Para un análisis de algunas de ellas, véase Fernández López, 2009: 100.

Bibliografía

AGUILÓ REGLA, J., 1999: «Nota sobre "Presunciones", de Daniel Mendonca», en *Doxa*, 22: 649-660.

— 2006: «Presunciones, verdad y normas procesales», en *Isegoría*, 35: 9-31.

ALLEN, R.J., 2013: «Los estándares de prueba y los límites del análisis jurídico», en Vázquez, C., (ed.), *Estándares de prueba y prueba científica*. Madrid: Marcial Pons: 41-64.

ANDRÉS IBÁÑEZ, P., 1992: «Acerca de la motivación de los hechos en la sentencia penal», en *Doxa*, 12: 257-299.

BAYÓN, J.C., 2008: «Epistemología, moral y prueba de los hechos. Hacia un enfoque no benthamiano», en *Analisi e Diritto*: 15-34.

BELLOCH JULBE, J.A., 1992: «La prueba indiciaria», en *Cuadernos de Derecho Judicial*, XIII: 44-47.

DIÉGUEZ, A., 2007: «La relatividad conceptual y el problema de la verdad: bases para un realismo ontológico moderado», *Contrastes*, Vol. XII: 71-91.

FERNÁNDEZ LÓPEZ, M., 2005: *Prueba y presunción de inocencia*. Madrid, Iustel.

— 2007: «La valoración de pruebas personales y el estándar de la duda razonable», en *Cuadernos Electrónicos de Filosofía del Derecho*, núm. 15. Disponible en http://www.uv.es/cefd/15/fernandez.pdf

— 2009: «La valoración judicial de las pruebas declarativas», en *Jueces para la democracia*, núm. 64: 95-116.

FERRER, J., 2007: *La valoración racional de la prueba*. Madrid: Marcial Pons.

— 2013: «La prueba es libertad, pero no tanto. Una teoría de la prueba cuasibenthamiana», en VÁZQUEZ, C. (ed.) *Estándares de prueba y prueba científica*. Madrid: Marcial Pons: 21-40.

GARCÍA AMADO, J.A., 2013: «¿Hay en materia de hechos y de su prueba una única respuesta correcta en Derecho?», en http://garciamado.blogspot.com.es/2013/05/hay-en-materia-de-hechos-y-de-su-prueba.html.

GASCÓN ABELLÁN, M., 1999: *Los hechos en el Derecho*. Madrid: Marcial Pons.

— 2003: «Concepciones de la prueba», en *Discusiones*, 3: 43-56.

— 2005: «Sobre la posibilidad de formular estándares de prueba objetivos», en *Doxa*, 28: 128-139.

GONZÁLEZ LAGIER, D., 2013: *Quaestio facti. Ensayos sobre prueba, causalidad y acción*. México: Fontamara.

HAACK, S. 2013: «El probabilismo jurídico. Una disensión metodológica», en VÁZQUEZ, C., (ed.), *Estándares de prueba y prueba científica*. Madrid: Marcial Pons, 2013: 65-98.

LAUDAN, L., 2005: «Por qué un estándar de prueba subjetivo y ambiguo no es un estándar», *Doxa*, 28: 96-113.

- 2007: «Aliados extraños. La inferencia a la mejor explicación y el estándar de prueba penal», en *Problema. Anuario de Filosofía y Teoría del Derecho,*
  núm. 1: 305-327.
- 2011: «Is it Finally Time to Put "Proof Beyond a Reasonable Doubt" Out
  to pasture?», en *Public Law and Legal Theory Research Paper Series,* Núm.
  194: 1-24.

LAURENZO COPELLO, P., 1999: *Dolo y conocimiento.* Valencia: Tirant lo Blanch.

MENDONCA, D., 1998: «Presunciones», en *Doxa,* 21-I: 83-98.

MIRANDA ESTRAMPES, M., 1997: *La mínima actividad probatoria en el proceso penal.*
Barcelona, Bosch.

MOSTERÍN, J., 2003: *Conceptos y teorías en la ciencia.* Madrid: Alianza.

PARDO, M.S., 2013: «Estándares de prueba y teoría de la prueba», en VÁZQUEZ,
C., (ed.), *Estándares de prueba y prueba científica.* Madrid: Marcial Pons, 2013:
99-118.

PEÑA, L. y T. AUSÍN, 2001: *La inferencia de hechos presuntos en la argumentación pro-
batoria,* Digital. CSIC —Consejo Superior de Investigaciones Científicas—.
Recuperada en agosto 2, 2012, del sitio Web temoa: Portal de Recursos
Educativos Abiertos (REA) en http://www.temoa.info/es/node/372238

PUTNAM, H., 1978: *Meaning and the Moral Sciences.* Routledge & Kegan Paul.
- 1981: *Reason, Truth and History.* Cambridge: Cambridge University Press.
- 1983: *Realism and Reason. Philosophical Papers,* vol. 3. Cambridge: Cambridge University Press.
- 1987: *The Many Faces of Realism.* La Salle, Ill: Open Court.
- 1990: *Realism with a Human Face.* Cambridge, Mass.: Harvard University.

RAGÚES, R., 1999: *El dolo y su prueba en el proceso penal.* Barcelona: Bosch.
- 2002: «Consideraciones sobre la prueba del dolo», en *La Ley,* año XXIII,
  núm. 5633: 1891-1898.

TARUFFO, M., 2002: *La prueba de los hechos.* Madrid: Trotta.

TWINING, W., 1994: *Rethinking Evidence. Exploratory Essays.* Evanston, Illinois:
North-Western University Press.

¿Verdad o prueba?: el veredicto penal[*]

BERNARD. S. JACKSON

I. INTRODUCCIÓN

En este artículo trataré de desarrollar el análisis semiótico del veredicto de «no culpable» que realicé en un trabajo anterior[1] (II-III); y vincularé este análisis, por una parte, con un argumento de teoría del derecho acerca del estatus de los hechos probados en el proceso (IV) y, por otra parte, con el debate filosófico sobre la naturaleza de la «verdad» (V)[2]. Huelga decir que una cuestión central en este análisis es la relación entre el lenguaje y la «realidad», una relación que se discute habitualmente en la semiótica como un problema acerca de la conceptualización de la «referencia». A pesar de que en este artículo me enfocaré primordialmente en la construcción de los conceptos «culpable» y «no culpable», de tal manera que el análisis semiótico se centrará principalmente en el eje «paradigmático» del significado (que aparece en el cuadrado semiótico), es posible advertir que hay una estrecha relación en las diferencias que existen entre la construcción de un concepto y la pragmática del discurso. Es decir, quién construye los conceptos y con qué propósitos (VI). Detrás de toda esta formación de conceptos —sostengo— residen narrativas implícitas de la pragmática.

---

[*] Este artículo ha sido originalmente publicado en: *International Journal for the Semiotics of Law*, vol. XI, núm. 33, 1998: 227-273, con el título «Truth or Proof?: The Criminal Veredict». Traducido del inglés por Raymundo Gama Leyva. Relectura: Germán Sucar y Jorge Cerdio.

[1] Jackson, 1995: 26-30.

[2] Estas secciones ofrecen un análisis semiótico más sistemático del material discutido, principalmente desde la perspectiva de Bentham, en el artículo: Jackson, 1998a.

Para desarrollar estos puntos tomaré como referencia un conocido caso judicial que tuvo lugar en Inglaterra. El 22 de abril de 1993,
Stephen Lawrence, un joven de raza negra de 18 años, fue víctima
de homicidio en una parada de autobús ubicada en la zona sureste de
Londres. Este hecho ocurrió en un barrio conocido por sus grafitis
y por sus ataques racistas en contra de los residentes de raza negra
y asiática. Dentro de las cuarenta y ocho horas posteriores al apuñalamiento, la policía recibió una denuncia anónima con los nombres
de un grupo de jóvenes blancos que había estado involucrado en el
homicidio; en los días siguientes, la gente de la zona mencionó estos
nombres en distintas ocasiones. Con posterioridad, la policía realizó una rueda de reconocimiento —un amigo de Stephen Lawrence
había estado con él en el momento del homicidio— pero los resultados fueron inconsistentes. Seguidamente, y derivado de investigaciones policiales ulteriores, dos jóvenes blancos fueron imputados
de homicidio en mayo y junio de 1993 respectivamente. Sin embargo, a finales de julio de 1993, la policía manifestó al tribunal que
no había pruebas suficientes para sustentar el caso. Al parecer, los
jóvenes se habían negado a responder a las preguntas de la policía.
Como consecuencia de lo anterior, los cargos fueron retirados sin
que ninguno de los jóvenes fuera a juicio.

En abril de 1994, un año después del homicidio, la familia estaba
completamente decepcionada por la falta de avance en el caso e
inició una acusación particular por homicidio en contra de cinco
jóvenes (incluyendo a dos de las personas que originalmente habían
sido imputados por la policía). Después de un tiempo, la acusación
particular llegó a la etapa conocida como «comittal stage»*, en la cual
se retiraron los cargos contra dos de los cinco jóvenes sobre la base
de que no había pruebas suficientes de que estuvieron en el lugar de

---

* N. del T.: se trata de una audiencia preliminar en la que el imputado se puede
declarar no culpable frente al juez (*Magistrate*), donde éste último puede declinar su competencia y donde el imputado puede optar por ser juzgado por la
Crown Court o cuestionar la admisibilidad de la prueba de cargo ofrecida.

los hechos. Los otros tres acusados (incluyendo a los dos a quienes la policía había imputado inicialmente, pero cuyos cargos se habían retirado) fueron llevados a juicio. El juicio se llevó a cabo en abril de 1996, en *Old Bailey**. El juez determinó que las pruebas de identificación eran poco confiables e inadmisibles[3]. Como consecuencia de lo anterior, los tres acusados fueron absueltos (declarándoselos «no culpable»), por instrucciones del juez.

Pero este no fue el final de la cuestión. En febrero de 1997, la investigación original se reanudó en el *Southwark Coroner's Court*. Se requirió a los cinco jóvenes para que presentaran pruebas, a pesar de que su abogado argumentó que un tribunal de esa naturaleza «no debía utilizarse para rectificar las deficiencias observadas en un proceso penal». Asesorados por sus abogados, los cinco jóvenes se negaron a responder preguntas cuando subieron al estrado. Hicieron valer el privilegio del *common law* a negarse a responder a preguntas que pudieran incriminarlos. Al cierre de la investigación, el jurado llegó al veredicto unánime de que Stephen Lawrence había sido privado de la vida de manera ilícita en un «ataque racista, sin provocación [de la víctima], por parte de cinco jóvenes blancos». Esta decisión fue respaldada por el *Coroner**. Sin embargo, en el veredicto de la investigación no se estableció jurídicamente la identidad de los autores del crimen. En consecuencia, el *Coroner* hizo un llamamiento público para evitar cualquier ataque físico en contra de los testigos y ordenó que no fueran difundidos los nombres de las personas que se habían negado a responder preguntas, a pesar de que los jóvenes no podían volver a ser juzgados. Los ánimos de la comunidad se caldearon.

---

* N. del T.: el *Central Criminal Court* en Inglaterra y Gales es conocido con el nombre de «*Old Bailey*» por el nombre de la calle en la que se encuentra ubicado dicho tribunal.

[3] Se pueden ver los detalles en la carta de Mr. Ronald Thwaites QC, *The Times*, 17.02.97.

* N. del T.: funcionario de la justicia británica que investiga los casos de muerte violenta, repentina o sospechosa y los accidentes, con presencia indispensable del cadáver.

El veredicto de la investigación sobre la muerte de Stephen Lawrence atrajo una gran atención mediática. Se decía que la gente que vivía en esa zona sabía quién era el responsable: el sistema jurídico estaba dispuesto a aceptar que un joven de raza negra había sido privado de la vida por una pandilla de jóvenes de raza blanca, racistas, pero no estaba dispuesto a responsabilizar a los integrantes de la pandilla. El periódico The Daily Mail[4], trató de forzar la situación. El 14 de febrero de 1997, un día después de que se pronunciara el veredicto de la investigación —y a pesar de la orden del juez de no identificar a los testigos en la investigación— el periódico publicó en primera plana los nombres y las fotografías de los cinco jóvenes blancos tildándolos de «homicidas» y desafiándolos a demandar al periódico por difamación. Al parecer tal demanda no fue planteada[5]. Al momento de escribir este artículo (julio de 1998) se encontraba en curso una nueva investigación sobre el caso. La policía pidió disculpas por su conducta en la investigación. Los jóvenes blancos fueron citados nuevamente a declarar, pero fueron protegidos frente a preguntas relacionadas con su participación en los hechos. Adicionalmente, los jóvenes emitieron un comunicado de prensa proclamando su inocencia.

¿Qué significado deberíamos atribuir a «no culpable» en veredictos como los que se pronunciaron en este caso en el tribunal de Old Bailey en abril de 1996? Si decimos, al igual que la familia de la víctima, que dicha expresión se refiere únicamente a las pruebas pero no a la verdad (es decir, que las pruebas nos dicen más acer-

---

[4]   El periódico The Times informó más tarde que Paul Dacre, editor de The Daily Mail tenía un interés personal en el caso Lawrence. Esta persona había contratado al padre de Stephen para llevar a cabo algunos trabajos de yesería en su casa. El señor Lawrence había contactado al señor Dacre para asegurarse de que el caso sería tratado con consideración.

[5]   Los demandantes no podrían recibir asistencia jurídica gratuita. Además, en ese caso no podrían haberse negado a presentar pruebas. Por otra parte, el periódico podía utilizar todas las pruebas utilizadas en los juicios anteriores para sustentar sus pretensiones (en el balance de probabilidades), inclusive algunas pruebas que habían sido excluidas por razones jurídicas. Véase la nota 12, infra.

ca de la investigación policial que sobre lo que realmente ocurrió el veintidós de abril de 1993), ¿no deberíamos adoptar entonces esta posición en lo que respecta al veredicto de «no culpable»? De hecho, este es el punto de vista habitual entre los profesionales del derecho. Sin embargo, recientemente esta posición ha generado algunas controversias.

II. EL DEBATE MODERNO SOBRE EL VEREDICTO DE «NO CULPABLE» EN INGLATERRA Y ESCOCIA

Uno de los jueces ingleses de más alto rango, ya retirado, ha argumentado que el veredicto de «no culpable» debería ser eliminado porque genera la percepción errónea de que el acusado es inocente. Lord Donaldson de Lymington, quien fuera *Master of the Rolls*[6], escribió en la prensa[7]:

> El veredicto de «no culpable» no dice nada acerca de la inocencia. Simplemente dice que el jurado no estaba completamente seguro de que el acusado cometió el crimen.

Lord Donaldson afirmó que conocía, «por experiencia propia», que muchos de los errores judiciales que ocurren a diario se producen por la manera en que el sistema jurídico está diseñado para favorecer al acusado y que muchos acusados son considerados «no culpables» porque el jurado tenía dudas «no razonables» de su culpabilidad.

> En realidad, un veredicto de no culpable puede significar que el jurado consideró que el acusado era inocente, pero es mucho más probable

---

[6]   Años antes, Donaldson había presidido el juicio de «el cuarteto de Guildford», en el que algunas personas habían sido condenadas y sentenciadas a largas penas de prisión por un atentado terrorista, siendo liberados años después porque el Tribunal de Apelaciones [*Court of appeal*] se convenció finalmente de que las pruebas de la policía no eran muy fiables y, por lo tanto, que el veredicto debería haber sido de «no culpable».

[7]   *The Mail on Sunday*, 4 de septiembre de 1994.

que quiera decir que no estaban seguros de que fuera culpable. ¿No sería preferible que hubiera simplemente dos veredictos —«culpable» y «no
probado?[8]—[...]» La única cuestión que tiene que determinar el jurado es
si están seguros de la culpabilidad del acusado. El que sea inocente o no
es irrelevante para este propósito, y es una lástima que, por lo general,
esto no se entienda.

Antony Whitaker, un comentarista de la prensa, observó lo siguiente[9]:

> Sus observaciones ponen de manifiesto qué tan impreciso es este
> veredicto y el hecho de que no permite distinguir entre alguien que no es
> culpable, alguien que es posiblemente culpable y alguien que es proba-
> blemente culpable; por su parte, el derecho paradójicamente insiste en
> que la inocencia debe ser considerada «concluyente» en cada categoría.
> En manos de jueces y legisladores la palabra «concluyente» ha separado
> frecuentemente el derecho del sentido común, y en ningún otro caso más
> que en éste.

Lord Donaldson ha tratado de eliminar la confusión que se produce por el hecho de que el veredicto de «no culpable» puede tener
un significado para el abogado (no está probada la culpabilidad del
acusado) y otro para la gente común («realmente» inocente). Es
preferible, por lo tanto, indicar con claridad que el único significado que tiene una absolución es que no se ha acreditado la culpabilidad del acusado según los estándares jurídicos. En otros términos,
el veredicto del jurado debe entenderse *únicamente* en el seno de las
convenciones del discurso jurídico, a pesar de que un jurado lego
no forma parte del «discurso de la comunidad jurídica». Este es un
argumento muy sólido a favor de la autonomía del discurso jurídico.
Sin embargo, es un argumento parcial, pues aunque Lord Donaldson afirme que el veredicto de «no culpable» no dice nada acerca
de la inocencia, él no pretende decir que el veredicto de «culpable»
no dice nada acerca de la culpabilidad. Por el contrario, dicho veredicto supone una afirmación muy fuerte respecto de la culpabilidad

---

[8]   En Estados Unidos y a propósito de la propuesta para introducir el veredicto
«no probado», véase Dershowitz, 1996: 38-39.

[9]   «Should We Lose Our Innocence?», *The Times*, 6 de septiembre de 1994.

real: no se limita a decir que un tribunal ha encontrado pruebas más allá de toda duda razonable, sino que afirma que esas pruebas, si bien no son concluyentes respecto de la culpabilidad real (si así fuera una apelación no podría prosperar), al menos son suficientes para justificar el castigo. Cabe señalar que a pesar de que Lord Donaldson sustituye «no culpable» por «no probado», no sugiere que «culpable» sea sustituido por «probado» (de hecho, tampoco precisa si considera que la «presunción de inocencia» es una expresión poco apropiada: en ese orden de ideas, ¿realmente debería ser ésta una «presunción de no probado»?).

La opinión de Lord Donaldson de inmediato fue cuestionada por un destacado comentarista académico, el profesor Michael Zander[10].

> El veredicto de «no probado», pone en el mismo saco dos categorías, la de aquellos que son inocentes y la de aquellos cuya culpabilidad está en duda. Yo preferiría que se agruparan en la categoría de «no culpable» en lugar de introducir absoluciones de segunda clase que vendrían a significar que el inocente se iría del tribunal manchado con una sospecha de culpabilidad.

Evidentemente, desde el punto de vista *jurídico*, no hay tal cosa como un acusado absuelto que sale del tribunal «manchado con una sospecha de culpabilidad». Con independencia de la denominación que se quiera dar al veredicto, la absolución hace que el acusado sea inmune a cualquier acción penal por ese delito. Es en la esfera social en donde puede pensarse que el acusado cuya responsabilidad no ha sido «probada» sale «manchado con sospecha de culpabilidad». Por lo tanto, la crítica de Zander supone (con razón) que no podemos limitar el veredicto del jurado al sistema de significados del discurso jurídico: al ser transmitido a la opinión pública, su significado ne-

---

[10] Como lo señala Whitaker 1994 (ver nota 9), Zander fue miembro de la *Royal Comission*, la cual fue establecida para proponer reformas en el sistema de justicia penal tras una serie de conocidos errores judiciales. El que las propuestas de esa comisión fracasaran es otra historia.

cesariamente se construirá a partir del sistema de significados del discurso coloquial.

Adicionalmente, el caso de Stephen Lawrence muestra que incluso después de un veredicto de «no culpable», los acusados que han sido absueltos pueden salir del proceso «manchados con la sospecha de culpabilidad» ante los ojos de una gran parte de la opinión pública. Esto fue lo que ocurrió en el juicio en contra de O. J. Simpson. Sin embargo, esto no invalida la crítica de Zander. Mientras que un veredicto de «no culpable» generalmente incorpora pretensiones de verdad (es decir de inocencia) en el discurso coloquial, un veredicto de «no probado» no incorpora tales pretensiones. Este es precisamente el tipo de pretensiones de verdad en el discurso coloquial que Lord Donaldson trata de evitar.

La situación es distinta en Escocia. Allí, el sistema admite tres posibles veredictos: «culpable», «no probado» y «no culpable». De ello se desprende que el significado de «no culpable» es diferente en las dos jurisdicciones, a pesar de que (i) el término «culpable» puede significar lo mismo en las dos jurisdicciones (es decir, «probado más allá de toda duda razonable»), y de que (ii) en cada sistema, «no culpable» puede ser considerado simplemente como la negación lógica de «culpable». En Escocia, el hecho de que se contemple un tercer veredicto: «no probado», modifica el significado de «no culpable»: al escoger el veredicto «no culpable», el jurado no únicamente excluye el veredicto de «culpable» sino también el de «no probado». Este último es el veredicto apropiado (aunque no necesariamente el único) en aquellas situaciones en las que el jurado considera culpable al acusado, pero llega a la conclusión de que la fiscalía no ha probado la culpabilidad del acusado más allá de toda duda razonable. En consecuencia, «no culpable» en Escocia significa que el jurado realmente consideró que el acusado era inocente, no simplemente (como puede ser el caso en Inglaterra) que consideraron que las pruebas eran legalmente insuficientes para condenarlo. Sin embargo, Lord Donaldson no está de acuerdo con la solución escocesa de los tres veredictos; y en efecto, sostiene que un jurado no tiene por qué hacer afirmaciones sobre los hechos reales (al menos en la medida en que estos hechos sugieren la inocencia), sino que solo se debe atender a las pruebas jurídicas.

El problema de los significados del veredicto de «no culpable» no se limita a las diferencias entre los significados construidos respectivamente por los abogados y por los legos, sino que tiene repercusiones directas en el sistema jurídico mismo. En términos generales, la cuestión es si el veredicto de un tribunal penal, ya sea de «culpable» o de «no culpable», es concluyente de la culpabilidad o inocencia (real) para otros propósitos *jurídicos*. ¿Si Lord Donaldson tiene razón cuando señala que el veredicto de «no culpable» del jurado pertenece exclusivamente al discurso del proceso penal y no dice nada acerca de la inocencia real, no deberíamos decir lo mismo acerca del veredicto de «culpable»: que éste último «únicamente» plantea que se probó en un tribunal que el acusado cometió un delito, no que en realidad lo haya cometido? Entonces, lógicamente, el acusado que ha sido condenado por un delito debería poder demandar por difamación a alguien que escribe con posterioridad que sí lo cometió. Esta persona podría argumentar que la condena únicamente muestra que el jurado consideró que se había probado la comisión de un delito más allá de toda duda razonable, no que en realidad lo hubiera cometido.

En efecto, hasta hace poco, el derecho inglés rechazaba que un veredicto pronunciado en un juicio penal fuera concluyente en un proceso civil; incluso un veredicto de «culpable» podría ser impugnado en un juicio por difamación [*libel proceedings*]. En 1964, Alfie Hinds, quien había sido condenado por robo, demandó con éxito al inspector en jefe [*Detective Chief Superintendent*] Sparks por afirmar en sus memorias que Hinds había sido condenado «correctamente» por su participación en el robo. Hinds no solo ganó mil trescientas libras esterlinas por concepto de reparación por daños por difamación, sino que también fue liberado (aunque hasta ese momento ya había cumplido 11 años de una condena de 12). Por lo tanto, tal acción por difamación proporcionó una vía adicional de apelación para un acusado que había sido condenado. Como consecuencia de lo anterior se modificó la ley correspondiente. En virtud del artículo 13 del *Civil Evidence Act* de 1968, la condena penal se consideró como prueba «concluyente» en las demandas por calumnia o difamación en las que se afirmaba que una persona había cometido realmente el delito[11].

Por otro lado, un veredicto de «no culpable» no es concluyente en procedimientos civiles subsecuentes. El juicio en contra de O. J. Simpson es un ejemplo famoso de un acusado que fue declarado «no culpable» en un juicio penal, pero que posteriormente se determinó que era civilmente «responsable»[12]. En Inglaterra se presenta la misma posibilidad. De hecho, al final de la investigación del *Coroner*, los abogados de la familia Lawrence anunciaron que estaban planeando interponer una demanda civil por daños en contra de los cinco hombres acusados originalmente de matar a Stephen[13]. Esta

---

[11]   Whitaker sostiene que si se ve esta reforma como un intento para tratar de equiparar el sistema civil y el penal, resultó un instrumento manifiestamente poco adecuado. A su juicio, provocó que las condenas no pudieran ser cuestionadas por ninguna persona, no únicamente por la persona que había sido condenada y que posteriormente presentaba una demanda por difamación. Esto supone que existe una gran desventaja para cualquier persona que trate de sustentar una acusación por incriminación indebida por parte de la policía, ya que, como ocurre con la persona que plantea una demanda por difamación, la policía puede valerse de la condena de la persona como prueba de que cometió el delito y sostener por lo tanto que no tenía necesidad de incriminarlo. Cf. Whitaker, 1994.

[12]   A propósito de las distintas reacciones, dentro y fuera del derecho, sobre la responsabilidad (entonces hipotética) de O. J. en un proceso civil, después de haber sido absuelto del delito, véase Dershowits, 1996: 39.

[13]   El paralelismo no termina ahí. En el juicio contra O. J. Simpson, se dijo que el racismo motivó el comportamiento de la policía; así también, en este juicio se afirmó que la policía había estado influida por racismo al *no* investigar adecuadamente las denuncias en contra de los jóvenes blancos. La familia Lawrence amenazó con presentar una queja formal por la conducta de la policía metropolitana en las horas siguientes al homicidio. Después de la investigación, la madre de la víctima señaló lo siguiente: «Lo que me sorprendió es que ninguno de los agentes de policía creyó adecuado ir a las casas de los sospechosos, aunque más no fuera para desvincularlos de la investigación». Asimismo, se quejó de que, desde el principio, la policía estuvo menos interesada en condenar a los asesinos que en la investigación de los supuestos antecedentes de la propia víctima. La investigación pública del caso en 1998 puso en evidencia las

acción no se ha iniciado aún y la expectativa de obtener una sentencia favorable es menor en Inglaterra de lo que era en California. Esto es así porque en el derecho inglés, una acusación por homicidio, incluso en un juicio civil por muerte ilícita [*wrongful death*], debe probarse de conformidad con el estándar penal, no con el civil. En California, por el contrario, el jurado en el juicio civil fue instruido para que decidiera si O. J. era «responsable» de conformidad con el balance de probabilidades. De este modo, cualquier acción civil que intentara la familia Lawrence en contra de los jóvenes blancos prosperaría únicamente si se probara de conformidad con un estándar «equivalente al estándar penal»[14].

Esta diferencia entre Inglaterra y California[15] supone que existen diferentes puntos de vista sobre la relación entre verdad y prueba. La lógica del sistema californiano incorpora una postura «relativista»[16]que ya hemos visto en la apreciación lega del «no probado» escocesa: cuando no hay pruebas suficientes para sustentar una condena penal, es posible que existan pruebas suficientes para justificar una sanción menor. Esta sanción menor puede ser puramente social: el descrédito del acusado, como en el veredicto de «no probado»; o puede ser jurídica, como una indemnización por los daños sustanciales causados. Por el contrario, en Inglaterra, parece que se suscribe una relación más fuerte entre prueba y verdad: el veredicto de un jurado penal que establece que el acusado no es culpable no puede ser debilitado por el de un tribunal civil, a me-

---

deficiencias de la investigación policial, por lo que las autoridades policíacas presentaron sus disculpas.

[14] *Halford v. Brookes* [1992] 1 *Personal Injuries Quarterly Review*, 175, 178.

[15] Hay otras diferencias. En Inglaterra, el juicio civil se seguiría ante un juez sin jurado y los demandados no podrían ser obligados a declarar, aunque el hecho de no declarar generaría una impresión negativa en su contra.

[16] La correlación entre grados de prueba y grados de sanción está lejos de ser ajena a la historia del derecho. Un ejemplo relativo a los rollos del Mar Muerto puede verse en Jackson, 1975: 186-87. El derecho canónico llegó a reconocer que había prueba plena, mitad de prueba e incluso un cuarto de prueba, así como diferentes consecuencias para cada una de ellas.

nos que este último utilice el estándar de prueba penal. Si bien es cierto que una demanda por responsabilidad civil puede prosperar utilizando el estándar de balance de probabilidades, el veredicto de un tribunal civil también tiene pretensiones de verdad, y esa pretensión de verdad, si es contraria a la del tribunal penal, no debe hacerse sobre la base de menos pruebas. En este sentido, la verdad no puede ser relativizada en términos de las consecuencias de carácter penal o no penal.

Sin embargo, la relatividad de las pretensiones de verdad del sistema jurídico inglés se hace patente en los procesos por difamación en los que un acusado que ha sido absuelto demanda a un diario que afirma la culpabilidad real de esa persona a pesar del veredicto de «no culpable». Precisamente, esta fue la situación que *The Daily Mail* trató (explícitamente) de provocar al publicar los nombres de los jóvenes blancos que eran sospechosos (a pesar de que habían sido absueltos) de haber privado de la vida a Stephen Lawrence y al tildarlos de «homicidas». Si los sospechosos hubieran demandado al periódico por difamación, no podrían haber utilizado el veredicto de la causa penal como prueba de su inocencia. El periódico habría tratado de defenderse de dicha acción alegando la «defensa de la verdad», y hubiera tenido éxito si establecía los hechos de conformidad con el estándar del balance de probabilidades[17]. En ese caso, no podría presentarse un segundo juicio penal por la misma imputación. A los efectos jurídicos, el acusado sigue siendo inocente

---

[17] De hecho, en ocasiones un periódico puede utilizar una prueba inadmisible en el juicio penal. Whitaker señala que existen casos conocidos como «*honey trap*» en los que la policía obtiene una confesión atrayendo al sospechoso hacia una relación (siendo, por lo tanto, inadmisible en el juicio penal por incumplimiento de la *Police and Criminal Evidence Act* de 1984). Pero los periódicos pueden publicar la confesión jurídicamente inadmisible, y así desafiar al acusado absuelto a demostrar su inocencia en un proceso civil. En ese caso, el periódico se defenderá con éxito «probando» su pretensión de conformidad con el estándar del balance de probabilidades. De hecho, no hay ningún obstáculo jurídico en este tipo de casos [«*honey trap*»] para producir la confesión como prueba de que el acusado cometió el delito ante el jurado del juicio por difamación. Cf. Whitaker, 1994.

penalmente, pero civilmente responsable[*]. ¿Cuál es el mensaje que se envía a la población con ello? Similarmente, ¿cuál es la pretensión de verdad que surge de los juicios de O. J. Simpson? ¿Cometió o no cometió el delito?

Tanto el debate propuesto por Lord Donaldson, como la historia de los procedimientos tras el homicidio de Stephen Lawrence plantean cuestiones importantes sobre la construcción del sentido jurídico. ¿Hay alguna diferencia sustantiva entre los discursos jurídico y lego, de tal manera que el primero se refiere a la prueba, y el segundo a la verdad? En el supuesto de que exista, ¿se aplica por igual a los veredictos de «culpable» y de «no culpable»? Estas preguntas serán analizadas con mayor detenimiento con puntos de vista provenientes de la semiótica, la teoría del derecho y la filosofía.

III. UN ANÁLISIS SEMIÓTICO DEL VEREDICTO DE «NO CULPABLE»

El argumento de Lord Donaldson, en el sentido de que el veredicto de «no culpable» produce confusión ya que tiene un significado para el abogado y otro para el lego, nos invita a revisar la construcción semiótica de estos diferentes significados.

A diferencia de lo que se piensa habitualmente, la semiótica estructural no niega que existan hechos fuera del lenguaje, así como tampoco niega la importancia de la atribución de valores de verdad a las proposiciones acerca de hechos. El cuadro número 1 muestra la construcción de las modalidades de los valores de verdad, en un nivel «asociativo» (Saussure) o paradigmático (Greimas), que pue-

---

[*]　N. del T.: el 4 de enero de 2012, 18 años después de cometido el delito, Gary Dobson y David Norris, dos de los cinco jóvenes involucrados inicialmente, fueron condenados a cadena perpetua en *Old Bailey* con un mínimo de quince años y dos meses de prisión para Dobson y 14 años y tres meses de prisión para Norris (BBC News UK, 2012).

den ser atribuidos a una tal proposición. En este caso, aunque los términos «verdadero» y «falso» son «contrarios»[18] (en los puntos A y E del cuadrado), su significado es de hecho idéntico al de las negaciones de los términos opuestos (es decir, sus contradictorios). Puesto que todo lo que es «no verdadero» debe ser falso[19], «falso» es en efecto un sinónimo de «no verdadero»; ya que todo lo que «no es falso» debe ser verdadero, «verdadero» es en realidad un sinónimo de «no falso». Cuando se trata de proposiciones acerca de la realidad, sobre hechos, no podemos atribuirles modalidades relativas: una proposición es verdadera o falsa, no puede ser más o menos verdadera, o más o menos falsa.

A: Verdadero   E: Falso

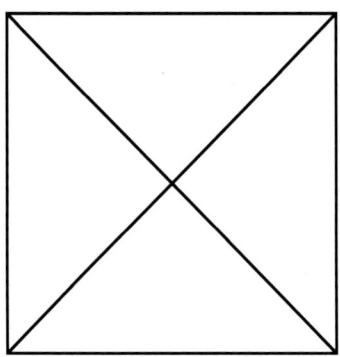

I: No Falso   O: No Verdadero

Cuadro número 1: «ontología»

Sin embargo, el proceso jurídico no tiene un acceso directo a la ontología de «verdadero» y «falso». Su acceso —al igual que al de cualquier otra forma de significado— se lleva a cabo a través de la mediación de las convenciones de un sistema (particular) de conocimiento. El cuadro número 2 representa las modalidades atribuidas al acto de cognición (y la afirmación de la cognición) de que algo es verdadero o falso. En cierto sentido, la equiparación anterior entre «verdadero» y «no falso» y viceversa permanece; de hecho todavía opera al nivel de los contrarios A y E: A es sinónimo de «sabido que no es falso» y E es un sinónimo de «sabido que no es verdadero». En términos lógicos, A y E se niegan entre sí *internamente*: A afirma que una proposición es verdadera, E afirma que no es verdadera. Sin embargo, cuando consideramos las negaciones *externas* de las proposiciones A y E, las relaciones estructurales difieren de las que se muestran en el cuadro número 1. En este caso, el significado de cada término contrario no es el mismo que su contradictorio, ya que no todo lo que no se sabe que es verdadero (O) implica que se sabe que es falso (E); y no todo lo que no se sabe que es falso (I) implica que se sabe que es verdadero (A). En términos lógicos, tenemos que tener en cuenta la negación *externa* de A y E, una negación que produce lo que se ha llamado el punto «neutral» (Y). Recapitulando, si no sabemos que algo es verdadero, no se sigue que sepamos es falso; nos puede faltar conocimiento para saber si es verdadero o falso. Por consiguiente, hay una diferencia básica entre la construcción de afirmaciones ontológicas y cognitivas. Las primeras, como versan sobre la «realidad objetiva», son absolutas; la proposición es verdadera o falsa. En el caso de las segundas, al versar sobre la comprensión humana y el discurso sobre la realidad, son relativas: nuestra percepción y representación del hecho puede ser más o menos verdadera; de hecho, mientras que una proposición puede ser verdadera o falsa, puede ser que carezcamos absolutamente de cualquier conocimiento acerca de ello.

A: Sabido que es Verdadero 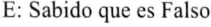 E: Sabido que es Falso

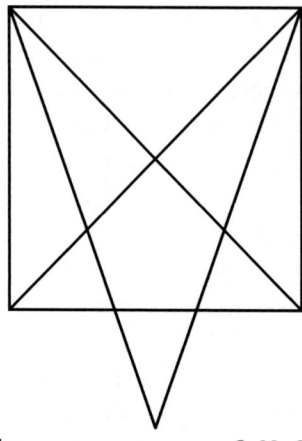

I: No Sabido que es Falso   O: No Sabido que es Verdadero

Y: No Sabido si es Verdadero o Falso

Cuadro número 2: «cognición»

Hasta el momento hemos comparado la estructura de las proposiciones generales tanto ontológicas como cognitivas (o epistemológicas), sin decir nada concreto respecto del derecho. Pero los veredictos jurídicos pueden ser considerados como una aplicación institucional particular de estos conceptos. En primer lugar, consideremos los veredictos posibles en un juicio penal inglés (cuadro número 3).

A: Hallado Culpable   E: Hallado No Culpable

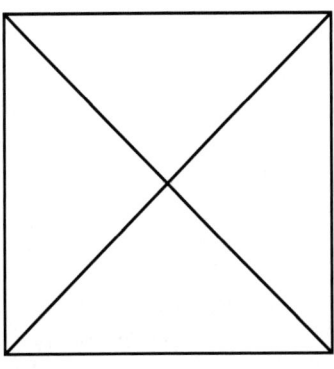

I: No Hallado No Culpable   O: No Hallado Culpable

Cuadro número 3: veredictos ingleses

Teniendo en cuenta que se trata de una institucionalización de las modalidades cognitivas más que de las ontológicas, podemos esperar que el veredicto manifieste una estructura más parecida a la del cuadro número 2 que a la del cuadro número 1. Es posible que el jurado no sepa si el acusado es realmente culpable o inocente, o puede no estar seguro de ello. Pero el sistema jurídico excluye la opción del *non liquet*. Un jurado irreconciliablemente dividido («*hung jury*») no produce ningún veredicto: y se procede a un nuevo juicio. Un jurado de este tipo, adicionalmente, es en teoría un jurado cuyos miembros están irreconciliablemente divididos entre «(Hallado / Sabido que es) culpable» y «(Hallado / Sabido que es) no culpable»; no es un jurado cuya mayoría concluye que no sabe en lo absoluto o que no está suficientemente seguro [de si es o no culpable].

Para estas últimas situaciones, el sistema jurídico establece reglas de clausura, las cuales tienen el efecto de hacer que el cuadro 3 sea más parecido al cuadro 1 que al cuadro número 2. Estas reglas de clausura —que también operan en los juicios civiles, con la diferencia principal de que el estándar «más allá de toda duda razonable» es sustituido por el de «balance de probabilidades»[20]— pueden ser descritas en términos de las siguientes restricciones semióticas que el abogado internaliza rápidamente a través de la educación y formación jurídica, pero que son menos evidentes para el lego:

(a) Hay una relación de «presuposición» o «implicación»[21] entre «O» y «E»: todos los casos «O» van a ser tratado como un caso «E». De este modo, si el jurado considera que no tiene pruebas suficientes para determinar que el acusado es culpable, debe considerar que no es culpable.

(b) A partir de (a) se sigue que E es en realidad una negación externa, en lugar de una negación interna, de A. Lo que significa realmente es que no se ha probado la culpabilidad del acusado, no que se haya probado que no es culpable.

(c) Las convenciones relativas a la carga de la prueba excluyen la aplicación de «I», y de cualquier otra posible relación de «presuposición» o «implicación» entre «I» y «A». Corresponde al fiscal probar la culpabilidad del acusado, no al acusado demostrar su inocencia. Así, a nivel sintagmático, la fiscalía tiene el rol de un emisor con un *devoir faire* de persuadir al jurado de A[22]; la defensa, por su

---

[20]   El juicio civil, sin embargo, difiere en que la culpa puede ser repartida de una forma que no está permitida en el derecho penal: (a) el demandante puede considerar que el acusado ha contribuido y, por lo tanto, puede reducir la culpa del demandado; (b) cuando hay varios acusados, los daños pueden ser distribuidos de acuerdo a las proporciones relativas de la culpa; en el ámbito penal, por el contrario, todos los acusados que han sido declarados culpables están, en principio, sujetos a la pena total disponible para ese delito (aunque en la práctica están sujetos al criterio discrecional del juez al dictar sentencia).

[21]   Véase Jackson, 1985b: 76-77, 96-97. Ésta es una de las diferencias principales entre el «cuadro semiótico» y el cuadro de la lógica clásica.

[22]   Landowski, 1989: 37-38 da cuenta del doble significado del término «*prova*» en italiano (en inglés *proof* y *test*) y hace hincapié en la construcción de la prueba a través de las confrontaciones interpersonales en el tribunal.

parte, no tiene el rol de un emisor con un *devoir faire* de persuadir al jurado de E[23].

Lo que Lord Donaldson critica es el rechazo por parte de los legos de la regla de clausura (b)[24] —y hasta cierto punto de la regla (c)— lo que explica la diferencia en el significado atribuido a «no culpable». Hay dos razones muy diferentes que explican esta situación. La primera deriva de las diferentes concepciones de la relación entre los hechos que ocurrieron en el mundo social y la prueba de estos hechos en un tribunal. El lego está mucho más interesado en las afirmaciones ontológicas que en las cognitivas, y supone que estas últimas dependen de las primeras: el acusado cometió o no cometió el crimen. El veredicto de «no culpable» es entendido normalmente en el sentido de que no lo cometió y, de este modo, se entiende como prueba de que es inocente. Se asume (no irrazonablemente, desde el punto de vista del lego) que el sistema jurídico pretende probar hechos reales (hechos en el mundo real) y es capaz de hacerlo, de la misma forma en que un biólogo puede contar las patas de un ciempiés.

Los abogados ven las cosas de manera diferente. Desde el punto de vista de sus intereses profesionales, no es sorprendente que estén más interesados en las estructuras cognitivas que en las ontológicas, y asumen que estas últimas dependen de las primeras: la verdad que se puede probar en un juicio penal depende de los estándares [*criteria*] de prueba utilizados en este tipo de juicios —en el derecho penal inglés, la prueba «más allá de toda duda razonable»[25]. Si estos estándares [*criteria*] son distintos de los criterios [*criteria*] de verdad por parte del lego (como de hecho lo son, dado que los juicio sociales de culpabilidad y de inocencia no están supeditados a la prueba más allá de toda duda razonable), entonces se deduce que

---

[23] Sin embargo, la concepción lega en ocasiones invade el discurso jurídico, como cuando los abogados hablan de la «presunción de inocencia».

[24] Los acusados que tienen éxito en los juicios penales a menudo proclaman que se ha «probado su inocencia».

[25] Respecto al tema de prueba y verdad, véase Landowski, 1989: 34-36.

«no culpable» en el sentido jurídico no significa necesariamente «no culpable» en un sentido lego (o incluso fáctico).

Pero, ¿qué significa «no culpable» para el lego? Así como en la ontología lega (cuadro 1), todo lo que no es verdadero se considera que es falso, también aquí, lo contradictorio de «culpable» genera su contrario: «inocente» (cuadro número 4):

A: Culpable    E: Inocente

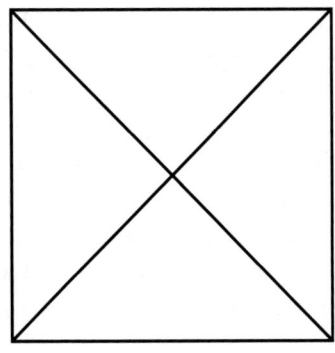

I: No Inocente   O: No culpable

Cuadro número 4: «culpable»

En el plano ontológico, desde luego, esto es válido: todo aquél que (en realidad) es no culpable es «inocente» (si tomamos «inocente» en un sentido puramente fáctico). Pero solo podemos hacer válida esta ecuación cuando suprimimos el nivel del proceso, es decir, cuando consideramos que el juicio tiene que ver con la verdad más que con la prueba.

¿Por qué el lego construye de esa forma la cuestión? Después de todo, las personas son lo suficientemente conscientes del hecho de que «no culpable» es sin duda el veredicto de un tribunal, y de que los tribunales tienen que ver con «pruebas». A mi juicio, la respuesta está relacionada con dos aspectos de la construcción del significado en el ámbito lego, por oposición a la construcción del significado en el ámbito profesional.

En primer lugar, hay una tendencia a construir significados en términos de oposiciones binarias (culpable vs. inocente, en lugar de culpable vs. no culpable; el último par la gente lo traduce de manera tácita en el primero). Si se le preguntara a una persona común y corriente (*fuera* del contexto jurídico) cuál es el opuesto de «culpable», podríamos considerar la respuesta «no culpable» como una burla, o por lo menos como poco esclarecedora. La respuesta que se esperaría es «inocente». Pero los términos «no culpable» e «inocente» tienen *sentidos* diferentes: «inocente» tiene asociaciones (a veces llamadas «connotaciones») con otros términos tales como «puro», mientras que «no culpable» carece de tales asociaciones.

En segundo lugar, hay una tendencia a concentrarse en el inculpado y a colocar una etiqueta a una cualidad de su persona (un significado que persistirá en el futuro), en lugar de colocar dicha etiqueta al delito como un evento particular (el cual tuvo lugar en el pasado, a pesar de que las consecuencias puedan persistir en el futuro). En otras palabras, culpar a una persona tiene prioridad sobre la afirmación de verdad de un evento[26]. La percepción que tiene la gente común y corriente es que el veredicto penal afirma que el acusado era, en verdad (es decir, en realidad) culpable, o que no lo era.

Parecería que la solución escocesa combina la ecuación común que hace una persona común y corriente entre verdad y culpabilidad, con la ecuación que hace el profesional entre verdad y prueba (cuadro número 5). El veredicto de «no probado» en Escocia puede ser visto como un intento de comunicar algo, tanto respecto de la culpabilidad como de la prueba. En este caso, la negación externa de «hallado culpable» ya no presupone su negación interna («hallado no culpable»). Como se muestra en el cuadro número 2, el derecho refleja completamente que el proceso puede dar lugar a no

---

[26]   Sobre la «teoría de la atribución» en el ámbito de la psicología véase Jackson, 1995: 233, 364, en donde se discute dicha teoría y se cita la bibliografía respectiva.

probar nada en ninguna dirección. La última situación puede ser expresada en términos jurídicos a través del veredicto «no probado». Sin embargo, así como la comprensión de «no culpable» por parte de una persona común y corriente en Inglaterra va de (falta de) la prueba, a la verdad (inocente), en Escocia la comprensión lega de «no probado» va de la (falta de) prueba a la verdad (culpabilidad). En otros términos, «no probado» se interpreta comúnmente como: «creemos que sí cometió el delito, aunque no hay pruebas suficientes para condenarlo en un tribunal». Esto se debe a que el veredicto «no probado» en Escocia excluye al veredicto de «no culpable». Dado que no se ha determinado que una persona es «no culpable», la forma como se piensa es que en realidad no puede ser inocente.

A propósito de esta interpretación, los abogados escoceses experimentan una insatisfacción similar a la que tiene Lord Donaldson respecto de la interpretación del veredicto de «no culpable» en Inglaterra por parte del lego. Estos abogados sostienen que los jurados en Escocia a veces utilizan «no probado» en situaciones en las que *no* pretenden afirmar que el acusado era de hecho (pero no en sentido probatorio) culpable. Hacen hincapié en que las consecuencias jurídicas de los veredictos «no probado» y de «no culpable» son las mismas y afirman que en ocasiones los jurados adoptan el punto de vista jurídico, en el que se considera que los dos veredictos son equivalentes. Argumentan que puesto que no podemos saber en qué sentido el jurado está utilizando el veredicto, el resultado es un insulto social injustificado respecto de quien se emite un veredicto de «no probado» y, por lo tanto, tratan de abolir el veredicto de «no probado»[27].

---

[27]   Whitaker, 1994: «Sin embargo, el veredicto escocés "no probado" tiene algunos defectos, en tanto que los acusados sienten que la sombra de la culpabilidad se mantiene sobre ellos; los escoceses contemplaron abolir este tipo de veredicto, pero acabaron manteniéndolo. El contexto penal es solo una parte del cuadro».

A: Hallado Culpable   E: Hallado No Culpable

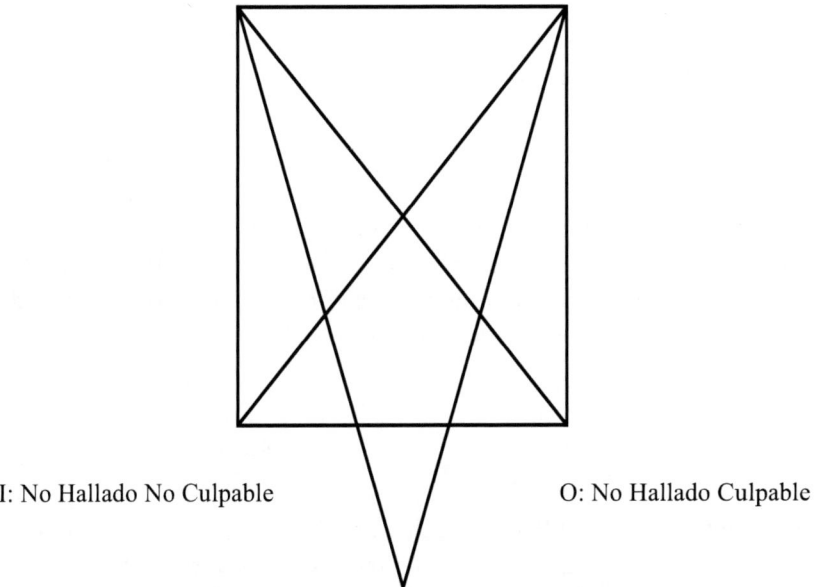

I: No Hallado No Culpable   O: No Hallado Culpable

Y: No Hallado Culpable ni No Culpable (= ¿No Probado?)

Cuadro número 5: veredictos escoceses

Al igual que Lord Donaldson, este argumento trata de privar al discurso jurídico de sus significados no jurídicos. Supone que el derecho debe preocuparse únicamente por las consecuencias jurídicas; que para excluir la culpabilidad debe limitarse a la prueba, y que debe conllevar consecuencias jurídicas, no insultos sociales. Adicionalmente, el veredicto «no probado» viola otra restricción convencional del pensamiento jurídico. El derecho moderno —al igual que las ciencias naturales a las que toma como modelo— entiende «prueba» de una manera tajante, todo o nada. O bien algo está probado en el estándar requerido (lo que justifica la aplicación de las consecuencias jurídicas pertinentes), o no está probado (y, por lo tanto, las consecuencias jurídicas no están justificadas). La manera lega en que se entiende la expresión «no probado» parece contravenir este modelo: el derecho apoya tácitamente la aplicación de las sanciones sociales cuando hay pruebas pero éstas se quedan por debajo del estándar [jurídico] requerido.

Con el argumento presentado hasta el momento, parecería que hay una clara diferencia de los significados de «no culpable» entre el discurso jurídico y el discurso lego: esta diferencia, formalizada en renglones anteriores, refleja la creencia del abogado de que el veredicto es una cuestión de prueba, una cuestión procesal, o una forma de conocimiento institucionalizada, a diferencia de la creencia del lego de que el veredicto siempre hace afirmaciones sobre la verdad, sobre los hechos, sobre la realidad ontológica.

Sin embargo, la explicación de Lord Donaldson, y situaciones como las del juicio de O. J. Simpson y el homicidio de Stephen Lawrence, indican que el asunto no es tan simple. Como se ha señalado anteriormente, Lord Donaldson *no* trata de reemplazar el veredicto de «culpable» por el de «probado»; el punto de vista tradicional es que el veredicto de «culpable» dice «la verdad», precisamente porque proclama que el jurado ha determinado que se probó la imputación «más allá de toda duda razonable». Es posible que esto no sea concluyente: el veredicto puede ser revocado en una apelación y actualmente hay procedimientos para investigar reclamos presentados como consecuencia de un error judicial, incluso después de que el procedimiento normal de apelación se ha agotado. Sin embargo, la convalidación del jurado a través del veredicto que establece que el acusado ha sido hallado culpable «más allá de toda duda razonable» es considerada como una base suficiente para la afirmación ontológica de que el acusado es realmente culpable. Vamos a examinar más adelante las bases filosóficas de esta consideración. Por el momento, pareciera sugerir que «culpable» y «no culpable» no son, después de todo, construidos como contrarios por parte del abogado (como en el cuadro 3). Por el contrario, la explicación del abogado parece ser la siguiente: en la posición A, el veredicto de «culpable» implica afirmaciones ontológicas así como cognitivas, mientras que en la posición E, el veredicto de «no culpable» se limita —de acuerdo con Lord Donaldson— a la esfera cognitiva (institucionalizada). No habla sobre la verdad[28], solo del «proceso»: se limita a afirmar que no había suficientes pruebas para justificar el castigo. Por el contrario, el grado de prueba que es suficiente para justificar el castigo debe ser tal que justifique afirmaciones sobre verdades reales.

A: Hallado (y es) Culpable   E: Hallado No Culpable

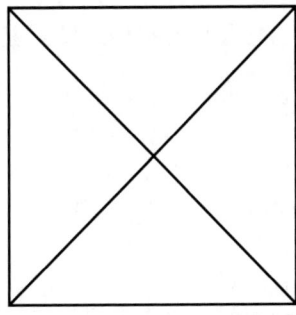

I: No Hallado No Culpable   O: No Hallado Culpable

Cuadro número 6: Veredictos ingleses

La percepción por parte del lego tampoco es uniforme. La familia Lawrence y la gente que la apoyaba no tuvieron ninguna dificultad para entender que los veredictos de «no culpable» emitidos en *Old Bailey* transmitían un mensaje sobre el proceso de investigación previo al juicio. No lo interpretaron en el sentido de que el jurado consideró que los jóvenes acusados eran en realidad inocentes, no culpables; sino solo que (como resultado de una investigación in-

---

28   Recordemos que Lord Donaldson considera que el sistema jurídico está diseñado para favorecer a los acusados, que hay muchos acusados que en realidad son culpables, pero que se determina que no son culpables porque el jurado tenía dudas «irrazonables» de su culpabilidad.

adecuada) al jurado no se le presentaron pruebas más allá de toda duda razonable[29].

En los apartados finales de este trabajo se tratará de explicar estas inconsistencias aparentes.

IV. EL DEBATE EN LA TEORÍA DEL DERECHO SOBRE EL ESTATUS DE LOS HECHOS JURÍDICAMENTE PROBADOS

El problema del veredicto de «no culpable» se puede vincular con la discusión teórica acerca del estatus de la determinación judicial de los hechos. Kelsen sostiene que los hechos en un juicio penal (o en otro proceso jurídico) son constituidos en su totalidad por ese proceso:

> De gran significación es también reconocer que la verificación del hecho delictuoso es plenamente una función constitutiva que cumple el tribunal [...] Solo mediante esta determinación inicial entra el hecho en el dominio del derecho; solo mediante ella se convierte de hecho natural, en hecho jurídico, así es creado un hecho jurídico [...] Cuando una norma jurídica general enlaza una determinada pena al delito de homicidio, no se describe correctamente la situación objetiva cuando se expone el hecho de que un hombre haya matado como la condición de la sanción. No es el hecho en sí, que un individuo haya matado a otro, sino el hecho de que un órgano competente según el orden jurídico haya establecido, conforme a un procedimiento determinado por ese orden, que un hombre ha cometido un homicidio, lo que configura la condición estatuida por el orden jurídico. Cuando se dice que: «un tribunal ha establecido que determinado hombre ha cometido determinado homicidio, aunque "en realidad" ese hombre no haya cometido el homicidio en cuestión»; o cuando se dice que: «el tribunal ha establecido que determinado hombre no ha cometido determinado homicidio, aunque "en realidad" ese

---

[29] Su posición era, por lo tanto, distinta a la de las víctimas de los errores judiciales más habituales, donde es el veredicto de «culpable» el que se afirma que es equivocado. En tales casos, el veredicto original de «culpable» transmite afirmaciones ontológicas de que el acusado es realmente culpable. Hay una pretensión de verdad, pero está mal establecida.

hombre haya cometido el homicidio en cuestión», ello significa que el tribunal ha establecido la existencia o la no existencia de un hecho que, según la opinión de otros, terceros no competentes jurídicamente para esas comprobaciones, se han producido o no[30].

En un artículo reciente, Eugenio Bulygin ha cuestionado severamente el argumento de Kelsen según el cual habría una distinción conceptual entre «hechos naturales» y «hechos jurídicos». Desde el punto de vista de Kelsen, un hecho natural, como un homicidio, se convierte en un hecho jurídico a través del pronunciamiento del juez; pero no solo eso, un hecho jurídico, es *creado* por el juez[31]. Al respecto, Bulygin objeta lo siguiente:

> Esto simplemente es falso. No hay un homicidio jurídico además del homicidio natural, y ningún hecho es creado por un juez o un jurado al declarar que Tom mató a Peter. Kelsen parece creer que la verdad de la oración «Tom mató a Peter» depende de lo que dice un juez o alguna otra autoridad que determina hechos, y esto es ciertamente falso [...] La oración «Tom mató a Peter» es verdadera si y solo si la persona a la que se refiere el nombre «Tom» tiene la relación designada por el verbo «mató» con la persona a la que se refiere el nombre «Peter». Lo que un juez dice acerca del homicidio de Peter por Tom es absolutamente irrelevante para la veracidad de esta oración[32].

Bulygin acepta que las normas jurídicas regulan los procedimientos procesales y probatorios de conformidad con los cuales tales preguntas empíricas son «probadas en un tribunal», así como

---

[30] Kelsen, 1967: 5;
[31] Bulygin cita a Kelsen 1960: 245: «*Erst durch diese feststellung gelangt der Tatbestand in den Bereich des Rechts, erst durch sie wird er aus einem naturlich in zu einen rechtlichen Tatbestand, wird er rechtlich als solcher erzeugt*» (Esto es parte de la cita de Kelsen traducida anteriormente «Es únicamente a partir de esta determinación que el hecho alcanza el ámbito jurídico; solo entonces un hecho natural se convierte en un hecho jurídico, es creado como un hecho jurídico». Véase asimismo Bankowski, 1981: 257-266 en relación con la idea del proceso como un procedimiento de verdad certificado y justificado normativamente; Varga 1995: 135-36.
[32] Bulygin, 1995: 20. En defensa de la posición de Kelsen véase Oppenheim, 1995: 290.

que hay diferencias en la manera en que el conocimiento de los hechos empíricos es establecido (y podemos añadir, convalidado[33]) por científicos, por un lado, y por los legos, por el otro. Tanto Bulygin como otros colaboradores de este debate han insistido en que la determinación de los hechos en el tribunal tiene restricciones temporales y que ésta está relacionada con la regla *res judicata*[34]. Sin embargo, para Bulygin esto no afecta la cuestión ontológica:

> Una decisión basada en una declaración falsa de los hechos es conforme a derecho o válida, en el sentido de que produce todos los efectos jurídicos y que no puede ser modificada (independientemente de las posibilidades de apelación o revisión por un tribunal superior) pero puede ser criticada como errónea o incorrecta.... Es importante darse cuenta de que los hechos son lo que son, y no lo que los jueces y otros funcionarios dicen que son. El hecho de que el procedimiento para la determinación de los hechos finalice con una decisión del juez dotada de autoridad a partir de las pruebas presentadas en un lapso reducido de tiempo, no altera el hecho de que este procedimiento pretende determinar la verdad y que el juez tiene la obligación de buscar a la verdad ... Es importante destacar que la regla del derecho penal establece —en contra de la opinión de Kelsen—[35] el deber de castigar a quienes han cometido un homicidio y no a aquellos que el juez dice que han cometido un homicidio[36].

---

[33] En relación con la convalidación de actos de habla en el procedimiento legislativo véase Jackson 1997: 177-207.

[34] Bulygin, 1995: 21-22 («La ciencia está interesada primordialmente en establecer la verdad, mientras que el derecho está más interesado en resolver conflictos sociales»), 32; cf. Triolo, 1995: 201; Viola, 1995: 215. Véase también Celano, 1995: 141.

[35] Bulygin cita a Kelsen, 1960: 245: «*Nicht die Tatsache an sich, daß ein Mensch einen Mord begangen hat, sondern die Tatsache, daß ein nach der Rechtsordnung zust~indiges Organ in einem von der Rechtsordnung bestimmten Verfahren festgestellt hat, daß ein Mensch einen Mord begangen hat, ist die von der Rechtsordnung statuierte Bedingung*». Este párrafo forma parte de la cita traducida anteriormente en el texto: «No es el hecho en sí, que un individuo haya matado a otro, sino el hecho de que un órgano competente según el orden jurídico haya establecido, conforme a un procedimiento determinado por ese orden, que un hombre ha cometido un homicidio».

[36] Bulygin, 1995: 21 ss. Confrontar en la página 24: «Si el jurado ha decidido que la oración "Dimitri mató a su padre" ha sido probada, el juez tiene la obligación de condenar a Dimitri a prisión, porque hay una norma que prescribe que los jueces deben condenar a prisión a las personas que han sido declaradas

Esta última observación contradice directamente el punto de vista de Kelsen:

> [...] el enunciado jurídico no dice que si determinado hombre comete homicidio, deberá ser sancionado con determinada pena, sino que reza: cuando el tribunal competente, mediante el procedimiento determinado por el orden jurídico, ha establecido con fuerza de cosa juzgada que determinado hombre ha cometido un homicidio, el tribunal deberá imponer a ese hombre determinada pena. En el pensamiento jurídico, en lugar del hecho condicionante del acto coactivo, como hecho en sí, propio del pensar no jurídico, aparece el hecho establecido procesalmente[37].

Kelsen está interesado únicamente en la validez, no en la corrección, y en los criterios de validez que son completamente internos al sistema jurídico. Como señala Francesco Viola:

> Para Kelsen, el problema relevante desde el punto de vista jurídico no es la correspondencia del juicio jurídico con el mundo externo, sino la conformidad de las acciones judiciales con las normas jurídicas. Lo único que es posible controlar es esta conformidad, y a través de ella, las acciones judiciales. No obstante, en lo que respecta a lo demás, estamos en el ámbito de la discrecionalidad, de la decisión, de la voluntad, esto es, no en el ámbito del conocimiento ni de la verdad[38].

El debate entre Kelsen y Bulygin puede servirnos para precisar nuestra explicación teórica del significado de los veredictos en los juicios penales. A primera vista, Kelsen y Bulygin parecen adoptar concepciones muy distintas de lo que es un «hecho». ¿Es una entidad ontológica (como un «evento»), de tal manera que si distinguimos entre hechos naturales y hechos jurídicos, afirmamos que se producen dos eventos diferentes? ¿O tiene un carácter discursivo,

---

culpables de homicidio [...] Pero —y esto es de suma importancia— el juez tiene la obligación de decidir que Dimitri mató a su padre solo si la oración "Dimitri mató a su padre" es verdadera, y es el hecho de que Dimitri mató a su padre lo que la hace verdadera, y no la decisión del juez; por ello, la condición estipulada por la norma general que castiga el homicidio es, a diferencia de lo que dice Kelsen, el simple hecho natural del homicidio y no el "hecho jurídico" de que se ha establecido que Dimitri es culpable de homicidio».

[37]   Kelsen, 1967: 240.
[38]   Viola, 1995: 206.

una propiedad que atribuimos al lenguaje cuando éste «se refiere» a un evento que realmente tuvo lugar en el mundo exterior? Desde este último punto de vista, afirmar la existencia de un hecho no es más que afirmar que una proposición particular, que se refiere a algún evento en el mundo exterior, es verdadera: un hecho es nada más y nada menos que una proposición verdadera[39]. Por esta razón, puede haber una diferencia entre los «hecho jurídicos» y los «hechos naturales»: los «hechos jurídicos» son afirmaciones hechas en el discurso jurídico en el sentido que una proposición particular se refiere a un evento en el mundo real que es verdadero, mientras que los «hechos naturales» son afirmaciones hechas en el «discurso natural» que dicen que una proposición particular se refiere a un evento en el mundo exterior que es verdadero.

Bulygin parece ver los hechos desde una perspectiva completamente ontológica. Para él, solo hay un homicidio, un hecho, que es el evento en el que X mató a Y. También supone que Kelsen comparte su punto de vista. La conclusión de Kelsen se rechaza por ser obviamente errónea: solo hubo un homicidio, no dos. Pero Kelsen adopta, al menos en parte, una concepción discursiva de los hechos. Para él, lo que cuenta es la *determinación* del hecho (natural) dentro del discurso judicial[40]. Aparentemente, su posición es oponer un hecho discursivo jurídico a un hecho natural y ontológico. El hecho jurídico no es el evento en sí, sino más bien su determinación judicial. A pesar de que no desarrolla este punto, Kelsen parece advertir que también puede haber una distinción entre el «hecho natural» y

---

[39]   En un artículo titulado «*Identity theories of truth*», el cual fue presentado en la *Stapledon Society* de la Universidad de Liverpool el 16 de febrero de 1998, Julian Dodd señala que las teorías de la identidad centradas en la proposición [*proposition first*] (Moore, Russell) están motivadas por la idea de que «las proposiciones tienen como constituyentes entidades del mundo por lo que los hechos solo pueden ser proposiciones verdaderas» (separata).

[40]   La referencia implícita de Kelsen son los sistemas jurídicos continentales que se basan en la determinación de los hechos realizada por un juez y no por legos. Sin embargo, esas diferencias procedimentales no afectan la cuestión que aquí se discute.

el discurso coloquial acerca de tal hecho natural; como se señaló anteriormente, se refiere «al hecho en sí mismo, que en el pensamiento no jurídico es la condición para el acto coactivo»[41]. Esto llevaría al argumento de que el discurso jurídico y el discurso natural pueden tener criterios diferentes para determinar si una proposición es verdadera; de este modo, lógicamente, puede haber una distinción entre «hechos jurídicos» y «hechos naturales».

Esta diferencia conceptual respecto de la naturaleza de los hechos conduce a una disputa normativo/ideológica: ¿cuál es (y cuál debería ser) la función de los «hechos naturales» en el sistema jurídico? Como teórico puro, la respuesta de Kelsen simplemente es: ninguna, son irrelevantes. Los que están fuera del sistema jurídico pueden gritar «error judicial» (y puede que tengan razón), pero eso es una cuestión política, no jurídica (tal y como Kelsen la entiende). Para Kelsen, la corrección del proceso de determinación de los hechos jurídicos es una condición suficiente para la validez jurídica; cualquier argumento acerca de la corrección del resultado (una vez que la decisión final ha sido pronunciada) —es decir, cualquier argumento, aun si su pretensión ha sido «debidamente» establecida en el discurso jurídico en el sentido de que una proposición particular referida a un evento en el mundo externo es verdadera, esa proposición en realidad es falsa, ya que el evento no ocurrió de hecho en el mundo externo— es irrelevante para la validez jurídica. «En ese

---

[41] Ver nota núm. 37. En su obra póstuma, Kelsen propone una concepción de la verdad basada en Husserl: «Una afirmación es verdadera si concuerda con el *objeto* del enunciado, y en el caso típico (es decir, en el caso de un enunciado acerca de un hecho de la realidad) si el enunciado concuerda con la *realidad* sobre la que versa» (Kelsen, 1991:§ 45.i). En la nota al pie de página señala lo siguiente: «Husserl 1970:195: "La *experiencia de la concordancia* entre el significado y lo que en sí está presente, esto es, entre el *sentido real de la afirmación* y el autodado *estado de cosas*, es una evidencia interna: la *Idea* de esta concordancia es la verdad"» («The experience of the agreement *between meaning and what is itself present, meant, between the actual* sense of an assertion *and the self-given* state of affairs, is inward evidence: the Idea *of this agreement is truth*»). La verdad es pues, la descripción conceptual de una experiencia interna de la concordancia entre una afirmación y el mundo.

caso», sostiene Kelsen, «la opinión de que una persona inocente fue condenada está jurídicamente excluida»[42]. La ciencia jurídica se ocupa solo de la validez jurídica; la corrección sustantiva es una cuestión que corresponde al discurso —podríamos decir— de la justicia localizado en la esfera política.

Esta postura claramente ofende a Bulygin. Él presenta esta cuestión en términos de la obligación del juez, quien tiene el «deber de castigar a quienes han cometido un homicidio y no a aquellos a quienes el juez dice que han cometido un homicidio». Podemos sentir empatía hacia esta postura: la postura de Kelsen aparentemente otorgaría validez incondicional a la decisión judicial de que ha habido un homicidio, hecha por un juez poco sincero o incluso corrupto, siempre que haya cumplido con los procedimientos establecidos por el ordenamiento jurídico para la determinación de los hechos[43]. Al parecer, Bulygin impondría al juez el deber de encontrar una verdad ontológica, y no solo una verdad discursiva (jurídica). Podríamos decir que el argumento de Bulygin, llevado a su extremo lógico, conduce a una posición iusnaturalista, a saber, que la justicia o corrección sustantiva de una decisión sobre los hechos es una condición para la validez jurídica de una decisión —incluso si el propio sistema jurídico no tiene manera de remediarla. Del mismo modo que para un abogado iusnaturalista, el derecho injusto (a pesar de que siga estando «escrito» y pueda ser aplicada por el sistema jurídico) no es realmente derecho, sino una degeneración del derecho; así también, un veredicto injusto basado en hechos erróneos (aunque quede «firme») no es realmente un veredicto jurídico, sino más bien un «error judicial».

Si se aplica lo anterior a la discusión sobre el veredicto de «no culpable», es posible apreciar que es más bien Kelsen, y no Donaldson, quien representa el cuadro 3. Seguramente Donaldson, al *no*

---

[42]   Kelsen, 1967: 240.

[43]   De hecho, esta postura es compatible con la teoría de Kelsen de las alternativas normativas y su ejemplo de error jurídico (*legal errata*). Véase adicionalmente Jackson, 1996a: 114-124.

discutir la sustitución de «culpable» por «probado», desea sostener junto con Bulygin, que el veredicto de «culpable» cumple con
el «deber de castigar a quienes han cometido un homicidio y no
a aquellos que el juez dice que han cometido un homicidio»; que
el proceso jurídico es, de hecho, la mejor manera de convalidar
públicamente el hecho ontológico de que el acusado asesinó a la
víctima[44].

Pero, ¿qué ocurre con el veredicto de «no culpable» a la luz
de este argumento? En efecto, el punto de vista de Donaldson es
que, a diferencia de la sentencia condenatoria, el veredicto de no
culpable no afirma la existencia de un hecho ontológico, sino que
solo afirma un hecho discursivo, una afirmación que indica que
dentro de los criterios de ese discurso, los hechos alegados por
la fiscalía no han sido establecidos. Sin embargo, Kelsen parece
pensar que un veredicto de no culpable establece hechos jurídicos
exactamente de la misma manera que los veredictos de culpable.
Recordemos:

> Cuando se dice que: «un tribunal ha establecido que determinado
> hombre ha cometido determinado homicidio, aunque "en realidad" ese
> hombre no haya cometido el homicidio en cuestión»; o cuando dice que:
> «el tribunal ha establecido que determinado hombre no ha cometido de-
> terminado homicidio, aunque "en realidad" ese hombre haya cometido
> el homicidio en cuestión», ello significa que el tribunal ha establecido
> la existencia o la no existencia de un hecho que, según la opinión de
> otros, terceros no competentes jurídicamente para esas comprobaciones,
> se han producido o no[45].

Por lo tanto, aplicándolo a la muerte de Stephen Lawrence,
Kelsen parece decir que el veredicto de no culpable establece el
hecho jurídico de que los jóvenes no cometieron el homicidio, a
pesar de que, de acuerdo con la opinión de las personas no jurídicamente competentes para determinar esto (la familia, la prensa,

---

[44]   A pesar de que el procedimiento judicial tiene una naturaleza limitada en el
       tiempo. Véase la nota al pie núm. 34.
[45]   Como se cita en la nota núm. 30 *supra*.

la comunidad local), los jóvenes sí cometieron el homicidio. Para
Kelsen el hecho jurídico es que no cometieron el homicidio, aunque el hecho natural es que sí lo cometieron. Para Kelsen esto no
es una contradicción, ya que —cualquiera que sea el estatus que
éste le atribuya a los «hechos naturales»— los hechos jurídicos no
son ontológicos.

Con independencia de la opinión que uno pueda tener hacia el
análisis de Kelsen, dicho análisis nos ayuda a comprender el sentimiento de agravio producido por una absolución errónea. En lo que
aquí respecta, uno de los principales filósofos del derecho de este
siglo llega prácticamente a reivindicar la percepción «popular» del
sistema jurídico, a saber, que el veredicto de no culpable parece que
conlleva —a pesar de lo que dice Lord Donaldson— afirmaciones
fácticas (afirmaciones sobre la verdad, no solo sobre la prueba), incluso si esas afirmaciones fácticas están constituidas, y de hecho son
creadas *dentro* del sistema jurídico.

V. VERDAD Y LENGUAJE: OPINIONES
FILOSÓFICAS Y LINGÜÍSTICAS

He argumentado que la discusión acerca del veredicto de «no
culpable» plantea cuestiones teóricas acerca de la naturaleza de los
hechos establecidos en juicio. Esta última discusión plantea cuestiones aún más generales: el concepto de verdad como tal, así como la
relación entre el lenguaje y la realidad. ¿Los «hechos naturales» se
pueden percibir como tales (tal y como Kelsen parece incluso sugerir) o se pueden percibir, y su verdad se puede establecer, únicamente al interior de un sistema de discurso? Desde otra perspectiva, ¿hay un único concepto de verdad, el cual es aplicado de manera
distinta en diferentes contextos, o hay más de uno?

En ocasiones se ha sugerido una opción intermedia: una distinción entre definiciones conceptuales y definiciones criteriológicas

de verdad[46]. De acuerdo con esta distinción, el concepto de verdad sería una noción de correspondencia entre lenguaje y realidad, mientras que el criterio que nos permite conocer dicha correspondencia es alguna forma de coherencia[47]. Una manera de examinar la diferencia entre Kelsen y Bulygin sería la siguiente. Para Kelsen, la verdad (o los hechos al menos) significa necesariamente algo distinto en el universo normativo y en el fáctico. Bulygin, por su parte, considera que el concepto de verdad en los tribunales es el mismo que en la vida cotidiana; lo que varía es el criterio por el que se establece convencionalmente tal verdad en las dos formas de discurso.

La semiótica rechazaría una opción de este tipo. Al igual que se plantea en algunos ámbitos de la filosofía analítica[48], la propia no-

---

[46]   Véase Ayer, 1976: 209 ss. en donde argumenta que la definición de verdad no conlleva una gran dificultad (Aristóteles, Tarski); el problema importante consiste en «proporcionar alguna explicación general de las condiciones en las que está justificado atribuirla». Cf. Gizbert-Studnicki, 1985: esp. 153-54 en donde se cita a Carnap para la opinión de que la fórmula de Tarski (la oración «p» es verdadera si y solo si p) no suministra ninguna respuesta a la pregunta criteriológica; MacCormick, 1978: 90-91.

[47]   Rescher 1973: 12: «La posición que defenderemos supone que la coherencia no es el *significado* de la verdad en el contexto de las afirmaciones fácticas, sino su *árbitro*, (utilizando la elocuente expresión de F. H. Bradley)». Véase, no obstante, Patterson, 1996: 10-11, en donde se ataca la versión de Michael Moore de la explicación conceptual = correspondencia vs. criteriología = coherentista de Michael Moore.

[48]   Por ejemplo, (1) que la correspondencia, en la forma clásica («p es verdadero» significa «p se corresponde con la realidad»), supone un regreso al infinito, en tanto exige que sepamos si «p se corresponde con la realidad» es verdadero y, por consiguiente, «p se corresponde con la realidad» se corresponde con la realidad, etc.: Pap, 1949: 355, citado por Gizbert-Studnicki, 1985: 154; (2) la teoría de la *redundancia* de Ramsey en la cual «decir que algo es verdadero simplemente es repetir lo que esto dice»: Lacey, 1976: 220; (3) la «teoría figurativa» de Wittgenstein y otros, la cual, como señala Lacey (*ibid*.) supone «una relación entre dos cosas, una que es verdadera (una proposición, una creencia, un juicio, etc.) y una que la hace verdadera (un hecho, o posiblemente un estado de cosas o un evento). El hecho tiene una estructura que la proposición, etc. copia o figura». Véase asimismo Morrison 1968: 44-64, sobre Wittgenstein. El principal problema es que la correspondencia es o bien

ción de correspondencia resulta incoherente para la semiótica. ¿Qué significa decir que el lenguaje se «corresponde» con el mundo? Si el mundo es concebido como un universo no lingüístico (fáctico), el lenguaje solo puede corresponderse entonces con él en la medida en que el lenguaje también presente tales elementos no-lingüísticos (fácticos) o bien que el mundo presente estructuras lingüísticas. Si

---

una metáfora, o una forma de similitud como una figura (ninguna de las cuales parece lo suficientemente sólida como explicación de lo que queremos decir cuando afirmamos que algo es verdadero), o realmente oculta una afirmación de identidad: que un enunciado *p* es verdadero sí y solo si es idéntico a *p* en el mundo. Es posible advertir que la fórmula de Tarski (el enunciado «*p*» es verdadero sí y solo si *p*) evita el uso de la terminología de la correspondencia. Cf. Misak, 1991: 127. En el trabajo de Dodd, 1998 se cita a Moore, 1993: 21: «comúnmente se supone que la verdad de una proposición consiste en alguna relación que se apoya en la realidad; y que la falsedad consiste en la ausencia de esta relación. Generalmente esta relación es denominada "correspondencia" o "concordancia"; y por lo general se concibe como una similaridad parcial; [...] y por consiguiente [...] es esencial para la teoría que una verdad deba diferenciarse de manera específica de la realidad que constituye su fundamento [...] Es la imposibilidad de encontrar alguna diferencia entre una verdad y la realidad con lo que se supone que ésta corresponde lo que refuta la teoría». La cuestión que no discuten estas teorías es si el lenguaje puede *alguna vez* ser idéntico a lo que representa. Una forma de este tipo de objeción es planteada por Lacey, 1976: 220: «encontrar pares de cosas que se correspondan de esta forma es difícil, especialmente porque el tipo de estructura que puede tener una proposición, incluyendo las relaciones entre cosas como sustantivos y verbos, o sujetos y predicados, parece completamente distinta de cualquiera de las características del mundo exterior. Las teorías de la correspondencia o figurativas se enfrentan a dificultades similares en lo relativo a la manera en que las oraciones o las proposiciones tienen significado. Del mismo modo, si todo lo que conocemos son proposiciones y las proposiciones figuran el mundo, ¿cómo podemos comparar las proposiciones con el mundo para ver si lo figuran de manera precisa?». Williams, 1976: 74 sostiene que: «La opinión de que el concepto de verdad involucra la noción de correspondencia parece involucrar la opinión de que la verdad es en algún sentido relacional. Decir que algo es verdadero [es] decir que se ajusta a los hechos, que se corresponde con lo que es el caso; y *ajustarse* y *corresponder* parecen ser relaciones». El problema se agudiza aún más cuando se intenta aplicar un concepto de verdad como correspondencia a proposiciones jurídicas. Véase, recientemente, Pintore, 1996; Ferrajoli, 1997: 253-263.

bien es cierto que la semántica de las condiciones de verdad hace precisamente esto al identificar el auténtico significado de una oración con las condiciones en el mundo no lingüístico (fáctico) bajo las cuales dicha oración puede ser verdadera[49] y, por lo tanto, al asumir que los «hechos naturales» son perceptibles como tales y que su verdad es «extra-discursiva», para la semántica estructural el significado de una oración se identifica con el producto del juego mutuo de sus estructuras semánticas y sintácticas, y ve a los valores semánticos generados internamente dentro de cualquier sistema lingüístico particular[50]. El lenguaje, por consiguiente, no exhibe los elementos no-lingüísticos (fácticos) requeridos para establecer una correspondencia. Los «hechos naturales» no pueden ser percibidos en cuanto tales, sino únicamente a través de un filtro-creador de sentido de un sistema de lenguaje particular[51]. E incluso si aceptamos que esta explicación del significado —de acuerdo con la cual éste es generado por un sistema de lenguaje— tiene que adaptarse cuando (al pasar de la semántica a la pragmática) el lenguaje es utilizado en el mundo para referir[52], la expresión que es usada para

---

[49]   En relación con la equiparación de condiciones de realidad con el significado respecto de la semántica de las condiciones de verdad véase Strawson, 1970: 10-11; Patterson, 1996:5.

[50]   Véase Jackson, 1985b: 35-43; Jackson, 1995: 22-24. En esta explicación, la referencia es parte de la pragmática del lenguaje, lo que hacemos con él, más que su significado: véase adicionalmente la bibliografía señalada en la nota 52.

[51]   La idea de que los «hechos naturales» son perceptibles es rechazada igualmente en el psicología moderna de la percepción. Lloyd-Bostock, 1988: 362 señala lo siguiente: «La percepción no produce un registro sino una interpretación». Cf. Jackson, 1995: 362-367. Cuando los jueces y los jurados tienen que decidir los hechos, tales hechos están sujetos, como advirtió el jurista norteamericano Jerome Frank (Frank 1950: 22; Jackson, 1996a: 152-53), a una doble refracción: la percepción original por parte de los testigos de los eventos que atestiguan, y la percepción del tribunal de la conducta de los testigos. A menudo lo que percibimos es informado por nuestras expectativas, en la forma, como he argumentado, de tipificaciones narrativas de la acción socialmente construidas: Jackson, 1985a: 79-82; Jackson, 1995: 152-161.

[52]   Una concepción cuya estructura semiótica es compartida por Strawson, 1950: «"Mencionar" o "referir" no es algo que hace una expresión; sino que es algo

referir viene informada por ese sentido construido al interior del
lenguaje y, por consiguiente, no puede corresponderse directamente con los fenómenos de realidad empírica[53].

Si el sentido es una función de las relaciones semánticas internas
al lenguaje, y la referencia es algo que se hace con el lenguaje, uti-

---

que alguien hace con la expresión"» (Strawson, reedición de 1968: 68; reedición de 1971: 8). En Jackson 1985a: 42-45, he utilizado esta idea para criticar
la teoría de la justificación silogística de las decisiones en los casos fáciles de
MacCormick. Si bien MacCormick rechaza esta crítica, aceptó esta concepción de la referencia: MacCormick, 1991:163-174; para un resumen de esta
discusión véase Jackson, 1996a: 245-255.

[53] En contra de una idea ampliamente extendida, la semiótica estructural no
niega la existencia de los hechos fuera del lenguaje o la importancia de las
afirmaciones de verdad. Landowski, 1991:155-156, lo plantea de la siguiente
manera: «Desde un punto de vista semiótico, el mundo referencial no puede
desempeñar el papel de un nivel privilegiado de realidad que en última instancia garantizaría el significado o la verdad de los discursos. Porque lo que habitualmente se designa con esta expresión no puede considerarse como completamente externo al ámbito del significado. El «referente» no es una mera
realidad independiente fuera del lenguaje, que, a su vez, el lenguaje podría
representar transitivamente y de manera más o menos veraz. Por el contrario,
los referentes están organizados estructuralmente para formar, aunque más
no sea en un nivel completamente figurativo, un lenguaje por sí mismos. De
hecho, probablemente se debería admitir que coexisten varios tipos de racio-
nalidades y que, por consiguiente, exigen diferentes "formas de ser" de lo que
de manera uniforme llamamos realidad. Mientras que la racionalidad científica
trata de capturar la manera intrínseca de ser de los objetos que coloca bajo
escrutinio (el objetivo es modelar las «leyes» de la naturaleza o la sociedad), la
epistemología implícita que gobierna nuestras actitudes cognitivas de sentido
común transforma el ambiente natural y social en un *mundo humano*, esto es,
en una realidad *semióticamente articulada* que produce *significados*, en lugar de
obedecer a regularidades objetivas. El mundo natural, en este caso, tiende a
aparecer como un nivel inmediatamente legible de significación o, en otros
términos, como una manifestación semiótica específica, una que es ciertamente distinta de los discursos lingüísticos, pero que en un grado no menor es
distinta de lo que sería un ámbito de objetos puros». Cf. Patterson, 1996: 10,
en el contexto de oposición al realismo metafísico de Michael Moore (Moore,
1989: 294), quien suscribe el criterio de correspondencia como «la mejor
teoría científica que tenemos»: «Pasar de una forma de lenguaje (derecho) a
otra (ciencia) no parece que resuelva el problema, únicamente lo resitúa».

lizándola para indicar eventos y estados de cosas en el mundo real, entonces nunca podemos estar seguros de que el lenguaje representa con exactitud (y en este sentido de manera verídica) el mundo real. Así como, desde esta explicación, no puede haber una equivalencia absoluta entre los significados de enunciados en diferentes lenguajes naturales (incluso si tales enunciados pretenden hacer referencia al mismo referente externo en el mundo exterior)[54], así también la representación de la «realidad» en el lenguaje se concibe como un proceso de traducción[55]. Esto parecería dejar a la semiótica jurídica en una posición radicalmente escéptica en relación con la verdad como resultado de su posición sobre el estatus del «referente» y no a partir de una simple reducción del derecho y de los hechos determinados en los tribunales a la historia más plausible[56].

Mario Jori trata de evitar el escepticismo radical de ese punto de vista completamente «externo», uno que aparentemente limita al semiótico a informar que «la gente ignorante utiliza el lenguaje referencial como una forma curiosa de superstición»[57]. En su lugar, él

---

[54] Esta es una cuestión discutida en la tradición analítica. En Ayer, 1976: 209-10, se advierte que «si bien Tarski considera la verdad como un predicado de las oraciones, su teoría admite tácitamente proposiciones, en tanto exige que las oraciones de diferentes lenguajes sean equivalentes. La razón de ello es que el lenguaje en el que uno define la verdad no tiene que ser el mismo que el lenguaje por el que uno la define. Por consiguiente, si alguien está hablando en francés su enunciado se leería de la siguiente manera «"La nieve es blanca" *est vrai en anglais si et seulement si la neige est blanche*». Pero esto conseguirá lo que se propone únicamente si la oración en español [N. del T.: en el original en inglés] "la nieve es blanca" y la oración en francés *"la neige est blanche"* expresan la misma proposición». Yo diría: la oración en español «la nieve es blanca» y el enunciado en francés *«la neige est blanche»* pueden ser utilizados y de hecho son utilizados por Ayer (hablando de Tarski) con los mismos referentes. Pero eso no autoriza la conclusión de que el significado de "la nieve es blanca" en español es idéntico al significado de *«la neige est blanche»* en francés. Un argumento a favor de esta equivalencia en el contexto jurídico puede encontrarse en Volman, 1995.

[55] Véase Landowski 1991: 47.

[56] Véase adicionalmente Jackson, 1985a: caps. 6-7.

[57] Jori, 1996: 326.

apuesta por una explicación que también describa «un importante aspecto interno del lenguaje jurídico, su significado referencial». La gente piensa que el lenguaje que utiliza hace referencia a fenómenos en el mundo exterior; ellos no crean de la nada tal referencialidad en cualquier acto de habla. Jori considera que es posible proporcionar una explicación de este tipo —basada en un concepto de denotación[58]— sin volver a caer en la semántica de las condiciones de verdad o en otras formas de teoría de la correspondencia:

> Decir que algunos tipos fundamentales de significado son referenciales ni siquiera implica que existe un mundo externo; simplemente supone que una parte esencial del lenguaje asume que existe, cuando habla acerca del mundo o nos dice que realicemos acciones a fin de producir cambios en el mundo. Tampoco implica la negación de que el significado está determinado por la estructura de oposiciones intra-lingüísticas, de tal manera que el significado de cualquier elemento del lenguaje se determina por ser distinto de los elementos contiguos más cercanos. Finalmente, no implica negar que el lenguaje es un filtro que puede colocar diferentes interpretaciones sobre la misma experiencia y percepción[59].

La observación de Jori en el sentido de que el significado referencial existe ahí donde «una parte esencial del lenguaje asume que existe» recuerda la noción benthamita de una entidad ficticia, la cual «es adscrita a pesar de la forma gramatical del discurso utilizada al hablar de su existencia, aun cuando en verdad y en la realidad su existencia no quiere ser adscrita»[60]. A pesar de que he cuestionado el uso que hace Jori de la denotación para resolver el problema de la relación entre las reglas jurídicas generales y los hechos posteriormente controvertidos «bajo» esa reglas[61], está en lo correcto al desafiarnos a que expliquemos cómo la mayor parte de las formas de discurso, incluyendo la de los abogados profesionales y los órganos encargados de la determinación de los hechos en los tribunales, hablan *como si* el lenguaje de hecho fuera referencial y *como si* la

---

[58]   Jori, 1998: 63.
[59]   Jori, 1996: 325.
[60]   Bentham, 1997: 164. Véase adicionalmente Jackson 1998a: 498-99.
[61]   Véase al respecto mi comentario en Jackson 1998b: 323-326.

verdad fuera una propiedad directamente perceptible a partir del mundo en el que vivimos. ¿Cómo es que Lord Donaldson, a pesar de su opinión de que el veredicto de «no culpable» lleva a cabo afirmaciones de verdad acerca de eventos en el mundo no jurídico, aparentemente encuentra que no es problemática la visión de que el veredicto de «culpable» sí hace (por lo general de manera correcta) tales afirmaciones de verdad? ¿Cómo es que la familia Lawrence y quienes la apoyan sienten que tienen acceso a una y a la única verdad y no están defendiendo simplemente una posición discursiva que prefieren en lugar de otra?

VI. SEMÁNTICA Y PRAGMÁTICA

La solución a estos problemas reside, a mi juicio, en la relación entre la semántica y la pragmática. Dicho en términos muy amplios, la verdad no es una cualidad inherente a las proposiciones, sino que es atribuida a tales proposiciones a partir de la perspectiva de los usuarios de dichas proposiciones. Por supuesto, una vez que alguien adopta una determinada posición surge una dificultad inmediata vinculada con el concepto de objetividad: habitualmente se concibe la verdad como algo objetivo; sin embargo, desde un enfoque pragmático ésta parecería como relativa a la perspectiva de los distintos usuarios.

Las concepciones de la pragmática son tan diversas como las de la semántica: difieren, entre otras cosas, en la manera de abordar esta dificultad. Strawson, por ejemplo, considera la atribución de verdad a una proposición como un acto de habla: «[...] cuando decimos que algo es "verdadero" realizamos un acto de estar de acuerdo, de repetirlo, o de concederlo —diríamos "de acuerdo"»[62]. Pero el

---

[62] Strawson, 1949: esp. 89-92, como lo sintetiza Lacey 1976: 220. Por consiguiente, la verdad es un mensaje acerca del estatus de otro mensaje, transmitido en el discurso, una postura que también se expresa en la semiótica jurídica: Landowski, 1991: 53; Jackson, 1985a: 157.

hablante, al decir que algo es verdadero, hace algo más que realizar un acto de aprobación personal. «Es verdadero que X es culpable» dice algo más que «Estoy de acuerdo con que X es culpable»: el primer enunciado afirma, además, que todos los demás deberían estar de acuerdo con la proposición de que X es culpable, en tanto X realmente es culpable. Por ello, Morris argumentaba que podría decirse que los «signos» eran «verdaderos» cuando «determinan de manera correcta las expectativas de sus de sus usuarios»[63].

Los peirceanos se enfrentan a una dificultad parecida, si bien el «hablante» peirceano no sería un individuo, sino una comunidad de investigadores. La concepción peirceana de la verdad se formula en términos variados como los siguientes: «la opinión que está pre-destinada a ser en última instancia aceptada por todos aquellos que investigan», «aquello en lo que se creería si la investigación conti-nuara indefinidamente, con independencia de que continúe o no»[64]; «una hipótesis verdadera es aquella en la que se creería al final de una investigación»[65]. Missak se ha ocupado recientemente y de ma-nera directa de la relación entre el pragmaticismo de Peirce y su no-ción de la objetividad. Argumenta que Peirce no tenía una concep-ción completamente pragmática del significado[66] ni de la verdad. A

---

[63]   Morris, 1946: 33.
[64]   Lacey, 1976: 168; Véase así mismo Apel 1995: 65.
[65]   Misak, 1991: vii
[66]   Misak, 1991: 12 ss. Para Peirce, sostiene Misak, las consecuencias que se pue-den extraer de una expresión son solo una *parte* del significado de dicha expre-sión. Un intérprete debe conocer también los términos «denotación» (exten-sión) y «connotación» (intensión). En la página 16, Misak relaciona estos tres aspectos con la clasificación tripartita de los signos, cada uno de los cuales des-taca un aspecto: íconos (connotación), índices (denotación), símbolos («si el emisor conoce la manera en que los intérpretes habitualmente interpretan un signo, puede utilizar el signo para producir un efecto específico en el intérpre-te. Peirce denomina este efecto el "interpretante del signo"). Lee, 1960: 108, contrasta las posiciones de Peirce y James: mientras que para James la verdad se reduce a utilidad, para Bentham y para Peirce, «si bien la utilidad informa la dirección y la búsqueda de la verdad, la verdad no se define en términos de utilidad. Lo que es verdadero tiene su base en la realidad o puede decirse que de algún modo es un reflejo de ella».

su juicio, Peirce creía de manera idealista que aquello en lo que se creyera al final de la investigación (lo cual podría no corresponderse con alguna creencia actual —y falible), debería ser considerado como la verdad objetiva[67]. El énfasis en el fin último de la investigación nos hace dudar de que Peirce estuviese dispuesto a equiparar la verdad con lo mejor que podemos hacer en un momento determinado[68].De hecho, Misak presenta la visión peirceana sobre la relación entre verdad y nuestra percepción de ella en términos de aspiración: «él plantea que debemos *esperar* que una consecuencia de que *H* [una hipótesis] sea verdadera, es que si fuésemos a investigar *H* de manera diligente, su verdad quedaría impresa en nosotros por sí misma. Si lleváramos a cabo una investigación extensa y sólida, es el tipo de hipótesis que nos parecería irresistible»[69].

Posiblemente es una concepción de este tipo la que subyace en la dificultad que enfrenta Lord Donaldson para problematizar el veredicto de «culpable». «Prueba más allá de toda duda razonable», en el contexto de un sistema de prueba que no solamente parece requerir un estándar más elevado que el que se aplica en la vida ordinaria sino que también aplica una gran cantidad de reglas de exclusión de pruebas que pueden tenerse en cuenta en la vida cotidiana, puede ser una versión jurídica de Lord Donaldson de aquello que «sería creído al final de la investigación». Tal conjetura, por supuesto, hace que nos preguntemos: «¿la investigación *de quién?*». Peirce difícilmente estaría de acuerdo con una institucionalización *jurídica*, en lugar de una institucionalización científica, de la investigación, tan solo porque la naturaleza limitada en el tiempo de la investigación en el tribunal —en la cual los distintos participantes

---

[67]   Misak, 1991: cap. 4: «Objectivity, Bivalence and Truth».

[68]   Lo cual posiblemente está implícito en la observación de Pharies, 1985: 23-24.: «Peirce definía la realidad en términos de opinión humana, no porque pensara que no hubiera realidad (*i.e.* que no hubiera objetos dinámicos) independiente del pensamiento humano, sino porque sabía que, como humanos, nunca podremos estar más cerca de la realidad última de lo que nuestra percepción y nuestras capacidades de razonamiento puedan permitirnos».

[69]   Misak, 1991: 129.

en la discusión sobre los hechos judiciales han destacado que el proceso impone un carácter particular y provisional de los resultados de ese proceso—[70] es conceptualmente inconsistente con la noción peirceana de investigación indefinida.

Algunas versiones más recientes de la pragmática están dispuestas a aceptar una respuesta pluralista a la pregunta: ¿la investigación de quién? El concepto de verdad es relativo al discurso en el que es construido. Esto no privilegia ninguna concepción particular de la verdad: ni el jurista ni el científico pueden afirmar de manera legítima un acceso privilegiado[71]. Por el contrario, sus distintas concepciones de la verdad reflejan sus intereses particulares, contextos y preocupaciones. Como ha señalado Francesco Viola al responder al argumento de Bulygin:

> No podemos resolver el problema de la verdad si no ponemos atención a los sujetos que buscan la verdad y a las actitudes de estos sujetos. Cuando nos preguntamos qué hace que un enunciado sea verdadero, debemos examinar el contexto al que pertenece. La variedad de intenciones produce la variedad de juegos o de prácticas.
>
> [...] Cabría preguntarse si la tarea del juez consiste específicamente en la obtención de la verdad. Se podría afirmar que la verdad es solo una de las condiciones que garantizan el éxito de la apreciación judicial en la búsqueda o en la obtención de su objetivo. Sin embargo, considerado en su conjunto, este objetivo no es el descubrimiento de la verdad,

---

[70]   A manera de ejemplo, véase Celano, 1995: 141: «Como consecuencia de esta restricción [temporal], el valor regulativo de la idea de verdad está limitado por criterios ajenos a una investigación completamente teórica; esto conduce a una brecha entre la verdad lisa y llana y la verdad en la aplicación judicial del derecho». «En el fondo, el principio *res judicata* no es otra cosa que una "fijación" institucionalizada de la necesidad de actuar sobre la base de creencias provisionales [...]» (152); véanse además los trabajos citados en la nota número ro 34.

[71]   Con todo, lo cierto es que los abogados y científicos formulan este tipo de afirmaciones (por ejemplo, la afirmación atribuida especulativamente a Lord Donaldson al comparar su posición con la visión peirceana, en el párrafo precedente). En el interior de cualquier sistema discursivo puede construirse un sentido de objetividad junto con la conciencia de que en otros sistemas discursivos pueden construirse de manera diferente otras afirmaciones de verdad.

sino de manera específica la aplicación del derecho [...] Una decisión debe estar justificada y esta justificación debe estar basada en el razonamiento jurídico. El objetivo de este proceso racional no es la verdad, sino la aceptabilidad de la decisión para el sistema jurídico. Como se mencionó anteriormente, la corrección parece estar fuertemente separada de la verdad. Sin embargo, si consideramos las intenciones del juez, a través de su decisión él *captará* (*grasp*) una verdad y *hará* afirmaciones verdaderas. El juez cree que está participando en el juego de la verdad. Este es el significado del *jus dicere*[72].

Posteriormente, Viola distingue la verdad semántica, basada en la correspondencia con referentes externos, tanto de la verdad hermenéutica, basada en la aprehensión [*grasp*] del significado profundo de los enunciados, de los símbolos y de otros signos no oracionales y no verbales (una forma de significado intensional), como de la «verdad práctica». El juez se enfrenta a una tarea de este último tipo. Viola lo describe de la siguiente manera:

> En este caso, los elementos de la relación no son oraciones y realidad, u oraciones y contextos discursivos, sino acciones: la acción que ha de ser juzgada y la acción que debe ser juzgada. El problema que debe resolver el juez es la relación entre estos elementos[73].

Por supuesto, la acción judicial es en sí misma variable. Posiblemente, por lo tanto, esta concepción pluralista puede extenderse a la pragmática en el sentido americano, esto es, pueden adoptarse diferentes concepciones de la verdad en relación con las diferencias en las consecuencias vinculadas con los juicios basados en ellas. Un enfoque de este tipo podría utilizarse para justificar la diferencia entre estándares de prueba en los veredictos civiles y penales que se presentan (en diferentes formas) en California y en Inglaterra.

---

[72]   Viola, 1995: 211.

[73]   Viola, 1995: 214. La explicación que lleva a cabo Viola de la interpenetración [*interpenetration*] de esta variedad de «juegos de verdad» (en una relación de «círculos concéntricos»: 212) sugiere una forma de intersemioticidad, en contraste con la explicación (lógica) de Bulygin, en la cual una forma de verdad (la forma «natural») cuenta como una condición de la corrección de la otra forma (la jurídica).

Pero esto funcionaría únicamente si la verdad jurídica estuviera confinada al discurso jurídico. Un abogado bien podría decir: «No sé (ni me importa) si O. J. lo hizo o no[74]; todo lo que sé es que un jurado consideró que las pruebas que existen son insuficientes para condenarlo por homicidio (y, por lo tanto, para enviarlo a prisión) mientras que otro jurado determinó que había pruebas suficientes para considerar que era civilmente responsable por muerte ilícita (*unlawful death*) (y, por lo tanto, condenarlo a pagar millones de dólares por concepto de daños)». Sin embargo, ¿cuál es el significado que (a) las familias y (b) el público atribuyen a tales veredictos? Ron Goldman manifestó expresamente que estaba interesado en la «justicia» en lugar de en la reparación del daño; su preocupación era que la «verdad» saliera a la luz. ¿Y qué hay del público? Las divisiones raciales que se produjeron como reacción al veredicto de «no culpable» en el juicio penal tuvieron una gran difusión. Si la comunidad blanca, que en su gran mayoría pensaba que O. J. era culpable, estaba autorizada a interpretar (siguiendo el punto de vista de Lord Donaldson) «no culpable» no como «inocente» sino como «no probado», ¿esa misma comunidad blanca consideraría que el veredicto de «responsable» en el juicio civil únicamente significa que es más probable que O. J. lo hiciera a que no lo hiciera o, por el contrario, considerarían que el veredicto convalida su opinión de que efectivamente lo hizo?

Las aparentes diferencias que se presentan entre estas perspectivas no solo son diferencias de carácter sustantivo, sino también diferencias que se presentan desde una perspectiva pragmática. He argumentado en otro lugar que la «historia en el juicio» (v. g. el homicidio por el que una persona es acusada) es mediada a través de

---

[74] O de manera menos cínica, que el veredicto penal no solo está relacionado con la verdad de las afirmaciones del fiscal, sino también en la justicia del proceso de investigación. En defensa de la idea de que el veredicto de «no culpable» de O. J. Simpson manda un mensaje a la policía para que no mientan, Dershowitz, 1996: 209, insinúa una respuesta afirmativa a su cuestionamiento final: «¿Un veredicto históricamente erróneo puede ser un resultado jurídicamente —y moralmente— justo?».

la «historia del juicio» (el conjunto de encuentros narrativos que se presentan en el tribunal[75]. Hay algunas indicaciones que muestran que el veredicto de «no culpable» en el juicio penal en contra de O. J. reflejan que la policía trató de incriminarlo indebidamente[76]. Pero los diferentes participantes en un juicio internalizan diferentes formas de pragmáticas narrativizadas, diferentes historias acerca de quién dice la verdad y de qué manera podemos percibir la verdad, y las internalizan de diferentes maneras.

La perspectiva del lego es de hecho «ingenua» y, acaso, poco consciente de la visión psicológica de que «la percepción no produce un registro sino una interpretación»[77] y de las estructuras narrativas del conocimiento social —incluyendo aquellas que tienen que ver con decir la verdad— que necesariamente proporcionan los marcos para tales interpretaciones[78]. La internalización de las narrativas que dicen la verdad es una función de la experiencia social de aquellas personas involucradas. El concepto de verdad del lego puede provenir de la experiencia inicial del discurso sobre la verdad (desde un punto de vista ontológico: el cuadro 1) durante la niñez, en donde la relación pragmática con el hablante (típicamente el padre) es de confianza[79]. A esto se añade la internalización del abogado de un modelo cognitivo a través de su formación y experiencia profesionales (cuadro 2) y su institucionalización (cuadro 3). La formación del abogado provee de una relación pragmática de *desconfianza* cuando asume la postura de *adversario* hacia testigos

---

[75] Jackson, 1985a: 8-9, 33-36; Jackson 1995: 160, caps. 10-12 *passim*. En relación con el grado en el que la semántica puede ser concebida de manera independiente de la pragmática véase: Lindgren, 1990; Jackson, 1990: 303-308.

[76] Véase Dershowitz, 1996: 92-93, y su cita en la página 208-9 en n.*del libro de los tres jurados: Cooley-Bess-Jackson, 1996. En la página 96, Dershowitz escribe lo siguiente: «Al final, los jurados concluyeron que la defensa había presentado un caso más honesto que el fiscal».

[77] Lloyd-Bostock, 1988.

[78] Jackson, 1995: 160, cap. 10.

[79] A propósito de la relación entre socialización temprana y desarrollo moral, véase Jackson, 1996a: 227-230.

potenciales. Sin embargo, el abogado no siempre suprime completamente las estructuras del discurso ordinario: el cuadro número 6
muestra un compromiso entendible entre ellas, en el que la prueba
es, en circunstancias apropiadas, vista como un reflejo de la verdad
(la aproximación del abogado al veredicto de «culpable»). ¿Pero por
qué privilegiar el pronunciamiento de «culpable»? Las razones racionales que han sido anteriormente señaladas únicamente proporcionan una parte de la respuesta. Los mecanismos de construcción
de sentido de los abogados y de los legos no solo difieren en el
nivel paradigmático. También difieren en la pragmática narrativizada acerca de quién dice la verdad, de qué manera y cuándo. Los
veredictos de «culpable» tienden a basarse (si bien no de manera
exclusiva) en las pruebas de la policía; los veredictos de «no culpable» por lo general suponen un rechazo de las pruebas presentadas
por la policía y una aceptación de las pruebas del acusado. Para algunas personas, parece «natural» creer en la policía, mientras que
para otras, reflejando una relación pragmática distinta con la policía, parece natural ser escéptico hacia ellas, especialmente en áreas
de conflicto tradicionales (como las relaciones raciales)[80].

Para el abogado profesional, los criterios especializados de verdad («más allá de toda duda razonable», convenciones sobre la confiabilidad de los testigos, etc.) no son los únicos que se internalizan
hasta tal punto que parecen prácticamente instintivos. Lo que es
común en la experiencia profesional y lo que proporciona un marco
común entre los profesionales y en la vida profesional del practicante individual, es un enfoque explícito y consciente sobre el proceso

---

[80] La policía de Los Ángeles era descrita como proclive (o demasiado proclive)
a tratar de condenar a acusados de color, y al hacerlo «producían» un exceso
de pruebas forenses (tan abrumadoras, en su presentación, que podía pensarse
que desviaban la atención de la historia que el fiscal estaba tratando de contar
a propósito de la conducta del acusado, y dirigían la atención hacia la historia
de la manera en que se condujo la investigación). En Londres, la policía era
descrita como poco proclive a tratar de condenar a los sospechosos blancos
(en el homicidio de un hombre de color), y como incapaz de producir pruebas
forenses relevantes.

mismo, más que sobre el contenido. Es lo que le proporciona a los abogados su función, su conocimiento especializado y su identidad. No es de extrañar que el punto de vista profesional sobre el veredicto de «no culpable» refleje precisamente esto: no es verdadero, pero ha sido probado.

En términos más técnicos del sintagma narrativo greimassiano, parece que hay una fuerte correlación entre las diferentes estructuras semánticas posibles de «no culpable» (ya sea de prueba o de culpabilidad) y la identidad del sujeto de la búsqueda narrativa en el nivel sintagmático: el abogado se ve *a sí mismo* como el sujeto y está interesado primordialmente en las consecuencias jurídicas y en la prueba necesaria para obtenerlas; la parte y el público a menudo pueden estar interesados en la atribución de culpa social, la cual es equiparada con la búsqueda de la verdad. Desde esta última perspectiva, el sistema jurídico no es visto como el lugar para el *descubrimiento* de la verdad, sino como el lugar para su aprobación oficial. Y en algunas ocasiones se considera que dicha aprobación fracasa.

El carácter persuasivo de una historia no solo depende de la narrativa que se cuenta en ella (nivel semántico); también depende de la narrativa de como se cuenta la historia. Disponemos de tipificaciones narrativas de formas persuasivas de contar historias, las cuales no solo involucran factores tales como el estilo y la puesta en escena, sino también la autoridad que se atribuye a quien cuenta la historia. Esto es lo que se insinúa cuando *The Daily Mail* nos dice que la policía está segura de la culpabilidad de los sospechosos. Pero también es lo que se sugiere cuando vemos un periódico de circulación nacional y de gran tiraje liderando una campaña de este tipo. Seguramente un periódico de esta naturaleza —nos preguntamos— no inventaría algo así. Sin embargo, la propia prensa ocupa una posición narrativa, algunas veces de manera explícita, otras de manera implícita. En el caso de Stephen Lawrence, el *Daily Mail* se presentó a sí mismo, con su decisión de nombrar a los jóvenes, etiquetarlos de homicidas y al desafiarlos a demandar, en el papel narrativo de héroe en búsqueda de justicia (que aquí significaría verdad en lugar de prueba) y al hacerlo fueron protagonistas anticipa-

dos en la historia del juicio que fracasó. La portada de esta historia
(14 de febrero de 1997) empezaba de la siguiente manera:

> El día de hoy, *The Daily Mail* ha tomado una decisión sin precedentes
> al nombrar a cinco jóvenes varones como homicidas.
>
> [...]
>
> Decimos los nombres de estas personas porque, a pesar de un juicio
> penal, una acusación particular y una investigación, todavía no ha ha-
> bido justicia para Stephen, quien fue apuñalado hasta su muerte en un
> ataque racista hace casi cuatro años.
>
> [...]
>
> Si estas personas son inocentes, tienen ahora la oportunidad de lim-
> piar sus nombres en una acción legal en contra del *Daily Mail*.

La nota editorial del periódico (en la página 8) empezaba de manera similar:

> No es una cuestión sencilla el que un periódico nacional tilde de
> homicidas a cinco personas que no han sido condenados en un tribunal.
> Pero cuando el sistema judicial ha fracasado de una manera tan lamenta-
> ble al lidiar con los asesinos de Stephen Lawrence, se requieren medidas
> extraordinarias.

Dicha nota concluía de la siguiente manera:

> La penosa verdad es que en este caso nuestro sistema ha fracasado
> de manera lamentable. Y mientras los homicidas caminan libremente, es
> una verdad que nos empequeñece a todos.

La credibilidad de la posición narrativa del periódico, sin embargo, requiere más que la simple adopción del papel de héroe; de
lo contrario, daría la impresión de un valiente pero ingenuo Don
Quijote peleando contra los molinos de viento. El periódico también necesita acreditar su profesionalismo, presentando pruebas de
lo que sabe —un conocimiento, además, del cual tiene la seguridad
de que no será discutido en un juicio si se presenta una acción por
difamación y que incluso, lo que es más significativo, sus lectores
considerarán que suple la carencia, la verdad, que el sistema jurídico no ha sido capaz de producir.

¿Cómo se llevó a cabo lo anterior? Por cuestiones de espacio no es posible llevar a cabo un análisis completo de esta situación. Bastará con resumir y ejemplificar la estrategia básica. Se argumentó que (a) a pesar de que el proceso judicial no había sido capaz de acreditar los hechos concretos de la acusación (la historia en el juicio), la conducta de los jóvenes antes y después de los hechos era más característica de alguien culpable que de alguien inocente; y (b) la gente de la zona en la que ocurrieron los hechos tenía conocimiento de la participación en el ataque, pero el temor provocado por la intimidación impidió que dicho conocimiento fuera presentado.

Buena parte de los señalamientos específicos que hizo el periódico fueron calculados para evocar tipificaciones narrativas de conducta racista. Tales tipificaciones narrativas están basadas en el «sentido común» o en un conocimiento social concreto de lo que ocurre frecuentemente, incluso cuando no hay una obligación lógica de creer que lo que ocurre frecuentemente ocurre siempre y, por lo tanto, ha ocurrido en esta ocasión[81].

La postura adoptada por el periódico generó una gran discusión. Algunos la aplaudieron por «no permitir que los culpables se salieran con la suya»[82]. Lord Donaldson de Lymington tomó una posición distinta. Hizo un llamado al *Attorney-General* para que se exami-

---

[81]   Asimismo, los señalamientos del periódico son a menudo un ejemplo de «narrativas ancladas» utilizadas por Wagenaar y sus colegas: Wagenaar-Koppen-Crombag, 1993. Véase mi análisis en Jackson 1995: 177 185 y en Jackson 1996b: 17-45.

[82]   Incluso el entonces titular del *Home Department*, Michael Howard, señaló: «El *Daily Mail* no ha hecho nada contrario a derecho, a menos, por su puesto, que estos señores aleguen que dicha nota ha sido difamatoria y esa es una cuestión que les compete a ellos». Con todo, el periódico había violado la determinación del *Coroner* en el sentido de que no se debían publicar los nombres de estas personas. N. del T.: en algunos casos de muerte —especialmente muertes violentas, sea por accidente u homicidio o de las personas bajo custodia— cuando la causa no es evidente el *Coroner* dirige una investigación para determinarla. Este procedimiento se denomina «*inquest*» e incluye, normalmente, una autopsia que es encargada por el *Coroner* a un médico forense. En casos excepcionales se convoca a un jurado para determinar la causa de la muerte.

nara un posible desacato a las actuaciones del tribunal en contra de *The Daily Mail*, sobre la base de que el periódico había interferido con el curso de la justicia al publicar la acusación con las fotos de las cinco personas en la portada[83]. Podemos ver nuevamente que para Lord Donaldson, si bien un veredicto de «no culpable» no justifica que un acusado proclame su inocencia (fáctica)[84], sí impidió en este caso[85] que otras personas afirmaran su culpabilidad (fáctica).

Otras personas criticaron al periódico porque se había prestado a «un juicio en los medios». Lo que la crítica sugiere es que el proceso judicial tiene el privilegio de establecer la verdad y otros no deberían interferir con él. Como señaló Nigel Pascoe, Q. C., director del *Bar Council's Public Affairs Committee*[86]:

> No corresponde a la prensa actuar como juez y jurado. Eso sería dar un paso adelante hacia una sociedad irracional e injusta, con el terrible peligro de una culpabilidad insinuada a través de una calumnia. La reacción del *Daily Mail* es comprensible pero no debe volver a repetirse.

---

[83] En una declaración posterior de la oficina del *Attorney-General* se dijo que como no había un juicio, no podía plantearse una cuestión de desacato al tribunal en los términos de la ley. Sin embargo, se comprometió a examinar detenidamente el planteamiento de Lord Donaldson en el sentido de que podía haber un desacato de *common law*.

[84] Esto fue lo que hizo un amigo de los jóvenes acusados, citado en *The Times*, el 15 de febrero de 1997: «No se debía haber mencionado el nombre de estos muchachos cuando los tribunales habían dicho que no se hiciera». La noticia continuaba con lo siguiente: «A la pregunta de si sabía quién lo había hecho, el señor Evans sonrió socarronamente y se llevó el dedo índice a un lado de su nariz en señal de secrecía». Un comentarista en internet escribió lo siguiente el día 26 de febrero de 1997: «[…] estoy en contra de […] la petición de que el *Daily Mail* debe jugar limpio al otorgarles la posibilidad de réplica a los cinco jóvenes. Por el contrario, deberíamos estar argumentando que ellos no *necesitaban* replicar puesto que las pruebas no eran lo suficientemente sólidas para condenarlos y, por lo tanto, son inocentes».

[85] Sin duda debido al incumplimiento de la orden del *Coroner*. Como se señaló anteriormente, por lo general no hay restricciones, a parte de las que establecen las normas sobre difamación, para afirmar que alguien que se ha determinado que no es culpable en un juicio penal es realmente culpable (cf. la opinión de la *Home Secretary* citada en la nota 82).

[86] *The Times*, 15 de febrero de 1997.

No es de extrañar que el intento de preservar el monopolio de la verdad por parte del sistema jurídico proviniera de un abogado[87]. Otros celebraron la postura del periódico en contra del racismo y destacaron el efecto catártico que tuvo en la comunidad: «Creo que hay un genuino sentimiento compartido de vergüenza en la comunidad. La muerte de Stephen Lawrence sigue estando presente entre las personas que viven en esa zona porque no se ha llevado a nadie ante la justicia y eso perturba nuestras conciencias». La acusación del periódico fue lo más cercano que tuvo la comunidad a que se llevara a los infractores «ante la justicia».

¿Qué animó al periódico a tomar la decisión sin precedentes de publicar los nombres de los jóvenes? En parte trató de responder a un sentimiento público que había en la localidad. Pero ese sentimiento público ya estaba presente desde hacía mucho tiempo en esa zona, y la investigación difícilmente condujo a la obtención de «nuevas» pruebas. A mi juicio, no fue simplemente la historia *en* la investigación lo que animó al periódico sino la historia *de* la investigación, y de manera específica la conducta de los jóvenes sospechosos en dicha historia. Decir que ellos «ejercieron su derecho a guardar silencio» no hace justicia a la situación. Tal derecho, en aquellos lugares en los que existe[88], puede adoptar varias formas:

---

[87]   Otras personas, en cambio, estaban de acuerdo con ello. Como señaló un comentarista en internet: «la provocación que hizo el *Daily Mail* a estos muchachos para que presentaran un juicio por difamación en su contra debe verse como lo que es: una provocación y un claro abuso de poder y de influencia. Qué posibilidades tienen estos muchachos para limpiar sus nombres cuando un juicio en los medios impide que expongan su punto de vista. Las leyes por difamación son utilizadas por los ricos para silenciar a sus críticos. El *Daily Mail* debía hacer algo al respecto o bien callarse: o bien el periódico debió entrevistar a estos muchachos y discutir todas las cuestiones en público o bien publicar una rectificación inmediata.

[88]   En Inglaterra y en Gales, el derecho al silencio ha sido considerablemente limitado por la *Criminal Justice and Public Order Act* de 1994, artículos 34 a 39. Los principales efectos son los siguientes: (i) en aquellos supuestos en los que el acusado alega como defensa en juicio una cuestión que no fue dada a conocer a la policía durante el interrogatorio, el fiscal puede formular comentarios sobre

negativa a contestar las preguntas de la policía durante el interrogatorio; negativa a proporcionar pruebas; negativa a responder a
preguntas concretas una vez que se han presentado pruebas[89]. De
estas tres, solo la última se manifiesta —se hace visible— a través
de actos de habla del acusado ante el tribunal, y fue esta forma
del ejercicio del derecho al silencio la que tuvo lugar en este caso.
Más aún, la manera en que la prensa informó cómo se había ejercido tal derecho sugiere una falta completa de cooperación[90] que

---

dicho «silencio», y el tribunal (al determinar si hay elementos para sustentar
el caso) o el jurado (al determinar la culpabilidad) pueden extraer inferencias
a partir de ese hecho como lo estimen conveniente; y (ii) en los supuestos en
los que el acusado no presente pruebas en el juicio o presente pruebas pero
se niegue a responder a preguntas concretas sin alegar una causa justificable,
el tribunal o el jurado (al determinar la culpabilidad) puede extraer tales inferencias a partir de ese hecho como lo consideren conveniente. No obstante,
el principio que establece que le corresponde al fiscal probar la acusación, y
no a la defensa desvirtuarla, se mantiene hasta tanto sea posible que el acusado
se niegue a responder a las preguntas del interrogatorio de la policía, solicite
que el fiscal pruebe el caso y (sin plantear alguna defensa «positiva» como la
coartada, en el juicio) plantee al final de la presentación de las pruebas por
parte del fiscal que no hay elementos para sustentar el caso. En estas circunstancias no pueden hacerse comentarios ni inferencias a partir del silencio. Sin
embargo, si el juez rechaza el planteamiento de que no hay elementos para
sustentar el caso y el acusado no consigue presentar pruebas como parte de su
defensa, el fiscal está autorizado a hacer comentarios de ese hecho en su última
intervención y tanto el tribunal como el jurado pueden extraer inferencias a
partir de dicho comentario. Con todo, no hay otro tipo de sanciones además
de la anterior. El acusado nunca puede ser obligado a responder preguntas o a
declarar. Véase adicionalmente, Dennis, 1995; Slapper-Kelly, 1996: 352-360.
Estas medidas solo son aplicables a las personas que han sido acusadas en juicio
penal. Por consiguiente, no se aplican a las investigaciones del *Coroner* que aquí
se han discutido. Por lo demás, si se hubiera presentado esta cuestión en un
juicio penal, los jóvenes blancos podían haber alegado que tenían una «buena
razón» para negarse a declarar ante el temor de que a partir de ese momento
podrían ver comprometida su integridad personal.

[89]   Para una lectura más profunda véase Kurzon, 1992; 1994; 1995.

[90]   Landowski, 1989: 47, señala lo siguiente: «Del mismo modo, [...] difícilmente alguien esperaría algo más de un *testigo* que una descripción de los hechos
que le parecieron "evidentes"». Podríamos decir que se espera que el testigo
perciba y declare «ingenuamente» y esto significa cooperativamente. En tér-

puede ser construida (especialmente por no abogados) no simplemente como una forma de autoprotección sino como un desafío al tribunal y una obstrucción[91] al interés de la familia en llegar a la verdad. En la historia *del* caso de Stephen Lawrence (su pragmática narrativizada), tal y como la contó la prensa, los jóvenes eran los obstructores y los oponentes de la verdad, mientras que la prensa era quien ayudaba a su esclarecimiento (de esta manera, el *Daily Mail* era un «héroe»).

VII. ALGUNAS CONCLUSIONES

Un «veredicto» no es únicamente una proposición que puede ser verdadera o falsa; es un acto de habla que afirma la verdad o prueba de dicha proposición. Su significado dependerá en parte de la construcción narrativa de la posición de la persona que efectúe el acto de habla. Por ello, cuando uno de los sospechosos en el caso de Stephen Lawrence reivindica el veredicto de «no culpable», está afirmando la verdad de «no culpable»; cuando es utilizado por abogados profesionales (como Lord Donaldson) lo que se afirma normalmente es, únicamente, falta de prueba de la culpabilidad de una persona, lo cual es compatible con que de hecho sea culpable. En el caso que aquí se examina, *The Daily Mail* no solo adoptó esta última posición; también contó una historia para explicar por qué las primeras actuaciones habían resultado en una falta de prueba.

¿Cómo debemos reaccionar frente a este tipo de situaciones? ¿Podemos escapar de nuestras preconcepciones, las cuales, al ser

---

minos de Landowski, el negarse a hacerlo por medio del silencio es adoptar una «posición actancial» cercana a la «configuración judicial», por ello nadie lo esperaría de un testigo, incluso cuando puede ser el sistema jurídico el que lo autorice a hacerlo. Por ello, los abogados por lo general están más dispuestos a ejercer el derecho al silencio que la gente en general o los periódicos.

[91]	El artículo del *The Times*, del día 12 de febrero de 1997, se titula «Fury as witnesses obstruct inquest on black student».

dependientes de nuestro trasfondo y de nuestras creencias, pueden predisponernos a aceptar que O. J. era culpable (o inocente) y que los jóvenes mencionados por *The Daily Mail* eran de hecho culpables de homicidio? ¿Si no es así, qué conclusiones podemos extraer? ¿O es esta una manera demasiado simple de juzgar? ¿Será que quizá deberíamos adoptar en la vida privada y social el principio relativista hacia la prueba adoptado por el sistema jurídico; el estándar de «prueba más allá de toda duda razonable» necesario para una condena penal, o el estándar del «balance de probabilidades» suficiente en algunos contextos civiles? Por consiguiente, podemos adoptar una escala diferenciada: ¿un estándar que sea suficiente para un juicio privado, un estándar distinto para una acusación social, y estándares más altos en aquéllas situaciones en las que estén involucradas sanciones institucionales? ¿Tiene sentido decir que nos sentimos *seguros* al *creer* que los jóvenes acusados por *The Daily Mail* eran de hecho culpables, sobre la base de que claramente eran el tipo de persona que alguien puede asociar con un delito de ese tipo y que de hecho se creía ampliamente que lo habían cometido (aunque lógicamente podrían haber sido otras pandillas racistas de esa zona igualmente «cualificadas»); que está *justificado* que les atribuyamos sanciones *sociales* (estigmatizándolos en los periódicos) dada su conducta no cooperativa a lo largo de los procedimientos de investigación y el hecho de que había *algunas* pruebas que los vinculaban directamente con el delito concreto; pero que *no está justificado* que les impongamos sanciones jurídicas a falta de pruebas fiables que los vinculen directamente con ese delito concreto?

¿En el supuesto de que suscribiéramos un modelo de este tipo, podría funcionar en la práctica? ¿Qué tan fácil es pasar de un estándar que convalida la verdad a otro, simplemente cuando cambian las consecuencias del juicio? Este es un problema que afecta a los veredictos de culpable incluso de manera más grave que a los veredictos de no culpable. La razón de ello es que hay investigaciones sobre el jurado que sugieren que el estándar «prueba más allá de toda duda razonable» es a menudo traducido por los miembros del jurado en estándares mucho más conocidos y cotidianos y aparentemente menos exigentes[92] De manera más general, la totalidad del proceso probatorio depende de procesos cotidianos de construcción de sentido más que de procedimientos cuasi-lógicos o científicos[93]. ¿Por consiguiente, estamos entonces igual de autorizados a ser tan escépticos con las pretensiones de verdad de los veredictos de culpable que con los veredictos de no culpable? Y si es así, ¿qué actitud debemos adoptar hacia el sistema de justicia penal? ¿Debemos decir que los elementos irracionales de nuestro pensamiento son inevitables o al menos inamovibles y por consiguiente calificar simplemente la búsqueda jurídica de la verdad como una automitificación ideológica?

La postura que he expuesto en este trabajo es que si bien no podemos evitar estos mecanismos humanos y socialmente informados de construcción del sentido, al menos podemos ser conscientes de ellos lo máximo que sea posible[94], (aunque en sí mismo esto suponga, en cierto modo, un argumento reflexivo en la medida en que plantea que podemos utilizar el lenguaje para describir verdaderamente estos procesos a nosotros mismos[95]). No obstante, en la medida de que podamos convencernos a nosotros mismos de que sí tiene sentido nuestra explicación de la construcción de sentido, entonces al menos podremos evitar aquellos errores de los que somos conscientes.

Hacer lo anterior no garantiza que no se produzcan errores en lo que quede. En cierto modo, el proceso jurídico aspira precisamente a hacer esto. El derecho inglés a menudo busca excluir pruebas cuyo «efecto de prejuicio supere su valor probatorio». Acepta que

---

[92] Véase Jackson 1995: 432-433 y la bibliografía allí citada. Sobre las dificultades para entender el estándar de «prueba más allá de toda duda razonable» y sobre los intentos de los tribunales estadounidenses para definirlo, véase así mismo, Dershowitz, 1996: 40-41, 70-72; véase también Jackson, 1994: 218-219.

[93] Jackson, 1995: caps. 10-12.

[94] En Jackson, 1985a: 193-195 voy un poco más lejos al vincular la coherencia narrativa con un concepto de integridad comunicativa interpersonal.

[95] Véase Morley, 1997; Jori, 1996.

la verdad depende de la credibilidad y de la coherencia mostrada en el tribunal y por consiguiente excluye los testigos de oídas, en los que no es posible un juicio de primera mano acerca de la reacción interpersonal del testigo (el «test»). Esto no proporciona ninguna garantía de confiabilidad de lo que queda (una vez que tenemos en cuenta la construcción social de la verdad que contagia al resto). Pero si, por ejemplo, creemos que la percepción de eventos puede estar influenciada por confabulación (narrativa)[96], entonces aquellos que juzgan la confiabilidad de las explicaciones narrativas (los tribunales) deben al menos tener en cuenta la posibilidad de que algunos elementos respecto de los que se afirma que fueron directamente percibidos, de hecho no fueron directamente percibidos. El efecto global de todo lo anterior me parece que podría sintetizarse en las siguientes proposiciones:

(1) Si conocemos circunstancias en las que, en términos generales, puede ser cuestionable la plausibilidad debido a que los factores humanos y sociales que entendemos que contribuyen a dicha construcción de sentido, debemos tener en cuenta dicha falta de confiabilidad en el proceso judicial.

(2) No obstante, por más que lo intentemos, no somos capaces de sustituir significados socialmente construidos en el tribunal por algún modelo científico.

(3) Por consiguiente, siempre habrá un elemento irreducible de verosimilitud, más que de verdad, en lo que ocurre en el tribunal[97].

(4) Si, por razones pragmáticas, esto es lo mejor que podemos hacer, entonces no tenemos más alternativa que aceptarlo. Sin embargo,

---

[96]   Jackson, 1995: 363 y 388.
[97]   A pesar de intentos como los de Wagenaar-Koppen-Crombag, 1993: n. 81 para crear un filtro científico a través del cual se procesen suposiciones de sentido común.

(5) No debemos ocultar bajo la máscara de un modelo «científico» el carácter socialmente construido de la «verdad» producida por nuestros procedimientos institucionales.

BIBLIOGRAFÍA

APEL, K., 1995: *Charles S. Peirce to Pragmatics to Pragmaticism*. Atlantic Highlands, N. J.: Humanities Press.

AYER, A., 1976: *The Central Questions of Philosophy*. Harmondsworth: Pelican Books.

BANKOWSKI, Z., 1981: «The Value of Truth: Fact Scepticism Revisited», *Legal Studies* 1: 257-266.

BBC News UK, 4 de enero de 2012, consultado el 16 de marzo de 2013: de Stephen Lawrence: Gary Dobson and David Norris get life: http://www.bbc.co.uk/news/uk-16403655

BENTHAM, J., 1997: *De l'Ontologie, et autres textes sur les fictions*, Cléro J.P. y C. Laval (eds). París: Seuil.

BULYGIN, E., 1995: «Cognition and interpretation of law», en Gianformaggio, L. y S. L., Paulson (eds.): *Cognition and interpretation of law*, 18, Turín: Giappichelli: 11-35.

CELANO, E., 1995: «Judicial Decision and Truth. Some Remarks», en Gianformaggio, L. y S. L., Paulson (eds.): *Cognition and interpretation of law*, 18, Turín: Giappichelli:141-143. [Citado por la traducción castellana de Redondo, M. C.: «Decisión Judicial y Verdad. Algunas consideraciones», en Comanducci, P. (compilador): *Análisis y derecho*, México: Fontamara:137-153].

COOLEY, A., C. Bess y M.R. Jackson, 1996: *Madam Foreman*. New Yor: Dove Books.

DENNIS, I., 1995: «Criminal Justice and Public Order Act 1994: The Evidence Provisions», *The Criminal Law Review*: 4-18.

DERSHOWITZ, A.,1996: *Reasonable Doubts: The O.J. Simpson Case and the Criminal Justice System*. New York: Simon-Schuster.

DODD, J., 16 de febrero de 1998: «Identity Theories of Truth», *paper* presentado en Stapledon Societ, University of Liverpool.

DONALDSON, J. F. 4 de septiembre de 1994: *The Mail on Sunday*.

FERRAJOLI, L., 1997: «The Semantics of the Theory of Law» en Pintore A., y M. Jori, *Law and Language. The Italian Analytical School*. Liverpool: Deborah Charles Publications: 249-290.

FRANK, J., 1950: *Courts on Trial*. Princeton: Princeton University Press.

GIZBERT-STUDNICKI, C., 1985: «How Many Theories of Truth Are Needed in Jurisprudence?», en N. MacCormick, S. Panou y L.L. Vallauri (eds.): *Conditions of Validity and Cognition in Modern Legal Thought*, Beiheft 25. Stuttgart: Steiner, Archiv für rechts-und sozialphilosophie: 153-161.

JACKSON, B., 1975: *Essays in Jewish and Comparative Legal History*. Leiden: EJ Brill.
   — 1985a: *Law, Fact and Narrative Coherence*. Merseyside: Deborah Charles Publications.

- 1985b: *Semiotics and Legal Theory*. London: Routledge & Kegan Paul, reeditado por Deborah Charles Publications, 1997.
- 1990: «The "Autonomy Thesis" and the "Pragmatic Turn": A Response to Ralph Lindgren», en *International Journal for the Semiotics of Law*, 3 (9): 303-308.
- 1994: «Some Semiotic Features of a Judicial Summing-Up in an English Criminal Trial: R. v. Biezanek», *International Journal for the Semiotics of Law / Revue Internationale de Sémiotique Juridique*, 7 (20): 201-224.
- 1995: *Making Sense in Law*. Liverpool: Deborah Charles Publications.
- 1996a: «"Anchored Narratives" and the Interface of Law, Psychology and Semiotics», en *Legal and Criminological Psychology* 1: 17-45.
- 1996b: *Making Sence in Jurisprudence*. Liverpool: Deborah Charles Publications.
- 1997: «Who Enacts Statutes?», *Statute Law Review*, 18 (3): 177-207.
- 1998a: «Bentham, Truth and the Semiotics of Law», *Current Legal Problems*, 51 (1), *Legal Theory at the End of the Millennium*, Freeman, M. D. A. (eds.). Oxford: Oxford University Press: 493-531.
- 1998b: «With Reference to Touchie», en *International Journal for the Semiotics of Law*, 9 (31): 79-93.

JORI, M., 1996: «Making Sense of "Making Sense in Law". Review of Bernard S. Jackson, Making Sense in Law. Linguistic, Psychological and Semiotic Perspectives», *International Journal for the Semiotics of Law*, 9 (27): 315-328.
- 1998: «On Touchie, Logic and the Universe», *International Journal for the Semiotics of Law*, 11 (31): 63.

KELLY, D., 1996: *Sourcebook on the English Legal System*. Londres: Cavendish Publishing Ltd.

KELSEN, H., 1960: *Reine Rechtslehre*. Wien: F. Deuticke. [Citado por la traducción castellana de Vernengo, R. J., *Teoría Pura del derecho*. México: Instituto de Investigaciones Jurídicas, 1982].
- 1967: *The Pure Theory of Law* (2ª ed.). Berkeley-Los Ángeles: University of California Press.
- 1991: *General Theory of Norms*. Traducción de M. Harmey. Oxford: Clarendon Press.

KURZON, D., 1992: «Guilt invokes the privilege of silence», *Journal for Juridical Science*, 17 (2): 1-14.
- 1993: «Right of silence: a sociopragmatic model of interpretation», *Journal of Pragmatics*, 23 (1): 55-69.
- 1994: «Silence in the legal process: a sociopragmatic model», en Jackson, B. S. (eds), *Legal Semiotics and the Sociology of Law*. Oñati: Oñati International Institute for the Sociology of Law: 297-332.

LACEY, A., 1976: *A Dictionary of Philosophy*. Londres: Routledge & Kegan Paul.

LANDOWSKI, E., 1989: «Truth and Veridiction in Law», *International Journal for the Semiotics of Law/Revue Internationae de Sémiotique Juridique*, 2 (4): 29-47.

— 1991: «A Note on Meaning Interaction and Narrativity», *International Journal for the Semiotics of Law*, 4 (11): 151-161.

LEE, K., 1960: *The Legal-Rational State*. Aldershot: Avebury.

LINDGREN, J., 1990: «The Consequences of a Pragmatic Turn for Semiotics» *International Journal for the Semiotics of Law*, 3 (9): 293-301.

LLOYD-BOSTOCK, S., 1988: *Law in Practice*. Londres: British Psychological Society and Routledge Ltd.

Mail on line, 4 de enero de 2012, consultado el 16 de marzo de 2013: *Two men convicted of notorious UK race murder in landmark conviction after 18 years*: http://www.dailymail.co.uk/news/article-2079782/Stephen-Lawrence-trial-Gary-Dobson-David-Norris-guilty-murder.html

MACCORMICK, N., 1978: *Legal Reasoning and Legal Theory*. Oxford: Clarendon Press.

— 1991: «Notes on Narrativity and the Normative Syllogism», en *International Journal for the Semiotics of Law*, 4 (11): 163-174.

MISAK, C., 1991: *Truth and the End of Inquiry: A Peircean Account of Truth*. Oxford: Clarendon Press.

MOORE, G., 1901: «Truth and Falsity», en Baldwin, T. (eds): *Collected Papers*. Londres: Routledge, 1993.

— 1989: «The Interpretive Turn in Modern Theory: A Turn for the Worse?», *Stanford Law Review*, 41 (4): 871-957.

MORLEY, I., 1997: «Narratives, Anchored Narratives and the Interface between Law and Psychology: a Commentary on Jackson», *Legal and Criminological Psychology*, 1 (2): 271-286.

MORRIS, C., 1946: *Signs, Language and Behavior*. New York: Braziller.

MORRISON, J., 1968: *Meaning and Truth in Wittgenstein's Tractatus*. La Haya-París: Mouton.

OPPENHEIM, F., 1995: «The Judge as Legislator», en Gianformaggio, L. y S. L., Paulson (eds): *Cognition and Interpretation of Law*. Turín: Giappichelli: 288-294.

PAP, A., 1949: *Elements of Analytic Philosophy*. New York: MacMillan.

PATTERSON, D., 1996: *Law and Truth*. New York. Oxford: Oxford University Press.

PHARIES, D., 1985: *Charles S. Peirce and the Linguistic Sign*. Amsterdam: John Benjamins Publishing Co.

PINTORE, A., 1996: *Il diritto senza verità*. Turín: Giappichelli.

RALPH, J., 1990: «The Consequences of a Pragmatic Turn for Semiotics», *International Journal for the Semiotics of Law*, 3 (9): 293-301.

RESCHER, N. 1973: *The Coherence Theory of Truth*. Oxford: The Clarendon Press.

SLAPPER, G., y KELLY, D., 1996: *Sourcebook on the English Legal System*. Londres: Cavendish Publishing Ltd.

STRAWSON, P., 1949: «Truth», *Analysis,* 9 (6): 83-97.

— 1950: «On Referring», *Mind* 59: 320-344. Reeditado en Parkinson, G 1968: *The Theory of Meaning.* Oxford: Oxford University Press: 61-85 y en Strawson, P., 1971: *Logico-Linguistic Papers.* Londres-New York: Methuen: 1-27.

— 1970: «Meaning and Truth». Oxford: Oxford University Press, incluido en Strawson, P., 1971: *Logico-Linguistic Papers.* Londres-New York: Methuen: 170-189.

THWAITES, R., 17 de febrero de 1997: *The Times.*

TRIOLO, L., 1997: «Normative Interpretation and the Doctrine of the Ascertainment of Fact: Reflections on Kelsen's View», en Gianformaggio, L. y S. L., Paulson (eds.): *Cognition and interpretation of law,* 18, Turín: Giappichelli: 177-202.

VARGA, C., 1995: *Theory of the Judicial Process, The Establishment of Facts.* Budapest: Akadémiai Kiadó.

VIOLA, F., 1995: «The Judicial Truth. The Conception of Truth in Judicial Decision» en Gianformaggio, L. y S. L., Paulson (eds.): *Cognition and interpretation of law,* 18, Turín: Giappichelli: 203-218.

VOLMAN, Y., 1995: «The Meaning of Theories and Theories of Meaning», *International Journal for the Semiotics of Law,* 8 (22): 87-102.

WAGENAAR, W., P. VAN KOPPEN y H. CROMBAG (eds), 1993: *Anchored Narratives. The Psychology of Criminal Evidence.* Hemel Hempstead: Harvester Wheatsheaf.

WHITAKER, A., 6 de septiembre de 1994: Should we lose our innocence? *The Times.*

WILLIAMS, C., 1976: *What is Truth?* Cambridge: Cambridge University Press.

Coherencia y verdad en el derecho

AMALIA AMAYA

I. INTRODUCCIÓN

La teoría coherentista de la justificación es una teoría muy influyente en el ámbito de la filosofía del derecho contemporánea. La coherencia se ha considerado por muchos teóricos del derecho como un ingrediente fundamental para la justificación tanto de las proposiciones fácticas como normativas en el derecho[1]. En contra de los intentos por articular una teoría de la justificación jurídica como coherencia, se han esgrimido, sin embargo, no pocos argumentos[2]. Entre ellos, destaca de manera central el argumento según el cual cualquier esfuerzo por definir los estándares de justificación

---

[1] En relación con las teorías coherentistas de la justificación de proposiciones normativas en el derecho, véase, entre otros, MacCormick, 1984; Dworkin, 1986; Peczenik, 1989; Aarnio *et al.*, 1998; y Hage, 2004. En relación con las teorías coherentistas de la justificación de las conclusiones fácticas en el derecho, véase, entre otros, MacCormick, 1984 y 2005; Jackson, 1988; Allen, 1994; Pardo, 2000; y Tillers, 1986. Para una discusión de las teorías coherentistas de la justificación de proposiciones normativas y fácticas en el derecho, véase Amaya 2014, capítulos 1 y 2, respectivamente.

[2] Qué se deba entender por «coherencia» es una cuestión altamente controvertida. De hecho, uno de los problemas fundamentales que enfrentan las teorías coherentistas de la justificación es el de ofrecer una definición precisa del concepto de coherencia (véase Olsson, 2005: 12-16). El problema afecta, de igual manera, a las teorías coherentistas de la justificación jurídica (Amaya, 2013: 71). Una de las propuestas de definición más atractivas, en mi opinión, es la de Thagard, según la cual, la coherencia es una cuestión de satisfacción de restricciones (negativas y positivas) entre los elementos de un conjunto dado. Esta propuesta, me parece, nos permite dar cuenta de manera satisfactoria de la coherencia que opera en las teorías de la justificación de los enunciados fácticos y normativos en el derecho (Thagard, 2000). Véase Amaya, 2015, para una propuesta acerca de cómo podría definirse la coherencia fáctica y normativa en el derecho en términos de satisfacción de restricciones.

jurídica en términos coherentistas está destinado al fracaso ya que la coherencia no conduce a la verdad. En otras palabras, la coherencia —según reza este argumento— no puede ser un criterio adecuado para la justificación de las proposiciones fácticas y normativas en el derecho ya que aceptar creencias acerca de los hechos o de las normas en virtud de su coherencia no nos lleva a aceptar creencias acerca de los hechos o de las normas que sean verdaderas[3].

En este trabajo, quisiera mostrar que el argumento en contra de la teoría de la justificación como coherencia que parte de la supuesta falta de conexión entre coherencia y verdad no es un argumento decisivo en contra de las teorías coherentistas de la justificación jurídica. Hay dos razones por las cuales este argumento no logra mostrar la inviabilidad de explicar la justificación jurídica en términos de coherencia: (i) la conexión entre la coherencia de las proposiciones fácticas y normativas en el derecho y la verdad de las mismas no es tan problemática como asume el detractor del coherentismo; y (ii) el argumento asume que la meta-justificación de los estándares de justificación jurídica depende de manera exclusiva de que los mismos conduzcan a la verdad; sin embargo, a pesar de que la verdad es un estándar fundamental para evaluar la adecuación de los estándares de justificación jurídica, hay también otros criterios que son relevantes para determinar si una determinada teoría de la justificación es adecuada[4]. A la luz de un conjunto de criterios, entre los cuales se encuentra de manera central pero no exclusiva el criterio de verdad, es posible mostrar que los estándares de justificación coherentistas están adecuadamente justificados. Por lo tanto, una vez que se examina con cuidado la relación entre coherencia y verdad y que ésta última se concibe como uno de los criterios (pero

---

[3]   Una objeción similar se ha esgrimido en contra de las teorías de la justificación epistémica, así como de las teorías de la justificación moral. En relación con las primeras véase BonJour, 1985; Lehrer, 2000; Thagard 2000; y Davidson, 2001. En relación con las segundas, véase Rawls, 1999; Sayre-McCord, 1985 y 1996; DePaul, 1993; Goldman, 1988b; y Thagard, 1998.

[4]   Criterios que, como se verá más adelante, no requieren ni presuponen el concepto de verdad. Agradezco a los editores de este volumen la precisión.

no el único) que nos permiten determinar la adecuación de una teoría de la justificación, el argumento según el cual las teorías de la justificación como coherencia son inadecuadas porque la coherencia no está conectada con la verdad, no logra mostrar que dichas teorías sean implausibles.

La estructura del trabajo es la siguiente. En la sección II, mostraré que la conexión entre la coherencia y la verdad de los enunciados fácticos no es tan problemática como parece ya que existe una serie de argumentos válidos —aunque no concluyentes— que muestra que la coherencia y la verdad (como correspondencia) están conectadas de manera satisfactoria[5]. En la sección III, se argumentará que no hay obstáculos serios al intento de explicar la justificación de las proposiciones normativas en términos de coherencia, dado que la concepción constructivista de la verdad es altamente plausible en el contexto normativo y que la teoría de la justificación como coherencia es fácilmente combinable con teorías anti-realistas de la verdad[6]. En la sección IV, se presentará un elenco de razones por las cuales la coherencia —con independencia de su conexión con la verdad— tiene fuerza justificativa en el derecho. Concluyo, en la sección V, con algunas consideraciones generales acerca de la distinta problemática que suscita el análisis de la relación entre coherencia y verdad en los contextos fáctico y normativo.

---

[5]   Estoy asumiendo aquí que la teoría de la verdad como correspondencia es la teoría más adecuada para dar cuenta de las condiciones de verdad de los enunciados fácticos en el derecho. La defensa de esta posición (frente a toda una serie de teorías de la verdad alternativas) queda, sin embargo, fuera de los límites de este trabajo.

[6]   Hay una diversidad de posiciones anti-realistas de la verdad. Entre otras, cabe destacar las teorías verificacionistas de la verdad, las teorías pragmáticas de la verdad, y, desde luego, las teorías coherentistas de la verdad. A pesar de las diferencias, todas las posturas anti-realistas están comprometidas con la tesis según la cual la verdad no es una cuestión de correspondencia con un mundo independiente de nuestros pensamientos acerca de él, sino que es una noción epistémica, *i.e*, las condiciones de verdad están constreñidas por nuestra situación epistémica y no pueden transcender nuestras capacidades cognoscitivas.

II. COHERENCIA Y VERDAD: EL MUNDO DE LOS HECHOS

La búsqueda de la verdad es, sin duda, uno de los objetivos principales del proceso[7]. Por ello, un criterio fundamental para evaluar una teoría del razonamiento probatorio en el derecho consiste en determinar en qué medida la misma ayuda a los decisores jurídicos —jueces o miembros del jurado— a alcanzar conclusiones fidedignas acerca de los hechos. Por supuesto, siempre existe la posibilidad de que las conclusiones que se aceptan sobre la base de una determinada teoría sean falsas. Ninguna teoría de la inferencia fáctica nos puede asegurar que las conclusiones que están justificadas conforme a esa teoría sean verdaderas. Pero sí que esperamos que, al menos, una teoría del razonamiento probatorio nos ofrezca algunas (buenas) razones para creer que las conclusiones aceptadas como justificadas por esta teoría son probablemente verdaderas. Una objeción principal en contra de las teorías de la justificación como coherencia es, precisamente, que estas teorías no nos proporcionan tales razones. Es decir, según esta objeción, no tenemos razones para creer que los enunciados fácticos justificados en virtud de su coherencia son probablemente verdaderos.

Algunos defensores de teorías coherentistas de la prueba han respondido a esta objeción aceptando una teoría de la verdad como coherencia[8]. Según esta teoría de la verdad, un enunciado es verda-

---

[7]   Acerca de la importancia de la función epistémica de los procesos, véase Laudan, 2006; Goldman, 2005; y Taruffo, 2010. Esto no significa que la búsqueda de la verdad sea el único fin que persiguen los procesos. Otros objetivos incluyen, por ejemplo, la seguridad estatal, la protección de las relaciones familiares o el impedimento de métodos coercitivos de interrogación. *Vid.* Twining, 1994: 73.

[8]   Es esencial diferenciar entre la teoría de la verdad como coherencia y la teoría de la justificación como coherencia. Mientras que la primera define la verdad en términos de coherencia, la segunda sostiene que la justificación es una cuestión de coherencia, con independencia de que uno defina o no la verdad en términos coherentistas. Para los defensores de las teorías coherentistas de la justificación,

dero si pertenece a un conjunto coherente de enunciados[9]. Desde esta perspectiva, seleccionar una teoría del caso sobre la base de su coherencia nos llevará, desde luego, a aceptar la alternativa que tiene un mayor grado de probabilidad de ser verdadera. Es decir, la teoría de la verdad como coherencia asegura que se da una relación apropiada entre los enunciados fácticos justificados en virtud de su coherencia y la verdad de los mismos. Esta estrategia argumentativa para rebatir la objeción que nos ocupa ha sido adoptada tanto por filósofos del derecho, como Jackson, como por teóricos de la prueba, por ejemplo, Pardo. Jackson ha rechazado explícitamente la teoría de la verdad como correspondencia y ha sostenido una versión de la teoría de la verdad como coherencia según la cual el valor de verdad de un enunciado fáctico depende de su coherencia con estructuras narrativas que operan en los niveles semántico y pragmático. De manera más específica, en este modelo, los enunciados acerca de los hechos se evalúan en función de la plausibilidad de la historia contada en el proceso (que depende de su similitud con la tipificación narrativa de la acción de los decisores jurídicos) y de la integridad del que formula tal historia (que depende de su similitud con la tipificación narrativa de los decisores judiciales de en qué consiste decir la verdad)[10].

De manera similar, Pardo sostiene también una teoría de la verdad como coherencia en la que la noción de plausibilidad, en vez de la de verdad como correspondencia, juega un papel principal. Según Pardo, no es posible diferenciar entre una historia básica y distintas versiones de la misma, es decir, no hay ningún esquema interpretativo correcto que tenga la capacidad de dar cuenta de una historia básica que subyace a sus distintas versiones. Esto implica que «no existe una historia correcta del caso de modo que los abo-

---

la coherencia es un «criterio» de verdad, en lugar de una teoría acerca de la naturaleza de la verdad. Acerca de esta distinción, véase Rescher, 1973.

[9] Para una exposición detallada de esta teoría, véase Amaya 2015: capítulo 6.

[10] Véase Jackson, 1988 y 1995. Véase también Jackson, 1998: especialmente, sección VI.

gados de las dos partes estén luchando por ofrecer la "correcta"»[11].
En consecuencia, dice Pardo, «lo que John Bart escribió acerca de
(y en) la ficción es aplicable *mutatis mutandis,* al proceso: el concepto
de verdad debe substituirse por el de plausibilidad»[12].

El intento por defender la teoría coherentista de la prueba frente
a la crítica de que ésta no nos permite establecer la verdad de los
enunciados fácticos en un proceso mediante la teoría de la verdad
como coherencia es, me parece, muy problemático. Para empezar,
esta teoría enfrenta los problemas que se han señalado repetidamente en contra de las teorías coherentistas de la verdad de los
enunciados empíricos[13]. Una de las objeciones fundamentales en
contra de estas teorías es que permiten que cualquier proposición
sea verdadera, ya que cualquier proposición puede ser miembro de
algún conjunto coherente[14]. Según algunos defensores de las teorías
coherentistas de la verdad esta objeción no es pertinente, ya que las
teorías de la verdad como coherencia no sostienen que la pertenencia a cualquier conjunto arbitrario de proposiciones sea suficiente
para la verdad, sino que la verdad depende de la coherencia con
un conjunto específico de creencias que alguien tiene o que podría
tener[15]. Este argumento, sin embargo, da lugar a otra importante
objeción que no ha tenido, hasta el momento, ninguna respuesta satisfactoria, a saber, que las teorías coherentistas de la verdad no pueden identificar el conjunto relevante de creencias sin contradecir su
posición, ya que necesitan dar cuenta en términos no coherentistas
de las condiciones de verdad de creencias tales como «la creencia
que *b* es una creencia actual de un individuo» para poder especificar

---

[11]   Véase Pardo, 2000: 438, n. 269.
[12]   Pardo, 2000: 439.
[13]   Para una discusión de las distintas objeciones que se han dirigido en contra de
        la teoría de la verdad como coherencia, véase Walker, 1989: 25-34 y Young,
        1995: 58-67.
[14]   Russell, 1906-7.
[15]   Davidson y Bonjour han argumentado explícitamente que la base de la cohe-
        rencia consiste en un conjunto de creencias y no en un conjunto de proposi-
        ciones. Véase Davidson, 2001 y BonJour, 1985.

el sistema de creencias en relación con el cual se debe determinar la verdad de una determinada creencia[16].

Además de las objeciones generales que se han dirigido en contra de las teorías coherentistas de la verdad de los enunciados empíricos, la defensa de esta teoría en el ámbito del derecho enfrenta una serie de problemas adicionales[17]. Para empezar, la inteligibilidad de muchas instituciones de derecho procesal depende de la separación entre la verdad y la justificación de los enunciados fácticos[18]. Por lo tanto, la defensa de una teoría coherentista de la justificación junto con una teoría de la coherencia como verdad, en cuanto que asimila la justificación con la verdad no parece ser una opción teórica apropiada para dar cuenta del razonamiento probatorio en el contexto institucional del derecho[19]. Además, un ingrediente básico de nuestros ideales de justicia es que solo se impongan consecuencias normativas si se ha podido establecer, de acuerdo con el estándar de prueba aplicable, que los enunciados fácticos se corresponden con lo que ocurrió, de hecho, en la realidad. Aceptar una teoría coherentista de la verdad para el derecho no solo exigiría revisar de ma-

---

[16] Según Walker, una objeción análoga se puede dirigir en contra de las teorías coherentistas de la justificación, ya que estas teorías, de modo inconsistente con sus propios postulados, deben asignar a las creencias acerca de cuáles son nuestras creencias un estatus fundacional. Para una discusión de esta objeción, véase Wright, 1995.

[17] Para una crítica de las teorías coherentistas de la verdad de las proposiciones fácticas en el derecho, véase Taruffo, 1992: 148-150 y 2014; Pintore, 2000; y Damaška, 1998: 291-292.

[18] Damaška, 1998: 295.

[19] La defensa conjunta de una teoría de la justificación como coherencia y una teoría de la verdad como coherencia asimila la justificación a la verdad en cuanto que identifica uno y el mismo conjunto de enunciados, *i.e.*, aquéllos que satisfacen el criterio de coherencia, como justificados y verdaderos. Es importante señalar, no obstante, que esta asimilación se da siempre y cuando la noción de coherencia que figura en la teoría de la justificación y en la teoría de la verdad sea definida en los mismos términos, el objeto de la justificación y el portador de verdad sea el mismo, y la condición de justificación y la condición de verdad sean también idénticos. Agradezco a Jorge Cerdio y a Germán Sucar esta importante precisión.

nera substancial el marco institucional sino que también obligaría a cambiar dramáticamente nuestra concepción de lo que es un sistema jurídico justo. De manera más específica, esta teoría pondría en tela de juicio la creencia, fundamental tanto en la práctica jurídica como en teoría del derecho, de que los procesos probatorios tratan de determinar la verdad de un conjunto de enunciados fácticos en el sentido de que éstos corresponden a una realidad independiente.

En todo caso, incluso aunque se pudiera mostrar que la teoría de la verdad como coherencia es una alternativa plausible a la teoría de la verdad como correspondencia y, además, apropiada en el ámbito del derecho, esto no resolvería la cuestión de cómo se conectan la verdad y la coherencia ya que muchos defensores de teorías coherentistas de la justificación de los enunciados fácticos en el derecho rechazan, no obstante, la teoría de la verdad como coherencia. Por ejemplo, Tillers ha declarado en numerosas ocasiones que su teoría de la prueba no implica aceptar ninguna posición anti-realista acerca de la verdad[20]. MacCormick ha sostenido explícitamente que, a pesar de que acepta una teoría coherentista de los procesos probatorios, es la teoría de la verdad como correspondencia la que mejor explica la naturaleza de la verdad[21]. De manera similar, Allen ha dicho, de manera sucinta que «la epistemología de la prueba jurídica es coherentista; su metafísica es realista»[22]. Por lo tanto, estas teorías de la prueba necesitan mostrar que los estándares coherentistas de justificación nos llevan a aceptar conclusiones acerca de los hechos en el derecho que son probablemente verdaderas sin que esto suponga definir la verdad en términos de coherencia.

Desde luego, el problema de cómo conectar la justificación como coherencia y la verdad como correspondencia no es un problema baladí. Pero a pesar de lo problemática que pueda ser la relación entre la coherencia y la verdad —en su sentido tradicional de co-

---

[20]   Véase Tillers, 1986: 903-907.
[21]   Véase MacCormick, 1984: 52.
[22]   Allen, 1991: 391.

rrespondencia— no me parece que los estándares coherentistas de la justificación de los enunciados fácticos en el derecho sean inevitablemente fallidos en cuanto guías para la formación de creencias verdaderas. Por el contrario, en la literatura coherentista en filosofía hay diversas estrategias interesantes que muestran que la coherencia y la verdad de los enunciados empíricos están conectadas de manera apropiada.

BonJour ha argumentado que aceptar creencias en virtud de su coherencia es una vía adecuada para alcanzar creencias que son (probablemente) verdaderas utilizando una inferencia a la mejor explicación[23]. Según BonJour, la mejor explicación de que un conjunto de creencias, que respete lo que él llama «requisito observacional», *i.e.*, que contenga principios que atribuyan un alto grado de confiabilidad a diversos tipos de creencias cognitivamente espontáneas, sea coherente y estable a largo plazo es que dicho sistema es aproximadamente verdadero. Thagard también ha utilizado argumentos de tipo explicativo para mostrar la conexión entre coherencia y verdad. Según Thagard, aceptar una teoría en virtud de su coherencia (explicativa) nos lleva a aceptar una teoría aproximadamente verdadera siempre y cuando dicha teoría satisfaga ciertos requisitos, a saber, esta teoría es la mejor explicación de las pruebas disponibles, el conjunto de pruebas explicado por la misma se amplía a lo largo del tiempo y se profundiza la explicación de por qué la teoría funciona[24].

Otros filósofos, como Keith Lehrer y Donald Davidson, han ofrecido argumentos de tipo conceptual a favor de la tesis de que la coherencia y la verdad están conectadas de manera adecuada. Según Lehrer, la confianza en uno mismo, que juega un papel fundamental en su propuesta coherentista, nos permite establecer un vínculo conceptual entre coherencia y verdad[25]. En el caso de Davidson,

---

[23] *Vid.* Bonjour, 1985.
[24] Thagard, 2007 y 2012.
[25] En la teoría coherentista de Lehrer, la auto-confianza en la forma del llamado «principio de confiabilidad», según el cual, uno es confiable en lo que acepta

la conexión conceptual entre coherencia y verdad se forja a través del concepto de creencia, tal y como éste aparece configurado en su teoría de la interpretación[26]. Además, recientemente, han habido algunos esfuerzos importantes por mostrar, usando la teoría de la probabilidad, que la coherencia y la verdad están conectadas de manera apropiada[27]. Por lo tanto, la teoría coherentista de la justificación de los enunciados fácticos en el derecho puede hacer uso de estos argumentos para combatir la crítica según la cual esta teoría no nos permite avanzar en la búsqueda de la verdad en el proceso.

Ninguno de estos argumentos, desde luego, establecen de manera concluyente que los estándares coherentistas de la justificación de los enunciados fácticos en el derecho lleve a los decisores jurídicos a aceptar creencias verdaderas. Sin embargo, en este sentido, el coherentismo no parece estar en una situación peor que otras teorías alternativas de la justificación epistémica. Después de todo, tampoco el fundacionismo —la principal teoría alternativa de la justificación epistémica— ha sido capaz de demostrar la falsedad de las

---

cuando lo hace con el objetivo de aceptar algo solo en caso de que sea verdadero, es la noción central que permite establecer una conexión entre la justificación y la verdad. *Vid.* Lehrer, 2000.

[26] Davidson sostiene que hay una presunción a favor de la verdad de una creencia que es coherente con el conjunto de creencias de un agente, dado que la mayoría de las creencias de un agente son verdaderas. *Vid.* Davidson, 2001.

[27] Shogenji, en un trabajo central para el estudio de las relaciones entre coherencia, probabilidad y verdad desde el punto de vista de la epistemología formal, ha mostrado que, bajo ciertas condiciones, un mayor grado de coherencia (conforme a una determinada medida probabibilística de coherencia) implica una mayor probabilidad de verdad. Véase Shogenji, 1999. Cf. Olsson, 2005 y Bovens-Hartmann, 2003 (cuyos llamados «resultados de imposibilidad» muestran que no puede haber ninguna medida de coherencia tal que el hecho de que un conjunto de elementos S sea más coherente que otro conjunto S', según dicha medida, implique que la probabilidad de que S sea verdadero es mayor que la probabilidad de que S' lo sea). Para una discusión de la literatura en epistemología formal acerca de las conexiones entre coherencia, probabilidad y verdad, véase Amaya, 2015: capítulo 6.

tesis escépticas[28]. Además, las inferencias coherentistas son inferencias derrotables; exigir que las teorías coherentistas —o cualquier otra teoría de la inferencia probatoria— nos aseguren la verdad de las conclusiones supondría ignorar la naturaleza no-monotónica del razonamiento probatorio. El problema de la inducción, es decir, el problema de mostrar que las inferencias no deductivas son confiables afecta, sin duda, a las teorías coherentistas, pero no parece sensato hacer depender la validez del coherentismo —o de cualquier otra teoría de la inferencia no-deductiva— de su capacidad para resolver de manera definitiva el problema de la inducción.

Además, es importante notar que el problema de la relación entre coherencia y verdad es más agudo en unas versiones del coherentismo que en otras. Por ejemplo, en la llamada concepción de la coherencia como satisfacción de restricciones según la cual la coherencia depende de la satisfacción de una serie de restricciones positivas y negativas entre un conjunto de elementos relevantes, los enunciados que describen observaciones —pruebas, en el caso del derecho— ocupan un lugar privilegiado en el cómputo de coherencia y, en este sentido, no parece existir, como sostiene el crítico, una brecha insalvable entre el conjunto de enunciados justificados conforme a esta teoría y el conjunto de enunciados verdaderos, sino que hay buenas razones para creer que las teorías e hipótesis acerca de los hechos que son coherentes según los criterios de esta teoría son (probablemente) verdaderas[29].

En resumen, no hay, me parece, razones concluyentes para rechazar el valor de los estándares coherentistas de justificación como herramientas para la búsqueda de la verdad (como correspondencia) en el proceso. Esto, no obstante, no implica minimizar el reto que supone articular una teoría coherentista de la prueba que tenga la capacidad de mostrar que existe una relación apropiada

---

[28]   Para una discusión de las principales tesis del fundacionismo, las distintas versiones del mismo y los problemas que éste enfrenta, véase Fumerton, 2002.

[29]   Para la articulación y defensa de la teoría de la coherencia como satisfacción de restricciones, véase Thagard-Verbeurgt, 1998 y Thagard, 2000.

entre coherencia y verdad. Las estrategias utilizadas por los episte-
mólogos y filósofos de la ciencia, así como las distintas versiones del
coherentismo defendidas por éstos, son recursos valiosos para desarrollar una teoría coherentista de la prueba que aunque —huelga
decirlo— no logre asegurar la verdad de sus conclusiones, nos lleve
a aceptar creencias acerca de los hechos que sean probablemente
verdaderas.

III. COHERENCIA Y VERDAD: EL MUNDO DE LAS NORMAS

En el ámbito normativo, las teorías coherentistas de la justificación enfrentan también el problema de la conexión —o falta de conexión— entre la coherencia y la verdad. ¿Hay alguna razón para creer
que los estándares coherentistas de justificación nos llevan a aceptar
proposiciones acerca del derecho que son probablemente verdaderas?
El problema de cómo se relacionan las condiciones de justificación
de las proposiciones normativas y las condiciones de verdad de las
mismas se ha abordado de maneras diferentes, dependiendo de qué
teoría coherentista de la justificación se sostenga así como de qué teoría de la verdad para el derecho se considere más apropiada.

Para empezar, es importante señalar que el problema de la relación entre coherencia y verdad no surge si uno sostiene, como Mac-
Cormick, por ejemplo, una teoría débil de la justificación como coherencia según la cual la coherencia es una condición necesaria pero no
suficiente de la justificación jurídica. Puesto que, según estas teorías,
la justificación jurídica no puede explicarse exclusivamente en términos de coherencia, no es necesario dar cuenta de cómo aceptar
creencias justificadas acerca del derecho en virtud de su coherencia
nos lleva a aceptar proposiciones normativas verdaderas. En estas teorías, la conexión entre justificación y verdad se establece a través de
otras condiciones de justificación, adicionales a la de coherencia. La
cuestión de la conexión entre la coherencia y la verdad es problemática solo para las teorías fuertes de la justificación como coherencia, es

decir, para aquéllas que sostienen que la coherencia es una condición necesaria y suficiente de la justificación jurídica.

Se pueden diferenciar dos posiciones centrales entre las teorías (fuertes) de la justificación jurídica como coherencia. Algunos juristas sostienen una teoría coherentista de la justificación de proposiciones normativas en el derecho y una teoría realista de la verdad jurídica. Un ejemplo de este tipo de teorías es la versión del derecho natural desarrollada por Moore[30]. Las posiciones realistas en el ámbito normativo tienen más dificultades que las posiciones realistas en el ámbito fáctico para responder satisfactoriamente a la objeción según la cual las teorías coherentistas de la justificación jurídica no nos llevan a aceptar creencias verdaderas[31]. Mientras que en el ámbito fáctico, como he señalado antes, hay diversas estrategias plausibles para forjar una relación entre la coherencia y la verdad como correspondencia, en el ámbito normativo, los esfuerzos por salvar la brecha que existe entre la coherencia y la verdad como correspondencia se han considerado, en general, como infructuosos. El argumento realista más plausible apela a una inferencia a la mejor explicación; ésta es la estrategia que usan, por ejemplo, Daniels y Brink, en su defensa de las teorías coherentistas de la justificación moral[32]. Según este argumento, la mejor explicación de la convergencia y la estabilidad de un conjunto de creencias morales que incluyan un número suficiente de creencias morales confiables es que es probable que las mismas correspondan, de manera aproximada, a una realidad moral independiente. El problema es que estas estrategias necesitan complementarse con una teoría acerca de la confiabilidad de los juicios morales que, a diferencia de los juicios empíricos, no ha logrado (al menos, aún) desarrollarse satisfactoriamente.

---

[30]   *Vid.* Moore, 1985 y 2004. Véase, también, Brink, 1988.

[31]   Para un análisis de los problemas que surgen al combinar una teoría coherentista de la justificación con una concepción realista acerca de los hechos jurídicos, véase Coleman-Leiter, 1993: 612-616.

[32]   Véase Brink, 1989 y Daniels, 1979. Para una excelente discusión de teorías coherentistas realistas, véase Timmons, 1990.

El segundo grupo de teorías fuertes de la justificación jurídica como coherencia adopta una teoría anti-realista de la verdad jurídica. La verdad jurídica, según estas teorías, no es objeto de descubrimiento sino que se construye mediante el proceso de justificación coherentista. Conforme a estas teorías, la verdad de las proposiciones normativas en el derecho depende de su coherencia con un conjunto determinado de creencias. Sin duda, estas teorías logran resolver el problema de la conexión entre coherencia y verdad ya que identifican las condiciones de coherencia de las proposiciones normativas con las condiciones de verdad de las mismas. Además, las teorías anti-realistas de la verdad en el ámbito normativo, a diferencia del empírico, son generalmente consideradas como bastante plausibles, de modo que resolver el problema de la conexión entre coherencia y verdad en relación con las proposiciones normativas apelando a una teoría coherentista de la verdad no enfrenta los serios problemas que afectan a esta estrategia argumentativa en relación con las proposiciones empíricas.

Se pueden diferenciar tres versiones principales de la teoría de la verdad jurídica como coherencia. La diferencia entre las mismas depende del modo en el que se configure la «base» de la coherencia, es decir, el conjunto de elementos de cuya coherencia depende la verdad de las proposiciones normativas. De manera más específica, la diferencia radica en el tipo de razones morales que, junto con las razones de autoridad, se incluyan en la base de coherencia. Según una primera versión, la verdad de las proposiciones normativas en el derecho depende de su coherencia con un conjunto de creencias acerca del derecho así como de creencias morales personales. En este sentido, el contenido del derecho es relativo a la moralidad personal. Esta es la concepción que, por ejemplo, se encuentra en las teorías coherentistas de Hage y Peczenick[33]. Según estos auto-

---

[33]   Véase Hage-Peczenick, 2000. Peczenick ha discutido extensamente el problema de la coherencia y la verdad, véase, entre otros trabajos, Peczenick, 1990 y 1994.

res, «el derecho es lo que la teoría más coherente dice que es»[34]. De manera central, esta teoría integradora incluye una teoría convencional e institucional del derecho (CI) y de la moralidad personal, de modo que el contenido del derecho depende de armonizar el derecho identificado a través de CI y la moralidad personal. El problema con esta posición es que incorpora un elemento subjetivista en la teoría de la verdad jurídica que resulta, a mi parecer, profundamente insatisfactorio. Entre otros problemas, esta postura tiene como consecuencia que una proposición acerca del derecho puede ser verdadera, desde mi perspectiva, pero falsa desde la tuya. Una objeción similar se puede dirigir en contra de las teorías coherentistas de la verdad en el derecho según las cuales la verdad jurídica depende en parte de la verdad moral, entendida ésta como coherencia con un conjunto de convenciones sociales[35].

Según una segunda versión, la verdad jurídica resulta de la coherencia del conjunto de creencias acerca del derecho y la moralidad que se aceptaría en condiciones ideales. Esta es la concepción, por ejemplo, que, según algunas interpretaciones, defiende Dworkin. En una lectura, Dworkin estaría defendiendo la tesis según la cual las proposiciones acerca del derecho son verdaderas si son coherentes con el conjunto de creencias que un agente ideal (es decir, Hércules) aceptaría[36]. Esta concepción de la verdad jurídica, a diferencia de las versiones que hacen depender el contenido del derecho bien de la moralidad personal bien de la moralidad social, viene asociada con una concepción más fuerte de la objetividad que es posible alcanzar en el ámbito jurídico. No obstante, esta concepción tiene que solventar los problemas que aquejan a las concepciones «ideales» de la moralidad, especialmente, la dificultad de estas

---

[34] Peczenik-Hage, 2000: 343.
[35] Para una defensa de una teoría coherentista relativista, véase Goldman, 1988a, 1988b, 1990, 2002: 156-158 y Ryan, 2000.
[36] Véase Coleman-Leiter, 1993: 633-635. Coleman rechazó en un trabajo posterior esta interpretación de la teoría de Dworkin (Coleman, 2001: 165).

teorías para guiar la conducta en las condiciones que se dan en el mundo real[37].

Por último, según algunos autores, la verdad jurídica es una cuestión de coherencia con la mejor teoría del derecho y la moralidad política que sea posible diseñar en las condiciones actuales —en vez de la teoría que uno podría elaborar en condiciones ideales. Esta es la posición que, me parece, mejor caracteriza las tesis defendidas por Dworkin acerca de la verdad y la objetividad en el derecho[38]. Según Dworkin, solo es posible asignar valores de verdad a las proposiciones morales y jurídicas dentro de una empresa. Estas proposiciones son verdaderas si y solo si su aseveración está justificada conforme a las reglas que regulan la práctica. El derecho es una práctica argumentativa en la que justificamos proposiciones mediante argumentos orientados a mostrar que las mismas son coherentes con las mejores teorías que tenemos acerca de qué es lo que exige el derecho y la moralidad política. Por lo tanto, la verdad de una proposición depende de su coherencia con la mejor teoría del derecho y la moralidad política que hemos logrado articular. Esta versión de la teoría coherentista de la verdad jurídica tiene, me parece, ventajas importantes respecto de otras versiones alternativas. Esta teoría no reduce la objetividad en el derecho a la moralidad personal o al mero acuerdo dentro de una comunidad, ni enfrenta los problemas derivados de ligar la noción de objetividad a situaciones idealizadas. Además, esta versión vincula de manera

---

[37]   Este problema está relacionado con el llamado «problema del acceso» (Leiter-Coleman 1993: 629). El problema del acceso es el siguiente. Si, conforme a la concepción de la verdad jurídica como justificación «ideal», las proposiciones verdaderas acerca del derecho son aquéllas que podrían ser aceptadas en condiciones ideales y dado que las condiciones ideales no se dan (por definición) en el mundo real, entonces de aquí se sigue que la verdad jurídica es inaccesible para los jueces de carne y hueso que trabajan en condiciones no ideales. Esta teoría no tiene la capacidad de guiar a los jueces en sus tareas de toma de decisión en cuanto que hace que tanto la justificación jurídica como la verdad jurídica sean inalcanzables para los jueces reales.

[38]   Para una defensa de esta interpretación, véase Amaya, 2015: capítulo 1.

atractiva la verdad en el derecho con la naturaleza argumentativa del mismo. Esto no implica, desde luego, que esté exenta de problemas. Un problema para esta versión de la teoría coherentista de la verdad es que es dudoso que la misma articule un estándar para evaluar la verdad de los enunciados jurídicos que sea lo suficientemente exigente. Dice MacCormick:

> Para que una decisión esté plenamente justificada, en el sentido fuerte que exige Dworkin, es necesario que la teoría que la autoriza sea la mejor teoría posible del sistema jurídico en cuestión en ese momento. Esto parece ser un criterio muy demandante… Sin embargo, Dworkin no sostiene que podemos estar seguros de que hemos alcanzado la mejor teoría posible. Lo único que requiere es que tenemos que hacer nuestro mejor esfuerzo por alcanzarla[39].

Pero ¿son las «buenas intenciones» suficientes para alcanzar la verdad? Parece que es necesario imponer algunas restricciones al conjunto de teorías alternativas que deben ser consideradas para poder asegurarnos de que uno tiene buenas razones para creer que la mejor teoría de este conjunto es verdadera. Un modo en el que, me parece, se puede solventar este problema es complementando la teoría de la coherencia con una teoría de la responsabilidad epistémica, de modo que para que una decisión jurídica esté plenamente justificada en virtud de su coherencia es necesario que la misma sea (o pueda ser) el resultado de un proceso epistémicamente responsable de formación de creencias[40]. Es decir, la selección de una decisión en virtud de que la misma es la más coherente de aquéllas que han sido consideradas solo está justificada si el conjunto de alternativas se ha configurado y examinado de manera epistémicamente responsable[41]. Así complementada, la versión según la cual

---

[39] MacCormick, 1983: 188.
[40] Para una defensa detallada de una versión responsibilista *cum* coherentista de la justificación jurídica, véase Amaya, 2013.
[41] Hay dos concepciones fundamentales de la responsabilidad epistémica: la concepción deóntica y la aretaica. Según una concepción deóntica, la satisfacción de los estándares de responsabilidad epistémica depende del cumplimiento de deberes epistémicos, tales como el deber de procurar más pruebas acerca

la verdad jurídica depende de la coherencia con la mejor teoría del derecho y la moralidad política que es posible articular en un momento dado aumenta de manera importante el nivel de exigencia de los estándares que una determinada proposición normativa debe satisfacer para ser aceptada como justificada y, por lo tanto, según esta teoría, como verdadera.

En todo caso, y con independencia de qué versión específica de la teoría de la verdad como coherencia uno quiera suscribir, esta teoría se encuentra, me parece, bien situada para resolver el problema de la conexión entre coherencia y verdad, dada la plausibilidad inicial de la misma así como la facilidad con la que ésta encaja con las teorías de la justificación como coherencia. Aunque el éxito de una concepción coherentista *cum* anti-realista para el derecho dependa, en último término, de que se elabore en detalle una teoría constructivista de la verdad jurídica que tenga los recursos para resolver los problemas que afectan a estas teorías, no me parece que haya, en principio, obstáculos insalvables al análisis de la justificación de los enunciados normativos en términos de coherencia. Dada una teoría plausible de la verdad o corrección de los enunciados normativos, hay, me parece buenas razones para sostener que creencias acerca del derecho justificadas en virtud de su coherencia son, probablemente, creencias verdaderas.

---

de aquéllas proposiciones que son inciertas a la luz del conjunto de pruebas disponibles o el deber de creer conforme a la evidencia. Según la concepción aretaica de la responsabilidad epistémica, los estándares de responsabilidad epistémica se pueden explicar en términos de virtudes intelectuales, tales como la apertura de mente, la honestidad intelectual o la valentía intelectual. Acerca de los deberes epistémicos, véase Feldman, 2002. La literatura acerca de las virtudes epistémicas es muy amplia, véase, entre otros Zagzebski, 1996; Montmarquet, 1983; Cooper, 1994; y Roberts-Woods, 2007. Para una aproximación preliminar a los estándares de responsabilidad epistémica de los decisores jurídicos, véase Amaya, 2015: capítulo 10.

IV. EL VALOR DE LA COHERENCIA

En las secciones anteriores he tratado de mostrar que el problema de la relación entre coherencia y verdad no es, en contra de lo que sostienen los críticos del coherentismo, de un calibre tal que haga que la teoría coherentista de la justificación sea una teoría inviable en el contexto jurídico. Es posible, según he argumentado, dar una respuesta satisfactoria a la objeción según la cual aceptar creencias justificadas acerca de las normas o de los hechos en el derecho no nos lleva a aceptar creencias verdaderas. Otra vía mediante la cual se puede rebatir esta objeción no consiste, sin embargo, en ofrecer una respuesta directa a la pregunta acerca de cómo se relacionan la coherencia y la verdad sino en cuestionar una tesis acerca de qué es lo que hace que un determinado criterio de justificación sea valioso que está implícita en esta crítica al coherentismo.

Según esta tesis, un estándar de justificación es adecuado en la medida en la que el mismo esté conectado de manera apropiada con la verdad. Sin embargo, aunque, desde luego, uno de los criterios principales para evaluar un estándar de justificación sea su capacidad para juzgar como justificadas creencias que son probablemente verdaderas, existen también otros criterios relevantes para determinar la adecuación de una teoría de la justificación. Hay un conjunto de valores epistémicos, además del valor de la verdad, así como valores de otra naturaleza, por ejemplo, valores prácticos, que estamos interesados en realizar cuando emprendemos la tarea de justificar conclusiones tanto fácticas como normativas en el derecho. Por ello, una teoría de la justificación jurídica no solo se debe evaluar en función de su capacidad para guiarnos en la búsqueda de la verdad sino que también es deseable que la misma sea un instrumento útil para lograr la realización del complejo conjunto de valores relevantes en el ámbito del razonamiento jurídico.

Desde este punto de vista, la adecuación de una teoría coherentista de la justificación no depende exclusivamente de la capacidad de esta teoría para responder satisfactoriamente al problema de la coherencia y la verdad, como asumen los críticos del coherentismo, sino que depende también de la medida en la cual esta teoría esté al servicio de otros valores considerados como importantes en el contexto del derecho. Esto no implica minimizar la importancia del valor de la verdad en el derecho ni la importancia, para un defensa del coherentismo, de tomar en serio la objeción relativa a la problemática relación que existe entre coherencia y verdad, aunque sí restringe el alcance de esta objeción y abre la posibilidad de argumentar a favor del coherentismo sobre la base de razones diferentes de los argumentos que tratan de mostrar que existe una conexión entre coherencia y verdad. En lo que sigue, quisiera dar algunos argumentos a favor de una teoría coherentista de la justificación[42].

1. El argumento del anti-fundacionismo

La primera razón a favor de una teoría coherentista de la justificación es de carácter negativo. A la luz de las serias dificultades que presenta la principal alternativa al coherentismo, es decir, el fundacionismo, no solo en el ámbito jurídico sino también en los distintos campos en los que se han presentado propuestas fundacionistas (en epistemología, desde luego, pero también en ética, filosofía de la ciencia, etc.), la teoría de la justificación como coherencia parece, en principio, atractiva, aunque, desde luego, es necesario ofrecer algunas razones positivas a favor de esta teoría[43].

2. Coherencia y emoción

Las emociones, tal y como han demostrado algunos estudios recientes, son un elemento fundamental tanto en el razonamiento práctico como teórico en el derecho, al igual que en otras áreas[44].

---

[42] Para una versión anterior de estos argumentos, véase Amaya, 2013.
[43] Para una crítica al fundacionismo acerca de la justificación epistémica, véase, entre otros, Alston, 1989; BonJour, 1985; y Williams, 1999. Una clarificadora discusión de los problemas del fundacionismo en el ámbito de la moral puede encontrarse en Timmons, 1987.
[44] *Vid.* Damasio, 1994.

Puesto que las relaciones de coherencia no tienen por qué ser relaciones entre elementos proposicionales y dado que los juicios de coherencia son sensibles a las respuestas emocionales, la teoría de la coherencia está mejor situada que otras teorías alternativas para dar cuenta del papel que juegan las emociones en la justificación jurídica[45].

3. El argumento de la plausibilidad psicológica

Como han puesto de manifiesto algunos estudios empíricos, la teoría de la justificación como coherencia parece tener un alto grado de plausibilidad psicológica[46]. Ésta es una razón de peso a favor de esta teoría de la justificación. Desde una perspectiva naturalista, nuestras formas ordinarias de razonar constriñen el tipo de teorías normativas que son deseables; las teorías de la coherencia, a diferencia de otras teorías alternativas, satisfacen las restricciones impuestas por el naturalismo[47]. Además, uno de los objetivos, me parece, fundamentales, de una teoría del razonamiento jurídico es el de proporcionar una guía a los decisores jurídicos; la teoría de

---

[45] Thagard ha expandido su teoría de la coherencia para incorporar el papel que las emociones juegan en la toma de decisiones. Para una aplicación al derecho de esta teoría, véase Thagard, 2003. Véase también Simon Stenstrom-Read (en prensa).

[46] Lipton ha interpretado los resultados experimentales que obtuvieron Kahneman y Tversky en sus conocidos estudios sobre el razonamiento humano como prueba de la presencia de una fuerte tendencia al razonamiento de tipo explicativo. Véase Lipton, 2004: 108-113. Moravski ha argumentado de manera persuasiva que la cognición puede ser vista como una actividad cuyo objetivo principal es el entendimiento y que, en un sentido importante, los humanos pueden ser caracterizados como *homo explanans.Vid*. Moravcsik, 1990. Simon, Holyoak y sus colaboradores han mostrado que la toma de decisiones complejas se lleva a cabo mediante la construcción de relaciones de coherencia entre una serie de factores relevantes. *Vid*. Holyoak-Simon, 1999 y Simon *et al.*, 2002.

[47] Para una clara introduction al naturalismo, véase Godfrey-Smith, 2003. Acerca de la historia del naturalismo, véase Kitcher, 1992. Una colección de artículos acerca del naturalismo puede encontrarse en Kornblith, 1993.

la coherencia, en cuanto que toma como punto de partida los procesos ordinarios de razonamiento, parece estar mejor situada para desempeñar esta función regulativa de los procesos de decisión jurídica que otras teorías que establecen patrones de razonamiento que están más alejados de las formas ordinarias que emplean los decisores jurídicos.

4. Las dinámicas de la justificación

Una ventaja de la teoría de la coherencia es que, a diferencia de otros modelos de justificación, esta teoría tiene los recursos necesarios para dar cuenta de los aspectos dinámicos de la justificación[48].

5. El valor práctico de la coherencia

Las instituciones jurídicas están al servicio de una serie de objetivos prácticos y la coherencia es una herramienta valiosa para alcanzar algunos de ellos. Por ejemplo, la coherencia facilita la coordinación[49], la eficacia[50], la seguridad jurídica[51], y la estabilidad social[52] que son, sin duda, valores fundamentales en los ordenamientos jurídicos. Por lo tanto, parece haber razones importantes de orden práctico para promover el valor de la coherencia en el ámbito del derecho.

6. La función social de la coherencia

Como algunos estudios en psicología cognitiva han puesto de manifiesto, la coherencia cumple una importante función social. La

---

[48]   Susan Haack ha argumentado que el coherentismo es particularmente apropiado para dar cuenta de los aspectos dinámicos de la justificación. *Vid.* Haack, 1999.
[49]   *Vid.* Bratman, 1987: 137. Véase también Richardson, 1994: 152-158.
[50]   *Vid.* Thagard-Millgram, 1996: 67.
[51]   *Vid.* Moral, 2003: 320.
[52]   *Vid.* Alexy-Peczenik, 1990: 145.

falta de coherencia tiene un impacto negativo en la imagen personal, por el contrario, la coherencia hace más probable que las afirmaciones de una persona se acepten y está, por ello, relacionada positivamente con la auto-confianza y el consenso[53]. Esta función social de la coherencia sugiere otro elenco importante de razones que podrían aducirse a favor de la coherencia en el contexto del razonamiento jurídico: la coherencia incrementa la aceptabilidad pública de las decisiones, tiene un impacto positivo en la confianza que los ciudadanos depositan en el sistema jurídico y contribuye de manera significativa a generar consenso social acerca de cuestiones en torno a las cuales la sociedad suele estar fuertemente dividida, como sucede en aquellos casos en los que están en juego principios fundamentales.

7. *El argumento acerca de la resolución del conflicto*

La coherencia está asociada a una concepción del razonamiento práctico según la cual es posible deliberar racionalmente acerca de los fines y no solamente acerca de cuáles son los mejores medios para lograr ciertos fines. Es decir, los métodos coherentistas no nos ayudan simplemente a realizar los distintos valores que se consideran centrales para el derecho, sino que son una herramienta fundamental para deliberar acerca de qué valores es importante perseguir y cómo sopesar los mismos cuando éstos entran en conflicto. Por lo tanto, la coherencia proporciona una guía inestimable para elegir entre distintas alternativas de decisión, tanto acerca de los hechos como del derecho, en casos en que hay conflicto de valores y, en este sentido, es de gran ayuda para el cumplimiento de la que es, quizá, una de las funciones más importantes del derecho, a saber, la resolución de conflictos a través de medios argumentativos[54].

---

[53] Kurzban-Aktipis, 2007 y Mercier, 2012.

[54] Dice Atienza: «El derecho puede verse por ello (aunque ésta no sea la única perspectiva posible) como una compleja institución volcada hacia la resolución

8. *El valor constitutivo de la coherencia*

La coherencia es constitutiva de la identidad individual y política[55]. Los decisores jurídicos, por lo tanto, no pueden desatender sin más las exigencias de la coherencia porque si así lo hicieran estarían, de hecho, negándose a determinar su propia identidad como miembros de una comunidad política. Esta dimensión constitutiva de la coherencia es una razón fundacional para valorar la coherencia como un estándar que debe guiar a los decisores jurídicos en el desempeño de sus funciones.

Estos argumentos, considerados en su conjunto, dan un apoyo importante a la teoría de la justificación como coherencia. Dado que parece haber buenas razones para la coherencia y puesto que, como he argumentado anteriormente, el problema de conectar la coherencia con la verdad no es de imposible resolución, una teoría coherentista de la justificación parece ser un buen candidato —*pace* el escéptico que cuestiona la utilidad de la coherencia como guía para alcanzar creencias verdaderas— para una teoría de la justificación jurídica.

V. CONCLUSIONES

La coherencia y la verdad mantienen una relación problemática. Los problemas relativos a la conexión —o falta de conexión— entre la coherencia y la verdad han sido señalados en todos los ámbitos en los que se han propuesto teorías coherentistas de la justificación y, también, desde luego, en el campo del derecho. A pesar de que el problema no es, huelga decirlo, menor, la objeción según la cual aceptar creencias justificadas acerca de los hechos y del derecho en

(o el tratamiento) de conflictos por medios argumentativos y en las distintas instancias de la vida jurídica». *Vid.* Atienza, 2006: 59.

[55] Hurley ha defendido en detalle que la coherencia tiene un valor constitutivo de la identidad personal y comunitaria en Hurley, 1989: especialmente, capítulo 13.

virtud de su coherencia no nos lleva a aceptar creencias verdaderas no presenta un obstáculo insalvable a la viabilidad del proyecto coherentista.

En el ámbito fáctico, hay un conjunto de estrategias diferentes que permiten concluir que la coherencia de nuestras creencias acerca del mundo no está desconectada de la verdad como correspondencia de las mismas. Estas estrategias proporcionan, me parece, un buen punto de partida para construir un argumento que demuestre que aceptar conclusiones acerca de los hechos en el derecho en virtud de su coherencia es una buena manera de alcanzar conclusiones que sean (probablemente) verdaderas.

El problema de si la coherencia conduce a la verdad es mucho menos serio en el ámbito normativo que en el ámbito fáctico, dado que las teorías anti-realistas de la verdad de los enunciados normativos se consideran en general más plausibles que las teorías antirealistas de la verdad de los enunciados fácticos y que los estándares coherentistas de la justificación se pueden combinar más fácilmente con teorías no realistas de la verdad que con teorías que defienden una concepción de la verdad como correspondencia. Por lo tanto, el problema de cómo se conectan la coherencia y la verdad no presenta, en principio, un obstáculo serio a las propuestas de analizar la justificación de las proposiciones normativas en el derecho en términos de coherencia.

En conclusión, a pesar de que no se puede demostrar que una teoría de la justificación como coherencia nunca nos va a conducir por derroteros equivocados, ya que ciertamente nos puede llevar a aceptar creencias acerca de los hechos y el derecho falsas, hay buenas razones, dado el objetivo de alcanzar el valor de la verdad en el derecho, para aceptar dicha teoría. Además, he sostenido que, en todo caso, la conexión entre coherencia y verdad es solo un argumento, entre otros, que se pueden dar a favor de la coherencia. Solo una visión restrictiva de los fines que pretendemos alcanzar cuando argumentamos a favor de conclusiones fácticas y normativas en el derecho puede hace depender la justificación de los estándares de justificación exclusivamente de su conexión con la verdad. Una vez que reconocemos la pluralidad de valores que estamos interesados en avanzar en el contexto del razonamiento jurídico, se abre la posibilidad de defender los métodos de justificación jurídica sobre la base de otra serie de razones adicionales. Desde esta perspectiva, las teorías coherentistas están bien situadas, ya que contamos con un conjunto de argumentos que respaldan de manera significativa el uso de métodos coherentistas en el derecho.

Una consecuencia interesante de esta estrategia compleja para evaluar la adecuación de una teoría de la justificación, en este caso, de la teoría coherentista de la justificación, es que nos permite articular una defensa unitaria de la teoría de la justificación tanto de las proposiciones normativas como fácticas en el derecho. Ciertamente, si tenemos en cuenta tan solo el valor de la verdad, la teoría coherentista de la justificación es más débil en el ámbito empírico que en el normativo, ya que en el ámbito empírico, a diferencia del normativo, es necesario mostrar que existe una relación entre la coherencia, que es una propiedad interna, y la verdad, como correspondencia con un mundo exterior, dada la mayor plausibilidad de las teorías de la verdad realistas, para el mundo de los hechos, y anti-realistas, para el mundo de las normas. Sin embargo, una vez que evaluamos el coherentismo teniendo en cuenta el conjunto de valores relevantes más allá del valor de la verdad, sale a la luz que hay una serie de razones comunes que nos permiten defender la conveniencia de este método tanto para justificar conclusiones fácticas como normativas en el derecho, abriéndose así la posibilidad de diseñar una teoría de la justificación unitaria para el ámbito del derecho.

Lo anterior no debe leerse, desde luego, como una carta de triunfo para el coherentista. Los problemas del coherentismo son muchos y serios, pero, y éste es el punto que quisiera enfatizar, la supuesta falta de conexión entre coherencia y verdad no puede ser el argumento concluyente en contra del coherentismo que pretenden sus detractores. Queda, no obstante, mucho trabajo por hacer para proporcionar una respuesta adecuada a la objeción según la cual la coherencia de los enunciados fácticos y normativos en el derecho no está conectada de manera apropiada con la verdad. Un examen detallado de las posibilidades de aplicar al derecho los argumentos realistas que tratan de establecer que existe una relación apropiada entre la coherencia y la verdad de los enunciados empíricos, una defensa sólida de una versión plausible de una teoría constructivista de la verdad de los enunciados normativos, así como la articulación de una concepción plural de los valores relevantes en el razonamiento fáctico y normativo en el derecho son esenciales para desarrollar una teoría coherentista de la justificación jurídica que tengan los recursos para vencer o, al menos mitigar, las tesis escépticas.

BIBLIOGRAFÍA

AARNIO et al., 1998: On Coherence Theory. Lund: Juristförlager i Lund.

ALEXY, R., y A. PECZENIK, 1990: «The Concept of Coherence and its Significance for Discursive Rationality», Ratio Iuris, 1 (3): 130-147. ALLEN, R. J., 1991: «The Nature of Juridical Proof», Cardozo Law Review, (13): 373-422.

ALLEN, R.J., 1994: «Factual Ambiguity and a Theory of Evidence», Northwestern University Law Review, 2 (88): 604-640.

ALSTON, W., 1989: Epistemic Justification. Ithaca: Cornell University Press.

AMAYA, A, 2013 «La coherencia en el derecho», Doxa (35): 59-90.

— 2015 The Tapestry of Reason: An Inquiry into the Nature of Coherence and its Role in Legal Argument. Oxford: Hart Publihshing.

ATIENZA, M., 2006: El derecho como argumentación. Barcelona: Ariel.

BONJOUR, L., 1985: The Structure of Empirical Knowledge. Cambridge: Harvard University Press.

BOVENS, L. y S. HARTMAN, 2003: «Solving the Riddle of Coherence», Mind, 112: 601-633.

BRATMAN, M.E., 1987: Intention, Plans, and Practical Reasoning. Cambridge: Harvard University Press.

BRINK, D., 1988: «Legal Theory, Legal Interpretation, and Judicial Review», Philosophy and Public Affairs, 2 (17): 105-148.

— 1989: Moral Realism and the Foundations of Ethics. Cambridge: Cambridge University Press.

COOPER, N., 1994: «The Intellectual Virtues» Philosophy, 69: 459-469.

COLEMAN, J., 2001: The Practice of Principle. New York: Oxford University Press.

COLEMAN, J., y B. Leiter, 1993: «Determinacy, Objectivity and Authority», University of Pennsylvania Law Review, 2 (142): 549-637.

DAMASIO, A.R., 1994: Descartes' Error. New York: Putnam's Sons.

DAMAŠKA, M., 1998: «Truth in Adjudication», Hastings Law Journal, (49): 289-308

DANIELS, N., 1979: «Wide Reflective Equilibrium and Theory Acceptance in Ethics», Journal of Philosophy, 5 (76): 256-282. Reimpreso en 1996: Justice and Justification: Reflective Equilibrium in Theory and Practice. Cambridge: Cambridge University Press.

DAVIDSON, D., 2001: «Epistemology and Truth», en Subjective, Intersubjective, Objective. Oxford: Oxford University Press.

DEPAUL, M., 1993: Balance and Refinement. London: Routledge.

DWORKIN, R., 1986: Law's Empire. London: Fontana.

FELDMAN, R. 2002: «Epistemological Duties» en P. Moser (ed.), The Oxford Handbook of Epistemology. Oxford: Oxford University Press.

FUMERTON, R. 2002: «Theories of Justification» en P. Moser (ed.), The Oxford Handbook of Epistemology. Oxford: Oxford University Press.

GOLDMAN, A.H. 1988a: «Global Moral Commitment», *American Philosophical Quarterly*, 1 (25): 69-77.
- 1988b: *Moral Knowledge*. London: Routledge.
- 1990: «Skepticism about Goodness and Rightness», *The Southern Journal of Philosophy*, Sup. (29): 167-183.
- 2002: *Practical Rules: When we need them and when we don't*. Cambridge: Cambridge University Press.
- 2005 «Legal Evidence», en M. Golding y W. Edmundson (eds.), *The Blackwell Guide to the Philosophy of Law and Legal Theory*. Malden: Blackwell.

HAACK, S., 1999: «A Founherentist Theory of Empirical Justification», en Sosa, E., y Kim, J. (eds.), 2000: *Epistemology: An Anthology*. Malden: Blackwell. Originalmente publicado en Pojman, L. (ed.), 1999: *The Theory of Knowledge: Classical and Contemporary Readings,* Belmont: Wadsworth.

HAGE, J.C., 2004: «Law and Coherence», *Ratio Iuris*, 1 (17): 87-105.

HAGE, J.C. y A. PECZENICK, 2000: «Law, Morals and Defeasibility», *Ratio Iuris*, 13 (1): 305-325.

HOLYOAK, K.J., y D. SIMON, 1999: «Bidirectional Reasoning in Decision-Making by Constraint Satisfaction», *Journal of Experimental Psychology: General*, 1 (128): 3-31.

HURLEY, S.L., 1989: *Natural Reasons: Personality and Polity*. Oxford: Oxford University Press.

JACKSON, B., 1988: *Law, Fact, and Narrative Coherence*. Liverpool: Deborah and Charles Publications.
- 1995: *Making Sense in Law: Linguistics, Psychological, and Semiotic Perspectives*. Liverpool: Deborah Charles Publications.
- 1998: «Truth or Proof?: The Criminal Veredict», *International Journal for the Semiotics of Law*, vol. XI, núm. 33, 227-273. Citado por la traducción castellana de Gama. R.: «¿Verdad o prueba?: el veredicto penal», en Sucar, G. y Cerdio, J. (eds.), *Derecho y verdad,* Volumen IV, 2014: COMPLETAR PÁGINAS. Valencia: Tirant Lo Blanch.

KITCHER, P., 1992: «The Naturalists Return», *The Philosophical Review*, 1 (101): 53-114.

KORNBLITH, H., 1993: *Naturalizing Epistemology*. Cambridge: MIT Press.

LAUDAN, L., 2006: *Error, Truth, and Criminal Law*. Cambridge: Cambridge University Press.

LEHRER, K., 2000: *Theory of Knowledge*. Boulder: Westview Press.

LIPTON, P., 2004: *Inference to the Best Explanation*. London and New York: Routledge.

MACCORMICK, N., 1983: «Dworkin as a Pre-Benthamite», en Cohen, M., *Ronald Dworkin and Contemporary Jurisprudence.* Totowa: Rowman-Allanheld.
- 1984: «Coherence in Legal Justification», en Krawietz, C. et al. *Theorie der Normen*. Berlin: Duncker and Humblot.

—   2005. *Rhetoric and the Rule of Law*. Oxford: Oxford University Press.

MONTMARQUET, J., 1993: *Epistemic Virtue and Doxastic Responsibility*. Lanham: Rowman and Littlefield.

MOORE, M., 1985: «A Natural Law Theory of Interpretation», *California Law Review*, 2 (58): 277-398.

—   2004: *Objectivity in Ethics and Law*. Dartmouth: Ashgate.

MORAL, L., 2003: «A Modest Notion of Coherence in Legal Reasoning: A Model for the European Court of Justice», *Ratio Iuris*, 3 (16): 296-323.

MORAVCSIK, J.M.E., 1990: *Thought and Language*. London and New York: Routledge.

OLSSON, E.J., 2005: *Against Coherence: Truth, Probability, and Justification*. Oxford: Oxford University Press.

PARDO, M.S., 2000: «Juridical Proof, Evidence, and Pragmatic Meaning: Toward Evidentiary Holism», *Northwestern University Law Review*, 1 (95): 399-442.

PECZENIK, A., 1989: *On Law and Reason*. Dordrecht: Kluwer.

—   1990: «Coherence, Truth, and Rightness in the Law», en Nerhot, P., *Law, Interpretation, and Reality: Essays in Epistemology, Hermeneutics, and Jurisprudence*. Dordrecht: Kluwer.

—   1994: «Law, Morality, Coherence and Truth», *Ratio Iuris*, 2 (7): 146-176.

PECZENIK, A., y J.C. HAGE, 2004: «Legal Knowledge of What?», *Ratio Iuris*, 3 (13): 326-345.

PINTORE, A., 2000: *Law Without Truth*. Liverpool: Deborah and Charles Publications.

RAWLS, J., 1999: *Theory of Justice*. Cambridge: Harvard University Press.

RESCHER, N., 1973: *The Coherence Theory of Truth*. Oxford: Oxford University Press.

RICHARDSON, H.S., 1994: *Practical Reasoning about Final Ends*. Cambridge: Cambridge University Press.

RUSSELL, B., 1906-7: «On the Nature of Truth», *Proceedings of the Aristotelian Society*, (7): 28-49.

RYAN, J.A., 2000: «Coherentist Naturalism in Ethics», *Journal of Philosophical Research*, (25): 471-487.

SAYRE-MCCORD, G., 1985: «Coherence and Models for Moral Theorizing», *Pacific Philosophical Quarterly*, (66): 170-190.

—   1996: «Coherentist Epistemology and Moral Theory», en Sinnot-Armstrong, W. y M. Timmons (eds.), *Moral Knowledge*. Oxford: Oxford University Press.

SHOGENJI, T., 1999: «Is Coherence Truth-Conducive?», *Analysis* 61: 338-345.

SIMON, D. *et al.*, 2002: «The Emergence of Coherence over the Course of Legal Decision-Making», *Journal of Experimental Psychology: Learning, Memory, and Cognition* 27 (5).

SIMON, D., D. STENSTROM, y S.J. READ, (en prensa): «The Coherence Effect: Blending Cognition and Emotion».

TARUFFO, M., 1992: *La Prova dei Fatti Giuridici*. Milano: Giuffrè.
- 2010: *Simplemente la verdad: el juez y la construcción de los hechos*. Madrid: Marcial Pons.
- 2014: «Verità e processo», inédito. Citado por la traducción castellana de Alberto Puppo: «Verdad y proceso», en Sucar, G. y Cerdio, J. (eds.), *Derecho y verdad*, Volumen IV, 2014. Valencia: Tirant Lo Blanch.

THAGARD, P., 1998: «Ethical Coherence», *Philosophical Psychology*, 11 (4).
- 2000: *Coherence in Thought and Action*. Cambridge: MIT Press.
- 2003: «Why wasn't O.J. Convicted?», *Cognition and Emotion*, 3 (17): 361-383.
- 2007: «Coherence, Truth, and the Development of Knowledge», *Philosophy of Science*, 74: 28-47.
- 2012: «Coherence: The Price is Right», *The Southern Journal of Philosophy*, 50: 42-49.

THAGARD, P., y E. MILLGRAM, 1996: «Deliberative Coherence», *Synthese*, 1 (108): 63-88.

THAGARD, P., y K. VERBEURGT, 1998: «Coherence as Constraint Satisfaction», *Cognitive Science*, 11 (22): 1-24.

TILLERS, P., 1986: «Mapping Inferential Domains», *Boston University Law Review*, 66 (3-4).

TIMMONS, M., 1987: «Foundationalism and the Structure of Ethical Justification», *Ethics*, 3 (97): 595-609.
- 1990: «On the Epistemic Status of Considered Moral Judgments», *The Southern Journal of Philosophy*, Sup. (29): 97-129.

TWINING, W., 1994: *Rethinking Evidence*. Evanston: Northwestern University Press.

WALKER, R.C.S., 1989: *The Coherence Theory of Truth: Realism, Anti-Realism, Idealism*. London: Routledge.

WILLIAMS, M., 1999: *Groundless Belief: An Essay on the Possibility of Epistemology*. Princeton: Princeton University Press.

WRIGHT, C., 1995: «Critical Study», Book Review de The Coherence Theory of Truth: Realism, Anti-Realism, Idealism, de R. C. S. Walker, *Synthese*, 2 (103): 279-302.

YOUNG, J.O., 1995: *Global Anti-Realism*. Aldershot: Avebury.

ZAGZEBSKI, L., 1996: *Virtues of the Mind: An Inquiry into the Nature of Virtue and the Ethical Foundations of Knowledge*. Cambridge: Cambridge University Press.

III. PROBLEMAS DE LA VERDAD *SOBRE* EL DERECHO

Juristenrecht[*][1]

RICCARDO GUASTINI

«La neutralidad científica es [...] un hábito de vida, [...] nuestra manera de participar en la lucha política»

Norberto Bobbio[2]

I. JURISPRUDENCIA DESCRIPTIVA *VS.* JURISPRUDENCIA CRÍTICA

La concepción positivista de la ciencia jurídica —entendida como discurso axiológicamente neutral, *wertfrei*— nace con la distinción de Jeremy Bentham entre *expository jurisprudence* y *censorial jurisprudence*: entre, podríamos decir, «jurisprudencia descriptiva» y «jurisprudencia crítica». «*A book of jurisprudence* —escribe Bentham— *can have but one or the other of two objects: 1. to ascertain what the law is; 2. to ascertain what it ought to be. In the former case it may be styled a book of* expository *jurisprudence; in the latter, a book of* censorial *jurisprudence: or, in other words, a book on the art of legislation*»[3].

Una afirmación muy conocida de John Austin hace eco a la distinción de Bentham: «*The existence of law is one thing, its merit or demerit is another, whether it be or be not is one enquiry; whether it be or be not conformable to an assumed standard, is a different enquiry. A law, which*

---

[*]   Traducido del italiano por Alberto Puppo. Relectura: Germán Sucar y Jorge Cerdio.
[1]   Una distinta versión (inglés) de este trabajo ha sido presentada en el Congreso internacional «Neutrality and Legal Theory», Girona, mayo 2010.
[2]   Bobbio, 1963: 418.
[3]   Bentham, 1996: 293 y ss.

actually exists, is a law though we happen to dislike it, or though it vary from the text, by which we regulate our approbation and disapprobation»[4].

Kelsen comparte la misma visión: su «teoría pura» se propone satisfacer «*the required separation of legal science from politics*»[5]; la teoría pura «*is being kept free from all the elements foreign to the specific method of a science whose only purpose is the cognition of law* [...]. *A science has to describe its object as it actually is, not to prescribe as it should be or should not be from the point of view of some specific value judgments. The latter is a problem of politics, and, as such, concerns the art of government, an activity directed at values, not an object of science, directed at reality*»[6].

Bentham y Austin, como Kelsen, tenían el objetivo de distinguir el conocimiento objetivo del derecho: por un lado, (a) de la crítica ética o política, al igual que de la aprobación (o justificación) del derecho existente; y, por otro, (b) de la política del derecho (entendida como conjunto de directivas *de lege ferenda* dirigidas al legislador).

Nótese que si se concibe el derecho como un lenguaje —el lenguaje de las autoridades normativas (constituyentes, legisladores, etc.)[7]— la jurisprudencia descriptiva, al igual que la crítica, son meta-lenguajes cuyo lenguaje objeto es el derecho mismo. Ambos conceptos (jurisprudencia descriptiva y jurisprudencia crítica) suponen una tajante distinción lógica entre el lenguaje del derecho y el lenguaje de los juristas.

Sin embargo, esta caracterización —de Bentham, Austin, y Kelsen— de la jurisprudencia descriptiva como puro conocimiento del derecho como *es* (y, por lo tanto, como actividad puramente

---

[4] Austin, 1879: 220. Cf. también las páginas 33, 176 y ss.: «*General jurisprudence* [...] *is concerned with law as it necessarily is, rather than with law as it ought to be; with law as it must be, be it good or bad, rather than with law as it must be, if it be good*»; «*The science of jurisprudence* [...] *is concerned with positive laws* [...] *as considered without regard to their goodness or badness*».

[5] Kelsen, 1934: 3.

[6] Kelsen, 1945: XIV.

[7] Bobbio, 1950.

cognitiva, axiológicamente neutral) no puede ser considerada una representación satisfactoria de la «doctrina», o sea de lo que hacen habitualmente los juristas. Se trata, más bien, de un modelo normativo de ciencia jurídica, ya que casi todos los libros o ensayos que pretenden ser (y que normalmente son considerados) ejemplos de ciencia jurídica —descripción del derecho vigente— no pueden de ninguna forma ser reducidos a una empresa puramente cognitiva.

II. CIENCIA JURÍDICA *VS.* DOCTRINA

En el lenguaje jurídico continental (en Italia, en Francia, en España, en Alemania, etc.), la actividad normal de los juristas se denomina habitualmente (y de manera más o menos indistinta) «ciencia jurídica», «doctrina», o «dogmática». Todas estas expresiones, sin embargo, pueden ser entendidas como relacionadas con (por lo menos) dos actividades intelectuales, que es necesario distinguir cuidadosamente:

(i) por un lado, la ciencia jurídica en sentido estricto, *i.e.* la descripción (axiológicamente neutral) del derecho vigente;

(ii) por otro lado, la doctrina, o sea la práctica intelectual ordinaria de los juristas.

Cómo debe hacerse una «buena» ciencia jurídica es materia de discusión. Se puede debatir, por ejemplo, si la ciencia debe limitarse a describir el así dicho «*law in books*» (como a menudo hacen los juristas continentales) o si, en cambio, debe interesarse esencialmente en las decisiones jurisdiccionales como núcleo del «*law in action*». La primera línea de investigación parece sugerida (por lo menos en apariencia) por Kelsen[8]; la segunda parece recomendada en particular por los ius-realistas de distinta extracción (america-

---

[8]   Y por Bobbio, 1950.

nos, escandinavos, italianos, franceses,...). Mas, en este contexto, el tema puede ser pasado por alto[9].

La ciencia jurídica (en sentido estricto) y la doctrina son cosas distintas. La diferencia principal, sin embargo, no puede capturarse utilizando la dicotomía sencilla entre describir y evaluar y/o prescribir. Claro, sucede que los juristas evalúan —critican o aprueban (o justifican)— el derecho vigente; sucede también que desarrollan discursos *de lege ferenda*, esto es, que formulan directivas que pertenecen al dominio (como diría Bentham) del arte de legislar o (como diría Kelsen) del arte de gobernar. En estos casos, sin embargo, no pretenden actuar como «científicos» genuinos. El carácter no-neutral de la doctrina yace en otro sitio.

III. LOS COMPONENTES FUNDAMENTALES DE LA DOCTRINA

En el lenguaje jurídico corriente, el conjunto del trabajo doctrinal se etiqueta como «interpretación» sin más especificaciones. Este uso del vocablo «interpretación», sin embargo, es indudablemente demasiado amplio. Porque la interpretación, rigurosamente hablando, no es sino una parte —y no la más importante, en mi opinión— del trabajo doctrinal. Al lado de la interpretación, los juristas cumplen una gran variedad de operaciones distintas: propongo llamarlas «construcción jurídica».

(i) La interpretación, estrictamente entendida consiste en atribuir significado a textos normativos (la constitución, las leyes, etc.). Puede convenirse que la forma estándar de un enunciado interpretativo sea la siguiente: «T significa S», donde T designa el (fragmento de) texto interpretado y S el significado que se le atribuye.

(ii) La construcción jurídica, en el sentido en que uso esta expresión, consiste fundamentalmente en moldear normas no expre-

---

[9]   Véase, sin embargo, la observación final (en nota) del presente trabajo.

sadas: esto es, normas que ninguna autoridad normativa ha formulado; normas que no pueden imputarse a algún texto normativo en particular como su significado o como su directa implicación (lógica).

En la mayoría de los casos, tales normas no expresadas encuentran su fundamento en «teorías» o «doctrinas» generales, como la teoría de las constituciones escritas, la teoría del gobierno parlamentario, la teoría de las relaciones entre sistemas jurídicos estatales y derecho europeo, la teoría de la aplicabilidad directa del derecho internacional en los sistemas jurídicos estatales, la teoría (opuesta) según la cual el derecho internacional se vuelve aplicable en los sistemas jurídicos internos solo cuando una ley haya efectuado su recepción, las diversas teorías de la responsabilidad aquiliana, las distintas concepciones de la igualdad, etc.

Tales teorías, por un lado, son el producto de una construcción jurídica y, por otro, son potentes instrumentos para construcciones ulteriores. En particular, han sido utilizadas como argumentos para afirmar la existencia o la validez de normas no expresadas. Generalmente hablando, la elaboración de normas no expresadas pretende llenar lagunas (verdaderas o presuntas) y/o concretizar principios.

Mas, naturalmente, tanto la interpretación como la construcción exigen algunos análisis adicionales.

IV. INTERPRETACIÓN

En su uso común, el vocablo «interpretación» hace referencia, algunas veces a un acto de conocimiento, otras veces a un acto de decisión, e incluso, a un acto de creación normativa[10]. Tenemos, por lo tanto, que distinguir entre:

---

[10] Kelsen, 1960: cap. VIII; Guastini, 2004: cap. VI. Véase también Pfersmann, 2000: 113 y ss.

(i) la interpretación *cognitiva*, o interpretación-constatación, que consiste en la identificación de los diversos significados posibles de un texto normativo (sobre la base de las reglas del lenguaje, de las varias técnicas interpretativas en uso, de las tesis dogmáticas difundidas en doctrina, etc.) sin escoger ninguno de ellos;

(ii) la interpretación *decisoria*, o interpretación-decisión, que consiste en elegir un significado determinado en el ámbito de los significados identificados (o identificables) por medio de la interpretación cognitiva, descartando los demás[11];

(iii) la interpretación *creativa*, o interpretación-creación, que consiste en atribuir a un texto un significado «nuevo», no comprendido entre los identificados (o identificables) a través de la interpretación cognitiva.

Supongamos que una determinada disposición D sea ambigua, y pueda entonces ser entendida como si expresara la norma N1 o la norma N2. Entonces:

(a) la interpretación cognitiva se expresará mediante el enunciado «D puede significar N1 o N2»;

(b) la interpretación decisoria se expresará mediante el enunciado «D significa N1», o bien mediante el enunciado «D significa N2»;

(c) la interpretación creativa se expresará mediante un enunciado del tipo «D significa N3» (nótese que, en nuestra hipótesis, la norma N3 *no* forma parte de los significados posibles de la disposición D, tal y como se identificaron por medio de la interpretación cognitiva).

---

[11]   Es oportuno señalar que, cuando en bibliografía se habla de interpretación (sin más especificaciones), se hace precisamente referencia a la interpretación decisoria generalmente judicial. Con la laudable excepción de Kelsen, la distinción elaborada en el texto (interpretación cognitiva, decisoria, creativa) es totalmente ignorada.

Tómese este ejemplo sencillo. El art. 40 de la Constitución italiana vigente reza: «El derecho a la huelga se ejerce en el ámbito de las leyes que lo reglamentan». Supongamos, ahora, que de hecho, ninguna ley reglamenta el ejercicio de ese derecho. Ahora bien, la interpretación cognitiva de esta disposición constitucional podría asumir, a grandes rasgos, la siguiente forma. Al art. 40 de la Constitución pueden atribuirse tres distintos significados[12]: (a) el derecho a la huelga no puede ejercerse hasta que alguna ley no haya reglamentado su ejercicio; (b) en ausencia de una reglamentación legislativa, el derecho a la huelga puede ejercerse sin límites; (c) no obstante la ausencia de leyes que reglamenten la materia, el derecho a la huelga puede ejercerse, pero no sin límites, sino respetando los límites que derivan de su ponderación con otros derechos o valores constitucionales. La interpretación decisoria de la misma disposición, por su parte, consistirá en escoger uno u otro entre estos tres significados en competencia.

Un buen ejemplo de interpretación creativa me parece el siguiente. El art. 72 de la Constitución italiana (párrafo cuarto) requiere un determinado procedimiento de aprobación para las leyes «en materia constitucional». Inútil decir que «materia constitucional» es un concepto vago (*open textured*, como se suele decir), que deja un amplio margen de discrecionalidad interpretativa[13]. El concepto de leyes «en materia constitucional», sin embargo, no es ambiguo: en el lenguaje jurídico corriente este concepto denota de manera unívoca las leyes *ordinarias* (no constitucionales) que tratan materias de relevancia constitucional (ejemplo paradigmático: las leyes electorales). Aun así, según la opinión de la Corte constitucional, con leyes «en materia constitucional» debe entenderse: leyes formalmente constitucionales en el sentido del art. 138 de la constitución

---

[12]   Y quizá otros que en este momento no llego a hipotetizar.

[13]   Por ejemplo: ¿la materia «ejercicio del derecho a la huelga» es, o no, materia constitucional? Pocos lo sostendrían, probablemente. Mas, siendo el derecho a la huelga proclamado por la constitución, podría perfectamente argumentarse que sí: el ejercicio del derecho a la huelga es «materia constitucional».

italiana que regla la revisión constitucional. Este significado de la expresión recae manifiestamente fuera del «marco» (diría Kelsen) de significados —en efecto: del único significado en el presente caso— identificables como resultado de la interpretación cognitiva[14].

La interpretación cognitiva es, como el nombre quiere sugerir, una operación puramente cognitiva, desprovista de cualquier efecto práctico; pertenece al dominio de la ciencia propiamente entendida. La interpretación decisoria y la interpretación creativa, en cambio, son operaciones «políticas» (en sentido amplio): no apuntan a comprobar el derecho existente; apuntan más bien a moldearlo o a reformarlo.

Sin embargo, en mi opinión, la interpretación creativa, como ha sido definida más arriba, es algo bastante inusual. En la mayoría de los casos, la interpretación creativa asume una forma muy distinta: consiste en obtener de un texto normativo unas normas no expresadas («implícitas» en sentido lato, no en sentido lógico) mediante una gran variedad de argumentos no deductivos (y por ende lógicamente no vinculantes) o sobre la base de una «teoría» jurídica. Ahora bien, obtener —«construir», elaborar— normas no expresadas no es, estrictamente hablando, un acto de interpretación: es un autentico acto de «legislación intersticial», como se suele decir, cumplido por los intérpretes. Esta última observación nos lleva entonces a la construcción jurídica.

V. CONSTRUCCIÓN JURÍDICA

Los libros y ensayos de los juristas (como también las sentencias, por lo demás), están superpoblados de asunciones teóricas, que anteceden la interpretación de cualquier disposición particular: asunciones que no tienen ninguna relación directa con los textos normativos. Dichas asunciones:

---

[14]   Corte constitucional 168/1963.

(i) en primer lugar, condicionan inexorablemente la interpretación, tal vez orientándola hacia una dirección determinada, otras veces excluyendo opciones interpretativas en principio posibles;

(ii) en segundo lugar, constituyen el fundamento para la derivación de normas no expresadas en gran número.

Permítanme ofrecer unos ejemplos.

(a) Según el Tribunal de justicia europeo[15], «la Comunidad constituye un nuevo ordenamiento jurídico de derecho internacional, a favor del cual los Estados miembros han limitado su soberanía, si bien en un ámbito restringido, y cuyos sujetos son, no solo los Estados miembros, sino también sus nacionales; [...] en consecuencia, el derecho comunitario, autónomo respecto a la legislación de los Estados miembros, al igual que crea obligaciones a cargo de los particulares, está también destinado a generar derechos que se incorporan a su patrimonio jurídico; [...] esos derechos nacen, no solo cuando el Tratado los atribuye de modo explícito, sino también en razón de obligaciones que el Tratado impone de manera perfectamente definida tanto a los particulares como a los Estados miembros y a las instituciones comunitarias».

En otras palabras: el Tribunal asume que el Tratado de la Comunidad europea no es ni un acto internacional normal (que gobierna las relaciones entre Estados), ni un acto constitucional (que gobierna las relaciones entre el Estado y los ciudadanos), sino un acto jurídico de tipo cabalmente nuevo, con una naturaleza «mixta», mitad internacional, mitad constitucional. Esta asunción «teórica» lleva al Tribunal a interpretar numerosas disposiciones del Tratado en el sentido de que éstos crean derechos y obligaciones no solo en las

---

[15] Tribunal de justicia europeo, 5 de febrero 1963, asunto 26/62, *Van Gend & Loos*. Según el Tribunal (8 de abril 1976, asunto 43/75, *Defrenne*), las disposiciones obligatorias del Tratado se aplican no solo a las acciones de las autoridades públicas, sino también a las relaciones entre particulares (en particular: a las relaciones de trabajo).

relaciones entre Estados, sino también en las relaciones entre cada Estado y sus nacionales.

(b) «*A limited constitution*», dice Alexander Hamilton, es una constitución «*which contains certain specified exceptions to the legislative authority*», esto es, limita la competencia del legislador, y «*limitations of this kind can be preserved in practice no other way than through the medium of courts of justice, whose duty it must be to declare all the acts contrary to the manifest tenor of the Constitution void.Without this, all the reservations of particular rights or privileges would amount to nothing*»[16].

El razonamiento de Hamilton —un ejemplo de «*art of legislation*», diría Bentham— es muy sencillo: la constitución impone una serie de límites al poder legislativo; la sola manera de hacerlos efectivos es declarar la nulidad de todo acto contrario a la constitución; tal declaración de nulidad tiene que ser encomendada a la competencia de los tribunales. Inútil decir que un poder así va más allá de lo que dispone expresamente la Constitución federal de los Estados Unidos de América.

La teoría de las constituciones limitadas, enunciada por Hamilton, fue retomada y desarrollada por la *Justice* Marshall, en *Marbury* (1803)[17]: «*a legislative act contrary to the constitution is not law* [...]. *Certainly all those who have framed written constitutions contemplate them as forming the fundamental and paramount law of the nation, and, consequently, the theory of such government must be that an act of the legislature, repugnant to the constitution, is void.* [...] *So if a law be in opposition to the constitution; if both the law and the constitution apply to a particular case, so that the court must either decide that case conformably to the law, disregarding the constitution; or conformably to the constitution, disregarding the law; the court must determine which of these conflicting rules governs the case.* [...] *If, then, the courts are to regard the constitution, and the constitution is superior to any ordinary act of the legislature, the*

---

16   *Federalist Papers*, n. 78.
17   *Marbury v. Madison*, 5 U.S. (1 Cranch) 137, 2 L.Ed. 60.

constitution, and not such an ordinary act, must govern the case to which they both apply».

El *Justice* Marshall, en otras palabras, asume que, según la intención de los padres de la constitución, ésta es superior a (tiene más valor que) los actos legislativos, y de esta asunción «teórica» deriva dos notables consecuencias: primero, cualquier acto legislativo contrario a la constitución es nulo; segundo, la Corte suprema tiene competencia para declarar su nulidad. Ambas consecuencias son normas no expresadas, que la Corte está añadiendo a la constitución.

(c) La Constitución italiana vigente ha instituido un «gobierno parlamentario», porque el Ejecutivo está sometido a la confianza de las Cámaras y, frente a un voto de desconfianza, tiene la obligación de renunciar. Ahora bien, los constitucionalistas italianos (más o menos unánimes sobre este punto) piensan que, a la luz de una supuesta «teoría general» del gobierno parlamentario, el Presidente de la República no es jefe del Ejecutivo, sino un poder «neutro» —algo parecido al *pouvoir neutre* de Benjamin Constant— cuya función es solo de «garantizar» la constitución, esto es, asegurarse del funcionamiento normal de proceso político-constitucional.

Tal asunción «teórica» tiene una gran relevancia normativa. Por ejemplo: al Presidente se otorga el poder de veto (suspensivo) sobre las leyes. El Presidente, sin embargo, no puede ejercer este poder por razones políticas, porque la función del poder de veto es la de permitir al Presidente ejercer un control *a priori* (distinto del control *a posteriori* ejercido por la Corte Constitucional) sobre la legitimidad constitucional de las leyes; en particular, el Presidente puede usar de este poder solo en contra de leyes cuya inconstitucionalidad sea manifiesta. Otro ejemplo: los actos del Ejecutivo, aunque su contenido sea deliberado por el Consejo de los ministros, son promulgados por el Presidente, esto es, son estrictamente hablando, actos (no gubernamentales, sino) presidenciales; el Presidente, sin embargo, no puede denegar la promulgación a menos que se trate de actos claramente inconstitucionales. Podrían darse otros ejemplos. En otras palabras, la «teoría general» del gobierno parlamentario permite a los juristas añadir a las normas constitucionales expresas una gran cantidad de normas no expresadas, que limitan de distintas formas los poderes presidenciales[18].

VI. NORMAS NO EXPRESADAS

Una norma no expresada es una norma que jamás ninguna autoridad normativa ha formulado: una norma que no puede ser relacionada con ningún texto como su significado.

Cada norma no expresada se obtiene de una o más normas expresas mediante un razonamiento en el cual, precisamente, una o más normas expresas constituyen premisas y la norma no expresada constituye la conclusión[19]. No obstante hay que subrayar que en muchos casos tales razonamientos, primero, no son lógicamente válidos (por lo demás son entimemas) y, segundo, incluyen premisas que no son normas expresas, sino teorías arbitrarias y construcciones conceptuales de los juristas. Pueden así distinguirse por lo menos tres tipos de razonamientos (y de normas no expresadas correspondientes).

(i) Algunas normas no expresadas se extraen a partir de normas expresas mediante razonamientos lógicamente válidos, en los cuales no figuran premisas que no sean normas expresas.

Por ejemplo, dada una norma expresa N1 que establece «Los mayores de edad tienen derecho de voto» y otra norma expresa N2

---

[18]   Véase Guastini, 2008.
[19]   Las normas no expresadas no son entonces normas «independientes», sino «derivadas»: derivadas de otras normas. Véase Guastini, 2006. Por otro lado, en la teoría de los sistemas normativos (por ejemplo Alchourrón-Bulygin, 1971; Caracciolo, 1988; Rodríguez, 2002), se deja a menudo entender que las normas derivadas son normas lógicamente implícitas en otras normas, esto es que (a) son fruto de razonamientos deductivos, (b) cuyas premisas son (exclusivamente) normas explícitas preexistentes. Sin embargo, como veremos, las cosas no son así.

que establece «Los que hayan cumplido dieciocho años son mayores de edad», se puede deductivamente inferir, sin añadir más premisas, la norma no expresada N3: «Los que hayan cumplido dieciocho años tienen derecho de voto».

Las normas no expresadas de este tipo están desprovistas de interés en el presente contexto, porque, aunque no sean formuladas por una autoridad normativa, están lógicamente implícitas en normas expresas (sin la adición de más premisas). La formulación de tales normas, por parte de los juristas, es fruto de una operación meramente cognitiva.

(ii) Otras normas no expresadas se obtienen a partir de normas expresas mediante razonamientos lógicamente inválidos: por ejemplo, *argumentum a simili*, *argumentum a contrariis*, etc.

Por ejemplo, una disposición constitucional italiana confiere el derecho de voto a todos los «ciudadanos»; argumentando *a contrariis* es posible sostener que tal disposición implica la norma no expresada según la cual los extranjeros están positivamente (aunque implícitamente) excluidos del ejercicio del derecho de voto (así que una ley que les confiriera el derecho de voto sería inconstitucional). Otro ejemplo: una disposición de una ley garantiza un beneficio fiscal a las «grandes empresas»; argumentando *a simili* es posible sostener que, a la luz de una pretendida *ratio legis* (por ejemplo, favorecer el desarrollo de la producción en un período de estancamiento económico), las grandes empresas son esencialmente «similares» a las pequeñas empresas, de modo que la disposición en cuestión implica otra norma que extiende el beneficio fiscal a las pequeñas empresas. En ambos casos (*a contrariis*, *a simili*), una nueva norma no expresada resulta añadida al orden jurídico.

(iii) Sobretodo, muchas normas no expresadas son derivadas —deductivamente o no, poco importa— de un conjunto de normas expresas y asunciones teóricas, o directa y exclusivamente de asunciones teóricas.

Ya se ofrecieron unos cuantos ejemplos en el apartado precedente. Hay que tomar en cuenta, sin embargo, unos ejemplos más.

(a) Según la teoría constitucional «clásica» de la Ilustración, la función de toda constitución es limitar el poder político[20]; esta manera de ver implica que las normas constitucionales están dirigidas (solo) a los órganos supremos del Estado y que no son de ninguna forma aplicables por los tribunales. Hoy en día, por el contrario, muchos constitucionalistas piensan que la función de la constitución es (también o hasta esencialmente) moldear las relaciones sociales entre los ciudadanos[21]; llegan así a la conclusión de que las normas constitucionales deben ser aplicadas directamente por cualquier juez en cualquier asunto (se trata de lo que la doctrina alemana llama «Drittwirkung»)[22].

(b) El art. 139 de la Constitución italiana prohíbe cualquier revisión de la «forma republicana» del Estado. Muchos constitucionalistas, sin embargo, asumen que un Estado republicano sea, por definición, también democrático, y concluyen que tampoco se admite la revisión de la forma democrática del Estado. Huelga decir que esta conclusión, cuyo fundamento es un discutible concepto dogmático de «república», tiene el notable efecto de sustraer a la reforma constitucional casi la totalidad del texto constitucional.

(c) El Tribunal de Justicia Europeo asume, por un lado, que el derecho comunitario[23] y el derecho de los Estados miembros constituyen un solo sistema jurídico y, por otro lado, que las normas comunitarias son jerárquicamente superiores a las normas internas de los Estados miembros; de ello deriva la conclusión de que la legislación estatal es inválida (o de todas formas inaplicable) cuando es incompatible con el derecho comunitario[24].

---

[20]   Recuérdese el artículo 16 de la *Déclaration des droits de l'homme et du citoyen*: *«Toute société dans laquelle la garantie des droits n'est pas assurée, ni la séparation des pouvoirs déterminée, n'a point de constitution»*.

[21]   Bognetti, 2004.

[22]   Véase por ejemplo Zagrebelsky, 1992.

[23]   Habría que decir «derecho europeo». El Tratado de Lisboa ha sustituido en efecto a la Comunidad europea, la Unión europea.

[24]   Tribunal de justicia europeo, 15 de julio 1964, asunto 6/64, *Costa*: «A diferencia de los Tratados internacionales ordinarios, el Tratado de la CEE creó un

(d) La Corte Constitucional italiana asume, en cambio, que el derecho comunitario y el derecho de los Estados miembros son sistemas jurídicos independientes, y de ello deriva la conclusión que el derecho comunitario no puede ni abrogar ni invalidar la legislación estatal incompatible[25]. Esta asunción también está desprovista de cualquier base textual en el Tratado.

En términos generales, la formulación de normas no expresadas tiene a menudo como meta la concretización de principios. Lo cual, a su vez, se dirige en muchas ocasiones a llenar lagunas, verdaderas o presuntas.

Lagunas a menudo *presuntas*, hay que subrayar. Tomemos el ejemplo siguiente. El artículo 87 (párrafo 5) de la Constitución italiana establece (entre otras cosas) que el Presidente de la República «promulgará los decretos con fuerza de ley» deliberados por el Gobierno. Muchos constitucionalistas, sin embargo, no están satisfechos con esta sencilla disposición. Se cuestionan acerca de los limites de este poder presidencial: se preguntan en particular en qué circunstancias el Presidente está autorizado a rechazar la promulgación y,

---

ordenamiento jurídico propio, integrado en el sistema jurídico de los Estados miembros [...] que vincula a sus órganos jurisdiccionales; [...] esta integración en el derecho de cada país miembro de disposiciones procedentes de fuentes comunitarias, y más en general de los términos y el espíritu del Tratado, tienen como corolario la imposibilidad de que los Estados hagan prevalecer, contra un ordenamiento jurídico por ellos aceptado sobre una base de reciprocidad, una medida unilateral posterior, que no puede por tanto oponerse a dicho ordenamiento; [...] al derecho creado por el Tratado, nacido de una fuente autónoma, no se puede oponer, en razón de su específica naturaleza original una norma interna, cualquiera que sea ésta, ante los órganos jurisdiccionales, sin que al mismo tiempo aquél pierda su carácter comunitario y se ponga en tela de juicio la base jurídica misma de la Comunidad; [...] la transferencia realizada por los Estados, de su ordenamiento jurídico interno en favor del comunitario, de los derechos y obligaciones correspondientes a las disposiciones del Tratado, entraña por tanto una limitación definitiva de su soberanía». Cf. también Tribunal de justicia europeo, 9 de marzo 1978, asunto 106/77, *Simmenthal*.

[25] Corte Constitucional 170/1984.

dado que la constitución no contesta de ninguna manera a tal pregunta, concluyen que el texto constitucional presenta una laguna, y hacen lo necesario para llenarla[26]. Estos autores ni siquiera sospechan que, dado que el texto constitucional no establece límites, hay que concluir, muy sencillamente, que tales límites *constitucionales* no existen. ¿Pero deberíamos realmente calificar como laguna cualquier caso que la constitución no ha tomado para nada en cuenta? La presunta laguna no depende del hecho de que la constitución omite solucionar el caso aunque lo haya tomado en consideración. Depende cabalmente de la asunción dogmática según la cual la constitución *debe* regular ese caso. En otras palabras, la laguna en cuestión es puramente «axiológica»[27].

VII. CONCRETIZAR PRINCIPIOS

La elaboración de normas no expresadas es una suerte de legislación «apócrifa» de los intérpretes. Y, de hecho, constituye la parte principal y más relevante del trabajo doctrinal o dogmático. Ello es especialmente verdadero cuando se trata de interpretación constitucional: o, mejor dicho, de «construcción» constitucional.

---

[26]   Véase por ejemplo Luciani, 2009.

[27]   Es axiológica en este sentido toda laguna que se refiera a un caso que caiga en el *Rechtslehrerraum*, teorizado por Bergbohm, 1892, y, en Italia, por Romano, 1925. Un concepto diferente de laguna axiológica se encuentra en Alchourrón-Bulygin, 1971, spec. 158: una laguna axiológica es la situación en la cual un caso dado ha sido objeto de una norma, pero, según la opinión del intérprete, ha sido regulado de manera «axiológicamente inadecuada (...) porque el legislador no tuvo en cuenta una distinción que debía haber tomado en cuenta». Se supone que el legislador decidió de ese modo porque no tuvo en cuenta la distinción en cuestión: sin embargo «de haberla considerado, hubiera dado una solución diferente» para el caso en consideración. En otras palabras, una laguna axiológica «no es un caso *sin* solución [un caso desprovisto de regulación], sino más bien un caso *con una mala solución*» (Navarro-Rodríguez, 2000: 76). Otro concepto se encuentra en Parodi, 1996a, 1996b: pp. 131 y ss.: una laguna axiológica es la falta de una norma exigida por una norma superior (ejemplo paradigmático: el principio de igualdad).

Como es sabido, casi todas las constituciones europeas del siglo pasado incluyen una gran cantidad de «principios», o sea disposiciones que sufren un alto grado de indeterminación (condiciones de aplicación abiertas, excepciones implícitas, etc.): disposiciones, en particular, que en razón de su indeterminación no son susceptibles de aplicación sin una previa «concretización».

(a) Por un lado, los principios, en virtud de su específica forma de indeterminación, no pueden ser utilizados para justificar directamente la decisión judicial de un caso concreto. Por ejemplo, el principio «La defensa constituye un derecho inviolable en todos los estados y etapas del procedimiento» (art. 24 de la Constitución italiana) no dice nada acerca de la presencia o ausencia del abogado del acusado durante el interrogatorio de policía; para decidir si la presencia del abogado es, o no, obligatoria, el principio debe ser «transformado» en regla (relativamente precisa)[28]. El principio «*La souveraineté nationale appartient au peuple*» (art. 3 de la Constitución francesa) no dice nada acerca del derecho de voto en las elecciones municipales de los ciudadanos inmigrantes de otros Estados europeos; para decidir si tales inmigrantes tienen derecho de voto, hay que derivar, a partir del principio, una regla precisa[29].

(b) Por otro lado, en muchos casos, el control de constitucionalidad de las leyes exige la comparación (no de dos reglas, sino) de una regla y un principio[30]. Reglas y principios, sin embargo, son enunciados lógicamente heterogéneos. De ello se desprende que tal comparación es simplemente imposible sin la concretización previa del principio en cuestión. ¿Cómo comparar una regla que no prevé la presencia del defensor durante el interrogatorio de policía con el principio del derecho inviolable a la defensa? ¿Cómo comparar el principio de la soberanía nacional con una ley o un tratado que

---

[28]   Cf. Corte Constitucional 190/1970.
[29]   Cf. *Conseil constitutionnel*, décision 92-308 DC.
[30]   Zagrebelsky, 1988: 125 y ss.

confiere a los ciudadanos inmigrantes europeos el derecho de voto en las elecciones municipales?

Concretizar un principio significa «extraer» de él una o más normas (reglas) no expresadas. Este ejercicio consiste en un razonamiento cuyas premisas son el principio en cuestión, junto con una o más asunciones «teóricas» arbitrarias. Por ejemplo: «La defensa es un derecho inviolable en todos los estados y etapas del procedimiento»; el interrogatorio de policía de la parte acusada es parte del procedimiento; por lo tanto el abogado debe estar presente[31].

VIII. PRODUCCIÓN DE NORMAS POR MEDIO DE NORMAS[32]

En términos generales, la doctrina o dogmática jurídica se resuelve en la construcción del sistema jurídico de dos formas relacionadas entre ellas:

(I) en primer lugar, determinando, a través de la interpretación decisoria, el contenido de significado de los textos normativos;

(I) en segundo lugar, elaborando (nuevas) normas por medio de normas (preexistentes), o sea —para utilizar una exitosa fórmula de J. L. Mackie— «*inventing right and wrong*»[33]. Más concretamente, inventando derechos, poderes, deberes, y otras «relaciones jurídicas».

De acuerdo con la perspectiva de Bentham, Austin y Kelsen, el derecho es un lenguaje —el conjunto de enunciados formulados por las autoridades normativas— y la «jurisprudencia descriptiva» se representa como un *meta-lenguaje descriptivo*, cuyo lenguaje-obje-

---

31 El ejemplo muestra un razonamiento lógicamente válido, pero raramente el razonamiento de los juristas tiene un carácter deductivo.

32 Esta fórmula evoca obviamente el conocido libro de Piero Sraffa: Sraffa, 1960.

33 Mackie, 1977.

to es el discurso normativo del derecho[34]. Esta teoría de la «ciencia jurídica» es un modelo normativo, que puede ser fácilmente compartido. Pero no se puede considerar una descripción fiable de la práctica real de los juristas.

De hecho, en el discurso de los juristas se pueden distinguir al menos tres tipos de enunciados:

(a) «proposiciones normativas» («*Rechtssätze*», «*propositions of law*», etc.), o sea enunciados (verdaderos o falsos) que describen el derecho vigente;

(b) enunciados interpretativos decisorios, que no son proposiciones, ya que no describen, sino atribuyen significado;

(c) formulaciones de normas, que no describen nada en absoluto, sino más bien producen nuevas normas no expresadas.

No hay confusión posible entre la rotación de la Tierra alrededor del sol y la ciencia astronómica que la describe, ya que el movimiento de los planetas, a diferencia de la ciencia astronómica, no es una entidad lingüística. Pero, cuando se trata de las relaciones entre el derecho y la doctrina jurídica, tal confusión es posible y de hecho suele ocurrir. Es así porque tanto la ley como la doctrina jurídica no son otra cosa sino lenguajes (discursos).

En otras palabras, es imposible establecer una distinción clara entre el lenguaje del derecho y el lenguaje de los juristas: ellos están sujetos a un continuo proceso de ósmosis. El lenguaje de los juristas no «versa sobre» el lenguaje del derecho: los juristas, más bien, moldean y enriquecen continuamente su objeto de estudio, como un violinista que interpola notas apócrifas en la partitura que está ejecutando.

Esto significa que la interpretación y la construcción jurídica son, no tanto la «ciencia jurídica» —como los juristas suelen pre-

---

[34] Por otro lado, también la crítica y la aprobación del derecho existente —es decir la «jurisprudencia crítica» de Bentham— se expresa en un meta-lenguaje (valorativo) sobre el derecho.

tender——, sino más bien parte del mismo derecho, y por lo tanto parte del objeto de estudio de la ciencia jurídica propiamente entendida. En resumen, la descripción del derecho en vigor requiere que se considere a la dogmática como parte importante del derecho vigente[35].

---

[35] A condición que, por supuesto, las normas formuladas por la doctrina lleguen a ser vigentes («derecho viviente», en el lenguaje de la Corte Constitucional italiana) a través de las decisiones de los órganos que aplican el derecho.

BIBLIOGRAFÍA

ALCHOURRÓN, C.E. y E. BULYGIN, 1971: *Normative Systems*. Wien-New York: Springer.

AUSTIN, J., 1879: *Lectures on Jurisprudence or The Philosophy of Positive Law,* vol. I, 4ª edición de CAMPBELL. R., London: John Murray.

BENTHAM, J., 1996: *An Introduction to the Principles of Morals and Legislation* [1823], edición de BURNS, J.H. y H.L.A. HART. Oxford: Clarendon Press.

BERGBOHM, K., 1892: *Jurisprudenz und Rechtsphilosophie*. Leipzig: Verlag Duncker und Humblod.

BOBBIO, N., 1950: «Scienza del diritto e analisi del linguaggio», en SCARPELLI, U. (ed.): *Diritto e analisi del linguaggio*. Milán: Comunità, 1976, pp. 287-324.

– 1963: «Lettera a Nicola Matteucci», en *Materiali per una storia della cultura giuridica*, XXX, n. 2, 2000, editado por MARGIOTTA, C.

BOGNETTI, G., 2004: «Teorie della costituzione e diritti giurisprudenziali», en Associazione italiana dei costituzionalisti: Annuario 2002, *Diritto costituzionale e diritto giurisprudenziale*. Padua: Cedam.

CARACCIOLO, R., 1988: *El sistema jurídico. Problemas actuales*. Madrid: Centro de Estudios Constitucionales.

GUASTINI, R., 2004: *L'interpretazione dei documenti normativi*. Milán: Giuffré.

– 2006: *Lezioni di teoria del diritto e dello stato*. Torino: Giappichelli. Traducción castellana de MONROY PALACIOS, J.J. y M.D. MONROY PALACIOS: *Lecciones de teoría del derecho y del Estado*. Lima: Communitas, 2010.

– 2008: «Teoria e ideologia della funzione presidenziale», en *Ragion pratica*, 31: 597-602.

KELSEN, H, 1934: *Introduction to the Problems of Legal Theory*. Ed. by LITSCHEWSKI PAULSON, B. y PAULSON, S.L. Oxford: Clarendon Press, 1992.

– 1945: *General Theory of Law and State*. Cambridge (Mass.): Harvard University Press.

– 1960: *Reine Rechtslehre*. Vienna: Franz Deuticke. Traducción castellana de VERNENGO, R.: *Teoría pura del derecho*. México: UNAM, 1982.

LUCIANI, M., 2009: «L'emanazione presidenziale dei decreti-legge. (Spunti a partire dal caso E.)», en *Politica del diritto*, 3: 409-436.

MACKIE, J.L., 1977: *Ethics. Inventing Right and Wrong*. Harmondsworth: Penguin Books, 1978.

NAVARRO, P. y J. RODRÍGUEZ, 2000: «Derrotabilidad y sistematización de normas jurídicas», en *Isonomía*, 13: 61-85.

PARODI, G., 1996a: «Lacune e norme inespresse nella giurisprudenza costituzionale», en COMANDUCCI, P. y R. GUASTINI (eds.): *Struttura e dinamica dei sistemi giuridici*. Turín: Giappichelli, 1996: 87-115.

– 1996b: *La sentenza additiva a dispositivo generico*. Turín: Giappichelli.

Riccardo Guastini

PFERSMANN, O., 2000: «La notion moderne de constitution», en FAVOREU, L. (ed,): *Droit constitutionnel*, 3ª edición. Paris: Dalloz.

RODRÍGUEZ, J.L., 2002: *Lógica de los sistemas jurídicos*. Madrid: Centro de Estudios Constitucionales.

ROMANO, S., 1925: «Osservazioni sulla completezza dell'ordinamento statale», en Id.: *Lo Stato moderno e la sua crisi. Saggi di diritto costituzionale*. Milán: Giuffré, 1969.

SRAFFA, P., 1960: *Production of Commodities by Means of Commodities. Prelude to a Critique to Economic Theory*. Cambridge: Cambridge University Press. Traducción castellana: *Producción de mercancías por medio de mercancías. Preludio a una crítica de la teoría económica*. Barcelona: Oikos-Tau, 1966.

ZAGREBELSKY, G., 1992: *Il diritto mite. Legge, diritti, giustizia*. Torino: Einaudi. Traducción castellana de: GASCÓN, M.: *El derecho dúctil. Ley, derechos, justicia*, 5ª edición. Madrid: Editorial Trotta, 2003.

— 1988: *La giustizia costituzionale*, 2ª ed. Bolonia: Il Mulino.

Observaciones al ensayo de Riccardo Guastini cuyo título es «Juristenrecht»

Ulises Schmill Ordóñez

Llama la atención el título que Riccardo Guastini le adscribe a su trabajo. La traducción literal es «el derecho de los juristas». Como veremos más adelante, es un título que expresa de manera muy sintética el sentido de su pensamiento. Pareciera que hay un derecho de los teóricos del derecho, otro de los órganos del Estado y, por último, el de los juristas. Esto hace brincar la pregunta sobre las características de estos derechos distintos y sus relaciones entre sí, bajo el supuesto de que fueran distintos o que se imbricaran entre sí. De la lectura del ensayo de Guastini no pude desprender una contestación unívoca y clara a esta problemática, bajo el supuesto mencionado de que se consideren como derechos distintos o, por lo menos, como un solo derecho con cualidades y características diversas, como las diversas caras de una figura geométrica.

Los temas tratados en este ensayo son expuestos de una manera muy clara y convincente, como son todos los de Guastini. Comienza afirmando que la concepción positivista de la ciencia jurídica es «axiológicamente neutral» (p. 1), pues ya desde la época de Jeremías Bentham se distinguía entre la *expository jurisprudence y censorial jurisprudence*. John Austin y Kelsen también afirman la neutralidad axiológica de la ciencia del derecho. Esta delimitación implica necesariamente la distinción entre el derecho positivo y cualquier otra normatividad a la que se quisiera ajustar. Considera que se concibe al derecho como un lenguaje, usado y creado por las «autoridades normativas (constituyentes, legisladores, etc.), de modo que la jurisprudencia descriptiva, al igual que la crítica, son meta-lenguajes cuyo lenguaje objeto es el derecho mismo» (p. 2). Por lo tanto, «hay una tajante distinción entre el lenguaje del derecho y el lenguaje de los juristas» (*Ibidem)*. Puede concluirse entonces en que el lenguaje del derecho es el lenguaje de las autoridades normativas y el de la ciencia del derecho es el meta-lenguaje correspondiente.

Es en este lugar donde introduce una distinción peculiar: la jurisprudencia descriptiva como puro conocimiento del derecho que es «no puede ser considerada una representación satisfactoria de la "doctrina", o sea, de lo que hacen habitualmente los juristas» (p. 2). y afirma que la ciencia jurídica no puede ser reducida a una empresa puramente cognitiva (p. 3). Por lo tanto, la ciencia jurídica y la doctrina son cosas distintas. Por lo tanto, Guastini distingue entre una ciencia jurídica puramente cognitiva y la actividad de los juristas, a la que denomina «doctrina» y que es cosa distinta de la jurisprudencia positivista. La doctrina se convierte «en la práctica intelectual ordinaria de los juristas» (p. 3).

Una observación: cada jurista se encuentra en libertad de determinar su objeto de estudio como le plazca. En eso no hay limitación alguna. Pero se debe tener especial claridad en esa determinación, para no generar paradojas o confusiones terminológicas y conceptuales, pensando que se trata del mismo objeto de estudio, cuando en realidad se están refiriendo a eventos, fenómenos u objetos distintos. Es una decisión metodológica previa la determinación del objeto de estudio y la perspectiva y metodología correspondiente. El derecho, dicho así de manera pura y simple, no está dado, sino que tiene que ser construido con base en hipótesis o conjeturas (como diría Popper) aplicadas a un cierto conjunto de problemas históricamente planteado. Este conjunto de problemas es el objeto de estudio de la disciplina en cuestión; Bentham, Austin y Kelsen son extremadamente claros en la delimitación de su objeto de estudio. Es el derecho positivo, *i.e.*, las normas creadas y aplicadas por actos de conducta humana. A estas normas Guastini las denomina «derecho vigente». Pareciera, entonces, que para Guastini lo que le interesa es la actividad de los juristas, cierto, en relación con el derecho vigente, actividad a la que denomina «doctrina», como ya hemos dicho.

El trabajo de la doctrina se concreta, en uno de sus aspectos, en la interpretación. Hay otras actividades que son para nuestro autor más importantes y que denomina «construcción jurídica» (p. 4), que «consiste fundamentalmente en moldear normas no expresadas: esto es, normas que ninguna autoridad normativa ha formulado; normas que no pueden imputarse a algún texto normativo en particular como su significado o como su directa implicación (lógica)» (p. 4). Dice que tales normas no expresadas «encuentran su fundamento en "teorías" o "doctrinas" generales». Ejemplos de estas teorías o doctrinas son la teoría de las constituciones escritas, la teoría del gobierno parlamentario, la teoría de las relaciones entre sistemas jurídicos estatales y el derecho europeo, la teoría de la aplicabilidad directa del derecho internacional en los sistemas jurídicos estatales, etc. Estas teorías «han sido utilizadas como argumentos para afirmar la existencia o la validez de las normas no expresadas» (p. 4). Más adelante insiste sobre la existencia de normas no expresadas por autoridades y fundadas en teorías o doctrinas, por medio de las cuales se afirma la existencia o validez de esas peculiares normas no expresadas o formuladas por autoridad u órgano jurídico alguno. Afirma la existencia de una interpretación creativa, a la que considera «un auténtico acto de "legislación intersticial"». Una última observación: Guastini distingue entre interpretación y construcción jurídicas.

Este es el tema fundamental al que deseo referirme: ¿puede afirmarse la existencia de normas no formuladas por órgano jurídico alguno, sino solamente deducidas o implicadas por posiciones teóricas o, como dice Guastini, por doctrinas? El problema es más grave aún: ¿es, acaso, posible la comprensión unitaria de dos conjuntos de normas con características diferentes y contrapuestas, incluso contradictorias?

Permítaseme brevemente recordar la tesis de Kelsen de las dos clases de órdenes normativos: los órdenes estáticos de normas y los órdenes dinámicos de normas. Kelsen afirma que la unidad de ellos parte de una norma fundamental de cada uno de ellos. En los órdenes normativos estáticos:

1. la norma fundamental se considera válida por la calidad de su contenido, porque se estima justo, bueno, conveniente, valioso o lo que se quiera;

2. las normas del orden se obtienen por deducción del contenido de la norma fundamental. Estas normas están ya implicadas en el contenido de la norma fundamental. Quien acepte como norma fundamental «ama a tu prójimo como a ti mismo» podrá deducir o desprender de este contenido normas como «no matarás», «no robarás», «no desearás la mujer de tu prójimo», etc.

Los órdenes normativos dinámicos tienen las características contrarias a las de los órdenes estáticos (la norma fundamental no vale por su contenido valioso y las normas del orden *no* se deducen o infieren del contenido de la norma fundamental), sino que ésta establece el proceso y los órganos de creación de las normas que integran el orden dinámico. El derecho debe caracterizarse como un orden que es en su totalidad y en cada una de sus normas como orden dinámico. Esto implica, evidentemente, que todas sus normas son normas positivas, *i.e.*, creadas por los órganos y con el acto o procedimiento establecido en la norma fundamental o por medio de órganos y procedimientos delegados.

Ciertamente podría intentarse la construcción doctrinal de unificar ambos principios explicativos de las dos clases de órdenes mencionados. Yo pienso que eso es imposible: una norma es positiva o no los es. Arribo incluso a la conclusión de que no hay normas no positivas, pues ellas consistirían en opiniones o máximas subjetivas de cómo debe cada individuo comportarse. Una máxima (en sentido kantiano como principio subjetivo de conducta) no es ni puede ser una norma porque no puede comprendérsela con base en el concepto que para mí es el central de la jurisprudencia y que determina las características del derecho: el concepto de la facultad, (*Empowerment, Ermächtigung*) entendida como el contenido de las normas positivas que establecen los procesos de creación de otras normas y determinan su contenido, de manera necesaria, excluida o potestativa.

El uso del concepto de la facultad por los juristas permite la descripción, comprensión y ordenación de los contenidos de las normas positivas y los diversos sentidos que pueden adscribírseles a esos contenidos normativos, por medio de los métodos de interpretación. El jurista puede describir y ordenar esos contenidos de las normas positiva y proponer diversas interpretaciones de los mismos, sin que por ello pueda afirmarse que han creado normas no formuladas, pues el jurista no es órgano jurídico. Sus posibles interpretaciones de las normas positivas y las deducciones que haga de ellas podrán ser tomadas en consideración por los órganos jurídicos y dar a las normas que éstos establezcan el contenido propuesto por el jurista, pero mientras esto no acontezca son simplemente opiniones plausibles, pero subjetivas, del jurista en cuestión.

Por lo anterior, considero que no existen normas no expresadas, sino solo opiniones subjetivas de juristas o particulares que potencialmente pueden ser el contenido de normas positivas creadas por los órganos jurídicos. Esto es lo que acontece cuando se demanda ante un tribunal constitucional la inconstitucionalidad de una ley. La demanda contiene un conjunto de afirmaciones interpretativas de la constitución y la ley, las cuales pueden ser aceptadas por el juzgador o juez constitucional, en el caso de que el contenido de la demanda sea coincidente con el contenido de la sentencia. Pero el actor o el jurista que ejercita una acción de inconstitucionalidad, no crea norma alguna con su demanda.

Por último, coincido con Guastini en que las posiciones teóricas determinan la comprensión y descripción de las normas positivas, sobre todo cuando se está en presencia de contenidos normativos formulados de manera muy general, como es el caso de las listas de los derechos humanos que existen en las constituciones. Puedo aceptar la tesis de Guastini en el sentido de que «es imposible establecer una distinción clara entre el lenguaje del derecho y de los juristas; están sujetos a un continuo proceso de ósmosis». Es correcto. Lo que creo que no es correcto es afirmar que el lenguaje de los juristas siempre crea o produce normas no formuladas. La dogmática jurídica, el contenido de los libros de texto, no es parte integrante del derecho positivo vigente. Un tratado sobre el derecho constitucional no es parte de la constitución positiva, como un tratado sobre el derecho romano clásico de la República no es parte del derecho romano que estuvo vigente en la antigüedad clásica.

Réplica al comentario crítico de Ulises Schmill a «Juristenrecht»

RICCARDO GUASTINI

Según Ulises Schmill —que agradezco mucho por sus agudos comentarios— «la dogmática jurídica, el contenido de los libros de texto, no es parte integrante del derecho positivo vigente. Un tratado sobre el derecho constitucional no es parte de la constitución positiva», «pues el jurista no es órgano jurídico».

Por supuesto que un tratado de derecho no es parte del propio derecho, *si se limita a describirlo*. Pero es bastante evidente que los juristas no se limitan a describir normas preexistentes: a menudo formulan normas nuevas. ¿Son estas normas parte del derecho (vigente), o no?

Creo que nuestro desacuerdo versa (algo sorprendentemente) no sobre cuestiones substantivas (¿que hacen los juristas?, o algo por el estilo) sino sobre una cuestión meramente conceptual: concretamente sobre el concepto de derecho. Es inútil decir que los conceptos no tienen valores de verdad…

En los discursos de los juristas se encuentran (al menos) tres conceptos distintos de derechos que, para decirlo así, corresponden a tres niveles de análisis del «mundo jurídico».

(1) En un primer sentido —nivel superficial de análisis— la palabra «derecho» denota los textos normativos promulgados por las autoridades normativas (el «soberano», el «legislador» en sentido material), es decir un conjunto de *enunciados normativos*.

Este concepto de derecho —aunque algo ingenuo— no está desprovisto de toda utilidad. Sirve a esclarecer (por ejemplo, a los estudiantes de primer año) la génesis, y tal vez la ontología básica, del derecho: en primer lugar, las normas jurídicas son entidades de lenguaje y, en segundo lugar, no hay derecho sin «legisladores», no hay normas sin alguien que las formule (o, para decirlo con Dubislav, citado por Kelsen en su ensayo sobre «Derecho y lógica», 1965: «*Kein Imperativ ohne Imperator*»).

Sin embargo, los textos normativos requieren interpretación: es decir, las normas jurídicas no se identifican exactamente con esos textos, sino mas bien *se desprenden* de ellos. En este sentido, dichos textos son no propiamente «derecho», sino «fuentes del derecho».

«After all, it is only words that the legislature utters; it is for the courts to say what these words mean; that is it is for them to interpret legislative acts. [...] And this is the reason why legislative acts, statutes, are to be dealt with as sources of Law, and not as a part of the Law itself. [...] The courts put life into the dead words of the statute»; «It may be urged that if the Law of a society be the body of rules applied by its courts, then statutes should be considered as being part of the Law itself, and not merely as being a source of the Law; that they are rules to be applied by the courts directly, and should not be regarded as fountains from which the courts derive their own rules. [...] And if statutes interpreted themselves, this would be true; but statutes do not interpret themselves; their meaning is declared by the courts, and it is with the meaning declared by the courts, and with no other meaning, that they are imposed upon the community as Law» (J. C. Gray, *The Nature and Sources of the Law*, Second edition from the author's notes, by R. Gray, New York, 1948, p. 124 s., 170).

(2) Por eso, en un segundo sentido —nivel intermedio de análisis— la palabra «derecho» denota no los enunciados normativos promulgados por las autoridades, sino un conjunto de *normas*, entendidas como el contenido de significado de los enunciados normativos. Y el significado depende precisamente de la interpretación.

Por supuesto, este concepto no es diferente del precedente si se supone que cada enunciado normativo expresa una, y solo una, norma y que cada norma es expresada por uno, y solo un, enunciado normativo, de tal forma que la interpretación es una actividad de mero descubrimiento de significados preexistentes. Pero es bastante evidente que las cosas no son así: los enunciados normativos (casi siempre) son equívocos y (siempre) son vagos, y por eso admiten distintas interpretaciones *in abstracto* así como distintas concreciones. Para decirlo en términos kelsenianos: la interpretación —cuando no es meramente «científica» o «cognoscitiva», es decir cuando no se limita a identificar los distintos significados posibles, sino escoge uno de ellos— es acto de voluntad, no de conocimiento.

Desde este punto de vista, el derecho es el resultado no (solo) de los actos de promulgación de enunciados normativos, sino de la interpretación de dichos enunciados: como sugiere Gray en el texto citado. Cabe decir que el derecho, así entendido, depende de la combinación de dos cosas: (a) la formulación de textos y (b) su interpretación. No hay derecho sin textos que interpretar, pero tampoco hay derecho (normas) sin interpretación de dichos textos.

Sin embargo, al menos diacrónicamente, cada enunciado normativo está sujeto a interpretaciones distintas en competición. Distintas interpretaciones llevan a cabo normas distintas, y entonces sistemas normativos diferentes. Según la interpretación A el sistema jurídico incluye a las normas N1, N2, N3; mientras que según la interpretación B el sistema jurídico incluye a las normas N4, N2, N3; etc. ¿Cuál es entonces el derecho? Para contestar a esta pregunta hace falta introducir el tercer concepto de derecho.

(3) En un tercer sentido —nivel de análisis profundo— la palabra «derecho» denota el conjunto de normas *vigentes*, es decir efectivamente aplicadas (usadas para motivar decisiones) por los órganos que «aplican» los enunciados normativos: los jueces, por supuesto, pero también la administración pública y los supremos órganos constitucionales.

Dicho de otra forma, aunque existan distintas interpretaciones de los enunciados normativos, siempre (o casi siempre) existe sincrónicamente una interpretación aceptada y dominante. Es importante subrayar, en mi opinión, que a menudo la interpretación dominante es el producto no directamente de la jurisprudencia (en sentido amplio), sino sobre todo de la doctrina. De esta forma, precisamente, los juristas siempre contribuyen a la creación del derecho vigente (el «derecho» en este tercer sentido de la palabra).

Por otra parte, si se somete a análisis el conjunto de las normas vigentes, no es difícil darse cuenta que se trata de un conjunto heterogéneo bajo un aspecto importante. En efecto, no todas las normas vigentes pueden ser consideradas como significados (plausibles) de enunciados normativos preexistentes. Muchas normas vigentes son el resultado de actividades no «interpretativas» en sentido estricto, sino «constructivas»: *interstitial legislation* hecha por los intérpretes. En el sistema jurídico de los Estados Unidos, las normas según las cuales (a) cualquier ley no conforme a la constitución es nula, y (b) los tribunales tienen el poder de declarar esa nulidad, son ejemplos muy claros de normas sí vigentes, pero construidas por los interpretes.

En otras palabras, una gran parte del derecho vigente está constituida por normas formuladas no por las autoridades normativas, sino por los jueces y (yo diría: sobre todo) por los juristas dogmáticos. Normas «formalmente inválidas», se podría decir, ya que —como por otra parte correctamente piensa Ulises— los juristas y (en muchos sistemas jurídicos) tampoco los jueces están autorizados a crear normas. Normas inválidas entonces, pero, a pesar de esto, normas de hecho vigentes.

En resumen, por «derecho» podemos entender: (i) un conjunto de textos, (ii) un conjunto de normas-significados, (iii) un conjunto de normas vigentes.

Evidentemente, de estos tres conceptos de derecho, Ulises prefiere el primero. Está bien. Como he dicho, los conceptos no son ni verdaderos ni falsos. Sin embargo, me parece que el tercer concepto sea mas apto para quien desea hacer una buena ciencia (una descripción fiable) del derecho.

Réplica a las observaciones de Riccardo Guastini

Ulises Schmill Ordóñez

Como siempre, las observaciones de Riccardo Guastini son muy claras y formuladas en un lenguaje preciso. Detrás de ellas hay inteligencia y conocimiento superiores. Sin embargo, a pesar de su precisión, es posible formarse una idea distinta de las funciones de la Jurisprudencia y de los lenguajes que usan tanto el jurista como los órganos jurídicos.

Para empezar y con el objeto de acercarme lo más posible a la claridad del texto de Guastini, quiero presentar brevemente lo que pienso sobre estos lenguajes. Considero que los juristas utilizan tres lenguajes distintos, como sigue:

1. L_1 es el lenguaje de más bajo nivel, usado por el legislador y los demás órganos de creación jurídica, como los jueces, las autoridades administrativas, los particulares al celebrar contratos y, claro está, el legislador y el órgano constituyente. Son los *enunciados normativos*, según la terminología de Riccardo. Respecto de estos enunciados cita de la manera más pertinente posible a Dubislav, mencionado por Kelsen en su ensayo «Derecho y lógica» de 1965: «*Kein Imperative ohne Imperator*». En este sentido, todas las normas son positivas, es decir, puestas por los actos ilocucionarios de establecimiento del derecho. Riccardo habla de que en un primer sentido de la palabra «derecho», denota a los enunciados normativos. Podríamos decir también «formulaciones normativas».

Riccardo observa, muy acertadamente, que estos enunciados requieren necesariamente interpretación, por lo que dichos textos no son, en realidad, «derecho», sino «fuentes del derecho». Este es un uso peculiar de la expresión «fuente del derecho», lo cual no es por sí mismo objetable, pero los juristas hablan de las fuentes del derecho en un sentido diferente[1]. Kelsen, por ejemplo, se refiere a las normas superiores como la fuente de las normas inferiores en su modelo de la gradación de las normas dentro de un orden jurídico, pero también se refiere a la legislación y a la costumbre como fuentes del derecho, entendidas como procesos de producción normativa. Estos procesos de producción normativa arrojan como producto *enunciados normativos*, formulaciones normativas en mi terminología, los cuales, al determinar su significado, por el órgano jurídico, constituyen a las normas jurídicas y cuando el jurista interpreta no crea norma alguna, sino propone un posible contenido de normas a establecer por el órgano jurídico. Estas normas positivas son el significado de los enunciados normativos.

2. L_2 es el meta-lenguaje específico de las significaciones normativas, las que, en el caso de los órganos jurídicos, son normas y en el caso de los juristas son meras proposiciones de posibles normas creadas por los órganos facultados para ello por el derecho.

Kelsen dice que «la norma, como sentido específico de un acto intencionalmente dirigido hacia el comportamiento de otro, es algo distinto del acto de voluntad cuyo sentido constituye»[2]. Más adelante dice que «con el término validez designamos la existencia *específica* de una norma» y aclara unas líneas después que «la "existencia" de una norma positiva, su validez, es diferente de la existencia del acto de voluntad cuyo sentido objetivo ella es». (Énfasis añadido por el autor)[3]

A mi modo de ver, la existencia *específica* de que habla el autor citado es el sentido o significado del acto ilocucionario de formular el enunciado normativo, al que califica como acto de voluntad, que debe comprender, evidentemente, el sentido o significado ideal de la formulación normativa o texto jurídico. Algo significan las palabras utilizadas por el legislador y, en general, por los órganos ju-

---

[1]   Cf. Kelsen, 1960: 242 y 243.
[2]   Kelsen, *Op. cit.*: 19.
[3]   Kelsen, *Op. cit.*: 23-24.

rídicos públicos o privados, pues, nuevamente como dice Kelsen: «Cuando describimos el sentido, o el significado, de un acto que instituye una norma, decimos que, con el acto en cuestión, cierto comportamiento humano es ordenado, mandado, prescripto, preceptuado, prohibido; o bien, admitido, permitido, autorizado»[4]. Estos sentidos son lo específico de la existencia de las normas, la cual se expresa con el substantivo «validez».

Pero hay que observar que la norma, que es el sentido o significado del enunciado normativo, que, según Riccardo, es el producto de una interpretación. Esta interpretación la puede establecer cualquier órgano jurídicos al individualizarla o aplicarla. Los juristas o doctrinarios que describen el contenido del derecho realizan, también, una interpretación de las formulaciones normativas, pero el sentido determinado por el jurista no es ni puede ser una norma. Podríamos decir, de modo general, que la determinación del sentido o significado de un enunciado normativo es la función específica del lenguaje L_2. Por lo tanto, es digno de ser observado, que en el lenguaje del derecho L_1 pueden haberse **infiltrado** los conceptos elaborados por el meta-lenguaje L_2. Dentro del lenguaje de los enunciados normativos de los órganos jurídicos en el lenguaje L_1 se han **infiltrado** términos propios del lenguaje doctrinal de L_2. Por ello, L_1 contiene dentro de sí una jerarquía de términos lingüísticos propios del lenguaje L_2. Esto puede inducir a pensar que una «interpretación» en el sentido de Riccardo sea la creación de una norma dentro del lenguaje L_1. ¿Qué es, entonces, una infiltración jurídica? Podemos decir que es la utilización en un lenguaje de nivel inferior de los conceptos y reglas elaborados por lenguajes de nivel superior, como cuando un militar emite una orden a un subordinado y dice: «ésta es una orden».

3. L_3 es el lenguaje de la teoría general del derecho, cuando formula un modelo conceptual sobre la estructura y modos de funcionamiento de las normas jurídicas. Sus conceptos son, para emplear

---

[4]   Kelsen, *Op. cit.*: 23.

la terminología kantiana, las categorías de la ciencia del derecho, que son presupuestas, implícita o explícitamente, por la jurisprudencia dogmática o positiva y, en ocasiones, por las normas positivas, cuando sus conceptos se han **infiltrado** en los lenguajes L_2 o L_1 de las normas creadas por los órganos jurídicos. Este lenguaje comprende términos como los de «coacción», «ilicitud», «obligación», «facultad», «permisión», «autorización», «responsabilidad», etc., y demás construcciones conceptuales que se refieren a específicas aplicaciones de estos conceptos a contenidos posibles, generales de los órdenes jurídicos, como el concepto de constitución, procesos de creación, norma superior, norma inferior, derechos fundamentales, etc., sin referirlos a describir contenidos específicos de un orden jurídico particular, vigente en un tiempo y espacio determinados, que es la función particular del lenguaje L_2 de la jurisprudencia dogmática o positiva. Ésta utiliza esos conceptos fundamentales aportados por la jurisprudencia general en el lenguaje L_3 y los aplica a los contenidos de las normas, una vez que haya determinado el sentido o significado de los enunciados normativos, en la terminología de Riccardo.

Con estos antecedentes podemos hacer una distinción más fina de la que hace Riccardo, cuando afirma correctamente que los «enunciados normativos (casi siempre) son equívocos y (siempre) son vagos, y por eso admiten distintas interpretaciones *in abstracto* así como distintas concreciones». Coincido con estas afirmaciones, salvo la conclusión que saca de estas premisas: «la interpretación […] es acto de voluntad, no de conocimiento». Todo depende de quién sea el sujeto que la lleve a cabo. Si un órgano jurídico, por ejemplo, un juez le da un sentido a un enunciado normativo y lo utiliza como la fundamentación jurídica a la sentencia que emite, se trata evidentemente de un acto de voluntad, pues crea una norma individual llamada sentencia y su interpretación del enunciado normativo puede generar obligaciones para las partes en el proceso o para los demás jueces que deben considerarla un precedente obligatorio. Pero, si esa interpretación la hace un jurista mientras escribe un ensayo o un libro de jurisprudencia no está realizando un acto de conocimiento, sino presentando una posible interpretación de los términos usados en el enunciado normativo, sin que esa interpretación genere obligación alguna, pues simplemente **propone** a los lectores una comprensión determinada, dentro de una multiplicidad de interpretaciones posibles, de los términos del enunciado normativo. Tiene razón Riccardo al afirmar que si se acepta la tesis, a nuestro modo de ver falsa, de que todo enunciado normativo tiene una sola y única interpretación, entonces la afirmación sobre su sentido sería un acto de conocimiento. Pero la tesis es falsa, como queda dicho.

Hay una discrepancia fundamental entre Riccardo y yo. Denomina «normas» al resultado de «actos de promulgación de enunciados normativos», pero también denomina «normas» a la interpretación de dichos enunciados. Lo dice expresamente. A esto puede objetarse lo siguiente: las normas que son el producto de actos de promulgación, o lo que es lo mismo, de actos productores de normas por ejercicio de una facultad establecida en otra norma, pueden generar en sus destinatarios obligaciones, permisiones fuertes, conceder derechos, determinar ilícitos y aplicar sanciones, cosa que no acontece con las llamadas «normas» interpretadas por el jurista cuando escribe un tratado o un ensayo. Por ello, el jurista no crea normas, sino propone posibles interpretaciones de los textos normativos. La identidad del uso de la palabra «norma» en los dos casos conduce al error de considerar al derecho como formado por estas dos clases de interpretaciones. Creo que Riccardo cae en este error.

Por otra parte, en relación con el derecho vigente, tal como lo entiende Riccardo, es decir, como normas «efectivamente aplicadas», dice que «siempre (o casi siempre) existe sincrónicamente una interpretación aceptada y dominante» y que esta interpretación dominante es el producto «sobre todo de la doctrina. De esta forma, precisamente, los juristas siempre contribuyen a la creación del derecho vigente». Esta es una mala conclusión. Es cierto que las interpretaciones de los juristas pueden influir en la fundamentación de las decisiones de los órganos jurídicos. Éstos pueden aceptar las **propuestas** de interpretación que llevan a cabo los juristas dogmáticos, lo cual no significa ni puede significar que esas opiniones son parte integrante del derecho positivo vigente. Lo que forma parte del derecho vigente son las normas interpretadas por los órganos jurídicos en ejercicio de las facultades otorgadas a los mismos, establecidas en las normas superiores que determinan su actuación.

Por último, dice Guastini: «En el sistema jurídico de los Estados Unidos, las normas según las cuales (a) cualquier ley no conforme a la constitución es nula, y (b) los tribunales tienen el poder de declarar esa nulidad, son ejemplos muy claros de normas sí vigentes, pero construidas por los interpretes». Sí, en tanto órganos jurídicos creadores de normas, por ejemplo, la Suprema Corte de Justicia. Ésta es un interprete, pero crea normas individuales, que pueden constituir precedentes para otros órganos jurisdiccionales, todo lo cual acontece, no por la opinión de los juristas y estudiosos, sino por las personas cualificadas por el orden jurídico para realizar funciones de creación y aplicación normativas. El caso *Marbury vs Madison* que estableció el control de la constitucionalidad en los EE.UU fue realizado por la Corte Suprema de Estados Unidos, que es un órgano jurídico del derecho norteamericano.

Conforme lo dicho en el párrafo anterior y contrariamente a lo que afirma Riccardo, yo sí considero que los jueces están facultados (dice Riccardo, autorizados) para crear normas: las sentencias y otras disposiciones, que generalmente tienen carácter individual. Si una sentencia establece obligaciones a las partes o les concede derechos subjetivos o establece su responsabilidad e impone una sanción a un particular, esto solo tiene sentido como contenido de una norma individual, pues no hay obligación alguna, derecho subjetivo etc., sin una norma positiva que así lo establezca.

BIBLIOGRAFÍA

Kelsen, H., 1960: *Reine Rechtslehre*. Vienna: Franz Deuticke. Citado por la traducción castellana de Vernengo R. J.: *Teoría pura del derecho*. México: UNAM.

La verdad en el derecho y la jurisprudencia[1]

ULISES SCHMILL ORDÓÑEZ

I. PRESENTACIÓN DE LA PROBLEMÁTICA

Presentaré en lo que sigue algunas reflexiones sobre las relaciones entre los niveles de lenguaje que pueden discernirse en los enunciados jurídicos, tanto normativos como teóricos o doctrinales. Espero mostrar la gran complejidad de este problema y la enorme dificultad de desentrañar su estructura y conexiones, porque estimo que es una tarea imprescindible para abordar el problema de si es posible predicar la verdad de los enunciados del derecho positivo y de la jurisprudencia. Quizá pueda afirmarse que la dificultad extrema de tener un concepto útil y completo del derecho se deba, precisamente, a la complejidad de los niveles del lenguaje que es posible discernir en este campo.

Puede afirmarse que es un lugar común entre los juristas que el derecho tiene una relación esencial con el lenguaje, que es una modalidad del lenguaje, en especial, de actos de habla, en el sentido de J. L. Austin. Las normas se expresan normalmente con el lenguaje, con palabras. Esto les otorga positividad, pues las oraciones del lenguaje solo existen si alguien las ha formulado. Kelsen dice en su última obra *Teoría General de las Normas* que «No hay imperativo sin *imperator*»[2]. Alchourrón y Bulygin expusieron la concepción

---

[1] Agradezco a Germán Sucar las observaciones hechas a este ensayo, muchas de las cuales han quedado insertadas en el texto.

[2] Kelsen, Hans, 1979: 3; 1973: 19.

expresiva de las normas, que es una forma de presentar la relación existente entre un acto humano y su significado normativo[3].

Pero si relacionamos el lenguaje en el que están expresadas las disposiciones de la Constitución, las leyes, los reglamentos y las demás formulaciones emitidas por los órganos de creación normativa, con el o los lenguajes de la jurisprudencia, las cosas se complican. Encontramos por lo menos tres niveles fundamentales de lenguaje:

L1. Lenguaje de las formulaciones normativas;

L2. Lenguaje de la jurisprudencia dogmática o positiva; y

L3. Lenguaje de la jurisprudencia general o teoría general del derecho.

Si el objeto de estudio de la Jurisprudencia es el derecho positivo, como lo sostienen Jeremías Bentham, John Austin y Hans Kelsen, debe resultar claro que L1 es el lenguaje al que están dirigidos L2 y L3. L1 es el lenguaje objeto del meta-lenguaje L2, pues la jurisprudencia dogmática o positiva tiene por tarea la exposición de el significado o los significados posibles de las formulaciones lingüísticas creadas por los órganos jurídicos. La norma es el significado posible de una formulación normativa, como producto de la interpretación de sus frases. La interpretación del sentido o significado de las formulaciones lingüísticas de los órganos jurídicos constituyen a las posibles normas. Si con ello se quiere decir que se describen a las normas, debe entonces entenderse que la descripción no tiene el mismo sentido que cuando se describe un acontecimiento natural. El objeto indeterminado de los enunciados de la jurisprudencia dogmática, entendida como meta-lenguaje, son las formulaciones normativas emitidas por los órganos jurídicos o por las interpretaciones que estos han hecho de dichas formulaciones (normas propiamente dichas). La interpretación de los posibles significados de las formulaciones normativas es una función que nos traslada de dicha formulación al contenido de una posible norma.

---

[3]   Alchourrón-Bulygin, 1981.

Realizar la función interpretativa es la tarea de la jurisprudencia dogmática o positiva, lo que significa que la jurisprudencia dogmática construye epistemológicamente (en sentido kantiano) a la norma cuando interpreta las formulaciones normativas. Me interesa señalar provisionalmente, pues más adelante se tocará el tema de manera más específica, que los órganos jurídicos también interpretan las formulaciones normativas, por ejemplo, del legislador, cuando el juez fundamenta los puntos resolutivos de una sentencia. Cualquier formulación normativa admite una pluralidad de interpretaciones en el lenguaje L2, pues constituyen propuestas de contenido de posibles normas que pueden ser establecidas por los órganos jurídicos, que son los únicos facultados para la creación de normas jurídicas. Estos órganos de creación normativa pueden aceptar dar a sus normas el contenido específico que la jurisprudencia dogmática ha propuesto, por lo que esas interpretaciones de las formulaciones normativas, son propuestas para posibles normas, pero no constituyen conocimiento alguno de normas del que puede predicarse su verdad o falsedad. Por ello, es pertinente la aclaración siguiente: también los órganos de creación jurídica, las autoridades y los particulares, interpretan las formulaciones normativas, lo que expondremos a continuación.

II. LA AUTOEXPOSICIÓN DEL MATERIAL SOCIAL

Hay una observación hecha por Kelsen[4] a la que denominó «la autoexplicación del material social». Este concepto lo expone en el siguiente párrafo:

> Es cierto que el acto —en tanto se exprese por palabras habladas o escritas— puede enunciar algo sobre su significación, denunciar su sentido propio. Es más, en esto estriba una singular peculiaridad del material dado al conocimiento social y al jurídico en especial. Una planta no puede comunicar nada sobre sí misma al investigador que la califica científicamente; no hace tentativa alguna de explicarse en forma científi-

---

[4]   Kelsen, 1934: 28-29; 1960: 17.

ca. Un hecho social, empero, puede muy bien llevar consigo una explicación de sí mismo, es decir, un enunciado sobre lo que significa. Pues
el hombre que realiza el acto, liga él mismo a su acto un determinado
sentido que se traduce en alguna forma y que es comprendido por los
otros a quienes el acto se dirige. Los hombres reunidos en un parlamento
pueden declarar expresamente que votan una ley; dos particulares manifiestan la intención de querer ultimar un negocio jurídico. El conocimiento
que aprehende el derecho encuentra ya, las más de las veces, una autoexplicación del material que se adelanta a la interpretación que ha de
efectuar la Ciencia jurídica.

El creador de una formulación normativa puede tener conciencia clara de lo que está haciendo, en virtud de que el creador es
al mismo tiempo el espectador de sus palabras. Puede expresar,
mientras formula las palabras, el acto de habla que está realizando,
puede decir que su conducta es la emisión de una orden, de un
mandato, como es fácil observarlo en el ejército cuando se imparte
una orden a un soldado subordinado y el capitán le dice: «Ésta es
una orden». Alguien puede formular una pregunta y añadir: «Estoy
haciendo una pregunta». Esto importa aclararlo, porque dentro del
lenguaje L1 puede haber una gradación de niveles de lenguaje. Es
claro que cuando alguien realiza una pregunta y luego afirma que
lo que hace es preguntar algo, esta última frase se encuentra en un
meta-lenguaje dentro del propio lenguaje L1. Cabría preguntarse
si en el caso de la orden del militar, la parte que dice «Ésta es una
orden» pudiera ser verdadera o falsa, pues tiene toda la apariencia
de ser una descripción. Se refiere a una orden y lo hace diciendo
que es una orden. Pareciera verdadera con base en el criterio de la
correspondencia. Sin embargo, considero que esa parte, ese trozo
de meta-lenguaje, no es una descripción, sino el énfasis pragmático
de la obligatoriedad de la orden y entraña una referencia a todas las
consecuencias normativas en caso de incumplimiento.

Por lo que llevamos dicho, L1 es un lenguaje básicamente prescriptivo; L2 básicamente expresivo de una de las posibles interpretaciones de las formulaciones contenidas en L1 y el L3 podría ser,
por decir algo, teórico y reconstructivo con relación a L1 y L2;
pero cada uno de ellos pueden referirse a los otros: el doctrinario

habla de las normas del legislador y de las sentencias de los jueces, y también aludir a lo que dicen los teóricos generales; el juez o el legislador puede hacer referencia a lo que dicen los doctrinarios o los teóricos generales; y los teóricos generales pueden hablar de las normas del legislador y de las sentencias de los jueces al igual que de lo que dicen los doctrinarios; cada uno de ellos de acuerdo a la estructura y función básica de su tipo de discurso.

III. NIVELES DEL LENGUAJE DENTRO DE UN LENGUAJE

Conforme lo dicho en el apartado anterior, es posible observar niveles de lenguaje dentro de un lenguaje, lo que puede dar la impresión de que el lenguaje normativo L1 constituye o contiene conceptos teóricos. Pareciera que en las formulaciones normativas expedidas por los órganos jurídicos ya estuviera contenido una teoría o los conceptos de los lenguajes L2 y L3. Si una norma coactiva se emite, es posible que el emisor califique a la consecuencia coactiva diciendo que es una sanción y que la conducta contraria al supuesto de la sanción es una obligación. Puede no hacerlo: por ejemplo, puede legislar diciendo que al que prive de la vida a otro deberá estar en prisión 20 años, sin calificar como «sanción» al consecuente del condicional o como «conducta prohibida» («homicidio») el supuesto de la sanción (antecedente del condicional). Es interesante observar que «sanción» es tanto un concepto teórico de la dogmática (penal y civil principalmente) y también un concepto teórico más general en la teoría general del derecho, en Kelsen por ejemplo; homicidio es un concepto típicamente dogmático, mientras que «conducta prohibida» tiene más resonancia en la teoría general si bien no está ausente del lenguaje de los dogmáticos (aunque con menor elaboración teórica).

Desde el punto de vista del lenguaje normativo de nivel más bajo L1, que contiene de modo principal las formulaciones normativas, no cabe hacer la pregunta de si son verdaderas o falsas. Estos adjetivos, como ya lo ha demostrado Kelsen hasta la saciedad, no son aplicables a las formulaciones normativas, interpretadas o no. Si no están interpretadas, no lo serían porque serían objetos (abstractos o concretos según se asumen formulaciones-tipo o formulaciones-caso) y los objetos no son verdaderos o falsos, a menos que se sostenga una concepción de la verdad de las cosas (y no de los enunciados u otros portadores de verdad como las creencias o proposiciones); y si se las considera interpretadas, porque, por ejemplo, se entiende que no tienen por función describir, informar o afirmar algo, sino prescribir. Un enunciado prescriptivo puede ser válido o inválido, pero no verdadero o falso. Como hemos dicho antes, dentro de este lenguaje puede darse una interpretación de ellas, convirtiéndolas en normas, cuya función principal es regular la conducta del ser humano, no enunciar de manera verdadera conceptos relacionados con dichas conductas.

El problema de la fundamentación y motivación de las decisiones, generales o particulares, de los órganos jurídicos se deja comprender por los niveles relativos de los lenguajes dentro de L1. Las autoridades judiciales y administrativas, por disposición constitucional, deben exponer la interpretación que den a las normas que apliquen y dar las razones que determinan que tengan por dados, dentro del orden normativo, los hechos que constituyen de manera general, los supuestos fácticos de sus decisiones. Eso es lo que significa fundamentar y motivar una resolución o decisión. Esta actividad de producir la fundamentación y motivación de una decisión jurídicamente válida dentro del ámbito del derecho formulado como L1, solo se puede explicar por la existencia de los niveles lingüísticos mencionados, de manera que el órgano jurídico expone las interpretaciones de las formulaciones normativas dentro del lenguaje L1, estableciendo el sentido de ellas y generando así la norma a ser aplicada. La verdad o falsedad de una interpretación posible no se presenta, pues la norma es el fundamento jurídico de la decisión.

IV. FUNCIÓN DEL META-LENGUAJE DE LA JURISPRUDENCIA DOGMÁTICA

El lenguaje L2 de la jurisprudencia dogmática se refiere como meta-lenguaje al lenguaje L1, que funciona como su lenguaje-objeto. El lenguaje L1 de las formulaciones normativas es un hecho, objeto del discurso. Podemos indicar las formaciones lingüísticas emitidas por la autoridad o el órgano jurídico, determinar cuándo fueron emitidas o producidas y, por lo pronto, su sentido constituye una incógnita que debe ser construida principalmente con el lenguaje L2. Ahora debemos preguntarnos: ¿cuál es el status epistemológico de las interpretaciones que de las formulaciones normativas hace la jurisprudencia dogmática o positiva? Ciertamente no son parte del derecho positivo, pues están formuladas en el lenguaje L2. Para ser parte del derecho positivo deberían ser incluidas en el lenguaje L1 del derecho positivo, *i.e.*, el órgano de creación normativa debería introducirlas en la motivación o fundamentación de su decisión o norma. En consecuencia, como se expresó más arriba, las interpretaciones (que de las formulaciones normativas expedidas por los órganos de creación jurídica en ejercicio de facultades) que hacen los juristas son **propuestas**, **sugerencias**, si se quiere muy sabias y sistemáticas, a los órganos jurídicos para que incluyan en sus normas contenidos idénticos a los propuestos. Por lo tanto, esas propuestas no son ni pueden ser verdaderas o falsas, sino que solo puede predicarse que son aceptadas o rechazadas por los órganos jurídicos.

Ahora bien, además de la interpretación de las formulaciones normativas por parte de la dogmática jurídica, éstas también son interpretadas por los órganos jurídicos. Así, si un tribunal constitucional, con base en una determinada concepción doctrinal, determina y decide la inconstitucionalidad de una norma individual o general, el órgano que debe cumplir esa sentencia ha de interpretar las formulaciones normativas constitutivas de la sentencia y al ejecutarlas darles un sentido específico. El órgano ejecutor de la sentencia puede interpretarla de manera específica, que pudiera no coincidir con el sentido que el órgano creador de la sentencia le dio a su acto decisorio, por lo que se abre la posibilidad de una impugnación por una ejecución que una de las partes considera en exceso o con defecto. No hay un problema de verdad o falsedad, sino de la validez de una interpretación de una formulación normativa orientada a la ejecución material de la decisión jurisdiccional. Esto demuestra, que en el nivel del lenguaje L1, no se trata de la corrección o verdad de la decisión o ejecución, sino de la creación de una situación jurídica específica. Realizada ésta y no habiendo impugnaciones, la cosa juzgada es invariable, a pesar de las opiniones en contra de las partes que han salido perjudicadas.

Hay, por lo tanto, dos clases de interpretaciones, dependiendo de en qué nivel del lenguaje nos movemos. Está la interpretación en el lenguaje L1 que el órgano jurídico tiene que dar a la norma que aplica. Pero también la ciencia dogmática sobre el derecho, en el lenguaje L2, lleva a cabo interpretaciones de las formulaciones normativas contenidas en L1. En relación con la primera clase de interpretación dice Kelsen:

> Cuando el derecho tiene que ser aplicado por un órgano jurídico, éste tiene que establecer el sentido de la norma que aplicará, tiene que interpretar esas normas. La interpretación es un proceso espiritual que acompaña al proceso de aplicación del derecho, en su tránsito de una grada superior a una inferior. En el caso en que más se piensa cuando se habla de interpretación, en el caso de interpretación de la ley, se debe dar respuesta a la pregunta de qué contenido hay que dar a la norma individual de una sentencia judicial o de una resolución administrativa, al deducirla de la norma general de la ley para su aplicación al hecho concreto[5].

La interpretación dentro del nivel del lenguaje del derecho L1 tiene una función de individualización del derecho y determinación del contenido de las normas generales para crear la norma individual o el sentido de la norma individual para efectuar el acto de ejecución. Los conceptos de verdad o falsedad no se pueden aplicar, pues la función de esta interpretación es condicionar el contenido

---

[5]   Kelsen, 1960: 349.

de la norma inferior a crearse por aplicación de la norma superior o establecer el sentido del acto de ejecución. Dado que el derecho es un orden graduado de normas de diversa jerarquía, lo anterior se aplica en todos los casos en que haya aplicación de una norma superior.

Algo muy distinto acontece con la interpretación al nivel de la jurisprudencia positiva. Ésta también se encuentra con las formulaciones normativas en el nivel de L1 y debe interpretar el sentido normativo de las mismas:

> Si por «interpretación» se entiende la determinación en cuanto conocimiento del sentido del objeto interpretado, el resultado de una interpretación jurídica solo puede ser determinar el marco que expone el derecho por interpretar y, por lo tanto, el conocimiento de varias posibilidades dadas dentro de ese marco. Por lo tanto, la interpretación de una ley no conduce necesariamente a una decisión única, como si se tratara de la única correcta, sino posiblemente a varias, todas las cuales [...] tienen el mismo valor, aunque solo una de ellas se convertirá en derecho positivo en el acto del órgano de aplicación de derecho, en especial, en el acto del tribunal[6].

En consecuencia, no tienen validez jurídica en el nivel del lenguaje normativo L1. Son *propuestas* posibles a las autoridades jurídicas para que en ejercicio de sus facultades escojan una de las interpretaciones y emitan una norma con ese contenido. Las interpretaciones realizadas en L2, tienen carácter subjetivo, siendo únicamente proposiciones de posibles contenidos en el lenguaje L1, uno de los cuales se convierte en un contenido válido normativamente, como parte integrante del derecho positivo, cuando el órgano jurídico, en ejercicio de una facultad, la incorpora dentro de L1. Si alguien pensara que la interpretación de una formulación normativa en el nivel del lenguaje de la jurisprudencia dogmática no es correcta, esta sería una opinión subjetiva y solo significaría que tiene otra concepción de la norma, interpretación que podría hacerla valer en el procedimiento y ante la autoridad facultada para

---

6 Kelsen, 1960: 351-352.

revisar la resolución de primera instancia. Si no lo hace y omite interponer el recurso o el juicio correspondiente, se patentiza el grado de subjetividad y la convicción personal del afectado, pero no puede predicarse de su interpretación que sea verdadera o falsa, pues no es esa su función. En este sentido, tampoco tienen relación con los conceptos de verdad y falsedad, como quiera que se definan.

V. FUNCIÓN DEL META-LENGUAJE DE LA JURISPRUDENCIA GENERAL

Nos queda por analizar cuál es la función que lleva a cabo el meta-lenguaje L3 de la jurisprudencia general. Su lenguaje objeto es el lenguaje L2 de la jurisprudencia dogmática o positiva. Analiza las afirmaciones contenidas en las interpretaciones posibles que proporciona y establece las relaciones funcionales en los contenidos típicos de esas afirmaciones, construyendo un modelo de lo que ha de ser el derecho positivo, derecho positivo en general, no los sistemas jurídicos en particular. Pero además antes de darnos un concepto del derecho en general en tanto objeto de la jurisprudencia dogmática, nos da un modelo de la propia jurisprudencia dogmática (que es la que crea epistemológicamente su objeto), explicando por ejemplo, la estructura lógico semántica de los enunciados de la jurisprudencia dogmática que describen el contenido de las normas del sistema jurídico positivo. Su función es proporcionar un modelo conceptual del derecho positivo, conceptos y modelo que utilizará la jurisprudencia dogmática para organizar en un todo coherente el caos de formulaciones normativas emitidas por los órganos jurídicos, cuando realice su función interpretativa al fijar el marco de posibles interpretaciones.

Estos conceptos con los que se expresa el modelo del derecho los utiliza la jurisprudencia positiva, al **proponer** sus interpretaciones, organizando los contenidos de las formulaciones normativas, con base en los conceptos deónticos formulados en el lenguaje L3. Los conceptos de norma, orden normativo, sanción, prohibición, obligación, facultad, etc., son elaborados con base en el modelo del derecho que se postule y la jurisprudencia positiva los utilizará para organizar las formulaciones normativas en un orden más o menos racional, ya sea de la totalidad del orden jurídico o de partes de él. Para poner un ejemplo: con Kelsen puede considerarse que el derecho es un orden coactivo y dinámico de la conducta humana; algunos otros (del Vecchio y García Máynez) lo consideran un conjunto de normas bilaterales; Alchourrón y Bulygin como normas que dan soluciones deónticas a casos, etc. Estos modelos pretenden orientar y de hecho orientan la manera como los tratadistas de la jurisprudencia positiva organizan las formulaciones normativas en posibles normas que reproducen *in concreto* el modelo postulado. Solo se realiza una función importante, que nada tiene que ver con los conceptos de verdad y falsedad: si el modelo es lo suficientemente elaborado será útil para dar cuenta en un todo congruente con el mayor número posible de formulaciones normativas, por medio del conjunto posible de interpretaciones.

En una posición similar a la reseñada en último lugar es la que asume Kelsen cuando explicita el modo que tiene de concebir las funciones de las jurisprudencias dogmática y general o pura. Dice que «las directrices de su labor teórica» fueron

> [...] la crítica kantiana de la razón: dualismo de ser y deber; sustitución de hipóstasis y postulados metafísicos por categorías trascendentales como condiciones de la experiencia; transformación de antítesis absolutas (por cualitativas y transistemáticas) a diferencias relativas, cuantitativas, intrasistemáticas; paso de la esfera subjetivista del psicologismo al ámbito de la validez lógico-objetiva [...][7].

Es conocida su postura epistemológica de raigambre neokantiana, en especial del neokantismo de Marburgo, con su expositor más conspicuo Hermann Cohen. Sin discutir posibles métodos de acercamiento al fenómeno jurídico (inductivo, deductivo, fenomenológico, etc.), Kelsen encuentra, conforme a las enseñanzas de Cohen,

---

[7] Kelsen, 1925: prólogo, viii.

una ciencia como un conocimiento sobre una problemática históricamente condicionada y construida.

> Considero que mi misión consiste en desenvolver los objetos tratados
> hasta ahora bajo el nombre de «teoría General del Estado» partiendo de
> un principio fundamental único: la idea del Estado como orden coactivo
> de la conducta humana[8].

No es necesario analizar en este lugar la tesis de la identidad del
derecho positivo y el Estado, pero lo que dice sobre el Estado lo dice sobre el derecho. La problemática sobre el Estado es lo que tiene
frente a sí la mirada teórica de Kelsen y la función de su disciplina
teórica consiste en postular una hipótesis específica que permita
esclarecer y construir conceptual y sistemáticamente ese conjunto
de problemas históricamente planteado en la ciencia del derecho o
del Estado. Esto es solo posible

> [...] a condición de aceptar el hecho de esta ciencia en cuanto tal, de
> considerar esta ciencia como la unidad de un determinado complejo de
> problemas, tal como históricamente ha venido desarrollándose[9].

Si la teoría de Kelsen opera sobre un conjunto de problemas históricamente planteado en la disciplina correspondiente con el objeto de postular una hipótesis que permita ordenar en un sistema la
solución a esa problemática incorporada en una teoría previa, como
la de Jellinek sobre el Estado, urge preguntarse si la hipótesis que se
postule y la teoría construida sobre esa base, puede calificársela de
verdadera. En el caso de que quiera utilizarse el concepto de verdad
para semejante construcción, dicho concepto resultaría extraño a
toda la tradición filosófica sobre este tema.

---

[8]   *Idem.*
[9]   Kelsen, ob. cit.: 6.

VI. LAS INFILTRACIONES NORMATIVAS

Con lo anterior hace su aparición un fenómeno que he denominado «**infiltraciones normativas**». De los tres niveles de lenguaje, el nivel tres L3 puede infiltrarse, o de hecho se infiltra al lenguaje de la jurisprudencia positiva y este lenguaje desciende en cascada al lenguaje con el que se formulan las normas. Quisiera poner un ejemplo:

El artículo 17 de la Constitución mexicana establece: «Ninguna persona podrá hacerse justicia por sí mismo, ni ejercer violencia para reclamar su derecho. Toda persona tiene derecho a que se le administre justicia por tribunales que estarán expeditos para impartirla en los plazos y términos que fijen las leyes, emitiendo sus resoluciones de manera pronta, completa e imparcial».

Si se utiliza el modelo del orden bilateral de normas considerando que todas las normas tienen una estructura bilateral, en el sentido de que otorga derechos subjetivos correlativos de obligaciones o viceversa, el jurista intentará aplicar los conceptos determinados en el modelo de la jurisprudencia general a una posible interpretación de esta formulación normativa, diciendo que este artículo constitucional concede un derecho subjetivo a todos los gobernados para que se les imparta justicia en los casos que sometan su caso a la consideración de los tribunales y, por el modelo aplicado, buscarán la obligación correlativa a este derecho subjetivo. Llegará a la conclusión de que los jueces tendrán la obligación, correlativa a ese derecho subjetivo, de impartir justicia en los casos de conflictos sometidos a su conocimiento. Por tanto, este artículo es una norma bilateral. Faltaría por ver si las definiciones de los conceptos de derecho subjetivo y obligación que proporciona este modelo son aplicables estrictamente al caso. Quedarían sin resolver una serie de problemas o cuestiones: ¿qué relación tiene esta norma con el órgano legislativo? ¿Está obligado a reconocer ese derecho o es suficiente que ya se encuentre consignado en la constitución para que cualquiera pueda ejercerlo? Como la tesis únicamente establece la relación entre el derecho subjetivo y la obligación, dirige la atención solo a las relaciones entre el demandante y el órgano judicial.

El otro modelo, el del derecho entendido como un orden coactivo y dinámico de la conducta humana tendría, en primer lugar, que afirmar que el juez solamente estará obligado para el caso que su facultad, ejercida de cierta manera u omitida, fuera considerada por otra norma distinta de la que lo establece como juez como la condición para que otro órgano jurídico sancionara tal ejercicio particular de la función jurisdiccional. Consideraría que esa formulación normativa del artículo citado se dirige fundamentalmente a los niveles normativos inferiores a la Constitución, determinando los contenidos de las normas que emitan los órganos del Estado. El legislador tendrá que establecer el sistema jurisdiccional en sus leyes, la administración proveer los fondos económicos necesarios para su funcionamiento, la emisión de leyes que establezcan los procedimientos jurisdiccionales, etc.

Podemos observar en los enunciados de la jurisprudencia positiva la utilización continua y permanente de los conceptos deónticos elaborados por lo jurisprudencia general al construir su modelo del derecho positivo. Los rendimientos de la jurisprudencia general se han trasladado a la jurisprudencia positiva, como si sus tesis se hubieran **infiltrado** en ella. Podemos decir, que hay una infiltración de L3 en L2. Esta infiltración es la forma como la jurisprudencia positiva dice lo que está realizando, con base en los conceptos que le aporta la jurisprudencia general. El lenguaje de la jurisprudencia positiva es infiltrado por el meta-lenguaje de la jurisprudencia general.

La misma clase de infiltración existe dentro de las formulaciones normativas de L1, que pueden utilizar tanto los conceptos de la jurisprudencia general L3 como las interpretaciones, ya previamente infiltradas, de la jurisprudencia positiva L2.

Puede generarse la impresión de que el modelo del derecho construido en el lenguaje L3 es una teoría verdadera de los caracteres del derecho positivo, que reproduce sus notas definitorias. Esta impresión es derivada del proceso escalonado de infiltración de L3 a L2 y de aquí a L1.

Debemos preguntarnos: ¿es posible aplicar las concepciones de la verdad o la falsedad que han sido propuestas por los filósofos, a la función y los rendimientos de nuestros tres lenguajes, el del derecho positivo, el de la jurisprudencia dogmática y el de la jurisprudencia general? Creo que la respuesta es negativa: los conceptos de la verdad o de la falsedad no pueden ser aplicados a los lenguajes que hemos tratado, pues tanto L1, como L2 y L3 tienen por función primordial proporcionar criterios normativos a los órganos jurídicos para que le den un cierto contenido a sus decisiones. Lo único que puede afirmarse de los lenguajes analizados es que algunos permiten integrar un mayor número de normas en una unidad congruente que otras construcciones alternativas, dependiendo del modelo que se haya utilizado para ello.

Bibliografía

Alchourrón, C.E. y E. Bulygin 1981: «The Expressive Conception of Norms», en Hilpinen, R. (ed.): *New Studies in Deontic Logic*, Dordrecht-Boston-London: Reidel: 95-124. Citado por la traducción castellana de los autores: «La concepción expresiva de las normas», en *Análisis lógico y derecho*. Madrid: Centro de Estudios Constitucionales: 121-153.

Kelsen, H., 1925: *Allgemeine Staatslehre*. Berlín: J. Springer. Citado por la traducción castellana de Legaz Lacambra, L.: *Teoría General del Estado*. Barcelona: Labor S. A. 1934.

— 1934: *Reine Rechtslehre, Einleitung in die Rechtswissenschaftliche Problematik*. Wien: Franz Deuticke. Citado por la traducción castellana de Tejerina, J.C.: *Teoría pura del derecho. Introducción a la problemática científica del derecho*. Buenos Aires: Losada, 1941.

— 1973: «Law and Logic», en *Essays in Legal and Moral Philosophy*, editado por Ota Weinberger y traducción de Peter Heath. Dordrecht-Hollland: D. Reidel Publishing Company. Citado por la traducción castellana de Schmill Ordóñez, U. y J. Castro Valle: «Derecho y Lógica». México: UNAM, Cuadernos de Crítica 6,1978.

— 1979. *Allgemeine Theorie der Normen*. Wien: Manz. Citado por la traducción inglesa de Hartney, M.: Kelsen, H., *General Theory of Norms*. Oxford: Clarendon Press, 1991.

Sobre los autores

Amalia Amaya

Investigadora en el Instituto de Investigaciones Filosóficas de la UNAM y doctora por el Instituto Universitario Europeo (2006) y por la Universidad de Harvard (2007). Su área de especialización es la filosofía del derecho, especialmente, la teoría de la argumentación jurídica, la teoría de la prueba y la ética judicial. Ha publicado diversos artículos en revistas especializadas tales como *Discusiones*, *Doxa*, *Legal Theory* y *Ratio Iuris*, entre otras, así como los libros *Virtue, Law, and Justice*, co-editado con Ho Hock Lai (Hart Publishing, Oxford, 2012) y *The Tapestry of Reason: An Inquiry into the Nature of Coherence and its Role in Legal Argument* (Hart Publishing, Oxford, 2014).

Ricardo A. Caracciolo

Doctor en Derecho. Actualmente profesor emérito de la Universidad Nacional de Córdoba (Argentina). Ha sido profesor de Filosofía del Derecho y Ética en las Universidades de Córdoba y Buenos Aires. Profesor visitante en la Universidad Pompeu Fabra (Barcelona) y en el Instituto Tecnológico de México (ITAM) y otras universidades de España e Italia. Ha dictado numerosos cursos, seminarios y conferencias. Es autor de tres libros y artículos publicados en diversas revistas internacionales (*Isonomía*, *Analisi e Diritto*, *Associations*, *Rechtstheorie*, *ArchivfurRechtsohilosophie*, *Análisis Filosófico*, etc.) Ha dirigido proyectos de investigación, tesis doctorales y becarios de distintos niveles. Premio Konex a las Humanidades en 1996.

Pierluigi Chiassoni

Catedrático de Filosofía del Derecho en la Universidad de Génova, miembro del Instituto Tarello para la Filosofía del Derecho/Tarello Institute for Legal Philosophy. LL.M. Cornell; PhD Milan. Se ha ocupado de teoría de la interpretación y de la argumentación jurídicas, del análisis de casos, de la teoría del precedente judicial, del análisis económico del derecho, de la historia del pensamiento jurídico, de metaética y del (neo)constitucionalismo. Entre sus publicaciones más recientes pueden mencionarse: *Técnicas de interpretación jurídica. Breviario para juristas* (Madrid-Barcelona-Buenos Aires, 2011); *Desencantos para abogados realistas* (Bogotá, 2012); *El análisis económico del derecho* (Lima, 2013); *Laicidad y libertad religiosa* (México, 2013); *Il positivismo giuridico. Una investigazione analitica* (Modena, 2013).

DANIEL GONZÁLEZ LAGIER

Profesor de Filosofía del Derecho en la Universidad de Alicante. Es autor de los libros *Acción y norma en.H. von Wright* (1995), *G.H. von Wright y los conceptos básicos del Derecho* (2001), *TheParadoxes of Action* (2003), *QuaestioFacti. Ensayos sobre Prueba, Causalidad y Acción* (2005) y *Emociones, responsabilidad y Derecho* (2009), además de otras publicaciones en revistas especializadas. Ha impartido conferencias en universidades e instituciones nacionales y extranjeras. Sus principales líneas de investigación son la teoría de la norma, la teoría de la acción, la teoría de la prueba y la teoría de la argumentación jurídica.

RICCARDO GUASTINI

Enseña Filosofía del Derecho y Técnicas de interpretación y de Argumentación en la Universidad de Génova. Dirige la Escuela de Doctorado en Derecho y el Curso de doctorado en Filosofía del Derecho de la Universidad de Génova. Es co-editor de la revista *Analisi e diritto*, *Ragionpratica*, *Materiali per una storiadella cultura giuridica*, así como de las colecciones "Analisi e diritto" (Giappichelli, Torino), "Studi di filosofiaanalitica del diritto" (Aracne, Roma), "Filosofia del diritto positivo" (Marcial Pons, Madrid). Publicaciones recientes: *Das fontes às normas* (São Paulo, 2005); *Lezioni di teoria del diritto e dellostato* (Torino, 2006); *Teoría e ideología de la interpretación constitucional* (Madrid, 2008); *Nuovistudisull'interpretazione* (Roma, 2009); *Interpretación, Estado, y constitución* (Lima, 2010); *Le fonti del diritto. Fondamenti teorici* (Milano, 2010); *Leçons de théorie constitutionnelle* (Paris, 2010); *La sintassi del diritto* (Torino, 2011); *Interpretare e argomentare* (Milano, 2011); *Interpretar y argumentar* (Madrid, 2014).

BERNARD STUART JACKSON

Doctor por la Universidad de Oxford, por Edimburgo, por la Hebrew Union College y por la Universidad de Cincinnati (D.H.L., *honoris causa*). Ha sido profesor en las universidades de Kent, Liverpool y Manchester. Ha sido profesor visitante en las universidades de Jerusalén, Oxford, Harvard, París, Bolonia y Bruselas. Actualmente es profesor de tiempo parcial de Derecho y de estudios Judíos en la Universidad de Liverpool Hope. Su campo de investigación es la semiótica del derecho y la historia y la filosofía del derecho judío. Entre sus obras más relevantes se encuentran los libros: *Semiotics and Legal Theory* (1985); *Law, Fact and Narrative Coherence* (1988); *Making Sense in Law* (1995) and *Studies in the Semiotics of Biblical Law* (2000).

LARRY LAUDAN

Profesor de Derecho y de Filosofía en la Universidad de Texas en Austin. Su campo de investigación es la epistemología del derecho, especialmente la del derecho penal. Ha publicado 12 libros, entre los que se encuentran: *Truth, Error and Criminal Law* (Cambridge; edición en español por Marcial Pons) y *El Estándar de Prueba y las Garantías en el Proceso Pena*l (Hammarabi). Ha sido presidente de la Asociación Americana de Filosofía y de la Sociedad Internacional Charles Peirce. Todos sus artículos sobre temas jurídicos se encuentran disponibles en la página de internet de la Social Science Research Network (SSRN).

ANDREI MARMOR

Profesor de Filosofía, profesor de Derecho —bajo la cátedra Maurice Jones Jr— y director del Centro para el derecho y la filosofía en la Universidad de Southern California. Es el editor en jefe del *Journal of Ethics& Social Philosophy*. Sus principales áreas de investigación son la filosofía del derecho y la filosofía política y social. Entre sus libros más recientes se encuentran: *The Language of Law* (Oxford 2014), *The Routledge Companion to Philosophy of Law* (editor, 2012), *Philosophy of Law* (Princeton, 2011); *Philosophical Foundations of Language in the Law*, co-edited with Scott Soames, (Oxford, 2011) y *Social Conventions: From Language to Law* (Princeton, 2009).

MICHAEL MOORE

Actualmente ocupa la cátedra Charles Walgreen University en la Universidad de Illinois. También es profesor de derecho en el Centro de Estudios Avanzados y profesor de filosofía en la Universidad de Illinois

en Urbana-Champaign. Ha dado clases en las universidades de Berkeley, Penn, Southern California, Virginia, Stanford, North western y en
otras muchas más. Su séptimo y último libro es *Causation and Responsibility: An Essay in Law, Morals, and Metaphysics* (Oxford UniversityPress,
2009), también publicado en español como *Causalidad y Responsabilidad: Un Ensayo sobre Derecho, Moral, y Metafísica* (Madrid: Marcial Pons,
2011).

Marek Piechowiak

Profesor en la Univesidad de Humanidades y Ciencias Sociales en Polonia (SWPS por sus siglas en Polaco). También es el director del Departamento de Teoría, Filosofía e Historia del derecho en esa misma
universidad; así mismo es miembro del Instituto de Derecho en la Facultad de Derecho en Poznań, Polonia. Es autor de 120 contribuciones
intelectuales relativas, principalmente, a la protección constitucional
e internacional de los derechos humanos, especialmente a su aspecto
filosófico. Anteriormente ha sido el director del Centro para la Información y la Documentación Científica sobre Derechos Humanos en
Poznań, del Centro de Derechos en el Instituto de Estudios Jurídicos
de la Academia Polaca de Ciencias y del Departamento de Ética en el
Instituto de Filosofía en la Universidad Zielona Góra, en Polonia.

Frederick Schauer

Actualmente ocupa la cátedra David and Harrison Distinguished Professor of Law en la Universidad de Virginia, en los Estados Unidos.
Anteriormente ocupó por dieciocho años la cátedra Frank Stanton
Professor of the First Amendment en la Universidad de Harvard. Es
autor de seis libros, entre los que se encuentran: *Free Speech: A Philosophical Enquiry* (Cambridge, .1982), *Playing By the Rules: A Philosophical Examination of Rule-Based Decision-Making in Law and in Life* (Clar-
endon/Oxford, 1991), *Profiles, Probabilities, and Stereotypes* (Harvard,
2003), *Thinking Like a Lawyer: A New Introduction to Legal Reasoning*
(Harvard, 2009) y *The Force of Law* (Harvard, 2014).

Ulises Schmill Ordóñez

Jurista y filósofo mexicano, licenciado en Derecho por la Universidad Nacional Autónoma de México, y Doctor por la Universidad de Colima. Como jurista ha desempeñado diversas funciones, tanto administrativas como judiciales, entre las que destacan haber sido Magistrado del Tribunal Fiscal de la Federación, Embajador de México en Austria, Hungría y República Federal de Alemania, así como Subdirector Técnico de Impuesto sobre la Renta y, finalmente, Ministro de la Suprema Corte de Justicia de México, desempeñándose como su Presidente de 1991 a 1994. Desde entonces es profesor de la materia de Teoría General del Derecho además de ser investigador en el Instituto Tecnológico Autónomo de México (ITAM) y del Sistema Nacional de Investigadores (SNI) nivel III.

Michele Taruffo

De 1976 a 2013 ha sido profesor de derecho en la Escuela de Derecho de la Universidad de Pavía, Italia, donde imparte cursos sobre Procedimiento Civil, Derecho Procesal Civil Comparado y Resolución de Conflictos. Actualmente es profesor visitante y miembro de la Cátedra de Cultura Jurídica en la Universidad de Girona, España. Es miembro de la *Accademia Nazionale dei Lincei*, el *American Law Institute*, el *Bielefelder Kreis*, la *International Association of Procedural Law* y de otras muchas otras asociaciones que se ocupan del derecho procesal, el derecho comparado y la teoría y la filosofía del derecho. También es miembro de varios comités editoriales de revistas en Italia y en otros países. Actualmente es vice-presidente de la *International Association of Procedural Law* y de la *International Association for Evidence and Forensic Science*. Ha publicado varios libros, entre los que se encuentran: *Studi sulla rilevanza della prova* (1970); *La motivazione della sentenza civile* (1975), publicado también en España; *Il proceso civile "adversary" nell'esperienza americana* (1979), publicado también en Colombia; *La giustizia civile in Italia dal '700 ad oggi* (1980); *Il vertice ambiguo. Saggi sulla Cassazione civile* (1991), publicado también en Perú; *La prova dei fatti giuridici. Nozioni generali* (1992), publicado también en España; *Sui confini. Scritti sulla giustizia civile* (2002), publicado también en Colombia; *Cinco lecciones mexicanas* (2002); *La prueba* (2009) (publicado también en portugués y en inglés); *Páginas sobre justicia civil* (2009);

La semplice verità. Il giudice e la costruzione dei fatti (2009) (publicado también en español, en portugués y en inglés); *La prueba. Artículos y Conferencias* (2009); *Teoría de la prueba* (2012); *Proceso civil comparado. Ensayos* (2012). Es también autor del capítulo dedicado a *Prueba (Evidence)* en el volumen XVI de la *International Encyclopedia of Comparative Law* (2009).